JN457468

개정증보5판

한국정치의 분석과 이해

이 정 복

개정증보5판

한국정치의 분석과 이해

펴낸곳 서울대학교출판문화원
펴낸이 성낙인
지은이 이정복

초판 1쇄 발행 1995년 9월 30일
초판 2쇄 발행 1996년 8월 30일
개정증보판 제1쇄 발행 2006년 3월 30일
개정증보판 제3쇄 발행 2007년 3월 30일
개정증보2판 제1쇄 발행 2008년 3월 5일
개정증보2판 제2쇄 발행 2008년 12월 10일
개정증보3판 제1쇄 발행 2010년 8월 30일
개정증보4판 제1쇄 발행 2011년 3월 5일
개정증보4판 제2쇄 발행 2012년 9월 15일
개정증보5판 제1쇄 발행 2017년 8월 15일
개정증보5판 제2쇄 발행 2017년 12월 15일
출판등록 제15-3호

주소 08826 서울 관악구 관악로 1
대표전화 02-880-5252 | **팩스** 02-888-4148
홍보마케팅팀(주문 상담) 02-889-4424, 02-880-7995
이메일 snubook@snu.ac.kr
홈페이지 www.snupress.com

ISBN 978-89-521-1977-3 93340

ⓒ**이정복 · 1995**

저자와의 협의하에 인지는 생략합니다. 잘못된 책은 바꾸어 드립니다.
이 책의 무단 전재나 복제 행위는 저작권법 제98조에 따라 처벌받게 됩니다.

개정증보5판

한국정치의 분석과 이해

이정복

서울대학교출판문화원

Analyzing & Understanding Korean Politics

Jung Bock Lee

Seoul National University Press

개정증보5판 머리말

오늘의 한국정치를 이해하기 위해서는 한국정치가 해방 후 오늘에 이르기까지 어떻게 발전되어 왔는가를 아는 것이 중요하고 이 책이 아직도 그러한 이해에 도움을 줄 수 있다고 생각하여 제32장을 추가해서 이 책의 개정증보5판을 내놓는다. 필자는 항상 좌우나 여야 정치세력으로부터 독립된 입장에서 한국정치를 보려고 노력했고 이 책은 부족하나마 그러한 노력의 결실이라는 것을 강조하고 싶다.

2017년 8월 15일

이 정 복

개정증보4판 머리말

이번 개정증보4판에는 제14장 우리나라 국민의 정치의식을 첨가하였다. 이 글은 우리 국민들의 정치적 태도에 대한 한국정치학회의 1988년 조사결과를 요약하고 있다. 당시 우리 국민들이 어떠한 정치적 태도를 가지고 있었는가를 아는 것이 중요하다는 생각이 들어 여기에 그 글을 싣는다. 이 개정증보4판은 이 책의 최종판이 될 것이다. 이 책이 이미 거의 1,000페이지에 이르게 되어 더 이상 증보하기도 어렵게 되었다.

이 책은 현대 한국정치에 대한 필자의 기록으로 1997년에 낸 정치평론집인『한국의 정치적 과제』보다 좀 더 깊이 있게 한국정치를 다룬 책이다. 이 책은 이제 31개의 장을 갖게 되었는데 각 장의 집필 연도는 1981년부터 30년간에 걸쳐 있다. 각 장의 글은 집필 연도의 문제의식을 반영하고 있고 그 연도의 한국정치를 다루고 있다. 이 책 전체는 지난 30년간 우리의 문제의식과 한국정치가 어떻게 변화했는지를 이해하는데 도움이 될 것이다.

이 책은 여러 글을 모은 책이지만 대체로 여섯 가지 주제를 다루고 있다. 첫째 이 책의 제1부는 국제정치가 한국의 분단, 남북한 관계, 북핵 문제에 어떠한 영향을 미쳤는지를 다루고, 한국은 어떠한 대외 정책으로 이러한 영향에 대응해야 할 것인지를 다룬다. 둘째 제2부는 우리의 사회경제적 조건은 한국정치에 어떠한 영향을 미쳤고, 거꾸로 한국

정치는 우리의 경제발전에 어떠한 역할을 했는지를 다룬다. 셋째 제3부는 한국의 정치문화가 어떠한 특성을 가지고 있고 한국정치에 어떠한 작용을 하고 있는지를 분석하면서 우리의 정치문화는 역사적으로 어떠한 장단점을 가졌고 어떻게 발전시켜 나가야 할 것인지를 다룬다. 넷째 제4부는 한국의 정치제도가 정치과정에 어떠한 영향을 미치고 있고, 한국의 정치과정을 우리 국민들에게 덜 불만족스럽게 만들기 위해서는 어떠한 제도개혁이 필요한지를 다룬다. 다섯째 제5부는 다원민주주의의 정착을 위해 한국정치는 어떠한 발전을 이룩해야만 할 것인지에 대해서 살펴보고 있다. 마지막으로 제6부 이 책의 보론은 한국정치학과 현대한국정치연구를 되돌아보는 두 편의 글을 싣고 있다. 이 두 글은 지난 60여 년간 한국정치학이 정치학 방법론과 이론에 있어 어떠한 변화를 보였고, 현대한국정치연구는 그 특성에 있어 어떠한 변화를 나타내고 있는지를 소개하고 있다.

이 책은 한국정치에 대한 다른 책들과 비교할 때 세 가지 특성을 가지고 있다. 첫째 이 책은 대체로 한국정치의 다양한 문제들에 대한 기본적인 사실을 소개하는데 중심을 두었다. 이 책은 이론을 소개하는데 많은 지면을 할애하고 사실을 이 이론을 뒷받침하는 정도로만 소개하는 이론 중심적인 책이 아니고, 사실을 가능한 한 많이 다루고 이론은 사실을 이해하는데 꼭 필요한 정도로만 소개하는 책이다.

둘째로 이 책은 다루는 현상을 야기 시킨 원인이 어디에 있는지를 규명하는데 역점을 두었다. 이 책은 한 특정이론의 입장에서 쓴 책이 아니라, 현상의 설명과 예측에 적합하면 어떠한 이론이든 수용해서 현상을 보다 정확하게 이해해야 한다는 입장에서 쓴 책이다. 이 책은 한국정치를 특정입장에서 비판하고 이에 따른 개선을 요구하기 보다는 한국정치를 설명할 수 있는 원인을 밝히고 한국정치의 개선방향을 이 원인에서 찾고 있다.

셋째로 이 책은 한국정치에 대한 동학(同學)들의 연구 결과를 가능한 한 많이 소개하고 이용하고 있다. 외국 학자들의 연구결과는 인용하나 국내 동학들의 연구결과는 소홀하게 다루는 경향을 극복하고자 하였다. 한국정치에 대한 동학들의 훌륭한 연구 결과가 많으나 한국정치에 대한 연구가 이를 바탕으로 발전하고 있지 못하다.

이 책이 한국정치의 연구와 발전에 조금이라도 도움이 될 수 있기를 바란다.

2011년 3월 1일

이 정 복

개정증보3판 머리말

이 책의 개정증보3판에는 제7장 노무현 정권의 대북정책 평가, 제18장 개헌논의의 방향, 제28장 위기의 한국사회, 대한민국은 위험한가, 제29장 한국정치의 과제와 전망, 제31장 현대한국정치분야의 연구업적 개관의 다섯 편의 글을 새로이 첨가하였다. 제7장은 대북정책을 국제정치학의 가장 중요한 두 가지 이론인 현실주의이론과 이상주의, 기능주의, 신자유주의이론에 비추어 평가해 볼 것을 촉구하고 있다. 이러한 평가는 정치세력의 주관적인 이해관계에 따라 대북정책을 수립하고 평가하는 경향을 극복하는데 도움이 될 것이다. 제18장은 개헌논의의 핵심이 정치세력의 이해관계에 있다는 것을 지적한 글로 우리 국민들이 스스로 어떠한 개헌이 필요한 가를 판단하는데 도움이 되는 글이다. 제28장과 29장은 한국 사회를 진단하고 한국정치의 발전방향을 다시 한번 정리해 본 글이다. 제31장은 해방 이후 나온 현대한국정치분야의 단행본과 한국정치학회보에 실린 논문을 거의 모두 소개하고 있는 글로 한국정치 연구자들에게 유용한 자료가 될 것이다.

현재 이명박 대통령은 임기의 반이 지났다. 그는 한국경제를 선진화시키고 "비핵개방 3000"정책으로 북한과의 관계를 조정하겠다는 정책을 가지고 취임하였다. 그러나 그가 대통령에 취임하던 해의 후반부에 발생한 미국 발 금융위기는 그의 경제 선진화 계획을 좌절시켰고 "비핵개방 3000"정책도 성과를 전혀 내지 못하고 천안함 침몰과 같은 도발사태에 직면해 있다. 우리는 유사한 경제위기와 안보위협이 앞으로도 반복해서 일어날 수 있는 국제경제환경과 안보환경 속에 살고 있다. 이에 신속하고 유연하고 강력하게 대처할 수 있는 안정된 정치권력이 그 어느 때 보다도 필요한 시기이다.

일본에서는 반세기 이상 자유민주당 일당이 정당 간의 수평적 정권교체 없이 정권을 담당하고 일관되게 경제제일정책을 추진하였다. 일본의 수상은 일인지배체제가 아니라 집단지배체제의 리더로서의 위치만 가지고 있는 약한 통치자였으나 집단지배체제는 원활하게 운영되었고 일본을 오늘의 일본으로 이끌었다. 이제 일본은 일당지배체제가 붕괴하고 양당지배체제가 형성되는 과정에 있다. 일본은 일본국민들의 통합의 상징으로서의 천

황제와 오랜 동안의 일당지배체제와 최근의 양당체제로 정치적 안정을 유지하고 있다.

중국정치는 비민주적이고 이로부터 오는 긴장이 존재하나 안정적인 정치구조를 만드는데 어느 정도 성공하였다. 중국은 공산당 일당이 지난 60여 년간 나라를 통치해 왔다. 중국정치는 마오쩌둥 시대에는 내부 권력투쟁으로 매우 불안정하였으나 이제는 권력승계 방법도 과거와는 달리 제도화되어 비교적 안정되어 있다. 5년 임기의 국가주석직과 공산당 총서기직을 두 번 만 할 수 있고 그의 후계자가 누가 될지도 가시화되고 있고 주석과 총리는 후진타오 주석과 원자바오 총리의 역할 분담에서 보는 바와 같이 국가통치에 있어 분업을 하고 있다. 후진타오는 장쩌민 주석시대에 부주석으로 그의 자리를 10년 만에 물려받았고 후진타오는 그의 10년 집권이 끝나는 해에 그의 부주석인 시진핑과 같은 인물에게 권력을 물려줄 것이 예상된다. 중국은 공산당 일당지배국가이지만 현 주석이 얼마나 더 오래 집권하고 다음에는 누가 집권할 것인지도 예측할 수 있는 정치를 오늘날 하고 있다.

한국정치는 해방 이래 오늘에 이르기까지 계속 불안정하였다. 한국은 정당 간의 수평적 정권교체를 세 나라 중에서는 가장 많이 경험한 나라이다. 민주정치가 자리 잡은 1987년 이후에는 물론 그 이전에도 시위와 쿠데타와 같은 비정상적인 절차에 따른 수평적 정권교체가 일어났다. 지난 60여 년간에 집권정당은 자유당에서 민주당, 민주공화당, 민주정의당, 신한국당, 새정치국민회의, 열린우리당, 한나라당으로 바뀌었고 최고통치자는 이승만에서 장면, 박정희, 전두환, 노태우, 김영삼, 김대중, 노무현, 이명박으로 바뀌었다. 대한민국 건국 이후 한국정치는 그야말로 변화무쌍 하였고 불안정하였다.

한국정치는 앞으로 어떻게 될지 모른다. 일본정치와 중국정치가 거의 100% 예측가능한데 비해 한국정치는 거의 100% 예측불가능하다. 개헌논의의 시작에서 알 수 있는 바와 같이 우리는 현재의 통치체제가 지속될지 안 될지 알 수 없다. 또 한나라당이 계속 유지될지 안 될지도 알 수 없다. 다른 정당들의 장래도 마찬가지이다. 미국은 언젠가는 한국으로부터 후퇴할 것이고 그 경우 한국정치의 파국을 막는 최후의 안전판도 없어질 것이다. 한국이 정치적으로 불안정하고 미국이 물러가고 북한이 핵무장으로 한국을 위협할 때 한국은 어떻게 될 것인가? 생각만 해도 소름이 끼친다.

정치적 게임규칙이 계속 흔들리고, 정당은 하루살이 정당들이고, 권력투쟁은 매우 원심적이고, 사회통합력도 없는 것이 한국정치의 자화상이다. 그리고 우리의 국제환경, 사회경제적 발전단계, 정치문화, 그리고 정치과정은 한국정치의 이러한 불안정성을 앞으로 더 조장시킬 수도 있다.

냉전 후 한반도를 둘러싼 국제환경은 중국의 부상으로 기존의 미국 중심의 패권체제가 미중 중심의 G2체제로 변화하고 있다. 이러한 동북아 국제질서의 변화에 따라 국내적으로는 친중파 정치세력과 종북파가 형성되고 있고 기존의 친미세력과 대립하고 있다. 세계화와 정보화시대를 맞이하고 있는 한국은 사회경제적으로 노사갈등을 극복하고 있지 못하고 양극화가 심화되고 있다. 이러한 사회경제적 환경도 기존질서를 지지하는 정치세력과 이를 변화시키려는 정치세력 간의 대립을 심화시키는 요인이다. 명분을 중요시하는 정치문화는 대립하는 정치세력들이 각각 자기세력은 옳고 상대방 세력은 옳지 못하다는 명분을 내세우고 싸우게 만들고 있다. 그리고 이러한 방식의 권력투쟁은 그들의 투쟁을 더욱 격화시키는 요인이 되고 있다. 인물중심의 정치과정은 한국정치를 특정 인물중심으로 분열시키고 있고 정치과정의 제도화를 방해하고 있다.

한국은 정치세력들이 국가이익에 대해 깊이 성찰하지 않고 당장의 사적 이해관계를 증진시키기 위해 권력투쟁에 몰두해 온 긴 역사를 가지고 있다. 국가 간의 경쟁이 날로 심해지고 있는 21세기에도 그들이 이와 같은 권력투쟁을 계속한다면 한국정치는 더욱 불안정해 질 것이고 선진국 진입과 통일의 달성도 요원해 질 것이다.

한국정치는 민주화 되었지만 일본보다 아직도 훨씬 뒤져 있고 어느 면에서는 중국보다도 뒤떨어져 있다. 한중일 간의 이와 같은 정치적 차이는 오랜 역사의 산물이라 쉽게 고쳐질 수 없는 것이나 이러한 정치적 차이가 장래에 가져올 결과를 생각하면 한국정치의 안정적 제도화가 무엇보다도 시급한 과제라는 것이 분명해진다.

우리 국민들은 정치세력 간의 권력투쟁을 국가발전전략 경쟁이 되도록 유도해야 할 어려운 과제를 가지고 있다. 우리들은 개헌문제에 대해서도 그것이 어느 정치세력의 사리사욕을 도모하는 것인지, 그렇지 않으면 국가백년대계를 도모하는 것인지 신중하게 판단하는 자세를 가져야 할 것이다.

2010년 8월 25일

이 정 복

개정증보2판 머리말

작년 말에는 제17대 대통령 선거가 있었고 2008년 2월에는 한나라당의 이명박 대통령이 취임했다. 우파에서 좌파로 정권이 넘어간 지 10년 만에 정권이 다시 우파로 넘어간 것이다. 이번 정권 교체로 수평적 정권 교체의 전통이 보다 탄탄해졌고, 그런 의미에서 이번의 정권 교체는 또 하나의 정치발전이다. 그러나 제17대 대선은 제6공화국에 들어와 치른 다섯 번의 대선 중 가장 문제가 많았던 대선이고 우리는 이에 대해 깊이 생각해 볼 필요가 있다. 마침 이 책 개정증보판의 제2판을 내게 되어 제17대 대선의 문제점과 개선방향을 다룬 글을 제27장으로 첨가한다. 제17대 대선의 문제점을 파악하고 이를 개선한다면 그것은 한국정치가 선진정치로 발전하는 길이 될 것이다.

한국경제를 선진경제로 발전시키는 일은 시급한 일이다. 중국 같은 나라가 한국경제의 뒤를 바짝 추격하고 있고 구미와 일본은 우리 앞에서 질주하고 있다. 우리 국민들은 뒤쫓아 오는 나라들의 추격과 앞에서 질주하는 구미와 일본을 보고서 긴장하지 않을 수 없다. 우리 경제는 10년 전에 커다란 위기를 맞았다가 가까스로 이를 극복하였으나 앞으로 좀 더 빨리 나가고 있지 못하다. 제17대 대선에서 이명박 대통령을 압도적인 표차로 당선시킨 힘은 우리 국민들의 바로 이와 같은 긴장감과 불만감이었다. 한국 경제는 외부에 경쟁국들이 있기 때문에 이에 자극을 받고 발전방향을 조정해 가는 것이다.

한국정치는 경제와 같이 외부로부터 경쟁의 자극을 받지 못한다. 우리 뒤의 정치 후진국도 있고 우리 앞의 정치 선진국도 있지만 한국 정치가 이들과 정치발전의 정도를 가지고 경쟁관계에 있는 것은 아니다. 우리 국민들은 한국정치가 문제가 많다고 인식하고 있고 이를 개선해야 한다고 생각하고 있지만 이것이 경제에서와 같이 긴박한 일이라고는 느끼고 있지 않다. 한국정치가 한국경제보다 뒤떨어지는 원인이 바로 여기에 있다.

그러나 우리는 정치 선진국은 모두 경제 선진국이고 또 경제 선진국은 모두 정치 선진국이라는 사실에 주목할 필요가 있다. 선진정치와 선진경제 중 어느 것이 먼저 오는지 분명하게 규명이 되지 않지만 선진정치 없이 선진경제를 이룩하는 일이 어렵고 선진경제

없이 선진정치를 달성하는 일도 어렵다는 것만은 확실하다. 선진정치와 선진경제는 서로 상승작용을 일으켜 정치와 경제를 동시에 발전시킨다고 보아야 한다.

이제 한국은 경제의 선진화와 정치의 선진화를 동시에 추진해야 한다. 이명박 대통령은 한국경제가 선진경제로 발전하기 위해 필요한 여러 가지 정책을 준비해 놓고 있다. 한국정치가 어떻게 선진정치로 발전할 수 있을지에 대해서도 비전을 내놓아야 할 것이다.

이 책 전체를 관통하고 있는 주장은 한국정치도 구미에서와 같은 선진정치로 발전해야 된다는 것이다. 주장은 간단하지만 이를 실현하는 일은 결코 쉽지 않다. 이 책이 한국정치가 선진정치로 발전하는 데 조금이라도 도움이 되기를 바라는 바이다.

2008년 3월 1일

이 정 복

추기

이명박 대통령은 취임 후 반 년도 지나지 않아 미국산 쇠고기 수입문제를 잘못 다루어 경제적, 정치적, 외교적으로 무기력한 상태에 빠져버리는 국내외 상황에 직면하였고, 그 후 미국 발 금융위기는 한국경제를 어려운 상황으로 몰아넣고 있다. 그리고 우리 국민들은 더 이상 그에 대해 낙관적 기대감을 가지고 있지 않다. 이 대통령은 이와 같은 상황 변화와 국민심리의 변화에 충분히 대처하고 있지 못하다.

2008년 11월 30일

이 정 복

개정증보판을 내면서

I

이 책은 1995년에 낸 『韓國政治의 理解』의 개정증보판으로 남북한의 분단과 결과를 국제정치구조를 고려하면서 기술하는 것으로부터 시작하여 한국정치와 한국경제의 관계, 한국의 정치문화, 한국의 정치과정, 한국정치의 발전과제를 다루고 있다. 한국정치는 어떤 다른 나라의 정치보다도 다사다난하고 복잡한 내용을 가지고 있다. 이 책은 그 내용을 전부 소개하고 있지는 못하지만 그 중 중요한 다섯 분야의 내용을 다루고 있다. 필자는 이 다섯 분야의 내용이 각각 독립적으로 다 중요하고, 상호 영향을 미치는 관계에 있다고 생각한다. 이 중 어느 한 분야의 내용을 한국정치의 전부인 것같이 이해하거나 어느 한 분야가 다른 분야를 결정한다고 본다면 그것은 경험적으로나 인식론적으로나 잘못된 것이라고 생각한다.

이 책은 보론(補論)으로 한국정치학의 60년을 되돌아보는 글도 실었다. 이 글은 한국정치연구의 방법론적, 이론적 배경을 이해하는 데 도움이 될 것이다.

이 책에 실린 글들의 집필년도는 전두환 군부독재시대에서 민주화 이후의 노태우, 김영삼, 김대중, 노무현 시대에 이르는 짧지 않은 기간이다. 이 기간에 일어난 정치적 변화의 정도를 고려할 때 오래 전에 쓴 글들은 현재에는 맞지 않을 수도 있다. 그러나 이러한 글들을 별로 수정하지 않고 원래대로 실었다. 각 글은 집필년도의 정치상황과 시각을 나타내고 있고 그것은 오늘의 그것과 비교할 수 있는 준거가 될 것이다. 이 책의 독자들은 각 장의 글을 쓴 시기와 상황을 간단하게 소개한 요약문을 본문을 읽기 전에 먼저 읽을 필요가 있겠다.

이 책은 한국정치론 교과서의 성격과 연구서의 성격을 부분적으로 모두 가지고 있다. 한국정치론 교과서는 한국정치에 관한 수많은 연구결과들을 대다수의 정치학자들과 우리 국민들이 공감할 수 있게 체계적으로 잘 정리한 책일 것이다. 한국정치 연구서는 다른 학자들이 다루지 않았던 어떤 분야를 다루거나 이미 다루었던 분야라도 거기에 오류와 맹점을 발견하고 이를 새롭게 다룬 책일 것이다. 이 책은 이 두 종류의 책 중 어느 하나에 속하지 않는다. 이 책에는 한국정치의 기초적인 사실을 소개하는 글, 한국정치를 다원민주주의론에 비추어서 평가하는 글, 대북정책을 포함한 대외정책이나 정치개혁에 관한 필자의 주장을 담은 글, 다른 학자들의 한국정치 연구를 비판하는 글, 한국정치에 관한 연구 논문의 형식을 가지고 있는 글 등 여러 장르의 글들이 실려 있다. 이 글들은 해방 이후 60여 년간 한국정치에 나타난 주요 특성들을 이해하는 데 도움이 될 것이다.

II

이 책은 서울대학교 정치학과에 개설되어 있는 한국정치론 강좌의 교재로 사용하기 위해서 만들었다. 위에서 언급한 바와 같은 한국정치론 교과서가 아직 없어서 그러한 책에 대한 차선책으로 이 책을 내놓게 되었다.

제3공화국시대까지 대부분의 대학이 한국정치론 강좌를 개설하지 않았다. 정치현상은 세월이 지나서야 그 의미가 보다 뚜렷하게 드러나기 시작하는 만큼 당대의 정치에 대한 연구와 교육은 피하는 경향이 있었다. 이러한 경향은 역사적인 연구방법을 중요시하는 일본의 전통을 따른 것이기도 하였다. 이와 같은 일본의 전통은 물론 일본 고유의 전통이 아니라 유럽의 전통에서 온 것이었다. 그러나 미국은 유럽이나 일본과는 달리 당대의 정치를 정치학자들이 다루고 있고 미국의 이러한 정치학 전통은 유럽과 일본, 그리고 한국에도 영향을 미쳐 오늘날에는 이들 여러 나라들에서도 모두 당대의 정치를 연구와 교육의 중요한 대상으로 삼고 있다.

우리 대학의 한국정치론 강좌는 오랫동안의 군부독재시대를 그 발전배경으로 가지고 있다. 제4공화국 군부독재시대의 한국정치론은 대부분의 경우 각 공화국의 헌법, 정당, 선거, 이익집단, 군 등의 특성을 소개하는 것이었다. 정치의 중요한 구성요소인 이러한 요소들이 구미의 다원민주주의 정치에서 담당하고 있는 역할을 교과서적으로 소개하고, 한국정치에서는 그 작동이 그렇게 되고 있지 않다는 것을 지적하고, 그 안 되는 원인을 한국의 경제적 발전수준, 정치문화의 특성, 다른 사회부문에 비해 과대 성장한 군부와 군부 지도자들의 특성에서 찾는 것이 대체적인 내용이었다.

이러한 제4공화국시대의 한국정치론은 당시의 군부독재정치를 다원민주주의의 발전과정에서 일어난 일탈로 보았다. 한국정치가 사회경제적 조건이 구미와 같이 발전됨에 따라 다원민주주의 정치로 다시 발전할 것이라고 보았다. 5·16 쿠데타나 유신은 도덕적으로 볼 때는 박정희 장군과 그를 지지했던 일부 장교들의 권력욕이 일으킨 일탈이었으나 정치학자들은 제3세계의 사회경제적 조건이 초래한 피하기 어려운 일탈로도 보았다.

이러한 한국정치론은 대한민국 국민들이 군부독재로 억압을 받고 있다 해도 이는 극복될 수 있는 과도기적 현상이고, 군부독재정권이 정통성을 결핍하고 있어도 대한민국은 정통성을 가지고 있는 국가라고 보았다. 이 정치론은 다원민주주의를 복원해야 한다는 목표를 가지고 군부독재정치를 비판했으나 그것은 다음에 소개할 좌파적 한국정치론에 비교한다면 상대적 의미에서 체제긍정적 한국정치론이라고 말할 수도 있다.

1980년 5월 18일 전두환, 노태우 장군의 쿠데타에 반대하는 시위를 벌였다고 해서 — 그 시위가 아무리 극렬했다 해도, 대한민국의 국군이 수천 명의 청년학생들과 시민들을 살상한 광주사태는 다원민주주의적 한국정치론의 호소력을 여지없이 빼앗아가 버렸다. 광주사태의 피해당사자들은 대한민국이 전체주의적 공산독재국가인 북한보다 나을 것이 무엇이냐는 의문을 제기했고, 이러한 비극적 사태를 방관한 미국에 대해서도 반감을 갖기 시작했다. 또 박정희 군부독재정권이 무너진 다음에 민주화가 되지 않고 다시 군부독재정권이 등장했기 때문에 군부독재가 영구화되는 것이 아니냐는 위기감도 갖게 되었다.

당시 전두환 군부독재의 타도를 목표로 필사적인 저항운동을 이끈 일부 학생들이 김일성의 "주체사상"을 숭배하고 "미제"의 타도를 가장 중요한 목표로 삼는 민족해방(NL) 노선이나 민중민주주의 혁명을 주창하는 민중민주주의(PD) 노선을 신봉하게 된 것은 이러한 광주사태의 비극을 배경으로 한 것이었다. 그들은 군부독재정권이 수립되고 유지되는 근본적 원인이 미국(NL)이나 한국의 자본가 계급(PD)에 있다고 보고 이의 타도를 부르짖었다. 그들은 군부독재정권의 타도뿐만 아니라 대한민국의 정통성까지도 부정하기에 이르렀다. 그리고 이와 같은 학생운동권 일부의 특성은 독재를 타도하고 다원민주주의의 실현을 운동 목표로 삼았던 제1, 2, 3, 4공화국시대의 학생운동과 질적으로 다른 것이었다.

제5공화국의 전두환 정권은 철저한 반공 독재정권이었음에도 불구하고 1948년 이래 금서(禁書)로 묶여 있던 마르크스와 마르크시스트들의 저작물들을 1982년에 해금하였다. 마르크스주의 서적들의 금서화는 다원민주주의 원칙에 위배되는 것이나 전 정권이 다원민주주의 원칙에 근거해서 금서들을 해금한 것은 아니다. 전두환 군부독재정권은 마르크시즘과 네오마르크시즘이 다원민주주의를 설득력 있게 부정할 수 있다는 점에 착안해서 금서 해금조치를 취한 것이다. 전두환 정권은 그 정권에게 보다 근본적이고 장기적인 적(敵)인 마르크시즘과 네오마르크시즘의 힘을 빌려 바로 눈앞의 반대자인 다원민주주의의 호소력을 꺾으려고 하였다.

전두환 정권은 절차가 중요한 것이 아니라 결과가 중요하다는 논리를 내세웠다. 전두환 정권은 다원민주주의 절차를 유린한 독재정권이지만 국민들에게 정의(正義)를 제공할 수 있다고 주장하였고 그러한 근거에서 여당을 "민주정의당"이라고 명명하였다. 금서의 해금조치는 그들의 이러한 주장과도 관계가 있다. 그들은 독재를 통해 국민들의 복리를 증진시킬 수 있다는 그들의 주장을 프롤레타리아 독재를 통해 모든 인민들을 행복하게 만들 수 있다는 마르크스의 논리를 빌려 정당화하려고 한 것이다.

금서의 해금조치가 원인은 아니지만 이 때부터 한국정치에 대한 좌파적인 해석이 본격적으로 나타나게 되었다. 한국정치에 대한 좌파적 해석이 다원민주주의적인 해석과 모두 상반되고 대립되는 것은 아니다. 한반도가 냉전의 희생물이었다든가, 한국은 일제의 잔재를 청산하지 못했다든가, 사회개혁이 미흡했다든가, 정권의 성격이 독재적이었다든가 등에 대해서 두 해석은 동의하고 있다. 그러나 좌파적 해석은 한국의 분단 원인이 구소련이나 북한의 공산주의자들보다는 미국과 이승만 박사에게 있다고 보고, 한국전쟁을 북한의 침략전쟁이 아닌 통일을 위한 내전(內戰, civil war)으로 정당화하고, 북한의 남한 공격이 미국의 유도에 기인할지도 모른다는 것을 암시하고, 북한과 김일성 체제의 특성을 호의적으로 본다. 이러한 해석은 왜곡되거나 조작된 역사적 사실에 근거해 있거나, 정확한 역사적 사실에 근거해 있더라도 매우 자의적인 해석이다. 한국정치에 대한 이러한 해석은 최근 공개된 엄청난 양의 역사적 문헌을 면밀히 조사한 많은 연구들에 의해서도 오류라는 것이 대부분 판명되었다. 이 해석은 다원민주주의를 건국이념으로 가지고 있는 대한민국의 정통성을 부정하려는 선전·선동적 이데올로기에 불과한 것이다. 그럼에도 불구하고 이와 같은 해석은 노무현 정권의 출범과 전두환 시대 학생 운동가들 중 일부의 노정권 참여 이래 권력을 배경으로 하여 다시 확산되는 경향이다.

좌파성향을 가지고 있는 정치학자들은 1980년대 중반부터 대학 강단에 서기 시작했고 그들은 한국정치를 마르크스나 여러 부류의 네오마르크시스트의 이론적 틀을 가지고 해석하였다. 그들의 한국정치 분석은 서로 간 차이가 있지만 경제가 항상은 아니더라도 최종적으로는 정치를 결정하고, 국가는 총자본의 이해관계를 보호하는 정치적 기구이고, 다원민주주의체제도 자본가 계급의 지배체제로 보고 있다는 점에서 공통된다. 그들의 한국정치론 역시 해방 3년, 분단, 한국전쟁, 북한에 대해서는 대체로 위에 소개한 좌파적 해석을 따르고 있고 그 이후의 한국정치에 대해서도 매우 부정적인 비판을 가하고 있다.

III

구미 각국의 자국정치론(自國政治論)은 대부분이 다원민주주의론이다. 이를 부정하는 자국정치론도 있으나 극소수에 불과하고 이러한 책들은 점점 입지를 잃어가고 있다. 정치학자들 간에 마르크시즘과 네오마르크시즘의 영향력은 소멸되어 가고 있고, 사회주의 정당들도 제3의 길을 걷고 있다. 이러한 경향은 일본에서도 마찬가지이다. 이들 여러 나라에서의 자국정치론 강의는 다원민주주의를 발전시키기 위해 필요한 민주시민 교육의 역할을 담당하고 있다.

구미 제국과 일본의 자국정치론이 대부분 다원민주주의체제의 유지와 발전을 목표로 하고 있는 데 반해, 우리나라의 한국정치론은 현재 다원민주주의적인 한국정치론과 좌파적인 한국정치론으로 나뉘어져 있고 후자도 청년학생들에게 영향을 미치고 있다.

구미와 일본 정치의 연구와 교육에는 거의 소멸의 운명을 맞고 있는 마르크시즘이나 네오마르크시즘이 한국정치의 연구와 교육에 아직도 영향력을 유지하고 있는 이유는 어디에 있는가? 그 중 두 가지 이유만 살펴보면 다음과 같다.

제5공화국시대에 마르크시즘과 네오마르크시즘은 군부독재정권에 대한 학생들의 저항의식이 발산되는 통로(通路)였다. 학생들 중 일부는 이미 지적한 바와 같이 김일성의 "주체사상" 같은 것을 신봉했지만 이보다 많은 수의 학생들은 마르크시즘과 네오마르크시즘에 경사(傾斜)하게 되었다. 이 이론은 군부독재세력과 자본주의체제는 무너뜨려야만 하고 또 무너질 수밖에 없다는 신념을 그들에게 불어넣어 주었다. 이 이론은 군부독재세력과 투쟁하는 데 있어 유효한 이념적 무기였다. 다원민주주의론도 군부독재를 비판했지만 자본주의체제의 타도와 같은 혁명을 요구하지는 않았다. 군부독재세력과의 투쟁에 있어 마르크시즘과 네오마르크시즘은 다원민주주의론보다 훨씬 더 비타협적이고 강경한 투쟁노선이었다.

운동권 학생들은 이러한 비타협적인 강경노선을 선호하였다. 대학의 교수들은 대부분 이러한 노선이 잘못되고 위험한 노선이라고 우려하고 있었으나 학생들처럼 반독재투쟁에 적극적으로 나설 수 없었기 때문에 그 노선에 대해 왈가왈부하지 않고 침묵을 지켰다. 반독재, 민주화 투쟁에 참가한 극소수의 일부 교수들은 학생들을 지도할 수 있는 도덕적 입지를 확보하고 있었으나 그들도 그것이 이 투쟁을 약화시킬까 염려하여 이 노선에 문제를 제기하지 않았다.

좌파적 한국정치론은 제5공화국시대 운동권 학생들의 이와 같은 이념적 편향성과 상승작용을 일으켜 급속히 그 영향력을 확대하였다고 볼 수도 있다.

그러나 마르크시즘과 네오마르크시즘이 한국정치의 연구와 교육에 아직도 영향을 미치고 있는 이유가 이와 같은 제5공화국의 유산에만 있는 것은 아니다. 그것은 이 이론이 자본주의사회, 혹은 시장경제체제에 내재하고 있는 경제적 불평등을 비판하고 이의 구조적인 시정을 주장하고 있다는 데도 있다. 다원민주주의도 부의 불평등한 배분을 시정하는 정치적 절차라고 볼 수 있지만 이러한 정치적 절차를 통한 경제적 불평등의 시정에는 현재까지의 실적으로 볼 때 커다란 한계가 있다. 현재 우리나라의 경우 시장경제체제가 이룩해 낸 놀랄만한 부의 증대로 소수의 자본가들뿐만 아니라 다수의 노동자들도 모두 과거보다는 훨씬 풍요로운 생활을 하고 있지만 그들 간의 부의 배분에는 심각한 불평등이 존재하고 있다. 그리고 부의 불평등은 권력과 영향력의 불평등을 초래하고 이러한 불평등은 다시 경제적 불평등을 심화시키고 있다.

마르크시즘과 네오마르크시즘에 입각한 한국정치론은 불평등의 구조적 시정을 강력하게 요구하고 있다는 점에서 다원민주주의론에 입각한 한국정치론보다 규범적인 성격이 더 강하다고 볼 수 있다. 전자의 좌파이론은 다원민주주의론도 이와 같은 문제의식을 갖도록 만드는 한에 있어, 혹은 현실정치가 이 이론이 제기하는 문제에 보다 큰 관심을 갖도록 만드는 한에 있어서는, 다시 말해 다원민주주의의 맹점을 지적하는 비판으로서 그 존재를 유지하는 한에 있어서는 한국정치론과 한국정치의 발전에 공헌할 것이다. 여태까지의 좌파적 한국정치론은 그것의 체제부정적인 성격에도 불구하고 이와 같은 공헌을 하였다고 평가할 수 있다.

마르크시즘과 네오마르크시즘이 다원민주주의론에 대한 대안이 아니라 그것의 맹점을 지적해 주는 비판이념으로서밖에 존재할 수 없는 것은 현재로서는 제기하는 문제들을 해결하는 데에 아주 무력하기 때문이다. 마르크시즘의 문제해결책은 정치적으로는 프롤레타리아 혁명과 독재이고 경제적으로는 사유재산 제도의 폐지와 계획, 혹은 명령경제체제의 수립이다. 마르크시즘과 네오마르크시즘은 이러한 정치경제적 혁명과 평등을 주장하지만 개인의 인권과 정치적 권리, 정치적 다원주의, 견제와 균형의 정치, 제한정부론 같은 서구제국의 인민들이 두 세기에 걸친 피나는 정치적 투쟁의 결과로 달성한 소중한 성과를 무시하고 이의 실현을 주장하지 않는다. 그리하여 한 세기 전에 막스 베버(M. Weber)는 사회주의가 관료주의로 전락할 것이라고 예측했고, 60여 년 전에 하이에크(F. Hayek)는 사회주의로의 길이 노예에의 길일 것이라고 진단하였다. 그리고 구소련과 동구의 "현실 사회주의(existing socialism)" 정권은 노동자들을 포함한 모든 인민들을 관료적으로 통제하고 노예로 취급하는 전체주의적 독재정권으로 전락하고, 그 때문에 내부로부터 붕괴하여 베버뿐만 아니라 하이예크의 판단에까지 설득력을 실어주고 있다.

좌파적 한국정치론은 마르크스와 네오마르크시스트들의 문제의식과 분석방법을 채용하고 있으면서도 그로부터 나오는 문제들의 해결책은 대부분 마르크스가 제시하는 해결책에서 찾지 않고 다원민주주의에서 찾고 있다. 그리고 바로 이 점에서 좌파적 한국정치론은 다원민주주의적 한국정치론과 보완관계에 있을 수 있다.

현실의 다원민주주의와 시장경제체제는 좌파학자들이 제기하는 바와 같은 적지 않은 문제점들을 가지고 있다. 그러나 이러한 문제점들은 다원민주주의와 시장경제체제로 해결하는 수밖에 없다. 이 문제를 마르크스가 제시하는 방법으로 해결하려고 한다면 구소련, 동구, 북한에서와 같이 오히려 문제를 더욱 악화시키는 역설적 결과가 나오기 때문이다. 선진제국들은 모두 다원민주주의와 시장경제체제를 가지고 오늘 그들이 누리는 번영에 도달했고 한국도 이 체제로 유사 이래 이루지 못했던 발전을 이룩했다. 이 체제의 발전이 모든 선진국들이 추구하는 방향이고 한국도 이러한 선진국들과 가까운 관계를 유지하고 세계사적 발전방향에 순응해서 함께 가야 할 것이다. 한국이 선진국에 진입하고 국민들 모두가 정신적으로나 물질적으로나 보다 풍요로운 삶을 영위할 수 있는 방도는 이 외에는 없다.

IV

구소련의 구성국들과 동구의 여러 나라들이 공산주의를 버리고 다원민주주의체제를 수립함으로써 다원민주주의에 대한 공산주의, 즉 전체주의적 독재체제의 위협은 서구에서는 사라졌다. 서구의 사회주의 정당들은 많은 경우 구소련과 동구의 붕괴 이전에 이미 소련 공산주의뿐만 아니라 마르크시즘과도 결별하고 다원민주주의를 지지하였다. 그러나 한국에서는 이에 대한 위협이 점점 커지고 있는 실정이다. 노무현 정권은 다원민주주의 체제의 국제적 지지 세력과는 점점 관계가 소원해지고 있고 이의 부정세력과는 점점 가까워지고 있다. 김대중-노무현 정권의 대북정책은 현재로서는 북한의 전체주의적 공산독재체제를 강화시키는 역효과도 내고 있다. 대한민국과 다원민주주의를 폄하하고 부정하는 세력의 활동은 그 어느 때보다도 대담하고 활발하다. 한국의 기업가들과 국가 관료들은 한국정치에 불고 있는 이와 같은 바람에 대해 위기감을 느끼고 있지만 그들 각각의 사적(私的) 이해관계 때문에 이 바람이 일시적인 바람으로 지나가기만 기다리고 있다. 한국의 중산층도 이러한 사태를 우려하고 있지만 중산층 특유의 안일주의 때문에 정치적으로는 소극적이고 수동적이다. 한국사회는 해방 직후 나타났던 좌우파의 극렬한 대결이 다시 일어날 수 있는 기미도 보이기 시작했다. 이는 모두 다원민주주의의 정착과 발전을 위해서는 상서로운 징조가 아니다.

이제 대학의 한국정치론은 다원민주주의를 정착, 발전시키는 데 보다 적극적인 역할을 해야 한다. 구미 대학들에서 자국정치론은 앞서 지적한 바와 같이 민주시민 교육의 역할을 담당하고 있는데, 한국정치론은 이러한 교육의 역할뿐만 아니라 다원민주주의의 정착과 발전을 위한 구성적 역할도 담당해야 한다. 이러한 역할을 정치인들에게만 맡기기에는 이 문제가 너무 중요하고 정치인들에 대한 우리 국민들의 신뢰감이 너무 낮다.

한국정치론은 다원민주주의의 정착과 발전을 위해 정부형태, 행정, 입법, 사법부의 개혁, 단임 대통령제와 무책임성, 대통령 임기와 국회의원 임기의 불일치, 선거제도, 정당의 파당화와 주변화, 이익집단, 시민단체와 민주적 적자(democratic deficit), 신문과 방송의 편파성과 정치적 중립, 여론, 정치문화, 정책과 정책결정과정, 지방자치 등의 문제를 연구해야 할 것이다. 한국정치론은 다원민주주의가 시장경제체제가 산출해 내는 많은 패자(敗者)들을 구하는 데 얼마나 효과적인지에 대해서도 엄정한 평가를 내려야 한다. 그리고 이러한 평가를 근거로 삼아 다원민주주의체제 자체를 어떻게 개선해 나갈 수 있는지에 대해서도 부단히 연구해야 할 것이다. 다원민주주의적 한국정치론은 현재 이러한 문제들을 다루고 있으나 아직도 이에 대한 연구의 심도가 낮고 좌파적 한국정치론은 이러한 문제들에 대해 별로 큰 관심을 가지고 있지 않다.

다원민주주의는 한국정치가 실현하고 발전시켜야 할 목표이다. 이 이념은 제1공화국시대부터 왜곡되기도 하고 부정되기도 하였지만 건국이념으로서의 위치를 줄곧 고수해 왔다. 한국정치론은 다원민주주의에 대한 국민들의 충성심을 함양해야 하고 이를 위협하는 요소에 대한 경각심도 일깨워야 한다. 한국정치론은 국민들이 다원민주주의체제로 구현되고 있는 대한민국이라는 국가에 대해 애국심도 갖도록 교육해야 할 것이다.

한국사회는 현재 매우 모호한 의미에서 보수세력과 좌파세력의 대결양상을 보이고 있다. 다원민주주의의 정착과 발전을 위해서는 이 양 세력이 서구에서와 같이 중간을 향해서 수렴되는 경향을 나타내야 한다. 이를 위해서는 보수세력은 좌파세력이 제기하는 문제들을 보다 적극적으로 해결하려는 자세를 가져야 하고 좌파세력은 다원민주주의의 정치적 원칙을 신봉한다는 것을 확실히 해야 한다. 한국의 좌파세력이 다원민주주의의 정치적 원칙에 대한 신봉을 확실히 한다는 것은 구미의 좌파세력처럼 전체주의적 공산독재체제를 반대하고 이 점에 있어서는 보수세력과 공동보조를 취하는 것이다. 그러나 오늘의 정치현실은 이러한 수렴보다는 양극화의 경향을 나타내고 있다. 한국의 정치학자들은 다원민주주의자들이건 네오마르크시스트이건 간에 보수-좌파 세력이 양극화되지 않고 수렴될 수 있도록 그들의 지적 활동을 해야 할 것이다. 그렇게 하지 않는다면 한국은 혼란, 정체, 쇠락의 길로 잘못 갈 수밖에 없을 것이다. 필자는 이 책이 다원민주주의의 정착과 발전에 미력하나마 기여할 수 있기를 바란다.

마지막으로 지난 6개월 동안 이 책을 아주 꼼꼼하게 교정하고 편집해 주신 서울대학교 출판부의 정미경 님과 곽진희 편집과장님께 깊은 감사의 뜻을 전한다.

2006년 3월 1일

이 정 복

초판 머리말

이 책은 필자가 전두환, 노태우 시대에 한국정치에 관해 쓴 논문들을 모은 것이다. 이 논문들은 다시 발표하기 부끄러운 글이나 필자가 서울대학교 정치학과에서 가르치는 <韓國政治論> 강의에 독본으로 쓸 목적에서 책으로 묶었다. 학생들이 한국정치를 이해하는 데 약간의 도움은 되지 않을까 하는 희망에서이다.

여기 싣는 글들은 목차에 나타나 있는 바와 같이 분석시각에 따라 政治經濟論, 政治理念論, 政治文化論, 政治過程論, 南北韓論의 다섯 가지로 분류하였다. 한국정치를 분석하는 시각으로는 이 외에도 제도적 분석, 엘리트론적 분석, 국제정치적 분석, 정책적 분석이 있으나 위의 다섯 가지 분석시각으로 한국정치를 분석한 글들만을 우선 이 책에 소개하였다.

政治經濟的 시각에서 한국정치를 분석한 두 편의 글은 한국정치에 있어서의 經濟와 政治와의 관계를 논하고 있다. 경제와 정치와의 관계에 관한 이론으로는 마르크스주의로부터 길레모 오도넬의 관료적 권위주의론과 미국학자들의 근대화론에 이르기까지 여러 종류가 있으나 여기서는 한국정치라는 경험적 사실을 직시하여 경제와 정치가 어떠한 관계에 있는지를 분석하였다. 특히 이 두 편의 글은 관료적 권위주의론이 한국정치의 이해에 어떠한 왜곡을 초래했는가를 집중적으로 검토하고 있다.

政治理念論에 실린 세 편의 글은 오랫동안 재야와 운동권 청년학생들의 투쟁이념이었을 뿐만 아니라 한국정치의 분석틀이기도 하였던 민중론, 마르크시즘, 통일론을 소개하고 이 세 이념의 浮沈이 정치체제의 변화와 어떠한 관계에 있는가를 밝히고 있다.

政治文化論은 우리 국민들의 정치의식을 소개하고 있다. 형식민주주의체제를 가지고 있던 제3공화국시대 말 빈민과 노동자들, 제5공화국 군부독재시대의 중산층, 그리고 형식민주주의가 복원된 제6공화국시대의 우리 국민들은 각각 어떠한 정치적 태도를 가지고 있는가를 살펴보고 있다. 국민들의 정치의식은 우리가 가지고 있는 정치체제의 유지조건임과 동시에 그 체제의 성격을 반영하고 있다는 시각에서 정치문화를 논의하고 있다.

한국정치의 특성을 가장 잘 나타내 주는 것이 政治過程이다. 여기서는 한국정치과정에 있어서 議院內閣制와 大統領中心制의 장단점을 소개하고 정당정치와 의회정치에는 어떠한 문제점이 있는가를 분석하고 있다.

南北韓論은 남북한 분단의 원인, 남북한의 정치사, 남북한 관계사를 소개하고 있다. 냉전논리에 입각한 1950년대와 1960년대의 반공주의 시각과 1970, 80년대의 "수정주의" 시각을 모두 거부하고 보다 현실주의적인 시각에서 남북한의 과거를 정리하였다.

여기 실린 글들은 대부분 분석대상에 있어서는 제4공화국 유신시대와 제5공화국시대를 다루고 있다. 제3공화국시대까지의 형식민주주의체제가 제4, 5공화국의 군부독재체제로 변화한 원인, 이 체제에 대한 투쟁이념으로서의 민중론, 마르크시즘, 통일론, 오랫동안의 군부독재시대를 배경으로 하고 있는 우리 국민들의 정치의식과 제6공화국 형식민주주의시대의 정치과정, 그리고 독재로 점철된 남북한의 정치사를 고찰하고 있다. 한국정치가 어떻게 군부독재시대에 종지부를 찍고 형식민주주의시대로 다시 이행할 수 있는지의 문제의식을 가지고 이러한 주제들을 살펴보았다.

이 책에서 다루고 있는 軍部獨裁時代는 정치적으로 어두운 시대였으나 우리들의 삶에 직결되는 가치를 중심으로 치열한 대결이 있던 시대였다. 독재자들은 절차적 정통성의 결여를 빈곤퇴치와 경제적 업적으로 메우려고 전력을 다한 반면, 민주화세력은 지역적 연고와 이념적 성향에 관계없이 서로 단합해서 오랫동안 끈질기게 반독재투쟁을 벌였다. 군부독재시대는 민주적 절차를 무시하고 경제업적으로 정통성을 확립하려는 업적주의와 민주적 절차의 회복을 가장 중요한 가치로 삼았던 절차주의가 서로 극단적으로 대립하던 시대였다. 경제업적과 민주적 절차는 둘 다 우리 국민들에게 필요불가결한 공공선(the public good)이었다. 군부독재시대는 이 두 가지 공공선을 동시에 실현시키지 못한 비극을 가지고 있었으나 이 두 가치를 중심으로 한국정치의 두 세력이 거의 전투적으로 대립하던 시대였다. 이 시대는 비정상적인 어두운 시대였으나 정치인들이 그들의 권력의지를 한편에서는 강압과 경제업적 달성을 통해, 다른 한편에서는 민주화투쟁을 통해 실현시키려 했던 공공정치의 시대였다.

이 책에 실린 글들에서 필자는 경제발전과 민주주의의 종국적 양립성을 주장하고 있다. 그러나 지난 1980년대의 韓國 政治學에 이의 양립성보다는 모순성을 더 강조하는 경향이 나타난 것은 경제는 발전했지만 정치는 후퇴한 이 시대의 한국정치를 그대로 반영한 것이었다.

제6공화국의 수립으로 형식민주주의는 복원되었다. 우리는 업적과 절차라는 두 가치의 실현을 동시에 추구할 수 있는 정치체제를 갖게 되었고 비정상적이던 정치는 상당히 정상화되었다. 그러나 오늘날의 정치가 공공선의 실현을 둘러싼 정책대결의 정치가 되지 못하고 지역을 지지기반으로 한 사적 권력투쟁의 정치로 전락하고 있는 것은 아닌가 하는 의문을 버리기 어렵다. 한국의 정치세력이 구미 제국이나 일본에서와 같이 보수와 진보세력, 근대와 포스트 근대세력, 사회복지와 반사회 복지세력, 경제발전과 환경보호세력, 혹은 도시와 농촌세력 등으로 구분되는 것이 아니라 전근대적 아시아, 아프리카 제국에서와 같이 지역을 중심으로 구분되고 있기 때문이다.

이 책의 政治文化論과 政治過程論에서 한국정치의 이와 같은 後退現象을 지적하고 이의 극복을 강조하고 있으나 이러한 후퇴현상은 오히려 심화되고 있다. 오랜 기간에 걸쳐 커다란 희생을 치르고 다시 찾은 형식민주주의의 실질적 발전을 위해서는 불행한 일이라 아니할 수 없다.

마지막으로 이 책의 출판을 도와주신 서울대학교출판부의 차배근 교수님과 박동해 국장님, 그리고 미래기획의 민순옥 님에게 감사드린다.

1995년 8월 15일
서울大 韓國政治硏究所에서
이 정 복

차 례

개정증보5판 머리말 v
개정증보4판 머리말 v
개정증보3판 머리말 vii
개정증보2판 머리말 x
개정증보판을 내면서 xii
초판 머리말 xxi

제1부 국제정치와 남북한론

제1장 미국의 대한정책과 국가기구의 형성 ········ 3
Ⅰ. 서언 4
Ⅱ. 미국의 대한정책 5
Ⅲ. 미군정기 국가기구의 형성 16
Ⅳ. 경찰과 군의 창설 28
Ⅴ. 결어 40

제2장 남북한의 정치체제와 관계 ········ 43
Ⅰ. 서언 44
Ⅱ. 남북한 국가의 수립 44
Ⅲ. 남북한의 정치체제 48
Ⅳ. 남북한 관계 60
Ⅴ. 결어 70

제3장 남북한의 회해협력 ········· 73

제4장 대북 햇볕정책의 문제점과 극복방향 ········· 79

Ⅰ. 서언 80

Ⅱ. 연계정책과 대북 햇볕정책 82

Ⅲ. 한미의 정치체계와 대북 햇볕정책 87

Ⅳ. 북한의 상황과 대북 햇볕정책 95

Ⅴ. 한국의 통일정책과 대북 햇볕정책 102

Ⅵ. 북한의 체제적 성격과 대북 햇볕정책 107

Ⅶ. 결어: 문제점의 극복방향 116

제5장 북한 핵 문제의 진전 상황과 해결 전망 ········· 121

제6장 6자회담의 9 · 19 공동성명과 북핵 문제 ········· 147

제7장 노무현 정권의 대북정책 평가 ········· 173

제2부 정치경제론

제8장 산업화와 정치체제의 변화 ········· 183

Ⅰ. 서언 184

Ⅱ. 산업화와 정치체제의 변화에 관한 두 가지 견해 186

Ⅲ. 관료적 권위주의론과 과대성장국가론 191

Ⅳ. 산업화, 사회계층구조 및 정치체제의 변화 194

Ⅴ. 결어 201

제9장 관료적 권위주의론과 한국정치 ········· 203

Ⅰ. 서언 204

Ⅱ. 오도넬의 관료적 권위주의론 206
Ⅲ. 한국의 관료적 권위주의론 212
Ⅳ. 한국정치에 있어서의 경제적 요인 224
Ⅴ. 결어 230

제10장 민중론의 정치경제적 분석 ········ 235
Ⅰ. 서언 236
Ⅱ. 외국에서의 민중론 237
Ⅲ. 한국에서의 민중론 256
Ⅳ. 결어 282

제11장 한국정치의 정치경제적 분석 ········ 285
Ⅰ. 정치경제적 분석방법 286
Ⅱ. 이승만 시대의 정치경제적 분석 289
Ⅲ. 박정희 시대의 정치경제적 분석 298
Ⅳ. 전두환 시대의 정치경제적 분석 307
Ⅴ. 민주화 시대의 정치경제적 분석 312

제3부 정치문화론

제12장 한국의 사회계층과 정치문화 ········ 329
Ⅰ. 서언 330
Ⅱ. 사회계층 간 동일 정치문화론 331
Ⅲ. 사회계층과 정치적 태도 336
Ⅳ. 결어 344

제13장 중산층과 정치발전 ········ 347

제14장 우리나라 국민의 정치의식 ······ 353
Ⅰ. 서언 354
Ⅱ. 정치적 인지패턴 (Patterns of Political Cognition) 357
Ⅲ. 정치와 정부에 대한 정서적 평가 360
Ⅳ. 정치적 참여와 자신감 368
Ⅴ. 사회적 관계와 신뢰 371
Ⅵ. 사회경제적 변수와 정치의식 374
Ⅶ. 결어 378

제15장 한국인의 투표행태 ······ 383
Ⅰ. 서언 384
Ⅱ. 유권자들의 사회경제적 배경과 지지후보 선택 386
Ⅲ. 유권자들의 사회경제적 배경과 부동층 390
Ⅳ. 유권자들의 정치적 태도와 후보 선택 393
Ⅴ. 유권자들의 인물, 정당, 이슈 정향과 후보 선택 397
Ⅵ. 결어 403

제16장 한국의 정치문화 ······ 405
Ⅰ. 정치문화적 분석방법 406
Ⅱ. 전통 한국의 정치문화 414
Ⅲ. 현대 한국의 정치문화 430
Ⅳ. 탈현대 속의 한국 정치문화 451
Ⅴ. 요약 457

제4부 정치제도론

제17장 의원내각제와 대통령중심제 ······ 463
Ⅰ. 문제 제기 464

Ⅱ. 정부형태의 제도적 장·단점 464
Ⅲ. 정통성의 위기와 정부형태 468
Ⅳ. 정치·사회세력 간의 갈등과 정부형태 470

제18장 개헌논의의 방향 475

제19장 한국의 의회정치, 무엇이 문제인가? 485

제20장 정당과 정당체계의 발전방향 493
Ⅰ. 정치발전의 목표로서의 정당 간 정권 교체 494
Ⅱ. 한국 정당의 조직적 특성과 발전방향 495
Ⅲ. 한국 정당체계의 특성과 발전방향 506
Ⅳ. 정당의 조직적 발전과 정당체계 변화의 연계성 508

제21장 한국의 선거, 정당, 학생, 군, 언론, 이익집단 511
Ⅰ. 정치과정 분석방법 512
Ⅱ. 한국의 선거 515
Ⅲ. 한국의 정당 543
Ⅳ. 한국의 학생, 군, 언론, 이익집단 546

제22장 한국의 정치제도 563
Ⅰ. 정치제도적 분석방법 564
Ⅱ. 미군정과 제1공화국시대의 정치제도 570
Ⅲ. 제2공화국시대의 정치제도 582
Ⅳ. 제3공화국시대의 정치제도 592
Ⅴ. 제4공화국시대의 정치제도 604
Ⅵ. 제5공화국시대의 정치제도 614
Ⅶ. 제6공화국시대의 정치제도 619

第5部 정치발전론

第23장 21세기 한국의 정치적 과제 ······ 635

第24장 정책대결정치의 부재원인과 극복방향 ······ 657

Ⅰ. 한국정치의 발전과 타락 658

Ⅱ. 정당 간 정책대결 정치의 필요성 661

Ⅲ. 정당 간 정책대결 부재의 원인 663

Ⅳ. 한국정치의 발전방향 671

第25장 IMF 사태의 정치적 원인과 극복방향 ······ 675

第26장 한국 민주주의의 회고와 과제 ······ 689

Ⅰ. 서언 690

Ⅱ. 한국의 사회경제적 조건과 민주주의 691

Ⅲ. 한국의 정치과정과 민주주의 701

Ⅳ. 한국의 정치제도와 민주주의 711

Ⅴ. 결어 720

第27장 第17대 대선과 선진정치의 조건 ······ 723

Ⅰ. 예측 가능한 정치 724

Ⅱ. 정당정치의 확립 729

Ⅲ. 공정한 심판질서의 수립 739

Ⅳ. 국민 정치의식의 발전 745

第28장 위기의 한국사회, 대한민국은 위험한가? ······ 753

제29장 한국정치의 과제와 전망 ········· 763
Ⅰ. 정치는 왜 중요한가? 764
Ⅱ. 한국정치의 과제 765
Ⅲ. 한국정치의 전망 774

제6부 보 론

제30장 한국정치학 60년: 방법론과 이론 ········· 777
Ⅰ. 서언 778
Ⅱ. 제1공화국시대(1945～1960)의 정치학 방법론과 이론 780
Ⅲ. 제2-3공화국시대(1960～1972)의 정치학 방법론과 이론 788
Ⅳ. 제4-5공화국시대(1972～1987)의 정치학 방법론과 이론 796
Ⅴ. 제6공화국시대(1987～현재)의 정치학 방법론과 이론 809
Ⅵ. 결어 823

제31장 현대한국정치분야의 연구업적 개관 ········· 829
Ⅰ. 서언 830
Ⅱ. 제1, 2, 3공화국시대의 한국정치분야 연구업적 833
Ⅲ. 제4, 5공화국시대의 한국정치분야 연구업적 851
Ⅳ. 제6공화국시대의 한국정치분야 연구업적 874
Ⅴ. 결어 928

제32장 한국정치학의 회고와 과제 ········· 931
Ⅰ. 서언 932
Ⅱ. 한국정치학의 현황 933
Ⅲ. 결어 955

참고문헌 959

제1부

국제정치와 남북한론

제1장

미국의 대한정책과 국가기구의 형성

이 글은 일본의 패망 이후 미국의 대한반도정책이 무엇이었고 미군정기에 대한민국의 국가기구가 어떻게 형성되었는가를 다루고 있다.

미국의 대한반도정책은 왜 한반도가 분단되었는가에 초점을 맞추어 다루고 있다. 이 문제에 관해서는 조순승 박사와 브루스 커밍스 교수의 방대한 연구결과가 있지만 조 박사의 연구는 1950년대와 1960년대의 반공주의의 영향을 많이 받고 커밍스 교수의 연구는 1970년대의 '수정주의' 시각에 빠져 있다는 문제점을 가지고 있다. 이 글에서는 이 두 연구자의 시각을 지양하고 보다 현실주의적인 시각에서 이 문제를 보고자 노력하였다.

미군정기 국가기구의 형성과정에 대해서는 행정부, 입법부, 사법부와 경찰과 군이 창설된 과정을 기술하고 있다. 특히 이 글은 일제 식민시대의 통치기구와 이 기구의 한국인 구성원들이 미군정시대 국가기구의 형성과 구성에 큰 영향을 미쳤다는 점을 지적하고 있다.

이 글은 한국에 '수정주의'가 유행하던 시대에 썼다. 이 글의 의의는 '수정주의'에 역사적 사실을 왜곡하는 커다란 문제점이 있다는 것을 강조한 데 있다. 소련 붕괴 이후 공개된 소련측 자료는 이와 같은 결론을 다시 확인해 줄 뿐이다.

I. 서언

이 글은 미국의 대한정책과 대한민국의 국가기구형성이라는 두 가지 문제를 다룬다. 미국의 대한정책에 대해서는 조순승 박사와 브루스 커밍스(B. Cumings) 교수의 연구업적이 있고 국가기구의 형성에 관해서는 몇 편의 석·박사 논문이 있다.[1)]

미국의 대한정책이라고 하면 군사, 정치, 외교, 경제, 사회, 문화, 언론 등의 여러 면에 대한 정책을 의미하나 조 박사와 커밍스 교수는 한반도에 왜 분단국가가 수립되었는가에 초점을 맞추어 미국의 대한정책을 다루고 있고 이 글도 이 점에 있어서는 조 박사와 커밍스 교수를 따를 것이다. 그러나 이 글은 조 박사와 커밍스 교수의 연구업적이 다음과 같은 문제점을 가지고 있다는 인식을 그 출발점으로 삼을 것이다.

조 박사는 한반도에 통일국가가 수립되지 못하고 분단국가가 수립된 원인을 소련의 미국에 대한 비협조에서 찾고 있고 이와 같은 소련의 비협조를 예상하지 못한 미국의 한반도 문제에 대한 무지를 비판하고 있다.

필자가 보기에는 조 박사의 이와 같은 논점은 분단국가 수립에 대한 미국의 책임을 너무 많이 경감시켜 주고 있다. 미국의 대한정책에 대한 소련의 비협조를 한반도 분단의 일차적 원인으로 보는 것은 조 박사나 오늘날의 많은 한국인들이 가지고 있는 정치경제적 가치관에는 호소력이 있다 할지라도 이와 같은 주장에는 당시의 미소관계에 대한 객관적 시각이 결여되어 있다. 객관적으로 볼 때 미국도 소련만큼 한반도 분단에 대해 책임이 있고 조 박사가 그의 연구업적을 내놓은 이후에 공개된 미국의 대한정책에 대한 미국측 자료를 보면 미국이 한반도에 대해 조 박사가 상정하고 있는 만큼 무지한 것도 아니었다는 것이 명백하다.

커밍스 교수는 한반도의 분단 원인을 미국의 대한정책에서 찾고 있다. 미국의 소련에 대한 봉쇄전략이 미군정으로 하여금 남한 내의 혁명세력을 탄압하고 친일적인 우파세력들로 구성된 단독정부를 수립하게 했다는 것이다. 필자가 보기에는 이와 같은 주장은 한

1) Soon Sung Cho, *Korea in World Politics: 1940-1950*(Berkeley: University of California Press, 1967); Bruce Cumings, *The Origins of the Korean War*(Princeton: Princeton University Press, 1981). 국가기구의 형성에 관한 박사학위논문으로는 안진, "미군정기 국가기구 형성과정에 관한 연구"(서울대 사회학과, 1990)가 있다.

반도 분단에 대한 소련의 책임을 과도하게 경감시켜 준다. 커밍스 교수의 주장은 그가 견지하고 있는 신좌파(New Left)의 입장에는 부합할지 몰라도 보다 객관적인 시각에서 볼 때는 타당하다고 말할 수 없다. 한반도가 분단된 배경에는 소련의 대한정책이 미국의 대한정책만큼 중요한 자리를 차지하고 있기 때문이다. 소련은 북한의 민족주의세력을 미국이 남한의 좌파세력을 탄압한 것보다 더욱 혹독하게 탄압하였고 좌파세력으로 구성된 단독정부의 수립을 남한에 앞서 추진하였다. 분할점령된 한반도를 재통일시키려는 노력에 있어 소련이 미국에 앞서 있었다는 증거는 아직 찾아볼 수 없고 이 점에 있어서는 오히려 미국이 소련에 앞서 있었다는 느낌을 주는 미국 측 자료가 있다.2)

한마디로 말해 조 박사의 연구업적은 소련을, 커밍스 교수의 연구는 미국을 각각 과도하게 비판하고 있다. 이 글은 미국의 대한정책을 살펴보는 데 있어 조 박사와 커밍스 교수가 각각 빠져 있는 우편향과 좌편향을 극복하고 보다 객관적인 시각을 정립하는 데 그 목표를 두고 있다.

대한민국의 국가기구가 미군정 기간에 어떻게 형성되어 왔는가에 대해선 앞에서 지적한 바와 같이 국내 대학의 석·박사 논문이 몇 편 있다. 이들 논문들은 대부분 관료기구와 군, 경찰의 충원문제를 중점적으로 다루고 있다.

이 글에서는 이러한 충원문제뿐만 아니라 국가기구 자체가 어떻게 수립되고 발전되었는가도 다룰 것이다. 1945년 9월 미점령군은 일제강점기의 통치기구를 새로운 상황에 적응·변형시켜 이용하는 방안과 인민공화국의 급조된 통치구조를 이용하는 방안의 두 가지 중 전자의 방안을 채택하였다. 이 글에서 필자는 일제강점기의 통치기구가 어떻게 변형·발전되었는가를 살펴보고 그 중에서도 경찰과 군과 같은 강제기구가 어떻게 수립되고 발전되었는가에 대해서 보다 자세히 고찰해 보고자 한다.

II. 미국의 대한정책

미국은 왜 한반도에 대해 4대국 신탁통치를 주장하였는가? 미국은 어느 정도 진지하게

---

2) *Foreign Relations of the United States(FRUS)* (Washington: United States Government Printing Office), 1945년, 1946년, 1947년 참조.

신탁통치정책을 추진해갔는가? 미국은 왜 신탁통치정책을 한반도에 실현시킬 수 없었는가? 여기서는 이러한 문제를 중심으로 미국과 미군정의 정책을 살펴보고자 한다.

한반도에 대한 신탁통치안을 제2차 세계대전 말기에 미국의 루스벨트(F. Roosevelt) 대통령이 제안하였다는 것은 잘 알려진 사실이다. 그는 1943년 3월 24일 영국의 외무부장관 안토니 이든(A. Eden)을 만났을 때 한반도에 대한 신탁통치안을 제시한 이후[3] 얄타회담 중인 1945년 2월 8일 스탈린(J. Stalin)과 한반도에 미·영·중·소 네 나라의 탁치(託治)를 실시할 것을 구두로 합의하였다. 이 회담에서 스탈린은 한반도에 외국군대가 주둔해야 하느냐의 질문을 제기했고 루스벨트는 이에 부정적 답변을 하였고 스탈린도 이를 받아들였다.[4] 얄타에서의 이와 같은 구두합의내용은 루스벨트 사후인 같은 해 5월 28일 크레믈린 궁을 방문한 트루먼(H. Truman) 대통령의 특사인 해리 홉킨스(H. Hopkins)와 스탈린과의 회담에서 재확인되었다.[5]

그러나 한반도에 있어서의 군대주둔문제에 대해서는 미국의 전쟁(국방)장관 해리 스팀슨(H. Stimson)이 1945년 7월 16일 트루먼 대통령에게 보낸 메모 "한국에서의 신탁통치"에서 미육군이나 해병대의 상징적 주둔이 필요하다고 권고함으로써 이 문제에 관한 루스벨트의 의견에 수정을 가하고 있다. 그는 스탈린은 얄타에서 한반도에 외국 군대가 주둔해서는 안 된다고 주장했으나 소련은 1~2개 사단 정도의 한국인 군대를 훈련시키고 있는 것으로 알려지고 있고 소련의 지배를 받는 이 군대가 한반도에서 집권할 가능성이 있다고 경고하고 있는 것이다.[6]

여기서 우선 문제가 되는 것은 루스벨트 대통령이 한반도에 대해 왜 신탁통치안을 제시했느냐의 의문이다. 이 문제에 대해 조순승 박사는 두 가지 해답을 내놓고 있다. 첫째는 루스벨트가 한국에 대해 무지했다는 것이다. 루스벨트는 한국을 필리핀보다도 뒤떨어진 나라로 인식했고 한국민은 독립에 앞서 필리핀 국민과 마찬가지 정도의 정치적 훈련이 필요하다고 믿었다는 것이다. 둘째는 루스벨트나 그의 사후(死後)의 미국정부가 일본의 전력을 과대평가하여 소련의 대일전(對日戰) 참여를 권고하고 한반도에 대해서는 신탁통치안을 주장하였다는 것이다. 결국 한반도에 대한 신탁통치안은 미국의 무지와 실책의

3) Bruce Cumings, 앞의 책, p.104.
4) 양성철, 『남북통일 이론의 새로운 전개』(서울: 경남대학교 극동문제연구소, 1989), p.75.
5) Bruce Cumings, 앞의 책, p.111.
6) 양성철, 앞의 책, p.84.

결과라는 것이다.[7)]

커밍스 교수는 루스벨트의 신탁통치안을 루스벨트의 국제주의적 비전에서 찾고 있다. 루스벨트는 미・영・중・소의 네 나라가 서로 협력하여 세계평화를 유지하는 국제질서를 건설하려 하였고 소련을 이와 같은 4대국 협조체제에 정치・경제적으로 편입시켜 견제하고 미국의 절대적 우위를 확보하려는 비전을 가지고 있었다는 것이다.[8)] 루스벨트는 제2차 세계대전 기간 중의 4대국 협조체제가 전쟁 종결 후에도 그대로 지속될 수 있다는 낙관적인 판단으로 이와 같은 비전을 가지고 있었다고 볼 수 있다.

종전(終戰) 전에 한반도 문제를 다루고 있는 미국정부의 문서들은 한국에 대한 신탁통치안이 모두 이러한 비전에 따라 논의되었음을 나타내주고 있다. 문서에 따라 한반도 문제를 처리하는 구체적 단계에는 약간의 차이가 있으나 이들 문서들은 대체로 미국 주도하의 미・영・중・소 혹은 미・소의 한반도 군사점령 → 미국 주도하 이들 연합국들의 군사통치 → UN 혹은 미・영・중・소에 의한 신탁통치 → 카이로선언에 따른 한국의 독립이라는 한반도 문제 처리순서를 제시해놓고 있다. 한반도 문제를 이와 같이 처리하는 중 한반도가 두 개의 분단국가로 나누어질 위험성에 대한 일체의 언급을 이들 문서들에서는 찾아볼 수 없다.[9)] 루스벨트와 그의 추종자들의 국제주의적 비전에 따른다면 한반도에 대한 이상 소개한 바와 같은 신탁통치안이 한반도를 분열시키는 계기가 될 수는 없었을 것이다.

조 박사와 커밍스 교수는 한반도에 대한 신탁통치안이 나오게 되는 주관적 배경으로서의 미국 대통령이나 정부관리들의 판단과 비전을 각각 잘 밝히고 있다. 그러나 이와 같은 주관적 판단이나 비전이 한반도 신탁통치안에 대한 충분한 설명이 될 수는 없다. 우리는 조 박사와 커밍스 교수의 설명에 대해 다음과 같은 질문을 제기함으로써 그들이 각각 제시한 설명의 한계성을 쉽게 지적할 수 있다. 조 박사의 설명에 대해서는 만일 루스벨트나 그 외의 정부관리들이 한국을 잘 알고 일본의 전력에 대한 올바른 평가를 했었더라면 미국은 한반도를 단독으로 점령하고 한반도에 대한 단독통치나 즉시 독립정책을 실시할 수 있었겠느냐의 의문을 제기할 수 있다. 또 커밍스 교수의 설명에 대해서는 루스벨트가 국

7) Soon Sung Cho, 앞의 책 참조.

8) Bruce Cumings, 앞의 책과 그가 편집한 *Child of Conflict*(Seattle: University of Washington Press, 1983), pp.3-55.

9) 양성철, 앞의 책, pp.19-132.

제주의적 비전이 아니라 대소봉쇄전략의 비전인 민족주의적 비전을 가졌었더라면 미국이 한반도 단독점령을 강행했었을 것인가의 의문을 제기할 수 있다.

이 두 가지 가상적 질문에 대해 정확한 답변을 하기는 어렵지만 우리는 이에 긍정적으로 답하기 어렵다. 한반도에 대해 전통적인 이해관계를 가지고 있던 소련과 중국이, 특히 소련이 미국의 한반도 단독통치나 미국 관리 하의 즉시 독립에 동의했을 리가 만무하기 때문이다. 1945년 7월 4일 워싱턴에서 작성된 한 브리핑 문서를 보면 "만약 한국을 단독국가의 신탁통치 하의 탁치령으로 규정하는 경우엔 우선 그런 단독 신탁통치 위임국가를 선정하는 것이 어렵고 또 심각한 국제적 결과를 초래할지도 모른다"고 정세판단을 하고 있다.[10]

제2차 세계대전 말 국제정치체제는 이미 미·소를 중심으로 하는 양극체계를 형성하기 시작했고 4대국 신탁통치안은 한반도에 미국과 소련의 이해관계를 우선은 타협시키는 정책이었다고 볼 수 있다. 이 안은 미국 대통령이나 정부관리들의 잘못된 판단이나 계산뿐만 아니라 당시의 국제정치체계의 특성과 강대국들의 한반도에 대한 이해관계의 상충에서 나온 산물이었다. 미국이 이 안으로 한반도에 친미국가를 수립할 수 있다고 판단했다면 소련은 이 안으로 그들의 전통적 이해관계를 관철시킬 수 있다고 판단했을 것이다.

당시 미국에 있던 이승만 박사는 한반도에 대한 미·소의 이해관계의 상충과 이로 인한 한반도의 분단 위험성을 감지하였다. 그는 1945년 7월 21일 트루먼 대통령에게 보낸 편지에서 미·영·소의 수뇌들은 장래 한반도 전체의 정치적, 행정적 주권과 영토에 영향을 미치는 어떠한 국제적인 비밀합의나 이해도 없다는 것을 표명하는 공동선언을 해달라고 요청하였다.[11] 그는 이보다 2개월 정도 전인 5월 15일 트루먼 대통령에게 카이로선언과 배치되는 얄타 비밀협정에 대해 비판적인 편지를 내었고[12] 미 국무성은 이러한 협정의 존재를 부인하는 답신을 그에게 보냈음에도 불구하고[13] 이와 같은 편지를 트루먼 대통령에게 다시 내고 있는 것이다.

이 박사는 이외에도 한국에서의 공산주의자들과 민족주의자들간의 내전(civil war) 발발의 가능성을 제거하기 위해서는 중국 중경(重慶)에 있는 대한민국 임시정부를 미국을

---

10) 양성철, 앞의 책, p.10.

11) *FRUS*, 1945, pp.1031-1036.

12) 위의 책, pp.1028-1029.

13) 위의 책, pp.1029-1030.

비롯한 강대국들이 인정해야만 한다고 주장하였다. 그는 미 국무성이 이 문제를 그대로 내버려 둔다면 한국의 공산주의자들은 중경의 임정(臨政)을 반대하는 그들 자신의 임시정부를 결성할 것이고 그렇게 되면 한국 내에서의 "민족주의적 다수파"와 "소수파 공산주의자들"간의 피나는 전쟁이 불가피하다고 경고하였다.14)

이 박사의 걱정이 기우가 아니었다는 것은 그 이후 명백해졌다. 그가 걱정했던 바와 같이 한반도는 분단되었고, '민족주의자들'과 '공산주의자들'간에는 동족상잔의 전쟁이 있었고, 이러한 비극의 결과는 오늘날까지 지속되고 있다. 미국은 4대국 신탁통치안을 루스벨트의 국제주의적 비전에 따라 이해했을 뿐, 이것이 장차 소련과의 이해관계의 충돌로 이 박사가 걱정한 바와 같은 비극을 초래할 수 있다는 가능성을 심각하게 고려한 것 같지 않다.

당시 미국의 이해관계는 한국민의 염원보다는 소련의 협조를 확보하는 데 있었고 이러한 이해관계가 미국으로 하여금 루스벨트의 대한정책의 비극적 결과를 예견하지 못하게 했거나, 예견했더라도 묵살하게 만들었다고 볼 수 있다. 이 박사와 같은 독립운동가들이 한반도 분단과 전쟁의 가능성을 일찍이 감지했음에도 불구하고 그들은 이를 막을 수 있는 정치적 역량을 갖지 못했고 한국은 다시 강대국 정치의 희생물로 전락하게 되었던 것이다. 루스벨트와 스탈린이 얄타에서 구두로 합의한 4대국 신탁통치안은 한국민족의 이해관계보다 미·영·중·소 4대 강대국의 이해관계를 우선시한 정책구상이었고 이와 같은 정책구상의 비극적 결과에 대해 미국은 책임이 크다고 말할 수 있겠다.

일제 패망 후 한반도에 대한 미·소의 분할점령도 미국이 제안하고 소련이 받아들인 것이다. 이에 대해 당시 미국의 정치인들과 관리들은 분할점령이 일본군의 항복접수를 위한 군사적 편의에 불과하다고 주장했다.15)

한반도에 대한 미·소의 분할점령이 결국은 한반도 분단과 두 개의 분단국가 수립으로 이어졌기 때문에 한반도 분할점령에 대한 군사편의설은 오늘날 그 타당성을 잃고 있다.16)

---

14) 위의 책, pp.1032-1036.

15) Harry S. Truman, *Years of Trial & Hope*(New York: Doubleday, 1956), p.317; *Department of State Bulletin*, 1945년 12월 30일, 국무장관 Byrnes의 진술; *Department of State Bulletin*, 1947년 3월 23일, 국무차관보 John H. Hildring 장군이 1947년 3월 10일 디트로이트 경제클럽에서 행한 연설.

16) Truman, 위의 책, pp.56-58; 양성철, 앞의 책, pp.61-64. 양성철 교수는 미·소의 한반도 분할점령

그러나 당시 미국 지도자들의 정책 의도는 군사편의설과 크게 배치되지 않는다. 미국은 1945년 8월만 해도 소련과 합의한 4대국 신탁통치안이 한반도에 실현될 것이라고 믿었고 이러한 전망하에서의 한반도 분할점령은 군사적 편의에 의한 것이었다고 해도 틀린 말은 아닐 것이기 때문이다. 문제는 신탁통치안 자체가 미국의 정책의도대로 실현되지 못하고 한반도가 분단되었기 때문에 분할점령은 미·소가 그들 각각의 정치적 이해관계를 최소한의 수준에서 보호한 군사정책으로 되어버린 것이다.

미국과 소련이 한반도를 분할점령한 후 미국은 분할점령을 군사적 편의로 이해한 기반위에서 점령정책을 수립한 반면, 소련은 오히려 딘 애치슨(D. Acheson)이 지적한 바와 같이 38도선을 군사행위 편의를 위한 선이 아니고 그들의 보호구역을 감싸주는 벽으로 간주하는 방향의 정책을 일찍이 제시하기 시작했다.[17)]

미국은 남한을 점령한 이후 중경의 임정도 인정하지 않고 좌파세력이 만들어낸 인민공화국도 인정하지 않았다. 미군정은 민족주의세력이든 공산주의세력이든 어떠한 정치세력도 공식적으로 지지하지 않았다. 미군정의 이와 같은 정책은 북한에서 인민위원회조직을 인정하고 이 위원회를 구성하는 공산주의자들을 공식적으로 지지한 소련 점령군의 정책과는 큰 대조를 이룬다고 하겠다.

미국이 남한을 점령한 후 어떠한 정치세력도 지지하지 않은 것은 무엇보다도 신탁통치안을 실현시키려는 데 있었다. 미국과 소련이 각각 점령지역에서 어느 특정 정부조직과 정치세력을 공식적으로 지지한다면 그것은 신탁통치안의 실현에 도움이 된다고 볼 수 없다. 이러한 관점에서 볼 때 인민위원회조직과 공산주의세력을 공식 지지한 소련의 대북한정책은 4대국 신탁통치안의 실현보다는 한반도 분단을 오히려 고착화시키는 정책이었던 것이다.

미국은 소련의 이와 같은 대북정책을 매우 우려하였다. 미군이 남한을 점령한 지 한 달 남짓 지난 1945년 10월 15일에 일본에 있던 정치고문 죠지 애치슨(G. Atcheson)은 미국이 남한 내의 이승만, 김구, 김규식과 같은 지도자들을 공식 지지해야 한다고 국무장

이 1차적으로는 소련 견제에 목적이 있었지만 이 외에도 "중국(국민당)의 전통적 야욕의 견제, 나아가서는 일본의 재침략의 배제, 미의 한반도 신탁통치에 있어서의 주도적 역할 및 위치 확보" 등의 목적도 갖는 "복합적, 다원적 결정"이라고 평가하고 있다.

17) Dean Acheson, *Present at the Creation: My Years in the State Department*(New York: W. W. Norton, 1969), p.449.

관에게 권고하는 편지를 내고 있다. 그는 이와 같은 일이 미국의 여태까지의 사고방식과 다른 것이나 소련이 북한에 만들어놓은 공산주의자집단이 남한에까지 그 세력을 확장시킬 위험성이 있기 때문에 이와 같은 조처가 필요하다고 역설하고 있는 것이다.[18] 그 이후 남한 내 미군정의 베닝호프(H. Benninghoff) 정치고문이나 하지(J. Hodge) 장군 자신도 이와 같은 방향의 정책을 워싱턴에 여러 번 권고하나 미국무성은 이의 채택을 거부하고 미국의 여태까지의 사고방식, 즉 신탁통치안의 공식적 확정과 실현을 계속 주장하였다. 커밍스 교수는 남한의 미군정이 미국무성의 공식 정책노선과는 달리 점령 초부터 대소봉쇄전략인 민족주의적 정책을 채택했다고 비판하고 있으나[19] 미군정의 정책이 종국적으로는 미국무성의 정책노선과 다를 수 없었다.

미국의 대한정책이 38도선을 군사적 편의선으로 이해한 기반 위에서 이루어졌다는 증거는 미국의 대소정책에서도 찾아볼 수 있다. 국무성·전쟁성·해군성의 3성 조정위원회 극동지역 분과위원회가 10월 중순경 한국에 대한 점령정책으로 맥아더 장군에게 보낸 지침서에는 미점령군이 소점령군과 연락하여 남·북한의 통치를 위한 절차와 정책에 있어 상호간 최대한의 동일성을 확보하고 양 지역간의 상품교환과 교통·통신을 최대한 원활하게 유지할 것을 권고하고 있다.[20] 그리고 이러한 지침서에 의거 미점령군은 소점령군과 이 문제를 협의하고자 하였으나 소점령군은 이것이 그들의 재량권에 속한 사항이 아니라는 근거에서 협의를 거부하였다. 이에 미 국무장관은 당시 주소(駐蘇)대사 해리만(A. Harriman)에게 이 문제를 소련정부와 협의하도록 지시하나[21] 해리만은 이 문제의 해결에 성공하지 못하고 있다. 미국은 한반도의 분할점령에도 불구하고 남·북 간의 정상적인 상품교환, 교통, 통신이 지속되길 원했으나 소련측은 이를 거부하고 있는 것이다. 커밍스 교수는 남·북 분단선으로서의 38도선의 의미를 희석시키려는 미국측의 노력을 전혀 소개하지 않음으로써 자료이용에 있어서의 객관성을 잃고 있다.

이뿐만 아니라 일제의 패망 이전 한반도 문제에 관한 미정부 내의 논의를 보면 한반도가 분할점령되더라도 이를 분할점령이 아닌 국제점령으로 하고 한반도 전체를 하나의 통일된 행정체계로 다스려야만 한다는 권고안이 나오고 있고 그후의 논의는 미·소에 의한

---

18) *FRUS*, 1945, pp.1091-1092.

19) Bruce Cumings, 앞의 책, pp.227-239.

20) *FRUS*, 1945, p.1075와 p.1083.

21) 위의 책, pp.1106-1109.

한반도의 부자연스러운 분단을 극복하기 위한 조치를 빨리 취해야 한다는 주장을 포함하고 있다. 미국은 소련의 대북한정책에서 38도선이 오늘날과 같은 남・북 분단선으로 고착될 가능성을 일찍이 감지하고 이를 극복하기 위한 조처를 서둘렀으나 결국은 소련과의 이해관계 충돌로 실패하고 마는 것이다.

1945년 말 모스크바 3상회담에서의 신탁통치안에 대한 공식적 합의는 한반도에서의 분할점령을 종식시키고 통일정부를 수립할 수 있는 계기였다. 이 합의의 내용은 첫째, 한국 민주주의 임시정부를 수립하고, 둘째, 남한의 미군사령부와 북한의 소련사령부의 대표로 구성된 공동위원회가 한국의 여러 정당 및 사회단체와 협의하여 한국 민주주의 임시정부의 수립을 도와주고, 셋째, 미・소 공동위원회는 한국 민주주의 임시정부와 협의하여 한국에 대한 5년 이내의 미・영・중・소 4대국 신탁통치안을 실현시키기 위한 안을 이 네 나라에 제출하고, 넷째, 남・북한에 관한 긴급문제를 심의하고 남・북한 점령군 사이의 행정적, 경제적 문제에 관한 조정을 기하기 위해 양군 사령부 대표로 이루어지는 회의를 2주 이내에 개최한다는 것이었다.[22)]

이 합의는 원래 미국의 초안과는 좀 다른 것으로 미국이 소련의 수정안을 받아들여 성립된 것이었다. 미국의 초안은 첫째, 한국의 정당, 사회단체와 협의하여 한국 임시정부를 설치한다는 조항을 가지고 있지 않았고 그 대신 미・소 양군으로 구성된 통일된 행정기구의 설치를 제안했었다. 둘째, 미국의 초안은 모스크바에서 합의된 바의 4대국 신탁통치가 아니라 유엔기구하의 신탁통치를 주장했었고, 셋째, 신탁통치 기간도 5년 이내가 아니라 필요하다면 5년 후에 다시 5년을 연장할 수 있다는 것이었다.[23)] 여기서 중요한 점은 소련의 주장으로 한국의 정당, 사회단체와 협의하여 한국 임시정부를 설치한다는 조항이 모스크바 합의에 포함되었다는 것이다. 신탁통치안의 실현이 좌절된 것이 바로 이 조항에서였다는 것을 상기할 때, 소련의 이와 같은 수정안은 신탁통치안의 실현을 결국 좌절시킨 요인으로 작용하였다는 것을 우리는 감지할 수 있다.

이와 같은 모스크바 합의에 대해 조순승 박사는 이 결정이 한국인의 의사를 고려하지 않았다고 비판하고[24)] 만일 국무성이 하지 장군의 권고대로 한국을 즉각 독립시켰더라면

---

22) 위의 책, pp.1150-1151.
23) 최상용, 『미군정과 한국민족주의』(서울: 나남, 1988), pp.177-178; Bruce Cumings, 앞의 책, p.216.
24) Soon Sung Cho, 앞의 책, p.105.

한국의 장래는 더 나았을 것이라고 평가하고 있다.[25] 커밍스 교수는 모스크바 합의는 당시 미 국무장관 번즈(J. Byrnse)의 단독결정이었고 이와 같은 국제주의적 정책에 대해 트루먼 대통령은 내심으로는 반대였고 또 하지 사령관은 미 국무성의 지시와는 다르게 반탁운동을 지지했다고 주장하고 있다.[26]

모스크바 합의에 대한 조 박사의 평가는 비현실적이다. 한반도를 둘러싼 미・소간 이해관계의 상충이 있는 상황에서 한국의 즉각 독립이 그렇게 쉬운 일이 아니었기 때문이다. 신탁통치안의 실현이 좌절된 후 미국은 유엔 감시하의 총선거를 통한 한반도 즉각 독립의 정책노선을 채택했으나, 이러한 정책이 남한만의 단독정부수립에 멈췄다는 것을 상기하면 문제가 조박사가 생각하는 것같이 간단하지 않았다는 것을 알 수 있다.

커밍스 교수의 주장은 사실에 대한 올바른 이해가 아니다. 모스크바 3상회의의 과정을 잘 몰랐던 하지 사령관이 처음에는 반탁운동(反託運動)을 지지하는 발언을 했으나 그는 곧 미국무성의 지시에 따라 반탁운동을 진정시키는 데 앞장섰다. 모스크바 회담 이후 그와 이승만 박사, 김구 선생과의 관계는 악화되었다. 하지는 제1차 미・소공동위원회가 결렬된 이후 국무성의 지시에 따라 김규식, 여운형 선생과 이들의 좌우합작운동을 적극 지지하기 시작했고 이들을 중심세력으로 해서 신탁통치를 실현시키고자 노력하였다. 미 국무성과 하지는 이 박사와 김구 선생을 한국의 정치무대에서 사라져야 할 퇴물로 취급하기 시작했고 이 때문에 이 박사는 미국을 방문했을 때 하지 사령관이 공산주의자들을 지지하고 있다고까지 혹평하였던 것이다.

제1차 미・소공동위원회가 1946년 3월부터 5월 사이에 개최되었고 이 회의는 남한 내의 반탁세력을 협의대상에서 제외해야만 한다는 소련측의 비타협적 태도 때문에 결렬되었다. 미국은 민주주의 사회에서는 '표현의 자유'가 있고 그 때문에 반탁을 했다고 해서 주요한 정당, 사회단체의 대표들을 협의대상에서 제외하는 것은 부당하다는 것을 누누이 강조했으나 소련은 이를 받아들이기를 거부하였다.[27] 미국측은 정당, 사회단체와의 협의문제가 소련의 방해로 진전을 보지 못하자, 이 문제는 놔두고 남북한 간의 경제적 교류를 통한 38도선 철폐문제를 다루려고 했으나 이러한 협의도 소련측의 거부로 이루어지

---

25) 위의 책, p.113.

26) Bruce Cumings, 앞의 책, pp.226-227.

27) 최상용, 앞의 책, p.224 참조. 최 교수는 미국측의 논리가 "다소 궤변적인 논법"이라고 평가하고 있다.

지 못했다.

제1차 미·소공동위원회가 결렬된 이후에도 미국은 신탁통치안의 실현을 적극 추진하였다. 이 박사와 김구 선생을 따돌리고 김규식, 여운형 선생을 한국정치의 중심세력으로 육성하려는 미국무성과 미군정의 정책도 신탁통치안의 실현에 그 목표를 두고 있었다. 조 박사는 미국의 탁치정책을 잘못된 정책으로 평가하고 있고, 커밍스 교수는 미국이 이 때부터는 신탁통치의 실현보다는 민족주의적 대소봉쇄정책에 따라 남한 단독정부의 수립을 획책하고 있는 것으로 보고 있으나 미국으로서는 신탁통치의 실현을 추구하지 않을 수 없는 사정이 있었다. 그렇다면 그 사정은 무엇인가? 소련의 비타협적 자세에도 불구하고 또 미군정의 회의에도 불구하고 미국정부가 신탁통치의 실현을 계속 추진한 이유는 어디에 있는가? 그것은 한반도에 대한 신탁통치의 실현이 동아시아에서 소련을 견제한다는 미국의 이익에 여러 가지 점에서 부합되기 때문이었을 것이다. 첫째로 미·영·중·소의 신탁통치를 통해서 미국은 한반도 전체에 대한 소련의 지배를 막고 미국을 비롯한 서방권의 영향력 행사를 확보할 수 있다고 판단하였을 것이다.[28] 둘째로 네 나라에 의한 신탁통치로 이와 같은 목표를 달성하는 데 필요한 비용을 최소한으로 줄일 수 있다고 판단하였을 것이다. 미국의 당시 입장에서는 비용과 이득의 손익계산을 하였을 때 한반도에 대한 신탁통치가 비용보다 이득을 더 크게 해주는 정책적 틀이었을 것이다.[29] 셋째로 워싱턴의 정책입안가들은 한반도 문제를 이와 같은 방식으로 해결할 때 한하여 미국의 한반도 원조계획에 대한 의회와 국민의 지지를 받을 수 있다고 생각하였다.[30] 넷째로 미국은 신탁통치를 통해 미·소에 의해 분할점령된 한반도의 통일을 이룩함으로써 한반도 분단의 책임을 면할 수 있다고 판단하였을 것이다.

한반도에 대한 신탁통치가 갖는 이와 같은 이점은 단정노선의 문제점과 비교해 보면 더욱 뚜렷하게 드러난다. 첫째로 남한 안에서의 단정수립(單政樹立)은 미국이 한반도의 반(半)에만 영향력을 갖는 것으로 한반도 전체에 영향력을 갖는 것만 못한 선택이었다.

---

28) 최상용, 앞의 책, pp.175, 180 참조.

29) Soon Sung Cho, 앞의 책, pp.283-284. 조 교수는 한반도에 전통적으로 정치적 이해관계를 가지고 있던 러시아와는 달리 미국의 지도자들은 한국문제를 "un-happy burden," "a needless liability to the free world"로 보았다고 지적하고 있다.

30) *FRUS*, 1947, pp.803-807. 여기에는 한국 내 미군정의 정치고문 야콥스(Jacobs)가 국무장관에게 보낸 글이 실려 있고 바로 이러한 문제를 다시 다루고 있다.

둘째로 남북한의 경제적 상호보완성을 고려할 때 남한만의 국가는 그 유지가 매우 어려울 것이라고 미국은 판단하였다. 더욱이 북한에 소련의 지배를 받는 적대국가가 수립된다면 이의 위협을 받는 남한은 그 유지에 엄청난 비용이 들 것이라고 판단하였다. 그리고 미국은 남한의 전략적 가치가 이와 같은 엄청난 비용을 정당화해 줄 수 있을 만큼 중요한가에 대해 확고한 판단을 가지고 있지 못했다. 대체로 국방성 사람들은 일본 패망시부터 한반도의 전략적 가치를 높게 평가하지 않았고 한반도 문제가 잘 해결되지 않을 경우에는 미군이 명예롭게 철수할 수 있는 방도의 강구만이 미국을 위한 최상의 길이라고 주장하였다. 이에 반해 국무성 사람들은 미국이 한반도에 일단 개입한 이상 이로부터의 후퇴는 미국의 국제적 위신과 지도력에 커다란 손상을 입힐 것이라고 판단하였다. 셋째로 미국의 정책입안가들은 남한만의 단정이 갖는 이와 같은 문제점을 고려할 때 이에 대한 미의회와 국민들의 지지를 획득하는 것은 어려울 것이라고 생각하였다. 그들은 미국의 직접적 책임하에 있지 않은 독립 남한에 대해 미국정부가 원조를 제공하는 것은 더욱 어려울 것이라고 생각하였다.[31] 넷째로 남한만의 단정수립(單政樹立)으로는 미국은 한반도를 분할시켰다는 역사적 책임을 모면할 수 없다고 판단하였을 것이다.

미국이 제2차 미·소공동위원회의 개최를 추진한 것은 바로 이와 같은 이유에서였다. 그러나 1947년 5월에 개최된 제2차 미·소공위는 8월에 다시 결렬되었다. 미·소는 무엇보다도 한국임시정부 수립에 협의대상으로 참여할 정당 및 사회단체에 관해 합의를 볼 수 없었던 것이다. 그리하여 미국은 한반도 문제를 9월에 UN으로 이관하였고 UN은 인구비례에 의한 남북한 총선거를 결의하게 되었다. 그러나 주지하다시피 소련은 한반도 문제의 UN 이관을 반대하였고 북한에서의 총선거도 거부하였다. 이에 남한만에서의 UN 감시하 총선거가 실시되고 이에 따른 대한민국정부가 1948년 8월 15일에 수립되었다.

31) *FRUS*, 1947, p.612. 1947년 2월 25일에 작성된 미국정부의 한국에 관한 이 보고서에는 미국은 남한만의 단독정부보다는 미국이 직접 책임을 갖는 통일된 신탁통치정부에 원조를 제공할 가능성이 더 크다고 강조하고 있다. 남한만의 단독정부는 미국이 대한원조를 끊는 구실이 될 수도 있고 이는 남한을 기아와 경제적 혼란으로 몰아넣을 수도 있을 것이라고 경고하고 이러한 근거에서 단정론을 반대하고 있다. 이 보고서에서는 남한만의 단정수립은 한국인들의 복리보다는 소련과 협조하는 데 더 관심이 있는 국내정치세력이 한국 전체를 그들의 지배하에 두고자 하는 단합된 운동을 펴게 하는 계기가 될 것이라는 점도 지적하고 있다. 이 보고서는 1947년 2월의 시점에서 단정론의 위험성을 논하고 신탁통치의 실현을 위해 소련정부와 협상할 것을 권고하고 있다.

미국은 남한만의 단독정부인 대한민국을 UN 결의를 통해 수립시켰지만 1949년 6월 남한에서의 미군철수에서 알 수 있듯이 이 정부의 존속을 보장하지는 않았다. 미국이 대한민국의 존속에 대해 충분한 커미트먼트(commitment)를 보인 것은 북한이 남침한 1950년 이후인 것이다.

III. 미군정기 국가기구의 형성

미국은 일본정부가 붕괴할지도 모른다는 근거에서 원래 일본과 한국에 대해서 직접통치를 계획했었다. 그러나 미국은 일본정부가 붕괴하지 않고 국내 질서를 유지할 수 있다고 판단하게 되었고 그 이후 일본에 대한 점령계획은 일본정부를 이용하는 간접통치방식으로 변경하였다. 일본에 대한 이와 같은 계획 변경은 한국의 통치방식에 아무런 영향을 미치지 않았다. 미국은 한국에 대한 직접통치계획을 그대로 실시하기로 결정하였고 일본에 대한 간접통치 결정은 한국에서도 기존 정부의 관리를 이용해야 한다는 주장을 강화시켰을 뿐이다. 그러나 한국에 대한 이와 같은 점령계획단계에서도 미국의 정책입안가들은 일본인 관리들을 오랫동안 이용할 수 없고 미군정 팀이 필요하다는 데에 의견을 같이 하였다.[32]

이미 논의한 바와 같이 미국이 중경(重慶)의 임시정부기구나 인민공화국의 급조된 통치기구를 이용하기를 거부하고 남한에 대한 직접통치를 결정한 것은 한반도 전체에 대한 신탁통치의 실현이란 목표 때문이었다. 미국은 미국과는 다른 이데올로기적 지향을 가지고 있었던 인민공화국은 이용할 수 없었고 같은 이데올로기적 지향을 가지고 있었던 이승만과 중경임시정부는 이용할 수 있었으나 이도 거부한 것은 다시 강조하지만 한반도에 대한 신탁통치를 실현하기 위해서였다.

미군의 남한점령에 대한 명령은 1945년 8월 29일자 Field Order 55에 나와 있고 이 Order의 Annex 7에서 점령군은 일제시대의 기존의 통치기구를 이용하라고 지시하고 있다.[33] 미군정의 통치기구가 조선총독부의 통치기구로부터 어떻게 발전되어 나왔는가를

---

32) *History of the United States Armed Forces in Korea*(*HUSAFIK*) (서울: 돌베개, 1988), 제3권, p.27.
33) 위의 책, p.65.

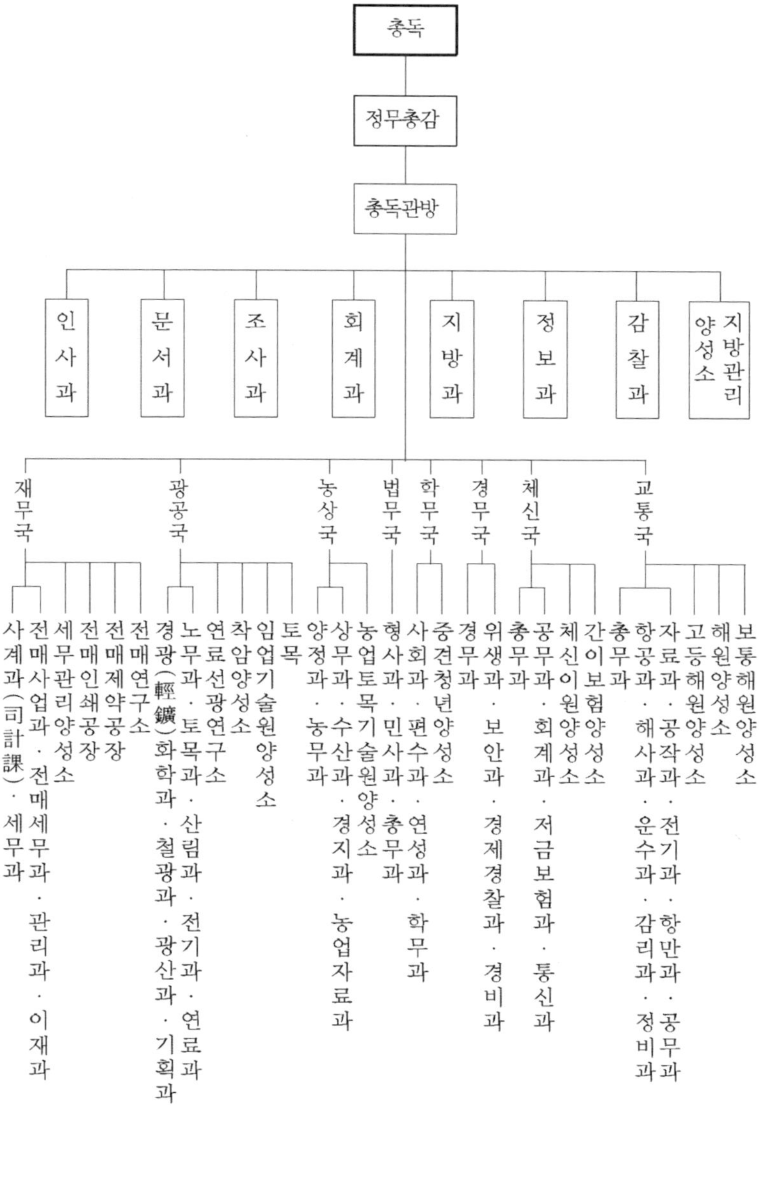

〈그림 1-1〉 조선총독부 중앙행정기구(1945년 8월)

출처: 박문옥, 『한국정부론』, p.182.

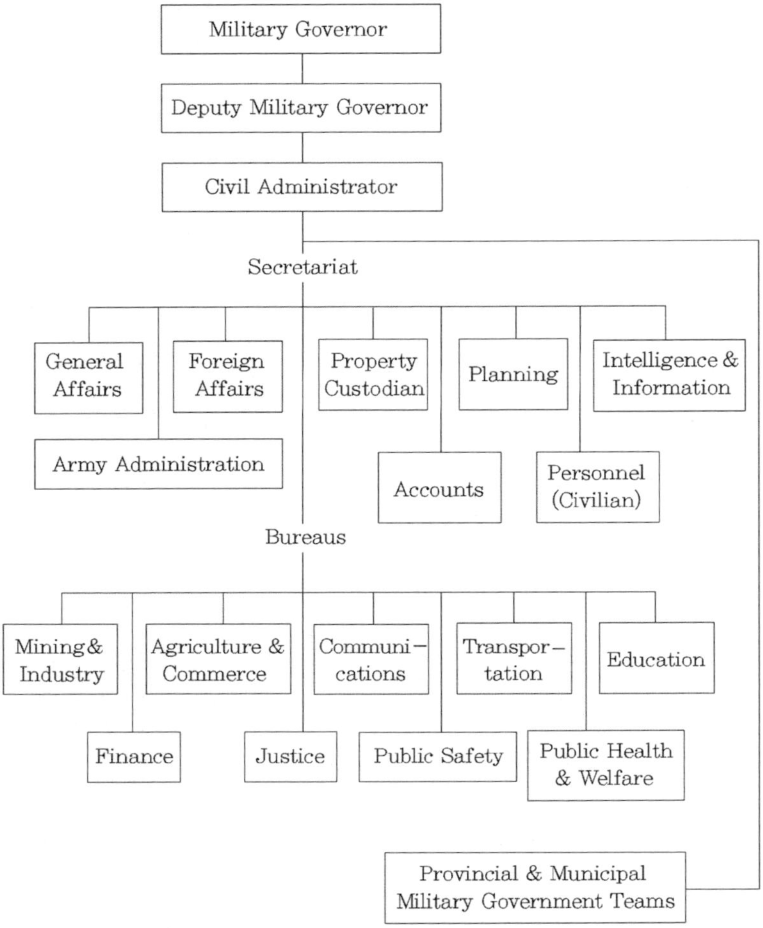

〈그림 1-2〉 Organizational Diagram (1945년 10월 15일)
출처: *History of the United States Armed Forces in Korea(HUSAFIK)*, 제3권, p.75.

보기 위해 총독부의 중앙행정기구를 소개하면 <그림 1-1>과 같다.[34]

조선총독부에는 최고집행관으로 총독과 정무총감이 있었으나 1945년 10월 15일의 미군정청에는 최고집행관으로 최고사령관(Military Governor), 군정장관(Deputy Military

34) 박문옥, 『한국정부론』(서울: 박영사, 1973), pp.180-185.

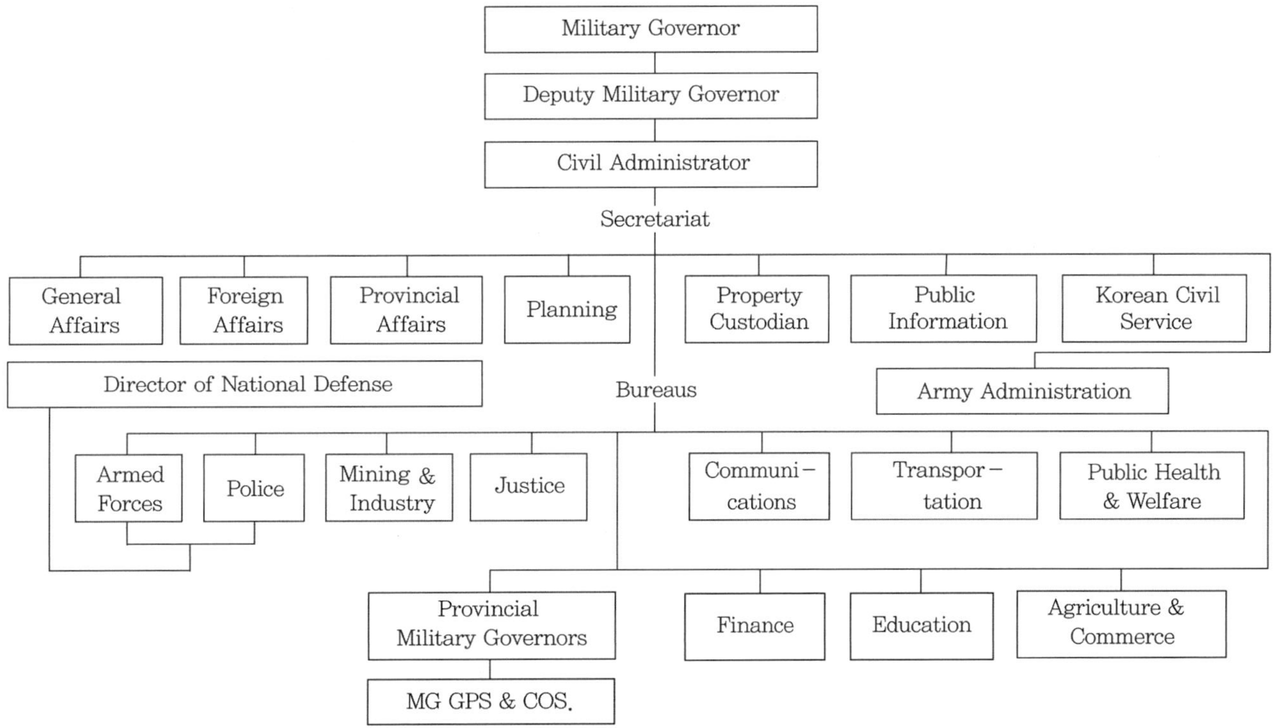

〈그림 1-3〉 Organization of the Military Government of Korea(1945년 12월 31일)

출처: *HUSAFIK*, 제3권, p.77.

Governor), 민정장관(Civil Administrator)이 있었고 이들 최고집행관들을 돕는 기구로 총독부 총독관방에 해당하는 비서실과 국이 있었다. 비서실은 <그림 1-2>와 같이 총무과, 육군행정과, 외무과, 관재과, 서무과, 기획과, 인사과 및 정보과로 구성되어 있었다. 육군행정과는 오직 미 육군에 대해서만 다루었으나 비서실에 속하게 되었다. 미군은 9월 20일까지는 구총독관방에는 없던 외무과를 총무과로부터 독립시켜 신설하였고 10월 1일에는 일본인들의 재산을 취급할 관재과도 신설하였다. 또 구총독관방의 지방과를 폐지하고 기획과에 포함시켰다. 미군정은 구총독부의 8개국을 그대로 유지시켰고 구총독부 경무국의 위생과와 학무국의 사회과를 합쳐서 제9국인 위생복지국(Public Health & Welfare)을 신설하였다.[35)]

미군정의 이와 같은 통치기구는 1945년 12월 말까지에는 <그림 1-3>의 기구표와 같이 변하였다. 비서실 기획과에 합병되었던 지방과가 다시 독립된 과로 설치되었고 서무과가 폐지되고 그 기능은 비서실의 다른 과와 재무국에 이양되었다. 국으로 군무국(Armed Forces)이 신설되었고 군무국과 경무국(Police)을 통괄하는 부서로 국방사령부((Director of National Defense)가 신설되었다.[36)]

<그림 1-3>에 나타난 바와 같은 미군정기구는 1946년 5월 1일까지는 <그림 1-4>와 같이 발전하였다. 이때의 미군정기구는 10개국(局) 대신에 11개의 부(Departments)를, 비서실의 8개과(課) 대신에 4개의 사무실(Offices)을 갖게 되었다. 미군의 점령 이후 1946년 5월까지의 기간에 있어 미군정기구의 변화는 국 아래의 과 수준에서도 계속 일어났다. 여러 과가 폐지・통합・변경・신설되어 일제시대에 총 65개였던 과가 86개로 증가하였다. 그러나 미군정기구의 이와 같은 확대는 결코 과도한 것이 아니었다. 미군정은 일본총독부보다도 더욱 광범위한 기능을 수행해야만 했기 때문이다. 미군정은 총독부의 통치기능뿐만 아니라 남한 내의 일본인 기업과 재산도 관리해야 했기 때문에 그만큼 기능이 확대될 수밖에 없었다.[37)]

제1차 미・소공위가 결렬된 1946년 5월 이후 미군정은 통치기구의 한국화(Koreanization) 작업을 추진하였다. 하지 장군은 1946년 8월 31일 미국인들은 가능한 한 한국을

---

35) *HUSAFIK*, 제3권, p.76.
36) 위의 책, pp.77-78.
37) 위의 책, pp.78-81.

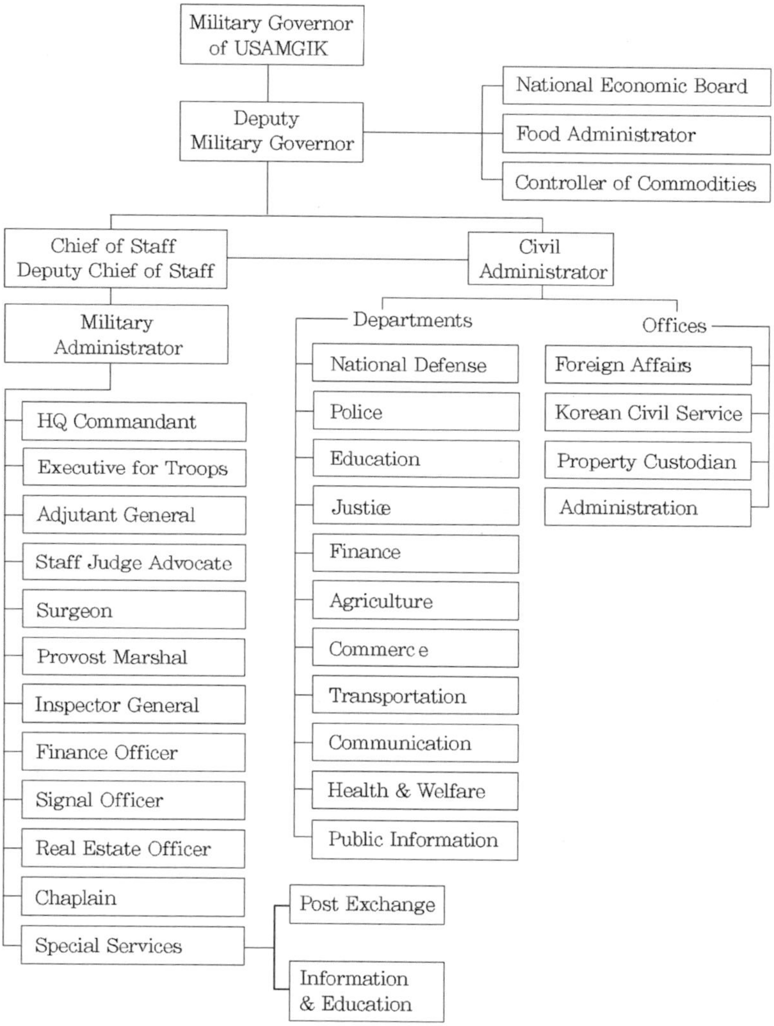

<그림 1-4> United States Army Military Government in Korea

출처: *HUSAFIK*, 제3권, p.78.

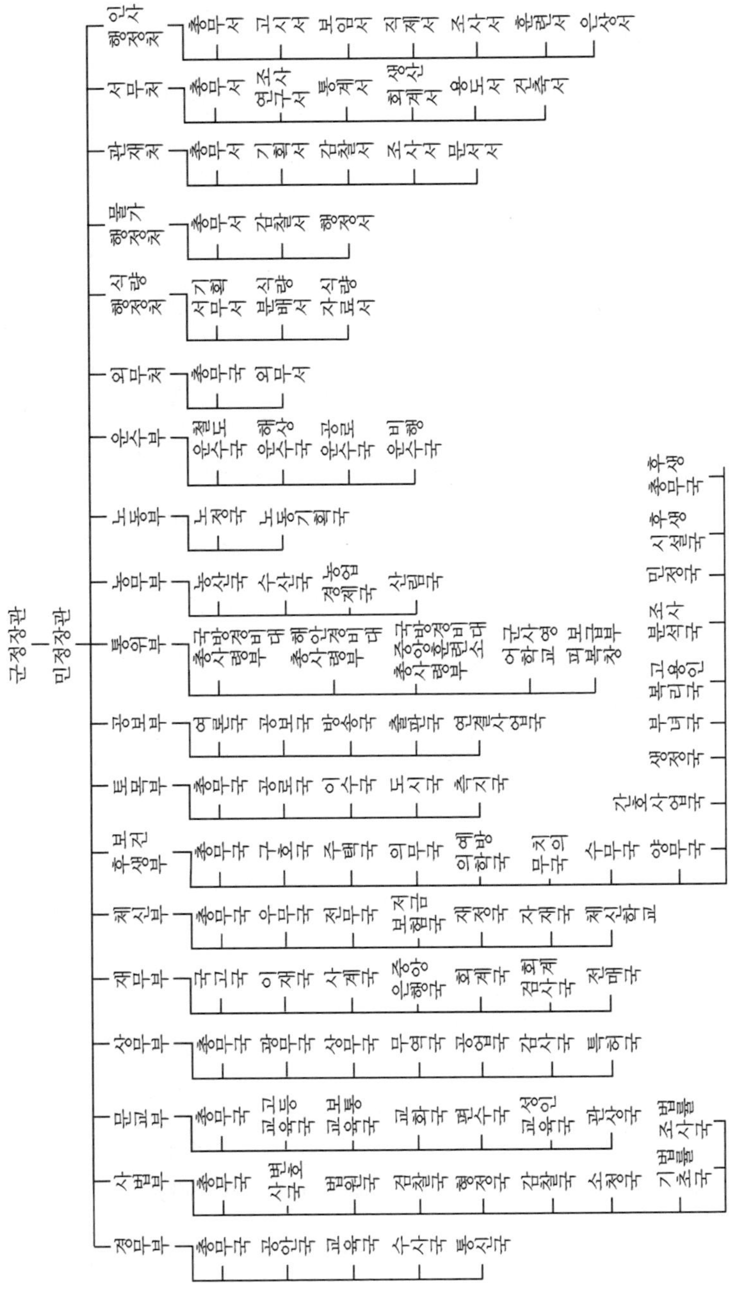

〈그림 1-5〉 남조선과도정부의 13부 6처 중앙행정기구(1947년 7월)

출처: 박문옥, 『한국정부론』, p.341.

직접 통치하지 않아야 할 단계에 이르렀다고 강조하였다. 하지 장군의 이와 같은 지시에 따라 군정장관은 1946년 9월 11일 한국인 부장들을 모아놓고 이제부터는 그들이 통치의 책임을 전부 맡고 미국인들은 자문 역할을 해야만 할 것이라고 강조하였고, 실제로 각 부(部)의 부장은 한국인이 맡고 미국인은 고문의 직위를 차지하게 되었다.[38]

<그림 1-4>의 미군정기구는 남조선 과도정부가 수립된 1947년 7월까지에는 <그림 1-5>와 같이 발전하여 13부(部) 6처(處)를 갖게 되었다.[39] 1948년 8월 대한민국 제1공화국 정부의 11부 4처로 구성된 중앙행정기구는 미군정시대의 이상과 같은 통치기구에 기반해서 발전된 것이었다.

이와 같은 미군정기구의 관리들은 어떻게 충원되었는가? 하지 장군이 인천에 상륙한 9월 7일부터 며칠간은 아베(阿部信行) 총독을 비롯한 총독부 고위관리들이 그대로 유임되었다. 그러나 일주일 내에 총독부 각 국장까지 포함하는 모든 고위직책은 미군장교들로 충원되었고 일본인 국장들은 약 2개월 간 고문으로 남아서 그들의 업무를 미군정에 인계하였다. 1945년 12월에는 미군정청기구 각국에 미국인 국장과 한국인 국장의 양(兩) 국장을 두었다. 그후 1946년 후반부에는 이미 지적한 통치기구의 한국화 작업이 추진되었고, 1947년 2월에는 민정장관으로 안재홍이 취임하게 되었다. 미군정기구의 고위 한국인 관리들은 대다수가 한민당계 사람들이거나 미국과 일본에서의 유학 경험을 가진 사람들이었고, 그 이하의 직책은 일본시대의 총독부와 그 소속관서의 한국인 관리들로 충원되었다. 이 때문에 미군정청의 관리들이 한국민주당계, 유학할 수 있는 여유를 가진 지주 출신, 친일 관료들로 구성되었다는 비판이 있다. 그러나 미점령군의 이와 같은 인사정책이 일차적으로 친일세력을 보호하기 위한 것은 아니었다. 민정장관 안재홍만 하더라도 와세다 출신이나 일제시대에 9번이나 투옥당한 독립운동가였다. 다만 통치의 기술적 필요 때문에 친일세력도 충원되었으나 냉전의 격화와 더불어 이들의 기술은 미군정청에 더욱 필요한 요건이 되었고 이에 따라 그들은 관료기구에 무시 못할 세력으로 거점을 확보하게 되었다.

미군정기구는 대한민국 행정부가 발전되어 나온 기반이 되었으나 입법부인 국회의 기반이 될 만한 입법기구는 미군정 기간에 설치되지 않았다. 미군정은 1945년 10월 5일

---

38) 위의 책, pp.513-514.
39) 박문옥, 앞의 책, p.341.

군정장관 고문(顧問)으로 김성수를 비롯한 한국인 11명을 임명하고 한국통치에 있어 그들의 조언을 구했다. 그러나 이 고문기구는 입법기구가 아니었고 미군정청에 미국인과 한국인의 양 국장제도(兩局長制度)가 채택된 이후 그 존재 의의를 상실하여 폐지되었다.[40)]

미군정은 1946년 2월 14일에는 남조선 대한민국대표 민주의원을 개원시켰다. 민주의원은 2월 1일과 2일에 임시정부 주최 비상국민회의가 조직하기로 한 최고정무위원회를 주한미군사령관 하지 중장의 요청으로 그 명칭을 민주의원으로 바꾼 것으로 그의 자문기관의 역할을 맡게 되었다. 민주의원은 총 28명으로 구성되어 있었고 의장에는 이승만이 취임하였다. 민주의원의 회의는 매주 3회(화 · 목 · 토) 창덕궁 인정전에서 개최되었다. 이승만은 1946년 3월 20일 제1차 미 · 소공동위원회 개최와 때를 같이하여 민주의원의 의장직을 사임하였고, 김규식이 의장대리에 취임하였다. 민주의원은 입법기구가 아니었고 커다란 정치적 역할을 하지 못하였으나 1946년 12월 16일 남조선 과도입법의원이 개원할 때까지 명목적인 자문기능을 수행하였다.[41)]

남조선 과도입법의원은 1946년 5월 8일 제1차 미 · 소공위가 결렬된 이후 미군정이 설치한 기구이다. 이 기구는 모스크바 협정에 따라 조선 전체의 임시정부가 수립될 때까지 "정치적 · 경제적 및 사회개혁의 기초로 사용될 법령초안을 작성하여 군정장관에게 제출"하는 임무를 가지고 있었다. 이 기구의 의원수는 90명으로 절반은 관선으로, 나머지 절반은 민선으로 뽑고 이들 의원들은 대법원 대법관과 동등한 대우를 받도록 되어 있었다.[42)]

과도입법의원(過渡立法議院)의 창설에 대해 항간에서는 "남조선단정수립설(南朝鮮單政樹立說), 중추원재판설(中樞院再版說), 통일정부지연설(統一政府遲延說), 군정연장설(軍政延長說) 또는 합리화설(合理化說), 국민의회의 법통무시설(法統無視說)" 등 여러 가지 비난이 있었다. 하지 장군은 이에 대해 이 기관이 남조선 단독정부수립의 일단계가 결코 아니며, 이 기관은 미군정청이 남한에 존속하고 있는 한 존재할 수 있고 남북한이 조선임시민주주의 정부하에 통일될 때에는 그 존속이 정지된다고 선언하였다.[43)]

---

40) 송남헌, 『한국현대정치사』(서울: 성문각, 1986), p.111. 11명의 고문관은 김성수, 전용순, 김동원, 이용설, 오영수, 송진우, 김용무, 강병순, 윤동익, 여운형(사퇴), 조만식(불참)이었다.

41) 위의 책, pp.231-236.

42) 위의 책, p.317.

민선의원 45명에 대한 동(洞)·촌(村)·리(里) → 면(面) → 군(郡) → 도(道) 순의 다단계식 간접선거는 10월 21일부터 31일에 걸쳐 시행되었고 이 중 서울시와 강원도의 선거가 공정치 못했다는 좌우합작위원회의 진정에 따라 이 두 지역에서는 재선거가 시행되었다. 그러나 좌익계는 이 선거를 전면적으로 거부하였고 일반 투표율도 20~30%에 불과하였다. 또한 하지 장군에 의해 관선의원으로 임명된 의원 중 여운형, 홍명희, 조완구, 장건상, 엄항섭 등은 취임을 거부하였고 사노당(社勞黨)과 민주주의민족전선은 자파구성원의 관선의원 취임을 금지하였다. 한국민주당계 의원들은 서울시와 강원도의 재선거에 불만을 품고 입법의원 등원을 거부하기도 하였다. 이와 같은 연유로 입법의원은 개원이 지연되었고 원래 총 의원수의 3/4이던 정족수도 1/2로 수정되어 1946년 12월 12일에나 개원하게 되었다.[44)]

과도입법의원은 법무사법, 내무경찰, 재정경제, 산업노동, 외무국방, 문교후생, 운수체신, 청원징계위원회의 8개 상임위원회와 자격심사, 임시헌법 및 선거법기초, 행정조직법기초, 식량물가대책, 적산대책, 부일협력, 민족반역자, 전범, 간상배에 대한 특별법률조례기초위원회의 6개 특별위원회를 두었다. 과도입법의원은 의장 1인과 부의장 2인을 두었고 의장에는 김규식이 선출되었다.

과도입법의원은 1948년 5월 19일 해산될 때까지 총 50여 건의 법률안을 심의하였으나 미군정에 의해 법률로 공포된 것은 이 중 11건에 불과하였다. 이 기간 중 미군정이 과도입법의원의 심의를 거치지 않고 법률로 공포한 것은 80건에 달했다. 이렇게 볼 때 과도입법의원이 미군정의 단순한 꼭두각시 기관은 아니었다는 것을 알 수 있다. 과도입법의원의 구성에 한국민주당계를 비롯한 극우파 사람들이 많다는 비난도 과도입법의원의 활동내용에 비추어보면 반드시 정확한 것 같지는 않다. 과도입법의원은 1947년 7월 2일에 민족반역자, 부일협력자, 간상배에 대한 특별법을 통과시켰는데, 이는 한민당계 의원들의 과도입법의원 내에서의 영향력 정도를 나타내주는 좋은 예이다.[45)]

과도입법의원은 고문회의나 민주의원과는 비교가 안 될 정도로 입법기구적인 성격을 크게 띠고 있었다. 그러나 이 기구도 의원수의 반(半)을 미군정장관이 임명하고 그 권한

43) 위의 책, p.317과 p.327의 '입법기관 설치에 관한 하지 중장 성명' 참조.
44) 위의 책, pp.317-321.
45) 위의 책, pp.322-335.

도 미군정청에 종속되어 있었다는 점에서 명실상부한 입법기구는 아니었다. 이렇게 볼 때 1948년 5월 총선으로 수립된 대한민국 국회는 그 전에는 없었던 새로운 기구였다.

대한민국정부의 사법기구는 행정기구와 마찬가지로 미군정시대로부터 발전되어 나온 것이었고 미군정시대의 사법기구는 일제시대의 기구를 골간으로 하여 재편된 것이었다.

일제시대의 재판소는 총독 직속기관이었고 지방법원, 복심법원, 고등법원의 3심제로 편제되어 있었다. 지방법원은 민사 및 형사에 관한 제1심 재판을 하였고, 복심법원은 지방법원의 재판에 대한 항소에 대해 재판을 하였고, 고등법원은 복심법원의 재판에 대한 상고에 대해 재판을 하였고, 최고재판소의 역할을 수행하였다. 일본총독부는 1938년 한국에 11개의 지방법원과 48개의 지청, 3개의 복심법원, 1개의 고등법원을 두고 있었다.[46]

미군은 한국 점령군에게 1945년 8월 29일자의 Field Order 55, Annex 7에서 일제시대의 재판소들을 이용하라는 지시를 하고 있다. 그러나 일본군국주의를 지지하거나 미점령군의 점령목적에 반대하는 재판관들이나 직원들은 즉각 해고하고, 믿을 수 있고 자격이 있는 인사들을 그 후임자로 임명하라는 지시도 여기서 하고 있다.[47] 미점령군은 진주 직후 치안유지법, 정치범 처벌법, 신사법(神社法), 경찰의 사법권 등 악법을 폐지하였고, 형벌불소급의 원칙과 죄형법정주의의 원칙을 발표하기도 하였다.

미군정은 일제시대의 재판소들을 군정장관 직속의 법무국(후에 사법부로 재편됨) 산하에 두었다. 미군정은 경성고등법원을 Supreme Court라고 불렀고, 남한에 있던 2개의 복심법원을 Court of Appeals라고 불렀으며 이에 따라 경성고등법원은 대법원으로, 복심법원은 공소원으로 개칭되었다. 미군정하 남한에는 경성공소원과 대구공소원의 두 개의 공소원이 있었고 9개의 지방법원과 지청들이 있었다.

법원의 경우 유능한 한국인 판사들이 많지 않았다. 일제시대 한국인 판사의 수는 아주 적었기 때문이다. 『조선연감(朝鮮年鑑)』에 실린 1940년 9월 현재 판사 명단에는 한국인 판사가 고등법원에는 한 명도 없고 복심법원에는 총 35명의 판사 중 4명이 있고 지방법원에는 전체 판사 중 10% 가량이 있었다. 그리고 검사들 중에는 한국인 검사가 단 한 명도 없었다.[48] 다시 말해, 해방 당시 한국인 판사는 극소수에 불과했다. 미군정은 1945년

46) A. J. 그라즈단제브 저, 이기백 역, 『한국현대사론』(서울: 일조각, 1973), pp.253-254.
47) *HUSAFIK*, 제3권, pp.532-533.

10월 11일을 기해 일본인 판·검사들을 전원 해임하였고[49] 이들의 해임으로 비게 된 자리는 극소수의 한국인 판사, 일제시대 고등문관시험 사법과나 조선변호사시험 합격자, 혹은 다년간의 법원서기 경력자로 충원하였다. 판사의 충원에 있어서도 미점령군은 유자격자(有資格者)의 부족이라는 문제에 직면하였고 이 때문에 일제시대에 일본인 판사 아래에서의 서기 경력자들까지도 판사로 충원하였다.

미군정은 법원을 행정기구로부터 독립시키기 위한 작업을 시작하여 1947년 9월에는 법원 재조직의 초안을 마련하였고 1948년 5월 4일 법령 제192호로 법원조직법을 확정시켰다. 이 법에 따라 법원행정은 사법부에서 대법원으로 이관되었고 법원은 대법원, 고등법원, 지방법원, 간이법원의 4종을 두었다. 이 외에 미군정은 지방법원의 지원으로 소년부를 신설하였다. 대법원에는 11명 이내의 대법관을 두었고 그 이외의 법원에는 판사를 두었다.

대법관과 판사는 군정장관이 유자격자 중에서 임명하도록 했으나 법령 제192호는 유자격자의 자격요건을 엄격하게 규정해놓고 있다. 첫째, 대법원장, 대법관, 고등법원장은 ① 10년 이상 대법관, 판사, 검찰관직에 있던 자, ② 15년 이상 변호사 또는 인정받은 법과대학의 법률학 교수, 조교수직에 있던 자, ③ ①과 ②의 직에 모두 있던 자는 재직년수가 통산 15년 이상인 자를 유자격자로 정하였다. 둘째, 고등법원 판사, 지방법원장, 지방법원 부장판사, 소년부장은 ① 5년 이상 대법관, 판사, 검찰관직에 있던 자, ② 8년 이상 변호사, 또는 법과대학의 교수, 조교수직에 있던 자, ③ ①과 ②의 직에 있던 자는 통산 8년 이상의 경력자를 유자격자로 정하였다. 셋째, 지방법원, 지방법원지원, 소년부 및 간이법원의 판사는 ① 수습법관으로 2년 이상 소정과목을 수습하고 고시에 합격한 자, ② 2년 이상 검찰관, 변호사, 법과대학 교수, 조교수를 역임한 자, ③ ①과 ②의 경력자는 통산경력이 3년 이상이 되는 자를 유자격자로 정하였다.[50]

일제시대의 법률경력이 없으면 대법관이나 고등법원 판사가 될 수 없었고 이와 같은 자격규정은 당시 한국인 판사와 변호사들의 요구를 반영한 것이었다.

미국은 제1차 미·소공위가 결렬된 이후에도 신탁통치안의 성립을 위한 노력을 계속

---

48) A. J. 그라즈단제브, 앞의 책, p.254.

49) *HUSAFIK*, 제3권, p.537.

50) 『미군정법령집』(서울: 여강출판사), pp.508-520.

하였으나 다른 한편으로는 미군정기구의 한국화(Koreanization)를 추진하였고 과도입법의원의 수립과 법원의 독립화 작업에 나타난 바와 같이 통치기구의 3권분립화도 추진하였다. 대한민국정부의 수립으로 헌법상 통치기구의 한국화와 3권분립화는 완성되었다고 볼 수 있다. 그러나 일제시대와 미군정시대의 유산은 대한민국시대에 들어와서도 극복되지 못했다. 입법부와 사법부에 비해 행정부는 절대적인 권한을 행사하였고, 입법부는 고무도장(Rubber Stamp) 이상의 역할을 하지 못했고, 사법부는 행정부에 종속된 상태였다. 미・소 간의 냉전기를 통해 삼부(三府) 중 행정부 우위현상은 선진민주국가에서도 나타난 공통된 현상이었으나 대한민국정부의 행정부 우위현상은 일제시대와 미군정시대의 유산으로 더욱 컸다.

Ⅳ. 경찰과 군의 창설

경찰과 군은 국가기구의 형성에 있어 특별히 고찰하지 않으면 안 될 기구이다. 국가란 막스 베버(M. Weber)의 말을 빌리지 않더라도 강제력과 이의 합법적 사용권을 독점하고 있다는 점에서 다른 기구와 구별되기 때문에 경찰과 군과 같은 강제력 기구가 창설된 과정을 살펴보는 것은 매우 중요하다.[51)]

1. 경찰의 창설

미군정기의 경찰기구는 다른 통치기구와 마찬가지로 일제시대의 기구와 인력을 이용한 것이었다.

미군정기 경찰기구의 창설과정을 이해하기 위해 일제시대의 경찰기구에 대해 우선 간단히 살펴보기로 한다. 일제시대의 경찰은 총독부 경무국의 통제하에 있었다. 총독부 경무국 산하에는 경무과, 방호과, 경제경찰과, 검열과, 위생과, 보안과[52)]의 6개 과가 있었

51) Max Weber, *Gesammelte Politische Schriften*(Tübingen: Mohr, 1988), p.506.

52) *HUSAFIK*, 제3권, p.270에는 소개한 6개 과가 경무국에 속하는 과로 기록되어 있다. 박문옥의 『한국정부론』에는 경무국이 검열과가 없이 나머지 5개 과로 구성된 것으로 되어 있다.

고, 서울에는 수도경찰국이, 그리고 13개 도에는 도경찰부가 있었다. 도경찰부는 총독부 경무국과 마찬가지로 6개 과를 두고 있었고 도지사의 통제를 받았다.

경무국 산하 6개 과의 소관업무를 살펴보면 일제 때 경찰의 역할이 얼마나 광범위하였는가를 쉽게 이해할 수 있다. 첫째, 경무과(警務課)는 경찰의 행정과 조직, 인사관리, 의류, 무기, 교통수단과 같은 공급품 관리, 군과 경찰의 연락업무, 경찰관의 복지와 은퇴에 책임을 맡고 있었다. 둘째, 방호과(防護課)는 공습, 화재, 홍수 등에 대한 대책을 다루었다. 셋째, 경제경찰과(經濟警察課)는 한국경제에 대한 여러 가지 규제의 준수를 책임지고 있었다. 이 과는 이뿐만 아니라 미곡의 수집과 소금, 담배, 기름과 같은 정부독점사업에 대해서도 이를 보호할 책임을 가지고 있었다. 넷째, 검열과(檢閱課)는 출판, 방송, 필름, 음반, 도서관의 도서에 대한 검열의 권한을 가지고 있었다. 다섯째, 위생과(衛生課)는 모든 가정의 연례 청소를 준수시키고 카페, 댄스 홀, 사창가, 이발소, 도살장 등과 같은 곳을 검사할 권한을 가지고 있었다. 이 과는 이 외에 의사, 치과의사, 약사, 간호사, 병원, 장례, 화장, 수의사, 전염병 예방 등에 관계되는 일에도 권한을 가지고 있었다. 여섯째, 보안과(保安課)는 비밀경찰을 두고 사상검열을 하였고 집회와 한국의 독립운동가들의 활동과 관련된 모든 문제를 다루었다. 또한 이 과는 각 가정에 일본 천황의 사진이 잘 걸려 있는지도 조사할 권한을 가지고 있었다.[53]

한국에 있는 일본경찰은 실로 다른 나라에서는 찾아볼 수 없을 정도로 광범위한 권한을 가지고 있었고 그들의 활동은 한국인의 생활 구석구석까지 미치지 않는 곳이 없었다.

일본경찰은 즉결재판권을 가지고 1929년 이후에는 매년 10만 건 이상의 재판을 하였다.[54] 이러한 즉결재판에 있어 한국인들은 가혹한 처벌을 받았다. 일본에서는 정령을 위반한 경우 1개월 이하의 체형이나 20원 이하의 벌금을 물었으나 같은 죄목에 대해 한국에서는 3개월 이하의 체형이나 100원 이하의 벌금을 물었다.[55]

일본경찰은 한국인들을 무자비하게 다루었다. 혐의자들은 모두 결백하다는 것이 증명될 때까지는 죄인 취급을 받았다. 일본경찰에 인권을 존중해야 된다는 태도는 전혀 없었다. 그들은 한국인들을 어떤 경우에는 가축보다도 못한 존재로 취급하였다. 또한 일본경

53) *HUSAFIK*, 제3권, pp.268-269.

54) 위의 책, p.267.

55) A. J. 그라즈단제브, 앞의 책, p.259.

〈표 1-1〉 일제시대 한국 내 경찰관 수

	일본인	한국인	전 체	전체에 대한 한국인 백분비
1910(헌병 포함)	3,272	4,440	7,712	57.6
1918(헌병 포함)	6,138	8,220	14,358	57.2
1919	8,383	8,500	16,883	50.3
1930	11,398	7,413	18,811	39.4
1937	–	–	20,642	–

출처: 『施政年報』, 단 1937년도 분은 『大日本帝國年鑑』, 1939년도 판에서, 그라즈단제브 저, 이기백 역, 『한국현대사론』, p.260에서 재인용.

찰은 담당지역의 사업가들로부터 돈을 거둬들였고 이 돈을 수사비로 사용하였고 경찰관들에게 보너스로 나눠주기도 하였다.[56)]

한국 내 일본경찰에 있어 한국인 경찰관 수는 <표 1-1>에 나타나 있는 바와 같다. 한국인 경찰관 수의 비율은 점점 감소하여 1930년 이후에는 전체 경찰관 수의 40% 이내로 유지되었다. 해방 직전 한국 내 경찰관 수는 2만 6,677명이었고 그 중 한국인 수는 1만 619명이었다. 그리고 1937년 경찰관 수 2만 642명은 1938년 모든 학교의 교사 수 2만 4,068명보다 약간 적은 것이었다.[57)]

일제시대 총독부 경찰의 한국인 간부는 <표 1-2>에서와 같이 경찰부장의 경우에는 단 1명, 그 이하 경시의 경우에는 30%, 경부와 경부보의 경우에는 약 20%를 차지하고 있었다. 경찰간부 중 한국인이 차지하는 비율은 그렇게 낮은 것은 아니었다.

미군은 한국 진주 후 일본인 경찰관들을 해고하였고 한국인 경찰관들은 계속 근무하도록 하였다. 미군정은 인민공화국의 치안대가 경찰의 기능을 수행하는 것을 금하고 총독부 경찰기구를 미군정의 경찰기구로 이용하였다. 미군정은 이 기구에 새 경찰관들을 충원시켰고 그 중 상당수는 이전에 이 분야에 아무 경험이 없는 사람들이었다. 일제시대의

56) *HUSAFIK*, 제3권, p.276. 이 기록의 필자는 한국 경찰관들이 일반시민을 가축보다 못한 존재로 취급한 예로 다음과 같은 에피소드를 소개하고 있다. 서울에 홍수가 났을 때 경찰보고는 잃어버린 가축수는 정확하게 명기하면서도 인명 피해에 대해서는 많은 인명이 손실되었다고밖에 기록하지 않았다고 한다. 미군이 이에 대해 묻자 한국 경찰관은 손실된 인명은 여하튼 아무일도 할 수 없는 여자, 어린이들, 노인들이라고 답하였다고 한다.

57) A. J. 그라즈단제브, 앞의 책, p.260.

〈표 1-2〉 해방 직전 총독부 경찰관의 규모

직급 / 민족	간부급				비간부급 (순사부장 및 순사)	합 계
	경찰부장	경 시 (현 총경)	경 부 (현 경정)	경 부 보 (현 경감)		
조선인	1*	21**	105	220	10,272	10,619
일본인	12	48	433	790	14,775	16,058
합 계	13	69	538	1,010	25,047	26,677

주: * 일제시대를 통틀어 한국인으로서 도 경찰부장을 지낸 자는 1944년 황해도 경찰부장이 된 윤종화 단 한 사람뿐이다. 그는 해방 직후 소련군에 끌려간 뒤 생사를 알 수 없게 되었다.

** 해방 당시 일제 경찰의 경시(警視)를 지냈던 사람들 가운데 알려진 사람들로는 아래와 같은 이들이 있다.

최경진(총독부 경무국 사무관, 군정하 수도청 차장)

최 연(경기도 형사과장, 군정하 수도청 보좌관)

전봉덕(경기도 보안과장, 군정하 수도청 보좌관)

이익흥(평북 박천서장, 내무부장관)

윤우경(황해도 송화서장, 중부서장)

노덕술(평남 보안과장, 수도청 수사과장)

손석도(서울 성동서장, 중부서장)

노주봉(전남도 경찰부 경시, 군정하 전남 경찰부장)

출처: 수도관구경찰청, 『해방 이후 수도경찰 발달사』, 1947, pp.82-83에서 재작성.

안진, "미군정기 국가기구 형성과정에 관한 연구", 서울대 사회학 박사논문, p.106에서 재인용.

경찰관 경험자들이 군정 경찰의 중・상위직을 차지하였다. 미군정에 의해 새로 경찰관으로 임명된 사람들 중에는 깡패들도 있었다. 예를 들어 전라남도의 나주에서 미군정은 박흥배라는 사람을 그곳의 경찰책임자로 임명하였다. 그런데 그가 이끄는 경찰은 일반시민들을 괴롭히고 그들의 재산을 약탈하고 죄수들을 고문하는 등 깡패집단같이 행동하여 결국 1946년 초 미군정에 의해 처벌을 받았다. 이와 같은 일은 미군정의 한국에 대한 정보 부족으로 일어난 것이었으나 경찰을 새롭게 충원하는 일이 쉬운 일이 아니었다는 것도 말해 준다.[58]

---

58) *HUSAFIK*, 제3권, p.275에는 새로운 경찰관의 85%가 그 전에 경찰 경험이 없었다고 기록하고 있다. G. M. McCune, *Korea Today*(Cambridge: Harvard University Press, 1950), p.242에는 한국 경찰간부의 53%, 하급자의 25%가 일제시대 경찰관 경력자라고 나와 있다. 나주사건에 관해서는

미군정은 총독부 경찰이 가지고 있던 경찰의 즉결재판권을 폐지시키고 경찰이 일반시민의 인권을 존중할 것을 설득하였으나 별 효과를 보지 못했다. 그리고 경찰의 뇌물수수에 대해서도 충격을 받았으나 경찰관들에게 충분한 봉급을 줄 예산을 가지고 있지 못했기 때문에 이에 대해서도 별 개혁을 하지 못했다. 군정경찰은 총독부 경찰의 전통을 그대로 이어받고 출발하였다고 해도 과언이 아니다.

미군정하의 경찰은 1945년 12월 27일까지는 지방분권적으로 운영되었다. 각 도의 경찰은 중앙의 경찰본부와 최소한의 접촉만을 가지고 있었다. 그러나 미군정은 그후 각도의 관구경찰청을 <그림 1-6>에서와 같이 미 군정청 경무국(나중에 경무부)의 직접 통제하에 두었다. 도지사는 질서유지를 위해 도 경찰관들을 이용할 수 있으나 그들의 충원, 승진, 기타 행정적인 문제에 관여할 수 없도록 하였다.[59] 이와 같은 중앙집권화는 미군정이 당시 가지고 있던 유일한 한국인 강제력 기구인 경찰을 효율적으로 조직하고 이용하기 위해 필요한 것이었다.

미군정은 총독부시대의 방호과, 경제경찰과, 검열과 같은 과를 폐지시키고 <그림 1-6>에서와 같이 여자경찰과(女子警察課) 같은 과를 신설하였다. 한국인 경찰관들은 이와 같은 과들의 폐지가 경찰의 권한을 축소시켰기 때문에 이에 거부감을 표시했고 여자경찰과의 신설도 환영하지 않았다. 여경의 주업무는 여자 죄수들을 다루고 잃어버린 아이들을 찾는 것이었다. 여경의 자격은 건강한 신체, 중학교 졸업자, 4피트 7인치 이상의 키, 24~45세의 미혼여성과 과부들을 환영하였고 기혼여성은 남편의 허가가 필요하였다. 첫 번째 55명의 여경(女警)이 1946년 7월에 1개월의 훈련을 받은 후 나왔고 한국경찰은 처음에는 이들을 그들의 식사 준비와 같은 일을 시키고자 하였으나 그렇게 되지는 않았다.[60]

1946년 1월 초 미군정은 중앙집권화된 군정경찰의 책임자로 조병옥을 임명하였다. 조병옥은 미국에서 유학하였고 당시 한국민주당 총무로 반공사상에 투철한 인물이었다. 비슷한 시기에 미군정은 장택상을 수도경찰청장에 임명하였고 그도 조병옥과 같은 정치적 성격을 가진 인물이었다. 조병옥은 군정경무국장으로 군정경찰의 형성과 발전에 주도적

HUSAFIK, 제3권, p.299 참조.

59) *HUSAFIK*, 제3권, p.277.

60) 위의 책, pp.293-294.

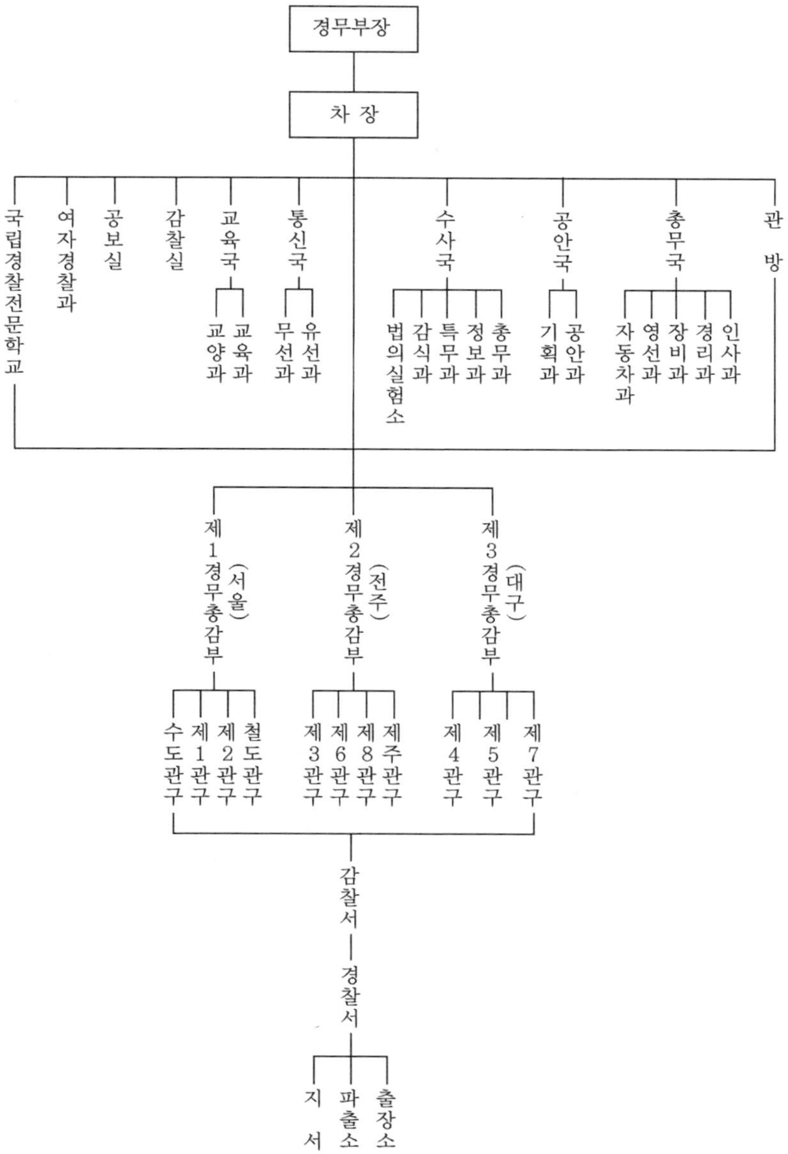

<그림 1-6> 미군정청의 경찰행정기구

출처: 박문옥, 『한국정부론』, p.356.

〈표 1-3〉 1946년 현재 군정 경찰에 재직중인 일제시대 경력자의 분포

직 위	1946년 총수	식민경찰 출신	비 율(%)
치 안 감	1	1	100
청 장	8	5	63
국 장	10	8	80
총 경	30	25	83
경 감	139	104	75
경 위	969	806	83
합 계	1,157	949	82

출처: 10월 항쟁 이후 열린 조・미 회담에 제출한 군정 경찰의 책임자 W. Mcglin의 보고서에서 재작성.
안진, "미군정기 국가기구 형성과정에 관한 연구", p.116에서 재인용.

역할을 하였다. 조병옥은 일제시대 한국인 경찰간부들을 <표 1-3>에서와 같이 군정경찰의 간부로 그대로 충원시켰다는 비판을 받고 있는데, 이것은 미군정의 정책이기도 하였다. 미군정은 일제시대 경력자 이외에는 유자격자가 별로 없고 전문적 기술이 필요하다는 이유에서 총독부 경찰간부들을 임용하였다. 일반시민들과 독립운동가들이 이와 같은 임용경향에 대해 심한 거부감을 표시했음에도 불구하고 이러한 임용정책에는 변화가 없었다. 미・소 간의 대립과 좌・우파 간의 대립이 격화됨에 따라 좌파세력 탄압의 수단으로 경찰은 더욱 필요하게 되었고 일제시대 경찰간부들은 그들의 정치적 성향으로 보나 기술로 보나 이러한 일에 더 이상 적합할 수가 없었기 때문이다.

미군정기의 경찰은 한국군의 전신인 경비대보다 나은 장비를 보급받았다. 경비대는 창설 초기에 일본군복과 일제소총을 지급받은 데 비해 경찰은 새 제복과 미제 칼빈소총을 지급받았다. 각 경찰서는 미군의 차량, M-1소총, 기관총 등을 가지고 있었고 경비대보다 훨씬 나은 통신망과 정보망을 가지고 있었다. 그리고 일제시대에는 군이 경찰보다 더 높은 위상을 가지고 있었으나 미군정기에는 경찰이 경비대원을 멸시하는 경향까지 생겨 경찰과 경비대원 간의 충돌이 일어난 일도 여러 번 있었다.[61]

군정경찰은 미군정의 정통성을 부인하던 인민공화국과 각도의 인민위원회세력을 제거하였고 그후 1946년 10월 대구에서 일어나기 시작한 민중봉기 때에는 이를 분쇄하였고

61) 한용원, 『창군』(서울: 박영사, 1984), pp.132-134.

그후 각지에서 일어난 좌익세력의 봉기와 폭동도 진압하였다. 또한 1948년 5 · 10 총선 때에는 이를 반대하던 세력을 통제하는 데도 큰 역할을 하였다. 한국경찰은 군정시대부터 이미 일반 범법자를 검거하고 법과 질서를 유지하는 역할 이외의 정치적 역할을 담당하였다. 그리고 이러한 역할은 일제 총독부 경찰시대부터 내려온 유산이기도 하다. 군정경찰의 이와 같은 역할 때문에 경찰관 수는 1945년 11월 1만 5천 명에서 1946년 말에는 2만 5천 명으로 증가하였고 대한민국 정부수립 직전에는 4만 5천 명으로 크게 늘어났다.

2. 군의 창설

미군정기 통치기구의 대부분이 일제시대의 기구를 이용한 것이었음은 이미 살펴본 바와 같다. 그러나 대한민국 군의 창설기반이 된 미군정기의 군은 일제시대의 군기구를 이용한 것이 아니었다. 그것은 미군정이 창설한 기구였다. 미군정청의 경무국장 쉬크(L. E. Schick) 준장이 1945년 10월 31일 군정장관 아놀드(A. V. Arnold) 소장에게 한국군 창설을 건의하였고 미점령군 사령관 하지 장군은 이 건의에 기반해 1945년 11월 13일 군정법령 28호를 공포하여 국방사령부(Director of National Defense)를 설치하고 이 사령부 산하에 이미 소개한 바와 같이 군무국과 경무국을 두었다. 미군정은 국방사령부가 국방과 경찰보조의 역할을 맡도록 하고 군무국 산하의 병력수준은 육 · 공군 4만 5천 명(3개 보병사단으로 구성된 1개 군단, 1개 항공수송중대와 2개 전투비행중대), 해군 · 해안경비대 5천 명으로 하려고 하였다.[62)]

그러나 워싱턴의 삼성조정위원회(三省調整委員會, The State-War-Navy Coordinating Committee)는 국방사령부 산하 육군과 해군의 창설계획이 곧 열릴 미 · 소 공동위원회의에 악영향을 미칠 것을 우려하여 이 계획을 연기할 것을 1945년 12월 말에 미군정에 통고하였다. 이와 같은 통고를 받은 미군정은 육군과 해군의 창설 대신에 뱀부계획(Bamboo Plan)에 따른 필리핀식 경찰예비대 창설을 추진하였다. 뱀부계획은 쉬크 준장의 후임으로 1945년 12월 20일 국방부장에 취임한 챔피니(A. Champeny) 대령이 확정

62) 위의 책, p.68; Robert, K. Sawyer, *Military Advisors in Korea: KMAG in Peace and War* (Washington, D. C.: Department of Army, 1962) 참조.

한 계획으로 각도에 1개 연대씩 총 8개 연대, 2만 5천 명의 경찰예비대를 창설하고 그 대원은 연대가 창설되는 각도에서 모집하고 이에 필요한 한국인 장교는 중앙에서 양성할 것을 그 골자로 하고 있었다.[63)]

미군정은 이 계획에 따라 1946년 1월 15일 태능에 제1연대를 창설한 것을 필두로 2월 말까지에는 총 7개 연대를 조직하였고, 4월 1일에는 춘천에 제8연대를 창설하였다. 그후 1946년 7월 2일 제주 섬이 도로 승격되자 이곳에 동년 11월 16일 제9연대를 창설하였다. 미군정은 이상의 9개 연대를 1947년 12월 1일 3개 여단으로 편성하였고, 1948년 3월 10일에는 경비대의 병력을 2만에서 5만 명으로 증원시켰다. 그 결과 미군이 철수하는 1949년 6월 20일까지는 한국은 총 25개 연대, 하나의 독립기갑연대, 그리고 7개의 여단을 갖게 되었다. 미군정은 이렇게 창설된 한국군을 발족 당시에는 조선국방경비대, 1946년 6월 15일부터 대한민국수립 전까지는 조선경비대라고 불렀다.[64)]

조선국방경비대의 관할부서는 국방사령부 군무국이었다. 미군정은 1946년 3월 29일 군정법령 제63호를 공포하여 군무국과 함께 있던 경무국을 국방사령부로부터 독립시켰고, 1946년 6월 15일에는 군정법령 제86호에 의거하여 국방사령부를 국내경비부로 개칭하고 군무국은 폐지하였다. 그 대신 조선경비국과 조선해안경비국을 국내경비부 산하에 설치하여 각각 조선경비대와 조선해안경비대를 관할하도록 하였다.[65)]

조선해안경비대는 해방병단(海防兵團)을 바로 언급한 1946년 6월 15일자 군정법령 제86호에 의거 개칭한 것이고 해방병단은 미군정의 승인하에 1945년 11월 11일 조선해사협회(朝鮮海事協會)가 70여 명의 창설요원으로 결단하고 14일 진해기지에서 시무식을 가진 단체였다. 조선해사협회는 미군정 교통국 해사과 산하 반관반민단체로 해방 당시 사설해군단체였던 조선해사보국단(朝鮮海事報國團, 대표 석은태)과 해사대(海事隊, 대표 손원일)가 통합하여 조직한 단체였다. 해방병단은 처음에는 교통국 해사과의 통제를 받았으나 1946년 1월 14일부터 군정법령 제42호에 의거 국방사령부에 편입되었다.[66)]

---

63) 한용원, 앞의 책, pp.69-70; 안진, 앞의 논문, p.143.

64) 한용원, 앞의 책, pp.94-97.

65) 『군정법령집』, p.178, p.212; 박문옥, 앞의 책, p.342; 한용원, 앞의 책, pp.71, 74, 97, 100, 102, 126, 167 등에서는 국내경비부를 통위부라고 부르고 있다. 그러나 『군정법령집』에는 이 기관을 통위부가 아니라 국내경비부라고 명기하고 있다.

66) 한용원, 위의 책, pp.99-100.

조선해안경비대는 1946년 9월 1일 미 군사고문단을 배치받았고, 15일에 미해군으로부터 상륙정(LCI, 兵力 300명을 수용하는 디젤기관 500톤급) 2척을 받은 것을 비롯하여 그후 1947년 8월 30일까지에는 상륙정(LCI) 6척, 소해정(AMS) 18척, 소해정(JMS) 11척, 유조선 1척을 양도받았다. 이와 아울러 조선해안경비대는 1946년 10월 1일 총사령부를 진해에서 서울로 이동하였고 진해기지 이외에도 인천(1946. 4. 15), 목포(1946. 8. 18), 묵호(1946. 8. 22), 군산(1947. 1. 6), 포항(1947. 2. 8), 부산(1947. 9. 24)에 기지를 설치하였다. 이와 같은 확장에도 불구하고 조선해안경비대는 대한민국 수립 직전에 3천여 명의 병력과 105척(총 1만 3천 톤)의 노후한 배들을 가지고 있었을 뿐이었다.[67)]

미군정은 조선국방경비대와 해방병단의 창설과 거의 비슷한 시기에 여기에 필요한 장교를 교육할 목적으로 군사영어학교(Military Language School), 조선경비사관학교, 해방병학교를 개설하였다. 군사영어학교는 한국군 창설요원들에게 기초 군사영어를 교육시켜 미군 지휘관의 통역관을 양성할 목적으로 1945년 12월 5일 서울 감리교신학교에 개설되었고 1946년 4월 30일에 폐교되었다. 조선경비사관학교는 미군정에서는 조선경비대훈련소(Korean Constabulary Training Center)라고 불리던 학교로 경비대의 간부를 훈련할 목적으로 1946년 5월 1일 태능에 개설되어 대한민국 건국 이후에는 육군사관학교로 개칭되었다. 해방병학교는 해방병단의 간부를 양성할 목적으로 1946년 1월 17일 진해에 설립되었고 이 학교의 명칭은 1946년 6월 15일에는 조선해안경비사관학교, 1946년 8월 10일에는 해안경비대학, 1946년 8월 14일에는 해사대학, 1948년 11월 16일에는 해군대학, 1949년 1월 15일에는 해군사관학교로 변경되었다.[68)]

이상 살펴본 바와 같이 미군정은 1945년 말부터 한국군의 창설을 시작했다. 미군정이 이때부터 한국군의 창설을 시작한 배경을 커밍스 교수는 군정 경찰이 국내 소요를 진압할 수 있을 만한 경찰력을 1945년 후반기에 갖지 못했다는 데서 찾고 있다. 그에 의하면 군정경찰은 1947년 전까지는 치안유지능력을 충분히 갖지 못해 미군의 도움을 받아야만 했다는 것이다. 미군정은 미군이 담당하던 군정경찰 보조역할을 한국군을 창설해 맡기려고 했다는 것이다. 또한 그는 미군정의 한국군 창설을 자극한 직접적 원인으로 1945년 10월 15일의 남원사건을 들고 있다. 이 사건은 남원 인민위원회와 인민위원회의 군사단

---

67) 위의 책, pp.100-102.

68) 위의 책, pp.72-91.

체가 군정경찰과 미군과 충돌한 사건을 일컫는 것으로 이 사건을 계기로 미군정은 그들의 정통성에 도전하는 인민위원회와 그들의 군사단체를 해체시키기 위해 한국군 창설을 시작했다는 것이다.[69]

커밍스 교수는 미군정이 남한에 군을 창설하라는 지시를 워싱턴의 삼성조정위원회로부터 받지 않았고 또 워싱턴이 미군정에 군 창설 계획을 연기하라고 통보했다는 사실을 강조했다. 그럼에도 불구하고 미군정이 경찰보조라는 명목으로 군 창설에 착수한 것은 기술적으로는 워싱턴에 대한 '불복종 행동'(insubordinate action)이라고 비판하고 있다. 그는 미군정의 이와 같은 정책은 남한 내의 '혁명적 상황'에 대한 대책으로 이러한 상황을 피부로 느끼지 못하는 워싱턴의 결정을 수동적으로 기다릴 수만은 없는 하지 장군의 결정이었다고 단언하고 있다.[70]

미군정의 한국군 창설배경으로 한용원 교수는 이 외에도 조병옥이 이응준, 원용덕 등의 조언을 받고 당시 경무국장 쉬크 준장에게 군정청 내에 국방부 설치를 요구하였고 미군정도 사설군사단체의 에너지를 적절히 흡수하려면 군 창설이 필요하다고 판단했다는 점을 들고 있다.[71] 해방 직후 사설군사단체로는 일본군·만주군계 출신들이 1945년 8월 말 결성한 조선임시군사위원회(위원장 이응준), 임정 광복군계 군사단체인 대한국군준비위원회(대표 유동열, 1945년 11월 1일 결성)와 대한민국 군사후원회(총재 조성환, 1945년 12월 9일 결성), 건국준비위원회와 인민공화국의 군사기구였던 조선국군준비대(총사령 이혁기, 1945년 8월 27일 결성), 학병동맹(위원장 박두만, 1945년 8월 22일 결성) 등이 있었다. 이 중 조선국군준비대와 학병동맹은 좌익계로서 1946년 초에 각각 미군과 장택상이 지휘하는 무장경찰대원에 의해 해체되었다.[72] 미군정은 군 창설을 통해 일본군·만주군계와 광복군계 군사단체의 에너지를 흡수하려고 했다고 볼 수 있다.

당시 미군정이 군 창설에 착수한 배경에는 이와 같은 요인들이 분명히 있었다. 그러나 이 두 요인이 군 창설의 배경을 충분히 밝힌다고 볼 수 없는 면도 있다. 첫째, 남한 내의 '혁명적 상황'에 대처하기 위해 군 창설이 시급했다는 견해에 대해서는 미군정이 군정기간 중 최대의 민중봉기였던 1946년 10월 봉기를 진압하는 데 왜 조선경비대를 투입하지

69) Bruce Cumings, 앞의 책, pp.169-170.

70) 위의 책, pp.171-172.

71) 한용원, 앞의 책, pp.69-71.

72) 안진, 앞의 논문, pp.135-140 참조.

않았느냐고 의문을 제기할 수 있다. 이 봉기는 군정 경찰과 미군이 진압했고 그후에도 좌익이 주동한 소요사태는 대부분 군정 경찰이 진압하고 있는 것이다.[73] 둘째, 사설 군사단체의 에너지 흡수는 그 자체가 군 창설의 근본 동기나 목적이 될 수 없다. 군을 창설함으로써 부수적으로 이와 같은 효과를 볼 수 있는 데 불과한 것이다.

미군정의 군 창설 근본 동기는 역시 군이 앞으로 수립될 국가의 — 그것이 신탁통치안에 따른 통일국가든 분단국가든 간에 — 성격을 좌우할 필요불가결한 요소라는 인식에 있다고 보아야 할 것이다. 미군정이 한반도에 친미적인 국가를 수립하기 위해서는 친미적인 군을 갖지 않고서는 불가능한 일이었고 이 점에 있어서는 미군정청의 간부들이나 워싱턴의 정책입안자들도 같은 생각을 가지고 있었다고 보아야 할 것이다. 이미 소개한 바와 같이 일본이 패망하기 한 달 전인 1945년 7월 16일 미국방장관 스팀슨이 트루먼에게 보낸 메모에는 소련이 1～2개 사단의 한국인 군대를 훈련시키고 있고 미육군이나 해병대가 한반도에 상징적으로라도 진주하지 않으면 이 군대가 집권할 가능성도 있다는 내용이 있다.[74] 이러한 내용은 워싱턴의 정책입안자들이 한반도의 앞날을 결정할 한 요인으로 군의 중요성을 일찍부터 감지하고 있었음을 나타내는 증거인 것이다. 남한에 진주한 미군은 앞을 내다볼 수 없는 매우 혼란한 정치상황에서 친미적인 군이야말로 미국이 믿을 수 있는 가장 확실한 세력이라고 생각했을 것이고 워싱턴도 이에 동조했기 때문에 1945년 말 이후 진행된 군 창설 과정에 제동을 걸지 않았다고 보아야 할 것이다. 이렇게 볼 때 하지 장군의 군 창설 추진은 커밍스 교수가 주장하는 바와 같은 '불복종 행동'이 아니라 워싱턴의 인식에 순응하는 행동이었다고 말할 수 있다.

미군정의 한국군 창설이 이와 같은 인식에 기반하고 있었다는 것은 군창설 간부의 충원과정에도 잘 나타나 있다. 후일 모두 육군 참모총장으로서 한국군의 창설과 발전에 주역을 담당한 이응준(李應俊), 이형근(李亨根), 채병덕(蔡秉德), 정일권(丁一權), 최경록(崔慶祿), 민기식(閔機植), 김종오(金鍾五), 최영희(崔榮喜), 백선엽(白善燁), 장도영(張都暎) 등 군사영어학교 입교자들의 대부분은 일본군과 만주군 출신이었다. 미군정은 원래 일본군·만주군·광복군 출신을 각각 20명씩 총 60명을 군사영어학교에 입교시키려고 했으나 광복군 출신은 광복군의 법통을 지킨다는 명분으로 입교를 꺼렸기 때문에 일본군과 만주군

73) Bruce Cumings, 앞의 책, pp.370-371.

74) 양성철, 앞의 책, p.84 참조.

출신들이 대부분 입교하게 되었다. 미군정은 인공(人共)을 지지한 좌익계 군사단체요원들의 입교는 처음부터 배제시켰고 이들과는 서로 적대적인 관계에 있던 일·만군 및 광복군 출신에게만 입교자격을 부여하였다. 군사영어학교는 폐교시까지 총 200명을 입학시켰고 그 중 110명을 졸업, 임관시켰다. 이들 110명 중 87명은 일본군 출신, 21명은 만주군 출신이었다.[75)]

조선경비사관학교는 대한민국수립 직후 육군사관학교로 개칭될 때까지 1기에서 6기까지 총 1,254명의 간부를 배출하였다. 그 중 1기에서 4기까지는 거의 일본군과 만주군 경력자들이, 5기에서 6기까지는 이북 출신 반공청년들이 많았다. 이들 중에도 반미친공주의자들이 침투하였으나 그들은 1949년 거의 모두 숙청되었다.[76)]

해방 직후 일본 군대에 복무한 경험이 있는 한국인은 39만 명이고 장교경력자들 중에는 군사기술을 가지고 있고 정규 사관학교를 졸업한 사람들도 있었다. 그러나 일본군 출신이 한국군 창설의 주역이 된 것은 그들의 군사기술 이외에도 반공세력으로서의 그들의 신뢰성에 있었다.[77)]

V. 결어

한반도는 제2차 대전 종료 후 미소 간의 세력다툼과 냉전으로 분단되었다. 한반도 분단의 책임은 미소 두 나라와 이 두 나라를 각각 지지하던 남북한의 정치 사회세력에게 있지만 누가 더 책임이 있는가를 구태여 따진다면 소련과 소련을 지지하던 북한 공산주의자들에게 더 있다.

종전 후 미국, 영국, 프랑스, 러시아에 분할 점령되었던 오스트리아가 국내 좌우세력의 타협과 단결로 이러한 분할을 종결시키고 통일 오스트리아를 수립한 것을 사례로 삼아 한국의 분단이 한국 내 좌우세력의 분열에 있다고 보는 견해도 있다. 그러나 한국 내 좌우세력이 타협하고 단결하였다고 하여도 — 이는 당시 상황으로 보아 거의 불가능한 일

75) 한용원, 앞의 책, pp.72-81.
76) 위의 책, pp.84-86.
77) 위의 책, p.47.

이었지만 — 한반도는 미소에 의해 분단되었을 것이다.

대한민국의 국가기구는 일제시대의 조선총독부와 미군정청의 기구를 기반으로 형성되었고 입법부와 사법부에 대한 행정부 우위현상은 이러한 역사적 전통에도 그 원인이 있다고 볼 수 있다.

일제시대의 친일 인사들과 관료들은 그들의 전문성과 철저한 반공의식 때문에 미 군정시대부터 정부의 요직을 차지하였다. 일제시대의 한국인 경찰 간부와 군 장교들도 같은 이유로 경찰과 군의 요직을 맡게 되었다.

이러한 이유 때문에 미군정과 이승만 정부가 친일파 정부였다는 비난을 받고 있으나, 그 비난은 그들의 대일 자세를 기준으로 볼 때는 맞지 않는 주장이다. 미군정은 일본 제국주의를 싫어했고 이승만 대통령도 일본을 혐오하고 경계하였다. 미군정과 이 대통령은 신생 대한민국을 북한 공산주의의 위협으로부터 보호하고 건설해 가는 과정에서 일제시대에 일본을 위해 일한 세력을 기용하게 된 것이다.

제2장

남북한의 정치체제와 관계

이 글은 1989년에 쓴 글로 그때까지의 남북한 정치체제의 변화와 남북한 관계의 변화를 아주 간단하게 기술하고 있다.

그후 1993년에는 김영삼 정권의 출범이 있었고 북한에서는 1994년에 김일성이 사망하였다. 1988년에 수립된 제6공화국의 정치체제는 건국 이래 1972년까지 우리가 가지고 있던 형식민주주의체제를 복원한 것이고 이 체제의 실질화가 한국정치의 과제라고 할 수 있다. 북한에서는 김일성이 사망했지만 아직도 체제변화의 징조를 보이고 있지 않다.

원래는 한국을 잘 모르는 외국인들에게 한국정치를 소개하기 위해 쓴 글이나 대학생들이 남북한 정치사의 대강을 이해하는 데 도움이 될 것 같아 여기에 싣는다.

Ⅰ. 서언

이 글은 남북한에서 각각 별개의 국가가 수립되는 과정을 소개하고 그 다음 남북한 정치체제의 변화와 남북한관계의 변화를 그 골격만 다루고 있다.

남북한이 두 개의 적대적인 국가로 고착되는 과정은 두 시기로 나누어 고찰할 수 있다. 첫 번째 시기는 1943년부터 남북한 분할점령이 미・소에 의해 이루어진 1945년까지의 기간이고, 두 번째 시기는 두 개의 국가가 형성되는 1945년에서 1948년까지의 기간이다.

남북한 양 체제의 변화는 남한의 경우 형식민주주의의 시기, 관료적 권위주의의 시기, 형식민주주의의 시기로, 북한의 경우는 연립적, 분파적, "주체적", 개인적, 세습적 전체주의체제 시기로 나누어 고찰하고자 한다.

남북한 양 체제가 성립한 이후 1986년까지의 남북한관계는 제1차 적대의 시기(1948~1971), 제1차 대화의 시기(1971~1973), 제2차 적대의 시기(1973~1984), 제2차 대화의 시기(1984~1986)의 4개의 시기로 구분하여 볼 수 있다.

Ⅱ. 남북한 국가의 수립

1. 제1기(1943~1945)

미국은 제2차 세계대전이 발발하기 전까지 한반도에 대해 별다른 전략적, 정치적 관심을 보이지 않았다. 미국은 러일전쟁(1904~1905) 이래로 한반도에 대한 일본의 지배권을 인정해왔다. 그러나 일본을 상대로 미국과 소련이 전쟁을 치르게 되자, 이들 양 강대국은 한반도에 다시 관심을 갖게 되었다. 1943년 말에 있었던 테헤란회담에서 미국의 루스벨트(F. D. Roosevelt) 대통령은 한국에 완전한 독립을 부여하기 전에 약 40년의 신탁통치기간이 필요하다는 제안을 스탈린(J. Stalin)에게 하였고 스탈린도 루스벨트의 제안에 기본적으로 동의하였다.[1)]

그후 1945년 얄타회담에서 루스벨트는 소련에게 동북아시아 지역의 대일전(對日戰) 참가를 촉구하였고 스탈린은 1904년에 일본에 빼앗겼던 러시아의 권리를 인정한다면 요구에 응하겠다고 대답했다.[2] 소련은 히로시마에 원자폭탄이 투하된 이틀 후, 다시 말해 일본이 항복하기 일주일 전인 8월 8일 대일전에 참가했다. 소련군이 북한지역에 진주하기 시작한 것은 8월 10일이었으나 소군은 미국의 요구대로 북위 38도선 이북에만 머물렀다. 미군이 남한지역에 상륙한 것은 소련이 북한에 진주하고 거의 한 달이 지난 9월 8일이었다.

일본이 항복하기 전부터 양 강대국 지도자들은 한반도에 대한 신탁통치 문제를 논의하였지만 한국의 독립운동 지도자들이나 일반민중은 이에 대해서 전혀 알지 못하고 있었다. 그들은 전쟁이 끝나기만 하면 테헤란회담 직전에 열렸던 카이로회담의 합의에 따라 한국이 즉시 독립할 것을 기대하고 있었다. 그러나 카이로회담에서 루스벨트, 처칠, 장개석은 한국의 즉각 독립이 아니라 적절한 과정(in due course)을 밟은 후에 한국을 독립시킨다고 합의하였다.

2. 제2기(1945～1948)

미국과 소련은 자신들이 점령한 지역에서 제각기 다른 점령정책을 펴나갔다.[3]

첫째, 미군은 남한을 직접 통치했다. 당시에 서울의 인민공화국이나 중경의 임시정부 등이 자신들을 정부로 선언하고 나섰으나 미군은 이를 인정치 않고 남한 내의 유일한 정부는 미군정임을 선포하였다. 그들은 부일협력자에 대한 민중의 불만을 무시한 채 일제 총독부의 관료와 경찰을 다시 채용했다. 이와는 대조적으로 소련군은 인민정치위원회를 통해 북한을 간접 통치하였다. 당시 평양의 인민정치위원회는 1946년 2월까지는 공산주의자와 민족주의자가 각각 동수로 구성되어 있었지만 그 이후 이 위원회는 북조선 임시

1) 한국의 신탁통치에 대한 루스벨트 대통령의 구상에 관한 포괄적인 논의는 Bruce Cumings, *The Origins of the Korean War*(Princeton: Princeton University Press, 1981), pp.104-117 참조.

2) 한국은 과거 러시아의 권리에 포함되지 않았다. Soon Sung Cho, *Korea in World Politics*(Berkeley: University of California Press, 1967), pp.27-28 참조.

3) 미국의 남한지배에 대해서는 Bruce Cumings, 앞의 책 참조. 소련의 북한지배에 관해서는 Robert A. Scalapino & Chong-Sik Lee, *Communism in Korea: Part I*(Berkeley: University of California Press, 1972), pp.313-381 참조.

인민위원회로 개칭되어 공산주의자들로만 구성되었다. 김일성이 위원장이었던 이 위원회는 북한에서 통치권을 행사하는 중앙정부임을 선언하였다. 이 위원회는 보수적 민족주의자들을 탄압하였고 부일협력자들을 숙청하였다.

둘째, 미국은 당시에 절실히 요구되었던 사회경제적 개혁을 실시하지 않았다. 미군 점령기의 남한 전지역과 서울 등지에서는 진보세력과 좌익세력이 큰 정치적 영향력을 가지고 있었다. 미군은 이와 같은 진보세력과 좌익세력을 탄압하는 반면, 부일협력자 등을 포함한 보수·우익 세력을 지원하였다. 남한 내에서 부일협력자에 대한 처벌과 토지개혁은 새로운 사회를 건설하는 데 절대적으로 필요한 작업이었으나 미점령군은 이러한 개혁작업에 관심을 갖지 않았다. 이에 비해 소련군은 그것이 비록 공산주의 모델에 입각한 것이었더라도 김일성이 이끄는 북조선 임시인민위원회로 하여금 북한 내의 사회경제적 개혁을 실시토록 하였다. 앞서 언급했듯이 김일성은 1946년 2월부터 부일협력자에 대한 숙청을 단행하였고 동년 3월에는 토지개혁을 시행하였다. 당시 토지소유 구성을 보면 완전소작농이 40%, 자작반 소작반이 30%, 자영농이 23%, 그리고 북한 토지의 60%를 소유하고 있는 대지주가 7%였다. 김일성정권은 거의 대부분의 토지를 무상몰수하였으며 그 토지를 72만 가구의 소작농에게 분배하였다. 이러한 토지개혁은 자신의 토지를 소유하고 싶은 농민의 열망을 충족시켰고 이를 통해 김일성은 농민 대다수로부터 지지를 획득하게 되었다.

남북한에 대한 미·소 점령정책의 차이를 염두에 두면서 한반도 통일정부수립에 대한 미·소의 정책을 비교해 보기로 하자. 미·소 양국은 일본의 항복이 있기 전부터 한국에 대한 신탁통치안에 대해 논의한 바 있고, 1945년 12월 모스크바 3상회담에서 미·영·소 3국 외상은 한국에 대해 중국을 포함한 4대강국이 5년까지의 신탁통치를 실시한다는 데 합의하였다. 한반도에 대한 당시 미국의 입장은 한국문제에 깊이 말려드는 것을 피하면서도 동시에 한반도에서 소련의 우위를 막아보자는 것이었다. 미국 관리들은 한국을 그대로 방치한다면 소련의 영향권하에 들어갈 것이라고 생각했다. 그들에게는 한반도에 대한 4대강국 신탁통치안이 과다한 비용을 치르지 않으면서도 한국을 소련의 영향권으로 편입되지 않게 하는 최선의 방법이었다. 소련은 한국문제에 대해 우선은 미국에 협력한다는 인상을 주면서 동유럽에서의 소련의 지배권을 확립하고자 하였다.

미군정에 참여했던 관리들을 포함한 보수세력들과 남한의 대다수 민중들은 신탁통치안을 강력히 반대했다. 남한의 언론들은 이 안을 '뮌헨의 재판(再版)', '한국에 대한 모욕' 이라고 보도하는가 하면 '국제적인 노예제도안'이라고 강력히 비판했다.[4] 그러나 다른 한편, 남한의 좌익세력들은 신탁통치안을 지지하고 나섰는데 그것은 북한 공산주의자와 소련 점령군의 지시에 의한 것으로 추측된다. 미국무성은 이승만, 김구 등이 이끄는 반탁 운동의 거센 반발에 부딪치자 미점령군에게 이승만, 김구 세력들과는 거리를 유지하면서 진보적 인사인 김규식, 여운형 등과 가까이 하라는 지시를 내리기도 하였다.

미・소 양국은 신탁통치안에는 합의했지만 그 세부계획에 대해서는 서로 다른 안을 가지고 있었다. 1946년 3월에 있었던 미・소 회담에서 소련은 임시정부 구성을 위한 정치단체 연석회의에 신탁통치를 반대하는 세력을 배제하자고 제안했다. 미국은 이 제안을 받아들일 수 없었고 1947년 중반에는 신탁통치안을 포기하기에 이르렀다.

이승만과 그의 추종자들은 1946년 중반부터 남한에서만이라도 정부를 수립하자는 단정안을 주장하기 시작했다. 그들은 미・소공동위원회의 협상이 성공하기 어렵고 북한에서는 김일성이 실질적으로 임시정부를 수립하고 있는 만큼 남한에서도 하루빨리 단독정부라도 수립해야 한다고 생각했다. 이러한 단정수립 주장은 한반도의 통일을 방해하기 위한 것이라기보다는 통일을 위해서 우선 단독으로라도 정부를 수립하자는 것이었고, 김일성도 그의 '민주기지론'이나 북조선 임시인민위원회 구성에 나타난 바와 같이 같은 생각을 가지고 있었다. 이러한 점으로 보아 이승만과 김일성은 모두 탁월한 정치현실주의자였다고 말할 수 있겠다.

미국은 1947년 중반 단정안을 받아들이기로 결정했다. 미국은 한국 문제를 UN에 이송하였고, UN은 한국에서 UN 감시하에 총선을 실시한다는 결의안을 통과시켰다. 이때 소련은 그 같은 선거를 북한에서는 허용할 수 없다고 발표했으므로 이 안은 남한에서의 단독정부 수립안과 마찬가지였다. 결국 1948년 5월 남한만의 선거가 치러졌고, 1948년 8월 15일 이승만의 대통령 취임과 더불어 대한민국은 공식 출범하게 되었다.

그 당시 김일성은 북한에 거의 완전한 모습을 갖춘 하나의 정부를 수립해놓고 있었다. 그는 1946년 11월 초순 시・도 및 전국단위의 인민위원회 위원선거를 공산당 스타일로 실시하였다. 그리고 1947년 2월에는 북조선인민회의를 구성하기 위해 제 정당 및 대중조직의 대표자와 인민위원회 대표자 선거를 완료했다. 그는 1947년 11월 북조선인민회의

4) Soon Sung Cho, 앞의 책, p.105.

에 임시헌법초안을 제정할 것을 요청하였고 인민회의는 1948년 2월 헌법초안의 작성을 완료하였다. 이 헌법에 따라 공산당 스타일의 최고인민회의 선거가 1948년 7월에 실시되고 1948년 9월 김일성이 수상으로 취임하면서 조선민주주의인민공화국이 공식 출범하게 되었다. 김일성은 이승만보다 약 3주 늦게 정부수립을 선포했지만 그는 이승만보다 훨씬 앞서 북한의 정권기관들을 조직·관리하고 있었다.

III. 남북한의 정치체제

1. 남한의 정치체제

헌정사적으로 볼 때 한국의 정치체제는 1948년부터 1989년까지의 기간에 여섯 번의 변화가 있었다. 그러나 이 시기는 대략 두 시기로 나누어 볼 수 있다. 형식민주주의(1948~1972)의 시기와 관료적 권위주의(1972~1987)의 시기가 그것이다. 그 중간에 자유민주주의적 통치(1960~1961) 기간과 직접적인 군사통치(1961~1963) 기간도 있었으나 이것은 한국정치사에서 일시적인 국면에 불과하다. 이 장에서는 형식민주주의와 관료적 권위주의의 기본적 특성을 소개하고 형식민주주의가 관료적 권위주의로 퇴행하게 된 원인도 소개하기로 한다.

1) 형식민주주의

농업이 산업의 주종을 이루고 있던 제1공화국시대(1948~1960)의 한국은 자유민주주의 정치체제가 필요로 하는 사회경제적, 문화적 조건과 정치적 조건을 갖추고 있지 못했다. 그럼에도 불구하고 미국은 이러한 정치체제를 한국에 부여하였고 남한의 지배 엘리트들도 이를 받아들였다. 소련과 이데올로기 전쟁을 벌이고 있던 미국으로서는 남한에서의 자유민주주의는 필요한 것이었다. 남한의 지배 엘리트 입장에서 보면 자유민주주의는 자신들의 지배를 정당화시켜 주는 한편, 북한 공산당 정권의 정당성을 훼손시키는 이데올로기였다.

당시 남한의 지배 엘리트는 이승만과 일제시대에 관리, 경찰, 군인 등을 지낸 부일협력자와 지주계급, 그리고 소수의 자본가들로 구성되어 있었다. 이승만은 그의 인생의 대부분을 해외에서 독립운동에 바쳤지만 좌익과 공산주의자들과 싸우기 위해 부일협력자들과 타협하였다.

한국의 자유민주주의는 서구의 그것과는 아주 다른 것이었다. 남한의 헌법은 자유민주주의제도와 과정을 규정하고 있었으나 실제로 그 헌법은 독재를 위해 조작되거나 무시되는 일이 많았다. 다시 말해, 남한의 정치체제는 형식적으로는 민주주의체제였지만 실제적으로는 그렇지 못했던 것이다. 그것은 파이너(S. E. Finer)가 말하는 외양민주주의 체제였다.[5)]

한국의 형식민주주의는 구조적으로 볼 때 남미와는 대조적으로 초기부터 위계적이고 중앙집권적이었다. 제1공화국 시기의 한국은 사회경제적 수준에 비해 과대성장한 관료체계와 군대를 갖고 있었다. 그 당시 사회에 비해 과대성장한 정부기구들은 미국의 원조에 의해 유지되었고, 이들은 지배 엘리트의 집권을 보장해 주었다.[6)]

좌익과 공산주의에 대항해 연합하고 있던 보수세력과 우익세력은 1950년대에 와서 두 개의 정치집단으로 분리되었다. 이승만이 총재였던 자유당과 신익희, 조병옥, 장면이 이끌던 민주당이 그것이다. 이들 두 정당은 대통령선거나 국회의원선거에서 치열한 경쟁을 벌였다. 한편 제3당인 진보당은 조봉암 당수가 1956년 대통령선거에서 무시 못할 지지를 획득한 후 그의 사형과 더불어 불법화되었다.

이승만은 그의 독립운동 경력으로 집권했으나 정치를 권위주의적으로 운영하였고 그의 추종 정치인들은 부패했다. 그는 한국전쟁과 1953년의 휴전반대운동에 힘입어 계속 집권할 수 있었다. 특히 1954년 국회의원선거에서 그가 이끄는 자유당이 전체 의석의 3분의 2에 달하는 의석을 확보하는 등 압승을 거두기도 하였다. 그러나 그후 그와 자유당이 무리하게 초대 대통령에 한해서는 연임제한 철폐를 사사오입으로 통과시키자 그의 인기는 하락하기 시작했고, 1950년대 후반 경제성장의 실패는 그의 인기하락을 더욱 가속화시켰다.

5) 외양 민주주의에 관해서는 S. E. Finer, *Comparative Government*(New York: Basic Books Inc., 1970), pp.441-461 참조.

6) 과대성장국가론에 관해서는 Hamza Alavi, "The State in Post-Colonical Societies-Pakistan and Bangladesh," *New Left Review*, No.74, Jul.-Aug. 1972, pp.59-81 참조.

1960년 대통령선거에서 집권 자유당은 사전투표 등의 부정선거를 자행하였고 이로써 형식민주주의는 붕괴되기에 이르렀다. 1960년대에 이르러 한국사회는 상당한 정도의 도시화가 이루어져 있었기 때문에 관(官)에서 개입하여 투표를 동원하기가 그전과 같이 쉽지 않았다. 특히 청년학생들은 부정선거에 격분하여 이승만과 자유당의 퇴진을 주장하며 시위를 벌였고 결국 이승만은 사임하게 되었다.

형식민주주의 붕괴 이후 자유민주주의체제가 수립되었으나 폭발적인 사회적 요구와 정치지도자들의 무능으로 인해 그것은 1년도 지속되지 못했다. 그러나 그후에 나타난 직접적인 군사통치는 급진적인 사회경제적, 정치적 요구를 억압할 수는 있었으나, 자유민주주의를 대신할 현실적 대안이 되지는 못했다.[7)]

1963년에서 1972년까지 계속된 제3공화국은 형식민주주의 체제를 갖고 있었다. 그 당시 육사 2기에서 8기까지 졸업생 중 상당수가 정치에 참여하고 있었는데 그들은 민주공화당을 창당하여 집권세력을 구성하였다. 박정희 장군은 군복을 벗고 1963년 대통령선거에 참가, 형식민주주의의 절차를 통해 대통령에 당선되었다. 4·19 당시 군의 정치적 중립과 민주당 구정치인들의 극심한 파벌투쟁에 대한 혐오 덕분으로 군부는 한국민들로부터 어느 정도 신뢰를 받고 있었다. 또 한편 한강의 경제기적을 이루기 위해서는 결단력 있는 지도력이 필요하다는 사회분위기도 있었다. 이러한 사회분위기가 박정희 장군의 대통령 당선에 공헌했지만 선거에 정부가 개입하지 않았다면 그는 대통령에 당선될 수 없었을 것이다. 그는 15만 표라는 근소한 차이로 승리했다.

박 정권은 외국의 자본과 기술을 도입하여 공업화를 추진하는 정책을 채택했다. 한·일 국교정상화의 목적 중의 하나도 한국경제의 공업화에 필요한 자본과 기술을 도입하기 위해서였다. 경제통계를 살펴보면 그의 정책은 성공적이었다고 평가할 수 있다. 한국경제는 1962년에서 1966년까지는 평균 7.8%, 1967년에서 1971년까지는 평균 10.5%의 성장률을 기록했던 것이다.

그러나 제3공화국 기간에 걸쳐 박 대통령은 대중적 지지를 획득하지 못했다. 첫째, 그는 1960년대 중반 한·일 국교정상화 추진으로 대학생들과 야당으로부터 일본에 조국을

---

7) 이 시기에 관해서는 Sungjoo Han, *The Failure of Democracy in South Korea*(Berkeley: University of California Press, 1974); Se Jin Kim, *The Politics of Military Revolution in Korea*(Chapel Hill: University of North Carolina Press, 1971)를 참조.

팔아먹고 새로운 독재를 기도하고 있다는 등의 비난을 받았다. 둘째, 그의 지지도는 1969년 3선개헌으로 더욱 떨어지게 되었다. 셋째, 1970년대 초반 한국사회의 각 부분에서 박 정권을 반대하는 반정부 운동이 일어나기 시작했다. 여기에는 변호사, 대학생, 교수, 젊은 의사들과 같은 중산층뿐만 아니라 노동자들과 저소득층도 포함되어 있었다. 박 대통령은 1971년 대통령선거에서 정부의 극심한 개입에도 불구하고 야당후보 김대중에게 힘겨운 승리를 거두었다.

2) 관료적 권위주의

1972년 10월 박 대통령은 국회를 해산하고 헌법의 효력을 중지시켰다. 그는 자유민주주의를 '비능률과 낭비'를 초래하는 정치체제라고 비난하고 유신체제의 수립을 선포하였다. 이 체제는 길레르모 오도넬(Guillermo O'Donnell)이 말하는 관료적 권위주의 체제와 매우 유사한 성격을 가졌다.[8] 이러한 체제하에서 박정희는 실질적인 종신 대통령이 되었다. 그는 국회의원 3분의 1을 지명하는 등 절대권력을 행사하였다. 언론인들과 지식인들은 엄격한 통제를 받았고, 결사의 자유는 심각히 제한되었으며 선거는 형식적이고 명목적으로 치러졌다. 이에 대해 불만을 표시하는 사람들은 직장에서 쫓겨났고 감옥에 끌려가 고문을 당하기도 하였다.

이것은 심각한 정치적 변화였다. 형식민주주의를 가졌던 제3공화국 때는 부정선거가 자행되었고 국회가 대통령의 시녀로 전락하고 언론・출판・결사의 자유는 제한되었으나 여・야당 간의 선거전은 매우 치열하였고 국회의 야당의원들은 행정부를 감시하였으며 언론인들과 지식인들은 정부에 대해 비판적이었다. 정부에 대해 비판적인 언론인들과 지식인들은 정부의 회유와 압력을 받는 경우는 있었으나 직장에서 해고당하지는 않았다.

1970년대 초반에 일어난 형식민주주의에서 관료적 권위주의로의 퇴행은 그 원인을 어디에서 찾아야 할 것인가? 1960년대의 한국경제발전이 정치발전으로 이어지지 않은 원인은 어디에 있는가? 이러한 문제를 해명하는 데는 세 가지 접근이 가능하다. 첫 번째 두 가지는 박 대통령 자신이 제시한 것이고, 세 번째는 그의 비판자들의 접근방법이다.

---

8) Guillermo A. O'Donnell, *Modernization and Bureaucratic Authoritarianism*(Berkeley: University of California Press, 1973).

첫째는 국가안보와 통일을 내세우는 설명이다. 1970년대 초반 미국은 중국과 국교를 맺고 소련에 대해서는 데탕트 정책을 택하고 있었다. 이와 더불어 미국은 한국에 주둔하고 있던 6만 3천 명의 병력 중에 2만 2천 명을 철수시켰다. 이와 비슷한 시기에 남북한 간에도 해빙 무드가 생겼다. 1972년 7월 남북한은 통일의 3대 원칙에 극적인 합의를 하였는데, (1) 외세를 배격한 자주적 통일, (2) 평화적 통일, (3) 이념과 체제를 초월한 민족적 대단결이 그것이다. 그러나 이와 같은 해빙 무드는 한국의 정치발전에 기여한 것이 아니라 박정희 자신의 권력을 공고히 하기 위한 수단으로 악용되었다. 박정희는 북한의 전체주의체제와 경쟁하기 위해서는 유신체제라는 관료적 권위주의체제가 필요하다고 주장했던 것이다.

둘째는 경제적 이유를 내세우는 설명이다. 1971년 들어 한국경제는 1960년대 이래 처음으로 침체현상을 보이기 시작했으나 3차 경제개발계획은 제철, 화학, 자동차, 조선 등의 중화학공업에 주안점을 두고 있었다. 다시 말해, 한국경제의 산업화는 심화(deepening)의 단계에 들어선 것이다. 박 대통령은 한국경제의 심화라는 목적을 효과적으로 달성하기 위해서는 유신체제가 필요하다고 주장했고 한국의 군, 관료, 대기업가들도 이를 지지했다.

마지막 설명은 박정희 자신의 영구 집권욕을 강조한다. 집권 민주공화당의 지도급 정치인들은 박 대통령의 3선을 위한 헌법개정에 반대하였고 박 대통령의 유신체제 수립계획을 알고 있지 못했다. 재벌, 고위관료, 그리고 군의 간부들도 유신체제의 수립을 요구한 적이 없었다. 이러한 상황에 비추어 볼 때 유신체제의 수립에 가장 중요한 변수는 박정희 개인이라는 것이다.

남미의 브라질, 아르헨티나 등의 경우와는 달리 한국의 관료적 권위주의체제는 한국경제의 '심화'라는 목표를 달성하는 데 성공했다고 말할 수 있다. 그러나 이 체제는 매년 더욱 억압적인 체제로 경성화되었고 이에 비례하여 반정부 운동도 격화되었다. 1979년 10월에 유신체제는 당시 중앙정보부장 김재규가 박 대통령을 암살함으로써 붕괴되었다. 박 대통령이 암살된 이후 한국국민들은 자유민주주의체제의 복원을 희망했지만 제5공화국시대에도 관료적 권위주의체제는 그대로 지속되었다. GNP 성장률로 볼 때 제5공화국의 관료적 권위주의체제도 성공적이었다. 그러나 제5공화국의 관료적 권위주의체제도 그 억압적 성격으로 말미암아 경찰이나 심지어는 군대로서도 막을 수 없는 대규모 민주화

운동의 거센 반발에 부딪쳤고 이에 집권 민정당의 노태우 대표는 1987년에 대통령 직선제 개헌의 수용을 선언한 6・29 선언을 선포하게 되었다. 그후 집권 민정당과 통일민주당은 새로운 헌법안에 합의를 보고 이를 국회에서 제6공화국의 헌법으로 통과시켰다.

3) 형식민주주의

대통령 직선제개헌은 야당이 집권하는 계기가 되지 못했다. 직선제개헌을 성공시킨 야당이 통일민주당과 평화민주당으로 분열되어 두 명의 대통령 후보를 내세웠기 때문이다. 집권 민정당의 노태우 후보는 1987년 12월에 실시된 선거에서 총 유효투표자의 37.5%의 지지를 얻어 대통령에 당선되어 그 이듬해 2월에 제6공화국의 대통령으로 취임하였다.

1989년 현재 아직 2년도 되지 않은 제6공화국의 정치체제상 특성을 규정짓는 것은 너무 이를지도 모르겠다. 그러나 제6공화국체제도 박정희 대통령 집권시기의 제3공화국체제와 유사한 형식민주주의체제라고 보면 크게 틀릴 게 없을 것 같다. 제6공화국의 집권엘리트들도 헌법에 규정된 자유민주주의제도와 과정을 제3공화국시대의 집권자들과 마찬가지로 왜곡하고 있기 때문이다.

제6공화국의 형식민주주의는 제4, 5공화국을 지탱하던 세력과 이에 반대하여 반체제운동을 이끌어온 민주세력 간의 대결의 균형점을 반영하는 체제이기 때문에 앞으로 당분간은 그대로 지속될 가능성이 높다. 우리의 형식민주주의가 구미에서 찾아볼 수 있는 정도의 민주주의로 발전하기 위해서는 정치발전을 위한 정치지도자들과 국민들의 부단한 노력, 한국경제의 지속적인 성장, 그리고 남북한 간의 긴장완화가 필요하다고 말할 수 있다.

2. 북한의 정치체제

북한의 헌법은 북한이 남한과 통일의 3대 원칙에 합의한 몇 달 후인 1972년 12월에 단 한 번 개정되었으나 북한 정치체제의 성격은 몇 차례 변화를 겪었다. 1948년 당시 북한의 정치체제는 여러 분파의 한국 공산주의자들이 전체주의체제의 권력을 공유하는 연립적 체제였다. 이러한 체제는 한국전쟁 때까지 지속되었으나 그 이후에는 이와 같은 연립체제에 균열이 생겨 분파적 전체주의체제가 생겨나게 되었다. 여기서 분파적 전체주의체제는 북한 노동당의 지도자들 사이의 다양한 분파들 간에 파벌투쟁이 있던 체제를 가리킨다. 이러한 분파적 전체주의 체제는 1960년대에 이르러 김일성이 그 자신 이외의 다른 분파 지도자들을 모두 숙청시키는 데 성공함으로써 단일적(monolithic) 전체주의체제로 대치되었다. 단일적 전체주의 체제는 "주체적" 전체주의체제(1960～현재), 개인적 전체주의체제(1970～현재), 세습적 전체주의 체제(1980～현재)의 특성을 나타내고 있다. "주체적" 전체주의체제는 김일성의 "주체사상"이 통치 이데올로기로서 자리잡고 있는 체제를 가리키고, 개인적 전체주의체제는 개인에 대한 숭배가 신성화의 단계까지 이르게 된 체제를 말한다. 그리고 세습적 전체주의체제는 김일성의 아들 김정일에게로의 권력이양이 추진되고 있는 전체주의체제이다. 현재의 북한 정치체제는 이 세 가지 체제가 중첩된 "주체적", 개인적, 세습적 전체주의체제라고 볼 수 있다.

북한의 정치체제 역시 공산주의 정치체제의 공통적 특성을 가지고 있다. 즉, 그것은 조선노동당의 일당지배체제인 것이다. 조선노동당은 다른 공산당들과 마찬가지로 대중정당이고 레닌의 민주집중제(democratic centralism) 원칙에 입각하여 조직되어 있다. 이 당은 북한의 거의 모든 다른 조직들을 다음과 같이 통제하고 있다. 첫째, 당의 지역적인 조직은 정부의 행정조직과 맞물려 있다. 시・군 당 위원회는 시・군 정부와, 도당 위원회는 도정부와, 그리고 당중앙위원회는 중앙정부기관에 맞물려 있는 것이다. 당위원회와 정부의 행정기관과의 관계는 지방보다는 중앙에서 더욱 중첩적이다. 둘째, 조선노동당은 조선인민군을 지휘한다. 당규는 조선인민군이 조선노동당의 군대임을 명기하고 있다. 셋째, 조선노동당은 대중과 당을 연결하는 여러 대중조직을 통해 북한주민을 통제한다. 북한의 청년들은 사회주의 노동청년동맹으로 조직되어 있고, 노동자들은 조선노동조합총동맹에 가입되어 있고, 농민들은 조선농업노동자동맹에 소속해 있고, 여성들은 민주여성동맹으로 조직되어 있다. 이들 4개의 조직은 각각 200만에서 300만 명으로 구성되어 있고 그 하위조직으로 9세에서 13세까지의 소년 200만이 단원인 조선소년단을 갖고 있다.

북한의 정치체제는 이상과 같은 공산주의체제에 공통된 정치적 특성을 가지고 있지만 여기서는 북한 정치체제에 고유한 특성만을 소개하기로 한다.[9)]

---

9) Robert A. Scalapino & Chong-Sik Lee, *Communism in Korea: Part II*(Berkeley: University of

1) 연립적 전체주의체제

1945년 일본의 패망 당시 조선공산주의자들은 여러 개의 분파로 나누어져 있었다. 해방 후 제일 먼저 활동을 개시한 분파는 박헌영이 이끄는 남한의 국내파 공산주의자들이었다. 그들은 후에 서울에서 남조선노동당으로 자신들을 조직했다. 당시 박헌영은 한국 공산주의운동의 최고지도자로 인정받고 있었고 김일성도 그의 지도력의 정당성을 인정할 수밖에 없었다. 두 번째 분파는 현준혁과 오기섭이 이끄는 북한의 국내파 공산주의자들이다. 그들은 자신들이 박헌영의 지도하에 있는 국내파 공산주의자 그룹의 일부라고 생각했다.

해외에서 항일독립운동을 했던 조선공산주의자들 중에서 가장 먼저 북한으로 귀국한 것은 소련파와 김일성의 갑산파였다. 소련파는 소련으로 귀화한 조선인들로 구성되어 있었는데 이들은 소련 점령군과 함께 북한으로 들어왔다. 김일성의 갑산파는 1945년 이전에 만주에서 항일무장투쟁을 전개한 게릴라들과 그 추종자들로 구성되어 있었다. 가장 나중에 북한에 들어온 것은 중국에서 활동하던 연안독립동맹이었는데, 이들은 김두봉과 최창익 등이 이끌고 있었다.

현준혁을 제외한 이들 공산주의자 분파들은 1948년 북한정권이 출범하던 당시 모두 이에 참여하였고, 1949년에는 조선노동당으로 통합되었다. 현준혁은 북한에서 김일성이 처음 공식적으로 모습을 나타낸 1945년 10월 이전에 이미 제거되었다. 북한 내 국내파 지도자인 현준혁은 1945년 9월 29일 암살되었는데, 이에 대해서는 우익계열의 소행이라는 설과 김일성 추종자의 범행이라는 설의 두 가지가 있다. 북한 내 국내파 공산주의자들의 지도급 인사들은 현준혁이 살해되고 몇 해 되지 않아 거의 모두 숙청되었다.

그러나 현준혁과 그의 추종자들을 제외한 박헌영의 국내파 공산주의자들, 소련파 공산

California Press, 1972); Dae Sook Suh, *The Korean Communist Movement, 1918-1948*(Princeton: Princeton University Press, 1967); Dae Sook Suh, *Kim Il Sung: the North Korean Leader*(New York: Columbia University Press, 1988); Young Whan Kihl, *Politics and Policies in Divided Korea* (Boulder: Westview Press, 1984); Byong-sik Kim, *Modern Korea: The Socialist North, Revolutionary Perspectives in the South and Unification*(New York: International Publisher, 1970); Joseph Sang-hoon Chung, *The North Korean Economy: Structure and Development*(Stanford: Hoover Institution Press, 1974) 참조.

주의자들, 김일성의 갑산파 공산주의자들, 그리고 김두봉의 연안파 공산주의자들은 모두 북한정권의 수립과 조선노동당의 창당에 참가하였고, 북한의 권력체계는 이들 네 분파들이 공유하고 있었다. 김일성은 당시 당과 정부의 공식적인 최고지도자였지만 그가 실제로 절대권력을 행사한 것은 아니었다. 김일성은 다른 분파들의 견제를 받았으며 그의 권력 또한 제한적일 수밖에 없었다. 북한의 공산주의 분파들은 한국전쟁 발발시까지는 통일이라는 목적하에 연합하고 있었다.

2) 분파적 전체주의체제

한국전쟁은 북한 공산주의 지도자들에게 두 가지 문제를 제기하였다. 그 하나는 전쟁에서 이기지 못한 책임을 누군가가 져야만 하는 정치적 문제이고 또 하나의 다른 문제는 완전히 파괴되다시피한 북한경제를 복구해야만 하는 경제적 문제였다. 이러한 문제들은 결국 김일성의 승리로 끝나긴 했지만 치열한 분파투쟁을 야기시켰다.

김일성은 전쟁에서 승리하지 못한 책임을 박헌영의 남로당에 돌렸다. 박헌영파들은 전쟁 초부터 말기까지 남한에서의 게릴라 투쟁을 지휘했으나 1953년 말경 그들은 대부분 '미국의 스파이', '해당적 분파주의자', '부일협력자'의 죄목으로 체포되어 1953년에서 1955년 사이에 처형되었다. 또한 이들과 관련하여 당과 정부의 많은 사람들이 숙청되었다. 두말할 필요도 없이 이들의 '스파이' 죄목은 박헌영과 그의 추종자들을 제거하고 국내파의 항일투쟁 전통을 말살하려는 김일성의 조작이었다.

북한경제의 복구를 위해 김일성은 3단계 계획을 제시하였다. 6개월간의 예비적 단계와 전쟁 이전의 경제수준 달성을 목표로 하는 1954년에서 1956년까지의 제2단계, 그리고 의·식·주의 기본적인 경제적 문제를 해결하고 사회주의경제의 기초를 다지는 1957년에서 1961년까지의 제3단계가 그것이다. 이러한 3단계 경제개발계획의 전기간에 걸쳐 김일성은 경공업이나 농업보다는 중공업의 발전에 역점을 두었다. 그러나 연안파의 최창익과 같은 사람은 북한주민이 생필품의 부족으로 고통을 겪게 된다는 이유로 이와 같은 중공업우선정책에 반대했다.

이러한 경제개발계획과 더불어 김일성은 생산관계의 사회주의화 정책을 추진했다. 공업부문에서의 생산관계는 1953년에 이르러 거의 사회주의화가 완료되었다. 1953년의 통계를 보면 공업총생산의 96.1%가 사회주의적인 방법으로 생산되었다. 이와는 대조적으로 같은 해 북한의 농업생산은 사적인 소유와 경작을 통해 생산된 것이 총생산의 98.2%를 차지하였다. 김일성은 이와 같은 사적 농업을 집단적 농업으로 개조하였다. 그러나 이러한 집단농장화 정책에 대해서도 반대의견이 있었다. 북한이 남한을 해방시킬 때까지는 농업집단화를 연기해야만 된다는 주장이 있었던 것이다.

김일성의 경제정책에 대한 이러한 불만은 1956년 8월 당 중앙위원회 총회의에서 표면화되었다. 연안파와 소련파를 대표하는 최창익과 박창옥은 김일성의 과오를 지적하고 나섰다. 이 회의에서 김일성은 경제정책의 과오뿐만 아니라 그의 1인지배 경향에 대해서도 비판을 받았다.

이러한 공산당 내의 최고지도자에 대한 도전은 스탈린 사후 소련 제20차 전당대회에서 흐루시초프(N. Khrushchev)가 스탈린을 비판한 후 동유럽의 거의 모든 공산권 국가에서 일어났다. 이러한 도전은 폴란드를 비롯한 몇 개의 동유럽 공산국가들에서는 지도자의 교체라는 성공적인 결과를 가져왔지만 북한에서는 완전한 실패로 끝나고 말았다. 김일성은 1957년에서 1958년 사이에 김두봉과 최창익을 비롯한 연안파와 박창옥과 같은 소련파의 지도자들을 제거하고 당과 정부의 권력을 그의 수중으로 집중시켰다.

이때부터 김일성은 마오쩌둥과 비슷하게 '대중노선'을 채택하기 시작했다. 그는 1956년 강선제철소를 방문하여 생산량의 극대화와 근검을 현장 노동자들에게 직접 지도하였다. 그는 이때부터 천리마운동을 제창하게 되었다. 김일성 방문 이후 이 제철소는 1957년에 전년보다 생산량을 두 배로 늘리는 실적을 올렸다고 북한의 문헌들은 선전하고 있다. 김일성은 다른 공장과 농장들도 방문하면서 계속적으로 천리마운동을 강조하여 생산량의 배가를 독려하였다. 천리마운동과 관련하여 김일성의 직접적인 지도의 사례 중에는 1960년 10월의 대안전기기계공장의 경우가 또한 유명하다. 이후 이 두 사례는 각 생산단위의 생산량 증대 및 작업합리화의 표본이 되었다. 김일성은 노동당 간부들을 현장으로 보내 대중에게 직접 호소하도록 하였는데, 이러한 '대중노선'은 이후 북한 공산주의 체제의 중요한 특성이 되었다.

3) "주체적" 전체주의체제

김일성은 1961년 조선노동당 4차 전당대회를 소집하였다. 이때 그의 정적들은 모두 제거된 상태였고 당과 정부는 갑산파가 장악하고 있었다. 또한 김일성의 경제정책은 만족할 만한 실적을 올려 1957년에서 1960년 사이에 총생산이 3.5배나 증가하였다. 그는 전당대회에서 1961년부터 시작되는 새로운 7개년 경제개발계획을 발표하였다.

그러나 이때부터 김일성은 소련과 중국 사이에서 어려움을 겪기 시작했다. 1950년대 후반부터 시작된 중·소분쟁과 1960년대 중반에 시작된 중국에서의 문화혁명은 김일성으로 하여금 이들 두 나라에 북한의 안보를 의존할 수 있을 것인가에 대해 회의를 갖게 만들었다.

김일성의 "주체사상"은 바로 이러한 상황에서 나온 것이다. 그는 1955년 12월 28일 '사상사업에서 교조주의와 형식주의를 퇴치하고 주체를 확립할 데 대하여'라는 연설에서 주체라는 말을 처음 사용하였는데, 여기서 그는 마르크스-레닌이즘, 소련공산당의 역사, 그리고 중국혁명의 경험 등은 조선혁명이라는 관점에서 이해되어야만 한다고 강조하였다. 이어서 그는 조선의 역사, 지리, 관습, 그리고 조선민중의 투쟁사와 문화적 전통이 이제까지 너무 오랫동안 무시되어 왔다고 지적하였다. 그는 다른 공산주의 국가의 선진적 문화를 받아들이는 한편, 스스로의 장점을 발전시키지 못한다면 결국 그 자신의 주체적 역량을 상실하고 무원칙한 추종주의에 빠지고 말 것이라고 주장하였다.

이 1955년의 연설은 소련파를 겨냥한 것이었지만 그 연설에 나타난 "주체"노선은 1960년대 전반에 걸쳐 북한주민에게 널리 확산되었다. 김일성은 1965년 이러한 "주체" 노선이 이념적 측면에서뿐만 아니라, 정치, 경제, 나아가 국가안보와 국제관계에도 적용될 수 있다고 주장하였고 이러한 노선에 따라 소련과 중국과의 관계에서도 독립적이고 중립적인 위치를 견지하였다.

김일성은 1969년 군부의 최고지도자격인 인민무력부장, 총참모장, 대남공작책임자 등을 숙청하였다. 이들은 모두 갑산파에 속한 사람들이었는데, 이러한 숙청은 김일성이 갑산파의 지원 없이도 혼자서 절대권력을 유지할 수 있는 위치에 올랐다는 것을 의미한다고 볼 수 있다.

4) 개인적 전체주의체제

조선노동당은 김일성 1인지배체제의 도구로 전락하게 되었다. 1970년 11월 개최된 조선노동당 5차 전당대회에서 중앙위원회 위원이 새로 선출되었는데, 총 117명의 중앙위원 중 31명만이 유임되었고 86명이 새로 임명되었다. 이들은 전후의 북한체제에서 성장한 소위 신세대로서 김일성에게 충성을 맹세한 사람들이었다.

1970년대의 김일성 개인에 대한 숭배는 '조선민중의 태양', '인류역사상 최고의 지도자' 등의 그를 칭송하는 수식어가 나타내듯이 소련에서의 스탈린 개인숭배를 능가하는 것이었다. 그에 대한 숭배는 그의 가족들, 즉 그의 아버지, 어머니, 첫번째 부인, 그리고 아들인 김정일에게까지 확대되었다.

앞서 언급했지만 남한과 마찬가지로 1972년 12월 북한의 헌법도 개정되었다. 이 헌법에 주석(대통령격)직이 신설되었고 중앙인민위원회가 설치되었다. 또한 "조선민주주의인민공화국은 조선공산당의 주체사상의 지도를 받는다."는 것도 이 헌법에 명문화되었다. 1970년대에 김일성은 자신과 자신의 가족들을 신격화시키고 대중은 무조건적으로 그를 숭배하는 매우 독특한 전체주의체제를 완성하였다.

5) 세습적 전체주의체제

1980년대에 이르러 김일성의 아들 김정일이 그의 후계자로 부상하였다. 1980년 조선노동당 제6차 전당대회에서 김정일은 정치국 상무위원회의 5인 위원 중 1인이 되고 당 군사위원회 서열 3위의 자리를 차지하게 되었다. 그 다음해에 김정일은 정치국 상무위원회 서열 2위로 후계자의 지위를 확보하게 되었다.

북한 당국은 김정일이 다음과 같은 조건에 가장 적합한 인물이라는 점에서 그의 후계를 정당화하고 있다. 첫째, 위대한 혁명지도자는 한 세대에서 끝날 수 없다는 것이다. 둘째, 김일성의 후계자는 신세대에서 나와야 한다는 것이다. 셋째, 후계자는 김일성의 사상과 이론, 그리고 지도력을 학습하는 준비기간을 충분히 가진 인물이어야 한다는 것이다. 끝으로 충성심을 갖고 그의 이념과 지도력을 구현하고 있는 인물이어야 한다는 것이다.

김일성이 죽은 뒤 김정일이 성공적으로 권력을 계승한다면 북한은 최초의 세습적 공산주의 국가가 될 것이다. 그러나 오늘날의 동유럽 상황을 고려하면 김정일의 권력계승이 김일성 사후에는 여러 가지 난관에 봉착할 것이 예상된다.

Ⅳ. 남북한 관계

남북한 관계의 과거는 다음과 같이 네 시기로 구분할 수 있다. 즉, 제1차 적대의 시기(1948～1971), 제1차 대화의 시기(1971～1973), 제2차 적대의 시기(1973～1984), 제2차 대화의 시기(1984～1986)가 그것이다. 남북한 관계는 오랜 기간의 적대적 관계와 짧은 기간의 대화의 관계가 교대로 나타나는 특성을 띠고 있다.[10)]

1. 제1차 적대 및 전쟁의 시기(1948～1971)

각각 미국과 소련의 지원을 받아 건립된 남북한 2개의 개별 국가는 정부수립 초부터 무력에 의한 국가통일정책을 추구하게 되었다. 지하로 들어간 다수의 남한 내 공산주의자들도 남한의 신생정부에 대항하여 무장폭동과 게릴라전을 전개하였다. 1949년 시점에서 이미 북한은 15만 명의 군대를 갖추었다. 1948년 말에 북한 진주 소련점령군이 철수하였지만, 북한군은 소련 무기로 무장하였으며 다수의 북한군이 중국 내전에서의 군사적 경험을 갖고 있었다. 이와 같은 북한의 전력은 남한의 안보에 중대한 위협이 되었다.

1948년 당시 남한은 약 5만 명으로 구성된 치안부대를 보유하고 있었을 뿐이었다. 미점령군은 1949년 6월 남한에서 철수하였으며, 많은 미국측 분석가들은 남한이 예견되는 북한측의 공격에 대하여 사실상 무방비상태에 처해 있음을 지적하였다. 그럼에도 불구하고 이승만은 북진통일을 주장하였으며, 그의 군대는 1949년 내내 38도선 근처에서 북한군과 다수의 소규모 전투를 벌였다.

1950년 6월 25일 북한군은 선전포고 없이 남한을 침략하였으며 불과 수주일 내에 남한의 대부분을 점령하였다. 만약 남한이 고립무원의 상태였다면 남한은 북한군에 의해

10) 남북한 관계사에 관한 포괄적 논의는 Hak-Joon Kim, *Unification Policies of South and North Korea: A Comparative Study*(Seoul: Seoul National University Press, 1986) 참조.

공산화되었을 것이다. 그러나 미군이 이 전쟁에 개입하여 한국을 구출하였으며 김일성의 통일 노력을 좌절시켰다. 더욱이 1950년 말 몇 달 동안 미국과 남한의 연합군은 북한지역의 대부분을 점령하기에 이르렀다. 그러나 '중국의용군'이 북한을 구출하기 위해 개입하였고 이에 따라 이승만 정부의 무력에 의한 국가통일 노력도 좌절될 수밖에 없었다.[11)]

이 당시 한반도를 둘러싼 국제관계는 북한에 의한 것이든 남한에 의한 것이든 통일 노력을 전혀 무용하고 낭비적인 것으로 만들었다.

북한에 의해 시작된 한국전쟁은 이른바 한국문제라는 것을 해결한 것이 아니라 오히려 악화시켰다. 첫째, 이 전쟁은 남북한 간의 불신의 도를 더욱 심화시켰다. 둘째, 이 전쟁은 남북한 양측의 대규모 군비증강을 야기하였으며 미군의 남한주둔을 초래했다. 셋째, 남북한 간의 깊은 불신감과 대규모 군비증강은 국가안보라는 목표 이외의 다른 모든 국가목표들이 이 목표에 종속되는 안보국가가 남북한 양측에 공히 구축되는 구조적 기반을 마련해주었다. 넷째, 한국전쟁의 이와 같은 결과들은 장기간 동안 남한 정치체제의 민주화와 북한 정치체제의 자유화를 매우 어렵게 만들었다. 양측의 지도자들은 자신들의 권위주의적 혹은 전체주의적 지배를 유지하기 위한 구실로 서로 상대방을 이용해왔으며, 이것이 다시 남북한 관계 개선의 장애로 작용해왔다.

일어나지 말았어야 할 이 전쟁의 책임은 누구에게 있는가? 우선 먼저 남침을 감행한 북한에게 1차적 책임이 있다. 최근의 한국연구자들은 스탈린도 마오쩌둥도 아닌 김일성이 남침의 주도적 역할을 담당했다는 점에 합의하고 있다. 그러나 스탈린이나 마오쩌둥도 김일성을 견제하지 못했다는 점에서 북한의 남침에 책임이 있다고 보아야 할 것이다. 1949년 당시 미국은 이승만의 탱크와 비행기 등과 같은 무기지원 요청을 거절함으로써 그를 견제했었다.

한국전쟁 이후의 기간은 남한의 제1공화국시기(1953~1960), 제2공화국시기(1960~1961), 제3공화국시기(1961~1971)의 세 시기로 세분할 수 있다.[12)]

첫째, 1953~1960년의 시기 동안 북한은 통일문제에 대한 평화적 접근을 옹호하였다. 1954년 제네바회의에서 북한은 남북한 간 인구 차이를 무시한 선거를 제안하였으며, 남한으로부터 모든 외국군대의 즉각 철수를 요구했다. 1954년 10월 북한은 통일문제 토의

---

11) 한국전쟁에 관한 자세한 논의는 小此木政夫, 『韓國戰爭』(東京: 中央公論社, 1986) 참조.

12) 이 시기의 남북한 통일정책에 대해서는 Hak-Joon Kim, 앞의 책, pp.117-258 참조.

를 위한 남북대표자 공동회의를 제의하였다. 1955년 3월에는 감군과 남북불가침조약 체결을 주장하였다. 북한측은 1960년까지 거의 매년 이와 유사한 제의를 내놓았다.

남한은 북한의 여러 가지 "평화통일" 제의들 가운데 어느 것도 받아들이지 않았으며 1953~1960년의 전기간 동안 북진통일정책을 견지하였다. 제네바회의에서 한국은 UN 감시하 남북한 자유선거를 제의하였으나 그후 이 정책도 포기하였다. 남한은 북한의 6·25남침 때문에 북한을 전혀 신뢰할 수 없었으며 북한의 평화통일 호소를 남한 국민들에 대한 심리전에 불과한 것으로 간주하였다.

둘째, 남한이 자유민주주의적 정치체제를 가졌던 1960~1961년의 시기 동안 남한의 통일정책은 북진통일로부터 UN 감시하 남북한 자유선거에 의한 평화통일로 바뀌었다. 이 무렵에 이르러 북진통일정책은 이미 비현실적인 것으로 드러났기 때문에 이러한 통일정책의 변화는 필요한 것이었다. 그러나 제2공화국에 의한 이러한 통일정책 변화는 제1공화국의 권위주의적 지배를 무너뜨리는 데 주역을 담당했던 일부 대학생들을 만족시키지는 못했다. 그들은 남북한 간 경제 및 문화 교류를 요구하고 주한미군 철수와 중립화 통일을 요구하였다.

북한은 1960~1961년 시기 동안 남한에 자유롭고 진보적인 사회 분위기가 나타난 데 고무받아 더욱 적극적으로 "평화통일" 방안들을 내놓았다. 이 안들 중에는 다음과 같은 것들이 포함되어 있었다. 첫번째는 외국간섭 없는 한국 전역에서의 선거였다. 두 번째는 남북한 간의 연방제 수립제안이었다. 세 번째는 남북한의 경제계 대표들로 구성되는 공동경제위원회의 설립과 경제, 과학, 문화, 체육 및 인력 분야에서의 남북교류였다. 그리고 이 모든 제안은 주한미군 철수 요구와 양측 병력의 10만 명으로의 감축 요구를 전제로 하고 있는 경우가 많았다.

남한의 제2공화국은 이러한 제안들을 하나도 받아들이지 않았는데, 그 근거는 제1공화국이 1953~1960년 기간중 북한측이 제의한 "평화통일방안"들을 전부 거부한 것과 똑같았다. 그러나 제2공화국 정부가 UN 감시하 자유선거를 제외하고는 어떠한 "평화통일방안"도 거부한 것은 이미 지적한 바와 같이 남한의 진보적 대학생들과 정치인들에게 커다란 불만을 가져다주었다. 진보적 대학생들은 스스로 통일을 위한 남북대학생회담을 판문점에서 갖자고 제안하고 나왔으며, 그러한 남한 학생들의 제안을 북한당국은 환영하였다. 그러나 1961년 남한에서 일어난 군사쿠데타는 통일을 위해 북한과 직접 접촉하려는 진보주의자들의 노력에 종지부를 찍었다.

셋째, 군사쿠데타 후 약 10년 동안 남한의 통일정책은 기본적으로 변화가 없었다. UN 감시하 남북한 선거가 남한측의 수락가능한 유일한 통일방안이었다.

북한의 통일정책은 "평화통일"로부터 남한에서의 혁명 혹은 민족해방전쟁에 의한 통일로 바뀌었다. 북한은 남한주민들에게 스스로의 해방을 위하여 반미, 반정부 운동을 벌일 것을 촉구하고 그러한 운동을 지도할 마르크스·레닌주의 당을 조직할 것을 지시하였다. 아마도 북한측의 이러한 지령에 부응했음인지, 소수의 남한 내 공산주의자들이 1964년 서울에서 통일혁명당을 조직하였다. 1960년대 전반 남한의 제3공화국 정부는 한·일 국교정상화 추진으로 국민들의 지지를 잃고 있었고 북한은 이와 같은 남한 국민들의 반정부 감정을 남한 내에서의 공산혁명을 위한 전략에 이용하고자 노력했다.

남한에서의 혁명운동을 고무 지원하고자 하는 북한측의 노력은 1960년대 동안 전혀 성과를 거두지 못했고 이러한 실패는 북한측으로 하여금 1960년대 후반 게릴라부대 남파에 의한 군사적 도발 전술을 채택하도록 하였다. 우리는 북한이 그러한 전술을 채택하였다는 것을 다음과 같은 사실들을 통해 확인할 수 있다. 첫째, 북한의 대남 군사도발 건수가 1966년의 80건에서 1967년 784건, 1968년 985건으로 비약적으로 증가하였다. 둘째, 1968년 1월 21일 31명으로 구성된 북한의 특공대가, 비록 박 대통령 암살 임무를 수행하는 데는 실패했지만, 그러한 임무를 띠고서 서울의 청와대에서 1마일 이내에 드는 곳까지 침투하였다. 셋째, 그 이틀 후 북한은 83명의 승무원을 태운 미국의 정보함 푸에블로호를 납치하였다. 넷째, 1968년 11월 약 100명의 북한 게릴라가 남한의 동해안에 침투하였고, 1969년 1월 북한은 미해군 정찰기 EC-121기를 격추시켰다.[13)]

남한과 주한미군측은 1960년대 후반에 일어난 이와 같은 북한의 도발에 대하여 방어적인 행동만 취했다. 북한의 군사도발 전술은 남한의 안정을 해치고자 하는 원래의 목적에 제대로 기여하지 못했고 오히려 남한 국민들의 대북한 적대감을 더욱 공고하게 만들었을 뿐이었다.

---

13) *Korea Annual 1968*(Seoul: Hapdong News Agency, 1968), p.101 참조.

2. 제1차 대화의 시기(1971～1973)

지금까지 논의한 남북한 간의 적대의 시기는 미・중관계의 적대시기에 상응하고 있다. 남북한 간의 제1차 대화의 시기는 1970년대 초 미・중 간의 화해와 더불어 시작되었다. 1969년 7월 닉슨독트린이 발표되고 뒤이어 미・중 화해가 시작된 후 몇 년간 미국은 남한에게 북한과 직접 접촉을 갖도록 권고하였다. 한반도의 긴장완화는 미・중관계를 더욱 개선하는 데 필요했던 것이다. 1971년 미국은 미・중간 및 남북한 간의 화해를 위한 환경을 조성하기 위하여 6만 3천 명의 주한미군 중 2만 2천 명을 철수시켰다.

한반도를 둘러싼 국제환경의 변화에 발맞추어 1971년 8월 12일 남한은 남북한의 1천만 이산가족 재회를 위한 남북한 적십자회담을 갖자고 제의하였다. 북한은 즉각 이 제의를 수락하였으며 이 제의가 있은 후 1년 동안 25차의 예비회담, 16차의 실무회담 및 4차의 적십자 전체회의(서울과 평양에서 각각 2차씩 있었음)가 열렸다. 그러나 이 남북 적십자회담은 남북 이산가족들 간의 상호방문의 범위와 방법에 관한 견해 차이로 말미암아 교착상태에 빠졌다.

적십자회담의 교착에도 불구하고 남북한 관계에 하나의 돌파구가 남북한 고위관리들 간의 비밀회담을 통해 마련되었고, 이 비밀회담의 결과 1972년 7월 4일 남북공동성명이 발표되기에 이르렀다. 무엇보다도 첫째로 이 성명은 통일이 (1) 외부의 개입이나 간섭 없이 한국인의 자주적인 노력으로 이룩되어야 하고, (2) 상대방에 대한 무력 사용 없이 평화적 수단에 의해 실현되어야 하고, (3) 이념과 체제의 차이를 초월하는 민족대동단결의 원칙에 따라 이루어져야 한다는 것을 명문화하고 있다. 둘째, 이 성명서에는 양측이 상대방에 대하여 비방, 비난하지 않는다는 합의가 포함되어 있다. 셋째, 이 성명서에서 양측은 여러 분야에 걸쳐 다양한 교류를 실시하기로 약속했다. 넷째, 양측은 진행중인 적십자회담이 조기의 성과를 거둘 수 있도록 최선을 다하기로 합의하였다. 다섯째, 양측은 서울-평양간 직통 비상전화 가설에 합의하였다. 끝으로 이상의 합의사항과 이에 관련되는 여러 문제들을 남북조절위원회에 이관할 것에 합의하였다.

그러나 이와 같은 남북관계의 돌파구는 여전히 실질적 차원의 것이 아니라 이상, 원칙 혹은 이론 차원의 것이었다. 두 차례의 공식 남북조절위원회 회합이 1972년 11월과 1973년 3월에 각각 개최되었고 그 자체가 남북관계의 약간의 개선을 의미하는 것이기는

했지만, 이 두 회담은 남북관계의 개선에 실질적으로는 어떠한 공헌도 못했다. 남한측은 관계 개선을 위해 사회·경제적 및 문화적 교류부터 시작하자고 주장했지만 북한측은 그러한 교류 이전 또는 그러한 교류와 동시에 주한미군 철수를 포함한 군사적·정치적 문제의 해결을 주장했다. 1973년 8월 북한은 김대중 납치사건을 이유로 조절위 회의를 중단한다고 남한측에 일방적으로 통보하였다. 1973년 12월에 다시 조절위가 열렸지만, 조절위 개편문제와 관련하여 다시 결렬되었다. 그 당시 남한은 조절위 회의에 참가하는 정당 사회단체 지도자의 수를 10명으로 제한하고자 한 데 비해 북한은 그 수를 300명으로 확대할 것을 주장했었다.[14)]

1971～1973년의 기간중의 남북한 대화분위기는 한국전 종전 이후 처음으로 나타난 것이었다. 이러한 분위기가 남북한 대표자들 간의 많은 회합을 가능케 했지만, 양측은 구체적인 통일문제를 둘러싼 실질적인 이슈에 관해서는 전혀 합의하지 못했다.

3. 제2차 적대의 시기(1973～1984)

적십자회담과 남북조절위 회의가 모두 교착상태에 빠지자 남한은 한반도 긴장완화를 위한 새로운 정책을 발표하였다. 1973년 6월 23일에는 남북한 UN 동시가입을 제안하였고, 1974년 7월에는 남북한 불가침협정의 체결을 제의하였다. 또 1974년 8월 15일에는 (1) 불가침협정 체결, (2) 다양한 협상과 교류를 통한 신뢰의 회복, (3) 자유 총선의 3단계 평화통일방안을 발표하였다.

북한은 남한의 평화통일 구상과 크게 상반되는 구상을 가졌다. 북한은 '고려연방공화국'이라고 하는 하나의 명칭 아래 남북한 연방제를 설립할 것과 단일국가로서 UN에 가입할 것을 제의하였다. 북한은 또한 주한미군의 철수와 양측 군대의 대폭삭감을 통하여 남북한 간의 군사적 대치의 상태를 해소할 것을 주장하였다. 북한은 1972년의 남북조절위 회의가 시작된 이래 남한이 제의한 비정치적 통합에서 정치적 통일로 나아간다는 식의 점진적이고도 기능적인 접근방법을 거부하였다.

1973년 말경부터 북한은 남한 내 혁명세력에 대한 지지와 대남 공격행위를 재개하였

---

14) Young Jeh Kim, *Toward a Unified Korea*(Seoul: Research Center for Peace and Unification of Korea, 1987), pp.109-110; Hak-Joon Kim, 앞의 책, pp.259-312 참조.

다. 북한은 통일혁명당의 지도자들이 이미 1968년에 남한당국에 의해 체포·처형되었는데도 불구하고 소위 "통혁당 방송"이라는 이름 아래 남한정부를 비방하는 일일방송을 재개하였다. 또 북한은 기구를 이용하여 남한에서의 "인민혁명"을 요구하는 내용의 선전 팸플릿과 삐라를 다시 살포하기 시작했다. 북한의 대남 공격행위에는 북한 순찰함의 남한 영해 침투, 남한 어선의 납북, 박 대통령 암살기도, 남침 땅굴계획의 실행 등이 포함되어 있었다. 1974년 8월 15일 북한 공작원에 의한 박 대통령 암살기도는 실패했지만 그것은 대통령 영부인을 희생시켰다. 1974년 11월과 1975년 3월에 남한군은 북한측이 게릴라, 정규부대 및 장비를 남으로 침투시키기 위해 판 지하 터널들을 발견하였다.[15)]

1975년 5월 공산주의자들의 인도차이나에서의 승리는 북한의 지도자들에게 남한 내의 혁명운동을 선동하고 군사적 도발을 감행함으로써 통일을 달성할 수 있다는 믿음을 더욱 굳혀주었는지 모른다.

그러나 이와 같은 남한혁명 및 침투전략은 북한측의 기대와 달리 남한에서 전혀 성과를 거두지 못했다. 남한 국민들은 1972년 10월에 유신체제라는 이름으로 새로이 등장한 제4공화국에 대하여 심한 불만을 가졌지만 북한공산주의자들의 목표에 동조하지 않았다. 북한의 군사적 도발은 남한정부를 동요시키기보다는 오히려 북한의 위협이 임박했다는 남한정부의 주장을 뒷받침하는 데 기여했을 뿐이다.

북한은 한편으로 남한 내의 혁명운동을 선동하고 대남 공격행위를 지속하면서 다른 한편으로는 1970년대 중반부터 한국문제를 국제화시키기 시작했다. 먼저 북한은 주한미군의 철수와 북한측 조건에 따른 통일을 위하여 제3세계 제국과 여러 국제기구들에 호소하기 시작했다. 1975년 11월 UN에서 주한미군 철수를 지지하는 친북한결의안이 통과된 것은 북한의 이와 같은 외교적 공세가 주효한 것으로 볼 수 있다.[16)] 둘째, 북한은 철군문제와 미·북한 간의 휴전협정을 평화협정으로 대체하는 문제에 관한 미국과의 직접 협상을 모색하기 시작하였다. 특히 주한미군의 단계적 철수 가능성을 시사한 카터(J. Carter) 행정부 시절, 북한은 파키스탄의 부토(Z.A. Bhutto) 대통령, 가봉의 봉고(O. Bongo) 대통령, 유고슬라비아의 티토(J.B. Tito) 대통령 등과 같은 중재자를 통하여 미국과의 직접 접촉을 실현시키기 위해 적극적으로 노력하였다.

15) Young Jeh Kim, 위의 책, pp.110-114 참조.

16) Young C. Kim, "The DPRK in 1975," *Asian Survey*, Vol.19, No.1, Jan. 1976, pp.86-87.

미국은 북한의 주한미군 철수 요구도 쌍무적 회담 제의도 모두 거부하였다. 그 대신 카터 행정부는 남북한의 반응을 살펴가면서 남북한 및 미국간의 3자회담을 구상하고 있었다. 원래 이 구상은 티토가 1978년 3월 말 카터 대통령과 만났을 때 내놓은 것이었으나 남북한 양측은 각기 다른 이유에서 모두 이 구상을 반대하였다. 남한은 3자회담이 미・북한 관계에만 초점이 맞추어질 가능성에 대하여 우려하였고, 북한은 3자회담이 미국과의 평화협정 체결을 어렵게 만드는 함정이 될지도 모른다는 점에 대하여 우려하였다.[17]

남한 역시 1970년대 초 한국문제를 국제화하기 시작하였다. 남한은 한반도 주변의 2강 혹은 4강 사이의 데탕트를 기초로 한 한반도의 현상과 평화를 유지하고자 했다. 이러한 견지에서 남한은 1975년 9월 22일 제30차 UN 총회에서 헨리 키신저(H. Kissinger)가 내놓은 제안, 즉 4강의 남북한 교차승인 및 UN 동시가입 제안을 환영하였다. 북한이 이 제안을 분단영구화 획책이라고 비난하였지만 남한은 이때부터 1989년까지 이 제안을 지지하였다.[18]

한국문제의 국제화는 1979년에 이르기까지 남북한 어느 쪽이 원하는 방향의 결과도 가져오지 못했다. 이러한 교착상태에 직면하여 남북한 대표들은 1979년 2월에 접촉을 재개하였다. 그러나 회담의 형식에 관하여 합의하지 못했다. 남한측은 남북조절위원회의 골격을 유지하고자 희망하였음에 반하여 북한측은 그것이 제대로 기능하지 못했다고 선언하고 통일을 위한 준비위원회를 설립하자고 제의하였다. 1979년 10월 박 대통령 암살사건이 발발하고 제4공화국이 붕괴된 후 북한은 남북접촉을 제의하였으나, 전두환 장군이 대통령으로 집권하자 곧 철회하였다.

1980년 10월 북한은 남북한에 존재하는 기존의 사회・경제 및 정치 제도가 그대로 유지되는 '고려민주연방공화국'안을 발표하였다. 이 안은 남북한의 동수 대표들로 구성되는 최고연방회의와 그 상임위원회를 설치하고 남북 연합군을 창설할 것 등을 포함하고 있었다. 그러나 북한은 바로 이 제의에 관한 남북대화의 재개마저도 거부하였다. 북한은 대화의 전제조건으로서 주한미군의 철수와 전 대통령 정부의 "파시스트적" 지배의 철회를 요구하였다.[19]

---

17) Hak-Joon Kim, 앞의 책, p.381.
18) 위의 책, pp.313-434 참조.

반면에 남한은 남북회담의 재개를 적극적으로 추진하였다. 전 대통령은 1981년 1월에는 남북한 최고당국자의 교환방문을 제의하였고, 1982년 1월에는 '민족화합 민주통일방안'을 발표하였다. 이 방안은 민족통일협의회의 구성, 통일헌법의 기초, 통일헌법 승인을 위한 국민투표의 실시, 이 헌법에 의거한 총선거의 실시, 이 선거에 따른 통일국회, 정부 구성을 포함하고 있었지만 이것도 남북대화의 재개로 이어지지는 못했다.[20]

그후 1983년 10월 9일 북한은 남한에 대한 공격행위를 감행하였다. 북한 공작원들이 버마의 랭군에서 전 대통령과 각료들 및 보좌관들을 폭사시키고자 기도했다. 비록 전 대통령은 이 폭발에서 무사하였지만 17명의 우수하고 유능한 각료 및 보좌관들이 피살되었다.

랭군사건 하루 전에 북한은 주한미군 철수 및 남한의 민주화라는 전제조건 없이 남북한 및 미국과의 3자회담을 제의하였다.[21] 그러나 랭군사건은 북한의 3자회담 제의에 남한과 미국이 모두 등을 돌리게 만들었다.

4. 제2차 대화의 시기(1984～1986)

남북한 간의 제2차 대화의 시기는 남한이 북한으로부터 수재구호물자를 받아들이기로 결정함으로써 시작되었다. 랭군사건 약 1년 후인 1984년 9월에 남한은 일련의 홍수를 겪었는데, 이때 북한은 쌀 7,200톤, 섬유 500만 미터, 시멘트 10만 톤 및 의약품 759상자를 제공하겠다고 제의하였다. 남한측이 이 제의를 수락한 것은 1986년 아시안게임과 1988년 올림픽을 위하여 한반도의 긴장을 완화시키려는 목적에서였고, 이 결정 이후 일련의 남북대화가 이루어졌다.[22]

---

19) 이 제의에 대한 분석은 C. I. Eugene Kim, "Various Formulae for Korean Unification," *Korea and World Affairs*, Vol.6, No.1, Spring 1982, pp.47-52 참조.

20) Young Whan Kihl, "South Korea's Unification Policy in the 1980's: An Assessment," Tae-Hwan Kwak, et al., eds., *Korean Reunification*(Seoul: Kyungnam University Press, 1984), pp.23-47 참조.

21) Hak-Joon Kim, "The Tripartite Conference Proposal for Korean Settlement: Its Origin, Evolution and Prospect," 위의 책, pp.103-122 참조.

22) Chae-Jin Lee, "South Korea in 1984: Seeking Peace and Stability," *Asian Survey*, Vol.25, No.1, Jan. 1985, p.88 and Manwoo Lee, "Is North Korea Changing Course?" *Asian Perspective*, Vol.9, No.1(Spring-Summer 1985), p.4 참조.

적십자회담 및 남북조절위회담의 2개의 통로를 가졌던 1972~1973년의 대화와는 달리 이 두 번째의 대화는 5개의 통로를 가졌다. 즉, 경제회담, 적십자회담, 국회회담, 체육회담, 정상회담 모색을 위한 비밀회담 등이 그것이다.[23] 첫째, 경제회담은 1984년 11월의 첫 번째 회담 이후 1년간에 걸쳐 도합 다섯 번 이루어졌다. 이 회담들은 양측의 부총리들에 의해 주도되었다. 남한은 교역에 많은 관심을 보였음에 반하여 북한은 경제협력에 많은 관심을 보였다. 양측은 교역품목을 제시하였는데, 여기에는 석탄, 철광, 섬유류와 같은 공통의 품목도 들어 있었다. 또한 양측은 천연자원 공동탐사, 남북을 연결하는 철도의 부설 및 양측 부총리를 수반으로 하는 공동경제 협력위원회의 설립 등의 필요성을 인정하기도 했다.

둘째, 12년간의 단절 끝에 1985년 5월에 재개된 적십자회담은 1985년 12월의 제10차 회담에 이르기까지 모두 세 차례 개최되었다. 이 회담은 1985년 9월 고향방문단, 예술단 및 언론인들의 남북한 교환방문이라는 가시적인 성과를 거두었다. 그러나 양측은 교환방문의 결과를 각각 정치적으로 이용함으로써 그 역사적 의미를 약화시키는 우(愚)를 범했다.

셋째, 1985년 7월과 9월 두 차례에 걸쳐 남북한 국회의 대표들 사이에 예비회담이 개최되었다. 그러나 이 두 차례 회담은 국회 본회의에서의 의제에 관해 합의하지 못했다. 북한은 불가침선언을 의제로 하자고 주장했는데 반하여, 남한은 통일한국이 채택할 헌법의 기초에 관하여 토의하고자 하였다. 북한은 나중에 불가침선언 및 통일헌법 두 가지를 모두 의제로 하자고 주장했으나 남한은 첫 번째 안건을 의제로 채택하는 데 동의할 수 없었다.

넷째, 체육회담은 국제올림픽위원회(IOC)의 도움을 받아 1985년 10월부터 로잔에서 개최되었다.

다섯째, 정상회담을 위한 비밀회담의 횟수와 장소는 일반인들에게 알려지지 않고 있다. 체육회담과 비밀회담은 둘 다 아무런 성과를 올리지 못했다.

체육회담을 제외한 모든 종류의 회담들이 1986년 1월 북한에 의해 무기연기되고 체육

23) *Korean Unification: Source Materials with An Introduction*(Seoul: Research Center for Peace and Unification of Korea, 1986); Byung-Joon Ahn, "Changes in North Korea and Its Relations with South Korea," Dalchoong Kim & Werner Gumpel, eds., *New Directions in East-West Relations* (Seoul: Institute of East and West Studies, Yonsei University, 1987), pp.377-396 참조.

회담도 그후 아무 성과를 올리지 못했다. 북한은 팀스피리트(Team Spirit)로 알려진 남한과 미국 간의 연례합동군사훈련이 평화통일을 위한 남북대화의 정신에 위배된다는 근거에서 남북회담을 중단시켰다.

북한은 이와 같이 모든 회담을 중단시키면서도 1986년 6월 남북한 국방장관과 주한미군사령관 사이의 3자군사회담을 열자고 제의하였다. 같은 해 12월에는 북한은 남북한 간의 고위 정치군사회담을 제의하였다. 북한은 1987년에도 남북한 양측의 군대를 10만으로 감축하고 1991년까지 미군을 철수시키는 문제에 대하여 토의하기 위해 3자군축회담을 개최하자고 요구하였다. 이러한 제의들에 나타난 바와 같이 북한은 여전히 군사 및 정치문제의 우선 해결을 주장하고 있다.

남한은 이러한 제의를 받아들이지 않고 중단된 회담들의 재개를 주장하였다. 그러나 1987년 11월 북한측에 의한 KAL기 폭파로 남북한 관계는 더욱 악화되었다.

서울올림픽 3개월 전인 1988년 7월 7일 노태우 대통령은 통일관련 특별선언을 발표하였다. 이 선언에서 그는 남북한 간의 교역과 상호방문을 허용하고 사회주의국가와 관계 개선을 추구하겠다고 밝혔다. 이러한 선언의 결과 남한과 사회주의국가와의 관계는 크게 개선되었으나 남북한 관계는 개선되지 못하였다. 북경 아시안게임에 단일팀을 구성하기 위한 회담과 고향방문단 교환을 위한 회담이 남북한 간에 진행되었으나 두 회담 모두 성공하지 못했다.

V. 결어

한국전쟁은 남북한 모두 전쟁의 위협을 느끼게 만들었다. 양측은 서로로부터 전쟁의 위협을 느끼기 때문에 현재 군비경쟁을 하고 있으나 이러한 전쟁위협은 양측을 타협시키는 유인이 될 수도 있다. 미국과 소련이 서로로부터 핵전쟁의 위협을 느끼기 때문에 화해하고 있는 것과 마찬가지 논리에서이다.

남한과 북한은 상호간의 관계 개선과 평화통일을 위해 각각 여러 가지 제안을 해왔다. 양측은 이러한 제안을 토의하기 위해 여러 번 회담도 개최하였다. 그러나 양측의 제안들과 회담은 어떠한 타협과 화해도 가져오지 못했다. 그것은 양측의 관계 개선 방안과 통일방안에 커다란 차이가 있다는 것을 드러냈을 뿐이다. 한마디로 말해, 남한의 제안은 북한에 불리하고 북한의 제안은 남한에 불리하였던 것이다.

그렇다면 남북한은 왜 상대방에게 불리한 제안만을 각각 해왔는가? 그것은 앞서 살펴본 바와 같은 남북한 양측의 서로 다른 정치체제로부터 연유하는 두 체제 간의 대립과 갈등에 기인한다. 특히 남북한의 정치체제는 부분적으로는 양측 간의 긴장에 기반해 있으므로 남북한 간의 긴장완화는 남한의 형식민주주의체제와 북한의 "주체적", 개인적, 세습적 전체주의 체제를 동요시킬 가능성도 있다. 남북한의 지배 엘리트들은 타협에 의한 긴장완화가 결국에는 그들이 각각 유지하고자 원하는 정치체제의 붕괴로 연결되는 한에 있어서는 타협하기를 주저할 것이다.

제3장

남북한의 화해협력

이 글은 서울대 한국정치연구소와 북한의 사회정치학회가 공동으로 1995년 7월 31일과 8월 1일 중국 북경에서 개최한 <남북 · 해외학자 통일학술회의>에서 발표한 글이다.

이 회의에서 남한과 해외학자들이 7 · 4 공동성명의 3대원칙 중 평화원칙을 강조하고 통일 이전 상당히 오랜 기간에 걸친 교류협력을 통한 평화공존을 주장한 데 반해 북한측 참가자들은 자주원칙을 강조하고 남한의 교류협력 방안은 흡수통일의 함정을 가지고 있다고 비판하였다. 북측 참가자들은 교류협력에 대해서는 논의 자체를 꺼렸다.

이 글은 남북한 간의 교류협력을 위해서 양측이 여태껏 집착하고 있던 현실주의적 시각을 어느 정도는 지양하고 새로운 시각을 채택할 것을 촉구하고 있다.

이 발표의 전체적인 논지에 대해서 북측 참가자들은 이의를 제기하지 않았고 공감하고 있다는 느낌을 받았다.

남북한이 1972년 7월 4일 공동성명을 발표한 이래 상호간 화해와 협력을 위한 노력은 주지하다시피 여러 번 있었다. 그 첫 번째 노력이 1971년부터 1973년간에 있었고 그 노력의 결과로 7·4 공동성명이 나왔다. 그러나 7·4 공동성명 이후 남북한은 이에 기반한 화해와 협력을 하지 못했다. 남한은 남북한 간의 사회, 경제적 및 문화적 교류를 우선 시작할 것을 제의했으나 북한은 이에 앞서 군사적, 정치적 문제의 해결을 요구하여 남북회담은 진전을 보지 못했다.

두 번째 노력은 1984년부터 1986년간에 있었다. 남한이 1984년 9월 홍수를 겪었을 때 북한은 쌀 7,200톤, 섬유 500만 미터, 시멘트 10만 톤과 의약품 759상자를 제공하겠다고 제의했고, 남한이 이를 받아들인 후 2년간에 걸쳐 남북한 간의 화해와 협력을 위한 노력이 있었다. 두 번째 노력은 첫 번째 노력에 비교해 볼 때 다음과 같은 차이가 있다. 첫 번째 노력에서는 남북회담이 적십자회담과 남북조절위원회 회담의 두 개의 회담 통로로 진행되었으나, 두 번째 노력에서는 남북한의 부총리들이 주도한 경제회담, 적십자회담, 국회 대표들 사이의 국회회담, 체육인들 간의 체육회담, 그리고 확실하지는 않지만 남북한 정상회담을 위한 비밀회담의 5개 통로로 진행되었다. 남북회담이 여러 분야에서 이루어졌다는 것은 그 자체를 남북한 관계의 진전이라고 해석할 수 있다. 이러한 회담들의 결과도 첫 번째보다는 나았다. 경제회담에서는 상호교역의 관심품목이 제시되었고 천연자원 공동탐사, 남북을 연결하는 철도의 부설, 양측 부총리를 수반으로 하는 공동경제협력위원회 설립 등의 필요성을 인정하기도 하였다. 적십자회담은 1985년 9월 고향방문단, 예술단 및 언론인들의 남북한 교환방문이라는 역사적인 성과를 거두었다. 그러나 두 번째 노력도 더 이상은 진전되지 못하고 끝나 버렸다.

세 번째 노력은 1990년부터 1992년간에 있었다. 세 번째 노력은 남북한의 총리가 대표로 되는 고위급회담을 통해 이루어졌다. 남북한 고위급회담은 서울과 평양에서 번갈아 가면서 8차에 걸쳐 진행되었고 고위급회담의 개최 자체도 남북한 관계의 획기적 진전이라고 볼 수 있다. 회담결과도 그 이전 어느 때보다도 나았다. 남북한의 총리들은 '남-북 사이의 화해와 불가침 및 교류협력에 관한 합의서(남북 기본합의서)', '비핵화공동선언'에 합의하고 서명하였다. 이뿐만 아니라 그들은 1992년 5월에는 남북연락사무소와 군사, 경제 교류협력을 위한 공동위원회를 구성하기로 합의를 보았고, 9월에는 3개의 부속합의서에 동의하였으며, 10월에는 화해공동위원회라는 포괄적인 장치를 마련하여 11월 5일부터 4개의 공동위원회를 개최하기로 합의하였다. 1990년부터 1992년간의 남북한 정부는 상호간의 화해 협력을 위한 제도적 틀을 만들기 시작하였다. 그러나 주지하고 있다시피 남북한 관계는 북한 핵문제를 포함한 여러 가지 복잡한 이유로 여기서 멈추고 다시 긴장상태에 빠졌다.

남북한이 화해협력을 시도했던 이상과 같은 세 번의 노력에는 우리를 고무시키는 사실과 실망시키는 사실의 두 가지가 모두 포함되어 있다. 우리를 고무시키는 사실은 화해협력을 위한 회담이 중단된 기간이 점점 짧아졌다는 점이다. 첫 번째 본격적인 남북한 회담이 남북이 분단된 지 4반세기가 지나서 처음 열렸고, 두 번째 회담은 첫 번째 회담이 중단된 지 10여 년 만에 개최되었고, 세 번째 회담은 두 번째 회담이 중단된 지 5년 만에, 그리고 1995년에 다시 시작된 네 번째 회담은 세 번째 회담이 중단된 지 3년 만에 열렸다. 화해협력을 위한 남북회담이 중단된 기간은 대체로 남북한 간에 긴장상태가 지속된 기간이었던 만큼, 이 기간이 4반세기, 10여 년, 5년, 3년으로 단축되고 있는 것이다. 남북회담이 중단되었다가 재개되는 기간이 점점 짧아졌다는 것은 무엇을 의미하는가? 이는 남북한 정부 당국자들과 국민들, 혹은 인민들이 남북한이 화해협력해야만 된다는 당위성과 필요성을 과거에 비해 현재로 올수록 보다 절실하게 느끼고 있다는 것을 의미한다. 또한 남북한 회담의 성과면에 있어서 이미 지적한 바와 같이 첫 번째 회담보다는 두 번째 회담이, 두 번째 회담보다는 세 번째 회담이 남북한 화해협력의 길을 보다 구체적으로 열고 있다는 것도 고무적인 일이다.

우리를 실망시키는 사실은 세 번의 노력에서의 합의사항이 대부분 실행 직전에 좌절되었다는 것이다. 남북한은 화해협력을 위한 회담을 진행시키고 어렵게 대원칙에 합의한 후에도 이를 실천할 단계에 가면 더 이상 회담을 진전시키지 못하고 중단해 버렸다. 남북한은 경제협력이든 안보협력이든 간에 그것이 혹시라도 각각의 이해관계를 손상시키지나 않을까 하는 우려에서 그것의 구체적 실천에는 극히 신중한 자세를 보였다. 화해협력 방안이 남북한 양쪽에 모두 유리하다 해도 상대적으로 어느 쪽에 더 유리할 것인가에 대해 남북한은 크게 신경을 썼고 이에는 확실한 판단이 서지 않기 때문에 화해협력의 대원칙에는 합의해도 구체적 실천방안에 가서는 성과를 거두지 못하였다. 남북한은 각기의 궁극적 의도가 무엇인지에 대해 서로 불신감을 가졌고 서로를 두려워하였고 상대방에 대한 힘의 관계에서 떨어지지 않으려고 최선을 다하였다. 경협이든 안보협력이든 그것이 남북한 간의 힘의 관계에 변화를 초래시키지는 않을까 하는 우려에서 이를 실천하지 못하였다. 남북한은 서로의 관계를 적나라한 힘의 관계로 인식해 왔다.

요약건대 남북한은 서로의 관계를 적나라한 힘의 관계로 인식했기 때문에 화해협력을 하지 못했고 화해협력을 하지 못했기 때문에 적나라한 힘의 관계를 보다 우호적인 정상관계로 전환시키지 못하는 악순환 속에 빠져 있었다.

과거 남북한의 이와 같은 악순환 관계는 분단국가가 아닌 적대적인 어느 두 국가의 관계보다도 좋지 않았다. 적대적인 두 국가는 서로의 관계를 적나라한 힘의 관계로 인식해도 냉전시대의 미국과 소련의 관계에서 그 예를 찾아볼 수 있는 바와 같이 제한된 범위에서 서로 협력을 할 수 있다. 남북한이 지나간 냉전시대에 미국과 소련만큼도 화해협력 관계를 수립하지 못한 것은 우리가 같은 민족이라는 사실과 무관하지 않다. 냉전시대의 미국과 소련은 양자간의 힘의 균형이 깨질 경우 한쪽이 세계적 패권경쟁에서 승자가 되고 다른 한쪽은 패자가 되는 결과가 나올 뿐이지, 패자가 승자에게 흡수되어 그 정체성을 잃는 결과가 나오는 것은 아니다. 그러나 남북한 간의 관계에 있어서는 힘의 균형이 깨진다면 한쪽이 다른 한쪽에 흡수되어 흡수되는 쪽은 정체성조차 잃을 가능성이 크기 때문에 양쪽의 정부 당국은 화해협력 방안의 손익계산에 극도로 신중할 수밖에 없었다.

서독과 동독은 통일 이전에 오랫동안 화해협력 관계를 유지했는데, 그것은 서독에는 미군이 주둔해 있었고, 동독에는 소련군이 주둔하여 동독의 안전보장을 책임졌기 때문이다. 서독과 동독은 각각 미국과 소련의 힘을 빌려 각기의 안전과 정체성을 유지하는 데 문제가 없었기 때문에 통일 이전에 사회경제적으로, 문화적으로 화해협력할 수 있었다. 남북한은 각각의 안전과 정체성 유지에 어느 한순간이라도 불안감을 떨칠 수 없기 때문에 마음 놓고 화해협력을 못해 온 것이다.

그리하여 남북한 민족은 같은 민족이면서도 서로 간 화해협력을 가장 못하는 역설적 상황이 지난 반세기 동안 지속되었다. 이는 실로 한민족의 비극이라 아니할 수 없다. 한민족은 역사상 외민족의 위협과 억압 속에서 살아왔음에도 불구하고 한민족은 분단되어 서로간은 적대시하면서도 과거 우리를 위협하고 억압하던 민족과는 친선관계를 유지하고 있다. 우리를 위협하고 억압하던 민족과 친선관계를 유지하는 것이 잘못되었다는 것이 아니라 한민족이 분단되어 상호간 적대관계를 유지하는 것이 잘못되어도 크게 잘못되었다는 것이다.

우리는 이미 지적한 바와 같은 남북한 간의 악순환 관계를 끊고 역설적 상황을 극복해야만 할 역사적 책임을 가지고 있다. 1995년에 남한은 북한에 쌀을 제공할 것을 제의하였고 북한이 이를 받아들임으로써 남북한 간의 화해협력을 위한 노력이 다시 시작되었다. 남북한 간의 화해협력을 위한 네 번째 노력이 시작되었다. 남북한 학자들 간의 이번 모임도 남북한 간의 최초의 학술행사로 남북한의 화해협력을 위해서는 중요한 의미를 가지고 있다. 남북한의 학자들은 정부 당국자들이나 정치인들보다는 더욱 객관적인 입장에서, 더 장기적인 안목에서 더 넓은 시야를 가지고 남북한 간의 악순환 관계를 끊어야만 한다는 인식을 공유하고 남북한 간의 화해협력을 정부당국자들에게 촉구할 수 있기 때문이다.

남북한이 화해협력할 수 있는 방안은 앞서 소개한 세 번에 걸친 일련의 남북회담에서 이미 제시되었으므로 이에 대해 여기서 더 논의할 필요는 없다. 이제는 남북한 양 정부가 이를 구체적으로 실천하는 정치적 의지를 갖기만 하면 될 것이다. 남북한이 화해협력을 못할 경우 일어날 수 있는 다음과 같은 민족적 손실을 조금이라도 고려한다면 남북한 정부는 하루빨리 화해협력 방안을 실천에 옮겨야 할 것이다.

첫째로 남북한이 화해협력을 못하고 서로간의 관계를 적나라한 힘의 관계로만 인식한다면 남북한 관계는 군사적 대결관계로 지속될 것이다. 남북한 간의 군사적 대결관계가 파국에 이른다면 이는 남북한 양측의 공멸을 초래할 것이다. 남북한의 군사적 대결관계가 파국에 이르지 않는다 해도 각각의 안전보장을 위한 과다한 비용지출은 양쪽의 경제적 번영을 희생시킬 것이다.

둘째로 이 경우 남북한의 외세에 대한 의존성은 점점 높아질 것이다. 안보면에 있어서의 남한의 미국에 대한 의존성, 그리고 북한의 인접 우호국에 대한 의존성은 과도하게 높아질 수밖에 없고 이는 남북한 모두가 바라는 바가 아니다. 남북한 간의 화해협력은 각각의 안보면에 있어서의 과도한 대외의존 필요성을 없애는 데 공헌할 것이다. 북한이 안보면에서 남한에 바라는 것도 남한과의 화해협력을 통해서 점진적으로 달성할 수 있을 것이다.

셋째로 남북한이 화해협력을 못해 각기 분단된 경제단위로 남는다면 이도 남북한 양쪽에 커다란 경제적 손실이 될 것이다. 남한은 세계 역사상 유례없는 빠른 경제발전을 하였으나 세계시장에서 경쟁력을 유지하는 데 있어 고임금과 노동력 부족으로 어려움에 처해 있다. 이에 반해 북한은 자본과 기술 부족으로 경제적 어려움에 처해 있다. 남북한이 화해협력을 한다면 경제적인 보완관계가 성립되어 이는 남한경제의 국제경쟁력 제고와 북한의 생산력 증대에 크게 공헌할 것이다.

넷째로 남북한이 화해협력을 못하여 이산가족의 재회와 재결합의 기회를 제공해주지 못한다면 이러한 기회가 오기만을 고대하고 있는 이산가족들의 정신적 고통을 증대시킬 것이다. 남한의 국민들은 가족과 친지를 찾아 세계 어느 곳이든 방문하고 있으나 가장 가까운 땅인 북한만은 방문하지 못하고 있다.

다섯째로 화해협력을 앞으로도 오랫동안 하지 못한다면 남북한 사람들은 서로 다른 의식과 문화를 갖게 될 것이다. 남북한 민족이 같은 민족이면서도 서로간 타민족보다도 이질적인 성격을 더 갖게 된다면 이 또한 문제라고 아니할 수 없다. 우리 민족은 수천년간 역사, 언어, 문화를 공유해 왔기 때문에 남북한 민족이 쉽게 이질화되리라고는 생각하지 않으나 동서독의 독일 민족이 이질화되어 어려움을 겪고 있는 것을 볼 때 남북한 민족의 이질화 가능성에 대해서도 걱정하지 않을 수 없다.

남북한의 화해협력을 가로막는 가장 큰 요인은 반복해서 말하지만 상호간의 관계를 적나라한 힘의 관계로 보는 우리들의 인식구조이다. 남북한이 화해협력을 못할 경우에 일어나는 민족적 손실에 대해 잘 알고 있음에도 불구하고 화해협력을 못하는 근본적인 이유는 이러한 인식구조에 있다.

냉전시대의 미국과 소련은 양국간의 관계를 적나라한 힘의 관계로 보고 상호간 대결하였다. 그러나 이 대결에서 미국과 소련이 각각 얻은 것은 무엇인가? 미국은 국력을 낭비하여 일본과 유럽 제국의 도전을 받고 있고 소련은 해체되었고, 제2차 세계대전의 패자인 일본과 독일이 그 틈새에서 가장 많은 것을 획득한 승자로 등장하였다. 국제관계를 적나라한 힘의 대결관계로 보는 인식구조의 이와 같은 결과 때문에 1990년대에는 이러한 인식구조에 대한 커다란 회의가 전세계적으로 일어나고 있다. 국가 간의 힘의 대결보다는 화해협력을, 특히 경제적 협력을 강조하는 신사고가 중국을 포함한 세계 여러 나라에서 호소력을 갖기 시작했다. 이러한 신사고(新思考)는 유독 남북한에서만 영향력이 약하다. 우리 남북한의 학자들은 이 점에 대해 깊이 성찰해야 할 것이다.

제4장

대북 햇볕정책의 문제점과 극복방향

이 글은 1999년 5월 6일 서울대학교 사회과학대학에서 주최한 "21세기 민족통일, 어떻게 접근할 것인가"라는 학술회의에서 발표한 글이다.

이 글은 햇볕정책을 전체적으로는 긍정적으로 평가하면서도 그 각론에 있어서는 여러 가지 문제점들이 있다는 것을 지적하고 이를 시정해 나갈 것을 촉구하였다.

그후 김대중 대통령은 무리한 방법으로, 즉 현대상선이 5억 달러를 김정일의 마카오 구좌에 불법적으로 송금하는 것을 수용하고, 북한을 방문하여 2000년 6·15선언을 끌어냈다. 이를 계기로 남북한 간의 교류가 활발해졌고 두 정부의 관계에도 상당한 진전이 있었다.

앞으로 북한이 변화하고 전체주의적 독재체제에 균열이 생긴다면 그것은 김대중 대통령의 위대한 업적으로 기록될 것이다. 그러나 이러한 교류와 협력의 결과로 북한의 전체주의적 독재체제는 오히려 강화되고 한국의 정치세력이 좌우파로 양극화되고 한미동맹이 손상되고 다원민주주의가 흔들린다면 김 대통령의 대북정책은 실책이 될 것이다.

김 대통령의 대북정책의 역사적 결과는 후임 정권들의 대북정책과 역량에도 크게 좌우될 것이다.

I. 서언

김대중 대통령은 1999년 5월 5일 CNN 위성회견에서 우리 정부의 대북정책의 목표가 한반도의 냉전구조를 해체하는 데 있고 여기에는 다섯 가지 요소가 포함된다고 밝혔다. 그 다섯 가지 요소는 첫째는 남북 간의 불신과 대결을 화해협력단계로 전환시켜 나가야 하고, 둘째는 미국과 일본이 북한과의 관계를 개선하고 정상화해야 하고, 셋째는 북한이 개방과 시장경제로 전환하고 책임있는 성원으로 국제사회에 참여해야 하고, 넷째는 한반도에서 대량 살상무기를 제거하고 군비통제를 실현해야 하고, 다섯째는 정전체제를 평화체제로 전환하고 한반도의 법적 통일에 앞서서 남북한이 서로를 인정하면서 자유로운 인적, 물적 교류를 하는 사실상의 통일상황(de facto unification)을 실현해야 한다는 것들이다.[1)]

이와 같은 대북정책의 목표에는 여야당과 우리 국민들이 모두 동의하고 있다. 또한 과거의 노태우 정부와 김영삼 정부도 이와 같은 대북 목표를 가지고 있었다. 그러나 이러한 목표를 실현하는 방법에 있어 김대중 정부는 과거의 정부와는 다른 정책을 가지고 있다. 김대중 정부는 이러한 목표를 실현하는 방법으로 북한에 대해 햇볕정책 혹은 포괄적 포용정책을 채택해 왔다. 김영삼 정부도 대북 햇볕정책을 채택했었으나 이에 대한 북한의 호응이 좋지 않을 때는 이 정책을 더 이상 유지하지 않았다. 김대중 정부가 과거의 정부와 다른 점은 우리의 햇볕정책에 대해 북한이 좋지 않거나 악의적인 반응을 보여도 이에 흔들리지 않고 지난 1년 반 동안 일관되게 이 정책을 유지해 온 점이다. 포용정책의 포용이란 단어의 의미는 상대방이 우리의 호의에 대해 호의를 보이지 않고 언짢은 반응을 보이더라도 이를 관대하게 이해하고 감싸주는 자세를 의미하는데, 우리 정부는 북한에 대해 이러한 의미의 포용정책을 유지해 온 것이다. 미국정부는 포용정책을 인게이지먼트(engagement) 정책이라고 부르고 있는데, 이 단어는 관계를 갖는다는 가치중립적인 의미를 가지고 있다. 김대중 정부의 포용정책은 미국의 인게이지먼트 정책보다 북한에 더 큰 아량과 이해를 보이는 정책이다.

정부는 1999년에 대한적십자사 주도로 추진 중인 대북 비료보내기 사업기금 명목으로

---

1) 김대중, "CNN 위성회견", http://www.cwd.go.kr/cgi-bin/mlist...ail.cgi?v-no=5&v-file-no1019.

재계에 100억 원 기탁을 요구하였다. 재계는 정부가 부채비율 감축을 요구하면서 모금을 하고 있다고 반발하였으나 정부의 이와 같은 대북 민간지원 요구에는 변화가 없었다.[2] 또한 정부는 이와는 별도로 북한에 20만 톤의 비료를 제공할테니 이산가족의 생사 확인, 서신교환, 면회소 설치에 성의를 보이라는 차관급 비밀협상을 북경에서 진행하였고, 김대중 대통령은 5월 31일 몽골에서 "남북관계에 진전이 있을 조짐이 있다"고 발언하였다.[3] 그후 장관 부인의 "고급 옷" 의혹으로 여론이 들끓었고 국회의원 재선거일이었던 6월 3일 임동원 통일부장관은 한국정부가 비료 10만 톤을 6월 20일까지, 나머지 10만 톤을 7월까지 북한에 제공하고 6월 21일부터 이산가족 문제를 최우선 의제로 차관급회담을 열기로 했다고 발표했다. 임 장관은 앞으로 "이번 회담을 고위급회담(장관-총리급)으로 발전시키고 기본합의서 이행체제 정상화를 위한 분야별 공동위원회가 가동될 수 있도록 하겠다"고 말했다. 우리 국민들은 남북한 관계가 임 장관의 발언대로 진전되기를 바라고 있지만, 북한의 아무런 서면약속이 없이 비료를 먼저 제공하기로 했다는 점에서 정부는 1998년의 비료회담에서 견지한 상호주의 원칙을 버리고 북한에 일방적 호의를 나타내었다.[4] 김대중 정부는 역대 어느 정부보다도 더 큰 성의를 북한에 대해 보였다. 페리(W. Perry)의 방북 후 발언내용은 북한이 핵과 미사일 개발 중지라는 미국의 요구는 검토한다 해도 한국의 포괄적 포용정책은 거부한 것이 아닌가 하는 의구심마저도 불러일으켰지만 김대중 정부는 이에 개의치 않고 포용정책을 유지하였다.

김대중 정부가 이와 같이 일관되게 대북 햇볕정책을 유지한 것은 북한에 대해 다음과 같은 시각을 가지고 있었기 때문이다. 김대중 정부는 첫째 북한체제는 실패한 체제이고, 둘째 그렇지만 북한의 조기 붕괴 가능성은 희박하고, 셋째 북한의 변화는 불가피하고, 넷째 북한은 대남 혁명전략과 군사제일주의 노선을 유지할 것이라는 시각을 가지고 있었다.[5] 김정일 체제의 붕괴 가능성은 희박하나 북한의 변화는 불가피하므로 대북 햇볕정책으로 북한의 변화를 가속화시켜 김정일의 북한이 대남 적대정책을 버리고 한국과 화해, 협력할 수 있도록 유도해야만 한다는 것이다.

---

2) 『중앙일보』, 1999년 6월 2일, 제1면.

3) 『조선일보』, 1999년 6월 2일, 제1면.

4) 『조선일보』, 1999년 6월 4일, 제1, 2, 3면의 관계 보도 및 사설과 『중앙일보』, 1999년 6월 4일, 제1, 2, 5면의 관계 보도 참조.

5) 임동원, "한반도 냉전 종식의 길", 『월간 조선』, 1999년 6월, pp.374-375.

이 글의 목적은 김대중 정부의 대북 햇볕정책, 혹은 포괄적 포용정책이 앞으로 과연 그 목표를 달성할 수 있을는지, 또 정부의 대북 시각은 정확한 시각인지를 검토하는 데 있다. 이 연구는 우선 대북 햇볕정책이 연계정책, 한국 정치체계의 특성, 북한이 처한 상황, 한국의 통일방안, 북한의 체제적 성격과의 관계에서 어떠한 문제점이 있는가를 살펴보고, 그 다음 이의 극복 방향을 간단히 제시하고자 한다.

II. 연계정책과 대북 햇볕정책

국가들 간의 관계를 규정하는 기본원칙은 상대국이 자국에 대해 호의적 행동을 보이면 이를 보상하고 악의적 행동을 보이면 처벌하는 연계(linkage)의 원칙이다. 상대국의 악의적 행동을 보상한다면 상대국은 보상을 또 받기 위해 계속 악의적 행동을 할 유인을 갖게 되기 때문이다.

어린애가 잘못된 행동을 한 경우 앞으로는 그러한 행동을 하지 말라는 의미에서 사탕 한 개를 준다면 그 어린애는 잘못된 행동을 교정하기보다는 사탕을 더 받기 위해 계속 잘못된 행동을 할 가능성이 큰 것이다. 어린애의 잘못된 행동에 대해 계속 사탕을 준다면 그의 잘못된 행동은 지속될 것이고 그 후에는 벌을 준다 해도 고치기 어려운 체질로 고착될 위험성이 있다. 이와 같은 사탕을 매개로 한 어린애 다루기는 처음에는 한 대의 매로서 고칠 수 있는 잘못된 행동을 열 대의 매로도 고칠 수 없게 만들 위험성조차 있는 것이다.

한국과 미국을 비롯한 우방국들은 1980년대 후반까지는 북한에 대해 이와 같은 연계의 원칙에 입각한 대북정책을 견지해왔다. 오래 전의 예를 든다면, 북한이 1950년 6월 25일 남침을 감행했을 때 미국은 즉각 파병으로 이를 응징하였고 휴전 후에는 한국과 미국은 북한 봉쇄정책을 유지하고 한국의 군사력을 증강하였다. 이뿐만 아니라 북한의 남침은 한국국민들이 철저한 반공의식을 갖게끔 만들었다. 북한이 1972년에 한국과 함께 7·4 공동성명을 내는 데 동의한 동기는 당시 미중 간의 화해 분위기뿐만 아니라 그 전까지의 한미의 대북 봉쇄정책과 우리 국민들의 철저한 반공의식에도 있는 것이다. 한미의 봉쇄정책과 우리 국민들의 철저한 반공의식은 북한에게는 위협적이었기 때문이다.

이보다 나중 시기의 예를 든다면, 1983년 10월 9일 버마 랭군에서 북한이 한국정부의 최고위 관료 17명을 폭살시켰을 때, 한국은 북한에 대한 회담 제의를 전면 중지하고 일본도 한미의 대북 봉쇄정책에 협조하게 만드는 등 강경대책을 채택하였다. 또한 북한의 랭군 테러는 한국국민들의 북한 공산주의에 대한 혐오감을 다시 유발시키는 계기도 되었다. 당시 군사독재체제에 대한 반감에서 청년학생들 간에는 북한 공산주의에 대해 부드러운 의식도 나타났으나 랭군 테러는 이러한 분위기에 찬물을 끼얹는 사건이었다. 한국에 1984년 9월 홍수가 났을 때 북한이 이를 돕겠다고 호의를 나타내고 그후 양측 부총리들 간의 경제회담, 적십자회담, 국회대표들의 예비회담, 체육회담 등의 개최에 동의한 것은 랭군 테러 이후에 나타난 한미의 대북 강경대책과 우리 국민들의 북한정권에 대한 혐오감이 그들에게는 불리하다고 판단했기 때문이다.

그러나 한국과 미국의 이와 같은 대북관계 원칙은 1993년 초 북한이 영변에서 핵무기 개발을 시도하고 있다는 의혹을 받고 이에 대한 IAEA(국제원자력기구)의 사찰을 거부하고 NPT(핵 비확산조약)를 탈퇴하겠다고 위협하고 나왔을 때부터 깨지기 시작했다. 북한의 핵무기 개발의혹은 북한도 가입한 NPT는 물론 1992년 말에 남북한이 합의한 "한반도의 비핵화에 관한 공동선언"에도 위배되는 일이었다.[6] 북한의 핵무기 개발의혹은 북한의 한미에 대한 악의적 행동임에 틀림없었다. 미국의 입장에서는 북한이 "무법자 국가"(rogue state)라는 것을 증명하는 사건이었다. 미국과 한국이 연계의 원칙을 적용한다면 어떠한 방식으로든 응징하는 대책을 채택해야만 했을 사건이었다.

북한의 핵에 대한 미국의 여론은 강온으로 나뉘었다. 북한이 먼저 악의적 행동을 보였기 때문에 이를 경제적으로 응징하고 그래도 듣지 않을 경우에는 군사적 위협도 가해야만 된다는 여론이 있었는가 하면, 이 경우 북한이 전쟁을 도발할 위험이 있으므로 어디까지나 대화를 통해 북한 핵문제를 해결해야만 한다는 여론이 있었다. 미국 내 의회, 언론, 전문연구기관, 공화당 행정부시대의 최고위 외교 안보관리였던 브렌트 스코우크로프트(B.

6) 비핵화 공동선언 제4항은 "남과 북은 비핵화를 검증하기 위하여 상대측이 선정하고 쌍방이 합의하는 대상들에 대하여 남북 핵통제 공동위원회가 규정하는 절차와 방법으로 사찰을 실시한다"고 되어 있는데 이 조항은 사실상 의미가 없는 조항이다. 핵사찰은 쌍방이 합의하는 경우에만 가능하도록 규정하고 있기 때문에 일방이 거부하면 핵사찰은 불가능하기 때문이다. 당시 한국측 협상단에 참여했던 한 인사는 어떻든 비핵화 선언을 성사시켜야만 되겠다는 의욕에서 한국측이 핵사찰 문제에 있어 이와 같이 양보했다고 밝혔다.

Scowcroft), 헨리 키신저(H. Kissinger), 제임스 베이커(J. Baker), 윌리암 로저스(W. Rogers), 제임스 릴리(J. Lilley)[7] 등은 강력한 대북 응징론을 주장하였다. 이에 대해 미국 대학에서 한국 정치와 역사를 가르치는 한국 전문가들은 대부분 이와 같은 응징론을 반대하였다. 그들의 견해는 설사 북한이 핵무기를 한두 개 가졌다고 해도 한국 안보에 큰 위협이 안 되고 응징론은 전쟁을 일으킬 위험성이 있다는 것이었다.[8]

클린턴(W. Clinton) 정부는 한때 강경한 자세를 보이기도 하였지만 종국적으로는 북한이 원하는 것을 주고 북한으로부터 핵 개발 동결의 약속을 받아내는 선에서 1994년 10월 북한과 합의를 보았다. 이 합의의 주요 내용은 첫째로 미국은 북한이 영변의 5MWe 흑연감속원자로와 핵 관련시설을 해체하는 대가로 2,000MWe의 경수로(100만 kW급 2기)를 건설해 주고 연간 50만 톤 규모의 중유를 공급하고, 둘째로 미국과 북한은 쌍방의 수도에 연락사무소를 개설하고 양국관계를 대사급 교환단계까지 격상시켜나가고, 셋째로 남북한 간의 대화에 착수한다는 것이었다.[9] 한국은 총경수로 건설비용 46억 달러 중 70%를 부담하게 되었으나 미북한 관계의 정상화와 남북대화를 통한 통일기반 조성을 기대하였다.

미북 간의 이와 같은 합의를 보다 정확하게 이해하기 위해 두 가지 사항을 첨가해두고 싶다. 첫째는 북한이 핵 동결을 약속했다 하지만 그것은 현재와 미래의 핵 동결을 의미했지 과거 핵의 동결까지를 의미하는 것은 아니었다. 북한은 미국과의 협상 도중 IAEA 사찰단의 안전감시를 받는다는 조건을 지키지 않고 영변 흑연감속원자로의 연료봉을 수거하였고 미국은 이에 대한 제재조치를 논의하였지만 결국 묵인할 수밖에 없었다. 미국은 북한이 당시 이미 핵탄두 1~2개를 만들 수 있는 플루토늄을 보유하고 있다는 정보를 가

7) 릴리 대사는 1994년 7월 6일 필자와의 대담에서 "만의 하나라도 북한의 김일성 정권이 한국에 전쟁을 도발해 온다면, 김 정권은 단시일 내에 끝장날 것입니다. 우리는 한국의 비무장지대에서 싸우지 않고 김 정권을 끝장낼 수 있습니다. 핵무기를 사용한다는 말은 아닙니다. 우리가 어떻게 이길 수 있는가는 상대방이 생각해 보도록 하는 게 좋겠습니다."라고 말하고, "북한의 김 정권이 이길 방도가 없습니다. 경제는 결딴났고, 주민들은 영양실조이고, 군대는 GNP의 30%를 잡아먹고 있습니다. 이러한 체제가 어떻게 이길 수 있습니까? 클린턴 정부가 우둔한 짓만 하지 않는다면, 김 정권이 이길 수 없습니다."라고 강조하였다. 이정복, 『한국의 정치적 과제』(서울: 서울대출판부, 1997), p.447.

8) 위의 책, pp.441-442.

9) "미합중국과 조선민주주의 인민공화국간 기본합의문"(1994. 10. 21), 송대성, 『한반도 평화체제』(세종연구소, 1998), pp.268-270.

지고 있었지만 이 문제의 해결을 추구하지 않았다. 북한 핵의 과거를 규명하는 것은 매우 중요한 일이었으나 미국은 이 문제를 유보하고 현재와 미래의 핵만 동결하는 수준에서 북한과 합의를 본 것이다.

둘째는 남북회담 문제이다. 원래 미북 간의 3단계 고위급회담 개최의 조건 중 하나는 남북회담의 개최였었다. 미북 간에 2단계 고위급회담이 1993년 7월에 열린 이래 1년 이상 회담이 없었고, 3단계회담 개최의 조건 중 하나로 미국은 남북회담의 진전을 제시하였었다. 북한은 한국정부와 "남북 사이의 화해와 불가침 및 교류협력에 관한 합의서(남북기본합의서)"에 1992년 서명하였었으나 핵문제 발생 이후에는 한국과의 회담은 중지하고 미국만 상대하고 있었다. 그러나 북한이 남북대화 조건에 동의하지 않자 미국은 이 조건을 철회하는 양보를 하였다. 갈루치(R. Gallucci) 대사는 이와 같은 양보가 한국정부 스스로의 결정이었다고 1994년 7월 6일 필자와의 대담에서 강조하였으나,[10] 이는 미국의 의사를 존중할 수밖에 없는 상황에서의 한국 스스로의 결정이었다고 보아야 할 것이다. 이와 같은 상황은 1995년에도 일어났다. 한국은 우리가 대부분의 비용을 부담해야만 할 경수로건설 협정체결의 조건으로 원래 남북대화의 재개를 요구하였으나, 북한이 이를 수용하지 않고 미국도 이에 강경하게 맞서서 북한과 협상을 벌일 의사가 약했기 때문에 이 문제에 있어서도 양보할 수밖에 없었다.

그렇다면, 한미가 북한의 악의적 행동에 대해 제재하는 연계의 원칙을 적용하지 않고 보상으로 해결을 모색한 이유는 어디에 있는가? 첫째는 북한의 탁월한 협상력이다. 북한은 미국이 제재의 위협을 하여도 이에 굴하지 않고 "벼랑 끝"까지 버티는 자세를 보여주었다. 그리하여 미국은 북한에 대한 경제적 제재나 군사적 제재의 위협만으로는 효과를 볼 수 없었다. 미국이 실제로 군사적 제재를 할 경우에는 북한은 전쟁도 불사하겠다는 자세를 나타냈고 한국과 미국은 이러한 전쟁 발발의 모험까지 감수하면서 북한을 제재하는 길을 택하기는 어려웠다. 둘째로 한미의 북한에 대한 인식이다. 당시는 소련과 동구권 공산주의 국가들이 붕괴한 지 얼마 지나지 않은 시기였기 때문에 북한도 결국에는 같은 운명을 맞을 수밖에 없지 않나 하는 인식이 미국정부 내에 있었다. 미국의 협상대표들과 한국정부의 관계자들은 북한이 가까운 장래에 붕괴하지 않는다 해도 살아남기 위해서는 미국과 외교관계를 수립하고 한국과의 회담도 진전시킬 수밖에 없을 것이라고 낙관적인 판

10) 이정복, 앞의 책, pp.433-436.

단을 하였다. 시간이 지날수록 상황은 북한에 불리해질 것이라고 판단하였기 때문에 미국은 전쟁을 초래할 위험이 큰 대북 군사적 제재의 정책을 택할 강력한 유인을 갖지 못했다.[11)]

미북 간의 제네바합의가 이루어진 지 4년 반이 되는 시점에서 이 합의의 내용은 북한의 핵시설 동결과 경수로 건설 착수 외에는 실현된 것이 전혀 없다. 미북 간의 외교관계 수립도 없고 남북회담도 시작되지 못하였다. 한국과 미국이 대북 포용정책을 수립하고 북한에 대해 햇볕정책을 택하고 있음에도 불구하고 북한은 이에 대해 간첩과 간첩선 남파, 연변의 핵시설을 재가동시키겠다는 위협, 금창리 지하 핵 의혹 시설,[12)] 새로운 장거리 미사일(인공위성) 발사 등의 반응을 보였다. 북한은 한편으로는 4자회담에 참여하면서도, 다른 한편으로는 이와 같은 악의적 행동을 계속 보임으로써 회담 진행을 방해하였다.

1999년 4월 말의 4자회담 제5차 회의도 아무 성과없이 끝났다. 이 회의는 긴장완화 분과위원회와 평화체제 분과위원회로 나뉘어 실질토의를 시도했으나 북한이 종전의 주장을 되풀이하여 아무 결과 없이 끝났다. 긴장완화 분과위에서 북한은 주한미군 철수문제를 논의하자는 종전의 주장을 되풀이했고, 한미측은 이 문제는 한반도 평화체제 정착 이후에나 논의가 가능하다고 맞섰다. 평화체제 분과위에서도 북한은 평화협정체결의 당사자가 북한과 미국이라는 종전의 입장을 반복했고, 한국은 한국과 북한이 당사자라는 원칙을 밝혔다. 북한은 주한미군 철수와 북미 평화협정체결이라는 과거의 입장에서 한 발자국도 움직이지 않았고, 한국도 이 문제에 대해서는 사활적 이익이 관련되는 문제이므로 조금도 양보하지 않았다. 북한이 이러한 입장을 앞으로도 되풀이한다면 4자회담은 별 결실을 보지 못할 가능성이 크다.[13)]

북한이 미북합의 사항의 실행에 대해 지연작전과 방해작전을 구사하고 있음에도 불구하고 미국 클린턴 대통령은 윌리암 페리(W. Perry) 전 국방부장관을 5월 25일부터 28일

---

11) 1994년 7월 초 필자는 Washington D.C.를 방문하여 갈루치 대사를 비롯한 미국정부 내의 대북 정책관계자들을 면담한 일이 있고 이 면담에서 이와 같은 인상을 받았다. 미국이 이와 같은 판단하에 북한과 합의를 보았다는 내용은 길정우, "미정부의 대북정책 방향과 한국의 대미, 대북전략", 『국가전략』, 제5권 1호, 1999년 봄,여름(세종연구소, 1999), pp.133-134에도 지적되어 있다.

12) 미국 조사단이 5월 18일 입북하여 24일까지 금창리 지하시설을 조사하고 금창리 시설이 미완공이고 대규모의 텅빈 동굴단지라는 1차 검토결과를 발표하였으나 북한에 대한 핵 의혹은 아직드 불식되고 있지 않다. 『조선일보』, 1999년 5월29일, 제3면.

13) 『조선일보』, 1999년 4월 27일, 제4면과 『중앙일보』, 1999년 4월 29일, 제2면.

까지 그의 특사로 북한에 보내 다시 한번 미국의 대북한 햇볕정책을 설명하고 북한의 호응을 촉구하였다. 페리 특사는 북한이 핵과 미사일 개발을 중지하면 북한의 체제를 보장해주고 미국과 일본은 적성국가 교역금지법과 테러지원국 제재법의 적용대상에서 북한을 제외하고 북한과 외교관계를 맺고 각종 경제지원을 하겠다고 제의했다고 한다. 페리 특사는 이러한 대북지원의 조건으로 남북대화의 재개를 얼마나 강조했는지 모르겠으나 방북 이후 그의 발언을 종합해보면 남북대화의 재개 보다는 핵과 미사일 개발의 중지에 역점을 두고 북한을 설득한 것 같다.

페리 특사의 방북 결과에 대해서 우리 정부는 성공적이라고 평가하고 있고 언론도 이에 대체로 추수하고 있으나 외국 언론의 평가는 그렇지 않았다. 미국의 뉴욕의 타임즈는 5월 30일 "페리는 한국전쟁 이후 최고위급 미국 대통령 특사였지만, 그가 만난 북한의 상대역들은 대부분 차관급이었다"고 보도하고 김정일을 만나지 못한 것은 불길한 징조라고 평가했다. 또한 페리는 북한의 군사 프로그램에 관한 미국의 우려를 분명하고 단호하게 전달했지만 어떤 단정적인 답변도 얻지 못했다고 보도했다.[14)]

한국과 미국의 대북 햇볕정책은 성공하지 못하고 있다. 이 정책은 과거 북한에 대한 연계정책이 이룩한 결실만큼의 정책결과를 내지 못하고 있다. 한미의 햇볕정책은 재검토를 해야 할 단계에 와 있는 것이다. 북한은 미북합의 당시에 미국과 한국이 희망한 바와 같이 한미와 관계를 정상화하고 북한 나름의 개혁개방정책을 채택하여 경제문제를 해결하고 대남 적대정책을 완화할 의사를 가지고 있는지, 그렇지 않으면 회담 진행을 지연시켜서 버는 시간 동안에 새로운 전략을 수립하고 궁극적으로는 대남 적대정책을 강화하려는 의사를 가지고 있는지에 대해 다시 평가해볼 필요에 우리는 직면해 있다.

III. 한미의 정치체계와 대북 햇볕정책

민주정치의 요체는 여야 간의 정책대결에 있다. 민주정치는 인간본능에 기반한 적나라한 권력투쟁을 정책대결로 승화시키기 때문에 나라의 번영을 거의 보장해주는 정치이다. 구미의 선진민주주의 국가들이 모두 오랫동안 번영을 구가하고 있는 주요 이유 중의 하

14) 『조선일보』, 1999년 5월 31일 제1면.

나는 그 나라 정치가 정책대결 중심의 정치라는 데 있다. 여당이 수립하고 집행하고 있는 정책에 대해 야당은 그 문제점을 끊임없이 지적함으로써 정책 실패를 미연에 방지하거나 최소화하는 데 공헌하고 있는 것이다. 정책대결의 정치는 외정에 있어서는 정부의 대외 교섭력을 높여주는 역할도 한다. 한 나라의 야당이 여당보다 교섭 상대국에 대해 보다 강경한 정책 자세를 가지고 있다면, 그것은 정부의 대외교섭력 제고에 공헌할 수 있는 것이다.

미국은 다른 정책에 있어서와 마찬가지로 대북정책에 있어서도 의회와 행정부 간에, 혹은 여야 간에 활발한 정책논의를 보이고 있다. 한국정치는 민주화 시대를 맞이하였으나 사정과 비리폭로 중심의 정치로부터 정책대결 중심의 정치로 아직도 탈바꿈을 하지 못하고 있다. 한국의 대북정책은 정부의 전유물로 되어 있고 의회나 야당은 이에 대한 검토 작업을 충분히 하지 못하고 있다.

북한의 금창리 핵 의혹시설 발견과 미사일(인공위성) 발사 이후 미 의회는 미북합의의 이행 지연에 대해 커다란 우려를 표시하기 시작했다. 미 의회는 1998년 가을에 북한 관련 청문회를 열었고 1999년 대북관련 예산집행에 다음과 같은 조건을 붙였다. 즉 미 의회는 클린턴 정부가 1999년 5월 말까지 북한의 핵활동 동결을 확인하고 미사일 협상도 추진하고 대북정책 조정관을 임명하여 대북정책을 전면 재검토하라고 요구하였다. 의회의 이와 같은 요구에 따라 클린턴 대통령은 1998년 11월에 윌리암 페리 전 국방부장관을 대북정책 조정관에 임명하였다.[15)]

미 하원의 공화당 의원인 벤자민 길먼(B. Gilman) 국제관계위원장이 1999년 3월 개최한 북한 청문회에서 폴 월포위츠(P. Wolfowitz) 전 국방차관은 인도주의에 따른 대북 경제지원이 북한의 정권과 군부를 살찌울 수도 있다고 지적하고 탈북자 지원이야말로 가장 인도주의적 지원이라고 주장했다. 그후 5월 19일 길먼 의원은 월포위츠의 주장대로 탈북자의 북한 송환을 반대하고 그들에게 여행경비 등을 지원하기 위해 3천만 달러의 정부예산 배정을 요구한 북한 위협감축법(North Korea Threat Reduction Act)을 제안하였다. 이 법안은 미국과 중국 간의 갈등을 야기하기 때문에 법으로 확정되기는 어렵겠지만 공화당 의원들의 대북정서를 나타낸다고 하겠다.[16)]

---

15) 길정우, 앞의 논문, pp.136-137.

16) 『조선일보』, 1999년 5월 21일, 제4면.

페리 조정관은 한국을 방문하여 우리 정부의 대북 포괄정책에 대한 설명을 들었고, 4월 23~25일에는 호놀룰루에서 한국의 임동원 외교안보수석과 가토 료조 일본 외무성 총합정책국장을 만나 최종 의견조율을 했고, 5월 하순에는 이미 언급한 바와 같이 미국 대통령의 특사자격으로 북한을 방문해 포괄적 포용정책에 대한 북한의 반응을 살펴보았다.

클린턴 대통령에 대한 미 의회의 이와 같은 요구는 미국 외교협회(Council on Foreign Relations)가 작년 10월 7일에 발표한 "한반도 변화에 대한 대처: 미국 대통령에게 보내는 공개서한"과 미국 평화연구소가 11월에 발표한 "불신과 한반도: 계산착오의 위험"에서 각각 제시한 요구와 같다. 미국 내 여론 지도자들 간에 일고 있는 대북 분위기를 이해하기 위해 우리는 이 두 기관이 클린턴 정부의 대북정책을 어떻게 평가하고 있는지 살펴볼 필요가 있다.

미 외교협회는 북한의 금창리 핵 의혹시설이 그것이 사실이라면 미북합의에 대한 명백한 위반이고 전 주변지역을 위협하는 핵 개발을 지속하겠다는 북한의 결의를 나타내는 것이고 1998년 8월 31일 북한의 대포동 2호 미사일(인공위성) 발사도 북한에 대한 신뢰를 무너뜨리는 사건이라고 지적하고, 이로 인해 미 의회는 KEDO에 대한 지원을 철회하는 입장에 근접해 있다고 지적하고, 이러한 일련의 사태는 미북합의를 붕괴시킬 우려가 있다고 주장하였다.

미 평화연구소는 1994년의 미북 합의안 서명 당시 미국정부가 북한의 의도를 완전히 잘못 계산했을 위험성이 있다고 지적하였다. 당시 북한의 핵무기 개발은 협상카드에 불과하고 북한은 미국과의 관계 개선에 사활을 걸었다고 가정했는데 이와 같은 가정은 현재 설득력이 떨어진다는 것이다. 이 연구소도 외교협회와 마찬가지로 북한이 한편으로는 핵 프로그램 제거를 위해 미국과 회담을 진행하면서 다른 한편으로는 대량살상무기를 수송할 수 있는 중·장거리 미사일과 미사일 탄두가 될 수 있는 핵무기를 개발하는 이중노선을 추구하고 있을 가능성을 제기하였다. 이 연구소는 미북 합의와 4자회담이 북한이 전략적 억지력을 확보하고 한반도와 주변지역의 세력균형을 바꾸려는 전략적 의도를 실현하기 위한 시간벌기 정책으로 전락해 버릴 위험성에 대해 경고하였다. 중국, 일본, 러시아, 미국이 핵이 없는 평화롭고 안정된 한반도를 원하고 김대중 정부는 흡수통일을 반대하고 북한을 돕는데 과거 어느 정권보다도 전향적인 자세를 나타내고 있음에도 불구하고 북한이 이를 수용하지 않고 있는 이유에 대해 커다란 의심을 나타내었다. 북한이 이웃 국가들이 제공하는 화해의 기회를 포착하기보다는 궁핍한 주민들에 대한 인도적 원조를 요구하는 한편, 다른 한편에서는 극빈상태의 자원을 첨단 미사일과 핵 프로그램 개발에 사용하고 있는 이유에 대해 큰 의구심을 나타내었다. 이 연구소는 북한의 김정일 체제가 국방위원회 중심체제가 되어 당과 행정관료들의 영향력이 감퇴하고 인민군의 영향력이 거의 절대적으로 된 것에 대해서도 우려를 표명하였다. 북한이 앞으로 한미에 대해 비타협적인 자세로 일관한다면 미 의회는 미북 합의안에 대한 예산지원을 거부할 것이고 북한이 이에 대해 종전과 같이 벼랑끝 정책을 택한다면 한반도는 중대한 안보위기를 맞을 것이라고 우려하였다.

이 두 연구소는 미북합의체제의 실현가능성에 대해 적지 않은 의구심을 나타내면서도 이 합의안의 파기는 미국과 한국, 일본과의 관계를 복잡하게 만들고 한반도와 주변지역을 안보위기에 몰아넣는다는 근거에서 파기정책을 주장하지는 않았다. 외교협회는 초당적인 정부외 인사로 하여금 대북정책에 대한 전면 재검토를 부탁할 것을 요구하였고 평화연구소는 앞으로의 외교협상에 북한의 고위급 군 인사의 참여를 제안하고 정치적으로 중립적인 대통령 특사를 임명하여 대북정책을 재검토하고 관계국들과 정책조율을 할 것을 권고하였다.[17)]

이 두 기관 외의 다른 연구기관들도 북한에 커다란 관심을 가지고 있다. 그 중에서 미 공화당의 연구기관인 미국 기업연구소(American Enterprise Institute; AEI)는 바로 소개한 두 기관보다 더 강경한 입장을 가지고 있다. 이 연구소에서 북한의 협상전략 연구서인 Over the Line을 출간한 미 의회 공화당 정책위원회 국제안보-외교 자문인 척 다운스(Chuck Downs)의 『조선일보』 대담내용은 공화당과 AEI의 입장을 나타내기 때문에 소개할 필요가 있겠다. 미국의 다음 대통령 선거에서 공화당 후보가 당선된다면 대북정책에 어떠한 변화가 있을 것인가를 추측해볼 수 있는 발언이기 때문이다. 그는 우선 클린턴 행정부의 대북 포용(engagement)정책을 유화(appeasement)정책이라고 평가하였다. 북한의 김정일은 가치없는 독재자에 불과한데 미국은 그를 도우면 북한을 변화시킬 수 있다고 잘못 믿고 최강국인 미국이 전쟁위협을 협상수단으로 사용하고 있는 북한에 끌려다니고 있다는 것이다. 그는 북한이 체제붕괴라는 "hard-landing"을 하여 김정일을 전범으로

17) 미 외교협의회와 평화연구소의 문건은 『국가전략』, 제5권 1호, pp.323-337에 수록되어 있다.

체포하는 상황과 한국과 협력하는 상황의 둘 중 하나를 택하라고 요구해야 한다고 주장하였다. 미국이 중국과 사전조율을 거치면 이러한 요구가 성공할 수 있다는 것이다. 마지막으로 그는 공화당 후보가 대통령에 당선된다면 대북협상에서 현재 2선으로 물러나 있는 한국이 "운전석"에 앉고 미국은 군사적 억제력의 역할을 담당하게 될 것이라고 말하였다.[18] 페리 전 국방부장관의 대북 정책조정관 임명과 북한 방문은 이러한 여론이 미 의회와 행정부에 반영된 결과이다. 북한 방문을 마친 페리 조정관의 대북정책 검토서가 최종적으로 어떠한 내용을 담을지 확실치는 않다. 김대중 정부의 대북 햇볕정책과 코소보 위기도 이 검토서 작성에 영향을 미칠 것이다. 미국이 김대중 정부의 반대를 무릅쓰고 강경노선을 채택하는데도 한계가 있을 것이고 코소보 위기가 지속되는 상황에서 한반도의 위기를 감당할 수 있는 능력에도 상당한 한계가 있을 것이다. 코소보 위기가 가까운 시일 내에 미국이 원하는 방향으로 해결된다면 페리 보고서는 단호하고 강경한 대북정책을 담을 것이나 그렇지 못할 경우에는 당초보다 훨씬 신중한 보고서가 되지 않을까 추측해볼 수도 있다. 그러나 여기서 보고서 내용만큼 중요하게 우리가 주목해야 할 점은 이미 지적한 바와 같이 미국내에서는 의회, 전문 연구기관들이 대북정책에 대해 문제를 구체적으로 명확하게 제기하고 정부는 이에 따라 정책조율을 하고 또 북한과의 교섭에서도 도움을 받는다는 것이다. 가장 최근의 미북회담에서 북한은 미국으로부터 60만 톤의 식량지원을 약속받고 금창리 핵 의혹시설의 사찰을 수용했는데, 북한의 이와 같은 결정도 미국 내의 대북 강경여론의 등장과 관계가 있다고 해석해야 할 것이다.

북한의 간첩과 간첩선 남파, 핵 의혹 시설, 미사일 발사 등과 미북합의의 이행지연을 문제삼아 대북정책의 전면 재검토에 들어간 미국에 비해 한국에는 이러한 정책검토가 거의 없다. 미국이 4년 반 전 미북합의 당시의 북한에 대한 가정이 틀린 것은 아니었는가에 대해 검토하고 북한의 한반도 정책에 대해 비판적 시각을 갖기 시작했는데 반해 한국정부와 언론은 대체로 북한에 대해 과거와 같은 가정을 유지하고 북한의 한반도 정책을 낙관적으로 해석하고 있다.

한국에는 북한이 붕괴하거나 변화할 수밖에 없다는 가정에 아직 커다란 흔들림이 없다. 특히 한국의 TV와 신문은 북한주민들의 식량난과 비참한 생활상을 계속 보도함으로써 우리 국민들에게 북한이 아주 어렵고 약하다는 인식을 심어주고 있다. 수많은 방북인

18) 『조선일보』, 1999년 4월 27일, 제8면.

사들의 방북기는 북한의 모습을 부드럽게 표현하고 있다. 이와 같은 북한 보도는 우리 국민들의 마음속에 북한이 저런 비참한 상태로 오래 갈 수 없다는 막연한 생각도 심어주고 있다. 적지 않은 수의 인사들의 방북과 금강산 관광도 우리 국민들의 북한에 대한 경계심을 이완시키는 데 공헌하고 있다.

한국은 북한의 간첩과 간첩선 남파에 대해서 그것이 한국의 햇볕정책을 좌절시키려는 북한 내 강경파 군부의 소행으로 치부하고 이에 흔들리지 않아야 북한의 개혁개방파를 도와줄 수 있다는 해석으로 대처하였다.[19] 북한의 핵 의혹 시설과 미사일 발사에 대해서도 우려하기보다는 대수롭지 않은 것으로 해석하는 경향을 나타내고 있다. 북한의 금창리 핵 의혹 시설에 대해서 우리 정부는 미국과는 달리 핵 시설이라는 확증이 없고 아직 공론화 시킬 시기가 아니라는 입장이었다. 일부 정부 관계자와 전문가들은 북한의 전략무기 개발이 사실이라도 그것은 외부로부터 더 많은 경제원조를 받기위한 정책이거나 한국과 재래식 군비경쟁을 할 수 없는 상황에서 북한의 안보를 확보하기 위한 방어적 수단으로 나온 정책이라고 분석하고 있기도 하다.

얼마 전에 북한은 미군의 지위가 한국의 동맹군이 아니라 UN 평화군으로 바뀐다면 한국주둔을 반대하지 않겠다는 의사를 내비쳤다고 하고 청와대도 북한의 이러한 의사를 긍정적으로 보고 있다는 보도가 나와 문제가 된 적이 있다. 정부는 이것이 잘못된 보도이고 주한 미군은 전적으로 한미간의 문제이고 남북 간이나 미북 간의 논의사항이 아니라는 정부의 입장을 밝힘으로써 이 문제는 일단락되었다.[20] 그러나 우리들이 정부 내 최고위급 인사들 간에 잘못된 보도의 방향으로의 논의가 있었을 가능성을 완전히 배제할 수는 없다.

정부 각 부처는 경쟁적으로 북한에 호의를 나타내고 있는 듯한 느낌도 준다. 1999년에 들어서도 법무부장관은 미전향 장기수 석방을 발표하면서 이들의 북송을 포함한 특단의 조치를 언급했고, 한전사장은 평양에 10만 kW급 화력발전소를 지원하겠다고 발언했고, 농림부장관은 '솔잎혹파리 남북 공동방제'를 제안했고, 해양수산부는 북한에 유휴선박을 지원하겠다고 발표한 바 있다.[21] 건설교통부는 통일시대에 대비하여 남한의 도로망

19) 1998년 한해 동안만 해도 북한은 동해상 잠수정 침투사건(6.22), 무장간첩 침투사건(7.12), 강화도 해안의 간첩선 침투 시도사건(11.20), 여수 앞바다 반잠수정 침투사건(12.17) 등 대남 침투공작을 지속적으로 감행하였다.

20) 『조선일보』, 1999년 4월 10일, 제1면과 4면 참조.

을 북한의 도로망과 연결하는 "남북한 종합도로망건설 계획"을 마련, 추진하겠다고 발표했다.[22]

우리 정부는 북한이 지난 한 해 동안 여러 가지 문제를 일으켰고 한국에 대한 기본입장에는 아무 변화가 없음에도 불구하고 북한의 변화 가능성에 대해 긍정적인 평가를 하고 이에 입각한 홍보정책을 펴고 이와 반대되는 의견의 확산에는 황장엽 씨의 외부활동 금지[23]에 나타난 바와 같이 촉각을 곤두세우고 있다.

김대중 정부는 1998년 4월에는 북한이 상호주의원칙을 받아들이지 않기 때문에 비료지원을 거부했으나 1999년에는 서언에서 지적한 바와 같이 이러한 원칙을 버리고 북한에 대한 비료지원을 결정하는 등 북한의 대남정책에 거의 관계없이 일관되게 햇볕정책을 추진하였다. 김영삼 정부가 미전향 장기수 이인모 씨의 북송(1993)과 쌀 15만 톤 제공(1995)과 같은 햇볕정책을 폈다가 북한의 악의적 반응에 직면하여 이를 철회하는 정책을 반복하여 대북관계에 아무런 진전을 이룩하지 못한 것을 회고해 볼 때, 우리는 김대중 정부의 일관된 햇볕정책 추진을 충분히 이해할 수 있다. 어느 정책이든 일정기간 일관되게 추진되지 않으면 효과가 나타나기 어렵기 때문이다. 특히 김대중 대통령은 북한과 통일문제에 대해서 오랫동안 깊은 관심을 기울였고 비전을 제시한 바도 있기 때문에 우리 국민들도 그의 햇볕정책이 멀지 않은 장래에 효과를 나타낼 것을 바라고 있다.[24]

그러나 이러한 햇볕정책에 대한 종합적이고 체계적인 검토와 비판이 이루어지고 있지 않다는 것은 심각한 문제이다. 햇볕정책에 대한 검토와 비판이 전혀 없는 것은 아니다. 북한의 대남 적대정책에는 변함이 없고 북한에 대한 지원은 북한의 대남 적대능력을 강화시킬 위험이 있고 북한의 핵과 미사일은 그것이 충분히 개발된다면 한국을 이 무기의 볼모로 잡아둘 위험이 있고 북한의 대남 적대정책에 변화가 없이는 한반도에서의 냉전체제의 해체가 오히려 위험하다는 지적이 신문의 칼럼에 종종 나오고 있다. 정부가 기본전략과 개념이 없이 대북정책을 추진하고 고위 당국자들이 대국민 홍보에만 지나치게 집착해 있다는 비평도 언론에 나오고 있다.[25] 한국 민간 기업에 의한 금강산이나 공업지대

---

21) 『중앙일보』, 1999년 4월 8일, 제5면.

22) 『문화일보』, 1999년 4월 30일, 제2면.

23) 『중앙일보』, 1994년 4월 20일, 제2면.

24) 김 대통령의 통일문제에 대한 비전에 대해서는 아태평화재단, 『김대중의 3단계 통일론』(서울: 아태평화출판사, 1995) 참조.

개발이 '감옥 속의 개발' 같은 것이라는 나카소네 일본 전 총리의 발언도 우리 신문에 보도되고 있다.[26] 이와 같은 햇볕정책 비판은 자유주의적 시민단체와 야당인 한나라당으로부터도 종종 나오고 있다. 그러나 문제는 이러한 비판이 단편적이고 간헐적이라는데 있다. 정부 여당의 대북정책을 끊임없이 검토하고 비판하고 대안을 제시하는 체계적인 활동이 우리에게는 결여되어 있다. 이러한 활동은 의회와 야당이 담당해야만 하는데, 의회와 야당은 이러한 역할을 충분히 하고 있지 못한 것이다.

과거 냉전시대에는 북한을 과도하게 오해하였다면 오늘날의 한국에서는, 특히 김대중 정부 출범 이후의 한국에서는 이에 대한 반작용으로 북한을 과도하게 이해하려는 경향이 나타나고 있다. 이 두 경향은 모두 한국의 이해관계에 커다란 손상을 미칠 수 있다. 전자의 경향은 쓸데없이 긴장을 고조시키고 후자의 경향은 그것이 장기적으로 계속된다면 북한의 대남적대능력 향상에 커다란 도움을 줄 수 있다. 정부의 대북정책에 대한 의회와 야당의 철저한 검토와 감시만이 이러한 정책 실패를 미연에 방지할 수 있다. 이뿐만 아니라 김대중 정부의 대북정책에 대해 야당이 반대한다면 그것은 여당의 국민적 지지율에는 부정적 영향을 미쳐도 북한에게는 정부, 여당의 정책을 수락할 유인요인으로 작용할 수도 있다. 불행하게도 우리의 정치체계는 아직도 이러한 정책대결중심체계로 발전되지 못하고 있다.

1950년 북한의 남침 이래 한국과 미국은 대북정책에 있어 공조체제를 유지해왔다. 한국의 평화와 번영을 위해서는 앞으로도 이러한 공조체제가 필요하다. 그러나 이미 살펴본 바와 같이 김대중 정부 출범 이래 한미 간에는 대북정책에 있어 미묘한 차이를 보이고 있다. 대북정책에 있어 미국은 북한의 전략무기 개발을 막는 데 최우선 순위를 두고 있는 데 비해, 한국정부는 남북회담 성사를 위한 환경조성에 최우선 순위를 두고 있다. 이 두 정책이 조화를 이룰 수 있을지, 그렇지 않으면 갈등국면으로 들어갈지는 기다려보아야 할 것이다.

---

25) 『중앙일보』, 1999년 4월 30일, 제9면 참조.

26) 『동아일보』, 1999년 4월 21일, A9.

IV. 북한의 상황과 대북 햇볕정책

우리의 햇볕정책은 북한이 아무리 얼어붙어 있다 해도 계속 햇볕을 쪼여주면 녹을 수밖에 없다는 가정에 입각해 있다. 우리가 북한에 대해 지속적으로 호의를 보이면 북한도 얼어붙어 있던 자세를 풀고 우리와 대화하고 화해하는 길을 택할 수밖에 없다는 것이 햇볕정책의 가정인 것이다. 그러나 북한이 이와 같은 대화와 화해의 자세를 택하느냐 택하지 않느냐는 북한이 처한 상황에도 상당히 달려 있다.

대북 햇볕정책은 노태우 정부가 서울올림픽을 3개월 앞두고 1988년 7월 7일에 발표한 "민족 자존과 통일 번영을 위한 7·7 특별선언"에 그 기원을 두고 있다. 이 선언에서 노 대통령은 남북 동포 간의 상호교류를 적극 추진하며 해외동포들이 자유로이 남북을 왕래하도록 문호를 개방하고, 이산가족들 간에 서신 왕래, 상호 방문 등이 이루어질 수 있도록 적극 주선하고, 남북 교역의 문호를 개방하고, 비군사적 물자에 대해 우리 우방과 북한과의 교역을 반대하지 않고, 남북 대표가 국제무대에서 서로 협력할 것을 희망하고, 북한이 미국, 일본 등 우리 우방과 관계를 개선하는 데 협조하고 한국은 소련, 중국을 비롯한 사회주의국가들과의 관계 개선을 추구하겠다고 밝혔다.[27] 이 선언은 1987년 11월 북한측에 의한 KAL기 폭파를 계기로 북한에 대한 우방국들과 국민들의 인식이 악화되어 있는 상황에서 우리 정부가 먼저 북한에 호의를 보인 선언이었다는 점에서 햇볕정책인 것이다.

한국은 한국전쟁 이래 북한을 적국으로 규정하였고, 그후 20년이 지난 1970년에 박정희 대통령이 북한에 선의의 경쟁자가 될 것을 제안한 바 있다. 7·7선언은 북한을 적국이나 경쟁자가 아닌 상호 협력해야 할 동반자로 본 선언으로 대북정책의 발상전환을 반영한 획기적 선언이었다. 그러나 이러한 발상전환이 우리의 인식대상인 김일성 정권의 체제적 성격과 대남정책의 변화에 기인한 것은 결코 아니었다. 이 선언은 당시 소련을 비롯한 거의 모든 사회주의 국가들에서 일어나고 있는 페레스트로이카(개혁)와 글라스노스트(개방)를 거부하고 있는 북한이 이를 채택하도록 유도하기 위한 미래의 목표를 가지고 있었다. 우리가 능동적으로 북한과의 인적, 물적 교류를 추진하고 북한이 미국, 일본과 교류할 수 있게 협조함으로써 북한 안으로부터의 변화를 유도하고, 우리가 적극적으로

---

27) 『98 통일백서』, pp.432-435.

사회주의 국가들과 관계 개선을 도모함으로써 북한 밖 사회주의권으로부터의 변화 압력도 가하자는 것이 이 선언의 정책적 목표였다.

노 대통령의 이와 같은 대북 햇볕정책은 일단은 성공하였다. 이 선언의 정신에 따라 우리 정부는 1988년 12월 28일 연형묵 북한 정무원 총리에게 남북총리회담 개최를 제의하였고, 북한과 1989년 2월 8일부터 1990년 7월 26일까지 여덟 차례의 예비회담과 두 차례의 실무대표접촉을 가진 끝에 총리를 대표로 하는 고위급회담 개최에 합의를 보았다. 남북한 대표는 1990년 9월 4일 제1차 남북고위급회담을 서울에서 시작한 이래 약 2년간 서울과 평양을 오가면서 8차에 걸쳐 개최하였다. 이 회담의 결과 남북한은 <남북 사이의 화해와 불가침 및 교류, 협력에 관한 합의서>, <한반도의 비핵화에 관한 공동선언>, <남북고위급회담 분과위원회 구성, 운영에 관한 합의서>, <남북군사공동위원회 구성, 운영에 관한 합의서>, <남북교류, 협력 공동위원회 구성, 운영에 관한 합의서>, <남북연락사무소 설치, 운영에 관한 합의서>를 채택하고 발효시켰다.[28] 이와 같은 고위급회담의 개최 자체가 남북한 관계의 획기적 진전이었고 회담의 결과도 그것이 실행된다면 남북한 간에 적대관계를 해소하고 통독 전의 동서독 관계와 같은 평화적 교류관계를 수립할 수 있는 내용을 가지고 있었다.

1972년 7・4 공동성명 이래 개최된 적지 않은 수의 남북회담에서 한국은 경제적, 사회적, 문화적 교류로 상호간 신뢰를 먼저 구축한 후 정치적, 군사적 문제를 해결하자는 입장을 고수해온 데 반해, 북한은 남북 간의 정치적, 군사적 대결상태를 먼저 해소한 후에 경제적, 사회적, 문화적 교류를 하자는 우리와는 반대되는 입장을 견지해 왔다. 남북한 당국은 1990~1992년의 고위급회담에서는 이 두 가지 문제를 동시에 해결하자고 타협함으로써 그간의 교착상태를 깨뜨렸던 것이다. 주지하다시피 그 이후 미국이 북한의 핵무기개발 의혹을 제기함으로써 이와 같은 합의서들은 사문화되고 남북회담은 중단되었으나 당시 북한이 한국과 타협하도록 만든 국내외적 상황이 무엇이었는가에 우리는 주목할 필요가 있겠다. 이러한 상황이 그 이후 어떻게 변화하였는가를 비교적으로 살펴봄으로써 우리들은 1999년 현재 대북 햇볕정책이 효과를 나타내고 있지 못하는 이유를 보다 명료하게 이해할 수 있다.

남북회담이 성공적으로 진행된 1989~1992년의 기간은 소련과 동구 사회주의국가들

---

28) 이 합의서들은 『98 통일백서』, pp.367-388에 수록되어 있다.

이 붕괴하고 동독이 서독에의 흡수통일을 자진해서 선택한 시기였다. 서방진영에서는 북한도 다른 사회주의국가들과 비슷한 운명에 처할지도 모른다는 막연한 예측이 나돌고 있던 시기였다. 중국은 1978년부터 개혁개방노선을 채택하고 자본주의국가들과 활발한 경제관계를 맺어 체제위기가 없었으나 북한은 이와 같은 노선의 채택을 거부해왔기 때문에 사회주의권의 붕괴는 북한의 경제적 위기로 연결될 수밖에 없었다. 당시 북한은 대내적으로는 경제위기에 직면하고 대외적으로는 고립되는 불안한 상황에 처해 있었다. 냉전시대 북한의 강력한 지지국들이었던 소련과 중국은 이 시기에는 북한이 의지할 수 없는 국가들로 변하고 있었다. 소련은 한국으로부터 30억 달러의 경제원조를 받고 한국과 외교관계를 수립하고 1991년 소련 붕괴 이후 새로운 국가로 탄생한 러시아는 북한과의 동맹관계를 실제로는 파기하고 친한정책을 채택하고 있었다. 중국도 북한과는 노선문제로 갈등하고 1992년 8월에는 한국과 수교함으로써 친북한 일변도의 정책을 수정하였다. 당시 중국의 지도자들이 북한은 이미 끝장이 난 나라이고 한반도의 주역은 한국이 될 수밖에 없다는 생각을 가지고 있었다는 얘기도 있다.[29)]

북한이 이러한 위기에 직면해서 채택한 정책이 노 대통령의 7・7선언 수용이었다. 이 선언에 기반해서 이미 지적한 바와 같은 남북합의가 이루어졌고 북한은 미일과의 관계개선 희망도 가질 수 있었다. 당시 미국은 남북회담만을 지원하고 북한을 상대하려고 하지 않았으나 일본은 달랐다. 한국은 오랫동안 일북관계의 개선에 제동을 걸어왔으나 7・7선언은 일본을 이러한 제동으로부터 해방시켰고 일본은 실제로 일북관계의 개선을 위해 움직이기 시작했다. 남북 간의 제1차 고위급회담이 개최된 지 20일 후인 1990년 9월 24일부터 28일까지 일본의 자민당, 사회당 대표단이 북한을 방문하여 조선노동당과 공동선언을 채택하였다. 이 선언은 북한에 대한 일본의 사죄와 보상과 조기 국교정상화의 내용을 포함하고 있었다. 이 공동선언을 계기로 북한은 1991년 1월부터 1992년 11월까지 8차에 걸쳐 일본과 회담을 가졌다. 북한은 일본과 수교하고 일본으로부터 수십 억 달러에 달하는 대일청구권 자금을 받고 일본자본의 북한 진출도 허용하여 북한경제를 회생시키려는 생각을 가졌었다고 볼 수 있다. 이 회담도 일본인 행방불명자 문제도 있었지만 종국적으로는 북한의 핵개발 의혹으로 중단되고 말았다. 그러나 북한은 1990년대 초

---

29) 필자는 도널드 그레그(D. Gregg) 전 주한 미대사가 이러한 내용의 글을 *The New York Times*에 기고한 것을 읽은 기억이 난다.

에 위기를 탈출하기 위해서는 한국정부와 일본과 관계를 개선하는 수밖에 없다는 정책결정을 내렸음에 틀림없다.

북한은 한국과 정부 차원의 교류를 맺지 않고서는 한국의 민간부문과의 교류가 불가능했다. 노 대통령이 남북교류를 강조했지만 그도 그 이전 정권과 마찬가지로 이 두 차원의 교류를 연계시켜 놓았기 때문이다. 북한은 오래 전부터 민간부문과의 자유로운 교류를 한국에 요구해 왔으나 한국정부는 이를 허용하지 않았다. 북한이 1998~1999년에서와 같이 민간부문의 교류는 선택적으로 수용하면서 정부차원의 교류는 거부하는 길은 과거에는 존재하지 않았다.

당시 7・7선언 수용결정을 내린 사람은 김일성이었고 김일성 체제는 군도 중요하지만 어디까지나 당과 정부 중심의 체제였다. 오늘날의 김정일 체제가 군 중심의 체제로 변모하고 당의 중앙위원회나 정치국의 역할이 쇠퇴하고 있는 현실에 비교할 때, 우리들은 당시의 이와 같은 체제적 특성에도 주목해야 할 것이다. 남북회담과 북일회담에서는 당과 정부의 관료들이 주요한 역할을 하였고 김일성에 대한 이들의 영향력이 군보다 높았다고 볼 수 있다. 또한 당시에는 다른 사회주의국가들에서도 그러하듯이 군이 이념적으로나 실제로나 당에 종속되어 있었다.

북한의 김일성과 그의 고위관료들이 한국이나 일본과의 관계 정상화에 나선 것은 이것이 북한의 붕괴로 연결될 수도 있다는 것을 몰라서 그런 것은 결코 아니다. 그들은 북한의 개혁 개방이 독일의 경우와 같이 한국에 의한 북한 흡수통일이라는 결과를 가져올 수 있다는 것을 대단히 우려하였다. 독일 통일은 북한의 지도층에게 한국에 의한 흡수통일의 경각심을 심어주어 남북관계의 개선에는 사실상 부정적 역할을 하고 있다. 김일성 자신도 동독이 붕괴하고 서독에 흡수된 과정에 대해 비상한 관심을 가졌었다고 한다. 북한 지도층의 이와 같은 인식에도 불구하고 북한이 한국과 일본의 제의에 응한 것은 핵무기 개발 의혹과 관계가 있다고 하겠다. 북한은 핵무기를 보유함으로써 궁극적으로는 북한의 안전을 확보할 수 있다고 믿고 한국과 정상적인 교류관계를 맺으려고 했을는지 모른다. 미국이 북한의 핵개발 의혹을 제기하지 않았었더라면 남북관계와 북일관계는 정상화되었을 가능성이 크다.

동독이 서독과 통일 전에 활발한 교류를 할 수 있었던 것은 소련군이 동독에 주둔해 있어 군사적으로 안전하다는 확신이 있었기 때문이었다. 북한은 핵무기 개발로 군사적 안전을 확보하고 한국이나 일본과 교류를 하려는 계획이었다고 볼 수 있다. 그러나 북한의 핵무기 개발은 미국과 일본이 허용할 수 없는 것이었고 이에 북한도 한국과의 회담을 중지하는 길을 택한 것이다.

노 대통령의 대북 햇볕정책이었던 7·7선언을 1990년대 초에 일단 성공시킨 배경에는 사회주의권의 붕괴와 북소-러관계 및 북중관계의 악화, 북한의 경제적 위기, 미국의 북한 냉대와 남북회담 중심주의 정책, 한국의 정부 차원 교류와 민간부문 교류의 연계정책, 당 중심의 김일성 체제, 은밀한 핵무기 개발의 상황이 있었다. 그러나 이러한 상황은 북한의 핵무기개발 의혹을 둘러싼 위기, 김일성 사망, 미북 합의, 1995년 북한의 수해 발생, 4자회담 개최, 김정일 체제의 확립과 김대중 정권의 출범을 거치면서 변화하였다.

첫째로 북러관계와 북중관계가 현저하게 개선되었다. 러시아는 1990년대 중반까지 조소동맹조약을 폐기하는 친한 일변도정책을 유지했으나 그것이 오히려 한국에 대한 영향력을 약화시켰다고 판단하고 한국과 북한 간의 등거리 외교정책을 채택하고 있다. 러시아는 1999년 5월에 북한과 새로운 선린우호조약을 맺을 것으로 알려지고 있다. 러시아는 국내 사정의 불안정으로 한반도 문제에 적극적인 입장을 취하고 있지 못하나 북한의 미사일(인공위성) 발사를 두둔하고 핵 문제에 대한 미국의 대북압력도 반대하는 입장을 취하고 있다.

1992년 한중수교로 북중관계는 한때 냉각상태에 빠졌으나 곧 회복되었다. 중국은 양국교역에서 북한에게 요구했던 현금결제방식을 포기하고 우호가격제도와 물물교환제도를 부활시키고 1994년부터는 차관도 공여하고 있다. 중국은 매년 50만 톤의 식량, 110만 톤의 원유, 250만 톤의 석탄을 북한에 제공하고 있는 것으로 알려져 있다. 또한 1997년 9월에 개정된 『미일방위협력지침』과 1999년 4월 27일 일본 중의원을 통과한 이 지침 관련 3개 법안은 미일에 대한 중국의 경계심을 제고하고 있고 이를 계기로 북한과 중국 간의 전략적 협력관계도 다시 공고해진 것 같다. 동북아에서 중국과 미일 간에 패권경쟁이 일어난다면 북한의 전략적 가치는 더욱 높아질 것이다.[30)]

둘째로 북한의 경제위기는 1995년의 홍수로 더욱 악화되었다. 북한의 정상적인 식량 수요는 670만 톤 정도이고 단순한 생존을 위한 최소한의 수요는 450만 톤 정도인데 1999년 현재 북한의 농업 생산량은 300만 톤 내외라고 한다.[31)]

30) 이종석, "북한문제의 국제적 쟁점: 발생원인, 양상, 전망", 미발표 논문, 1999, pp.20-24.

셋째로 북한의 핵무기개발 의혹을 계기로 미국은 북한과 직접 협상하게 되었고 북한은 한국과의 회담을 기피하고 있다. 북한은 한국보다는 미국과 합의를 보는 것이 중요하다고 보고 한국과의 대화는 거부하고 있다. 1996년 4월 미국과 한국이 제의하고 1997년 말부터 시작된 4자회담에서도 한국은 남북한 회담이 중심이 되고 미국과 중국이 승인하는 2+2의 형식을 상정하고 있는 데 반해, 북한은 북미 회담이 중심이 되고 한국과 중국이 이를 승인하는 2+2의 형식을 추구하고 있다.

1999년 5월 말 페리 특사의 방북 후 발언내용은 미국이 북한의 핵과 미사일 개발을 최우선적으로 막기 위해 미북과의 관계 개선을 남북관계 개선과 연계시키지 않고 있다는 느낌을 우리들에게 준다. 페리는 방북 이후 대북 접촉의 결과를 충분히 공개하고 있지 않고 남북관계의 개선이나 우리의 포괄적 포용정책에 대한 북한의 반응에 대해서는 전혀 발언을 하고 있지 않기 때문이다. 이뿐만 아니라 미 의회조사국의 보고서에 의하면 우리 정부도 미국과 일본에 대해 북한과의 관계 개선을 우리 측의 북한과의 관계 개선에 연계시키지 말고 추진하라고 촉구하고 있다고 한다.[32)]

넷째로 김대중 정부는 북한과 한국의 민간부문 간의 교류도 정부 차원의 교류와 연계시키지 않고 정경을 분리하는 새로운 햇볕정책을 채택하였다. 북한도 이 정책을 환영하고 있고 그 결과 북한과 한국의 민간부문 간의 교류는 지난 일 년간 아주 활발해졌다. 북한은 1998년 11월 18일부터 한국인들의 금강산 관광을 허용하였고 1999년 5월 12일 현재 한국인 6만 4천 명이 금강산 관광을 다녀왔다. 이 관광사업은 북한과 현대의 정주영 회장의 접촉으로 성사되었고 현대그룹은 이 사업의 대가로 지난 5개월 동안 매월 북한에게 2천 5백만 달러씩을 지불해 왔다.[33)] 금강산 관광객을 제외하고도 1998년 한 해 동안 경제, 예술, 학술, 언론교류 등의 목적으로 3,317명의 민간인이 북한을 방문하였고 이 숫자는 민간인의 방북이 허용된 1989년부터 1997년까지의 총 방북인원 2,408명을 훨씬

---

31) 위의 논문, p.14.

32) 『조선일보』, 1999년 5월 29일, 제8면. 임동원 통일부장관은 1999년 6월 5일, 밤 10시 30분, KBS 1, 생방송 심야토론, "한반도, 해빙은 오는가"에서 이것이 우리 정부의 정책임을 밝혔다.

33) 현대는 1998년 말 북한의 아태평화위원회와 2004년 4월까지 총 9억 600만 달러를 지불하고 금강산 일대 개발권을 독점하기로 했다. 금강산 개발을 위해 현대는 1999년 초부터 6개월 간은 매달 2,500만 달러를 북한에 보내고 그후 9개월 동안은 매월 800만 달러, 또 그 이후에는 월 1,200만 달러를 보내기로 했다. 이뿐만 아니라 금강산 관광객들은 하루에 100달러씩의 입장료를 북한에 지불하게 되어 있다.

상회한다. 민간인 방북자들의 경우에도 금강산 방문과 마찬가지로 북한에 방문료를 지불한 경우가 많았을 것으로 사료된다.[34)]

다섯째로 당과 정부 중심의 김일성 체제가 군 중심의 김정일 체제로 변모하였다. 1998년 9월에 북한은 헌법을 개정하여 그 서문에서 김일성을 "공화국의 영원한 주석"이라고 선언하고 주석제를 폐지하였다. 이 헌법은 국방위원회를 "국가주권의 최고군사지도기관이며 전반적 국방관리기관"이라고 규정하고 위원수를 위원장을 포함하여 5명에서 10명으로 확대하였다. 이 국방위원회의 위원장에 김정일이 다시 취임하였고 그의 최측근 최고위급 장성들이 위원에 임명되었다. 국방위원회 10명의 위원은 최고인민회의 주석단(1998년 10월 5일)의 상위서열을 차지하고 있다. 북한에서는 국방위원장이 정치, 군사, 경제를 총괄하는 국가의 최고직책이라고 말하고 있다. 헌법상으로는 최고인민회의 상임위원장인 김영남이 국가를 대표하고 내각 총리인 홍성남이 정부를 대표하나 이들은 모두 김정일 국방위원장의 위임으로 이러한 권한을 행사하는 것으로 되어 있다.

1994년 7월 김일성 사망 후 김정일은 북한군의 최고사령관 자격으로 군 부대를 수없이 방문하고 현지 지도를 했다. 그는 군이 인민이고 국가이고 당이라고 칭송하고 군은 현재 어려움을 극복하는 데 모범을 보이고 있는 데 반해 당은 형편없다는 식으로 비난을 퍼붓고 있는 것으로 알려져 있다.[35)] 김정일은 1997년 10월에 당 총비서에 추대되었지만 그 이후에도 당 대회, 당 중앙위원회, 당 정치국 회의는 열리지 않고 있다. 당은 실질적으로는 총비서 지휘하의 비서들이 운영하고 그들이 정책안을 마련하여 정치국, 중앙위원회, 당 대회에 올리므로 후자의 기관들은 형식적인 심의 의결기관이나 이러한 기관들이 쉬고 있다는 것은 당의 역할 약화를 의미한다고 볼 수 있다. 북한은 새 헌법에 따른 김정일의 국방위원장 취임을 앞두고 사상강국, 정치·군사강국, 경제강국 건설을 내용으로 하는 강성대국론을 내놓고 그의 취임에 맞추어 미사일(인공위성)을 발사함으로써 강성대국론을 뒷받침하고 있다. 김정일은 외교와 경제문제의 실무는 당과 국가기관에 맡길 수밖에 없겠지만 그의 정책결정에 있어 국방위원회와 군의 영향력은 김일성 시대보다 더 클 것이다.[36)]

---

34) 『98 통일백서』, p.48.

35) "우리는 지금 식량 때문에 무정부상태가 되고 있다"(김정일이 1996년 12월 7일 측근 당비서들에게 행했다는 비밀연설), 『월간 조선』, 1997년 4월호 참조.

36) 김정일 체제의 성격에 대해서는 Byung Chul Koh, "The North Korean Political System Under

여섯째로 북한은 더 이상 은밀한 핵무기 개발을 하기가 어려워졌다. 금창리 핵의혹 시설이 다시 문제가 된 바에서 나타나듯이 미국은 이에 대해서는 강경한 입장을 가지고 있기 때문이다.

오늘날 한국의 대북 햇볕정책의 배경조건들은 1990년대 초와 비교해 대부분 현저한 차이를 나타내고 있다. 북한의 경제위기가 지속되거나 악화되고 있다는 상황만이 같을 뿐이다. 그리고 이 상황만이 북한이 우리의 햇볕정책을 긍정적으로 고려하는 데 유리하게 작용할 수 있는 상황이고, 나머지 상황은 그렇지 않은 것 같다. 북러, 북중관계의 개선, 미북회담의 기회, 북한과 한국의 민간부문 간의 활발한 교류, 군 엘리트 중심의 김정일 체제, 북한의 핵무기개발 포기로부터 오는 국가안보에 대한 불안감은 모두 북한의 대남타협 자세에 긍정적 영향보다는 부정적 영향을 미칠 가능성이 더 큰 것이다.

김대중 정부의 자세는 한국의 민간부문이 북한을 지원하는 호의를 보이면 북한도 우리의 호의를 이해하여 종국에 가서는 북한과 포괄적인 타협이 가능하다는 것인데 이는 이상주의의 시각에서는 설득력이 있지만 현실주의의 시각에서는 설득력이 크다고 보기 어렵다.

현실주의적 시각에서 본다면 앞으로 북한은 한국정부의 화해 노력을 거부하거나, 그것을 수용하는 대가로 엄청난 비용을 요구하거나, 수용하더라도 남북회담을 형식적인 수준으로 묶어놓아 유명무실하게 하거나 셋 중의 하나를 택할 가능성이 실질적인 포괄적 타결의 가능성보다 더 큰 것 같다.

V. 한국의 통일정책과 대북 햇볕정책

대북 햇볕정책은 우리의 통일정책과 밀접한 관계가 있다. 이 정책은 북한을 우선은 연착륙(soft-landing)시킨 후에 통일을 하는 것이 바람직하다는 우리의 통일정책과 한 세트를 구성하는 정책이다.

Kim Jong Il: A Comparative Perspective"와 Haruki Wada, "The Structure and Political Culture of the Kim Jong Il Regime: Its Novelty and Difficulties," Jae Kyu Park, ed., *North Korea in Transition and Policy Choices: Domestic Structure and External Relations*(Kyungnam University Press, 1999), pp.29-82 참조.

1980년대 말과 1990년대 초 동구의 사회주의국가들과 소련이 붕괴할 때 한미 양국은 북한도 붕괴할 가능성이 있다고 생각했다. 동구, 특히 동독과 북한을 조금만 비교해보면 이러한 예측에는 상당한 문제가 있었다. 동구제국과 동독은 모두 시민사회의 저항을 받고 무너졌다. 다시 말해, 동구제국에서는 공산정권을 무너뜨릴 수 있을 만큼 시민사회가 형성되어 있었다. 이 사회는 한편으로는 북한보다는 훨씬 앞선 동구의 경제발전과 종교적 전통에 기반을 두고 있고, 다른 한편으로는 제한적이었지만 개방된 서방과의 교류에 기반을 둔다. 이뿐만 아니라 동구에는 정치적 저항의 전통도 있었다. 스탈린 사후 1950년대 중반에 헝가리, 폴란드, 동독에서 일어난 저항운동, 1968년의 "프라하의 봄" 운동, 1980년대 초 폴란드 솔리데리티 노조의 반공산주의 운동 등은 모두 강인한 저항세력의 존재를 알려주는 사건들이다. 북한에는 동구 공산주의국가들에서와 같은 시민사회의 형성이 없고 이 사회가 정권에 저항한 사건도 없다. 동구제국과 북한 간에는 이와 같은 차이가 있음에도 불구하고 당시 우리들은 이를 무시하고 북한 붕괴와 한국통일의 날도 멀지 않았다고 막연하게 믿었다.

당시 한미는 북한이 경제난으로 내부 붕괴하거나 붕괴에 직면하여 한국에 무력도발을 할 수 있다고, 다시 말해 하드 랜딩(hard-landing)을 할 위험성이 있다고 보았다. 북한이 붕괴에 직면하여 한국에 무력도발을 한다면 그것이 북한의 붕괴와 한국통일로 이어지겠지만 한국의 인적, 물적 피해도 막대할 것이므로 바람직하지 못하다고 보았다. 북한이 한국에 무력도발을 하지 않고 붕괴한다고 할 때 그것도 바람직하지 못하다고 생각했다. 북한의 붕괴는 우리 국민들에게 감당하기 어려운 경제적 부담을 안겨줄 것이기 때문이다.[37)]

당시 남북한의 경제적 조건은 동서독에 비하면 너무나 열악하였다. 첫째로 서독은 가장 경쟁력이 강한 선진 경제국이었는데 비해 한국은 아직도 중진국에 불과했다. 둘째로 동독의 인구는 서독의 4분의 1이나 북한의 인구는 한국의 2분의 1이다. 서독주민 네 사람이 동독주민 한 사람을 돌보면 되나 우리의 경우에는 남한주민 두 사람이 북한주민 한 사람을 돌봐야 했다. 셋째로 서독은 민주사회주의적인 전통을 가지고 있으나 한국은 이러한 전통이 없이 나만 잘 살면 된다는 이기주의가 팽배해 있었다. 동독과 북한의 차이는

---

37) 북한이 붕괴할 경우 한국이 짊어져야 할 경제적 부담에 대해서는 Marcus Noland, "The Korean Peninsula: Economic Challenges Ahead," 경희대 평화복지대학원, 1997년 9월 학술회의 논문 참조.

서독과 남한과의 차이보다 훨씬 컸다. 첫째, 동독주민의 소득수준은 독일 통일 당시 서독 주민의 40% 가량이었고 일인당 국민소득은 1만 달러가 넘었다. 북한은 세계에서 가장 가난한 나라이고 경제는 파산상태에 있다. 둘째로 동독 노동자들의 기술수준은 상당히 높으나 북한 노동력의 질은 매우 낮다. 셋째로 동독은 통일 이전에 서독 및 서구제국과 상당한 무역관계를 가지고 있었으나 북한은 그렇지 못하다. 한마디로, 한국은 독일의 경우와는 달리 북한을 흡수할 능력이 없고 이러한 상황에서의 북한 붕괴는 바람직하지 못했다.

한미는 북한이 하드 랜딩을 할지 안 할지를 엄밀히 따져보지 않고 북한이 연착륙을 하는 것이 좋다는 결론을 내렸다. 한미의 양국 정부는 북한이 붕괴하기보다는 살아남아 발전할 수 있도록 지원해야 한다고 판단했고 이러한 판단에 근거한 대북정책이 햇볕정책이다. 통일은 조만간 오는데 북한이 하드 랜딩(hard-landing)한 후보다는 연착륙을 한 다음에 오는 것이 바람직하다고 판단했다. 지금 돌이켜보건대 우리들은 떡 줄 사람은 그런 의사가 전혀 없는데 김칫국부터 먼저 마신 격이라고 말할 수 있을 것 같다.

한국의 통일방안은 그것이 한민족 공동체 통일방안이든 김대중 대통령의 3단계 통일방안이든 모두 북한의 연착륙 과정을 제시하고 있다. 한민족 공동체 통일방안은 통일단계를 (1) 화해협력 단계, (2) 남북연합 단계, (3) 통일국가 단계로 나누고 있다. 화해협력단계에서는 남북이 1992년 9월에 발효한 남북기본합의서를 충실히 이행하여 남북관계를 적대와 대립에서 화해와 협력으로 전환시키고, 남북연합 단계에서는 사회, 문화, 경제적 공동체를 형성하고 남북정상회의, 남북각료회의, 남북 의회대표들의 모임을 두고 통일헌법을 만들어 통일국가를 준비하는 단계이다. 이 방안에 따르면 남북이 제1단계와 2단계에서는 1민족 2국가체제를 유지하지만 제3단계에서는 1민족 1국가체제로 통일되도록 되어 있다.[38)]

김대중 대통령의 3단계 통일방안은 통일단계를 (1) 남북연합 단계, (2) 연방단계, (3) 완전통일 단계로 나누고 있다. 남북연합 단계는 1민족, 2국가, 2독립정부, 1연합의 체제로 이 단계에서는 남북이 기존의 주권과 권한을 그대로 유지하면서 협력을 제도화하는 단계이다. 이 단계의 통치기구는 남북연합 정상회의, 남북연합 각료회의, 남북연합회의로

38) 1989년 9월 11일 노태우 대통령 국회특별연설과 1994년 8월 15일 김영삼 대통령 광복절 경축사, 『98 통일백서』, pp.435-450.

구성된다. 연방단계는 남북이 1민족, 1국가, 1체제, 1연방정부, 2지역자치정부를 갖는 단계로 이 단계에서는 외교, 국방 및 주요 내정을 연방정부가 관장하고 그 밖의 내정은 2개의 지역자치정부가 담당하게 된다. 연방정부의 기구는 연방 대통령과 연방의회로 구성된다. 완전통일단계는 남북이 1민족, 1국가, 1체제, 1중앙정부를 구성하는 단계이다.[39)]

이 두 통일방안 모두에서 북한은 화해협력 단계나 남북연합 단계를 통해 연착륙을 하고 그후 남한과 완전한 통일국가를 이룩하도록 되어 있다. 그런데 마지막 단계의 완전통일은 두 방안 모두에서 민주주의와 시장경제를 원칙으로 하도록 되어 있다. 북한은 화해협력 단계나 남북연합 단계에서 시장경제체제와 민주주의체제를 서서히 도입하여 최종적으로는 "우리식 사회주의"가 아니라 한국의 시장경제와 민주주의체제로 통일하는 데 동의하는 것으로 되어 있는 것이다.[40)]

요약건대, 한국의 햇볕정책은 북한을 연착륙시키고 그후 최종적으로는 시장경제와 민주주의 통일이라는 결과를 가져올 것이라는 가정에 입각한 정책이다. 햇볕정책은 단기적으로는 김정일 정권을 위기로부터 구해줄 것이지만 중장기적으로는 북한을 변화시킬 것이라는 가정을 가진 정책이다. 또한 햇볕정책은 김정일 체제가 밖에서 압력을 가하면 결속하지만 햇볕을 보내면 내부 알력이 일어나고 분열과 해체로 갈 가능성이 있다는 가정에 입각한 정책이다. 대북 햇볕정책은 한민족 공동체 통일방안이나 김대중 대통령의 3단계 통일방안의 실현에 공헌할 것이라는 가정에 입각한 정책이다.

북한이 이와 같이 변화하는 데 얼마나 걸릴 것인가에 대해선 두 통일방안에서 구체적인 언급이 없다. 노태우, 김영삼 시대에는 우리들은 북한의 이러한 변화가 멀지 않은 장래에 곧 올 것으로 생각했고, 김대중 대통령의 책에서는 남북연합 단계를 10년으로 보고 있다. 오늘날 돌이켜보건대 이는 너무 낙관적인 견해이다.

한국의 통일은 어떻게 올 것인가? 동독 붕괴 전까지 3년간 북한 주재 동독대사를 지낸 한스 마레츠기(H. Maretzki)는 독일의 경험으로 보아 통일은 어느 한쪽의 승리와 패배라

39) 아태평화재단 편, 앞의 책 참조.

40) 김영삼 대통령은 한민족 공동체 통일방안을 천명한 1994년 광복절 경축사에서 "자유와 민주"가 통일을 추진하는 기본철학이라고 말했다. 김대중 대통령은 그의『김대중의 3단계 통일론』, p.130에서 "남북연합단계에서 경제 교류, 협력이 심화되면 … 북한의 경제는 급속히 성장하고 남북 간의 경제적 격차도 어느 정도 줄어들게 될 것이다. 이러한 상황이 되면, … 다당제와 자유선거도 수용할 수 있게 될 것이다."라고 말했다.

는 형식으로 이루어지고 두 체제 중 우수한 체제의 승리로 결말이 날 것이라고 말하였다. 남북한의 통일도 결국에는 우수한 체제의 승리로 결말이 날 것이고 통일 한국에 있어 북한의 현체제를 구성하는 요소 중 남을 것은 없을 것이라고 강조하였다.[41] 한국의 햇볕정책은 양 체제가 양립하는 과도기를 설정하고 있지만 궁극적으로는 이와 같은 통일전망에 상응하는 정책이다.

북한의 지배 엘리트들은 이미 지적한 바와 같이 햇볕정책이 가지고 있는 이와 같은 전략적 의미를 잘 이해하고 있다. 아니, 그들은 햇볕정책의 위력을 한미의 당국자들이나 전문가들보다 더 크게 평가하고 있는 것 같다. 상대방이 우리 정책의 전략적 의미를 잘 몰라야 그 정책의 목표를 달성할 수 있는데 북한은 우리의 정책이 초래할 미래의 결과를 너무 잘 알고 있는 것이다.

북한의 지배 엘리트들은 현재 한국의 햇볕정책을 그들이 생각하기에 북한의 변화에는 아무 영향을 못 미치고 김정일 정권에만 도움이 되는 방향으로 이용하고 있다. 우선 첫째로 그들은 핵과 미사일 개발과 같은 문제를 일으키고 이러한 개발을 포기하는 대가로 한국과 미국에게 에너지와 식량 등의 경제지원을 요구하고 있다. 남북 정부 간의 대화나 화해, 협력과는 직접적 관계가 없이 경제지원을 획득하는 전략을 구사하고 있는 것이다. 미국은 북한의 핵과 미사일 개발 저지가 가장 중요한 관심사항이기 때문에 북한의 이와 같은 전략에 끌려다니고 우리 정부도 미국의 이러한 자세를 수용하고 있다. 둘째로 그들은 한국정부와는 관계없이 한국의 민간부문과 교류를 확대하고 경제지원을 요구하고 있다. 그러나 이러한 민간부문과의 교류 확대도 그것이 북한주민들에 대한 영향을 최소화하는 방법으로 이루어지고 있다. 금강산 관광과 KEDO 사업이 모두 철저한 통제 속에서 이루어지고 있다. 셋째로 그들은 우리 민간부문과의 교류에서는 오히려 그들의 노선을 선전하고 있다. 또한 그들은 북한을 방문할 수 있는 남한사람들을 선별하고 방북자들은 이러한 호의에 답하고 방북의 기회를 또 갖기 위해 북한을 객관적으로 보지 못하는 경우도 있다.

김대중 정부는 출범 이래 북한과의 이와 같은 교류도 결국에는 북한의 개혁, 개방과 남북대화의 재개에 도움이 된다는 입장을 견지해왔다. 과연 그렇게 될지 안 될지는 멀지

41) 서울대학교 지역종합연구소, 『국제학술공동연구 결과보고서: 독일통일과 한국통일의 조건과 결과』, 1993년 11월, p.7.

않은 장래에 판결이 나겠지만 우리들은 이 문제를 미리 면밀히 검토해야 할 것이다. 대북 햇볕정책의 목표는 북한의 대남적대능력의 유지나 제고에 있는 것이 아니라 북한의 변화를 유도하는 데 있다. 정부 당국자들은 햇볕정책이 이러한 목표를 달성하고 있는지, 현재는 아니라도 멀지 않은 장래에 달성할 수 있는지 철저히 분석해야 할 것이다.

Ⅵ. 북한의 체제적 성격과 대북 햇볕정책

대북 햇볕정책이 우리들이 기대하는 효과를 내느냐, 못 내느냐는 북한의 체제적 성격에도 달려 있다. 북한이 처한 환경적 상황과 더불어 북한의 체제적 성격은 북한이 한미와 포괄적 타결을 할 수 있을지, 없을지를 판단하는 데 가장 중요한 변수이다.

북한의 김일성 체제는 수립 이래 권력 내부의 심각한 도전이나 일반 주민들의 저항운동에 직면하지 않았다는 점에 있어 다른 대부분의 공산주의 국가들과 다르다. 1950년대 중반 스탈린 사후에 노동당 간부들 중 연안파와 소련파 공산주의자들이 김일성에 대한 개인숭배와 그의 중공업 우선주의 정책을 비판했었으나 숙청당했고 일반 주민들은 김일성 체제에 대해 반대하고 저항한 일이 알려진 바로는 전혀 없다. 1978년부터 중국은 개혁개방정책을 채택하여 사회경제체제가 적지 않게 변화하고 있고, 1980년대 말과 1990년대 초에는 구소련과 동구제국의 공산체제가 주민들의 저항을 받아 붕괴했으나, 북한의 김일성 체제는 중국에서와 같은 변화도 거부하고 엘리트 레벨에서나 주민 레벨에서도 도전과 저항을 받지 않았다. 김일성 사후 김정일이 과연 권력을 유지할 수 있을 것인가에 대해서 북한 전문가들 사이에 논란이 있었으나 김정일 체제에 대한 도전이나 저항은 일어나지 않았다. 수많은 북한주민들이 식량난으로 굶어죽는 사태가 벌어지고 있음에도 불구하고 그들이 김정일 체제에 대해 불만을 갖고 저항운동을 하고 있다는 흔적은 찾아보기 힘든 것이다. 김정일 체제에 대한 불만 표시는 북한의 특권층인 해외 주재 외교관, 상사원, 유학생들, 그리고 황장엽 씨와 같은 이데올로그의 한국 망명이 고작이다. 북한의 통치체제는 어떠한 성격을 가지고 있기에 사회적 불만 표출이나 저항운동이 일어날 수 없는 것인가?

서대숙 교수는 김일성이 “해방 이후에 한국의 북반부를 소비에트화하려는 소련의 조정을 받는 유력자로부터 옛 조선왕조의 악명 높던 군왕들보다 더한 권력을 휘두르는 지배자가 되었고", 그가 구축한 체제는 "공산주의 국가라기보다는 그의 개인적 왕국과 비슷하며 그가 다스리는 주민들은 '새로운 공산주의 인간형'이라기보다는 그의 충직한 신민에 가까운" 동양적 전제주의체제라고 비판하였다. 서 교수는 이 체제에서 김일성에 대한 개인숭배는 그 범위, 강도, 열성면에서 스탈린이나 마오쩌둥에 대한 개인숭배를 훨씬 능가하고 김일성은 주민들에게 그에 대한 복종뿐만 아니라 그의 부모에 대한 존경, 그의 자식에 대한 충성까지 요구하였다고 비난하고 있다. 그는 북한이 한국에 공산주의체제를 수립하기 위해 싸우고 이를 위해 죽어간 많은 한국 공산주의자들의 기대를 저버렸고, 각 나라들이 개인적 인권을 중시하는 시대에 이 같은 추세와는 반대되는 방향으로 거꾸로 가고 있다고 강조하고 있다. 김일성 체제의 이와 같은 성격은 우리들 모두가 주지하고 있는 바이나 서 교수를 인용하는 것은 이와 같은 성격규명이 한국의 반공주의자들뿐만 아니라 미국에서 북한을 객관적으로 연구하여 과거 한때는 친북한 학자라고까지 오해를 받은 서 교수에게서도 나왔다는 점을 강조하기 위해서이다.[42)]

북한에서 김일성의 주체사상을 만들어내는 데 주도적 역할을 한 황장엽씨도 북한의 체제적 성격에 대해서는 서 교수나 한국의 대부분의 국민들과 의견을 같이하고 있다. 그에 의하면 북한에서는 주민 전체의 이익을 보호한다는 명분을 내세운 전체주의적 계급독재체제가 수립되었다가 그것은 곧 김일성의 개인독재체제로 전환하였고, 그리고 다시 이 체제는 그의 아들 김정일의 권력세습으로 봉건전제주의적 독재체제로 전락하였다는 것이다. 이 체제는 지주와 자본가들의 특권을 반대한다는 점에서는 구소련의 사회주의체제와 같으나 새로운 지배계급의 특권적 지위를 절대화하고 세습화하는 면이나 지주나 자본가 출신들을 극심하게 차별대우하고 이 체제에 대한 불만자는 그뿐만 아니라 그의 가족들까지 엄한 벌로 제재한다는 면에서 구소련의 사회주의체제와 다르고 오히려 과거의 봉건체제와 같다는 것이다. 북한의 통치체제가 이와 같이 변화한 역사적 원인을 그는 해방 전 북한이 식민지 반봉건사회였다는 데서 찾고 있다.[43)]

황씨는 또한 공산주의국가들이 모두 당 비서들의 독재체계를 가지고 있지만 당내 민주주의가 허용되는 범위와 정부의 행정경제 일군들의 지위에는 나라마다 차이가 있다고 지

42) 서대숙, 『북한의 지도자 김일성』(서울: 청계연구소, 1989), pp.272-273.
43) 황장엽, 『북한의 진실과 허위』(서울: 통일정책연구소, 1998), p.83.

적하고, 북한의 수령 유일독재체계에서는 어느 다른 공산주의국가에서도 찾아볼 수 없을 정도로 당내 민주주의가 말살되고 행정경제 일군들의 자립성이 극도로 제한되어 있다고 강조하고 있다.[44]

우리 국내의 대표적 북한 연구가인 이종석 박사도 북한의 통치체계를 유일지도체계라고 보고 있다. 그는 이 유일지도체계가 "인민대중을 역사의 비주체적인 피동체로 만들어 왔으며 북한사회를 개인숭배와 기계적 집단주의가 만연한 왜곡된 사회로 굴절시키는 결정적인 작용을 했다고" 말하고 있다. 또한 북한의 "주체사상"은 1967년을 기점으로 혁명적 수령관과 결합하면서 인민대중의 자주성 실현보다는 김일성의 유일지도체계를 합리화해주는 사상으로 왜곡되었다고 강조하고 있다.[45] 이 박사의 이러한 주장은 황장엽 씨의 한국망명 이전에 나온 것이고 황씨도 이와 비슷한 주장을 하고 있다는 점이 흥미롭다.

북한의 통치체제는 서대숙 교수, 황장엽 씨, 이종석 박사와 같이 북한을 내재적으로 이해하거나 이해하려고 노력하고 있는 사람들의 입장에서 볼 때도 시대착오적인 체제이다. 그러나 이와 같은 시대착오적 체제가 사회적 저항을 받지 않고 지속하는 이유를 이해하기 위해서는 이 체제의 구체적 특성에 대해 좀 더 살펴볼 필요가 있겠다.

러시아사 연구의 대가인 리차드 파잎스(R. Pipes)는 9세기부터 19세기 말까지의 러시아 국가 성장사를 다룬 그의 저서에서 러시아가 그 지리적 위치나 인종이나 종교로는 유럽에 속함에도 불구하고 유럽과는 달리 사회(society)가 정권(political authority)을 효과적으로 견제할 수 없었던 이유를 왕국을 왕의 개인적 세습재산(the personal patrimony of the prince)으로 보는 가산적 국가론에서 찾고 있다. 장 보댕(Jean Bodin)은 *Six Books of the Commonwealth*(1576~1586)에서 신민들의 사유재산을 인정하는 monarchy, 사유재산의 신성불가침성을 종종 침해하는 monarchy의 부패한 형태인 tyranny, 그리고 물리적인 힘으로 수립되어 사유재산을 인정하지 않고 왕국 내의 모든 사람들과 물건들을 한 가정의 주인이 노예들을 지배하는 것과 같이 지배하는 la monarchie seigneuriale의 세 가지 군주정 형태를 제시했다. 파잎스는 러시아가 마지막 형태의 군주제를 가지고 있었기 때문에 사회는 정권을 견제할 능력을 가질 수 없었다고 주장하였다. 사유재산의 신성불가침성은 그것이 종종 침해당했지만 중세 이래 근대의 사회주의이론이 나올 때까지 서유럽

---

44) 위의 책, p.90.

45) 이종석, 『조선로동당연구』(서울: 역사비평사, 1995), pp.349-356.

제국의 정치이론과 법학에서는 공리(axiom)였으나 러시아에는 그러한 전통이 없었다는 것이다.[46] 또한 파잎스는 소련 공산주의체제의 잔학성의 기원을 마르크스주의나 공산주의 이론보다는 러시아의 앙시앙 레짐의 잔학성에서 찾았다.

현재 북한의 김정일 체제는 이와 같은 러시아의 앙시앙 레짐의 특성도 가지고 있다. 김정일은 아버지로부터 권력을 개인재산처럼 세습 받았고 또 북한의 생산수단은 헌법적으로는 국가소유이고 전체 주민의 소유이나 실제로는 그의 통제하에 있는 것이다. 특히 김정일은 당 경제라는 것을 국가경제로부터 분리시켜 이 경제에 수익성이 높고 외화벌이에 유리한 기업들을 포함시켜 자기의 개인소유와 같이 만들었다고 한다. 그는 당 재정경리부로부터 39호실과 38호실과 같은 관리부서를 내와서 그것들이 그의 지도 밑에 당에 속해 있는 은행들을 비롯한 경제기관과 기업들을 관리하게 하고 있다고 한다. 또한 그는 군대경제도 국가경제로부터 독립시켜 그의 직접적인 지도 밑에 당의 군수공업부가 관리하게 하고 있다고 한다. 황장엽 씨는 북한의 당경제와 군대경제는 왕조시대에 왕이 직할하는 사유재산과 유사한 것이라고 지적하고 있다. 그리고 나머지의 국가경제도 정무원 총리나 국가계획위원회 위원장이 김정일의 승인을 받아 처리하도록 하고 있다고 한다. 황씨는 북한경제가 사회주의경제가 아니라 김정일의 개인에 복무하는 경제라고 비난하고 있다.[47]

우리 정부의 일부 당국자들은 독립채산제를 실시하고 원가, 가격, 수익성을 고려할 것을 규정한 김일성 헌법 제33조를 긍정적으로 평가하고 있으나 이 조항도 북한경제의 관리체계에 획기적 변화를 단시일 내에 초래할 것 같지는 않다. 이 조항은 "대안의 사업체계의 요구에 맞게" 독립채산제를 실시하도록 규정하고 있기 때문이다. 대안의 사업체계는 1960년대에 김일성이 수립한 관리체계로 모든 사업단위의 최고지도기관이 해당 당위원회가 되는 정치우위의 관리체계인 것이다. 또한 새 헌법 34조는 국가는 국방력을 강화할 수 있도록 주민경제의 발전계획을 세워야 한다고 규정하고 있는데, 이 조항도 북한경제의 조속한 정상화를 지연시키는 조항이다.

북한은 뒤늦게나마 새 헌법 24조에서 소비목적을 위한 개인소유와 이의 상속을 인정하고 있다. 사유재산이 인정되지 않는 곳에 자율성을 가진 사회가 형성되기 어렵다는 매

46) Richard Pipes, *Russia under the Old Regime*(New York: Charles Scribner's Sons, 1974), pp.65-66.
47) 황장엽, 앞의 책, pp.91-92.

키버(R. MacIver)와 같은 고전적 정치사회학자의 지적에 비추어 볼 때 이 조항은 의미가 있으나 이 조항이 당장 북한에서 재산소유층을 만들어 낼 것도 아니고 또 우리 사회에서와 같은 재산소유층을 만들어 내는 것은 더더구나 아니다. 북한주민들은 거의 모두 정부의 배급에 의존해 생명을 간신히 유지하고 있고 이러한 상황에서 헌법 24조에 기반한 사회가 형성되어 저항이 일어나기란 어렵다.

재산 이외에 종교도 사회형성의 중요한 기반이 된다. 주지하다시피 동독의 공산정권 붕괴에는 가톨릭 교도들과 교회가 큰 역할을 했다. 그러나 북한에는 국가나 당과는 구별되는 사회적 세력으로서의 종교세력도 존재하지 않는다. 북한의 김정일 체제는 주민들이 자율적 사회세력을 형성할 수 있는 거의 모든 중요한 자원을 독점적으로 장악하고 있는 것이다. 한마디로 말해, 북한에는 김정일 체제에 대한 저항운동이 일어날 수 있는 사회적 기반이 없는 것이다.

김정일 체제에 대한 저항운동이 일어나지 못하는 두 번째 이유는 이 체제를 떠받쳐 주는 물리적 강제력이 김정일의 수중에 있기 때문이기도 하다. 김일성은 1970년대 초부터 김정일을 후계자로 만들 의도를 가지고 전제군주시대의 왕이 적장자를 세자로 책봉하여 세자의 장래를 준비시키듯이 당과 군대에 그의 세력기반을 닦아주었다. 김정일은 현재 당의 총비서이고 국방위원장직과 인민군 최고사령관직을 맡고 있다. 당과 군대는 오랫동안 김일성 체제를 떠받쳐 준 2대 기둥이이었다. 그러나 1994년 7월 김일성 사망 이래 김정일은 이미 지적한 바와 같이 군부대를 자주 방문하면서 당을 비판하고 군의 선봉적 역할을 강조하고 있다.

그는 1995년 신년을 맞이하여 제214군 부대를 방문하였고 이를 보도하는 『로동신문』 기사에는 "김정일 장군님을 결사옹위하는 총폭탄이 되자"는 슬로건이 실렸다.[48] 북한에서는 이런 유의 보도가 계속되었고 1995년 수해로 식량난이 극심해지자 1996년 신년도 『로동신문』 사설은 "제 힘으로 혁명을 끝까지 해나가는 자력갱생, 간고분투의 혁명정신"인 "고난의 행군" 정신을 강조하였다. 같은 해 6월 10일 김정일은 거의 완공단계에 있는 금강산 발전소를 시찰하였고 이를 보도하는 『로동신문』에는 "위대한 김정일 동지를 수반으로 하는 혁명의 수뇌부를 목숨으로 사수하자"는 슬로건이 실렸고[49] 그후 『로동신문』

48) 『로동신문』, 1995년 1월 3일.
49) 『로동신문』, 1996년 6월 12일.

은 사설에서 "금강산발전소 군인 건설자들의 혁명적 군인정신은 오늘의 '고난의 행군' 정신의 최고 발현이 되고 있다"고 강조하였다.[50] 1997년 신년도 『로동신문』 사설은 "우리 인민군대는 우리 혁명의 기둥이며, 주체사업 완성의 주력군이다. … 전군에 수령 결사옹위정신, 총폭탄정신, 자폭정신이 차 넘치게 해야 한다"고 주장하였다. 이뿐만 아니라 같은 해 5월 19일 『로동신문』 사설은 "당 조직들은 모든 당 사업을 인민군대가 창조한 사상과 도덕, 문화를 따라 배우는 데로 지향시켜야 한다"고 주장함으로써 당이 군대를 지도해야 된다는 공산주의 원리를 역전시키고 있다. 요약하면, 김일성 사후 북한군대는 공식적으로 김정일 최고사령관을 총폭탄정신과 자폭정신으로 옹위하고 당과 주민을 지도하는 당보다 높은 기관이 된 것이다. 황장엽 씨는 이는 북한의 독재체제가 마지막 단계에 도달하였다는 것을 말하여 주는 것이라고 역설하고 있지만[51] 여하튼 군대는 현재 김정일이 의존하고 있는 가장 중요한 세력인 것 같다.[52]

김정일 체제는 종국적으로는 군에 의존하고 있지만 북한주민들을 매일 매일 강제적으로 통제하는 데는 사회안전부와 국가안전보위부를 이용하고 있다. 사회안전부는 공개경찰로, 국가안전보위부는 비밀경찰로 북한주민들을 감시하고 있는 것이다. 이 두 기관의 요원 숫자가 얼마인지는 알 수 없지만 10만 이상이라는 얘기가 들리고 있다. 김일성-김정일 체제에 비판적인 인사는 법의 심판절차를 거치지 않고 당조직이나 국가안전보위부가 그에 대한 처벌을 김정일에게 제의하고 김이 이에 서명하면 그것에 따라 가혹한 처벌을 받게 된다고 한다.[53]

김정일 체제가 경제력과 강제력을 독점하고 있다 해도 이 두 가지 요소가 체제유지를 보장해주는 것은 아니다. 북한주민들의 대부분이 김정일 체제는 시대착오적인 체제이고 하루 빨리 무너져야만 한다는 생각을 갖게 되면 이 체제는 동요하기 시작할 것이다. 북한주민들이 김일성을 숭배하고 김정일에게 복종하는 것이 부당하다는 생각을 갖게 되면 김정일 체제는 그 물리적 힘의 기반이 아무리 공고하다 해도 오래 지속되기가 어려울 것이다. 북한의 지도부는 이를 가장 두려워하고 있고 그 때문에 북한은 개혁개방을 거부하고

50) 『로동신문』, 1996년 10월 18일.
51) 황장엽, 앞의 책, p.98.
52) 서동만, "북한 정치체제 변화에 관한 시론", 『정치비평』, 1998년/가을, 겨울, 통권 5호, pp.125-150 참조.
53) 황장엽, 앞의 책, p.52.

공산주의 국가인 중국과의 자유로운 교류도 금지하는 쇄국정책을 오랫동안 유지하고 있는 것이다. 그러나 북한의 지도부는 나라를 패쇄적으로 운영하고 있을 뿐만이 아니다. 그들은 당, 교육기관, 언론매체를 통해 사이비 종교의 교주가 그의 교도들을 세뇌시키는 것처럼 북한주민들이 김일성과 김정일을 숭배하도록 세뇌시키는 작업을 적극적으로 계속하고 있다.

첫째로 김정일은 김일성 생전 시에 그에 대한 개인숭배 작업을 지휘하여 후계자로서의 지위를 굳혔는데, 김일성 사후에도 이러한 작업을 계속하고 있다. 그의 사후 김정일은 조선민족을 "김일성 민족"으로 명명하고 김일성의 탄생연도(1912)를 원년으로 하는 "주체연호"를 제정하고 그의 탄생일을 "태양절"로 정하고 1998년 9월 5일에 개정한 새 헌법을 "김일성 헌법"이라고 명명하였다. 이 헌법 서문에서 김일성을 "위대한 수령", "민족의 태양", "조국통일의 구성", "세계정치의 원로", "사상이론과 령도예술의 천재", "백전백승의 강철의 령장", 그리고 "공화국의 영원한 주석"이라고 선언하였다. 소련의 스탈린은 물론 중국의 마오쩌둥까지 사후에는 그들의 실책에 대해 냉엄한 비판을 받았는데 김일성은 북한주민들의 숭배대상으로 칭송을 받고 신격화되고 있다.

둘째로 북한의 지도부는 김정일에 대한 개인숭배 작업도 계속하고 있다. 그는 김일성 생전 시에 이미 "위대한 사상가"이고 "위대한 지도자"였고 현재는 국방위원장과 최고사령관직을 맡은 "위대한 장군"이고 "어버이수령님께서 개척하신 주체의 사회주의 강성대국 건설위업의 위대한 령도자"이다.[54]

셋째로 북한 지도부는 "주체사상", "사회정치적 생명체론", "강성대국론"과 같이 김일성과 김정일의 지배를 합리화해주는 이데올로기 생산작업을 계속하고 있다. 특히 사회정치적 생명체론은 육체적 생명은 친부모가 주지만 이보다 더 중요한 사회정치적 생명은 "어버이 수령"이 준다는 주장으로 북한주민들은 "하나의 대가정"으로 "수령"에게 충성뿐만이 아니라 효도도 해야 한다는 주장이다. 김일성-김정일 체제는 마르크스-레닌주의나 사회주의이념이 아니라 조선왕조의 오랜 지속에 공헌한 충효사상에, 그것도 사이비 충효사상에 호소하고 있는 것이다.

북한 지도부는 이와 같은 허위를 만들어낼 뿐만 아니라 이러한 허위를 북한주민들이 받아들일 수밖에 없도록 긴장 분위기를 조성하는 작업도 계속하고 있다. 그들은 곧 전쟁

54) 『로동신문』, 1998년 8월 22일자 "정론/강성대국" 참조.

이 일어날지도 모른다는 분위기를 항상 조성하고 있고 국제적으로도 문제를 일으켜 한반도의 긴장을 고조시키고 있다. 북한은 일본에 미사일(인공위성)을 발사하고 괴선박을 보냄으로써 「미일방위협력지침」 관련 3개 법안의 일본 국회 통과를 오히려 도와주었다. 북한의 이와 같은 행동은 일본을 위협하는 것같이 보이지만 일중 간에 긴장을 야기시키는 데도 공헌하는 것이다.

일본의 북한 연구가인 와다 하루키는 북한을 미국의 인류학자 클리포드 기어츠(C. Geertz)가 말하는 "극장국가(theatre state)"의 일종이라고 주장하였다. 19세기 발리 섬의 한 왕국에서는 왕의 신적 성격을 하나의 드라마인 왕국의 의식(ceremonies)을 통해서 구성했고 기어츠는 이를 "극장국가"라고 불렀다. 와다의 견해에 따르면 북한은 현재 김정일이 주연과 연출을 모두 맡아 하나의 거대한 쇼를 만들어내고 있는 "극장국가"이다. 북한주민들은 극장 밖으로 나오지 못하고 이러한 쇼 속에서 살고 있는 것이다. 와다는 현대국가(modern state)는 완전한 "극장국가"가 될 수는 없다고 말하고 있다. "극장국가"는 19세기 발리 섬의 한 왕국의 경우와 같이 정태적인 사회(immobile society)에서 일어나는 현상이기 때문이다.[55] 북한이 변화하여 역동적인 사회가 된다면 "극장국가"를 유지하기가 어렵게 될 것이다. 개혁개방 노선과 "극장국가"인 김정일 체제와는 이러한 점에서도 상호 모순관계에 있다.

대북 햇볕정책의 목표는 북한주민들에 대한 이와 같이 철저한 경제적, 강제적, 사상적 통제를 약화시키는 데 있다. 그 중 사상적 통제를 약화시키는 것이 경제적, 강제적 통제를 약화시키는 것보다 덜 어렵다. 김일성과 김정일에 대한 개인숭배사상과 "주체사상", "사회정치적 생명체론", "강성대국론"은 모두 현실이 아닌 허구이고 북한의 비참한 경제현실의 원인이 이러한 허구에 있다는 것을 북한주민들이 깨우치도록 영향을 미치는 것이 북한의 경제체제와 강제적인 감시체제에 변화를 유도하는 것보다 덜 어려운 것이다. 경제체제의 변화는 상당한 세월이 필요하고 강제적인 감시체제는 김정일 체제가 붕괴되지 않고서는 약화되기 어려울 것이나 김정일 체제가 시대착오적인 체제라는 것은 북한주민들이 북한 밖의 현실을 알기만 한다면, 혹은 "극장" 밖으로 나올 수만 있다면 곧 깨우칠 수 있기 때문이다.

---

55) Haruki Wada, 앞의 논문 참조. Clifford Geertz, *Negara: the Theatre State in Nineteenth-century Bali*(Princeton University Press, 1980).

그러나 우리의 대북 햇볕정책은 현재 북한주민들을 깨우치는 효과를 내지 못하고 있다. 이 정책의 성공적인 사례로 우리 정부가 말하고 있는 금강산 관광의 대북효과를 평가해보면 이 사실을 쉽게 알 수 있다. 현재 북한 지역의 버스기사들, 관광 안내원들, 그리고 산악구조대원들은 모두 한국 측 사람들이다. 그리고 우리 관광객들은 북한지역에서의 식사도 한국에서 가져간 음식으로 하고 있다. 우리 측은 이 관광의 대가로 이미 소개한 바와 같은 상당한 액수의 달러를 지불하고 있으므로 기사, 안내원, 구조대원들을 북한주민들로 하고 식당들을 개설할 것을 요구하여 한국 관광객들이 가능한 한 많은 북한주민들과 접촉하여 그들을 깨우칠 수 있는 기회를 확보해야만 했다. 우리가 이러한 기회를 확보하지 못한 것은 이미 지적한 바와 같이 북한의 반대로 못한 것이나 현대 측은 좀 더 버티면서 이 문제에 대한 협상을 해야만 했다. 우리 쪽에서 먼저 급하게 서두르니 달러가 급히 필요한 측은 북한임에도 불구하고 북한은 우리 측 요구를 쉽게 물리칠 수 있었던 것이다. 우리 국민들의 금강산 관광은 대북 햇볕정책이 목표로 하고 있는 효과를 내지 못하고 있는 것이다. 금강산 관광이라는 대북 햇볕정책은 오히려 우리 국민들의 북한에 대한 군사적 경계심을 느슨하게 하게 하는 역효과를 내고 있다.

우리 정부는 민간부문의 북한과의 교류를 허락하고 장려하더라도 이러한 교류가 햇볕정책의 효과가 나는 방식으로 허락하고 장려했어야만 했다. 정부가 그렇게 하지 않은 것은 이미 언급한 바와 같이 북한의 김정일 정권에 먼저 호의를 보이면 김 정권도 우리에게 호의를 보여 남북관계를 정상화하고 개혁개방정책을 채택할 것이라는 이상주의적 기대를 가지고 있었기 때문이다. 북한이 과연 현 정부가 기대하고 있는 바와 같이 자기변화(self-transformation)를 할 수 있는지에 대해 북한 전문가들의 견해는 갈려있다. 전향적이거나 진보적 성향의 전문가들은 이러한 자기변화가 가능하다고 보고 보수성향의 전문가들은 이를 불가능하다고 보고 있다. 필자는 앞서 북한이 현재 처한 상황에 비추어 자기변화의 가능성이 크지 않다고 결론을 내린 바 있다. 이러한 가능성은 바로 살펴본 북한의 체제적 성격에 비추어 보아도 크다고 볼 수 없다. 김일성-김정일 체제의 성격은 점점 심하게 독재화되고 폭력화되고 있다. 황장엽 씨를 인용한다면, 북한 통치자들은 소련식 사회주의 붕괴의 원인이 개인숭배와 개인독재의 약화에 있는 것으로 보고 개인숭배와 개인독재, 그리고 군국주의를 오히려 강화하고 있고, 중국 공산당 정권의 개혁개방노선도 수정주의와 자본주의의 길이라고 비방하고 있다는 것이다.[56]

북한의 김정일 체제가 집권자의 변화 없이 자기변화를 할 수 있는지의 문제를 비교정치적으로 살펴보아도 긍정적인 답이 나오기 어렵다. 모든 공산주의 국가들이 집권자의 교체를 계기로 정책노선을 변경하였기 때문이다. 집권자의 교체가 없는 기간에 자기변화를 촉발시킬 노선 변경은 일어난 일이 없기 때문이다. 소련의 스탈린 노선 수정은 그의 사망으로 집권자가 바뀐 이후였고 흐루시초프 이후 고르바초프(M. Gorbachev) 이전까지의 노선을 근본적으로 바꾼 것도 고르바초프라는 새로운 집권자가 나타난 이후였다. 동구제국의 노선 수정도 마찬가지 경로를 통해서였다. 중국도 예외가 아니다. 주지하다시피, 중국은 마오쩌둥이 사망하고 그의 추종세력이 실각하고 덩샤오핑이 실권을 장악한 후에 개혁개방노선을 채택할 수 있었다. 소련과 동구제국, 그리고 중국의 변화과정에 비추어볼 때 김정일과 그의 측근이 권력을 유지하는 한에 있어서는 우리가 바라는 북한의 자기변화는 기대하기 어려운 것이다.

이렇게 볼 때 우리는 대북 햇볕정책이 김정일 체제의 생명연장에만 공헌하는 것이 아닌가 하는 우려를 떨쳐버릴 수 없다. 금강산 관광사업을 주도하고 있는 현대와 다른 민간부문의 북한 지원이 김정일의 통치자금 조성에 공헌하여 오히려 그의 세력기반을 공고하게 해주고 북한주민에 대한 통제력만 강화시킬 우려가 있는 것이다. 대북 햇볕정책이 우리가 목표로 하고 있는 것은 달성하지 못하고 김정일과 그의 측근들의 권력유지와 북한주민들의 노예화에만 공헌하고 있는 것은 아닌지 우려하지 않을 수 없다.[57]

VII. 결어: 문제점의 극복방향

한국의 대북 햇볕정책은 이상 살펴본 바와 같이 최소한 다섯 가지 문제점을 가지고 있다. 첫째는 그것이 연계정책이 아니라는 점이다. 이 정책은 연계정책이 아니기 때문에 북한은 한국의 호의에 대해 호의로 답할 커다란 제약을 느끼지 않는다. 오히려 북한은 한국

56) 황장엽, 앞의 책, p.49.

57) 정창현, 『김정일』(서울: 토지, 1999), p.213에는 다음과 같은 조선노동당 핵심부서의 간부였던 신경완의 증언을 싣고 있다. “김정일은 60년대 후반부터 주민들의 지지를 얻기 위해 각종 선심정책을 폈다. 관혼상제 때 선물 보내는 것이 일상화돼 있고, 광범위하게 이루어진다. … 특히 생일, 환갑, 진갑 때 상차려 주는 것이 특수한 것이 아니라 대중적으로 이루어지고 있다.”

의 호의를 악의로 답하고 있고 이 악의에 대해 호의를 기대하고 있다. 한국의 햇볕정책은 과거의 연계정책만큼의 성과도 아직 내지 못하고 있다. 둘째는 이 정책에 대한 체계적인 검토 메커니즘이 한국의 정치체계에는 없거나 아주 약하다는 문제가 있다. 미국에서는 의회와 야당이 미국의 대북정책에 대한 전반적인 재검토를 하고 있는 데 반해, 한국의 의회와 야당은 이러한 노력을 보이고 있지 않다. 한국에서는 대북정책이 정부의 전유물로 되어 있고 정부의 정책 실패를 미연에 방지하거나 정부의 대북 협상력을 높여줄 수 있는 의회와 야당의 체계적 비판과 대안 제시가 없다. 셋째는 오늘날 북한이 처한 여러 가지 상황적 조건들이 현실주의 시각으로 볼 때는 현 정부의 대북 햇볕정책에 유리하다고 볼 수 없다는 문제가 있다. 북한의 지속적인 경제위기는 대북 햇볕정책의 성공에 도움이 되겠지만 북러, 북중관계의 개선, 빈번한 미북 직접접촉, 북한과 한국의 민간부문 간의 활발한 교류, 군 중심의 김정일 체제, 핵무기 개발 포기로부터 오는 북한의 불안감 등의 상황적 조건들이 대북 햇볕정책의 성공에 도움이 된다고 보기는 어렵다. 넷째는 정부의 햇볕정책은 통일의 전 단계로서 북한의 연착륙에 그 목표를 두고 있으나 이와 같은 목표를 달성하고 있지 못할 뿐만 아니라 북한의 대남 적대능력의 제고에 공헌할 우려가 있다는 문제가 있다. 다섯째는 햇볕정책은 김정일 체제의 북한주민들에 대한 경제적, 강제적, 사상적 통제를 약화시키자는 데 그 목표가 있으나 오히려 이를 강화시켜주는 역효과를 낼 우려가 있다는 문제를 가지고 있다.

우리의 대북 햇볕정책에 나타난 이와 같은 문제점들은 보완되어야 한다. 이를 어떻게 보완하여야 할 것인가는 또 다른 연구주제가 되겠지만 보완방향은 지적한 문제점들로부터 쉽게 나온다. 첫째로 햇볕정책은 북한의 한국에 대한 즉각적인 호의 표시와 연계되지 않더라도 지속적인 악의 표시로 나타난다면 즉각 중단될 수 있는 방식으로 추진되어야 한다. 우리 정부가 경수로 건설이나 금강산 관광사업과 같은 햇볕정책 사업 때문에 오히려 북한에게 발목을 잡혀 북한의 지속적인 악의 표시에도 적절한 대응을 못하는 일이 일어나서는 결코 아니 될 것이다. 북한은 한국의 햇볕정책이 연계정책으로 바뀔 수 있다는 위협을 느낄 때 이 정책을 수용할 것이다. 우리 정부가 햇볕정책 외에는 대안이 없고 이 정책을 어떠한 경우에도 유지하겠다고 선언한다면 북한은 이 정책을 서둘러 수용할 커다란 유인을 갖지 못할 것이다. 둘째로 의회와 야당은 정부의 대북 햇볕정책의 수행과정과 결과를 항상 면밀히 검토하고 여기에 문제점이 있으면 대안을 제시해야 할 것이다. 정부는 대북 햇볕정책에 대한 비판활동을 억제해서는 아니 될 것이다. 이러한 비판활동은 북한이 햇볕정책을 수용하는 결정을 내리는 데 오히려 도움이 될 것이다. 셋째로 우리 정부는 북한이 햇볕정책을 수용할 수 있는 상황 조성에 노력을 기울여야 할 것이지만, 상황이 좋지 않을 때는 인내심을 가지고 기다리는 자세도 보여야 할 것이다. 넷째로 정부는 햇볕정책을 북한의 대남 적대능력 제고가 아니라 연착륙에 도움이 되는 방향으로 추진해야 할 것이다. 다섯째로 정부는 햇볕정책을 북한주민들에 대한 김정일 체제의 사상적 통제를 약화시키는 방향으로 추진해야 한다.

대북 햇볕정책이 성공하기 위해서는 이러한 보완 이외에도 우리의 대북자세에 수정이 필요하다. 첫째로 한국정부는 남북대화와 화해를 너무도 절실하게 원하고 있고 북한도 이를 알고 있기 때문에 이에 대한 대가를 높게 부르고 있는 것이다. 사실 이러한 대화와 화해가 필요한 측은 북한이나 북한은 오히려 늑장과 배짱을 부리고 있는 데 반해 한국정부는 안달복달해 온 것이다. 이것은 한국의 정치인들이 북한 카드를 정치적으로 이용하려고 하는 데서 나온 것이나 이는 북한을 남북대화에 끌어내는 데 도움이 되지 않는 자세이다. 북한이 우리의 선의를 선의로 응답하지 않고 대화에 응하지 않는 경우에는 또 다른 호의를 보이기보다는 북한이 스스로 변하기를 기다리는 자세가 필요하다.

둘째로 한국은 북한의 군사적 위협발언에 볼모가 되어서는 안 된다. 북한은 한국이 군사적 위협에 아주 약하다고 판단하고 1993년 3월에는 "서울 불바다"의 발언을 한 적이 있고 최근에는 휴전선의 대남방송에서 북한에도 공격권이 있다고 주장하였다. 북한은 군중심의 국가체제를 만들고 강성대국론을 주장함으로써 한국에 대해 위협적인 자세를 시위하고 있다. 한국은 이에 일일이 대응할 필요는 없겠으나 군사 충돌시에는 한국이 막대한 손상을 입지만 북한도 치명적인 손상을 입는다는 것을 조용하게 주지시킬 필요가 있겠다. 한국이 북한의 군사적 시위나 위협에 벌벌 떤다는 인상을 준다면 북한은 대화에 응하기보다는 군사적 위협으로 한국의 양보를 강요할 유인을 가질 것이다.

셋째로 한국은 대북정책의 목표를 통일보다는 남북 공존에 두어야 할 것이다. 북한은 한국에서의 모든 통일론을 흡수통일론으로 해석하고 있다. 한국의 입장에서 볼 때 북한의 통일론은 적화통일론에 불과하다. 이뿐만 아니라 남북의 통일론은 각각 국내 정치용으로 남북의 주민들이 통일에 대해 왜곡된 생각을 갖도록 유도하고 있다. 서독은 통일 이전에 통일정책을 가진 적이 없다. 우리의 통일부는 서독에서는 양독 관계성이라고 불렀지, 통일부라고 부르지 않았다.

이 외에도 한국의 대북 햇볕정책이 성공하기 위해서는 미일중러, 특히 미국과의 정책 조율이 필요한 것은 두말할 필요가 없다. 미국의 대북정책은 우리 정부와는 미묘한 차이를 나타내고 있다. 첫째로 미국과 일본의 대북정책의 일차적 목표는 북한의 핵과 미사일 개발을 막는 것이나 우리 정부의 일차적 목표는 남북관계의 개선에 있다. 우리 정부는 지난 5, 6년간 미일의 정책적 목표에 우리의 목표를 종속시킬 수밖에 없었다. 노태우 시대에 남북이 체결한 기본 합의서는 미국의 북한 핵의혹 제기로 사문화되었고, 김영삼 전 대통령은 남북대화 재개를 미북합의와 경수로 건설 지원의 전제조건으로 누차 주장했지만 미국의 이에 대한 지지가 약하여 전혀 실현할 수 없었고, 김대중 정부도 미일의 일차적 목표를 존중할 수밖에 없는 상황에 처해 있었다. 둘째로 김영삼 정부의 대북 연계정책이 미국의 일관된 대북 햇볕정책 때문에 성공할 수 없었다면 김대중 정부의 일관된 대북 햇볕정책은 미국 내 대북 강경여론의 등장으로 앞으로 문제에 봉착할 우려가 있다. 미 의회조사국이 지난 5월 27일 의회에 제출한 "한국의 햇볕정책과 그 정치적 맥락"이란 보고서는 "김대중 대통령이 미국과 일본에 대해 한국과의 병행적인 관계 증진 문제에 개의치 말고 북한과 먼저 수교하라고 촉구하고 있으나, 이는 북한과의 균형에 필요한 협상력을 떨어뜨리고, 북한이 보다 덜 타협적으로 나올 가능성만 높여준다"고 걱정하고 있다.[58]

셋째 우리 정부의 대북정책의 궁극적 목표는 통일이나 미일중러의 대북정책의 목표는 아직도 한반도의 현상유지에 있다. 우리 정부는 한국과 주변 강대국들 간의 이와 같은 이해관계의 차이를 신중하게 고려하여 대북정책을 조정해야 할 것이다.

---

58) 주 32) 참조.

제5장
북한 핵 문제의 진전 상황과 해결 전망

이 글은 필자가 편집한 책『북핵 문제의 해법과 전망』(중앙 M&B, 2003년 3월)의 결어로 쓴 글이다.

북한은 2002년 10월 초 북한을 방문한 제임스 켈리 미 국무차관보에게 농축 우라늄을 이용한 핵 개발계획을 가지고 있다고 인정하였다. 이에 부시 대통령은 즉각 미국의 대북 중유 지원을 중단하였고 이를 문제삼아 북한은 NPT를 탈퇴하였다. 그후 오늘에 이르기까지 북한이 보유한 플루토늄의 양이나 핵무기 수는 2~3배 증가하였다는 평가이다. 결과적으로 볼 때 부시 대통령은 아무 대안 없이 북한이 핵 문제에 대한 제네바합의를 깨뜨리는 구실을 제공하였다고 평가할 수 있다.

이 글은 북핵과 한미동맹 문제를 검토하고 있고 북핵 문제 해결에 있어 한미 공조의 중요성을 강조하고 있다. 이 문제에 대한 2002년 말의 상황은 2005년 9월, 북경의 제4차 6자회담의 공동선언이 나올 때까지 거의 3년 동안 그대로 지속되었다.

이 글은 제목에는 해결 전망이 들어가 있으나 이에 대한 논의가 거의 없다. 당시 해결 전망이 보이지 않았기 때문이다.

한국은 20세기 후반부에 산업화와 민주화를 이룩해 후진국에서 중진국으로 발전했으나 21세기에는 중진국에서 선진국으로 발전해야 할 역사적 과제를 가지고 있다. 이러한 역사적 과제를 실현하는 데는 민주정치의 정착과 시장경제의 선진화 등 여러 면에서의 발전이 필요하나 남북한 관계의 발전도 빼놓을 수 없는 조건 중의 하나이다. 지난 반세기 동안의 한국의 발전 추세로 볼 때 남북한 관계만 순조롭다면 한국은 앞으로 반세기 내에 선진국 대열에 낄 수 있을 것이다.

그러나 미국의 CIA나 한국전문가들은 그들의 세계정세보고서에서 한국이 향후 15년간 북한문제 때문에 국력을 많이 소모하게 될 것이라고 예측하고 있다. 다시 말해, 북한문제는 한국의 선진적 발전에 장애요소가 될 것이라고 예측하고 있는 것이다. 김대중 전 대통령의 대북 포용정책은 이러한 남북한 문제를 해결하기 위한 적극적인 정책이었다. 이 정책에 대해선 한국이 북한에 일방적으로 끌려다니고 상호주의가 약하고 공산전체주의정권의 수명 연장에 공헌한 정책이라는 비판이 있으나 이러한 비판에 입각한 대북정책이 대북 포용정책보다 남북한 관계의 발전에 더욱 공헌할 수 있다는 보장은 없다. 그리고 바로 여기에 대북정책의 어려움이 있다. 대북정책은 이렇게 해도 우리의 마음과 같이 잘 안 되고 저렇게 해도 잘 안 된다는 특성을 가지고 있는 것이다. 대북정책이 이러한 특성을 띠는 것은 한국의 정책입안자들이 무능해서가 아니라 북한의 정권 담당자들이 한국에 대해 커다란 경계심을 가지고 있기 때문이다. 그리고 북한의 정권 담당자들의 이러한 경계심은 그들의 이념, 체제뿐만 아니라 남북한 간의 엄청난 국력 차이를 반영하는 것이다.

김대중 대통령은 그의 임기 중 일관되게 대북 포용정책을 추진하고 거대 야당과 주요 신문들은 이를 비판함으로써 한국의 대북정책은 전체적으로 볼 때 어느 정도 균형을 유지했고 어느 정도의 성과도 올렸다고 평가할 수 있다. 거대 야당과 신문의 비판은 김 전 대통령이 대북 포용정책의 일관성을 유지하면서도 과도하게 북한에 일방적으로 끌려 다니지 못하도록 견제하는 역할을 하였다. 또 이러한 국내 비판은 부시 대통령의 북한 비판과 마찬가지로 김 전 대통령의 대북 협상력을 제고시켜주는 역할도 하였다.

그러나 한국의 대북정책은 북한이 플루토늄을 이용한 핵 개발은 동결했지만 농축 우라늄을 이용한 핵 개발계획을 가지고 있다고 작년 10월 초 북한을 방문한 제임스 켈리(J. Kelly) 미 국무차관보에게 인정함으로써 또 다시 심각한 어려움에 봉착하고 있다. 우리는 북한이 대북 포용정책에 따른 한국의 경제지원도 받고 일본과 국교정상화도 이룩하여 중국과 같이 개혁개방의 노선을 택하는 것이 북한도 번영하는 최선의 길이라고 생각하고 있는데, 북한은 한국과의 비핵 약속, 제네바합의, NPT 규정을 무시하고 농축 우라늄을 이용한 핵 개발계획을 인정해 이와 같은 경제발전 전망을 흐리게 하고 있다. 북한의 이와 같은 비밀 핵 개발계획에 대해선 체제보장용이란[1] 해석과 대미 협상용이란 해석의 두 가지가 있지만 그 어느 쪽이든 앞으로 한국에게뿐만 아니라 북한에게도 커다란 어려움을 안겨다주는 정책인 것이다. 미국의 부시 대통령은 이 두 가지 모두의 의미에서의 북한 핵 개발계획을 받아들일 수 없다는 것을 명백하게 선언하고 있기 때문이다. 이에 북한은 현재 NPT 탈퇴를 선언하고 미국이 먼저 북한과의 불가침조약을 체결하지 않는다면 이로부터 후퇴가 없을 것임을 선언하고 있는 반면, 미국은 북한이 먼저 핵 개발계획을 전면적으로 폐기해야만 북한과 협상이 가능하다고 강조하고 있다.

우리가 직면하고 있는 북한과 미국과의 대결상황은 주지하다시피 1993년 에도 일어났다. 당시는 노태우 정부 말기로 남북한 관계가 남북기본합의서(1992년)에 근거해서 급진전될 징후를 보이고 있었다. 이때 미국은 북한이 핵무기 제조원료인 플루토늄을 생산할 수 있다는 것을 발견하고 이를 NPT 규정 위반이라고 강력히 비난하였다. 그러나 북한은 이와 같은 비난을 수용하기보다는 김영삼 정부 출범 직후인 1993년 3월에 NPT로부터의 탈퇴를 선언하고 미국이 북한의 핵 시설에 공격을 가한다면 북한도 한국에 반격을 가하겠다는, 다시 말해 벼랑 끝(brinkmanship)까지 가겠다는 입장을 견지했다. 이에 대해 클린턴 행정부와 우리 정부는 북한이 핵무기 제조원료의 생산을 동결한다면 북한이 원하는 보상을 해주겠다는 정책을 채택하였고 그 결과가 1994년 10월의 제네바합의이다.

그러나 미국의 공화당 사람들은 당시 이 합의가 북한의 반칙을 징계하지 않고 보상해 준 정책이라고 비판하였다. 국제사회에서 반칙에 대한 보상은 반칙을 재발시키고 확산시키는 결과를 가져온다고 클린턴 행정부를 비판하였다. 오늘의 부시(G. Bush) 대통령과 공화당 사람들은 이미 오래 전부터 국제사회의 반칙에 대해서는 보상을 해서는 안 된다는 입장을 가지고 있었던 것이다. 그리고 이러한 입장은 9・11 테러 사태로 더욱 강화되었고 미국 내에서는 여론의 지지도 받고 있다. 이뿐만 아니라 부시 대통령은 국제사회에

1) 여기서 체제보장은 미국의 선제공격과 같은 외부로부터의 공격뿐만 아니라 북한 내부의 위협으로부터의 체제보장의 두 가지를 모두 포함한다. 북한의 핵 문제를 둘러싼 미북 간의 대결은 현재 북한 내부에도 상당한 긴장을 불러일으키고 있고 이러한 긴장은 탈북자들이 적지 않은 규모로 속출하는 상황에서 북한의 체제수호에 오히려 도움이 되는 분위기라고 볼 수 있다.

서 반칙을 하는 나라들을 "악의 축"이라고 지칭하고 이러한 나라들에 대해서는 미국의 안전을 위해 선제 핵 공격도 불사하겠다는 자세를 보이고 있다.

북한의 핵 문제를 보상으로 해결하지 않겠다는, 다시 말해 미국이 핵 문제를 놓고 북한과 협상하지 않겠다는 부시 행정부의 입장은 그 뿌리가 깊고 9·11 이후의 미국의 안보전략에 기반한 자세이다. 그러나 지난 3개월 간 부시 행정부는 이러한 기본입장으로부터 원칙적으로는 물러서지 않지만 실제적으로는 조금 물러서는 자세를 보였다. 첫째, 부시 대통령과 파월(C. Powell) 국무장관은 북한 핵 문제가 터진 이래 이 문제를 외교적 노력을 통해 평화적으로 해결하겠다고 거듭 천명하였다.2) 그들은 한국과 미·일·중·러 모두가 한반도의 비핵화를 원하고 북한의 핵 개발에 반대하고 있고 이들 제국은, 특히 중국은 북한에 대해 상당한 영향력을 가지고 있으므로3) 이들 제국의 설득과 외교적 압력으로 북한 핵 문제를 해결할 수 있기를 바랐다. 미국은 북한과 협상(negotiation)을 거부하지만 한국, 일본, 중국, 러시아가 북한과 이 문제에 대해 협의(consultation)를 하도록 촉구하였다. 미 행정부 내에는 럼즈펠드(D. Rumsfeld) 국방부장관과 체니(D. Cheney) 부통령과 같이 소위 맞춤형 대북봉쇄정책(tailored containment)을 주장하는 강경파들도 있으나 외교적 노력을 중시하는 파월 국무장관이 대북정책을 이끌고 있다. 부시 대통령은 2002년 10월 그를 방문한 중국의 장쩌민 주석과 북한 핵 문제의 평화적 해결을 위해 함께 노력할 것을 합의했고4) 2003년 1월에는 그와 전화통화로 15분 동안 이 문제에 대해 얘기했고,5) 김대중 전 대통령과 고이즈미 일본수상과도 같은 내용의 공동성명을 멕시코에서의 APEC 정상회담 때 발표하였고,6) 러시아의 푸틴(V. Putin) 대통령에게도 전화로

2) 부시 대통령은 2002년 12월 31일 기자회견에서 북한과의 대결을 "I believe this is not a military showdown; this is a diplomatic showdown. And we can resolve this peacefully."라고 말하였다. http://usembassy.state.gov/ircseoul/wwwh5154.html.

3) 파월은 중국이 북한의 에너지 수요의 80%와 상품수요의 40%를 공급하고 있다고 지적하고 중국의 역할에 큰 기대를 거는 발언을 했다. Washington File, "Powell Interview on NBC's Meet the Press," Dec. 29, 2002, http://usembassy.state.gov/ircseoul/wwwh5149.html.

4) The White House, Office of the Press Secretary(Crawford, Texas), "Remarks by the President and Chinese President Jian Zemin in Press Conference," Oct. 25, 2002, http://usembassy.state.gov/ircseoul/www5122.html.

5) Washington File, "White House: North Korea's Withdrawal from NPT of Serious Concern," Jan. 10, 2003, http://usembassy.state.gov/ircseoul/wwwh5166.html.

6) Washington File, "Joint U.S.-Japan-ROK Trilateral Statement on North Korea," Oct. 26, 2002,

협력을 부탁했다. 부시와 파월은 한국, 일본, 중국, 러시아가 이 문제에 대해 북한을 설득하도록 계속 촉구했고 2003년 1월 중에는 이러한 목적으로 켈리 차관보를 한국, 중국, 일본에 파견하였다.

둘째, 부시 대통령은 2002년 11월 중순 KEDO가 북한에 대한 중유 지원 중단을 발표했을 때 한편으로는 이에 대한 지지를 표명하고 다른 한편으로는 "미국은 북한을 침공할 의도가 없고 이것은 오늘에도 유효하고 미국은 북한 인민들과의 친선을 추구한다."고 강조함으로써 중유 지원 중단이 북한에 대한 군사적 공격 가능성을 예고하는 것이 아니라는 것을 명백하게 밝혔다.[7] 부시 대통령은 미국의 선제 핵 공격의 대상국가들 중 하나로 거론되는 북한에 대해 침공의사가 없다는 것을 2002년 2월에 이어 다시 명확히 밝힌 것이다. 북한이 핵 포기의 대가로 미국과의 불가침조약을 요구한 이후에는 파월 장관은 이는 이슈가 아니고 반칙을 한 북한이 이를 시정하는 것이 이슈라고 강조하면서도 북한이 핵 포기를 먼저 한다면 북한의 체제보장문제도 논의할 수 있다는 암시를 하였다.

셋째, 부시 대통령은 1월 14일 북한이 핵무기 개발을 중단하고 군비축소(disarm)를 한다면 미국은 2002년 10월 북한의 핵 개발계획 인정으로 취소된 에너지와 식량지원의 "과감한 조치"(bold initiative)를 취하겠다고 강조했다.[8] 2002년 10월 북한의 핵 개발계획 인정으로 취소된 "과감한 조치"가 보다 구체적으로 무엇인지는 모르나 북한이 반칙을 시정하면 보상이 뒤따른다는 것을 암시하고 있는 것이다.

미국이 외교적 노력을 통한 평화적 해결의사를 밝히고 북한에 대한 침공의도가 없다는 것도 강조하고 북한이 핵 개발을 포기하면 과감한 조치를 취하겠다고 외교공세를 편 데 반해,[9] 북한은 중유 지원 중단 이후 IAEA 감시카메라 철거, IAEA 감시요원 추방, 영변

---

http://usembassy.state.gov/ircseoul/wwwh5123.html.

7) The White House, Office of the Press Secretary, "Statement by the President," Nov. 15, 2002, http://usembassy.state.gov/ircseoul/wwwh5129.html.

8) The White House, Office of the Press Secretary, "Remarks by President and Polish President Kwasniewski in Photo Opportunity," Jan. 14, 2003, http://usembassy.state.gov/ircseoul/wwwh5170.html.

9) 노무현 대통령은 당선자 때인 1월 18일 밤 KBS 1TV 토론회에서 "내가 선거하고 당선하고 하던 시점엔 미국의 강경파, 미 행정부의 책임있는 자리의 사람들이 북한에 대한 공격 가능성, 전쟁 가능성도 얘기했다"고 밝히고 "다행히도 미국의 여론이 이제 평화적으로 해결해야 되겠다는 쪽으로 돌아가고, 미국이 뒷걸음질쳐 되돌아가지 않을 것이라고 생각한다"고 말했다. 그러나 부시 대통령과 파월 장관은 물론 강경파의 공식적 입장도 그렇지 않았기 때문에 미국의 CNN, CBS, Fox News,

원자로 가동 준비, NPT 탈퇴, 미사일 발사 실험 재개 가능성 발표, 부시 대통령의 2003년 1월 14일 대화제의 거부와 이에 대한 비난으로 미국과의 대결수준을 점점 높여왔다.[10)]

그렇다면, 미국은 왜 그 이전의 강경한 대북 자세와는 달리 이번의 북한 핵 문제에 대해서는 수사학적으로도 군사적 위협을 하지 않고 외교적 노력을 통한 평화적 해결이라는 누그러진 자세를 취해왔는가? 대부분의 사람들이 생각하고 또 상당히 일리가 있는 이유는 미국의 대이라크 전 준비이다. 2002년 말과 2003년 초 미국은 첨단무기와 병력을 대이라크 전에 대비해 중동으로 이동시켰다. 럼즈펠드 국방장관은 미국이 동시에 두 개의 전쟁을 치를 수 있다고 말했지만 현재 미국의 대이라크 전 계획이 직면하고 있는 여러 가지 문제를 고려할 때 이는 그렇게 쉬운 일이 아닐 것이다. 미국이 대이라크 전에서 승리를 거두지 못한다면 미국의 리더십은 큰 손상을 받을 것이기 때문에 미국은 현재 대이라크 전 계획에 외교적, 군사적 자원을 총동원하고 있는 것이다. 그러나 미국이 대이라크 전에서 위협에 의해서든 전쟁에 의해서든 결정적 승리를 거둔다면 그것은 세계 유일의 초강대국으로서의 미국의 영향력을 높여주고 북한 핵 문제 해결에도 간접적으로 도움이 될 것이다.

미국의 국무성이나 국방성 관리들은 북한이 수사학적인 차원에서의 군사위협만으로는 꿈쩍도 하지 않는다는 것을 지난 제네바합의 때의 경험을 통해 잘 알고 있다. 미국이 한반도로 첨단무기의 이동을 시작하고 대북한 공격계획을 세우고 이를 위한 한반도에서의

AP 등은 미 행정부의 고위 관계자들이 북한에 대한 공격 가능성을 논의했다는 뉴스를 노무현 당선자를 인용해 보도했다. 백악관은 이 내용을 부인하였고 노 당선자의 이낙연 대변인은 노 당선자의 발언은 럼즈펠드 미 국방장관이 2002년 12월 23일 미국은 이라크와 북한에 대한 전쟁을 동시에 수행할 수 있다고 말한 것을 지칭한 것이라고 해명했다. 럼즈펠드는 북한이 한두 개의 핵무기를 이미 가지고 있을지도 모른다고 밝힌 2002년 10월 17일에 북한이 이라크와 같이 미국의 선제공격의 대상이냐는 기자의 질문을 받았다. 이에 대해 럼즈펠드는 "그러한 질문은 나에게 할 질문이 아니라 대통령, 국회, 그리고 미국 국민들에게 할 질문이다."라고 말했다. Washington File, "North Korea has small number of nuclear weapons," Oct. 17, 2002, http://usembassy.state.gov/ircseoul/wwwh5116.html.

10) 미국은 북한의 이와 같은 반응패턴을 잘 알고 있다. 플라이셔 백악관 대변인은 1월 10일 기자회견에서 "When you look at the history of North Korea and its dealings with multiple nations around the world, their approach is, the worse they act, the more they get. And that's an approach this administration will not be a party to."라고 강조했다. 주 4)의 문서 참조.

미국의 군사력 대폭 증강안을 백악관에서 심의하고 있는 바로 그 시간까지 와서야 북한은 당시 북한을 방문한 카터 전 대통령이 제시한 타협안을 받아들인 것이다. 미국이 당시 이와 같은 대북 공격을 계획하면서 걱정한 것은 미국이 대대적으로 첨단무기와 병력을 이동하기 시작하면 그러한 이동이 완료되기 전에 북한이 선제공격을 할 가능성이었다. 북한은 이러한 선제공격에 의하지 않고서는 결정적인 패배의 가능성밖에 없기 때문이다. 또한 당시 주한 미군 총사령관 게리 럭(G. Luck) 장군은 한반도에서 전면전이 재발할 경우 8~10만 명가량의 미국인을 포함한 100만 명의 인명피해, 1,000억 달러 이상의 미국 부담 전비와 주변국들이 지불해야 될 1조 달러 이상의 전비와 경제피해가 뒤따를 것이라고 예측했다.[11] 이러한 점을 고려할 때 미국은 북한에 대해 경솔하게 군사적 위협의 수사학을 구사할 수 없는 것이다.

북한 주변국의 외교적 노력이 별 효과를 나타내고 있지 못한 현재 미국은 IAEA로 하여금 이 문제를 UN 안전보장이사회에 회부하도록 촉구하고 있다. 존 볼튼(J. Bolton) 미 국무성 국제안보 및 군축담당 차관은 2003년 1월 20일 북경에서 이러한 정책을 밝히고 중국의 관리들이 이에 반대하지 않고 있다는 인상을 받았다고 말했다.[12] 한반도의 비핵화는 지지하나 북한 핵 문제는 북미 간의 대화로 해결해야 한다는 공식 입장을 가지고 있는 중국이 미국에게 어느 정도 도움을 줄 수 있을지는 확실하지 않다. 그러나 미국이 북한 핵문제 해결에 있어 중국의 역할에 상당한 기대를 거는 것은 확실하다. 부시 대통령은 취임 후 중국과의 관계를 "전략적 동반자"에서 "전략적 경쟁자"로 재정의했지만 9·11 테러 이후 중국은 미국에게 여러 가지 도움을 주었다. 중국은 파키스탄이 탈레반 지지를 철회하고 미국과 협력하도록 지원하였고, 테러활동에 대한 정보협력을 미국에 제공하고, 인도와 파키스탄이 카슈미르 문제로 전쟁위기에 있을 때 파월과 함께 이러한 위기를 해소하는 데 협력하였다. 미국은 북핵 문제 해결에 있어서도 중국의 이와 같은 협조적인 자세를 기대하고 있다. 이뿐만 아니라 북한의 핵무장은 한국, 일본, 심지어는 타이완의 핵무장으로까지 이어질 수 있기 때문에 중국도 북한의 핵 개발을 막는 데 커다란 이해관계를 가지고 있다고 미국은 계산하고 있다.[13] 미국의 대이라크 전 준비, 제네바회담

11) 돈 오버더퍼(D. Oberdorfer) 지음, 이종길 옮김, 『두 개의 한국』(서울: 도서출판 길산, 2002), pp.450-491.

12) 『중앙일보』, 2003년 1월 21일, 1면.

13) H. D. S. Greenway, "The China threat fades away: Bush needs help, and Beijing seems likely to

때의 경험, 주변국들의 대북 자세, UN 안보리 회부를 포함 한 대북 제재에 필요한 국제적 지지 도출 등의 요소들을 고려할 때 부시 행정부의 2002년 말부터 2003년 초까지의 외교적 자세는 의외의 대북 자세가 전혀 아닌 것이다.

그러나 부시 행정부는 핵무기를 포함한 대량살상무기를 가지고 있는 "불한당 국가"(rogue state)는 미국의 선제공격 대상이라는 9·11 이후의 안보정책 때문에 기자들에게 미국의 대북 자세가 이라크와 비교할 때 다른 이유를 설명해야만 했다. 미국 기자들의 질문은 대량살상무기를 가지고는 있지만 핵 개발 의심이 없는 이라크가 선제공격의 대상이라면 핵무기를 이미 한두 개 가지고 있을지도 모르고 또 다른 핵무기 개발계획을 인정한 북한은 왜 선제공격의 대상이 아니냐는 것이었다. 이에 대해 파월 국무장관은 2002년 11월 7일 AP와의 회견에서 "위협은 능력과 의도가 합쳐진 데서 나온다. 이라크의 경우에는 지난 20년간 쿠웨이트와 이란을 침공하고 대량살상무기를 이란과 사우디에 사용함으로 그 의도를 명백하게 나타냈다. … 이것이 아주 현실적이고 현존하는 위험이다"라고 말하고, 이에 비해 "북한은 엄청난 경제문제, 즉 빈곤과 기아의 문제를 가지고 있고 이러한 문제는 그들의 모험을 상당히 억제하는 역할을 한다."고 강조했다.[14] 또한 그는 이라크는 지난 12년 동안 국제협약을 어겨왔으나 북한 상황은 최근 나타난 새로운 상황이라는 점도 지적했다.[15] 비슷한 질문에 대해 아미티지(R. Armitage) 국무부장관은 2002년 12월 16일 오스트레일리아에서 파월이 제시한 이유 외에도 사담 후세인은 테러리즘과 연관이 있고 이라크 정부의 통제력이 미치지 않는 지역에 알 카에다 조직이 활동하고 있는 데 반해, 북한은 1987년 이래 테러리즘 활동은 하지 않았다는 이유를 더고 있다. 그는 미국의 동맹국인 한국과 일본이 북한과 관계를 정상화하기 위해 노력하고 있고 러시아와 중국이 미국과 마찬가지로 한반도의 비핵화를 지지하고 있는 것도 북한과 이라크가 다른 점이라고 주장했다.[16] 한마디로 부시 행정부의 고위관리들은 북한은 이라크와

---

oblige," *International Herald Tribune*, Jan. 14, 2003, p.7. 물론 중국의 이와 같은 대미 협조의 대가가 없는 것은 아니다. 미국은 중국의 인권문제를 큰 문제로 제기하지 않는 등의 대가를 중국에 지불하고 있다.

14) US Department of State, Office of the Spokesman, "Interview: Secretary of State Colin L. Powell by the Associated Press," Nov. 7, 2002, http://usembassy.state.gov/seoul/wwwh43ds.html.

15) 주 2)의 문서 참조.

16) Washington File, "Transcript: Armitage Warns of Dangers from North Korea and Iraq," Dec. 13, 2002, http://usembassy.state.gov/ircseoul/wwwh5137.html. 볼튼 국무차관도 1월 9일 다닐라에

다른 상황에 있고 이렇게 서로 다른 상황에 있는 두 나라에 대해서는 다른 방식으로 해결방향을 찾아야 한다고 주장하고 있다.

2003년 초 현재 미국은 이미 지적한 바와 같이 북한 핵 문제의 UN 안보리 회부를 추진하고 있고 주변국들은 외교적 노력을 계속하고 있다. 러시아의 외무차관 알렉산더 로슈코프(A. Losyukov)는 2003년 1월 20일 북한의 지도자 김정일과 평양 근교에서 6시간 동안 만나 북핵 문제의 해결방도를 협의했다고 한다. 러시아는 한반도의 비핵화, 북한의 안전보장, 그리고 북한에 대한 인도적, 경제적 지원으로 구성되는 해결방안을 협의했고 이 협의는 "성공적"이었다고 한다.[17] 그러나 러시아의 노력도 이 문제 해결의 돌파구를 마련해 줄 것 같지는 않다. 이 문제의 해결방안에 대한 부시 행정부와 북한의 입장 차이가 너무 크기 때문이다.

부시 행정부는 영변의 원자력발전소(흑연 감속로) 등 모든 핵 시설의 해체(dismantle)를 원한다. 클린턴 행정부의 제네바합의에서는 영변의 원자력발전소의 가동을 동결(freeze)시키는 데 멈췄는데, 이로서는 북한의 핵 개발을 영구히 막을 수 없다는 것이다. 이와 아울러 부시 행정부는 한국이 북한에 건설하고 있는 경수로도 이를 화력발전소로 대치해야 한다는 생각을 가지고 있다. 경수로는 핵무기 제조원료의 생산에 맞지는 않는 발전기이나 이것이 불가능한 것은 아니기 때문에 북한에 경수로를 제공하는 것도 위험하다는 것이다. 이뿐만이 아니다. 부시 행정부는 북한의 미사일 개발과 수출에도 제약을 가하기를 원하고 휴전선 부근의 북한의 재래식 병력의 감축도 요구하고 있다.[18]

부시 행정부는 북한의 대량살상무기가 한국이나 일본에 위협이 될 뿐만 아니라 이러한 무기가 테러리스트의 손에 들어간다면 미국의 안보에도 위협이 된다고 본다. 북한의 핵 개발은 미국이 막아야 할 최우선 과제 중 하나인 것이다. 또 미국이 이를 막지 못한다면 미국 외교정책의 중요한 목표 중의 하나인 핵 비확산(non-proliferation)도 무너지는 결과를 초래할 것이다. 동북아시아에서 핵 비확산체제가 무너지고 한국과 일본도 핵무장을 하게 된다면 이 지역에서의 미국의 패권도 무너지게 될 것이다. 북한의 핵 개발은 실로

서 같은 점을 강조했다. Washington File, "Transcript: Under Secretary Bolton Stresses North Korea, Iraq Differ," Jan. 10, 2003, http://usembassy.state.gov/ircseoul/wwwh5163.html.

17) "Russian acclaims Pyongyang talks," *International Herald Tribune*, Jan. 21, 2003, p.4.

18) David E. Sanger, "Bush signals a shift in North Korea crisis," *International Herald Tribune*, Jan. 16, 2003, p.4.

세계 유일의 초강대국인 미국의 리더십에 도전하는 중대한 사건인 것이다. 미국이 북한에 밀린다면 미국의 세계경영능력은 큰 손상을 받을 것이다. 워렌 크리스토퍼(W. Christopher) 전 국무장관은 미국이 대이라크 전을 재고하고 북한 문제에 더 큰 신경을 써야 한다고까지 주장하고 있다.[19] 북한 핵 문제에 대해서는 미국의 공화, 민주 양당의 지도자들이 모두 큰 우려를 하고 있는 이슈인 것이다.

부시 대통령이 북한 핵 문제를 잘 해결하지 못한다면 그것은 클린턴과 민주당의 세계전략과는 다른 그의 세계전략의 좌절을 의미한다. 부시 독트린(Bush Doctrine)이라고 할 수 있는 그의 세계전략은 미국을 어느 세력에게도 도전받지 않는 세계 유일의 초강대국으로 유지하겠다는 결의, 이에 대한 위협세력은 미국의 군사력으로 무장해제시키겠다는 결의, 그리고 이와 같은 미국의 목적에 맞지 않는 조약이나 국제기구에 대해서는 이에 크게 구애되지 않겠다는 생각으로 구성된다. 그리고 그의 재선은 미국의 경제뿐만 아니라 이러한 그의 세계전략의 성패에 좌우될 것이다. 그의 세계전략이 좌절을 당한다면 그의 재선은 어려워질 것이다. 북한 핵 문제는 부시의 국제정치적 리더십뿐만 아니라 국내정치적 리더십에도 큰 도전인 만큼 부시와 그의 참모들은 앞으로 이 문제의 해결에 모든 수단을 동원할 것이 분명하다.

북한이 이미 한두 개의 핵무기를 가지고 있다고 하더라도 더 이상의 핵무기 보유는 동북아시아의 안보 상황에 커다란 변화를 초래할 것이다. 한두 개의 핵무기는 보유국이 공격을 당했을 때 최후의 복수 수단으로 사용할 수 있는 무기의 역할을 할 것이나 여러 개의 핵무기는 이 무기의 전략적 의미를 변경시키기 때문이다. 북한은 앞으로 곧 영변의 원자력발전소를 가동할 계획을 가지고 있다고 한다. 북한은 전력생산을 위해 이를 가동할 것이라고 하나 파월 국무장관은 여기서 생산되는 전력량을 고려할 때 이 발전소의 가동은 전력생산이 아니라 핵 개발에 있다고 주장한 바 있다. 그러나 북한은 이로부터 나오는 사용 후 핵연료를 재처리하여 플루토늄을 생산하는 핵 개발은 하지 않겠다고 공언하고 있다. 미국은 현재 이에 대한 IAEA의 사찰이 없지만 이를 지켜볼 것이고[20] 북한의 공언

19) Warren M. Christopher, "North Korea is more urgent," *International Herald Tribune*, Jan. 2, 2003, p.6.

20) 어떻게 지켜볼 것인가에 대해선 강인선, "미 국무성 존 울프 핵 비확산담당 차관보와의 인터뷰", 『조선일보』, 1월 17일 A4와 "Spies: Russia helped CIA monitor North Korea," *International Herald Tribune*, Jan. 21, 2003, pp.1과 4참조.

을 그대로 믿지는 않을 것이다.

북한 핵 문제는 앞으로 어떻게 될 것인가? 클린턴 행정부 때에 제네바 합의를 끌어내는 데 핵심적 역할을 한 갈루치(R. Gallucci)는 다음과 같이 판단하고 있다. "1994년에는 세 가지 옵션(options)이 있었다. 즉 핵무기와 미사일로 무장한 북한을 수용하는 것, 이러한 계획을 파괴하고 공습을 하기 위해 힘(force)을 사용하는 것, 그리고 북한과 협상하여 핵 개발을 동결시키고 최종적으로는 해체시키기 위해 노력하는 것의 세 가지 옵션이 있었다. 1994년에 북한의 핵 개발 계획을 미국은, 최종적으로는 한국과 일본도, 수용할 수 없었고 힘의 사용이 부분적으로 선택 가능한 옵션이었기 때문에 우리들은 매우 강하게 협상을 이끌어갈 수 있었고 그래서 우리는 1994년에 성공했다고 생각한다. … 그러나 현재 힘은 몇 년 전처럼 옵션이 아니다. 또한 부시 행정부는 북한과 같은 "불한당 국가"와의 협상을 아주 꺼리고 있다. 그리하여 나에게는 핵 무장한 북한을 수용하는 것만이 가능한 유일한 대안으로 보이고 나는 이것을 우려하고 있다."[21]

갈루치의 판단이 옳다면, 부시 행정부의 2002년 11월 중순의 중유 지원 중단과 그 이후 인도적 식량 지원 중단은 성급한 조치였다고 볼 수 있다. 부시 행정부가 북한을 국제사회로 유인해 핵 개발을 막는 외교적 노력을 기울이는 것이 2003년 현재의 긴장상태보다 더 나았을는지도 모르겠다. 제네바회담 때 갈루치와 함께 북한과의 협상을 맡았던 로버트 아인혼(R. Einhorn)은 봉쇄정책은 장기적인 정책으로는 효과가 없다고 주장하였다. 그는 대북 봉쇄정책이 북한에 상당한 핵 능력의 축적을 허용하는 결과만을 초래하는 것이라고 비판하였다.[22] 김대중 전 대통령도 과거의 공산국가들을 볼 때 북한을 봉쇄하고 고립시키는 것은 현명하지 못하다고 미국에서 봉쇄 얘기가 나왔을 때 주장했었다. 이들의 판단은 미국이 대북 봉쇄정책을 채택하고 북한이 이에 대해 벼랑 끝 작전으로 나온다면 미국은 북한을 이기기 어렵다는 것이다. 미국은 주변국들, 특히 한국, 일본, 중국, 러시아 등과 협의하고 합의를 이끌어내야 하는 부담을 가지고 있는 데 반해, 독재국가인 북한은 이러한 부담 없이 신속하게 행동할 수 있기 때문이다.

---

21) Robert Gallucci, "The Bush Administration's Policy toward Northeast Asia and North Korea," Byung Chul Koh, ed., *The Korean Peninsula in Transition: The Summit and Its Aftermath* (Kyungnam University Press, 2002), p.134.

22) "North Korea's Nuclear Weapons: Closing Pandora's box," *The Economist*, Jan. 4-10, 2003, pp.21-23.

부시 대통령이 지난 4개월 간 외교적 노력을 기울이고 2003년 1월 14일에는 북한에 대해 대화제의까지 한 데에는 봉쇄정책의 이러한 문제점에 대한 고려도 있었을 것이다. 그러나 북한은 이 제의의 수용을 거부했다. 북한은 미국에 대한 비난 수위를 낮추고 핵 개발도 하지 않겠다고 공언하는 등 누그러진 자세를 한때 보였지만 북한이 핵무기 개발을 포기하지 않는 한 미국과의 충돌을 피하기 어려울 것이다. 부시 대통령과 공화당 사람들의 성향과 세계전략, 그리고 이 문제에 걸려 있는 그들의 국제, 국내 정치적 이해관계를 고려할 때 갈루치의 판단은 맞지 않을 가능성도 충분히 있다.

2003년 현재 미국은 북한이 8천 개의 사용 후 핵 연료봉을 재처리하기 위해 이동시킨 것은 아닌가 하는 의구심을 가지고 있다. 북한이 이미 있는 8천 개의 사용 후 핵 연료봉을 재처리하기 시작하고 영변의 원자로를 가동하여 사용 후 핵연료를 더 생산하기 시작한다면 미국은 어려운 선택을 강요받을 것이고 한국도 딜레마 상황에 빠질 것이다. 미군의 태평양지구 사령관은 이미 럼즈펠드 장관에게 이 지역의 군사력 증강을 요청하였고 럼즈펠드 장관은 24대의 장거리 폭격기의 괌 이동을 재가하였다. 이뿐만 아니다 그는 2003년 2월 5일 미국이 두 지역에서 동시에 전쟁을 수행할 수 있다고 다시 강조하고 북한을 "테러 정권"(terrorist regime)이라고 비난하였다. 그러나 그는 이러한 군사적 움직임이 북한의 도발을 막는 억지력을 높이기 위한 것이라고 해명하였다. 다른 한편, 북한은 미국이 영변의 핵 시설에 폭격을 가한다면 그것은 한반도에서의 전면전이 될 것이라고 경고하고 있다.[23] 이뿐만 아니라 북한은 2월 7일 다시 미국이 한반도 주변에 군사력을 계속 증강한다면 선제공격도 불사하겠다는 발표를 하였고 미국은 북한의 어떠한 도발에도 대응할 준비가 되어 있다고 응답하였다. 이에 이어 곧 부시 대통령도 북한 핵 문제 해결에 어떠한 가능성도 배제하지 않는다고 말함으로써 북한의 위협에 물러서지 않을 것이라는 결의를 보였다. 이에 대해 북한은 한반도에서의 전쟁은 핵전쟁이고 한반도는 잿더미가 될 것이라고 다시 위협하였다.[24] 북미 간의 대결수위는 2003년 2월에 들어 그 한 달 전보다 한 단계 높아졌다고 볼 수 있다.

---

23) David E. Sanger and Thomas Shanker, "U.S. puts B-52s on alert in sign to North Korea: Bombers would be called on to ward off 'opportunism,'" *International Herald Tribune*, Feb. 5, 2003, pp.1 & 5와 Don Kirk, "Pyongyang warns U.S. it can start 'total war,'" *International Herald Tribune*, Feb. 7, 2003, pp.1 & 4.

24) 『중앙일보』, 2003년 2월 10일, 제1면과 5면 참조.

아미티지 국무부장관은 북한이 수개월 내에 새로운 핵무기를 4~6개 만들 수 있고 이러한 핵무기는 테러리스트들에게 판매될 수 있다고 2월 4일 상원 외교위원회에서 증언했다. 그럼에도 불구하고 이라크가 더 위험하다고 강조하고 그 이유는 북한의 핵무기 개발 목적이 군사적 사용보다는 협상용이거나 팔기 위한 것이기 때문이라고 말했다. 그는 러시아, 중국, 남한, 일본이 이 문제의 해결을 위해 도와준다면 미국이 북한과 1 : 1로 직접적인 대화도 할 용의가 있다고 강조했다.[25] 파월 국무장관은 북한의 선제공격론이 나온 2월 6일에도 미 상원 외교위원회에서 북한 핵 문제 해결에 최종적으로는 군사력 사용도 배제하지 않지만 외교적 해결을 희망하는 입장을 거듭 강조했다. 미 국방성은 북한에 대해 군사적인 움직임을 보이기 시작했지만 국무성은 외교적 해결의 노선을 견지하고 있다. 이 두 노선은 상호 모순되는 것같이 보이기도 하지만 모순적인 관계라기보다는 보완적인 관계로 보는 것이 더 적절할 것이다.

IAEA는 북한의 NPT 위반을 선언하고 UN 안전보장이사회에 이를 상정하기 위해 2월 12일 회의를 개최한다. 미국정부는 이 문제가 UN 안보리에 회부되면 경제적 제재에 앞서 우선은 이를 비난하는 결의안 채택을 요구할 것이라고 한다. 이러한 과정에서도 북한 핵 문제가 해결되지 않으면 미국은 경제적 제재의 UN 안보리 결의를 추구하거나 이것이 중국이나 러시아의 반대로 여의치 못할 경우에는 한국과 일본에게 경제적 제재에 참여할 것을 요청할 것이다. 그리고 미국은 최종적으로는 군사력의 사용도 고려할 것이다. 이러한 과정의 진행속도는 북한의 핵 개발 속도, 대이라크 전의 추이, 한일중러와의 협의 결과에 따라 달라질 것이다.

현재 북한이 영변의 핵발전소를 가동하고 있다고 발표했다는 보도가 있지만 실제로 그런지, 또 사용 후 핵연료를 재처리할 준비를 하고 있는지 확실하지 않다. 북한은 핵 문제가 불거진 이후 공식적으로는 이미 언급한 바와 같이 핵무기 개발은 하지 않겠다고 발표했다. 그러나 이러한 발표에도 불구하고 북한이 영변의 핵발전소를 가동하여 사용 후 핵연료를 추출하기 시작한다면 이것은 미국에게 노란 불의 경고가 될 것이고 만약 사용 후 핵연료를 재처리하기 시작한다면 이것은 빨간 불의 경고가 될 것이다. 미국의 정보망에

25) Washington File, "U.S. Willing to Hold Direct Talks with North Korea, Armitage Says," Feb. 4, 2003, http://usembassy.state.gov/ircseoul/wwwh5179.html.과 James Dao, "North Korean Sale to terrorists feared: U.S. cites nuclear proliferation threat," *International Herald Tribune*, Feb. 6, 2003, pp.1 & 5.

빨간 불의 경고가 켜진다면 대이라크 전의 추이나 한일중러의 입장과 관계없이 미국은 군사적 행동을 고려할 수밖에 없을 것이다. 미국이 두 개의 전쟁을 동시에 수행할 수 있다는 럼즈펠드의 발언은 이러한 경우를 염두에 둔 발언으로 보아야 할 것이다. 미국은 이미 제3국과 UN 주재 북한 대사관을 통해서 사용 후 핵연료의 재처리는 "특히 나쁜 조치"(a particularly bad step)라는 경고를 북한에 보냈다고 한다.[26)]

그러나 북한이 이러한 위험성에도 불구하고 플루토늄의 재생산에 곧 돌입할 가능성을 배제할 수는 없다. 부시 행정부의 대북 요구조항들이 북한이 수용하기 어려운 것들이고, 미국이 현재 대이라크 전에 묶여 있고, 한국 정부가 전쟁을 반대하고, 중국과 러시아가 미국의 군사적 행동을 반대할 것이기 때문에 미국은 실제로 행동하기 어렵다고 해석하고 북한은 핵무장에 박차를 가할 수도 있는 것이다. 부시 행정부와 김정일 정권은 게임 이론에서 말하는 치킨 게임(chicken game)을 하고 있고 두 정권의 성향은 모두 치킨과는 거리가 멀다. 부시 행정부가 부시 대통령, 체니 부통령, 럼즈펠드 국방부장관, 라이스(C. Rice) 안보 보좌관의 강경파와 파월 국무장관으로 대표되는 온건파로 분열되어 있다고 하지만 그들은 이데올로기적이고 도덕주의적이고 미국의 힘을 믿고 있는 사람들이다. 북한의 김정일 정권 사람들도 이데올로기적이고 끝까지 갈려면 가서 너 죽고 나 죽자는 결의를 가지고 있는 사람들이다. 바로 여기에 북미 대화나 협상의 어려움이 있고 클린턴 행정부 때와 다른 점이다.

북한이 앞으로도 계속 사용 후 핵연료를 플루토늄으로 재처리하지는 않지만 핵무기 개발 포기에 동의하지 않고 영변의 핵발전소를 가동한다면 미국은 UN 안보리 비난 결의와 제재결의의 수순을 밟을 것이다. 그러나 미국이 대이라크 전에 묶여 있는 정도가 크고 한일중러가 이에 동의하는 것도 그렇게 간단한 문제가 아니라면 이러한 결의도 쉽게 나오지는 않을 것이다. 북한은 이러한 결의가 전쟁선포와 같은 것이라고 강조하고 있다.

미국이 북한 핵 문제를 제기한 2002년 10월 이후 김대중 대통령은 북한의 핵 개발에 반대하는 입장을 취하면서도 북한에 대한 햇볕정책은 일관되게 유지했다. 핵 문제의 영향을 받지 않고 계획대로 북한에 대한 쌀 40만 톤의 식량도 지원하였고 경제협력사업과 이산가족상봉사업도 추진하였다. 2002년 11월 중순 KEDO가 대북 중유 지원 중단의 결

26) James Dao, "U.S. sharpens tone on North Korea: 'No military option's been taken off table,' Powell asserts," *International Herald Tribune*, Feb. 8-9, 2003, p.5.

정을 내렸을 때에도 우리 정부는 이에 반대하는 입장을 취했다. 김 대통령은 미국으로부터 북한에 대한 맞춤형 봉쇄정책이 나왔을 때에도 이에 반대하는 입장을 분명히 했다.

노무현 대통령도 남북한 관계와 북한 핵 문제에 대해서 후보 때부터 김 대통령과 같은 입장을 취했다. 그는 후보 때 북한 핵 문제를 평화적으로 해결할 자신이 있다고 주장하였고 이러한 입장이 그의 당선에 도움이 되었다고 볼 수 있다. 미국이 제기한 핵 문제로 인한 한반도 긴장은 선거결과가 나타내듯이 이회창 후보보다는 오히려 노 대통령에게 크게는 아니더라도 약간은 유리하게 작용했다고 평가할 수 있다. 노 대통령은 젊은 세대로부터 많은 지지를 받았는데, 그들 중 대다수는 50세 이상의 세대와는 달리 북한의 핵 개발과 상관없이 한국이 북한을 지원해야 된다는 생각을 가지고 있다. 젊은 세대 중 더 많은 수가 이회창 후보보다는 노 대통령을 선택한 이유 중의 하나는 노 대통령의 이와 같은 대북정책에도 있는 것이다.

노 대통령은 당선자 때도 미국의 대북한 군사력 사용을 반대하고 북한 핵 문제의 UN 안보리 회부도 반대한다는 입장을 밝혔다. 그는 북한 핵 보유 불가, 핵 문제의 평화적 해결, 한국의 주도적 역할의 세 가지 원칙을 대북정책으로 제시함으로써 북한 핵 문제를 한국이 앞장서서 평화적으로 해결해야 한다는 입장을 강조하였다. 그의 방미 특사단도 부시 대통령은 만나지 못했지만 체니 부통령, 파월 국무장관, 럼즈펠드 국방장관 등을 만나 핵 문제 해결에 있어 한국의 주도적 역할과 평화적 해결을 주장했다. 신문보도가 반드시 정확한 것은 아니지만 이 특사단의 한 대표는 미국 사람들과의 사적인 만찬회에서 노무현 정부는 두 가지 중 하나를 선택해야만 된다면 북한이 붕괴하는 것보다는 핵 무장하는 것이 낫다고 본다고 말하였다고 한다.[27] 이와 같은 발언은 한국측의 주도적 역할과 평화적 해결의 주장이 결국에는 이를 묵인하자는 정책이 아닌가 하는 의구심도 불러일으킬 수 있는 발언인 것이다.

우리 정부의 이와 같은 자세는 북한의 핵무기 개발이 문제가 되었던 1993년의 김영삼 정부 때와는 아주 대조적인 자세이다. 김영삼 정부는 핵 문제를 제기한 미국의 입장에 대

---

27) Howard W. French, "U.S. strategy wavers on North Korea arms," *International Herald Tribune*, Feb. 8-9, p.5. 이 보도의 원문은 다음과 같다: "At a private Washington dinner for the transition team, several American participants said mouths dropped when a senior South Korean envoy said that if it had to choose, the incoming government would prefer that North Korea had nuclear weapons to seeing North Korea collapse."

체로 동조하였고 북한에 대한 비난도 서슴지 않았다. 이와 관계가 있는지 없는지는 몰라도 북한은 노태우 정부 말까지 활발하게 진행되어 오던 남북회담을 전면 중단하고 미국하고만 협상하는 통미봉남(通美封南)의 자세를 유지하였다. 그리하여 제네바회담은 북한 핵 문제가 미국의 문제일 뿐만 아니라 우리의 문제임에도 불구하고 미국과 북한 간의 회담으로 진행되었다. 미국은 이러한 회담의 전제조건으로 남북회담의 진전을 내세웠었으나 북한은 이를 받아들이지 않았고 결국은 남북회담의 진전 없이 북미 간의 합의로 끝난 것이다. 이 합의의 핵심요소인 경수로 건설비용의 70%를 한국이 부담하도록 되어 있음에도 불구하고 한국의 참여는 철저히 배제되었던 것이다.

이번에는 바로 소개한 바와 같은 김대중 정부와 노무현 정부의 자세 때문인지는 몰라도 남북회담은 핵 문제에도 불구하고 순조롭게 진행되고 있다. 2003년 1월 달만 하여도 제9차 남북장관급회담(서울), 제2차 철도, 도로 실무협의회(평양), 적십자회담 실무접촉, 제3차 임진강 수해방지 실무협의회(서울), 제2차 경협제도 실무협의회(서울) 등이 개최되었다. 2월 초에는 금강산 육로관광을 위한 남측 관계자들의 사전답사 여행도 있었다. 지난 2개월 간 북미관계의 긴장이 점점 고조되어 온 것과는 반대로 남북한 관계는 더욱 협력적인 관계로 진전되었다. 북한 핵 문제는 남북한 관계에 부정적 영향을 미치고 있지 않은 것이다. 북한이 한미 간의 관계를 벌려 놓으려는 의도가 있어서인지는 몰라도, 북한은 한국의 경협 제의에 그 어느 때보다도 협조적인 태도를 나타내고 있는 것이다.

북한 핵 문제에도 불구하고 우리 정부가 햇볕정책과 대북 지원을 계속하는 것은 이 문제 해결을 위한 대화 채널을 확보하고 또 앞으로 핵 문제 해결과 한반도 평화체제 구축을 위한 자산을 축적한다는 중요한 의미를 갖는다. 우리 정부도 이러한 점을 고려해서 핵 문제에도 불구하고 햇볕정책을 지속하고 있는 것이다. 그러나 다른 한편, 우리 정부의 이러한 자세는 북한에게 틀린 신호(wrong signal)를 보내는 격이 될 수도 있다. 북한의 농축 우라늄을 이용한 핵무기 개발계획 인정은 김대중 전 대통령의 뒤통수를 치고 대북화해협력정책의 지지기반을 침식하고 그간 김대중 정권과 김정일 정권이 쌓아온 남북 간의 신뢰구축을 하루아침에 무너뜨리는 북한의 대남전략이다. 이 계획은 우리 정부가 남북한 관계의 관례나 국제관계의 관례에 따른다면 대북 경협을 모두 당분간 즉시 중단했어야만 했을 중대한 이슈인 것이다. 그럼에도 불구하고 한국 정부가 대북 경협을 계속하는 것은 북한으로 하여금 핵무기 개발 묵인 신호로 오해하게 만들 수도 있다. 2003년 1월 말 여당의 한 의원은 다보스 포럼에서 북한이 핵무기 개발을 포기한다면 노무현 정부는 북한판 마샬 플랜을 계획하고 있다고 발표했는데, 이것도 북한으로 하여금 문제를 크게 일으키면 일으킬수록 더 많은 보상을 받을 수 있다는 오해를 불러일으킬 수 있다. 북한을 잘못 다루면 현대의 경협사업이 날아가고 현대가 어려워질 수도 있다는 얘기도 나오는데, 이것은 경협으로 북한의 발목을 잡는 것이 아니라 오히려 한국 기업이 발목을 잡히는 격이 되는 것이다.

정부의 대북정책의 문제는 이러한 데에만 있는 것이 아니다. 또 다른 중요한 문제가 있다. 그것은 우리 정부가 대북정책을 핵 문제와 연계시키지 않는 이유가 김영삼 정부 때와는 달리 남북대화 채널을 확보하여 이 문제의 평화적 해결에 주도적 역할을 하는 데 있다면, 현재 그러한 목표는 실현되고 있지 못하다는 데 있다. 우리 정부는 2003년 1월 초부터 북한에 영향력이 있는 중국과 러시아, 그리고 역시 북한에 중요한 미국과 일본에 특사를 파견하여 북한 핵 문제 해결을 위한 도움을 요청하였고 1월 중순의 제9차 남북장관급 회담에서도 북한의 NPT 탈퇴 철회를 요청했으나 아무런 효과가 없었다. 1월 하순에는 임동원 특사가 김대중 전 대통령의 친서를 가지고 북한을 방문하였으나 김정일 위원장을 만나지 못하였다. 북한이 특사 파견을 수용할 때에는 김 위원장과의 회합은 당연한 것으로 생각한 김대중 정부의 기대가 잘못된 것인지, 혹은 임 특사가 김 위원장을 만나지 못할 가능성도 미리 예측하고 북한을 방문한 것인지는 몰라도 이 방문을 남북정상회담을 위한 5억 달러 뒷거래설과 연계시켜 생각하는 추측도 난무하였다.

김대중 정부와 노무현 대통령은 후보 때부터 우리가 북한 핵 문제를 평화적인 방법으로 주도적으로 해결하겠다고 여러 번 천명하였으나 북한은 이를 거부하고 있다. 이 문제에 대한 우리 정부와 북한과의 대화는 시작조차 되지 못하고 있고 있는 것이 오늘의 실정이다. 북한은 핵 문제가 북미 간의 문제이고 미국과의 협상으로만 해결할 수 있다는 입장을 일찍부터 표명하였다. 이 문제에 대한 중국, 러시아, 일본, 한국 등이 참여하는 다자간 협상은 거부하고 있다. 또한 북한은 핵 포기의 대가로 경제지원보다는 북미 간의 불가침조약체결을 통한 안전보장을 원한다는 의사를 표명함으로써 경제적 유인책이 해결방안이 아니라는 것도 명백히 하였다. 북한은 김대중 정부와 노무현 정부에 대해서도 핵 문제에 관한 한에 있어서는 통미봉남의 자세를 유지하고 있는 것이다. 단 미국이 북한의 선핵포기를 요구하고 있기 때문에 클린턴 행정부 때와 같이 통미가 안 되고 있는 것이다.

북한이 선 핵포기 선언을 하거나 혹은 미국이 불가침조약을 체결해주거나 하면 북한 핵 문제는 해결되기 시작할 것이다. 앞서 살펴본 바와 같이 미국의 부시 대통령과 파월 국무장관은 북한을 침공하지 않고 이를 서한으로 보장하는 것은 가능하다는 정도까지 나왔으나 북한은 전혀 움직이지 않고 있다.[28] 미국의 부시 대통령과 그의 참모들은 북한에 대해 더 이상 유화적으로 나올 것 같지 않고 북한 역시 원래의 입장에서 후퇴할 것 같지 않다. 북한 핵 문제 해결의 전망이 보이지 않는 것이다. 우리 정부는 여태껏은 평화적 해결을 희망하고 부시 행정부가 북한에 대해 단호한 태도를 나타내면 이를 반대하는 것 이외에는 구체적인 대북 핵 정책을 가지고 있지 못했다. 보다 근본적으로는 북한이 우리 정부가 이에 개입할 수 있는 여지를 주고 있지 않다. 김대중 정부는 물러가는 정부이고 정상회담 뒷거래 비용문제 때문에, 또 신정부는 정부 구성문제로 이러한 개입의 여지를 확보하는 문제를 포함하는 구체적인 대북 핵 정책을 가지고 있지 못한 실정이다.

노무현 정부가 북한 핵 문제와 관련해서 한 일은 이미 지적한 특사단을 정부 출범 전에 워싱턴에 파견한 일이다. 이 특사단의 목표는 노 정부의 대북정책을 미국에 이해시키는 데 있는 것이었는데 바로 언급한 총론적인 입장 이외에는 구체적인 대북 핵 정책이 없는 상황에서 특사단은 미국을 이해시키기는커녕 오히려 우리 정부의 대북 자세와 미국의 자세와는 커다란 차이가 있다는 것만을 미국측에 확인시켜주는 역할을 했다는 것이 언론의 평이다.

2002년 대통령 선거운동 기간 때부터 한미동맹관계는 손상을 받기 시작했다. 촛불시위도 있지만 북한 핵 문제의 해결방안에 대한 한미공조가 잘 안 되고 있기 때문이다. 그러나 여태까지는 한미 간의 심각한 갈등은 없었다. 북한이 핵을 가져서는 안 된다는 원칙에 한미가 동의하고 한국의 북한에 대한 평화적 해결 노력도 미국이 환영하는 바였다. 우리 정부의 대북 봉쇄정책 반대도, 안보리 회부 반대도 미국이 이해할 수 있는 정책이었다. 한국이 이렇게 반대의 입장을 취하지 않고서는 북한에 대해 평화공세를 펼 수 없기 때문이다. 미국은 한국정부가 그간 김정일 정권과 구축한 신뢰를 기반으로 북한의 핵 개

---

28) 『중앙일보』와 *Washington Post*가 공동 주최한 한미 원탁회의에서 "미정부가 성명이나 서신으로 북한체제의 안전을 보장하고, 중국과 러시아가 그 보장을 지지하고, 미국 의회가 불가침 결의안을 채택하는 3중의 보장조치"로 북한 핵 문제의 해결방향이 제시되었다고 한다. 그러나 현재로선 부시 대통령이 북한이 핵 포기 선언을 먼저 하지 않는 한 먼저 이러한 성명을 내놓을 가능성은 거의 없다. 『중앙일보』, 2003년 2월 10일, 제17면, "김영희 대기자 '중앙일보 · WP 한미원탁회의 보고."

발 포기선언을 끌어낼 수 있으면 하는 바람이었다. 그러나 김대중 정부의 노력이 북한 핵 문제에 대해 아무런 영향력도 발휘하지 못한 현 상황에서 부시 행정부는 노무현 정부가 이 문제를 평화적으로 해결할 수 있다고 보지 않는다.

앞으로 북한 핵 문제는 김영삼 정부 때와 마찬가지로, 그리고 북한이 원하는 바대로 미국과 북한과의 게임이 될 것이다. 이 게임에서 현 정권은 어떠한 정책을 채택할 것인가? 미국정부의 핵 문제 안보리 상정과 제재 움직임에 우리 정부는 어떠한 입장을 취할 것인가? 노무현 대통령의 후보 때와 당선자 때부터의 발언과 그의 참모들의 발언에 입각해보건대, 새 정부도 그 이전의 김대중 정부와 마찬가지로 미국의 이러한 움직임이 한반도의 전쟁 위험성을 고조시키고 외교적 노력을 더 기울여야 된다는 근거에서 다시 반대의 입장을 택할 가능성이 크다. 그러나 이 경우 새 정부는 북한과 핵 협상회의를 제안하여 즉시 가동시키고, 이 문제의 평화적 해결을 위한 구체적인 안을 제시하고, 미국정부에게 우리가 이 문제를 주도적으로 해결할 수 있다는 가능성을 보여주어야 할 것이다.

김대중 정부는 핵 문제에도 불구하고 북한을 계속 지원하는 이유가 이 문제를 북한과 대화로 해결하기 위한 것이라고 주장했다. 김대중 정부는 이러한 목표를 노무현 정부에게 물려주고 퇴진했다. 그렇다면, 노 정부는 북한과 핵 협상회의를 성사시킬 수 있을 것인가? 이미 살펴본 바와 같이 여태까지의 북한의 자세로 볼 때 매우 어려울 것 같다. 또한 한국은 북한에 대대적인 경제 지원을 할 수 있을 만한 능력도 없고 또 그러한 움직임은 정상회담을 위한 5억 달러 뒷거래설 때문에 야당과 50대 이상 국민들의 커다란 저항에 부딪칠 가능성이 있다. 한국은 북한이 원하는 것을 줄 수 있는 경제적 능력과 정치적 능력이 없는 것이다. 북한은 이 문제 해결이 경제적 대가로는 안 된다고 말하고 있는데, 이것은 그 경제적 대가가 그 이전보다 비교가 안 될 정도로 커야 된다는 것을 암시한다고 볼 수도 있다. 또 사실상 아주 큰 경제적 대가가 없다면 북한 내의 실력자인 군부를 설득하기가 어려울는지도 모르겠다.

노무현 정부가 북한 핵 문제의 주도적이고 평화적인 해결의 아무 대책 없이 미국의 대북정책을 반대만 한다면 그것은 미국정부로 하여금 우리 정부가 최악의 경우에는 북한의 핵무기 개발을 묵인하자는 것이 아닌가 하는 의구심을 갖게 만들고 미군 철수도 원하는 것이 아닌가 하는 의구심을 갖게 만들 것이다. 미국이 우리 정부에 대해 이러한 의구심을 갖기 시작한다면 부시 행정부와 노 정권의 관계는 긴장될 것이고 지난 반세기 동안 한국의 안보와 경제적 번영의 기반이었던 한미동맹관계는 중대한 어려움에 처할 것이다.

이와 관련된 정책으로 대통령직 인수위원회 외교통일분과 한반도 평화체제 실무팀은 '3단계 한반도 평화정착 방안'을 검토하고 있다는 보도가 2003년 1월 22일 나왔었다. 이 안에 따르면 1단계로 북한 핵 문제를 포괄적, 통합적으로 해결하고 올해 2차 남북정상회담을 실현시키고, 2단계로 2004~2005년에는 북미, 북일 관계 정상화와 더불어 대북 억지력에 초점을 두었던 한미동맹관계의 변화를 모색하고, 3단계로 2006년 이후 한반도 평화협정 체결과 함께 주한미군의 역할 변경을 추진한다는 것이었다. 이 안의 실효성 여부는 차치하고라도 북한 핵 문제 해결에 총력을 기울여야 될 시점에 나온 이러한 안은 오히려 북한이 한미관계에 쐐기를 박을 수 있는 여지를 보여주는 시기상조의 경솔한 안인 것이다.

신문의 한 칼럼에 따르면 미국정부는 2002년 12월과 2003년 1월 초에 반미시위와 일부 시위군중의 주한미군 철수주장에 직면하여 깊은 우려와 함께 철군 가능성을 한번은 노 대통령 당선자에게, 두 번은 외교경로를 통해, 그리고 또 한 번은 청와대를 통해 우리 정부에 전달했다고 한다. 그후 노 당선자의 외국 기업인들과의 회합, 미군부대 방문, 미국 특사 면담은 미국의 이러한 우려를 불식시키기 위한 것이었다고 한다.[29] 노 대통령은 이제 대통령으로서 다시 미국의 대북정책에 공조하느냐, 안 하느냐의 어려운 선택에 직면해 있다.

우리 정부가 미국의 대북정책에 반대하는 이유가 전쟁발발 반대에 있다면 과연 우리의 이러한 자세가 전쟁발발을 최종적으로 억제할 수 있을 것인가에 대해서도 보다 철저한 생각이 필요하다. 갈루치가 한국은 핵 무장한 북한과 함께 살 수밖에 없지 않을가 한다고 말했을 때 그것은 한반도에서의 전쟁은 불가능하고 또 이러한 전쟁을 한국정부도 허용하지 않을 것이라는 전제에서 내린 판단이다. 그러나 북한의 핵무기를 북한의 직접적 공격에 의해서든, 그것을 구매한 테러리스트에 의해서든 미국에 대한 중대한 위협으로 보는 부시 행정부와 오늘날의 미국의 여론은 어떠한 수단을 써서든 이는 제거해야 된다는 쪽으로 경사되어 있다. 한반도에서의 전쟁 위험성을 배제할 수는 없는 이유가 바로 여기에 있는 것이다. 미 지상군이 현재와 같이 한국에 주둔한 상태로 전쟁이 난다면 한국은 원하든 원치 않든 간에 미국이 일으킨 전쟁에 휘말려 들어갈 수밖에 없을 것이다. 미 지상군

---

29) 『조선일보』, 2003년 1월 25일, 김대중 칼럼 참조.

이 한미 간의 불화로 철수한다면 미국은 북한에게 더 자유롭게 군사적 위협을 가할 것이고 군사력을 사용하는 데 있어 한국에 대한 배려도 덜 하게 될 것이다.

해방 3년간의 기간에 있어 남한을 점령한 미군의 주둔 여부를 놓고 미 국방성과 국무성 간에는 의견대립이 있었다. 국방성은 아시아 대륙의 끝 모퉁이에 주둔해 있는 미군이 대륙세력으로부터의 공격이 온다면 이를 감당하기 어렵다는 근거에서 철수를 주장하였고, 국무성은 미군이 일단 개입한 나라로부터 철수를 하면 미국의 신망이 떨어져 다른 나라에서도 정책수행이 어려워진다는 근거에서 철수를 반대하였다. 그러나 미군은 1949년에 일단 철수하였다가 북한의 남침으로 다시 한국에 주둔하게 되었고 지난 반세기간 한미관계는 혈맹관계로 발전한 것이다. 한미동맹관계는 그간의 업적을 볼 때 아주 성공적인 것이었다고 볼 수 있다. 이와 같이 성공적인 동맹체제를 다른 것으로 대치한다는 것은 그 결과가 불확실한 것이고 그렇기 때문에 아주 신중해야 할 것이다. 먼 훗날 이러한 대치가 시대의 변화에 따라 필요하다 해도 그 전환의 충격을 최소화하면서 오랜 기간에 걸쳐 점진적으로 이루어져야 할 것이다.

미국의 부시 대통령은 미사일 방위체제를 구축하고 미 육군은 감축하고 공군력을 강화하려는 정책을 가지고 있다. 미 지상군은 한국에 영구히 주둔해 있지는 않을 것이다. 미사일 방위체제가 구축되고 공군력이 강화됨에 따라 미국은 한국의 지상군을 감축하기 시작할 것이다. 그러나 그렇게 하더라도 미국은 한국에 대한 동맹약속은 지킬 것이다. 냉전이 끝났지만 미군은 유럽 제국에 계속 주둔해 있고 미국에 대한 반감에도 불구하고 이들 제국이 미군 철수를 요구하고 있지는 않다. 유럽 제국이 미국의 미사일 방위체제 구축을 반대하는 이유 중의 하나는 이 체제의 구축이 미군 철수를 가능하게 한다는 점도 있는 것이다. 한국은 미군 철수를 스스로 재촉하는 우(愚)를 범해서는 아니 될 것이다. 우리 스스로 미군 철수를 요구한다면 미국은 한국에 대한 동맹약속을 지킬 의무도 없어질 것이다. 한국사회에 여중생 사망 사건과 같은 여러 가지 문제를 일으키고 있는 미군이 좋아서가 아니라 앞으로의 한국의 안보와 번영을 위해서 한미동맹체제를 대체할 수 있는 더 나은 체제가 아직은 없기 때문이다.

노무현 정부의 대북정책의 결과가 만약 한미동맹관계를 손상하고 북한과 경제협력관계는 유지하지만 북한에게 핵무기를 허용하는 것이라면 이러한 정책은 국내 정치적으로도 문제가 될 것이다. 한국전쟁에 참전한 우리 사회의 원로들은 수십만 명이 참여하는

"반핵·반김 3·1절 국민대회"를 개최하였다. 그러나 이에 앞서 참여연대, 환경운동연합, 녹색연합 등 700여 개의 시민사회단체는 미국의 대이라크 전을 반대하는 반전시위를 2월 15일 개최하였다. 대북정책을 둘러싼 갈등이 여야 간의 갈등을 넘어 시민사회 내부의 직접적인 갈등으로 비화한다면 그것은 해방 3년간에, 그리고 4·19 직후에 우리가 목격했던 바와 같이 한국의 정치, 경제적 장래에 부정적 영향을 미칠 것이다.

노무현 정권의 대북정책이 이상 살펴본 바와 같은 문제점을 가지고 있다고 해서 미국의 북한 제재 움직임에 동의하고 북한의 핵 개발을 비난하는 정책이 문제가 없다는 말은 아니다. 이러한 정책도 김영삼 정부가 핵위기 때 가졌었다고 김대중 정부 사람들이 지적하는 문제점을 가지고 있는 것이다. 노 정권이 미국의 대북정책에 전적으로 동조하고 공동보조를 취한다면 북한은 여태까지 김대중 정부가 구축해 놓은 남북한의 협력관계를 일시에 중단하고 다시 "서울 불바다론"을 주창할 것이다. 그렇게 되면 한국의 운명은 한국은 소외된 채 전적으로 미국과 북한과의 대결결과에 좌우될 것이다. 사실상 현재도 우리의 운명은 노 정권이 어떠한 입장을 취하든 간에 크게 보아서는 북미 간의 대결결과에 달려 있지만 그래도 우리 정부는 국민들에게 우리가 주도적으로 무엇을 할 수 있다는 희망을 주려고 노력하고 있다.

그러나 우리 정부가 미국의 대북정책에 공조한다고 해도 그것이 남북관계는 경색시키겠지만 한반도에 전쟁이 일어날 확률을 반드시 더 높이는 것은 아니다. 첫째로 부시 행정부의 대북 핵정책은 앞서 비교적 자세히 살펴본 바와 같이 2002년 10월 이래 오늘에 이르기까지 외교적 노력을 통한 평화적 해결이다. 미국정부의 북한 핵 문제의 UN 안보리 상정도 이러한 외교적 노력의 일환이다. 여기서 미국이 추구하는 것은 이라크에 대해서와 같이 군사력 사용 결의가 아니라 비난결의나 경제적 제재결의이다. 이러한 결의는 클린턴 행정부도 1994년에 추구했던 것이다. 이와 같은 결의는 안보리 상임이사국인 중국이 거부권을 행사하면 통과될 수 없다. 북한 핵 문제로 한반도에 전운이 감돌던 1994년에는 5월 29일 클린턴 대통령이 인권문제를 개입시키지 않고 일부 의원들의 반대에도 불구하고 중국에 대한 무역 최혜국(MFN) 대우를 연장해주었고, 그 대가인지는 몰라도 중국은 6월 10일 중국이 그간 북한 제재를 반대했지만 앞으로는 국제여론 때문에 더 이상 거부권 행사를 고집하기가 어려워졌다는 내용의 메시지를 발표했다. 중국의 이러한 입장 변화가 북한에 영향을 미쳐서 북한은 미국과 타협하기로 결정을 내렸고 안보리 결의는 필요 없게 되었던 것이다.[30] 부시 대통령은 2003년 2월 7일 중국의 장쩌민 주석과 블라디미르 푸틴 러시아 대통령에게 전화를 걸어 두 나라의 소극적인 북핵 대응태도에 유감을 표명하고 한반도 비핵화에 공동책임이 있다는 것을 강조했다고 한다.[31] 중국과 러시아가 이러한 정도의 압력으로 미국 편을 들지는 않겠지만 미국은 이 두 나라가, 특히 중국이 미국 편을 들어줌으로써 클린턴 때와 같이 북한의 타협을 유도하려는 정책을 가지고 있는 것이다. 중국은 투자와 무역의 상당부분을 미국에 의존하고 있고 북한의 핵무기 보유를 반대하고 있고 북한이 군사적, 경제적으로 의존하고 있는 나라이기 때문에 미국은 중국의 역할에 큰 기대를 걸고 있는 것이다.

미국은 북한에 대한 안보리 제재를 추구하고 김정일 정권의 지속에 경제적으로 기여하고 있는 한국과 일본의 제재 참여를 요구할 가능성이 크다. 일본정부는 1994년에는 당시 6억 달러로 추정되는 조총련계의 대북한 송금의 전면차단은 유출경로가 워낙 다양하고 이러한 시도를 할 경우 일본사회 내에서의 조총련계의 폭력사태가 우려되기 때문에 실현 불가능하다고 미국에 전했다고 한다.[32] 일본이 이번에는 어떠한 반응을 보일지 확실하지 않지만 북한의 일본 공격 위협도 배제할 수 없기 때문에 신중하게 행동할 것이다. 그러나 최종적으로는 미국의 요청에 순응할 것이다. 여러 가지 대북 경제지원을 하고 있는 한국은 어떻게 할 것인가? 이미 지적했지만 우리 정부가 이 문제를 평화적으로 해결할 수 있다는 아무런 가능성도 제시하지 않고서 미국의 요구를 끝까지 거부한다면 그것은 한미동맹관계에 커다란 손상을 입힐 것이다. 여기에 우리 정부의 딜레마가 있다.

미국정부는 북한에 대한 경제제재는 김정일 정권의 붕괴로 이어질 수도 있다고 본다. 중국도 비슷한 견해를 가지고 있는 듯하다. 북한도 안보리 제재 결의는 전쟁선포와 같은 것이라고 위협하는 것을 보면 북한도 이러한 제재의 결과에 대해 미국이나 중국과 같은 예측을 하고 있는지도 모르겠다. 그러나 정권의 붕괴가 공산주의체제의 붕괴나 나라의 붕괴를 의미하지는 않는다. 정권이 붕괴하더라도 다른 정권이 나타나서 체제와 나라를 유지할 것이다. 중국은 서구화된 한국이 접경지역에 있는 것을 원하지 않고 정권이 붕괴해도 북한 공산주의체제와 북한이라는 나라의 지속을 지원할 것이다.

---

30) 돈 오버더퍼, 앞의 책, pp.470-471.

31) 『중앙일보』, 2003년 2월 10일, 제1면.

32) 돈 오버더퍼, 앞의 책, pp.468-469.

미국은 미국의 북한 제재 움직임이 구체화되면 김정일 정권을 궁지에 몰아넣을 것이기 때문에 북한이 선제 공격할 가능성도 배제하고 있지 않다. 미국은 북한의 이러한 고험적 행동을 억지하기 위해 한반도 주변의 군사력을 증강하고 있는 것이다. 미군 일간지인 *Stars and Stripes*는 2003년 2월 9일 북한의 선제공격으로 한반도에 전쟁이 발발하면 개전 24시간 이내에 서울 등 수도권에서만 100만 명까지 희생자가 발생할 것이나 북한은 석기시대 수준으로 멸망할 것이라고 보도했다. 이러한 가상 시나리오의 전쟁피해 계산은 이미 소개한 1994년 당시의 계산과 다르지 않다. 이러한 보도의 메시지는 미국이 선제공격도 불사하겠다는 전략이론에도 불구하고 한반도에서는 먼저 군사력을 사용하기 어렵다는 것을 북한에 알리는 것이다. 사실상 미국이 군사력을 사용하는 데에는 국내정치적 절차를 거쳐야 하고 또 한국과 일본과도 협의를 해야 한다. 미국의 여론은 북한 같은 나라를 응징해야 한다는 쪽이나 수천, 수만 명의 미군의 사상은 반대하고 있다. 이러한 상황 때문에 미국의 북한에 대한 선제공격은 거의 불가능한 것이다. 그러나 북한이 선제공격을 한다면 미군과 한국군은 반격을 가할 수밖에 없을 것이고 이 경우 북한은 완전히 멸망할 수밖에 없다는 점을 북한에 경고하고 있는 것이다. 미국은 북한이 완전멸망을 감수하면서도 먼저 공격을 가할 확률이 높다고 보지 않는다. 미국은 전쟁이 아닌 경제 제재결의로 북한의 핵 포기를 유도할 수 있다고 보는 것이다. 아니, 제재위협으로도 이러한 목표를 달성할 수 있다고 보고 이러한 위협에 한국, 일본뿐만 아니라 중국도 동참할 것을 요청하고 있는 것이다.

둘째로 한국정부는 미국정부와 긴밀한 관계를 유지함으로써 미국의 대북정책에 영향을 미칠 수 있다. 이번 북한의 핵 위기는 부시 행정부의 강경한 대북정책으로 촉발된 측면도 있고 그 때문에 해결이 어려워지고 있다. 부시 행정부는 출범 때부터 제네바합의에 불만이었고 북한의 재래식 병력문제도 제기하였다. 2002년 10월 켈리 차관보가 북한에 요구한 사항은 부시 행정부가 훨씬 이전부터 제기한 문제였다. 사실상 부시 행정부의 이러한 요구는, 특히 재래식 병력의 재배치나 감축은 북한측의 표현에 따르면 "빨가벗고 나오라는" 요구와 같은 것이었다. 북한도 강력한 한국군과 주한 미군에 대한 억지력이 필요하고 휴전선의 북한 병력은 이러한 억지력의 역할을 해온 것이다. 김대중 정부는 부시 행정부가 북한에 대한 요구사항 중 실현성이 없고 북한의 커다란 반발만 불러일으킬 요구사항은 철회하도록 외교적 노력을 기울였어야만 했는데, 이러한 노력을 소홀히 했다고 볼 수 있다. 김대중 정부는 대북 외교에 너무 심혈을 기울인 나머지 대미 외교에 실패했고 그 결과가 오늘의 한반도 긴장상황이라고도 볼 수 있다. 김대중 전 대통령은 북미관계의 진전이 없이는 남북관계도 진전될 수 없다는 올바른 판단을 하고 있었지만 이를 실천에 옮기지 못한 것이다.

북한이 농축 우라늄을 이용한 핵무기 개발을 포기하고 NPT에 복귀하기 위해서는 미국의 대북 요구가 클린턴 때의 수준으로 내려와야 될 것이고 우리 정부는 미국에게 대북 요구의 완화를 설득해야 할 것이다. 우리 정부가 부시 행정부에 공조하지 않으면 이러한 대미 설득은 보다 어려워질 것이다. 현재 상황으로 볼 때 제네바합의의 복원이 타협 가능한 방안이고 이를 위해서는 부시 행정부의 양보도 필요한 것이다.

셋째로 우리 정부는 미국정부와 공조함으로써 우리도 북한의 핵무기 개발에는 반대한다는 의사를 명백히 나타낼 수 있다. 북한이 사용후 핵연료를 재처리하기 시작하면 한국의 경협도 중단되고 미국에 공조할 수밖에 없다는 것을 분명히 하면, 그것은 북한에게 타협의 압력이 될 것이다. 우리 정부가 북한이 원하는 방향으로 행동한다면, 그렇게 해서 북한이 우리의 핵 포기 요구를 수용한다면 몰라도 그렇지 않다면, 그것은 결과적으로는 북미 간의 대결을 연장시키고 고조시키는 결과만을 초래할 가능성도 있는 것이다.

이상 검토한 두 가지의 대북정책 이외에도 제3의 길이 있을 수 있으나 그것은 국제정치적으로 우리가 채택하기 어려울 것이다. 그것은 핵무장한 북한에 대한 우리의 자구책으로 한국도 핵 재처리 시설을 건설하고 핵무기 개발을 하는 것이다. 북한이 핵무기를 개발하면서 우리의 핵무기 개발 중지를 요청할 수는 없을 것이다. 그렇게 해서 남북한은 서로간의 핵공포로 평화를 유지하고 여태까지 이루어진 남북 간의 교류협력은 그대로 유지, 발전시키는 것이다. 이것은 미일중러가 한반도 비핵화가 아니라 한반도 핵화를 용인하는 경우에만 가능한데 이러한 용인을 기대하기는 어렵다. 미국은 일본에게는 핵 재처리시설 건설을 허용해주고 있지만 한국에게는 이조차 허용하고 있지 않다.[33)]

우리 정부는 현재의 대북정책과 이와는 다른 미국과의 공조정책, 그리고 그 중간에 있을 수 있는 여러 형태의 절충정책이 단기적, 중장기적으로 우리에게 어떠한 결과를 초래

33) 핵재처리 문제에 있어 한국이 일본에 비해 불평등한 대우를 받고 있는 이유가 양국의 국력 차이에 있다는 것을 잘 지적한 논문으로 김기정・박한규, "국제레짐의 강제집행력과 개별국가들의 관계: 1970년대 국제비확산레짐과 한국과 일본의 핵재처리정책 비교연구", 『한국과 국제정치』, 第18권 제4호 2002년 겨울 참조.

할 것인가를 면밀히 검토해야 할 것이다. 이러한 검토는 검토자에 따라 다를 것이다. 그러나 그렇다고 해서 모든 다른 검토결과를 견해 차이로 돌려서는 아니될 것이다. 그 중에는 맞는 검토도 있고 틀린 검토도 있는 것이다. 시간이 지나면 어느 검토가 맞았는가가 드러나는 것이다. 가능한 한 다양한 견해를 가진 정치 지도자들과 전문가들이 자기 자신의 권력적 이해관계를 초월해서 대북정책을 검토함으로써 적절한 대북정책을 수립할 수 있을 것이다.

21세기는 지구화의 시대이고 무한경쟁의 시대이다. 한국이 이 경쟁에서 살아남아 선진국으로 진입하는 일은 결코 쉬운 일이 아니다. 우리가 이러한 목표를 위해 국력을 모아도 그 달성이 어려운 상황에서 북한 핵 문제는 우리에게 다시 큰 부담이 되고 있다. 세계 3대 신용평가기관인 미국의 무디스는 2003년 2월 11일 북한 핵 문제 때문에 한국의 국가신용등급 전망을 2단계 하향 조정했다고 한다.[34] 우리는 우리의 국력 소모를 최소화하는 방향으로 대북정책을 조정해야 할 것이다.

34) 『중앙일보』, 2003년 2월 12일, 제1면.

제6장

6자회담의 9 · 19 공동성명과 북핵 문제

이 글은 9 · 19 공동성명의 내용과 그것의 실천문제를 다루고 있다. 무엇보다도 김정일 정권이 9 · 19 성명의 실천을 수용할 것인지의 여부에 초점을 맞추어서 분석을 시도해 보았다.

이 글은 첫째로 9 · 19 공동성명의 내용과 그 내용을 실천에 옮기려고 할 때 일어나는 여러 가지 어려운 문제들을 소개하였다.

둘째로 노무현 정권이 이 성명의 실천을 위해 북한에 제시한 전략적 구상에는 어떠한 문제들이 있는가를 살펴보았다.

셋째로 북한이 이 성명의 실천을 수락할 경우 김정일 정권은 어떠한 위험에 직면할 수 있는지를 북한의 입장에서 생각해 보았다.

넷째로 김 정권 사람들이 아직도 버리지 않고 추구하고 있는 "사회주의 조국통일", 혹은 적화통일을 위해서 도움이 된다고 생각하는 한국 내 정치 상황에는 어떠한 것들이 있는지에 대해서도 살펴보았다.

9 · 19 공동성명의 앞날은 불확실하다는 결론을 이 글은 내리고 있다. 이 글은 한국은 남북관계와 통일문제에 국력을 너무 낭비해서는 안 되고 이 문제는 선진국 진입이라는 우리의 최우선 과제에 종속시켜서 풀어가야 한다고 주장하고 있다.

9 · 19 공동성명은 1년 반 가까이 별 진전을 보지 못하다가 2007년 2월 13일 합의로 돌파구를 찾았다. 이 합의는 공동성명의 실천을 북한의 핵시설 패쇄-불능화-북한 핵의 전면 폐기의 세 단계로 나누고, 6자회담 참가국들이 각 단계에 상응하는 보상을 북한에 제공한다는 내용을 담고 있다. 같은 해 10월 3일 6자회담에서는 북한이 연말까지 2단계의 불능화를 완료하고 북한 핵에 대한 모든 신고를 한다는 약속을 하였다. 그러나 북한은 2008년 2월 현재 10 · 3 합의를 이행하고 있지 않다.

다른 한편, 노무현 대통령은 2007년 10월 2일부터 4일까지 북한을 방문, 김정일 위원장과 10개항의 "남북관계 발전과 평화번영을 위한 공동선언"에 합의하였다. 그러나 이 선언의 실행 여부도 현재 불확실한 상태에 있다.

북핵 문제의 해결방법으로서의 제네바합의가 폐기된 이후 3년이 지났다. 부시 행정부는 2002년 10월 북한이 고농축 우라늄을 이용한 핵 개발계획을 인정했다고,[1] 다시 말해 북한이 다시 반칙을 범했다고 발표하고 11월에 대북 중유 지원을 중단하였다. 북한이 이에 대한 대응으로 2003년 1월 NPT를 다시 탈퇴하고 IAEA 요원들을 철수케 함으로써 제네바합의는 깨졌다. 부시 행정부는 북한의 새로운 핵 개발계획을 제네바합의 폐기의 이유로 들었지만 부시 대통령과 공화당 의원들은 클린턴 대통령의 주도하에 이루어진 북미 간의 제네바합의에 대해 원래부터 불만이었다. 가장 큰 불만은 국제사회에서 반칙을 감행한 정권에게 징벌이 아니라 제네바합의에 따른 혜택을 준 것이었고, 그 다음은 경수로도 북한의 핵무기 개발을 반드시 억제하지는 못한다는 것이었다. 다른 한편, 김정일 정권도 미국의 부시 대통령이 북한을 "악의 축"이라고 부르는 상황에서 제네바합의를 깨뜨리고 싶은 충동을 가졌을 것이라고 생각해 볼 수 있다.

북한은 제네바합의 폐기 이후 현재에 이르는 기간 동안 핵무기를 가지고 있다고 선언하였고 최소한 보다 많은 양의 플루토늄을 보유하게 되었다. 미국은 이에 대해 강경자세를 유지하면서, 다른 한편 미, 일, 중, 러와 남북한이 참여하는 6자회담의 틀로 이 문제를 해결하려고 노력하였다. 미국과 중국이 협력하여 성사된 6자회담은 2003년 8월 27일에 처음 개최되었고 그 이후 2004년 2월과 6월에 제2, 3차 회담이 있었다. 이 세 회담에서 미국과 북한은 아무런 접점을 찾지 못했고 북한은 2004년 12월에는 6자회담이 무용하다는 외무성 성명까지 발표하였다. 그러나 우여곡절 끝에 제4차 6자회담이 1년 3개월 후인 2005년 9월에 개최되었고 9・19 공동성명이라는 결과를 내놓았다.

6자회담의 참여국들은 모두 9・19 공동성명을 높이 평가했지만 이 성명은 2006년 3월 현재 미국의 대북 공격위협과 북한의 핵폭탄 실험 감행을 억제하는 정도의 효력을 나타내고 있고 구체적인 실천의 단계를 밟지는 못하고 있다. 이 때문에 우리는 9・19 공동성명에 의거한 북핵 문제 해결이 제네바합의보다 나은가라는 의문을 제기할 수 있다.

---

1) 이 문제에 관해 임동원 전 통일부장관은 북한은 우라늄은 많이 가지고 있으나 고농축 기술과 고농축 장비 및 시설은 가지고 있지 않다고 주장했다. 또 북한이 고농축 우라늄을 이용한 핵개발계획을 인정했다는 미국측의 발표에 대해서는 북측이 "미국이 우리를 압살하려는 상황에서 우리가 그보다 더 심한 것인들 가질 수 없느냐"는 반응을 보인 것을 미국은 이 계획을 북한이 인정한 발언으로 간주한 것 같다고 보았다. 서울대학교 사회발전연구소 주최, 광복 60주년기념 종합학술포럼 1차 포럼, 2005년 10월 14일.

이 두 해결방법의 장단점은 시간이 많이 지난 후에야 드러나겠지만 이 공동성명이 제네바합의에 대한 부시 대통령과 공화당 사람들의 원래의 불만을 해소해 주는 것이 아니라는 것만은 확실하다. 첫째로 이 성명도 북한의 반칙에 대한 징벌이 아니라 혜택을 약속하고 있다. 그 혜택은 제네바합의 때보다 훨씬 더 큰 것이 될 것이다. 미국이나 일본으로부터의 혜택은 마찬가지라고 해도 최소한 노무현 정부로부터의 혜택은 훨씬 더 클 것이다. 노무현 정권은 전력 200만kw 공급을 약속하고 있고 이 외에도 다른 경제적 선물들을 준비해 놓고 있다. 또 나중에 자세히 논의하겠지만 북한의 안보에 공헌하는 선물도 제시하고 있다. 둘째로 경수로 제공 시기를 명기하지 않은 것이 제네바합의와는 다른 점이고 이 점이 부시 행정부가 얻은 것이라고 말할 수 있지만 이도 과연 그렇게 될지는 미지수이다. 미국은 북한이 NPT에 복귀한 후에야 경수로 제공문제를 논의할 수 있다는 입장인 데 반해, 북한은 NPT 복귀가 경수로 제공 후에야 가능하다고 강조하고 있기 때문이다.

그렇다면, 부시 정권은 왜 원래 의도했던 바와 같이 북한으로부터 제네바합의보다 나은 딜(deal)을 얻어낼 수 없었는가? 그것은 북한의 벼랑끝 전술에 대해 미국이 같은 벼랑끝 전술로 대항할 수 없었기 때문이다. 미국은 북한의 벼랑끝 전술에 대해 UN 안보리 제재나 선제공격과 같은 벼랑끝 위협을 가했지만 별 효력이 없었다. 그 이유는 세 가지이다. 첫째로 부시 대통령의 이와 같은 발언 자체가 여태까지는 실현성이 희박한 공허한 발언이었다. 부시 대통령은 이라크 전쟁, 그의 일방주의 외교노선에 대한 국내외의 비판, 뉴 올리언즈 지방의 태풍 피해 등으로 그의 발언을 실천에 옮기기 어려운 상황에 처해 있었다. 둘째 한국의 노무현 정권은 부시의 이와 같은 발언이 나올 때마다 이를 반대한다는 의사를 즉각 나타냈고, 이 때문에 부시의 발언은 더욱 공허하게 되었다. 한국의 동의 없이 북한을 제재하기는 어렵기 때문이다. 셋째는 중국의 부상이고 중국과 북한 간의 긴밀한 관계이다. 미국이 중국의 묵인, 양해, 혹은 동의 없이 북한을 일방적으로 제재하기가 어려울 만큼 중국이 부상하였고 북중 간의 관계가 긴밀하다.

그러나 9·19 공동성명과 제네바합의의 손익계산상의 문제보다 더 큰 문제는 이 성명의 실현에 있어 앞으로 극복해야 할 과제의 어려움이다. 우선 공동성명 1항은 북한은 "모든 핵무기와 현존하는 핵 계획을 포기할 것과, 조속한 시일 내에 NPT와 IAEA의 안전조치에 복귀할 것을" 공약하였고, 미국은 "한반도에 핵무기를 갖고 있지 않으며 핵무기 또는 재래식 무기로 북한을 공격 또는 침공할 의사가 없다는 것을 확인하였다"고 선언하고 있다. 이어서 "92년도 '한반도 비핵화에 관한 남북 공동선언'은 준수, 이행되어야" 하고, 북한은 "핵에너지의 평화적 이용에 관한 권리를 가지고" 있고, 북한에 대한 경수로 제공 문제는 "적절한 시기에" 논의한다고 밝히고 있다.

제4차 6자회담이 경수로 제공을 반대하는 미국과 이를 요구하는 북한 간의 입장 차이로 결렬될 위기에 직면했을 때 한국이 양자 간의 조정 역할을 하여 타협을 본 것이 "적절한 시기에" 논의한다는 것이었다. 그러나 이의 해석을 둘러싸고 벌써부터 북미가 대립하고 있는 것은 앞서 지적한 바와 같다.

공동성명 제1항의 내용을 어떻게 실천할 것인가도 어려운 과제이다. 공동성명의 제5항은 성명의 실천방법을 "6자는 '공약 대 공약' '행동 대 행동'의 원칙에 입각하여 단계적 방식으로 상기 합의의 이행을 위해 상호 조율된 조치를 취할 것을 합의하였다"고 선언하고 있다. 그러나 '공약 대 공약'을 '행동 대 행동'의 원칙으로 전환하는 일이 지난(至難)할 것이라는 것은 2005년 11월의 제5차 6자회담에서 이미 나타났다.[2]

이 회담에서 북한은 (1) 핵실험 보류, (2) 핵 이전 금지, (3) 핵 추가생산 금지, (4) 검증을 통한 핵 활동 중지 및 폐기, (5) NPT 및 IAEA 복귀의 5단계를 통해 핵을 포기하는 해법을 내놓았다. 이에 대해 미국은 북한에게 현존 원자로의 가동을 즉각 중단하고 모든 핵시설 및 프로그램에 대해 자진신고하고 NPT에 복귀할 것을 요구하였다. 북한은 이러한 미국의 요구를 거부하고 경수로 제공을 다시 요구하였다. 북한과 미국의 입장에는 상호 커다란 차이가 있는 것이다. 또 이러한 '행동 대 행동' 원칙에 합의가 이루어진다 해도 행동의 구체적 내용은 다시 문제가 될 것이다.

북한의 "현존하는 핵 계획"은 영변의 흑연감속 원자로를 비롯한 여러 시설물들을 포함하는데, 북한이 "현존하는 핵 계획"을 "포기(abandon)"한다는 것이 핵 계획의 포기뿐만 아니라 이러한 시설물들까지도 해체(dismantle)시켜 폐기시키는 것을 의미하는지, 혹은 핵 계획은 포기하나 이 시설물들은 그대로 놔두는 것인지 명확하지 않다. 미국은 전자를 원할 것이고 북한은 후자를 주장할 것이다. 또 북한이 핵 사찰을 받는다고 해도 핵 사찰의 시기, 주체, 대상, 절차, 방법에 대한 합의가 다시 어려운 문제가 될 것이다. 북한이 한때 주장했던 바와 같이 남한도 핵 사찰을 받아야 한다고 주장하면 이것도 문제가 될

---

2) 조성렬, "제5차 1단계 6자회담 평가", 세종연구소, 『정세와 정책』, 2005년 12월호, pp.5-3.

것이다.

미국은 2005년 9월에 북한이 위조 달러를 제조하고 유통시키고 있다는 증거를 포착하고 대북 금융제재에 나섰는데, 북한은 이에 반발하고 다시 6자회담을 못하겠다고 하고 있다. 미국은 6자회담과 위폐문제는 별개의 문제라고 주장하고 있고 북한은 이를 연계시키고 있다. 2006년 1월 김정일 국방위원장의 방중을 계기로 이 문제를 해결하고 6자회담을 재개하기 위해 미국, 중국, 북한의 대표들이 만나고 있다. 북한은 위폐의 제작과 유통 책임이 국가가 아니라 북한 내 개별 기업소에 있다는 식으로 이 문제를 해결하려고 한다고 한다. 그러나 1월 24일 미국 대사관이 한국 정부에 대북금융제재에 동참해 달라는 요청을 했다고 밝힌 데 대해 한국 정부는 이를 부인하였다. 특히 1월 25일 노 대통령은 기자회견에서 북한 위폐와 관련하여 "북한 체제에 압박을 가하고 때로는 붕괴를 바라는 듯한 미국 내 일부 의견에 동의하지 않고" "미 정부가 그 같은 방법으로 문제를 해결하려고 한다면 한미 간 마찰, 이견이 생길 것"이라고 강조함으로써 이 문제에 대한 한미 간의 갈등을 예고하고 있다.[3] 이와 같은 노 대통령의 발언은 위폐라는 범죄에 대해 북한이 사과하고 6자회담에 복귀하도록 만들기보다는 이를 억지로 정당화하고 6자회담 복귀를 더 지연시키는 효과를 낼 수도 있다. 이 문제가 해결된다고 해도 이와 유사한 문제는 앞으로 얼마든지 일어날 수 있다. 북한은 미국이 제기하는 인권문제나 한미 합동군사훈련 같은 것을 빌미로 삼아 6자회담의 진행을 지연시킬 수도 있다.

6자회담에 참여하는 나라들, 특히 미국, 중국, 한국, 북한의 이 문제에 대한 정책도 안정적이라고 볼 수 없다. 9·19 공동성명(Joint Statement)이 국제회의의 발표 형식들 중에서는 격이 높은 것이라고 하지만 법적 구속력은 없기 때문에 이 성명의 실행방법에 대해 미국과 북한이 동의하지 못하면 그 효력이 없어지는 것이다.

미국은 라이스(C. Rice)가 국무장관에 취임한 이래 국무부의 동아태차관보인 힐(C. Hill)을 협상대표로 하여 외교를 통한 북한의 태도변화(behavior change)를 추진하고 있다. 그러나 미국의 강경파들 중에는 북한의 정권교체(regime change)를 목표로 경제적, 군사적 제재를 가해야 한다고 주장하는 인사들도 있다. 부시 행정부는 9·19 공동성명의 실현에 우선은 역점을 둘 것이나 이의 실현이 교착상태에 빠지고 국내외 사정이 호전되면 여태까지는 말로만 표현하던 대북 강경책을 실천에 옮길 가능성도 배제할 수 없다.

3) 『동아일보』, 2006년 1월 25일 A1면과 1월 26일 A27면.

중국은 현재 6자회담에서 미국과 북한 사이에서 조정자 역할을 하고 있다. 중국이 북한의 입장에 반대하고 미국에 동조한다면 북한은 미국의 요구에 백기를 들 수밖에 없을 것이다. 그러나 중국은 그렇게 하지 않을 것이다. 북한은 이념적, 군사적으로 중국을 동쪽으로부터 방어해 주는 역할을 하고 있기 때문에 중국에 전략적으로 중요하다. 그러나 미국도 중국에게 중요하다. 미국은 중국에게 2003년 1,240억 달러, 2004년 1,619억 달러, 2005년 2,016억 달러의 무역흑자를 안겨주었다. 다시 말해, 미국은 현재 중국 경제 성장의 엔진 역할을 하고 있다. 또한 중국은 국제무대에서 발언권을 확보하기 위해서도 미국과의 협력이 필요하다.

미국은 지난 3년 동안 북한의 대중 의존성이 높다고 평가하고 북핵문제를 중국을 통해 외교적으로 해결하려고 노력해 왔다. 중국은 북핵 문제에 대해 미국에 원칙적으로는 동의하면서도 북한이 중국의 말을 듣지 않는다고 변명해 왔다. 부시 행정부와 공화당 의원들은 이와 같은 중국의 입장에 대해 최근 이것이 실제로는 미국과의 협력을 거부하고 미국을 간접적으로 견제하는 것이 아니냐는 의심을 강력하게 제기하였다.[4] 이에 중국은 북한의 6자회담 복귀를 적극적으로 요구하고 그 결과 제4차 6자회담이 개최된 것이다. 미국의 중국을 통한 대북 압박은 앞으로도 계속될 것이고 중국은 이의 수용 여부를 놓고 고민할 것이다. 김정일 정권을 중국으로부터 소외시키거나 김 정권의 안정을 해치는 일은 중국에게 득이 되지 않기 때문이다. 그러나 중국이 미국의 요청대로 북핵 문제 해결에 큰 역할을 한다면 그것은 한반도에 대한 중국의 영향력을 증대시킬 것이다. 중국이 미국에 아무 대가 없이 협력하지는 않을 것이기 때문이다. 앞으로의 회담에 있어 중국이 미국과 북한 사이에서 어떠한 입장을 취할 것인지가 9 · 19 공동성명의 실현 여부를 결정하는 가장 중요한 변수가 될 것이다.

김대중 정권과 노무현 정권 사람들은 북한 핵 문제가 한국의 안보를 위협하는 중대한 문제임에도 불구하고 그러한 인식이 약한 것 같다. 김대중 전 대통령이 김정일 정권에게 5억 달러를 송금하고 성사시킨 6 · 15선언에는 한반도 비핵화 공동선언의 준수와 북미 제네바합의의 이행이 포함되어 있으나 김 정권은 과거와는 비교가 안 될 정도로 큰 규모의 대북 협력을 이와 연계하지 않았다. 노무현 정권도 출범 이래 북핵 문제가 악화되고

---

4) U.S. Senate, Republican Policy Committee, "Anticipating a North Korean Nuclear Test: What's to Be Done to Avert a Further Crisis," May 19, 2005 참조.

있음에도 불구하고 이에 아랑곳하지 않고 북한에 식량, 비료, 기타 경제협력을 제공하였다. 북한에 대한 지원을 북한의 행동과 면밀하게 연계하지 않는 소위 일방주의 햇볕정책이 2000년 이래 현재까지의 한국 정부의 대북 정책이다.

미국은 한국의 대북 지원이 북핵 문제의 해결과 연계되기를 바랐으나 노 정권은 이를 연계시키지 않고 미국의 대북 위협에 대해서는 이미 지적한 바와 같이 즉각 반대를 표명함으로써 위협의 외교적 효력을 무력화시켰다. 노 대통령은 미국이 실제로 북한에 물리적 위협을 가하려고 할 때에는 그것이 한반도의 전쟁을 의미할 수 있으므로 반대해야 할 것이다. 그러나 미국이 단순히 말로 위협을 가해 북한의 핵 개발을 저지하려고 할 때조차도 이를 무력화시키는 발언을 할 필요가 있는지 생각해 보아야 할 것이다. 노 대통령은 한국이 동북아에서 "균형자" 역할을 해야 한다는 발언으로 미국과 일본을 의아하게 만들기도 하였다. 미국과 일본의 지도자들은 이 발언을 국제정치의 상식을 모르는 사람의 발언으로 보면서도 노 정권이 미국, 일본과 긴밀한 관계를 유지하기보다는 중국과 북한에 경사하려는 의도를 가지고 있는 것은 아닌가 의심하고 있다. 2005년 5월 "일미는 정보를 공유하고 있으나 미국이 한국을 믿고 있지 않기 때문에 일본이 획득한 북조선 관련정보를 한국과 공유하기가 상당히 어렵다"는 일본 외무성 차관의 발언도 노 정권에 대한 이와 같은 의심에서 나온 것이다.5)

노무현 정권은 2005년 7월 당시 정동영 통일부장관이 북한을 방문하여 김정일 위원장을 만났을 때에 200만kw의 전력 공급을 제안하고 대대적인 경제협력을 약속함으로써 제4차 6자회담의 개최에 공헌했다고 평가하고 있다. 또한 노 정권은 부시 대통령이 김정일을 "독재자"라고 부르거나 북한을 불한당 국가 비슷하게 비하하는 발언을 자제해 달라는 요청을 하는 등의 대미 외교로 북한이 제4차 6자회담에 나올 수 있는 분위기를 조성했다고 평가하고 있다. 이뿐만 아니라 노 대통령의 한반도 평화체제 수립에 관한 구상도 북한이 6자회담에 복귀하는 데 도움이 되었다고 보고 있다.

그러나 제4차 6자회담에서의 한국의 역할에 관해서 미국 편을 들기 보다는 북한 편을 들었다는 평판이 미국 내에서 나오기도 하였다. 미국 내에서 동맹국으로서의 한국에 대한 불만은 높다. 그러나 한국 사회의 엘리트 층들이 대부분 미국의 입장에 동의하고 있고 이에 대한 국민여론의 뒷받침도 크다고 보기 때문에 미국은 한국에 대해서 신중한 자세

---

5) 『조선일보』, 2005년 5월 27일 참조.

를 유지하고 있다. 미국은 노 대통령의 임기가 끝나고 한국 사회의 주류 세력이 다시 집권할 때를 기다리고 있다고 추측해 볼 수 있다. 일본 정부도 노 정권에 대해서는 이와 유사한 입장을 가지고 있다고 볼 수 있다.

한국 국민들 중에는 김대중 정권과 노무현 정권의 일방주의 햇볕정책에 대해 비판적인 사람들이 상당히 많다. 식자들 중에는 대북 협력을 북한의 변화와 연계하지 않고서는 북한의 변화를 유도할 수 없다고 보는 사람들이 많다. 미국과 서방 국가들은 구소련과 동구 공산국가들과의 관계를 연계원칙에 따라 조정함으로써 그들을 변화시킬 수 있었다. 이러한 경험에 비추어 볼 때 일방주의 햇볕정책은 김정일 정권의 수명을 연장시켜 북한 인민들의 불행을 오히려 연장하는 역 효과도 낸다고 볼 수 있다. 또한 김대중 정권과 노 정권의 대북 지원이 "퍼주기" 지원이라는 논란도 있고 이러한 불만은 우리 사회의 중상층뿐만 아니라 소외계층에도 만연되어 있다.

한국의 대북 정책은 2007년에 누가 대통령에 되느냐에 따라 변화할 것이다. 현재의 열린우리당의 대권 주자들 중 한 명이 대통령에 당선된다면 노 정권의 정책을 계승할 가능성이 크고, 한나라당의 대권 주자들 중 누가 대통령이 당선된다면 연계정책 쪽으로 정책변화가 일어날 것이고, 고건 전총리가 대통령에 당선된다면 그 중간 정도의 노선으로 변화가 일어날 것이다.

그러나 앞으로 6자회담이 성공적으로 진행되면 공동성명의 실천에 대한 합의가 한국 대통령선거 전에 마무리될 수 있다. 이 경우에도 회담 중 노 정권이 미국과 북한 사이에 어떠한 태도를 취하느냐는 문제가 될 것이다. 앞서 지적한 바 있는 경수로 문제가 큰 걸림돌인데 이에 대해 노 정권은 현재의 입장을 고수하리라 본다. 그러나 이러한 입장도 확고한 것은 아니다. 북한 전문가들 중에는 경수로 문제는 북한이 NPT와 IAEA의 사찰에 복귀하여 국제적 신뢰를 쌓은 다음에 논의해야 한다는 입장을 가지고 있는 사람들도 있고 현재 논의해도 무방하다는 입장을 가지고 있는 사람들도 있다. 전자의 입장을 가지고 있는 사람들은 북한은 한반도 비핵화에 동의해 놓고서도 이를 제네바합의 이전에도 어겼고 또 그 이후에도 농축 우라늄을 이용한 핵무기 개발계획 — 그것이 실현된 계획은 아니었지만 — 으로 어겼기 때문에 북한이 신뢰를 쌓기 전에는 경수로를 가질 수 없다고 생각한다. 이에 반해 후자의 사람들은 이러한 반칙이 주권 국가의 당연한 권리라고 생각하고 소위 농축 우라늄 계획이라는 것도 별것 아닌데 미국이 트집을 잡은 것이라고 생각하고 있다.

노 정권 사람들은 2007년 대통령선거 전에 북핵 문제를 해결하고 남북정상회담도 개최하여 실추된 지지를 회복하고 재집권한다는 목표를 가지고 있다. 이 때문에 노 정권은 북한의 눈치를 볼 수밖에 없는 처지이다. 그러나 그렇다고 해서 동맹국가인 미국과 미국을 지지하는 상당수 한국 국민들, 즉 유권자들의 입장을 선거의 해에 무시할 수도 없다. 노 정권이 우선 당장 할 수 있는 일은 북한이 미국의 안에 따라오는 대가로 전력공급 제안에 나타난 바와 같이 막대한 경제지원을 제공하는 것이다. 그러나 이러한 계획도 상당수 국민들의 저항에 부딪칠 수 있다.

김정일은 2006년 1월 10일부터 18일까지 중국 경제를 시찰하고 후진타오 주석과도 만났다. 이에 근거하여 북한이 과거보다는 유연한 입장에서 6자회담 재개에 동의하지 않을까 하는 예측도 나오고 있다. 그러나 김정일 정권이 북핵 문제를 타결하고 개혁 개방정책을 채택할 것인가는, 앞으로 이 문제를 계속 따져 보겠지만, 아직도 미지수이다.

공동성명의 제2항은 북미관계와 북일관계의 정상화에 관한 것인데 제1항이 풀려야 제2항의 실천으로 넘어갈 수 있다. 북미관계가 정상화되어야 미국의 북한에 대한 경제제재가 풀리고 북한이 국제금융시장에서 돈을 빌릴 수 있을 것이다. 제네바합의 때에도 클린턴 정부 말에 울브라이트 국무장관이 북한을 방문하는 등 미국과 북한 간 관계 정상화의 움직임이 있었다. 그러나 미국과 북한이 관계를 정상화하는 데에는 상당한 기일을 필요로 할 것이다. 리비아가 핵 폐기 이후 미국과 관계 정상화를 하는 데 2년 반이 걸린 것을 고려하면 북한이 미국과 관계 정상화를 하는 데에도 이 정도 기간이 필요하지 않을까 생각해 볼 수 있다. 미국 국민들 간에 북한의 이미지가 워낙 나쁘기 때문에 북미관계가 빨리 개선되기 어렵다.

공동성명 제2항은 북한과 일본이 "평양선언에 따라 불행했던 과거와 현안 사항의 해결을 기초로 하여 관계 정상화를 위한 조치를 취할 것을 약속하였다"고 선언하고 있다. 2002년 9월 북한이 일본인 납치자 문제의 진상을 밝힌다고 하여 고이즈미 수상의 방북이 성사되었고, 이때 북일 양국은 관계 정상화를 위해 1990년 이래의 현안들 중 많은 부분에 합의하고 평양선언을 발표하였다. 이 선언에서 일본은 과거의 식민지배에 대해 사과하고 청구권 문제는 경제협력방식으로 해결하기로 합의하였다. 경제협력의 시기는 북일 국교정상화가 이루어진 후로 명문화하였으나 그 규모는 합의하지 않았다. 또 북한은 핵과 미사일 등의 문제를 해결할 것도 약속하였다. 그러나 이 선언은 일본인 납치자 문제에 대한 일본 내 여론의 악화와 미국의 북한 우라늄 핵개발 계획 발표로 고이즈미 수상이 2004년 5월 두 번째로 방북하였음에도 불구하고 진전을 보지 못하고 있다. 북일 간의 관계정상화는 북미 간의 관계정상화보다 일찍 이루어질 수 있지만 일본 내 북한의 이미지가 미국에서와 마찬가지로 아주 나쁘기 때문에 빨리 이루어지기는 어렵다. 또한 현재의 미일관계를 볼 때 일본은 북한과의 관계정상화를 미국과 보조를 맞추어서 진행할 것이다.6)

북한은 미국과 일본의 경제협력을 얻기 위해서는 제1항을 빨리 실천에 옮겨야 한다. 그리고 북한은 이러한 협력이 절실히 필요하다. 그럼에도 불구하고 북한이 핵 문제의 해결을 끄는 것은 플루토늄의 양과 핵무기의 수를 늘림으로써 더 큰 협상력을 얻을 수 있고 또 긴박한 경제적 필요는 한국과 중국이 해결해 주기 때문이다. 그러나 핵무기를 보유했다고 선언하는 등 미일의 관심을 끄는 북한의 발언에는 미일과 협상하여 안전보장과 더불어 경제협력도 얻어야겠다는 의도가 깔려 있다고 보아야 할 것이다.

공동성명의 제3항에서 "6자는 에너지, 교역 및 투자 분야에서 경제협력을 양자 및 다자적으로 증진할 것을 약속하였다." 또 6자는 북한에 "에너지 지원을 제공할 용의를 표명하였고" 한국은 200만kw 전력공급 제안을 재확인하였다. 한국의 전력공급은 미국의 경수로 건설반대에 대한 대책으로 나온 것이다. 북한이 경수로를 갖지 못하는 대신 한국이 200만kw의 전력을 공급한다는 것이다. 그러나 공동성명에서 북한이 나중에 경수로를 가질 수 있는 기회가 생겼기 때문에 한국은 북한에 전력도 공급하고 경수로도 건설해 주는 부담을 지게 되는 것 같다.

제3항의 합의에 따라 한국 정부가 부담해야 할 비용은 앞으로 9~13년 동안에 최소 6조 5천억 원에서 최대 11조 원이 될 것이라고 2005년 9월 22일 당시 정동영 통일부장관은 밝혔다. 구체적으로는 북한에 송전을 개시하기 전 3년 동안의 중유제공 비용 1,500억 원, 대북송전시설 건설비 1조 7천억 원, 6~10년간 송전비용 3조 9천억~8조원, 경수로 제공비용 7천억~1조원이라는 것이다. 전문가들은 이 계산에는 대북 송전을 위한 발전소 건설비 2조원 이상, 북한 내의 배전망 설비비용, 7천억~1조원이 아니라 최소한 2조 5천

6) 전진호, "6자회담과 북일교섭을 둘러싼 한일 간의 협력과 갈등", The Korean Political Science Association, *World Peace and the Korean Peninsula*, Dec. 1, 2005, pp.125-141 참조.

억~3조 5천억 원에 달할 새 경수로 건설 부담비용, 신포 경수로 사업종료에 따른 청산비 2억~3억 달러가 빠져 있다고 주장하고 있다. 이렇게 볼 때 한국의 대북 에너지 지원비용은 11조~15조원이 된다는 것이다.[7)]

공동성명의 제4항은 제네바합의에는 없는 새로운 조항이다. 여기서 "6자는 동북아시아의 항구적인 평화와 안정을 위해 공동 노력할 것을 공약하였다." 아울러 "직접 관련 당사국들은 적절한 별도 포럼에서 한반도의 영구적 평화체제에 관한 협상을 가질 것"이라고 선언하였다. 우리 측 대표의 해설에 따르면 직접 관련 당사국들이란 남북한과 미국 및 중국을 가리킨다.

김대중 정권은 한반도의 냉전체제를 해체하는 것을 대북정책의 목표로 내세웠고 노무현 정권도 이를 계승하고 있다. 김 정권과 노 정권 사람들이 한반도의 냉전체제를 해체하고 "영구적 평화체제"를 수립하기 위한 구상은 다음과 같은 단계로 구성되는 것 같다. 첫째는 미국으로부터 전시작전통제권을 환수하고 이에 따라 한미연합 군사지휘체계도 해체한다는 것이다. 한국은 자주적 군사지휘체계를 수립하고 주한 미군과는 수평적으로 협력하는 체제를 수립한다는 것이다. 노 대통령은 이 문제에 대해 2006년 1월 25일 기자회견에서 "올해 안에 환수문제를 매듭지을 수 있도록 미국과 긴밀히 협의해 나가겠다"고 했다. 이 문제에 대해서는 이미 양국 정부가 공동연구를 하여 10월의 한미연례안보협의회에 올리기로 합의했고 이를 바탕으로 환수를 추진해도 실제 환수는 10년 후에나 가능하다는 것이 여태까지의 국방부 판단인데, 노 대통령은 이 문제의 해결을 서두르고 있다. 한국의 언론은 그 서두르는 이유에 대해 그것이 "남북관계에 모종의 충격적 변화"를 일으키기 위해 북한과 코드를 맞추는 것이 아닌가 하는 우려를 표명하였다.[8)] 둘째는 미국과 북한 및 중국이 서명한 한반도의 정전체제를 남북한과 미중이 서명하는 평화체제로 전환한다는 것이다. 북한은 얼마 전까지만 해도 정전체제를 평화체제로 전환하는 일에 한국은 서명국이 아니라는 근거에서 한국을 배제시키고 있었다. 그러나 한국이 김대중 정권 이래 북한에 대해 지속적으로 호의를 나타냄에 따라 최근에는 이러한 입장에 변화가 일어난 것 같다. 셋째는 주한 미군의 역할을 북한을 비롯한 공산주의 세력의 군사적 위협을 막는 역할에서 동북아의 평화를 유지하는 역할로 전환한다는 것이다. 넷째는 동

---

7) 『조선일보』, 2005년 9월 23일, A5면, "정장관 대북 에너지 지원비용 6조 5천억~11조."

8) 『동아일보』, 2006년 1월 26일 A27면, "北위폐 감싸고 작전권 환수 서두르는 이유 뭘까."

북아에 안보협력체제를 만들어 이 지역과 한반도에 영구평화체제를 정착시킨다는 것이다.[9)]

대한민국 헌법 제3조에 규정된 영토조항을 삭제할 필요가 있다는 2005년 10월 24일 정동영 당시 통일부장관의 국회 발언과 한반도에 "평화체제를 구축해 군 병력을 30만~40만 명 수준으로 줄이면 국방비 감축으로 양극화 해소 재원을 마련할 수 있다"는 2006년 1월 22일 그의 발언도 이와 같은 전략구상의 실현과 관련해서 이해해야 할 것이다. 우리 헌법으로부터 영토조항을 삭제한다면 중국이 북한 붕괴의 경우 북한 영토를 합병해도 우리는 이에 항의조차 할 수 없다. 중국은 최근 북한 지역이 과거에 그들의 영토였다고 고구려사를 왜곡하고 있다. 이러한 문제점 때문에 이 발언에 대해서 김정일 정권의 환심을 사기 위한 것이 아니냐는 비난이 있다. 또한 노 정권은 전시작전권을 환수하고 2020년까지 자주국방을 위해 무기는 현대화하면서 군 병력을 68만 명에서 50만 명 수준으로 줄인다는 국방개혁안을 2005년 10월 발표하였다. 그리고 이러한 개혁을 실현하는 데는 620조원이 소요된다고 밝혔다. 한국 군 병력은 30만~40만 명 수준으로 줄이고 이로부터 절약되는 비용을 양극화 해소에 사용한다는 정동영의 발언은 이러한 자주국방개혁을 포기한다는 말과 같다. 이 때문에 이 발언에 대해서도 위와 똑같은 비난이 있다.[10)]

2006년 1월 19일 반기문 외교부장관과 콘돌리자 라이스 미 국무장관과의 합의 내용도 노 정권의 전략적 구상에 비추어 이해해야 할 것이다. 이러한 이해에 앞서 우선 합의 내용을 살펴보면 다음과 같다. 첫째는 "한미 양국은 자유와 민주적 제도, 그리고 인권을 전 세계적으로 확산시키기 위해 협조와 협력을 강화한다"는 것이다. 둘째는 "대량살상무기(WMD)와 그 운반수단의 확산을 막기 위한 국제안보 협력체제의 실현을 위해 공동의 노력을 경주한다"는 것이다. 이 합의조항은 노 정권이 미국 주도의 핵확산안전보장 이니시어티브(Proliferation Security Initiative; PSI)에 협력한다는 것으로 이미 1월 10일 미국 정부에 공식 통보한 내용이다. 셋째는 "강력한 한미동맹을 유지하고" "궁극적으로는 안보 협력을 위한 다자 지역협의체(Regional Multinational Mechanism for Security Cooperation)"를 만든다는 것이다. 넷째는 "한국은 동맹으로서 미국의 세계 군사전략의

9) 이와 유사한 전략구상은 임동원, "21세기 한반도 평화구축의 과제", 서울대학교 사회발전연구소 주최, 광복 60주년 종합학술포럼 1차 포럼, 『역동적 균형과 선진한국: 민주정치와 균형외교』, pp.1-16에도 나와 있다.

10) 『조선일보』, 2006년 1월 24일 A35면, "정동영, 김근태씨의 환상적 정책구상."

중요성을 이해하고 한반도 주둔 미군의 전략적 유연성의 필요성을 존중한다"는 것이다. 다섯째는 "전략적 유연성을 구체화하는 데 있어서 미국은 주한미군이 한국인들의 의지에 반해서 동북아의 지역갈등에 개입하면 안 된다는 한국의 입장을 존중한다"는 것이다. 여섯째는 "한반도에서의 항구적 평화체제 토대가 북핵문제를 해결하는 과정에서 모색될 수 있다"는 것이다.[11)]

여기서 첫째와 둘째의 합의내용은 노 정권이 진정으로 합의하는 내용이라고 보기 어렵다. 바로 소개한 바 있는 노 대통령의 1월 25일 기자회견에서의 북한에 대한 언급은 이 합의를 무력화하는 내용이기 때문이다. 자유와 민주적 제도, 인권을 전 세계적으로 확산시키기 위해 협력한다는 것은 자유와 민주적 제도, 인권이 철저하게 부정되고 있는 북한을 압박한다는 의미이고, 또 PSI에 협력한다는 것은 대량살상무기 확산의 주범 국가들 중 하나인 북한을 재정적으로 돕는 지원망을 파괴한다는 의미이나, 노 대통령은 그러한 일은 하지 않겠다고 강한 어조로 말했다. 셋째의 강력한 한미동맹을 유지한다는 것도 노 정권의 행동과는 괴리가 있다는 지적이 많다. 노 정권이 1월 19일 합의에서 이루고자 하는 것은 동북아에 다자적인 안보협의체를 만들자는 것, 미국이 원하는 주한 미군의 전략적 유연성을 인정해 미군의 역할 변경이나 축소를 용이하게 하자는 것, 동북아 분쟁에서의 주한 미군의 개입은 막자는 것, 그리고 이를 통해 북핵 문제를 해결하자는 것이다.

요약건대, 노 정권의 전략적 구상의 핵심은 주한 미군의 역할을 변경하거나 축소하고 종국적으로는 동북아 안보협의체제로 한미동맹체제를 대체함으로써, 다시 말해, 노 정권은 북한에 막대한 경제적 유인뿐만 아니라 주한 미군의 역할 변경과 한미동맹 약화나 해체라는 안보 유인을 제공함으로써 북핵 문제를 해결하고 북한과 평화협정을 맺는다는 계획을 가지고 있는 것 같다. 노 정권의 이러한 전략적 구상이 성공하면 그 다음 실현목표는 남북한이 "남쪽의 남북연합제와 북쪽의 '낮은 단계의 연방제'를 통합해 통일의 제1단계에 들어가야 한다"는 김대중 전 대통령의 주장이 될 것이다.[12)]

노 정권은 2006년 4월부터 미국산 쇠고기 수입을 재개하기로 결정했고 스크린 쿼터를 축소하고 미국과 자유무역협정(FTA)을 협상할 것도 결정하였다. 미국과의 FTA 협상이

11) 『중앙일보』, 2006년 1월 21일 제5면, "한국, 주한미군 빼내도 막기 어려워."
12) 한국학 중앙연구원이 개최한 "문명과 평화 국제 포럼"에서 2005년 12월 5일 김대중 전 대통령이 한 영상 연설.

한미 간의 경제적 갈등을 부각시켜 중요한 선거의 해인 2006~2007년에 한국 내의 반미 감정을 다시 부추기는 계기가 될 수 있는 가능성도 배제할 수 없지만, 노 정권은 이보다는 이러한 결정으로 한미 간의 경제적 상호이익이라는 효과와 미국의 대북 강경자세 완화라는 부수효과를 기대하고 있다고 보아야 할 것이다.

노 정권의 이와 같은 전략적 구상에 대해서는 여러 가지 비판이 나오고 있다. 해방 직후 반탁반공운동을 이끌었던 이철승 씨가 발행하는 『민족정론』과 우파 논객들이 만드는 『한국논단』에는 김대중 정권과 노무현 정권의 대북 정책이 적화통일을 획책하는 정책이라고 맹비난하는 글들이 매달 실리고 있다. 항간에는 "한국이 이미 적화는 되었고 통일만 되지 않았다"는 비아냥거림도 돌아다니고 있다.

이러한 비판은 반공운동에 앞장서 있는 인물들로부터만 나오는 것은 아니다. 두 번 연속 한나라당 대통령후보였던 이회창 씨도 2006년 1월 25일 한 연설에서 "김대중 정권 후부터 현 정권에 이르기까지 친북좌파세력이 득세하면서 나라 안이 온통 분열과 갈등으로 뒤범벅됐다", "자유민주주의와 시장경제, 인권존중을 핵심으로 하는 대한민국 체제의 미래에 대해 많은 국민이 불안해 있다", "현 정권은 북의 심기를 건드릴까봐 노심초사하는 모습이 역력하다", "완력을 가진 깡패를 달래서 얻는 평화는 진정한 평화가 아니다" 등의 노 정권 비판을 쏟아냈다.13)

한나라당의 박근혜 대표는 2006년 1월 26일 신년 기자회견에서 노 정권과는 다른 대북 정책을 제안하였다. 그는 북핵 문제는 한미일 공조를 강화하고 중국과 러시아를 설득해 북한이 오판을 못하도록 하는 방법으로 해결하고, 위폐는 명백한 국제범죄 행위로 6자회담과 별개로 대처해야 하고, 북한 인권 및 국군포로, 납북자 문제에 정부가 적극 나서야 된다고 주장하였다.14)

노 정권은 반공운동가들의 비판은 냉전시대의 "색깔 논쟁"이라고 일축하고 있고, 박 대표의 비판은 국민들 간에 상당히 공감이 형성되고 있지만 받아들이지 않고 있다. 한국 사회는 대북 정책을 둘러싸고 마치 해방 3년간의 기간에서와 같이 양분화되고 있다. 한국이 어떠한 대북 정책을 유지해야 될 것인가는 2007년 대통령선거에서 국민들이 선택해야 할 것이다. 그러나 문제는 노 정권이 우리 국민들이 이러한 선택을 하기 전에, 즉

---

13) 『동아일보』, 2006년 1월 26일 A6면.

14) 『중앙일보』, 2006년 1월 27일 제3면, "박 대표, 노 대통령과 전방위 정책 대립."

그의 임기 중에 그의 전략적 구상을 실현하려고 한다는 데 있다. 노 정권의 대북 정책이 한미공조보다는 북한이 주장하는 "민족공조" 쪽으로 일관되게 기울어져 있는 것같이 보인다면, 그것은 이러한 목표를 실현하기 위해서라고 보아야 할 것이다. 그러나 이러한 경우에도 노 정권은 이 구상의 가정과 실효성에 대해 보다 철저히 검토해야 할 것이다.

이 전략적 구상은 북한이 이제는 더 이상 한국에 안보위협이 안 된다는 가정에 근거해 있다. 이 가정의 근거에는 두 가지가 있다. 첫 번째 근거는 2000년 6·15 선언 이후 활발해진 남북한 간의 교류와 화해협력이다. 이 교류와 화해협력으로 북한은 이미 한국에 안보위협을 가하는 적대국이 아니라는 것이다. 만약 북한에 아직도 이러한 요소가 있다면 앞으로의 교류와 화해협력으로 이를 제거할 수 있다는 것이다. 주한 미군의 역할 변경도 이러한 가정에 근거해 있다. 주한 미군은 냉전시대에 북한과 다른 공산주의 국가의 위협으로부터 한국을 방어하는 데 그 존재의의가 있었는데, 탈냉전과 남북한 화해협력시대인 오늘날에는 주한 미군은 그러한 존재의의를 잃었다는 것이다. 이러한 이유 때문에 주한 미군은 북한의 위협을 억지하는 군사력으로보다는 동북아의 평화를 유지하는 군사력으로 그 역할 변경이 요청된다는 것이다.

이와 관련하여 김대중 정권과 노무현 정권 사람들은 주한 미군의 역할변경과 축소는 냉전이 종결된 이후부터 미국 정부가 추진해 온 것으로 전혀 새로운 것이 아니라고 강조하고 있다. 주한 미군의 역할 변경과 축소가 주한 미군 철수와 연결될 수 있기 때문에 자칫 잘못하면 그들은 북한이 요구하거나 원하고 있는 주한 미군 철수를 유도하고 있다는 오해를 국민들로부터 받을 수도 있다. 미국 정부의 주한 미군 역할변경정책은 그들에게서 이러한 오해의 소지를 제거하거나 약화시키고 있다. 그러나 미국 정부의 주한 미군 역할변경정책과 노무현 정권의 미군 역할변경정책은 상호 상승효과를 내어 주한 미군의 역할 변경과 축소를 가속화시키는 결과를 낼 수 있다. 미국 정부는 닉슨 대통령 때에도, 또 카터 대통령 때에도 주한 미군 감축이나 철수정책을 제시했는데, 이 때마다 한국 정부는 이에 대한 반대 입장을 강력히 표시하여 카터 때에는 그의 철수정책을 저지하기도 하였다. 미국은 한국 정부의 의사와 관계없이 그들의 전략적 이해관계에 따라 주한 미군을 감축하거나 철수할 것이라는 주장은 종국적으로는 맞는 주장이다. 그러나 그 과정은 우리 정부의 정책 여하에 따라 가속화될 수도 있고 지연될 수도 있다.

노 정권의 입장은 주한 미군의 역할 변경과 축소를 가속화시켜도 남북한 교류와 화해

협력, 그리고 북핵 문제의 해결과정에서 이루어질 남북한 간의 평화협정 및 동북아 안보체제로 한국의 안보를 보장할 수 있다는 것이다. 그러나 이 입장에는 무시해서는 안 될 결함이 있다. 그것은, 남북한 교류와 화해협력이 계속될지, 북핵 문제가 해결될지, 평화협정이 체결될지, 동북아 안보체제가 수립될지, 모두가 불확실하지만, 이 모든 것이 다 잘 된다고 하여도 남북한이 서로 다른 체제를 유지하는 한 서로는 상대편에게 위협요소로 남을 것이라는 점을 이 입장이 간과하고 있는 것이다. 한국의 다원민주주의체제와 시장경제체제, 그리고 이에 기반을 둔 번영은 전체주의적 독재정치체제와 명령경제체제를 가지고 있는 기아선상(饑餓線上)의 북한에게는 항상 위협인 것이다. 또한 이러한 북한은 한국에게도 위협이다. 남북한과 같이 서로 아주 상이한 체제를 가지고 있는 두 나라는 상호 간의 위협이 최소화되도록 관리함으로써 잠정적으로 공존할 수 있을 뿐이다. 이러한 목표를 넘어서 어떠한 경제공동체나 정치공동체를 만들려고 한다면 거기에는 한쪽에서 다른 쪽을 압도하려는 획책이 반드시 나타날 것이고, 이러한 획책은 양 체제의 지지자들 간의 전면전으로 비화할 위험성이 있다. 이것이 정치의 현실이고 상식이다. 같은 정치경제체제, 비슷한 경제발전 수준, 비슷한 생활 스타일과 의식구조와 같은 EU 결성의 전제조건들을 남북한은 아직 가지고 있지 못하다. 유럽의 경제공동체는 상품, 서비스, 자본, 노동 등의 자유로운 이동을 보장하고 있는데 김정일 정권 사람들이 이를 받아들인다면 그것은 그들의 체제를 동독과 같이 스스로 포기하는 것이나 마찬가지이다. 이는 가까운 시일 내에 일어날 수 없는 일이다. 이를 무시하고 남북한이 같은 민족이기 때문에 무슨 공동체 같은 것을 이상적인 담론의 수준에서가 아니라 실제로 만들 수 있는 것같이 주장하는 것은 이러한 현실과 상식에 위배된다. 같은 민족이라는 조건은 이러한 공동체를 만들려고 할 때 양자를 묶어주는 요인도 되지만 양자의 충돌을 격화시키는 요인도 될 것이다. 이 때문에 주한 미군의 역할 변경과 축소를 가속화시키려는 노 정권의 계획은 현재로서는 시기상조의 정책이라고 평가할 수 있다.

북한이 한국에 안보위협이 안 된다는 가정의 두 번째 근거는 북한에 안보위협적인 적대국가의 요소가 있다 해도 북한은 한국에 공격을 가하기에는 너무 약하다는 것이다. 북한의 총체적인 국력이 한국과는 비교가 안 될 정도로 약한 것은 사실이다. 북한은 중국이나 한국으로부터 도움을 받지 않는다면 스스로 붕괴할 가능성이 높은 나라이다. 그러나 북한은, 핵무기를 가지고 있건 가지고 있지 않건, 가지고 있는 경우 이를 포기한다 해도,

휴전선 부근에 배치하고 있는 엄청난 병력이 있다. 이 병력은 한국에 커다란 위협이다. 한국군이 자주적으로 이 위협을 막을 군사력을 가지고 있거나 앞으로 가질 수 있다고 해도, 북한군은 한국에게 한국군이 북한에게 위협이 되는 것보다 훨씬 더 큰 위협이 되고 있다. 북한군이 한국을 위협하거나 실제로 공격을 가한다면 그 피해는 이 반대의 경우에 북한이 입는 피해의 몇백 배가 될 것이다. 북한이 한국과의 관계가 아주 나빴을 때에 한국에 그러한 물리적 위협을 실제로 가할 수 없었던 것은 미군의 억지력 때문이었다. 미국은 북한이 한국에 대해 물리력을 행사하면 북한은 끝장이 날 것이라고 위협하였고 북한은 이를 믿었다. 그러나 한국군은 이와 같은 억지력을 가지고 있지 못하다는 문제점을 가지고 있다.

이 외에도 북한이 한국에 안보위협이 이미 안 되거나 안 될 것이라는 가정은 김정일 정권의 속성을 완전히 무시하고 있다는 커다란 문제가 있다. 독재정권은 그 권력 유지를 위해서 전쟁을 일으킬 개연성이 민주적인 정권 보다 훨씬 더 크다는 것이 전쟁에 관한 비교연구에서 나온 결론이다. 그러나 반독재 투쟁에 앞장섰던 사람들은 김정일 독재체제의 이와 같은 위험성에 대해서는 침묵하고 있다.

노 정권의 전략적 구상에 대해서는 그 가정뿐만 아니라 실효성에 있어서도 의문을 가지지 않을 수 없다. 첫째로 이 구상은 미국의 대북 억지력 보다는 북한과의 평화협정과 동북아 안보협약을 더 중시하고 있다는 문제가 있다. 평화협정과 다자안보협약이 평화를 유지하는 것이 아니라는 것은 국제정치의 상식이다. 평화협정과 다자안보협약은 힘의 뒷받침이 있는 경우에만 실효성이 있다.

노 정권은 미국 억지력의 결손을 자주 국방력의 강화로 보충한다는 계획을 가지고 있으나 이에는 두 가지 문제가 있다. 첫째는 이에 소요되는 엄청난 재원이다. 이러한 군사비 지출은 한국의 선진국 진입을 방해하는 요인이 될 것이다. 둘째는 노 정권과 그의 후계자들이 과연 그러한 의사를 가지고 있는지 불분명하다는 점이다. 미국의 억지력이 빠진 다음에 이로부터 발생하는 안보위험을 평화협정, 다자안보협약, 자주 국방력으로 대처한다는 것은 현재의 안보구도보다 훨씬 덜 효과적이고 덜 효율적인 구도이다.

둘째로 이 구상은 동북아에 다자안보체제를 수립하는 일이 아주 어렵다는 점을 무시하고 있다. 중국과 일본은 서로 대립하고 있고 미국은 일본과 긴밀한 관계를 유지하면서도 중국과 일본 사이에서 균형자 역할을 하는 데서 전략적 이익을 보고 있다. 이러한 상황에서 이 세 나라가 다자안보체제 수립에 동의한다는 것은 매우 어려운 일이다. 그리고 다자안보체제 수립에 한국이 주도적 역할을 하기에는 그 국력이 너무 약하다. 한국 정부는 앞으로 누가 정권을 잡건 간에 다자안보협력기구를 만들기 위해 노력해야 하겠지만 현재 전혀 실현성이 없는 동북아 다자안보체제에 한국의 안보를 맡길 수는 없는 것이다.

셋째로 이 구상은 동북아에서의 미국의 후퇴가 남북한 관계가 어떻게 되건 간에 우리에게 불리하다는 점을 간과하고 있다. 동북아에서 미국이 후퇴한다면 중국과 일본의 패권다툼이 있을 것이고 이 다툼의 결과로 두 나라 중 한 나라가 동북아 패권국가가 될 것이다. 이 두 경우 모두 한국은 어렵게 될 것이다. 한국은 두 나라 간에 패권다툼이 진행되는 과정 중에는 과거 고려와 조선이 중국과 일본 사이에서 겪었던 어려움을 다시 겪을 것이다. 패권다툼이 끝난 다음에는 패권국가의 영향권에 편입되어 고려와 조선과 같이 그 나라에 다시 순종할 수밖에 없을 것이다. 한국은 한국의 국가이익의 최대화를 위해서는 동북아지역의 세력균형체제 유지에 공헌하고 있는 미국의 후퇴를 촉진하기보다는 지연시키는 정책을 가져야 할 것이다.[15)]

노 정권의 전략구상이 가지고 있는 이와 같은 문제점들을 고려할 때 노 정권의 대북제안들은 김정일 정권에게는 과거 어느 정권의 대북 제안들보다 훨씬 더 유리하다는 것을 알 수 있다. 노 대통령의 임기 중에 북핵 문제를 타결하고 그의 구상에 따라 한반도 평화체제를 수립하는 것이 김정일 정권에게는 최상의 방책일 것이다. 2007년 대통령선거에서 노 대통령의 후계자들이 패배한다면 김 정권은 이와 같이 유리한 조건으로 한국과 관계를 맺기는 어려울 것이다.

그렇다면, 북한의 김정일 정권은 왜 핵문제 해결에 과감한 자세를 취하고 노 정권의 제안을 빨리 수락하고 있지 않은 것인가? 그 이유에 대해 우리는 다음 몇 가지를 생각해 볼 수 있다. 첫째, 노 정권이 북핵 문제 해결과 남북관계의 개선을 위해 획기적인 조건들을 제시했지만 김정일 정권 사람들은 아직까지도 노 대통령에게 속는 것은 아닌가 하는 의구심을 가지고 있을 것이다. 김정일 위원장은 숙소도 자주 옮기도 비행기도 타지 않는 것으로 알려져 있다. 이는 그를 둘러싼 객관적 정치 환경이 그렇게 위험하거나, 그렇지 않다면 그의 심리상태가 극도의 불안상태에 있다는 것을 의미한다. 미군의 역할이 변경

15) 김경원, "역동적 환경과 균형의 전략: 대한민국의 대전환기 생존전략", 서울대학교 사회발전연구소, 앞의 논문집, pp.17-38 참조.

된다고 해도 미군은 한국에 계속 주둔할 것이고 한국군의 군사력도 그대로 유지되는 상황에서 숙소도 자주 옮기고 비행기도 타지 않는 그가 속는 것은 아닌가 하는 의구심을 갖는 것은 이해하기 어려운 일이 아니다.

둘째, 김정일 정권이 노 대통령을 신임한다 해도 그가 제시한 조건들의 실현성 여부에 대해서 의심을 가질 것이다. 노 정권과 모든 현안들을 타결한다 해도 과연 그것이 다음 정권에게도 구속성을 가질 것인지에 대해 의심할 것이다. 노 대통령의 후계자들의 지지율은 아주 낮고 타 대통령 후보들이 높은 지지율을 유지하고 있는 2006년 3월의 상황에서 한국의 다음 번 대통령이 노 대통령이 김정일 정권에게 약속한 것을 지킬 것인지는 확실하지 않기 때문이다.

김정일 정권이 북핵과 남북문제의 해결을 서두르고 대통령선거 전에 남북정상회담도 개최하여 노 대통령의 후계자들 중 한 사람의 당선을 위해 협조한다는 생각을 가졌다 해도, 그것이 과연 의도대로 될지는 미지수이다. 현안의 타결과 정상회담이 노 대통령의 대북 정책을 반대하는 국민들이 힘을 결집시키는 계기가 된다면, 그것은 노 대통령 후계자의 당선을 오히려 방해하는 요인으로 작용할 것이다. 김정일 정권 사람들은 이 점에 대해서도 깊이 생각할 것이다.

셋째로 노 대통령과 김정일 정권의 생각대로 모든 일이 다 잘 진행되어 노 대통령의 후계자가 대통령 당선에 성공한다고 해도 그것이 김 정권의 걱정거리를 없애주는 것은 아니다. 김 정권은 북한이 미국이나 한국과 대립하는 긴장상황 속에서 유지되어 온 정권인데, 이러한 대립과 긴장의 제거는 사실상 그 정권의 유지기반을 침식하는 것이다. 과거 오랜 기간 동안의 남북 간의 적대적 관계는 박정희 정권과 김일성 정권의 장기 지속에 공헌하였고, 이러한 의미에서 두 정권은 "적대적 협력관계"에 있었다. 남북 양 정권 간의 이러한 "적대적 협력관계"의 제거는 김정일 정권과 같은 독재정권에게 특히 불리하다. 김 정권은 북한 인민들을 동원하고 탄압하는 중요한 구실거리를 잃을 것이기 때문이다.

넷째로 북핵 문제의 해결과 남북관계의 획기적 개선은 북한의 개방을 수반할 것이다. 현재 남북관계의 개선에도 불구하고 북한은 외국 방문자들은 물론 북한에 호의적인 한국 방문자들에게도 개방되어 있지 못하다. 북한은 중국과 같이 개방하지 않고서는 남한과 다른 자본주의국가들과 활발한 경제교류를 할 수 없고 따라서 원하는 경제발전도 이룩할 수 없다. 그러나 북한이 중국과 같이 개방된다면 이러한 개방은 북한의 김정일 체제를 붕괴로 몰아갈 가능성이 크다. 일본의 북한 연구가인 와다 하루키 교수는 북한을 기어츠(C. Geertz)가 말하는 "극장 국가"라고 해석한 적이 있다.[16] 북한의 인민들은 모두 극장 속의 관객들과 같다는 것이다. 극장의 문이 열려 관객들이 극장 밖으로 나오기만 하면 그들은 김정일 정권의 선전과 주장이 현실이 아니라 극장 속의 영화나 쇼에 불과한 것이라는 것을 곧 알게 된다는 것이다. 그들은 이러한 선전과 주장을 더 이상 믿지 않을 것이고 여태껏 속았다는 배신감으로 분노하고 김정일 체제를 전복시킨다는 것이다. 그리고 탈북자들은 이러한 극장으로부터의 탈출자들인 만큼, 북한 인민들의 극장으로부터의 탈출은 이미 시작되었다고 말할 수 있다.

김정일 정권 사람들은 그들에게 닥칠 수 있는 이와 같은 위험성으로부터 그들을 보호해 주는 세력으로 중국을 생각할 수 있다. 중국이 이러한 역할을 김정일 정권에게 약속한다면 북핵과 남북문제는 보다 쉽게 풀릴 것이다. 이 경우 북한은 중국의 위성정권으로 전락할 가능성이 있다. 그러나 중장기적으로 생각하면 중국이 이러한 역할을 하기도 어려울 것이다. 중국이 북한 인민들의 의사에 반해서 오랫동안 김정일 정권을 보호할 수는 없기 때문이다. 중국이 무리하게 그러한 길을 택한다면 북한 인민들이 반중적으로 될 것이고 이는 중국이 원하는 일이 아닐 것이다.

김정일 정권은 김일성 정권보다는 북한 인민들에 대한 장악력이 떨어지는 정권이다. 김일성 정권이 당 중심 정권이었다면 김정일 정권은 군 중심 정권이다. 김일성 주석은 제네바합의를 받아들이고 이에 대한 북한 엘리트들 간의 논란 속에서 스트레스를 받아 심근경색으로 사망했다고 한다. 김정일 위원장은 9·19 성명의 실천과정에서 북한이 직면할 수 있는 위험성을 막는 능력에 있어 김일성 주석보다 훨씬 떨어진다고 보아야 할 것이다.

이렇게 볼 때 김정일 정권에게 가장 유리한 길은 현상유지라는 것을 알 수 있다. 북핵문제의 해결을 질질 끌면서, 또 해결된다 해도 과거와 같이 반칙을 반복하여 이 문제를 다시 일으킴으로써 미국과 긴장관계를 조성하고 중국과 한국으로부터는 계속 경제적 지원을 받는 상황이 김정일 정권의 유지에는 가장 좋은 길인 것이다.

그러나 김정일 정권이 현상유지 노선에서 빠져나와 노 정권의 제안들을 수락할 가능성도 충분히 있다. 한국의 반공운동가들이 노 정권의 대북 정책의 위험성으로 지적하고 있

16) 이 책의 제4장 주 36)에 나온 Haruki Wada의 논문 참조.

는 적화통일이 추진될 수 있다는 계산이 나오면 김정일 정권은 노 정권의 제안들을 수용할 것이기 때문이다. 우리는 김정일 정권이 "사회주의 조국통일", 혹은 적화통일의 가능성을 어디서 찾을 것인지에 대해 다음과 같은 것들을 생각해 볼 수 있다.

첫째로 한국에서는 김대중 정권 이래 현재에 이르기까지 친북 세력의 정치적 활동공간이 넓어지고 있다. 이 기간 중 북한으로부터의 간첩이 잡힌 예는 거의 없다. 북한은 그 전에 그렇게 많이 내려 보내던 간첩들을 이제는 남파하지 않는지, 혹은 한국 정부가 간첩들을 잡지 않는지 국민들은 알 길이 없다. 정부 여당에서 추진 중인 국가보안법 폐지는 이러한 활동공간을 더욱 넓혀 줄 것이다. 또 한국에는 소위 주사파라고 하여 김일성-김정일 체제를 신봉하는 운동가들이 있는데, 그들의 활동도 합법화되고 활발해질 것이다.

둘째로 오늘날의 한국에서는 정치세력이 보수세력과 진보세력으로 양분되어 해방 3년의 상황 비슷한 것이 재연되고 있다. 한국의 진보세력은 대부분 서구식 민주주의와 시장경제를 인정하는 세력으로 볼 수 있기 때문에 김정일 정권이 그들에게 침투하기란 어려울 것이다. 그러나 김정일 정권은 한국 진보세력의 다음과 같은 세 가지 특성에 유의할 것이다. 첫째, 한국의 보수와 진보는 사회복지정책에 대한 견해 차이보다는 어떠한 정치적 태도를 가지고 있는지에 따라 구분되고 있다. 오류의 위험성을 안고서 아주 단순화시켜 말한다면, 김대중 정권과 노무현 정권의 대북 정책을 지지하는 사람들은 진보세력이고 이를 반대하거나 이의 수정을 요구하는 사람들은 보수세력이다. 보안법 폐지를 주장하는 사람들은 진보세력이고 이의 개정을 주장하는 사람들은 보수세력이다. 북한의 한국 남침을 정당화하는 사람들은 진보세력이고 이를 비난하는 사람들은 보수세력이다. 대한민국의 정통성에 대해 회의하는 사람들은 진보세력이고 이를 인정하는 사람들은 보수세력이다. 이승만 정권과 박정희 정권의 과오 지적에 치중하는 사람들은 진보세력이고 공과를 모두 따지는 사람들은 보수세력이다. 둘째로 한국의 진보세력은 북한의 전체주의적 독재체제를 비판하지 않는 성향을 나타내고 있다. 서구의 진보세력은 사회민주주의 세력은 물론 공산당까지도 소련의 스탈린 체제, 즉 전체주의적 독재체제를 비판하고 거부했는데, 한국의 진보세력은 이러한 비판과 거부행위를 삼가고 있다. 셋째, 제2차 세계대전 종료 이래 서구의 보수세력과 진보세력은 그들 각각의 노선과 정책이 서로 가까워지는 수렴(convergence)의 경향을 나타내고 있다. 이에 비해 한국의 보수와 진보는 최근 상호간 양극화(polarization)되는 경향을 나타내고 있다.

셋째로 이러한 보수-진보의 대립과 더불어 산업화 사회의 치열한 노사갈등이 한국사회에서는 오늘날에 와서야 본격적으로 나타나고 있다. 선진 제국에서는 민주정치과정을 통해 이를 극복하고 노사협조문화가 정착되고 있는데, 한국에서는 노사갈등문화가 확산되고 있다. IMF 사태 이후 한국 사회에 나타난 부익부 빈익빈(富益富 貧益貧)의 양극화 현상이 이러한 갈등의 사회적 기반이 되고 있다. 노동자들의 노조뿐만 아니라 교사들의 노조, 교수들의 노조, 공무원들의 노조가 결성되고 있고 한국사회의 보수적 지배구조와 분배문제에 커다란 불만을 나타내고 있다. 이러한 노조들 중 일부는 한국사회의 지배구조를 개선하고 부의 보다 평등한 분배에 공헌한다는 목표를 넘어 대한민국 자체의 정통성까지도 문제삼고 있다.

넷째로 우리나라 유권자들의 지역주의 투표경향은 아직도 변화하지 않고 지속되고 있다. 진보적인 대통령 후보라도 그가 자기 지역 출신이라면 보수적인 견해를 가지고 있는 유권자들도 그에게 투표하는 경향이 있다. 이는 반대의 경우도 마찬가지이다. 진보적인 정치세력은 그 세력이 소수파라고 해도 지역주의를 이용해서 정권을 장악할 수 있다.

김정일 정권 사람들은 9・19 공동성명과 그 실천단계에서 여러 가지 위험성과 가능성을 보고 이를 저울질하고 있을 것이다. 그러나 그들이 남북한의 양 체제의 우열을 객관적으로 볼 수 있는 능력을 가지고 있다면 후자의 가능성보다는 전자의 위험성이 더 크다고 판단할 것이다. 한국과 구미의 북한 전문가들은 그들의 성향이 보수적이든 진보적이든 이러한 판단에 있어서는 대체로 비슷하다. 9・19 성명의 실천이 한국의 안전보장에 야기할 수 있는 여러 가지 문제점들에도 불구하고 한국 사람들 대다수가 전문가든 비전문가든 이 성명을 환영하는 것은, 혹은 최소한 반대하지 않는 것은 그 과정에서 북한이 부딪칠 위험성도 암묵적으로 다 잘 이해하고 있기 때문이다. 노무현 정권 사람들이 북한에게 그 이전 정권들보다도 더 호의적인 자세를 나타내고 여러 면에서 더 양보하고 있는 것은 북한에 대한 그들의 비(非)반공적인 견해에도 원인이 있겠지만 이와 더불어 한국은 점점 강해지고 있는 데 반해 북한은 점점 약해지고 있다는 그들의 자신감에도 원인이 있다고 볼 수 있다.

미국 로스앤젤레스 지역의 라디오 코리아는 최근 "청와대 고위 인사와 군 장성들이 평균 한 달에 한 번꼴로 평양을 오가며 남북연합과 관련된 교육을 받고 있다"고 보도했다고 한다. 이 뉴스의 취재원은 한국의 모 국책연구원 북한센터소장 K씨의 어머니인 김 모

씨이고, 김 모 씨는 아들 K씨가 평양 교육에 참가한 뒤 이 사실을 알려주었다고 밝혔다는 것이다. 이에 대해 한나라당이 "사실이라면 국가전복 기도"라고 문제를 제기한 데 대해 청와대 측은 "황당무계한 얘기"라고 반박했다고 한다. 국정원 관계자도 이를 확인해 보았지만 "사실무근"이고 "일고의 가치도 없는 이야기"라고 일축했다고 한다. 라디오 코리아의 "황당무계"하고 "사실무근"한 보도와 같은 국가권력 핵심부로부터의 체제 전복기도가 없는 한 북한이 적화통일에 성공할 수 있는 방도는 없을 것이다.17)

9·19 공동성명은 제네바합의보다 우리 한국에게 더 유리하다고 말할 수는 없다. 한국은 제네바회담 때보다 훨씬 큰 비용부담을 이미 약속해 놓고 있기 때문에 이 면에서 우리에게 불리한 합의이다. 이 성명은 제네바합의보다 북핵과 한반도 평화문제에 대해 더욱 포괄적인 내용을 가지고 있고 북한에게 유리한 내용을 더 많이 포함하고 있다. 그럼에도 불구하고 이 성명의 앞날은 불확실하다. 국민들은 이 성명의 실천이 타결될 가능성이 안 될 가능성보다는 클 것이라고 기대하고 있으나 그래도 이것이 반드시 타결될 것이라고는 말하기 어렵다.

제네바합의는 한국이 배제되고 북미 간의 협상으로 성사되었으나 이번 합의는 우리 측이 적극 참여하여 조정 역할을 한 결과로 얻어내었다. 제네바 협상 때에는 미국 공화당 사람들과 우리 정부는 미국 대표가 북한에 대해 너무 부드럽다는 불만을 가지고 있었다. 그러나 협상이 교착상태에 빠져 미국의 북한 공격 일보 전까지 갔을 때 김영삼 정권은 이를 말리지 않았다. 김영삼 정권은 한반도에 전쟁이 나도 괜찮다는 입장에서가 아니라 미국이 강하게 나가면 북한은 물러설 수밖에 없고 전쟁은 나지 않을 것이라고 믿었기 때문이다.

이번 6자회담에서는 이와 반대현상이 나타났다. 공화당 정권하의 미국 대표는 대북 강경 노선을 유지한 반면 노무현 정권하의 한국 대표는 부드러운 노선을 나타냈다. 이 과정에서 한미동맹이 좀 손상되는 문제도 제기되었다. 이 문제는 앞으로도 한국정치에 큰 문젯거리가 될 것이다.

김대중 전 대통령이 방북을 계획하고 있고 그의 방북은 남북정상회담으로 이어질 가능성이 있다. 9·19 공동성명이 실천에 들어갈 경우 노무현 정권이 제공하는 엄청난 경제와 안보면의 보상은 김정일 정권에게는 너무 큰 유혹이다. 그 때문에 김정일 정권은 노무

17) 『동아일보』, 2006년 1월 31일 제6면, "미 라디오코리아 '청고위인사-군장성 남북연합 교육 보도.'"

현 대통령의 후계자들 중 한 사람이 대통령에 당선되도록 도와줄 수 있다면 기꺼이 도와줄 것이다. 노 정권은 우리 사회의 양극화도 해결하고 김정일 정권도 도와주는 재원을 어떻게 마련하느냐의 문제가 있지만 9・19 공동성명이 실천단계에 들어갈 때에는 그는 퇴임하기 때문에 이에 직접적 책임을 지는 위치에 있지 않을 것이다. 한국의 정치 게임에 김정일 정권이 개입할 수 있다는 것은 우리에게는 바람직한 일이 아니다. 그러나 이는 현실이고 우리는 이러한 현실을 받아들일 수밖에 없다.

그러나 9・19 공동성명의 실천과정에서 제네바합의의 실천과정에서 일어난 바와 같은 여러 가지 문제들이 또 일어날 수도 있다. 최악의 경우에는, 9・19 공동성명이 실천단계에 들어가지 못하는 경우도 있을 수 있다. 그 경우 우리 정부는 북한에게 더 많이 양보하고 더 큰 보상을 제시하면서 9・19 성명의 실천을 추구해야 할 것인가?

이에 대한 해답은 다음 몇 가지를 고려해서 결정해야 할 것이다. 첫째로 역사발전 단계로 볼 때 한국의 최우선 과제는 통일이 아니라 선진국 진입이다. 한국은 식민지시대와 분단과 전쟁이라는 대가를 치르고 대한민국을 수립했고 독재정치와 인권탄압의 대가를 지불하고 가난을 극복하였다. 이제는 선진국으로 진입할 시기이다. 이제는 한국 국민들이 모두 물질적으로 풍요롭고 정신적으로 자유로운 생활을 영위할 수 있는 선진국 단계의 발전을 이루어 내야 할 시기이다. 이러한 기회는 우리 민족의 역사상 없었던 기회이다. 남북관계 개선이나 통일은 선진국 진입이라는 최우선 과제에 종속되어야 하고 이러한 과제의 달성에 장애 요인이 되어서는 아니 될 것이다.

남북관계 개선이나 통일이 중요하지 않다는 말이 아니다. 이는 중요한 일이나 이 일에는 북한이라는 상대도 있고 국제정치구조라는 환경도 있기 때문에 이를 우리 혼자서 최우선 과제로 놓고 해결을 서두른다고 해서 해결되는 것이 아니다. 한국은 이러한 일에 매달려서 국력을 과도하게 낭비해서는 안 된다. 선진국 진입이라는 과제는 우리가 총력을 기울여 이의 달성을 위해 노력하면 달성할 수 있는 목표이다. 한국이 선진국이 되면 남북관계의 개선과 통일은 뒤따라올 수도 있다. 그 때에는 한국이 북한에 대해 발하는 햇볕이 김-노 정권의 햇볕정책이 발하는 햇볕보다 훨씬 더 강해져 동토(凍土) 북한을 보다 자연스럽게 녹일 수 있을 것이다.

둘째로 선진국 진입이 우리의 최우선 과제라고 생각할 때 우리의 대북 정책은 이러한 목표에 따라 조정되어야 한다. 우리는 북한을 상당한 기간 동안 통일의 대상이 아니라 너무 가깝지도 않고 너무 멀지도 않은 대상으로 접근해야 한다. 남북관계가 한중관계와 같이 상호 자유왕래와 경제활동이 보장되는 관계로 된다면 우리는 이를 두 손 들고 환영해야 할 것이다. 그러나 북한은 이를 결코 수락하지 않을 것이다. 그것은 김정일 정권의 즉각적인 붕괴로 이어질 수 있기 때문이다. 북한이 패쇄되어 있는 상황에서 한국만 북한 공산주의자들에게 그 활동 공간을 개방할 수는 없다. 그것이 한국을 적화시킬 수는 없지만 혼란 속에 몰아넣어 한국의 선진국 진입을 방해할 수 있기 때문이다. 그렇다고 북한을 우리로부터 너무 멀리 두어도 아니 될 것이다. 북한 인민들이 우리의 동족인 만큼 우리가 인도주의적으로 도울 수 있는 것은 최대한으로 도와야 할 것이다. 한국은 북한이 북한의 방식대로 잘 해보기를 바라고, 북한은 한국이 한국의 방식으로 선진국에 진입하기를 바라는 자세를 가져야 할 것이다. 남북한의 서로 간에 대한 이와 같은 자세는 남북한이 너무 가깝지도 않고 너무 멀지도 않은 관계를 유지할 때 가능할 것이다.

남북한과 같이 서로 이념과 체제가 아주 다른 두 나라는 현재로선 국가연합을 할 수도 없고 "낮은 단계의 연방제"도 할 수 없다. 이러한 연합이나 "연방"은 남북한 관계가 최소한 한중관계에서와 같이 상호 자유왕래와 경제활동이 보장되는 관계로 발전된 이후에나 논의할 수 있는 의제이다. 이러한 의제를 6・15선언에서와 같이 원칙과 이상으로 추구하는 것은 좋다. 그러나 그 실현은 먼 훗날에나, 북한의 정치경제체제가 우리와 유사하게 변화한 후에나 올 수 있을 것이다. 아직은 달성할 수 없는 것을 달성할 수 있는 것처럼 말하는 것은, 황 모 씨가 소위 "환자 맞춤형 줄기세포"로 많은 불치병 환자들과 대중들을 현혹시키는 것과 마찬가지이다.

이념과 체제는 우리들 각각의 삶의 방식과 질을 결정하는 요인이다. 이념과 체제가 다른 나라들이 엄청난 인명손상이라는 참상(慘狀)에도 불구하고 서로 싸우는 것은 각각 영위하고 있는 삶의 방식과 질을 보호하기 위해서 싸우는 것이다. 남북한과 같이 이념과 체제가 아주 다를 때 그 충돌은 풀기 어렵다. 평화적인 해결방법은 서로 적정거리를 유지하면서 시간을 기다리는 방법밖에 없다.

셋째로 우리 한국 사람들에게 가장 중요한 것은 우리의 피와 땀으로 달성한 우리의 삶의 방식과 질을 보호하고 향상시키는 것이다. 우리는 이를 지키는 우리의 안보체제를 확고하게 유지해야 한다. 한반도에서의 냉전은 아직 끝나지 않았고 우리는 이를 해체하기 위하여 최대한의 노력을 기울여야 한다. 그러나 냉전이 끝나고 해체될 때까지 현재의 안보체제에 동요가 있어서는 아니 될 것이다.

제7장

노무현 정권의 대북정책 평가

이 글은 2007년 초 경남대학교 북한대학원에서 주최한 남북한 관계 세미나에서 발표한 글이다. 김대중 정부 때 대북 정책 수립에 주역을 담당했던 인사들과 그들의 정책을 신랄하게 비판하던 인사들이 모두 참석한 세미나였다. 이 발표에서 필자는 김대중-노무현 정권의 대북정책을 국제정치학의 현실주의와 기능주의의 서로 상반되는 시각을 둘 다 적용하여 평가해 볼 것을 촉구하였다.

북핵 실험 직후 노무현 대통령은 대북정책이 그 전과 같을 수 없다는 입장을 표명하였었으나 그의 대북정책은 북핵 실험 이전이나 이후나 큰 변화가 없다. 노 정권은 김일성-김정일 체제가 야기 시킨 북한의 빈곤을 우리의 "민족적 책임"이라고 하면서 대규모로 북한을 지원할 용의가 있다는 것을 강조하고 있다. 또한 정부는 2007년 1월 16일 대북 비료지원의 실무를 대한적십자사에 위탁하였고 민간단체를 통한 대북지원 확대방안도 검토하고 있다. 노 정권은 유엔 안보리의 대북제재결의를 피해서 북한을 도울 수 있는 방안을 검토하고 있는 듯하다. 북한에 대해 대규모 지원을 하겠다는 의사표명은 정동영 장관 때부터 나온 것이고 정부는 북한이 핵실험을 했음에도 불구하고 이러한 의사표명을 반복하고 있다.

노 정권의 한반도 평화체제 구상에도 아무 변화가 없다. 이 구상은 김대중 정권 때부터 있었던 것이고 노무현 정권에 와서 구체화 되어 6자회담의 2005년 9·19 공동성명의 제4항으로 나와 있다. 이 4항에서 "6자는 동북아시아의 항구적인 평화와 안정을 위해 노력할 것"을 공약하였고 "직접 관련 당사국들은 적절한 별도 포럼에서 한반도의 영구적 평화체제에 관한 협상을 가질 것"이라고 선언하였다. 여기서 직접 관련 당사국들이란 남북한과 미국 및 중국을 가리킨다. 이 구상은 1994년의 제네바 합의에 들어있지 않았고 김영삼 정권 때까지는 없었던 것이다. 이 내용은 북한이 핵을 포기하도록 유인하는 경제적 보상과 북한의 안전보장에 대한 미국의 약속 이외에 추가로 노무현 정권이 북한에 제시한 안보보상이다.

이 구상이 정부의 문건으로 발표되지는 않았지만 정부와 친노 인사들의 간헐적인 발표내용을 보면 대체로 다음과 같은 단계로 구성되는 것 같다. 첫째는 미국으로부터 전시작전통제권을 환수하고 한미연합 군사지휘체계를 해체하고 한국은 주한 미군과 수평적으로 협력하는 체제를 수립한다는 것이다. 정부는 이미 작년 10월 제38차 한미 연례안보협의회에서 전시작전통제권을 2009년 10월에서 2012년 3월 사이에 미국으로부터 환수한다는 합의를 받아놓았다. 이 합의 직후 북한의 핵실험이 있었던 만큼 정부 구상의 제1단계는 북한을 핵 포기의 방향으로 유인하기는커녕 오히려 그 반대의 효과를 냈다고 볼 수 있다. 한국군의 과거 지도자들은 거의 모두 전작권 환수가 한미동맹을 약화시키고 한국의 안보를 위태롭게 한다고 주장하고 있으나 노 대통령은 북핵 실험 이후에도 이러한 주장을 일축하고 있다. 둘째는 미국과 북한 및 중국이 서명한 한반도의 정전체제를 남북한과 미중이 서명하는 평화체제로 전환한다는 것이다. 셋째는 주한 미군의 역할을 북한 공산주의의 군사적 위협을 막는 역할에서 동북아의 평화를 유지하는 역할로 전환한다는 것이다. 넷째는 동북아에 안보협력체제를 만들어 이 지역과 한반도에 영구평화체제를 정착시킨다는 것이다.

요약건대 노무현 정권의 대북정책은 북한에 대해 막대한 경제적 유인뿐만 아니라 주한 미군의 역할 변경과 그 결과로 나올 가능성이 큰 한미동맹 약화나 해체라는 안보 유인을 제공함으로써 북핵 문제를 해결한다는 것이다.

북한에 대한 경제적 지원은 김영삼 정부 때도 있었지만 그 지원은 규모가 작았고 상호주의 원칙에 기반 해 있었다. 북한에 대한 본격적 지원은 김대중 대통령 때부터 시작되었고 그 원칙은 포괄적 상호주의였다. 북한이 한국의 지원에 대해 호의로 답하지 않아도, 혹은 악의로 답해도 계속 지원을 하면, 다시 말해, 계속 햇볕을 비쳐주면 동토 북한은 녹을 수 밖에 없다는 것이 김대중 정권의 정책이었다. 그리하여 북한은 김대중 정권의 초기에는 그의 대북 햇볕정책이 흡수통일의 술책이라고 비난하는 자세를 보였었다. 그러나 김대중 대통령은 북한에 5억 달러를 보내고 그의 정책이 흡수통일 정책이 아니라는 것을 수용하게 할 수 있었고 그 결과로 북한과 6·15 선언을 내놓는데 성공하였다. 그 후 남북한 간의 화해 협력 사업은 커다란 진전을 보였으나 2002년 말 미국과 북한 간의 제네바 합의가 깨짐으로서 이 사업은 지난 3년간 북한의 NPT 재탈퇴와 핵개발 재개라는 정치군사적 문제에 직면하게 되었고 오늘날에는 북한의 핵 실험이라는 보다 큰 정치군사적 문제에 직면하게 되었다.

1994년 제네바 합의의 배경에는 합의가 이루어 지지 않을 경우에는 미국이 대북 전쟁도 불사하겠다는 의지의 과시가 있었고,[1)] 그 내용은 6자회담의 9·19 공동성명과 비교할 때 한국에게는 더 유리한 것 이었다. 한국의 거대한 대북 경제지원이나 주한 미군의 역할변경과 같은 것이 제네바 합의에는 없었다. 또한 현재 북한은 제네바 합의 때 보다는 훨씬 많은 양의 플루토니움을 가지고 있고 핵 실험도 하였다. 미국은 북한이 핵을 포기하지 않으면 공격도 불사해야 한다는 얘기가 최근 의회에서 나왔지만 실제로 북한을 공격할 수 없는 것이고 북한은 이를 알기 때문에 핵 유지 정책을 채택하거나 핵을 포기하는 경우에는 그 대가로 제네바 합의 때 보다는 훨씬 높은 보상을 요구할 것이다. 이렇게 볼

1) 돈 오보도퍼 지음, 이종길 옮김, 『두개의 한국』(서울: 도서출판 길산, 2002), pp. 450-491 참조.

때 결과적으로 제네바 합의의 파기는 제네바 합의의 유지 보다 못한 선택이었다고 말 할 수 있다.

미국의 부시 행정부는 북한이 2002년 10월 고농축 우라늄을 이용한 핵 개발계획을 인정했다고 해서 대북 중유 지원을 중단하였고 그것이 북한의 제네바 합의 파기를 불러왔다. 부시 대통령은 북한의 고농축 우라늄 핵 개발계획은 그것이 있었다면 제네바 합의를 유지하면서 별도로 조사하여 조처하는 정책을 채택했어야만 했는데 그렇게 하지 않은 것이다. 부시의 대북 정책은 현재 임기가 2년 남아 6자회담의 최종 결과를 보아야만 하지만 여태까지의 실적으로 평가할 때는 완전 실패라고 말 할 수 있다. 그러나 부시의 대북 정책에 문제가 있었다고 해서 한국정부의 책임이 없다는 것은 아니다. 부시는 대통령에 당선 된 직후부터 클린톤 대통령의 제네바 합의에 대해 불만을 나타냈고 북한의 재래식 병력의 재배치나 감축을 주장하는 등 북한을 자극하였다. 김대중 대통령은 미국의 북한에 대한 요구 사항 중 실현성이 없고 북한의 커다란 반발만 불러일으킬 요구 사항은 철회하고 제네바 합의를 유지하는 것이 현명한 길이라는 것을 부시 대통령에게 설득하는 외교적 노력을 했어야만 했는데 임기 말이어서 그런지 몰라도 이러한 노력을 소홀히 한 책임이 있다. 김대중 대통령은 북미관계의 진전이 없이는 남북 관계도 진전될 수 없다고 누누이 강조했지만 부시 행정부에 들어와서는 이를 실천에 옮기지 못한 것이다.

노무현 대통령은 북한이 제네바 합의를 파기하고 NPT를 재탈퇴하고 핵개발을 재개하고 있음에도 불구하고 지난 4년간 북한에 경제지원을 계속하였다. 김영삼이나 노태우 대통령이었다면 이에 대한 보복으로 북한에 대한 지원을 끊었을 것이나 노무현 대통령은 그렇게 하지 않고 북한을 계속 지원한 것이다. 노 대통령은 북한이 핵개발로 한국에 대한 군사적 위협을 가중시키고 있음에도 불구하고 이를 위협으로 인식하지 않고 오히려 경제적 지원이라는 보상을 계속해 온 것이다. 미국은 한국 정부의 이와 같은 경제적 보상에 대해 불만이고 우리 국민들은 한미관계의 악화라는 대가를 치르고 있다. 그러나 노 정권은 이를 악화라고 보지 않거나 이에 개의치 않고 대북 지원을 계속하고 있다.

이렇게 볼 때 노 대통령의 대북정책은 일방주의 햇볕정책이라고 말할 수 있다. 노 대통령은 이 정책으로 북한과 좋은 관계를 맺어 이를 극심한 권력투쟁 양상을 나타내고 있는 국내정치에 이용하려는 속셈을 가지고 있는지 모르겠지만, 이 정책의 기본가정은 이 정책이 아직까지는 실적을 내지 못하고 있지만 결국에는 북한의 명령경제체제와 전체주의적 독재체제를 변화할 시킬 수밖에 없다는 것이다. 그리고 북한 연구자들 중에는 이러한 가정을 지지하는 사람들도 적지 않다.

그렇다면 우리들은 노 정권의 이러한 일방주의 햇볕정책을 어떻게 평가해야 할 것인가? 첫째로 국제정치학의 현실주의의 입장에서 볼 때는 이 정책은 완전히 잘못된 정책이다. 이 입장에서는 한국은 북한이 좋은 행동을 보이면 보상을 하고 나쁜 행동을 하면 제재를 하는 연계(linkage)의 정책을 채택해야만 한다. 북한이 나쁜 행동을 보였는데도 이에 대해 제재하지 않거나 혹은 오히려 보상을 한다면 북한은 더 보상을 받기 위해서라도 계속 더 나쁜 행동을 하게 된다. 이 입장에서 보면 북한은 한국으로부터 더 큰 보상을 받기 위해 앞으로 더 나쁜 행동(예를 들어 핵 공갈)을 할 가능성이 다분히 있는 것이다. 이뿐만 아니라 이 입장에서는 한국이 북한에 경제적 지원을 할 경우에는 이를 북한의 인권개선과 같은 조건과 연계시켜야만 한다. 그렇게 하지 않으면 이러한 지원이 김정일 정권을 위기에서 구하는 역할 만 할뿐 북한을 변화시키는 데는 공헌하지 못한다. 이 입장은 미국이 냉전시대에 소련을 비롯한 공산주의 국가들에게 적용해 대성공을 거두었다.[2)]

둘째로 국제정치학의 이상주의, 기능주의, 혹은 신자유주의의 입장에서 볼 때에는 이 정책이 성공하려면 여러 가지 장애를 극복해야 한다. 대비드 미트라니는 국가들이 그들 간의 갈등을 유발할 수 있는 영역(예: 주권, 영토문제, 군사문제 등)을 피하고 그들이 공동이익을 향유할 수 있는 영역(예: 교육과 문화교류, 철도망의 연결과 확장, 특정상품의 공동생산 등)에서 기능적으로 협력함으로써 국가들 간의 평화유지에 공헌할 수 있다고 주장하였다. 또한 그는 국가들이 인도주의적 분야, 문화적인 분야, 경제적인 분야 등에서 각국의 사회들이 공통으로 필요로 하는 분야에 대해 장기간에 걸쳐 기능적으로 협력한다면 그것은 정치적이고 군사적인 문제의 해결에도 도움을 주는 스필오우버(spill-over) 효과도 나타날 수 있다고 주장하였다. 미트라니는 이와 같은 기능주의를 국가들 간에 권력배분에 대한 헌법적 합의가 필요한 연방주의(federalism)에 대한 대안으로 주장했다. 그는 인도의 네루 수상과 파키스탄의 대통령이 상호 도움이 되는 분야에서 기능적으로 협력하려고 할 때 이 일은 잘 진행될 수 있으나, 어느 누구가 먼저 연방을 만들자고 제안한다면 이러한 협력조차 불가능하게 될 것이라고 연방주의의 실용성을 부정하였다. 평화로운 공

---

2) Henry Kissinger, *Diplomacy*(New York: Simon & Schuster, 1994)와 Natan Sharansky, *The Case for Democracy*(New York: Public Affairs, 2004) 참조.

동체는 국가들 간의 권력배분이라는 어려운 헌법적 문제가 중심 이슈가 되는 연방주의를 통해서 보다는 각 사회의 필요(needs)에 기반 한 기능적 협력의 축적과 확장을 통하서 만들 수 있다고 강조하였다. 이 이론의 적용은 1951년에 발족한 유럽석탄철강 공동체가 1993년에 유럽연합(EU)으로 발전한 사례에서 상당히 명확하게 찾아볼 수 있다.[3)]

노 정권의 햇볕정책을 이와 같은 기능주의에 비추어 평가해 볼 때 우리들은 이 정책이 성공하기 위해서는 한국 사회와 북한 사회가 다양한 분야에서 장기간에 걸쳐 기능적으로 협력해야 하고 이를 가로막는 정치적, 군사적 장애물이 돌발적으로 나타나는 일이 없어야 한다는 것을 알 수 있다. 그러나 한국의 햇볕정책은 북한과의 체제 차이 때문에 북한의 사회영역과의 기능적 협력을 이룩하는 것 자체가 어렵고 그것을 장기간에 걸쳐 이룩하는 것은 다음과 같은 이유 때문에 더욱 어렵다. 첫째 한국 측에서 보면 정권교체가 장기간에 걸친 일관된 대북정책을 유지하는 것을 어렵게 만들고 있다. 현재의 대북 햇볕정책은 김대중 정부 이래 10년 가까이 지속되고 있으나 이해 말 대통령 선거에서 야당이 승리한다면 이러한 정책의 유지는 어려울 것이다. 둘째로 북한 측에서 보면 북한은 이러한 기능적 협력의 축적과 확장을 어느 정도 계속하다가 이를 중단시키는 정책을 1972년 이래 채택해 왔다. 1972년의 남북공동성명, 노태우 시대 말의 남북한 간의 기본합의서와 비핵화 공동선언, 그리고 김대중-노무현 시대의 적극적 화해 협력정책은 모두 이에 기반해 남북한 간의 기능적 협력관계가 축적, 확장되기 전에 각각 북한 측의 회담중단, 핵개발, 핵실험 등의 돌발사태에 직면하였다. 북한은 동서독 간의 기능적 협력이 서독에 의한 동독의 흡수통일을 가져왔다는 것을 너무나 잘 알고 있기 때문에 남북한 간의 기능적 협력의 축적과 확장을 두려하고 있다고 볼 수 있다.

이 문제와 관련해 고(故) 구영록 교수는 다음과 같이 말하였다. "가능주의 이론은 기능주의적 접근법이 다원화된 사회들 사이에서 그 효력을 발휘할 수 있음을 전제로 하고 있다. 한국의 대북정책 즉 햇볕정책의 상대는 비합리적이며 폐쇄적이고 전체주의적인 체제이다. 북한과 같이 세계에서 유일한 단세포적인 사회에서 기능주의적 정책이 그 위력을 발휘할 수 있을 것인가 하는 문제에 대한 답변은 그렇게 쉽지만은 않을 것이다. 이러한 점에서 만약 한국의 햇볕정책이 긍정적인 효과를 거두게 된다면 이는 기능주의 통합이론의 근본가정을 수정하거나 확대하는 결과를 가져오게 될 것이다."[4)] 2000년 당시 구 교

---

3) David Mitrany, *A Working Peace System*(Chicago: Quadrangle Books, 1966) 참조.

수는 햇볕정책이 기능주의 이론의 근본가정을 수정하거나 확대하는 결과를 가져오게 될 정도로 그 성공을 기대하는 마음에서 이와 같이 말하였으나 7년이 지난 현재 그러한 결과는 나오지 않았다.

4) 구영록,『한국과 햇볕정책: 기능주의와 남북한 관계』(서울: 법문사, 2000), p. 149.

제2부

정치경제론

제8장

산업화와 정치체제의 변화

이 글은 1985년에 쓴 논문으로 관료적 권위주의론과 과대성장국가론이 한국의 정치변화를 설명하는 데 있어 적실성이 있는가를 검토하고 산업화가 정치체제 변화에 어떻게 영향을 미치는가를 살펴보고 있다.

1985년에는 2·12 총선결과로 민주화운동이 활기를 띠기 시작했으나 군부독재체제도 지속되어 정국은 긴장상태에 있었다. 군부독재체제가 무너지고 민주적 정치체제가 수립될 수 있을지 없을지의 여부가 당시의 상황에서는 불투명하였다. 그러나 군부독재체제하에서 괄목할 만하게 진전된 한국경제의 산업화가 정치적 민주화를 초래시킬 수밖에 없다는 것을 주장한 것이 이 글이다.

이 글은 현재 진행되고 있는 고도 산업화가 한국정치에 어떠한 영향을 미치고 있는지를 생각하는 데도 도움을 줄 것이다.

I. 서언

한국의 산업화와 정치체제의 변화와는 어떠한 관계가 있는가? 여기서 산업화란 무엇보다도 공업화를 가리키고 이에 따른 지속적 경제성장을 의미한다. 덴마크나 오스트레일리아와 같이 농업의 효율적 운영으로 지속적 경제성장을 이룩한 나라들도 있으나 지속적 경제성장을 한 대부분의 나라들은 공업화를 통해서 이를 달성했다. 산업화는 18세기 말 영국에서 시작된 이래, 구미제국을 포함한 소수의 나라들에서만 확산되었고 오늘날에는 후진제국이 모두 산업화를 위한 노력을 기울이고 있으나 이에 성공하고 있다고 볼 수 있는 나라들은 아직도 극소수이다. 구미제국과 일본은 이제 산업화의 단계를 거쳐서 후기 산업화의 단계로 이행하고 있으나 한국은 아직도 산업화 도상에 있다.

한국의 산업화는 기껏해야 1960년대 중반부터 일어난 경제변화이기 때문에 그것과 정치체제의 변화와의 관계를 논하는 것은 시기상조일는지도 모른다. 산업화에 따른 정치체제의 변화는 구미제국의 경우 지난 200여 년간에 걸쳐서 일어났고, 라틴 아메리카 제국의 경우에도 지난 50여 년간에 걸쳐서 일어났다. 산업화에 따른 정치체제의 변화는 대개의 경우 오랜 기간에 걸쳐서 일어났기 때문에 20여 년간을 대상으로 하여 이 문제에 관한 어떤 결론을 내린다는 것은 이 문제에 대한 해답을 주기보다는 오류를 범할 수 있는 가능성을 높여준다고도 볼 수 있다.

그럼에도 불구하고 한국의 산업화와 정치체제의 변화에 대해 생각해보고자 하는 것은 1960년대부터 1980년대까지 20여 년간 우리의 산업화의 속도가 유례없이 빨랐고 또 그간에 정치체제의 성격에도 커다란 변화가 일어났기 때문이다. 한국경제는 1961년부터 1984년까지의 기간 중 연평균 8.09% 성장률을 보였고 그 결과 1인당 GNP는 1961년 82달러에서 1972년 306달러, 1984년 1,999달러로 증가하였다. 이러한 성장은 구미 선진제국의 경우와 마찬가지로 공업화에 의해 주도되었으며 제조업의 생산량은 같은 기간에 20배 이상 증가하였다. 공업화에 따라 산업별 취업구조에도 커다란 변화가 일어났다. 제1차 산업(농림어업) 종사자수의 비율은 1963년의 63.2%에서 1972년에는 50.6%, 1983년에는 29.8%로 감소했으나 같은 기간에 제2차 산업(광공업) 종사자 수는 8.7%에서 14.2%, 23.3%로, 제3차 산업(사회간접자본과 서비스업) 종사자 수는 28.1%에서

〈표 2-1〉 한국 정치체제의 분류

통치현실 \ 헌법의 성격	민주적	비민주적
민주적	민주주의체제 (제2공화국)	1979~1980년의 과도기
비민주적	반(半)민주주의 혹은 반(半)권위주의 체제 (제1, 3공화국)	비민주적 권위주의 체제(제4, 5공화국)

35.2%, 46.9%로 각각 증가하였다. 이와 같이 빠른 산업화는 국내시장보다는 해외무역을 바탕으로 이루어져 수출입 총액은 1960년의 4억 달러에서 1972년에는 39억 달러, 1984년에는 600억 달러로 증가하였고 이것은 각각 같은 연도 GNP의 50.8%, 75%에 해당하는 액수였다.

그러나 이와 같이 빠른 성장의 이면에는 외채의 누적이 있었음을 지적하지 않을 수 없다. 외채의 누적이 한국의 산업화 과정을 선진제국의 과거 산업화 과정과 구별시켜주고 라틴 아메리카 제국의 그것과 유사하게 만드는 요인이기 때문이다. 한국의 외채는 1961년에 8,300만 달러로 당시 GNP의 3.95%에 불과했으나 1972년에는 36억 달러로 증가하여 GNP의 33.94%가 되었고, 1979년에는 다시 200억 달러로 증가하여 GNP의 32.87%가 되었으며, 1984년의 외채는 430억 달러로 GNP의 53.7%에 달하고 있다. 한국의 외채는 1972년까지는 경공업 투자를 중심으로 한 기본적 개발투자 때문에, 그 후부터는 1973년과 1979년 두 차례에 걸친 석유파동, 중화학공업에 대한 무리하고 졸속한 투자, 원리금 상환의 압박 때문에 대폭 증가하게 되었다. 이러한 외채의 원리금 상환액은 우리의 경상수입의 10% 정도에서 멈추고 있어 원리금 상환이 문제가 된 적은 없으나 원리금 상환을 위해 외채를 계속 도입해야만 되던 것이 1980년대 전반의 우리 실정이었다.[1)]

건국 이래 1980년대 중반에 이르기까지 한국의 정치체제의 성격에는 어떠한 변화가 일어났는가? 우리가 말하는 정치체제의 변화란 의원내각제에서 대통령중심제로의 전환과 같은 제도적 변화를 가리키는 것이 아니라 민주주의 체제, 혹은 반민주주의적(半民主主義

1) 매년 발간되는 경제기획원, 『한국통계연감』과 한국은행, 『경제통계연보』 참조.

的)이거나 반권위주의적(半權威主義的) 체제에서 비(非)민주적 권위주의체제로 바뀌거나 혹은 이와는 반대로 비민주적 권위주의체제에서 민주주의체제로 바뀌는 것과 같은 체제 변화를 가리킨다. 여기서 민주주의체제란 헌법의 성격과 통치의 현실이 모두 민주적인 체제를, 반민주주의적이거나 반권위주의적 체제는 통치의 현실에는 권위주의적 요소가 많으나 헌법의 성격이 민주적이기 때문에 권위주의적 통치현실이 민주적 헌법의 견제를 받는 체제를, 그리고 비민주적인 권위주의체제란 헌법의 성격과 통치현실이 모두 권위주의적이라 통치의 권위주의화가 가속적으로 강화되는 체제를 의미한다.

1980년대 중반까지의 한국정치사에서 이와 같은 의미의 정치체제 변화는 1972년에 일어났다. 1972년 유신체제로의 체제전환은 그 이전의 반민주주의 혹은 반권위주의체제로부터 비민주적인 권위주의체제로의 전환이었다. 유신체제는 그 체제 수립 이전에 있던 통치의 권위주의적 성격이 계속된 체제라는 점에서는 연속성을 가지나 헌법의 성격이 민주헌법에서 비민주적 권위주의 헌법으로 바뀌어 통치의 권위주의화가 가속적으로 강화되었다는 점에서는 단절성을 갖는다. 유신체제는 1979년 박정희 대통령의 사망으로 공식적으로 붕괴하고 제5공화국 체제가 수립되었으나 유신체제의 잔재는 1980년대 중반에도 그대로 남아 있다. 이 시점에서는 제5공화국의 정치체제가 신유신체제로 계속 전락할지, 그렇지 않으면 민주적인 체제로 발전할 것인지 그 전망이 불투명하다. 그렇기 때문에 이 시점까지의 한국정치사에 있어 가장 큰 정치체제의 변화는 1972년의 유신체제의 수립이다. 한국의 정치체제는 실로 1972년을 분수령으로 하여 그 성격과 발전방향에 심각한 변화를 맞았던 것이다.

II. 산업화와 정치체제의 변화에 관한 두 가지 견해

이제 우리는 한국의 산업화가 1972년의 정치체제 변화와 어떠한 관계가 있는지를 살펴볼 차례인바, 이 문제에 관해서는 두 가지 견해가 있다. 하나는 강민 · 한상진 교수가 주장한 견해로서 1972년의 정치체제의 변화를 산업화의 추진과정에서 나온 부산물로 브는 견해이고, 다른 하나는 최장집 교수에 의해 대표되는 견해로서 1972년 우리의 정치체제의 변화가 산업화 추진의 필요성 때문에 일어난 것이 아니라 사회영역에 비해 국가가 과대 성장하였기 때문에 나온 결과라고 보는 견해이다.

첫 번째 견해는 오도넬(G. O'Donnell)이 라틴 아메리카 제국에서 일어났다고 주장하는 산업화와 정치체제의 변화와의 관계를 한국에 적용시킨 것이다. 오도넬에 의하면 라틴 아메리카 제국은 경제가 농산물과 광물의 수출을 중심으로 운영되던 단계에 있었을 때에는 과두지배체제를, 소비재 생산을 중심으로 한 수입대체산업단계의 경제로 이행한 1930년대부터 1950년대에는 민중주의체제(예: 1930~1945년, 1950~1954년 브라질의 Vargas 정부, 1946~1955년 아르헨티나의 Peron 정부)를, 그리고 수입대체산업단계의 경제가 생산재와 중간생산재 생산을 목표로 산업화의 심화(深化)단계로 이행한 1960년대와 1970년대에는 관료적 권위주의체제(예: 1964년 이후 1980년대 초반까지의 브라질, 1966~1970, 1976년부터 1980년대 초반까지의 아르헨티나, 1973년 이후의 칠레와 1980년대 초반까지의 우루과이, 1985년 현재의 멕시코)를 가지고 있었다는 것이다. 여기서 과두지배체제는 정치적 경쟁이 매우 제한되어 있고 민중은 전혀 정치화되어 있지 않던 체제이고, 민중주의체제는 상당한 정치적 경쟁이 있고 민중의 정치적 활성화(political activation)가 허용된 체제이고, 관료적 권위주의체제는 정치적 경쟁이 폐쇄되고 민중부문이 정치·경제적으로 배제되고 기술관료의 역할이 절대적으로 중요한 체제이다.

오도넬의 견해에 따르면 수입대체산업 단계에서는 국가가 민중(노동자)들의 최초의 경제적 요구를 들어줄 수 있기 때문에 민중의 정치적 활성화를 허용하는 민중주의체제가 수립되나 이 단계의 말기에는 더 이상 민중의 요구를 수용할 수 없고 이들을 정치·경제적으로 배제시켜야만 산업화의 심화와 이를 위한 외자도입이 가능하기 때문에 관료적 권위주의체제가 수립된다는 것이다. 또한 그에 의하면 관료적 권위주의체제는 자본가 계층, 기술관료와 공감대를 형성하고 있는 군부가 일으킨 쿠데타로 수립되지만 이 체제를 수립시키는 중요한 독립변수는 군부라기보다는 산업화의 발전단계라는 것이다.2)

한국의 산업화 과정에서도 오도넬이 라틴 아메리카 제국의 경험에서 공식화시킨 산업화와 정치체제의 변화와의 관계를 찾아볼 수 있다는 견해가 첫 번째 견해이다.3) 이 견해

---

2) Guillermo A. O'Donnell, *Modernization and Bureaucratic-Authoritarianism*(Berkeley: University of California Press, 1973)와 David Collier, "Overview of the Bureaucratic-Authoritarian Model," David Collier, ed., *The New Authoritarianism in Latin America*(Princeton: Princeton University Press, 1979), pp.19-32.

3) 강민, "한국정치체제의 구조적 특성 신권위주의를 중심으로", 『한국정치발전의 특성과 전망』(서울:

에 의하면 제3공화국의 기간은 수입대체산업단계였고, 1972년 이후는 산업화의 심화단계이고 우리의 정치체제도 이와 같은 산업화 단계의 변화에 상응하여 민중주의적 요소를 가지고 있던 권위주의, 혹은 형식민주주의체제에서 관료적 권위주의체제인 유신체제로 이행했다는 것이다.

이 견해는 한국에서도 관료적 권위주의체제인 유신체제가 수립되기 전에 라틴 아메리카 제국의 경우에서와 같이 민중들의 요구 상승과 이에 의한 사회적 위기가 일어났음을 지적하고 있다. 이러한 요구 상승은 노동자들과 도시중간계급에게서 모두 나타났는데, 1970년 11월 평화시장의 전태일 분신자살 사건, 1971년 1월 고등법원 판사들의 정화운동, 동년 5월 한국기자협회의 언론자유수호운동, 동년 6월 국립의료원 인턴들의 처우개선 운동, 동년 7~8월 서울 형사지법 판사들의 사법권 수호운동, 동년 8월의 광주(廣州) 대단지 사건, 동년 9월 한진상사 파월기술자들의 KAL빌딩 습격사건 등이 그 예이다.

라틴 아메리카 제국에 있어서 수입대체산업단계 말기의 사회위기는 경제적 위기와 표리관계를 이루면서 일어났다. 강민 교수는 그의 1984년 논문에서 한국에서도 수입대체산업단계의 말기인 1970년대 초에 사회위기와 더불어 무역수지 및 경상수지의 적자폭 급증, 재정수지의 누적적 악화, 제조업 분야의 생산지수 증가율의 둔화, 임금상승의 급템포, 총 투자율의 점진적 하락, 경제성장률의 둔화와 같은 경제위기의 징후가 있었다고 지적하고 있다.[4] 한상진 교수는 그의 1983년 논문에서는 그 당시 한국에는 남미와 같이 경제위기현상들이 일어나지 않았고 오히려 성장일로의 경제적 업적이 있었다고 했으나,[5] 그의 1985년 논문에서는 1970년대 초의 경제적 업적이 그 이전과 비교할 때 떨어지는 경향을 나타냈다고 함으로써 경제위기의 징후가 있었다고 한 강민 교수에 동의하고 있다.[6] 다만 그들은 이러한 우리의 위기가 라틴 아메리카 제국의 경우와 같이 심각하지는 않았다는 것을 지적하고 있다.

라틴 아메리카 제국의 산업화에 따른 정치체제의 변화에서 찾아볼 수 있는 또 하나의

한국정치학회, 1984), pp.39-86; 한상진, "관료적 권위주의와 한국사회", 서울대학교 사회학연구회 편, 『한국사회의 전통과 변화』(서울: 법문사, 1983), pp.261-297 및 "Bureaucratic-Authoritarianism in Korea"(서울대학교 사회학연구소 주최 Conference on the Dependency Issue in Korean Development 발표논문, 1985).

4) 강민, 위의 책, pp.56-59.

5) 한상진, 앞의 논문(1983), pp.278-279.

6) 한상진, 앞의 논문(1985), p.14.

중요한 특색은 그 변화가 단절적이라는 데 있다. 강 교수는 그의 1984년 논문에서 한국의 경우는 라틴 아메리카 제국의 경우와는 달리 이 변화가 단절적이 아니라 연속적이었다고 보았고,[7] 한 교수는 그의 1983년 논문에서는 이 변화의 단절적 성격을 강조했으나,[8] 그의 1985년 논문에서는 이 변화가 연속적인 것이었다고 주장함으로써 다시 강 교수에 동의하고 있다.[9]

1970년대 초의 우리의 사회경제적 위기가 라틴 아메리카 제국의 경우와 같이 심각하지 않았고 산업화에 따른 정치체제의 변화가 라틴 아메리카 제국과 달리 연속적인 성격을 가졌음에도 불구하고 강·한 교수는 오도넬이 라틴 아메리카 제국에서 발견한 경제와 정치의 인과론적 공식이 한국에 적용될 수 있다고 본다. 그들이 그렇게 보는 이유는 한국의 유신체제가 산업화의 심화 필요성 때문에 나타난 체제라고 믿고 있기 때문이다. 그들은 이와 같은 신념의 증거로서 유신체제 수립 이후 한국에 있어 중화학공업에 대한 투자가 곧 활발히 일어난 것을 들고 있고, 이 점에 있어 한국은 이러한 심화가 관료적 권위주의체제가 수립된 후 10년이 경과한 다음에야 일어난 브라질 같은 나라의 경우보다 오도넬의 공식이 보다 더 잘 들어맞는다고 주장하고 있다. 1970년대 한국에 있어 외국 자본의 도입에 의한 산업화 심화의 필요성과 이로부터 나오는 논리는 한국의 정치체제가 민중주의 체제와 같은 체제로 발전하는 것을 불가능하게 했고 관료적 권위주의체제로 이행하게 만들었다는 것이다.

최장집 교수에 의해 대표되는 두 번째 견해는 강·한 교수의 첫 번째 견해와는 대조적 성격을 띤다.[10] 최 교수에 의하면 오도넬이 설정하였던 인과적 계기, 즉 경제의 변화가 정치체제의 변화를 가져온다는 가정은 한국에서는 전도되었다는 것이다. 우선 첫째로 5·16만 해도 그것이 사회경제적 원인(pull factor) 때문에 일어난 것이 아니고 군부관료체제의 비대성장 그 자체가 추진요인(push factor)이 되었다는 것이다. 둘째로 우리의 관심사인 1972년의 체제전환도 사회경제적 위기로부터 연유된 것이 아니고 "통제력, 조종력, 정보수집력을 아울러 갖는 행정기구와 안보기구 등을 중심으로 한 국가기구의 네트

7) 강민, 앞의 책, p.82.

8) 한상진, 앞의 논문(1983), p.275.

9) 한상진, 앞의 논문(1985).

10) 최장집, "과대성장국가의 형성과 정치 균열의 구조", 『한국사회연구 3』(서울: 한길사, 1985), pp.183-216.

워크의 정점에서 국가와 시민사회 모두를 관장할 수 있는 정부 최고수반"이 그 자신의 종신임기를 보장하려는 데서 나왔다는 것이다. 그리하여 이러한 정치체제의 변화는 "60년대 산업화의 모순들이 표출된 경제적 위기의 결과가 아니라 거꾸로 60년대 후반부터 70년대 초까지 세계에서 유례를 찾아보기 어려운 경제성장이라는 성과에 대한 보상의 결과"라는 것이다.[11)]

그렇다면 한국에서는 왜 경제와 정치의 관계가 전도되었는가? 최 교수에 의하면 그것은 한국에 있어서의 국가형성과정의 특성에 있다. 그는 한국의 국가형성과정의 특성을 소개하는 데 있어서 알라비(H. Alavi)의 과대성장국가론을 원용하고 있다.[12)] 알라비는 파키스탄과 방글라데시의 국가형성에 대한 연구에서 이곳의 국가는 중심자본주의국가와는 달리 사회의 영역에 비해 과대 성장되어 있다고 지적하고 그것은 이 나라가 독립 후 토착계급들을 예속화시키는 것을 목적으로 삼았던 식민지시대의 강력한 국가기구 — 군사기구와 행정기구 — 를 계승했기 때문이라고 주장하고 있다. 다시 말해, 탈식민사회의 주변자본주의국가는 원래 그 국가형성의 기원적 기반이 중심자본주의국가에 있기 때문에 후진상태에 있는 사회영역보다 과대 성장된다는 것이다.

최 교수에 의하면 한국의 국가형성과정은 알라비의 개념도식이 어떤 다른 탈식민사회보다도 더욱 극단적인 형태로 적용될 수 있는 예이다. 해방, 미·소 간의 냉전, 한국전쟁은 한국의 국가기구를 사회영역에 비교가 되지 않을 정도로 과대 성장시켰기 때문이다. 한국의 국가는 사회의 저항을 억압할 수 있는 막강한 강제력뿐만 아니라 사회의 자본축적을 도울 수 있는 방대한 경제력의 보유자였고, 그것은 중심자본주의국가의 군사원조, 경제원조, 그리고 여러 가지 기술적 원조를 받아서 성취한 지위였다. 그리하여 1970년대 초까지 국가는 노동자층은 물론이고 자본가층에 대해서도 절대적 우위를 점하고 있었다는 것이다. 국가는 사회로부터 자율적 성격을 가지고 있었고 1972년의 체제변화는 이와 같이 자율적 국가영역 내에서 일어난 변화라는 것이다.

---

11) 위의 논문, p.199.

12) Hamza Alavi, "The State in Post-Colonial Societies: Pakistan and Bangladesh," *New Left Review*, 74, Jul.-Aug. 1972, pp.59-81.

III. 관료적 권위주의론과 과대성장국가론

1972년의 유신체제는 산업화의 심화(深化) 필요성 때문에 나타난 것인가? 그렇지 않으면 그때까지의 경제업적에 대한 보상의 결과로 과대 성장된 국가영역에서 자율적으로 수립된 것인가? 먼저, 첫 번째 견해는 몇 가지 점에서 중대한 오류를 범하고 있음을 지적하고 싶다. 첫째로, 산업화의 심화 필요성 때문에 유신체제가 수립되었다는 논리는 유신체제 수립의 원인론이 아니라 유신체제 수립을 합리화하는 논리이다. 고(故) 박정희 대통령도 한국경제의 지속적인 발전을 위해서는 사치와 낭비의 폐해가 있는 자유민주주의체제보다는 유신체제와 같은 강력한 정치체제의 수립이 필요하다고 역설했던 것이다. 박 대통령은 1968년에는 이미 포항제철을 기공케 했고, 1969년에는 중화학공업 육성을 위한 제반 법률을 공포하였으며, 1970년에는 중공업종합육성시책을 발표하였으므로 1970년대는 산업화의 심화가 실행에 옮겨질 연대였음에는 틀림이 없다. 그런데 우리는 여기서 유신체제로의 전환 없이는 이와 같은 중화학공업의 육성책을 실행에 옮기기가 불가능했느냐는 의문을 제기할 수 있다. 다시 말해, 그 당시의 제3공화국 체제로서는 산업화의 심화 정책을 펴기가 어려웠느냐는 질문이다. 라틴 아메리카 제국의 경우에는 이미 지적한 바와 같이 수입대체산업단계 말기의 민중주의체제로서는 민중의 상승하는 요구를 제어할 수 없고 산업화의 심화를 위해서는 이의 제어가 필요하기 때문에 관료적 권위주의체제가 단절적으로 수립되었다는 것이 오도넬의 견해이다. 그러나 제3공화국 체제는 민중주의체제가 아니었고, 반민주주의적(半民主主義的)이거나 반권위주의적(半權威主義的)인 체제였기 때문에 박 대통령은 이러한 체제를 가지고서도 얼마든지 민중들의 상승하는 요구를 제어할 수 있었다. 특히 박 대통령은 1971년 12월 '국가보위법'을 통과시켰고 이로써 그는 비상대권을 행사할 수 있었다. 1971년 12월 이후의 사회경제적 위기는 이와 같은 대권을 가지고도 제어할 수 없을 만큼 심각했는가? 사실상 사회경제적 위기가 있었다면 그것은 1971년 12월 이전에 보다 눈에 띄게 일어났고 그것도 라틴 아메리카 제국의 경우와 같이 심각한 것은 아니었다는 것을 인정할 때 산업화의 심화만이 목적이었다면 1972년 유신체제로의 전환은 불필요한 것이었다.

둘째로, 산업화의 심화만을 위해서는 유신체제로의 전환이 불필요했다는 것은 집권정치세력, 관료, 자본가 계층이 당시에 이러한 전환의 필요성을 공동으로 인식하고 있지 않았다는 사실에서도 찾아볼 수 있다. 라틴 아메리카 제국에서는 수입대체산업단계 말기의 위기상황에서 군부, 기술관료, 자본가들이 관료적 권위주의로의 체제전환이 필요하다는 것을 공동으로 인식하게 되어 쿠 연합(coup coalition)을 만들었다는 것이 오도넬의 견해이나 한국에서는 이러한 체제전환의 필요성에 대한 공동인식이 나타나지 않았던 것이다. 박 대통령은 극소수 그의 측근들과 함께 이러한 체제전환을 획책했고 그것이 발표되었을 때 집권층 내부의 인사들까지 상당수 경악을 금치 못했던 것이다.

셋째로, 유신체제 기간 중에 한국에서 중화학공업에 대한 투자가 활발하게 일어났다는 사실이 이를 위해 유신체제가 필요했다는 것을 증명해주지는 못한다. 이미 지적한 바와 같이 제3공화국의 정치체제를 가지고도 얼마든지 산업화의 심화정책을 추진할 수 있었을 것이기 때문이다. 1971년 민중들의 여러 가지 불만이 폭발한 것은 박 대통령의 3선개헌과 이에 의한 그의 3선에도 연유한 것이었으므로 그가 세 번째 대통령 임기를 채우고 물러남으로써 이러한 불만을 어느 정도는 가라앉힐 수 있었을 것이다. 그러나 그는 이와 같은 정치적 순리를 따르지 않고 유신체제를 수립함으로써 민중들의 불만을 더욱 고조시켰다고 볼 수 있다. 박 대통령은 민중들의 이와 같은 정치적 불만을 해소시키기 위해 경제건설의 업적을 세워야만 했고 이러한 필요성 때문에 오히려 중화학공업에 대한 투자와 이를 위한 외자도입에 신중을 기하지 못한 면도 있다. 유신체제 기간 중에 건설된 중화학공업의 업종이 소비재적 성격이 강한 석유·석탄 제품이나 최종 화학제품, 가정용 전기·전자 제품, 그리고 자동차·선박 등을 중심으로 이루어졌고 이들은 대개 외국에서 원자재나 중간재를 도입하여 최종 조립·가공하는 것이었다. 중화학공업의 건설에는 방대한 자본이 소요되기 때문에 경공업 건설보다 더욱 신중하게 투자의 효율성을 평가해야 하는데 이러한 신중한 평가 없이 외채를 도입하여 투자한 것이 오늘날 한국경제의 화근이 되고 있는 것이다.[13)]

이렇게 볼 때 유신체제는 두 번째의 최 교수 견해와 같이 과대성장국가의 최고통치자가 그의 종신임기를 보장하기 위해 만들어낸 정치체제라고 보는 것이 더욱 타당하다고 할 수 있겠다. 그리고 국가의 과대성장성(過大成長性)은 최고통치자의 권력의지를 무한정하게 상승시켜줄 수 있다는 점에서 국가의 과대성장성과 이러한 국가의 최고통치자의 무

---

13) 이대근, “경제성장과 구조적 불균형”, 『계간경향: 사상과 정책』, Vol.2, No.4, 1985년 가을호, pp.74-91; 송병락, 『한국경제론』(서울: 박영사, 1984), pp.542-544.

한 권력의지와는 높은 상관관계가 있는 것이다.

그러나 최 교수의 견해에 보완할 점이 전혀 없다는 것은 아니다. 우선 최 교수의 견해에 첨가할 점은 박 대통령이 그의 종신집권 의지를 실현할 수 있었던 계기를 보다 구체적으로 밝히는 작업일 것이다. 그는 이것이 국가의 과대성장성 때문에 가능한 것으로 보았고 이것은 기본적으로 맞는 분석이나 박 대통령이 독단적으로 1972년의 체제전환을 성공시킬 수 있었던 보다 구체적 요인은 당시의 권력구조가 그를 정점으로 해서 종적으로만 연결되어 있었다는 사실에 있다. 박 대통령은 당, 내각, 의회, 청와대, 중앙정보부와 같은 여러 권력기구와 군이 그와는 밀접한 수직적 위계관계를 유지하도록 한 반면, 이들 각 기구의 책임자들은 상호간 경쟁적 관계에 있는 사람들을 임명함으로써 이들 간의 횡적 관계의 수립을 견제하였던 것이다.[14)]

최 교수의 견해에 두 번째로 보완할 점은 유신체제 수립에 있어서 중심자본주의국가의 역할에 관한 문제이다. 한국과 같은 탈식민 주변자본주의 국가의 과대성장의 기반은 원래 중심자본주의 국가인 미국에 있었으므로 한국에 대한 미국의 영향력은 해방 이후 오늘에 이르기까지 막강하였다. 미국은 해방 후 한국에서의 일제 잔재의 청산을 불가능하게 하였고 식민시대의 친일세력들이 신생한국의 지배계층으로 등장하는 것을 가능하게 했지만, 다른 한편 한국이 제1공화국시대부터 제3공화국시대에 이르기까지 자유민주주의 헌법을 유지하도록 작용하기도 하였다. 미국은 소련과의 대결에서 내거는 명분이 자유민주주의의 수호이기 때문에 이의 채택을 우리에게도 요구하였던 것이다. 우리 헌법이 제3공화국시대까지 형식화되고 최소한의 수준에서만 지켜졌던 것은 그것이 우리 사회의 힘에 의해 만들어진 것이 아니고 미국의 힘에 의해 만들어졌기 때문이다.

이러한 관점에서 볼 때 미국은 박 대통령의 유신체제 수립을 결코 환영할 수 없었다. 그러나 1970년대 초 미국의 대한정책에는 변화가 나타나기 시작했다. 당시 미국은 소련과 데탕트하고 중국과도 관계 개선을 모색하면서 한반도를 중심으로 한 동북아지역에 대한 전략을 다시 검토하였던 것이다. 그리고 이러한 검토의 결과로 미국의 닉슨 대통령은 1971년에 6만 3천 명의 주한미군 중 2만 3천 명을 철수시켰고 그 나머지 미군도 5년 이내에 모두 철수시키겠다고 한국정부에 통고하였다. 뿐만 아니라 미국의 대한원조도 점점

14) 이상우, "박정희는 용인(用人)의 천재(天才)였나", 『신동아』, 1984. 9, pp.268-289는 박정희의 분할통치방식을 잘 묘사한 기록 중의 하나이다.

감소하여 1970년대 초에는 거의 없는 것이나 마찬가지였다. 한국정부는 1961년까지만 해도 일반 예산의 39.2%를, 군사비의 95.1%를 미국의 원조자금으로 충당하고 있었으나 1970년에 이 비율은 각각 5.1%, 16.1%밖에 되지 않았다.[15] 이와 같은 이유로 해서 1972년은 한국정부가 그 이전 어느 때보다도 미국의 영향력으로부터 자유로웠던 시기였고 이것도 박 대통령이 체제전환에 성공할 수 있었던 하나의 중요한 요인이었다.

IV. 산업화, 사회계층구조 및 정치체제의 변화

1972년 유신체제로의 전환이 국가의 과대성장성, 박 대통령의 종신집권의지, 그와 종적으로만 연결된 권력구조, 미국의 대한정책 변화로 가능했다면, 한국의 산업화는 이와 같은 체제전환과는 아무 관계가 없는 것인가? 필자가 오도넬이 라틴 아메리카 제국의 경우에서 발견한 산업화의 단계와 정치체제의 변화 사이의 관계가 한국의 경우에는 적용될 수 없다고 주장한다고 해서 산업화가 정치체제 변화에 미치는 영향을 과소평가하려는 것은 결코 아니다. 필자는 오도넬이 라틴 아메리카 제국에 있어서 산업화와 정치체제와의 관계를 밝히는 데 커다란 업적을 세웠고, 오도넬의 주장에 대한 라틴 아메리카 학자들의 비판에도 불구하고,[16] 그의 주장이 기본적으로는 옳다고 생각한다. 다만 필자가 의문시하는 것은 라틴 아메리카 제국의 경험을 기반으로 한 그의 개념도식을 1970년대 초의 한국에 무리하게 부과하여 적용하려는 데 있는 것이다.

오도넬의 개념도식이 한국에 적용될 수 있다고 보는 견해는 산업화에 의한 경제성장이 민주화를 가져온다는 립세트(S.M. Lipset)의 가설이[17] 라틴 아메리카 제국이나 한국과 같은 후진국에는 맞지 않는다고 주장하고 있다. 필자는 1980년대 중반 아르헨티나와 브라질의 민주화 경향을 볼 때 이러한 판단이 좀 성급하지 않았나 하는 생각도 들지만, 그래도 이러한 판단은 상당한 타당성을 가지고 있다고 본다. 아르헨티나와 브라질의 민주화 경향이 아직 정착된 것이 아니고 한국의 경우에는 이 두 나라만큼의 정치체제적 변화도

---

15) 『동아연감: 1975』(서울: 동아일보사, 1975), p.36.

16) David Collier, 앞의 책 참조.

17) Seymour Martin Lipset, *Political Man*(New York: Doubleday & Company, Inc., 1960).

아직 일어나지 않고 있기 때문이다. 그러나 립세트가 산업화와 민주화 간의 순(順)관계를 발견한 것은 주로 서구의 경험에서였고, 그의 가설이 이 맥락에서는 대체로 맞는 것이다.[18] 립세트는 후진제국도 그의 연구대상에 포함시키기는 하였지만 서구의 경험이 그의 가설의 존립 기반이다.

우리는 여기서 이 두 학자가 그들의 인식대상이 다르기 때문에 서로 다른 가설을 제시하고 있지만 그들의 인식방법은 공통적이라는 데 주목할 필요가 있다. 그들은 둘 다 정치를 경제의 종속변수로 취급하고 있고 산업화의 정치에 대한 영향력이 크다는 것을 강조하고 있기 때문이다. 산업화가 정치체제의 변화에 지대한 영향을 미친다는 것은 학자들의 이념적 성향 여하를 막론하고 공통된 것이고 이에는 이의를 제기하기 어려운 것이다. 한국의 경우에 있어서도 산업화와 정치체제의 변화와는 밀접한 관계가 있다. 문제는 한국의 산업화와 정치체제의 변화가 어떠한 관계를 맺고 있는가를 올바르게 규명해 내는 일이다.

우리는 앞서 유신체제로의 전환 원인을 산업화의 심화 필요성보다는 국가의 과대성장성에서 찾는 것이 왜 더 적절한가에 대해서 생각해 보았다. 그런데 국가의 과대성장성은 이미 지적한 바와 같이 중심자본주의 국가의 지원에 힘입어 형성되었지만, 다른 한편에 있어서는 우리의 사회경제적 계층의 정치적 특성과도 무관한 것이 아니다. 산업화가 정치체제의 성격과 관계되는 것은 바로 그것이 사회경제적 계층을 형성시키고 각 계층의 정치적 특성에도 영향을 미치는 중요한 변수라는 데 있다.

한국 사회학자들은 우리의 계층구조를 자본가, 고위관리, 고도의 전문적 기술소유자들로 구성되는 상류계급, 신중간계급, 구중간계급, 노동자계급, 주변적 계급이나 도시하류계급, 독립자영농, 농촌하류계급의 7개로 구분하고 있다. 여기서 주변적 계급이란 구중간계급 및 노동자계급과 중첩되는 범주이다. 구중간계급과 중첩되는 부류로서 하층 자영업자, 노동자 계급과 중첩되는 부류로서 하위판매・서비스직 종사자와 하청 가내노동자・임시노동자가 이 계급에 속한다.[19]

산업화로 인해 이 계층구조가 어떻게 바뀌고 각 계층은 어떠한 정치적 특성을 가지고

---

18) 박광주, "국가론을 통한 한국정치의 패러다임 모색", 『현상과 인식』, 제9권 2호, 1985년 여름, pp.50-52 참조.

19) 김진균, "한국사회의 계급구조", 『한국사회변동연구(I)』(서울: 민중사, 1985), pp.105-181; 홍두승, "한국사회계층연구를 위한 예비적 고찰", 서울대학교 사회학연구회 편, 앞의 책, pp.169-213 참조.

〈표 2-2〉 한국사회의 계급구조변화

	1960년	1970년	1980년	1990년	2000년
상류계급	0.9	1.3	1.8	2	4
신중간계급	6.6	14.2	17.7	25	24
구중간계급	13.6	14.8	20.8	18	25
노동자계급	8.9	16.9	22.6	31	30
도시하류계급	6.6	8.0	5.9	6	8
독립자영농	40.0	28.0	23.2	13	9
농촌하류계급	24.0	16.7	8.1	5	1
합 계	100	100	100	100	100

출처: 이 표는 홍두승·김영모 교수의 연구결과에 입각한 것으로 송복 교수의 논문 "계급갈등과 계급구조", 한국사회학회 편, 『한국사회와 갈등의 연구』(서울: 현대사회연구소, 1985), p.113에서 인용. 1990년과 2000년의 계급구조는 홍두승, "해방 60년, 한국사회의 계층구조와 그 변화", 2005년 10월 13일, 서울대 사회과학연구원 발표논문에서 인용.

있는가는 어느 나라에서나 정치체제에 커다란 영향을 미치는 요인이다. 왜냐하면 한 나라의 정치체제는 각 사회계층 간의 역(力)관계 위에도 서 있기 때문이다.

<표 2-2>에 나타난 바와 같이 1960년부터 1970년까지의 초기 산업화는 독립자영농과 농촌하류계급으로 구성되는 농민층을 64%에서 44.7%로 감소시키고 신중간계급을 6.6%에서 14.2%로 증가시키고 노동자계급을 8.9%에서 16.9%로 증가시켰으나, 한국사회의 계층구조는 그때까지만 해도 농민층이 인구의 반을 차지하고 노동자층은 17%에 불과한 전통사회의 계층구조였다. 제1차 산업인구를 기준으로 할 때 이것은 일본의 1925년대, 독일의 1870년대, 프랑스의 1860년대와 비슷한 것이다.

이들 각 계층은 상류계급을 제외하고는 그들의 이해관계를 대변하는 자율적 조직을 갖고 있지 못했다. 기업가들은 그들의 경제단체를 조직하고 있었으나 신중간계급, 구중간계급, 주변적 계급은 그들의 이해관계를 도모해줄 조직을 거의 갖고 있지 못했다. 노동자층도 대다수는 미조직상태에 있었고 조직된 소수도 어용노조로 조직되어 강제와 유인 중 유인요소는 최소한의 수준에 머무르고 강제요소는 최대한에 가까운 국가 코퍼러티즘의 통제하에 있었다. 농민들 역시 상의하달기관인 농협을 그들의 조직으로 가지고 있었을 뿐 다른 어떤 자율적 조직도 갖지 못하고 있었다.

여기서 우리는 각 계층의 정치적 성격에 관해 생각해 볼 필요가 있겠다. 각 계층의 정치적 성격은 나라에 따라 다르기 때문이다. 원래 서구에서는 산업화가 사회영역을 성장시켜 사회영역이 마침내 국가를 지배하기에 이르렀고 이러한 과정에서 주도적 역할을 담당한 계층이 기업가 층이었다. 마르크스가 "현대국가의 집행부는 전체 부르주아지의 공동사를 관리하는 위원회일 뿐이다"라고 말했을 때 그는 서구의 산업화에 수반해서 나타난 기업가 층의 정치적 우세를 강조한 것이었다. 1970년대 초 한국에 있어 기업가들은 국가를 지배하는 계층이 아니었다. 국가의 경제정책은 기업가 전체의 이익을 도모하는 것이었으나 그들은 국가의 도움을 받아 경제적으로 성장하는 단계에 있었고 국가의 지시에 거의 절대적으로 따를 수밖에 없었다.

신중간계급은 한국에서 교육수준이 어느 계급보다도 높은 계급이고 한국정치에 대해서도 당시로서는 가장 비판적인 태도를 가지고 있었다. 그러나 그들은 비판적인 태도를 견지할 뿐 행동하는 층은 아니고 국가의 통제를 받을 때는 이를 묵인하는 층이었다. 구중간계급의 대다수는 자영상인으로 구성되어 있었고 이들은 주지하는 바와 같이 관(官)에 대해서는 가장 약한 층이었다.

노동자계급과 주변적 계급 역시 과거 서구의 노동자들이 갖고 있던 계급투쟁의식 비슷한 것을 가지고 있지 않았다. 1970년대 초 이들의 정치적 태도에 관한 조사는 그들의 태도가 체제 긍정적이라는 것을 잘 나타내주고 있다.[20] 1970년대 초 그들의 생활수준은 1960년대 초에 비해 절대적으로뿐만 아니라 그들을 위한 부의 배분율로 보아서도 조금씩 향상되고 있었다.[21]

1970년대 초에 전태일 분신자살 사건과 같은 몇 가지 눈에 띄는 노사분규가 있었으나 노사분규의 총 발생건수는 1960년대 후반과 마찬가지였다.[22] 당시의 노동자들에게는 임금수준이 관심사였지만 그들이 고용되느냐, 안 되느냐가 더 큰 관심사였다. 농민들은 자유당시대 때와 마찬가지로 그 당시에도 정부·여당에 동원될 수 있는 층이었다. 그들은

20) Kim Se-jin, "Attitudinal Orientations of Korean Workers," *Korea Journal*, Sep. 1972, pp.19-28; Lee Hong-Koo, "Political Culture and Political Development in Korea: An Aspect of the Political Behavior of Low-Income Groups in Seoul," *Korea Journal*, Jan. 1978, pp.17-24.

21) 경제기획원, 『한국의 사회지표』에 의하면 저소득 40%의 소득점유율은 1965년의 12.2%에서 1970년에는 19.6%로 향상되었다.

22) 김성국, "산업화와 노사갈등", 한국사회학회 편, 『한국사회와 갈등의 연구』(서울: 현대사회연구소, 1985), p.198.

투표할 때에 정부 여당에게 표를 몰아주는 것 이외에는 정치적으로 아무것도 할 수 없는 계층이었다.

1970년대 초 한국사회의 주요 계층이 정치에 대해 능동적이고 적극적인 자세를 가지지 못했던 이유는 무엇보다도 산업화가 국가에 의해 주도되었기 때문이다. 산업화가 국가에 의해 주도된 경우에도 산업화가 충분히 진전되어 사회영역의 성장이 이루어지면 국가는 사회에 의해 지배될 수 있으나 1970년대 초 한국의 산업화 정도는 이와 같은 수준으로부터는 까마득하게 뒤떨어진 상태에 있었다. 다시 말해, 한국에 있어 국가주도적인 산업화는 서구의 사회주도적인 산업화와는 달리 사회의 국가에 대한 자세를 위축시켰던 것이다. 그리고 한국사회의 위축성은 바로 다름 아닌 국가의 과대성장성과는 표리관계를 이루는 것이다.

우리 사회의 어떠한 계층도 1972년의 유신체제 수립을 요구하지 않았지만 그 체제 자체는 누구보다도 기업가들의 이해관계를 보호하고 노동자층의 권익을 억압하는 것이었다. 이에 유신체제에 대한 지지는 기업가들로부터 나왔고 그에 대한 반대는 학생들, 지식인들, 그리고 종교계와 같은 외부의 계도를 받은 일부 노동자들로부터 나왔다. 신중간계급도 유신체제에 대해 불만이었지만 그들은 이를 묵인했고 이들 중 일부는 기술관료로서 이 체제의 유지에 공헌했다. 구중간계급은 이러한 체제수립에 대해 무관심하였다. 그리고 유신체제 수립 당시 취업인구의 절반을 차지하던 농민들은 새마을운동을 통해 지지세력으로 육성되었다.

특히 일부 기업가들은 유신체제의 관리자들에게 경제적 자원을 제공함으로써 이 체제의 유지와 강화에 크게 공헌하였다. 기업가들은 그 이전에도 정권 유지를 위한 경제적 자원을 제공했지만, 유신시대는 이 자원의 규모와 그것의 정치적 영향이 그 이전 어느 때보다도 큰 시기였다. 그리고 그 당시 일부 기업가들이 유신체제의 관리자들에게 이와 같이 큰 경제적 지원을 할 수 있었던 것은 그들이 유신체제의 관리자들로부터 그만한 혜택을 받았기 때문이다. 이 점에 관해 장달중 교수는 그의 박사논문 연구 결과에 근거해 다음과 같이 말하고 있다.

> 대통령 비서실장을 지냈고 나중에 중앙정보부장을 역임한 이후락은 국가관료기구의 대표로서 일본자본의 도입을 통해 국내 신흥재벌을 육성하여 정당정치의 기반을 붕괴시키기 시작

했던 것이다. 이와 같은 과정은 은행가 출신의 관료였던 김정렴 비서실장의 취임으로 더욱 가속화되었다. 선경합섬의 등장이나 극동건설, 한국화약 등의 확장, 그리고 대우실업의 기적은 모두 외국자본을 매개로 한 국내 군부관료세력과 경제이익의 결합을 상징하고 있었던 것이다. 이러한 재벌기업들은 박 대통령을 둘러싼 측근세력과 결탁하여 직접 간접으로 정치세력의 중재 없이 사회를 통제하고 관리하기 위한 자원을 제공했던 것이다.[23]

유신체제 기간 중의 산업화의 심화는 한국사회의 계층구조에 근본적인 변화를 일으켰다. <표 2-2>에서와 같이 1970년부터 1980년까지의 기간 중에 농민층은 44.7%에서 31.3%로 감소한 반면, 신중간계급은 14.2%에서 17.7%로, 구중간계급은 14.8%에서 20.8%로, 노동자층은 16.9%에서 22.6%로 각각 증가하여 한국사회는 이제는 농민층이 주류를 이루는 전통사회의 계층구조가 아닌 초기 공업사회의 계층구조를 갖게 되었다. 제1차 산업인구를 기준으로 할 때 이것은 일본의 1950년대 말, 독일과 프랑스의 1920년대와 비슷한 것이다.

이들 각 계층의 조직상황은 1970년대 초와 별 차이가 없다. 유신시대를 통해서 사회영역에서의 자발적인 결사의 기회는 봉쇄당했기 때문이다. 그러나 각 계층의 정치적 특성에는 상당한 변화가 일어나고 있다. 우선 첫째로, 오늘날의 기업가들, 특히 대기업가들과 고급관료들 간의 관계는 유신시대와 비교할 때 대기업가들에게 유리한 방향으로 변화하고 있다. 대기업가들은 이제는 더 이상 국가 관리자들을 상전으로만 모시는 존재는 아니다. 그들은 조금 과장해서 말한다면 국가 관리자들과 동등한 지위를 갖는 파트너의 위치로까지 지위 향상을 성취하고 있는 것이다. 한국의 20대 재벌기업은 GNP의 60% 이상을 생산하고 있고 이 기업들이 국가의 금융지원을 필요로 하는 대신 국가 관리자들은 그들의 협력을 그 어느 때보다도 절실하게 필요로 하고 있는 것이다. 유신시대에 형성된 재계판도가 제5공화국에 들어와서 거의 바뀌지 않았다는 것은 대기업가들의 이와 같은 독자적인 힘의 반영인 것이다. 이제 한국의 대기업가들은 라틴 아메리카 제국에 있어서 관료적 권위주의체제 수립 직전의 기업가들처럼 군 엘리트들과도 가까운 관계를 유지하고 정치적으로도 적극적인 기업가가 되었다고 볼 수 있다.

신중간계급과 구중간계급의 정치적 특성은 그들이 더욱 안정지향적이 되었다는 것을

23) 장달중, "경제성장과 정치변화", 『계간 경향: 사상과 정책』, Vol.2, No.4, 1985 가을호, p.31.

제외하면 1970년대 초와 유사하다고 볼 수 있다. 그러나 노동자층은 1970년대와는 달리 유신 기간 중 그들의 정치적 태도가 체제부정적으로 변화되지 않았을까 하는 추측도 해볼 수 있다. 유신 기간 중 노동자들이 그들의 권익보호를 위해 합법적 쟁의를 일으킨다는 것은 실제로 불가능했고 대부분의 노동쟁의는 불법적인 것으로 간주되어 정부의 통제를 받았다. 이 기간 중 노사분규 총 발생건수는 연평균 100건 정도로 1960년대와 같아 그 이전 시대와 노사관계의 상태가 비슷했던 것으로 보일는지 모르나 노동자들은 정부의 일방적인 노동쟁의 억제정책 때문에 그 어느 때보다 커다란 좌절감을 느꼈을 것이다. 그리고 경제적으로도 그들이 차지하는 소득점유율은 크게 하락해 그들의 경제적 박탈감도 분명히 컸을 것이다.[24] 노동자들의 이러한 상태가 아직 크게 개선되고 있지 않고 1980년대에는 청년 지식인들이 노동자로 취업하여 그들을 의식화시켜 노동자들의 내면의식은 상당히 정치화되어 있다고 생각된다.[25]

마지막으로 농민들은 오늘날 유신시대와 같이 정부의 지지층으로 적극 육성되고 있는 것 같지도 않고 정부의 저농산물가정책(低農産物價政策) 때문에 그들의 불만은 고조되고 있으나 1985년의 2・12총선 결과는 그들이 아직도 준봉투표(遵奉投票)를 하고 있다는 것을 나타내 준다.[26]

오늘날의 각 사회계층은 1970년대 초보다는 정치적 의식수준이 훨씬 높고 그들의 정치적 잠재력도 이에 상응해 높다고 할 수 있겠다. 한국사회의 잠재력은 반(反)유신운동이 유신체제 관리자들의 분열을 일으켜 그것이 유신체제의 관리집단을 물러나게 할 수 있을 정도로 강하였다. 그러나 한국사회는 유신체제를 직접 붕괴시켜 그 체제의 관리집단을 대치해서 국가를 지배할 정도로 강하지는 못했고 그 때문에 유신체제의 잔재는 청산되지 않고 있다. 2・12총선 결과는 다시 한번 사회의 정치적 힘을 표출한 것이고 이 선거 결과는 도시의 중간계급과 노동자층이 비슷한 투표행태를 보이고 있다는 것을 나타내나, 이 시점에서 볼 때 한국 정치체제가 이와 같은 사회의 정치력에 반동하는 방향으로 전개될지, 혹은 이를 흡수하는 방향으로 발전할지는 그 전망이 뚜렷하지 않다. 그 어느 경우에 있어서나 사회의 힘은 한국 정치체제의 변화에 그 이전 어느 때보다도 큰 작용요인이

---

24) 경제기획원, 『한국의 사회지표』에 의하면 노동자층이 많이 포함되는 저소득 40%의 소득점유율은 1970년의 19.6%에서 1978년에는 15.5%로 하락하였다.

25) 김성국, 앞의 책, pp.210-213.

26) 준봉투표에 대해서는 윤천주, 『한국정치체제』(서울: 서울대학교출판부, 1979), pp.180-269 참조.

될 것이다.

그러나 장기적으로 보아 산업화가 지속적으로 심화된다면(과연 그렇게 될지는 의문이지만) 그것은 한국의 정치체제를 민주화시킬 것임에 틀림없다. 그 길이 다시 한번 후퇴의 과정을 거친 다음에 열릴 것인지, 그렇지 않으면 점진적으로 열릴 것인지의 차이가 있을 뿐이다. 왜냐하면 자본주의 구조 안에서의 산업화의 지속적 심화는 사회를 성장시키지 않을 수 없기 때문이다.

V. 결어

1960년대부터 1980년대까지의 기간에 있어 한국의 산업화 과정은 세계경제사상 전례가 없을 정도로 빨랐고 이러한 과정 속에서 한국의 정치체제는 1972년 말에 반(半)민주주의적이거나 반(半)권위주의적인 체제에서 매우 극단적인 권위주의체제로 전환하였다. 그러나 이러한 전환이 산업화의 심화 필요성 때문에 일어난 것은 아니다. 그것은 오히려 당시 국가의 과대성장, 박 대통령의 종신집권 의지, 그와 종적으로만 연결된 권력구조, 그리고 미국의 대한정책변화로 가능한 것이었다. 한마디로 말해, 1972년의 체제전환은 정치영역에서 자율적으로 일어난 것이지 경제영역의 투입 때문에 필연적으로 일어난 것은 아니다.

이렇게 주장한다고 해서 산업화와 정치체제의 성격 간에는 아무 관계가 없다고 보는 것은 아니다. 산업화의 단계와 산업화의 방식은 정치체제의 성격을 결정하는 큰 테두리 역할을 하기 때문이다. 산업화 이전단계에 있는 국가와 산업화가 국가에 의해 주도되고 있는 국가는 거의 모두 권위주의적 요소가 강한 정치체제를 가지고 있다. 역사적으로 산업화 이전의 서구제국과 후발산업국가(後發産業國家)로서 산업화에 있어 국가가 적극적인 역할을 수행한 독일, 이탈리아, 일본도 권위주의체제를 가지고 있었던 적이 있다. 탈식민 주변 자본주의국가도 이에 예외가 될 수 없다. 탈식민 주변자본주의국가는 처음에는 중심 자본주의국가의 지원으로 과대 성장하나 그 이후 산업화 추진단계에서는 이 단계에서의 국가의 주도적 역할 때문에 그 과대성장성은 다시 강화되게 된다. 이에 반해 사회는 처음부터 국가와는 비교가 안 될 정도로 미약한 상태에 있고 이러한 상태는 산업화의 추진단계에서도 쉽게 극복되지 못한다. 이러한 상황에서 국가 관리자들은 그들의 권력의지에 따라 정치체제를 어느 정도 민주화시킬 수도 있고, 또는 보다 권위주의화시킬 수도 있는 자율권을 부여받는 것이다.

국가 관리자들의 이와 같은 자율권은 산업화가 진전되어 사회도 성장함에 따라 점점 사회의 제약을 받게 된다. 산업화에 따라 현재 가장 괄목할 만한 성장을 한 계층은 기업가들과 노동자층이다. 이들은 1970년대 초에는 국가 관리자들에 의한 체제전환에 감히 간섭할 엄두를 못 냈다고 볼 수 있으나 1980년대 중반에는 그렇지 않다. 왜냐하면 이 시점에서의 한국기업가들은 라틴 아메리카 제국에서 관료적 권위주의체제가 수립되기 이전의 기업가들과 비슷한 정치적 성격을 가지고 있고 우리 노동자들의 권리의식도 라틴 아메리카 제국의 경우와 비슷하게 높아지고 있기 때문이다. 1972년의 유신체제가 박 대통령의 정치적 의지에 의해 수립된 관료적 권위주의체제였다면, 앞으로는 라틴 아메리카 제국에서와 같이 경제영역의 투입에 의해 관료적 권위주의체제가 더욱 강화될 가능성도 있다. 그러나 산업화의 심화가 계속 진전된다면 과거 후발산업국이었던 서구제국이나 스페인의 경우와 같이 한국의 경우에도 민주주의체제로의 전환은 일어나지 않을 수 없다.

제9장

관료적 권위주의론과 한국정치

한국정치에 있어 유신체제라는 군부독재체제의 출현과 제5공화국시대에 이르기까지의 이 체제의 지속을 설명하는 데 있어 가장 흔히 이용된 이론이 아르헨티나의 정치학자 길레모 오도넬의 관료적 권위주의론이었다. 이 글은 관료적 권위주의론을 한국정치에 적용시킬 수 있다고 믿는 학자들의 주장을 검토하고 이러한 적용이 한국정치의 이해에 왜곡을 초래하였음을 밝힌 글이다.

이 글은 관료적 권위주의론의 한국적 적실성을 검토한 제8장의 논문과 약간 중복되나 보완관계에 있고, 제5공화국 초부터 제5공화국 말까지의 기간에 있어 진행된 관료적 권위주의론에 대한 대부분의 논의를 검토하고 있다. 1980년대에 관료적 권위주의론을 널리 유행시키는 데 가장 공헌한 학자가 사회학자인 외우(畏友) 한상진 교수였기 때문에 그의 논문들이 이 글에서는 비판의 주요 대상이 되고 있다.

이 글은 제8장과 마찬가지로 경제와 정치의 관계를 파악하는 데 도움을 줄 것이다.

I. 서언

아르헨티나의 정치학자 오도넬(G. O'Donnell)이 1973년 발표한 관료적 권위주의론은 1980년대 초 한상진 교수와 강민 교수에 의해 우리 학계에 소개되었다. 특히 한 교수는 관료적 권위주의론에 대한 주요 논문들을 번역하여 한 권의 책으로 묶어냈고, 관료적 권위주의론을 한국정치에 적용시킨 논문도 여러 편 발표하였다.[1] 한 교수와 강 교수는 1970년대 초의 유신체제의 성립을 관료적 권위주의론으로 이해하려고 시도하였다. 한국정치의 이해에 필요한 이론적 틀을 가지고 있지 못했던 우리 학계에 있어 관료적 권위주의론이라는 틀에 따른 한국정치의 이해는 그전에는 찾아볼 수 없었던 새로운 시도였다.

한국의 관료적 권위주의론은 유신체제를 관료적 권위주의체제로 보고, 그 체제가 수립되는 근본 원인을 한국자본주의의 발전단계에서 찾고 있다. 정치체제를 경제발전단계의 부산물로 보는 시각은 유신체제뿐만 아니라 그 이전 제1공화국 정부의 독재화 경향도 최고집권자나 그 측근들의 종신 집권욕에서 나온 것이라고 생각하던 일반적 상식의 시각과는 다른 것이었다. 이러한 상식의 시각은 일반 국민들에게 호소력이 있었지만, 정치권력의 독재화가 반복되는 구조적 기반을 밝히지 못하는 맹점을 가지고 있었다. 관료적 권위주의론에 의한 유신체제 설명(explanation)은 경제발전단계와 정치체제의 특성 간의 인과관계를 찾아내어 앞서 지적한 상식적 시각의 맹점을 시정하려는 시도였고, 그러한 한에 있어서 이와 같은 시도는 가치 있는 작업이었다고 볼 수 있다.

이 글의 목적은 관료적 권위주의론이 강조하는 경제와 정치와의 관계를 부인하려는 데 있는 것이 아니고, 이 이론으로 한국경제와 정치와의 관계를 과연 올바르게 파악할 수 있는가를 검토하는 데 있다. 한 나라가 이룩한 경제발전단계와 그 나라가 가지고 있는 정치체제가 서로 엇물려 있는 관계를 가지고 있다는 것을 부인할 사람은 아무도 없다. 그러나 양자가 엇물려 있는 형태는 시대와 나라에 따라 다르다. 한국의 관료적 권위주의론자들은 오도넬이 1960년대의 라틴 아메리카 제국에서 찾아낸 경제와 정치의 관계가 1970년.

1) 한상진 편저, 『제3세계 정치체제와 관료적 권위주의』(서울: 한울, 1984); 한상진 저, 『한국사회와 관료적 권위주의』(서울: 문학과지성사, 1988); 강민, "한국정치체제의 구조적 특성 — 신권위주의를 중심으로 —", 『한국정치발전의 특성과 전망』(서울: 한국정치학회, 1984), pp.39-86.

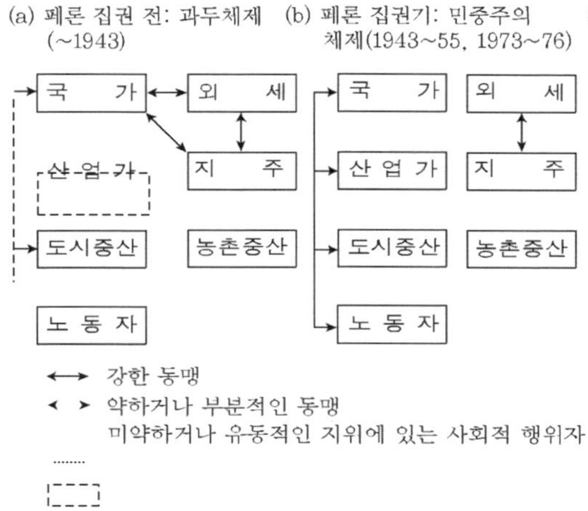

(a) 페론 집권 전: 지주와 외세의 동맹이 국가를 통제했고, 도시 중산계급 출신의 지도자로부터 지지를 얻었다.

(b) 페론 집권기: 도시 노동자와 신흥 산업가 — 일부 중산계급의 참여 — 와의 인민주의적 동맹이 국가를 지배. 외세와 지주 과두제를 실질적으로 축출.

(c) 페론 이후: 외세, 지주, 그리고 산업가의 동맹이 기술관료와 군부에 의한 "관료적 권위주의 정권"을 구축하도록 했다.

※ 참조: 이곳에서 해외부분은 하나의 단위로 묘사된다. 왜냐하면 개개 해외 열강의 경제적·정치적 이익은 서로 일치하는 경향을 보이기 때문이다.

출처: 스키드모어·스미스 공저, 민준기 외 공역, 『라틴 아메리카의 민주화 — 정치경제학을 중심으로 —』(서울: 법문사, 1989), p.477.

〈그림 2-1〉 정치적 · 사회적 동맹: 아르헨티나

대 초의 한국에서도 기본적으로는 거의 그대로 나타난다고 보고 있다. 이 글은 이와 같은 결론이 오도넬의 관료적 권위주의론을 1970년대 초의 한국정치에 기계적으로 적용시켰기 때문에 나온 것이라는 것을 밝히는 데 그 목적이 있다.

이 글에서는 우선 오도넬의 관료적 권위주의론의 특성을 소개하고, 그 다음 이 이론이 한국정치에 어떻게 적용되고 있고 이에는 어떠한 문제가 있는가를 살펴보고, 마지막으로 한국에 있어 경제발전단계와 정치와의 관계를 어떻게 볼 수 있는가에 대해서 생각해 보기로 한다.

II. 오도넬의 관료적 권위주의론

오도넬이 주장한 관료적 권위주의론의 이론적 특성은 어디에 있는가? 그것은 라틴 아메리카 제국에서 경제가 정치를 어떻게 결정하는가를 체계적으로 잘 밝힌 데 있다. 그 때문에 오도넬의 이론은 경제결정론이라는 비판을 받고 있기도 하나, 그의 이론의 매력은 경제결정론이라는 비판이 나올 정도로 명백하게 라틴 아메리카 제국의 경우 정치체제의 성격이 경제발전단계에 의해 규정되었다는 것을 제시한 데 있다. 오도넬의 이론이 경제결정론이 아니라든가, 그의 이론이 정치적 변수의 중요성을 무시한 게 아니라는 지적은 여기에서도 곧 밝힐 옳은 지적이지만 이에 대한 과도한 강조는 후진국이나 중진국 정치연구에 있어서의 그의 공헌을 오히려 모호하게 만들 수도 있다. 그의 관심은 아르헨티나를 비롯한 라틴 아메리카 제국에 있어 경제가 정치를 어떻게 규정했는가를 찾는 데 있었고, 그의 학문적 공헌은 바로 이를 시도한 데 있기 때문이다. 여기서는 오도넬이 라틴 아메리카 제국의 경제발전단계와 정치체제의 성격과는 어떠한 관계가 있다고 보았는가를 소개하고, 이를 이 문제에 대한 립세트(S. Lipset)의 가설과 비교해 보고자 한다.

립세트는 사회경제적 발전이 정치적 민주화에 공헌한다고 주장했다.[2] 오도넬은 이와 반대로 라틴 아메리카 제국에 있어서는 경제발전이 정치적 민주화를 오히려 저해시켰다고 보고, 이러한 현상이 왜 일어났는가를 밝히고 있다.

오도넬은 라틴 아메리카 제국에 수립된 정치체제를 레짐(regime)의 구조(정치적 경쟁도 등), 지배연합을 구성하는 계급과 부문, 그리고 공공정책의 성격에 따라 과두체제, 민중주의체제, 관료적 권위주의체제의 세 가지 유형으로 구분하고 있다. 과두체제는 정치적 경쟁이 매우 제한되어 있고, <그림 2-1>(a)에서와 같이 1차 상품(광산물과 농산물) 수출부문의 엘리트가 외세와 함께 지배연합을 구성하고 이들의 필요에 기반을 둔 공공정책을 집행하는 체제이다.

민중주의체제는 나라와 시기에 따라 정도의 차이가 상당하지만 정치적 경쟁이 있고,

2) Seymour Martin Lipset, *Political Man*(New York: Doubleday & Company, Inc., 1960).

민중부문의 정치적 활성화(political activation)가 일어나고, <그림 2-1>(b)에서와 같이 산업자본가, 도시중산층, 노동자들이 다계급 지배연합을 구성하고 수입대체산업화를 이룩하기 위한 공공정책을 가지고 있는 체제이다.

관료적 권위주의체제는 정치적 경쟁이 거의 없고, 민중부문의 정치적 참여를 탄압하고, <그림 2-1>(c)에서와 같이 군부와 행정부의 기술관료들, 산업자본가, 외국 자본가들이 지배연합을 이룩하고 산업화의 심화(deepening) 정책을 추진하는 체제이다.[3)]

오도넬은 <그림 2-1>에서와 같이 아르헨티나의 경우 정치체제가 과두체제에서 민중주의체제로 바뀌고, 그것이 다시 관료적 권위주의체제로 바뀌었다고 보고, 이와 같은 정치적 변화를 일으킨 근본원인을 경제발전단계에서 찾고 있다. 즉, 경제발전단계가 광산물과 농산물과 같은 1차 상품 수출을 중심으로 하고 있을 때에는 과두체제가 성립되고, 1차 상품 수출단계가 수입대체산업화 단계로 발전하면 정치체제는 과두체제에서 민중주의체제로 바뀌고, 경제가 수입대체산업화 단계에서 산업화의 심화단계로 이행하면 정치체제는 관료적 권위주의체제로 바뀐다는 것이다.

아르헨티나에 있어 경제발전단계에 따른 이와 같은 정치체제의 변화에는 정치적 변수가 개입되어 있다. 과두체제가 민중주의체제로 바뀌는 데에는 후안 페론(Juan Peron)이라는 인물의 정치적 리더십이 있었고, 민중주의체제가 관료적 권위주의체제로 전락하는 데에는 민중주의시대에 강화된 민중의 정치적 활성화(political activation)에 따른 노동자들의 위협이 있었다.

페론은 육군대령 출신으로 노동부장관을 역임했고, 노동부장관 시절에 노동조합운동을 지원하여 노동자들의 전폭적인 지지를 받았었다. 또한 그는 노동조합운동을 지원하고 노동자들의 복지를 도모하는 정책만이 산업평화를 이룩할 수 있다고 산업자본가들을 설득하였다. 아르헨티나가 스페인으로부터 독립한 이래 100여 년 이상 유지해온 과두체제를 무너뜨린 노동자들, 도시중산층, 산업자본가들의 다계급연합은 페론 등장 이전의 아르헨티나 역사에서는 찾아볼 수 없었던 일로, 이와 같은 새로운 지배연합은 페론이 창출해낸

3) Guillermo A. O'Donnell, *Modernization and Bureaucratic-Authoritarianism*(Berkeley: University of California Press, 1973); David Collier, "Overview of the Bureaucratic Authoritarian Model," David Collier, ed. *The New Authoritarianism in Latin America*(Princeton: Princeton University Press, 1979), pp.19-32; 스키드모어·스미스 공저, 민준기 외 공역, 『라틴 아메리카의 민주화』(서울: 법문사, 1989), pp.472-486 참조.

작품이었다. 1차 상품 수출단계가 수입대체산업화 단계로 발전한다고 해서 지주와 외국자본을 제외한 모든 계급의 다계급연합이 자동적으로 나타나는 것이 아니라는 것은 다른 후진국의 예를 보면 쉽게 알 수 있다.[4)]

페론이 노동조합운동을 지원한 것은 이미 지적한 바와 같지만, 그의 집권기에 민중은 정치적으로 활성화되었다. 오도넬에 의하면 정치적 활성화란 근대적 지역에 사는 여러 부문의 인구가 그들의 선호를 정치적 요구로 전환시킬 수 있는 능력을 가리키고, 이와 같은 정치적 활성화에는 두 가지 조건이 필요하다. 첫째로 어느 한 부문의 인구는 다른 부문에 전적으로 종속되지 않는 영구한 조직적 기반을 가져야만 하고, 둘째로 그 부문의 지도자들은 구성원들이 지도자들과 쉽게 접촉할 수 있고, 또 지도자들의 지시에 빨리 응할 수 있는 커뮤니케이션 네트워크를 가져야만 한다는 것이다.[5)] 페론은 아르헨티나의 노동자들이 이와 같은 조직과 커뮤니케이션 네트워크를 갖도록 적극 지원하였다.

페론의 친노동정책과 노선은 아르헨티나의 기존 우파 정당들의 반발뿐만 아니라 극좌파 정당인 공산당의 비난도 받았다. 아르헨티나 공산당은 그들의 지지기반을 페론에게 빼앗겼기 때문에 페론을 파시스트라고 비난하였다. 미국 국무성은 페론에 대한 반대공작을 펴기도 하였다. 페론은 국내외의 이와 같은 반대에도 불구하고 1946년 대통령에 당선되어 군부가 그를 축출한 1955년까지 집권하였고, 그후 파라과이에서 망명생활을 하다가 1973년에 귀국, 재집권하였다. 페론이 그 이듬해 사망한 후에는 그의 부인 이사벨(Isabel)이 대통령직을 계승하였으나, 이사벨 정권은 1976년 군부 쿠데타로 다시 붕괴하였다. 그러나 페론당의 메넴(C. Menem)은 1989년의 대통령선거에서 승리하여 다시 집권하게 되었다.[6)]

페론은 1946년 집권한 이후 몇 년간은 노동자들과 산업자본가들을 모두 만족시킬 수 있었다. 노동자들의 실질임금은 1947년 25%, 1948년 25% 상승했고, 국민소득에서 노동이 차지하는 몫은 1946년과 1950년 사이에 25% 상승했다. 그는 1946년 외국인들의 통화자산에 대한 효과적인 통제를 위해 중앙은행을 재조직하였고, 1948년에는 영국 소유의 철도를 국유화하였으며 미국과 프랑스 소유의 항만설비도 국유화하였다. 아르헨티나

4) 위의 책, pp.120-121.

5) Guillermo A. O'Donnell, 앞의 책, pp.29-30.

6) 스키드모어・스미스 공저, 앞의 책, pp.97-149; Michael L. Conniff, ed., *Latin American Populism in Comparative Perspective*(Albuquerque: University of New Mexico Press, 1982), pp.31-66.

의 산업자본가들은 이러한 국유화 조치들을 모두 환영하였다. 아르헨티나의 GDP(Gross Domestic Product)는 1946년 8.6%, 1947년 12.6%, 그리고 1948년 5.1% 성장하였다. 그러나 1949년 이후 아르헨티나 경제는 다시 침체하기 시작했고 노사간의 대립은 격화되었다. 급진적 페론주의자들이 거리로 나와 계급투쟁을 벌였기 때문이다. 그들은 1953년에는 아르헨티나 귀족들의 클럽인 자키클럽과 교회를 공격하고 약탈하기도 하였다. 노동자들의 이와 같은 투쟁은 페론이 지원한 조직과 커뮤니케이션 네트워크에 기반해 일어난 것이었고 페론 자신도 이러한 투쟁을 통제할 수 없었다. 그리고 이 때문에 페론은 군부에 의해 축출되었다.[7]

페론의 축출 이후 페론당은 불법화되고 민간정부가 수립되었으나 항상 페론주의자들의 위협을 받았고, 1966년의 군부 쿠데타로 아르헨티나의 관료적 권위주의체제는 수립되었다.

페론주의를 신봉하는 노동자들이 페론도 통제하기 어려울 정도로 조직화되고 의식화되어 있었다는 것은 아르헨티나에 있어서 특수한 정치적 변수이다. 수입대체산업화 단계가 산업화의 심화단계로 발전하는 과정에서 일어나는 노사대립의 강도와 빈도는 나라에 따라 다르고, 대부분의 후진국의 경우에는 노동자들의 세력이 아르헨티나에서와 같이 강하지 않은 것이다. 아르헨티나의 노동자들은 페론의 지원으로 강력한 조직을 가질 수 있었고, 이것은 아르헨티나 자본가들에게는 커다란 위협이었다. 이와 같이 강력한 노동자세력은 군부의 개입에 의해서만 꺾을 수 있었고, 이러한 개입의 결과가 관료적 권위주의체제인 것이다. 다시 말해, 아르헨티나의 경우 관료적 권위주의체제의 수립은 군부의 무자비한 탄압에 의하지 않고서는 통제될 수 없는 강력한 노동세력의 존재를 전제조건으로 삼고 있는 것이다.

오도넬이 제시한 경제발전단계에 따른 정치체제의 변화는 반복하여 강조하지만 경제적 변화에 상응해서 기계적으로 일어난 것이 아니라 아르헨티나의 경우에는 페론이즘과 페론이즘에 따른 노동세력의 강화라는 정치적 변수를 전제로 했을 때 일어난 현상인 것이다. 거꾸로 말해 이와 같은 정치적 변수가 없는 나라에서는, 산업화의 심화를 위해 관료적 권위주의체제가 수립될 필요가 없는 것이다. 콜롬비아와 베네수엘라는 관료적 권위주의체제로 이행하지 않고서도 경제적 심화정책을 추진할 수 있었는데, 그 이유는 이 두

---

7) 스키드모어 · 스미스 공저, 앞의 책, pp.121-126.

나라에서는 페론이즘과 이에 의한 노동세력의 강화와 같은 현상이 없어 집권세력이 노동자들과 타협할 수 있었기 때문이다. 페론이즘과 이에 의한 노동자들의 조직화가 없는 나라에서 그 나라 자본주의의 발전단계가 심화단계로 이행하는 계기에 정치체제의 관료적 권위주의화가 일어난다면 그것은 오도넬이 강조하는 요인이 아닌 다른 요인에 의한 관료적 권위주의화라고 보아야만 할 것이다.

세라(J. Serra)는 오도넬의 관료적 권위주의론을 경제적 시각에서 근본적으로 거부하고 있다. 그에 의하면 관료적 권위주의론은 산업화의 심화를 위해서는 노동자들의 과도한 착취(superexploitation)가 필요하고, 관료적 권위주의체제의 출현과 자본주의의 심화단계 간에는 선택적 유사성(elective affinity)이 있고, 관료적 권위주의체제가 자본주의의 발전에 필요한 경제적 합리성을 가지고 있다고 보고 있는데, 이는 경제이론에도 또 경험적 사실에도 배치되는 틀린 가정이라는 것이다. 전후 브라질의 경우 동태적인 경제성장과 생산구조의 중요한 변화는 민주적 정치체제를 가지고 있을 때 일어났고, 관료적 권위주의체제를 가지고 있었던 1968년과 1974년 사이의 빠른 경제성장은 관료적 권위주의체제의 결과가 아니고 국내경제와 국제시장의 좋은 조건들이 결합되어 나타난 결과라는 것이다.[8)]

세라의 관료적 권위주의론에 대한 경제적 비판은 브라질을 대상으로 삼고 있지만 아르헨티나의 경우에도 적용할 수 있다. 아르헨티나도 오랫동안 관료적 권위주의체제를 가지고 있었으나 이 기간에 경제가 심화되기는커녕 오히려 헤어나기 어려운 위기에 빠져 버렸기 때문이다.

관료적 권위주의체제가 자본주의의 발전을 촉진시키는 첩경이 아니라는 세라의 주장은 브라질과 아르헨티나의 경제발전단계를 보면 맞지만, 세라의 주장이 오도넬의 관료적 권위주의론을 부정하는 근거가 될 수는 없다. 아르헨티나의 경우 관료적 권위주의체제가 산업화의 심화와 성공적으로 연결되지는 않았지만, 산업화의 심화단계에의 진입은 노사간에 상호간 타협이 불가능할 정도의 치열한 투쟁을 자아냈고, 이것이 관료적 권위주의체제가 수립되는 조건이 되었다는 것은 부인하기 어렵기 때문이다.

오도넬의 관료적 권위주의론은 경제발전이 정치적 민주화에 공헌한다는 립세트의 가

---

8) José Serra, "Three Mistaken Theses Regarding the Connection between Industrialization and Authoritarian Regimes," David Collier, ed., 앞의 책, pp.99-163.

설을 부정하는 가설이다. 오도넬은 그의 가설을 전개하기 전에 립세트에 대한 방법론적 비판을 가하고 있다. 립세트가 어느 한 시기에 있어 경제적으로 발전한 나라들과 그렇지 못한 나라들의 정치를 비교하고, 이에 근거해서 경제발전이 정치적 민주화에 공헌한다는 인과론적 가설을 도출해내는 것은 방법론적으로 틀렸다는 것이다.[9] 경제와 정치에 관한 인과론적 가설은 오랜 기간에 걸친 어느 한 나라의 경제발전단계와 정치를 비교함으로써 나올 수 있다는 것이다. 오도넬의 립세트에 대한 이와 같은 비판은 적절한 것이고, 오도넬은 그 자신의 이와 같은 방법론적 인식에 따라 아르헨티나와 브라질 같은 나라에 있어서의 경제발전단계와 정치와의 관계를 이미 살펴본 바와 같이 규명하고 있는 것이다.

그러나 오도넬의 이와 같은 비판에는 립세트에게 불공평한 점도 있다. 립세트는 오도넬의 지적과 마찬가지로 '수평적' 자료를 가지고 인과관계를 규명하는 오류를 범하고 있지만 역사적 자료를 외면하고 있는 것은 아니기 때문이다. 그는 '수평적' 자료의 분석에 근거해 경제발전이 정치적 민주화에 공헌한다고 주장하고 있지만 경제적으로 발전된 나라의 민주주의를 논하는 데 있어서는 그 나라의 역사적 자료를 사용하고 있다. 또한 그는 그의 일반적 가설과는 달리 빠른 경제발전이나 산업화가 정치적 민주화에 해가 될 수도 있는 극단적인 노동운동을 야기시킨다고 유럽 제국의 예를 들어 지적하고 있기도 하다.[10]

오도넬과 립세트는 경제발전과 정치발전의 관계에 대해 서로 다른 가설을 제시하고 있지만, 이 두 사람은 모두 정치를 경제의 종속변수로 다루고 있다는 점에서 공통된다. 오도넬과 립세트가 서로 다른 가설을 제시하고 있는 것은 전자는 아르헨티나와 같은 라틴 아메리카 제국을 인식대상으로 삼고 있고, 후자는 구미의 선진민주주의 국가의 경험을 근거로 하고 있기 때문이다. 구미의 산업화 과정과 라틴 아메리카 제국의 산업화 과정은 후자가 종속적 성격을 띠었다는 점에서 다르고, 이와 같은 차이를 고려할 때 경제와 정치와의 관계에 있어 이 두 그룹의 국가 간에 차이가 난다는 것은 당연하다고 하겠다. 이뿐만 아니라 이 두 그룹의 국가 간에는 정치적 전통의 차이도 있기 때문에 경제의 정치에 대한 영향은 다르게 나타날 수밖에 없는 것이다. 이렇게 볼 때 오도넬과 립세트의 가설이 반드시 상반되는 것은 아니라는 것을 쉽게 알 수 있다.

---

9) Guillermo A. O'Donnell, 앞의 책, pp.6-7.
10) Seymour Martin Lipset, 앞의 책, passim.

III. 한국의 관료적 권위주의론

오도넬의 관료적 권위주의론은 한국의 사회과학계에 어떻게 수입되었는가? 오도넬의 가설은 한국정치를 설명하는 데 어떻게 적용되고 있고, 이에는 어떠한 비판이 있는가?

오도넬의 관료적 권위주의론은 이미 지적한 바와 같이 1980년대 초에 서울대학교 사회학과의 한상진 교수에 의해 우리 학계에 수입되었다. 한 교수는 1981년부터 관료적 권위주의론에 관심을 갖고 그후 서울대학교, 이화여자대학교 등 대학원 사회학과 세미나에서 이 이론을 검토하였다고 한다. 그리고 그가 1983년에 관료적 권위주의론에 관한 논문을 번역하여 출판한 『제3세계 정치체제와 관료적 권위주의』는 바로 이와 같은 대학원 세미나의 결과였다.[11]

필자는 관료적 권위주의론을 유신시대에 적용한 논문들이 나오기 전인 1982년 9월 『신동아』에 기고한 '민주와 민중'이라는 글에서 유신체제의 성립을 오도넬의 관료적 권위주의론으로 설명해보려는 시도가 있음을 지적하고, 이러한 시도의 문제점을 간단하게 지적한 바 있다. 그 내용을 인용하면 다음과 같다.

> 유신체제의 성립을 이상과 같은 BA이론을 원용하여 설명하는 사람들도 있다. 이들의 논리는 한국경제의 발전은 외국자본의 도입과 수출에 의존하고 있고, 외국자본의 도입을 계속 원활하게 하고 수출을 위한 국제경쟁력을 유지하기 위해서는 노동자의 쟁의활동을 억제해야 되는데 이의 억제가 민주주의체제로서는 어렵기 때문에 비민주적인 유신체제가 등장하게 되었다는 것이다.
>
> 유신체제의 성립은 결과적으로 볼 때 노동쟁의를 억제하여 일시적으로 외국자본의 투자환경을 개선하고 우리 경제의 국제경쟁력을 높였을는지 모르지만, 유신체제가 이 때문에 성립되었다는 증거는 찾아보기 어렵다. 유신체제가 수립되기 전에 노동쟁의가 없었던 것은 아니지만 노동쟁의가 당시 박 대통령이 당면한 가장 중요한 정치문제는 아니었다. 또 대기업가들이 이러한 체제의 수립을 바랐다는 증거도 없고, 유신체제가 수립된 이후 반체제운동에 앞장선 사람들은 노동자들이 아니었다.[12]

---

11) 한상진 저, 『한국사회와 관료적 권위주의』(서울: 문학과지성사, 1988), pp.v-vi.

12) 이정복, "민주와 민중", 『신동아』, 1982년 9월호, p.79.

관료적 권위주의론이 유신체제의 성립을 제대로 설명해주지 못한다면 유신체제를 출현시킨 요인은 무엇인가? 필자는 이 글에서 유신체제는 극대화된 박 대통령의 정치권력이 이를 영속화시키고자 한 것이었다고 주장하고, 박 대통령의 권력이 극대화된 배경에는 우리의 역사문화적 특성, 남북분단, 경제개발에 있어서의 정부의 적극적 역할, 그리고 대통령중심제라는 제도가 있다고 지적하였다. 그리고 1972년이라는 시점에서 이와 같은 정치적 변화가 일어난 배경으로 당시 미국의 대한(對韓) 영향력이 그 이전 어느 때보다도 약화되어 있었다는 사실을 들었다.

또한 필자는 이 글에서 중진자본주의 단계에서 선진자본주의 단계로 발전하기 위해서는 억압적인 관료적 권위주의체제가 아니라 오히려 노동쟁의를 허용하는 민주주의체제가 필요하다는 서독의 사회학자 디터 젱아스(D. Senghaas)의 주장을 소개했다. 그에 의하면 유럽의 경우 노동쟁의가 노동자의 임금 향상을 가져왔지만, 그것은 국민의 대다수를 이루는 노동자의 소득증대에 따른 내수의 확대와 기업경영의 합리화 및 기술의 개발을 초래하여 오히려 더 높은 단계로의 경제발전에 공헌했다는 것이다. 젱아스의 주장은 노동문제가 심각한 중진자본주의 국가가 발전을 위해 택할 수 있는 길이 관료적 권위주의체제만은 아니라는 것을 시사해주고 있다.[13)]

유신체제 수립에 관한 필자의 이와 같은 판단에 대해 한상진 교수는 "자명한 이치를 반영할 뿐" 유신의 설명으로는 미진하다고 비판했다. 그에 의하면 박 대통령이 "민중부문을 권력기반으로 흡수하는" 가능성을 배제하고 그 정반대의 유신을 채택할 수밖에 없었는가는 권력구조가 설명할 수 없다는 것이다. 이를 이해하기 위해서는 정치적 변수를 경제·사회적 변수들과 밀접히 연관시켜 보아야만 한다는 것이다.[14)]

필자는 정치적 변수를 경제적 변수와 연관시켜 보아야 된다는 한 교수의 주장에는 동의하지만, 한 교수가 이를 연관시키는 방식에는 동의할 수 없다. 한 교수는 박 대통령이 왜 민중부문을 흡수하는 정책을 채택하지 못했는가를 한국경제의 주변자본주의적 성격에서 찾는 것 같은데, 여기에는 다음과 같은 세 가지 문제가 있기 때문이다.

첫째로, 한 교수의 이와 같은 주장이 우리 경제의 주변자본주의적 성격 때문에 박 대통령이 사회주의적 노선을 택할 수 없었다는 것을 의미한다면 이는 맞는다고 볼 수 있으

---

13) 위의 글, pp.74-83; Dieter Senghaas, *Von Europa lernen*(Frankfurt: Suhrkamp Verlag, 1982) 참조.
14) 한상진, "한국사회구조론 — 그 편성원리와 문제점", 『현대사회』, 1982년 가을호, pp.171-173.

나, 이러한 노선을 채택하지 못한 것은 유신 때 처음 시작된 것이 아니라 미군정시대부터 제3공화국시대에 이르기까지 일관되게 지속된 정책이었다는 문제가 있다. 둘째로, 한 교수의 주장이 박 대통령이 주변자본주의적 성격 때문에 약간의 친노동정책도 전혀 채택할 수 없었다는 것을 의미한다면 이는 맞는다고 볼 수 없다. 박 대통령은 노동자들의 권익을 보호하기 시작하는 정책을 채택할 수도 있었을 것이기 때문이다. 그가 약간의 친노동정책을 채택했다고 해서 중심자본주의 국가인 미국이나 한국의 자본가들이나 군부가 그를 임기만료 전에 실각시키지는 않았을 것이다. 셋째로, 당시 그가 민중부문을 흡수하는 정책으로 사회주의적 정책이나 친노동정책을 채택했다 해도 임기만료 후 물러나지 않고서는 그는 민중의 지지를 획득하지 못했을 것이다. 박 대통령은 이승만 대통령의 전철을 밟았기 때문에 어떠한 정책을 선택하든 물러나지 않고서는 그 정책이 장기집권을 위한 미봉책에 불과하다는 비난을 받았을 것이다.

관료적 권위주의론으로 유신체제의 성립을 설명하는 본격적인 논문들은 1983년과 1985년 사이에 여러 편이 나왔고, 그 대부분이 한상진 교수와 강민 교수가 쓴 것이었다. 이들의 견해에 의하면 제3공화국의 기간은 수입대체산업화 단계였고, 1972년 이후는 산업화의 심화(深化) 단계이고 우리의 정치체제도 이와 같은 산업화 단계의 변화에 상응하여 민중주의적 요소를 가지고 있던 권위주의, 혹은 형식민주주의체제에서 관료적 권위주의체제인 유신체제로 이행했다는 것이다.

이와 같은 주장을 비판하는 논문들은 1985년부터 나오기 시작했다. 우선 박광주 교수는 1985년 여름 『현상과 인식』에 기고한 글에서 한국의 관료적 권위주의론을 다음과 같이 비판했다.[15] 그에 의하면 첫째로, 유신 이전의 한국에 있어서는 브라질과 아르헨티나의 경우와는 달리 산업화의 진전에 따른 민중부문의 활성화가 없었다는 것이다. "민중부문의 활성화가 있었다면 그것은 식민 상태로부터의 해방이 가져온 참여의 폭발현상"에 기인한다는 것이다. 그리고 이러한 성격을 갖는 한국의 민중부문의 활성화는 자유당 말기부터 억제당해 왔고, 5·16을 통해 조직적 통제를 받았고, 10월 유신은 이와 같이 지속되어온 민중배제정치에 박차를 가한 것에 불과하다는 것이다.

둘째로, 10월 유신은 관료적 권위주의체제의 기점이 될 수 없다는 것이다. 그는 이 점

15) 박광주, "국가론을 통한 한국정치의 패러다임 모색: 최근의 연구동향과 그 반성", 『현상과 인식』, 1985년 여름호, pp.30-78.

을 뒷받침하기 위해 "한국에서는 정치문화가 역사적으로 관료주의와 권위주의로 점철되어 왔으며, 유신은 제3공화국에 이미 존재하던 권위주의의 심화과정이 정당성의 위기가 고조된 가운데 나타나는 누적된 표현이지, 민중정치로부터의 급격한 이탈이 아니라는"[16] 김성국 교수의 견해를 인용하고 있다.

셋째로, 유신은 '5 · 16의 재확인'에 불과하다는 것이다. 1972년이 산업화 수준에 있어 획기적 전기도 아니고, 정치 불안정을 제거하라는 요구가 지배계층으로부터 격증한 해도 아니고, 군 · 관 연합이 강화된 해도 아니라는 것이다.

박 교수는 이와 아울러 유신이라는 강압적 사태를 "당시 박정희의 정권유지 욕구와 71년에 백중지세로 치러진 대통령선거의 결과가 어우러진 결과"라고 정치적으로 해석할 것을 촉구하고, 박 정권이 유신을 정당화하는 이유로도 중단 없는 전진이라는 변명보다는 한반도의 안보위기를 더욱 강조하였다고 지적하였다.

박 교수가 유신체제 수립에 있어 정치적 요인을 강조했다고 해서 정치에 대한 경제의 영향을 과소평가하고 있다고 볼 수는 없다. 그는 "1960년대 이후 1980년대 중반까지를 개괄해본다면 1970년 중반의 소강기를 제외하고 전반적으로 산업화와 민주화가 동일한 방향으로 가고 있다"고 함으로써, 경제발전이 민주화에 순기능적 영향을 미친다는 립세트의 가설에 동조하고 있기 때문이다.

필자도 1985년 말 『한국정치학회보』에 한 · 강 두 교수의 관료적 권위주의론을 비판하는 논문을 게재했다.[17] 이 글에서 필자는 오도넬이 말하는 산업화의 심화만을 위해서는 유신체제로의 전환이 불필요했다고 주장했다. 이 책의 제7장에 이 논문을 게재했기 때문에 그 논거를 여기 반복해서 자세히 소개할 필요는 없겠다.

필자는 이 논문에서 유신체제의 수립요인으로 최장집 교수가 주장한 대한민국이라는 국가의 과대성장성,[18] 박 대통령의 종신집권 의지, 그가 만들어낸 종적 권력구조, 그리고 미국의 대한정책의 변화를 들었다. 이 논문에서도 필자가 1982년 『신동아』에 기고한 글에서와 같이 유신체제의 수립요인으로 정치적 요인을 강조했다. 그러나 필자의 이와 같은 주장이 정치적 변화에 있어서 경제적 요인의 영향을 과소평가하는 것이 아니라는 것

---

16) 김성국, "세계체제와 한국의 정치 · 경제", 『현대사회』, 1984년 여름호, p.16.

17) 이정복, "산업화와 정치체제의 변화", 『한국정치학회보』 제19집, 1985, pp.61-75.

18) 최장집, "과대성장국가의 형성과 정치균열의 구조", 『한국사회연구 3』(서울: 한길사, 1985), pp.183-216.

도 명백히 밝혔다. 유신체제로의 변화는 우리 사회의 정치적 약세 때문에 가능했고, 우리 사회의 정치적 약세는 낮은 단계의 산업화 수준 혹은 경제발전 수준과 밀접한 연관이 있기 때문이다.

관료적 권위주의론의 한국적 적실성을 논하는 데 있어 임혁백 박사가 *World Politics* 1987년 1월호에 기고한 논문을 빼놓을 수 없다.[19] 그의 논문은 오도넬의 인과모델이 한국에 그대로는 적용되기 어렵다는 것을 지적하면서도, 유신체제 수립의 원인으로 경제적 요인을 강조하고 있기 때문이다.

임 박사는 유신체제라는 관료적 권위주의체제의 수립경로가 다음과 같은 다섯 가지 점에서 라틴 아메리카 제국의 경우와는 다르다고 지적하고 있다. 첫째는, 한국의 유신체제는 경제적 위기가 아니라 지속적인 경제발전이라는 근거에서 정당화되었다는 점이다. 둘째는, 한국의 유신체제는 수입대체산업화 단계에서 심화단계로 이행하는 과정에서 수립된 것이 아니라는 점이다. 임 박사는 1972년의 경제정책은 그 이전과 같았고, 한국경제의 심화는 유신체제의 원인이라기보다는 오히려 결과로서 1970년대 중반부터 시작되었다고 강조하고 있다. 셋째는, 유신 이전 노동자들이나 민중의 정치적 활성화가 집권세력을 위협할 만큼 심각하지 않았다는 점이다. 넷째는, 강력한 국가기구는 유신 이전에 이미 존재해 있었고, 따라서 노동자들을 통제하기 위한 강력한 국가가 필요하여 관료적 권위주의체제가 수립된다는 가설이 한국에는 맞지 않는다는 점이다. 다섯째는, 유신체제 수립 이전에 이 체제의 수립을 위한 이른바 쿠연합이 없었다는 점이다.

오도넬의 인과모델에 대한 임 박사의 견해는 박광주 교수나 필자의 견해와 기본적으로 같다. 다만 임 박사는 한국경제가 1972년에 심화단계에 이르지 않았고, 그 때문에 심화가설로는 유신체제의 수립을 설명할 수 없다고 강조한 것이 다를 뿐이다. 한국경제의 심화가 1970년대 중반에 시작되었다는 임 박사의 견해가 틀리지는 않지만 심화를 위한 정책은 1970년에 발표되었으므로 1970년대 초에 한국경제가 심화단계에 이르렀다는 견해도 틀렸다고 보기는 어렵다.

임 박사는 유신체제의 등장을 심화가설로 설명할 수 없다고 한 점에서는 한상진 교수나 강민 교수와 판단을 달리하고 있으나, 유신의 직접적 원인으로 경제적 요인을 들고 있

19) Hyug Baeg Im, "The Rise of Bureaucratic Authoritarianism in South Korea," *World Politics*, Vol. xxxix, Jan. 1987, No.2, pp.231-257.

다는 점에 있어서는 이 두 교수와 비슷한 접근방법을 택하고 있다. 그렇다면 심화가 아닌 어떠한 경제적 요인이 유신을 성립시켰는가? 임 박사에 의하면 1960년대 후반에 한국경제는 노동력의 무제한한 공급이라는 이점을 잃어 수출중심 경제의 운영에 노동탄압이 필요하게 되었고, 이와 같은 노동탄압의 필요성이 제3공화국의 제한민주주의와 갈등을 일으켜 유신체제 수립의 계기가 된 1971년의 위기가 일어났다는 것이다.

1960년대 후반에 노동력의 무제한한 공급시대가 끝났다는 임 박사의 판단은 페이(J. Fei)와 래니스(G. Ranis)의 분석에 근거하고 있다.[20] 이들에 의하면 한국의 농업노동력의 한계생산력은 농업부문의 잉여노동력이 공업노동에 흡수됨에 따라 1966~1967년에는 제도적으로 결정된 생존임금 수준으로 향상되었고, 이때부터 농업노동력의 임금도 그들의 한계생산력에 의해 결정되게 되어 공업 분야에서의 노동력 수요는 임금상승 없이는 충당이 어렵게 되었다는 것이다.

페이와 래니스의 이와 같은 분석이 타당하다고 해도 이것이 노동문제가 심각하게 되었다는 충분한 근거가 되지는 않는다. 노동문제는 노동력의 무제한한 공급시대가 끝났다고 해서 곧 심각해지는 것이 아니라, 그후 오랜 세월 노동자들의 의식화 과정과 조직화 과정이 지난 다음에야 심각해지기 때문이다. 1970년 11월 평화시장의 전태일 분신자살 사건은 노동문제의 존재를 알리는 신호였지 그것이 노동문제가 전국적으로 심각한 상태에 이르렀다는 것을 반영하는 사건은 아니었고, 동년 8월의 광주대단지 사건은 생존 자체가 어려운 실업자들의 불만이 폭발한 사건이었다. 노동문제가 심각해서 유신체제가 수립되었다는 가설은 성립되기 어려운 것이다.

임 박사는 오도넬이나 한상진 교수·강민 교수와는 달리 관료적 권위주의체제인 유신체제의 수립이 불가피하였다고 보고 있지는 않다. 그는 정부가 한국경제의 수출의존도를 줄이고 내수(內需)의존도를 증가시키는 방책으로나 혹은 노동집약적 상품수출 경제를 노동집약적이고 기술집약적인 상품수출 경제로 전환시키는 것에 의해 노동자들의 임금상승 요구를 수용하였더라면 유신을 피할 수 있었을 것이라고 가정하고 있다. 그러나 1970년대 초의 노동문제가 임 박사가 판단하고 있는 것처럼 심각하지 않았다고 한다면 이러한

---

20) John C. H. Fei and Gustav Ranis, "A Model of Growth and Employment in the Open Dualistic Economy: The Case of Korea and Taiwan," *Journal of Development Studies*, Jan. 1975, p.46, 위의 논문에서 재인용.

정책전환이 없었다 해도 유신은 피할 수 있는 것이었다고 말할 수 있겠다.

마지막으로, 제3공화국 정부가 노동자들의 임금을 상승시켜 주는 정책전환을 하지 않고 유신체제를 수립한 것은 당시 집권세력의 힘이 민중들의 힘보다 압도적으로 강했기 때문이라고 임 박사는 결론짓고 있다. 노동문제가 심각했다고 하더라도 유신체제를 등장시킨 것은 당시 집권세력의 비대한 힘이었던 것이다.

강민 교수는 관료적 권위주의론의 한국적 적실성에 대한 박 교수와 필자의 비판을 1987년에 쓴 논문에서 '정치결정론'이라고 반박하였다.21) 그러나 이와 같은 반박은 박 교수와 필자의 논지를 오해한 데서 나온 것이다. 박 교수나 필자의 논지는 경제의 한국정치에 대한 영향을 부정하는 데 있는 것이 아니라, 한국의 경제발전과 정치와의 관계에서는 오도넬이 남미에서 파악한 관계를 찾아볼 수 없다는 것을 지적하는 데 있기 때문이다.

강 교수의 1987년 논문에서 또 한 가지 지적하고 싶은 것은 다음과 같은 부정확한 인용부분이다. 그는 "이 교수는 세계에서 유례를 찾기 어려운 경제성장의 성과에 대한 보상의 결과로 생겨난 국가의 과대성장은 최고통치자의 권력의지를 무한정하게 상승시켜줄 수 있었다고 주장함으로써 유신체제로의 전환을 가져온 근원적 요인이 그간의 경제성장(경제적 요인)임을 논리적으로 인정하고 있다"22)고 지적하고 있는데, 이와 같은 지적은 두 가지 점에서 잘못되었다. 첫째로, 위의 필자의 견해로 인용한 부분은 최장집 교수가 처음 주장한 견해이다. 필자도 이 견해를 인용해서 논의한 것을 필자의 견해로 인용하고 있는 것은 잘못된 인용이다. 둘째로, 과대성장국가(過大成長國家)의 형성이 경제성장의 성과에 대한 보상의 결과로 생겨났다고 보는 것은 최 교수의 견해를 다시 한번 잘못 인용한 것이 된다. 과대성장국가는 중심부 국가로부터 도출되고 주변부 식민사회와의 관계 속에서 나타난 국가라는 것이 최 교수가 소개하고 있는 파키스탄의 정치사회학자 함자 알라비(Hamza Alavi)의 과대성장국가론인 것이다.23)

여기서 우리는 유신체제 수립에 대한 최장집 교수의 견해를 인용해보기로 한다. 그의 견해도 한국의 경우에는 오도넬의 관료적 권위주의론이 설정하는 인과관계가 성립될 수

---

21) 강민, "국가이론의 한국적 적실성 — 관료적 권위주의 국가이론의 극복을 위하여 —", 한국정치학회 편, 『현대한국정치와 국가』(서울: 법문사, 1987), pp.151-185.

22) 위의 논문, p.154.

23) Hamza Alavi, "The State in Post-Colonial Societies: Pakistan and Bangladesh," *New Left Review*, 74, Jul.-Aug. 1972, pp.59-81.

없다는 것을 재확인시켜 주는 견해이기 때문이다.

> 유신체제로의 전환 역시 사회와의 상충되는 이해갈등이 초래한 사회 경제적 위기로부터 연유된 것이라고 보기는 어렵다. 차라리 그것은 통제력, 조종력, 정보수집력을 아울러 갖는 행정기구와 안보기구 등을 중심으로 한 국가기구의 네트워크의 정점에서 국가와 시민사회 모두를 관장할 수 있는 정부 최고수반인 자신의 임기 연장을 둘러싼 헌법적 위기에서 연유한 것이라 하겠다. 그러므로 종신임기를 보장하는 헌법개정은 60년대 산업화의 모순들이 표출된 경제적 위기의 결과가 아니라 거꾸로 60년대 후반부터 70년대 초까지 세계에서 유례를 찾기 어려운 경제성장이라는 성과에 대한 보상의 결과로 보인다.[24]

최 교수는 유신체제가 수립되는 구체적 계기로 박 대통령의 임기연장을 둘러싼 헌법적 위기를 강조하고 있고, 이러한 체제가 수립되는 구조적 계기로는 과대성장된 국가기구와 빠른 경제성장을 들고 있는 것이다. 최 교수는 유신체제로의 변화가 과대성장된 자율적 국가영역에서 정치적 계기에 의해 일어난 변화라고 보고 있는 것이다. 그러나 과대성장국가 자체가 주변부 탈식민 사회라는 역사·경제적 조건 속에서 성립되는 국가라는 것을 고려할 때 과대성장국가론을 '정치결정론'으로 보아서는 안 된다는 것이 자명해진다. 과대성장국가론은 이론적 계보를 따진다면 네오 마르크시스트의 경제결정론인 것이다. 최 교수는 오도넬의 관료적 권위주의론보다는 알라비가 파키스탄과 방글라데시에서 파악한 경제와 정치와의 관계(과대성장국가론)가 1970년대 초까지의 한국의 경우에는 더 적실성이 있다고 보는 것이다.

한상진 교수는 관료적 권위주의론의 한국적 적실성에 대한 이와 같은 비판을 수용하여 관료적 권위주의의 등장배경과 요인들을 <그림 2-2>(a)에서 <그림 2-2>(b)와 같이 수정하였다. 그는 1983년에는 관료적 권위주의 등장의 가장 직접적 요인으로 "체제개혁의 필요성"을 들었으나, 1988년에는 이를 "장기집권 욕구"로 대체하고 있다. 그러나 필자는 이와 같은 인과모델에는 다음과 같은 문제가 있다고 본다. 첫째로, 한 교수가 "장기집권 욕구"를 한국에서의 관료적 권위주의체제를 출현시킨 요인으로 받아들인다면 관료적 권위주의론의 한국적 적실성도 부인해야 할 것이다. 아르헨티나와 브라질의 관료적 권위주

24) 최장집, 앞의 논문, pp.198-199.

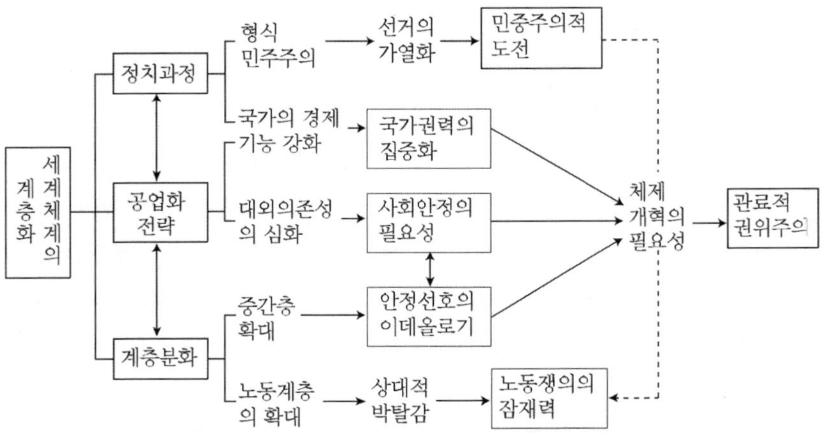

(a)

출처: 한상진, "관료적 권위주의하에서의 민주주의 전망," 한국사회학회 편, 『한국사회 어디로 가고 있나』(서울: 현대사회연구소, 1983), p.15.

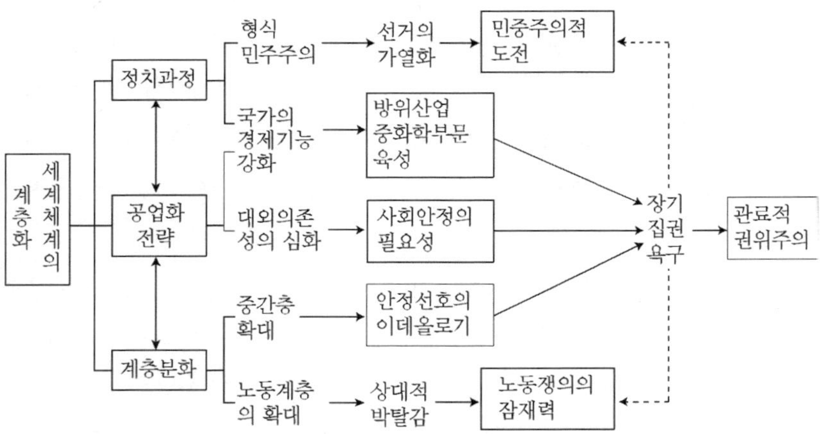

(b)

출처: 한상진 저, 『한국사회와 관료적 권위주의』(서울: 문학과지성사, 1988), p.127.

〈그림 2-2〉 관료적 권위주의의 등장배경과 요인들

의 정권은 그 이전 민중주의 정권을 타도하고 수립된 정권으로, 어느 한 개인의 장기집권 욕구와는 별 관계가 없기 때문이다.

<그림 2-2>(b)의 인과모델은 심화의 필요성(방위산업・중화학부문 육성, 사회안정의 필요성, 안정선호의 이데올로기)이 박 대통령의 장기집권 욕구와 결합되어 관료적 권위주의체제인 유신체제를 성립시킨 것으로 되어 있다. 이 경우 심화의 필요성이라는 경제적 요인과 박 대통령의 장기집권 욕구라는 정치적 요인 중 어느 요인이 유신체제의 수립에 필요불가결한 요인으로 작용하였는지가 문제가 된다. 이를 판단하기 위해서는 두 요인 중 어느 하나가 없었어도 관료적 권위주의체제가 수립되었겠느냐를 따져보면 된다.

우선 심화의 필요성이라는 경제적 요인만 있고 박 대통령의 장기집권 욕구가 없었더라면 유신체제의 수립은 불필요한 것이었다. 왜냐하면 앞서 필자가 강조한 바와 같이 권위주의적이고 관료적 요소가 강했던 제3공화국의 형식민주주의체제를 가지고서도 산업화의 심화정책을 수행해나갈 수 있었을 것이기 때문이다. 다음 박 대통령의 장기집권 욕구만 있고 심화의 필요성이 없는 경우에는 정치적 의미의 관료적 권위주의체제가 수립되었을 것이다. 박 대통령의 장기집권은 형식민주주의체제를 파괴시키지 않고서는 불가능하였을 것이기 때문이다.

이렇게 볼 때 유신을 성립시킨 요인은 박 대통령 개인의 장기집권 욕구였지 심화의 필요성이 아니었음이 명백해진다. 그러나 한 교수는 "장기집권 욕구"를 직접적 요인으로 위치시키면서도 오도넬의 관료적 권위주의론에 집착하고 있다.

둘째로, 한 교수는 <그림 2-2>(b)에서 심화의 필요성이 장기집권 욕구를 산출시킨 것처럼 표시하고 있는데, 이 양자 간에는 어떠한 인과관계도 없다. 박 대통령 개인은 그가 적극적으로 추진해온 산업화를 심화시키기 위해 장기집권 욕구를 갖게 되었는지 모르겠다. 그러나 사회과학에서 인과관계라고 할 때는 이와 같은 것을 가리키는 것은 아니다. 사회과학에서의 인과관계란 A라는 현상이 일어나면 B라는 현상이 보편적으로 일어나는 관계를 가리키는 것이다. 심화의 필요성이 보편적으로 장기집권을 일으키는 것이 아님은 경제적 심화의 단계를 이미 거쳤거나 아직도 경험하고 있는 나라들을 보면 명백해진다.

셋째로, 한 교수는 <그림 2-2>(a)와 <그림 2-2>(b)에서 1970년대 초에 중간층이 확대되고 그들이 안정선호의 이데올로기를 가지고 있어 유신체제의 수립이 가능했던 것으로 표시하고 있다. 그러나 이것은 1970년대 초 중간층의 정치적 태도를 크게 왜곡시키는 주장이다. 당시 중간층은 유신선포에 가장 크게 반발했던 계층이었기 때문이다. 1971년의 대통령선거뿐만 아니라 그 이전의 대통령·국회의원 선거에서도 박 대통령과 그의 민주공화당이 항상 고전한 곳은 중간층이 비교적 많이 사는 도시지역이었다.

한국의 중간층은 유신체제 수립에 경악을 금치 못했던 계층이지만 1970년대 중반 이후 격렬해진 반유신체제 운동에 노동자들만큼 투쟁적이지는 못했다. 그 이유에는 두 가지가 있다. 첫째, 중간층은 하층 노동자들과는 달리 그래도 잃을 것이 좀 있는 계층이므로 잃을 것이 없는 하층 노동자들처럼 적극적 투쟁은 벌이지 않는 정치적 속성을 가지고 있기 때문이다. 둘째, 유신선포에 가장 크게 반발한 계층이 중간층이고 또 그들은 국가와 사회에서 중요한 위치를 차지하고 있어 국가경영에는 그들의 협력이 절대적으로 필요하므로 유신정부는 노동자들을 희생시키고 그들을 경제적으로 더 보상하는 정책을 선택하여 그들의 반감을 완화시켰기 때문이다. 한국의 중간층은 이와 같은 두 가지 이유 때문에 유신체제에 반대하면서도 이를 묵인한 계층이었다. 다시 말해, 중간층에 죄가 있다면 수립된 유신체제를 묵인한 데 있는 것이다. 그럼에도 불구하고 중간층을 유신체제 성립의 지지기반인 것같이 표시하고 있는 것은 중간층에 대한 정확한 이해라고 보기 어렵다.

오도넬의 인과모델의 한국적 적실성에 대해서는 이상 살펴본 바와 같이 여러 가지 이의가 제기될 수 있지만 유신체제의 성격이 라틴 아메리카 제국의 관료적 권위주의체제와 같다는 점에 대해서는 이의가 제기되고 있지 않다. 유신체제는 민중을 정치적으로, 그리고 경제적으로 배제하고 정치를 경제발전의 목표를 위해 기술관료적으로 운영한 관료적 권위주의체제이고, 군·관료·자본가의 3자 연합세력이 이 체제를 지탱해 주었다는 데 대해서 대부분의 정치학자들이 동의하고 있다. 오도넬의 관료적 권위주의론이 정치학계에서 상당한 관심을 끈 이유는 유신체제와 관료적 권위주의체제 간의 이와 같은 유사성에 기인했던 것이다.

그렇다면 우리는 이와 같은 유사성을 어떻게 이해해야 할 것인가? 유신체제가 자본가들의 이익을 최우선적으로 보호하고 민중을 통제한 체제라면 여기에는 경제적 계기가 충분히 포함되어 있는 것이 아닌가? 또한 유신체제의 유지가 군·관료·자본가들의 지지로 가능했다는 것을 인정한다면 오도넬의 인과모델은 한국의 경우에도 적실성이 있는 것이 아닌가? 유신체제가 박 대통령의 장기 집권욕을 포함한 몇 가지의 정치적 계기에 의해 수립되었다고 보는 것은 표면에 나타난 현상만을 중요시하고 그 밑에 있는 본질을 파악하지 못하는 우(愚)가 아닌가?

이러한 의문에 대해 필자는 다음과 같이 답할 수 있을 것 같다. 자본가들의 이익을 최우선적으로 보호하고 민중을 통제한 것은 유신체제뿐만 아니라 그 이전의 정치체제에서도 정도의 차이는 있으나 공통된 특성이라고 할 수 있다. 후후발자본주의(後後發資本主義) 국가인 한국에 있어 경제발전은 제1공화국 이래 오늘에 이르기까지의 모든 정권이 추구한 지상과제였고, 경제발전의 추구과정에서 자본가들은 최우선적으로 보호를 받았다. 유신 이전에 민중들은 선거를 통해서 그들의 의사를 표시할 수 있는 권리를 가졌으나 이는 형식적 권리에 불과하였다. 제1공화국시대에 진보당이 해체당한 이후 노동자와 농민들을 위한 정당은 존재조차 하지 못했고 그들의 결사와 언론의 자유는 상당한 제약을 받았기 때문이다. 유신 이전의 정치체제는 구미적 의미에 있어 민주주의체제는 아니었다.

정치학자들은 유신 이전의 정치체제를 권위주의체제, 혹은 형식민주주의체제라고 보고 있다. 한배호 교수는 제1공화국의 정치체제를 "도전 불가능의 최고영도자로서의 이승만의 전단적(專斷的)인 권위성이 권위구조를 지배"했다고 해서 "사적(私的) 권위주의체제"라 하고 있고, 제3공화국체제는 중앙집권제도가 훨씬 강화된 "군부 권위주의체제"라고 부르고 있다.[25] 필자는 유신 이전의 정치체제를 형식민주주의, 혹은 파이너(S. Finer)가 말하는 "외양민주주의"(facade-democracy)[26]라고 부른 적이 있다. 제1공화국부터 제3공화국에 이르는 기간은 제2공화국시대라는 1년도 못 되는 기간을 제외한다면 권위주의가 점점 강화되었거나 형식민주주의가 점점 형식화된 기간이라고 볼 수 있다. 그리고 이렇게 볼 때 유신 이전의 정치체제는, 특히 제3공화국체제는 정치적 의미에 있어 관료적 권위주의의 성격을 상당히 내포한 체제였다는 것을 알 수 있다. 제3공화국시대에 있어 중앙정보부의 정치적 역할이나 어용노조 결성에 의한 노동통제방식 등은 민중의 정치·경제적 배제정책을 잘 나타내주는 예이다.[27]

한국의 자본가들은 제3공화국체제가 이와 같은 성격을 가지고 있기 때문에 약간의 노동문제가 일어난 1970년대 초에 유신을 요구하지 않았다. 제3공화국체제로서도 그들의 이익을 충분히 보장하고 민중의 정치·경제적 요구를 통제할 수 있었기 때문이다. 그러

25) 한배호, 『한국의 정치』(서울: 박영사, 1984), pp.13-16.

26) S. E. Finer, *Comparative Government*(New York: Basic Books Inc., 1970), pp.441-461.

27) 최장집, 『한국의 노동운동과 국가』(서울: 열음사, 1988) 참조.

나 이미 여러 번 강조한 바와 같이 제3공화국체제는 박 대통령과 그 측근의 장기 집권욕을 충족시킬 수 없었다. 형식민주주의 체제의 상징으로서의 제3공화국 헌법은 박 대통령의 더 이상의 대통령 출마를 금하고 있었기 때문이다. 박 대통령이 더 집권하기 위해서는 형식민주주의 체제라는 외양을 제거하고 민중에 대한 통제를 더욱 철저하게 강화할 수밖에 없었다. 유신은 이미 자본가들을 위하고 민중을 통제하던 제3공화국시대의 군부 권위주의체제 혹은 형식민주주의 체제를 정치적 동기 때문에 민중을 보다 철저하게 탄압하는 관료적 권위주의체제로 전환시킨 변혁인 것이다. 한국의 자본가들은 박 대통령의 장기 집권욕 때문에 노동자들을 더욱 철저히 탄압하는 정권을 갖게 된 것이다.

자본가들이 유신체제의 수립에 참여하지는 않았지만 그들이 이 체제를 지지하고 나선 것은 자연스러운 일이다. 자본가들은 제1공화국시대 이래 국가권력에 의해 육성의 혜택을 받는 위치에 있었고, 또 유신체제 자체가 민중을 탄압하고 그들을 보호하는 성격을 가지고 있었기 때문에 이 체제의 유지에 협력하지 않을 이유가 없었다. 그러나 어느 한 정치체제를 유지시켜 주는 요인이 그것을 수립시키는 요인으로 반드시 작용하는 것은 아니다. 우리는 어느 한 정치체제의 수립요인과 유지요인을 구분해서 생각해야 할 것이다.

Ⅳ. 한국정치에 있어서의 경제적 요인

오도넬의 모델이 유신을 설명할 수 없다면 유신을 어떻게 설명할 수 있을까에 대해서는 관료적 권위주의론의 한국적 적실성을 비판하면서 제시하였으므로 여기서 그것을 재론할 필요는 없다. 그러나 한 가지 다시 생각해 보아야 할 문제가 있다. 그것은 오도넬이 제시하는 경제와 정치의 관계가 한국에 적용될 수 없다면 한국의 경우에는 경제가 정치를 어떻게 규정한다고 볼 수 있는가의 문제이다. 이 문제도 앞에서 전혀 다루지 않은 것은 아니지만 다시 정리해 볼 필요가 있겠다. 관료적 권위주의론의 한국적 적실성을 부인한다고 해서 경제의 정치에 대한 영향력을 부인하는 것은 아니라는 점을 명백하게 밝히고 싶기 때문이다. 또한 한국정치를 경제적으로 설명하려고 할 때 관료적 권위주의론이 적실성이 없다면 그 대안이 무엇인가도 모색해 보고 싶기 때문이다.

한국경제가 정치에 어떠한 영향을 미쳤는가를 모색하기 위해서는 우선 대한민국 수립

당시의 우리 경제가 어떠한 정치체제를 출현시켰는가로부터 출발해야 한다고 생각한다. 건국 당시의 경제·정치적 구조는 그 이후 이의 발전방향을 규정한 맹아(萌芽)라고 볼 수 있기 때문이다.

건국 당시 한국경제는 세계 자본주의체제의 한 주변을 구성하고 있던 매우 후진된 주변부 자본주의경제였다. 이와 같이 매우 후진된 주변부 자본주의경제가 대체로 권위주의 정치체제를 출현시키는 경향이 있다는 것은 제3세계 국가들의 정치체제를 보면 쉽게 알 수 있다. 그러나 오도넬에 의하면 주변부 자본주의경제의 권위주의적 정치체제는 관료적 권위주의의 '관료적' 성격을 가지고 있지 않다. '관료적'이란 높은 단계의 근대화를 이룩한 권위주의체제에 적용될 수 있는 성격이라고 오도넬은 정의하고 있다.[28] 한상진 교수도 "공업화 이전의 농경사회에서 관료적 권위주의를 발견한다는 것은 거의 불가능하다"고[29] 오도넬을 그대로 따르고 있고, 한국에서 관료적 권위주의는 남미제국에서와 마찬가지로 공업화가 상당히 진행된 1970년대 초에 나타났다고 판단하고 있는 것이다. 그러나 이것은 건국 당시 주변부 자본주의로서의 우리 경제가 처했던 세계사적 특수성을 간과한 판단이라 아니할 수 없다.

건국 당시 한국경제는 주변부 자본주의경제였지만 한국 정치체제는 일제시대의 관료주의체계를 물려받았고, 이 체계는 다시 미국이라는 중심자본주의국가의 지원으로 강화되었다고 볼 수 있다. 알라비는 파키스탄과 방글라데시의 국가 형성에 관한 연구에서, 이곳의 국가는 토착계급들의 예속화를 목적으로 삼았던 식민시대의 강력한 국가기구를 계승했기 때문에 사회영역에 비해 과대성장(overdeveloped)되어 있다고 지적한 바 있다. 그러나 파키스탄과 방글라데시라는 국가가 사회에 비해 과대성장되어 있다면 대한민국이라는 국가는 다음과 같은 두 가지 의미에서 과과대성장(過過大成長)된 국가라고 할 수 있다. 첫째, 파키스탄과 방글라데시는 영국이라는 식민국가의 관료체계를 계승했지만 대한민국은 일본의 관료체계를 물려받았다. 일본의 식민관료체계는 영국의 그것보다 훨씬 비대하고 정교한 것이었다.[30] 둘째, 최장집 교수가 지적한 바와 같이 "우리나라는 해방 이후 단독정부의 수립과 한국전쟁을 치르는 동안 미국의 지원에 힘입어 알라비의 개념이 적용될

---

28) Guillermo A. O'Donnell, p.91.

29) 한상진, 앞의 논문, p.169.

30) Bruce Cumings, *The Origins of the Korean War*(New Jersey: Princeton University Press, 1981), pp.10-12 참조.

수 있는 어떤 탈식민 사회보다 극단적인 형태로 과대성장국가가 형성되었다."[31] 대한민국의 관료체계 — 행정 · 경찰 · 군사 관료체계 — 는 공업화의 필요에 앞서 좌파세력을 제압하고 북한으로부터의 군사적 위협에 대처하기 위한 필요성에서 미국의 지원을 받아 과대성장되었던 것이다. 이렇게 볼 때 오도넬이 말하는 관료주의와 권위주의는 제1공화국의 과대성장된 국가에 내포되어 있던 통치구조였음을 알 수 있다.

과과대성장(過過大成長)된 국가는 지주계급이든 자본가계급이든 노동자계급이든 농민계급이든 간에 우리 사회의 모든 계급에 대해 지배적인 위치를 차지하였다. 국가는 선진자본주의사회의 국가와 같이 사회의 제 계급이나 제 세력 간의 갈등을 반영하고 있기보다는 그들 모두에 군림하고 있었다. 사회계급이나 세력 간의 갈등이 당시의 한국사회에 처음부터 없었던 것은 아니다. 이 갈등은 일제의 패망과 더불어 좌 · 우의 갈등으로 나타났고, 미 · 소 간의 냉전과 이들 두 나라와 협조하고 있던 한국내 정치 엘리트들의 원심적 정치경쟁 때문에 더욱 격화된 계급투쟁의 성격을 띠고 있었다. 그러나 미군정하에 있던 남한에서 이 투쟁은 우파의 승리와 좌파의 궤멸로 종말이 났고, 그 이후 북한 공산주의자들의 남침을 경험한 대한민국 사회에서 계급투쟁은 오랜 기간 거의 일어날 수 없었다.

우리 사회의 제 계급 간의 갈등에 기반을 둔 정치적 대결이 일어나지 않았다는 것은 한국이 남미제국과 구별되는 중요한 차이점이다. 아르헨티나, 브라질, 칠레에 있어서는 친노동정권이 친자본가나 친중산층 정치세력에 의해 대치되거나 혹은 그 반대의 경우와 같은 정치변화가 있었으나 한국 정치사에서는 아직 이와 같은 변화가 일어난 적이 없는 것이다. 한국의 역대 정권은 경제의 자본주의적 발전을 추진할 수밖에 없는 친자본가정권이었고, 건국 이래의 한국정치는 이와 같이 성격지어진 정권의 쟁탈을 둘러싼 정치 엘리트들의 권력투쟁의 단계를 아직까지도 뛰어넘지 못하고 있는 것이다.

건국 이래 과과대성장(過過大成長)된 국가는 최근까지 우리 사회에 대해 절대적 우위의 위치를 점하고 있었다. 다시 말해, 우리의 경우에는 정치가 경제를 결정했다고 해도 과언이 아니다. 그러나 경제를 결정했다고도 볼 수 있는 정치는 미국이라는 중심 자본주의국가의 지원으로 가능한 것이었지, 주변부 자본주의경제로서의 우리 경제가 직접 출현시킨 것은 아니었다. 주변부 자본주의경제로서의 우리 경제가 과대성장된 국가나 경제를 결정

31) 최장집, 앞의 논문, p.191.

한 정치를 출현시키는 데 한 역할은 단지 이를 허용했다는 차원에 머물러 있다. 우리 경제가 선진 자본주의경제였다면 이와 같은 국가나 정치는 출현하지 않았을 것이라는 의미에서의 허용 역할 정도를 건국 이래의 우리 경제에 할당할 수 있는 것이다.

한국경제가 정치를 어떻게 규정하고 있는가를 모색하기 위해서는 우리 경제의 발전단계에 따라 성장하는 우리 사회의 제계급들이 한국정치에 어떠한 영향을 미치고 있는가도 살펴보아야 할 것이다. 그러나 이러한 논의에 앞서 자본주의 발전단계는 단계에 따라 어느 나라에서나 비슷한 계급구조를 형성시키나, 그 계급의 정치적 특성은 나라에 따라 다르다는 것을 지적해두고 싶다. 자본주의의 발전이 국가 주도적으로 추진된 나라와 사회 주도적으로 추진된 나라의 계급구조는 같은 발전단계에서 서로 비슷할 것이나 각 계급의 정치적 특성은 서로 다를 것이고, 자본주의의 발전이 국가 주도적으로 추진된 비슷한 발전형의 나라들도 그 나라의 정치적 특수성에 따라 각 계급의 정치적 특성은 다를 것이기 때문이다.

한국의 경우 자본주의의 발전은 독립 자영농과 농촌 하류계급으로 구성되는 농민층을 1960년 64%에서 1970년에는 44.7%로, 그리고 1980년에는 31.3%로 감소시키고, 노동자계급은 같은 기간에 8.9%에서 16.9%와 22.6%로 증가시켰다.[32] 한국사회의 계급구조가 20년 사이에 농민층이 주류를 이루는 전통사회의 계급구조에서 공업사회의 계급구조로 전환된 것이다. 그러나 계급구조의 이와 같은 전환에도 불구하고 이른바 '계급정치'가 좌파정당이 부재할 정도로 미약했던 것은 한국이 국가주도로 자본주의의 발전을 추진한 후발 자본주의국가(後發 資本主義國家)이고 남북 대결이라는 정치적 특수성을 가진 나라였기 때문인 것이다. 아르헨티나와 브라질 같은 나라는 경제운영에 있어서 국가의 자율적 주도성이 우리보다 훨씬 약하고, 우리와 같이 남북 대결의 정치적 문제를 가지고 있지 않기 때문에 활성화된 계급정치를 가졌었다고 말할 수 있다.

우리 사회의 제 계급이 건국 이래 과대성장된 국가에 대체로 순응적이었음은 이미 지적한 바와 같다. 그러나 그렇다고 해서 이들 제 계급이 한국정치에 별 영향을 미치지 않았다는 것은 아니다.

자본가계급은 우리나라 인구의 1% 정도를 구성하는 소수계급이다. 그들은 국가 관리

---

32) 이 통계는 홍두승 · 김영모 교수의 연구결과에 입각한 것으로 송복 교수의 논문 "계급갈등과 계급구조", 한국사회학회 편, 『한국사회와 갈등의 연구』(서울: 현대사회연구소, 1985), p.113에서 인용.

자들이 수립한 경제발전 목표를 달성하는 데 협력하고 정권담당자들에게 경제적 자원을 제공함으로써 그들의 정권 유지에 공헌하였다. 자본가들은 그들 자신의 사업이 정부가 제공하는 여러 가지 종류의 특혜에 의존하고 있고, 또 이러한 특혜에 대한 기업가들의 수요는 정부가 제공할 수 있는 특혜의 공급량을 항상 초과하였기 때문에 그들은 국가 관리자들의 요구와 희망에 순순히 응할 수밖에 없었다.

국가 관리자들에 대한 자본가들의 지위는 1980년대에 들어와 향상되는 경향을 나타내고 있다. 건국 이래 형성되기 시작해서 제3, 4공화국시대에 고착된 우리나라 재계의 판도가 제6공화국에 들어와서도 거의 바뀌지 않고 있는 것은, 그들이 이제는 독자적인 힘을 상당히 축적했다는 증거인 것이다. 그러나 이들은 아직도 정권담당자들에게만 경제적 지원을 하고 있다고 해도 과언이 아닐 정도로 친정권적 성격을 가지고 있다.[33)]

한국의 노동자계급은 서구의 노동계급이 나타내었던 계급투쟁의식 비슷한 것을 오랫동안 갖지 않았다. 그러나 현재 그들의 이와 같은 태도에는 커다란 변화가 있으리라 생각된다. 그들은 유신 이래 최근까지 정부의 일방적인 통제만을 받았고, 경제적으로도 커다란 희생을 당했기 때문이다. 유신시대에는 그들이 합법적 쟁의를 일으킨다는 것이 거의 불가능하였고, 산업화가 급속히 진행된 제3, 4, 5공화국의 전 기간을 통해 노사분규의 총발생 건수는 연평균 100건 정도에 불과하였다.[34)] 그들의 경제적 위치도 유신시대에 현저히 악화되었다. 경제기획원이 발행한 『한국의 사회지표』에 의하면, 노동자들이 많이 포함되는 저소득 40%의 소득점유율은 1965년의 12.2%에서 1970년에는 19.6%로 향상되었으나 1978년에는 15.5%로 하락하였다. 노동자들은 그들의 경제적 박탈감을 1987년과 88년에는 연 수천 건에 달하는 폭발적인 노사분규를 통해 표출하였다.

신중간계급은 1960년 6.6%에서 1970년에 14.2%로, 그리고 1980년에 다시 17.7%로 증가하였다.[35)] 이 계급에 속하는 사람들은 한국에서 교육수준이 어느 계급보다도 높은 계급이고, 정치에 대해서도 대체로 비판적인 태도를 견지하고 있다. 유신시대부터 오늘에 이르기까지 반체제운동의 지도자들은 대부분 이 계급 출신이다. 그러나 이들의 대부분은 이미 지적한 바와 같이 비판적인 태도를 견지할 뿐 행동하는 층은 아니고 국가의 통제를

33) 지난 1982년 이래 정치자금 중의 정당별 지정 기탁액 총 873억 3,353만 원 중 98.6%가 집권당인 민정당에 집중되었다는 『한국일보』, 1988년 10월 1일자 2면 기사 참조.

34) 김성국, "산업화와 노사갈등", 한국사회학회 편, 앞의 책, p.198.

35) 주 32) 참조.

받을 때는 이에 묵종하는 계급이었다. 자영상인들이 대다수를 이루는 구중간계급은 1960년 13.6%에서 1970년에 14.8%, 그리고 1980년에 20.8%로 증가하였다.[36] 이 계급은 관(官)에 대해서는 가장 약한 계급이라고 할 수 있다.

농민들은 한국정치가 지역적으로 재편성된 1987년 말 대통령선거 전까지만 해도 선거 시에는 윤천주 교수가 지적한 바와 같은 준봉투표(遵奉投票)를 하는 계급이었다.[37] 그러나 그들도 우리 사회에서 건국 이래 희생만 강요당해 온 계급이었기 때문에 최근에는 이와 같은 그들의 태도에도 커다란 변화가 일어나고 있다.

사회가 약했기 때문에 사회를 대신해서 국가가 추진한 한국 자본주의의 발전은 다시 사회를 성장시켰으나 이제 국가는 사회로부터 그 이전과 같이 자유롭지 못하다. 제5공화국시대의 민주화 운동과 이러한 운동의 결과로 우리 사회가 쟁취한 대통령 직선제 개헌은 우리 사회가 그만큼 성장했다는 증거인 것이다. 이 운동은 청년학생들, 재야세력과 야당 정치인들이 이끌었지만 중산층과 노동자계급의 광범위한 지지를 받고 있던 범사회적인 운동이었다.

이와 같은 민주화 운동은 주지하고 있다시피 유신 말기에도 강력하게 일어났었다. 그러나 그 당시에는 이 운동이 성공하지 못하고 신유신체제인 제5공화국의 수립이라는 반동을 가져왔었다. 그렇다면 우리 사회의 민주화 운동은 1979년과 1980년에는 왜 실패하고 1987년 6월에는 왜 성공했는가?[38] 이 문제에 대한 탐구는 한국의 경제발전단계가 정치에 미치는 영향을 생각하는 데 도움을 준다.

우리는 우리 사회의 민주화 운동이 1980년에는 실패하고 1987년 6월에는 성공한 이유를 양 시기의 경제발전단계의 차이에서 찾을 수는 없다. 우리의 경제발전과 이에 따라 성장한 사회 제 계급, 특히 신중간계급과 노동자계급은 1970년대 말부터 유신체제라는 관료적 권위주의체제에 강력한 거부반응을 나타냈기 때문에 관료적 권위주의체제는 이미 이때부터 존속이 매우 어려운 사회적 상황에 처해 있었다. 그럼에도 불구하고 이 체제가 1980년에 붕괴하지 않고 1987년에 와서야 개혁된 것은 집권세력과 민주화 운동세력 간의 대결에 있어 이 두 세력이 각각 가지고 있는 내부 결속력과 그들이 각각 채택한 정치

36) 주 32) 참조.

37) 윤천주, 『증보판 한국정치체계』(서울: 서울대학교출판부, 1979), pp.180-269 참조.

38) Hyug Baeg Im, "Politics of Transition: Democratic Transition from Authoritarian Rule in South Korea," University of Chicago, 1989년도 박사논문은 이 문제를 다루고 있음.

전략에서 찾아야 할 것이다.[39] 민주화 운동세력이 1987년 6월에 성공하고서도 그해 말 대통령선거에서 패배하여 집권에 실패한 것도 마찬가지의 정치적 요인에서 찾아야 할 것이다.

경제발전단계는 넓은 의미에서 정치적 변화의 방향을 설정해 주지만 그 변화는 그 사회의 정치에 의하여 조기에 일어날 수도 있고 지연될 수도 있으며, 또 그 변화의 구체적 모습도 그 사회의 정치적 특성에 따라 달라지는 것이다.

V. 결어

관료적 권위주의론의 인과모델은 유신체제의 수립을 설명하지 못한다. 이 모델로 유신체제의 수립을 설명하려 하는 경우에는 이 체제의 수립 원인으로 당시 우리 국민 모두가 확신하고 있었던 박 대통령과 그 측근들의 장기 집권욕을 중요치 않은 변수로 과소평가하고, 박 대통령 자신이 이 체제의 수립 원인으로 강변해 마지않았던 경제적 요인을 과대평가하게 하는 왜곡을 초래시키는 것이다. 그리고 이러한 왜곡은 실천적 의미에 있어 한국정치의 민주화에 부정적 영향을 미칠 수 있다. 유신체제가 집권자의 장기 집권욕이 아니라 산업화의 심화를 위해 불가피하게 나왔다는 설명을 받아들인다면, 우리들은 앞으로도 집권자의 이와 유사한 시도를 다시 불가피한 것으로 받아들이는 심리상태를 갖기 쉽기 때문이다.

그러나 관료적 권위주의론의 인과론이 한국에 적용되기 어렵다고 보는 것은 이 인과론이 실천적 의미에 있어 부정적인 이데올로기적 결과를 초래할 수 있기 때문만은 아니다. 이보다는 이 이론이 기반하고 있는 아르헨티나 같은 남미의 국가와 사회와 이 이론이 적용된 우리의 국가와 사회는 몇 가지 중요한 점에서 크게 다르기 때문이다. 첫째르, 한국은 건국에서부터 한국전쟁 기간을 거치는 동안 아르헨티나 같은 나라와는 달리 사회에 비해 과과대성장(過過大成長)된 국가를 일제시대의 관료적 유산과 중심자본주의 국가인 미국의 지원으로 갖게 되었다. 관료주의와 권위주의는 이와 같이 과과대성장(過過大成長)된 한국이라는 국가의 특성이었고, 이러한 의미에 있어 관료적 권위주의는 제1공화국시

39) 위의 논문 참조.

대부터 성장하기 시작한 통치구조였다.

둘째로, 한국이라는 국가의 이와 같은 특성 때문에 국가의 관리자들은 국가목표가 사회 제 계급의 이해관계의 반영물로 나타난 남미와는 달리 상당한 정도의 자율성을 가지고 국가목표를 설정하여 추진할 수 있었다.[40] 제1공화국은 노동자계급, 산업자본가계급, 중산계급의 연합으로 민중주의 정권을 세워 지주계급의 정치적 지배를 타도한 아르헨티나와는 달리 이와 같은 계급투쟁의 정치과정을 거치지 않고 농지개혁의 목표를 설정하여 추진함으로써 지주계급을 해체시킬 수 있었다.[41] 제3공화국도 경제발전 우선주의라는 국가목표를 달성하기 위해 사회 제 계급의 이해관계의 조정이라는 정치과정을 거치지 않고 기술관료적으로 정책을 수립・집행하였다. 그러나 이러한 과정을 통해 자본가들은 육성되고 보호된 반면, 노동자들과 농민들은 희생을 강요당했다. 아르헨티나나 브라질에 관료적 권위주의체제가 수립된 시기에는 자본가들이 그들의 이익보다는 노동자들을 포함한 민중이익의 실현을 추구한 민중주의적 정권이라는 타도대상을 가지고 있었으나, 한국의 자본가들은 유신 당시에 그들을 육성하고 보호하는 정권을 가지고 있었다.

셋째로, 아르헨티나 같은 나라에서는 페론과 페론이즘이 노동자계급의 대자본가투쟁(對資本家鬪爭)을 강화시켰으나, 우리의 경우에는 한국전쟁과 남북 대결이라는 요인이 노동자계급의 투쟁의식을 크게 위축시켜 왔다. 남미의 노동자계급은 그들의 이익을 옹호하는 정권을 수립하고 자본가들을 위협할 수 있는 세력을 형성하고 있었으나, 한국의 노동자들은 유신 당시에 이와 같은 세력을 형성하고 있지 못했다.

유신체제 수립 전년인 1971년에 한국사회에 위기가 있었음은 사실이다. 그러나 이 위기의 성격은 남미에서 관료적 권위주의체제가 수립되기 전의 위기와는 다음과 같은 점에서 다르다. 첫째로, 남미의 위기의 핵심은 노동자계급과 자본가계급의 계급투쟁의 격화에 있었으나, 한국의 경우에는 노동문제의 존재를 알리는 노동자들의 요구와 제3공화국 정부가 보인 관료적 권위주의성의 시정을 촉구하는 판사, 기자, 교수들의 자율화 운동으로

---

40) Chalmers Johnson의 미출판 논문, "Political Institutions and Economic Performance: A Comparative Analysis of the Government-Business Relationship in Japan, South Korea and Taiwan"; 장달중, "국가와 자본주의의 발달", 김성국 외, 『한국자본주의의 정치・경제학적 연구』(한국정신문화연구원, 1988), pp.55-91 참조.

41) Hochul Sonn, "Towards a Synthetic Approach of Third World Political Economy: The Case of South Korea," The University of Texas at Austin, 1987년도 박사논문, pp.245-247 참조.

구성되어 있었다. 둘째로, 이 위기가 남미의 경우에는 격화되어 갔으나, 한국의 경우에는 1972년에 진정국면으로 들어갔다. 이렇게 볼 때 이러한 위기가 남미의 경우에는 관료적 권위주의체제의 수립을 가져온 인과요인이 될 수 있지만, 한국의 경우에는 박 대통령과 그의 측근들이 장기집권을 위한 구실로 악용한 핑계요인에 불과하다는 것을 알 수 있다.

유신체제는 남미의 관료적 권위주의체제와 마찬가지로 민중을 정치·경제적으로 배제하고, 정치를 경제발전의 목표를 위해 기술관료적으로 운영하고, 군·관료·자본가의 3자 연합세력을 그 지지기반으로 삼았다. 그러나 이와 같은 특성은 유신시대에 처음 나타난 것이 아니고, 그 정도는 좀 약하나 제3공화국시대에도 가지고 있던 특성인 것이다. 유신으로 이와 같은 특성이 극단적으로 강화되었으나 그것은 노동자들의 위협이 아니라 박 대통령과 그의 측근들의 장기 집권욕이라는 정치적 계기에 의해 일어난 변혁인 것이다. 이러한 변혁의 결과로 자본가들의 이익은 더욱 강력하게 옹호되고 노동자들은 그 이전보다 훨씬 큰 희생을 강요당했으나 이러한 결과가 그 수립원인은 아닌 것이다.

여기서 한 가지 더 지적하고 싶은 점은 대통령과 그의 측근들이 장기 집권욕을 가지고 있다고 해서 이를 그들 마음대로 실현할 수 있는 것은 아니라는 점이다. 제1공화국시대의 이 대통령과 그의 측근들도 3·15 부정선거를 통해 장기집권을 시도했으나 실패했고, 박 대통령도 1979년 그의 측근에 의해 암살당했으므로 궁극적으로는 그의 목표를 달성하지 못했다고 할 수 있겠다. 그러나 박 대통령과 그의 측근들이 그들의 장기 집권욕을 일시적으로나마 실현시켜 준 유신에 성공할 수 있었던 것은 그 당시의 권력구조와 한미관계에서 찾아야 할 것이다. 박 대통령은 청와대, 중앙정보부, 당, 내각, 의회와 같은 여러 권력기구와 군이 그와는 밀접한 수직적 위계관계를 유지하도록 한 반면, 이들 각 기구의 책임자들은 상호경쟁적 관계에 있는 사람들을 임명하여 상호견제하게 함으로써 집권세력 내에서 그의 위치를 거의 절대화하였다.[42] 또한 박 대통령 정부는 1971년 주한미군이 일부 철수하고 미국 원조로부터 재정적으로 거의 자립하고 있었기 때문에 세계 전략상 한국이 민주주의체제의 형식성이나마 유지하기를 바랐던 미국의 영향력으로부터도 그 이전 어느 때보다 자유로웠다. 박 대통령이 보유했던 절대적 권력과 한미관계의 이와 같은 변화가 유신을 성공시킨 가장 큰 직접적 요인인 것이다.[43]

---

42) 이상우, "박정희는 용인(用人)의 천재(天才)였나", 『신동아』, 1984년 9월호, pp.268-289는 박정희의 분할통치방식을 잘 묘사한 기록 중의 하나이다.

관료적 권위주의론의 인과모델은 유신체제 수립에 적용될 수 없지만 관료적 권위주의론이 강조하는 문제의식, 즉 주변부 혹은 반주변부 자본주의 국가의 경제발전단계가 정치에 어떠한 영향을 미치는가의 문제의식은 우리가 한국정치를 연구하는 데 있어 견지해야만 할 태도인 것이다. 이러한 문제의식을 가지고 한국정치의 과거를 회고해 보면 우리는 다음과 같은 두 가지 기본적 사실을 확인할 수 있다.

첫째는, 건국 당시 산업화의 수준이 매우 낮았던 주변부 자본주의경제로서의 우리 경제는 그것이 선진 자본주의경제가 아니었다는 부정적 의미에서 일제시대의 관료적 유산과 미국이라는 중심 자본주의국가에 의존하는 과과대성장(過過大成長)된 국가의 출현을 허용하였다는 것이다.

둘째는, 이와 같이 과과대성장(過過大成長)된 국가가 추진한 한국경제의 산업화는 사회의 제 계급을, 특히 중산계급과 노동자계급을 그들이 국가의 관료적 권위주의성에 강하게 도전할 수 있는 세력으로 성장시켰다는 것이다. 산업화의 진전에 따른 한국경제의 발전은 관료적 권위주의체제가 붕괴되어야만 한다는 정치발전의 방향을 시사했다고 볼 수 있는 것이다. 연구자가 경제적 환원주의(economic reductionism)에 빠져 있지 않는 한, 한국의 정치변화에 대한 설명으로 우리 경제에 이 이상의 인과 역할을 부과하기는 어려울 것이다.

43) 이정복, 앞의 논문(1985), pp.68-69.

제10장

민중론의 정치경제적 분석

함석헌의 종교적 민중론, 한완상의 사회과학적 민중론, 삼민운동의 급진적 민중론으로 대표되는 한국의 민중론은 제1공화국 이승만 대통령의 독재적 통치스타일, 제4공화국의 유신체제, 그리고 제5공화국의 신유신체제를 반대하는 정치이념이었다. 민중론이 한국정치사에 있어 가장 강한 영향력을 발휘하던 제5공화국시대에 정부는 삼민운동의 급진적 민중론을 문제삼아 민중론 전체를 용공시하였고, 이 글은 이러한 판단이 잘못되었음을 지적하고 있다.

제5공화국시대 중반에 쓴 이 글은 한국민중론을 민중론의 발생, 성장(혹은 변화), 소멸(혹은 해체)의 전 과정을 통해 파악하고, 이를 이러한 역사적 경험을 우리에 앞서 가진 러시아, 미국, 라틴 아메리카 제국의 경우와 비교하여 평가할 것을 촉구하고 있다. 이 글이 외국의 민중론을 먼저 간단하게나마 소개하고 그 다음 한국민중론을 분석하고 있는 것은 이러한 취지에서이다.

현재 한국정치에서 민중론은 거의 해체상태에 있다. 이 글은 한국의 민중론이 왜 해체상태에 있고 앞으로 어떠한 정치적, 사회경제적 상황에서 다시 일어날 것인가를 이해하는 데 도움을 줄 것이다. 또한 이 글은 1980년대 제5공화국시대에 민주화 투쟁을 이끈 일부 학생운동가들이 당시에 어떠한 이념을 가지고 있었는가를 아는 데에도 도움을 줄 것이다.

I. 서언

민중론의 정치경제적 분석이라 할 때 두 가지가 문제가 된다. 하나는 분석의 대상으로서의 민중론의 범위를 정하는 일이고, 다른 하나는 정치경제적 분석의 목표를 밝혀놓는 일이다.

우리는 분석의 대상으로서의 민중론의 범위를 좁게 정할 수도 있고 넓게 정할 수도 있다. 제5공화국 정부에서 발표한 바 있는 민중론의 분석대상은 일부 청년학생들이 삼민운동에서 말하는 민중론에 국한되어 있다. 이것은 민중론의 범위를 매우 좁게 본 것이다. 이렇게 좁게 볼 경우 민중론의 전체상을 파악하기 어렵다는 약점을 내포한다.

민중론은 1950년대 후반부터 오늘에 이르기까지 계속되고 있는 지적 논의인 동시에 실천운동인 것이다. 또한 이러한 논의와 운동은 한국에서만 일어난 것이 아니다. 민중론은 19세기 말 러시아와 미국에서도 발생했고 20세기에는 라틴 아메리카 제국에서 커다란 정치적 영향력을 발휘하였다. 대다수의 청년학생들에게 영향을 준 민중론으로는 삼민(三民)의 민중론도 있지만 1950년대와 1960년대의 함석헌 선생의 민중론, 1970년대 말과 1980년대 초 한완상 교수의 민중론, 그리고 과거 외국에서의 민중론도 있다. 이 글은 민중론의 일부를 가지고 전체를 보는 시각의 교정을 위해 위에서 언급한 여러 종류의 민중론을 모두 분석대상으로 삼고자 한다.

다음, 정치경제적 분석의 목표는 부분적일 수도 있고 전체적일 수도 있다. 앞서 지적한 바 있는 정부의 민중론 분석은 삼민의 민중론 텍스트를 내용분석하여 그것의 정치경제적 성격을 판단하는 데 멈추고 있다. 그 결론은 주지하다시피 자유민주주의체제를 부정하고 종국적으로는 폭력적 수단에 의한 프롤레타리아 혁명을 실현하려는 것이 민중론이라는 것이다. 그리고 이러한 민중론은 용공분자들이 만들어낸 것이기 때문에 그들을 철저하게 색출하여 취조하면 근절될 수 있다는 것이다. 그러나 민중론에 대한 이와 같은 부분적 분석은 민중론의 전개방향을 이해하는 데 별 도움을 주지 못한다. 민중론과 민중운동은 오늘날 약간 주춤거리고 있지만 이를 주창하고 지지하는 세력은 점점 커지고 있다. 민중론을 주장하는 책과 글들은 아직도 수많은 독자들을 끌고 있는 것이 엄연한 사실이다.

이 글의 분석목표는 정부의 분석과는 달리 민중론의 발생, 성장, 소멸의 전 과정을 살펴보는 데 있다. 보다 구체적으로 말한다면 이 글은 다음과 같은 질문을 제기하고 이에 답하고자 시도할 것이다. 민중론이 대두하는 상황적 요인은 무엇인가? 다시 말해, 한 나라의 사회경제적 발전단계와 기존정치체제의 성격은 민중론의 대두와 어떠한 관계가 있는가? 민중론을 주창하고 민중운동을 이끌어가는 지도자들은 어떠한 특성을 가지고 있는가? 민중론에서 말하는 민중은 누구를 가리키는 것인가? 민중론은 어떠한 실현목표를 가지고 있는가? 민중론이 채택하는 그 목표실현방법은 무엇인가? 민중론은 어떠한 내적 모순이 있고 어떻게 소멸되는가? 민중론은 한 나라의 정치발전에 어떠한 영향을 미치는가?

우리는 여기서 분석대상으로서의 민중론의 범위를 넓게 잡은 것이 우리의 분석목표와 무관하지 않음을 알 수 있다. 이 글에서 분석의 목표로 제기하는 질문은 민중론의 범위를 넓게 볼 때에만 그에 대한 답이 나올 수 있기 때문이다. 러시아, 미국, 라틴 아메리카 제국은 이미 민중론이 발생, 성장, 소멸한 역사를 가지고 있고 이에 대한 분석은 민중론의 전개과정을 이해하는 데 큰 도움을 줄 것이다. 한국의 민중론은 현재 성장단계에 있는 만큼 상기 외국의 사례는 이것이 앞으로 어떻게 전개될 것인가에 대해서 시사하는 바가 크다. 그렇다고 해서 외국의 민중론과 한국의 민중론을 동일시하는 것은 아니다. 양자 간에는 무시 못할 큰 차이가 있다. 그러나 이러한 차이를 인식하기 위해서도 외국의 사례는 중요하다.

이 글은 먼저 과거 외국에 있어서의 민중론을 소개하고 그 다음 이와의 비교적 관점에서 한국의 민중론을 분석하고자 한다.

II. 외국에서의 민중론

1. 서(緖)

민중론은 세계사적으로 볼 때 러시아에서 처음 발생하였다. 러시아의 민중론은 1870년대 전후에는 '인민으로'의 운동이라는 형태를 띠었고 그 이후 1901년부터 1907년까지의 기간에는 사회혁명당의 당활동으로 나타났다. 러시아 다음으로 민중론이 대두한 나라는 미국이다. 미국의 민중론은 1890년대의 인민당(populist party) 운동으로 나타났고 이

운동은 15년 정도 지속되었다. 그후 이 나라의 민중론은 1930년대에 코플린 신부(Father Charles E. Coughlin), 타운젠드(Francis Townsend), 롱(Huey P. Long) 등에 의해 다시 주창된 적이 있다. 1920년대에는 라틴 아메리카 제국에서 민중론이 대두하였고 나중에 이에 기반을 둔 정권이 수립되기까지 하였다. 아르헨티나의 페론 정권(1946~1955), 브라질의 발가스(G. Vargas)정권(1950~1954), 베네수엘라의 베탄쿠르트 정권(1959~1964), 그리고 페루의 APRA(the Alianza Popular Revolucionaria Americana) 정권(1985~1990) 등이 그 예이다.

러시아, 미국, 라틴 아메리카 제국에서의 민중론은 바로 민중주의운동이었다. 이들 제국에서의 민중론은 이념적 교리로서 먼저 등장한 것이 아니라 실천적 운동이었고 그 운동 속에서 민중론의 내용이 형성되었다. 여기서는 이들 제국(諸國)의 민중주의운동을 서언에서 밝힌 분석목표에 따라 분석・소개하고자 한다.[1)]

2. 러시아의 민중론

러시아의 민중론은 초기 자본주의의 발전이 가져온 사회경제적 충격을 배경으로 나타났다. 19세기까지 러시아 인구의 대부분은 농노였으나 자본주의의 발생에 따라 이들은 1861년 당시 차르였던 알렉산더(Alexander) II세에 의해 해방되었다. 그들은 이때부터 재산을 소유할 수 있고 원하는 직업에 종사할 수 있는 자유인이 되었다. 그러나 농노들의 이러한 해방과 권리는 형식에 불과했을 뿐 실제로는 그전보다 더 빈곤한 생활을 영위해야만 했다. 왜냐하면 그들이 경제적으로 독립할 수 있는 아무런 법적 조치가 뒤따르지 않았기 때문이다. 초기 자본주의의 발전으로 탄생한 얼마 안 되는 도시노동자들의 운명 역시 농민들보다 나은 것이 없었다. 그들의 실질임금은 1860년부터 1890년 사이에 20%나 감소하였고 이러한 감소추세는 1910년까지 지속되었다.

러시아의 차르체제는 농민들과 노동자들의 문제를 경시했다. 러시아 인구의 거의 90%를 구성하고 있던 농민들은 19세기 말까지만 해도 차르가 언젠가는 그들을 구해줄 것이라는 희망을 가지고 차르를 원망하지 않았고 노동자들은 그 숫자에 있어 많지 않았기 때

1) 외국의 민중론에 대해서는 Michael L. Conniff, ed., *Latin American Populism in Comparative Perspective*(Albuquerque: University of New Mexico Press, 1982)를 많이 참조하였다.

문이다. 그 당시 차르체제에게 농민들은 충성스러운 신민이었고 노동자들은 탄압으로 통제될 수 있는 대상이었다.

러시아의 인텔리겐차들은 이러한 배경하에서 1870년대에 '인민으로'의 운동을 일으켰다. 그들 중 상당수는 개명된 국가관리나 귀족들의 자제들이었다. 그들의 목표는 인민들의, 다시 말해 농민들의 혁명의식을 고취시켜 차르체제를 타도하고 사유재산제도를 폐지하고 농토를 공유하는 집단적 체제를 수립하는 것이었다. 그들이 이러한 질서의 모델로 삼은 것은 러시아의 전통적인 농민공동부락체인 미르(mir)였다. 그들은 러시아가 자본주의의 완숙한 발전단계를 거치지 않고서도 이 미르를 통해서 사회주의를 실현할 수 있다고 믿었다.

러시아의 인민주의자들(narodniki)은 혁명실현의 방법으로 그들이 채택한 수단에 따라 두 가지 부류로 나눌 수 있다. 첫 번째 부류의 인민주의자들은 바쿠닌(Mikhail Bakunin)의 교시에 따라 인텔리겐차들이 인민을 선도하기만 하면 인민들은 자발적으로 봉기할 것이라고 생각했다. 그들은 정부요인에 대한 테러와 암살을 목표실현의 주요 수단으로 삼았고, 이러한 테러와 암살이 인민봉기를 유발시킬 수 있다고 기대하였다. 두 번째 부류의 인민주의자들은 라브로프(Peter Lavrov)의 주장과 같이 인민들을 점진적으로 계몽시켜 나가는 것만이 혁명을 성취하는 길이라고 믿었다. 그들은 인민들의 전통적인 문화를 높게 평가하고 인민들의 생활을 이상화시켜 인민문화를 발전시키고자 노력하였다.

주지하다시피 이 두 부류의 인민주의자들은 모두 실패하였다. 첫 번째 부류에 속하는 인민주의자들은 1881년에 알렉산더 II세를 암살하는 데 성공하였으나 그것은 아무런 인민봉기도 유발시키지 못했고, 두 번째 부류에 속하는 인민주의자들은 이 사건 이후 정부당국의 탄압 때문에 인민들에 대한 계몽활동을 펼 수가 없었다. 그러나 러시아의 인민주의자들이 실패한 주요인이 정부의 탄압에만 있었던 것은 아니다. 러시아 인민들의 대부분인 농민들 중 상당수가 인텔리겐차들의 사유재산폐지론과 같은 주장에 무관심하거나 반감을 가졌고 차르체제의 타도론을 받아들이지 않았다.

러시아의 인민주의자들은 1800년대 말의 '인민으로'의 운동에 실패한 후 1900년대 초에 사회혁명당을 결성하였다. 1870년대의 인민주의자들 중에는 국가관리나 귀족의 자제들이 많았음에 비해 1900년대 초의 사회혁명당 활동에 참가한 인민주의자들 중에는 상인이나 화이트칼라로 구성되는 중산계급 출신이 많았다. 이 당의 당원 수는 1906년에 약

5만 명이었고 이들 외에도 약 30만 명의 지지자들을 가지고 있었다. 이 당의 기본조직은 서클(kruzhok)로서 이 서클은 고등학교와 대학, 군 등에 조직되어 있었다. 이 당은 농촌에는 형제회(bratstva, brotherhood)를 가지고 있었고 이러한 조직의 지도자들은 대부분이 인텔리겐차였다. 연령적으로 보아 사회혁명당의 최고지도자들은 1905년에 30대와 40대였고 대부분의 당원들은 20대였다.

사회혁명당은 노동계급이 다수가 되어 완전한 승리를 거둘 때까지의 강령으로 양심, 언론, 결사, 여행, 직업의 자유보장, 보통선거제도의 확립, 소득과 상속재산에 대한 누진세, 노동자들의 조합결성권과 파업권을 포함한 일체의 권리보장, 농토의 집단화, 그리고 관료적이거나 국가사회주의적이 아닌 경제의 집단화 등을 주장하였다. 이 당은 이러한 정책을 실현하기 위해 차르체제를 타도하고 제헌의회를 소집할 것을 요구하였다.

사회혁명당은 농민과 노동자로 구성되는 근로대중을 세력기반으로 하여 차르체제를 타도하고 사회주의체제를 수립하려고 했으나 1870년대의 인민주의자들과 마찬가지로 이러한 혁명을 선도하는 세력은 도덕적이고 비판적인 인텔리겐차라고 보았다. 사회혁명당의 인텔리겐차들이 농민과 노동자들을 정치적으로 의식화시켜야 되고 농민과 노동자들은 의식화 과정을 거친 후에야 혁명적 세력으로 전환될 수 있다는 것이었다.

사회혁명당은 그들의 목표를 실현하기 위해 1870년대의 인민주의자들과 마찬가지로 테러와 인민계몽의 방법을 채택하였고 이에 덧붙여 1905년 이후에는 합법적 정치활동의 방법도 이용하였다. 사회혁명당 당원들이 감행한 테러의 방법은 정치적 테러와 경제적 테러의 두 가지로 구성되어 있었다. 이 당의 당원들에 의한 정치적 테러행위는 1907년까지 약 200건을 기록하고 있고 그 희생자들 중에는 차르정부의 문교대신(文敎大臣), 내무대신(內務大臣) 등의 고위관리들도 있었다. 경제적 테러행위는 공장이나 농토에서 파업을 일으키고 때로는 도둑질을 하는 행위까지 포함되어 있었다. 두 번째 인민계몽의 방법은 이미 지적한 바와 같이 이 당의 인텔리겐차들이 서클이나 형제회를 조직하여 노동자들과 농민들의 혁명의식을 고취시키는 방법을 가리킨다. 1870년대의 '인민으로'운동 때와 다른 점은 1900년대 초에는 노동자와 농민들이 그들을 지도해 줄 인텔리겐차들을 스스로 찾는 경우가 많았다는 것이다. 세 번째 합법적 정치활동의 예는 듀마(Duma)에의 참여이다. 사회혁명당은 두 번째 듀마선거에 참여하였고 이를 통해서 당의 목표를 부분적으로나마 실현시키려고 하였다.

사회혁명당은 차르정부의 탄압으로 1908년경에는 그 기본구조만이 남았으나 10년 후 1917년 케렌스키(A. Kerensky)가 정부를 구성했을 때 이 정부에 참여하였다. 그러나 얼마 안 되어 사회혁명당은 케렌스키 정부를 실각시키고 정권을 장악한 볼셰비키들의 등장으로 그 자취를 영원히 감추게 되었다.2)

3. 미국의 민중론

미국의 민중론은 19세기 말 자본주의의 발전으로부터 소외된 농촌에서 발생했다. 남북전쟁의 한 중요한 측면은 동부의 산업자본가들과 남부의 대지주들의 이해관계의 대립이었고 남북전쟁에 있어 남부의 패배는 대지주들의 패배를 의미하였다.3) 남북전쟁 이후 노예제도의 폐지는 남부 농업지역에 있어 플랜테이션 시스템(plantation system)의 위기를 가져왔고 그 대신 규모가 그리 크지 않은 독립농가들이 밀과 면화를 길러 시장에 파는 상업적 농업을 출현시켰다. 1870년대와 1880년대 전반에는 농산물 가격도 괜찮았고 강수량도 많아 농촌지역에는 농업의 발전에 따른 붐(boom)이 일어나기까지 했다. 그러나 1880년대 후반부터 이와 같은 사정은 급변하였다. 농산물 가격이 폭락하였고 설상가상으로 한발이 계속되었기 때문이다. 이때 남부와 서부의 많은 농부들이 농촌을 떠났고 남아 있던 농부들은 그들이 보이지 않는 힘에 의해 '사기'를 당하고 있다고 믿고 기존 체제에 대해 커다란 반감을 갖게 되었다.

1890년대는 농민들뿐만 아니라 노동자들의 문제도 대두한 연대였다. 미국의 경기는 1893년부터 1897년 사이에 슬럼프에 빠져 있었고 1893년 겨울의 실업자 수는 250만 명에 달했다. 이 기간에 음식물 폭동이 일어나기도 하였고 실업자들이 워싱턴 시까지 항의 행진을 하기도 하였다. 그러나 정부는 1930년대의 뉴딜(New Deal)과 같은 정책을 수립하지 않았다. 미국의 민중주의운동은 농민들의 불만에 기반을 둔 것이었지만 이러한 노동자들의 불만이 함께 표현되는 채널이기도 하였다.

---

2) Allison Blakely, "The Making of Populist Revolution in Russia, 1900-1907," 위의 책, pp.155-190; Marcel Liebman, *The Russian Revolution*(New York: Random House, 1970), pp.15-73 참조.

3) 이정복, "미국 민주주의의 혁신과 보수", 『옥전 차기벽박사 화갑기념논총』(서울: 한길사, 1984), pp.219-258.

미국의 민중주의운동은 이러한 운동이 도시에서 일어난 러시아나 라틴 아메리카 제국의 경우와는 달리 농촌에서 먼저 일어났다. 농촌지역 사람들은 처음에는 그들 자신의 협동조합을 만들어 대자본가들의 위협으로부터 그들의 이익을 보호하려고 했고, 1891년 인민당(Populist Party)이 결성된 이후에는 인민당을 지지하였다. 인민당은 1892년에는 위버(James B. Weaver)를, 1896년에는 브라이언(William Jennings Bryan)을 대통령 후보로 내세웠다. 특히 브라이언은 카리스마를 가진 변호사로 수많은 열광적 지지자들을 끄는 매력을 가지고 있었다. 그는 1896, 1900, 1908년 3회에 걸쳐 대통령 후보로 출마하여 전부 패배했으나 거의 한 세대 동안 미국 정계의 주요 인물로서의 위치를 유지하였다.[4)]

미국의 농민들은 대자본가들로부터 그들의 이익을 보호하기 위해 협동조합을 결성했을 뿐만 아니라 상원의원의 직접선거, 철도의 정부통제, 국민투표제의 채택, 누진세제의 확립, 여성에의 선거권 부여, 은화의 무제한 제조 등을 주장하였다. 그리고 이들의 이익을 대변하고 나선 브라이언은 독점자본주의를 공격하고 평등주의를 강조하였다. 그는 모든 이슈들이 인민의 판단에 의해 결정되어야 한다고 주장하였다. 그가 인민의 판단을 강조한 것은 인민의 판단이 항상 옳아서가 아니라 인민만이 잘못된 판단을 내릴 수 있는 권한을 가지고 있고 소수는 다수의 인민을 대신해서 이러한 잘못된 판단을 내릴 권한을 가지고 있지 않다고 믿었기 때문이다.

미국의 민중주의운동은 농민들뿐만 아니라 서부의 노동자들, 여성, 그리고 흑인들의 지지도 받았다. 이 운동을 배경으로 대통령에 출마한 인민당의 후보는 동부 도시민의 지지를 획득하는 데 실패하여 당선되지 못했지만 민중주의자들은 주(州) 레벨의 선거에서는 가끔 승리하였다. 그들은 1890년대에 연방정부 수준에서는 상당수의 하원의석을 차지하였고 캔자스 주에서는 주정부를 장악하였으며 워싱턴 주, 몬타나 주, 아이다호 주에서는 민주당과 함께 주정부를 운영하였다. 남부의 여러 주에서는 민중주의자들이 민주당 때문에 주정부의 실권을 장악하지는 못했지만 남부 주민들의 상당한 지지를 확보하고 있었다. 그러나 1896년 이후 농산물 가격이 오르고 공화·민주 양당이 민중주의자들의 정책노선을 부분적으로나마 채택하게 되자 민중주의운동은 점차적으로 그 세를 잃게 되었다.

---

4) James L. Sundquist, *Dynamics of the Party System*(Washington, D. C.: The Brookings Institution, 1983), pp.106-169 참조.

미국의 민중론은 그후 1930년대 공황기에 코플린 신부, 타운젠드, 롱 등에 의해 다시 주창되었다. 코플린 신부는 캐나다 태생의 아이리시계 가톨릭 신부로 매주 1천만 명의 청취자를 끈 그의 라디오 연설을 통해 민중주의적 정책을 주장하였다. 그는 1890년대 민중주의자들이 주장하였던 은화의 제조를 다시 요구하였고 이외에도 사회정의의 실현을 위해 금의 재평가, 중앙은행의 설립, 소비자신용의 확대, 양심과 교육의 자유, 생활에 필요한 임금을 받을 권리 등을 주장하였다. 그는 처음에는 프랭클린 루스벨트(F. Roosevelt) 대통령의 뉴딜정책을 지지했으나 루스벨트 대통령이 뉴딜 초기의 정책을 점차로 포기하게 되자 그에 대한 철저한 반대운동을 폈다. 그는 전국사회정의연맹(National Union For Social Justice)을 결성하였고 급진주의자인 노스 다코타 주의 윌리엄 렘케(William Lemke)를 지지하였다. 그러나 그의 운동은 1940년대 초 국제정세의 변동과 가톨릭 교회의 압력으로 갑자기 중지되었다.

타운젠드는 일리노이 주에서 태어났고 직업은 의사였다. 그는 캘리포니아 주의 한 카운티에서 보건담당 직원으로 일한 적이 있으나 1933년 Long Beach Press Telegram에 8통의 편지를 보낸 것이 계기가 되어 각광을 받기 시작하였다. 이 8통의 편지에 담긴 내용은 타운젠드 부흥계획안(The Townsend National Recovery Plan)으로 발전하여 루스벨트 대통령의 사회복지정책에 커다란 도전이 되었다. 타운젠드는 도시화가 노인들의 가치와 부를 침식시켰다고 믿고 노인들을 위한 복지정책을 주장하였다. 그의 정책은 노인들을 보호하기 위한 것이었지만 실제로는 전체 경제에 영향을 미치지 않을 수 없는 성질의 것이었다. 그는 모든 상거래에 2%의 세금을 부과하고 이로부터 나오는 기금으로 60세 이상의 모든 노인들에게 30일 이내에 쓴다는 조건하에 월 200달러씩 나누어 주자고 제안하였다. 그는 통화의 계속적인 유통만이 경제적 번영을 보장한다고 믿고 노인들을 위한 이러한 복지계획이 미국경제를 부흥시킬 것이라고 주장하였다.

그는 수많은 연설회와 뉴스 레터를 통해 그의 주장을 역설하였고 전국적으로 2천 개도 넘는 타운젠드 클럽을 조직하였다. 정치가들 중 몇 사람도 그의 정책에 관심을 표명했고 캘리포니아 주 하원의원 맥그로아티(John S. McGroarty)는 타운젠드안을 두 번이나 의회에 상정시켰다. 루스벨트 대통령이 타운젠드안에 반대하고 그 자신의 사회복지정책을 채택하자 타운젠드는 코플린 신부와 마찬가지로 루스벨트 대통령을 맹렬히 비난하고 급진주의자인 렘케를 지지하였다. 그는 1960년 사망할 때까지 저술과 연설을 통해 그의 주장을 계속 피력했으나 1930년대가 그의 활동의 전성기였다.

롱은 루이지애나주에서 태어난 정치가였다. 그는 1928년부터 루이지애나주의 지사로, 1934년부터는 상원의원으로 봉직하였다. 그는 주지사로 있는 동안에는 주의 개혁에 몰두하였다. 그 당시까지 루이지애나 주의 정치적 · 경제적 힘은 소수 자본가들의 수중에 있었고 일반 서민들은 무력한 존재였다. 롱은 일반 서민들의 지지에 힘입어 주지사에 당선되었고 당선된 후 그는 보다 공평한 징세, 교과서의 무료배포, 병원의 개선, 도로의 보수를 포함하는 획기적인 개혁정책을 폈다. 그는 상원의원에 취임한 1934년부터 전국적 규모의 부의 재분배계획을 제안하였다. 그의 제안은 7년마다 모든 빚을 무효화하고 50년마다 부를 재분배한다는 것이었다. 보다 구체적으로 말하면 정부는 모든 가정에 6천 달러의 택지기금을 주고 연 2~3천 달러의 소득을 보장하고 충분한 연금을 노인들에게 지급하고 대학교육을 무료로 실시하고 노동시장을 통제한다는 것이었다. 그의 제안은 이를 위한 자금조달의 방법으로 정부가 연 100만 달러 이상의 소득자에게는 100%의 소득세를 부과하고 500만 달러 이상의 상속자에게도 100%의 상속세를 부과할 것을 주장하였다. 롱도 코플린 신부와 같이 라디오를 이용하여 그의 주장을 전파시켰고 부공유협회("Share Our Wealth" Society)를 조직하여 그의 운동을 펴나갔다. 이 협회는 450만 명의 회원을 가지고 있다는 말이 있었고 롱이 대통령에 출마한다면 400만 표 이상은 획득할 것이라는 예상도 있었다. 그러나 롱은 1935년 암살되었고 이에 따라 그의 대통령 출마 야심도 무산되고 말았다. 롱이 암살된 후 그의 지지자들 중 일부는 렘케를 지지하였다.

코플린 신부, 타운젠드, 롱의 개혁적 정책과 이에 대한 일반민중의 지지는 민주당 정부에게 커다란 압력으로 작용하였고 그 결과 민주당 정부는 실제로 광범위한 분야에 걸쳐 개혁정책을 수립 · 집행하였다. 그리고 민주당 정부의 이와 같은 정책은 민중주의에 동조하던 수많은 미국인들을 이 당의 충성스러운 지지자로 전환시켰다. 오늘날까지 민주당은 민중주의자들의 요구를 어느 정도 수렴한 정당으로서의 이미지를 가지고 있고 1976년 카터의 대통령 당선도 레토릭에 있어서나마 그가 정부를 인민의 것으로 만들겠다는 약속에 힘입은 것이었다.[5)]

5) Ferenc Szasz, "United States Populism," Conniff, ed., 앞의 책, pp.191-216.

4. 라틴 아메리카 제국의 민중론

라틴 아메리카 제국의 초기 자본주의는 광물과 농산물의 수출을 중심으로 하고 있었다. 광업과 농업을 경영하던 소수의 국내 자본가들은 외국 자본가와 결탁한 매판자본가들로서 광물과 농산물을 싼 값으로 외국에 수출하고 이로부터 나오는 수입으로는 소비재를 비싼 가격으로 수입하고 있었다. 이러한 경제구조에 기반을 둔 정치체제는 과두지배체제(寡頭支配體制)였고 이 체제는 국내외의 압력에 매우 약한 체제였다. 정부는 소수의 반민족적 매판세력(反民族的 買辨勢力)의 수중에 있었고 또 이들의 뒤에 있는, 외국자본의 요구를 충실히 따르는 독자성이 없는 약한 정부였다.6)

이러한 상황에서 노동자, 농민뿐만 아니라 중산계층, 일부 산업자본가들도 반체제적 성향을 갖게 되었고 이로부터 대두한 것이 라틴 아메리카 제국의 민중주의운동이다.

여기서 우리는 라틴 아메리카 제국의 식민지시대 전통에 대해 간단히 언급할 필요가 있겠다. 러시아나 미국에서와는 달리 라틴 아메리카 제국에서 한때 민중주의자들이 정권을 장악할 정도로 성공할 수 있었던 것은 이러한 전통과 무관하지 않기 때문이다. 첫째로 식민지시대 라틴 아메리카 제국은 뮤니시펄 커뮤널리즘(municipal communalism)의 전통을 가지고 있었다. 다시 말해, 도시 내에서의 소매업이나 기능업은 시정부의 감독하에 도시주민의 일상생활에 봉사하도록 되어 있었다. 자본주의기업은 광산이나 플랜테이션이 있는 농촌지역에 있었기 때문에 도시는 이의 영향을 처음에는 덜 받았던 것이다. 둘째로 온정주의(paternalism)에 입각한 사회적 연대의식을 가지고 있었다. 사회적 불평등이 존재했지만 부유한 사람들은 가난한 사람들을 보살펴야 할 의무감을 지녔던 것이다. 이러한 의미에 있어 식민지시대의 도시사회는 전체적(holistic)이고 유기체적(organic)인 성격을 가지고 있었다. 라틴 아메리카 제국에서의 초기 자본주의의 전개과정은 이와 같은 전통을 부식하였고 이로부터 발생한 사회적 충격이 민중론을 대두시킨 커다란 요인이다.7)

---

6) David Collier, ed., *The New Authoritarianism in Latin America*(Princeton: Princeton University Press, 1979); James M. Malloy, ed., *Authoritarianism and Corporatism in Latin America*(Pittsburgh: University of Pittsburgh Press, 1977) 참조.

7) Michael L. Conniff, ed., 앞의 책, pp.9-13.

1) 아르헨티나의 민중론

수입대체산업을 중심으로 한 산업화가 비교적 일찍 시작된 아르헨티나의 경우 이미 1930년대와 1940년대에 부에노스 아이레스와 같은 대도시에는 많은 노동자들이 살았고 그들은 노동조합총연맹을 결성하여 적극적으로 노동운동에 참여하고 있었다. 그러나 노동운동은 여타의 후발산업국들에 있어서와 마찬가지로 정부의 탄압을 받았다. 정부는 저임금정책을 채택하고 이를 위해 노동운동을 강력히 규제하였다. 다른 한편 노동운동은 내부적으로 분열되어 있었다. 공산주의자들, 사회주의자들, 신디칼리스트들이 노동운동의 주도권을 잡으려고 서로 치열한 경쟁을 벌이고 있었다. 이러한 상황에서 페론은 노동운동을 오히려 지원함으로써 노동운동을 통일시키고 이를 기반으로 민중주의적 정권을 수립한 인물이다.

페론은 1940년대 초까지 아르헨티나의 국방대학원에서 전사(戰史)를 가르치던 교관으로 당시 계급은 대령이고 나이는 40대 후반이었다. 그는 1930년의 쿠데타에도 참여한 적이 있지만 그가 사회적이고 정치적인 문제에 대해 관심을 갖기 시작한 것은 이탈리아 등 파시스트 국가를 시찰 다닌 1939년부터 1941년 이후의 일이다. 그는 1943년 10월 그해에 일어난 쿠데타로 수립된 군사정부의 노동청장으로 취임하였다. 그는 이 노동청을 그 다음 달 말에 노동부로 승격시켰고 노동부의 성격을 노동자들의 통제기관에서 지원기관으로 전환시켰다.

페론은 유명무실하던 기존의 노동법을 강력하게 집행하여 이 법의 혜택을 모든 노동자들에게 부여하였고 노동자들이 받을 수 있는 혜택의 종류도 늘리고자 노력하였다. 그는 매일 노동자들과 그들의 지도자들을 만났고 노동조합 본부를 방문하고 그들의 집회에 참석하였다. 그가 노동자들에게 연설할 때는 사회정의의 실현을 외치고 노동자들의 권리를 강조하는 등 그 이전의 정부관리들이 사용하지 않던 진보적인 구호를 사용하였다. 그는 노동조합의 성장을 지원하였고 노사분규에 있어서는 항상 노동자 편을 들었다. 그는 국가가 노동자들의 보호자가 되어 그들에 대한 비인간적 착취를 종식시키겠다고 선언하였다.

페론은 노동자들의 권익보호에 앞장서서 일하는 한편 산업자본가들에게는 그 길만이 아르헨티나의 경제적 번영과 사회적 평화를 가져올 수 있다고 주장하였다. 그에 의하면 노동자들의 임금인상이 내수를 자극하여 국내산업을 성장시키고 전투적인 공산주의자들의 노동조합 침투를 막을 수 있다는 것이었다. 이와 아울러 그는 농민들의 소득증대도 주장하였다. 농민들의 생활이 안정되어야 아르헨티나 내지의 사회구조가 안정되고 농민들의 도시 이주도 감소한다고 강조하였다.

페론의 이와 같은 정책은 얼마 안 되어 군사정부 안팎의 반대에 직면하게 되었다. 우선 군사정부 밖에서는 모든 정당들이 군사정부를 반대하였고 군사정부의 일원인 페론에 대해서도 마찬가지였다. 당시 군사정부는 제2차 세계대전에 있어 중립을 견지하고 — 실제로 이것은 친추축국적(親樞軸國的) 자세였음 — 헌정을 중단시키고 있었다. 공산주의자들과 사회주의자들은 페론이 선동적인 나치주의자에 불과하다고 비난하였다. 그들의 페론에 대한 반감은 1943년 쿠데타 이후 페론이 그들의 노동조합에 대한 지배를 침식했기 때문에 특히 컸다. 군 내부에서는 페론의 친노동정책을 반대하는 세력이 있었다. 페론은 1945년까지에는 노동부장관직뿐만 아니라 국방장관직도 겸하고 있었는데 군 내부의 반페론 세력은 1945년 10월 그가 모든 공직에서 사퇴할 것을 요구하였다. 이 때문에 파렐(Edelmiro J. Farell) 장군의 정부는 위기에 빠졌고 페론은 퇴진할 수밖에 없었다.

그러나 페론에 대한 군 내부의 반대는 그를 노동자들의 영웅으로 만드는 계기가 되었다. 페론은 공직에서 사임하기 직전 노동자들의 집회에서 연설을 하였고 이 연설에서 그는 노동자들을 위한 몇 가지 조처를 선포하였다. 군 내부의 그의 반대자들은 페론의 이와 같은 행동에 격분하여 10월 13일 그를 체포하였다. 페론의 체포 소식이 전해지자 노동자들은 그의 석방을 위한 단체행동을 취하기 시작하였다.

노동조합총연맹은 총파업을 결정하였고 10월 17일부터 노동자들은 공장을 떠나 부에노스 아이레스로 몰려들었다. 그들은 페론이 석방될 때까지 해산하기를 거부하였고, 그날 밤 정부와 군은 그들의 요구를 받아들여 페론이 그들 앞에 나와 연설하는 것을 허용할 수밖에 없었다. 이 사건을 계기로 노동자들은 페론의 충성스런 지지자들이 되었다. 페론은 공산주의자들과 사회주의자들의 비난을 받았지만 그가 노동자들의 권익보호를 위해서 일하였고 이 때문에 체포된 것은 움직일 수 없는 사실이었다.

페론은 그 다음달에 대통령선거에 출마할 것을 선언하였고 1946년 2월 선거에서 공산주의자들로부터 보수주의자들에 이르는 모든 정당정치인들이 반페론 연합전선을 폈음에도 불구하고 승리를 거두었다. 페론은 대통령이 된 후에는 그의 부인 에비타(Evita

Duarte)로 하여금 노동자들과의 접촉을 계속 유지하게 하였고 국민소득 중 노동자에게 돌아가는 몫을 해마다 증가시켰다. 그는 노동자들뿐만 아니라 중산계급의 소득도 증대시켰고 산업자본가들에게는 투자재원을 제공하였다. 그가 노동자들을 우대하면서도 중산계급과 산업자본가들의 이해관계도 돌볼 수 있었던 것은 아르헨티나의 경제가 전후 수출붐과 수입대체산업을 중심으로 한 산업화로 호경기를 맞았기 때문이었다. 아르헨티나 경제는 그가 집권한 1946년에 6.5% 성장하였고 그 다음해에는 11.9%의 성장률을 기록하였다.

페론은 이외에도 아르헨티나 사회에 큰 변화를 야기시켰다. 그는 일반 노동자들의 존엄성을 제고시켰고 그들의 문화를 육성하였다. 그는 초등학교 교육과 기술교육의 기회를 확대시켰고 여자들에게도 선거권을 부여하였으며 공장에서의 노동자들의 권리를 보호하였다. 그의 재임 중 노동자들은 정치적으로 적극적인 참여의 자세를 갖게 되었다.

그러나 페론의 이와 같은 민중주의적 정치노선은 아르헨티나 경제의 침체와 더불어 그 기반이 약화되기 시작하였다. 아르헨티나 경제는 1948년부터 성장세가 둔화되기 시작했으며 노동자들의 소득증대는 다른 계층의 소득감소를 의미하게 되었다. 그는 이러한 딜레마를 해결하기 위해 외국자본의 유치를 통해 산업화를 계속 추진하려고 했으나 이러한 정책은 페론이즘의 매력을 퇴색시키는 역할 외에 아무런 효과를 낼 수 없었다. 전투적인 일부 노동자들은 페론이즘의 퇴색을 공격하고 파업을 감행하기도 하였고 산업자본가들은 페론의 친노동정책에 큰 불만을 표시하였다. 이러한 상황에서 페론정권은 1955년 군의 압력으로 결국 무너지고 말았다.

페론이즘의 본질은 친노동정책에 있으나 그러한 정책이 아르헨티나의 계층구조와 경제구조를 근본적으로 변경시키는 것은 아니었다. 페론이즘은 노동자들의 정치참여를 적극화시켰지만 그들의 급진적 좌경화를 막는 역할을 하였다. 공산주의자들과 사회주의자들은 그들의 지지세력인 노동자들을 페론에게 빼앗겼던 것이다. 페론은 18년의 망명생활 후 1973년부터 잠깐 동안 재집권의 기회를 가졌으나, 그의 민중주의적 정책은 아르헨티나의 문제를 해결하는 데 별 도움이 되지 못했다. 그러나 페론의 민중주의 노선은 아르헨티나의 노동자들을 비롯한 일반 민중들에게 정치적 활력을 불어넣어 주었고 그것은 오늘날의 아르헨티나 정치의 민주화에도 큰 공헌을 하고 있다.8)

8) David Tamarin, "Yrigoyen and Peron: The Limits of Argentine Populism"과 Marysa, "Evita's

2) 브라질의 민중론

아르헨티나와 같이 수입대체산업을 중심으로 한 산업화가 비교적 일찍 시작된 또 하나의 라틴 아메리카 국가는 브라질이다. 브라질에 있어서도 아르헨티나와 마찬가지로 1930년대와 40년대에 리오 데 자네이로와 같은 대도시에는 많은 노동자들이 살았고, 1930년부터 1945년까지, 그리고 다시 1950년부터 1954년까지 브라질의 대통령이었던 발가스(Getulio Vargas)는 이들의 후견인 역할을 함으로써 민중주의적 정권을 유지할 수 있었다.

발가스는 리오 그란데 도 술의 지사였으나 지주들이 중심세력을 이루었던 과두정에 반대하고 노동자들과 도시민의 복리증진을 주장하여 대통령에 당선된 인물이다. 그는 1937년에는 그에게 강력한 독재적 권한을 부여한 새로운 헌법을 선포하였고, 이 헌법에 기반한 국가를 Estado Novo(신국가)라고 불렀다. 이 국가는 군의 지지, 재계와 가톨릭 교회의 협조, 그리고 노동자들과 농민들에 대한 통제를 특징으로 하고 있었다. 발가스는 노동자들과 농민들의 복리증진을 옹호했으나, 그들의 정치세력화를 처음에는 허용하지 않았다.

그러나 1940년대에 들어와 발가스는 노동자들과 농민들을 위한 정책을 보다 적극적으로 추진하고 그들을 그의 지지세력으로 육성하기 시작했다. 이러한 노선의 채택은 전후 실시해야만 할 선거에 대비해서 필요한 것이었다. 그는 최저임금제를 비롯한 노동관계법을 선포하였고 매스 미디어를 통해 그가 일반 서민을 위한 대통령이라는 이미지를 확산시켰다. 이와 아울러 그는 노동부로 하여금 브라질 노동당(PTB)을 창당케 하였다. 브라질 노동당은 이미 발가스 정부가 인정한 노조결성권, 최저임금제, 사회보장제도, 파업권 외에도 보다 공평한 소득분배, 토지개혁, 교통수단의 국유화 등을 정강으로 내세웠다. 또한 그는 좌익계의 정치범을 석방하였고 공산주의자들까지도 그를 지지하게 만들었다.

발가스가 1937년 Estado Novo를 선포할 때에는 군의 지지를 받고 있었으나 그가 민중주의적 정책노선을 채택함에 따라 군은 그의 반대세력이 되었다. 군의 지지를 잃은 발

Charismatic Leadership," 위의 책, pp.31-66; Guillermo A. O'Donnell, *Modernization and Bureaucratic-Authoritarianism*(Berkeley: University of California Press, 1973); Juan E. Corradi, "Between Corporatism and Insurgency: The Sources of Ambivalence in Peronist Ideology," Morris Blachman & Ronald Hellmann, eds., *Terms of Conflict: Ideology in Latin American Politics* (Philadelphia: Institute for the Study of Human Issues, 1977), pp.97-127 등에서 요약.

가스는 1945년에 대통령직에서 물러날 수밖에 없게 되었고 그후 그는 노동자들과 일반 서민들의 이해관계를 대변하는 민중주의적 지도자로서의 위치를 굳혔다. 그는 1950년 새로운 헌법에 따른 대통령선거에 승리하여 다시 대통령직에 취임하였으나 군은 그의 정책 노선을 지지하지 않았다. 그는 4년 후에 결국 사임할 수밖에 없었고 군의 압력과 위협은 그를 자살로 몰고 갔다. 그러나 오늘날 그는 브라질의 국민적 영웅으로 추앙을 받고 있다.

발가스 사후에도 브라질 정치는 민중주의적 틀을 완전히 벗어나지는 않았다. 특히 구을라르(João Goulart) 대통령은 1962년부터 1964년 사이에 연방정부의 토지를 농민들에게 분배해 주고 노동자들의 요구를 받아들였으며 기간산업을 국유화하고 개인의 사유지를 몰수하는 등 여러 가지 개혁정책을 실시하였다. 브라질 군은 민간정부의 이와 같은 정책에 큰 불만을 품고 1964년 쿠데타를 일으켜 구을라르 정부를 실각시키고 군, 자본가, 기술관료의 연합에 의한 관료적 권위주의체제를 수립하여 브라질을 통치하였다. 그러나 브라질의 민중주의적 전통은 아르헨티나에서와 마찬가지로 오늘날의 브라질 민주화에 크게 공헌하고 있다.[9)]

3) 베네수엘라의 민중론

베네수엘라에 있어 자본주의의 발전은 아르헨티나나 브라질에 있어서보다 늦게 시작되었다. 1920년대부터 석유수출을 중심으로 한 경제적 붐과 이에 기반을 둔 산업화가 약간 일어났으나 1953년에 제조업에 종사하는 노동자 수는 4만 7천 명, 석유산업의 노동자 수는 2만 5천 명에 불과했다(당시의 총인구 수는 400만 명). 노동자 수가 이와 같이 적은 상태에서 노동조합운동이 큰 정치적 세력을 갖기는 어려웠다. 베네수엘라는 비교적 강한 노동조합운동이 있었던 아르헨티나와는 이 점에 있어 다르고 이러한 차이가 양자 간의 민중주의 운동의 차이를 설명해 주는 한 요인이기도 하다.

베네수엘라에 있어 민중주의운동은 1928년 권위주의적인 고메즈(Juan Vicente

9) Michael L. Conniff, "Populism in Brazil, 1925-45," Conniff, ed., 앞의 책, pp.67-92; Alfred Stepan, *The Military in Politics*(New Jersey: Princeton University Press, 1971); Alfred Stepan, ed., *Authoritarian Brazil*(New Haven: Yale University Press, 1973); Karl W. Deutsch, *Politics and Government*, Third Edition (Boston: Houghton Mifflin Company, 1970), pp.629-642 참조.

Gómez) 정부에 반대했던 학생운동의 지도자 베탄쿠르트(Romulo Betancourt)에 의해 주도되었다. 그는 이념상 마르크시스트였지만 노동자들의 계급투쟁이나 노동자정당의 창당을 주장하지 않았다. 그는 베네수엘라의 경제적 발전단계로 보아 민주주의를 실현하여 산업화를 추진할 민족적 부르주아정권을 수립하는 데 투쟁의 목표를 두어야 한다고 주장하였다. 그는 이러한 목표의 달성을 위해 민족적 부르주아지를 포함하는 여러 계급이 참여하는 다계급정당의 결성을 제안하였고, 마르크스시트들은 이 정당의 일파를 구성하고 있다가 베네수엘라의 발전단계가 혁명적 변화에 유리하게 되었을 때 당을 급진적으로 좌선회시켜야 한다고 주장하였다.

베탄쿠르트가 처음부터 사회주의의 기치를 들지 않은 이유는 당시로서는 프래그머틱한 데 있었다. 그는 과두적이고 매판적인 성격을 띤 권위주의정권이 개혁주의운동은 허용할지 몰라도 사회주의운동은 일시에 분쇄할 것이라고 믿었다. 정통적 마르크시스트들과 공산주의자들은 이러한 탄압 속에서도 사회주의의 실현을 목표로 투쟁해야 한다고 주장했지만 베탄쿠르트는 이를 베네수엘라의 현실을 무시한 독선에 불과하다고 비난하였다. 베탄쿠르트와 정통 마르크시스트들 간의 이와 같은 차이 때문에 1936년 그들의 합작 노력은 실패로 끝나고 베탄쿠르트는 1941년에 민주행동당(Acción Democrática)을 결성하여 그의 민중주의적 노선을 추구하였다. 이 당은 노동자, 농민들뿐만 아니라 기업가들의 이해관계도 대변하는 개혁주의적이고 민족주의적인 정책노선을 채택하였다.

베탄쿠르트의 민주행동당은 1945년부터 1948년까지, 그 다음 1959년부터 1969년까지의 기간 동안 정권을 담당하였다. 베탄쿠르트 자신은 1959년부터 1964년까지 대통령직을 맡았다. 정권을 담당하고 난 후의 베탄쿠르트의 정책노선과 그가 민중주의운동을 이끌기 시작하던 1930년대의 정책노선과는 상당한 거리가 있는 것이었다. 그는 정부의 역할이 특권계급과 일반 서민들 사이의 이해관계를 중립적 입장에서 조정하는 것이라고 주장하고 군부, 교회, 경제인 조직과의 협의하에 정부를 운영하였다. 석유수출, 토지, 외교관계, 인권, 교육개혁문제 등에 있어 베탄쿠르트정권의 정책은 여타의 모든 주요 정당의 그것보다 우파적인 성격을 띤 것이었다. 그는 급진적인 개혁이 군부 쿠데타를 유발시킬 위험이 있다는 논리로 그의 보수적 정책노선을 정당화하였다. 다시 말해, 민중주의적 정책노선은 베네수엘라에서는 민중주의자들의 정권장악과 더불어 점차적으로 퇴색하고 만 것이다.[10)]

4) 페루의 민중론

페루의 수입대체산업을 중심으로 한, 특히 섬유산업을 중심으로 한 산업화는 여타 라틴 아메리카 제국과 마찬가지로 1930년대에 시작되었다. 페루의 수도인 리마의 인구는 1908년의 17만 3천 명에서 1931년의 37만 6천 명으로 증가하였고 같은 기간에 있어 노동자들의 수는 거의 2배가, 그중에서도 섬유노동자들의 수는 3배가 증가하였다.

페루의 민중주의운동은 학생운동가였던 하야(Raúl Haya de la Torre)가 노동운동의 지도자로 부상함으로써 시작되었다. 하야는 중산계급 출신이었으나 노동자들의 비참한 생활상에 충격을 받고 이들을 위한 노동연대운동에 앞장선 대학생이었다. 그는 페루의 반체제 지식인인 프라다(Manuel González Prada)의 영향을 받아 지식인들이 노동자들을 의식화시키고 그들을 지도하는 역할을 해야 한다고 믿었다.

하야는 1919년에 대학생으로서 이러한 역할을 훌륭하게 해냈다. 리마의 노동자들은 1919년 열악한 노동조건에 항의하는 파업을 감행하고 8시간 노동제의 실시를 요구하였다. 섬유노동자들로부터 시작된 파업은 제과노동자들, 피혁노동자들, 운수노동자들, 인쇄노동자들에게까지 확산되었고 하야를 비롯한 학생운동가들도 이 투쟁에 참가하였다. 학생운동가들은 그들보다 지식과 의식수준이 낮은 노동자들을 지도해야만 한다는 사명감을 가졌고 노동자들은 학생들의 이와 같은 도움을 필요한 것으로 받아들였다. 하야는 8시간 노동제를 요구하는 1919년의 파업에서 노동자 측을 대표하여 정부 측과 협상하여 이를 관철시키는 데 성공하였다.

하야는 1921년에는 민중대학(Universidad Popular)을 설립하였다. 그는 1919년의 노동운동에 참여한 학생들과 이에 동조하는 대학생들을 민중대학의 강사로 임명하고 노동자들에게는 그들의 여가시간을 술집 같은 데서 허비하지 말고 민중대학에 나와 교육을 받으라고 권고하였다. 민중대학운동에 강사로 참여한 대학생들은 하야와 마찬가지로 대부분 중산계급이나 상류계급 출신으로 페루를 정치 경제적으로 개혁해야 한다는 신념을 가지고 있었다. 이 대학은 정부에 의해 1924년 폐쇄되었으나 여기서 지식인들과 노동자들 간의 연대의식이 형성되었고 노동운동의 지도자들이 육성되었다.

---

10) Steven Ellner, "Populism in Venezuela 1935-48: Betancourt and Acción Democrática," Conniff, ed., 앞의 책, pp.135-150.

하야는 1923년 5월 다시 한번 정부에 대해 승리를 거두었다. 당시 페루의 대통령은 교회의 지지를 얻기 위해 예수 성심(聖心)의 축일(祝日)에 페루를 봉헌하려는 계획을 공표하였다. 하야와 그의 지지자들은 이를 반대하는 운동을 전개하였고 리마의 대주교는 그들의 요구를 받아들였다. 하야는 이를 계기로 리마의 노동자들을 항상 승리로 이끄는 지도자로서의 위치를 굳혔다.

이 사건 이후 민중대학과 노동조합은 정부의 엄격한 탄압대상이 되었고 하야는 1923년 10월에 체포되어 국외로 추방당하게 되었다. 그러나 정부의 하야에 대한 탄압은 그의 명성을 더욱 높여주는 역할을 하였다. 하야는 1924년 멕시코시에서 미주인민혁명당(the Alianz Popular Revolucionaria Americana)을 창당하였고 리마의 노동자들은 즉시 이 당에 대한 그들의 충성을 공표하였다. 하야의 미주인민혁명당의 핵심당원들은 민중대학의 강사들과 학생들이었고 그러한 의미에서 이 당은 중산계급과 노동자계급의 연합조직이었다. 하야는 이 집단을 하나의 대가족에 비유했고 계급투쟁보다는 상이한 계급 간의 협력을 강조하였다.

하야는 당을 운영하는 데 있어 조직과 기강을 강조하였다. 당은 위원회, 소위원회, 세포, 연맹, 조합 등의 여러 조직으로 구성되어 있었고 당원들은 당의 정책결정단계에서는 의견을 제시할 수 있으나 일단 정책이 결정된 다음에는 불평 없이 이를 따라야만 했다. 미주인민혁명당의 집회나 시위는 당의 조직과 기강을 반영하여 항상 질서정연하였다.

하야는 1931년 대통령선거에서 민중주의의 기치를 든 다른 후보자에게 패배하였다. 도시의 중산계급과 노동자들이 그를 지지하였지만 수많은 룸펜 프롤레타리아와 상류계급이 그를 반대하였다. 그후 하야는 군부의 반대로 1962년까지 대통령후보 출마를 금지당했다. 그러나 그의 미주인민혁명당은 1978년의 헌법제정의회 선거에서 가장 많은 득표를 하였고 그는 1979년 사망 직전에 이 의회의 의장으로서 신헌법에 서명하는 영광을 가졌다. 그리고 1985년 36세의 나이로 페루 대통령에 당선된 미주인민혁명당 총서기 알란 가르시아 페레스(Alan Garcia Pérez)는 하야의 후광을 업고 등장한 인물로, 그의 정책적 노선을 계승하여 중도좌파의 민중주의적 노선을 추구하였다.[11)]

11) Steve Stein, "Populism in Peru: APRA, the Formative Years," 위의 책, pp.113-134.

5) 소결

러시아, 미국, 라틴 아메리카 제국의 민중주의운동은 모두 자본주의의 발전과정에 있어서 일어난 사회경제적 충격에 대한 반응으로 대두하였다. 19세기 말 러시아에 있어서의 농민들의 비참한 생활상, 미국에 있어서의 농산물가격 하락에 따른 농민들의 불만, 그리고 20세기 전반 라틴 아메리카 제국에 있어서의 노동자들의 열악한 노동조건 등이 민중운동을 유발시킨 사회경제적 요인이 되는 것이다.

미국의 민중주의운동은 자본주의경제 침체기에 손해를 본 농민들과 노동자들이 스스로 참여했던 밑으로부터의 자발적 운동으로 시작되었으나 러시아에 있어서의 이 운동은 대학생들을 중심으로 한 청년 인텔리겐차들이 추진한 운동이었다.

라틴 아메리카 제국 중 아르헨티나와 브라질의 경우는 정부 내의 지도자가 이 운동을 주도하였고, 베네수엘라와 페루의 경우는 학생지도자들이 노동자들을 계몽시켜가면서 이 운동을 추진하였다. 이 운동의 지도자들은 카리스마적인 성격을 가지고 있고 민중에 대해 온정주의적 자세를 취하고 있는 경우가 많았다. 특히 페론, 발가스, 베탄쿠르트, 하야 등은 이러한 유형에 속하는 정치지도자들이었다.

러시아, 미국, 라틴 아메리카 제국의 민중주의운동은 다계급적인 운동이었다. 러시아의 민중주의운동과 사회혁명당의 운동은 농민들과 노동자들을 위한 혁명운동이었고 미국의 민중주의운동은 농민들과 노동자들을 위한 사회개혁운동이었다. 라틴 아메리카 제국의 민중주의운동은 일차적으로 노동자들을 위한 운동이었으나 노동계급, 중산계급에 기반을 둔 운동이었다. 페론, 발가스, 베탄쿠르트, 하야 등은 노동자들의 권익보호를 부르짖었지만 그것은 어디까지나 노동자들에 대한 온정주의적 자세에서 나온 것이었고 중산계급과 산업자본가들의 이해관계를 크게 위협하는 것은 아니었다. 라틴 아메리카 제국의 경제가 수입대체산업화 단계에 있었을 때는 이들 제 계급의 이해관계가 서로 심각한 갈등을 일으키지 않고 타협될 수 있었기 때문에 이곳의 민중주의운동은 다계급적 기반을 가지고 추진될 수 있었다. 라틴 아메리카 제국의 민중주의운동은 그것이 다계급 연합운동이었다는 점에서 1930년대 코민테른의 인민전선운동과 유사하나 이 양자를 동일시해서는 안 된다. 코민테른의 인민전선운동이 프롤레타리아 혁명을 달성하기 위한 과도기적 운동이었음에 반해 라틴 아메리카 제국의 민중주의운동은 노동운동이 급진적 혁명으로 발전하는 것을 오히려 막은 운동이었다.

민중주의운동이나 정권은 다계급적 기반을 가지고 있었기 때문에 정책노선도 절충적인 성격을 띠었다. 민중주의자들은 자유방임적 자본주의도 아니고 생산수단을 국가가 완전히 통제하는 공산주의도 아닌 제3의 정책노선을 추구하였다. 그들은 노동자들의 권익보호를 위한 여러 가지 정책을 주장하고 집행하였지만 그것이 자본주의체제의 기반을 침식하는 정책은 아니었다. 민중주의정권의 정책노선에는 소득재분배와 민주화의 요소도 있었지만 기술주의적이고 권위주의적이며 코퍼러티스트적인 요소도 있었다. 페론, 발가스, 베탄쿠르트 정권의 경우와 같이 그들은 한편으로는 노동자의 권익과 민주주의를 부르짖으면서도 다른 한편으로는 권위주의적이고 국가코퍼러티즘적인 통치 스타일을 나타내고 있었다. 그들은 영국이나 프랑스의 사회주의자들의 정책노선을 주장하면서 다른 한편에 있어서는 무솔리니와 같은 파시스트의 정치운동기술을 모방하는 양면성을 가지고 있었다.

민중주의자들은 대부분의 경우 선거를 통해서 정권을 획득, 그들의 목표를 실현하고자 하였다. 다만 러시아의 경우에는 테러와 민중봉기가 주요한 운동방법이었다. 민중주의자들은 그들의 목표실현방법으로 민중을 정치적으로 계몽시키고자 노력하였다. 이러한 노력은 자본주의의 발전단계가 낮은 나라에서 더욱 두드러지게 나타났다. 러시아, 라틴 아메리카 제국 중에서도 베네수엘라와 페루에서는 청년학생들이 노동자들을 의식화시키는 데 앞장섰고 노동자들도 그들의 계몽을 기꺼이 받아들였다.

러시아의 민중주의자들은 러시아 혁명의 주도세력이 되지 못했고 미국의 민중주의자들도 정권을 장악하지 못했다. 러시아의 경우에는 볼셰비키의 전술과 전략이 차르체제를 타도하고 정권을 장악하는 데 더욱 적합하였고, 미국의 경우에는 공화·민주 양당의 세력이 컸기 때문이다. 라틴 아메리카 제국의 경우에는 민중주의자들이 선거를 통해 정권을 장악하는 데 성공하였다. 그러나 아르헨티나의 페론정권과 브라질의 발가스정권과 같은 민중주의 정권도 이들 두 나라에 있어 수입대체산업 단계의 경제적 성장이 끝남에 따라 정책적으로 파탄에 직면하게 되었다. 더 이상의 경제성장이 없는 상황에서 중산계급과 자본가들의 이해관계를 위협하지 않고서는 노동자들의 권익을 보호하기가 어렵게 되었기 때문이다. 이러한 딜레마는 결국 민중주의 정권이 퇴진하고 상류계급과 자본가들의 이익을 대변하는 군사정권이 수립되는 계기가 되었다.

러시아의 민중주의자들이 주장했던 목표의 일부는 볼셰비키들이 실현하였다. 미국의 민중주의자들이 주장했던 정책노선은 현재에는 상당부분 실현된 상태에 있다. 그들의 정책노선은 민주당의 정책노선에 큰 영향을 미쳤고 그들의 지지세력은 민주당의 지지세력으로 흡수되었다. 라틴 아메리카 제국에 있어서 민중주의 운동은 군부통치로 거의 종식되는 듯했으나 그후 이 지역의 민주화 운동에 크게 공헌하였다.

III. 한국에서의 민중론

1. 서(緖)

대한민국 건국 후 한국의 민중론은 대체로 세 단계를 거쳐 전개되었다고 볼 수 있다. 첫 번째 단계는 1950년대와 1960년대에 있어서의 함석헌 선생의 기독교적 민중론의 단계이고, 두 번째 단계는 1970년대 말과 1980년대 초의 한완상 교수의 사회과학적 민중론의 단계이며, 마지막 세 번째 단계는 1980년대 제5공화국시대의 삼민운동가(三民運動家)들에게서 나온 급진적 민중론의 단계이다. 한국에서의 민중론의 단계를 이렇게 셋으로 나누었다고 해서 이 세 단계의 구별이 뚜렷한 것은 아니다. 두 번째 단계인 1970년대 말과 1980년대 초에도 첫 번째 단계의 민중론이 널리 읽혔고 세 번째 단계인 제5공화국시대에는 첫 번째, 두 번째, 세 번째의 민중론이 병존해 있다.

이 세 가지 민중론은 민중을 역사의 주체로 본다는 점에서는 공통되지만 민중에 대한 인식방법에 있어서는 적지 않은 차이를 나타내고 있다. 함 선생의 민중론은 기독교 정신이 근본에 깔려 있는 종교적인 민중론이고, 한 교수의 민중론 역시 기독교 정신이 근본에 깔려 있지만 사회과학적 인식론에서 본 민중론이고, 삼민운동가들의 급진적 민중론은 그 근저에 혁명적 인식구조가 깔려 있는 민중론이다. 특히 마지막의 급진적 민중론은 그 이전의 민중론과는 단절적인 성격을 가지고 있다고 보아도 무방할 정도로 다른 특성을 지니고 있다.

1950년대와 1960년대의 함 선생의 민중론은 주로 『사상계』지에 발표되었고 이를 통해서 여론 형성에 영향을 미쳤을 뿐 그것에 기반을 둔 운동이 실제로 일어나지는 않았다.

함 선생은 그의 글과 연설을 통해 간디(M. Gandhi)가 인도에서 일으킨 것과 비슷한 민중운동을 일으키고자 하였으나 성공하지는 못했다. 한 교수의 민중론은 사회문제에 예리한 의식을 가지고 있는 사회과학도의 민중론으로 논문의 성격이 강한 민중론이나 그것은 청년학생들에게 상당한 영향을 미쳤다. 삼민운동가들의 민중론은 그 내용이 지하 유인물을 통해 발표되었기 때문에 널리 잘 알려져 있지는 않지만 일부 청년학생들이 이끈 1980년대 급진적 민중운동의 지침이었다.

마지막으로 여기서 지적해 두고 싶은 것은 한국의 민중론 주창자들이 함 선생, 한 교수, 삼민운동가들에 국한된 것은 아니라는 점이다. 1970년대에 김지하, 황석영, 백낙청 등을 비롯한 많은 민중문학가들의 활동이 있었고 그들의 시, 소설, 평론은 민중의식을 고취시키는 데 있어 앞서 지적한 세 가지 민중론보다 결코 뒤지지 않는 역할을 담당하였음은 주지의 사실이다.[12)]

2. 1950년대 후반과 1960년대의 종교적 민중론

1950년대와 1960년대의 한국사회는 농업사회였다. 1963년에 제1차 산업(농업, 임업, 어업) 종사자 수의 비율은 63.2%였는 데 비해 제2차 산업(광공업) 종사자 수의 비율은 8.7%에 불과하였다. 1960년의 수출입총액은 4억 달러에 불과했고 1인당 GNP는 80달러도 못 되었다. 게다가 물가상승률은 1950년대 중반의 경우 연 20%를 상회했다. 이 시대에는 일제시대의 적산(敵産)을 불하받거나 미국 원조의 혜택을 직접적으로 받은 소수의 관리들이나 기업가들을 제외한 대부분의 국민들이 가난하게 살았다.

1950년대의 한국사회는 기본적으로 농업사회였지만 도시화의 비율은 상대적으로 높았다. 인구 10만 이상의 도시에 거주하는 인구수는 1955년에 이미 전체 인구의 약 20%에 달했다. 1945년 일제 패망 후 일본과 만주에서의 한국인의 귀국, 남북 분단 후 북한주민의 남한에로의 이주, 교육기회의 확장에 따른 농촌학생들의 도시 이주, 전쟁에 따른 인구의 이동 등이 이와 같이 높은 도시화율의 원인이었다. 도시에 사는 사람들은 농촌에 거주하는 사람들보다 그들의 생활고에 대해 보다 큰 불만을 가지고 있었고 이러한 생활고를 운명으로 받아들이던 농민과는 달리 이를 잘못된 정치 탓으로 생각하는 경향이 강했다.

---

12) 『창작과 비평』, 통권 1호~56호 참조.

1956년 대통령선거와 1958년 국회의원선거의 결과는 도시거주민의 이와 같은 경향을 잘 반영하고 있다. 즉, 1956년 대통령선거에서 이승만의 지지율은 4년 전의 72%에서 55%로 하락하였고 이러한 하락은 무엇보다도 도시유권자들의 그에 대한 불만에 기인한 것이었다. 당시 제1 야당인 민주당은 '못살겠다, 갈아보자'라는 구호로 도시민의 커다란 호응을 얻었고 장면을 부통령으로 당선시킬 수 있었다. 1958년의 국회의원선거에서는 여당인 자유당이 도시에서 참패했다. 서울특별시에서 여당인 자유당후보는 1명밖에 당선되지 못한 데 반해 민주당후보는 14명이 당선되었고 그 외의 26개 시에서는 자유당후보가 12명 당선된 데 비해 민주당후보는 29명이 당선되었다.[13]

함석헌(咸錫憲) 선생의 민중론은 이상 간단히 살펴본 바와 같이 생활고 때문에 이승만 정부에 대한 불만이 높았던 1950년대 후반에 나타났다. 그의 민중론은 바로 이러한 정치적 불만을 반영하는 것이었다.

함 선생은 1901년생으로 오산학교와 동경고등사범(東京高等師範)에서 수학했고 오산학교에서는 이승훈과 유영모로부터, 동경고사에서는 우치무라(内村鑑三)로부터 정신적 영향을 받았다. 그는 당시 오산학교 교장이었던 유영모로부터 『채근담』, 『노자』, 『대학』 등을 배웠고 그의 중국고전에 대한 해박한 지식은 이때 받은 교육에 그 기반을 두고 있다고 한다. 그는 원래 기독교도였으나 동경고사에서 우치무라의 무교회주의(無教會主義)에 심취하여 그 이후 계속 무교회주의자로 남아 있었다. 그는 일제시대에 여러 번 옥살이를 하였고, 해방 후에는 신의주 반공학생의거(反共學生義擧)의 배후인물로 지목되어 공산주의자들에 의해 뭇매를 맞고 구금당하기도 하였다.[14]

함 선생은 1950년대 후반과 1960년대 초에는 백성, 민중, 씨ᄋᆞᆯ이라는 단어를 혼용하였으나 1970년대 초부터는 "씨ᄋᆞᆯ"이라는 단어만을 사용하였다. 그가 백성, 민중, 인민이라는 말보다 씨ᄋᆞᆯ이라는 단어를 선호하는 이유는 민중, 인민이라는 말들이 민, 즉 씨ᄋᆞᆯ을 속이려는 의도를 가지고 만들어진 말이라고 믿었기 때문이다. 그에 의하면, "민이란 그저 사람인데 봉건시대에는 신민이라 하면서 속였고 민족주의시대에는 국민이라 하면서 속였고, 공산주의는 인민이라면서, 민주주의는 민중이라면서 속인다"는 것이다.[15] 그리고 이

13) Hahn-Been Lee, Korea: *Time, Change, and Administration*(Honolulu: East-West Center Press, 1968), pp.54-68 참조.

14) 오효진, "싸우는 평화주의자 함석헌", 『월간조선』 1986년 4월, pp.196-223.

15) 『함석헌 전집 14: 생각하는 백성이라야 산다』(서울: 한길사, 1985), p.199.

러한 것들은 전부 정치가와 거기 붙어먹는 학자들의 장난이고 그는 이것이 싫기 때문에 아무것도 붙일 수 없는 씨올이란 말을 쓴다고 하였다. 씨올이란 어떠한 정치적, 사회경제적 제도에 의해서도 오염되지 않은 원초적인 의미의 민(民)인 것이다. 다시 말해, 함 선생의 민중은 어떠한 계급으로 구성되는 것이 아니라 순수한 민으로 구성되는 전계급적(前階級的)인 민중이다.

그러나 함 선생이 처음부터 전계급적인 민중론을 주장한 것은 아니다. 그의 최초의 민중론적 글이라고 볼 수 있는 "생각하는 백성이라야 산다"(『사상계』, 1958년 8월호)에서는 민중 중에서도 중산층의 중요성을 강조하고 있다. 그는 "민족국가 경제에 있어서 자본주의 국가는 씨올 중에서도 중산층의 나라"라고 하면서 "중산층이 살아 있는 만큼 씨올의 발달이 되어 있는 나라는 마치 맨 밑의 곧은 뿌리가 잘자란 나무 같아 어떤 역사적 변동이라도 거기에 맞추고 그 기회를 타고 이겨 살아나갈 수 있지만 그렇지 못한 나라는 망하는 수밖에 없다"[16]고 주장하고 있다. 그는 이상과 같이 중산층의 중요성을 지적한 바가 있지만 노동자계급에 대해서는 거의 언급을 하고 있지 않다. 앞에서 살펴본 외국의 민중론이 노동자계급을 중심으로 하는 민중론인 데 비해 함 선생의 민중론은 그 출발시에는 중산층을 중심으로 하는 민중론이었다.

함 선생에 의하면 19세기에 들어와 다른 나라들은 근대식 민족국가를 완성했는데 우리는 식민지로 전락하고 오늘날 이 모양 이 꼴로 된 것은 씨올이 힘있게 자라지 못한 때문이라는 것이다. 그리고 씨올이 힘있게 자라지 못한 원인은 "(남들의 경우에는) 정치가 아무리 본래 백성 부려먹는, 씨올 짜먹는 일이라 하더라도 그 '오리'인 서민계급을 길러가며 생산방법을 가르쳐주며, 그 금알을 짜먹을 만한 어짐과 인정은 있었는데, 우리나라의 정치업자놈들은 예나 지금이나 한결같이 그저 짜먹으려만 들었다"[17]는 데 있다는 것이다. 함 선생은 한국 민중을, 속힘이 다 빠져 있고 아직 잠이 깨어 있지 않은 존재로 파악하고 있고 민중의 이와 같은 상태를 우리의 정치지배자의 탓으로 돌리고 있다.

함 선생은 30여 년간에 걸쳐 저술과 강연을 통해 한국정치의 비리와 모순을 신랄하고 용기 있게 비판하고 씨올의 각성을 촉구하였다. 특히 그는 바로 지적한 1958년의 글, "생각하는 백성이라야 산다"에서 우리가 가진 해방이 "참 해방"이고, 우리를 지배하는

16) 위의 책, p.111.
17) 위의 책, p.111.

정권이 정말로 나라를 대표하는 정권이고, 우리가 새 역사를 낳을 새 종교를 가졌느냐고 크게 의문을 제기하였다. 그는 5 · 16 후에는 이에 대한 반대 발언을 제일 먼저 하였다. 그는 "꿈틀거리는 백성이라야 산다"에서 민의 시대에 군정은 안 된다고 외쳤고, "3천만 앞에 울음으로 부르짖는다"에서는 군사혁명 주체들의 나라를 바로잡자는 목적은 좋았으나 군 쿠데타라는 그 수단이 틀렸다고 비판하면서 남은 길은 그들이 공약을 준수하고 군으로 돌아가는 것 이외에는 없다고 주장하였다. 그후 그는 한일회담을 반대하였고 유신시대에는 유신체제의 철폐를 주장하였다.[18]

그가 정부를 비판하고 민중의 각성을 촉구한 것은 진정한 의미의 민족국가와 민주주의 체제 수립이라는 온건한 목표에서였다. 그는 군사독재가 계속되면 앞으로 군사혁명이 반복해 일어날 것이고 그렇게 되면 결국 민중이 노하는 날이 오고, "주리고 눌린 민중이 격분하여 터지는 날이 오면 인간의 이성이 힘을 잃고 사회는 피와 불과 연기 속에 빠져버리고 말 것"이라고 경고하면서, "제발 그렇게 되기 전에 군인이 물러가고 기성 정치인이 정신을 차려 이 나라를 건지라"고 권고하였다.[19]

그는 이러한 목표의 실현방법으로 비폭력적이고 평화적인 항거운동을 주장하였다. 인도의 간디가 식민영국정부에 대해 벌였던 운동과 비슷한 운동이 필요하다고 보았다. 그는 민중이 각성하여 꿈틀거리고, 지식인이 행동하고, 신문인이 뭉치고, 대학교수가 결속하고, 예술인이 하나가 되고, 대학생이 하나로 되어 일어설 때 정치적 비리와 모순은 그 자취를 감출 것이라고 강조하였다. 이뿐만 아니라 그는 이러한 목표의 실현을 위해 "같이 살기" 운동을 일으킬 것도 주창하였다. 그는 예수가 했던 것과 같이 우리들 각자가 모두 "눈 먼 자의 눈이 돼주고, 벙어리의 입이 돼주고, 병신의 팔다리가 돼주며, 넝마주이에게 친구가 되고, 갈보에게 애인이 되며, 죄수에게는 그 죄짐을 나누어지는 사람이 되고, 대적에게는 복을 빌어주어 일체의 사회적 · 도덕적인 계급주의 · 차별주의를 깨뜨려" 없애고 같이 살아야 한다고 역설하였다.[20]

함 선생의 민중론은 민중을 어떠한 계급에 속하는 실체로 파악한 게 아니라 그러한 계급이기 이전의 원초적인 의미에서의 하나님 앞에 모두 평등한 민중으로 파악했고 그 목

18) 위의 책 참조.
19) 위의 책, pp.137-138.
20) 위의 책, p.9.

표를 민족국가, 민주주의체제의 확립에 두었고 이의 실현방법을 기독교의 참정신에 입각한 비폭력적 평화주의에서 찾았다는 점에서 종교적 민중론이라고 볼 수 있다.

함 선생의 민중론은 어느 누구보다도 『사상계』 독자들에게 커다란 영향을 미쳤다. 그의 민중론은 일반 민중보다도 『사상계』를 구독했던 청년학생들을 비롯한 지식인들에게 가장 큰 호소력을 지녔다. 1950년대 말과 1960년대 초의 그의 연설회에는 수천, 수만의 청중이 모여들었는데 그들은 대부분 노동자, 농민들이 아니라 중산층에 속한다고 볼 수 있는 사람들이었다. 그의 민중론은 기독교적 성격이 강했지만 교회라는 조직을 통해서는 그리 큰 영향력을 발휘한 것 같지 않다. 그는 원래 무교회주의자로서 교회라는 조직을 오히려 참기독교정신의 함양을 압살하는 기구로 보았다. 그리하여 그는 오랫동안 아무 종파에도 속하지 않다가 1960년대부터 조직성이 가장 약하고 무교회주의에 가까운 퀘이커교의 모임에 참석하였다.

그의 민중론적 저술과 강연은 19권의 『함석헌전집』으로 출간되었으나 그의 민중론은 지식인들에 대한 영향력에 있어 한완상 교수의 사회과학적 민중론과 삼민운동가들의 급진적 민중론보다 약하다. 후자의 민중론이 산업화에 따른 우리 사회의 모순을 지적하고 이에 대해 비판하고 있는 데 비해 함 선생의 민중론은 그렇지 못하다는 것이 그의 민중론의 호소력이 감퇴하는 원인이다. 그러나 그의 민중론은 1950년대 후반과 1960년대 초에 청년학생들과 도시 중산층을 중심으로 한 민중을 각성시킨 대한민국 정부수립 이후의 최초의 민중론으로서의 의의를 가지고 있다.

3. 1970년대 말과 1980년대 초의 사회과학적 민중론

1970년대 말과 1980년대 초의 한국사회는 1950년대나 1960년대와는 질적으로 다른 사회였다. 후자의 한국사회가 제1차 산업 종사자수의 비율이 60%가 넘는 농업사회였음에 반해 1970년대 말의 한국사회는 제1차 산업종사자의 비율이 30% 정도로 줄어든 산업사회였다. 1970년대 말의 수출입총액은 1960년대의 4억 달러에서 200억 달러로 증가하였고 1인당 GNP는 1960년대의 80달러에서 1,600달러 정도로 증가하였다. 도시화의 비율은 인구 5만 명 이상의 도시에 거주하는 인구수를 기준으로 할 때 전체 인구의 60%에 달했다.[21]

1970년대는 한국이 경제적으로 장족의 발전을 이룩한 연대지만 그 이면에는 두 가지 모순이 심화된 시대이기도 하다. 그 첫 번째 모순은 정치발전의 퇴행이다. 1972년에 수립된 유신체제는 자유민주주의 이념과 제도를 부인한 강력한 권위주의체제였다. 이 체제 하에서 국민의 기본권이 어떻게 유린되었는가에 대해서는 우리 모두가 잘 알므로 여기서 상술할 필요가 없겠다. 두 번째 모순은 빈부격차의 심화이다. 1970년대에 우리 국민 모두의 생활수준이 괄목할 만하게 향상되었지만 '부익부 빈익빈'의 현상이 심화되어 대다수 못사는 국민들의 불만은 상당히 높았다. 뿐만 아니라 도시와 농촌 간의 격차, 영・호남 지역 간의 격차 등도 심화되어 산업화의 결실로부터 소외된 지역주민들의 불만 역시 매우 높았다.[22]

유신체제는 그 이전의 어떠한 체제보다도 권위주의적이고 억압적인 정치체제였지만 이에 대한 청년학생들, 지식인들, 종교인들, 노동자들, 농민들의 저항도 거세었다. 그리하여 1970년대는 우리가 산업화를 이룩한 시대이기도 하였지만 정치적 저항과 이에 대한 정부의 억압이 악순환되던 시대이기도 하였다. 그리고 이와 같은 1970년대의 경험을 바탕으로 하여 나온 민중론이 한완상 교수의 사회과학적 민중론이다.

한완상 교수는 서울대 사회과학대학 사회학과 교수로 재직중이던 1970년대와 1980년대에 두 번이나 해직되었다가 복직되었다. 다시 말해, 그는 우리의 역사현실과 사회구조에 대해 비판적 문제의식을 가지고 한국정치의 반민주적 요소에 저항하였고, 그 때문에 천직으로부터의 해직이라는 고통을 두 번이나 겪었다. 그는 『증인 없는 사회』, 『현대 사회학의 위기』, 『지식인과 허위의식』, 『민중과 지식인』, 『저 낮은 곳을 향하여』, 『하나님은 누구의 편인가』, 『민중과 사회』 등의 저서를 통해서 청년학생들에게 큰 영향을 미쳤다.

한 교수는 독실한 기독교 신자이고 이 점에 있어서는 함 선생과 같으나 현대 사회과학의 훈련을 받았다는 점에서 함 선생과 다르다. 그의 민중론에는 이와 같은 교육적 배경이 투영되어 있다. 즉, 그의 민중론은 함 선생의 민중론과 마찬가지로 종교적 특성을 가지고 있지만 이에 덧붙여 함 선생의 민중론이 결(缺)하고 있는 사회과학적 분석에 기반하고 있다는 특성을 가지고 있다.

---

21) 송병락 저, 『한국경제론』(서울: 박영사, 1984) 참조.

22) 한국사회학회 편, 『한국사회와 갈등의 연구』(서울: 현대사회연구소, 1985) 참조.

한 교수의 민중론에서 민중은 누구를 가리키고 그 민중론의 목표는 무엇이며 그 실현 방법은 무엇인가? 우선 한 교수에 의하면 민중은 한마디로 말해 지배집단과 구별되는 의미에서의 피지배자들을 가리킨다. 그에 의하면 통치수단을 독점하고 있는 집단이 정치적 지배집단이고 이로부터 소외되어 있는 집단이 정치적 민중이며, 경제적 생산수단을 장악하고 있는 집단이 경제적 지배단체이고 이러한 수단을 갖지 못한 집단이 경제적 민중이며, 명예나 위광(prestige)을 소유하고 있는 집단이 문화적 지배집단이고 이로부터 소외되어 있는 집단이 문화적 민중이다. 즉, 민중은 정치적, 경제적, 문화적 피지배자들을 총칭하는 것이다. 그러나 그의 민중론에서 핵심적 위치를 차지하고 있는 민중은 정치적 민중이다. 지배집단과 피지배집단을 나누는 기준으로 가장 중요한 것이 전근대적 농업사회에서는 신분이고, 초기 자본주의사회에서는 경제적 수단이나 사회가 하나의 커다란 법인체나 관리조직체처럼 변질되어 가고 있는 현대사회에서는 정치적 지배수단의 점유 여부이기 때문이다.[23)]

그의 민중개념은 그 자신도 지적하고 있지만 마르크스의 민중개념과는 근본적으로 다르다. 첫째, 지배계급과 피지배계급을 나누는 기준으로 마르크스는 생산수단의 소유 여부를 중요시하는 데 반해 한 교수는 막스 베버가 제시한 권력, 부, 신분의 세 가지 기준을 모두 중요시한다. 따라서 민중은 프롤레타리아계급과 동일시될 수 없다. 민중은 프롤레타리아계급은 물론 그 외의 다른 정치적·문화적 피지배자들도 포함하는 계급보다도 더 포괄적인 개념인 것이다. 그가 강조하듯이 "계급이 민중개념 속에 포함될 수 있지만 민중이 계급개념에 종속될 수는 없다"는 것이다. 둘째, 지배와 피지배구조를 분석하는 데 있어 한 교수는 마르크스와는 달리 정치적 변수를 가장 중요시하고 있다. 그가 오늘날의 공산주의사회를 대다수의 민중을 억압하는 전체주의적 독재체제로 보는 것은 이와 같은 인식구조에 기인하는 것이다.

지배와 피지배구조를 분석하는 기준으로 일원적인 기준이 아니라 다원적인 기준을 사용하고 있다는 점에서 한 교수는 막스 베버의 인식구조를 수용하고 있지만 사회를 지배집단과 그들의 지배를 받는 피지배집단인 민중으로 양분하고 있다는 점에서는 그의 인식구조는 베버와 다르다.

현대사회가 소수의 지배집단과 그들의 억압과 수탈을 당하는 대다수의 민중으로 구성

---

23) 한완상 지음, 『민중사회학』(서울: 종로서적, 1984), pp.16-27.

되어 있다면 이와 같은 상황은 어떻게 극복될 수 있는가? 이에 대한 그의 대답은 간단하다. 그것은 민중에 의한, 민중을 위한, 민중의 정부인 민주정부의 수립에 의해서이다. 그에 의하면 이러한 민주정부에 있어서도 소수가 지배할 수밖에 없으나 소수의 지배자가 민중을 대표하고 그들의 욕구를 충족시켜 주는 대표성과 대응성을 가지고 있다는 점에서 민주정치는 과두정치와 다르다. 그리고 이와 같이 대표성과 대응성을 가지고 있는 권력 엘리트들은 민중의 욕구가 변하기 때문에 평화적으로, 그리고 주기적으로 교체될 수밖에 없다는 것이다. 이렇게 볼 때 그의 민중론의 목표는 진정한 의미의 민주정부의 수립 그 이외의 다른 것이 아님을 알 수 있다.[24]

또한 그의 민중론은 절대적인 평등사회의 실현을 목표로 하고 있지 않다. 그는 인간의 노력과 능력에 따라 생기는 불평등은 "정당한 불평등 또는 바람직한 불평등"이며 "사회 전체의 생존과 안정과 발전에 참으로 공헌하는 불평등"이라고 보고 있다. 그는 "오히려 능력과 노력을 무시하고 똑같은 자리를 주는 것이 잘못된 일이요, 사회 전체의 발전과 안정에 끼치는 영향을 전혀 고려하지 않고 똑같은 보상을 주는 것 또한 잘못된 일"이라고 강조하고 있다.[25] 평등에 관한 이와 같은 시각은 궁극적으로 인간의 노력과 능력에 관계없는 절대적인 평등사회를 수립하고자 하는 극좌파들의 목표와 비교할 때 보수적이라고까지 할 수 있다.

그렇다면 이러한 목표는 어떻게 달성할 수 있을 것인가? 그것은 민중이 그들을 억압하는 비민주적 지배집단을 비판하고 진정한 의미의 민주정부의 수립을 위해 행동하는 것에 의해서 가능하다. 이와 같이 행동하는 민중에는 새로운 질서의 수립에는 찬동하나 그것의 수립이 성공할 가능성이 있는 경우에만 행동하는 수단적 민중과 그러한 성공 가능성이 없더라도 순교하는 마음으로 반민주적 지배질서에 도전하는 목표지향적 민중의 두 가지가 있다. 한 교수는 가장 성숙하고 바람직한 민중은 후자의 목표지향적인 민중이라고 말하고 있다. 그리고 행동파 민중의 핵이 종교인인 것은, 종교인들이란 순교하는 마음으로 목표지향적인 행동을 하는 사람들이기 때문이라는 것이다.[26]

그러나 한 교수는 민중이 모두 지배질서를 비판하고 이에 도전할 수 있는 민중이라고

---

24) 위의 책, pp.124-130.

25) 위의 책, pp.114-115.

26) 위의 책, pp.29-33.

보지는 않는다. 민중에는 이러한 대자적(對自的) 민중도 있지만 그렇지 못한 즉자적(卽自的) 민중도 있는 것이다. 그에 의하면 즉자적(卽自的) 민중은 "잠자는 민중"이고, "자기가 민중이라는 자의식을 갖고 있지 못한 민중"이며 "정치적으로 부림을 당하고, 경제적으로 교묘하게 빼앗기고 있으며 사회문화적으로 차별받고 있지만, 이와 같은 피지배상태를 예리하게 감지하지 못하거나 그것을 느낄 때에도 숙명적인 일로 체념하도록 훈련되어 있기에 지배받고 있다는 사실을 당연한 것으로 받아들이고 일상적인 사실로 인정"하는 민중이다. 그리고 민중이 이와 같이 무지하고 순종하는 즉자적 민중으로 남아 있는 것은 "그들 자신의 잘못" 때문이 아니라 지배집단의 강제적이거나 교묘한 상징적 교화 때문이라는 것이다. 다시 말해 즉자적 민중은 지배집단이 만들어내는 허위의식(虛僞意識)에 사로잡혀 있다는 것이다.[27]

한 교수는 그의 민중론이 목표하는 바인 대표성과 대응성을 가지고 있는 민주정치를 실현하기 위해서는 허위의식에 사로잡혀 잠자고 있는 즉자적 민중을 비판적이고 행동하는 대자적 민중으로 의식화시켜야 한다고 강조하고 있다. 그리고 민중을 의식화시키는 데 있어 중추적 역할은 지식인이 담당해야 한다고 한다. 그런데 그는 여기서 지식인을 지식기사(知識技士)와 구별하고 있다. 지식기사는 지배질서의 정당성을 올려주고 민중지배에 필요한 실용적 지식을 제공하는 등 지배집단의 요청에 부응하는 데 반해 지식인은 그 자신이 대자적 민중의 일원으로 "기존 지배질서의 정당성을 날카롭게 따지고" 문제를 "역사적 맥락"과 "사회 전체구조의 맥락" 속에서 파악한다는 것이다.[28]

한 교수는 지식인이 민중을 의식화시키는 데 있어서 두 가지 문제점을 경계해야 한다고 지적하고 있다. 지식인은 첫째로 민중에 대해서 오만해서는 안 된다는 것이고, 둘째로 지식의 전문성을 가지고 민중의식을 흐려놓아서는 안 된다는 것이다. 지식인은 예수가 중환자를 치료한 다음 이에 감지덕지하는 환자에게 "너의 믿음이 너를 낫게 하였다"고 말한 바와 같이 민중의 주체적 능력이 그들을 향상시킨다는 자세로 민중을 의식화시켜야 한다는 것이다. 지식인은 그의 "상상력 생산수단"을 민중과 공유해야 하고 민중 속으로 녹아 없어져야 한다는 것이다.[29]

27) 위의 책, pp.27-28.
28) 위의 책, pp.34-42.
29) 위의 책, pp.42-50.

요약건대 한 교수의 민중론에서 민중은 정치・경제・사회적인 피지배집단이고, 특히 그 중에서도 정치적 피지배집단을 가리킨다. 그의 민중론의 목표는 민중에 의한, 민중을 위한, 민중의 정부, 혹은 대표성과 대응성을 가지고 있는 민주정부를 수립하는 것이고 인간의 노력과 능력에 관계없이 똑같은 보상을 받는 절대적인 평등사회가 아니라 그에 따라 차이가 나는 보상을 받는 사회를 건설하는 것이다. 이러한 목표의 실현을 위해서 민중이 대자적 민중으로 의식화되어 비민주적 지배질서에 도전할 것을 권고하고, 민중을 의식화시키는 데 있어서는 지식인이 중추적 역할을 담당해야 한다고 강조하고 있다.

한 교수의 민중론에 대해서는 여러 가지 질문을 제기할 수 있다. 우선은 민중의 개념에 관해서이다. 통치수단을 점유한 지배집단에는 구체적으로 누가 포함되는가? 예를 들어 관공서의 말단 공무원이나 경찰의 말단 순경, 군의 병사는 지배집단에 속하는가, 아니면 민중에 속하는가? 통치수단을 점유하고 있지 않다 해도 통치에 커다란 영향력을 행사할 수 있는 경제적・문화적 엘리트는 정치적 지배집단에 속하는가, 민중에 속하는가? 통치수단을 점유하고 있지도 않고 통치에 영향력도 별로 없는 경제적・문화적 엘리트는 어느 집단에 속하는가? 다시 말해, 경제적 엘리트, 문화적 엘리트도 통치수단으로부터만 소외되어 있으면 그들은 자동적으로 민중에 속하게 되는 것인가? 경제적 엘리트와 문화적 엘리트가 통치수단으로부터 소외되어 있다는 점에서 정치적・경제적・문화적 비엘리트와 공통된다고 해서, 경제적・문화적 엘리트들이 비엘리트들과 같은 이해관계를 가지고 있다고 볼 수 있는가? 한 교수가 말하는 즉자적 민중이라고 볼 수 있는가? 그렇다면 즉자적 민중은 대중이나 신민과는 어떻게 다른가? 이러한 질문에 비추어 한 교수의 민중 개념 정의를 생각해볼 때 그것이 지배집단과 민중을 구분하는 대략적인 기준은 되어도 사회과학적으로 엄밀한 기준은 되기 어렵다는 것을 알 수 있다.

다음은 한 교수의 민중론의 목표에 관해서이다. 그가 이야기하는 "민중에 의한, 민중을 위한, 민중의 정부" 혹은 대표성과 대응성을 가지고 있는 정부란 구체적으로 어떠한 정부를 가리키는 것인가? 그것은 슘페터가 말하는 엘리트 민주주의 정부인가, 오늘날 참여민주주의자들이 말하는 참여민주주의 정부인가? 중앙집권적 정부인가, 지방분권적 정부인가? 경제적 민주주의, 사회적 민주주의의 실현 없이 정치적 민주주의의 달성만으로 민중을 대표하고 민중의 욕구에 대응하는 정부를 만들어낼 수 있는가? 구미의 민주주의 정부는 그가 생각하는 민주정부라고 할 수 있는가, 없는가? 요컨대 어떤 정부가 대표성과 대응성을 가진 정부인가의 문제는 그 자체가 정치학적으로 아직 해결되지 않은 어려운 문제인 것이다.

마지막으로 그의 민중론의 목표의 실현방법에 관해서이다. 첫째, 그는 민중이 대자적인 민중이 되어 비민주적 질서에 도전하고 새로운 민주질서를 수립하기 위한 행동을 해야 한다고 주장하고 있지만, 구체적인 행동방식에 대해서는 "수단적" 행동이 아니라 "목표지향적" 행동을 해야 한다는 것을 제외하고는 더 이상의 언급을 하고 있지 않다. 그러나 이에 대해서도 여러 가지 질문이 제기될 수 있다. 목표를 달성하기 위해서는 비폭력적 행동과 폭력적 행동, 비조직적 행동과 조직적 행동 중 어느 것이 효과적인가? 조직적 행동이 필요할 경우 그 조직은 어떠한 형태를 가져야 할 것인가? 공개조직이어야 하는가, 비밀조직이어야 하는가? 그 조직의 구조는 개방적, 민주적이어야 하는가, 폐쇄적・위계적이어야 하는가? 그는 그의 민중론의 목표실현에 중요한 이와 같은 문제들을 다루고 있지 않다.

둘째, 그는 전략적으로 불리하고 성공가능성이 없어도 목표에 따라 순교자적으로 행동하는 "목표지향적" 행동이 성공가능성이 있는 경우에만 행동하는 "수단적" 행동보다 바람직하다고 하는데, 과연 그러한가? 전략적으로 불리하고 성공가능성이 없는 "목표지향적" 행동이 종교의 영역에서는 바람직할지 몰라도 그것이 정치의 영역에서도 바람직한 것인가? 정치의 영역에서는 민중이 그 목표실현에 유리한 경우에만 행동하도록 권고하는 것이 사회과학자의 보다 책임 있는 자세가 아닌가? 다시 말해, 사회과학자는 민중에게 무조건 목표에 따라 "순교하는 마음"으로 행동하라고 권고하는 것보다 목표실현에 효과적인 행동방식을 제시해야 되지 않는가? 설사 민중이 "순교하는 마음"으로 목표에 따라 행동한다 해도 그것은 전략적으로 가장 유리한 때를 택해서 목표실현에 최대의 효과를 보는 방향으로 행동해야 되지 않는가?

셋째, 한 교수는 그의 민중론의 목표실현에 있어서 지식인의 역할을 과도하게 강조하고 있다. 반민주적(反民主的) 질서를 무너뜨리고 민주적 질서를 수립하기 위해서는 즉자적 민중이 의식화되어야 하는데, 이러한 의식화에 있어 중추적 역할을 담당하는 것이 지식인이므로 지식인이 없이는 그의 민중론은 성립될 수 없는 것이다. 여기서 우리는 민중이 지식인의 개입 없이는 의식화될 수 없는가에 대한 의문을 제기하지 않을 수 없다. 역사적으로 보아 민중은 지식인들에 의해서보다는 그들 스스로에 의해서 의식화되어 왔다고 보는 것이 더 정확한 관찰일 것이기 때문이다. 물론 지식인은 민중의 의식화 과정을 촉진시킬 수 있고 이러한 의미에서 지식인의 역할은 중요한 것이다. 그러나 한 교수의 민중론은 그 자체가 지식인의 역할을 빼놓고는 성립될 수조차 없다는 데 문제가 있는 것이다.

한 교수의 지식인과 지식기사의 구분도 너무 단순하다. 엄밀한 의미에서 '안다'는 사람들은 한 교수가 말하는 지식인과 지식기사의 성격을 공유하고 있는 경우가 많다. 혹은 지식인이라도 지식기사의 성격을 가지지 않으려야 않을 수 없는 경우도 있다. 예를 들어, 반민주적 질서에 저항하는 자연과학자는 분명히 한 교수가 의미하는 지식인이나 그의 지적 활동의 결과는 기존 지배질서의 유지에 공헌하는 "실용적" 혹은 "도구적" 지식이 되지 않을 수 없는 것이다. 그리고 바로 이러한 데에 지식인의 딜레마가 있는 것이다.

한 교수의 민중론은 이를 사회과학적으로 엄밀하게 따졌을 때는 이상 제기한 바와 같은 여러 가지 의문이 나온다. 그러나 그의 민중론이 나온 시대적 배경인 유신시대를 고려한다면 그 실천적 의미에 큰 문제가 생기지는 않는다. 그가 민중을 무엇보다도 통치수단으로부터 소외된 피지배집단으로 본 것은 유신시대의 가장 큰 모순인 정치적 모순에 기반을 둬 민중을 정의한 것이라고 볼 수 있다. 경제적 엘리트나 문화적 엘리트 증에서도 유신체제에 불만을 가지고 있던 사람들이 많았으므로 그는 이러한 사람들도 민중 속에 포함되어 반유신세력(反維新勢力)이 될 수 있는 잠재력을 가지고 있는 것으로 보았는지도 모르겠다. 다음, 그의 민중론의 목표는 유신체제와 그의 유산을 극복하자는 데 있는 것인 만큼 실제로는 명확한 것이다. 그리고 그 목표의 실현방법에 있어서도 그가 지식인의 역할을 강조한 것은 지식인으로서 그가 역사에 대해 가지고 있는 사명감 때문이고 그가 비판하는 지식기사란 실제로는 유신체제와 같은 반민주적 체제의 수립과 유지에 협조한 교수, 언론인, 예술인 등을 가리키는 것이다.

한 교수의 민중론은 누구보다도 청년학생들에게 커다란 영향을 미쳤다. 특히 의식화 교육은 청년학생들에 의해 광범위하게 실천되어갔다. 한 교수가 그의 민중론에서 말하는 지식인의 역할도 청년학생들에 의해 충실하게 담당되고 있다. 잠자는 민중을 의식화시키고 이에 있어 청년학생들이 중추적 역할을 담당한다는 것은 그 의식화의 내용 여하에 따라서는 국가와 민족을 위해 바람직스러운 것이다. 일제시대에 우리 청년학생들이 나라의 독립을 위해 민중을 의식화시키고자 노력했던 것은 우리가 지금도 자랑스럽게 여기는 일이다. 청년학생들의 의식화 교육의 내용이 한 교수의 민중론에 멈춰 있다면 자유민주주의체제의 수립이라는 우리의 목표에 비추어볼 때 문제될 것이 없다. 한 교수의 민중론의 목표는 이로부터 벗어나는 것이 결코 아니기 때문이다. 문제는 1980년대에 일부 청년학생들이 주장한 민중론이 한 교수의 민중론과는 다르다는 데 있다. 그들의 입장에서 볼 때 한 교수의 민중론은 보수적인 민중론에 지나지 않는다.

4. 1980년대의 급진적 민중론

1980년대의 급진적 민중론이 나타나는 배경은 앞서 소개한 바 있는 한완상 교수의 민중론에 나오는 배경인 유신시대와 1980년대 초 광주민주화운동과 제5공화국 수립의 역사적 경험이다. 한 교수의 민중론은 1980년 초에 처음 단행본으로 발간된 것으로 광주민주화운동과 제5공화국 수립의 경험이 특별히 반영되어 있지는 않으나 급진적 민중론은 이 두 경험이 반영되어 있다.

여기서 급진적 민중론이라는 것은 삼민운동가(三民運動家)들이 말하는 민중론을 가리키며 그 내용은 "민중 · 민주주의 · 민족혁명의 기본개념을 정립하자"라는 글에 잘 나타나 있다. 이 글은 총 29페이지에 달하는 지하유인물의 형태로 1982년 6월에 발간되었다. 이 글은 무기명으로 발표되었으나 그것의 지적수준으로 보아 일반 대학생을 훨씬 능가하는 지적 능력을 지닌 사람이 쓴 것 같다. 이 글은 청년학생들의 1985년 말까지의 삼민운동(민중 · 민족 · 민주운동)과 민중의 구호가 빠진 그 이후 청년학생운동에 있어서도 그 이론적 기반이 된다고 볼 수 있는 글이다.

그렇다면 급진적 민중론에 있어 민중은 누구를 가리키고, 그 실현목표는 무엇이며 그 실현방법은 무엇인가? 한 교수의 민중론에서의 민중은 정치적 · 경제적 · 문화적 민중으로 구성되고 그 핵은 무엇보다도 정치적 민중이었다. 그러나 급진적 민중론에서의 민중은 경제적 민중만을 가리킨다. 한 교수의 민중론에서는 정치적 · 경제적 · 문화적 민중개념이 각각 독립성을 가지고 성립될 수 있지만 급진적 민중론에서는 정치적 민중이나 문화적 민중은 모두 경제적 민중개념에 종속되기 때문에 독립적으로 존재할 수 없는 것이다.

급진적 민중론에서는 우선 <그림 2-3>과 같이 한국사회가 "매판독점자본", 신중산계

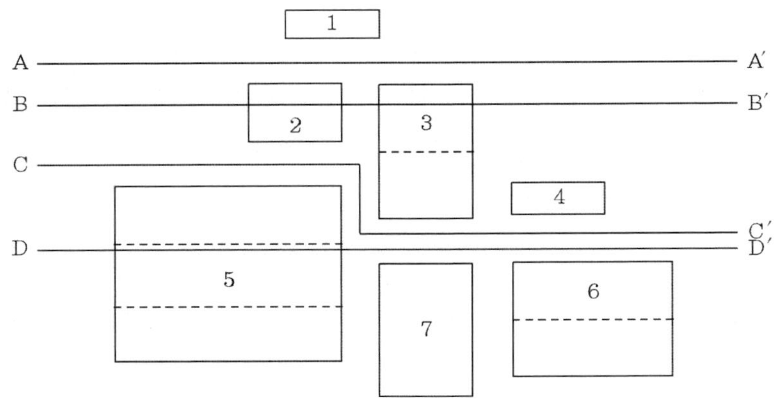

1: 매판독점자본
2: 신중산계급 : 5%
3: 중소상공업자 : 12% 중산층: 20%
4: 부농 : 3% 타 층: 80%
5: 노동자 : 50%
6: 빈농 : 20% 농 촌: 23 + α: 30%
7: 영세상인－도시빈민 : 10% 도 시: 77 － α: 70%

A-A′ : 매판계급과 민중의 개념적(경제적) 경계
B-B′ : 매판계급과 민중의 실천적(정치적) 경계
C-C′ : 중산층과 혁명적 민중과의 개념적 경계
D-D′ : 중산층과 혁명적 민중과의 실천적 경계

정치적 매판계급 : 5%
정치적 중산층 : 30%
정치적, 혁명적 민중 : 65%

〈그림 2-3〉 1980년대 초 급진적 민중론에서의 민중 구성

급, 중소상공업자, 부농, 노동자, 빈농, 영세상인과 도시빈민이라는 7개 계급으로 구성되어 있다고 본다. 그리고 이 글에서는 우리나라 전인구의 5% 정도가 신중산계급에, 12%가 중소상공업자, 3%가 부농, 50%가 노동자, 20%가 빈농, 10%가 영세상인-도시빈민에 속하는 것으로 추정하고 있다.

이상 7개의 계급 중 민중은 개념적으로는 "매판독점자본가"들을 제외한 전계급을 가리킨다(<그림 2-3>의 A-A′ 이하). 그러나 경영관리자, 전문기술자, 고급장교(중령 이상), 고급관료, 대학교수, 기업화된 큰 병원의 의사, 큰 교회의 목사 등으로 구성되는 신중산계급과 상층 중소상공업자의 일부는 매판독점자본과 깊이 관련되어 있고, 현재의 신식민체제에서 지위와 권력을 가지고 있고, 매판적 생활방식과 문화에 깊이 젖어 있어 민중과 심한 거리감을 느끼며 민족의식이 희박하기 때문에 실천적 의미에서는 민중에 포함될 수 없다는 것이다. 그리하여 실천적 의미에서의 민중이란 '매판독점자본가'와 신중산계급과 중소상공업자의 상층부를 제외한 전계급을 가리킨다(<그림 2-3>의 B-B′ 이하).

그러나 실천적인 의미에서의 민중이 전부 민중·민주주의·민족혁명의 주체가 되는 것은 아니다. 신중산계급, 중소상공업자, 부농으로 구성되는 중산층은, "민중·민주주의·민족혁명의 필요성에 대해 절실하게 느끼지 않고 당위성에 대해 회의하며 전반적으로 기회주의적 태도를 나타낼 것이고", "비타협적 민중 민주주의보다는 타협적 개량주의를 지지할 가능성이 높기" 때문이다. 다시 말해, 그들에게 혁명의 이니셔티브나 지도력이나 주역량을 기대해서는 안 된다는 것이다. 그리하여 혁명적 민중은 "매판독점자본가"와 이들 중산층을 제외한 노동자, 빈농, 영세상인-도시빈민으로 구성된다는 것이다(<그림 2-3>의 C-C′ 이하). 그러나 노동자계급 중에서도 상층기술노동자계층(上層技術勞動者階層)은 "부농이나 하층 중소상공업자와 비슷한 생활수준을 가지고 있고", "생활의 중산층화가 상당히 진전되어", "의식의 중산층화"도 되어 있기 때문에 이들은 개념적으로는 혁명적 민중에 포함되지만 실천적 의미의 혁명적 민중에는 포함될 수 없다고 한다. 그리하여 실천적 의미의 혁명적 민중은 상층기술노동자계층을 제외한 노동자계급, 빈농, 영세상인-도시빈민으로 구성되고 그들이 전인구의 약 65%를 차지하고 있다고 한다(<그림 2-3>의 D-D′ 이하). 급진적 민중론에서의 민중의 핵은 바로 이 실천적 의미에서의 혁명적 민중이다.[30)]

한 교수의 민중론에서는 민중의 핵이 통치수단으로부터 소외된 정치적 민중이기 때문에 중산층도 이에 포함될 수 있으나 급진적 민중론에서는 중산층은 이에 포함될 수 없다. 한 교수의 민중론에 있어서 의식이 깨어 있는 대자적 민중은 어떤 계급보다도 오히려 중산층에서 많이 발견될 것으로 예상되나, 급진적 민중론에서는 노동자, 빈농, 영세상인-도

30) "민중·민주주의·민족혁명의 기본개념을 정립하자", pp.13-20.

시빈민은 의식이 잠들어 있든 깨어 있든 간에 그들의 경제적 위치에 따라 자동적으로 혁명적 민중이 되는 것이다.

다음, 급진적 민중론에서 실천적 의미의 혁명적 민중이 주체가 되어 실현하고자 하는 목표는 무엇인가? 한 교수가 그의 민중론의 목표로 대표성과 대응성이 있는 민주정부의 수립을 제시하고 있는 데 반해 급진적 민중론은 제국주의와 매판독점자본을 타도하고 민중·민주주의·민족혁명을 성취할 것을 그 목표로 내세우고 있다. 한 교수의 민중론의 가장 중요한 타도대상은 반민주적 정권이나 급진적 민중론의 그것은 제국주의와 매판독점자본이다.

급진적 민중론의 타도대상이 제국주의와 "매판독점자본"이라고 해서 이에 정권이 포함되지 않는 것은 아니다. 급진적 민중론에서는 전두환 정권을 "파쇼 군부정권"이라고 보고 이를 타도의 대상으로 삼고 있는 것은 물론이다. 그러나 이 "파쇼 군부정권"은 제국주의의 후원을 받고 있고 이에 종속되어 있는 "매판독점자본"에 매수되어 있다는 것이다. "제국주의 정부가 때때로 민주화를 지지하고 있다 하더라도 이는 파시스트의 지나치게 과격한 행동으로 한국정치가 불안정하게 되는 것을 막자는" 것에 불과하다는 것이다.[31] 다시 말해, "민주화 자체가 목적이 아니라 안정, 즉 현상유지가 목적"이라는 것이다. "매판독점자본"은 민중 수탈을 자유롭게 하기 위해 민중억압기구인 파쇼정권이 필요한데, 이 계급은 파쇼정권을 스스로 수립하는 어려움을 겪지 않고 "수립된 파쇼정권을 매수하고 있다"는 것이다.[32] "매판독점자본"은 1953년 이후에 있어서는 100년 전의 봉건지주계급의 자리를 완전히 빼앗아 한국의 새로운 지배계급이 되었고 그 이후의 정권은 이 지배계급의 하수인에 불과하다는 것이다. 급진적 민중론에서는 파쇼군부정권의 타도도 중요하지만 제국주의와 "매판독점자본"의 타도가 궁극적인 목표이다. 급진적 민중론에 의하면 제국주의와 매판독점자본의 타도 없이는 "어떤 선의의 정치세력이 세우는 정권도 매판독점자본과 협력하고 이에 매수되지 않을 수 없기" 때문이다.[33] 급진적 민중론은 정치를 외세와 경제의 종속변수로 보고 외세와 경제적 지배세력의 타도를 중요시한다는 점에서, 정치의 독립성을 인정하고 반민주적 성격을 가진 정치적 지배세력의 타도를

31) 위의 유인물, p.13.
32) 위의 유인물, p.11.
33) 위의 유인물, p.34.

중요시하는 한 교수의 민중론과 다르다.

급진적 민중론에서 제국주의, "매판독점자본" 및 파쇼 군부정권을 타도하고 이룩하고자 하는 목표는 민중·민주주의·민족혁명이다. 여기서는 혁명의 주체가 유럽의 부르주아 민주주의 혁명에서와 같이 부르주아계급이 아니라 민중인 것이며, 혁명이 건설할 정치체제 역시 부르주아 민주주의가 아니라 민중이 지배하는 민중민주주의이다. 그리고 이것이 민족혁명인 것은 그것이 곧 반제·반매판독점자본혁명이며 그 혁명이 건설할 새 경제체제는 민족혁명형 경제체제이기 때문이라는 것이다.[34]

이러한 혁명이 구체적으로 어떠한 통치기구와 경제체제를 채택할 것인가에 대해서는 더 이상의 언급이 없지만 혁명이 개선해야만 하는 오늘의 상황으로 급진적 민중론은, (1) 대중의 생활고, (2) 대중의 육체적인 병과 정신적인 병, (3) 자연파괴(공해), (4) 대중의 언론·출판·집회·결사·파업의 자유에 대한 억압과 학문과 문화와 교육의 자유발전에 대한 억압, (5) 진리의 왜곡과 위선 등을 들고 있다. 이러한 상황의 개선이 급진적 민중론의 보다 구체적인 정책적 목표인 것이다.[35]

이제 우리는 급진적 민중론이 이러한 혁명을 하기 위한 방법으로 무엇을 제시하고 있는가를 살펴볼 차례이다. 우선 급진적 민중론은 그 목표를 "타협적이고 개량주의적이고 기회주의적인 운동"이 아니라 비타협적인 혁명운동에 의해 달성해야 한다고 주장하고 있다. 급진적 민중론은 이러한 혁명을 가능케 하는 두 요소로 객관적 조건과 주체적 역량을 들고 있다. 여기서 객관적 조건이란 "구체적·단기적인 단위지역혁명에서는 경제적 조건뿐만 아니라 경제적 조건의 복잡 혹은 단순반영으로서의, 혹은 상당히 독립된 변수로서의 정치적·군사적·국제정치적·문화적 제 조건"을 의미하고 주체적 역량은 "혁명적 지식인의 정치의식과 조직, 대중의 정치의식과 조직, 그리고 이 양자 간의 관계로 이루어지는" 역량이다. 또한 "주체적 역량은 오로지 투쟁을 통해서만 성장하고, 혁명의 최종적 승리 이전의 모든 투쟁은 바로 혁명적 주체역량의 성장수단"이다. 그리고 모든 전술의 선택, 정책의 결정은 그것이 혁명운동의 주체적 역량을 키우는 것인가 아닌가에 따라 결정되어야만 한다는 것이다.[36]

34) 위의 유인물, pp.1-3.
35) 위의 유인물, pp.3-5.
36) 위의 유인물, pp.5-6.

민중민주주의자들은 대중을 사이에 둔 그들과 파시스트와의 이데올로기 투쟁에 있어서 그 수단의 열세에도 불구하고 결국 승리할 수 있다고 주장한다. 그들에 의하면 텔레비전, 라디오, 신문의 모든 매스컴이 "적"의 손아귀에 들어가 있으나 매스컴은 "겨우 대중의 의식의 얇은 표면층만 뚫고 들어갈 수 있을 뿐이며, 그 밑바닥의 거대한 잠재의식에는 바위와도 같이 딱딱한 사회현실(존재)이 뚜렷하게 반영되어 있다"는 것이다. 그리하여 대중은 "스스로 의식하든 못하든 민중민주주의자들의 말이 아무리 작은 목소리로 전달될지라도 그것이 대중이 자신들의 생활경험으로 너무나 잘 알고 있는 사회현실을 정직하고 정확하게 이야기하고 있는 한, 옳다는 것을 항상 알고 있다"는 것이다. 그리고 "혁명적 지식인의 의식과 조직, 그리고 대중의 의식과 조직이 서로 영향을 주고받으며 성장해 나가, 양자가 깊고 넓게 결합했을 때 [그것은] 아무도 막지 못하는 힘이 된다"는 것이다.[37)]

다음, 혁명을 위한 투쟁은 어떠한 형식을 취해야 할 것인가? 폭력적 투쟁의 형식을 취할 것인가, 비폭력적 투쟁의 형식을 취할 것인가? 급진적 민중론에서는 문제를 이와 같은 방식으로 제기하는 것에 반대한다. 왜냐하면 "폭력 · 비폭력의 문제는 끊임없이 변화하고 있는 상황이 요구하는 투쟁수단의 문제이지 어떤 경우에도 변할 수 없는 투쟁의 목표가 아니기" 때문이다. 다시 말해 "폭력주의, 비폭력주의는 둘 다 모두 수단을 목표시하는 오류"라는 것이다. 이뿐만 아니라 "투쟁방법은 자유로운 선택의 대상이 아니라 객관적 조건에 의해 강제 된다"고 한다.

그렇다면 우리의 상황에 있어 객관적 조건은 어떠한 투쟁방법을 강제하고 있는가? 급진적 민중론은 한국의 경우 합법정당활동을 통한 혁명은 불가능하다고 본다. 우리나라에서도 서구에서와 같이 완전한 정치적 자유가 보장되고 자유민주주의가 실현된다면 합법정당활동을 통한 민중 · 민주주의 · 민족혁명이 가능해질 것이나 — 이것은 민중민주주의자들이 진심으로 원하는 "행복한 발전의 길"이나 — 서구에서와 같이 파시스트를 견제하여 자유민주주의를 실현시킬 수 있는 정치세력도 없고 그곳의 독특한 정치문화도 가지고 있지 않은 한국에서는 자유민주주의의 실현과 합법정당활동을 통한 민중민주주의 혁명의 가능성은 희박하다는 것이다. 그리고 지난 10년간 민중의 끊임없는 요구에도 불구하고 "매판파시스트"들은 자유민주주의를 거부해 왔다는 것이다.

---

37) 위의 유인물, p.7.

이와 같은 사정 때문에 민중민주주의자들은 그들의 희망과는 관계없이 한국의 민중·민주주의·민족혁명은 "정치투쟁만으로는 성취될 수 없고 결국 무장투쟁의 과정을 거칠 수밖에 없다"고 주장하고 있다. 이러한 무장투쟁에는 "농민이 주역이 되어 농촌지역에서 장기적으로 벌이는 게릴라전"과 "노동자와 영세상인-도시빈민 학생 등 도시 민중에 의한 단기적 전격적인 무장민중봉기 혹은 내전"의 두 가지 방법이 있는데 한국의 경우에는 후자의 무장투쟁이 적합하다고 급진적 민중론자들은 잠정적 결론을 내리고 있다.[38]

끝으로 급진적 민중론자들은 그들의 운동을 어떻게 평가하고 있는가? 그들은 한국의 민중·민주주의·민족혁명의 장르를 양심의 고통에서 출발하는 지식인운동과 생존의 고통에서 출발하는 민중운동으로 구분한다. 지식인운동은 학생운동과 청년운동, 그리고 지식인문화운동으로 구성되고 사상투쟁의 내적 계기를 통해서만 정치투쟁으로 발전해 나갈 수 있는 특성을 가지고 있다. 민중운동은 노동운동, 농민운동, 영세상인-도시빈민운동으로 구성되고 경제투쟁의 초기단계를 거쳐야만 정치투쟁으로 발전해 나가는 특성을 가지고 있다. 이외에도 그들은 합법정당활동을 들고 있다. 우리나라 파시스트들은 그들 자신의 정치사상(파시즘)을 가지고 있지 못하다는 약점과 미국에의 의존이라는 물리적 약점 때문에 자유민주주의와 합법정당활동을 명목상으로는 부인할 수 없는 만큼, 그들은 합법정당활동을 통해서도 그들의 목표를 달성하고자 노력해야 한다는 것이다.

급진적 민중론자들의 평가에 의하면 1982년 6월 현재 학생운동과 지식인 문화운동은 어떠한 탄압에 의해서도 꺾일 수 없는 단계까지 질적, 양적 성장을 하였으나 청년운동은 그 잠재적 지도역량과 대중역량을 많이 가지고 있음에도 불구하고 아직 독자적인 전통을 확립하고 있지 못하다는 것이다. 그리고 노동운동, 농민운동, 영세상인-도시빈민운동으로 구성되는 민중운동은 아직도 운동의 독자성과 대중적 기초를 확립하고 있지 못하다는 것이다. 합법적 정당활동도 정치활동 규제 때문에 활발하지 못했다는 것이 그들의 평가이다. 현실에 대한 이와 같이 상당히 객관적 판단 위에서 그들은 앞으로의 투쟁을 통한 혁명역량의 강화를 다짐하고 있다.[39]

요약건대 급진적 민중론에서의 민중은 상층기술노동계층을 제외한 노동자계급, 빈농, 영세상인-도시빈민을 가리키고 그 실현목표는 제국주의, "매판독점자본", 파쇼 군부정권

---

38) 위의 유인물, pp.8-10.
39) 위의 유인물, pp.21-29.

을 타도하고 민중·민주주의·민족혁명을 달성하는 것이며, 오늘날의 우리 상황에서는 자유민주주의의 실현이 불가능하기 때문에 이러한 목표는 결국 도시 민중의 무장폭동을 거치지 않고서는 성취될 수 없다는 것이다.

급진적 민중론은 일견 매우 과학적인 분석에 근거해 있는 듯이 보이지만 다음과 같은 문제를 내포하고 있다. 우선 민중개념부터 생각해 보기로 한다. 급진적 민중론에서의 민중은 실제에 있어 상층노동자를 제외한 노동자계급, 빈민, 영세상인-도시빈민을 가리킨다. 급진적 민중론자들은 중산층화된 노동자들도 실천적 의미에 있어 혁명적 민중이 될 수 없다고 한다. 그들이 중산층이나 중산층화된 노동자들까지 실천적 의미의 혁명적 민중이 아니라고 하는 것은 이들이 개량주의적이고 기회주의적인 태도를 가지고 있기 때문이다. 사실상 이들은 기존 체제의 유지를 최소한 묵인해 온 계급이기 때문에 혁명적 민중으로 볼 수 없다는 것을 이해할 수 없는 것은 아니다. 그러나 급진적 민중론자들이 말하는 혁명적 민중도 기존 체제를 묵인해 온 계급이며 이 계급이 기존 체제에 대해 중산층보다 더 강력하게 반대했다는 증거는 아직까지 찾아보기 힘들다. 뿐만 아니라 노동자, 빈농, 빈민들과 마찬가지로 중산층도 기존 체제에 대해 불만을 가져왔다. 1970년대 이래 반체제운동에 종사해 온 지식인들과 종교인들 중 대부분이 중산층 출신이고 학생운동가들도 중산층 출신이 많은 것이다. 가깝게는 1985년 2·12 총선의 이변도 도시 중산층의 기존 체제에 대한 불만이 폭발한 것으로 볼 수 있다. 이렇게 볼 때 경제적 이해관계가 다르다고 하여 중산층을 민중에서 제외시키는 것은, 경우에 따라서 중산층과 노동자, 빈농, 빈민들이 같은 이해관계를 가질 수도 있다는 가능성을 미리부터 배제시키는 것은 급진적 민중론이 달성하려는 목표가 어떠한 것이든 간에 이론적 오류라 아니할 수 없다. 급진적 민중론이 달성하려는 목표가 자유민주주의에 가까운 것이라면 중산층이 민중에 포함되지 않을 수 없는 것이고 프롤레타리아 혁명에 가까운 것이라 해도 프롤레타리아 혁명가들이 종종 택하는 연합전선론에 비추어 보면 기존 체제에 불만을 가진 중산층이 민중 개념에서 배제될 수 없는 것이다.

둘째로 혁명적 민중을 구성하는 노동자, 빈농, 영세상인-도시빈민의 경제적 이해관계가 반드시 일치하는 것도 아니다. 박현채 교수가 지적한 바와 같이, 자본주의의 전개와 더불어 농민의 분해와 분화가 일어나고 그것은 농민층의 탈농민화와 이에 따른 도시빈민, 노동자의 생성과정으로 연결되어 농민, 도시빈민, 노동자는 서로 관련지어진 순환계열상의 다른 범주로 되면서 하나가 되어, 그들은 자본주의적 전개과정의 희생자임에는 틀림없으나 그들의 경제적 이해관계는 다음과 같은 면에서 상호대립적인 성격을 가지고 있다. 먼저 노동자계급은 그들이 받는 저노임으로 인해 저농산물가격을 요구할 수밖에 없기 때문에 고농산물가격을 원하는 빈농과 대립한다. 또한 빈농은 결국 탈농민화되어 산업예비군으로 노동시장에 편입되기 때문에 그들은 이 시장에서 노동자계급의 경쟁자가 되는 것이다. 다음 노동자계급과 도시빈민은 노동시장에서 경쟁적 관계에 서게 될 뿐만 아니라 생활의식에 있어서도 서로 다르다. 박 교수는 노동자의 의식이 생산자적인 데 비해 도시빈민의 의식은 기생적이라고 한다. 그리하여 도시빈민은 극좌에서 극우, 극우에서 극좌로의 극단적인 선회를 되풀이하는 불안정한 성격을 띠고 있다는 것이다. 빈농과 도시빈민 간에도 생산자와 기생적 생활자 간의 생활의식의 차이가 있어 농민은 도시빈민을 보수적으로 차별 짓는다는 것이다. 박현채 교수는 노동자, 농민, 도시빈민으로 구성되는 민중이 하나의 사회적 실체가 되기 위해서는 이들이 지니는 상호간의 모순이 민중적 차원에서, 그리고 역사의 진보의 선에 따라 통일되어야 한다고 주장하고 있으나 이는 결코 이루기 쉬운 일이 아니다.[40]

한마디로 말해, 급진적 민중론에서의 민중은 현재에 있어서는 사회적 실체가 아니고 급진적 민중론자들의 개념에 불과하고 그 개념조차도 그들의 목표가 무엇이든 간에 여러 문제를 내포하고 있다.

다음은 급진적 민중론의 실현목표를 검토해 보기로 한다. 급진적 민중론의 소극적 의미의 실현목표는 제국주의, "매판독점자본", 파쇼 군부정권을 타도하는 것이다. 그러나 급진적 민중론의 가장 중요한 타도대상은 "매판독점자본"이고 "매판독점자본"은 우리나라의 대기업들과 재벌들을 가리킨다. "매판독점자본"은 외국자본에 종속되어 있고 외국자본의 이익에 봉사하는 자본을 의미하는데 한국의 대기업들이 과연 외국자본에 종속되어 있고 외국자본의 이익에 봉사하고 있는가는 경험적으로 따져볼 문제인 것이다. 한국의 대기업들이 많은 외채를 가지고 있다는 점에서는 외국자본에 의존해 있다고 할 수 있지만 그렇다고 해서 외국자본의 이익에 봉사하고 있다고는 볼 수 없는 것이다. 한국의 대기업들이 외국자본의 지시에 따라 움직인다면 한・미 간, 한・일 간에 종종 일어나는 경

---

40) 박현채, "민중의 계급적 성격규명", 김진균 외, 『한국사회의 계급연구(1)』(서울: 한울, 1985), pp.49-56 참조.

제적 마찰도 일어나지 않았어야만 했을 것이다. 우리나라 대기업들은 외채를 가지고 있지만 자본의 소유주는 대부분 한국사람들이고 그 운영도 대부분 한국인들이 맡고 있다. 이 점이 한국의 대기업들이 자본의 소유주가 외국인이고 그 운영도 외국인이 맡고 있는 경우가 많은 라틴 아메리카 제국의 대기업들과 다른 점이다.[41] 한국의 대기업들은 외국자본의 지시에 따라 움직이는 것이 아니라 그것과의 경쟁에서 이기기 위해 온갖 힘을 쏟고 있고, 아직 만족스럽게는 아니지만 부분적으로나마 성공하고 있는 것이다. 그렇다고 해서 매판성 있는 자본이 전혀 없다는 것이 아니다. 여기서 지적하고자 하는 바는 일부 매판성이 있는 자본이 있다 해서 한국의 대기업들 전부를 매판시하는 것은 잘못된 판단이라는 것이다.

급진적 민중론은 정권수립 계기의 독자성을 인정하면서도 그 정권이 수립된 후에는 "매판독점자본"에 매수된다는 근거에서 타도의 궁극적 목표를 "매판독점자본"에 두고 있는데, 이와 같은 인식방법과 목표설정에도 문제가 있다. 우선 한국의 역대 정권이 "매판독점자본"에 매수된 정권이었는가? 그리고 이러한 의미에서 한국의 지배계급은 1953년 이래 "매판독점자본"인가? 한국의 역대 정권은 국가를 건설하고 산업화를 추진하는 데 앞장서 왔고 이러한 과정에서 기업가들이 큰 혜택을 본 것이지 이 혜택이 그들에 의한 역대 정권의 매수의 결과는 아닌 것이다. 물론 기업가들이 집권자들의 경제적 뒷바라지를 해온 것은 사실이지만 이들 양자 간의 역학관계는 집권자들에게 항상 유리한 관계였다. 한국의 지배자는 국가기구의 최고관리자들이었지 대기업가들이 아니었다. 대기업가들의 발언권이 앞으로는 더 강화되어 그들이 국가기구의 최고관리자들을 지배하는 시대가 도래할는지 모르겠다. 그러나 아직까지는 국가기구의 최고관리자들이 대기업가들을 지배하고 있지, 대기업가들이 국가기구의 최고관리자들을 지배하고 있다고는 볼 수 없다. 국가기구의 최고관리자들은 건국 초기부터 외국의 군사적·경제적 지원에 힘입어 그 기구를 사회영역을 압도하는 힘을 가진 막강한 기구로 성장시킬 수 있었다.[42] 이러한 의미에서 우리가 당면하고 있는 상황의 최종책임자는 대기업가들이 아니라 국가기구의 최고관리자들인 것이다. 따라서 급진적 민중론이 타도의 궁극적 대상을 "매판독점자본" 혹은

41) 임현진, *Dependent Development in Korea: 1963-1979*(Seoul: Seoul National University Press, 1985) 참조.

42) 이정복, "산업화와 정치체제의 변화", 『한국정치학회보』 제19집(1985), pp.61-75 참조.

대기업가들로 삼은 것은 현재까지의 기업가들과 국가기구 최고관리자들의 관계로 볼 때는 잘못된 목표선정이라 아니할 수 없다.

급진적 민중론의 적극적 의미의 실현목표는 민중이 지배하는 민중민주주의체제이고 경제체제는 민족혁명경제이다. 우선 민중이 지배하는 민중민주주의란 구체적으로 어떠한 정치체제를 가리키는가? 그것은 서구식 자유민주주의의 체제인가, 프롤레타리아 혁명론자들이 말하는 프롤레타리아 독재체제인가, 그렇지 않으면 전자도 후자도 아닌 제3의 체제인가? 급진적 민중론자들은 서구적 자유민주주의로의 발전이 가능만 하다면 그것이 행복한 발전의 길이라고 하면서도 이는 우리 상황에서는 불가능하다고 결론짓고 민중민주주의체제의 수립을 주장하고 있으므로 그것이 서구식 자유민주주의체제 같지는 않다. 그렇다면 그들이 말하는 민중민주주의체제란 구체적으로 어떤 체제인가? 급진적 민중론은 이에 대해서는 침묵을 지키고 있다. 급진적 민중론이 이를 구체적으로 밝히지 않는다면 민중, 즉 노동자, 빈농, 영세상인-도시빈민이 지배하는 체제란 수사학상으로 보아 프롤레타리아 독재체제가 아니냐는 의문을 불러일으킬 수 있다.

그 다음 민족혁명경제체제의 의미도 모호하다. 그것이 반제, 반매판독점자본체제라고 할 때 이들을 타도한 다음에 생산수단의 사적 소유를 인정하는 것인지, 인정하지 않는 것인지가 명확하지 않다. 이 점이 불명확한 상태에서 한국 기업가들을 전부 "매판독점자본"이라고 규정하고 그것의 타도를 부르짖을 때 이는 자유기업체제의 전복을 의미하는 것이 아니냐는 의문이 나올 수 있다.

여기서 우리는 자유민주주의체제와 자유기업체제에 대한 맹신에서 급진적 민중론의 문제점을 지적하는 것이 아니다. 우리는 급진적 민중론자들이 말하는 자유민주주의체제의 문제점, 자본주의경제체제의 모순을 부정하지 않으며 그것이 점진적으로 개혁되어야 한다고 믿는다. 문제는 급진적 민중론이 민중민주주의체제가 어떠한 의미에서 자유민주주의체제보다 나은 체제이고 민족혁명경제체제는 어떠한 의미에서 현존 자유기업체제보다 나은 체제인가를 구체적으로 설득력 있게 제시하고 있지 못하다는 데 있다.

마지막으로 급진적 민중론의 목표 실현방법에도 문제가 있다. 첫째로 급진적 민중론자들은 그들이 채택하는 투쟁방법이 폭력적이든 아니든 그것이 객관적 조건에 의해 강제되는 것이기 때문에 항상 옳다는 독단주의 성향을 띤다. 그러나 객관적 조건이 투쟁방법을 강제하는 것이 아니라 이에 대한 인간의 판단이 투쟁방법을 결정하는 것이다. 그리고 이에 대한 인간의 판단은 사람에 따라 얼마든지 달라질 수 있다. 둘째로 그들은 결국 폭력혁명의 과정을 거치지 않고서는 목표를 달성할 수 없다고 하는데, 남북이 분단된 상황에서 이는 바람직하지 못할 뿐만 아니라 허용되지 않는 투쟁방법인 것이다.

급진적 민중론은 1980년대 학생운동에 지대한 영향을 미쳤다. 급진적 민중론자들과 마찬가지로 일부 학생들은 자유민주주의체제에 대해 회의를 나타내고 "미제국주의", "매판독점자본", "파쇼 군부정권"의 타도를 주장하였다. 그들은 1980년대 중반에 국회에서의 여·야의 대타협에 의한 합의개헌에 반대하고 민중헌법제정회의(民衆憲法制定會議)를 열 것을 주장하였다. 그들의 투쟁방법은 1980년대를 통해 날로 과격화되었다. 그들은 시위뿐만 아니라 투석, 점거, 방화의 투쟁방법을 채택하였고 심지어는 분신자살 등 극단적 방법까지 불사하였다.

이와 같은 비극적 상황은 우리가 5·18 광주민주화운동을 겪었고 자유민주주의체제를 수립하지 못한 데서 오는 반작용이라는 것을 잊어서는 안 될 것이다. 이를 잊고서는 이러한 비극적 상황을 치유할 수 없을 것이다.

5. 소결

한국의 민중론도 외국의 민중주의운동과 마찬가지로 자본주의 발전과정에 있어서 일어난 사회·경제적 모순과 정치적 모순에 대한 반응으로 대두하였다. 1950년대 후반과 1960년대 전반의 도시민들, 특히 도시중산층의 불만, 1970년대의 산업화와 빈부 간의 격차 심화, 그리고 강력한 권위주의체제인 유신체제에 대한 우리 사회 각계각층의 광범위한 불만, 5·18 광주민주화운동과 제5공화국 수립 후의 사회경제적·정치적 상황에 대한 청년학생들, 지식인들, 노동자, 농민, 영세상인-도시빈민들의 불만이 각각 함석헌 선생의 종교적 민중론, 한완상 교수의 사회과학적 민중론, 그리고 삼민운동가들의 급진적 민중론의 대두 기반이 되는 것이다.

한국의 민중론은 지식인들이 주창하였고 그 운동도 지식인들에 의해 추진되었다는 점에서 농민들과 노동자들이 밑으로부터 자율적으로 일으킨 19세기 말 미국의 민중주의운동이나 정부 내의 지도자가 이러한 운동을 일으킨 아르헨티나와 브라질의 경우와 다르다. 한국의 민중론과 민중주의운동은 그 주창자와 추진세력의 특성으로 보아서는 러시아, 베네수엘라, 페루의 경우와 비슷하다. 그러나 미국, 러시아, 라틴 아메리카 제국의 민중주의 운동가들이 카리스마적 지도력을 가지고 있는 경우가 많았는데 비해 한국의 경우는 그렇지 못했다. 함석헌 선생이 1950년대 후반과 1960년대 초에 약간의 카리스마를 가졌을 뿐이다. 한국의 민중론이 민중운동으로 크게 발전하지 못한 이유 중의 하나가 바로 여기에 있기도 하다.

한국의 민중론에서 민중개념이 외국에서와 마찬가지로 계급적으로 파악되기 시작한 것은 1980년대에 들어와서이다. 한국의 경우 민중개념이 최근에 와서야 계급적으로 파악되기 시작한 것은 그간 정부 당국이 계급론을 용공적 시각으로 경계해 왔다는 데뿐만 아니라 한국의 자본주의 발전이 미국, 러시아, 라틴 아메리카 제국보다 늦게 시작되었다는 데도 그 원인이 있다고 하겠다. 1950년대 후반과 1960년대의 함 선생의 민중론에서의 민중은 중산층이나 계급 성립 이전의 원초적인 의미에서의 민을 가리키고, 1980년대 초의 한완상 교수의 민중론에서 민중은 정치, 경제, 사회적으로 소외된 모든 사람들을 가리키나 그 중에서도 핵은 정치적 민중이고, 급진적 민중론에서는 민중을 노동자, 빈농, 영세상인-도시빈민으로 국한시키고 있다. 오늘날 한국의 급진적 민중론에서의 민중은 라틴 아메리카 제국의 민중론에서와 같이 산업자본가, 중산층, 노동자, 농민이 모두 포함되는 광범위한 다계급연합(多階級聯合)이 아니라 노동자, 농민, 영세상인-도시빈민을 가리키기 때문에 그 개념이 프롤레타리아 개념과 유사해지고 있다. 라틴 아메리카 제국에서의 민중주의운동에 있어서도 민중의 핵은 노동자나 농민들이었으나 민중은 중산층과 산업자본가들까지도 포함한 광범위한 다계급연합을 의미하였다. 한국의 경우에는 1980년대의 민중론과 민중운동이 청년학생들의 운동수준에 머물러 있고, 민중개념은 그들에 의해 좁혀져 있는 상태이다.

한국의 민중론에서 민중의 범위가 점점 축소된 것에 상응해서 민중론의 실현목표도 급진화되어 민족국가·민주주의체제를 수립하는 것으로부터 1980년대 초에는 제국주의, "매판자본주의", 파쇼 군부정권을 타도하고 노동자, 빈농, 빈민을 위한 민중·민주주의·민족혁명을 달성하는 것으로 변하였다. 미국의 민중주의운동의 요구가 상당부분 민주당에 의해 정책적으로 흡수됨으로써 그 운동의 세가 꺾이고, 라틴 아메리카 제국의 경우는 민중정치가들이 정권을 장악함에 따라 그들이 원래 실현하고자 했던 목표는 보수화되었다. 우리의 경우는 민중론과 민중운동이 라틴 아메리카 제국의 경우와 같은 성공을 거두지 못하고 있고 그 목표가 이론적으로 급진화되고 있을 뿐이다.

한국의 민중론에 있어 그 목표의 실현방법도 목표 자체가 급진화된 것과 마찬가지로 과격화되었다. 1950년대 말과 1960년대의 함 선생의 민중론은 비폭력주의와 평화주의에 기반한 목표실현을 주장했으나 급진적 민중론은 목표실현을 위해 폭력주의의 채택이 불가피하다고 보고 있다. 이러한 점에 있어 한국의 민중운동은 미국이나 라틴 아메리카 제국의 패턴이 아니라 아주 먼 의미에서나마 러시아의 패턴에 가깝게 전개되고 있다고도 볼 수 있다.

한국의 민중론과 민중운동은 그간 민주화운동의 일익을 담당해 왔었으나 산업화의 모순과 권위주의정치의 모순이 심화됨에 따라 점점 급진화되어 왔다. 그리고 급진적 민중론이 앞으로 일층 급진화된다면 그것은 그야말로 프롤레타리아 혁명론과 같은 것이 되어 민중론은 이에 의해 대치되어 소멸될 가능성도 있다. 그러나 우리의 역사적 발전단계와 분단 상황에서 볼 때 이와 같이 급진화된 민중론이 민중운동으로 성공하는 것은 불가능에 가까울 정도로 어려운 일이다.

IV. 결어

한국의 민중론은 1980년대 들어 급진화되어 정부로부터는 그것이 프롤레타리아 혁명론과 대동소이하다는 비판을 받았다. 그리고 이러한 비판에 는 근거가 없는 것도 아니다. 그러나 급진적 민중론이 이러한 성격을 가지고 있다고 해서 민중론 전체를 용공성이 있다고 본다면, 그것은 잘못이다. 우선 외국의 예를 보면, 미국의 민중주의운동은 사회개혁운동에 불과했고, 러시아의 민중주의운동은 볼셰비키들의 운동과는 구별되는 운동이었고, 라틴 아메리카 제국의 그것은 오히려 노동운동의 급진화를 막은 운동이었다. 한국의 경우에도 최근의 급진적 민중론만 있는 게 아니라 함 선생의 민중론, 한 교수의 민중론, 그리고 여기서 다루지 않은 신학적 · 문학적 민중론 등 여러 가지 민중론이 있고,[43] 급진적

43) 한국신학연구소 편, 『한국민중론』(서울: 한국신학연구소, 1984); 서남동 저, 『민중신학의 탐구』(서울: 한길사, 1983); 김인회, 『교육과 민중문화』(서울: 한길사, 1983); 유재천 편, 『민중』(서울: 문학과지성사, 1984) 참조.

민중론을 제외한 민중론은 대체로 자유민주주의의 틀을 벗어나고 있지 않다.

원래 우리말에서 민중이란 좋은 의미를 가지고 있다. 과거 경찰을 '민중의 지팡이'라고 부른 것만 보아도 민중은 정부지도자들에게나 일반 국민에게나 좋은 의미를 가진 말이었다는 것을 알 수 있다. 민중문학, 민중교육, 민중예술 등의 용어는 일반 국민들에게는 좋은 의미를 가진 말로 들린다. 그러나 급진적 민중론에 대한 제5공화국 정부의 발표 이후 민중이란 말이 들어가면 이상한 것이 아닌가 하는 느낌을 우리 국민들은 갖게 되었다. 이러한 의미에서 제5공화국 정부의 발표는 소기의 목표를 달성했다고도 볼 수 있다. 그러나 다른 한편에 있어 우리 국민들은 왜 좋은 의미를 가진 민중이란 말만 쓰면 그것을 정부가 이상하게 보려고 하는가에 대해 의아심도 가지고 있다. 우리 국민들은 오랫동안 좋은 의미를 가졌던 민중을 나쁘게 생각하는 정부에 문제가 있는 것이 아닌가 하는 의문도 지니고 있다.

급진적 민중론에서 민중의 개념을 노동자, 빈농, 영세상인-도시빈민으로 국한시킨 것은 민중개념을 경제적 이해관계에 따라 잘못 잡은 것이다. 경제적 이해관계에 따라 민중을 정의할 때 그것은 우리 국민의 전부나 대부분을 가리킬 수 없다. 대기업가들, 중산층, 하층(노동자, 빈농, 빈민) 간에는 경제적 이해관계의 뚜렷한 대립이 있기 때문이다. 이들 세 계급 간의 경제적 이해관계의 대립에 착안해서 무슨 말을 하거나 운동을 추진할 때 민중개념은 별 유용성이 없다. 하층을 위하는 말이나 운동은 그 중심세력인 노동자계급이 추진하는 것이므로 노동자계급의 개념을 사용하면 되고, 중산층을 위하는 말이나 운동은 중산층의 개념을, 대기업가들을 위하는 말이나 운동은 자본가계급의 개념을 사용하면 된다.

현재 우리나라에서 경제적 이해관계의 대립이 있는 세 계급은 일제시대에는 일제에 대하여 경제적으로 공통된 이해관계를 가지고 있었다. 따라서 일제시대에는 경제적 이해관계에 따라 민중을 정의해도 민중에는 민족자본가, 중산층, 하층이 전부 포함될 수 있으므로 민중개념이 유용했다. 또 우리나라 경제가 1900년대 전반의 라틴 아메리카 제국의 경우와 같이 완전히 선진자본주의국가에 예속된다면 그때에도 민족자본가, 중산층, 하층은 외국자본과 그 앞잡이인 매판자본과 구별되는 의미에서의 공통된 경제적 이해관계를 갖게 되므로 그들을 민중으로 묶을 수 있다. 그러나 이러한 경우를 제외하고는 이들 세 계급을 경제적 의미에서 민중으로 묶을 근거가 희박한 것이다.

민중개념은 우리 상황에 있어서는 정치적으로 파악할 때 한하여 유용하다. 이 점에 있어 한완상 교수의 민중론은 문제의 정곡을 찌르고 있다. 대기업가들, 중산층, 하층은 경제적으로 이해관계의 대립이 있어도 정치적으로는 때에 따라서 같은 이해관계를 가질 수도 있다. 이들 세 계급은, 혹은 중산층과 하층은 어떤 나쁜 정치체제를 반대한다는 점에서 공통된 이해관계를 가질 수 있는 것이다. 이 경우 이들 세 계급 전부, 혹은 후자의 두 계급은 민중이 되는 것이다. 주로 이들이 경제적 · 정치적으로도 모두 같은 이해관계를 가지고 있다면 그들이 어떤 나쁜 정치체제를 반대하는 운동은 더욱 강력해질 것이다. 그러나 현실의 이해관계는 그렇게 단순한 것이 아니다.

민중개념이 최소한 중산층과 하층을 포함할 때 그 민중론은 프롤레타리아 혁명을 위한 위장개념이란 의혹으로부터 해방될 것이다. 중산층은 우리 국민의 거의 전부이기 때문이다. 그리고 그들은 자유민주주의체제의 확립을 지지한다는 점에서 정치적으로 공통된 이해관계를 가지고 있다. 자유민주주의 체제의 확립을 목표로 하는 민중주의운동은 그 운동이 성공한 다음에는 해체될 수밖에 없을 것이다. 자유민주주의체제가 확립된 다음에는 민중은 경제적 계급으로 해체되어 자유민주주의체제의 틀 안에서 그들 각각의 경제적 이해관계를 추구하게 되기 때문이다.

일부 청년학생들이 급진적 민중론을 신봉하고 거기서 민중을 우리 국민의 일부인 노동자, 빈농, 빈민으로 국한시킨다고 해서 정부가 민중론 전체를 그렇게 보아서는 안 된다. 오히려 정부는 급진적이고 경제적인 민중론이 자유민주주의체제의 확립에 공헌하는 민주적이고 정치적인 민중론으로 전환되도록 선도함으로써 민중론을 올바른 방향으로 이끌어 갈 수 있을 것이다. 정부에 의한 이러한 선도가 어렵다면 정부는 자유주의적인 지식인들에 의한 이러한 선도를 권장해야 할 것이다.

제11장

한국정치의 정치경제적 분석

앞의 제8, 9, 10장이 경제가 정치를 결정한다는 경제적 결정론을 비판한 글이라면 이 글은 제1, 3, 4, 5, 6공화국이 각각 어떠한 경제정책을 수립했고 그것이 한국의 경제발전에 어떻게 공헌했는지를 검토하고 있다. 필자는 제1공화국의 경제에 대해서 암흑기라고 생각하고 있었는데 손호철 교수의 박사학위논문은 필자의 이러한 생각을 교정해 준 글이다.

민주정치가 복원된 제6공화국시대에 들어와서부터 국가는 경제발전을 오히려 저해하고 있는 면도 있다. 노태우 정부는 급하지 않은 주택 건설과 서둘지 않아도 되었을 북방정책에 막대한 자금을 투자하였다. 김영삼 정부는 OECD 가입을 서둘고 이에 맞추어 외환법을 자유화하여 외채관리를 소홀히 하고, 종합금융회사의 인허가를 남발하고 금융감독에 부실하여 IMF 사태를 야기시켰다. 김대중 정부는 이러한 외환위기를 성공적으로 수습하고 기업개혁, 금융개혁, 공공부문개혁, 노동개혁을 추진하였으나 이 과정에서 우리 기업과 금융기관을 불필요하게 외국자본에 헐값으로 팔고 임기 말에는 카드사용을 권장하는 등 인위적으로 경기를 진작시키고 북한에 일방적으로 너무 많이 주었다는 비판을 받고 있다. 현재의 노무현 정부도 행정수도를 옮기고 정부기관과 공공기관을 지방에 분산배치하고 북한을 돕는 데 막대한 자금을 투입하고 있거나 투입할 예정이다.

제6공화국시대의 역대 정부는 모두 한국경제의 질을 높여 경쟁력을 키우는 데 정책의 우선순위를 두지 않고 투표자들의 단기적이고 표피적인 이해관계를 돌보는 데 급급하였다고 볼 수 있다. 이것은 부분적으로는 민주주의라는 권력경쟁제도의 결과이고 부분적으로는 역대 대통령들의 리더십의 결과이다.

I. 정치경제적 분석방법

우리는 한국정치를 여러 가지 시각에서 접근할 수 있다. 국제정치적 시각에서 볼 수도 있고 정치문화적 시각에서 분석할 수도 있고 정치과정적 시각에서 이해할 수도 있다. 그리고 정치경제적인 시각에서 접근할 수도 있다. 한국정치에 대한 이와 같은 분석방법은 상호 배타적이 아니라 보완적이다. 한국정치를 여러 측면에서 분석함으로써 이를 보다 넓고 깊게 이해할 수 있을 것이다. 여기서는 한국정치를 정치경제적인 시각에서 다루어 보고자 한다. 이와는 다른 국제정치적, 정치문화적, 정치과정적 시각에서의 한국정치 분석은 이 책의 제1, 3, 4부에 나와 있다.

한국정치의 정치경제적 분석은 어떠한 분석을 가리키는가? 이에 대한 대답은 간단치 않다. 정치경제적 분석방법에도 여러 가지가 있기 때문이다. 첫째로 정치를 경제의 종속변수로 보는 여러 분석방법이 있다. 마르크시즘과 이에 기반을 둔 마르크시스트 이론들은 정치를 경제결정론적으로 이해하고 있다. 길레모 오도넬의 관료적 권위주의론(bureaucratic authoritarianism)은 정치와 경제가 상호 선택적 친화력(selective affinity)이 있다고 보고 있다.[1) 다원론(pluralism)과 같은 자유주의 정치이론도 여러 사회집단 간의 경제적 이해관계의 갈등과 조정이 정치를 구성한다고 보고 있다.[2) 세계체계론과[3) 종속이론은[4) 한 나라의 정치경제를 세계경제의 종속변수로 보고 있다.

둘째로 경제를 정치의 종속변수로 취급하는 분석방법이 있다. 중상주의론은 경제의 부흥이 국가정책에 달려 있고 또 경제는 국가권력에 봉사해야 한다고 보고 있다.[5) 경제학

1) Guillermo A. O'Donnell, *Modernization and Bureaucratic Authoritarianism*(Berkeley: University of California Press, 1973).

2) Arthur Bentley, *The Process of Government,* ed. by Peter Odegard(Cambridge: Harvard University Press, 1967)와 David Truman, *The Governmental Process*(New York: Knopf, 1951).

3) Immanuel Wallerstein, *Modern World System: Capitalist Agriculture and the Orgins of the European World Economy in the Sixteenth Century*(New York: Academic Press, 1974).

4) Andre Gunder Frank, *Capitalism and Underdevelopment in Latin America: Historical Studies of Chile and Brazil*(New York: Monthly Review Press, 1967)과 Fernando H. Cardoso and Enzo Fletto, *Dependency and Development in Latin America*(Berkeley: University of California Press, 1979).

에서 더글러스 노스(D. North)와 같은 제도론자들은 경제에 있어서의 제도의 독립변수적 역할을 강조하고 있다.[6] 거센크론(A. Gershenkron)은 19세기 말 독일과 일본과 같은 후발국가의 빠른 산업화 과정에 있어서의 국가의 역할을 강조하고 있고[7] 죤슨(C. Johnson)도 20세기 후반기에 일본이 다시 이룩한 경제적 기적이 국가의 적극적 개입에 기인한다고 주장하고 있다.[8] 국가조합주의(state corporatism)는 노동통제의 한 방법으로서의 국가의 적극적 역할을 논하고 있다.[9] 네오 마르크시스트들은 오늘날의 자본주의경제에 있어서 국가의 자율적 역할을 역설하고 있다.[10] 알라비(H. Alavi)의 과대성장국가론은 식민지배로부터 해방된 후진국에 있어 국가가 사회의 여러 계급으로부터 독립적일 수 있는 경우를 가리키고 있다.[11]

두 번째 카테고리에 속하는 여러 이론들이 경제를 정치의 종속변수로 다루고 있다고 해서 그 이론들이 경제영역의 자율성이나 경제의 정치에 대한 영향을 부인하고 있는 것은 아니다. 이를 인정하면서도 이 이론들은 정치, 제도, 국가가 경제에 중요한 독자적 영향도 미친다는 것을 강조하고 있는 것이다.

셋째로 정치와 경제를 서로 교환관계에 있는 상호작용체계로 파악하는 시각이 있다. 파슨즈(T. Parsons)의 사회체계론이나 이스턴(D. Easton)의 정치체계론이 이러한 시각의 예이다. 그러나 이 시각에서는 정치와 경제의 상호교환관계가 특별히 중요한 것은 아니고 이 때문에 우리 정치학계에서는 사회체계론과 정치체계론을 정치경제적 분석방법으로 여기지 않는다. 파슨즈의 사회체계론은 정치, 경제, 사회, 문화, 생태체계 등의 모든 체계가 상호작용관계에 있다고 보고 있고 이스턴의 정치체계론은 정치체계 이외의 모든 다른

---

5) Eli F. Hecksher, *Mercantilism*, 2nd ed. (London: George Allen and Unwin, 1955).

6) Douglass C. North, *Institutions, Institutional Change and Economic Performance*(Cambridge: Cambridge University Press, 1990).

7) Alexander Gershenkron, *Economic Backwardness in Historical Perspective*(Cambridge: Harvard University Press, 1962).

8) Chalmers Johnson, *MITI and the Japanese Miracle*(Stanford: Stanford University Press, 1982).

9) Philippe Schmitter & Gerhard Lehmbruch, eds., *Trend Toward Corporatist Intermediation*(Berverly Hills: Sage, 1979).

10) Nicos Poulantzas, *Political Power and Social Class*(London: New Left Books, 1973).

11) Hamza Alavi, "The State in Post-Colonial Societies," *New Left Review*, Vol. 74, 1972.

체계가 정치체계의 환경으로 정치체계와 상호작용관계를 가지고 있다고 보고 있다.[12)]

넷째로 정치행위를 경제행위와 같은 원칙으로 이해하려는 시각이 있다. 합리적 선택이론, 공공선택이론이 이러한 시각에 속하고 이를 신정치경제학(new political economy)이라고도 부른다. 이 시각에서는 개별행위자와 그의 이익이 분석적으로나 당위적으로나 가장 중요하고 사회는 개별 행위자들의 이익추구의 결과이거나 총화인 것이다. 정치 역시 마찬가지로 개별이익의 추구결과이거나 총화이다. 이 시각은 개별행위자들이 각각 그들의 이익을 최대화시키는 행위를 한다는 가정에 입각해 있고 이러한 가정을 경제행위뿐만 아니라 개인의 정치행위 분석에도 적용하고 있다.[13)] 이 시각은 방법론적 개인주의((methodological individualism)를 채택하고 있다는 점에서 앞서 소개한 세 가지 분석시각과 다르다. 이 세 가지 분석시각은 주지하다시피 서로 다르지만 집단과 사회가 개인의 행위를 규정한다고 보고 경제구조와 과정이 정치구조와 과정과 어떠한 관계에 있는가를 규명하는 방법론적 집단주의(methodological collectivism)를 채택하고 있다는 점에서는 같다.

이상 소개한 여러 가지 정치경제적 분석방법 중 어느 하나의 시각만이 옳다고 볼 수는 없다. 방법론적 집단주의에 입각해 있는 여러 이론들은 개인의 행위를 설명하는 데 있어 집단과 사회를 중요하게 생각한다는 장점은 있으나 개인행위의 중요성은 간과하는 단점이 있다. 방법론적 개인주의에 입각한 합리적 선택이론이나 공공선택이론은 이와 반대로 개인행위의 중요성은 강조하나 집단이나 사회의 독자적 중요성은 간과하는 단점이 있다.

정치를 경제결정론적으로 보는 시각은 경제가 정치를 어떻게 규정하느냐에 너무 큰 관심을 둔 나머지 정치의 경제에 대한 영향을 간과하는 단점이 있다. 경제를 정치의 종속변수로 취급하는 시각은 정치의 경제에 대한 영향은 중요시하나 경제의 정치에 대한 영향은 소홀하게 취급하는 단점이 있다.

정치와 경제를 — 정치가 경제를 규정하든 경제가 정치를 규정하든 — 이와 같이 인

---

12) Talcott Parsons, *Social System*(New York: Free Press of Glencoe, Inc., 1951); David Easton, *A Framework for Political Analysis*(Chicago: The University of Chicago Press, 1965).

13) Anthony Dawns, *An Economic Theory of Democracy*(New York: Harper & Row, 1957); Mancur Olson, *The Logic of Collective Action: Public Goods and the Theory of Groups*(Cambridge: Harvard University Press, 1965); James Buchanan and Gordon Tullock, *The Calculus of Consent: Logical Foundations of Constitional Democracy*(Ann Arbor: University of Michigan Press, 1962).

과론적으로 보는 시각은 일정 기간에 있어서의 정치와 경제의 인과관계를 밝혀주는 장점이 있지만 어느 한 시점에 있어서의 정치와 경제의 상호작용관계는 간과해 버리는 경향이 있다. 이에 반해 사회체계론이나 정치체계론은 어느 한 시점에서의 정치와 경제의 상호작용관계는 밝혀주지만 양 체계의 인과관계를 간과해 버리는 단점이 있다.

우리나라 정치학계에는 1960년대 중반부터 1970년대 초까지는 사회체계론과 정치체계론이 주로 소개되었고 그 이후 최근까지는 경제와 정치의 인과관계를 따지는 이론들이 많이 논의되었고 최근에는 합리적 선택이론과 공공선택이론에 대한 논의가 활발해지고 있다. 특히 경제와 정치의 인과관계를 따지는 이론들을 한국정치에 적용시킨 연구업적들이 1980년대 초부터 상당수 나오고 있다.

해방 이후의 한국정치를 정치경제적으로 분석하는 데 있어 이 글은 어느 하나의 시각에만 의존하지 않을 것이다.

II. 이승만 시대의 정치경제적 분석

해방 이후 3년간에 걸친 좌우파 국내 정치세력 간의 대결과 미소 간의 대립의 결과로 한반도에는 남북한, 두 개의 국가가 수립되었다. 이 중 남한은 자유민주주의와 자본주의를 국가건설의 원리로 채택하였고 북한은 프롤레타리아 독재와 사회주의를 국가건설의 원리로 채택하였다. 자유민주주의와 자본주의는 미국의 정치경제체제이고 프롤레타리아 독재와 사회주의는 소련이 표방하던 정치경제체제였다. 제2차 세계대전에서 일본이 연합국에 항복한 이후 미국은 남한을 점령하여 사실상 자유주의 정치경제체제를 수립해 나갔고 소련은 북한을 점령하여 사회주의 정치경제체제를 수립해 나갔다. 미국과 우파 정치세력은 자유주의체제를, 소련과 좌파 정치세력은 사회주의체제를 각각 한반도 전역에 수립하기를 원했고 이러한 상황에서 상호간 타협은 성립되기가 지극히 어려웠다.[14)]

14) 한반도 분단에 대한 보수적 해석은 Soon Sung Cho, *Korea in World Politics: 1940-1950*(Berkeley: University of California Press, 1967)이, 신좌파적 해석은 Bruce Cumings, *The Origins of the Korean War*(Princeton: Princeton University Press, 1981)가 대표한다. 이 두 해석에 대한 비판은 이정복, “미군정의 점령정책과 국가기구의 형성”, 서울대학교 한국정치연구소 편, 『한국의 현대정치: 1945~1948』(서울대학교출판부, 1993), pp.15-56 참조. 이 글은 이 책의 제1장에 실려 있다.

그러나 남북한이 각각 채택한 정치경제체제는 자유주의 정치이론이나 마르크스주의 이론에 비추어 보면 당시 한국의 사회경제적 발전단계에 반드시 부합되는 체제는 아니었다. 자유민주주의는 상당한 정도의 경제발전수준과 교육수준, 그리고 이에 바탕한 참여정치문화를, 혹은 두터운 중산층을 그 성립조건으로 하고 있다는 것이 대다수 자유주의자들의 견해이고,[15] 마르크스주의자들도 자유민주주의체제를 부르주아지가 지배계급인 부르주아 민주주의체제라고 보는 점이 자유주의자들과 다를 뿐 이 체제의 성립조건에 대해서는 대체로 같은 견해를 가지고 있다. 프롤레타리아 독재와 사회주의는 자유주의자들에 의하면 그 실상이 관료주의나 전체주의에 불과한 허구이고 마르크스에 의하면 부르주아 민주주의단계를 거쳐서 나타나는 발전된 정치경제체제이다.[16]

1940년대 후반의 남북한은 국민의 80% 정도가 농업에 종사하고 있었고 공업화 이전의 경제수준에 있었다. 일본식민지배시대에, 특히 1930년대 이후에 한반도에는 일본의 병참기지로서의 공업화가 일본인들에 의해 진행되었으나 그것이 경제 전반을 산업화시킨 것은 아니었다. 남북한 사람들의 교육수준 역시 낮았다. 학문을 숭상하던 유교적 전통과 일본의 식민교육으로 당시 우리의 교육수준이 동남아 여러 나라들보다는 높았지만 일본이나 구미 선진국들보다는 훨씬 낮았다. 우리의 정치문화도 조선의 유교전통과 일본 식민통치의 유산을 안고 농업사회의 발전단계를 반영한 권위주의를 그 특성으로 하고 있었다. 이러한 사회경제적 조건에서 자유주의자들이 주장하는 자유민주주의와 자유기업주의가 남한에서, 그리고 마르크스가 주장한 프롤레타리아 독재와 사회주의가 북한에서 각각 정착되기 어려웠던 것은 주지하고 있는 바와 같다.

오늘날 프롤레타리아 독재와 사회주의가 관료주의나 전체주의에 불과한 허구라는 것은 소련과 동구제국의 붕괴로 거의 판가름이 났고 북한도 종국적으로는 이와 같은 역사적 운명을 면하기 어려울 것이다. 자유민주주의와 자본주의는 그것이 가지고 있는 여러

15) Daniel Lerner, *The Passing of Traditional Society*(New York: Free Press of Glencoe, Inc., 1958); Seymour M. Lipset, *Political Man: The Social Bases of Politics*(New York: Doubleday & Company, Inc., 1960). 중산층의 중요성에 대해선 C. W. Cassinelli, *The Politics of Freedom*(Seattle: University of Washington Press, 1961), pp.114-133 참조.

16) 사회주의가 허구라는 관점에 대해서는 Wolfgang J. Mommsen, *The Age of Bureaucracy: Perspective on the Political Sociology of Max Weber*(Oxford: Oxford University Press, 1974)와 Carl J. Friedrich & Zbigniew K. Brezezinski, *Totalitarian Dictatorship and Autocracy*(Cambridge: Harvard University Press, 1956) 참조.

가지 문제점에도 불구하고 국가운영의 보편적 원리로 구소련과 동구제국에까지 확산되고 있고 자유민주주의가 인류의 이데올로기적 진화의 종착점이고 인류가 가질 수 있는 최종 형태의 정부라는 의미에서 "역사의 종언"(end of history)을 구성한다는 주장까지 나오고 있다.17) 이렇게 볼 때 남한이 열악한 사회경제적 조건에도 불구하고 자유민주주의와 자유기업주의를 건국의 원리로 갖고 이러한 원리를 구현하고 있는 구미제국과 가까운 관계를 유지해 온 것은 그것이 우리에게 주어진 것이었지만 세계사의 발전방향에 순응하는 선택이었다고 아니할 수 없다.

제1공화국 이승만 시대의 정치경제에 대해선 아직도 부정적 평가가 지배적이다. 부정적 평가는 이 시대를 정치적으로는 독재시대이고 경제적으로는 저곡가정책(低穀價政策)으로 국민의 대다수를 차지했던 농민들을 희생시키고 발전은 없던 시대로 보는 해석이다. 이와 같은 평가는 제1공화국시대의 신문과 잡지들에서 흔히 찾아볼 수 있고 오늘날에 있어서도 인구에 회자되고 있는 해석이다. 이승만 대통령의 권위주의, 국회탄압, 매카시즘, 대중동원, 3선개헌, 선거부정, 그리고 이 시대의 경제적 빈곤과 혼란, 박정희 대통령이 수립한 바와 같은 적극적 산업정책의 부재를 고려할 때 제1공화국의 정치경제는 우리들에게 부정적으로 비칠 수밖에 없고 당시의 정치경제적 상황을 개선시키는 데 큰 관심을 가졌던 지식인들이 이에 대해 부정적 평가를 내린 것은 당연하다고 하겠다.

그러나 그렇다고 해서 이승만 시대가 한국의 정치경제사에 있어 암흑기를 구성한다고 본다면 이는 잘못이다. 제1공화국시대에 대통령선거와 국회의원선거는 정기적으로 실시되었고 이 선거에서 여야 간의 경쟁은 치열하였다. 대학과 언론은 정부에 대해 항상 비판적이었고 교수, 학생, 언론인들이 그들의 비판적 성향 때문에 유신시대에서와 같이 대학과 언론에서 쫓겨나지는 않았다. 제1공화국시대는 이승만 대통령의 장기 집권욕 때문에 자유민주주의의 운용이 왜곡되었지만 대통령이 자유민주주의를 그의 통치이념으로 삼고 청년학생들과 국민들에게 이를 학습시킨 시대이고 이러한 점에 있어 자유민주주의 자체를 부정한 유신시대와는 근본적으로 다른 시대였다. 제1공화국시대의 한국정치는 당시 한국과 비슷한 사회경제적 발전수준을 가지고 있던 대만이나 다른 아시아 국가들보다 훨씬 두드러지게 민주적 요소를 가지고 있었다. 당시 대만에는 제1공화국에서와 같은 경쟁적 선거도 없었고 장개석 정부에 대한 비판도 허용되지 않았었다. 아시아 국가들 중에는

17) Francis Fukuyama, *The End of History and the Last Man*(New York: The Free Press, 1992).

일본, 필리핀, 인도가 제1공화국보다 나은 민주정치를 하고 있었으나 일본은 물론, 필리핀만 해도 그 시대에는 우리보다 발전수준이 높은 나라였고 인도는 영국 민주주의의 전통을 물려받고 있었다. 제1공화국의 정치가 대부분의 다른 아시아 국가와는 달리 어느 정도 민주적 요소를 가졌던 것은 제1공화국이 북한 공산주의의 대항 이데올로기로 자유민주주의를 내세웠고 자유민주주의를 이러한 이데올로기로 내세운 이상 이의 실천을 무시할 수 없었기 때문이다. 공산주의나 사회주의는 현재 그 호소력을 잃었지만 당시는 이 이데올로기의 호소력이 전세계적으로 강력했기 때문에 자유민주주의 이념과 이의 실현은 제1공화국은 물론 미국에게도 중요한 의미를 가지고 있었다.

이미 지적한 바와 같은 제1공화국시대의 낮은 사회경제적 발전수준, 그리고 초기단계의 근대국가건설수준,[18] 자유민주주의 실현에 필요한 정치적 전통과 구조의 결여, 한국전쟁이라는 국가위기 상황을 고려할 때 제1공화국시대의 정치는 정치경제학적 관점에서 본다면 사회경제적 발전단계가 일반적으로 허용하는 수준보다 높은 수준의 정치를 지향하였고 외양으로는 그러한 모양을 가지고 있었다. 그리고 제1공화국이 정치적으로 자유민주주의의 수립을 지향하고 그러한 겉모양을 가지고 있었다는 사실은 그 이후 한국의 정치발전에 커다란 의미를 갖는다. 최고 통치자는 국민들이 선거로 선출해야만 되고 언론의 자유는 절대적으로 필요하다는 정치규범이 확립되고 4 · 19 의거가 나타내주듯이 청년학생들이 이러한 규범의 수호자로 등장한 것은 이러한 외양민주주의(facade-democracy) 혹은 선거민주주의의 정치과정[19] 속에서였고, 그 이후 최근에 이르기까지 줄기차게 지속된 청년학생들의 민주화 투쟁도 바로 이와 같은 정치적 전통에 그 기원을 두고 있기 때문이다.

이승만 시대는 경제적으로도 공백기는 아니었다. 북한의 남침으로 3년간 지속된 한국전쟁은 전국토를 폐허로 만들었으나 한국의 GDP는 1950년대에 연평균 5.1% 정도씩 성장하였고 그 중 제조업 부문은 16.8%씩 성장하였다. 이러한 성장률은 박정희 시대 연평균 8.8%의 경제성장률과 20.3%의 제조업부문 성장률보다는 낮지만 1950년대 후진국들

---

18) 국가건설의 탄탄한 기반이 없이는 민주정치가 어렵다는 것이 정치학자들의 공통된 견해이다.

19) 외양민주주의에 대해선 S. E. Finer, *Comparative Government*(New York: Basic Books, Inc., 1970), pp.441-461 참조. 여기서 선거민주주의란 개념은 선거를 한다는 점에 있어서는 민주적이나 그 이외의 점에 있어서는 비민주적인 요소가 많은 정치라는 의미로 사용한다.

〈표 2-3〉 미국의 대한 경제원조 (단위: 1,000달러)

1945년	4,934	1950년	58,706	1955년	236,707
1946년	49,496	1951년	106,542	1956년	326,705
1947년	175,371	1952년	161,327	1957년	382,892
1948년	175,593	1953년	194,170	1958년	321,272
1949년	116,509	1954년	153,925	1959년	222,204

자료: 한국은행, 경제통계연보.
출처: 홍성유, 『한국경제의 자본축적과정』(서울: 고려대 아세아문제연구소, 1970), p.278.

의 연평균 경제성장률 4.6%와 제조업부문 성장률 5.0%보다는 높은 것이었다.[20] 이러한 성장과정은 파괴된 경제의 복구과정이었고 한국경제의 본격적인 산업화 과정은 아니었지만 상업자본을 축적시키고 수입대체산업화를 추진시켜 산업자본축적을 위한 기반을 조성했다고 말할 수 있다.

그러나 제1공화국의 이러한 경제적 업적은 미국이 공여한 엄청난 액수의 원조를 고려할 때 만족스러운 업적이라고는 볼 수 없다. 미국의 대한원조를 나타내는 <표 2-3>을 보면 미국은 연평균 2억 달러 이상의 경제원조를, 그 액수가 가장 많았던 1957년에는 3억 8,300만 달러의 원조를 제1공화국에 공여하였다. 제1공화국 정부의 1958년도 국내세입총액이 4억 5,600만 달러였던 것을 고려하면, 혹은 한일협정에 따라 일본이 10년 동안에 걸쳐 한국에 제공할 경제협력자금이 무상 3억, 공공차관 2억, 상업차관 3억이었다는 것을 고려하면 이 액수가 얼마나 큰 것이었나를 어렴풋이 짐작할 수 있다. 그러나 미국이 한국에 쓴 돈은 이와 같은 경제원조 액수를 훨씬 상회하는 액수로 연평균 10억 달러에 달하였다. 예를 들어, 1956년의 경우 미국의 대한 경제원조는 <표 2-3>과 같이 3억 2,600만 달러였고 군사원조는 4억 달러, 미군의 한국주둔경비는 3억 달러였다.[21] 제1공화국 정부는 저환율정책, 수입허가제, 저금리정책, 수입대체공업화정책, 저곡가정책 등을 채택하고 이와 같은 미국의 원조자금을 이용하여 경제를 산업화시키려 했으나 그 목

20) Hochul Sonn, "Towards a Synthetic approach of Third World Political Economy: The Case of South Kores," Ph.D. Dissertation, University of Texas at Austin, 1987, p.223; 이대근, 『한국전쟁과 1950년대의 자본축적』(서울: 백산서당, 1989)도 참조.

21) Jung-en Woo, *Race to the Swift: State and Finance in Korean Industrialization*(New York: Columbia University Press, 1991), p.46 참조.

표를 충분히 달성했다고는 볼 수 없다. 1950년대 제조업 성장률이 연 16.8%라고 하지만 한국전쟁으로 대부분의 공장시설이 파괴되어 그 기준이 낮았고 1957년, 58년, 59년의 제조업 부문 성장률은 12%, 11%, 11%로 그 이전 연도 성장률의 반(半)에 그치고 있다.[22)]

제1공화국의 경제적 업적이 이 정도밖에 안 된 것은 국가가 정부의 정책을 통해 자본가들의 상업적 이윤을 최대화시켜 주었을 뿐 그들이 산업화에 앞장서도록 적극 유도하지는 못했기 때문이다. 제1공화국 정부의 정치인들과 관료들은 자본가들에게 외화배정을 해주고 수입허가를 내주고 은행융자를 알선해 주고 그들로부터 정치자금이나 뇌물을 받았다. 국가 엘리트와 자본가 간의 이와 같은 금전수수관계(金錢授受關係) 때문에 제1공화국은 자본가들의 상업적 이윤추구를 억제하고 산업투자를 유발하는 정책을 박정희 시대와 같이 강력하게 추진할 수 없었다. 다시 말해, 제1공화국은 자본가들 개개인의 단기적이고 부분적인 이익에 반하지 못하는, 즉 구조적 자율성이 약한 국가였던 것이다. 제1공화국이 자본가들에 대해 구조적 자율성이 약했던 것은 그들로부터 도구적 자율성이 약했기 때문은 아니었다.[23)] 사실상 당시 자본가들은 국가를 통제할 수 있을 만큼 강한 세력을 형성하고 있지 않았다. 국가는 오히려 없는 자본가들을 창출해 내었고 그들의 경제활동은 전적으로 국가에 의존하고 있었다. 국가는 자본가들의 직접적 통제를 받지 않았지만, 즉 도구적 자율성을 가지고 있었지만 상업적 이윤추구라는 그들의 목표에 반할 수 있는 구조적 자율성을 바로 지적한 이유 때문에 가지지 못했다.

그러나 제1공화국이 만족스럽지는 못하지만 그나마 상업자본축적과 삼백(三白)산업 중심의 수입대체산업화를 할 수 있었던 것은 원조공여국인 미국에 대해 어느 정도 자율성을 가질 수 있었기 때문이었다. 미국은 원래 한국정부에 대해 환율현실화를 요구하였고 한국이 휴전 후에는 미국의 원조로 일본의 소비제품을 구입하기를 원했었으나 제1공화국

22) Hahn-Been Lee, *Korea: Time, Change and Administration*(Honolulu: East-West Center Press, 1968), p.82, Table 22 참조.

23) 자본주의국가의 도구적 자율성은 지배계급인 자본계급의 직접통제로부터의 자율성을 가리키고 구조적 자율성은 지배계급의 요구나 이익에 반할 수 있는 자율성을 가리킨다. 이에 대한 논의는 Sonn, 앞의 논문; Nora Hamilton, "State Autonomy and Dependent Capitalism in Latin America," *British Journal of Sociology*, Vol.32, No.3(1981) & *The Limits of State Autonomy: Post-Revolutionary Mexico*(Princeton: Princeton University Press, 1982); 안철현, "한국자본주의 발전에 있어서 1950년대 국가의 역할", 서울대 정치학박사논문, 1993 참조.

이승만 정부는 이에 순응하지 않았다. 이승만 정부는 저환율정책을 유지함으로써 그것이 수출에는 장애가 되지만 유엔군에게 필요한 한화를 비싸게 팔아 미국으로부터 받는 달러 액수를 최대화하고자 시도하였고, 미국의 일본 소비제품 구입 요구를 거절함으로써 한국이 산업화도 되기 전에 일본의 소비제품 시장으로 전락하는 것을 막고 수입대체공업화를 추진할 수 있었다. 제1공화국 정부는 존속 자체를 그 이후 어느 공화국보다도 철저하게 미국에 의존하고 있었으나, 즉 미국으로부터 도구적 의미의 자율성은 아주 약했지만 미국의 요구에 저항하는 구조적 의미의 자율성을 어느 정도 나타냈던 것이다.[24] 제1공화국 정부가 미국에 대해 이러한 자율성을 가질 수 있었던 것은 미 · 소 간의 냉전 상황과 이를 이용한 이승만 대통령의 정치적 리더십, 그리고 미국이 그를 쉽게 제거할 수 없을 정도로 높았던 그의 국민적 지지에 기인했다고 분석할 수 있다.[25]

제1공화국이 미국에 대해서는 어느 정도 구조적 의미의 자율성을 나타냈으면서도 국내자본가들에 대해서는 그렇지 못했던 것을 이해하는 데는 정치경제학의 여러 시각 중 합리적 선택이론이 도움을 준다. 당시 국가의 구조적 자율성을 침식했던 정치인, 관료들과 자본가들의 금전수수관계는 그들 양편의 이익을 최대화시켜 주는 합리적 선택이었다고 볼 수 있기 때문이다. 그리고 이와 같은 양편의 합리적 선택이 한국경제의 산업화라는 공공선(collective good)의 실현을 방해한 것이다. 이러한 경우는 다른 후진국에서도 흔히 찾아볼 수 있고 국가의 최고지도자는 관료들과 자본가들 간에 이와 같은 합리적 선택이 형성되지 못하도록 감독해야 되나 이에 성공하는 예가 흔하지 않은 것이다.[26] 이승만 대통령도 이 점에 있어서 성공하지 못한 것이다. 제1공화국의 미국에 대한 구조적 의미의 자율성도 이승만 대통령이 국민들로부터 압도적 지지를 받고 있다는 확신을 가지고 있지 않았더라면 성립되기 어려웠을 것이다. 이 경우에는 그도 국내의 지지 결여를 보충하기

---

24) 미국은 제1공화국이 일본과 관계를 개선할 것을 권고하였고 아울러 미국의 대한 원조자금의 일부를 일본제품 구입에 사용하도록 제안하였었다. 이러한 권고와 제안은 1953년 내한한 덜레스(J. Dulles) 국무장관과 이승만 대통령과의 회담에도 잘 나타나 있다. Bae-Ho Hahn, "Major Issues in the American-Korean Alliance," Youngnok Koo & Dae-Sook Suh, eds., *Korea and the United States* (Honolulu: University of Hawaii Press, 1984), pp.94-99 참조.

25) 미국은 1952년 부산 정치파동 때와 1953년 휴전반대운동 때 이승만 제거를 고려했으나 이러한 정책을 채택하지는 못했다.

26) 이러한 분석시각으로는 Robert H. Bates, *Markets and States in Tropical Africa*(Berkeley: University of California Press, 1981) 참조.

위해 과거 라틴 아메리카제국의 독재자들이 그랬듯이 미국의 요구를 그대로 수용했을 것이다. 그러나 미국과 이승만 대통령 간에는 이 대통령의 국민적 지지에 대한 확신 때문에 이와 같은 합리적 선택은 성립되지 않았다. 이 때문에 이 대통령은 한국의 이익에 배치된다고 생각하는 미국의 요구에 저항할 수 있었고 이러한 저항 때문에 그의 국민적 지지도는 휴전반대운동에서 볼 수 있는 바와 같이 상승하였다.

우리는 여태껏 제1공화국에서 자유민주주의 정치가 실현된 정도와 자본주의경제가 발전된 정도에 관해 살펴보았고 이에 있어서의 국가의 역할에 관해서도 논의하였다. 이제 이와 관련하여 제1공화국은 과대성장국가(overdeveloped state)였는지 아닌지, 혹은 강한 국가였는지 약한 국가였는지에 대해 생각해 보기로 한다.

우리 정치학계의 일각에서는 제1공화국을 과대성장국가였다고 판단하고 있다. 알라비는 파키스탄이 식민지 사회의 제 계급을 지배할 목적으로 만들어 놓은 식민당국의 국가기구를 탈식민지시대에도 그대로 계승하여 국가는 사회보다 과대성장하고 사회 제 계급 위에 군림하게 되었다고 주장한 바 있다.[27] 정치학자들은 이와 같은 알라비의 주장을 제1공화국에도 적용하여 제1공화국이 일본 식민지시대의 관료, 경찰기구와 인원을 이어받고 한국전쟁 이후에는 미국이라는 중심자본주의국가의 지원으로 군과 같은 국가기구가 비대하게 성장하여 사회의 제 계급을 통제할 수 있는 능력을 가진 과대성장국가라고 보고 있다.[28] 제1공화국이 우리 사회의 능력보다는 훨씬 비대한 경찰력과 군사력을 가지고 있었고 제2차 세계대전 종료 후에 탄생한 대부분의 신생 아시아, 아프리카 제국보다 강한 국가였던 것은 사실이다. 일제시대의 유산과 미국의 군사적, 경제적 지원 외에도 조선시대 유교문화의 권위주의 전통도 가지고 있었고 또 과거 오랜 기간의 민족형성기를 경험한 역사도 가지고 있었기 때문에 이러한 요소들을 가지고 있지 않은 여타의 신생제국과는 달랐다. 더욱이 미군정기와 제1공화국시대의 사회 제 계급은 매우 낮은 사회경제적 발달수준에 상응하여 미발달된 상태에 있었다. 제1공화국은 자본가들을 창출해 내었고 농지개혁을 통해 자작농민계급도 만들어 내고 이러한 과정에서 소수의 지주계급은 파괴시켰다. 농민들은 제1공화국의 가장 강력한 지지세력이었지만 그들의 이해관계를 정부정

27) Hamza Alavi, 앞의 논문.

28) 최장집, "과대성장국가의 형성과 정치균열의 구조", 『한국사회연구(3)』(서울: 한길사, 1985), pp.184-200은 이러한 입장을 나타내는 대표적 논문이다.

책에 반영시키지 못했고 지주계급도 제1공화국의 정책방향을 결정할 만한 영향력을 갖지 못했다. 노동자계급은 수적으로도 약했지만 미군정기의 좌우투쟁에서의 실패와 북한의 남침으로 독자적인 목소리를 낼 수조차 없는 상황에 처해 있었다. 그리고 이러한 상황에서 제1공화국은 사회보다 우위에 있는 과대성장국가로 등장한 것이다.

그러나 제1공화국을 극단적으로 강력한, 사회에 대해서 어떠한 조처도 취할 수 있는 전능한 과대성장국가로 본다면 이는 문제이다. 자유민주주의 원칙에 따라 근대국가 건설을 바로 시작한 제1공화국이 일제의 유산을 물려받고 미국의 지원을 받았다고 해서 일거에 그 강제력을 사회 구석구석까지 행사할 수 있는 능력을 갖게 되었다고 본다면 이는 무리라 아니할 수 없다. 제1공화국시대에 정치인들이든 언론인들이든 경제인들이든 국가의 통제력으로부터 상대적으로 자유로울 수 있었던 것은 국가의 통제력이 그렇게 철저하지는 못했기 때문이었다고 볼 수 있다. 또한 제1공화국은 학생들의 시위로 붕괴했는데 그렇게 강력한 강제력을 구비하고 있는 과대성장국가였다면 이도 일어나기 어려운 일이었을 것이다.

이뿐만 아니라 제1공화국을 과대성장국가론이 상정하고 있는 바와 같이 사회적 합의보다는 강제력에 전적으로 의존한 국가라고 보는 것도 문제이다. 제1공화국은 친공산세력을 분쇄하는 데 있어 철저하였고 이 과정에서 매카시즘을 포함하는 여러 잘못을 저질렀지만 반공주의를 확립하는 데 성공하였다. 이러한 반공주의를 확립하는 데 있어 국가의 강제력이 빼어 놓을 수 없는 역할을 하였지만 이에는 사회적 합의의 기반도 있었다. 특히 북한의 남침 이후에는 반공주의는 당시 국민 대다수의 전폭적인 지지를 받았었다. 국가의 통치권이 사회적 합의라는 규범적 요소, 경제적 이익의 배분, 강제력에 의존한다고 할 때[29] 제1공화국의 통치권은 제6공화국을 제외한 그 어느 공화국보다도 규범적 요소에 대한 의존도가 컸다고 말할 수 있다. 제1공화국이 붕괴한 직접적 계기도 최고 통치자는 공정한 선거로 선출해야만 된다는 규범을 어겼기 때문이었다. 특히 이 규범은 미국의 강력한 지지를 받고 있었고 한국군은 미국의 영향하에 있었기 때문에 그 사회적 영향력은 더욱 컸다. 이 규범을 어긴 이승만 대통령은 서울 시민들의 지지도 잃고 과대 성장되었다는 군도 그의 뜻대로 움직일 수 없었다.

---

29) Amitai Etzioni, *A Comparative Analysis of Complex Organizations*(New York: The Free Press, 1961) 참조.

제1공화국은 국가기구가 사회보다 과대하게 성장한 국가였으나 그렇다고 해서 사회의 구석구석까지를 철저하게 통제할 수 있는 유신시대의 국가와 같이 강한 국가는 아니었다. 제1공화국은 친공산세력의 제거작업에 있어서는 철저하였으나 여타의 사회통제에 있어서도 마찬가지로 철저하지는 못했다. 자유민주주의를 국가 운영원리로 내세우고 국가건설의 초기단계에 있었기 때문이다. 제1공화국은 과대성장국가였으나 사회 전체에 대해서는 과대성장국가론이 암시하는 바와 같이 강하지는 않은 느슨한 국가였다. 제1공화국 이승만 시대를 정치경제적으로 분석한다고 할 때 당시의 사회경제적 요인으로부터 접근할 수도 있고 정치적 요인으로부터 접근할 수도 있다. 우리가 규명하고자 하는 문제에 따라 이 두 접근법의 유용성은 달라진다. 여기서는 제1공화국이 건국원리로 자유민주주의와 자유기업주의를 채택한 것, 열악한 사회경제적 조건 속에서도 외양민주주의 혹은 선거 민주주의를 유지한 것, 경제발전에 있어 보다 적극적인 역할을 하지 못한 것, 사회의 발전 정도에 비해 과대한 강제력을 보유한 것 등이 우리가 논의해 보고자 했던 문제들이고 이러한 문제들의 분석에는 전자보다 후자의 접근법이 유용하기 때문에 주로 후자의 입장에서 이 문제들을 살펴보았다.

III. 박정희 시대의 정치경제적 분석

제1공화국 이승만 정권 붕괴의 직접적 계기는 3・15 부정선거였지만 그 심층에는 국민 대다수의 경제적 불만이 깔려 있었다. 제1공화국의 경제적 업적이 부진했다는 것은 이미 지적한 바와 같지만 이에 대한 국민들의 불만은 1956년 대통령선거 때 야당이었던 민주당의 선거구호 "못살겠다 갈아보자"에 단적으로 나타나 있다. 이러한 경제적 불만은 그 이후 제2공화국시대까지 계속 심화되었으나 제2공화국은 출범 직후부터 시작된 당내 파쟁으로 이와 같은 국민들의 불만에 신속하게 대응하지 못했다.

이승만 대통령은 초대 대통령 취임연설 때부터 민주정치가 중요하다는 것을 역설하고, 국가건설을 신속하게 하기 위해서는 독재가 필요하다는 논의가 사회 일각에 있으나 이는 잘못된 생각이라고 비난하였다.[30] 그가 의미하는 민주정치는 모든 유권자들이 참여하는

30) 박성하, 『우남노선』(서울: 동아출판사, 1958), pp.110-113.

선거민주주의를 의미하는 것이었고 그는 반일투쟁경력과 반공주의를 내세워 선거에서 승리할 수 있다는 확신을 가지고 있었기 때문에 항상 민주주의를 강조하였다. 그러나 그의 민주주의가 국민들이 기대하는 바의 경제적 업적을 내지 못하고 더욱이 제2공화국의 의원내각제 민주주의는 정치, 사회적 혼란만을 야기시켰기 때문에 사회 일각에는 자유민주주의에 대한 회의조차 일어나고 있었다. 특히 수차에 걸친 경제계획에 따라 전체주의적 동원의 방식으로 개발에 박차를 가하고 있던 북한에 비할 때 제1, 2공화국의 자유민주주의체제는 경제건설에 무능하고 자원과 시간만을 낭비하고 있는 것같이 보이기도 하였다.

1961년의 5・16 쿠데타는 군 내부의 인사 불만을 포함한 여러 가지 복합적 불만이 정치적으로 표출된 것이나 이러한 사회 분위기가 없었다면 성공하기 어려웠을 것이다. 특히 군은 1960년 4・19 학생의거 때에 중립을 지켜서 국민들의 호감을 샀었고 이미 지적한 바와 같이 과대하게 성장되어 있었으나 제2공화국 정부는 혼돈상태에 있었기 때문에 박정희 소장과 육사 8기 출신의 영관급 장교들이 이끈 쿠데타 군은 제2공화국의 장면 정권을 한방울의 피도 흘리지 않고 쉽게 전복시켰다.[31)]

자유민주주의 원칙에 충실하고자 했던[32)] 제2공화국이 출범 1년도 못 되어 군사 쿠데타로 무너진 것은 다른 나라의 경우와 비교해 보면 예외적인 일이 아니다. 사회경제적으로 후진되고 이 때문에 정치적으로 불안정한 나라에서 군사 쿠데타가 일어나기 쉽다는 것은 1960년 이전 라틴 아메리카와 중동제국의 쿠데타를 보면 알 수 있고 이러한 경향은 1960년대와 70년대에 아시아, 아프리카, 라틴 아메리카 제국에서 빈번히 일어난 쿠데타에서 확인되기 때문이다.

1961년 한국의 1인당 GNP는 82달러로 산업화가 빨리 진행되지 못했다는 것을 나타내나 도시화는 해방 후 일본과 만주로부터의 인구유입과 한국전쟁으로 인한 인구이동으로 신속하게 진행되어 인구 5만 이상의 시에 거주하고 있는 인구수는 1949년에 전체 인구의 18.3%에서 1960년에는 28.5%로 증가하였다. 그리고 제1공화국시대에는 의무교육제의 채택과 중, 고등교육과 대학교육의 장려로 교육수준도 경제발전 수준보다 앞서 있

---

31) 5・16 쿠데타에 대해서는 Se-Jin Kim, *The Politics of Military Revolution in Korea*(Chapel Hill: The University of North Carolina Press, 1971) 참조.

32) 이것이 제2공화국 붕괴의 한 원인이라고 보는 분석으로 Sungjoo Han, *The Failure of Democracy in South Korea*(Berkeley: University of California Press, 1974)가 있다.

었는데, 고등교육을 받은 인구는 대다수가 도시에 거주하고 있었다.[33] 낮은 산업화 수준은 교육수준이 높은 도시인구의 요구를 소화시키지 못했고 이로부터 야기된 정치적 불안정은 민주당 정권의 파벌싸움과 무능으로 증폭되어 한국에도 군이 정치에 개입하는 계기를 만들어 주었다.

그러나 5·16 쿠데타는 그 주도세력이 자유민주주의를 부정하지 않고 이를 곧 외양민주주의(外樣民主主義) 혹은 선거민주주의의 형태로 부활시켰다는 점에서 그렇지 않았던 다른 후진국들의 쿠데타와는 다르다. 박정희 장군이 이끈 5·16 주도세력은 2년 내에 그들 자신의 정당을 창당하고 복수정당의 자유로운 활동을 보장하고 선거를 통한 야당과의 경쟁에서 승리를 획득함으로써 쿠데타로 장악한 권력을 합법화시켰다.

한국에서 쿠 세력이 적나라한 군사독재를 하지 않고 정당을 조직하고 선거를 통해 그들의 권력을 합법화시킨 점을 높게 평가하는 외국의 유명 정치학자도 있으나[34] 그들에게는 이러한 절차를 밟아 선거민주주의를 복원시킬 수밖에 없었던 다음과 같은 정치적 이유가 있었다. 첫째 이유는 미국의 압력이다. 미국은 1960년대에도 이데올로기적으로 소련과 대결하고 있었기 때문에 제1공화국시대와 마찬가지로 한국이 자유민주주의 정치를 해주기를 원했다. 5·16 주도세력이 군정연장을 선언하기까지 했으나 미국이 이를 철회시킨 것은 주지의 사실이다. 당시만 해도 한국정부는 재정을 미국에 크게 의존하고 있었기 때문에 미국의 이와 같은 압력을 거부하기 어려웠었다. 둘째는 제1공화국시대에 뿌리를 내리기 시작한 자유민주주의의 전통이다. 사회 일각에 자유민주주의에 대한 회의가 있다고 했지만 자유민주주의에 대한 대다수 국민들의 지지는 압도적이었다. 셋째는 이와 같은 제1공화국시대의 전통 속에서 함양되었다고 볼 수 있는 국민들의, 특히 도시유권자들과 청년학생들의 비교적 높은 정치의식 수준이다. 당시 우리 도시 유권자들은 비슷한 사회경제적 발전수준을 가지고 있던 대만과 같은 나라의 국민들과 비교할 때 보다 참여적인(participant) 정치태도를 가지고 있었다.[35] 5·16 주도세력의 군정연장 철회의 배경

---

33) Hahn-Been Lee, 앞의 책, pp.60-64 참조.

34) Samuel P. Huntington, *Political Order in Changing Societies*(New Haven: Yale University Press, 1968), pp.258-262 참조.

35) 참여적인 정치태도에 관해서는 Gabriel A. Almond & Sidney Verba, *The Civic Culture*(Princeton: Princeton University Press, 1963) 참조.

에는 청년학생들과 사회 각계각층의 이와 같은 태도에 기반을 둔 군정연장 반대투쟁도 있었다.

5・16 주도세력은 이와 같은 정치적 이유로 자유민주주의 절차를 복원시켰지만 이를 우리 풍토에 정착시키려는 적극적 노력도 기울였다. 그들은 제1공화국시대에 정치적 위기를 야기 시킨 삼선개헌과 같은 무리가 다시는 시도되지 않도록 하기 위해 헌법개정은 국회뿐만 아니라 국민투표에서도 통과되어야 한다는 조항을 헌법에 두게 했고, 민주공화당에 교수와 언론인 등의 지식인들을 충원시켜 정당의 근대화와 조직강화를 꾀했고 선거법은 최대다수당에 제일 유리하고 그 다음에는 제2당에 유리하게 만들어 안정된 양당제의 정착도 시도하였다. 쿠 세력의 이와 같은 최초의 의도는 1969년 개헌과 1972년 유신시대로의 전환에 나타나 있는 바와 같이 결국 실현되지 못했으나 한국정치의 근대화를 꾀했다는 점에서 지적해 둘 만하다.

제3공화국시대의 한국정치는 매우 경쟁적이었다. 1963년 대통령선거에서 박 장군은 윤보선 전 대통령에게 15만 표라는 근소한 차이로 이겼고 1971년 대통령선거에서도 야당의 김대중 후보에게 힘겨운 승리를 거두었다. 박 대통령은 쿠데타, 다시 말해, 총칼로 정권을 잡았다는 비난과 전력시비에 시달려야만 했고[36] 이승만 대통령처럼 민중을 사로잡을 수 있는 카리스마를 갖지 못했다. 그가 내세울 수 있는 것은 그의 경제적 업적이었으나 당시에는 이 업적에 대해서도 대다수 국민들은 비판적이었다. 제1공화국시대부터 누적되어 온 국민들의 경제적 불만이 워낙 컸고 또 경제성장이 반드시 이러한 불만을 해소시키는 것은 아니었기 때문이다.

제3공화국시대의 한국정치는 외양민주주의정치(外樣民主主義政治)였다는 점에서 기본적으로는 제1공화국시대와 같았으나 경제건설에 있어서는 지금 돌이켜보면 괄목할 만한 성과를 거둔 시대이다. 이 시대에 중진단계에 이른 오늘날 한국경제의 기반이 놓였던 것이다. 박정희 시대의 정치경제적 분석이라고 할 때는 무엇보다도 첫째로 이 시대의 국가가 어떻게 한국경제를 농업경제에서 공업경제로 전환시키는 데 성공했는가에 대한 분석을 가리키고 이에 대해서는 이미 국내외의 많은 학자들이 훌륭한 업적을 내었지만 다음과 같은 세 가지 점만 지적해 두고자 한다. 우선 첫째로 정부는 제3공화국시대에 제1차

36) 그에 대한 전력 시비는 그가 일본군 출신이라는 사실과 해방후에는 군내 좌익조직에 가담했었다는 사실에 대한 것이다.

(1962~1966), 제2차(1967~1971)경제개발 5개년 계획을, 제4공화국시대에 제3차(1972~1976), 제4차(1977~1981)계획을 세워서 산업화를 추진하였다. 제1차 계획기간 동안에는 기간산업의 육성과 사회간접자본의 확충에 힘썼고, 제2차 계획기간 동안에는 경공업을 고도로 발달시키는 데 주력하였고, 제3, 4차 계획기간 동안에는 중화학공업 육성과 산업구조 개편에 최대의 노력을 경주하였다.[37)]

이와 같은 경제개발계획을 실행하는 데 필요한 재원은 미국의 대한원조가 점점 삭감되었기 때문에 외국의 차관, 직접투자, 국내저축 등으로 충당하였다. 국내저축의 증가는 제1공화국시대의 저금리정책을 버리고 금리를 현실화시킴으로써 어느 정도 가능하였다. 외국차관과 직접투자에 대해서는 이것이 한국경제를 선진자본주의 국가의 식민경제로 만들고 이를 둘러싼 부정부패가 많다는 비판이 거셌지만 박정희 정부는 이에 아랑곳하지 않고 차관 도입정책을 적극적으로 추진하였고 차관 도입총액이 많아진 1970년대에는 외국인의 직접투자도 장려하였다. 그러나 외국인들의 직접투자의 경우에는 라틴 아메리카제국의 경우와는 달리 외국인 투자자가 국내자본가와 합작회사를 만들게 하되 이 회사의 주식을 50% 미만만 소유할 수 있게 함으로써 외국자본가의 합작회사에 대한 독점적 지배를 막았다.[38)]

둘째로 정부는 이와 같은 경제개발계획을 추진하는 데 있어 수출중심정책을 채택하였다. 박정희 정부는 1960년대 중반까지는 제1공화국시대와 마찬가지로 수입대체산업화 중심의 경제정책을 추진하였으나 그 이후 수출중심정책으로 전환하였다. 수출중심정책은 기업가들이 국내수요가 아니라 세계수요를 예상해서 산업시설을 건립케 함으로써, 다시 말해, 새 공장을 지을 때는 초현대식 대규모 공장을 짓게 유도함으로써 한국경제가 규모의 경제를 달성하게 하는 데 기여하였다. 그리고 정부는 수출업체에 수출보조금, 세제특혜, 금융특혜를 주었을 뿐만 아니라 제1공화국시대의 저환율정책을 버리고 환율을 현실화시킴으로써 수출을 촉진하는 데 온갖 힘을 다 기울였다. 이러한 노력의 결과 우리나라의 수출액수는 놀랄 만하게 증가하였고 박정희 시대에 우리나라는 무역총액이 제3공화국시대 말에는 GNP의 50%, 제4공화국시대 말에는 GNP의 75%를 상회하는 무역국가가

37) 송병락, 『한국경제론』(서울: 박영사, 1984), p.418.

38) Hyun-Chin Lim, *Dependent Development in Korea: 1963-1979*(Seoul: Seoul Natioanl University Press, 1985) 참조.

되었다. 박정희 정부의 이와 같은 경제개입은 자유방임주의를 주장하는 고전적 경제이론에는 반(反)하는 정책이었고 고전적 경제이론에 반대하는 학자들은 한국의 경우를 그들의 주장을 펴는 한 예로 들고 있기도 하다.

박정희 정부가 국가주도 산업화에 성공한 한 이유로 앨리스 앰스덴(A. Amsden)은[39] 정부가 기업에게 여러 가지 도움을 준 반면 국가가 요구하는 일정수준의 업적을 내지 못하는 기업에게는 도움을 끊는 징계(懲戒, disciplinary) 매커니즘을 가지고 있었다는 사실을 들고 있다. 여기서 일정수준의 업적은 대부분의 경우 수출목표를 의미하는 것으로 수출중심정책은 정부의 도움을 받은 기업이 국제시장에서 경쟁력을 테스트받게 했다고도 말할 수 있다. 수출중심정책은 국가의 도움을 받은 기업이 계속 살아남아 더 성장하느냐, 못하느냐의 문제가 궁극적으로는 국제시장에서 성공하느냐, 못하느냐에 달려 있게 만들었던 것이다. 박정희 시대에 기업은 자본과 기술면에서의 약세를 보충하기 위해 국가의 도움을 필요로 하였고 국가는 도움을 준 기업이 과연 국가가 기대하고 있는 성과를 내고 있는가의 여부를 판단하기 위해 국제시장을 필요로 하였다.

셋째로 정부는 둘째와 관련되지만 국제경제환경을 잘 이용하였다. 사실상 수출중심정책은 바로 이러한 정책이었다. 박정희 정부 출범 당시의 한국은 세계에서 가장 후진된 나라들 중의 하나였고 그 때문에 당시 우리 정부는 외국상품에 대해서는 수입제한과 보호관세정책을 채택하고 우리 상품은 미국과 같은 선진국 시장에 자유롭게 팔 수 있는 입장에 있었다. 이는 우리에게 매우 유리한 국제경제 환경이었고 역대 정부 중 박정희 정부가 처음으로 이 환경을 이용하기 시작하였다. 박정희 시대의 수출중심정책은 라틴 아메리카 제국이 1960년대, 70년대에 수출중심이 아니라 국내수요중심의 공업화를 추진하여 성공하지 못한 것과 큰 대조를 이루는 정책이었다.

부르스 커밍스(B. Cumings)는 한국의 경제적 성공을 일본의 경제발전단계와 관련시켜서 설명하고 있다. 일본경제가 경공업단계에서 중화학공업단계로, 중화학공업단계에서 다시 첨단기술의 정보지식산업단계로 옮아감에 따라 한국경제는 일본에서 사양단계에 있는 공업을 물려받아 국제시장에 진출하는 데 성공했다는 것이다.[40] 이것이 아주 틀린 주장

39) Alice H. Amsden, *Asia's Next Giant*(New York: Oxford University Press, 1989), pp.145-147.

40) Bruce Cumings, "The Origins and Development of the Northeast Asian Political Economy: industrial sectors, product cycles, and political consequences," Frederic C. Deyo, ed., *The Political*

은 아니지만 한국경제는 일본뿐만 아니라 미국에서도 사양단계에 있는 노동집약적인 공업을 물려받아 이 분야의 상품을 주로 미국시장에 수출함으로써 경제발전의 기틀을 잡았다고 보는 것이 더 정확한 관찰일 것이다. 아니, 한국경제는 일본이나 미국의 사양산업을 물려받은 것이 아니라 강한 경쟁력으로 그 중 일부만을 일본과 미국이 우리에게 이양하게끔 만들었다고 보는 것이 보다 정확할 것이다. 현재 일본과 미국은 정보지식산업단계에 가 있으나 한국경제는 약한 경쟁력 때문에 그들이 중화학공업 분야를 우리에게 이양하도록 유도하지 못하고 있는 것이다.

박정희 시대의 이와 같은 경제정책은 제3, 4공화국시대의 국가가 국내 자본가들로부터 도구적 자율성뿐만 아니라 구조적 자율성도 가지고 있었다는 것을 말해주는 좋은 증거이다. 자본가들의 국가에 대한 통제가 약하면, 즉 국가의 도구적 자율성이 강하면, 국가가 이들 개별 자본가들의 부분이익보다는 경제발전이라는 국민 전체의 이익을 위해 정책을 수립하고 집행할 수 있는 구조적 자율성도 강한 것은 당연하다. 그러나 여기서 우리는 제3, 4공화국시대에도 제1공화국시대와 마찬가지로 정치인, 관료들이 자본가들과 금전수수관계를 가지고 있었는데도 불구하고 국가가 어떻게 구조적 자율성을 가질 수 있었는가의 문제를 제기할 수 있다. 앞서 지적한 바와 같이 제1공화국시대에는 이러한 유착관계가 상업자본의 이익을 최대화하는 데 기여하고 이의 산업자본화를 방해했기 때문이다.

제3, 4공화국시대에 이와 같은 정경유착, 관경유착(官經癒着)이 한국경제의 효율성을 떨어뜨린다는 비판은 줄곧 있었다. 차관이 그 본래의 도입목표를 달성하지 못하고 낭비되었다는 비판도 항상 있었고 또 1970년대의 중화학공업에 대한 투자를 둘러싸고도 심각한 부정부패가 있다는 지적이 끊이지 않았다. 제3공화국시대 말에 나온 김지하의 담시 "오적"은 바로 이와 같은 부정부패를 풍자한 것으로 제4공화국시대에도 커다란 호소력을 가지고 있었다. 정치인, 관료들의 부패로 외국차관을 효율적으로 이용하지 못한 상태에서 차관액수는 커지고 그 상환압박이 커 한국경제는 언제 쓰러질지 모른다는 위기감이 제4공화국시대 말에는 고조되어 있었다. 당시의 한국경제는 차관을 상환하기 위해 다시 차관을 도입해야만 되는 악순환 속에 빠져들고 있었다.

박정희 시대에 대한 당시의 이와 같은 비판에도 불구하고 오늘날 그 시대를 경제적으로는 긍정적으로 평가하는 것은 1980년대 중반 우리 경제의 국제수지 개선과 문제가 많

Economy of the New Asian Industrialism(Ithaca: Cornell University Press, 1987), pp.44-83.

은 오늘날 한국경제에 강점이 있다면 그것도 박정희 시대의 경제업적에 기반하고 있다고 많은 사람들이 평가하고 있기 때문이다. 그렇다면, 반복해서 문제를 제기하지만, 박정희 시대에 정경, 관경 간의 부패구조에도 불구하고 국가는 어떻게 한국 경제발전에 적절한 정책을 세울 수 있는 구조적 자율성을 확보할 수 있었는가? 우리는 이에 대한 해답을 박정희 대통령의 권력기반을 살펴보면 찾을 수 있을 것 같다. 이미 지적하였지만 그는 우리에게 경제개발이 시급하다는 국민들의 불만을 이용하여 정권을 잡았고 계속 집권을 위해서는 경제적 업적이 절대적으로 필요하였다. 그리고 이러한 필요성은 자유민주주의를 부정한 제4공화국 유신시대에는 더욱 컸다. 이승만은 그의 반일투쟁경력과 반공주의를 권력기반으로 삼았으나 박정희 정권은 경제개발을 권력기반으로 삼고 있었기 때문에 이에 성공해야만 그 존속이 가능한 상황에 처해 있었다. 박정희와 이승만의 권력기반의 이와 같은 차이는 국민적 요구의 시대적 차이를 반영하는 것이기도 하였다. 해방과 북한의 남침을 맞은 1940년대와 1950년대의 우리 국민들에게는 반일투쟁경력이 있고 반공적인 정치적 리더십이 호소력이 있었던 데 비해 북한의 즉각적인 위협이 후퇴하여 경제적 어려움에 불만을 느끼게 된 1950년대 후반 이래의 우리 국민들에게는 강력한 경제개발의지를 가진 정치적 리더십이 필요하였다. 1960년대에 정권을 장악한 박 대통령은 이와 같이 변화된 국민들의 요구를 정책에 반영해야만 했고 이러한 과정에서 국가는 자본가들 개개인의 부분적 이익에 반할 수도 있는 구조적 자율성을 확보할 수 있었다.

박정희 장군은 정권을 장악한 이래 기술관료들을 동원하여 경제개발계획을 구상하였고 또 그 장관을 부총리로 하는 경제기획원을 신설하였다. 박 정권의 산업화정책은 제1공화국시대의 상업자본 형성과 수입대체공업화 단계 이후에 자연히 나올 수 있는 정책이고 또 경제기획원도 경제개발 3개년계획을 수립한 1950년대 말 산업개발위원회에 그 기원을 두고 있기 때문에 제1, 2공화국시대와 단절적인 것은 아니었다. 그러나 박 대통령은 기술관료들을 관계(官界)뿐만 아니라 학계와 언론계 등에서 광범위하게 동원하였고 또 경제기획원이 경제개발을 주도하게 하고 경제부처 기술관료들이 창의성을 발휘할 수 있는 정치적 환경을 만들어 주었다는 점에 있어 제1공화국의 이승만 대통령과 다르고 이미 소개한 바 있는 박 대통령의 경제정책은 국가의 이러한 제도적 구조 속에서 나온 것이라고 볼 수 있다.

박정희 시대의 국가는 찰머스 존슨(C. Johnson)이 말하는 발전형국가(developmental

state)였고 이 국가는 유능한 기술관료, 의회와 사법부가 무력하고 행정부가 주도적인 정치체계, 국가개입의 시장순응적 방법(市場順應的方法, market-conforming methods), 통산성(通産省)과 같은 선도기관의 네 가지 요소로 구성되어 있는 일본 모델의 요소를 모두 갖추고 있었다.[41] 한국의 경우에는 다만 국가개입의 시장순응적 방법이 일본에서와 같이 잘 발달되지 못했었다. 그렇더라도 박정희 시대의 국가는 경제정책수립과 집행 면에서 제1공화국보다 훨씬 나은 능력을 가진 국가였다. 박정희 시대의 국가는 경제능력이 강했을 뿐만 아니라 강제능력도 그 이전 시대보다 훨씬 강했다. 박정희 대통령은 집권 후 곧 중앙정보부와 보안사령부를 창설하여 강력한 정보기관으로 육성하였고 이를 통해 국가기관과 군을 장악하고 사회를 보다 효과적으로 통제할 수 있었다. 제3공화국시대의 국가는 제1공화국이나 제2공화국보다 훨씬 강한 국가였다. 제3공화국은 제1공화국과 같이 느슨한 국가는 결코 아니었다. 제4공화국 유신시대의 국가는 그 경제력과 강제력에 있어 제3공화국시대보다 더 강력하였고 경제개발을 촉진시킨다는 명분으로 사회를 보다 억압적으로 통제하였다. 이와 같은 국가 능력의 강화도 박 정권이 정경유착과 관경유착으로 인한 부패구조에도 불구하고 사회간접자본 확충, 경공업 발전, 중화학공업 육성과 같은 경제목표를 달성할 수 있게 해준 중요한 요인이었다.

박정희 시대와 이승만 시대를 구별하여 주는 또 하나의 특징으로 정경, 관경 간의 부패구조가 제1공화국시대에는 자본의 상업화에 기여했기 때문에 보다 빠른 산업화를 저해했으나 제3, 4공화국시대에는 산업자본의 육성이라는 커다란 테두리 안에 있었기 때문에 그 폐해가 제1공화국시대와 같이 크지는 않았었다는 점도 지적할 수 있겠다. 이러한 부패구조가 이 시대의 급속한 재벌 형성에 나타나 있는 바와 같이 거대 산업자본의 육성을 가능케 했다고 보는 사람들도 있다.

유신시대에 한국경제는 커다란 발전을 하였다. 1인당 GNP는 1972년의 319달러에서 1977년에 1,000달러를 돌파하고 1979년에는 1,644달러로 증가하였다. 수출입 총액은 1972년의 39억 달러에서 1979년에는 348억 달러로 증가하였다. 1970년대 말의 한국경제는 외채상환의 압박을 받고 있었지만 유신시대를 통해서 한국경제가 공업화된 것은 누구도 부인할 수 없다.

---

41) Chalmers Johnson, *MITI and the Japanese Miracle*(Stanford: Stanford University Press, 1982), pp.305-324.

그러나 이와 같은 경제적 성공은 유신체제의 존립기반을 다음과 같은 의미에서 서서히 붕괴시켰다. 첫째는 경제와 정치와의 모순이다. 시장경제의 자유경쟁체제는 정치에 있어서의 독재체제와는 모순되고 종국에 가서는 정치에 있어서도 자유경쟁체제가 수립되도록 유도한다고 보아야 할 것이다. 시장경제체제는 권위주의체제와 동거할 수 있으나 이 동거는 영원할 수 없는 것이다.

둘째로 박정희 시대의 산업화는 도시화를 더욱 촉진시키고 국민들의 교육수준을 향상시켰다. 인구 5만 이상의 시에 거주하는 인구수는 1960년의 28.5%에서 1975년부터는 50%를 넘었고 1981년에는 61%에 달했고[42] 초등학교 졸업자의 중학진학률은 1966년의 54.1%에서 1980년에는 95.8%로 증가했다.[43] 산업화와 이에 따른 도시화의 진전과 교육수준의 향상이 민주화에 공헌한다는 러너(D. Lerner)와 립세트의 가설에 비추어 볼 때 박 대통령의 경제적 업적은 그가 비난한 자유민주주의의 기반 조성에 이바지했다고 볼 수 있다.

Ⅳ. 전두환 시대의 정치경제적 분석

1970년대 말 제2차 석유파동과 이에 따른 세계경제의 불황과 중화학 공업에 대한 무리한 투자는 한국경제의 위기를 초래하였다. 그리고 당시 미국의 카터(J. Carter) 정부는 한국의 인권 상황에 대해 커다란 불만을 가지고 있었다. 이러한 상황에서 대학생들의 격렬한 반유신 데모, 마찬가지로 극렬했던 노동자들의 노동쟁의, 중산층의 유신체제에 대한 강한 비판적 태도와 이에 대한 대책을 둘러싼 박 정권 내부의 권력갈등은 1979년 10월 중앙정보부장 김재규에 의한 박 대통령의 암살을 야기시켰다. 그러나 박 대통령의 암살이 유신체제와 같은 독재체제의 붕괴를 가져오지는 않았다. 전두환, 노태우 장군이 이끄는 신군부세력이 12·12 사태와 5·18 광주학살을 통해 공포분위기를 조성하고 제5공화국의 신유신체제를 출범시켰기 때문이다. 이 체제는 대통령의 임기가 7년 단임으로 되어 있는 등 제4공화국의 유신체제와 다른 점도 있지만 대통령의 선출방법과 국민들의 기

42) 송병락, 앞의 책, pp.556-557.

43) 위의 책, p.762.

본적 권리와 같은 중요한 사항에 있어서 유신체제와 비슷한 특징을 가지고 있었다.

거시적으로 볼 때 한국사회의 경제적 발전이 박 정권 몰락의 기반을 조성했다면 왜 그것은 박 정권이 유지해 온 독재적 정치체제의 붕괴로까지 가지 못했는가? 유신시대에 김종필 씨는 우리의 1인당 GNP가 1,000달러에 이르면 민주정치가 복원될 것이라고 말한 적이 있고 이것은 경제발전이 민주화를 가져온다는 상식에 기반을 둔 발언이었다. 1980년에 1인당 GNP는 1,592달러에 달했는데 민주적인 체제전환이 일어나지 못하고 제5공화국이라는 신유신체제가 수립된 이유는 어디에 있는가? 민주화가 되기에는 한국경제의 발전수준이 아직도 낮았다고 말할 수 있는가? 이 질문에 대해서는 대답을 하기 어렵지만 지금 돌이켜보면 당시의 사회경제적 발전수준이 민주화를 초래하지 못한 것은 역사적 사실이다. 당시 우리와 비슷한 경제발전수준을 가지고 있던 다른 여러 나라들도 민주화에 성공하지 못했고 대만이나 싱가포르 같은 나라는 우리보다 경제발전수준이 높은데도 불구하고 오늘날에 이르기까지 아직 우리 정도의 민주화도 이룩하고 있지 못하다. 이렇게 볼 때 1980년에 한국경제의 발전수준이 민주화가 일어나지 않을 수 없을 정도로 높은 것은 아니었고 경제발전수준과 민주화 간에 일률적인 상관관계가 있는 것은 아니라는 것도 알 수 있다.

1979년과 1980년의 상황에 게임이론을 적용하여 민주화운동의 양대 세력을 형성했던 김영삼과 김대중은 상호 분열되어 있었던 데 반해 신군부세력은 12·12 사태 이후 군과 정부에서 단일 세력을 형성하고 있었기 때문에 민주화 세력과의 게임에서 승리했다고 보는 견해도 있다. 이러한 시각에서는 1987년의 민주화 운동에 있어서는 양 김씨 세력으로 구성되는 민주화 세력이 분열되지 않고 반민주세력에 대해 공동투쟁을 전개한 반면, 반민주적 군부세력은 내부적으로 강경파와 온건파로 나뉘어져 있었기 때문에 민주화 세력이 직선제 개헌에 성공했다고 본다. 또한 이 견해는 1987년 대통령선거에서 민주화 세력이 다시 패배한 것은 민주화 세력이 양 김씨 세력으로 분열했기 때문이라고 본다.[44)]

게임이론의 시각에서 본 해석이 1987년의 경우에는 무리가 없다. 1987년에는 학생, 노동자, 중산층, 재야 정치세력으로 구성되는 광범위한 세력이 반군부독재 다계급 연합을 결성하고 있었기 때문이다. 이러한 연합은 1970년대 후반부터 결성되기 시작했지만 독재

44) Hyug Baeg Im, “Politics of Transition: Democratic Transition from Authoritarian Rule in South Korea,” Ph.D. Dissertation, University of Chicago, 1989 참조.

정권이 통제할 수 없을 정도로 그 세력을 신장시킨 것은 1980년대 중반에 와서라고 말할 수 있다. 이러한 연합세력의 대열을 앞장서서 이끌고 있던 대학생들의 투쟁은 분신자살을 감행하는 등의 방식으로 격렬해졌고 양 김씨의 단합은 이 연합의 결속력을 더 한층 제고시켰다. 제5공화국시대의 민중론은 급진적 성격을 띠었지만 이와 같은 반군부독재 다계급연합에 기반을 둔 논의였고[45] 한상진 교수의 중민론(中民論)도 제5공화국 당시의 중산층과 민중의 반군부독재연합을 가리키는 주장이었다.[46]

반유신연합이 유신시대부터 결성되기 시작했지만 제5공화국의 신유신시대를 거치면서 그 세력이 괄목할 만하게 신장되는 배경으로 우리는 제5공화국시대의 경제성장을 들지 않을 수 없다. 1987년의 1인당 GNP는 1979년의 1,644달러에서 1987년에는 3,110달러로 증가하였고 수출입총액은 1979년의 348억 달러에서 1987년대에는 848억 달러로 증가하였다. 특히 대한민국 역사상 처음으로 1986년부터는 무역수지의 흑자를 기록하기 시작하였고 이는 1989년까지 지속되었다. 무역수지의 흑자액수는 1986년 42억 달러, 1987년 77억 달러, 1988년 114억 달러, 1989년 46억 달러였다. 1981년부터 1987년까지의 경제성장률은 각각 5.9%, 7.2%, 12.6%, 9.3%, 7.0%, 12.9%, 13.0%로 매우 높았다. 제5공화국시대에 들어와 한국경제는 1970년대 말의 위기를 극복하고 다시 고도성장을 이룩했다고 말할 수 있다. 이러한 경제성장의 결과로 신중간계급은 1980년의 17.7%에서 1990년에는 25%로 증가하였고 노동자계급은 1980년의 22.6%에서 1990년에는 31%로 증가하였다. 이에 반해 독립자영농은 1980년의 23.2%에서 1990년에는 13%로 감소하였다.[47]

이와 같은 경제성장은 제5공화국시대의 업적이지만 이러한 업적이 결코 민주화 운동을 침체시키는 효과를 가져오지는 않았다. 이러한 경제업적은 유신시대에 있어서와 마찬가지로 오히려 군부독재체제의 기반을 침식시키고 민주화 운동을 강화시켰을 뿐이다. 중산층은 생활의 여유를 가지면 가질수록 군부독재에 대해서는 더욱 큰 혐오감을 갖게 되었고 크게 증가된 노동자계층은 제5공화국 정부가 그들의 단체행동의 자유를 억압적으로

---

45) 이정복, “한국에 있어서의 민중론”, 『한국정치연구』, 창간호(서울대학교 한국정치연구소, 1987), pp.179-198.

46) 한상진, 『중민이론의 탐색』(서울: 문학과지성사, 1991).

47) 이 책 p.223의 <표 2-2> 참조.

제한했기 때문에 제5공화국 체제를 격렬하게 반대하였다. 제5공화국 정부가 1970년대 말의 경제위기를 극복하지 못하여 한국경제의 위기가 지속되었다고 가정할 때 이러한 경제적 위기의 지속도 제5공화국 정치체제의 붕괴를 재촉하였을 것이다. 그러나 이 경우에는 그 이후의 민주화 과정이 보다 어려운 도전에 부딪쳤을 가능성이 컸을 것이다. 자유경제체제의 실패가 아닌 성공에 의한 독재적 정치체제의 붕괴는 한국 민주화의 장래를 위해 다행스러운 일이었다고 아니할 수 없다.

제5공화국시대의 경제발전속도가 빨랐거나 느렸거나에 관계없이 제5공화국의 수립과정에서 발생한 폭력성은 대다수 국민들의 군부독재체제에 대한 혐오감을 심화시켰고 이러한 폭력성의 가장 큰 피해자인 광주와 호남지역 주민들의 반군부독재의식은 어느 다른 지역 주민들보다도 높았다. 그들은 김대중 씨를 절대적으로 지지하였고 경남지역 주민들은 김영삼 씨를 거의 절대적으로 지지하였다. 1987년 양 김씨의 단합된 민주화 운동은 이 두 지역 주민들의 강력한 지지를 받았고 이러한 지역주의도 1987년 6월의 대통령 직선제 쟁취에 공헌하였다. 그러나 양 김씨의 가장 큰 지지기반과 동일시되는 지역주의는 그들이 분열된 후에는 1987년 12월 대통령선거에서 그들 둘을 모두 패배시키는 요인으로 작용하였다.

1987년 6월의 대통령 직선제 쟁취와 12월 양 김씨 패배는 이상 살펴본 바와 같이 이해할 수 있다. 그러나 1980년의 신유신체제의 수립을 민주화 세력의 분열에 그 책임이 있다고 본다면 이는 무리한 해석이다. 민주화 세력은 당시 충분히 조직되어 있지 못했고 박 정권이 무너졌으므로 한국정치가 민주화될 수밖에 없을 것이라는 순진하고 막연한 기대감을 가지고 있었다. 이러한 점에 있어서는 자유민주주의의 복원을 희구하던 대다수 국민들도 마찬가지였다. 또한 일부 국민들은 군부독재체제의 경제적 업적만을 중요시한 나머지 그 정치적, 사회적 해독에 대해서는 철저한 인식을 갖고 있지 못했다. 우리 국민들은 5 · 17 광주민주항쟁과 그 이후의 공포정치 비슷한 것을 경험함으로써 민주화의 어려움과 필요성을 보다 절실하게 느끼게 되었던 것이다. 한국의 민주화는 유신시대뿐만이 아니라 제5공화국시대라는 대가를 지불하고 나서야 비로소 그 뿌리를 내리기 시작했다고 볼 수 있다.

제5공화국시대에 와서는 국가와 재벌 간의 관계에도 변화가 일어나기 시작했다. 유신시대의 국가는 재벌기업들을 보호하고 키웠지만 제5공화국시대에 들어와서는 재벌기업들도 이제는 국가의 보호로부터 자립할 수 있을 만큼 커졌고 또 재벌기업들은 국가의 보호에 대해 엄청난 액수의 소위 준조세를 지불해야만 되었기 때문에 국가의 보호로부터 자유를 희구하기 시작하였다. 기업들이 세금 이외에 업무추진비용, 기부금, 정치자금 등으로 부담해야 했던 준조세(準租稅)의 총액은 1983년의 경우 기업들이 부담한 세금보다 많았다는 계산도 있다. 이뿐만 아니라 대기업들은 정부의 과다한 규제와 간섭에 대해서도 불만을 표시하기 시작하였고 금융자율화도 요구하였다.[48] 국가와 대기업 간의 이와 같은 관계 변화도 자유민주주의로의 체제 변화에 유리한 배경을 이루었다고 볼 수 있다.

제5공화국시대의 경제적 업적이 민주화에 공헌했다면 제5공화국 정부는 이와 같은 경제적 업적을 어떻게 이룩할 수 있었는가? 제5공화국 정부는 어떻게 1970년대 말의 경제위기를 극복하고 1986년부터는 무역수지흑자를 기록할 수 있었는가? 제5공화국 정부의 경제정책을 보면 첫째 외채를 더 빌려왔고, 둘째 중화학공업에 대한 투자조정을 하고 투자조정 대상업체들에게는 새로운 자금지원을 하였고, 셋째 금리를 대폭 인하하였고, 넷째 노동운동을 일체 금하고 때로는 임금동결을 하였고, 다섯째 1985년부터는 부실기업정리를 시작하였다. 그리고 이와 같은 경제정책은 1986년부터 달러의 약세와 엔고, 저유가, 저금리의 국제경제 환경을 맞아 고도경제성장과 4년 동안의 무역수지흑자라는 결과를 냈던 것이다.

1980년대 초 정부가 경제위기를 외자도입으로 일단은 넘기고 국제시장에서 경쟁력을 가질 수 있는 기업들만을 지원하고 이러한 기업들을 살리기 위해 금리를 인하해 주고 노동문제를 억압적으로 해결해 주는 경제정책을 채택한 것은 경제논리에 따른 정책만은 아니었다. 이러한 정책은 당시 레이건(R. Reagan) 행정부의 대한정책과 제5공화국 정부의 억압적 성격으로부터 나온 정책이기도 하였다.

1980년에 미소관계는 신냉전 상태에 있었고 레이건 행정부는 소련에 대해 강경노선을 취하고 있었다. 이러한 상황에서 레이건 대통령은 반공보루로서의 남한의 전략적 가치를 높게 평가했고 그 때문에 전두환 정권을 적극 지지하였다. 레이건은 한국이 외자를 도입할 수 있도록 지원하였고 일본이 한국을 경제적으로 지원할 것을 요청하기도 하였다.[49] 한국의 외채는 1979년에 203억 달러였으나 1983년에는 400억 달러, 1985년에는 467억

48) Jung-en Woo, 앞의 책, pp.176-203 참조.

49) Chong-Sik Lee, *Japan and Korea*(Stanford: Hoover Institution Press, 1985), pp.105-140 참조.

달러로 증가하였다. 1980년에 한국이 개발도상국들 중에는 브라질 다음으로 많은 외채를 가지고 있었음에도 불구하고 계속 외자를 도입할 수 있었던 것은 미국의 지원에 크게 힘입은 것이었다. 레이건은 반공보루로서의 한국의 역할을 중요하게 생각하고 이와 같은 지원을 하였지만, 다른 한편에 있어서는 한국시장의 개방과 무역자유화를 요구하기도 하였다. 제5공화국 정부가 경제자유화 정책을 채택하고 시장원리에 따른 경제구조의 조정을 시도한 것은 한국경제가 이러한 조정이 필요한 발전단계에 와 있었다는 것 이외에 이와 같은 미국의 요구에 부응한 정책이기도 하였다. 제5공화국시대의 노동운동 억제정책은 일시적으로 한국경제의 국제경쟁력 제고에 공헌했는데, 이 정책은 제5공화국의 군부독재적 성격을 떼어놓고는 실현이 불가능한 정책이었다.

V. 민주화 시대의 정치경제적 분석

5 · 16 쿠데타 이후 18년간의 박정희 정권과 8년간의 전두환 정권은 한국의 경제발전이라는 목표에 정책적 초점을 맞춘 정권이었다. 이 두 정권은 절차적 정통성의 결손을 경제적 업적으로 보충하려고 온갖 노력을 다 기울인 정권이었다. 국민 모두의 염원이었던 경제적 업적을 내지 않으면 정권이 절차적 정통성 결손으로 언제 무너질지 모른다는 위기 속에 있었기 때문에 이 업적을 내는 데 일차적 목표를 둘 수밖에 없는 정권이었다.

이에 비해 민주화 이후 노태우, 김영삼, 김대중 정권과 노무현 정권은 모두 절차적 정통성을 가지고 있는 정권이기 때문에 경제적 업적을 내지 않으면 무너질 수도 있다는 위기감을 가지고 있지 않은 정권들이었다. 또한 이 정권들은 업적에 따른 직접적 보상(예: 정권 연장)을 받을 수 없는 5년 단임 정권이었기 때문에 경제적 업적을 내야겠다는 결의 같은 것을 가지고 있지 않았다. 이뿐만 아니라 이 시대의 정권들은 독재정치시대에 오랫동안 억눌렸던 여러 가지 사회적 요구들에 대응하고, 또한 탈냉전과 세계화 시대라는 새로운 국제환경에도 적응해야만 하는 정권들이었다. 그리고 민주화, 탈냉전, 세계화는 정권이 경제발전이라는 목표를 세우고 이에 맞게 정책을 수립하고 일사불란하게 집행할 수 있는 능력을 제한하였다. 이러한 여러 가지 이유 때문인지는 몰라도 노태우, 김영삼, 김대중, 노무현 정권의 경제적 업적은 독재시대에 비해 떨어진다는 평가를 오늘날 받고 있다. 군부독재정권은 한국경제를 세계 최빈국의 수준에서 중진국 수준으로 발전시켰으나 민주화 정권은 선진국 진입이라는 한국의 과제를 아직까지 달성하고 있지 못하다.

민주화 시대의 경제적 업적에 대한 이러한 평가는 이 시대의 경제성장률을 보면 명백하게 이해할 수 있다. 노태우 시대(1988~1992)의 경제성장률은 10.5%, 6.7%, 9.2%, 9.4%, 5.9%로 평균 8.3%의 성장률을, 김영삼 시대(1993~1997)의 성장률은 6.1%, 8.5%, 9.2%, 7.0%, 4.7%로 평균 7.1%의 성장률을, 김대중 시대(1998~2002)의 성장률은 -6.9%, 9.5%, 8.5%, 3.8%, 7.0%로 평균 4.2%의 성장률을, 노무현 시대(2003~2005)의 성장률은 3.1%, 4.6%, 4.0%로 평균 3.9%의 성장률을 각각 나타내고 있다. 이를 일인당 GNI(국민총소득)로 보면 노태우 시대에는 1987년의 3,201달러에서 1992년의 7,527달러로 증가하였고, 이는 김영삼 시대 말인 1997년에 1만 1,176달러로, 김대중 시대 말인 2002년에 1만 1,499달러로, 그리고 2005년에 1만 6,500달러로 각각 증가하였다. 이러한 통계는 민주화 시대의 경제성장률이 군부독재시대에 비해 떨어지고 있고, 또 민주화 시대에 들어와서는 정권이 바뀜에 따라 점점 경제성장률이 둔화되고 있다는 것을 나타내고 있다.

특히 김영삼 시대는 외환관리를 잘못하여 IMF 사태를 초래하였고 이 때문에 일인당 GNI는 1998년에 7,335달러로 대폭 하락하였다. 김대중 시대는 김영삼 시대의 실책으로 이와 같이 대폭 하락한 일인당 GNI를 IMF 사태 이전 수준으로 회복한 시대였다. 김영삼 시대의 5년은 경제적으로는 잃어버린 5년이었다. 2005년의 일인당 GNI 1만 6,500달러는 1달러당 1,200원이었던 2002년의 환율이 1,000원 이하로 하락한 결과에도 기인하는 것으로 노무현 시대에도 그 이전 시대의 저성장이 지속되고 있다.

그러나 김영삼 시대 말에 고갈되었던 외환보유고는 현재 2천억 달러를 상회하고 있어 한국경제에 외환위기가 다시 올 위험성은 희박하다고 볼 수 있다. 이는 무역규모가 꾸준히 증가하고 계속 무역흑자를 이룩한 데 기인한다. 한국의 무역규모(상품수출액+상품수입액)는 1998년의 2,200억 달러에서 1999년에는 2,600억 달러로, 2000년에는 3,300억 달러로 증가하였고, 2001년에는 2,900억 달러로 하락하였으나 다시 2002년에는 3,100억 달러로, 2003년에는 3,700억 달러로, 2004년에는 4,700억 달러로, 2005년에는 5,500억 달러로 증가하였다. 그리고 1998년부터 현재까지 계속 무역흑자를 이룩하여 상품서비스수지(상품수지+서비스수지)의 흑자 액수는 1998년 427억 달러, 1999년 278억 달러, 2000년 141억 달러, 2001년 96억 달러, 2002년 66억 달러, 2003년 145억 달러, 2004년 294억 달러, 2005년 236억 달러에 달했다. 수출증가율은 노무현 시대에 들어와 높은 증가율을 보이고 있다. 전년 대비 수출증가율은 2000년 19.9%, 2001년 -12.7%, 2002년 8.0%에서 2003년 19.3%, 2004년 31.0%, 2005년 12.2%로 증가하였다. 노무현 시대의 높은 수출증가율은 대중국 수출액의 증가에도 힘입은 것으로 2005년 총수출액의 21.9%를 중국이 차지하고 있다. 이에 비해 미국은 같은 년도에 우리 총수출액의 14.5%를 차지하였다. 현재 우리의 주력 수출품목은 자동차, 반도체, 일반기계, 석유화학, 선박, 철강 등이다.[50)]

민주화 시대의 경제적 저성장에 대해 이를 일인당 국민소득 1만 달러에 다다른 국가들이 겪는 공통된 현상으로 정상적이라고 보는 견해도 있다. 과거 1970~1980년에 일인당 국민소득 1만 달러를 달성한 선진국들이 대부분 노사갈등, 고임금, 복지비용 등으로 저성장시대에 들어갔고, 영국은 1980년에 일인당 소득 1만 달러에 근접했으나 7~8천 달러로 후퇴했다가 7년 후에야 다시 1만 달러로 진입했다는 것이다. 노무현 대통령과 그의 대변인들도 이러한 관점에서 한국경제가 OECD 국가들의 평균성장률보다 높게 성장하고 있고 경제가 잘 되고 있다고 강조하고 있다. 그러나 민주화 시대 한국의 경제적 업적이 군부독재시대에 비해서 떨어질 뿐만 아니라 과거 소득 1만 달러 시대의 일본이나 독일보다 떨어지고 있고 현재의 경제성장률이 대만, 홍콩, 싱가포르보다 낮다는 것은 부정할 수 없는 사실이다. 한국경제가 이러한 상태에 있게 된 배경에는 여러 가지 요인들이 있겠지만 그 중 한 요인으로 민주화 시대 각 정권의 정책을 살펴볼 필요가 있다.

노태우 대통령은 전임 대통령들과는 달리 직선제로 당선되었다는 사실에 만족하고 한국경제의 장래에 대해서는 안이한 생각을 가지고 있었다. 그는 독재시대의 억압정책만 철회하면 전임 대통령들보다는 높은 평가를 받을 수 있었기 때문에 한국경제의 문제점들을 직시하지 못했다. 전두환 시대의 고속성장, 무역흑자, 물가안정이 그의 경제정책뿐만 아니라 저유가, 저금리, 저달러 등 소위 3저현상의 국제경제환경에 기인한 것이고, 이러한 3저현상은 오랫동안 지속되는 것이 아니고, 3저현상의 소멸이 한국경제에 커다란 충격을 줄 것이라는 것을 이해하지 못했다. 한국경제는 이미 기술집약적 분야에서는 선진

50) 여기에 나오는 통계는 대부분 김인준 교수가 2005년 10월 20일 서울대학교 사회과학연구원에서 발표한 "1997년 경제위기와 한국경제의 진로"에 실려 있는 통계표에 근거해 있다.

국들에게 밀리고 노동집약적인 분야에서는 중국과 동남아제국들의 추격을 받고 있는 상황이었다. 그러나 노 대통령은 이와 같은 한국경제의 문제점을 해결하는 정책을 채택하지 않았다. 그는 한국경제의 국제경쟁력 향상에 필요한 기술발전과 사회간접자본 확충에 투자하지 않고 집권 초부터 주택 2만호건설을 추진하였다. 이와 같은 건설정책은 건설노동자들의 임금을 대폭 상승시키고 제조업 분야 노동자들의 임금도 마찬가지로 상승시켰다. 노 정권의 이러한 경제정책의 결과로 건설업이 호황을 누리고 국민들의 소비성향이 높아졌지만 한국경제의 국제경쟁력은 저하되어 3저현상이 소멸되는 1990년부터 무역수지는 다시 적자로 돌아서 그것이 대체로 1997년 IMF 사태가 올 때까지 지속되었다. 노태우 시대의 연간 평균경제성장률은 8.3%의 높은 성장률을 보이고 있지만 이러한 성장률은 바로 지적한 바와 같이 건설투자와 내수에 기반하고 있었다.

노태우 대통령은 집권 후반기에는 북방정책과 대북정책을 추진하는 데 심혈을 기울였다. 그는 30억 달러를 제공하고 구소련과, 그리고 몇 억 달러를 주고 헝가리와 같은 동구국가와 외교관계를 수립하였다. 노 대통령의 대변인들은 북방정책을 그의 업적으로 아직까지 찬양하고 있지만 이 정책은 국고낭비정책 외에 그 아무것도 아니다. 한국이 1년만 기다렸어도 이들 제국과의 외교관계 수립에 이와 같은 원조는 불필요한 것이었을 것이다. 주지하다시피 구소련과 헝가리의 공산정권은 노태우 정권의 원조를 받은 후 곧 붕괴해 버렸기 때문이다. 노 대통령은 그렇게 쓰면 안 될 국민들의 돈을 무책임하게 낭비한 것이다. 이러한 돈도 그것이 노 대통령이 사용할 수 있는 여유자금이었다면 한국경제의 국제경쟁력 향상에 투자했어야만 했을 자금이었다.

요약건대, 노태우 대통령은 전두환 시대와 3저호황이 남긴 경제적 여유와 1988년의 올림픽 개최를 배경으로 한국경제의 국제경쟁력을 향상시킬 수 있는 정책을 수립할 수 있었는데 그러한 정책을 수립하지 못했다.

김영삼 대통령은 집권 초부터 "신경제 100일 계획"과 "신경제 5개년 계획"을 수립하고 추진하였다. "신경제"는 경제발전의 원동력을 과거와 같이 정부의 지시와 통제에 두지 않고 민간의 참여와 창의에 두는 경제로 이를 위한 경제제도 개혁과 각 경제 주체의 의식개혁을 강조하였다. "신경제 100일 계획"은 금리인하 조치를 포함한 경기활성화 정책, 중소기업육성정책, 기본생필품 가격안정정책을 포함하였다. "신경제 5개년 계획"은 연평균 7%의 성장률을 달성하고, 경상수지는 1993년에 -14억 달러, 1994년에 0.0달러,

1995년에 9억 달러, 1996년에는 21억 달러, 1997년에는 37억 달러, 1998년에는 53억 달러를 달성하고, 소비자 물가는 연평균 3.7%로 안정시키고, 1998년에 1인당 GNP 1만 4천 달러를 이룩한다는 계획을 포함하고 있었다.

김 정권은 이러한 계획 지표 중 연평균 경제성장률의 목표만 달성할 수 있었고 경상수지와 소비자 물가의 달성목표는 달성하지 못했다. 그 중에서도 특히 경상수지의 실적은 계획과는 아주 동떨어진 것이었다. 경상수지는 1993년에만 3억 8천만 달러의 흑자를 기록하여 계획 목표를 초과 달성하고 그 이후에는 계속 적자를 나타냈다. 경상수지 적자액수는 1994년에 45억 3천만 달러, 1995년에 89억 5천만 달러, 1996년에는 230억 달러, 1997년에는 81억 7천만 달러를 기록하였다. 1996년의 경상수지 적자 230억 달러는 GNP의 4.5%에 달하는 것으로 우리 경제에 외환위기가 올 수 있다는 적신호임에도 불구하고 김영삼 정권은 이에 대한 대처를 하지 않았다. 1996~1997년의 한보철강과 기아자동차 등의 부도사태, 그리고 1997년의 동남아의 외환위기는 한국경제의 신뢰도를 떨어뜨렸고, 그 결과로 외국 은행들이 외채상환을 압박하는 등 외국자본이 한국으로부터 빠져 나감으로써 한국경제에 IMF 사태가 온 것이다. 제2차 석유파동의 충격시기인 1979~1981년에는 경상수지 적자액수가 각각 GNP의 6.6%, 8.5%, 6.6%에 달했으나 전두환 정권이 미일과 차관 교섭에 성공하고 그후 무역수지의 흑자를 기록함으로써 위기를 모면할 수 있었다. 김영삼 정권은 집권 말이라 경상수지 적자문제에 대해 적극적 대책을 마련하기보다는 1997년 말에 무리하게 환율을 방어하는 등 이를 어물쩍 다음 정권에 넘기려는 자세를 유지하고 외환위기를 방치하다가 IMF의 철퇴를 맞았다고 볼 수 있다.

김영삼 시대의 경상수지 악화는 근본적으로는 한국경제의 국제경쟁력 약화, 혹은 고비용-저효율 구조에 기인했다고 말할 수 있다. 1980년대 후반부와 1990년대 전반부에 있어 한국의 임금상승률은 노동생산성 증가율을 상회하였고 우리의 경쟁국인 일본이나 대만보다 높았다. 또한 한국경제는 기술적인 취약성, 공공부문의 저효율성, 민간부문의 과잉중복투자, 고물류비, 고금리 등에 따른 저효율성을 가지고 있었다. 그러나 한국에 외환위기가 오게 된 배경으로 이러한 근본적 문제 외에도 김 정권의 경제관리, 특히 외환관리에 문제가 있었다는 것을 지적하고 싶다.

김영삼 정권은 1993년 말에 WTO 체제가 출범함에 따라 이에 따른 무역자유화 조치를 보다 광범위하게 취해야 했고 OECD 가입을 위해 자본시장의 개방과 외환거래의 자유화도 과거와는 비교가 안 될 정도로 폭넓게 허용하였다. 김 정권이 OECD 가입을 위해 취한 조치로는 해외여행 및 해외이주경비 확대, 기업의 해외직접투자와 현지 금융의 자유화, 기관투자가들의 해외예금한도 확대, 법인과 기업의 해외예금한도 확대, 외국인 투자제한업종 대폭축소 등이 있었다. 이와 같은 조치들은 외화의 해외 유출과 외국자본의 유입이라는 두 가지 결과를 초래하였다. 예를 들어 외화의 해외 유출을 보면 외국항공사에 대한 여객운임과 여행경비만 해도 1994년 50억 달러, 1995년 70억 달러, 1996년 100억 달러에 달하였다. 다시 말해, 경상수지적자 중 무역 외 수지의 적자가 차지하는 비율이 1992년에 58%에 다다랐고 1995년에는 41%가 되었다. 노태우 시대 말부터 우리 국민들은 외화를 외국에서 흥청망청 쓰는 성향을 나타냈고 그것은 외환거래 자유화 조치의 산물이었다. 다른 한편, 외국자본의 유입은 우리 원화의 고평가를 초래하여 경상수지의 개선을 어렵게 만드는 부작용을 초래하였다. 자본시장의 개방과 외환거래의 자유화는 경상수지흑자와 병행해서 진행되었어야 했을 텐데 김영삼 정권은 임기 내 OECD 가입이라는 목표를 달성하기 위해서였는지는 몰라도 그렇게 하지 못한 것이다.

김영삼 정권은 1994년에는 9개의 투자금융회사를, 1996년에는 15개의 투자금융회사를 각각 종합금융회사로 전환시켜 1996년에는 기존의 6개 회사를 포함해서 총 30개의 종합금융회사들이 난립하여 경쟁하게 만들었다. 특히 30개 종합금융회사 중 28개의 회사가 외환업무를 취급할 수 있었다. 김 정권은 엄격한 기준 없이 종합금융회사 허가를 내주었고 이에 대한 업무감사도 형식에 그쳤다. 이러한 종금사들의 30대 재벌그룹에 대한 대출비중이 1997년 3월 말에 51%에 달했고 대기업들의 경영 악화는 바로 종금사의 부실로 나타났다. 외국환 은행의 해외점포도 1993년 175개에서 273개로 대폭 증가하였고 이들은 외국 은행들로부터 금리가 낮고 차입이 쉬운 단기자금을 빌리는 데 주력하였다. 그 결과 단기외채의 비중이 1991년의 44%로부터 1997년에는 55%로 증가하였다. 종금사, 투자신탁회사 및 보험회사들이 경쟁적으로 역외펀드(1997년 말 총 166개)를 설치하여 고위험-고수익 위주로 운영하였으나 김영삼 정부는 이들의 방만한 해외 영업을 규제하지 않았다.

김영삼 정권은 소위 30대 재벌그룹의 부채비율을 통제하지 않았다. 이들 30대 재벌그룹의 자기자본에 대한 부채총액의 비율은 1995년의 347.5%에서 1997년에는 519.0%로 증가하였다. 특히 한보그룹은 1996년 말 부채비율이 무려 3,199%에 달했고 삼미, 진로,

대동, 기아, 해태, 뉴코아, 한라 그룹 등의 경우에도 부채비율은 600~700%에 달했다. 이들 7개 그룹의 차입총액은 28조 8천억 원으로 이들의 부도는 이들의 주거래 금융기관의 부실로 연결되었다. 한국의 대기업들이 투자를 집중했던 반도체, 철강, 자동차 등의 부문이 이미 과잉중복투자 상태에 있었고 1996년부터는 세계적 공급과잉 상태를 맞아 어려움에 직면해 있었으나 김영삼 정권은 이를 조정하지 않았고 삼성자동차의 설립을 허가함으로써 이 부문의 중복과잉투자를 오히려 조장하였다.

김영삼 정권은 1995년에 국민 1인당 소득 1만 달러 시대를 열고 1996년 말에 29번째 OECD 회원국이 됨으로써 국민들에게 한국도 이제 선진국의 문턱에 들어섰다는 환상을 심어 주었다. 그러나 이러한 환상의 배경에는 바로 지적한 바와 같은 경제정책상의 실책이 있었고 이러한 실책 위에 서 있는 환상이 실상으로 전환될 수는 없는 것이었다.[51)]

한국정부는 1997년 11월 21일에 국제통화기금(IMF)에 구제금융을 요청했다. 이에 따라 IMF는 IMF의 210억 달러, 세계은행(IBRD)의 100억 달러, 아시아개발은행(ADB)의 40억 달러, 미국, 영국, 독일, 일본 등 주요 선진국들의 220억 달러 등 도합 570억 달러의 차관을 한국에 공여하였고, 이러한 공여의 조건으로 한국정부는 IMF가 요구한 통화 및 환율정책, 재정정책, 무역 및 자본거래 자유화 정책, 기업 구조조정정책, 노동시장 개혁정책 등을 수립하였다.[52)]

김대중 대통령은 IMF의 요구대로 자본시장을 완전 자유화하고 외국자본을 유치하는 데 커다란 노력을 기울였다. 그 결과 1998년에 7억 달러의 직접투자와 -19억 달러의 증권투자가 있었던 데 비해 1999년에는 51억 달러의 직접투자와 87억 달러의 증권투자, 2000년에는 43억 달러의 직접투자와 120억 달러의 증권투자, 2001년에는 11억 달러의 직접투자와 66억 달러의 증권투자, 2002년에는 -2억 달러의 직접투자와 7억 달러의 증권투자가 있었다. 2002년은 정권교체기의 정치적 불안정 때문에 외국자본의 유치가 저조했다고 볼 수 있고 그 이후 노무현 정권의 출범과 더불어 외국자본의 유입은 다시 정상화되었다. 2003년에는 1억 달러의 직접투자와 179억 달러의 증권투자, 2004년에는 34억 달러의 직접투자와 93억 달러의 증권투자가 있었다.[53)]

---

51) 박진근, 『세계경제속의 한국경제 40년』(서울: 박영사, 2000), pp.183-295 참조.

52) 위의 책, pp.296-347 참조.

53) 김인준, 앞의 발표문 통계표.

김대중 대통령은 집권 후 1년 동안에 8차례에 걸쳐 IMF와 협의하여 한국의 경제개혁 내용을 수정했지만 고금리정책과 긴축재정정책을 채택하고 기업, 금융, 노동, 공공부문의 구조개혁을 추진하였다. 기업부문의 구조개혁은 기존 채무를 감당할 수 없는 부실기업을 처리하는 것과 앞으로는 기업부실이 일어나지 않도록 기업의 구조를 개혁하는 두 가지 과제를 중심으로 진행되었다. 부실기업 처리는 5대 재벌과 그 이하 재벌들로 나누어 진행되었다. 5대 재벌은 내부적으로 사업구조조정을 하도록 하였고 재벌 간에는 빅 딜을 하게 하였다. 그 이하 재벌 그룹의 부실기업에 대해서는 채권금융기관 주도하의 워크아웃 방식을 채택하였다. 그리하여 1998년 말까지 88개 기업의 워크아웃이 진행되었고 이들 기업의 채무는 35조 원에 달했다. 1999년 8월에는 대우 그룹 12개 계열사가 이에 합류하였고 대우의 채무는 65조 원에 달했다. 기업의 구조개혁원칙으로 1998년 1월 정부와 재계는 (1) 기업경영의 투명성 제고, (2) 상호지급보증(채무보증) 해소, (3) 재무구조의 획기적 개선, (4) 핵심주력사업으로의 역량집중 및 중소기업과의 협력 강화, (5) 지배주주와 경영자의 책임성 강화의 5대원칙에 합의하였다. 김대중 정부는 이 5대원칙을 보완하는 원칙으로 1999년 8월에 (1) 제2금융권의 지배구조 개선, (2) 계열사 간 순환출자의 억제 및 부당내부거래 차단, (3) 변칙적인 상속과 증여의 방지라는 3대 원칙을 제시하였다. 이 3대원칙이 추가된 이유는 재벌의 제2금융권 지배와 계열사 간의 지원을 통해 기업구조조정이 차질을 빚고 편법적인 경영권 세습도 일어나고 있는 데 있었다. 특히 1987년에 도입된 출자총액제한제도는 1998년 2월 외국인의 적대적 M&A 허용에 따라 한국인의 경영권을 방어한다는 명목에서 폐지되었다가 2001년에 재도입되었다. 그 재도입의 이유는 이 제도의 폐지가 실제로는 외국인에 의한 적대적 M&A를 방지하는 데보다는 재벌총수가 적은 지분으로 다수 계열사를 지배하는 수단으로 이용된 데 있었다.

김대중 정권의 금융구조개혁은 부실금융기관을 정리하고 공적자금 지원 등을 통하여 금융산업을 시장원리에 따라 정상화하는 데 두었다. 김 정권은 금융기관의 부실채권을 신속하게 정리하기 위해 천문학적 단위의 공적자금을 투입하였다. 김 정권은 2001년 12월 말까지 155.3조 원에 달하는 공적자금을 금융기관의 정상화와 부실금융기관의 처리에 사용하였다. 김 정권은 1998년 10월 말 기준으로 5개 은행, 16개 종금사, 2개 증권사, 1개 투신사, 15개 상호신용금고, 17개 신용협동조합을 인가 취소하고 4개 증권사, 4개 보험사, 1개 투신사, 12개 상호신용금고, 29개 신협을 영업정지 처분하였다. 특히 5개 부실은행의 주주들의 주식은 소각되었고 경영진들은 부실책임을 졌고 직원들의 50~70%가 정리되었다. 그러나 그후 대우그룹의 워크아웃 추진에 따른 금융기관의 손실이 31.2조원에 달하고 2000년 현대그룹의 유동성 문제가 지속되고 일부 부실기업 및 금융기관의 정리지연으로 금융시장의 불안이 계속되었다. 이에 김 정권은 "제2단계 금융구조 개혁계획"을 수립하고 이를 추진하였다. 이 계획에 따라 김대중 정부는 한빛, 서울, 평화, 제주, 광주, 경남의 6개 은행에 대해 BIS 기준 자기자본 비율이 10% 수준이 되도록 공적자금을 투입하고 그들 중 4개 은행은 금융지주회사의 자회사로 편입시키고 제주은행은 신한은행에 매각하도록 하였다. 그리고 경영상 문제가 있는 종금사, 증권사, 보험회사, 신용금고, 신협에 대해서도 경영정상화를 위한 조치를 다시 취했다. 이와 아울러 김 정권은 금융기관에 대한 감독을 강화하기 위해 1998년년 4월에 금융감독위원회를 설립하고 1999년 1월에는 이를 금융감독원으로 통합하였고, 이외에도 금융기관의 투명성을 제고하고, 예금전액 보장제도의 부분보장제도로의 전환을 포함하는 상시구조조정 시스템을 구축하고, 금융시장의 인프라를 정비하기 위한 정책들을 수립하였다.

김대중 정권의 노동부문 개혁은 노동시장의 유연성 제고, 실업대책과 사회안전망 확충, 노동기본권 신장의 세 가지로 구성되어 있다. 김 대통령은 집권 직후 노동대표, 사용자 대표, 정부 대표의 3자가 참여하는 노사정위원회를 만들고 이 위원회의 합의에 기반해서 노동부문의 개혁을 추진하였다. 이러한 위원회의 전신으로는 국민경제사회협의회(1990), 노・경총 중앙노사합의(1993~1994), 노사관계 개혁위원회(1996~1997)가 있었으나 제대로 작동되지 못했고 노사정 삼자협의가 어느 정도나마 이루어진 것은 김 대통령의 노사정위원회가 처음이었다고 말할 수 있다.

김 정권은 노동시장의 유연성을 제고하기 위해 고용조정(정리해고)과 파견근로를 입법화하고 임금유연성을 강화하였다. 정리해고제는 김영삼 정권 시절인 1997년 3월 노동법 개정으로 입법화되고 2년간의 유예기간 후인 1999년 3월부터 발효될 예정이었으나 1998년 2월 6일에 노사정 대타협을 통해 유예기간 없이 즉각 실시하게 되었다. 이때에 파견근로법에도 합의를 보아 그간 음성적으로 이루어지던 파견근로사업이 양성화되었다. 이와 아울러 김 정권은 연공서열형 임금체계로부터 능력과 성과에 부합되는 연봉제의 유연보상체계의 도입도 적극 추진하였다. 김 정권의 이러한 정책으로 한국의 기업들은 대대적인 정리해고를 할 수 있었고 그 결과 실업자들이 대폭 증가하였다. 김 정권은 이러한 실업대책으로 고용안정지원, 새로운 일자리창출, 직업훈련, 생활안정지원(실업급여)에 적극적 자세를 유지하였다. 김 정권은 노동시장의 유연성을 제고하기 위한 입법에 노동측이 합의하도록 만든 반면에 노동 측에는 그들의 기본권을 확대하는 여러 가지 조치를 취하였다. 김 정권은 노동조합의 정치활동을 보장하고 교원노조를 제외한 노조는 선거기간 중 특정 정당을 지지하거나 반대할 수 있게 하였다. 김 정권은 1999년 7월 1일에 전국교직원노조를 합법화하였고 같은 해 11월 22일에는 민주노총을 합법화하였다.

김대중 정부는 중앙정부, 지방자치단체, 공기업 및 정부산하기관 등 공공부문의 조직, 인사, 재무관리와 운영시스템의 개혁에도 노력을 기울였다. 김 정권은 1997년 12월에 93만 5,759명이었던 공무원 수를 2002년 6월에 88만 2,690명으로 줄여 5만 3,069명을 감축하였다. 공기업은 7개를, 공기업의 자회사를 포함하면 총 69개를 민영화하였고 공기업의 인력도 총 4만 1,704명을 감축하였다. 김 정권은 한국담배인삼공사, 지역난방공사, 한국가스공사, 한국전력공사 등의 민영화도 추진하였으나 달성하지 못했다. 규제개혁, 정보공개, 민원업무 개선 등 대국민 서비스를 개선하기 위한 여러 가지 조치를 취했고 특히 행정의 전산화를 통해 전자정부를 만드는 데에도 커다란 노력을 기울였다.

김대중 정부는 IMF의 구제금융을 받고 외자를 유치하고 IMF의 처방에 따른, 다시 말해, 신자유주의적인 구조조정을 함으로써 한국경제의 외환위기를 극복하는 데 성공했다. 이러한 성공의 배경으로는 IMF 사태라는 위기상황이 가장 중요하지만 이외에도 김대중 정권이 그 전 정권들에 비할 때는 상대적으로 노동자와 소외계층을 위하는 정권이라는 이미지도 중요하다고 말할 수 있다. IMF 사태와 신자유주의적 구조조정으로 많은 국민들이, 특히 노동자들과 소외계층이 고통을 받았는데, 김대중 정권은 이러한 이미지 때문에 그들의 반발을 최소화하고 IMF 사태 극복에 국민들의 협력을 얻을 수 있었다.

김대중 대통령은 IMF 사태를 예정보다 일찍 극복했고 그 이후에는 대북정책에 심혈을 기울여 2000년 6월에는 북한의 김정일을 방문하여 6・15선언을 끌어냈다. 2001년에 한국경제가 다시 침체국면으로 진입하자 김대중 대통령은 신용카드 대출과 주택담보 대출을 확대하는 정책 등 경기부양책을 채택하였다. 그 결과 2001년에 3.8%였던 경제성장률은 2002년에는 7.0%로 증가하였다. 그러나 이러한 정책의 결과로 부동산 가격이 폭등하고 300만 명에 가까운 신용불량자가 생겨났다. 김 대통령의 정권 말기 경기부양책은 후계세력의 집권을 위해서는 택할 수밖에 없는 정책이었다고도 볼 수 있다.

김대중 시대의 적극적인 외자유치정책으로 2001년 말 기준 외국인 투자자들은 우리나라 10대 그룹 주식의 44.5%를 가지고 있고 그 중에서도 포스코 61.6%, 삼성 52.8%, SK 44.2%, 롯데 34.6%, 현대 33.7%를 보유하고 있다. 2004년 9월 현재 주요 시중 은행들의 외국인 지분율은 50.8%로 1998년 말의 12.3%보다 대폭 증가하였다. 또한 현재 외환은행, 제일은행, 한미은행은 그 경영권을 외국회사들이 가지고 있다. 이러한 외국자본은 경영의 투명성, 수익성, 책임성을 제고시키는 역할을 하기도 하지만 다른 한편 증권시장과 환율에 커다란 영향을 미쳐 한국경제의 안정성을 저해하는 요인으로 작용하고 있기도 하다.[54)]

김대중 시대의 은행 매각도 최근 논란거리가 되고 있다. 그 당시에도 일부 경제학자들은 정부가 15조 원의 공적자금을 투입한 제일은행을 외국자본에 5천억 원에 매각한 것은 현명하지 못한 처사였다고 비판하였었다. 최근에는 론스타(Lone Star Funds)의 외환은행 매각 계획이 문제가 되고 있다. 론스타는 2003년에 외환은행 지분 51%를 1조 3,800억 원에 인수했는데, 이를 3조 안팎의 이득을 넘기고 매각하려고 하고 있다.[55)] 정부는 은행 매각 이유 중 하나로 외국으로부터 최신 경영기법을 배울 수 있다는 것을 들었는데, 실제로는 외국자본에게 엄청난 돈을 벌 기회를 준 것에 불과하게 된 것이다. 이뿐만 아니라 당시 정부와 외환은행 관계자들이 론스타에게 외환은행을 팔기 위해 이 은행의 BIS 자기자본비율을 고의적으로 낮추었다는 의혹도 제기되고 있다.[56)]

노무현 정권은 노동자들과 서민들을 위하고 반기업적인 정서를 가지고 있는 정권이라는 분위기를 연출하고 있다. 농민과 노동자들의 시위는 끊이지 않고 때로는 폭력화되는 불상사도 일어나고 있다. 기업인들은 이 정권에서 혹시나 다칠까 두려워 바짝 엎드려서

54) 『국민의 정부 5년 국정자료집 2, 경제』(서울: 국정홍보처, 2003), pp.198-328과 고원, 『한국의 경제개혁과 국가』(서울: 한국학술정보, 2005), pp.155-269 참조.

55) 『중앙일보』, "외환은행 매각 주간사 미 씨티그룹 확정", 2006년 1월 13일 E2면.

56) 『조선일보』, "론스타에 환은(換銀) 매각 2003년 정부 잘못", 2006년 2월 6일, B3면. 이 보도는 국회 재경위 문서검증반의 보고서에 근거한 것이다. 이 보고서에 따르면 외환은행 매각 직전인 2003년 6월 당시 은행 내부에서 추정한 BIS 비율은 9.14%였는데, 한 달 뒤인 7월에 갑자기 6.2%로 떨어졌다는 것이다. 우리나라 은행법은 은행이 아닌 론스타는 원칙적으로 국내 금융기관의 대주주가 될 수 없도록 규정하고 있으나 부실금융기관의 경우에는 대주주가 될 수 있도록 허용하고 있다. 정부와 외환은행은 론스타에게 은행을 매각하기 위해 외환은행의 BIS 비율을 8% 이하로 조작하여 부실금융기관으로 만들었다는 것이다.

이 정권의 임기가 끝나기를 기다리고 있다. 또한 여태까지의 한미동맹관계와 한일관계를 약화시키고 북한과 중국에 경사된 자세를 가지고 있는듯한 분위기도 보이고 있다. 미일의 지도자들도 노 정권의 대외정책이 한국 국민들 대다수의 지지를 받는 정책은 아니라고 이해하고 관계 개선은 노 정권이 퇴임한 이후에나 가능하다는 판단을 하고 있다.

노무현 정권은 출범 1년여 만에 국회의 탄핵을 받아 논란거리가 되었고, 그 이후에는 과거사 청산, 국가보안법 폐지, 연정, 동북아 균형자 제안 등으로 국론을 분열시켰고, 최근에는 서울의 강남 거주민들에 대한 비판, 사학법 개정, 황모, 유모 사태로 나라 전체를 시끄럽게 만들고 있다. 또한 연공서열을 무시해도, 아주 크게 무시하는 인사정책으로 세대 간의 갈등을 조장하는 듯한 느낌도 국민들에게 주고 있기도 하다. 노무현 정권은 이러한 여러 가지 이슈에 대해 여당인 열린우리당과의 협의를 생략하거나 당의 의사에 반하는 결정을 내림으로써 최근에는 열린우리당과도 갈등상황 비슷한 것을 만들어 내고 있다. 노 정권은 사회적 갈등을 봉합하기보다는 조장하고 있고 국민들을 통합하기보다는 분열시키고 있다는 인상을 주고 있다. 노 대통령은 사회적 갈등과 분열이 그의 권력 유지에 유리하다는 판단을 내리고 있는 것은 아닌지 모르겠다.

노 정권은 전임 김대중 정권과의 연장선상에서 경제정책을 펴가고 있고 행정수도 이전, 정부 주요기관과 공기업의 지방분산, 부동산 투기억제정책 외에는 노 정권의 정책이었다고 이름을 붙일 만한 정책을 가지고 있지 않다. 앞으로 국민연금제도 개혁 등과 같은 개혁을 해결해야 할 과제로 내세우고 있지만 그것이 당장 한국경제 발전에 커다란 영향을 주는 것은 아니다. 서울대의 안병직 명예교수는 노무현 정부가 아무 일도 하지 않는 "건달 정부"라고 혹평했지만 오히려 현 정권에 그와 같은 특성이 있다면 그것이 지난 3년간 연평균 3.9%의 낮은 경제성장이나마 이룩하고 김대중 시대보다 큰 경상수지의 흑자를 내게 한 배경이라고 볼 수도 있다. 그러나 앞으로가 문제이다. 노 정권이 착수하고 있는 행정수도 이전사업과 공적 기관의 지방 이전사업이 한국경제의 국제경쟁력 향상에 도움이 되기는커녕 이를 오히려 손상시킬 수도 있기 때문이다. 일본은 1970년대 초 다나카 수상이 국토의 균형발전을 위한다는 "일본열도개조론"을 주창한 다음부터 전국의 부동산 가격이 폭등하고 부동산 투기가 일어나 이 정책을 폐기할 수밖에 없었던 경험을 가지고 있다. 노 정권이 이러한 사례를 교훈삼아 신중하게 정책을 집행한다 해도 과연 이와 같은 자금투입이 현명한 일인지의 의문은 여전히 남는다. 이러한 자금을 한국의 선진국 진입에 필요한 기술개발과 사회간접자본 확충에 투자하는 것이 낫지 않느냐의 의문이 남는다. 북한에 대한 200만kW에 달하는 전력 지원도 마찬가지이다. 이러한 전력을 북한보다는 높은 에너지 비용으로 어려움을 겪고 있는 우리 기업에 지원하는 것이 한국의 선진국 진입에 도움이 되지 않을 것이냐의 의문이 남는다. 국토균형발전을 하지 말고 북한을 도와주지 말자는 얘기가 아니다. 한국의 선진국 진입을 최우선 과제로 놓고 이의 진행 정도에 맞추어서 국토균형발전도 하고 북한도 도와주자는 얘기이다.

한국의 기업들이 현재 기업 내에 자금을 쌓아놓고 설비투자를 활발하게 하고 있지 않은 것도 한국경제의 장래를 불확실하게 만드는 요인들 중의 하나이다. 설비투자의 부진은 이미 지적한 바 있지만 노 정권이 조장한 반(反)기업 정서와 관계가 있다. 이와 같은 노무현 시대는 정부가 기업의 투자를 아주 적극적으로 독려했던 박정희 시대는 물론이고 과잉중복투자가 문제였던 김영삼 시대와도 아주 대조적인 시대라고 아니할 수 없다. 기업가들은 축구선수와 같은 운동선수들과 마찬가지로 국민들을 위해서 돈을 버는 선수들이기 때문에 우리들이 응원을 아끼지 말아야 하는 사람들이라는 인식보다는 노동자들을 착취하는 자본가계급이거나 서민들의 생활을 어렵게 만드는 기득권 수구세력이라는 인식이 우리 정치에 영향력을 가지고 있는 일부 사람들에게 만연되어 있다. 이러한 상황에서 기업가들은 투자의욕을 잃고 있다고도 볼 수 있다.

군부독재시대의 국가는 우리 기업들이 세계시장에서 경쟁력을 가질 수 있도록 직간접적인 여러 가지 지원을 하였으나 WTO 체제 출범 전후로 하여 이러한 직간접적인 지원을 점점 할 수 없게 되었다. 이에 따라 한국경제의 발전모델도 국가중심에서 점점 시장중심으로 변화하기 시작했고 국가의 경제적 성격도 발전국가(developmental state)에서 미국과 같은 규제국가(regulatory state)로 바뀌기 시작했다. 그러나 바로 살펴본 바와 같이 한국의 국가는 이러한 과도기에도 한국경제에 지대한 영향을 미쳤다. 노태우 정권은 한국경제의 미래를 준비하는 정책을 세우지 못했고 이러한 상황에서 김영삼 정권은 너무 서둘러 외환거래를 비롯한 여러 분야에서의 자유화를 추진함으로써 IMF 사태를 맞았다. 김대중 정권은 김영삼 시대보다 더 폭넓은 경제자유화 정책과 구조조정정책을 실천에 옮겼다. 산업발전계획과 지시를 중심으로 하는 발전국가에서 시장의 규칙을 세우고 이를 지키는 역할을 주로 하는 규제국가로 국가의 경제적 성격을 전환시키는 데 있어서도 국가의 역할은 매우 중요했다. 한국은 현재 국가중심의 발전국가도 아니고 시장중심의 규제국가도 아니다. 이 두 가지 성격을 부분적으로 다 가지고 있다. 한국경제는 1인당 국민 소득을 기준으로 볼 때는 1996년의 수준을 2003년에 회복하였다. 이 기간은 과거의 일본 같은 나라와 비교한다면 소득을 두 배 이상 늘릴 수 있는 기간이다. 한국경제가 이렇게 침체된 데에는 국가가 그 역할 전환을 현명하게 하지 못한 데에 원인이 있다. 앞으로의 한국경제도 한국정부가 그 경제적 역할 전환을 얼마나 잘 하느냐에 달려 있을 것이다.

한국경제가 민주화 이후 IMF 사태라는 위기에 처해 후퇴하고 이를 극복하는 데 수년이 걸렸지만 한국의 민주정치는 불만족스럽지만 발전했다고 평가할 수 있다. 무엇보다도 그간 평화적 정권 교체가 네 번 일어났고 또 정치세력 혹은 정당 간의 수평적 정권 교체도 일어났다. 이제 한국의 세 정치지도자가 한국정치를 좌지우지하던 3김 시대도 지나갔고 정당 내부의 민주화도 진행되고 있다. 지방자치단체장들과 지방의회 의원들의 선거도 여러 번 치러 정착되고 있다. 이익집단들의 활동도 활발하고 공익추구를 목표로 하고 있는 시민단체들의 활동도 적극적이다. 국민 개개인들도 자신의 이익에 관련된 일에는 적극 참여하는 모습을 보이고 있다.

그러나 한국 민주주의의 이러한 외면적 발전과는 달리 그 사회경제적 기반은 약화되고 있지 않나 하는 우려를 불식할 수 없다. 군부독재시대의 경제발전이 중산층을 양산하고 이에 기반을 둬 민주화가 이루어졌다면 민주화 시대에 들어와서는 이 기반이 동요하고 있기 때문이다. 통계청 자료에 따르면 1993년 조사에서 중간층에 속한다고 응답한 비율은 61.3%에 달했는데 이 비율은 1999년에는 54.9%로 하락하였다. 반면 하층에 속한다고 응답한 비율은 같은 기간에 37.1%에서 44%로 증가하였다. 중앙일보 조사에 따르면 1994년에는 중산층 비율이 70.7%였으나 2005년에는 56%로 감소한 반면 하층 비율은 같은 기간에 18.3%에서 43.0%로 증가하였다. 1996년 최상위 20%의 소득액은 최하위 20%의 4.74배였으나 2000년에는 이 격차가 6.75배로 증가하였다. 민주화 시대에 들어와, 특히 IMF 사태 이후 부의 분배의 불평등이 심화되고 있다. 중산층 중에서도 고소득자는 더욱 높은 소득을 올리고 저소득자는 더욱 낮은 소득밖에 차지하지 못하는 양극화가 일어나고 있고 후자가 하층으로 전락하여 중산층이 감소하는 현상이 나타나고 있다. 이와 같은 현상은 정보화 사회의 영향으로 구미의 선진국들에서도 어느 정도는 일어나고 있으나 우리나라의 경우 그 정도가 더 심하다고 볼 수 있다.[57]

57) 여기 통계는 최장집, 『민주화 이후의 민주주의』(서울: 후마니타스, 2002), pp.24-25와 『중앙일보』,

노무현 정권은 이와 같은 우리 사회의 양극화 현상을 극복하는 것을 정책목표로 내세우고 있으나 이를 실현하고 있지 못하다. 노 정권은 이러한 양극화를 극복하기 위한 적극적이고 긍정적인 경제정책을 채택하기보다는 이 양극화의 책임을 가지고 있는 기득권 세력에게 돌리고 이들을 비판함으로써 가지고 있지 않은 계층의 지지를 얻으려는 소극적이고 부정적인 노선을 택하고 있는 듯하다. 여태까지의 모든 정권이 중산층 육성정책을 가지고 있었으나 노 정권은 이의 육성을 저해하는 정책을 채택하고 있는 것은 아닌가 하는 의심도 불식하기 어렵다.

현재 우리 사회는 대한민국의 정체성, 대미관계, 대북관계를 중심으로 양분화되고 있다. 그간에 있던 이 문제에 대한 사회적 합의는 더 이상 존재하지 않는다. 이 문제들에 대해 과거의 정권들과는 다른 입장을 가지고 있는 정치인들이 집권을 하여 이 문제를 둘러싼 대립이 정치적으로 증폭되고 있다. 해방 직후의 좌우 대립 비슷한 것이 나타나는 것은 아닌가 하는 걱정을 금할 수 없다. 이러한 상황에서 중산층이 감소하고 우리 사회가 양극화된다는 것은 민주정치의 기반을 침식하는 일이다.

민주정치를 전복하고 독재정치를 하려는 세력은 그 이념적 정향이 어떠하든 간에 바이러스 균과 같이 우리 사회에 항상 잠복해 있다. 바이러스 균은 그 균이 퍼질 수 있는 환경이 도래하면 퍼지는 것과 마찬가지로 우리 사회의 독재세력도 그에 맞는 환경을 만나면 집권할 수도 있을 것이다.[58] 우리 국민들과 여야의 정치인들은 이 점에 유의하여 민주정치의 사회경제적 기반을 공고히 하는 일에 보다 큰 관심을 기울여야 할 것이다.

2006년 1월 2일 제1면에서 인용.

58) 이 비유를 충분히 이해하기 위해서는 Albert Camus의 소설, *The Plague*를 읽기 바란다.

제3부

정치문화론

제12장

한국의 사회계층과 정치문화

이 글은 한국의 정치문화가 계층 간 동일한지 혹은 상이한지의 여부에 대해 논의하고 우리 국민들의 정치적 태도에는 계층 간 어떠한 차이가 있는지를 소개하고 있다.

이 글은 유신이 선포된 1972년 이전에 실시된 정치적 태도에 관한 조사자료를 이용하여 1981년에 쓴 글로서 제3공화국시대 말에 한국 국민들은 어떠한 정치적 태도를 가지고 있었는가를 검토하고 있다.

오늘날에는 정치적 태도 조사자료가 범람하고 있으나 당시만 해도 그렇지 못했다. 이 글은 당시에 활약하던 주요 정치학자들의 조사자료를 이용하였다. 특히 이홍구 교수의 빈민들의 정치적 태도에 대한 조사와 고(故) 김세진 박사의 노동자들의 정치적 태도에 대한 조사는 빈민들과 노동자들이 유신체제 수립의 반대세력이 아니라 잠재적 지원세력, 혹은 동원대상 세력이었다는 것을 나타내 준다.

I. 서언

사회계층과 정치문화에 관한 가설로 우리는 쉽게 두 가지를 생각할 수 있다. 그 하나는 각 사회계층이 각기 다른 정치문화를 가지고 있다는 것이고, 다른 하나는 각기 다른 사회계층도 같은 정치문화를 가지고 있다는 것이다. 그리고 각 사회계층이 각기 다른 정치문화를 가지고 있다는 가설은 그 차이를 종류의 차이로 보는 견해와 정도의 차이로 보는 견해로 나눌 수 있다. 엥겔스(F. Engels)가 19세기 영국의 노동계급을 논하면서 "노동자는 부르주아지와는 다른 언어를 사용하고 있고, 다른 사고방식과 이상을 가지고 있고, 다른 관습과 도덕적 원칙을 따르고 있고, 다른 종교와 정치를 신봉하고 있다"[1]고 평했을 때, 이는 사회계층 간의 의식구조의 차이를 종류의 차이로 본 것이라 할 수 있고, 이에 따라 정치문화도 그러할 것이라고 생각할 수 있겠다. 이와는 달리, 오늘날 미국이나 일본의 여론조사연구소나 일간 신문이 종종 실시하는 그 국민들의 정치적 태도에 관한 조사와 결과를 계층별로 살펴보면, 그때 나타나는 차이는 정도의 차이에 불과하다. 이러한 정도의 차이가 그리 심하지 않거나 그 차이가 한 나라의 정치, 경제, 사회의 근본적인 구조에 대한 것이 아닐 경우에는 정치문화적 차이가 있다고 보기 어렵겠으나, 이러한 경우를 제외한다면 정도의 차이가 있다고 하는 것은 계층 간의 정치문화가 동일하다는 것과는 구별되어야 할 것이다.

각기 다른 사회계층이라도 동일한 정치문화를 가지고 있다는 주장은 기능주의자들이나 melting-pot theorist들로부터 나오고 있다. 기능주의자인 파슨스(T. Parsons)의 사회체계론은 단일한 가치체계의 가정에 입각해 있고,[2] 머튼(R. Merton)도 이와 비슷한 입장을 취하여 종속계급의 성원들이 지배계급과 동일한 가치체계를 내면화시킨다고 지적한 바 있다.[3] 정치학자들 중에서는 알몬드(G. Almond)를 비롯한 기능주의자들이 계층에 따른 투표행태나 정치적 태도의 차이를 인정하면서도 각 계층이 정치적 절차에 대해서는

---

1) Fredrich Engels, *The Condition of the Working Class in England in 1844*, London, 1892, p.124, Frank Parkin, *Class Inequality & Political Order*(London: Holt, Rinehart and Winston, 1971), p.79에서 재인용.

2) Talcott Parsons, *The Social System*(New York: The Free Press, 1974) 참조.

3) Robert K. Merton, *Social Theory and Social Structure*(New York: The Free Press, 1957) 참조.

기본적으로 동의하고 있다고 주장함으로써 계층 간 동일 정치문화론의 견해를 견지하고 있다.[4] 이와 같은 견해는 melting-pot theorist들에게서도 찾아볼 수 있는데, 그들은 미국이 문화적 배경이 서로 다른 인종이 모여 사는 나라지만, 미국이라는 나라가 이 다양한 문화를 용해시켜 고유한 미국문화를 만들어 내는 용광로의 역할을 하고 있다고 주장하고 있는바, 이를 여러 사회계층의 의식구조나 정치문화에 연장시켜 본다면 계층 간 동일의식론 내지는 문화론이 나오게 된다.[5]

그러면 한국의 사회계층과 정치문화는 이상에서 살펴본 세 가지 일반적인 가설 중 어느 것에 근사하다고 볼 수 있는가? 이 질문은 평범한 것 같지만, 사실상 답하기가 극히 어려운 성격의 것이다. 우선 우리의 경우, 대부분의 정치의식조사가 계층에 초점을 두지 않고 단순히 전국민 혹은 한 지역의 주민을 대상으로 하고 있기 때문이다. 즉, 상기 질문에 대해 적절한 답을 할 만한 충분한 근거가 될 통계적 자료가 별로 없다. 그러나 이러한 자료가 있다고 해도 문제가 쉽게 해결되지는 않는다. 서방제국의 경우, 이러한 자료가 산적해 있으나, 이로부터 나오는 결론은 결코 동일하지가 않다. 예를 들어 1950년대 미국의 사회계층과 그들의 의식 및 가치관에 대해서 밀러(W. Miller)는 "하층계급이 다른 계층과는 다른 독특한 문화체계를 가지고 있다"고 주장하고 있는 데 반하여[6] 메이어(K. Mayer)는 "노동자계급이 '화이트칼라'와 같은 생활방식을 가지고 있고 중간계급의 가치관과 신조를 받아들이고 있다"고 주장하고 있다.[7]

II. 사회계층 간 동일 정치문화론

정치문화란 한 나라 국민의 정치적 정향의 특성을 가리키는데, 좀 더 구체적으로 이야기하면 정치체계와 그 구성부분에 대한 그들의 태도 및 정치체계 내에서의 그들 개개인

4) Gabriel A. Almond and Sidney Verba, *The Civic Culture*(Princeton: Princeton University Press, 1963) 참조.

5) Nathan Glazer and Daniel Patrick Moynihan, *Beyond the Melting Pot*(Massachusetts: M.I.T. Press, 1968), pp.288-290 참조.

6) W.B. Miller, "Lower Class Culture as a Generating Milieu of Gang Delinquency," *Journal of Social Issues*(14), no.3, p.6, Frank Parkin, 앞의 책, p.80에서 재인용.

7) Kurt B. Mayer, *Class and Society*(New York, 1955), p.41, 위의 책, p.80에서 재인용.

의 역할에 대한 태도의 총화를 의미한다.[8] 이미 지적한 바와 같이 한국 국민의 정치적 정향에 계층별 차이의 존재 여부의 문제는 간단한 것이 아니지만, 기존의 한국 정치문화론은 이러한 차이를 인정하고 있는 것 같지 않다. 여기서는 기존의 한국 정치문화론이 어떠한 근거로 이러한 입장을 취하고 있는지를 검토해 보려고 한다.

한국 정치문화론에 관한 기존의 학설은 윤천주 교수의 "권위주의" 정치문화론과 그레고리 헨더슨(G. Henderson)의 "소용돌이" 정치문화론으로 대표된다고 볼 수 있겠다.[9] 윤 교수와 헨더슨 외에도 여러 학자들이 한국 정치문화에 관한 논문을 발표했지만[10] 이들의 논지가 대체로 윤 교수와 헨더슨의 한국 정치문화론의 테두리에서 그리 멀리 벗어나고 있지 않으므로 여기서는 윤 교수와 헨더슨의 주장을 살펴보는 것으로 기존의 한국 정치문화론에 대한 검토를 대신하려고 한다.

윤 교수는 『증보판 한국정치체계』에서 한국 정치문화의 특성을 권위주의적 정치문화로 규정짓고, 한국에서 민주정치가 정착되지 못하고 있는 원인을 이와 같은 우리의 정치문화에서 찾고 있다. 그는 권위주의적 정치문화의 특성으로 "장악적 지배행태(掌握的 支配行態)와 예속적 복종행태(隷屬的 服從行態)"를 들면서 다음과 같은 예를 나열하고 있다. 즉, 그는 장악적 지배행태의 예로서 "공직자들이 일반인을 눈 아래로 보고 때로는 마구 부리는 행태", "부하 직원이든 공용차이든 사용, 가족용으로 사용하는 버릇" 등을 열거하고 있고, 예속적 복종행태의 예로서는 일반인이 "(공직에 있는 자에 대해) 속에 있고 없는 말을 함부로 하여 아양을 떠는 행태", "상관의 부인을 무턱대고 사모님이라고 부르는 말씨", "권력있는 사람을 무조건 상좌에 모시며, 될 수 있는 한 권력에 관계있는 사람을 모임의 장으로 모시려고 하는 행태" 등을 들고 있다.[11]

---

8) Gabriel A. Almond and Sidney Verba, 앞의 책, ch.1 참조.

9) 윤천주, 『증보판 한국정치체계』(서울: 서울대학교출판부, 1979); Gregory Henderson, *Korea: The Politics of Vortex*(Cambridge: Harvard University Press, 1968).

10) 이러한 論文들로는 한배호, "한국정치문화의 주요경향", 한국사회과학연구소편, 『한국사회론』(서울: 민음사, 1980), pp.50-70; Daesob Yoon, "A Study of Korean Political Culture," *Proceedings of the Second Joint Conference*(Seoul: The Korean Political Science Association, 1977), pp.47-63; 한태수, "한국대중의 정치의식에 관한 고찰", 『지양 신기석 박사 화갑기념학술논문집』(서울: 삼화인쇄소, 1968), pp.491-527; 조일문, "한국정치문화의 구조적 특질," 『건대학보』, 1973년 2월, pp.101-109 등이 있다.

11) 윤천주, 앞의 책, p.277.

프롬(E. Fromm)은 권력을 숭배하고 권력에 대해서 복종할 뿐만 아니라 이로부터 발생하는 열등감을 자기 자신이 권력을 장악하고 다른 사람들이 그에게 예속적으로 복종하게 함으로써 보상받으려는 성격을 권위주의적 성격이라고 규정한 바 있다.[12] 윤 교수는 한국인의 위와 같은 성격이 바로 프롬이 의미하는 권위주의적 성격과 같은 것이라고 지적하고 이를 기반으로 권위주의적 전제정치나[13] 파시즘이 대두할 위험성이 있다고 경고하고 있다.

한국 국민이 그들이 소속한 계층 여하를 막론하고 권위주의적 태도, 의식 혹은 문화를 공유하고 있다고 윤 교수가 주장하는 근거는 과거 500여 년에 걸친 조선시대의 전제적 왕조정치를 정통화시켜 준 유교문화의 영향이다. 윤 교수는 유교문화에서는 "인민은 천자로서 행하는 왕의 '덕치'에 의무적으로 만족 복종하며 왕이 일방적으로 민정을 통찰하는 데 기대를 걸 뿐이었다"고 지적하면서 이와 같은 유교문화의 유산이 오늘날의 정치문화에도 지속되고 있다고 주장하고 있다.[14]

유교문화가 왜 민주주의적 정치문화의 형성에 방해가 되는가에 대해서는 권위주의적 정치문화론을 최초로 거론한 윤 교수보다 민주시민 교육문제에 대하여 관심을 표명한 바 있는 김충남 박사가 좀 더 구체적으로 다루고 있으므로 그의 견해를 여기서 간단히 소개하고 넘어갈까 한다. 그에 의하면, 첫째로 민주주의는 주체적인 개인의 성립을 전제로 하는 데 반해 유교문화는 개인을 집단 속에 매몰시키고 있고, 둘째, 민주주의는 서로 낯선 사람들 간에도 통용되는 합리적인 행동규범을 필요로 하는 데 반해 유교문화는 오로지 친족집단이나 대면집단의 인간관계에 치중하는 행동규범을 가지고 있고, 셋째로 민주주의는 법치주의에 근거하나 유교문화는 덕치를 그 이상으로 삼고 있고, 넷째, 민주주의는 평등한 인간관계에 기반하고 있는 데 반하여 유교문화는 위계질서에 따른 불평등한 인간관계를 찬양하고 있고, 다섯째, 민주주의는 국민주권사상에 근거를 두고 있는 데 반해 유교문화는 통치자 주권을 정당화하고 있다는 것이다.[15]

헨더슨의 "소용돌이"[16] 정치문화론은 한국정치가 "중앙권력을 향해서 모든 활동적 요

12) Erich Fromm, *Escape from Freedom*(New York: Avon Books, 1972), pp.163-201.

13) 윤천주, 앞의 책, p.278.

14) 위의 책, p.273.

15) 김충남, "한국민주발전의 독립변수로서의 교육", 『한국정치학회보』, 1980, 제14집, pp.171-182.

16) Gregory Henderson, 앞의 책, pp.4-5.

소를 휘몰아가는 소용돌이"와 유사하다고 보고, 한국 사람들은 중앙권력의 성격 여하를 막론하고 이에 소용돌이같이 끌려들어가는 성향을 가지고 있다고 보는 견해이다. 이러한 근거에서 그는 이해관계의 대립, 종교적 대립, 정책적 차이, 이데올로기적 차이 등을 한국사회에서는 찾아보기 힘들다고 보고 있고, 그러한 대립이나 차이가 있다고 하더라도 그것이 정치에 별로 영향을 미치지 못한다고 주장하고 있다.

한국 사람들이 일반적으로 중앙의 정치권력을 향해서 동조하는 경향을 나타낸다고 주장한 점에서 그의 "소용돌이" 정치문화론은 윤 교수의 권위주의 정치문화론과 유사하나, 헨더슨은 사회학적인 입장에서 이를 주장하고 있다. 즉, 그의 견해에 의하면, 한국사회는 중앙권력과 대중 사이에 이를 중개해 주는 결사체가 없어 중앙권력이 원자화된 대중을 직접 대하고 있는 대중사회란 것이다. 그리고 이러한 사회에서 대중은 계층별이든 직능별이든 각자의 이해관계에 따른 결사체를 형성하여 독자적인 힘의 기반을 형성하지 못하고 중앙의 정치권력에 조작당하는 무기력한 존재에 불과하다는 것이다.

헨더슨은 한국 정치문화의 획일성을 한국사회의 대중사회적 성격에서 찾고 있지만, 그는 이 대중사회 자체가 과거 오랜 기간에 걸친 한국민의 동질적 성격, 즉 인종적・종교적・정치적・언어적 차이의 결여의 산물이라고 주장하고 있다. 다시 말해서, 한국민의 역사적 동질성이 한국에 대중사회를 출현시키는 데 이바지했고, 이와 같은 대중사회가 권력추종적인 "소용돌이" 정치문화를 형성시켰다는 것이다.

1980년대의 우리들은 이와 같은 한국정치문화론이 그릇되었다고 생각할 수도 있겠으나, 윤 교수와 헨더슨의 정치문화론, 특히 윤 교수의 정치문화론은 아직도 한국 정치문화의 원형(prototype)을 가리킨다고 볼 수 있겠다. 민주주의 정치제도를 수입한 지 30년이 넘은 지금도 한국정치의 실제가 명분과는 달리 권위주의적 풍토를 탈피하지 못하고 있음을 볼 때 이러한 문화의 존속을 알 수 있고, 또 이러한 경향이 정치권력에 의해 어느 정도 보장되고 있다고 생각할 수도 있을 것이다. 그리고 권위주의적 정치권력이 사회계층간 이해관계의 대립을 억제하고 피치자들에게 통치자의 정치적 가치관을 종종 획일적으로 강요한 것도 주지의 사실이다.

윤 교수와 헨더슨의 주장을 한국 정치문화의 원형으로 인정한다고 해서 이들의 주장을 아무 수정 없이 그대로 받아들이자는 것은 아니다. 권위주의 혹은 "소용돌이" 정치문화가 권위주의 정치의 문화적 배경이 되고, 다시 권위주의 정치는 권위주의적 정치문화를 재생산하는 면이 있지만, 우리의 경우 이와 같은 현상을 제약하는 여러 가지 요인이 뚜렷이 작용하고 있기 때문이다. 이러한 요인 중 중요한 것으로는 한국정치의 실제가 어떠하든 그 명분은 항상 민주주의에 두어 왔다는 사실을 지적할 수 있겠다. 그리고 명분적이나마 민주주의를 강조하는 현상은 서방의 민주주의 제국과 우리의 교류가 빈번해지고, 국내적으로는 산업화와 도시화와 더불어 한국 국민의 교육수준이 높아짐으로써 더욱 커졌다고 볼 수 있다.

한국 정치문화에 대하여 이러한 현상이 끼친 영향은 이영호 교수가 1965년에 실시한 한국정치문화조사에 이미 나타나 있다. 그 조사결과에 따르면, 당시 농촌 주민들은 대부분 권위주의적 정치문화로 볼 수 있는 향리적(鄕里的) 정향이나 신민적(臣民的) 정향을 가지고 있었음에 비해, 서울, 부산 등과 같은 대도시의 주민은 그 절반 정도가 민주정치에 적합한 참여적(參與的) 정향을 가지고 있었다. 이 교수는 이와 같은 참여적 정치문화가 도시화 · 교육수준과 긍정적인 상관관계가 있음을 밝혀내고, 앞으로 우리의 정치문화가 참여적 형태로 발전할 것이라고 예측하기도 하였다.[17]

여기서 향리적 정치문화, 신민적 정치문화, 참여적 정치문화란 알몬드와 버바가 제시한 정치문화의 이념형으로, 향리적 정치문화는 사회성원들의 정치적 정향이 종교적 내지는 사회적 정향과 구별되지 않고, 그들의 정치적 인식의 범위도 그들이 생활하고 있는 협소한 지역에 한정되어 있고, 사회성원들이 정치체계에 대한 기대를 가지고 있지 않은 문화이다. 이에 비해 신민적 정치문화는 사회성원들이 전문화된 정부의 권위를 알고 있고, 그들의 정치적 인식의 범위도 그들이 생활하고 있는 협소한 지역이 아닌 전체 정치체계에까지 확장되어 있으나 중앙정부의 권위에 대하여 신민적인 태도를 가지고 있는 문화를 가리키고, 참여적 정치문화는 사회성원들이 정치체계의 산출면뿐만 아니라 투입면에 대해서도 높은 인지도와 참여도를 가지고 있는 문화를 가리킨다.[18]

한국 정치문화가 권위주의를 그 원형으로 하고 있으면서도 참여적 문화로 발전하고 있다는 것을 인정한다면, 그 다음 문제는 이와 같은 정치문화의 발전에 있어서 사회계층 간 어떠한 차이가 존재하는가이다.

---

17) 이영호, “현대한국의 정치문화”, 김운태 외 공저, 『한국정치론』(서울: 박영사, 1978), pp.211-215.
18) 최명, 『비교정치체계서설』(서울: 법문사, 1979), pp.162-165.

III. 사회계층과 정치적 태도

사회계층 간 정치적 태도에 어떠한 차이가 있는지를 살펴보려고 할 때 우선 부딪치는 문제는 사회계층의 구분에 관한 것이다. 오소우스키(S. Ossowski)가 지적한 바와 같이, 사회계층을 구분하는 방식 자체에 그들의 관계에 대한 가정이 포함되어 있기 때문이다. 만일 사회계층을 마르크스와 같이 2분적으로 나누면, 이에는 이미 양 계층 간의 이해관계의 모순과 이에 상응하는 의식의 대립도 전제되는 것이며, 사회계층을 다계층으로 분류한다면 이것은 계층 간의 이해관계의 대립과 의식의 차이가 전자의 경우에서와 같이 절대적으로 상호 모순된다기보다는 상대적이고 타협 가능한 것으로 보는 구분인 것이다. 그리하여 마르크스주의자들은 아직도 사회계층을 2분적으로 구분하는 데 반하여, 마르크스주의에 비판적인 사람들은 다계층으로 분류하고 있다.[19]

한국의 사회계층을 2분적으로 나누기가 곤란함은 이론적으로나 경험적으로나 분명한 사실이나, 다계층으로 나눈다고 해도 구체적으로 어떻게 나눌 것인가의 문제가 있다.[20] 그러나 본고에서는 이것을 문제삼을 필요가 없다. 이론적으로 중요하지 않기 때문이 아니라, 한국의 정치문화와 사회계층의 관계를 다루려는 본고의 의도에 도움이 될 만한 자료가 극히 제한되어 있기 때문이다. 따라서 여기서는 있는 자료를 중심으로 계층을 나누고, 그 계층별로 정치적 태도가 어떻게 다른지를 살펴보기로 한다. 기존의 정치적 태도 조사는 대체로 두 가지로 나눌 수 있다. 그 하나는 『동아일보』, 『조선일보』, 『중앙일보』 등 국내 일간신문의 여론조사인데, 이들은 조사 당시의 생활 전반에 관한 한국 국민의 태도를 측정하고 있고, 또 그 조사 결과는 계층 간의 차이를 별로 나타내고 있지 않기 때문에[21] 본고에는 별로 도움이 되지 않는다. 또 하나는 정치학자들이 실시한 것들인데, 이들도 역시 그 대부분이 일간신문의 여론조사가 가지고 있는 단점들을 나타내고 있으나, 다행히도 빈민, 농민, 노동자, 국회의원 비서, 기자, 교수의 정치적 태도에 관한 조사가 단편적이나마 있다. 여기서는 이를 중심으로 이들의 정치적 태도에 어떠한 차이가 있는지

19) Stanislaw Ossowski, *Class Structure in the Social Consciousness*(London: Routledge & Kegan Paul, 1963).

20) Hagen Koo and Doo-Seung Hong, "Class and Income Inequality in Korea," *American Sociological Review*, vol.45, Aug. 1980, pp.610-626을 참조.

21) 예로 『중앙일보』, 1979. 9. 24일자 참조.

살펴보려 한다. 빈민, 농민, 노동자 가구는 우리나라 총인구의 60~70%를 차지하고 있으므로 이들의 정치적 태도는 한국정치의 민주화나 안정, 불안정에 지대한 영향을 미친다고 말할 수 있겠다.

정치학자가 제3공화국시대에 빈민들의 정치적 태도에 관한 조사를 한 것은 이홍구 교수가 서울, 일부 지역의 주민을 대상으로 실시한 것밖에 없다. 이 교수는 청계천과 영등포 지역의 총 빈민가구 1만 2,778가구 중에서 표본으로 420가구를 선정해서 가능한 한 그 가장의 정치적 태도를 조사하였다.[22] 그 응답자 중 57.15%가 무직자였고, 30%가 영세상인이었다. 그들의 교육수준은 46.17%가 초등학교 졸업 내지는 중퇴였으며, 24.77%가 전혀 학교를 다녀 본 적이 없는 무학자였다. 또 그들의 가구당 월평균 수입은 2만 원 이하였다. 이러한 사실들을 고려할 때 이들은 당시 우리나라 계층구조에서 최하층을 구성하였다고 볼 수 있다.

일반적으로 이러한 계층에 속하는 사람들은 정치적으로 인지도가 낮고 참여의식도 낮아 전술한 정치문화의 유형 중 향리적 정치문화나 신민적 정치문화를 가지고 있다고 인식되고 있다. 사회계층과 정치문화에 관한 이와 같은 가설이 우리의 경우에도 타당한지를 이 교수의 조사 결과를 중심으로 살펴보기로 하자. 이 교수는 우선 빈민층의 정치적 인지도를 알아보기 위해 당시의 정치, 사회적 문제 5가지를 질문지에 포함시켰는데, 이에 대한 정확한 응답률이 상당히 높았다. 좀 더 구체적으로 살펴보면 응답자 중 82%가 KAL기 납북사건을, 76%가 국회의원 선거일을, 60%가 미군의 한반도 철수계획을, 그리고 39%가 국립의료원 간호사들의 파업사건을 알고 있었다. 마지막으로 장관의 이름을 물었을 때 응답자 중 30%가 6명, 35%가 2~5명을 정확히 답할 수 있었다. 특히 이 마지막 질문에 대한 결과를 구미의 그것과 비교해 보면 한국의 빈민층이 정치적 인지도에 있어서 구미 각국의 국민보다 결코 뒤떨어지지 않음을 알 수 있다. 알몬드·버바의 1964년 조사에 의하면, 자국 장관의 이름을 4명 이상 알고 있는 비율은 독일이 40%, 미국과 영국이 34%, 이탈리아가 23%였다. 알몬드·버바의 이 자료는 계층별로 분석되어 있지 않기 때문에 이들 구미 각국의 빈민층의 인지도를 직접 알 수는 없으나, 그들의 저학력층을 우리의 빈민층과 비교해 보면 한국의 빈민층이 구미의 저학력층보다 정치적 인지도가

22) Hong-Koo Lee, "Political Culture and Political Development in Korea: An Aspect of the Political Behavior of Low-Income Groups in Seoul," *Korea Journal*, Jan. 1978, pp.16-29.

훨씬 높다.[23)]

그러나 우리나라 빈민층의 이와 같이 높은 정치적 인지도가 높은 정치 참여의식으로 연결되고 있지는 않는 것 같다. 지역사회의 일에 어떠한 방식으로 참여하겠느냐는 질문에 대하여 응답자 중 25%는 정직하게 살면서 자기 일에나 충실하겠다고 답했으며, 15%는 상황을 좀 더 잘 이해하기 위해 뉴스에 관심을 기울이겠다고 했으며, 12%는 바로 이웃 일에나 관심이 있다고 했으며, 16%는 선거일에 투표를 하겠다고 했고, 1%는 정당에 가입하겠다고 하였다. 또 그들 중 11%만이 지역사회를 위해서 일하는 단체나 조직에 참가하는 것을 찬성했고, 나머지는 회의적인 반응을 보였다. 이러한 자료를 통해서 볼 때 이들의 정치적 인지도는 높지만, 능동적인 정치 참여의식은 결여되어 있다고 볼 수 있다.

우리나라의 빈민층이 그들의 이해관계가 정부에 의해 침해당했을 때 어떻게 하겠느냐에 대한 응답도 그들의 능동적인 참여의식의 결여를 잘 나타내고 있다. 즉, 정부관리의 처사 때문에 화가 났을 때 어떻게 하겠느냐는 질문에 대하여 그의 상관을 찾아가 항의하겠다고 한 응답은 응답 총수의 29%에 불과하고, 나머지는 그 지역의 유지나 이웃에 호소하거나(29%) 호소해 보아야 소용이 없을 것이라고 하였다(25%). 정부가 그들에게 불공평한 법령을 제정하려 할 때 어떻게 하겠느냐는 질문에 대하여도 비슷한 결과가 나왔는데, 적극적으로 항의하겠다고 응답한 수는 27%에 불과하고 나머지는 수동적이거나 체념적인 반응을 보였다.

우리나라 빈민층의 정치적 인지도는 비교적 높지만 정치 참여의식이 낮다는 점에서 이들이 알몬드와 버바가 말하는 신민형 정치문화를 가지고 있다고 볼 수 있는데, 이것은 그들이 체제에 대하여 갖는 의식에도 잘 나타나 있다. 그들의 체제의식을 알아보기 위해 이 교수는 체제의 신뢰도에 관한 여러 가지 질문을 질문지에 포함시켰는데, 그 중 몇 가지와 그에 대한 응답을 소개하면 다음과 같다. 한국 정치인들에 대한 질문에 대하여 응답자 중 48%가 그들이 공공이익의 증진을 위해 노력하고 있다고 했고, 12%는 그들이 속한 정당의 이익을 위해 일하고 있다고 보았으며, 38%는 그들 자신의 사리사욕에 따라 행동한다고 하였다. 이것은 빈민층이 정치인에 대하여 적지 않은 불신감을 가지고 있음을 의미하나, 이들의 불신도는 후에 소개할 우리나라 신문기자나 국회의원 비서의 정치인 불신도에 비하면 훨씬 낮다. 또 빈민층에 속하는 사람들은 빈곤한 이유로 대부분이 그들 개개인

23) Gabriel A. Almond and Sidney Verba, 앞의 책, p.58.

의 노력 부족을 들고, 비교적 소수인 18%만이 체제의 구조적 특성을 들고 있다. 홍두승 교수가 1976년에 실시한 조사에서도 비슷한 결과가 나왔는데, 이에 의하면 marginal class(이홍구 교수의 빈민층도 여기에 포함됨)에 속하는 사람 중 68%가 그들의 빈곤을 그들 자신의 탓으로 돌리고 있다.[24] 그리고 5년 후의 그들의 생활수준에 대한 질문에서는 65%가 향상될 것이라고 전망한 데 비하여 단지 5%만이 더욱 악화될 것이라 보았는데, 여기에서도 그들의 체제에 대한 신뢰도가 비교적 높은 것을 알 수 있다.

다음, 이와 같은 빈민층의 정치적 태도에 비해 농민과 노동자층의 정치적 태도에는 어떠한 특성이 있는가? 빈민층의 정치적 태도와 비교해서 그들의 정치적 태도를 다루고 있는 조사자료가 없어서 정확히는 말할 수가 없으나, 단편적인 조사자료에 의하면 농민들은 도시의 빈민층보다도 더욱 신민형적이거나 향리형적인 정치문화를 가지고 있고, 노동자들은 오히려 참여형에 가까운 정치문화를 가지고 있는 듯하다. 어느 사회에서나 농민은 일반적으로 가장 보수적이고 전통적인 성격을 띠고 있는데, 한국의 경우도 예외가 아닌 것 같다. 윤천주 교수는 1962년에 농촌의 권위주의적 정치문화를 지적하면서 도시화가 민주화를 가져올 것이라고 주장하였고[25] 이영호 교수는 전술한 1965년의 그의 조사를 근거로 농촌 정치문화의 주류가 향리적 정향이고, 그 다음으로 강한 것이 신민적 정향이고, 참여적 정향은 약하다고 주장하였다. 그러나 1980년에는 농민들의 정치적 인지도가 매스 미디어의 보급으로 1960년대 중반에 비해 더 높아져 농촌의 정치문화도 신민형이 주류를 이루었을 것으로 생각된다.

농민들의 신민형 정치문화적 특성은 그들의 체제의식에도 나타나고 있다. 홍승직・이영호 교수의 "Popular Perceptions of Political Leadership"에 관한 연구는 간접적으로나마 농민들의 체제의식이 신민형적이라는 것을 나타내고 있다.[26] 그들은 고등학생, 대학생, 농민, 국회의원 비서, 신문기자들이 각각 우리의 정치지도자에 대하여 어떠한 인식을 가지고 있는가를 알아보기 위해 1972년에 조사를 실시하였는데, 그 결과에 의하면 농민이 한국정치 지도자에 대하여 가장 덜 부정적인 평가를 내리고 있다. 우리나라 지도자들

---

24) 홍두승 미발표 논문, "Social Class and Perceptions of Life Chances," Aug. 1981을 참조.

25) 윤천주, 앞의 책, pp.262-269 참조.

26) Sung-Chick Hong and Young-Ho Lee, "Popular Perceptions of Political Leadership," in Dae-sook Suh, ed., *Political Leadership in Korea*(Seattle: University of Washington Press, 1976), pp.134-155 참조.

이 일반적으로 국민의 복리에 관해 크게 신경을 쓰고 있는지에 대해 농민들 중 부정적인 답을 한 수는 응답자의 28.9%에 불과하였다(긍정적인 답을 한 응답자는 48.5%, 잘 모르겠다는 답이 20.9%). 같은 질문에 대하여 신문기자는 70.9%가, 대학생은 69.3%가, 국회의원 비서는 57.6%가 부정적인 답을 하였는데, 이를 농민들의 경우와 비교해보면 농민들의 한국 지도자에 대한 불신도는 다른 계층에 비해 훨씬 낮다고 볼 수 있겠다. 농민들의 이와 같은 태도는 우리나라 지도자들이 그들의 지위에 상응하는 자격을 갖추고 있는지에 대한 질문의 응답에도 잘 나타나고 있다. 이 질문에 대해 농민 응답자들 중 8.5%만이 부정적인 답을 했는 데 비해(긍정적인 답은 51.9%), 대학생, 신문기자, 국회의원 비서의 경우에는 각각 50.9%, 50.9%, 18.2%가 부정적인 답을 하였다.

그 다음, 그들의 노력에 대하여 사회로부터 정당한 대가를 받고 있는가에 대한 질문에 대해서도 농민 응답자는 28.5%만 부정적으로 답을 한 데 비해, 기자와 국회의원 비서의 경우에는 각각 76.3%와 51.5%가 부정적으로 응답하였다. 농민들 중 이 질문에 대해 긍정적인 답을 한 비율이 31.5%에 불과하므로 농민들도 이 문제에 대해서는 상당히 회의적인 태도를 가지고 있다고 볼 수 있으나, 그들은 각각 5.5%와 3.0%만이 긍정적인 답을 한 기자들이나 국회의원 비서들보다는 사회의 분배구조에 대하여 훨씬 덜 부정적인 태도를 가지고 있다.

농민들의 체제의식을 엿볼 수 있는 또 하나의 질문으로는 한국이 당면한 여러 가지 어려운 문제들을 고려한다면 한국의 정치는 잘 되어가고 있는지의 여부에 대한 것이 있는데, 이에 대하여 농민 응답자들의 66.4%가 긍정적인 답을 한 반면, 9.4%만이 그렇지 않다고 답변하고 있다. 이를 기자들(긍정 3.6%, 부정 53.9%), 국회의원 비서들(긍정 27.3%, 부정 48.5%)의 경우와 비교해보면 농민들이 다른 계층과는 비교가 안 될 정도로 높은 친체제의식을 가지고 있다고 볼 수 있다.

노동자들은 도시의 빈민이나 농민과는 좀 다른 정치적 태도를 가지고 있는 듯하다. 김세진 박사는 1971년 이에 대해 알아보기 위해 전국적으로 9,171명의 표본을 추출하여 그들의 정치적 태도를 조사하였는데,[27] 그들 중 20.7%가 노무자, 28.3%가 기능공, 19.5%가 기술자, 8.3%가 엔지니어, 14.6%가 사무원이었다(나머지 8.1%는 기타). 이들

---

27) Se-Jin Kim, "Attitudinal Orientations of Korean Workers," *Korea Journal* 12(a): Sep. 1972, pp.18-30.

이 서울의 빈민층과 사회·경제적인 성격에 있어 다른 점은 첫째, 고정적인 직장을 가지고 있고, 둘째, 그들의 교육수준이 빈민층보다 훨씬 높고, 셋째, 그들의 평균수입이 빈민층보다 높다는 것이다. 특히 이들 노동자들 중 대학교육을 받은 사람이 14.1%, 고등학교 교육을 받은 사람이 36.9%에 달하고 있는데, 대학교육을 받은 사람이 노동자계층에 속해 있는 것은 김 박사가 중간층에 속한다고 볼 수 있는 엔지니어와 사무원을 노동자계층에 포함시킨 때문일 것이다.

김 박사는 노동자계층의 정치적 관심도를 알아보기 위해 그들이 이웃과 하는 이야기 중 정치적 문제에 관한 것이 몇 퍼센트나 되는지를 물었는데, 이에 대하여 응답자들의 68.7%가 20% 혹은 그 이상이라고 대답하였다. 조사 당시가 여야 간의 대립이 심하고 정치활동이 비교적 자유로웠던 시기였기 때문인지는 몰라도, 이와 같은 조사결과는 노동자들의 정치적 관심도가 상당히 높다는 것을 나타내 준다고 하겠다.

정치적 인지도는 높으나 정치적인 참여의식은 낮은 서울의 빈민층과는 달리 노동자층은 그들의 정치 참여의식도 높게 나타났다. 선거를 통해 노동자의 복리를 증진시킬 수 있겠느냐는 질문에 대하여 절대적으로 가능하거나 어느 정도 가능하다고 응답한 수가 전체의 64.4%에 이르고 있고 오직 31.9%만이 절대적으로 불가능하거나 거의 불가능할 것이라고 답하였다. 따라서 노동자들의 정치적 자신감은 비교적 높다고 할 수 있고, 아울러 참여의식도 높을 것이라고 추론해 볼 수 있겠다. 김 박사의 조사에서 노동자들의 정치활동을 좀 더 직접적으로 묻는 질문으로 그들이 노동조합의 정치활동을 어떻게 생각하고 있느냐는 문항이 있는데, 그 결과는 응답자 중 65.6%가 이를 찬성했고 오직 19.5%만이 이를 반대했다.

그런데 여기서 특기할 점은 한국 노동자들이 미국이나 영국의 국민들보다도 더 높은 정치적 자신감을 조사 당시에 가지고 있었다는 사실이다. 알몬드·버바의 조사에서는 미국 국민들은 44%만이, 영국 국민들은 53%만이 선거를 통해 그들의 복리를 증진시킬 수 있다고 생각하는 것으로 나타났다. 이것은 아마도 한국 노동자들이 우리의 정치를 현실적이라기보다는 교과서적으로 이해하고 있기 때문에 나온 결과인지도 모르겠다.[28]

노동자들은 어떠한 체제의식을 가지고 있는가? 1971년 국회의원선거에서 그들 중 29.6%만이 여당에 투표하였고, 46.1%는 야당인 신민당에 투표했다는 응답을 볼 때, 우

28) 위의 논문, p.22 참조.

선 그들의 야당의식이 비교적 높다는 것을 알 수 있겠다. 그리고 이러한 야당의식은 그들이 체제에 상당한 불만을 가지고 있었다는 것을 나타내 주는 자료라고 볼 수 있다. 그러나 이러한 불만이 체제의 운영에 관한 불만이지, 체제 자체에 관한 불만이 아니라는 것은 사회의 분배구조에 관한 그들의 태도를 살펴보면 알 수 있다.

김 박사의 질문지에는 그들의 빈곤을 그들 개인의 탓으로 돌리는지, 사회 탓으로 돌리는지에 대한 질문이 포함되어 있지 않으나, 전술한 홍두승 교수의 조사에는 노동자 중 68.8%는 그들의 빈곤을 개인 탓으로 돌리고 있다는 것이 나타나 있다. 홍 교수의 표본이 96명밖에 되지 않아 과연 그 표본이 노동자계층을 대표할 수 있을는지 의문의 여지가 있으나, 노동자들이 우리 사회의 분배구조에 대하여 근본적인 회의를 가지고 있지는 않다고 가설적으로 이야기할 수 있는 자료는 되겠다.

한국시민으로 어느 정도 만족하고 있느냐는 질문에 대한 응답도 노동자들의 체제의식을 간접적으로 나타내 준다고 볼 수 있을 것이다. 한국시민으로 만족하고 있는 사람들이 그렇지 못한 사람들보다 정치·경제체제를 더욱 긍정적으로 평가할 것이기 때문이다. 김 박사의 조사에서는 노동자들 중 41.7%가 상기 질문에 대해 아주 만족하고 있다고 답했고, 36.7%가 일반적으로 만족하고 있다고 답하고 있다.

이상 살펴본 바와 같이 노동자들은 빈민이나 농민보다는 높은 정치 참여의식을 가지고 있고 빈민들이나 농민들과 마찬가지로 긍정적인 체제의식을 가지고 있다.

한국의 노동자가 체제긍정적인 성격을 가지고 있다는 것은 일본이나 서구의 경우와는 대조를 이룬다. 일본이나 서구의 노동자들은 대체로 자본주의체제의 개혁을 주장하는 사회주의 정당을 지지하고 있고, 그들의 빈곤상태를 그 사회의 불공평한 분배구조 탓으로 돌리는 성향이 한국 노동자들의 경우보다도 훨씬 크다. 한국의 노동자계층과 일본이나 서구의 노동자계층이 이와 같은 차이를 나타내는 것은 파킨(F. Parkin)이 강조한 바와 같이 노동자계층의 반체제의식이 자생적으로 성장하는 것이라기보다는 정당과 같은 노동계층 외부의 정치집단의 활동으로 배양되는 것이기 때문일 것이다.[29)]

빈민, 농민, 노동자층이 우리 사회의 하층구조를 이루고, 이들은 그들의 정치적 태도에 있어 빈민·농민층은 신민적 정향을, 노동자층은 참여적 정향을 나타내고 있으나, 이들의 체제의식은 모두가 긍정적이라고 본다면, 사회계층 구조상 이들 위에 위치하는 중간

29) Frank Parkin, 앞의 책, ch.3 참조.

층은 이들보다도 더 높은 정치적 인지도, 참여의식과 긍정적인 체제의식을 가지고 있을 것이라고 일단 가정해 볼 수 있겠다. 그러나 중간층에 속하는 사람들의 정치적 태도에 대한 조사결과는 이러한 가정이 반드시 타당한 것은 아니라는 것을 나타내 준다. 중간층에 속하는 사람들의 교육수준과 신문구독률이 하층의 경우보다는 높으므로 이들의 정치적 인지도와 참여의식이 하층보다 높을 것은 당연하나, 이들이 사회로부터 하층보다는 훨씬 나은 분배를 받고 있다는 사실이 그들의 체제긍정의식을 제고시켜 주는 것 같지는 않다. 중간층에 속하는 사람들 전체가 어떠한 체제의식을 가지고 있는지를 나타내 주는 조사자료는 없어도, 중간층에 속한다고 볼 수 있는 국회의원 비서, 신문기자, 교수의 체제의식을 불충분하게나마 나타내 주는 조사자료가 있으므로 이를 중심으로 그들의 체제의식을 살펴보기로 한다.

국회의원 비서와 신문기자들이 체제 긍정의식보다는 체제 부정의식을 가지고 있다는 것은 농민들의 체제의식을 평가할 때 이미 소개한 바가 있으나, 홍승직·이영호 교수의 1972년 조사결과를 좀 더 자세히 소개하면 다음과 같다.

즉, 그들 중 한국의 지도자들이 국민의 생각을 이해하려고 노력하고 있고, 국민의 복리에 많은 신경을 쓰고 있고, 지도자로서의 자격을 갖추고 있고, 그들의 책임완수를 위해 최선을 다하고 있고, 정치적으로 성공하려면 인간관계보다 능력이 더 중요하다고 응답한 사람은 평균 10% 내외에 불과하였다.

이들은 분배구조에 대해서도 하층보다 더욱 큰 불만을 가지고 있는 것 같다. 이미 지적한 바 있는 홍두승 교수의 1976년 조사에는 이들이 속한다고 볼 수 있는 신중간계층 중 그들의 경제적 곤란을 사회보다는 그들 자신의 탓으로 돌리는 사람들의 비율이 75.3%로 나타나 있지만, 홍승직·이영호 양 교수의 조사에 의하면 국회의원 비서와 기자 중 그들이 사회로부터 정당한 대가를 받고 있다고 답한 비율은 각각 3.0%와 5.5%에 불과하였다.

끝으로 우리나라의 여러 가지 어려운 문제를 고려해서 우리나라 정치가 잘 되어가고 있느냐, 없느냐의 질문에 대해 잘 되어간다고 답한 사람은 국회의원 비서들 중에서는 27.3%(야당국회의원 비서의 경우는 8.0%), 신문기자들 중에서는 3.6%에 불과하였다.

1972년 당시 국회의원 비서와 신문기자들이 위와 같은 태도를 가지고 있었다면, 대학교수들은 어떠한가? 대학교수들의 정치적 태도에 관한 조사는 1966년의 홍승직 교수의

조사를 토대로 김귀영 교수가 1978년에 쓴 논문이 있다.30)

이 조사는 전국 대학교수 4,700명 중 761명을 표본으로 추출하여 그들의 정치적 태도를 조사한 것으로서, 대학교수들을 자유파, 온건파, 보수파의 세 카테고리로 나누고 있다. 여기서 자유파는 사회민주주의와 혼합경제체제를 지지하고, 경제발전을 위해서 개인의 자유가 희생될 수밖에 없다는 논리를 거부하고, 한국의 근대화를 위해서는 현존질서의 붕괴가 상당히 필요하다고 보는 사람들인 데 반해, 보수파는 자유방임적 자본주의체제를 옹호하고, 경제발전을 위해 개인 자유의 희생이 불가피하다고 생각하고, 한국의 근대화를 위해 기존질서의 붕괴가 전혀 불필요하다는 견해를 가지고 있는 사람들이고, 온건파는 이 두 파의 중간에 위치한 사람들이다.

조사결과는 자유파에 속하는 교수가 전체 교수의 40%, 온건파가 45%, 보수파가 15%로 나타나 있다. 자유파들은 당시의 체제에 대하여 부정적인 태도를 가졌을 것이고, 온건파는 모호한 태도를, 보수파는 긍정적인 태도를 가졌을 것이므로, 전체적으로는 교수들도 우리 체제에 대하여 상당히 비판적인 태도를 가지고 있었다고 말할 수 있겠다.

Ⅳ. 결어

한국 사람들은 계층 간 동일한 정치문화를 가지고 있는가? 아니면 상이한 정치문화를 가지고 있는가? 우리는 윤천주 교수와 헨더슨의 권위주의 정치문화론을 소개함으로써 사회계층 간 동일 정치문화론에도 무시할 수 없는 근거가 있음을 지적했다. 이러한 문화의 영향이 한국 사람들의 마음에 어느 정도 남아 있는지를 알기 위해서는 정신분석학의 도움이 필요하겠지만, 권위주의적 정치문화가 아직도 우리 사회에 남아 있다고 말한다면 이것이 현실과 동떨어진 이야기는 결코 아닐 것이다.

그러나 우리의 정치문화는 참여적 정치문화로 변하는 모습을 보여주고 있고, 이러한 변화에는 사회계층 간 정도의 차이가 있다고 생각된다. 이미 소개한 바와 같이 빈민이나 농민은 신민형적이고 체제긍정적인 정치문화를 가지고 있는 데 반해, 국회의원 비서, 기

30) Quee-Young Kim, "Academic Discipline and Ideological Spectrum: The Korean Professorate," *Asian Survey*, 18, Nov. 1978, pp.1152-1167 참조.

자, 교수 등과 같이 교육수준이 높고 중간층에 속한다고 볼 수 있는 사람들은 참여적이나 체제비판적인 정치문화를 가지고 있고, 노동자층은 참여적이나 체제긍정적인 정치문화를 가지고 있다.

중간층에 속하는 사람들이 하층보다 정치적 참여의식이 높고, 체제비판의식도 높은 것은 비단 한국에서만 찾아볼 수 있는 현상은 아니다. 미국의 경우에도 하층에 속하는 사람들보다는 교육수준이 높고 직업적 신분이 높은 사람들이 더 높은 정치 참여의식과 더욱 자유주의적인 태도를 가지고 있다는 것은 립세트(S. Lipset)를 비롯한 여러 학자의 연구에 잘 나타나 있다.[31)]

한국의 경우 사회의 분배구조에서 가장 불평등한 대우를 받고 있다고 할 수 있는 하층이 신민형적이고 체제긍정적인 정치문화를 가지고 있는 것은 아마도 두 가지 방향에서 그 원인이 규명될 수 있을 것이다. 그 첫째는 그들이 다른 계층에 비해 더욱 권위주의적인 정치사회화 과정을 거쳤기 때문일 것이고, 둘째는 이미 지적한 바와 같이 그들의 권익을 보호할 정당이 여태껏 부재하여 그들이 이러한 정당의 계몽적인 정치교육을 받을 기회가 거의 없었기 때문일 것이다.

끝으로, 한국 정치문화의 이와 같은 계층별 특성은 한국 정치과정에서 어떻게 작용할 것인가? 본고에서 소개한 조사결과들은 최하층인 빈민들을 포함한 각 계층의 사람들이 충분히 정치화되어 있다는 것을 나타내 주고 있다. 한국 국민들이 정치화되어 있다는 사실은 이들의 정치참여 욕구를 충족시키지 못하는 정치체계는 안정되지 못할 것이라는 것을 시사해 주기도 한다. 한국의 정치체계가 이러한 참여 욕구에 대응하는 방법으로는 두 가지가 있을 수 있다. 그 하나는 국민들에게 동원적 참여의 기회를 제공하는 것이고, 다른 하나는 서구에서와 같이 주체적 참여의 기회를 제공하는 것이다. 한국 정치체계가 첫 번째 방법을 사용하는 경우에 빈민 · 농민 · 노동자층의 참여욕구는 어느 정도 해결해 줄 수 있을지 모르나, 지적 수준이 높은 중간계층은 오히려 소외시킬 가능성이 크다고 하겠다.

이와 같은 결론은 그것이 1970년대 초의 조사결과에 의거하고 있기 때문에 틀릴 가능성이 있다. 그간 한국 국민들은 유신체제의 성립과 붕괴, 그리고 제5공화국의 출범에 이

31) Seymour Martin Lipset, *Political Man*(New York: Doubleday, 1960), ch.4와 William Kornhauser, *The Politics of Mass Society*(New York: The Free Press, 1963), pp.68-73 참조.

르기까지 많은 정치적 경험을 하였고, 이러한 경험이 그들의 정치적 태도에도 영향을 미쳤을 것임에 틀림없다. 특히 1970년대 말의 동일방직 사건, YH 사건, 사북사태 등을 상기할 때 노동자층의 체제의식이 비판적으로 변화했을 가능성도 크다고 하겠다.

제13장

중산층과 정치발전

이 글은 제5공화국시대 말인 1986년에 쓴 글로 중산층의 정치적 성격규명을 시도하고 있다. 중산층은 건국 이래 제3공화국시대 말까지 한국정치의 독재적 경향에 대해서 가장 비판적인 민주세력이었다. 중산층은 유신체제와 제5공화국체제에 대해서도 비판적인 생각을 가지고 있었다. 그러나 중산층은 유신체제나 제5공화국체제에 대한 반대행동에 있어서는 제3공화국시대 말에 체제긍정적인 태도를 가졌었던 노동자들보다 뒤떨어졌고 때로는 이러한 체제를 묵인하고 지지하는 경우까지 있었다.

제5공화국시대 1986년 말 민주화 투쟁이 한창일 때도 중산층은 이를 마음으로는 지지하였지만 행동으로 참여하지 않는 보신주의를 나타냈다. 이 글은 중산층의 이와 같은 보신주의를 지적한 글이다.

중산층이라 할 때 그것은 보통 두 가지 의미를 가지고 있다. 하나는 구중산층(중소 상공업자, 소지주)과 신중산층(봉급생활자 등의 정신노동자)으로 구성되는 중산층을 가리키고, 다른 하나는 아주 부유하지도 않고 가난하지도 않은 어느 정도 여유 있는 생활을 할 수 있는 중간 소득층을 가리킨다.

산업화의 초기 단계에는 구중산층과 신중산층만이 어느 정도 여유 있는 생활을 할 수 있기 때문에 전자의 의미의 중산층만이 있고 후자의 의미의 중산층은 없다. 그러나 산업화의 후기 단계에는 노동자들과 농민들도 상당수 여유 있는 생활을 할 수 있는 소득층에 속하므로, 후자의 의미의 중산층은 구중산층과 신중산층뿐만이 아니라 노동자들과 농민들도 상당수 포함하는 보다 넓어진 중산층을 뜻하게 된다.

정치발전의 의미는 여러 가지가 있지만 그것을 민주화에 국한시켜 볼 때 이러한 의미의 정치발전은 노동자들과 농민들도 상당수 중산층화되어 후자의 의미의 중산층이 국민의 대다수를 차지하고 있는 나라에서 찾아볼 수 있다. 미국과 서유럽 여러 나라가 모두 이러한 나라들이다. 이에 반해 국민 대다수가 중산층화되어 있지 않아 중산층이라고 하면 전자의 의미의 중산층밖에 성립되지 않는 나라들은 권위주의적 정치체제를 가지고 있는 경우가 많다. 아시아와 라틴 아메리카 여러 나라가 바로 그러한 예이다.

우리의 경우 전자의 의미의 중산층은 있으나 후자의 의미의 중산층은 아직 형성되어 있지 않다. 국내 사회학자들의 조사에 의하면 대체로 우리나라 사람들의 60~70%가 주관적으로는 그들의 생활수준이 중간에 속한다고 생각하고 있다. 이들 중에는 구중산층과 신중산층은 물론 노동자와 농민들도 상당수 포함되어 있다. 그러나 이들 모두가 객관적으로 여유 있는 생활을 할 수 있는 중간 소득층이라고 보기는 어렵다. 우리의 경우 노동자들과 농민들뿐만 아니라 구중산층 하층과 신중산층 하층도 어느 정도 여유 있는 생활을 할 수 있는 생활수준에는 미치지 못하고 있다. 우리 사회에서 어느 정도 여유 있는 생활을 할 수 있는 중산층의 규모는 구미에 비교한다면 상대적으로 작다.

중산층이 국민의 대다수를 차지하고 있는 나라에서만 민주적 정치발전이 정착되어 있는 이유는 상식적으로 쉽게 이해할 수 있다. 중산층이 국민의 대다수를 차지하고 있는 사회는 그렇지 않은 사회보다 사회 · 경제적인 갈등이 약한 사회이고 민주적 절차는 이러한 사회에서 보다 용이하게 정착될 수 있기 때문이다. 국민의 대다수가 중산층인 사회에서는 정권 획득에 성공하는 세력은 이들의 이해관계를 대변하는 중도 우파세력이거나 중도

좌파세력이고, 이러한 중도정권은 아주 잘사는 소수의 부유층과 아주 못사는 소수의 빈곤층의 이해관계도 크게 위협하지 않는다. 민주적 절차에 의해 중도정권이 탄생되고, 그 중도정권이 모든 주요 사회세력의 이해관계에 큰 손상을 끼치지 않을 때 민주적 절차는 그 사회에 정착되는 것이다.

이에 반해 중산층이 국민의 소수에 국한되어 있고 자본가들과 노동자들 간의 계급 갈등이 너무 심하여 상호관계가 적대적인 사회에서는 민주적 절차가 유지되기 어렵다.

이러한 사회에서는 자본가들은 어떠한 수단을 써서라도 — 그 수단이 아무리 반민주적이라 할지라도 — 국민의 대다수를 이루는 하층 노동자들과 농민들이 지지하는 세력에게 결코 정권을 양보하지 않을 것이고, 노동자들과 그들에 기반을 둔 정치세력은 온갖 수단을 다 동원하여 자본가 정권을 타도하려고 할 것이기 때문이다.

우리의 경우 이미 지적한 바와 같이 중산층이 국민의 대다수를 구성하고 있지는 않으나 중산층에 속하는 국민의 수는 지난 20년간의 산업화의 진전과 더불어 증가해 왔다. 앞으로도 한국경제가 계속 발전하고 중산층이 다수의 노동자들을 포함할 정도로 확대된다면 우리에게 있어 민주적 정치발전이 정착될 가능성은 높다. 그러나 그와 반대로 한국경제가 더 이상 발전하지 못하고 중산층이 확대되기는커녕 오히려 감소한다면 민주적 정치발전은 더 이상 기대하기 어려울 것이다.

중산층이 다수의 노동자들을 포함할 정도로 확대된 후에야 민주적 정치발전이 가능하다고 해서 그 이전에는 그것이 불가능하다는 것은 아니다. 구미 제국의 경우 중산층이 쁘띠 부르주아 계급(소시민, 부르주아와 프롤레타리아 사이의 중간 계급)에 국한되어 있던 19세기 초에 민주적 정치발전은 시작되었고, 중산층이 한국보다 적은 인도의 경우 민주적 발전의 수준은 우리보다 높다. 그리고 이 두 경우에 있어 모두 민주화의 기반은 구중산층과 신중산층인 것이다. 그러나 이와 같은 사실에 근거해 구중산층과 신중산층이 항상 민주적 정치발전을 요구하는 세력이라고 볼 수는 없다. 그들은 나치 독일과 파시스트 이탈리아에 있어서와 같이 반민주적 정치체제를 열광적으로 지지한 적도 있기 때문이다.

한국의 중산층은, 특히 신중산층은 대한민국 건국 이래 현재에 이르기까지 민주적 정치발전을 요구해 왔다. 여러 가지 종류의 정치의식 조사는 역대 정부의 권위주의적 성격에 대해 그들이 어떠한 다른 계층보다도 비판적이라는 것을 일관되게 보여주고 있다. 그들의 이와 같은 태도는 역대 선거의 투표 결과에도 잘 나타나 있다. 1950년대 후반부터의 역대 선거에 있어 권위주의적 집권당이 농촌지역이나 하층 노동자들이 많이 사는 곳에서 승리한 반면, 야당은 중산층이 많이 거주하는 도시에서 승리해 온 사실은 중산층의 민주적 욕구를 반영하는 것이다.

그러나 한국 중산층의 민주적 욕구에도 뚜렷한 한계가 있다. 첫째로 그들은 정치적 혼란에 약하다. 한국의 중산층은 제1공화국의 붕괴를 환영하였지만 제2공화국의 혼란에 대해 커다란 불만을 가지고 있었고, 5 · 16이 일어났을 때는 경악하기는커녕 오히려 어느 정도의 기대감을 가지고 이를 받아들였다. 최근 제4공화국 붕괴 후의 정치적 혼란에 대해서도 한국의 중산층은 이와 비슷한 반응을 보였다. 그들은 제4공화국 붕괴 후에 일어난 일련의 정치적 사태와 결과에 대해 방관자적 태도로 묵인하는 자세를 견지하였다.

한국의 중산층은 정치적 혼란에 약할 뿐만 아니라 정치적 압력에도 약하다. 이는 중산층의 민주적 요구에 대한 정권의 제재가 매우 강해진 1970년대 초 제4공화국 수립 이후의 시기와 그 이전의 시기를 비교해 보면 명백하게 나타난다. 제4공화국 수립 이전까지만 해도 한국의 신중산층은 민주적 정치발전에 대한 열망을 적극적으로 표출하였었다. 제1공화국 말 4 · 19 때만 해도 이를 지지하는 교수들의 가두시위가 있었고, 제3공화국 말기에는 고등법원 판사들의 정화운동, 기자들의 언론 · 자유 수호운동, 국립의료원 인턴들의 처우개선 운동, 형사지방법원 판사들의 사법권 수호운동, 대학교수들의 교권수호운동이 있었다. 제4공화국 수립 이후에도 이러한 운동이 없었던 것은 아니나 그 빈도와 강도는 그 이전 시기와 비교할 때 매우 뒤떨어진다. 제4공화국시대의 반체제 민주화 운동의 주력은 청년학생들을 제외한다면, 중산층보다는 노동자 · 농민들에게서 나왔고 이와 같은 경향은 오늘날까지 지속되고 있다.

한국의 구중산층과 신중산층이 민주적 정치발전에 대한 열망을 가지고 있으면서도 정치적 혼란과 압력 앞에서는 위축되는 근본 원인은 어디에 있는가? 그것은 구중산층과 신중산층이 그들이 보호해야 할 재산이나 직업과 지위를 가지고 있기 때문이다. 그들은 소규모의 사업체나 상대적으로 괜찮은 직장을 가지고 중간 정도의 사회적 지위를 누리면서 어느 정도 안정된 생활을 하고 있다. 그들의 이와 같은 생활상은 일찍이 아리스토텔레스가 지적한 바와 같이 그들로 하여금 중용적이고 합리적이고 지혜로운 태도를 갖게 하고, 중산층의 바로 이와 같은 자세는 관용과 타협에 기반을 둔 민주적 정치발전에 공헌하는 태도인 것이다. 그러나 다른 한편, 그들은 그들이 보호해야 할 뭔가를 가지고 있기 때문에 정치적 혼란과 위협 앞에서는 극히 보신적인 자세를 취하는 것이다. 그리고 중산층은 이 점에 있어 세상이 어떻게 변하여도 잃을 것이 별로 없는 하층 노동자들과 다르다. 한국의 중산층은 그야말로 역사상 처음으로 어느 정도의 여유 있는 생활을 누리게 되었기 때문에 그들의 이에 대한 집착은 더욱 강하다고 볼 수 있다.

한국의 중산층은 한국정치의 급진화도 바라지 않고 극우화도 바라지 않는다. 그들은 일부 재야세력과 청년학생들의 급진화 경향을 우려하나 다른 한편에 있어서는 집권세력이 이들에 대한 통제과정에서 극우화되지나 않을까 하는 걱정도 가지고 있다. 그러나 한국의 중산층은 한국정치의 급진화나 극우화의 가능성에 대해 걱정만 하고 있을 뿐 이를 막고 민주적 정치발전을 이룩하는 데 앞장서기를 꺼리고 있다. 오늘날 여·야 간의, 또 정부와 급진세력 간의 대결과 충돌에 있어 중산층은 쏙 빠져 있는 것이다. 그들은 방관자적 태도로 사태의 진전을 관망하고 있고 그들 중 일부는 기껏해야 정치적 냉소주의를 즐기고 있을 따름이다.

급진세력은 중산층을 그들의 지지세력에서 제외시키고 있다. 그들은 노동자·농민·도시빈민을 기반으로 한 민중민주주의 혁명을 주장하고 있다. 반면에 집권세력은 급진세력의 "좌경용공성"을 강조함으로써 중산층의 지지를 획득하고자 노력하고 있다. 중산층은 한국정치에 있어 주역의 자리를 스스로 내주고, 한 세력에 있어서는 거부대상으로, 다른 한 세력에 있어서는 구애의 대상으로 남아 있을 뿐이다.

이러한 현상은 이미 소개한 바 있는 중산층 특유의 보신주의에서 나오게 된 것이고 중산층이 이를 극복하느냐 못 하느냐에 따라 민주적 정치발전의 앞날이 달려 있다고 말할 수 있다.

제14장

우리나라 국민의 정치의식

이 연구는 한국정치학회 연구프로젝트로 1988년 제6공화국 출범 초에 필자가 중앙대의 김호섭 교수와 공동으로 진행시킨 조사결과를 보고하고 있다. 이 조사는 우리 국민들이 오랜 동안의 민주화 투쟁에서 승리하고 아주 자유로운 분위기 속에서 삶을 영위하기 시작했을 때 실시한 조사이다. 이 조사는 가브리엘 알몬드와 시드니 버바의 명저 *The Civic Culture* 의 문제의식을 그대로 우리에게 적용하였다. 이러한 조사로는 1960년대 중반 이영호 교수의 조사가 있고 그 이후 여러 정치학자들의 조사가 있다. 이 교수의 조사는 한국의 정치문화가 농촌은 향리 · 신민형, 대도시는 신민 · 참여형, 중소도시는 향리 · 신민 · 참여형 문화의 특성을 가지고 있고, 도시화 정도가 국민들의 정치적 태도에 가장 큰 영향을 미치는 변수라는 것을 밝히고 있다. 이번 한국정치학회의 조사는 도시화 정도가 이제는 우리 국민들의 정치적 태도에 거의 영향을 미치지 못하고 있고 이에 영향을 미치는 가장 큰 변수는 지역이라는 것을 나타내고 있다.

I. 서언

이 연구의 목적은 가브리엘 알몬드와 시드니 버바가 제시한 정치문화의 개념을 가지고 우리나라 국민들의 정치의식을 탐구하는 것이다. 이를 위해 필자는 김호섭 교수와 공동으로 1988년 제6공화국 출범 초에 한국정치학회 연구프로젝트로 우리나라 국민의 정치의식조사를 실시하였다. 이 조사의 질문 문항들 중 대부분은 알몬드와 버바가 사용한 문항들을 거의 그대로 사용 하였고 약간의 문항들은 우리의 실정에 맞게 조정 하였다.[1]

이 연구는 이 문항들에 대한 응답자료를 가지고 우리나라 국민들의 정치적 인지패턴, 정치와 정부에 대한 정서적 평가, 정치적 참여와 자신감, 사회적 관계와 신뢰도 등을 파악하고, 이에 나타난 우리 국민들의 정치의식이 알몬드와 버바가 주장하는 시민형 정치문화(civic culture)에 얼마나 근접해 있는지를 평가하는데 그 목적이 있다.

중고등학교의 사회생활 교과서에서는 민주정치의 문화적 조건으로 정치문화의 "합리성-적극성" 모델을 제시하고 있다. 이 모델에 따르면 모든 국민들이 항상 정치에 적극적으로 참여해야만 민주정치가 가능하고 잘 된다. 모든 국민들이 정치에 적극적으로 참여하지 않고 정치에 수동적이고 정부에 순종적인 태도를 갖는다면 민주정치는 불가능하거나 잘 못된다. 오늘날의 참여민주주의자들도 이와 같은 가설을 주장하고 있다.

알몬드와 버바는 모든 국민들이 항상 적극적으로 정치에 참여하는 문화가 민주정치의 문화적 조건이라고 보지 않는다. 그들은 모든 국민들이 항상 정치에 적극적으로 참여한다면 통치가 불가능하다고 주장한다. 그러나 모든 국민들이 항상 수동적이고 순종적인 정치적 태도를 갖는다면 그 정치는 국민들의 의사와는 동떨어진 독재정치로 전락한다고 본다. 통치가 불가능하지도 않고 독재정치로 전락하지도 않는 민주정치를 갖기 위해서는 국민들이 정치적으로 적당히 적극적이고 참여적인 동시에 적당히 수동적이고 순종적이어야 한다. 다시 말해, 민주정치에 적합한 문화는 정치적 적극성, 합리성, 참여성이 정치적 수동성, 전통성, 향리성과 균형을 이루는 문화이고 이러한 정치문화가 시민형 정치문화이다.[2]

우리나라의 통치자들이 오랫동안 독재정치를 할 수 있었던 정치문화적 배경은 전통시

---

1) Gabriel Almond & Sidney Verba, *The Civic Culture*(Boston: Little, Brown and Company, 1965).
2) Ibid., p. 29-30.

대에 형성된 우리 국민들의 향리적이고 신민적인 정치의식 이었고, 이러한 독재정치가 무너진 배경은 지난 40년간에 형성되어 온 우리 국민들의 적극적이고 참여적인 정치적 태도였다. 우리나라 국민들의 정치적 태도는 향리적이고 신민적인 태도에서 어느 정도 참여적인 태도로 변화하였다고 볼 수 있다. 이 글은 대통령을 다시 민주적으로 선출한 현재 우리 국민들이 어느 정도 참여적인 정치적 태도를 가지고 있는 가를 한국정치학회가 실시한 국민정치의식조사의 결과를 가지고 보다 구체적으로 살펴보고, 이를 알몬드와 버바가 1960년대 초에 조사한 미국, 영국, 독일, 이태리, 멕시코 국민들의 정치적 태도와 비교해 보고자 한다.

이 조사는 1988년 6월 29일부터 7월 8일까지 10일 간에 걸쳐 실시되었다. 조사방법은 조사원이 조사대상 가구를 방문하여 설문지를 배포하고 조사 대상자가 기입하도록 하는 자기기입식 응답방식으로 하였다. 경희대, 한림대, 서원대, 원광대, 호남대, 목포대, 경북대, 진주교대, 경성대, 제주대의 학부 학생들이 그들의 대학이 있는 지역의 조사원으로 수고하였고 이들에 대한 훈련과 감독은 이 대학들의 신정현, 홍광엽, 손문호, 김용욱, 백운선, 우제창, 노동일, 안철현, 조기제, 장원석 교수가 각각 맡았다. 이 조사의 조교로는 서울대 정치학과 대학원의 송주명, 김헌진 군과 경희대 정치학과 대학원의 이중희 군이 수고하였다.

이 조사는 표본추출에 의한 설문조사로서 표본은 1988년 7월 현재 우리나라 20세 이상의 국민들중에서 다단계유층표집 (multi-stage stratified sampling) 방법으로 다음과 같이 선정하였다. 첫째로 전체 표본수 1,650은 직할시와 도에 인구수를 기준으로 배당하고, 둘째로 직할시와 도에 배당된 표본수는 20으로 나누어 표본단위의 개수를 결정하고 (정수로 나누어지지 않을 경우에는 표본수 10이 되는 지역을 표본단위로 함), 셋째로 직할시와 도에 할당된 표본단위의 수가 그곳에서 선정될 동이나 면의 개수가 되는데, 이러한 동이나 면은 1988년 판 『행정구역총람』(선문사)을 이용하여 선정하고, 넷째로 이러한 동과 면에 할당된 조사대상자는 대도시 지역(서울, 부산, 대구, 인천, 광주)은 통장집을 기준으로 다섯 번째 있는 집에서, 그 이외의 지역에서는 주민등록표를 이용하여 5배수가 되는 (5번째, 10번째, 15번째…가 되는) 주민등록표에서 선정하였다.[3)]

3) 표본설계의 방식과 이에 따라 선정된 조사대상자 추출지역에 대한 자세한 기술과 조사결과는 이정복·김호섭, "우리나라 국민의 정치의식조사", 한국정치학회 편, 『한국정치의 민주화』(서울: 법문

〈표 3-1〉 응답자들의 사회경제적 배경변수별 분포

배경변수	표본수(명)	비율%
성별		
남	895	54.8
여	733	44.9
연령별		
20대	514	31.3
30대	448	27.3
40대	276	16.8
50대	283	17.2
60대 이상	119	7.2
교육수준		
무학	84	5.1
초등학교	185	11.3
중학교	278	16.9
고등학교	606	36.9
전문대학 이상	474	28.8
소득수준별		
20만원 미만	285	17.3
20~39만원	489	29.8
40~59만원	440	26.8
60~79만원	224	13.6
80~119만원	115	7.0
120~159만원	38	2.3
160만원 이상	19	1.2
거주지역별		
서울	385	23.8
인천/경기	239	14.8
강원	70	4.3
충청남도	113	7.0
충청북도	61	3.8
전라북도	90	5.6
광주/전라남도	150	9.3
대구/경상북도	199	12.3
부산/경상남도	285	17.6
제주도	21	1.3
도시성		
대도시	709	43.3
중/소 도시	427	26.1
읍/면 이하	468	28.6

사, 1989), pp. 387-653 참조.

이렇게 선정된 조사대상자들 중 응답자들의 사회경제적 배경변수별 분포는 <표 3-1> 과 같다.

II. 정치적 인지패턴 (Patterns of Political Cognition)

알몬드와 버바는 정치문화의 유형을 소개하는데 있어 인지의 차원에서 시작하고 있다. 그들에 의하면 참여자(participant)는 정부의 산출과 정치적 투입의 양면에 대해 모두 잘 인지하고 있는 사람이고, 신민(subject)은 일차적으로 행정부, 관료, 사법부와 같은 정부기관의 산출에 대해서만 잘 알고 있는 사람이고, 향리형(parochial)은 정치체계의 모든 면에 대해 전혀 모르거나 오직 희미하게만 알고 있는 사람들이다. 향리형 사람들은 국가나 정부에 대해 충성심을 가지고 있지 않을 뿐만 아니라 이를 피해야 할 대상으로 느끼고 평가하는 사람들이다. 이러한 느낌이나 평가는 인지에도 영향을 미쳐 이러한 사람들은 정부나 정치에 대해 알고자 하는 동기가 약하다.

그들은 이러한 인지의 패턴을 알기 위해 네 가지 질문을 작성하여 응답을 구하였다. 첫째는 정부가 얼마나 중요하다고 생각하느냐는 질문이고, 둘째는 정치가 어떻게 돌아가는지를 추적하고 있느냐는 질문이고, 셋째는 정치에 대해 얼마나 잘 알고 있는가를 테스트하는 질문이고, 넷째는 정치적인 이슈에 대해 자기의견을 가지고 있는지의 여부를 묻는 질문이다. 이에 대한 우리 국민들의 응답은 다음과 같다.

첫째 정부의 중요성에 대해 “대통령의 활동, 중앙청에서 이루어지는 행정, 국회 같은 곳에서 만들어지는 법률이 잘되고 못 되는 것에 따라 선생님의 일상생활이 어느 정도 차이가 있겠습니까?”라는 질문을 하였다. 이에 대해 매우 차이가 있거나(16.1%) 차이가 있다고(47.7%) 응답한 비율은 63.8%이다. 이는 알몬드와 버바의 조사에서의 미국의 85%, 영국의 73%, 독일의 70% 보다는 낮은 비율이나 이태리의 54%, 멕시코의 30% 보다는 높은 비율이다. 우리나라 정부의 산출이 생활에 별 영향을 미치지 않는다고 보는 사람들을 정치적 소외층이나 향리형에 속하는 사람들로 볼 수 있는데 이러한 사람들의 비율은 36%이다. “국회의원을 잘 뽑고 못 뽑는 것에 따라서 선생님의 일상생활이 어느 정도 차이가 있겠습니까?”에 대한 응답도 바로 위의 질문에 대한 응답 패턴과 거의 같다.[4)]

둘째 우리나라 국민들이 정치의 흐름을 추적하고 있는지에 대해서는 "신문의 정치기사와 텔레비전 뉴스를 어느 정도 보십니까?"라는 질문을 하였다. 우리 국민들이 현실정치에 대한 정보를 얻는 소스로는 신문이나 잡지가 38%, 텔레비전이 40.6%, 이웃이나 친구가 11.2%, 직장이 2%, 가정이 1.3%, 선전유인물이 0.8%로 신문과 텔레비전이 압도적으로 중요하다. 그리고 우리나라 국민들 중 신문의 정치기사를 매일 보거나(57.6%) 일주일에 한두 번씩 본다고(21.4%) 응답한 비율은 79%이고, 텔레비전 뉴스를 매일 보거나(78.9%) 일주일에 한두 번씩 본다고(14.9%) 응답한 비율은 93.8%이다. 또한 이 비율은 남성, 20~49세의 연령층, 고졸 이상의 학력자가 여성, 50세 이상, 무학부터 중졸까지의 학력층 보다 약간 더 높다. 최소한 일주일에 한번 이상 신문을 통해 공공의 뉴스를 추적한다는 응답비율은 미국 49%, 영국 43%, 독일 53%, 이태리 16%, 멕시코 31%였다. 우리 국민들이 신문의 정치기사와 텔레비전 뉴스를 보는 정도는 다른 나라 국민들의 추종을 불허할 정도로 높다.[5)]

셋째 우리나라 국민들의 정치지식을 테스트하기 위해 세 가지 질문을 하였다. 첫째로 제6공화국 헌법이 5공화국 헌법과 차이가 있느냐는 질문을 했고 이에 대해 있다는 응답률은 67.7%, 없다는 응답률은 29.1%이다. 둘째로 국회 의석수가 가장 많은 정당부터 순서대로 정당을 나열하라는 질문을 하였고 이에 대해 맞은 응답률은 71.4%이고 틀리거나 모른다는 응답률은 28.6%이다. 셋째로 현 국무총리의 이름을 쓰라는 질문을 하였고 이에 대해 맞은 응답률은 50%, 틀리거나 모른다는 응답률도 같은 50%이다. 이러한 정치적 지식은 여성보다는 남성, 노년층보다는 청장년층, 교육을 적게 받은 사람보다는 많이 받은 사람이 더 높다. 알몬드와 버바는 네 명 이상의 정당 지도자 이름을 쓰라는 질문을 하였는데 이에 맞게 응답한 비율은 미국 65%, 영국 42%, 독일 69%, 이태리 36%, 멕시코 5%였다. 두 조사의 질문이 같지 않으나 우리나라 국민들의 정치적 지식은 영국, 이태리, 멕시코보다는 높고 미국이나 독일과는 비슷한 정도라고 볼 수 있을 것 같다.[6)]

넷째 우리나라 국민들이 정치에 대해 자기의견을 가지고 있는지의 여부를 알기 위해 다음과 같은 질문을 하였다. 첫째로 "우리나라에서는 대다수 국민들의 의사와는 상관없

4) 이정복·김호섭, pp. 459-462. Almond & Verba, p. 46, p. 48.

5) 이정복·김호섭, pp. 463-466. Almond & Verba, p. 56.

6) 이정복·김호섭, pp. 538-539, pp. 467-472. Almond & Verba, p. 58.

이 소수의 사람이 정부와 정치를 좌지우지 합니까?"라는 질문을 하였고 이에 대해 그렇게 생각하거나(31.9%) 대체로 그렇게 생각한다고(33.5%) 응답한 비율은 65.4%이고 잘 모르겠다고 응답한 비율은 8.0%이다. 둘째로 "보통사람들은 자신의 일을 처리하기에도 시간의 여유가 없습니다. 그러한 사람들은 동네나 지역의 일을 하지 않아도 상관없다고 생각하십니까?"라는 질문을 하였고 이에 대해 그렇게 생각하거나 대체로 그렇게 생각한다고 응답한 비율은 11.3%이고 잘 모르겠다고 응답한 비율은 4.1%이다. 우리나라 국민들의 65.4%는 정부와 정치를 소수가 좌지우지한다고 생각하고 있으나 동네나 지역 일을 하지 않아도 된다고 생각하는 국민들은 11.3%에 불과하다. 셋째로 제5공화국시대의 권력형 부정에 대해서는 응답자들의 1.6%가 어떠한 조사도 반대하고, 14.0%는 전직 대통령을 제외한 조사를 지지하고, 72.1%는 전직 대통령을 포함한 조사를 지지하고, 의견이 없거나(3.3%) 잘 모르겠다는(8.8%) 응답은 12.1%이다. 넷째로 광주민주화운동의 해결에 대해서는 응답자들의 5.7%가 어떠한 조사도 반대하고, 10.0%는 전직 대통령을 제외한 조사를 지지하고, 65.6%는 전직 대통령을 포함한 조사를 지지하고, 의견이 없거나(5.2%) 잘 모르겠다는(12.0%) 응답은 17.2%이다. 우리나라 국민들은 이상과 같은 네 가지 문제에 대해 대다수가 자기의견을 피력하고 있고 오직 극소수만이 의견이 없거나 잘 모르겠다고 응답하고 있다. 이 네 가지 질문 모두 의견이 없거나 잘 모르겠다는 응답률은 읍면 이하 지역, 여성, 50세 이상의 연령층, 무학부터 중졸까지의 학력자, 월수입이 작은 층이 대·중소도시, 남성, 50세 이하의 연령층, 고졸 이상의 학력자, 월수입이 많은 층보다 약간 더 높다.[7)]

알몬드와 버바는 여섯 가지의 정치적 질문을 제시하고 이에 응답을 구했는데 여섯 가지 모두에 의견을 피력한 응답률은 미국 63%, 영국 56%, 독일 47%, 이태리 26%, 멕시코 46%였다. 필자의 조사와 이 조사의 질문이 다르고 개수도 다르나 우리나라 국민들이 정치적 의견을 피력하는 정도는, 다시 말해 정치적 투입을 할 수 있는 인지적 자세는 이들 모든 나라들의 국민들에 떨어지지 않는다고 말할 수 있다.[8)]

그러나 우리나라 국민들은 비민주적 법률의 개정, 지방자치제, 남북한 통일과 같은 문제들에 대해서는 의견이 있다는 응답률이 각각 50.0%, 48.6%, 63.6%로 떨어지고 의견

---

7) 이정복·김호섭, pp. pp. 473-476, pp. 479-482.

8) Almond & Verba, p. 60.

이 없거나 잘 모르겠다는 응답률이 각각 46.8%, 48.5%, 33.5%로 높다. 이 질문들에 대해 의견이 없거나 잘 모르겠다는 응답률도 읍면 이하 지역, 여성, 50세 이상의 연령층, 무학부터 중졸까지의 학력자, 월수입이 작은 층이 대・중소도시, 남성, 50세 이하의 연령층, 고졸 이상의 학력자, 월수입이 많은 층 보다 약간 더 높다. 우리 국민들 대다수는 앞서 제기한 바와 같이 일반적이거나 시급한 현안문제들에 대해서는 의견을 가지고 있으나 그렇지 않은 문제들에 대해서는 이 보다 훨씬 작은 수의 국민들만이 정치적 투입을 할 수 있는 인지적 자세를 가지고 있다고 볼 수 있다.[9)]

요약건대, 우리나라 국민들은 미국이나 영국과 같은 선진민주주의 국가들의 국민들에게 접근하거나 뒤떨어지지 않고 이태리나 멕시코보다는 더 높은 정치적 인지도를 정부의 산출, 정치적 관심, 정치적 지식, 정치적 투입의 네 면에 걸쳐 가지고 있다.

III. 정치와 정부에 대한 정서적 평가

알몬드와 버바는 정치문화를 논하는데 있어 인지에 못지않게 중요한 차원이 정부와 정치에 대한 느낌(feeling), 즉 정서적 평가의 차원이라고 강조하고 있다. 한 나라에 있어 이와 같은 느낌은 그 나라 정치체계의 정통성을 테스트하는 기준이고 정치적 소외감의 정도를 측정하는 척도이다.[10)] 그들은 정부와 정치에 대한 각국 국민들의 느낌을 정치체계 전체에 대한 일반적 느낌, 국민들의 정부와 정부기관에 대한 기대, 정치적 투입에 대해 가지고 있는 일반 국민의 느낌의 세 가지로 나누어 조사하였다. 이번 한국정치학회의 조사도 같은 내용에 대한 것이나 이 보다 훨씬 더 구체적이고 자세한 내용을 포함하고 있다.

우선 첫째로 우리 국민들의 정치체계 전체에 대한 느낌을 알기 위해 알몬드와 버바가 만든 질문인 "우리나라에서 가장 자랑스러운 것은 다음 중 어떤 것이라고 생각하십니까?"라는 질문을 하였다. 이에 대해 정치라고 답변한 응답자들의 비율은 0.7%에 불과하다. 즉 우리 국민들 중 정치가 가장 자랑스럽다고 느끼는 국민은 거의 없다. 자기 나라의

---

9) 이정복・김호섭, pp. 483-488.

10) Almond & Verba, p. 62.

정치가 다른 어떤 것보다도 가장 자랑스럽다고 답변한 응답률은 미국 85%, 영국 46%, 독일 7%, 이태리 3%, 멕시코 30%였다. 우리 국민들은 우리의 국민의식에 대해서도 자부심을 가지고 있지 않다. 국민의식이 가장 자랑스럽다고 답변한 응답률은 2.3%에 불과하다. 국민의식이 가장 자랑스럽다고 응답한 비율은 미국 7%, 영국 18%, 독일 36%, 이태리 11%, 멕시코 15%였다. 우리 국민들이 가장 자랑스럽다고 응답한 분야는 교육열(24.6%), 경제발전(17.5%), 예절, 도의(15.9%), 전통문화(13.4%)이다. 우리 국민들은 정치나 국민의식에 대해서는 전혀 자부심을 가지고 있지 않으나 경제, 사회 분야에 대해서는 어느 정도 자부심을 가지고 있다고 말 할 수 있다. 이 문제에 대 해 좀 더 탐구하기 위해 우리나라에서 가장 수치스러운 것은 무엇이냐는 질문을 하였고, 이에 대해 정치라고 응답한 비율은 49.2%, 국민의식이라고 응답한 비율은 15.9%이다. 정치를 가장 수치스럽다고 응답한 비율은 서울, 경기, 전북, 전남, 제주 지역이 다른 지역보다, 대 · 중소도시가 읍면 이하 보다, 남성이 여성 보다, 40세 이하가 그 이상 보다, 고졸 이상이 그 이하 보다, 고소득자가 저소득자 보다 더 높다.[11)]

우리 국민들 중 정치나 국민의식이 가장 자랑스럽다고 느끼는 국민이 거의 없고 또 정치가 가장 수치스럽다고 느끼는 국민이 국민 전체의 반 수에 달하는 것은 정치적 분열과 탄압으로 점철된 해방 이후 현재까지의 한국 정치사를 상기하면 당연한 결과라고 보아도 무방할 것이다.

그러나 우리 국민들이 15년 만에 직접 선거로 선출한 현재의 노태우 정권은 어떻게 평가하고 있는가? 이를 민간정권이라고 생각하는가, 여전히 과거와 같은 군사정권이라고 생각하는가? 또 이를 민주적 정권이라고 생각하는가, 독재적 정권이라고 생각하는가? 민간정권이거나(18.4%) 민간정권적 성격이 강하다고(29.2%) 응답한 비율은 47.6%이고 이와 반대로 군사정권이거나(15.9%) 군사정권적 성격이 강하다고(34.7%) 응답한 비율은 50.6%이다. 또 민주적 정권이거나(26.8%) 민주적 정권의 성격이 강하다고(34.8%) 응답한 비율은 61.6%이고 이와 반대로 독재적 정권이거나(8.9%) 독재적 성격이 강하다고(26.7%) 응답한 비율은 35.6%이다. 노태우 정권을 군사정권이거나 군사정권적 성격이 강하다고 보는 국민들이 국민 전체의 반 수에 이르지만 이 정권을 민주적 정권이거나 민주적 성격이 강한 정권이라고 보는 국민들의 비율은 그렇게 보지 않는 국민들의 비율 보

---

11) 이정복 · 김호섭, pp. 437-441. Almond & Verba, p. 64.

다 훨씬 더 높다. 우리 국민들의 대다수는 현 정권을 민주적 정권이라고 느끼고 있다. 그러나 전북과 전남은 노 정권을 민주적 정권이라고 보는 비율이 다른 지역 보다 훨씬 낮아 각각 42.3%, 28.7%에 불과하다.[12)]

이러한 민주화에 가장 공헌한 집단으로는 응답자들의 42.4%가 학생을, 19.9%가 야당을, 11.0%가 종교인 집단을 포함한 재야를, 10.8%는 여당을 들었고, 또 민주화에 가장 공헌한 계층으로는 46.7%가 중산층을, 35.2%가 노동자층을, 5.7%가 상류층을 들었다. 또한 민주화를 가장 방해한 집단으로는 27.6%가 군부를, 27.4%가 여당을, 11.5%가 재벌을, 그리고 민주화를 가장 방해한 계층으로는 77.0%가 상류층을 들었다.[13)]

우리 국민들이 민족공동체 건설에 어떠한 정서를 가지고 있는지를 알기 위해 통일을 원하는지, 원하는 경우 왜 원하고, 이러한 통일이 안 되는 가장 큰 책임이 어디에 있는지를 물었다. 이에 대해 통일을 원하거나(35.0%) 매우 원한다고(52.9%) 응답한 비율은 87.9%이다. 이를 원하는 가장 큰 요인으로는 같은 민족이기 때문이라는 응답비율이 51.1%, 전쟁위협이 감소한다는 응답비율이 14.0%, 경제가 좋아질 것 같아다는 응답비율이 11.4%, 국제적 위치가 좋아지게 될 것이라는 응답비율이 7.8%이다. 통일이 안 되고 있는 가장 큰 책임은 응답자들의 68.7%가 북한을, 12.9%가 미국을, 9.4%가 소련을 들었고 3.8%만이 남한을 들었다. 우리 국민들의 압도적인 다수가 북한과 같은 민족이기 때문에 통일을 원하고 있고 이를 방해하는 가장 큰 책임이 북한에 있다고 평가하고 있다. 우리 국민들은 통일문제와 북한에 대해 정서적으로 상당한 합의를 이루고 있다.[14)]

둘째로 우리 국민들은 정부의 산출에 대해서는 어떠한 정서적 평가를 내리고 있는가? 우선 세무서, 구청, 동회, 농협과 같은 정부기관과 경찰서에 갔을 때 어떠한 대우를 받는다고 생각하느냐는 질문을 하였다. 이러한 정부기관들에서 다른 사람보다 좋은 대접을 받거나(6.0%) 같은 대접을 받는다고(67.1%) 응답한 비율은 73.1%이고 때때로나(22.7%) 항상(3.5%) 다른 사람보다 못한 대접을 받는다고 응답한 비율은 26.2%이다. 경찰서의 경우에는 전자의 응답률이 64%, 후자의 응답률이 30.8%이다. 정부기관과 경찰에 대한 비슷한 질문에 대해 전자의 응답률이 미국과 영국에서는 두 경우 모두 80%대, 독일에서

---

12) 이정복 · 김호섭, pp. 650-653.
13) 이정복 · 김호섭, pp. 616-623.
14) 이정복 · 김호섭, pp. 606-611.

는 60~70%대, 이태리에서는 50%대, 멕시코에서는 30~40%대였다. 정부기관들과 경찰서에서의 평등한 대우에 대한 우리 국민들의 평가는 미국과 영국보다는 떨어지고 이태리와 멕시코보다는 높고 독일과는 비슷하다.[15)]

그러나 "국민들은 국가로부터 혜택을 받고 있다고 생각하십니까?"라는 질문에 대해서는 그렇게 생각하거나(19.8%) 대체로 그렇게 생각한다고(30.1%) 응답한 비율이 49.9%이다. 이와 비슷한 질문에 대해 이와 같이 응답한 비율은 미국 76%, 영국 77%, 독일 61%, 이태리 66%, 멕시코 58%였다. 국가로부터 혜택을 받고 있다고 생각하는 우리 국민들의 비율은 미영독이뿐만 아니라 멕시코보다도 낮다. 우리나라 국민들 중 반 정도가 국가의 혜택에 대해 회의적이거나 받지 않는다고 생각하고 있고, 그러한 소외층의 비율은 전라남도, 20~39세의 젊은 층, 고졸 이상 학력자들이 타 지역, 40세 이상의 연령층, 무학부터 중졸까지의 학력층 보다 약간 더 높다.[16)]

다음, 우리 국민들은 출범한지 얼마 되지 않았지만 노태우 정권의 산출에 대해서는 어떠한 평가를 내리고 있는가? <표3-2>는 그 이전 정권에 비교해서 내린 노 정권에 대한 평가이다. 아래 표에서 알 수 있는 바와 같이 우리 국민들은 군의 정치적 중립부터 대외관계에 이르는 13개 분야 중 2개 분야를 제외한 11개 분야에 있어 노 정권의 산출을 긍정적으로 평가하고 있다. 이 11개 분야에서 그 이전 정권보다 더 잘되고 있다고 생각하는 사람들이 못되고 있다고 생각하는 사람들보다 몇 배 더 많고, 우리 국민들의 압도적인 다수가 그 이전과 최소한 마찬가지이거나 더 잘되고 있다고 생각하고 있다. 더 못되고 있다고 생각하는 응답자들의 비율은 아주 소수이다. 노 정권 초이고 올림픽 개최를 앞두고 있는 시점에서 우리 국민들이 노 정권의 산출을 긍정적으로 보는 것은 자연스러운 일이다. 그러나 지역감정과 부의 분배에 있어서는 노 정권을 그 이전 정권 보다 못하다고 보는 응답비율이 더 잘되고 있다는 응답비율 보다 훨씬 더 높다. 지역감정이 더 못되고 있다는 응답률은 42.2%인데 비해 더 잘되고 있다는 응답률은 7.4%에 불과하다. 이러한 결과는 극심한 지역대결 양상을 보였던 1987년 말의 대통령 선거 후유증임에 틀림없다. 부의 분배에 대해서도 더 못되고 있다는 응답률이 18.0%인데 비해 더 잘되고 있다는 응답률은 7.7%에 불과하다. 민주정치의 복원은 부의 보다 공평한 분배에도 긍정적 영향을

15) 이정복 · 김호섭, pp. 443-446.
16) 이정복 · 김호섭, pp. 477-478.

〈표 3-2〉 "현 정권은 그 이전 정권에 비해 다음의 사항에 있어서 어떻다고 생각하십니까?"

	더 잘되고 있다		마찬가지다		더 못되고 있다		아직 잘 모르겠다	
	응답수 (명)	비율 (%)	응답수 (명)	비율 (%)	응답수 (명)	비율 (%)	응답수 (명)	비율 (%)
군의 정치적 중립	322	19.6	763	46.5	58	3.5	457	27.8
언론 · 집회 · 결사의 자유	669	40.7	625	38.1	60	3.7	252	15.3
국회의 활성화	638	38.8	552	33.6	97	5.9	322	19.6
사법부의 독립	394	24.0	672	40.9	74	4.5	460	28.0
인권문제	415	25.3	792	48.2	90	5.5	306	18.6
법과 질서유지	332	20.2	846	51.5	185	11.3	236	14.4
공무원들의 자세	335	20.4	949	57.8	110	6.7	211	12.8
경제발전	344	21.0	792	48.2	183	11.1	282	17.2
부의 분배	126	7.7	797	48.5	296	18.0	376	22.9
문화발전	443	27.0	804	48.9	66	4.0	282	17.2
지역감정	122	7.4	575	35.0	694	42.2	212	12.9
남북한 관계와 통일문제	343	20.9	730	44.5	128	7.8	404	24.6
대외관계	359	21.9	689	41.9	98	6.0	444	27.0

미쳐야 하는데 우리의 경우 그렇지 않은 것 같다.[17)]

정부가 지역발전에 어느 정도 관심을 가지고 있느냐는 질문에 대해서는 응답자들의 49.9%가 매우 깊은 관심을 가지고 있거나(8.0%) 관심이 있는 편이다(41.9%)라고 답변하고 있고 48.8%는 관심이 없거나(41.0%) 전혀 관심이 없다고(7.8%) 응답하고 있다.[18)]

지난 번 제13대 총선의 결과 우리나라 국회는 어느 한 정당도 과반수 이상의 의석을 차지하지 못한 4당 균형국회가 되었다. 우리나라 총선은 항상 여당이 과반수 이상의 의석을 차지하는 결과를 내었으나 이번에 처음으로 이러한 결과가 나오지 않았다. 이제 대통령은 야당 국회의원들과 협조하지 않고서는 국정을 원활히 운영할 수 없는 정치적 상황에 처해 있다. 이러한 상황을 국민들은 어떻게 평가하고 있는가? 이것이 잘 된 일이거나(42.8%) 매우 잘 된 일이라고(15.0%) 평가하는 응답률은 57.8%이고, 전혀 잘 된 일이 아니거나(4.0%) 잘 된 일이 아닌 것 같다는(19.2%) 응답률은 23.2%이고, 아직 잘 모르

17) 이정복 · 김호섭, pp. 624-649.
18) 이정복 · 김호섭, pp. 544-545.

겠다는 응답률은 18.3%이다. 우리 국민들의 대다수는 대통령을 견제하거나 무력화 시킬 수 있는 국회의 출범을 잘 된 일이라고 평가하고 있다.[19)]

"지난 번 국회의원 선거에서 입후보자들은 어느 정도 법을 지켰다고 생각하느냐?"의 질문에 대해서는 매우 잘 지켰거나(2.6%) 지키는 편이었다는(23.1%) 응답률은 25.7%에 불과하고 자키지 않는 편이거나(49.0%) 매우 안 지켰다는(24.4%) 응답률이 73.4%에 이른다. 우리 국민들의 압도적 다수가 국회의원 입후보자들이 선거법을 지키지 않는다고 보고 있다.[20)]

셋째로 우리 국민들은 한국정치의 투입에 대해서는 어떻게 느끼고 있는가? 우리나라는 국민 상호간 정치적 의심이 없는 자유로운 분위기를 가지고 있는가? 이를 알아보기 위해 세 가지 질문을 하였다. 첫째 정치에 대해 얼마나 자주 이야기를 하느냐는 질문을 하였다. 응답률은 거의 매일이 10.7%, 일주일에 한두 번이 35.6%, 한 달에 한두 번이 24.9%이고(합계: 71.2%), 거의 하지 않는다가 28.3%이다. 같은 질문에 대해 알몬드와 버바는 가끔 한다와 전혀 하지 않는다의 두 가지 응답형으로 정리를 하였다. 가끔 한다는 응답률은 미국 76%, 영국 70%, 독일 60%, 이태리 32%, 멕시코 38%였고 전혀 하지 않는다는 응답률은 미국 24%, 영국 29%, 독일 39%, 이태리 66%, 멕시코 61%였다. 우리 국민들이 정치에 대해 이야기하는 빈도수는 미국, 영국과 마찬가지 수준이고 독일, 이태리, 멕시코 보다 상당한 정도로 더 높다. 우리 국민들이 정치 이야기를 하는 주요 상대로는 친구가 33.5%, 집식구가 21.7%, 이웃사람이 19.1%, 직장동료가 15.4%, 기타가 4.1%이다.[21)]

둘째 지난 번 대통령 선거와 국회의원 선거에서 누구를 찍었느냐고 물었다. 이에 대해 누구를 찍었는지를 밝히지 않고 말하기 곤란하다고 응답한 비율은 대통령 선거가 16.1%, 국회의원 선거가 14.3%이다. 이와 비슷한 질문에 대한 응답률은 미국 4%, 영국 3%, 독일 21%, 이태리 38%, 멕시코 4%였다. 정치적 의심을 가지고 있는 응답자들이 미국, 영국, 멕시코보다 훨씬 더 많고 독일과 이태리보다는 작다.[22)]

셋째 정치에 대한 토론을 얼마나 자유롭게 하느냐는 질문을 하였다. 이에 대해서는 우리 국민들의 34.5%가 자유롭게 토론한다고, 49.8%가 자유롭게 토론할 때도 있고 그렇

19) 이정복 · 김호섭, pp. 564-565.

20) 이정복 · 김호섭, pp. 457-458.

21) 이정복 · 김호섭, pp. 534-537. Almond & Verba, p. 79.

22) 이정복 · 김호섭, pp. 493-494, pp. 500-501. Almond & Verba, p. 80.

지 않을 때도 있다고, 11.3%가 자유롭게 토론하기 어렵다고, 2.7%가 전혀 자유롭지 않다고 응답하고 있다. 우리 국민들 중 14%만이 정치에 대해 자유롭게 토론하기 어렵거나 전혀 자유롭지 않다고 생각하고 있다. 알몬드와 버바의 조사에서 이러한 응답률은 미국 37%, 영국 32%, 독일 55%, 이태리 51%, 멕시코 43%였다. 우리나라는 미국과 영국과 같은 선진민주주의 국가 보다 자유롭게 정치적 토론을 하기 어렵다고 생각하는 국민들이 비율적으로 훨씬 더 낮다. 우리 국민들 중 대부분은 자유롭게 정치에 대해 토론할 수 있다고 느끼고 있다.[23)]

우리 국민들은 정치적 의심을 약간 가지고 있으나 선진국 국민 이상으로 정치에 대해 자주 이야기하고 자유롭게 토론할 수 있다고 생각한다. 그러나 정치적 투입은 정당을 통하거나 다른 투입채널을 통해서 이루어진다. 이에 대해서는 어떠한 평가를 내리고 있는가? 우선 정당에 대해 어떤 평가를 내리고 있는가? 민주정의당에 대해 아주 잘한다는 응답률은 2.4%, 잘하는 편이라는 응답률은 23.8%, 그저 그렇다는 응답률은 48.5%, 못하는 편이라는 응답률은 14.6%, 매우 못한다는 응답률은 8.0%이다. 평화민주당, 통일민주당, 신민주공화당에 대한 평가도 대체로 이와 비슷하다. 우리 국민들 중 30% 이하의 소수만이 정당이 잘하고 있다고 생각하고 있다.[24)]

다른 정치적 투입에 대해서도 부정적으로 생각하는 국민들이 긍정적으로 평가하는 국민들보다 더 많다. <표3-3>은 요즘의 정치, 최근의 학생운동, 지역구 국회의원, 노동운동, 대통령에 대한 우리 국민들의 만족도를 나타내고 있다. 전자의 네 가지에 대한 만족도는 투입채널에 대한 평가로 볼 수 있고 대통령은 산출에 대한 평가로 볼 수 있다. 전체적으로 볼 때 전자의 네 가지 투입에 대해 각각 불만족스럽거나 매우 불만족스럽다는 응답률은 만족스럽거나 매우 만족스럽다는 응답률 보다 더 낮다. 그러나 대통령의 산출에 대해서는 만족스럽거나 매우 만족스럽다는 응답률이 61.9%로 불만족스럽거나 매우 불만족스럽다는 응답률 35.9% 보다 훨씬 더 크다. 우리 국민들은 대체로 정치적 투입과정보다는 정부의 산출에 더 만족하고 있다고 볼 수 있다. 우리 국민들은 정당, 국회의원, 사회운동을 통한 투입과정에 큰 불만을 가지고 있다.

사회경제적 배경 변수별로 응답을 살펴보면 이러한 일반화에 맞지 않는 경우도 있다.

---

23) 이정복 · 김호섭, pp. 540-541. Almond & Verba, p. 83.

24) 이정복 · 김호섭, pp. 566-573.

〈표 3-3〉 "다음 사항에 대해서 어느 정도 만족하십니까?"

	매우 만족한다		만족하는 편이다		불만족하는 편이다		매우 불만족이다	
	응답수 (명)	비율 (%)	응답수 (명)	비율 (%)	응답수 (명)	비율 (%)	응답수 (명)	비율 (%)
요즘의 정치	32	1.9	518	31.5	821	50.0	236	14.4
최근 학생운동	72	4.4	364	22.2	789	48.1	382	23.3
지역구 국회의원	95	5.8	653	39.7	686	41.8	165	10.0
노동운동	107	6.5	551	33.5	718	43.7	225	13.7
대통령	110	6.7	907	55.2	443	27.0	147	8.9

학생운동과 노동운동에 대해 만족하거나 매우 만족한다는 응답률은 전북과 전남이 다른 지역보다 훨씬 더 높고 대통령에 대해 만족한다는 응답률은 전북과 전남이 다른지역보다 훨씬 더 낮다. 전북과 전남의 경우에는 정부의 산출보다는 학생운동과 노동운동과 같은 정치적 투입과정에 만족한다는 응답률이 더 높다.[25)]

우리 국민들은 정치 일반에 대해서는 부정적 평가를 내리고 있다. 그러나 노태우 정권을 민주적 정권이라고 보는 국민들이 그렇게 보지 않는 국민들보다 훨씬 더 많다. 또 국민의 압도적 다수가 통일을 원하고 통일이 안 되는 책임이 북한에 있다고 보고 있다. 우리 국민들 중 정부기관과 경찰서에서 공평한 대우를 받는다고 응답한 비율은 미국과 영국에는 뒤떨어지지만 이태리나 멕시코보다 더 높고 독일과 비슷하다. 우리 국민들 중 압도적 다수가 노태우 정권의 산출에 대해서 그 이전과 마찬가지이거나 더 잘되고 있다고 평가하고 있다. 우리 국민들은 정치적 의심을 가지고 있는 사람들이 미국과 영국과 같은 선진민주주의 국가의 국민들보다 더 많으나 그들만큼 정치에 대해 자주 이야기하고 자유롭게 토론한다. 그러나 정당이나 사회운동을 통한 정치적 투입에 대해서는 불만족스러운 사람들이 만족스러운 사람들보다 훨씬 더 많다. 전체적으로는 정부의 산출에 만족하는 국민들의 수가 정치적 투입과정에 만족하는 국민들의 수보다 훨씬 더 많으나 전북과 전남의 경우에는 산출에 만족하는 응답자수가 학생운동과 노동운동과 같은 투입에 만족하는 응답자수보다 훨씬 더 작다.

25) 이정복 · 김호섭, pp. 447-456.

Ⅳ. 정치적 참여와 자신감

시민은 정치적 투입과정의 적극적 참여자이다. 그러나 알몬드와 버바에 의하면 시민의 참여자 역할은 그의 신민적 역할이나 향리적 역할을 대치하는 것이 아니라 이러한 역할에 덧붙여서 갖게 되는 역할이다. 그의 신민적 역할이나 향리적 역할보다 참여자 역할이 더 중요하다고 생각하는 사람들은 극소수에 불과하다. 대부분의 국민들은 가정문제, 직장문제, 경제문제 등이 더 중요하다고 생각하지 정치문제가 이러한 문제들보다 더 중요하다고 보지 않는다.[26] 그러나 시민들의 참여자 역할이 없다면 민주정치는 유지되기 어렵다. 시민들이 신민적 역할이나 향리적 역할과 더불어 어느 정도의 참여자 역할도 수행해야 민주정치는 유지될 수 있다. 그렇다면, 우리 국민들은 정치에 얼마나 적극적으로 참여할 용의가 있는가? 또 국민들의 기초적인 정치참여 형태인 투표에는 얼마나 충실하게 참여해야 한다고 생각하는가? 우리 국민들은 실제로 어느 정도 적극적으로 정치에 참여하는가?

우리 국민들의 정치참여 용의를 알기 위해 "정치적 활동에 어느 정도 참여할 용의가 있으십니까?"라는 질문을 하였다. 이 질문에 대해 적극적으로 참여하고 싶거나(9.3%) 시간이 있는 대로 참여하고 싶다는(37.1%) 응답률은 46.4%이고 참여하고 싶지 않은 편이거나(36.7%) 전혀 참여하고 싶지 않다는(16.0%) 응답률은 52.7%이다. 우리 국민들 중 정치적 활동에 참여하고 싶지 않은 국민들이 참여하고 싶은 국민들보다 조금 더 많다. 여성보다는 남성이, 30대 이상의 연령층보다는 그 이하의 연령층이, 고졸 이하의 학력층보다는 고졸 이상의 학력층이 정치참여 용의를 조금 더 많이 나타내고 있다.[27]

"동네에 어려운 문제가 생겼을 때 해결을 위해서 노력하시겠습니까?"라는 질문에 대해서는 응답자들의 83.0%가 긍정적으로 답변하고 있고 16.3%만이 부정적인 답변을 하고 있다. 알몬드와 버바는 "보통 사람이 그가 사는 지역 일에 얼마나 참여해야 하는가"라는 질문을 하였다. 적극적이던 수동적이던 참여해야한다는 응답률은 미국 83%, 영국 72%, 독일 61%, 이태리 32%, 멕시코 59%였다.[28]

26) Almond & Verba, p. 117.

27) 이정복 · 김호섭, pp. 554-555.

28) 이정복 · 김호섭, pp. 552-553. Almond & Verba, p. 127.

우리 국민들의 대다수는 투표에 대해서 그것이 의무라기보다는 권리라고 생각하고 있다. 응답자들 중 15.8%만이 투표를 의무라고 답변하고 50.0%는 권리라고, 32.6%는 권리 및 의무라고 답변하고 있다. 일본 국민들은 1964년에 47%가 투표를 의무라고, 26%는 권리라고 응답 하였다. 투표에 대해 보다 구체적으로 물어 보았을 때 응답자들 대다수가 투표는 꼭 해야만 한다는 응답을 하였다. "내가 지지하는 후보자가 이길 것이 확실할 때 투표하러 가지 않아도 괜찮다", "다른 사람들이 많이 투표하니까 나 하나쯤은 투표하지 않아도 괜찮다", "내가 지지하는 사람이 없으면 투표하지 않는다"라는 문항에 응답자들 중 91.6%, 92.6%, 75.9%가 각각 "아니오"라고 답변하고 있다. 같은 문항들에 대한 일본 국민들의 부정적인 응답률은 각각 95%, 58%, 11%였다. 두 번째, 세 번째의 경우에 투표하지 않아도 된다는 응답률이 한국의 경우가 일본의 경우보다 훨씬 작다. "투표에 기권하는 것은 특별한 일이 없는 한 나쁜 일이다," "내가 지지하는 사람이 없어도 기권하지 않고 입후보자들 중 제일 좋은 사람에게 투표한다"라는 문항에는 각각 79.7%, 73.5%가 "예"라고 답변하고 있다. 같은 문항들에 대한 일본 국민들의 긍정적인 응답률은 각각 67%, 55%였다. 어떠한 경우에든 투표에 참여해야만 된다는 응답률은 투표를 의무라고 생각하는 일본보다 이를 권리라고 생각하는 한국이 더 높다.[29)]

우리 국민들의 가장 빈번한 정치참여 형태는 투표이다. 우리 국민들은 제1공화국 시대에는 국회의원 선거에 90% 이상이 투표하였다. 이러한 투표율은 지난 13대 총선 때에는 75.8%로 하락하였다. 과거에는 관권과 금권에 의한 동원투표 때문에 투표율이 높았으나 현재에는 이러한 관권과 금권의 영향이 약해지고 유권자들이 자발적으로 투표하기 때문에 투표율이 과거보다 낮다고 볼 수 있다. 그러나 75.8%의 투표율은 미국과 영국보다 더 높은 투표율이다.

우리 국민들의 투표 외 정치참여율은 미국이나 영국에 비해 훨씬 낮다. 지난 번 대통령 선거유세나 국회의원 선거유세에 한 번이라도 참석했다는 응답률은 56.1%이다. 응답자들의 43.4%는 이러한 유세에 한 번도 참석한 적이 없다.[30)] 자발적으로 선거운동에 참여하거나 정치자금을 기부하는 국민들의 수도 극소수이다. 우리나라에서 투표 이외의 정

---

29) 이정복 · 김호섭, pp. 504-515. Bradley M. Richardson, *The Political Culture of Japan* (Berkeley: Univ. of California Press, 1974), pp. 86-88.

30) 이정복 · 김호섭, pp. 502-503.

치참여율은 아직도 매우 낮다. 우리나라는 데모가 많은 나라이다. 데모로 이승만 정권이 무너졌고 제5공화국의 독재헌법이 폐기되었다. 그러나 대다수의 데모 참여자들은 일반 시민들이 아니고 대학생들이다.

우리 국민들 중 가족 간에 정치에 관한 토론을 매우 활발하게 하거나(6.9%) 활발히 한다는(29.1%) 응답률은 36%이고 별로 활발하게 토론하지 않거나(52.3%) 전혀 토론하지 않는다는(11.2%) 응답률은 63.5%이다. 친구나 직장 동료 간에 정치에 관한 토론을 매우 활발하게나(9.2%) 활발히 한다는(37.8%) 응답률은 47%이고 별로 활발하게 토론하지 않거나(41.8%) 전혀 토론하지 않는다는(10.1%) 응답률은 51.9%이다.[31]

우리 국민들이 정치에 참여하는 것은 이에 대해 뭔가를 할 수 있고 영향을 미칠 수 있다는 능력(competence), 즉 자신감이 있기 때문일 것이다. 우리 국민들 중 얼마나 많은 국민들이 이러한 능력이 있다고 생각하고 있는가? 이를 알아보기 위해 "공무원의 부정을 발견했다면 어떻게 하겠느냐"는 질문을 하였다. 이에 대해 응답자들의 24.8%는 해당 공무원에게 직접 항의하겠다고, 17.3%는 경찰, 검찰, 신문 등에 고발하겠다고, 10.1%는 다음 선거 때 여당에 투표하지 않겠다고, 8.5%는 진정서를 내겠다고, 5.6%는 투서하겠다고 답변하고 있다. 응답자들의 22.9%와 9.7%만이 각각 "가만히 있을 수밖에 없다"거나 "모르는 척 하겠다"고 답변하고 있다. 우리 국민들의 3분의 2는 공무원의 브정에 대해 뭔가를 할 수 있다는 자세를 가지고 있다고 볼 수 있다.[32]

"생활에 불편한 나쁜 법률이 있을 때 어떻게 하겠느냐"의 질문에 대해서도 이와 비슷한 응답을 하고 있다. 응답자들의 68.4%가 "그 법률을 고치도록 노력 하겠다"고, 30.1%는 "가만히 있겠다"고 각각 답변하고 있다. 고치도록 노력하겠다는 응답률은 여성보다는 남성이, 40대 이상보다는 이하가, 중졸 이하보다는 이상이 조금 더 높다. 알몬드와 버바는 나쁜 규정(unjust national regulation)에 대해 뭔가를 할 수 있느냐는 질문을 하였고 이에 대해 뭔가를 할 수 있다는 응답률은 미국 75%, 영국 62%, 독일 38%, 이태리 28%, 멕시코 38%였다.[33]

그러나 "선생님의 의견이 정책에 어느 정도 반영될 수 있다고 생각하십니까?"라는 질

31) 이정복 · 김호섭, pp. 560-563.
32) 이정복 · 김호섭, pp. 548-549.
33) 이정복 · 김호섭, pp. 550-551. Almond & Verba, p. 142.

문에 대해서는 매우 많이 반영되거나(1.5%) 반영되는 편이라는(16.7%) 응답률이 18.2% 밖에 안 된다. 우리 국민들의 압도적 다수인 80.2%가 반영되지 않는 편이거나(55.9%) 전혀 반영되지 않는 편이라고(24.3%) 답변하고 있다.[34)]

투표결과가 공무원들에게 어느 정도 영향을 미치느냐는 질문에 대해서는 매우 많은 영향을 미치거나(31.7%) 영향을 미치는 편이라는(50.3%) 응답률이 82%이고, 영향을 미치지 않는 편이거나(13.2%) 전혀 영향을 미치지 않는 편이라는(2.9%) 응답률이 16.1%이다. 우리 국민들의 압도적 다수는 투표결과가 공무원들에게 영향을 미친다고 믿고 있다.[35)]

V. 사회적 관계와 신뢰

민주주의 국가의 국민들은 독재국가의 국민들 보다 그들 상호간의 자발적인 관계도 많고 신뢰감도 높다. 우리 국민들 개개인은 서로 간 어떠한 사회적 관계를 가지고 있고 그들 상호간의 신뢰도는 얼마나 높은가?

이를 알아보기 위해 우선 "만약 자유로운 시간이 생긴다면 어떤 한 가지 일을 주로 하겠느냐?"는 질문을 하였다. 이에 대해 응답자들의 35.8%는 스포츠, 등산, 낚시 등의 취미생활을, 23.4%는 부수입 증대를 위한 경제활동을, 13.6%는 자선활동이나 사회복지활동을, 13.5%는 독서, 텔레비전 시청, 영화관람 등의 문화활동을, 8.8%는 종교활동을, 1.6%는 정치활동을, 1.5%는 기타 활동을 각각 들고 있다. 알몬드와 버바는 비슷한 질문에 대해 복수의 답을 할 수 있도록 하였고 미국 국민들이 하겠다는 생활은 취미생활, 문화활동, 종교활동, 자선활동이나 사회복지활동의 순으로 많았다. 여가 시간에 정치활동을 하겠다는 응답자들의 비율은 미국 2%, 영국 2%, 독일 3%, 이태리 1%, 멕시코 0%로 우리의 경우와 같이 매우 낮았다.[36)]

다음, "학교나 직장 이외 어떤 조직에 가입하여 활동하고 있느냐"는 질문을 하였다.

---

34) 이정복·김호섭, pp. 546-547.
35) 이정복·김호섭, pp. 542-543.
36) 이정복·김호섭, pp. 598-599. Almond & Verba, p. 210.

이 질문에는 가입하고 활동하고 있는 모든 단체에 표시하도록 하였다. 우리 국민들이 가장 많이 가입하여 활동하고 있는 단체를 살펴보면 개인적 친목단체(780), 교회, 성당, 절 등의 종교단체(594), 동창회(519), 계(382), 종친회(329), 지역 향우회(219), 직업과 관련된 협회(205), 농업협동조합(206), 정당과 재야 단체 등의 정치단체(71), 자선단체(64), 의사회, 변호사회, 학회 등과 같은 전문가 협회(56), 기타(34), 노동조합(33)의 순이다 (괄호 안은 표시 수). 우리 국민들은 직업과 관련된 협회, 농업협동조합, 정치단체, 전문가 협회, 노동조합과 같은 이익 중심의 결사(association)보다는 친목단체, 종교단체, 동창회, 계, 종친회, 향우회와 같은 일차적 집단(primary group)에 더 많이 참여하고 있다. 비슷한 질문에 대한 알몬드와 버바의 조사는 이와는 대조적인 결과를 나타내고 있다. 미국, 영국, 독일, 이태리, 멕시코의 모든 나라에서 응답자들은 일차적 집단에의 참가보다는 노동조합, 경제단체, 농민단체, 전문가 단체와 같은 이익 중심의 결사에 더 많이 참가하고 있다고 답변하였다. 이들 나라와 비교해 본다면 우리 국민들의 사회적 관계에는 이익 중심의 결사보다는 일차적 집단이 훨씬 더 중요한 역할을 하고 있다.[37]

우리 국민들은 사람과 사람 간의 관계를 어떻게 보고 있는가? 이를 알아보기 위한 두 가지 문항에 대한 응답은 다음과 같다. 첫째 "내가 억울한 일을 당하더라도 아무도 도와주지 않을 것이다"라는 문항에 대해 매우 그렇거나(5.7%) 그런 편이다는(39.8%) 응답률은 45.5%이고 아니거나(49.6%) 매우 아니다라는(4.6%) 응답률은 54.2%이다. 비슷한 문항에 대한 알몬드와 버바의 조사에서는 전자의 응답률, 즉 도와주지 않을 것이라는 응답률은 미국 38%, 영국 45%, 독일 72%, 이태리 61%, 멕시코 78%였다. 우리의 경우 아무도 도와주지 않을 것이라는 국민들의 비율이 미국 보다는 높지만 독일, 이태리, 멕시코보다는 낮다. 둘째 "자신을 자신이 잘 살펴야지, 자칫하면 다른 사람에게 이용 당한다"라는 문항에 대해서는 매우 그렇거나(14.6%) 그런 편이다라는(52.5%) 응답률이 67.1%이고 아니거나(30.4%) 매우 아니다라는(1.9%) 응답률이 32.3%이다. 알몬드와 버바의 조사에서는 전자의 응답률, 즉 자칫하면 다른 사람에게 이용 당한다라는 응답률이 미국 68%, 영국 75%, 독일 81%, 이태리 73%, 멕시코 94%였다. 우리의 경우 이용당한다는 응답률이 미국과 같고 나머지 네 나라보다는 낮다. 우리 국민들 중 주위 사람들을 차갑게 느끼는 사람들의 비율은 미국과 비슷하고 나머지 네 나라보다는 낮다. 이러한 결과는 우리 국

37) 이정복 · 김호섭, p. 423. Almond & Verba, pp. 246-247.

〈표 3-4〉 다음 사항에 대해 어느 정도 믿으십니까?

	전적으로 믿는다		믿는 편이다		믿지 않는다		전적으로 믿지 않는다	
	응답수 (명)	비율 (%)	응답수 (명)	비율 (%)	응답수 (명)	비율 (%)	응답수 (명)	비율 (%)
정부의 발표	69	4.2	1,047	63.7	420	25.6	65	4.0
정치가의 말	31	1.9	827	50.3	682	41.5	71	4.3
텔레비전의 뉴스	130	7.9	1,096	66.7	339	20.6	55	3.3
신문의 보도	130	7.9	1,206	73.4	247	15.0	23	1.4
법조인	94	5.7	1,119	68.1	353	21.5	34	2.1
대학교수	201	12.2	1,211	73.7	170	10.3	23	1.4
종교인	197	12.0	1,002	61.0	354	21.5	61	3.7
재야단체	77	4.7	852	51.9	559	34.0	108	6.6
소문 · 유언비어	26	1.6	331	20.1	898	54.7	360	21.9

민들이 바로 위에서 살펴본 바와 같이 일차적 집단에 많이 가입해서 활동하고 있는 것과 관계가 있을는지 모르겠다.[38)]

우리 국민들은 그들의 생활과 우리의 정치나 사회제도가 어떠한 관계에 있다고 생각하는가? 어떤 사람의 생활이 어려운 것은 노력과 능력이 모자라기 때문이라고 보는가, 그렇지 않으면 정치나 사회제도에 문제가 있기 때문이라고 생각하는가? 이 질문에 대해 응답자들의 66.5%는 노력과 능력이 모자라기 때문이라고 보고 있고, 31.8%는 정치나 사회제도에 문제가 있기 때문이라고 생각하고 있다. 우리 국민들의 대다수는 못사는 것이 정치나 사회제도가 아니라 노력과 능력 부족 때문이라고 보고 있고, 이렇게 보는 응답률은 40대 이하보다 40대 이상이, 중졸 이상보다는 중졸 이하가, 월수입이 160만원 이하보다 그 이상인 층이 더 높다.[39)]

우리 국민들은 정부의 발표, 정치가의 말, 텔레비전의 뉴스, 신문의 보도, 법조인, 대학교수, 종교인, 재야단체, 소문과 유언비어를 얼마나 믿고 있는가? <표 3-4>는 이에 대한 조사결과이다.

신문의 보도, 텔레비전의 뉴스, 정부의 발표, 정치가의 말, 소문과 유언비어를 전적으

---

38) 이정복 · 김호섭, pp. 600-603. Almond & Verba, p. 213.

39) 이정복 · 김호섭, pp. 604-605.

로 믿거나 믿는 편이라고 응답한 우리 국민들의 비율은 각각 81.3%, 74.6%, 67.9%, 52.2%, 21.7%이다. 신문, 텔레비전, 정부의 발표는 우리 국민들의 대다수가 믿고 있으나 정치가의 말은 우리 국민들의 반 정도만 믿고 있고 소문과 유언비어는 국민들의 20% 정도만 믿고 있다. 대학교수, 법조인, 종교인, 재야단체를 전적으로 믿거나 믿는 편이라고 응답한 우리 국민들의 비율은 각각 85.9%, 73.8%, 73%, 56.6%이다. 우리 국민들의 대다수가 대학교수, 법조인, 종교인을 신뢰하고 있다.[40]

VI. 사회경제적 변수와 정치의식

우리 국민들의 정치의식은 사회경제적 배경에 따라 어떠한 차이가 있는가? 알몬드와 버바의 조사는 여러 사회경제적 배경변수들 중 교육변수의 영향이 가장 크다는 것을 발견하였다. 이 조사에서는 정치적 태도를 묻는 주요 문항들에 대한 초등학교나 그 이하의 학력자들과 대학교육을 받은 사람들의 응답비율이 모든 나라에서 20% 이상의 차이를 나타내고 있다. 그들은 응답자들의 정치적 태도가 소득수준에 따라서도 큰 차이가 나지만 교육 수준에 따른 차이가 가장 크다고 강조하였다.[41]

우리 국민들의 정치의식도 교육수준에 따라 큰 차이가 나지만 교육이 우리 국민들의 정치적 태도에 가장 큰 영향을 미치는 요인은 아니다. 우리 국민들의 정치의식은 지역에 따른 차이가 가장 크고 그 다음은 교육과 연령에 따른 차이가 크다. 소득수준, 성별, 도시화 정도에 따른 정치적 태도의 차이는 크지 않다. 이번 조사의 전체 문항 114개 중 응답률이 15% 이상 차이가 나는 문항의 개수는 지역이 82개, 교육 수준이 67개, 연령이 61개, 소득이 25개, 성별이 11개, 도시화 정도가 4개이다. 특히 도시화 정도는 상당히 오랜 기간 우리 국민들의 정치적 태도에 영향을 미치는 매우 중요한 변수였으나 더 이상 그러한 변수가 아니다.

지역에 따라 우리 국민의 정치의식은 어떻게 다른지 중요한 몇 가지만 소개하면 다음과 같다. 첫째로 정치적 지식수준이 호남지역이 타 지역보다 더 높다. 국회 의석수가 가

40) 이정복 · 김호섭, pp. 516-533.

41) Almond & Verba, p. 318.

장 많은 정당부터 순서대로 나열하라는 질문에 정확하게 답변한 응답률은 전북이 83.3%인데 비해 경북은 63.8%이고 국무총리의 이름을 맞힌 응답률은 전북이 61.1%인데 비해 경북은 37.9%이다. 둘째로 정치와 정부에 대한 부정적 평가가 제주 및 호남지역이 타 지역 보다 더 높다. 우리나라에서 정치가 가장 수치스럽다고 응답한 비율은 제주 66.67%, 전남 57.33%인데 비해 충북 37.70%, 경북 39.70%이다. 노태우 정권을 민주적 성격이 강하다고 보는 응답률은 경북이 73.9%인데 비해 전남은 28.7%이고, 독재적 성격이 강하다고 보는 응답률은 전남이 63.4%인데 비해 경북은 22.6%이다. 정치적 투입과정인 학생운동에 만족한다는 응답률은 전북이 58.0%인데 비해 경북은 19.0%이고, 노동운동에 만족한다는 응답률은 전북이 66.6%인데 비해 경북은 28.6%이다. 셋째로 정치적 참여에 있어서도 지역별 차이가 크다. 정치토론을 자유롭게 한다는 응답률은 경북이 42.2%인데 비해 전남은 21.3%이다. 공무원들의 부정을 발견할 경우 이에 대해 회피적 태도를 취하는 응답률은 경북이 46.3%인데 비해 전남은 25.4%이다. 지난 번 대통령 선거 때 노태우 후보에게 투표했다는 응답률은 제주 57.1%, 경북 53.8%인데 비해 전남은 4.0%, 전북은 6.7%이다. 김영삼 후보에게 투표했다는 응답률은 경남 44.2%인데 비해 전남은 0.0%, 전북은 1.1%이다. 김대중 후보에게 투표했다는 응답률은 전남 76.7%, 전북 80.0%인데 비해 경북 0.0%, 경남 4.2%이다. 김종필 후보에게 투표했다는 응답률은 충남 29.2%, 충북 27.9%인데 비해 전남, 전북은 공히 0.0%이다. 넷째로 어떤 사람의 생활이 어려운 것은 노력과 능력 부족보다는 사회제도에 문제가 있기 때문이라고 보는 응답률은 경북 37.7%, 전북 34.4%인데 비해 충북은 13.6%이다. 텔레비전 뉴스를 믿는다는 응답률은 충북이 86.9%인데 비해 전남은 51.3%이다. 재야단체를 믿는다는 응답률은 전북이 77.8%인데 비해 경남은 50.9%이다.[42)]

우리 국민들의 정치의식은 교육수준에 따라서는 어떻게 다른가? 알몬드와 버바가 그들의 조사대상 5개국에서 공통되게 발견한 교육에 따른 정치의식의 차이는 다음과 같다. 첫째 높은 교육을 받은 사람일수록 그의 생활에 대한 정부의 영향력을 인지하는 사람들이 더 많다. 둘째 높은 교육을 받은 사람일수록 정치의 흐름을 추적하고 선거유세에 관심을 가지고 있는 사람들이 더 많다. 셋째 교육수준이 높은 사람일수록 정치적 정보를 더 많이 가지고 있고, 넷째 광범위한 분야의 정치적 이슈들에 관심을 가지고 있고, 다섯째

42) 이정복 · 김호섭, pp. 419-420과 pp.500-501, pp. 604-605, pp. 516-533.

정치적 토론에 더 많이 참여한다. 여섯째 높은 교육을 받은 사람일수록 보다 많은 사람들과 정치에 대해 자유롭게 토론한다. 일곱째 교육수준이 높은 사람일수록 자신이 정부에 영향력을 미칠 수 있다고 생각한다. 여덟째 높은 교육을 받은 사람일수록 여러 사회단체에 참여하는 비율이 높다. 아홉째 높은 교육을 받은 사람일수록 자신의 사회환경에 안정감을 느끼고 다른 사람들을 신뢰하고 도와주려는 자세를 가지고 있다.[43] 우리나라의 경우에도 교육수준에 따른 정치의식의 차이는 이상 소개한 바와 같은 특성을 가지고 있다.

그러나 다른 한편 우리 국민들은 이상 소개한 특성 이외에도 다음과 같은 특성을 가지고 있다. 첫째 교육수준이 높은 사람일수록 현실정치와 현 정권에 대한 만족도가 낮고 불신과 좌절감이 높다. 둘째 교육수준이 높은 사람일수록 제5공화국시대의 문제들을 단호하게 해결할 것을 요구하고 있다. 셋째 교육수준이 높은 사람일수록 정규적 정치참여보다 비정규적 정치참여를 선호한다. 투표참가율은 교육수준이 낮은 층에서 높으나 학생운동, 노동운동 등 비정규적 정치참여에 대해서는 교육수준이 높을수록 긍정적이다. 넷째 교육수준이 높을수록 공무원의 부정을 발견했을 때 이를 시정하고, 나쁜 법률은 고치도록 노력하는데 적극적 자세를 가지고 있다. 그러나 다섯째로 교육수준이 높은 사람일수록 개인의 의견이 정책에 반영되지 않는다고 생각하는 사람들이 더 많다.

교육수준에 따라 정치적 지지성향도 다르다. 노태우 후보에게 투표했다고 응답한 비율은 무학 36.9%, 국졸 이하 48.1%인데 비해 대학이상 학력자는 15.4%, 고졸자들은 22.9%, 중졸자들은 32.4%이다. 대학 이상 학력자들 중 김대중 후보와 김영삼 후보에게 투표했다는 응답률은 각각 23.6%, 29.3%이다.[44]

연령에 따른 정치의식의 차이는 어떠한가? 첫째 신문이나 텔레비전의 정치보도를 자주 보는 사람들과 정치적 지식을 정확하게 가지고 있는 사람들은 청장년층에 더 많다. 신문의 정치기사를 매일 본다는 응답률은 20대가 58.6%인데 비해 60대 이상은 31.1%에 불과하고 국무총리의 이름을 아는 사람들은 20대가 54.1%인데 비해 60대 이상은 31.1%에 불과하다. 둘째 젊은 사람들은 나이 많은 사람들보다 정치와 정부에 대한 불만이 더 높고 학생운동이나 노동운동에 대한 만족도가 더 높다. 우리나라의 정치가 가장 수치스럽다고 응답한 비율은 20대가 55.5%인데 비해 60대 이상은 29.4%이다. 현 대통령에게

43) Almond & Verba, pp. 317-318.
44) 이정복 · 김호섭, pp. 412-415, p. 32.

만족한다는 응답률은 20대가 47.4%인데 비해 60대 이상은 74.8%이다. 학생운동에 만족한다는 응답률은 20대가 37.2%인데 비해 60대 이상은 13.4%이다. 노동운동에 만족한다는 응답률은 20대가 51.2%인데 비해 60대 이상은 23.5%이다. 노태우 정권이 독재적 성격이 강하다는 응답률은 20대가 53.7%인데 비해 60대 이상은 14.3%이다. 셋째 20대의 청년들은 나이 많은 사람들 보다 정치적 참여의지는 높으나 투표를 하거나 선거유세를 들으러 가는 참여율은 낮다. 정치적 활동에 참여하고 싶다는 응답률은 20대 56.6%, 30대 47.8%이나 60대 이상은 22.7%이다. 친구들이나 동료들 간에 정치적 토론을 활발히 한다는 응답률은 20대 55.3%이나 60대 이상은 28.2%이다. 20대 청년들의 투표율이 나이 많은 사람들의 투표율보다 선거 때마다 저조하다는 것은 주지의 사실이다. 이뿐만 아니라 그들의 정치적 지지 성향도 나이 많은 사람들과 다르다. 지난 번 대통령 선거에서 김대중 후보에게 투표했다는 응답률은 20대 26.3%, 30대 26.1%이고, 김영삼 후보에게 투표했다는 응답률은 20대 23.0%, 30대 25.9%이고, 노태우 후보에게 투표했다는 응답률은 20대 15.6%, 30대 21.4%이고, 김종필 후보에게 투표했다는 응답률은 20대 7.0%, 30대 9.4%이다. 이에 비해 60세 이상의 응답자들은 47.9%가 노태우 후보에게, 18.5%가 김대중 후보에게, 10.1%가 김영삼 후보에게, 9.2%가 김종필 후보에게 투표했다고 응답하고 있다. 지난 번 대통령 선거에서 20대와 30대는 김대중, 김영삼 후보를 가장 많이 선호한 반면 40대, 50대, 60대 이상은 노태우 후보를 가장 많이 선호하였다. 넷째 어떤 사람의 생활이 어려운 것은 노력과 능력 부족보다는 사회제도에 문제가 있기 때문이라고 보는 응답률은 20대 42.2%, 30대 32.1%인데 비해 40대는 25.1%, 50대는 22.7%, 60대 이상은 24.4%이다. 텔레비전 뉴스를 믿는다는 응답률은 20대가 64.9%인데 비해 60대 이상은 86.6%이다. 재야단체를 믿는다는 응답률은 20대가 66.1%, 30대가 61.1%인데 비해 50대는 51.3%, 60대 이상은 40.4%이다. 사회제도에 대한 만족도와 TV 뉴스에 대한 신뢰도는 나이 많은 사람들이 젊은 사람들 보다 많이 가지고 있고 재야단체에 대한 신뢰도는 젊은 사람들이 나이 많은 사람들 보다 더 많이 가지고 있다.[45]

한마디로, 영남지역, 교육수준이 낮은 층, 연령이 많은 층에 현상유지 세력이 많고 호남지역, 교육수준이 높은 층, 연령이 젊은 층에 현상타파 세력이 많다고 볼 수 있다.

45) 이정복 · 김호섭, pp. 410-412와 pp.500-501, pp. 604-605, pp. 516-533.

Ⅶ. 결어

알몬드와 버바는 정치적 적극성, 합리성, 참여성이 극대화된 참여형 정치문화가 아니라 이러한 정치문화가 정치적 수동성, 전통성, 신민성이나 향리성과 균형을 이루는 시민형 정치문화가 안정적인 민주정치에 필요한 정치문화라고 주장하였다. 전자의 참여형 정치문화는 통치의 효율성을 떨어뜨리고 후자의 신민형 정치문화는 통치의 반응성(responsiveness)이나 책임성을 떨어뜨리기 때문에 이 두 문화는 둘 다 민주정치에 적합하지 못하다. 통치의 효율성도 나타내면서 그 반응성이나 책임성도 보장하는 민주정치를 하기 위해서는 이 두 문화가 균형을 이루는 시민형 정치문화가 필요하다는 것이다. 그리고 그들은 1960년대 초 미국과 영국의 정치문화가 이러한 정치문화에 가장 근접한 정치문화라고 주장하였다. 미국과 영국의 정치문화는 어떻게 통치의 효율성과 반응성이라는 서로 모순될 수 있는 목표를 달성하고 있는가?

그들은 미국과 영국의 국민들이 두 가지 방법으로 소극적이고 수동적인 정치의식뿐만 아니라 적극적이고 능동적인 정치의식도 유지하고 있다고 주장한다. 첫째로 영미에서는 어느 한 시기에 서로 상반되는 정치적 역할을 각각 추구하는 시민들이 있다. 어느 시기든 정치적으로 적극적이고 능동적인 역할을 하는 시민들이 있는가 하면 소극적이고 수동적인 역할에 만족하는 시민들도 있다. 둘째 시민 개개인들은 서로 상반되는 이 두 가지 태도를 다 가지고 있다. 그리하여 시민 개개인은 어떤 때는 정치적으로 적극적이고 능동적인 역할을 하나 어떤 때는 소극적이고 수동적인 역할을 한다.

알몬드와 버바의 조사결과에 따르면 영미의 국민들은 정부에 영향을 미칠 수 있고 또 그러한 영향을 행사해야만 한다는 의식이 강하다. 그러나 그들 개개인은 정부에 영향을 미치는 정치적 참여를 그들 각자의 참여의식만큼 강하게 하고 있지 않다. 이것이 영미의 국민들이 두 가지 상반된 태도를 유지하는 것을 가능하게 해 준다. 최근의 연구결과는 개인이 상반된 태도를 가지게 되면 거기서 스트레스가 생기게 되기 때문에 종국에는 일관된 태도를 갖게 된다고 주장하고 있다. 그러나 국민들의 정치적 태도에서는 이러한 현상이 잘 일어나지 않는다. 대부분의 사람들은 자기 자신의 생활에 직접 연관되는 여러 가지 일에 더 큰 관심을 가지고 있지 정치에 큰 관심을 가지고 있지 않기 때문이다. 정치가 대부분의 경우 일상생활과 같이 급박하지 않기 때문에 사람들은 그들의 정치적 태도의 이

중성을 고치지 않고 그대로 유지한다는 것이 알몬드와 버바의 주장이다.

영미와 같은 안정적인 민주주의 국가에서는 어느 한때에 국민 전부가 정치에 적극적으로 참여하지 않는다. 오직 일부만이 정치에 적극적으로 참여하고 대다수는 소극적인 정치적 자세를 유지한다. 국민 전부가 정치에 적극적으로 참여한다면 통치는 불가능해 질 것이나 일부만이 적극적으로 참여하고 대다수는 소극적인 자세를 유지함으로서 통치의 효율성도 유지하고 반응성도 유지하는 민주정치가 가능하다.

안정적인 민주정치를 위해서는 정치참여 의지와 실제참여 간의 균형뿐만 아니라 참여의 타입 간의 균형도 필요하다고 알몬드와 버바는 주장한다. 정치는 그 참여로부터 나오는 구체적인 결과에 대한 만족감뿐만 아니라 정치 자체에 대한 정서적인 만족감도 줄 수 있어야 한다. 영미의 국민들은 참여의 결과에 대한 자신감뿐만 아니라 자기나라 정치에 대한 깊은 정서적 만족감을 가지고 있으나 독일, 이태리, 멕시코의 국민들은 이러한 만족감을 가지고 있지 않다.

안정적인 민주정치를 위해서는 정치적인 대결을 초월하는 사회적인 신뢰와 협력이 필요하다. 사회적인 신뢰감이 정치적 대결에 스며들어 정치적 대결이 적대적인 대결로 전락하지 않아야 한다. 다시 말해, 정치적 분열과 사회적 동의(consensus) 간에 균형이 있어야 한다. 영미는 사회적인 신뢰와 협력이 멕시코나 이태리 보다 강하다.[46)]

알몬드와 버바의 조사결과에 따르면 독일의 정치문화는 국민들이 비교적 높은 정치적 관심과 지식을 가지고 있지만 신민적 특성을 두드러지게 나타내고 있고 이 문화가 아직 참여문화와 균형을 이루지 못하고 있고 또 정치에 대한 정서적 만족감도 부족하다. 그리하여 독일은 정당과 이익집단과 같은 민주정치의 하부구조가 발달되어 있음에도 불구하고 민주정치의 성공적 운영에 필요한 정치문화를 충분히 가지고 있지 못하다는 것이 그들의 평가이다. 그러나 이 조사가 나온 지 사반세기가 지난 오늘 독일 민주주의는 안정되게 운영되고 있다. 오늘의 독일 정치문화는 알몬드와 버바의 조사와는 다를 것이라고 추측할 수 있다.

이번 한국정치학회의 조사결과는 우리 국민들의 정치의식이 대체로 사반세기 전의 독일 국민들의 정치의식과 유사하다는 것을 나타내 준다. 국민들이 정치의 중요성을 인지하는 정도는 미국보다는 많이 떨어지나 독일 보다는 약간 떨어지고 이태리와 멕시코 보

---

46) Almond & Verba, pp. 337-360.

다는 높다. 우리 국민들이 신문의 정치기사와 텔레비전의 뉴스를 보는 정도는 독일 뿐만 아니라 영미보다도 높고 정치적 지식수준은 독일, 미국과 비슷하다. 그러나 우리 국민들의 반 이상이 정치에 참여할 용의가 없다고 하고 압도적 다수가 자기의 의견이 정책에 반영되지 않는다고 생각한다. 투표 참가율은 높으나 선거유세를 듣는 것과 같은 투표 이외의 정치참여율은 낮다. 정부의 산출에 대해서는 국민들의 상당수가 만족감을 표시하고 있으나 정치적 투입에 대해서는 정당, 학생운동, 노동운동에 대한 불만과 결사적 이익집단에의 참여율 저조에 나타난 바와 같이 부정적 평가가 많다. 우리 국민들은 보다 참여적인 시민으로 성장해야 될 과제를 가지고 있다. 한국 민주주의의 안정적 발전을 위해서는 우리 국민들이 정치적 참여를 자제하기 보다는 더 활발하게 해야 할 필요가 있다.

이번 조사결과는 우리 국민들이 정치에 대해 정서적 만족감을 가지고 있지 못하다는 것을 나타내 준다. 우리 국민들 중 정치가 가장 자랑스럽다고 응답한 비율은 0.7%에 불과하다. 이것은 미국 85%, 영국 46%, 멕시코 30% 보다 훨씬 뒤떨어지고 독일 7%, 이태리 3% 보다 많이 뒤떨어지는 비율이다. 국가의 혜택을 받고 있다고 생각하는 국민들의 비율은 반 정도밖에 되지 않는다. 이 비율도 영미는 물론 독일, 이태리, 멕시코보다도 많이 떨어지는 비율이다. 정부의 산출에 대해서도 호남 지역 주민들은 커다란 불만을 나타내고 있다. 정치 일반에 대해 우리 국민들은 커다란 불만감을 가지고 있다. 앞으로는 누구보다도 정치인들이 국민들이 만족할 수 있는 정치행태를 보여야 할 것이고 국민들은 모범적인 정치행태를 보이는 정치인들은 지지하고 그렇지 못한 정치인들은 도태시키는 역할을 해야 할 것이다.

우리 국민들은 구미와 비교할 때 결사적 이익집단 보다는 공동체적 일차 집단에 더 많이 참여하고 있다. 우리 국민들이 억울한 일을 당했을 때에 아무도 도와주지 않을 것이라는 응답률은 45.5%로 미국 보다는 높지만 독일, 이태리 멕시코 보다는 낮다. 어떤 사람이 못사는 것은 정치나 사회제도 보다는 노력과 능력 부족이라는 응답률은 66.5%이다. 이러한 조사결과는 구미가 차가운 사회이고 우리나라도 차가운 사회이나 구미 보다는 약간 덜 차가운 사회라는 것을 나타내 준다. 우리 사회가 덜 차가운 사회로 나타나는 것은 우리 국민들의 사회적 관계가 아직도 전통적인 일차관계를 중심으로 이루어져 있기 때문일 것이다. 그러나 우리 사회의 일차적 관계는 경제발전에 따라 점점 약화되고 산업사회의 이익갈등이 보다 첨예하게 일어나고 있다. 우리 국민들 상호 간의 사회적 신뢰도는 다른 나라들에 비해 아직은 낮지 않지만 앞으로 더 낮아질 가능성이 농후하다.

한국의 정치문화는 미국, 영국, 독일, 이태리, 멕시코에 비해 지역적 분열상을 나타내고 있다는 커다란 문제점이 있다. 이들 5개국 모두에서 정치적 태도에 영향을 미치는 가장 중요한 변수는 교육수준이나 우리의 경우에는 지역이다. 부통령제도 없는 승자독식의 대통령 중심제는 지역 간의 정치적 갈등을 악화시키고 있고 이러한 정치적 갈등이 지역 주민들 간의 사회적 갈등과 정서적 갈등으로까지 비화되는 악순환 현상을 나타내고 있다. 안정적인 민주주의의 발전을 위해서는 지역적인 정치적 갈등을 완화시킬 수 있는 제도개혁이 필요하다.

우리의 정치문화는 1960년대 초의 영미가 가지고 있던 시민형 정치문화는 아니다. 영미 보다는 독일, 이태리, 멕시코에 가까운 문화이다. 그러나 당시 알몬드와 버바가 불안감을 나타냈던 독일 민주주의는 현재 안정된 선진민주주의로 발전하였다. 알몬드와 버바가 우리의 조사결과를 본다면 한국 민주주의의 장래에 대해서도 불안감을 가질 것이나 한국도 어려운 일이지만 독일과 유사하게 발전할 수 있다고 생각 할 것이다.

제15장

한국인의 투표행태

이 글에서는 우리나라 유권자들의 (1) 사회경제적 배경, (2) 일반적 정치태도, (3) 인물, 정당, 이슈 정향이 그들의 투표행태에 각각 어떠한 영향을 미치는가를 분석하고 있다.

이러한 분석을 위한 자료로 이 연구는 제14대 국회의원 총선거 5일 전인 1992년 3월 19일부터 1일 전인 3월 23일 사이에 서울대학교 한국정치연구소가 실시한 우리 국민의 정치의식 및 투표행태에 관한 조사결과를 이용하였다.

이 조사의 결과는 우리 국민들의 투표행태에 가장 큰 영향을 미치는 사회경제적 배경변수는 1988년과 마찬가지로 도시화 정도나 소득계층이 아니라 지역이라는 것이다.

유권자들의 일반적 정치태도도 투표행태에 큰 영향을 미치는 것으로 나타났다. 유권자들의 인물, 정당, 이슈 정향은 사회경제적 배경이나 일반적 정치태도보다 지지후보 선택에 더욱 근접한 영향을 미치는 요인이다. 이번 조사에서는 유권자들의 50% 정도가 인물본위로 투표한다고 응답하였다. 우리나라 선거에서는 정당이나 이슈보다는 인물이 압도적으로 중요한 영향을 미치고 있다.

I. 서언

이 연구는 제14대 국회의원 총선거에 있어 우리나라 유권자들의 투표행태를 규명하고자 한다. 유권자 개인들이 그들 각각의 지지후보를 결정하게 되는 요인들이 무엇인가를 유권자 표본조사에서 얻은 자료를 근거로 해서 밝히는 것이 이 연구의 목적이다.

구미의 투표행태 연구는 유권자들의 사회경제적 배경, 일반적 정치태도, 그리고 인물・정당・이슈 정향이 그들의 투표행태에 상당히 큰 영향을 미치고 있다는 결과를 이미 오래 전부터 일관되게 내놓고 있다. 이번 조사에서 이 세 가지 종류의 변수가 제14대 총선에 있어 우리나라 유권자들의 지지후보 선택과는 어떠한 상관관계를 가지고 있는가를 밝히고자 시도하였다.

이 조사는 지난 14대 국회의원 총선거 5일 전인 3월 19일부터 1일 전인 3월 23일 사이에 서울대학교 한국정치연구소가 실시하였다. 이 조사가 총선 전에 실시된 만큼 우리는 이 조사의 결과를 한국선거연구회가 14대 총선 직후에 실시한 유권자들의 투표행태 조사로부터 나온 결과와 비교해 볼 수도 있을 것이다. 이 연구에 있어 조사지역 및 조사대상은 제주도를 제외한 전국 20세 이상의 남녀 유권자들이었고, 다음과 같이 다단계확률표집방법(多段階確率標集方法)을 이용하여 1,514명의 표본을 추출하였다.

우선 첫 단계로 1,514명을 지역별 유권자 비율에 의거하여 각 지역에 할당하였고, 각 지역의 표본수는 다시 시부와 군부의 유권자 비율에 의거하여 시부와 군부에 할당하였다. 다음 두 번째 단계로 서울지역에서 5개 선거구, 인천/경기/강원지역에서 5개의 선거구, 대전/충남/충북에서 2개 선거구, 광주/전남/전북에서 3개 선거구, 대구/경북지역에서 3개 선거구, 부산/경남에서 4개의 선거구를 무작위 추출한 후 시부와 군부별 표본수에 맞게 선거구별로 50명 이상에서 79명 이하를 할당하였다. 세 번째 단계로 각 선거구에서는 다시 4~6개의 동 또는 리가 무작위 추출되어 표본할당이 이루어졌다. 그 다음 단계에서는 조사원이 주어진 절차에 따라 시부의 지정된 각 동에서는 통・반을 추출한 다음 반장집을 기준으로, 군부에서는 지정된 각 리의 이장집을 기준으로 조사대상가구를 선정하였다. 최종적으로 조사원은 동 또는 리마다 주어진 성별・연령별 할당을 지키면서 조사대상자를 골라 면접하였다.

〈표 3-5〉 지역별 시군부별 표본수

지역	표본수(%)	시부(거대도시 포함)	군부
서울	389(25.7)	389	
인천/경기/강원	337(22.3)	234	103
대전/충남/충북	149(9.8)	75	74
광주/전남/전북	193(12.7)	103	90
대구/경북	180(11.9)	120	60
부산/경남	266(17.6)	216	50
계	1,514(100.0)	1,137	377

〈표 3-6〉 응답자의 배경변수별 분포

배경변수	표본수	%
성별		
남	770	50.9
여	744	49.1
계	1,514	100.0
연령별		
20대	499	33.0
30대	386	25.5
40대	284	18.8
50대 이상	345	22.8
계	1,514	100.0
지역별		
서울	389	25.7
인천/경기	267	17.6
강원	70	4.6
대전/충청	149	9.8
광주/전라	193	12.7
대구/경북	180	11.9
부산/경남	266	17.6
계	1,514	100.0

<표 3-6>에 나타난 응답자들의 성별・연령별・지역별 분포는 이 조사의 표집기준으로 사용한 경제기획원 조사 1985년도 인구센서스 결과와 대체로 일치한다. 이 인구센서스 결과 중 20대 이상 인구의 남녀 구성비는 48.9 : 51.1%인 데 비해 이번 조사의 응답자들의 남녀비율은 50.9 : 49.1%였고, 전자의 20대, 30대, 40대, 50대 이상의 연령비율은 34.6 : 23.8 : 17.8 : 23.8%인 데 비해 후자의 연령비율은 33.0 : 25.5 : 18.8 : 22.8%였고, 전자의 서울, 인천/경기, 강원, 대전/충남북, 광주/전남북, 부산/대구/경남북의 인구분포 비율은 24.8 : 15.9 : 4.2 : 10.8 : 14.0 : 30.2%인데 비해 이번 조사에 있어서는 이 비율이 25.7 : 17.6 : 4.6 : 9.8 : 12.7 : 29.5%였다.

Ⅱ. 유권자들의 사회경제적 배경과 지지후보 선택

유권자들의 사회경제적 배경과 지지후보 선택과는 어떠한 관계가 있는가? 라자스펠드(P. Lazarsfeld), 베렐슨(B. Berelson) 등이 1940년대에 투표행태에 관한 조사연구를 한 이래 오늘날에 이르기까지 모든 투표행태 연구는 사회경제적 특성이 유권자들의 투표행태에 어떠한 영향을 미치는가에 대한 분석을 포함하고 있다.[1] 투표행태 연구에 있어 가장 기초적인 분석방법이라고 하겠다.

서울대 한국정치연구소의 14대 총선 조사에서는 유권자들의 성, 연령, 학력, 가구소득, 직업, 거주지역, 거주지역의 도시화 정도의 7가지 사회경제적 배경이 그들의 투표행태와는 어떠한 관계가 있는지 살펴보았고 그 결과는 <표 3-7>과 같다.

이 결과에 의하면 첫째, 유권자의 성별 차이는 투표행태에 별로 영향을 미치지 않는다. 다만 민자당후보 지지자들 중에는 남자보다 여자가 조금 더 많은 반면, 민주당후보 지지자들 중에는 여자보다 남자가 조금 더 많다는 특징이 있을 뿐이다.

둘째, 연령은 우리 국민들의 투표행태에 중대한 영향을 미치고 있다. 연령이 높을수록(40대와 50대 이상) 민자당후보 지지자들이 많은 반면, 연령이 낮을수록(20대와 30대)

1) P. Lazarsfeld, B. Berelson & Helen Gandet, *The People's Choice*(New York: Columbia University Press, 1944); B. Berelson, P. Lazarsfeld & W. McPhee, *Voting*(Chicago: University of Chicago Press, 1954); S. Lipset & S. Rokkan, eds., *Party Systems and Voter Alignments*(New York: The Free Press, 1967)을 볼 것.

민주당후보 지지자들이 많은 것이다. 국민당후보 지지자들은 50대 이상이 20, 30, 40대 지지자들의 비율에 비해 약간 떨어진다는 것을 제외하고는 연령상 뚜렷한 차이를 나타내고 있지 않다. 연령은 민자당후보 지지자들과 민주당후보 지지자들을 구별해 주는 중요한 변수라고 할 수 있다. 50대 이상의 유권자들 중 54.6%가 민자당후보를 지지한 데 비해 그 반도 안 되는 22.2%만이 민주당을 지지했다. 20대 청년들 중에서는 그 17.4%만이 민자당후보를 지지한 데 비해 그 두 배에 가까운 32.6%가 민주당후보를 지지하고 있다.

셋째, 학력도 투표행태에 영향을 미치는 중요한 변수이다. 민자당후보 지지자들의 비율은 학력이 낮을수록 높아지는 데 비해 민주당후보 지지자들의 비율은 학력별로 볼 때 큰 차이가 없고 국민당후보 지지자들의 비율은 학력이 높을수록 높아지고 있다. 특히 초졸 이하의 유권자들 중 51.5%가 민자당후보를 지지하고 있는 데 비해 이 반에 가까운 27.1%만이 민주당을 지지하고 있다. 그러나 국민당후보 지지자들의 비율은 고졸과 초급대학 이상이 중졸과 초졸 이하보다 두 배나 많은 18% 정도로 민자당의 경우와는 반대되는 경향을 나타내고 있다.

넷째, 유권자들의 가구소득수준은 연령과 학력만큼 우리 국민들의 투표행태에 영향을 미치고 있지 않다. 민자당후보와 민주당후보 지지자들의 비율은 소득수준이 낮을수록 조금 높지만 소득별로 별 차이가 나지 않는다. 가구소득이 60만 원 미만인 유권자들 중에서는 민주당후보 지지자들이 제일 많지만 소득수준은 투표행태를 구분해 주는 뚜렷한 변수로 나타나고 있지 않다. 그러나 국민당후보 지지비율은 가구소득수준이 높을수록 높아지는 경향이 명백히 나타나고 있다.

다섯째, 우리 국민들의 투표행태에 대한 직업의 영향도 <표 3-7>은 잘 나타내 주고 있다. 민자당후보 지지자들은 자영업자, 주부, 농어업종사자들 중에 두드러지게 많고, 민주당후보 지지자들은 농어업, 생산기능 서비스직, 사무직 종사자들 중에 두드러지게 많다. 국민당후보 지지자들의 비율은 농어업 종사자들이 제일 적고 전문행정 경영직이 제일 많다.

여섯째, 유권자들의 거주지역은 우리 국민들의 투표행태에 아주 큰 영향을 미치고 있다. 대전/충청, 대구/경북, 부산/경남지역 유권자들은 압도적으로 민자당후보를 지지하고 있고, 광주/전라지역 유권자들은 상기 세 지역 유권자들보다 훨씬 더 압도적으로 민주당

〈표 3-7〉 유권자들의 사회경제적 배경과 투표예정후보의 소속정당

변수	사례수 (N)	민자 (%)	민주 (%)	국민 (%)	신정 (%)	민중 (%)	무소속 (%)	X^2 (p)
전체	(977)	31.5	29.8	15.0	6.0	5.7	12.0	
성별								
남	(519)	29.3	30.9	14.8	7.8	7.3	9.9	16.7
여	(458)	34.0	28.5	15.1	4.1	3.9	14.3	(0.01)
연령별								
20대	(318)	17.4	32.6	16.4	7.3	11.6	14.7	122.2
30대	(268)	24.6	33.9	16.9	7.9	4.7	12.0	(0.00)
40대	(178)	39.7	27.5	15.0	4.7	1.2	11.8	
50대 이상	(213)	54.6	22.2	10.4	3.0	1.9	7.9	
학력별								
초졸 이하	(145)	51.5	27.1	8.6	0.7	2.8	9.3	115.0
중	(185)	39.0	32.1	9.6	4.6	2.3	12.3	(0.00)
고	(345)	28.6	31.8	17.8	5.7	1.8	14.2	
초대 이상	(300)	20.8	27.4	18.1	9.9	13.6	10.2	
가구소득별								
60만원 미만	(133)	33.4	39.4	7.9	3.2	3.0	13.1	59.2
60~89만원	(253)	34.3	30.1	10.0	6.8	5.4	13.5	(0.02)
90~149만원	(369)	28.9	30.1	17.0	5.1	6.4	12.6	
150만원 이상	(156)	29.9	24.3	20.4	7.9	8.7	8.8	
직업별								
전문행정경영직	(135)	24.1	26.7	22.8	6.2	10.8	9.4	120.8
사무직	(118)	28.1	34.9	16.2	4.6	2.7	13.5	(0.00)
자영업	(133)	42.9	23.9	13.5	9.6	2.4	7.8	
생산기능서비스	(176)	26.4	38.0	14.3	4.8	6.0	10.4	
농어업	(55)	38.8	38.1	3.6	2.0	1.9	15.5	
학생	(57)	5.3	24.2	11.2	14.8	20.3	24.2	
주부	(173)	40.9	25.5	14.0	4.2	1.3	14.2	
무직/기타	(104)	31.4	30.2	13.3	5.9	9.0	10.3	
지역별								
서울	(255)	27.2	30.5	21.0	10.7	4.5	6.2	316.9
인천/경기	(164)	30.3	24.3	25.0	2.0	7.2	11.2	(0.00)
강원	(47)	21.3	12.8	23.4	8.5	29.8	4.3	
대전/충청	(100)	48.0	10.0	15.0	9.0	4.0	8.0	
광주/전라	(139)	12.2	70.7	4.1	0.8	4.9	7.3	
대구/경북	(100)	48.0	10.0	4.0	3.0	4.0	31.0	
부산/경남	(172)	41.4	21.1	10.6	6.6	2.0	18.4	
도시화 수준별								
대도시	(510)	31.2	31.0	17.7	7.6	5.2	7.4	62.0
중소도시	(243)	28.3	24.7	16.2	4.4	8.5	18.0	(0.00)
읍/면	(224)	35.0	33.1	8.0	4.2	3.8	15.9	

후보를 지지하고 있다. 국민당 지지자들은 광주/전라, 대구/경북지역에는 별로 없고, 서울, 인천/경기, 강원에서는 그 지역 유권자들의 20% 이상의 지지를 받고 있다. 이제까지 살펴본 배경변수 중에서는 지역이 투표행태에 가장 큰 영향을 미치고 있음을 알 수 있다.

마지막으로 도시화 수준은 투표행태에 더 이상 큰 영향을 미치고 있지 않다. 대도시 유권자들의 지지율은 민자당과 민주당의 경우가 같고 중소도시나 읍/면 유권자들의 지지율도 민자당과 민주당의 경우 큰 차이가 나지 않는다. 국민당의 경우 지지율은 대도시, 중소도시에 비해 읍/면에서 크게 떨어지고 있다. 민자당후보 지지자들의 비율이 대도시 유권자들보다는 읍/면 유권자들에 있어 약간 더 높기는 하나[2] 우리나라 선거사에 있어 오랫동안 지속되어 온 여촌야도(與村野都)현상은 1988년 제13대 총선 때부터 약화되기 시작해 제14대 총선에서는 이러한 현상이 더욱 약화되어 이때부터 우리나라 선거의 특징으로 여촌야도(與村野都)현상의 두드러짐을 말하기 어렵게 되었다.[3]

이 조사 결과는 우리 국민들의 투표행태가 연령, 지역과 높은 상관관계를 가지고 있고 학력과 직업과도 무시못할 상관관계를 가지고 있음을 보여주고 있다. 이 네 변수에 비해 성별, 가구소득, 도시화 수준은 국민들의 투표행태와 별로 상관관계를 나타내고 있지 않다.

가구소득이 구미에서는 투표행태를 설명하는 중요한 변수이나 우리나라에서는 그렇지 못한 이유로 몇 가지를 생각해 볼 수 있다. 첫째는 투표행태에 대한 지역변수의 높은 영향력이다. 호남유권자들은 가구소득이 높으나 낮으나 민주당후보를 지지하고, 영남유권자들도 이보다 정도는 낮으나 민자당후보를 지지하는 경향을 나타내고 있는 것이다. 둘째는 우리나라의 주요정당들이 모두 보수정당들이기 때문에 유권자들이 소득수준에 따른 투표행태를 나타내고 있지 않다고도 볼 수 있다. 미국도 양대 보수정당을 가지고 있으나 공화당보다는 민주당이 저소득층을 정책적으로 보호하는 정당으로 알려져 있고 유럽의 경우에는 사회당이나 사회민주당이 그러한 정당으로 인식되고 있다. 우리의 경우에는 이와 같은 인식 자체가 없는 것이다. 셋째로 우리나라의 선거에 있어서 관권・금권의 동원

2) 14대 총선에서의 민자당 득표율과 도시화율의 단순상관계수 r=-0.14였다. 박찬욱, "14대 국회의원 총선거에서의 정당지지분석", 한국정치학회, 『선거와 한국정치』(서울: 한국정치학회, 1992), p.201.

3) 여촌야도현상과 이 현상의 변화에 대해서는 윤천주, 『우리나라의 선거실태』(서울: 서울대학교출판부, 1981), pp.25-51과 『증보판 투표참여와 정치발전』(서울: 서울대학교출판부, 1991), pp.295-307을 볼 것.

력도 소득수준의 독자적 영향을 제거하는 요인 중의 하나라 하겠다.[4)]

13대 총선에 있어 여촌야도(與村野都)의 약화현상을 윤천주 선생은 "도·농 어디에서나 금품, 압력 등 분위기에서 오는 자극에 반응하여 투표하던 유권자가 줄고 자기 결정하에 자율적으로 투표하는 유권자가 는 결과"라고 해석하고 있다.[5)] 14대 총선에 있어 이 현상의 현격한 약화 내지는 소멸을 이해하기 위해서는 이러한 요인 외에도 다음과 같은 요인이 고려되어야 할 것이다. 첫째는 지역주의 투표경향이다. 대구·부산 등이 대도시이나 여당지지 지역으로 된 것은 지역주의 때문이다. 둘째는 야당이었던 민주당이 민정당과 합당하여 민자당을 탄생시켰기 때문에 민자당의 성격에 변화가 일어났다는 사실이다. 셋째는 도시화의 영향이다. 대도시 및 중소도시의 선거구 수가 농촌 선거구보다 많고 농촌 선거구는 도시 선거구의 영향을 그전보다 더 크게 받는다고 볼 수 있다. 이러한 경향은 TV의 급속한 확산으로 더욱 가속화되고 있다.

Ⅲ. 유권자들의 사회경제적 배경과 부동층

한국정치연구소의 선거 전의 투표행태 조사결과는 14대 총선결과와 비교할 때 약간의 차이가 난다. 민자당후보들은 이 조사의 31.5%보다 높은 38.5%의 지지투표를, 민주당은 이 조사의 29.8%와 거의 비슷한 29.2%의 지지투표를, 국민당은 이 조사의 15.0%보다 약간 높은 17.4%의 지지투표를, 신정당과 민중당은 각각 이 조사의 6.0%, 5.7%의 1/3도 안 되는 2% 이하의 지지투표를 받았다. 신정당과 민중당의 지지율이 한국정치연구소 조사상에 실제보다 높게 나타난 것은 강원도의 경우에서와 같이 조사대상자 선정에 있어 학생층에로의 편향이 있기 때문이었고, 민자당후보들에 대한 지지율이 조사시점에 있어서는 실제 결과보다 낮은 한 요인은 투표일에 야당보다는 여당에 투표하는 경향이 강한 부동층 때문이었다. 여기서는 부동층의 사회경제적 배경과 그들의 투표행태에 대해 살펴

4) 14대 총선 이후에 실시한 한국선거연구회의 조사결과(박찬욱, 1992, 앞의 논문, p.205)에 의하면 가구소득 40만원 이하의 유권자들 중 43.8%가 민자당을 지지하였고, 32.2%가 민주당을 지지하였다. 경제적 불만이 큰 유권자들이 여당을 더 지지한 이유 중의 하나로 우리는 관권과 금권의 동원력을 생각해 볼 수 있다.

5) 윤천주(1991), 앞의 책, p.302.

〈표 3-8〉 투표예정정당을 결정한 응답자와 결정하지 못한 응답자의 배경변수별 비교

변수	사례수 (N)	투표할 정당을 결정하였다(%)	투표할 정당을 결정하지 못했다(%)	X^2 (p)
전체	(1,504)	65.0	35.0	
성별				
남	(761)	68.1	31.9	6.5
여	(458)	61.7	38.3	(0.01)
연령별				
20대	(485)	65.6	34.4	6.8
30대	(268)	69.6	30.4	(0.08)
40대	(287)	61.9	38.1	
50대 이상	(213)	61.5	38.5	
학력별				
초졸 이하	(269)	54.0	46.0	18.7
중	(279)	66.2	33.8	(0.00)
고	(522)	66.2	33.8	
초대 이상	(432)	69.5	30.5	
가구소득별				
60만원 미만	(257)	51.7	48.3	30.5
60~89만원	(396)	63.9	36.1	(0.00)
90~149만원	(523)	70.4	29.6	
150만원 이상	(218)	71.6	28.4	
직업별				
전문행정경영직	(186)	72.6	27.4	15.9
사무직	(180)	65.7	34.3	(0.03)
자영업	(201)	66.2	33.8	
생산기능서비스	(270)	65.3	34.7	
농어업	(108)	51.2	48.8	
학생	(87)	65.2	34.8	
주부	(265)	65.4	34.6	
무직/기타	(174)	59.9	40.1	
지역별				
서울	(382)	66.8	33.2	13.3
인천/경기	(266)	61.8	38.2	(0.04)
강원	(70)	67.1	32.9	
대전/충청	(149)	67.1	32.9	
광주/전라	(192)	72.4	27.6	
대구/경북	(179)	55.9	44.1	
부산/경남	(266)	64.7	35.3	
도시화 수준별				
대도시	(758)	67.2	32.8	8.4
중소도시	(365)	66.7	33.3	(0.01)
읍/면	(380)	58.9	41.1	

보기로 한다.

많은 여론조사들이 부동층의 폭에 대하여 추정하려고 시도하는데 우리의 문화풍토에서는 투표할 후보를 이미 결정한 유권자들조차도 자기의 의중을 남에게 잘 밝히지 않기 때문에 부동층의 폭이 무척 두껍게 나타난다. 총선일 2~4일 전에 실시한 한국정치연구소의 조사에서는 응답자의 35.0%가 "투표할 정당을 아직 결정하지 못했다"고 하였다. 그리고 총선 직후에 실시된 한국갤럽조사연구소의 전화조사에서 "지지한 후보를 찍기로 결정한 것은 언제였습니까?"라는 질문에 31.1%가 "1개월 이상 전", 3.3%가 "3주일 전", 6.8%가 "2주일 전", 14.4%가 "4~7일 전", 23.0%가 "2~3일 전", 그리고 21.4%가 "투표 당일 또는 투표장에서"라고 응답하였다. 선거일 1주일 전부터 당일 사이에 후보결정을 한 사람이 무려 58.8%에 이른다. 선거 전에 실시된 여러 여론조사 결과는 부동표에 대한 측정치가 40~60%로서 큰 차이를 보이고 있다. 선거일 1주일 전쯤에 부동층이 유권자의 거의 60%에 달하며, 투표 2~3일 전의 부동층은 아무리 적게 잡아도 35%선은 된 것으로 볼 수 있다.

대략 선거일 3일 전을 기준으로 이미 지지할 정당을 결정한 유권자들과 그렇지 못한 유권자들을 배경변수별로 비교하면 <표 3-8>와 같다. 부동층은 남성집단보다는 여성집단에, 젊은층보다는 40・50대 연령층, 다른 어떤 학력집단보다 초졸 이하의 낮은 학력집단에, 특히 저소득층에서 많이 발견되었다. 직업별로는 농어업 종사자 집단과 무직, 기타의 집단에 부동층이 많았다. 지역별로 큰 차이는 없으나 호남지방에 가장 적은 비율로 존재했고, 대구/경북에 가장 많았다. 호남지방에는 민주당 고정표가 많았던 것으로 보인다. 그리고 대도시나 중소도시보다는 읍/면지역에서 부동층이 많이 발견되었다. 부동층의 이와 같은 사회경제적 배경은 민자당후보 지지층의 배경과 같고 부동층의 이와 같은 특성은 그들이 투표일에는 민자당후보에 투표할 가능성이 높다는 것을 예시한다고 말할 수 있다.

부동층의 투표행태에 대한 이와 같은 예측은 <표 3-9>의 한국갤럽조사연구소의 조사결과에 의해서 확인된다. <표 3-9>는 투표 당일이나 투표장에서 찍을 후보자를 결정했다는 응답자들과 막판에 가까운 투표 2~3일 전에 결정했다는 응답자 집단이 각각 어떠한 비율로 특정 정당후보에게 기울게 되었는가를 보여준다. 지지하는 정당에 관하여 "없다/모르겠다"에 해당되는 조사대상자는 통계에서 제외되었다. 투표일에 결정을 내린

〈표 3-9〉 투표당일과 선거 2~3일 전에 후보를 결정한 유권자의 선택*　　단위: %

지지정당	투표당일/투표장(A)	2~3일 전(B)	A+B	응답자 전체
민자당	40.4	34.2	37.1	39.3
민주당	24.3	31.5	28.1	31.0
국민당	13.1	15.3	14.3	14.1
신정당	5.1	2.7	3.8	2.2
민중당	3.0	1.8	2.4	3.7
무소속	14.1	14.4	14.3	9.8
계(사례수)	100.00(99)	100.00(111)	100.00(211)	100.00(491)

주: * 한국갤럽조사연구소의 1992년 3월 24일 조사결과를 재구성한 것임. "없다/모르겠다/무응답"에 해당되는 응답자는 제외되었음.

집단(A) 내에서 대략 40%가 민자당을 지지했다. 이것은 응답자 전체를 놓고 볼 때의 39%를 약간 상회한다. 한편 A집단 내 민주당 지지자의 비율은 응답자 전체의 경우보다 약 7%가 낮은 24% 정도이다. 국민당의 경우에는 집단 내의 지지율이 응답자 전체를 두고 계산한 지지율보다 1% 낮다. 결론적으로 투표 당일에 투표할 후보를 결정한 유권자들 중 최다수가 민자당후보를 지지한 것이다. 투표 2~3일 전에 투표할 후보를 결정한 응답자들(B)까지 함께 고려할 때(즉, A+B에 대하여)도 민자당 지지자 비율이 여전히 가장 높다. 즉, 14대 총선에서 부동층이 많다고 해서 야당인 민주당이나 국민당이 뚜렷한 이득을 보았다는 근거는 없다. 민자당이 부동층 흡수를 가장 많이 했고 친여성향이 압도적이었던 무소속후보들이 두꺼운 부동층의 존재에 어느 정도 이득을 본 것으로 나타난다.

Ⅳ. 유권자들의 정치적 태도와 후보 선택

유권자들의 정치적 태도는 지지후보의 선택에 있어 사회경제적 요인보다 더욱 근접한 요인이다. 유권자들의 사회경제적 특성이 지지후보 선택에 영향을 주는 것은 이러한 특성이 그들의 정치적 태도 형성에 영향을 미치기 때문이다. 다시 말해, 유권자들의 사회경제적 특성은 이러한 특성과 상관관계가 있는 그들의 정치적 태도를 통해서 지지후보 선택에 영향을 주는 것이다. 그러나 유권자들의 정치적 태도를 그들의 사회경제적 특성으

〈표 3-10〉 유권자들의 사회경제적 배경과 정치적 태도

변수	사례수 (N)	문항: 자신의 정치적 성향(%)					X^2 (p)
		아주 보수	보수	중도	진보	아주 진보	
전체	(1,505)	2.9	22.7	41.9	29.0	3.7	
성별							
남	(768)	2.7	20.4	38.9	33.5	4.4	20.2
여	(737)	3.0	25.0	44.9	24.3	2.8	(0.00)
연령별							
20대	(496)	1.2	16.3	43.1	34.7	4.6	55.0
30대	(384)	3.4	21.9	39.8	31.5	3.4	(0.00)
40대	(282)	1.8	24.5	44.0	26.2	3.5	
50대 이상	(343)	5.5	31.2	40.5	20.1	2.6	
학력별							
초졸 이하	(267)	6.4	36.7	37.8	16.1	3.0	98.9
중	(282)	1.4	25.5	45.7	24.1	3.2	(0.00)
고	(522)	3.3	21.3	43.1	29.7	2.7	
초대 이상	(432)	1.2	13.9	40.3	39.4	5.3	
가구소득별							
60만원 미만	(256)	5.9	25.8	41.4	23.0	3.9	24.4
60~89만원	(392)	2.0	25.3	39.0	30.1	3.6	(0.02)
90~149만원	(522)	1.9	21.6	44.6	28.5	3.3	
150만원 이상	(217)	2.3	18.4	40.1	33.6	5.5	
직업별							
전문행정경영직	(179)	3.9	17.3	40.8	33.5	4.5	60.2
사무직	(176)	1.7	15.3	50.0	30.1	2.8	(0.00)
자영업	(204)	4.4	25.5	39.7	27.9	2.5	
생산기능서비스	(280)	2.5	26.1	42.9	26.1	2.5	
농어업	(101)	3.0	33.7	37.6	23.8	2.0	
학생	(93)	0.0	12.9	32.3	47.3	7.5	
주부	(260)	2.3	26.5	45.8	22.3	3.1	
무직/기타	(171)	3.5	22.5	38.0	31.0	5.3	
지역별							
서울	(388)	2.6	22.2	41.5	29.9	3.9	27.6
인천/경기	(266)	1.9	23.3	42.1	27.8	4.9	(0.28)
강원	(70)	2.9	11.4	45.7	37.1	2.9	
대전/충청	(148)	4.7	25.7	37.8	27.0	4.7	
광주/전라	(192)	3.6	19.3	40.1	30.7	6.3	
대구/경북	(180)	3.3	26.1	39.4	29.4	1.7	
부산/경남	(261)	2.3	24.1	46.4	26.1	1.1	
도시화 수준별							
대도시	(785)	1.8	22.0	43.2	29.7	3.3	13.1
중소도시	(345)	3.8	21.7	43.5	28.1	2.9	(0.11)
읍/면	(375)	4.3	24.8	37.6	28.3	5.1	

로 환원시킬 수는 없는 것이므로 정치적 태도는 지지후보 선택에 그것대로의 독립적 영향력을 가지고 있다고 보아야 할 것이다.

우선 유권자들의 사회경제적 특성은 그들의 정치적 태도와 어떠한 상관관계가 있는가를 간단히 소개하고 그 다음 정치적 태도와 지지후보 간의 상관관계를 알아보기로 한다.

유권자들의 사회경제적 배경과 정치적 태도와의 관계는 <표 3-10>에 요약되어 있다. 한국정치연구소 조사는 유권자들의 정치적 태도를 보수-진보의 일반적 차원에서 살펴보았다. 설문에 무엇이 보수이고 진보인지를 밝히지 않고 유권자들 자신이 생각하는 의미에서 보수-진보 중 어느 쪽에 속하는지를 택하도록 하였다.

<표 3-10>은 연령이 유권자들의 정치적 태도와 높은 상관관계가 있음을 나타내고 있다. 연령이 높은 유권자일수록 보수적 태도를, 연령이 낮은 유권자일수록 진보적 태도를 가지는 경향이 확연한 것이다. 학력의 경우에는 학력이 낮은 유권자들, 즉 초졸 이하의 유권자들 중에 보수적 태도를 가지고 있는 사람들이 상대적으로 많고 초급대학 이상 유권자들 중에 진보적 태도를 가지고 있는 유권자들이 많다. 직업의 경우에는 진보적이거나 아주 진보적이라는 유권자들이 자영업주, 생산기능 서비스직, 농어업 종사자, 주부들보다는 학생, 행정경영전문직, 사무직 중에 보다 많다.

나머지 배경변수들, 즉 성, 가구소득, 지역, 도시화 수준은 정치적 태도에 큰 영향이 없다. 다만 여자보다는 남자들이, 가구소득이 150만 원 이상인 층이 그 이하의 층보다 조금 더 진보적 성향을 보이고 있을 뿐이다. <표 3-10>은 광주/전남지역 유권자들의 민주당후보에 대한 절대적 지지를 보수-진보의 정치적 태도 변수로는 충분히 설명할 수 없다는 것도 나타내 주고 있다.

<표 3-11>은 유권자들의 정치적 태도와 지지정당 후보와의 상관관계를 나타내 준다. 자신의 정치적 태도를 보수적이거나 아주 보수적이라고 응답한 유권자들은 압도적으로 민자당후보를 지지하고 있는 데 반해 진보적이거나 아주 진보적이라고 응답한 유권자들은 압도적으로 민주당후보를 지지하고 있다. 보수적인 유권자들의 대다수가 민자당후보에게 기울고 진보적인 유권자들의 대다수가 민주당후보에게 기우는 현상이 뚜렷하다. 국민당후보는 보수적, 중도적, 진보적이라고 한 유권자들의 각 집단 내에서 대체로 고른 지지를 받고 있다. 특정 방향의 정치적 성향을 가진 유권자들로부터 국민당의 지지가 창출되었다고 말하기는 어렵다.[6)]

〈표 3-11〉 유권자의 정치적 태도와 투표예정후보의 소속정당

구분	사례수 (N)	민자 (%)	민주 (%)	국민 (%)	신정 (%)	민중 (%)	무소속 (%)	X^2 (p)
전체	(977)	31.5	29.8	15.0	6.0	5.7	12.0	
정치성향								
아주 보수	(26)	51.8	31.0	8.4	4.3	0.0	4.4	
보수	(238)	45.5	21.4	14.3	2.7	2.6	13.6	101.2
중도	(373)	33.8	29.8	15.7	5.6	2.5	12.6	(0.00)
진보	(297)	17.5	34.9	16.8	8.9	11.3	10.6	
아주 진보	(43)	19.2	41.9	4.9	9.5	12.4	12.1	

여기서 흥미로운 것은 투표예정후보로 국민당후보를 선택했던 유권자들의 성격이다. 민주당후보를 지지하는 경향이 있는 진보적 정치태도를 가지고 있는 유권자들의 16.8%가, 민자당후보를 지지하는 성향이 있는 보수적 정치태도를 가지고 있는 유권자들의 14.3%가 각각 국민당후보지지를 표명하고 있는 것을 보면 국민당후보 지지자들은 진보적이면서도 민주당후보는 지지하지 않는 유권자들, 또 보수적이면서도 민자당후보는 지지하지 않는 유권자들임을 알 수 있다. 그리고 이러한 경향은 한국선거연구회의 조사에서도 확인되고 있다. 다만 이 조사에서는 야(野) 성향을 가지고 있는 유권자들의 국민당후보 지지가 18.9%임에 비해 여(與) 성향 유권자들의 국민당후보 지지는 7.1%로 떨어지고 있다.[7] 이 결과만 놓고 보면 국민당의 출현이 민자당만큼 민주당에 손해를 입히고 있거나 민자당보다 민주당에 더 큰 손해를 입히고 있다고 말할 수 있다.

이와 같은 해석이 옳은 것인지는 국민당후보 지지자들에게 국민당이 창당되지 않았더라면 민자, 민주 양당 후보 중 어느 후보를 선택할 것이냐에 대한 응답자료를 보아야만 정확히 판단할 수 있을 것이다. 그러나 이러한 자료 없이도 이와 같은 해석에는 문제가 있다는 것을 알 수 있다. 이러한 해석은 우리의 상식적 판단에 배치된다. 재벌 총수가 대

6) 한국선거연구회의 <제14대 국회의원선거 조사연구>(선거 직후 실시)는 유권자들의 일관적 정치태도로 여야 어느 쪽에 가까우냐를 물어 여야성향을 측정하고 이러한 성향이 투표정당과 보수-진보 성향보다도 더 높은 상관관계를 가지고 있음을 나타내고 있다. 그러나 여야성향은 지지정당성향과 그 태도 차원이 중복된다는 문제를 가지고 있다. 박찬욱, 앞의 논문, pp.207-208 및 조중빈, "유권자의 여야성향과 투표결정 시기에 따른 정당지지 분석", 한국정치학회, 앞의 책, pp.151-176.

7) 박찬욱, 앞의 논문, p.207.

표인 국민당의 후보들은 민주당 지지자들로부터보다는 민자당 지지자들로부터 더 많은 지지를 받았을 것이라는 판단이 우리들의 상식적 판단인 것이다. 둘째, 14대 총선에서의 국민당후보 투표자들이 1987년 대통령선거에서는 어느 후보에 투표한 유권자들인가를 살펴보면 이와 같은 상식적 판단이 근거가 있는 것인지 아닌지를 알 수 있다. 한국선거연구회의 조사는 1987년 대선투표 때 노태우 지지자들 중 14.4%, 김영삼 지지자들 중 17.6%, 김종필 지지자들 중 17.6%가 14대 총선에서 국민당후보를 지지한 반면, 김대중 지지자들 중에서는 오직 7.2%만이 국민당후보를 지지한 것으로 나와 있다.[8] 이렇게 볼 때 국민당후보 지지자들은 민자·민주 지지자들 중에서 골고루 나왔다기보다는 진보적 정치태도를 가지고 있지만 민주당이 싫어 민자당에 투표하던 유권자들, 보수적 정치태도를 가지고 있지만 민자당을 탐탁하게 평가하지 않고 그러나 민주당은 싫기 때문에 민자당에 투표하던 경향이 있는 유권자들일 가능성이 크다.

V. 유권자들의 인물, 정당, 이슈 정향과 후보 선택

유권자들의 인물, 정당, 이슈 정향은 후보 선택에 있어 사회경제적 배경요인이나 일반적 의미에서의 정치적 태도보다 후보 선택에 더욱 근접한 영향을 미치는 요인이라 하겠다. 특정 사회경제적 배경에 보수적이거나 진보적인 태도를 가진 유권자들은 선거시기가 오면 그 당시 후보의 인물됨됨이, 그가 속한 정당의 특성, 그리고 후보와 정당의 과거업적이나 공약을 고려한 후에 후보 선택을 할 것이기 때문이다. 유권자들의 사회경제적 배경과 정치적 태도는 그들의 인물, 정당, 이슈 정향에 영향을 미칠 것이나 이 세 정향도 일반적 의미의 정치적 태도와 사회경제적 요인으로 환원될 수 없는 독립적 성격을 갖는 후보 선택에 있어 주요한 태도변수이다.

유권자들의 인물, 정당, 이슈 정향에 대한 조사는 미국의 투표행태 연구의 표준적인 방법이고[9] 우리나라에서도 투표행태 연구가 시작된 이래 이와 같은 방법을 채택하고 있다.

---

8) 위의 논문, p.212.

9) A. Campbell, G. Gurin & W. Miller, *The Voter Decides*(Evanston: Row, Peterson, 1954)에서는 이 세 정향이 모두 투표행태에 중대한 영향을 미치는 것으로 나와 있다.

그러나 미국의 투표행태 연구가 정당일체감의 형성과 변화를 중요시하는 연구나[10] 정당일체감이 약화되어 감에 따라 나타난 이슈투표(Issue Voting)를 중요시하는 연구가[11] 주류를 이루고 있는 데 반해 우리나라의 경우에는 이러한 연구가 아직 이루어지고 있지 않다. 우리의 연구는 단지 유권자들이 인물, 정당, 이슈 중 무엇을 가장 중요하게 생각하고 있는가를 조사하는 수준에 머물러 있다. 그리고 이러한 연구는 우리나라 선거가 줄곧 정당본위거나 이슈본위의 투표가 아니라 인물본위의 투표로 이루어져 왔다는 결과를 내놓고 있다.[12]

1992년 3월 한국정치연구소의 조사에서도 "이번 선거에서 투표할 때 다음 중 무엇을 가장 중요하게 생각하여 투표하시겠습니까?"라는 질문에 대하여 응답자의 53.9%가 인물을, 20.5%가 정당을, 19.4%가 이슈를 들었다. 이슈가 중요하다고 응답한 유권자들의 비율이 20대가 27.3%로 평균보다 높고, 초졸 이하는 12%로 평균보다 낮으나 이를 제외하고는 유권자들의 사회경제적 배경에 관계없이 대체로 50% 정도는 인물본위 투표를, 20% 정도는 정당본위 투표를, 같은 20% 정도는 이슈본위 투표를 하고 있다고 응답하였다. 유권자들의 정치적 태도도 이 문제에는 별 영향이 없다. 보수적 유권자들이건 진보적 유권자들이건 간에 모두 그 대다수는 인물본위로 투표한다는 반응을 보이고 있다.

우리나라 유권자들이 미국이나 유럽 제국과는 달리 인물본위 투표를 하는 것은 그 나름대로 합리적 선택이라 하겠다. 한국정당은 이합집산과 이에 따른 명칭 변경이 빈번하여 우리나라 국민들이 내면적으로 어느 정당과도 정당일체감이라는 태도를 형성하기가 어렵기 때문이다. 그들 중 일부는 특정 정당과의 정당일체감보다는 오랫동안 한국정치의 주역이었던 김영삼이나 김대중과 같은 인물과 인물일체감을 가지고 있다. 한국선거에서는 정당보다 주요 인물이 보다 지속적인 요인으로 남아 있다고 볼 수 있다.

우리나라 선거에서는 인물이 가장 중요한 투표결정요인이라는 데 투표행태 연구가들

10) A. Campbell, P. Converse, W. Miller & D. Stokes, *The American Voter*(New York: John Wiley & Sons, Inc., 1960)와 같은 저자들의 *Elections and the Political Order*(New York: John Wiley & Sons, Inc., 1966)을 볼 것.

11) N. Nie, S. Verba & J. Petrocik, *The Changing American Voter*(Cambridge: Harvard University Press, 1976)을 볼 것. V. O. Key, *The Responsible Electorate*(Cambridge: Belknap Press, 1966)은 투표행태에 있어 이슈가 중요하다는 것을 강조하고 있을 뿐 정당이나 인물과 같은 요인보다 더 중요한지 아닌지에 대해서는 다루고 있지 않다.

12) 길승흠 · 김광웅 · 안병만, 『한국선거론』(서울: 다산출판사, 1987), p.9를 볼 것.

〈표 3-12〉 후보자의 어떤 특성이 투표결정에 가장 중요하다고 생각하십니까?

문항	빈도	%
소속정당	376	24.9
인물됨됨이	643	42.6
후보자의 정견	191	12.7
개인적 관계(지역, 동창, 문중, 친분 등)	186	12.3
기타	16	1.1
모르겠다	97	6.4
계	1,509	100.0

은 모두 동의하고 있으나 인물의 어떠한 특성이 투표행태에 어떠한 영향을 미치는가에 대한 연구는 전무하다. 미국의 투표행태 연구가 정당투표나 이슈투표를 중심으로 하고 있으면서도 후보들의 인물을 평가하는 작업도 소홀히 하고 있지 않다는 것과 비교할 때, 인물본위 투표가 두드러지다는 것이 이미 오래 전에 밝혀진 우리의 경우에 있어 인물의 어떠한 특성들이 유권자들의 투표행태에 영향을 주는지에 대한 조사가 없는 것은 문제라 아니할 수 없다.[13)]

한국정치연구소 조사의 설문에는 "선생님께서는 유권자들이 후보자의 어떤 면을 가장 중요시하여 투표를 한다고 보십니까?"라는 문항이 있으나 <표 3-12>의 이에 대한 응답 결과가 보여주는 바와 같이 인물의 특성과 투표행태와의 관계를 잘 밝혀주고 있지 못하다. <표 3-12>에서도 우리 국민들 중 대다수는 후보의 소속정당이나 정견보다는 인물됨됨이를 투표결정에 가장 중요한 요인이라고 생각하고 있다는 결과가 나와 있으나 인물됨됨이가 무엇을 의미하는지 애매한 상태로 남아 있다. 앞으로의 투표행태 연구에서는 후보의 인품, 능력, 경력, 가정 상황, 여자관계, 학력, 출신지역 등 인물의 여러 가지 특성을 유권자들이 어떻게 평가하고 있고 그것이 그들의 투표결정에 어떠한 영향을 미치는지를 알아낼 수 있는 조사를 해야 할 것이다. 이뿐만 아니라 앞으로의 투표연구는 우리 국민들이 아직도 구미에서와 같이 정당일체감을 형성하고 있지 못하다 하더라도 정당을 어떻게 평가하고 있고 그것이 그들의 투표결정에 어떠한 영향을 미치고 있는지도 조사해야

13) 과거 오랫동안의 권위주의정치가 이러한 연구를 불필요하게 만들었다고 볼 수 있으나 본 연구를 포함한 한국의 투표행태 연구는 이러한 방향으로의 조사를 소홀히 하고 있다.

할 것이다.

우리나라 유권자들 중 이슈를 가장 중요하게 고려하여 투표한다고 응답한 사람들의 비율은 19.4%에 불과하나 이슈는 우리나라 국민들의 투표행태에 큰 영향을 미치고 있다. 유신체제 수립 이래 대통령 직선제가 채택된 1987년까지 민주 대(對) 반민주의 이슈 대결이 우리 국민들의 투표행태에 큰 영향을 미쳤음은 주지의 사실이고, 한국정치연구소의 조사도 이슈가 지지후보 선택에 적지 않은 영향을 미치고 있음을 보여주고 있다.

한국정치연구소의 조사에서는 우선 응답자로 하여금 제6공화국이 출범한 이후 민주화의 진행 정도, 현 정부의 업무수행 일반, 6공화국 출범 이후의 경제 상황, 단체장선거 연기에 대한 실적평가를 하도록 하였다. 그리고 응답자가 지지하는 후보의 소속정당과 상관관계를 밝혀보았는데 그 결과가 <표 3-13>에 나와 있다. 6공의 민주화를 긍정적으로 평가하는 응답자일수록 민자당후보 지지율이 높고, 부정적으로 평가하는 응답자일수록 민주당후보 지지율이 높았다. 국민당후보의 경우에는 6공 민주화를 다소 긍정적으로 인식하는 사람들과 "별 변화 없다"라고 응답한 사람들 가운데서 지지율이 상대적으로 높고 부정적 평가를 내리는 응답자들 중에는 지지율이 비교적 낮았다. 그러나 6공 민주화에 대한 유권자들의 평가와 국민당 지지와는 높은 상관관계가 없었다.

정부 평가에 있어서는 응답자 전체의 약 3/4이 "현 정부가 일을 잘 못한다"고 응답하였다. 정부의 업무수행을 총체적으로 평가하는 데 있어서 긍정적인 응답자집단에서 민자당후보 지지는 매우 강하고, 부정적인 응답자집단에서는 민자당후보 지지가 매우 약했다. 민주당의 경우에는 정반대였다. 그리고 이 점에서는 국민당 지지의 유형이 민주당의 경우와 동일하였다.

6공의 경제 상황이 그 이전과 비교하여 호전되었다는 유권자는 약 21%이고, 대략 51%는 악화되었다고 보며, 나머지 28%는 변화가 없다고 하였다. 예상되는 바와 같이 긍정적인 평가를 내리는 집단으로 갈수록 민자당후보 지지의 비율이 높아졌다. 민주당과 국민당후보 지지는 반대로 부정적인 평가를 내리는 집단에서일수록 높아졌다.

노 대통령은 지방자치단체장의 선거연기를 1992년 대통령 연두기자회견에서 밝힌 바 있다. 여기에 대하여는 응답자들의 찬성과 반대가 49% : 51% 정도로 양분되어 있다. 표본오차를 고려하면 어떤 입장이 다수 입장인가를 확인하기 어려울 정도로 찬반이 갈리고 있다. 예상되는 바와 같이 정부방침에 찬성하는 사람들 중에 민자당후보 지지율이 높고,

〈표 3-13〉 유권자들의 이슈평가와 투표예정후보의 소속정당

변수	사례수 (N)	민자 (%)	민주 (%)	국민 (%)	신정 (%)	민중 (%)	무소속 (%)	X^2 (p)
전체	(977)	31.5	29.8	15.0	6.0	5.7	12.0	
1. 실적평가								
6공 민주화								
크게 민주화	(86)	58.9	12.7	13.5	3.8	1.3	9.8	125.7
다소 민주화	(460)	39.6	22.2	15.1	6.9	3.1	13.1	(0.00)
별 변화 없다	(325	16.7	41.1	16.8	5.7	9.1	10.6	
후퇴했다	(103)	16.4	45.2	10.3	5.2	9.4	13.4	
현정부 평가								
아주 잘한다	(6)	66.2	17.9	0.0	0.0	0.0	15.8	257.3
잘하는 편	(252)	66.0	9.0	7.2	3.4	2.5	12.0	(0.00)
못하는 편	(561)	22.2	34.4	18.7	6.7	4.6	13.4	
아주 못한다	(153)	6.2	49.3	15.3	8.2	14.6	6.4	
경제상황 평가								
많이 좋아졌다	(27)	59.7	24.2	0.0	0.0	0.0	16.1	115.7
약간 좋아졌다	(169)	52.1	18.7	13.4	2.5	1.8	11.5	(0.00)
변화 없다	(253)	32.9	29.2	12.9	5.1	5.4	14.6	
약간 나빠졌다	(266)	31.7	28.2	18.3	4.4	5.5	12.0	
많이 나빠졌다	(260)	13.7	40.5	16.4	11.3	8.9	9.4	
단체장선거 연기								
매우 찬성	(145)	52.1	14.0	14.6	5.1	1.4	12.8	148.2
약간 찬성	(311)	43.1	20.7	15.4	4.7	3.7	12.4	(0.00)
약간 반대	(291)	23.9	41.0	15.3	4.4	6.1	9.2	
매우 반대	(213)	8.9	40.6	13.8	11.3	11.4	14.0	
2. 공약평가								
금융실명제 조속 실시								
매우 찬성	(567)	23.8	35.1	14.4	9.1	7.6	10.0	76.5
약간 찬성	(309)	41.8	24.5	15.6	1.7	3.4	13.0	(0.00)
약간 반대	(62)	46.4	14.2	13.9	1.7	3.4	20.4	
매우 반대	(13)	16.6	33.9	32.4	8.2	0.0	8.8	
국가보안법 조속 폐지								
매우 찬성	(291)	12.3	41.1	13.7	9.7	12.6	10.5	149.2
약간 찬성	(287)	28.5	32.8	15.7	4.7	4.3	14.0	(0.00)
약간 반대	(282)	44.9	21.7	14.6	5.6	1.5	11.7	
매우 반대	(96)	56.1	13.7	15.4	1.2	2.3	11.3	
노조정치활동 허용								
매우 찬성	(196)	14.0	34.9	10.7	10.2	19.3	10.9	184.7
약간 찬성	(299)	20.0	39.9	15.3	5.7	4.2	15.0	(0.00)
약간 반대	(264)	44.9	23.5	15.8	5.2	1.2	9.4	
매우 반대	(203)	47.0	20.0	16.1	4.1	1.1	11.7	

주: '기타 정당'과 '결정하지 못했다'는 응답은 제외

반대하는 사람들 중에 민주당후보 지지율이 높다. 민주당은 이미 지방자치단체장 선거연기에 즉각적으로 반대의 입장을 표명했으며 14대 총선 때에 자치단체장 선거를 동시에 실시할 것을 촉구한 바 있다. 국민당은 자치단체장 선거를 쟁점화시키지는 않았고 대통령선거와 동시에 실시하자고 함으로써 정부 입장에 부분적으로 찬동한 셈이다. 유권자가 단체장선거 연기에 어떠한 입장을 보이고 있는가는 국민당후보 지지율의 분포와 상관성이 없다는 것이 <표 3-13>에 나타나 있다.

이슈에 대한 이상의 조사결과는 민자, 민주, 국민 후보를 지지하는 유권자들의 성격을 뚜렷하게 밝혀주고 있다. 제6공화국 정부, 즉 민자당정권의 실적평가를 네 가지 면에서 모두 긍정적으로 하는 유권자들 중에는 지지후보의 정당이 민자당인 사람들의 비율이 높고 모두 부정적으로 평가하는 유권자들 중에는 지지후보의 정당이 민주당인 사람들의 비율이 높은 것이다. 국민당후보의 지지는 6공 민주화와 단체장선거 연기 평가와는 별 관계가 없고 현 정부의 업적과 경제 상황의 부정적 평가와 높은 상관관계를 가지고 있다.

다음, 이 조사는 14대 총선에서 이슈가 되었던 금융실명제, 국가보안법, 노조정치활동에 대한 유권자들의 태도가 그들의 지지정당 선택에 어떠한 영향을 미쳤는가를 살펴보았다.

첫째, 금융실명제 조속 실시에 대한 유권자들 사이의 이견(異見)은 적은 편이다. 58.4%가 매우 찬성이고, 34.2%가 약간 찬성이며 약간 반대는 6.1%, 매우 반대는 1.2%에 불과했다. <표 3-13>에 의하면 이 사안에 대한 유권자의 태도와 정당지지와의 상관관계가 약하다. 그러나 대체로 금융실명제 조속 실시에 대하여 유보적인 입장의 유권자는 민자당후보를, 찬성하는 입장의 유권자는 민주당후보를 지지하는 경향을 보여주고 있다. 흥미로운 점은 국민당은 공약으로서 금융실명제 즉각 실시를 내세웠지만 이 공약에 적극 동조하는 유권자들이 다른 입장을 갖고 있는 유권자들보다 유독 국민당을 많이 지지했다는 증거는 없고, 오히려 이를 매우 반대하는 유권자들 중에 국민당후보를 지지한 비율이 높았다는 것이다.

둘째, 국가보안법 조속 폐지에 대하여 일반유권자들의 찬성과 반대가 6 : 4로 나뉜다. 이 법의 폐지를 반대하는 사람일수록 민자당후보에게로, 찬성하는 사람일수록 민주당후보에게로 기울었다. 국민당은 이 쟁점에 대하여 분명한 입장을 밝히지 않았는데 국민당후보에 대한 지지율은 이 쟁점에 대한 유권자의 태도와 상관관계가 없는 것으로 나타났다.

마지막으로 노조의 정치활동 허용문제에 있어서는 유권자 전체의 입장이 52 : 48%로 찬반이 엇갈린다. 표본오차를 감안하면 이 사안에 있어서도 어떤 입장이 우세한지 판단하기 아주 어렵다. 노조정치활동을 반대하는 유권자들 중에 민자당 지지율이 높고, 찬성하는 유권자들 중에는 민주당 지지율이 높았다. 국민당후보에 대한 지지율은 이 쟁점에 대한 유권자들의 태도와 별 관계가 없다.

이상의 고찰에서 우리는 유권자들의 정부실적평가와 각 당의 공약평가가 그들의 투표행태와 높은 상관관계를 가지고 있다는 것을 알 수 있다. 우리나라 국민들이 인물본위로 투표한다고 해도 이슈는 투표행태에 중대한 영향을 미치고 있는 것이다.

VI. 결어

서울대 한국정치연구소가 제14대 총선 직전에 실시한 국민정치의식조사의 결과는 유권자들의 사회경제적 배경, 정치적 태도, 그리고 인물, 정당, 이슈 정향이 투표행태에 어떠한 영향을 미치는가를 잘 밝혀주고 있다. 그리고 이 조사결과는 한국선거연구회가 14대 총선 직후에 실시한 조사 결과[14]와 대체로 일치하고 있다.

그러나 이번 조사는 인물, 정당 정향과 투표행태와의 상관관계를 구체적으로 밝혀내지 못한 단점을 가지고 있다. 이러한 단점은 한국선거연구회의 조사와 여타의 다른 투표행태 조사에도 일관되게 나타나고 있다. 투표행태 연구자들이 앞으로 극복해야 할 과제라 하겠다.

이번 조사결과를 토대로 우리 국민들의 투표행태 모델을 <그림 3-1>과 같이 그려볼 수 있을 것 같다. 유권자들의 관권·금권에 대한 평가와 지지후보 선택과의 관계는 이 모델에 포함되지 않았다. 이번 한국정치연구소 조사에 참여한 다른 연구자가 다루기로 되어 있기 때문이다. 이번 조사에서는 다루지 않았지만 인물, 정당, 이슈 정향 간의 상호 영향도 투표연구자들이 앞으로 밝혀야 할 과제일 것이다.

14) 한국정치학회, 앞의 책에 발표되었음. 특히 박찬욱, 앞의 논문을 참조.

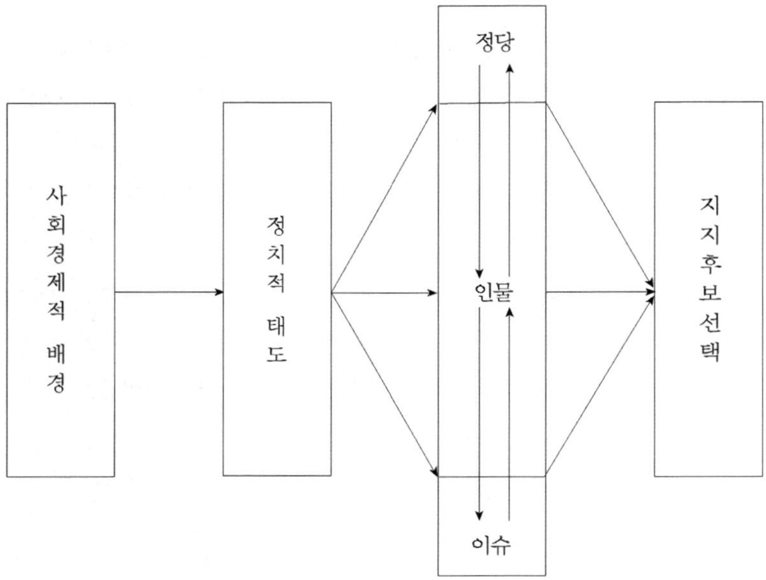

〈그림 3-1〉 유권자의 투표행위 결정모델

제16장

한국의 정치문화

이 글은 2003년에 쓴 글로 한국의 정치문화를 전통시대인 조선시대와 해방 이후의 현대 한국으로 나누어 살펴보고 있다. 이에 덧붙여 구미의 세계시간인 탈현대 속에서 현대 한국의 정치문화는 어떠한 영향을 받고 있는지도 간단하게 소개하고 있다. 알몬드(G. Almond), 버바(S. Verba), 잉글하트(R. Inglehart)의 연구에 의거하여 정치문화를 체제문화, 과정문화, 정책문화의 셋으로 나누고 전통시대, 현대, 탈현대 속의 현대의 세 시대가 각각 이 세 가지 면에서 어떠한 특성을 나타내고 있는가를 고찰하고 있다.

조선시대의 정치문화는 주자학적 유교이념이 왕조정치에 어떻게 반영되어 나타나고 있는가를 살펴보는 것에 의해 추적하였다. 현대 한국의 정치문화는 정치학자들이 실시한 여러 종류의 국민 태도 조사를 이용해 기술하였다. 탈현대 속의 정치문화는 어수영 교수의 조사결과와 필자의 인상적인 관찰에 의거하였다.

이 글은 유교적인 전통 정치문화가 민주적인 현대 정치문화와는 상호 모순적인 면도 있지만 한국의 민주주의 발전에 공헌한 점도 있다는 것을 지적하고 있다.

I. 정치문화적 분석방법

정치문화적 분석방법은 여러 학자들이 주장했지만 그들 중에서도 알몬드와 버바가 이 분석방법을 보급시키는 데 큰 역할을 하였다.[1] 이 분석방법은 정치적 구조(structure)나 행동(behavior), 혹은 한마디로 정치에 영향을 미치는 요소로 경제나 사회만큼 문화를, 그 중에서도 정치에 관한 문화인 정치문화를 중시하는 분석방법이다.

정치문화를 정치를 설명하는 중요한 변수로 보는 시각은 알몬드와 버바가 지적하고 있는 바와 같이 1930년대 독일의 정치적 변화로부터 나왔다.[2] 당시 독일 국민들은 결코 영미에 뒤떨어지지 않는 높은 교육수준을 가지고 있었음에도 불구하고 나치즘을 선택하였고 이러한 선택은 개인적 합리성에 기반한 자유주의 이론의 타당성에 의문을 제기하였다. 이뿐만 아니라 마르크스주의 이론으로도 이러한 선택을 이해하기 어려웠다. 독일은 잘 조직된 노동자계급과 유럽에서는 역사가 가장 오래되고 그 규모가 가장 큰 사회민주당을 가지고 있었음에도 불구하고 나치 국가로 전락하였기 때문이다. 당시 자본주의의 위기가 나치즘을 불러왔다는 마르크스주의적 분석도 있지만 이러한 위기에 처한 선진자본주의국가들 중 민주정치를 유지한 나라들도 많았기 때문에 독일의 경우는 특수한 분석을 필요로 하였다. 아도르노(T. Adorno)와 프롬(E. Fromm) 같은 학자들의 독일 국민들의 사회심리적 특성에 관한 연구는 이러한 필요성에서 나온 것이었다. 그들은 바이말 공화국 붕괴와 나치즘 성공의 원인을 독일 국민들의 사회심리적 특성에서 찾았다.[3] 알몬드와 버바는 방법론적으로는 이러한 연구에 의존하면서도 다른 한편으로는 정치문화를 사회심리적 특성과는 다른 요인으로 구별해내고 이를 정치적 구조나 행동을 설명하는 중요한 변수로

---

1) Gabriel A. Almond and Sidney Verba, *The Civic Culture*(Princeton: Princeton University Press, 1963) 참조. 이 책이 출간된 이후 정치문화 연구에 큰 영향을 미친 다른 연구업적으로는 Ronald Inglehart, *The Silent Revolution*(Princeton: Princeton University Press, 1977)을 들 수 있다.

2) Sidney Verba, "Germany: The Remaking of Political Culture," Lucian W. Pye & Sidney Verba, eds., *Political Culture and Political Development*(New Jersey: Princeton University Press, 1965), pp.130-170과 Gabriel A. Almond, "The Study of Political Culture," Dirk Berg-Schlosser & Ralf Rytlewski, eds, *Political Culture in Germany*(London: The Macmillan Press, Ltd., 1993), pp.13-26.

3) T.W. Adorno, et al., *The Authoritarian Personality*(New York: Harper & Row, 1950)와 Erich Fromm, *Escape from Freedom*(New York: Avon Books, 1972) 참조.

〈표 3-14〉 정치문화와 정치구조 간의 상응성(congruence)과 비상응성(incongruence)

	충성(allegiance)	무관심(apathy)	소외(alienation)
인지적 정향	+	+	+
정서적 정향	+	0	-
평가적 정향	+	0	-

제시하였다.

알몬드는 정치문화가 정치적 구조나 행동에 영향을 미친다고 해서 후자가 정치문화에 영향을 미친다는 것을 부정하는 것이 결코 아니라고 강조하고 이 양자 간에는 쌍방향의 상호 영향관계를 가지고 있다고 주장하고 있다. 정치적 구조나 행동이 정치문화의 형성에 영향을 미치나 정치문화는 다시 정치적 구조나 행동에 영향을 미친다는 것이다. 다시 말해, 정치문화는 독립변수일 수도 있고 종속변수일 수도 있다는 것이다. 브라이언 배리(B. Barry)나 캐롤 패이트맨(C. Pateman)이 알몬드와 버바가 정치문화를 독립변수로만 보고 있다고 비판하는 것은[4] 그들의 입장에 대한 오해라는 것이다. 알몬드는 그의 연구 대상인 미국, 영국, 독일, 이탈리아, 멕시코의 정치문화가 각 나라의 정치적 구조의 영향 속에서 형성되었다고 명백하게 말하고 있다.[5]

알몬드와 버바는 사회성원들의 정치적 충성, 무관심, 소외와 같은 정치의식도 <표 3-14>에서와 같이 정치문화와 정치구조 간의 관계가 얼마나 상응하는가, 혹은 비상응하는가에 따라 나타난다고 보고 있다. 이 표에서 +는 정치구조에 대한 높은 빈도의 인지, 혹은 긍정적인 정서나 평가를 나타내고, 0는 정치구조에 대한 높은 빈도의 정서적, 평가적 무관심을, 그리고 -는 정치구조에 대한 높은 빈도의 부정적인 정서나 평가를 나타낸다.[6]

우리는 알몬드와 버바가 정치문화 혹은 정치적 태도와 정치적 행동을 구분하고 이 양자 간의 불일치에 주목하고 있다는 점에도 유의할 필요가 있다.[7] 이 불일치의 정도는 나

---

4) Brian Barry, *Sociologists, Economists and Democracy*(London: Macmillan, 1970), pp.47ff; Carole Pateman, "Political Culture, Political Structure and Political Change," *British Journal of Political Science* 1, no.3, Jul. 1971, pp. 292, 293 and 302.

5) Gabriel Almond & Sidney Verba, *The Civic Culture Revisited*(Boston: Little, Brown and Company, 1980), p.29.

6) Gabriel Almond & Sidney Verba(1963), 앞의 책, p.22.

라에 따라 다르고, 그들의 연구결과에 따르면 독일과 이탈리아는 불일치 정도가 크고 미국과 영국은 이 두 나라보다 불일치 정도가 작다. 그들은 영국과 미국의 불일치 정도가 적당한 것으로 보고 이러한 불일치가 오히려 민주정치에 도움이 된다고 평가하고 있다. 한 나라 국민들의 태도와 행동의 불일치가 너무 커도 민주정치의 안정성을 해치지만 그들의 태도와 행동이 완전히 일치해도 그것은 민주정치의 안정성을 저해한다는 것이다. 이러한 평가에 있어 알몬드와 버바는 참여민주주의론자들의 입장과는 다르다. 그들은 혼합정부론을 주창한 아리스토텔레스, 폴리비우스(Polybius), 키케로(M. Cicero), 다수의 횡포는 권력분립과 "법률가 귀족"에 의해 봉쇄될 수 있다고 주장한 토크빌(A. Tocqueville), 그와 마찬가지로 다수의 횡포를 우려한 존 스튜어트 밀(J. S. Mill), 그리고 엘리트 민주주의를 주장한 슘페터(J. Schumpeter)의 생각을 따르고 있다.

우리는 바로 앞에서 알몬드와 버바의 정치문화적 분석방법이 개인적 합리성을 강조하는 자유주의 이론과 마르크스주의 이론에 대한 불만에서 나왔다는 것을 지적하였다. 그러나 정치문화적 분석방법에 대한 비판도 개인적 합리성을 강조하는 합리적 선택이론과 마르크스주의 이론가들로부터 나왔다. 그러나 그들의 비판과 이에 대한 알몬드의 답변을 간단히 살펴보면 정치문화적 분석방법의 유용성을 다시 확인할 수 있다.

로고우스키(R. Rogowski)와 폽킨(S. Popkin)과[8] 같은 합리적 선택이론가들은 정치적 구조와 행동이 정치문화보다는 개인들의 합리적 계산의 결과라고 주장하고 있다. 그들의 분석에는 가치, 신념, 정서, 인지나 역사, 기억, 문화적 맥락과 같은 변수들은 설명력 있는 변수가 되지 못한다. 오직 개인의 합리적 계산만이 설명력을 가지는 변수가 되는 것이다. 알몬드는 개인의 합리적 계산도 중요하지만 가치, 기억, 문화적 맥락과 같은 문화적 변수도 마찬가지로 중요하다고 항변하고 있다.

마르크스주의 이론가들은 정치적 태도와 문화는 사회경제적 변화에 따라 변하는 종속변수로 본다. 알몬드는 이러한 이론은 정치, 국가, 문화를 경제적 하부구조의 단순한 산물로 보지 않고 그 자체의 자율적인 정체성을 가진 것으로 보는 네오 마르크스주의가 잘 부정하고 있다고 주장하고 있다. 또 그는 소련과 동구 제국의 사회주의 교육과 선전에도

---

7) 위의 책, pp.479-487.

8) Ronald Rogowski, *A Rational Theory of Legitimacy*(Princeton: Princeton University Press, 1976); Samual Popkin, *The Rational Peasant*(Berkeley: University of California Press, 1979).

불구하고 이들 제국에서 전통적인 인종, 종교, 문화가 그대로 유지되고 있는 것을 보면 문화적 변수의 중요성을 재확인할 수 있다고 강조하고 있다.[9)]

이제 우리는 정치문화가 구체적으로 어떠한 내용을 포함하는지를 살펴볼 차례이다. 알몬드와 버바가 정치문화의 개념과 이에 기반한 연구결과를 1963년에 발표한 이래 파이(L. Pye)와 다알(R. Dahl) 등 여러 정치학자들이 정치문화 연구에 참여하였고[10)] 알몬드는 이러한 연구도 참조하여 정치문화의 내용을 세 가지 방향으로 정리하였다.[11)] 첫째로 정치문화는 체제문화(system culture), 과정문화(process culture), 정책문화(policy culture)로 구성된다. 체제문화란 민족공동체(national community), 레짐(regime), 통치자(authorities)에 대한 태도의 분포를 가리킨다.[12)] 다시 말해, 체제문화는 민족적 정체성의 확립 정도, 레짐과 그 제도의 정통성(legitimacy)에 대한 태도, 통치자의 정통성과 업적에 대한 평가를 포함한다. 과정문화는 정치과정에서의 자신의 태도(예: 향리형, 신민형, 참여형)와 다른 정치행위자들에 대한 태도(예: 신뢰, 증오, 관용)로 구성된다. 정책문화란 정책과 그 정책의 결과에 대한 선호의 분포를 의미한다. 둘째로 정치문화는 대상으로서의 체제, 과정, 정책에 대한 정향(orientation)을 포함한다. 이 정향에는 앞서 이미 언급한 바 있지만 대상에 대한 인식, 정보, 분석 등의 인지적(cognitive) 정향, 대상에 대한 애착, 반감, 무관심 등의 정서적(affective) 정향, 대상에 대한 도덕적 평가를 포함하는 평가적(evaluative) 정향의 세 가지가 있다.[13)] 셋째로 정치문화는 그 구성요소 간의 관련성, 혹은 체계성(systemic character) 정도를 포함한다. 각 나라의 정치문화는 그 구성요소 간의 일치성이나 모순성에 따라서도 분류할 수 있다.

알몬드와 버바의 1963년 연구는 정치문화의 이와 같은 여러 차원 중 과정문화에 초점을 맞춘 연구이다.[14)] 여기서 그들은 정치적 태도와 문화를 향리형(parochial), 신민형

---

9) Berg-Schlosser & Rytlewski, 앞의 책, pp.16-17.

10) Lucian Pye & Sidney Verba, eds., *Political Culture & Political Development*와 Robert Dahl, *Political Oppositions in Western Democracies*(New Haven: Yale University Press, 1966) 참조.

11) Gabriel Almond & G. Bingham Powell, Jr., *Comparative Politics: System, Process, and Policy*, Second Edition(Boston: Little, Brown and Company, 1978) 참조.

12) 체제가 민족공동체, 레짐, 통치자로 구성된다고 보는 견해는 David Easton이 그의 저서 *A Systems Analysis of Political Life*(New York: John Wiley and Sons, 1965)에서 처음 제시하였다.

13) 이 세 가지 정향은 Talcott Parsons & Edward A. Shils, *Toward a General Theory of Action*(Cambridge: Harvard University Press, 1951), pp.58-60에서 처음 제시한 개념이다.

(subject), 참여형(participant)의 세 가지 순수형으로 나누고 있다. 그러나 실제 개인의 정치적 태도는 이 세 가지 순수형의 혼합(mix)이고 또 한 나라의 정치문화도 이 세 가지형의 혼합이라는 것이다. 그리하여 그들은 실제 정치문화는 향리-신민형이거나 신민-참여형이거나 혹은 향리－참여형의 혼합형이라고 제시하고 있다. 그러나 이러한 혼합형 내에서도 그 혼합의 정도는 나라마다 다르고 이러한 혼합의 정도가 정치체계의 안정성과 업적(performance)에 큰 영향을 미친다고 주장하고 있다. 그들은 미국, 영국, 독일, 이탈리아, 멕시코의 다섯 나라에 대한 서베이 조사를 통해 이 다섯 나라에서의 정치문화의 혼합 정도를 구체적으로 밝히고 있고 이러한 혼합이 이 다섯 나라의 정치적 안정성에는 어떠한 영향을 미치고 있는가를 논의하고 있다.

알몬드와 버바는 어느 나라의 정치변화에 있어서나 하나의 정치문화가 다른 정치문화로 대치(replace)되는 것이 아니라는 점을 강조하고 있다. 예를 들어, 민주주의에 적합한 정치문화는 시민문화(civic culture)이나 이 문화는 향리형 문화나 신민형 문화가 참여형 문화에 의해 대치된 문화는 아니라는 것이다. 이 문화에 있어 참여형 문화는 향리형과 신민형 문화와 합쳐져(merge) 있고, 또 개인들이 참여형 태도를 가지고 있다 해도 그들이 원래 가지고 있던 향리형이나 신민형 태도를 버리는 것이 아니라 참여형 태도와 함께 가지고 있다는 것이다. 이뿐만 아니라 그들은 개인들이 과거부터 가지고 있던 향리형이나 신민형 태도가 참여형 태도와 모순되는 것이 아니라고 주장하고 있다. 향리형이나 신민형 태도는 참여형 태도를 부드러운 참여형 태도로 만드는 데 기여한다는 것이다. 그리하여 참여형 태도도 정치에서 중요한 역할을 하나 향리형이나 신민형 태도도 마찬가지로 중요한 역할을 한다는 것이다. 미국과 영국에서는 향리형이나 신민형과 같은 전통적 정치문화가 참여형의 근대적 정치문화와 융합(fusion)되어 있거나 사회적 신뢰(social trust)가 적극적 참여형 태도와 융합되어 있고, 이러한 융합은 정치적 적극성, 참여성, 합리성이 정치적 수동성, 전통성, 향리성과 균형을 이루는 균형된 정치문화를 이루어 낸다는 것이다.

알몬드와 버바는 서베이 자료를 이용하여 5개국의 정치문화를 분석하고 있고 그 이후의 정치적 태도나 문화에 관한 연구도 대부분 그들이 만들어 놓은 서베이 질문항들을 이용하고 있다. 그러나 이러한 서베이 자료와 이의 거시적 정치결과를 상관시키는 데에는

14) Gabriel Almond & Sidney Verba(1963), 앞의 책, pp.3-32.

버바가 지적하고 있는 바와 같이 몇 가지 문제가 있고 우리들은 이에 유의할 필요가 있다. 첫째, 서베이에서는 엘리트와 대중과 같은 서로 다른 인구 섹터의 정치적 태도를 구분하지 않으나 실제 정치에서는 이러한 구분이 매우 중요하다. 엘리트의 정치적 태도는 같은 수의 대중의 정치적 태도보다는 그 영향력이 더 크다. 마찬가지로 학생들이나 군인들의 정치적 태도는 같은 수의 대중의 정치적 태도보다 더 중요하다. 둘째, 정치적 태도나 문화가 정치체계의 운영에 어떻게 영향을 미치는가는 명확하지 않다. 셋째, 정치적 태도나 문화의 연구를 알몬드와 버바는 1963년에는 중앙정치체계와의 관련하에서 진행하였으나 버바는 1980년에는 이를 지방정치체계나 국가의 경계를 넘어선 초국가적 정치체계와의 관련하에서도 진행해야 한다고 주장하고 있다.[15)]

알몬드와 버바의 정치문화 개념은 이상의 논의에서 자명하게 드러난 바와 같이 전통적 정치문화와 근대적 정치문화를 포함할 뿐만 아니라 잉글하트(R. Inglehart)가 1977년에 발표한 후기산업사회의 포스트모던한 정치문화도 포함할 수 있는 광범위한 개념이다. 잉글하트는 전후 서구산업사회의 특징인 눈부신 경제기술적 발전, 세계대전의 부재, 교육수준의 향상, 통신과 교통수단의 혁명적 변화가 삶의 질이라는 새로운 이슈의 등장, 계급투쟁의 상대적 쇠퇴, 민족국가의 상대적 쇠퇴와 초국가적 질서와 종족적 충성심의 대두, 기존 엘리트에 도전적인 이슈중심 그룹의 발달이라는 변화를 가져오고 있다고 주장하였다. 그리고 최근 많은 학자들이 이러한 변화를 포스트모던한 변화라고 명명하고 있다. 그러나 구미 제국의 이와 같은 정치문화의 변화는 알몬드의 체제, 과정, 정책문화의 개념으로 전부 포착할 수 있는 현상이다. 민족국가의 상대적 쇠퇴현상은 체제문화의 변화현상이고, 도전적 이슈중심 그룹의 발달은 과정문화의 변화 현상이고, 계급적 이슈의 상대적 쇠퇴와 삶의 질 이슈의 등장은 정책문화의 변화 현상이다.[16)]

버바는 1963년 연구가 정치적 태도 형성에 미치는 요인으로 정치적 사건과 세대의 중요성을 간과했다고 인정하고 앞으로의 연구에서는 이 두 변수도 고려할 것을 주장하고 있다.[17)] 그는 (1) 교육, (2) 가정, 학교 및 직장의 권위체계의 민주화, (3) 사회적 신뢰가 민주주의를 지탱해 주는 시민문화(civic culture)의 발전에 공헌한다고 믿고 그의 연구는

15) Gabriel Almond & Sidney Verba(1980), 앞의 책, p.404.

16) Ronald Inglehart, 앞의 책, pp.3-18.

17) Gabriel Almond & Sidney Verba(1980), 앞의 책, pp.399-401.

이러한 문화가 앞으로 더욱 확산될 것이라는 예측을 포함하고 있으나 그의 이러한 판단과 예측은 그후의 정치문화의 변화를 보면 꼭 들어맞지는 않았다고 회고하고 있다. 미국과 영국의 정치문화는 이러한 방향으로 발전하지 않고 오히려 이와는 반대되는 방향으로의 특성도 나타냈기 때문이다. 이러한 역방향의 현상이 나타난 배경으로 버바는 미국의 경우 베트남전과 인종문제를 둘러싼 갈등과 워터게이트 스캔들을, 영국의 경우에는 노사 간의 경제적 갈등을 들면서 정치문화에 영향을 미치는 독립변수로서 정치적 사건을 고려해야 한다고 강조하고 있다.

그는 같은 경험이라도 그것이 태도 형성에 미치는 영향은 세대에 따라 다르게 나타난다는 잉글하트의 연구결과에도 주목할 것도 촉구하고 있다. 잉글하트는 그의 연구에서 풍요로운 시대를 맞이하여 교육수준이 높은 젊은 세대는 "후기산업적(postindustrial)" 태도를 획득하게 되나 과거에 어렵게 산 경험이 있는 나이 많은 세대는 이러한 터도를 수용하지 않는다는 것을 발견하였다.[18)]

이 글의 목적은 이상 살펴본 바와 같은 알몬드와 버바의 정치문화 개념을 이용해서 한국의 정치문화가 어떻게 변화해 왔는가를 추적해 보는 데 있다. 이러한 분석방법은 우리의 정치문화라는 현상 자체로부터 출발해서 그 내재적(immanent) 특성을 추출해 내는 내재적 접근법과는 대조되는 외재적 접근법이라고 말할 수 있다. 이러한 외재적 접근법은 미국 정치학자가 제시한 개념의 안경을 끼고서 한국의 정치문화를 보기 때문에 이 안경이 과연 맞는 안경이냐 아니냐의 의문을 불러일으킨다. 다시 말해, 이 개념이 한국의 정치문화의 전체적 구조를 파악하는 데 적합한지, 그 구조를 왜곡시키지는 않는지, 혹은 중요한 정치문화적 특성을 간과하지는 않는지 등의 문제가 제기되는 것이다.

이러한 문제점에도 불구하고 알몬드와 버바의 개념을 적용해서 한국의 정치문화를 규명하고자 하는 것은 한국의 정치문화에 대한 대부분의 서베이 조사가 바로 이 개념을 이용하고 있기 때문이다. 우리가 여기서 분석해 보고자 하는 한국의 정치문화에 대한 연구자료 자체가 알몬드와 버바의 정치문화론에 기반하고 있는 것이다. 또한 알몬드와 버바의 정치문화론은 오늘날 우리가 당면하고 있는 민주정치의 정착이라는 문제의식과도 상통하는 정치문화론이다. 그들의 문제의식은 민주정치의 안정성에 기여하는 문화가 어떠

18) Ronald Inglehart, "The Silent Revolution in Europe: Intergenerational Change in Post-Industrial Societies," *The American Political Science Review*, 65, 4, Dec. 1971, pp.991-1017.

한 문화인지를 규명하는 것이었기 때문이다.

그러나 한국의 정치문화에 대한 이러한 접근은 한국의 종교, 지리, 사회구조, 경제적 발전단계, 정치구조, 정치적 사건, 대외관계 등이 어떠한 정치문화를 형성시켰는지에 대한 추론에 의해 보완되어야 할 것이다. 우리들은 한국의 정치문화를 그 내부로부터 살펴봄으로써 알몬드와 버바의 접근법이 간과하는 정치문화의 내재적 특성을 포착하는 노력을 해야 할 것이다.

이 글은 한국의 전통적 정치문화의 특성은 무엇이고 이 문화는 어떠한 근대적 정치문화로 변화하였고 이러한 근대적 정치문화에는 현재 어떠한 포스트모던한 징후를 나타내고 있는지를 규명하고자 한다. 전통 한국의 정치문화적 특성 중 어떠한 것이 오늘날에도 유산으로 남아 있는지도 살펴볼 것이다.

여기서 변화는 전통문화의 근대적 정치문화에 의한 완전한 대치를 의미하지 않는다. 전통적 정치문화는 부분적으로는 근대적 정치문화에 의해 대치되기도 하지만 알몬드와 버바가 주장하고 있는 바와 같이 근대적 정치문화와 혼합되어 있기도 하고, 혹은 마루야마 마사오(丸山眞男)가 말하는 문화의 '원형'-'고층(古層)'-'집요하게 반복되는 저음'으로[19] 근대적 정치문화에 영향을 미치고 있기도 하고, 또는 문화 인류학자들이 말하는 문화의 문법으로 근대적 정치문화의 문법 역할을 할 수도 있다.[20] 한국의 전통적 정치문화는 그 실체규명이 아직 충분하게 되어 있지 않지만 짧게 보아도 지난 수백 년간에 형성된 문화이고 그것이 지난 수십 년간에 형성되기 시작한 새로운 근대적 정치문화로 대치되었다고 보는 것은 비상식적이다.

최근 우리 학계에서 활기를 띠고 있는 전통적인 유교문화의 정치경제적, 사회적 역할에 대한 논의도 한국이 지난 반세기 동안 급속히 근대화되고 서양화되었음에도 불구하고 유교문화가 어떠한 의미로든 지속되고 있다는 것을 반증해 준다. 유교문화에 대해서 과거에는 이것이 경제적 근대화와 정치적 민주화를 저해한다는 주장이 우세했으나 최근에는 이에 공헌한다는 정반대의 주장이 보다 강하게 나오고 있고 산업사회의 도덕적 폐해를 시정해 줄 수 있는 포스트모던 시대의 규범이 될 수 있다는 주장까지 나오고 있다.[21]

19) 마루야마 마사오, 박충석 · 김석근 공역, 『충성과 반역』(나남출판, 1998)에 실려 있는 "역사의식의 고층", pp.307-371 참조.

20) 이러한 접근법의 한국문화 분석의 예로는 유정환, "한국문화와 정치: 유교적 정치질서에 대한 문화론적 해석", 『한국정치학회보』 29집 4호, pp.45-68 참조.

유교문화에 대한 이러한 양분된 해석은 어느 하나가 맞고 다른 하나가 틀린 것이라기보다는 둘 다 일리가 있다고 볼 수 있다. 우리는 어떠한 의미에서 양분된 해석이 다 일리가 있는지를 이해해야 할 것이다.

II. 전통 한국의 정치문화

샤머니즘적인 무속신앙, 불교, 유교, 도교, 기독교는 오늘날 한국의 주요 신앙이다. 샤머니즘적인 무속신앙은 한반도에 역사가 시작될 때부터 나타난 고유의 신앙이고, 불교, 유교, 도교는 삼국시대에 중국으로부터 들어왔으나 불교문화는 삼국시대와 통일신라시대, 고려시대에, 그리고 유교문화는 조선시대의 억불숭유정책(抑佛崇儒政策)에 힘입어 각각 특히 융성하였다. 불교문화와 유교문화는 모두 왕조의 지속을 지탱해 주는 문화였다. 불교는 속세를 가치 없는 세상으로 보고 인간의 구원을 내세에서 찾는 종교로 세속적인 권력에 대해서는 문제를 제기하지 않는 종교이다. 불교는 원래 왕조의 정당성에 대해 무관심함으로써 왕조의 지속에 공헌한 종교였고 이러한 특성에 있어서는 한국의 무속신앙과 도교도 마찬가지였다. 그러나 한국의 불교는 신라 23대 법흥왕부터 28대 진덕여왕까지의 시대에서 볼 수 있는 바와 같은 왕즉불(王卽佛) 사상으로 왕조를 적극적으로 지탱해 주기도 하였고 고려말에 나타난 바와 같이 세속적 권력과 융합되어 불교 자체가 타락하는 모습을 보이기도 하였다.

불교가 내세를 중요시하는 종교라면 유교는 현세를 중요시하는 문화이다.[22] 조선시대 후기에 유학자들 중에서 실학파가 나왔지만 유교 자체가 불교에 비교한다면 실학인 것이다. 유교는 현세가 이상향이 될 수 있다는 믿음을 가지고 있다. 유교는 종교적 차원에서의 인간의 구원을 말하고 있지 않지만 구태여 말을 한다면 이러한 구원을 현세의 이상향에서 찾을 수 있는 것으로 본다. 유교의 창시자인 공자는 이러한 이상향을 요순(堯舜)시대에서 찾았고 보다 직접적인 정치에 대한 이상은 주(周)나라와 주공(周公)에게서 찾았다.

21) 이광세, 『동양과 서양, 두 지평선의 융합』(도서출판 길, 1998); 함재봉, 『탈근대와 유교』(나남출판, 1998); 이승환 외, 『아시아적 가치』(도서출판 전통과현대, 1999) 참조.

22) 고병익, 『동아시아의 전통과 근대사』(삼지원, 1984), pp.14-16.

유교는 군주는 현세에 주공과 같이 이상향을 수립하려고 노력해야 된다고 보았다. 유교에서는 불교나 기독교에서와 같이 초월적 질서와 세속적 질서 간의 구분이 없고 유교와 세속적 질서는 중첩되어 전자는 후자를 인도하고 정당화해 주는 역할을 하였다.[23)]

서양의 기독교 세계에서는 신적 질서와 세속적 질서의 뚜렷한 구분이 있었고 이 두 질서는 각각 교단체계와 관료체계를 가지고 서로 대립하고 견제하였으나, 유교세계에서는 세속적 관료질서 내부에서는 대립과 견제가 있었으나 기독교 세계에서와 같이 이 질서 밖으로부터의 도전은 없었다.

여기서 사족 같지만 첨가하고 싶은 점은 한국인들의 종교의식의 기저에는 내세보다 현세의 복을 중요시하는 기복(祈福)사상이 있다는 것이다. 이 기복사상이 내세를 중요시하는 불교나 기독교에도 영향을 미쳐 한국에서는 불교나 기독교도 기복신앙적인 특성을 가지고 있다. 이러한 기복사상은 한국 고유의 샤머니즘적인 무속신앙으로부터 유래한 것으로 우리 고유의 무속신앙이 한국 종교의 고층(古層)을 형성하고 있는 것이다.

서양의 기독교와 한국의 불교와 유교는 그 전파과정에서도 차이가 난다. 기독교는 발생 초 민중들이 먼저 이를 믿기 시작하여 엘리트들에게 전파되었으나 불교와 유교는 엘리트들이 수입하여 민중들에게 점차로 전파되었다. 특히 유교는 그 경전이 어려운 한문으로 되어 있어 지배계층인 양반들만이 그 내용을 익힐 수 있었으나 일반 백성들도 이를 숭상하였다. 일반 백성들이 지배계층을 뒤따라서 그들의 종교나 신념체계를 믿게 됨에 따라 그들은 지배계층에 항상 순응하는 태도를 나타냈다. 불교와 유교의 전파과정도 일반 백성들의 지배계층에 대한 순응의식을 제고하는 데 공헌했다고 볼 수 있다.

불교의 교리는 세속적인 정치질서에는 무관심하나 유교는 교리 자체가 윤리로서의 정치에 관한 것이다. 한국의 정치문화적 유산으로 불교보다 유교가 항상 논의되는 것은 현대로부터 가장 가까운 시대의 문화라는 이유 이외에도 이와 같은 유교의 정치적 특성에도 있다.

해방 이후 유교문화의 특성으로 가장 많이 논의된 것은 권위주의이다. 여러 정치학자들은 대한민국이 건국이념으로 민주주의를 채택했음에도 불구하고 독재정치가 오랫동안

---

23) 유정환, 앞의 논문, p.57. 유 교수는 "중첩이라 함은 두 영역이 완전히 포개진다는 overlapping의 의미가 아니라 물고기의 비늘의 구조에서처럼 두 영역의 일부가 겹쳐진다는 imbricate의 의미를 갖는다"고 말하고 있다.

횡행한 이유를 유교문화의 권위주의적 특성에서 찾았다. 한국인들의 정치적 태도조사도 대부분 권위주의적 태도가 얼마나 남아 있고 이러한 태도가 어떠한 변화를 보이고 있는가를 밝히는 데 초점을 맞추고 있다.[24)]

그러나 조선시대의 유교정치문화가 권위를 가진 윗사람이 이러한 권위를 가지고 있지 못한 아랫사람들인 백성들을 지배하고 아랫사람들인 백성들은 윗사람에게 거의 무조건적으로 복종하는 권위주의 문화였다고 보는 것은 아주 틀린 얘기는 아니지만 너무 단순하다. 조선시대의 정치문화를 체제문화, 과정문화, 정책문화로 나누어 살펴보면 우리들은 이 점을 명백하게 이해할 수 있다.

우선 조선시대의 지배층인 양반들과 일반 백성들은 권위주의 문화론이 지적하는 바와 같이 개별 임금들과 왕조체제에 대해 유교 교리에 따른 충성심을 가지고 있었다. 신하들과 사림들이 반(反)유교적이고 반(反)인륜적인 임금을 퇴위시킨 중종반정과 인조반정이 있었지만 이 반정으로 퇴위한 임금의 후임 임금은 같은 왕족 출신이었고 518년 동안의 조선시대에 이 두 경우를 제외하고는 신하들과 사림들에 의한 임금 교체는 없었다. 임금이 정치를 잘 못해서 조선시대 중기에 일본과 청의 침략을 받았으나 이로 인한 임금의 교체나 왕조의 교체는 없었다. 고종은 20세기 초 일본에게 국권을 빼앗겼지만 양반과 일반 백성들의 그에 대한 충성심이 없어지지는 않았다. 조선시대에 왕족들 간의 권력투쟁, 사화, 당쟁이 있었지만 임금과 왕조체제를 이념적으로 위협하는 일은 없었다. 조선왕조는 왕조체제를 이념적으로 위협할 가능성이 있는 서학과 천주교는 그것이 조선시대 말에 들어왔을 때 심하게 박해하였다. 조선조의 가장 혁명적인 저항운동이었던 동학도들의 폭력적 행동도 그것이 유교와는 다른 천도교를 이념적 기반으로 삼고 있었지만 군주 중심의 유교질서를 부정한 것이 아니라 올바른 군주질서를 확립하는 데 그 목표를 두고 있었다. 조선시대의 임금과 왕조체제는 그 업적에 관계없이 어느 정도의 권위를 유지했다고 볼 수 있다.

---

24) 대표적인 연구로는 윤천주, 『증보판 한국정치체계』(서울대학교출판부, 1979); Gregory Henderson, *Korea: The Politics of Vortex*(Boston: Harvard University Press, 1968); 한배호 · 어수영, 『한국정치문화』(법문사, 1987); 박동서 · 김광웅, 『한국인의 정치의식』(서울대학교출판부, 1987; Doh C. Shin, *Mass Politics and Culture in Democratizing Korea*(Cambridge: Cambridge University Press, 1999); 한배호, 『한국정치문화와 민주정치』(법문사, 2003). 이 연구들은 유교 권위주의의 특성 자체를 밝히는 연구는 아니다.

조선시대의 양반과 일반 백성들이 거시적으로 볼 때 유교 교리에 따라 임금과 왕조체제에 대해 신민적인 충성심을 가졌다고 해서 그들 중 소외감을 갖거나 무관심한 층이 없었다는 것은 아니다. 조선조 초부터 조선왕조창건과 그후 이씨 왕족 간의 왕위찬탈 투쟁에 거부감을 가졌던 유학자들과 양반들이 있었고 또 그후의 사대사화도 사림세력들을 소외시켰을 것임이 틀림없다. 기묘사화로 쫓겨난 김식 같은 사림 출신 관료는 거창에서 농민들과 함께 무장폭동까지 꾀했으나 실패하였다. 또 사림정치시대에도 사림들 간의 권력의 부침이 심했고 임금과 왕조로부터 소외감을 느끼는 사림들이 있었을 것이다. 선조시대의 정여립은 이이의 제자로 서인 출신이었지만 일부 급진적인 동인들과 관계를 맺고 승려, 상민, 천민들로 구성되는 대동계(大同契)라는 비밀결사를 조직하고 전주에서 새 왕조 창건을 계획했다고 한다. 이씨 왕조는 끝나고 정씨 왕조가 나타난다는 예언이 떠돌아다니고 이러한 예언을 담은 정감록(鄭鑑錄)이 유행한 것도 이 무렵이었다. 정여립 사건도 서인과 그 영수 정철이 동인을 몰아내고 1천여 명을 죽이는 등 거사도 하기 전에 실패로 끝났지만 조선왕조에 대한 부정적인 정서와 평가를 반영한 사건으로 볼 수 있다. 일반 백성들 중 대부분은 조선왕조와 임금에 대해 무관심했을 것이다. 그러나 그들 중 극소수는 바로 소개한 모반사건에 참여하였고 임꺽정 같은 사람은 명종시대 양주 출신 백정으로 몰락한 사림, 아전, 상민, 노비들을 규합하여 3년 동안이나 의적 노릇을 하면서 일반 백성들의 탐관오리들에 대한 분노를 대신 풀어주기도 하였다. 조선 후기의 실학파도 왕조의 업적에 대한 부정적 정서와 평가에 기반한 것이었고 조선시대 말 일부 양반과 일반 백성들이 함께 참여한 서학과 천주교 전파운동, 동학운동, 개화운동도 모두 조선왕조에 대한 부정적 정서와 평가를 포함한다고 볼 수 있다.[25)]

조선시대의 왕조체제가 임금이 힘을 가진 중앙집권적 체제냐, 그렇지 않으면 임금이 약하고 신료(臣僚)가 강한 분권적 체제냐에 대해선 논란이 있다. 과거 우리 국사학자들 중에는 조선왕조를 임금 중심의 중앙집권체제로 보는 학자들이 많았고 헨더슨(G. Henderson)도 조선시대의 정치를 모든 요소들이 임금을 향해서 빨려들어가는 "소용돌이 정치"라고 보았다.[26)] 이에 대해 대원군 시대를 연구한 팔레(J. Palais)는 조선왕조를 임금이 약하고 신료가 강한 분권적 체제로 보았다.[27)] 그러나 조선시대 518년간의 임금과 신

---

25) 한영우, 『우리역사』(경세원, 1997), pp.290-291 참조.

26) Gregory Henderson, 앞의 책.

료 간의 권력배분관계를 어느 한 가지로 특징 지우는 것은 문제가 있다. 왕조 초창기의 태종이나 세조, 혹은 탕평책을 쓴 영조와 정조 때와 같이 임금이 강할 때도 있었고 붕당정치시대와 같이 신료들의 권한이 상대적으로 강해진 때도 있었다. 그러나 신료들에 대한 임금의 권한이 강하고 약하고를 막론하고 임금은 조선시대 권력구조의 중심이었다. 조선시대 권력구조는 임금 스스로 만들거나 임금이 약하여 신료들 주도로 만든 경우에도 그 작동이 절차상 임금의 권한을 통해야만 가능했다.[28)]

조선시대에 임금의 지위와 왕조체제 자체가 이와 같이 안정되었던 근본 이유는 유교에 있다. 유교에서 군주는 천명으로 되는 것이었다. 조선왕조는 이성계와 그를 지지한 유학자 집단인 사대부계층의 역성혁명으로 창건되었다. 이성계와 그를 지지한 사대부들이 고려왕조를 무너뜨리는 데 실패했더라면 그들은 유교 교리에 따른 반역자들로 몰렸을 것이다. 그러나 그들은 성공하였고 성공한 역성혁명은 같은 유교 교리에 따르면 천명이다. 조선의 양반들과 백성들은 유교 교리에 따라 군주의 지위와 권한이 천명에 의거하고 있다고 믿었기 때문에 이를 전복시키려는 생각을 가질 수 없었다. 또한 조선의 임금들은 그에 대해 반역을 꾸미거나 꾸민다는 의심이 조금이라도 가는 신료들에 대해서는 사육신 때와 사화 때와 기타 모반사건에서 볼 수 있는 바와 같이 가혹한 형벌을 가했다. 천명사상은 유교 교리뿐만 아니라 실제로는 법적 제재체제를 통해서도 조선시대의 문화로 정착되었다. 한국 사람들은 조선시대 이전부터 무속신앙이나 도교에서 볼 수 있는 바와 같이 하늘을 숭상하였고 이러한 하늘 숭배사상도 천명사상의 확산에 공헌하였다.

천명은 기독교의 신과 같이 군주의 지위를 제한하기보다는 정당화해 주는 역할을 하였다. 기독교의 신적 질서는 군주의 재임 기간 중 그에 대한 제재조치를 내릴 수 있었으나 천명은 군주의 지위를 보장하고 새로운 군주가 나타나면 사후적으로 그의 지위를 보장해 주는 역할을 하였다. 조선왕조시대의 치권재천사상(治權在天思想)은, 다시 말해 통치자는 하늘이 정해 준다는 생각은 현대 한국정치에 아직도 남아 있다. 한국의 대통령이 민주적인 선거로 선출됨에도 불구하고 이러한 선출은 하늘에 달려 있다는 생각을 가진 사람들이 노년층에는 많다. 하늘의 뜻으로 통치자가 된다는 생각은 과거 군부독재시대에는 독

---

27) James B. Palais, *Politics and Policy in Traditional Korea*(Boston: Harvard University Press, 1975).

28) 강광식, 『신유학사상과 조선조 유교정치문화』(집문당, 2000)의 제2장 "신유학사상과 조선조 유교정치체제의 지배연합"은 이 문제를 자세히 잘 다루고 있다.

재자들에 대한 일반 국민들의 저항을 약화시키는 역할을 하기도 하였다.

그런데, 조선시대의 임금과 왕조에 대한 이와 같은 충(忠)의 정치문화에 대해 이 문화가 유교의 또 다른 중요한 덕목인 효(孝) 문화에 대해서는 뒤지는 위치를 차지하고 있었다는 것이 학계의 정설이다.[29] 충과 효가 갈등을 일으킬 때에는 효가 우선했다는 것이다. 유교 경전 중 하나인 『禮記』는 "만약 부모가 옳지 못한 행위를 할 경우에 자식된 자는 세 번을 간하여 듣지 않으면 울면서 이를 따른다(子之親也, 三諫而不聽, 則號泣而隨之)"라고 한 데 반해, 신하는 군주에 대하여 "세 번을 간하여 듣지 않으면 이를 떠난다(爲人臣之禮, 不顯諫, 三諫不聽, 則逃之)"고 하였다. 또 "아버지와 아들은 하늘이 맺어준 관계(父子天合)"인 데 비해 "군주와 신하는 의리로써 맺어진 관계(君臣義合)"라고 하였다. 그리고 조선과 중국은 대체로 이와 같은 유교 교리에 충실하게 따랐다는 것이다. 그러나 같은 유교국가인 도쿠가와 일본은 효보다 충을 우선했다. 일본 주자학의 대가인 야마자키 안사이(山崎闇齋, 1618~1682)는 『大和小學』에서 "아버지가 반역을 했을 경우 주군에게 고발해야 하며 이는 사적인 은혜를 위하여 공적 의리를 저버릴 수 없기 때문"이라고 강조하였다.[30]

19세기 후반부에 일본이 천황 중심의 강력한 중앙집권적 국가를 건설한데 반해 조선과 중국은 국가 해체상태에 직면했던 원인들 중의 하나를 이 두 지역의 유교문화의 이와 같은 차이에서 찾을 수도 있다. 조선과 중국의 효 문화는 가족주의를 강화하고 가족 간의 특수한(particular) 윤리가 보편적(universal) 윤리와 공적 윤리에 우선하게 만들었고 귀속주의(ascriptiveness)가 업적주의(achievement)보다 우선하게 만들었다.[31] 그리고 이러한 특성을 아주 뚜렷하게 극단적으로 나타냈던 조선시대 말 안동 김씨와 풍양 조씨의 세도정치는 조선왕조를 부패시키고 약화시켜 결국에는 조선왕조와 국가의 멸망을 초래했다고 볼 수 있다.

유교의 효 문화와 가족주의가 왕조체제와 국가발전에 이와 같이 부정적인 영향을 미쳤다고 보는 추론 과정에는 논리의 비약이 있으나 조선왕조의 결말을 보면 이러한 추론을 부정하기도 어렵다. 여기서는 이러한 추론과정을 따지기보다는 조선왕조가 이러한 효 문

29) 이종은, "유교에서의 개인", 『한국정치연구』, 제7호 pp.250-255 참조.

30) 위의 논문, p.253에서 재인용.

31) 특수-보편, 귀속주의-업적주의의 구분과 의미에 대해서는 Parsons와 Shils의 앞의 책 참조.

화와 가족주의를 장려했다는 점을 지적해 두고 싶다. 조선왕조는 『삼강행실도(三綱行實圖)』와 『오륜행실도(五倫行實圖)』 등을 간행하여 보급시켰고 효자와 효녀를 기렸다. 또 어느 마을의 원님이 예를 들어 아버지의 상을 당해 그 자리를 무단으로 비워 마을에 문제가 생겼다고 해도 효 우선주의에 따라서 이를 용서하였다. 이러한 효 문화는 최근에도 그 유산이 남아 있는 조선시대의 상례(喪禮)에 잘 나타나 있다. 상례는 삼년상의 긴 기간 동안의 예였고 조상에게 드리는 제사도 기(忌)제사, 시(時)제사, 명절(名節)제사 등 여러 번의 제사로 구성되어 있었다. 개별 가정에서 행하는 제사의 대상도 집안에 따라 다르나 고조까지를 대상으로 하고 있었다. 효 문화는 『심청전』을 비롯한 조선시대의 문학작품들에도 잘 나타나 있다. 효는 조선시대의 사회구성원들이 양반이든 일반 백성이든 모두 신봉하던 가치였고 이 가치는 조선시대 사람들의 의식 속에 내면화되어 있었다.

효 문화와 이에 기반한 가족주의가 종국적으로는 조선왕조와 국가의 멸망을 가져다주었다고 추론할 수도 있지만 조선의 역대 임금들과 왕조가 효 문화를 장려한 것은 그것이 왕조의 안정에 공헌했기 때문이다. 조선왕조의 효 장려정책은 사회의, 특히 유교 엘리트들인 사림들의 전폭적인 지지를 받는 정책이었다. 유교의 효 문화로부터 나오는 가부장적 질서는 왕조의 군주중심질서와 선택적 친화력(elective affinities)도 있었다. 또 효는 군신, 부부, 형제, 붕우 간의 예와 더불어 개인을 관계 속에 묶어두는 역할을 하였다. 서양의 개인이 신 앞에 평등한 독립적인 개인으로 발전해 온 데 반해 유교사회의 개인은 위계적 관계 속의 개인으로 존재하였다.[32] 바로 이 점이 서양에서는 자유주의가 발전해 온 데 반해 유교사회인 동양에서는 권위주의가 발전해 온 배경이라고 볼 수 있다.

효 문화와 가족주의는 현대 한국에서도 중요한 역할을 하였다. 오랫동안의 민주화 운동에 있어서 근대적인 정당보다는 가족주의 원칙에 기반한 김영삼 대통령과 김대중 대통령과 같은 보스를 중심으로 한 준가족적인 집단이 중요하였고 그들이 정권을 획득한 다음에는 소위 그들의 가신들이 막강한 영향력을 행사하였다. 현대 한국정치에서의 지연과 학연도 특수주의와 귀속주의가 그 특성이라는 점에서 가족주의의 연장으로 볼 수 있다.

권위주의 문화론은 조선시대의 정치과정문화를 신민형 문화라고 보고 있다. 왕조시대의 주권은 군주에게 있고 그에게 복종하는 것이 당연한 시대인 만큼 이 시대의 문화는

---

32) 김석근, "한국의 전통사상과 자유민주주의 — '유교'와 '근대'의 만남과 갈등", 김석근 외, 『한국의 자유민주주의』(인간사랑, 1999), pp.25-26.

신민형 문화임에 틀림없다. 조선시대의 상민들과 노비들은 정치에 무관심했을 것이고 정치에 관심을 가진 양반들은 충 문화에 기반한 신민형적 태도를 가졌을 것이다. 그러나 양반들 중에서도 평상시 유학을 공부하던 사림들과 그들 중 과거에 급제하여 출사한 신료들의 정치적 태도는 단순히 신민형이라고 만은 볼 수 없는 특성을 가지고 있다. 그들은 숫자적으로는 전체 인구의 극소수를 차지하고 있었으나 양반계층의 정치적 태도 형성에 중요한 역할을 하고 그 시대의 정치적 분위기를 결정하였다고 볼 수 있기 때문에 유학자들인 사림들과 신료들의 정치적 태도에 대해 좀 더 살펴볼 필요가 있다.

조선왕조는 이성계와 고려말의 유학자들이 유교를 지도이념으로 받들고 창건하였다. 그런데 이 유교이념에 따르면 군주는 백성을 하늘과 같이 섬겨야 한다. 조선왕조 창건의 이념적 지도자였던 정도전(鄭道傳)도 『조선경국전(朝鮮經國典)』에서 "군주는 나라에 의존하고 나라는 백성에 의존한다. 따라서 백성은 나라의 근본임과 동시에 군주의 하늘이다"라고 강조하였다.[33] 또한 유교이념에 따르면 군주는 백성들을 예(禮)·악(樂)에 의한 덕치와 예치로 통치해야 한다. 이러한 덕치는 형(刑)·정(政)에 의한 법가사상의 법치와도 다르고 노장사상의 무위이화(無爲而化, 인위적인 작용을 하지 않고 자연 그대로 내버려 둠)와도 다르다. 조선왕조의 임금은 유교이념에 따라 스스로 덕을 쌓고 적극적으로 덕치를 해야 할 임무를 가지고 있었다. 유교에 따르면 군주가 그렇게 하지 않으면 천명을 어기는 것이고 천명을 어기면 왕조가 바뀌어질 수도 있는 것이다.[34] 조선의 임금들이 대부분 실제로 백성을 하늘과 같이 섬기지도 않았고 덕치를 한 것도 아니지만 여론주도층인 유학자들은 임금에게 유교의 이념인 민본주의와 덕치주의를 항상 요구하고 기대했던 것이다.

유교에서는 군주는 덕치를 해야 되지만 덕치를 할 능력이 없는 경우에도 유학자들인 신료들이 군주가 덕치를 할 수 있도록 도와야 한다. 정도전은 군주의 지위를 상징적인 지위라고 주장하고 조선왕조를 재상(宰相) 중심의 중앙집권적 관료지배체제로 만들려고 했다. 또한 그는 재상은 군주의 옳은 일은 적극적으로 받들고 옳지 않은 일은 적극적으로 반대하여 군주의 뜻을 바꾸게 할 의무를 가지고 있다고 주장하였다.[35] 그는 뜻을 이루지

33) 강광식, 앞의 책, p.24에서 재인용.

34) 고병익, 앞의 책, p.24.

35) 한영우, 『개정판 정도전사상의 연구』(서울대학교출판부, 1989), pp.134-147.

못하고 나중에 태종이 된 이방원에 의해 살해되었지만 조선왕조는 군주의 덕치를 위해 경연(經筵)과 언론3사인 사헌부(司憲府), 사간원(司諫院), 홍문관(弘文館) 제도를 가지고 있었다. 경연은 임금에게 유교경전을 강독하고 그의 학문을 지도하는 임무를 관장했다. 조선의 임금들 중 경연을 거부한 임금도 있었으나 대부분은 이를 받아들였다. 사헌부는 종친과 문무백관들을 감찰하고 사회기강을 바로잡고 국왕에 대해서도 극간하는 것을 서슴지 않았다. 사간원은 임금의 행실과 생각에 잘못이 있을 때 이를 지적하고 제반 국사의 시비를 논하고 인사의 적합, 부적합을 논하였다. 홍문관은 집현전(세종 2년~세조 2년)에 이어 성종 7년에 개설된 기관으로 궁내의 경서(經書)와 사적(史籍)을 관리하고 임금의 자문에 대비하는 임무를 관장했다. 홍문관의 관원은 모두 경연의 관직을 겸했기 때문에 임금을 지도하는 역할을 했다고도 볼 수 있다. 이 외에도 예문관(藝文館)과 춘추관(春秋館)이 있어 이곳의 관원들은 당시의 정치 상황을 기록하였고 실록청(實錄廳)은 왕조의 실록을 편찬하였다.[36] 임금은 그의 재임 중에는 사관(史官)들이 쓴 사초(史草)를 볼 수 없었기 때문에 사관들은 임금의 실적에 대한 역사적 심판관의 역할을 하였다.

조선왕조의 유학자들은 대부분 유교경전에 대한 시험제도인 과거를 통해 등용되었고 그들은 자신들도 덕을 쌓을 의무를 가졌고 신료가 된 다음에는 임금이 덕 있는 임금이 되도록 도와야 할 의무를 가졌다. 그런데, 조선왕조 창건 때부터 유학자들에는 두 부류가 있었다. 첫째 부류는 정도전, 권근 등 이성계를 도와 역성혁명에 성공한 유학자들, 그 이후 세조를 도와 단종을 퇴위시키는 데 성공한 유학자들, 그리고 연산군을 퇴위시키고 중종을 옹립한 유학자들 등 정권수립에 적극 참여하고 그 공적으로 벼슬을 하게 된 유학자들, 즉 공신 혹은 훈구세력이라고 불리는 지식인들이었다. 두 번째 부류는 이들과는 반대로 불사이군(不事二君)의 유교정신에 따라 조선왕조 창건에 협력하지 않은 이색, 정몽주, 길재, 사육신들, 그리고 그들의 정신적 제자들인 김종직-김굉필-조광조-이언적-이황으로 대표되는 절의파 유학자들이다. 김종직 이하의 절의파 유학자들도 과거를 통해 벼슬을 했으나 그들은 대체로 공신세력을 비판하는 자세를 취했기 때문에 공신세력과 대립하였다. 절의파 유학자들은 영남지방과 기호지방의 중소지주 출신이었고 그들은 이 지방의 유학자들과 광범위한 인적 관계를 유지하고 사림파(士林派)를 형성하고 있었다.

정도전을 비롯한 조선왕조의 공신세력은 정권창출에 적극 참여한 권력지향적 유학자

36) 김운태, 『제2전정증보판 조선왕조정치・행정사』(박영사, 2002), pp.160-166.

들이었으나 그들도 임금의 지위를 서양의 절대왕정시대의 군주와 같이 절대적인 것으로 생각하지 않았고 유교이념에 따라 경연과 언론3사의 언론활동에 제한을 받는 군주로 생각했다. 그러나 이러한 유교이념을 보다 철저하게 실천에 옮긴 사람들은 절의파 유학자들이었다. 그들의 절의는 사육신이 보인 자세에 잘 나타나 있다. 또 세조가 유학자들의 학문연구기관인 집현전을 즉위 초 없앴을 정도로 유학자들의 왕위찬탈에 대한 저항은 강하였다. 조선시대 절의파 유학자의 시조라고 볼 수 있는 김종직은 그가 세조 5년 문과에 합격하기 전에 항우에게 죽임을 당한 초나라 의제를 애도하는 조의제문(弔義帝文)을 쓴 적이 있고 이 글을 그의 제자 김일손은 연산군시대에 세조의 왕위찬탈을 비난하는 자신의 사초와 함께 수록했다. 김종직과 그의 제자들은 훈구세력의 비리를 지적하고 임금에게 이의 시정을 요구하여 훈구세력에게는 목의 가시와 같은 존재였다. 절의파 유학자들의 이와 같은 자세는 중종시대의 조광조에 와서 그 절정에 다다랐다. 그는 정도전과는 권력에 대한 자세가 달랐지만 비슷한 사상을 가지고 조선왕조의 정치체제를 유교이념에 철저한 도학정치체제로 개혁하고자 했다. 그가 도교에 입각한 소격서(昭格署)를 혁파한 것도 이러한 이념에 따른 것이었다. 그는 또한 훈구세력들의 대토지 소유, 세금제도의 모순, 군역의 과중 등으로 인한 백성들의 어려움을 잘 아는 유학자였고 이의 시정을 위해 노력하였다. 그는 중종반정의 공신들을 소인배들이라고 비난하였고 지나치게 공을 인정받은 76명의 위훈을 삭제시키는 데도 일단은 성공하였다.

이들 절의파 신료들의 태도는 조광조의 태도에 잘 나타나 있다. 그는 소격서 혁파의 경우 중종이 반대함에도 불구하고 신료들을 거느리고 대궐에 엎드려 네 번이나 장계를 올렸고 다른 대간들이 날이 저물어 다 물러난 다음에도 혼자 밤새도록 남아 임금의 재가를 요구했다. 위훈 삭제의 경우도 중종이 처음에는 듣지를 않았는데 조광조는 상소를 일곱 번이나 올리고 대간들은 중종에 대한 항의표시로 모두 사직하고 복직을 거부하였다. 그리고 조광조는 극형을 받더라도 이를 관철하겠다는 자세를 나타냈다.[37] 절의파 신료들은 정치를 바로잡아야만 한다는 정열을 가지고 있었고 이러한 정열은 조광조의 태도에서 볼 수 있는 바와 같이 때때로 극단적인 특성을 나타내기도 하였다. 절의파 신료들은 자신들은 절대적으로 옳은 충신이고 군자인 반면 훈구파 신료들은 간신들이고 소인들이라고 비난했다. 그들은 임금에게 순순히 복종하는 신민형의 신하가 아니라 임금의 통치에 적

37) 이성무, 『조선왕조사』, 제1권(동방미디어, 1998), pp.367-378.

극적으로 개입하는 참여적 신하였다.

절의파 신료들의 이러한 태도는 유교의 정명(正名), 정통(正統), 명분(名分), 의리(義理) 사상에 연원한다. 정명은 실상을 이름에 부합케 한다는 뜻으로 예를 들면 임금은 임금답게, 신하는 신하답게, 아버지는 아버지답게, 자식은 자식답게 행동하는 것을 의미한다(君君, 臣臣, 父父, 子子). 그리하여 각자가 그 이름에 부합한다면 천하에 도가 서게 된다는 것이다(天下有道).[38] 정통은 승계관계가 정당하다는 의미로 왕조나 일반가족에게도 적용되고 또 유교 교리와 문화에도 적용되었다. 이러한 정통사상이 중국에서는 중화사상(中華思想)을, 조선에서는 소중화 사상이라는 사대주의를 낳았다. 그리고 명분과 의리는 정명과 정통에 따르는 데 있는 것으로 이 네 개념은 상호 밀접히 연관된 개념이다. 절의파 신료들은 그들이 그들의 이름에 맞게 행동하는 것이고 그들의 행동은 오랜 기간에 걸쳐 형성된 정통유교를 승계하는 것이고 명분과 의리에 맞는 행동이라고 굳게 믿었다.

절의파 신료들의 이러한 태도는 그것이 훈구파 공신들을 견제하고 그들의 권력 강화에도 도움이 되기 때문에 더욱 철저하였으나 연산군 시대의 무오사화와 갑자사화, 중종시대의 기묘사화, 명종시대의 을사사화에 나타난 바와 같이 그들 중 상당수가 뜻을 이루지 못하고 오히려 훈구세력에 밀려 비참한 죽음을 당하였다. 이러한 사화들은 훈구세력의 음모에 절의파 신료들이 당한 것이나 임금들의 뜻도 크게 작용하였다. 연산군은 그의 일거수 일투족을 간섭하던 사간원을 폐지하였고 유학자의 연구기관인 성균관에서 술을 마시고 종묘를 동물원으로 만들고 그의 할머니인 소혜왕후가 사망한 후 유교의 3년상을 무시하고 복상을 25일로 단축하는 등 유교이념에 따른 정치에 정면으로 반발하였다. 중종은 유학을 좋아하고 훈구세력을 견제하기 위해 조광조 등의 유학자들을 중용하고 신임하였으나 나중에는 이들의 유교이념에 따른 적극적 국정간섭에 반감을 갖게 되었다고 한다.[39]

절의파 유학자들은 권력투쟁에서는 패배했지만 유교의 정통세력이라는 문화적 위치를 차지하게 되었다. 그들은 왕정에 참여하는 동안 지방의 사림세력과 함께 소학진흥운동, 향약보급운동, 서원설립운동 등을 적극적으로 추진하여 조선사회를 유교화하는 데 성공하였다. 그리고 그들은 정치적 박해를 받는 과정에서 사림세력으로 정치적 결속력을 갖

38) 풍우란 저, 박성규 옮김, 『중국철학사』상(까치, 1999), pp.101-107.
39) 이성무, 앞의 책, 제11장과 12장 참조.

게 되었고 조선시대의 유학자들뿐만 아니라 일반 백성들의 존경도 받게 되었다. 이러한 배경하에서 이들 사림세력은 선조 때부터는 조선왕조의 유일한 중심세력으로 유교이념에 따른 도학정치(道學政治)의 실현을 추구하였다.

사림들이 선조시대 이후 정사(政事)에 참여한 방식도 수동적이고 신민적인 것이라기보다는 적극적이고 참여적인 것이었다. 이 시대의 사림들은 붕당(朋黨)을 만들어 조직적으로 정사에 참여하였다. 유교이념에서 붕당은 처음에는 금기였다. 중국의 한(漢)·당(唐) 시대까지는 신하들의 붕당은 거의 죄악시되었었다. 그러나 송(宋)나라 시대에 들어와 구양수(歐陽脩)의 붕당론과 주자(朱子)의 인군위당설(引君爲黨說)에 따라 이러한 붕당관에 변화가 생겼다. 구양수와 주자는 붕당을 "군자의 당"인 진붕(眞朋)과 "소인의 당"인 위붕(僞朋)으로 나누고 진붕의 조직과 활동이 도학정치의 실현을 위해 필요하다고 보았다.[40] 유교이념에서 사림들이 붕당을 만드는 것은 임금을 올바르게 인도하기 위한 것이었고 임금은 진붕을 등용하여 정치를 올바르게 이끌 의무를 가지고 있었다.

조선시대의 붕당은 선조시대에 문반관료의 인사권과 언론3사에 영향력을 가지고 있던 이조전랑(吏曹銓郎) 자리를 둘러싼 심의겸과 김효원의 갈등에서 시작되었고 심의겸을 추종하는 사림들이 서인, 김효원을 중심으로 하는 사림들이 동인이 되었다. 서인은 서울에 근거를 둔 사림들이 주류였고 이이, 기대승, 김인후의 영향을 받았고, 동인은 영남의 이황과 조식, 그리고 개성의 서경덕의 문인들이 주류를 이루었다. 서인이 "주로 치인(治人)에 역점을 두어 제도개혁을 통한 부국안민(富國安民)에 치중했다면", 동인은 "수기(修己)에 역점을 두어 치자의 도덕적 자기절제를 통해 부패를 막으려는 데 관심을 기울였다."[41] 그런데 그 이후 동인은 북인, 남인으로, 북인은 다시 대북, 소북으로, 그리고 서인은 노론, 소론으로 각각 분열하고 서로 대립하였다.

선조 이후 200여 년간의 붕당정치에 대해서는 그것이 국사를 혼란시키고 국력을 소모시켜 종국에는 조선의 멸망을 재촉한 당파싸움에 불과했다는 부정적인 평가가 지배적이다. 이에 대해 일제 식민사관의 극복이라는 관점에서 이의를 제기하는 학자도 있으나[42] 일본의 조선합방을 합리화하는 데 앞장섰던 일인 사학자들과 이광수뿐만 아니라 이건

40) 이태진 편, 『조선시대 정치사의 재조명』(범조사, 1985), p.14.

41) 한영우, 『우리역사』, p.297.

42) 이태진 편, 앞의 책 참조.

창[43]과 박은식과 같은 애국 사학자들도 붕당정치에 대해 부정적 평가를 하였다. 그들은 국방문제에 대해 양병설을 주장한 서인과 이를 반대한 동인의 대립은 조선의 임진왜란에 대한 대비를 불가능하게 하였고, 세자책봉 문제와 복상문제 등 여러 문제들을 둘러싼 붕당 간의 극심한 대립은 도학정치의 수립은커녕 오히려 조선시대의 정치를 혼란시켰다고 주장한다. 이에 반해 붕당정치를 긍정적으로 보는 학자들은 선조 초 동인과 서인의 연립정권, 인조 초 서인과 남인의 연립정권, 그리고 숙종의 환국(換局), 즉 정권담당 붕당의 빈번한 교체를 통한 붕당 간의 균형유지를 지적하고 붕당이 조선왕조의 견제와 균형정치에 공헌했다고 주장한다.

붕당에 대한 평가가 부정적이든, 긍정적이든 간에, 사림들이 붕당을 통해 왕권에 참여하기 위한 권력투쟁에 적극적이었다는 것은 역사적 사실이다. 이 투쟁은 주로 옳으냐, 그르냐의 도덕적인 명분투쟁의 성격을 띠었고 그 때문에 투쟁은 더욱 극렬하였다. 붕당 간의 대립은 그 근저가 권력투쟁이지만 항상 교조주의적 명분대립의 형식을 취하였다. 명분대립이란 시각에 따라 다를 수 있는 것이나 각 붕당은 자기들의 명분만이 옳고 상대방의 명분은 가짜 명분이라는 입장을 취했다. 이뿐만 아니라 자기네 붕당은 "군자의 당"이고 상대편의 붕당은 "소인의 당"이라는 입장을 견지했다. 이러한 도덕적 대결은 한 쪽이 옳으면 상대편은 반드시 틀리다는 논리를 가졌고 여기에는 타협적 해결이란 있을 수 없고 붕당 간의 최소한의 신뢰나 관용도 있기 어려웠다. 현상윤은 일찍이 유교에서의 군자와 소인의 구별이 조선시대 당쟁의 연원이라고 주장하였다. 그는 군자의 도를 따르고 소인의 길을 거부하는 것을 개인들이 수기의 목표로 삼는 것은 좋으나 타인이나 타인 집단을 소인이라고 부른다면 그것은 그들의 마음을 상하게 하여 그렇게 부른 사람들에 대해 적대감정을 품게 만들 수밖에 없다고 주장하였다.[44]

사림들의 붕당정치는 영조와 정조의 탕평책으로 약화되고 그 대신 왕권이 강화되고 사회문화도 발전되는 경향을 보였다. 그러나 그 이후 어린 임금들이었던 순조, 헌종, 철종 시대에는 이미 지적한 바와 같이 붕당이 아니라 안동 김 씨와 풍양 조 씨와 같은 임금의 외척인 세도가들이 왕조의 중심세력이 되었다. 그리고 그들의 부패와 외세의 위협에 직

43) 이건창이 지은 『당의통략(黨議通略)』(1890년대)은 선조시대의 동서분당 때부터 탕평책을 편 영조시대까지의 붕당정치를 비판적으로 다룬 최초의 책이다.

44) 현상윤, 『조선유학사』(민중서관, 1948), pp.192-195.

면하여 조선은 1910년 붕괴하고 말았다. 조선 후기와 말의 유학자들은 나라를 구하기 위하여 실학사상을 주장하고 위정척사운동을 전개하고 중인 출신이 많았던 개화파 지식인들은 개화운동을 벌였으나 전부 실패하였다. 조선말 이러한 구국운동에 참여한 지식인들의 태도 역시 수동적이고 소극적인 것이 아니라 능동적이고 적극적인 것이었다.

조선시대 사림들의 정치적 태도는 현대 한국의 지식인들의 정치적 태도에서도 찾아볼 수 있다. 현대 한국의 지식인들도 지식인들의 임무는 나라를 올바르게 인도하는 일이라는 의식을 가지고 있다. 또 현대 한국의 지식인들 중에도 정권창출에 적극적으로 참여하는 권력지향적 지식인들도 있었고 군사독재정권에 항거하고 이를 시정하려고 투쟁한 절의파 지식인들도 있었다. 특히 대학의 청년학생들은 이승만 정권과 오랫동안의 군사독재정권과 목숨을 내걸고 투쟁하였다. 현대 한국정치에서도 정명, 정통, 명분, 의리가 중요하고 절의파 지식인들이 정통세력으로의 위치를 차지하고 있다. 현대 한국의 끈질긴 민주화 투쟁을 이끈 지식인들과 청년학생들은 조선시대 절의파 사림들의 정치적 태도를 계승했다고 볼 수 있다. 현대 한국의 정치문화는 조선시대 유교 정치문화와 그 내용은 다르나 바로 언급한 바와 같은 유사성을 가지고 있다.

이제 우리는 조선시대의 정책문화에 대해 살펴볼 차례이나 이는 지난한 일이다. 500여 년간 조선왕조의 정책과 이에 대한 양반과 일반 백성들의 반응을 검토하는 일은 굉장한 작업을 필요로 하기 때문이다. 여기서는 이러한 작업을 하기보다는 유교경전에 나타난 군주가 채택해야 하는 정책방향에 대해서만 소개하기로 한다. 앞서 우리는 유교가 민본과 덕치에 기반한 이상향의 건설을 목표로 하고 주나라에서 이러한 이상향 건설의 원칙을 찾았다는 것을 언급한 바 있다. 이 이상사회를 『예기(禮記)』는 대동사회(大同社會)라고 하고 그 특성을 다음과 같이 기술했다. 즉 "대도(大道)가 행해질 때 천하는 공(公)이다. 거기에서는 현자가 선택되어 서로 화목하며 사람들은 자신의 부모와 자식만을 중요하게 여길 뿐 아니라, 노·장·유(老壯幼)가 각기 자기 자리를 얻고 홀아비, 과부, 고아, 자식 없는 늙은이, 폐질자(廢疾者) 등도 모두 보호받으며, 재화는 자기 한 사람에게 저장하지 않고 능력은 자기 한 사람을 위해 쓰지 않으며 따라서 모략도, 절도와 난적도 일어나지 않고 외출시에는 문을 채울 필요도 없다. 이것을 대동이라고 한다."[45]

---

45) 토가와 요시오(戸川芳郎)·하치야 쿠니오(蜂屋邦夫)·미조구치 유우조오(溝口雄三) 지음, 조성을·이동철 옮김, 『유교사』(이론과실천, 1990), p.397; 강광식, 앞의 책, pp.18-23 참조.

맹자는 이러한 이상사회 건설을 목표로 하는 왕도정치의 주축을 정전제(井田制)와 성선설(性善說)에 두었다. 정전제는 농민 여덟 가족을 한 생산단위로 조직하고, 한 생산단위마다 900묘의 토지를 갖고, 한 가족은 100묘의 토지를 사전(私田)으로 경작하고, 중앙의 100묘는 공전(公田)으로 여덟 가족이 공동 경작하여 그 수확은 정부에 세금으로 바치는 제도를 말한다. 성선설은 인간의 본성이 그 단서로서 측은(惻隱), 수오(羞惡), 사양(辭讓), 시비(是非)의 마음으로 나타나고 이 사단(四端)을 자각하고 충실하게 만드는 노력을 거듭하면 인의예지(仁義禮智)의 네 가지 덕으로 완성된다는 주장이다. 이 사단을 조선시대의 대표적 유학자인 이황(李滉)은 이가 발하고 기가 따른 것(理發氣隨)이라고 본 데 반해 이이(李珥)는 기가 발하고 이가 탄 것(氣發理乘)이라고 보았다. 맹자는 사람이 타락하지 않고 사람답게 되기 위해서는 항산(恒産, 일정한 재산이나 생업)이 필요하고 교육이 필요하다고 강조했다. 다시 말해, 정전제는 사람들이 수양을 하고 덕을 쌓는 데 필요한 제도인 것이다.[46] 유교사회는 실제로는 토지의 소유면에서도 아주 불평등한 사회였고 군자와 소인이나 양반이나 쌍놈의 구별에서 보는 바와 같이 인격적으로도 불평등한 위계사회였으나 그 이상은 토지의 균등한 배분과 성선설에 나타난 바와 같이 평등주의에 두고 있었다.

평등한 토지분배는 전통 한국에서도 항상 중요한 이슈였다. 앞서 소개한 정도전은 토지의 소유권이 일단은 국가에 있게 하고 이 토지를 백성들에게 균등하게 배분하고 전조(田租)는 10분의 1을 이상으로 하는 토지제도를 주장했다.[47] 그는 고려말에 조준(趙浚) 등과 함께 이와 같이 지주제를 없애고 균산적(均産的) 자작농체제를 수립하는 개혁을 시도했으나 대지주였던 세력가들의 반대로 실패했다. 그러나 정도전과 조준 등 급진적 전제개혁세력은 이성계를 도와 고려왕조를 무너뜨리고 조선왕조를 창건하는 데는 성공했다. 이성계는 정도전의 이상에 미치지 못하는 과전법(科田法)을 고려말 그가 아직 임금에 오르기 전에 실시했고 이것이 조선왕조의 토지제도가 되었다. 과전법은 토지를 국유로 하고 관리나 군인들에게 토지를 나누어 주되 그들이 사망하면 이 토지를 재배정하는 제도였다. 그러나 이 제도는 처음부터 실시하기가 어려웠고 토지의 세습, 사유, 집중은 조선시대를 통해 계속 진행되었다. 조선 중기 실학파의 태두인 유형원(柳馨遠)은 『반계수록(磻溪隨錄)』에서 "부자의 땅은 끝없이 경계가 서로 잇닿을 형편이고, 빈자는 송곳 하나

46) 토가와 요시오 외, 위의 책, pp.46-47.
47) 한영우, 앞의 책, p.206.

세워 놓을 만한 땅도 없게 되어, 부익부 빈익빈으로 급기야는 모리하는 무리들이 이 토지를 모조리 갖게 되는 한편, 양민은 식구를 이끌고 떠돌아다니다가 머슴살이로나 들어간다"고 한탄하고, 국가 기관과 그 요원들에게 일정한 토지를 주고 농민 장정 1인에게 농지 1경을 분배하고 사대부, 즉 지배층에게는 그 품계에 따라 12경 내지 2경의 토지를 분배하고 국가는 토지 소유자의 사망이나 기타 사유 때에는 토지를 회수해서 재분배하고 정전법에 따라 토지를 정리하는 개혁안을 제안하였다.[48] 정도전과 유형원의 토지개혁안은 모두 고대 중국의 주나라 시대를 모델로 한 것이었고 조선시대 토지소유의 현실은 이러한 개혁안과는 거리가 멀었지만 이 시대 유학자들의 이상으로 남아 있었다.[49]

조선시대는 양반, 상민, 노비로 구성되는 신분제 사회였지만 중세 유럽의 신분제나 도쿠가와(德川) 일본의 신분제 사회와는 다른 신분제 사회였다. 유럽과 일본의 경우에는 신분제가 법제적인 것으로 강제성을 수반했으나 조선의 신분제는 성문화된 법제적인 것이 아니었다. 양반은 사회적인 인지를 통해서 형성된 상대적, 주관적 계층이었다. 노비소유도 법으로 정해진 것이 아니어서 상민이나 심지어는 노비도 노비를 소유할 수 있었다. 조선시대의 이 세 신분의 비율을 확실히 알 수는 없다. 대구의 호적대장을 조사한 한 연구는 이 지역의 양반 가구수가 1690년에는 전체의 9.2%였으나 1858년에는 70.3%로 증가하였고, 같은 기간에 상민 가구수는 53.7%에서 28.2%로, 노비 가구수는 37.1%에서 1.5%로 감소했음을 나타내고 있다. 미야지마 히로시(宮嶋博史) 교수는 양반가구의 이와 같은 증가가 사회적으로 인정받는 양반가구가 실제로 이렇게 큰 규모로 증가한 것이 아니라 양반 지향의 가구가 증가한 것이라고 해석하고 있다.

한국의 국립중앙도서관에 있는 282개의 동족집단의 족보를 이 족보를 작성한 최초의 시기에 따라 나누면 15세기에 최초로 족보를 작성한 동족집단의 수는 9, 16세기에는 15, 17세기에는 66, 18세기에는 78, 19세기에는 104, 20세기에는 10으로 나타난다. 미야지마 교수는 연대가 내려올수록 족보 편찬이 번성하는 현상도 양반적 가치관의 하층에의 침투를 나타낸다고 해석하고 있다.[50]

---

48) 유형원·박지원·정약용 외, 『조선실학의 개척자 10인』(신구문화사, 1974), pp.28-29.

49) 미국의 한국 역사 연구가인 제임스 팔레는 유형원의 개혁안이 주나라 시대를 그 모델로 삼고 있다는 근거에서 그의 개혁안을 근대를 열기 위한 개혁으로 볼 수 없다는 주장을 내놓고 있다. James B. Palais, *Confucian Statecraft and Korean Institutions*(Seattle: University of Washington Press, 1996) 참조.

조선시대는 양반의 유교 예의가 전 사회로 확산된 시대였고 동시에 양반이라고 생각하는 가구의 수도 상당히 증대한 시대라고 볼 수 있다. 주관적인 의미에서의 신분이 상향 평준화되는 경향을 나타낸 시대라고도 볼 수 있다.

조선시대의 일반 백성들이 유교의 이상인 대동사회의 건설, 정전제 실시, 신분적 평등주의의 실현 등을 왕조가 수행해야만 할 정책과제라고 생각하지는 않았다. 양반들도 그렇게 생각하지 않았을 것이다. 따라서 이것이 조선왕조의 정책문화를 이루었다고 볼 수는 없다. 그러나 재야의 일부 유학자들이 이러한 태도를 가지고 있었고 이에 기반해서 우리가 실학이라고 부르는 조선의 개혁방안을 제안했던 것이다. 유교의 이상향은 일반 백성과 대부분의 양반이 아니라 일부 유학자들 간에 퍼져 있던 정책문화였다고 볼 수 있다.

조선시대는 경제적으로 불평등한 사회였으나 다른 한편에 있어서는 바로 소개한 바와 같은 유교의 민본주의에 입각한 평등주의의 이상을 가지고 있었고 이러한 평등주의는 인구의 반 이상이 양반이 된 조선시대 말 주관적 신분의 상향 평준화 현상 속에서 더욱 자랄 수 있는 토양을 갖게 되었다. 이러한 연원을 갖는 평등주의는 현대 한국의 전쟁과 급격한 산업화에 따른 전통적 신분질서의 파괴와 함께 오늘날 더욱 확산되고 강화되었다고 볼 수 있다.

III. 현대 한국의 정치문화

해방 후 한국은 구미식 민주주의 제도를 가지고 출범하였다. 구미에서 민주주의는 최소한 200여 년 이상의 기간을 통해 중산층과 노동자들의 민주화 투쟁과 더불어 발전한 제도이나 한국은 이 제도를 일거에 채택하게 되었다. 조선시대의 목표가 민본정치와 덕치를 통한 왕도정치를 실현하는데 있었다면, 이 제도의 채택으로 현대 한국의 정치적 목표는 권력이 국민들의 표로부터 나오는 민주주의를 실현하는 데 있게 되었다.

유교는 삼국시대에 한반도에 들어왔고 조선왕조가 지도이념으로 채택함으로써 대부분의 한국 사람들의 의식으로 내면화되고 조선시대의 문화가 되었다. 조선왕조는 이 유교문화 때문에 여러 가지 도전과 어려움을 극복하였고 왕조의 업적이 아주 나빴을 때가 여

50) 宮嶋博史, 『兩班』(일본 中央公論社, 1995), pp.17-20과 pp.196-202.

러 시기 있었음에도 불구하고 518년이나 지속되었고, 종국에는 별 저항도 못하고 일본에게 나라를 내주었다. 유교의 이와 같은 역할 때문에 해방 후에는 유교문화를 망국을 초래한 부정적인 문화로 해석하는 학자도 있었다.[51] 민주주의가 조선시대의 유교문화만큼 문화로서 현대 한국에 뿌리를 내리려면 앞으로도 상당히 오랜 세월이 걸릴 것이다. 사뮤엘 헌팅턴(S. Huntington)은 한국, 대만 등의 민주화를 가져온 민주화의 제3의 물결(third wave)이 이제는 제3의 역류(reverse wave)에 직면해 있는지도 모른다고 전망하고 비자유주의적인 유교가치가 민주주의와 양립하기 어렵다고 주장하고 있다.[52] 유교가치와 민주주의가 양립하기 어렵다고까지는 보지 않는 신도철 교수는 한국에 민주주의가 정착하려면 한 세대가 아니라 대여섯 세대가 걸릴 것이라고 주장하고 있다. 그는 한국의 민주적 발전을 조심스럽게 전망하면서도 민주적 정치문화가 민주화의 역류가 불가능할 정도로 굳게 정착되어 있다고는 보지 않는다.[53] 현대 한국의 정치문화적 특성을 한팅턴과 신도철 교수의 견해를 염두에 두고 앞 절에서와 마찬가지로 체제문화, 과정문화, 정책문화로 나누어 살펴보기로 한다.

주지하고 있는 바와 같이 한국은 국민들이 민주적 태도를, 혹은 알몬드와 버바가 말하는 참여적 정치문화를 가지고 있었기 때문에 민주주의체제를 채택한 것이 아니었다. 한국 사람들은 삼국시대부터 조선시대까지의 2천년 동안 왕조체제하에서 살았고 일제 36년 동안은 강압적인 총독체제하에서 살았다. 당시 대부분의 한국 사람들은 권력을 무서워하고 권력으로부터는 가능한 한 멀리하는 태도를 가지고 있었다. 유교가 민본주의와 덕치를 강조하고 있지만 실제로 군주는 무서운 존재였고 일제시대의 총독은 더욱 무서운 존재였다. 최고권력은 군주에게 있었고 총독에게 있었다. 그리고 이러한 최고권력은 군주든 총독이든 권력자에게 주어진 것이지 이 권력이 한국의 일반 백성들 그들로부터 연원한 것이라고 생각한 사람은 거의 아무도 없었을 것이다.

이러한 태도를 가지고 있던 한국 사람들이 해방 이후 갑자기 주권재민(主權在民)의 정

51) 현상윤 교수는 앞의 책, pp.4-9에서 조선 유학의 공과 죄를 열거하고 있다. 그에 의하면 공은 군자학의 면려, 인륜도덕의 숭상, 청렴절의의 존중이고 죄는 모화사상, 당쟁, 가족주의의 폐해, 계급사상, 문약(文弱), 산업능력의 저하, 상명주의(尙名主義), 복고사상이다.

52) Samuel P. Huntington, *The Third Wave; Democratization in the Late Twentieth Century*(Norman: University of Oklahoma Press, 1991) 참조.

53) Doh C. Shin, 앞의 책 참조.

치체제인 민주주의 정치제도를 갖게 된 것이다. 한국 사람들은 그들의 합리적 선택의 결과로 민주주의 정치제도를 채택한 것이 아니라 한국의 점령국인 미국의 의사에 따라 민주주의 제도를 갖게 된 것이다. 그러나 한국 사람들이 그들이 원하는 정치체제를 스스로 합리적으로 선택했다 해도 군주체제나 일제의 총독 독재체제를 선택하지는 않았을 것이다. 군주체제는 망국체제로 정당성을 완전히 잃고 있었고 총독 독재체제는 억압과 착취의 체제로 고려의 대상조차 될 수 없었다. 해방 이후 한국 사람들의 정치의식은 왕조시대와 일제의 총독시대에 형성된 것으로 민주주의 제도에 적합한 정치의식이라고는 볼 수 없으나 그렇다고 해서 그들이 그들의 의식이 형성된 시대의 정치체제를 선호하고 있던 것은 결코 아니었다. 한국은 국민들이 과거의 정치제도에 대해서는 정당하다고 생각하고 있지 않은 상황에서 민주주의 제도를 갖게 된 것이다.

해방 이후 3년 동안 한국의 정치 지도자들과 청년학생들을 포함하는 지식인들 간에는 체제의 선택을 둘러싼 상호간 적대적인 대립이 있었다. 이승만 박사를 비롯한 독립운동 세력과 김성수, 송진우 등의 세력은 구미식 민주주의 체제의 수립을 원했고 박헌영 등의 공산주의 세력은 소련식 공산주의체제의 수립을 원했다. 청년학생들과 지식인들도 비슷하게 두 세력으로 나뉘어져 있었다. 또한 이 대립은 각각 그 뒤에 미국과 소련이라는 두 강대국이 있었기 때문에 더욱 극한적이었다. 미국과 소련은 남북한에서 각각 조선왕조체제의 수립과 유지에 명나라나 청나라가 한 역할과 비슷한 역할을 담당하였다고도 볼 수 있다. 그러나 우리들은 해방 이후 정치 지도자들과 지식인들의 극한적인 이데올로기 대립을 미 · 소 간의 대립 탓으로만 돌릴 수는 없다. 이러한 극한적 이데올로기 대립의 선례를 형태적으로는 조선시대의 붕당과 사림들의 대립에서도 찾아볼 수 있기 때문이다. 결국 이 대립은 남한에서의 민주주의체제 채택과 북한에서의 공산주의체제 수립으로 결말이 났고, 남한 정부는 공산주의를 불법화하고 민주주의 이념의 확산정책을 채택하였다. 조선왕조가 출범과 동시에 억불숭유정책을 채택했다면 대한민국 정부는 출범 이래 억공숭민정책(抑共崇民政策)을 채택하였다. 이러한 정책 속에서 유교문화에 젖어 있고 정치권력에 대해서는 신민적인 태도를 가지고 있던 한국 국민들도 민주주의체제를 우리가 유지해야만 되는 정통체제로 신봉하게 되었다.

사족이지만 이와는 반대로 북한은 억민숭공정책(抑民崇共政策)을 채택하였고 이러한 정책 속에서 북한 사람들은 전체주의적 독재체제인 공산주의체제만을 정통체제로 믿게 되었거나 그렇게 믿도록 강요받고 있다. 이러한 상황 속에서 남북한 간의 이념적, 체제적 대립은 남북한 간의 교류와 화해협력 노력에도 불구하고 오늘날까지 지속되고 있다.

민주주의는 국민들의 자유선거에 따른 그들의 대표자와 최고 통치자의 선출, 복수 정당, 언론·출판·결사의 자유, 삼권분립, 법의 지배 등 여러 요소를 포함하고 있다. 국민들은 이 중 첫 번째 요소인 통치자를 그들 스스로 뽑는지 뽑지 않는지는 비교적 명확하게 판단할 수 있다. 복수 정당제의 확립, 법의 지배, 삼권분립, 언론·출판·결사의 자유는 정도의 문제이나 통치자의 국민에 의한 선출은 가부(可否)의 문제이기 때문이다. 반민주주의체제를 채택했던 제4공화국과 5공화국은 복수 정당제, 법의 지배, 삼권분립의 외양을 갖추고 최소한의 매우 제한적인 언론·출판·결사의 자유를 허용하고 민주주의의 이와 같은 요소들을 갖추고 있다고 강변할 수 있었다. 그러나 제4, 5공화국 정부는 그들의 대통령 선거제도를 민주적인 선거제도라고 강변하기는 어려웠다. 제4공화국의 박정희 대통령은 제4공화국 대통령 선거제도가 민주적인 제도라고 주장하지 않았다. 대한민국 수립 이후 20여 년 동안 대통령 직선제에 익숙해 있던 한국 국민들에게 이 제도를 민주적인 제도라고 한다면 그것은 그야말로 국민들을 기만하고 우롱하는 일이 되었을 것이다. 그리하여 그는 자유민주주의체제가 한국에는 맞지 않는다고 선언하고 유신독재체제를 수립하였다. 제5공화국의 대통령 선출제도도 제4공화국 제도와 원칙적으로 같은 제도이나 제5공화국 정부는 이를 미국식을 모방한 민주적인 제도라고 거짓말을 하였다. 그러나 국민 대다수는 이 제도가 독재제도라는 것을 명확하게 이해하고 있었고 이 제도가 정통성이 없다고 믿었다.

한국 국민들이 이러한 태도를 갖게 된 배경에는 이승만 박사의 포퓰리즘(populism)과 미국이 있다. 이 박사는 제1공화국 전반부까지는 한국 국민들의 압도적인 지지를 받고 있었기 때문에 대통령은 국민들이 직접 선출해야 한다고 강력하게 주장하였다. 그는 민주적인 절차로 당선될 수 있기 때문에 이 절차를 청년학생들과 국민들에게 광범위하게 확산시키는 공보정책과 교육정책을 채택하였다. 또 미국은 소련과 이데올로기적 대립상태에 있었기 때문에 한국에 민주주의체제가 외양만이라도 지속되기를 원했고, 미국의 정치 지도자들 중에는 한국의 독재화 경향을 진심으로 반대하는 사람들도 상당수 있었다. 미국은 한국 민주화의 압력세력으로 군사독재정권의 가혹한 억압이 무한정으로는 갈 수 없게 막는 역할을 하였다. 이뿐만 아니라 미국은 한국이 경제분야든 교육분야든 가장 빈번한 교류를 유지하고 있는 나라로 우리 국민들에게는 민주정치의 모델 역할도 하였다.

많은 연구자들이 제1공화국시대부터 한국 국민들은 민주정치의 운영에 적합한 태도를 가지고 있지 않다는 것을 지적하였다. 윤천주 교수는 1961년에 정치권력과 공직자들에 대한 우리 국민들의 예속적 복종행태를 지적하고 이러한 행태가 그들의 준봉투표(conformity voting)에 나타난다고 주장하였다.[54] 김종림, 이남영 교수는 제5공화국시대에 한국의 정치문화가 민주주의에 대한 일관성 있는 신념, 관용성, 경쟁규범을 결여하고 있다고 지적하였다.[55] 한배호・어수영 교수의 1984년 조사에서는 한국 국민들 중 30%가 묵종형, 40%가 수용형, 30%가 길항형(拮抗型)에 속하였다. 여기서 묵종형은 전통적인 태도와 정치적 권위주의를 지지하는 태도를, 수용형은 권위주의에 대해 애매모호한 태도를 가지고 상황에 따라 적당히 행동하고 상황을 불가피한 것으로 받아들이려는 태도를, 길항형은 근대적인 태도와 민주주의를 지지하는 태도를 각각 나타낸다.[56] 박동서, 김광웅 교수는 1986년의 조사결과에 기반해 "이 사회적 모순의 덩어리를 조형한 데 대한 책임은 권위주의의 화신이 된 독재자에게 돌릴 수도 있지만 우매함이 죄일 수만도 없는 대중에게도 있다"고 지적하면서 엘리트층은 경쟁, 토의, 타협, 비판 등과 같은 절차적 원리를 수긍하나 일반대중은 엘리트층보다 이에 관해 약한 인식을 가지고 있다고 지적하였다.[57]

그러나 한국 국민들의 비민주적인, 혹은 충분히 민주적이지 못한 태도가 국민에 의한 최고 통치자 선출제도를 비롯한 민주주의 정치체제에 대해서도 의심을 갖게 만들었다고 보아서는 안 될 것이다. 다시 말해, 한국 국민들의 비민주적, 혹은 신민적 태도와 민주정치체제만이 정통성이 있는 체제라는 태도는 두 개의 별개의 차원의 태도로 보아야 한다. 박・김 두 교수의 조사에서는 민주적인 태도를 결여하고 있는 일반대중이나 엘리트나 모두 95%에 가까운 응답자들이 제5공화국체제가 정착된 민주주의체제가 아니라는 반응을 보이고 있고 그 책임을 국민들의 자치능력 부족보다는 정치 지도자들의 비민주적 행동에 더 많이 돌리고 있다.[58] 한국 유교의 교조적 성격에 뿌리를 두고 있는 한국 국민들의 관

---

54) 윤천주, 앞의 책 참조.

55) 김종림・이남영, "산업국가에 있어서의 신념체계와 정치현실 — 한국 민주주의의 발전가능성에 대한 소고", 『한국정치학회보』, 제20집 2호(1986), pp.69-93.

56) 한배호・어수영, 앞의 책, pp.246-248.

57) 박동서・김광웅, 앞의 책 참조.

용성 결여와 비타협적 태도도 민주정치의 운영에는 방해가 될 수 있지만 군사독재시대에는 오히려 민주정치체제만이 정통성이 있다는 국민들의 태도를 강화시켜 준 태도로 해석할 수 있다.

한국의 체제문화는 우리 국민들이 그들의 태도가 유교적이든 민주적이든 간에 구미식의 민주정치체제를 정통성이 있는 체제로 믿어 왔다는 의미에서의 민주적 문화라고 말할 수 있다. 한국의 정치체제는 이러한 민주적 문화에 위배될 때에는 조선시대에 왕조의 공신과 훈구세력이 사림세력의 목숨을 내건 저항에 직면했던 바와 마찬가지로 현대 한국의 사림세력이라고 볼 수 있는 청년학생들과 일부 지식인들의 목숨을 내건 저항운동에 직면하였다. 제1공화국시대의 4·19, 유신반대운동, 제5공화국시대의 민주화 운동이 그 대표적인 예이다. 그리고 이러한 저항운동은 당시의 체제를 각각 정서적으로나 평가적으로나 부정하고 있던 상당수 국민들의 정치적 소외감을 배경으로 한 것이었다. 그런데 이러한 저항운동은 제5공화국시대에는 급진적인 특성을 나타내기 시작했다. 저항운동의 노선이 제4공화국시대까지의 자유민주주의체제 수립에서 이 체제를 부인하고 반미주의의 특성을 가지고 있는 민중민주주의(PD) 노선이나 민족해방(NL) 노선으로 바뀐 것이다. 일반 국민들은 학생운동의 이와 같은 급진화를 지지하지 않았지만 그들의 운동이 반군사독재 운동이고 동기가 순수하다는 점에서 이를 관대하게 수용하는 태도를 견지하였다. 한국의 대학생들은 제1공화국시대에는 세계 최초로 정권을 무너뜨렸고, 제4, 5공화국 15년간에는 대학 캠퍼스와 거리에서 거의 매일 반정부 시위를 벌였고, 제5공화국시대에는 분신자살과 투신자살로 군사독재정권에 항거하였다. 이러한 저항운동 속에서 민주주의체제 문화가 한국에 정착되기 시작했다고 볼 수 있다. 한국 국민들의 정치적 태도조사 결과도 그들 중 압도적 다수가 군사독재의 재발에 반대하고 민주주의를 선호하고 있다는 것을 나타내고 있다.[59]

그러나 여기서 우리는 제2공화국시대에 국민들 중 일부는 소수지만 한국에 선의의 독재가 필요하다는 태도를 가지고 있었고 이와 같이 체제의 업적을 중요시하는 태도는 아

---

58) 위의 책, pp.111-114와 pp.146-152.

59) 신도철 교수의 1997년 조사에 따르면 응답자의 85%가 군사통치의 재발에 반대하고 있고, 1996년 조사에 의하면 민주화를 강력하게 지지한다는 응답자가 56%, 어느 정도 지지한다는 응답자는 28%, 지지도 반대도 안 한다는 응답자가 13%, 반대한다는 응답자는 3%였다. Doh C. Shin, 앞의 책, p.71과 p.254 참조.

직도 지속되고 있다는 점을 지적하고 싶다. 우선 우리 국민들은 민주적 정치제도를 가졌던 제1공화국시대에 이 체제의 경제적 업적에 크게 실망하였고, 제2공화국의 의원내각제 민주주의에 대해서도 그것이 초래한 정치적 혼란과 사회적 무질서 때문에 "(제1공화국의) 구관이 명관"이라는 말까지 나올 정도로 실망하였다. 박정희 장군의 무혈 쿠데타는 민주정치제도의 업적에 대한 국민들의 실망이라는 사회적 분위기를 배경으로 일어난 것이었다. 그리하여 당시 윤보선 대통령도 쿠데타에 대해 처음에는 "올 것이 왔다"고 평가하였다. 이러한 점에 있어 박 장군의 쿠데타는 민주화를 고대하는 사회적 분위기 속에서 이를 억압하고 일어난 전두환, 노태우 장군의 유혈 쿠데타와는 달랐다.

한국 국민들이 민주주의체제를 지지하면서도 그 체제의 업적을 중요시하는 태도는 오늘날에도 지속되고 있다. 신도철 교수가 1997년에 실시한 우리 국민들의 정치적 태도조사에 따르면 응답자 중 53%가 경제발전이 민주화보다 더 중요하다고 하였고, 38%는 둘 다 중요하다고 하였고, 오직 9%만이 민주화가 경제발전보다 더 중요하다고 하였다. 이러한 결과는 한국이 IMF 사태를 맞이해서 나온 예외적인 결과가 아니다. 신 교수의 1993년 조사에서도 응답자의 49%가 경제발전이 더 중요하다고 하였고, 25%는 둘 다 중요하다고 하였고, 25%만이 민주화가 더 중요하다고 하였다. 또 신 교수의 1997년 조사에 따르면 응답자의 66%가 박정희와 같은 독재자가 국가적 문제를 해결하는 데 민주적 정부보다 더 효과적이라고 답변하고 있다.[60]

신 교수의 조사결과는 이를 우리 국민들의 반독재적 태도와 결부시켜 생각하면 다음과 같이 결론을 내릴 수 있다. 즉 우리 국민들은 경제적 업적이 있는 독재도 반대하지만 이러한 업적이 없는 민주주의에 대해서도 불만스럽게 생각하고 있는 것이다. 한국 국민들이 나타내는 후자의 태도가 신 교수로 하여금 한국 민주주의의 장래에 대해 불안감을 갖게 하는 요인이다. 그러나 한국이 민주정치제도를 포기하고 독재로 회귀한다면 그에 대한 저항은 과거보다 더 거세질 것이라는 것도 분명하다. 이러한 예상이 민주주의체제의 유지와 정착에 공헌하는 요인이나 한국이 민주주의체제를 유지하고 정착시키려면 군사독재시대에 비해 결코 떨어지지 않는 업적을 내야 할 것이다. 경제공황이 일어난 1930년대에 영미는 민주주의체제를 유지했으나 독일과 이탈리아 등은 이러한 체제를 유지하지 못하고 파시즘체제를 채택하게 된 배경을 정치문화론자들은 영미와 독·이의 국민들의 정

60) Doh C. Shin, 앞의 책, pp.252-256 참조.

치적 태도의 차이에서 찾고 있는데, 우리 국민들의 정치적 태도는 영미보다는 독·이에 가깝다고 볼 수 있다.

조선시대의 효 문화와 가족주의는 앞서 지적한 바와 같이 현대 한국정치에서는 정치지도자와 가신이라는 준가족 집단과 혈연, 학연, 지연을 중시하는 연고문화로 나타나고 있다. 정치 지도자와 측근들의 준가족화 현상과 연고주의는 그것이 극단화되면 조선왕조시대의 가족주의가 세도정치를 야기시켜 왕조의 기반을 잠식하는 결과를 초래한 것과 마찬가지로 현대 한국의 정치적 기반을 잠식할 수도 있다. 일부 평자들은 이러한 부작용에 유의하여 이와 같은 현상을 망국병이라고까지 혹평하고 있다. 정치지도세력의 준가족화 현상은 민주정치의 하부구조(infra-structure)인 정당의 발전을 저해하고 있고, 연고주의, 그 중에서도 지역주의는 한국정치를 정책대결이 아니라 지역민들에게 영합하는 적나라한 권력투쟁으로 전락시키고 있다. 지역주의는 우리 국민들이 나라 전체보다는 지역과 자기 자신들을 더욱 일체화시키는 경향도 나타내고 있다. 그러나 이와 같은 현상이 나타난 역사적 배경을 고려하면 이 현상이 가까운 시일 내에 없어지지는 않을 것이다.

정치지도자와 측근들의 관계는 어느 나라에서나 준가족적인 특성을 나타내기 쉬우나 이러한 특성이 우리나라의 경우에는 한 세대에 걸친 군사독재라는 역사적 상황 때문에 더욱 강화되었다. 군사독재에 대한 민주화 투쟁에는 이 투쟁의 지도자에게 절대적인 충성과 의리가 있는 측근들이 필요하였고 이러한 지도자와 측근들이 준가족적 집단을 형성하게 된 것이다. 이 집단에서의 지도자와 측근들의 관계는 "세 번 간하여 듣지 않으면 떠나는" 군신관계가 아니라 "세 번 간하여 듣지 않으면 울면서 따르는" 부자관계, 즉 가족관계에 유사한 것이다. 우리 국민들도 자기가 속해 있는 정치지도자나 집단을 떠나는 사람보다는 그 지도자나 집단이 설사 잘못된 일을 하더라도 그대로 머물러 있는 사람을 의리 있는 사람으로 높이 평가하는 태도를 가지고 있다.

혈연, 학연, 지연도 어느 나라에나 있고 또 사람이 사는 데 있어 중요한 관계이다. 우리 문화는 유교문화뿐만 아니라 불교문화도 이러한 관계를 중요하게 본다. 우리나라 국민들도 이러한 연고를 중요시하는 사람을 이를 무시하는 사람보다 더 인간적인 사람으로 평가하는 태도를 가지고 있다. 그러나 한국과 선진 민주국가들과 다른 점은 우리나라에서는 이러한 관계가 사적인 영역에 국한되지 않고 정치적 영역에서도 압도적인 영향력을 발휘하고 있다는 데 있다. 한국이 대통령 직선제를 다시 채택한 1987년 이래의 대통령선거의 결과는 모두 후보가 어떠한 지역연합을 만들어내는 데 성공했는가에 따라서 결정되었다. 노태우 대통령은 민주화 세력의 분열로 경남과 호남표를 분산시켜 당선되었고, 김영삼 대통령은 반호남 연합을 만들어내는 데 성공하였고, 김대중 대통령은 호남과 충청연합에 성공하였고, 노무현 대통령 역시 호남과 충청연합에 성공하고 그 자신이 영남 출신이기 때문에 영남표를 소수이긴 하나 호남 후보가 나온 경우보다는 많이 받아 당선되었다.

한국은 근대적인 선거제도를 받아들였으나 이 제도는 역설적으로 한국 국민들의 전통적인 연고관계를 강화시키는 역할을 하였다. 연고관계는 한국이 선거제도를 채택한 이래 오늘에 이르기까지 후보들이 그들의 선거운동에서 동원할 수 있는 가장 유력한 자원이다. 그러나 영호남 표가 서로 대립되는 두 세력으로 분열되는 현상은 1971년 대통령선거에서 박정희 후보와 김대중 후보가 대결한 이후부터이다. 그 이전의 선거에서는 이러한 대립은 없었다. 영남 출신인 박정희 대통령은 1963년의 대통령선거에서 윤보선 후보보다 호남에서 더 많은 표를 받았다. 지역주의 투표경향은 1971년부터 나타나기 시작하여 오늘날에는 이를 지역주의 선거문화라고 불러도 괜찮을 정도로 정착되었다. 이러한 지역주의가, 특히 호남지역에 대한 정치적 홀대가 이 지역에 있던 후백제가 왕건에게 끝까지 항거한 데 대한 보복으로 고려시대부터 시작되었다고 하나, 현대 한국에서 중요한 정치적 독립변수로 작용을 하기 시작한 것은 1971년 이후이다.

우리 국민들의 지역주의적 태도는 여러 가지 정치적 부작용을 자아내고 있지만 오랫동안의 민주화 투쟁에도 공헌했고 어느 의미에서는 그 이후의 민주정치체제의 유지에도 공헌하고 있다. 민주화 투쟁이 성공하기 위해서는 이를 지지하는 세력이 있어야 하는데 이 투쟁의 두 지도자들이었던 김영삼, 김대중 두 대통령의 출신지역 사람들이 청년학생들과 더불어 가장 강력한 민주화 지지세력이었다. 주지하다시피, 한국 민주화의 밑거름이 된 부마사태나 5・18이 모두 이 두 지도자의 출신지역에서 일어났다. 또 한국정치가 뒷걸음질을 치지 못하게 막는 데에도 지역주의는 역할을 하였다. 전두환 대통령이 1987년에 친위 쿠테타의 길을 택하지 못하고 대통령 직선제를 수용한 이유 중의 하나도 그 경우 일어날 수 있는 호남과 경남 지역의 물리적 반발에 대한 두려움 때문이었다. 앞으로도 어느 대통령이든 민주주의체제를 유린하려고 한다면 이에 대한 강력한 물리적 반발이 그를 지지하지 않은 지역으로부터 나올 것이기 때문에 그러한 비민주적인 일은 하기 어려울 것이다.

한국인들이 연고를 중요하게 생각한다고 해서 집단주의(collectivism)가 현재 강한 것은 아니다. 호프스테더(G. Hofstede)는 1970년대에 40개국의 IBM 직원들을 대상으로 태도조사를 하였는데, 한국인들은 홍콩, 대만 사람들과 같이 개인보다 그가 속한 집단을 중요하게 생각하는 강한 집단주의를 나타냈다. 당시 한국인들은 역시 홍콩, 대만 사람들과 같이 약한 개인주의 성향을 나타냈는데, 개인주의 점수는 18점으로 미국의 개인주의 점수 91점보다 훨씬 낮았다.[61)]

그런데, 김정오 교수가 이 문제에 관한 최근의 여러 연구결과들을 소개한 것을 보면 오늘날에는 한국인들은 미국인들과 집단주의와 개인주의에서 커다란 차이를 나타내고 있지 않다. 다시 말해, 한국인들은 1970년대에 비해 훨씬 덜 집단주의적이고, 훨씬 더 개인주의적으로 그 정체성이 변했다. 한국인들의 이와 같은 개인주의적인 성향은 홍콩과 대만 사람들의 성향과는 대조적인 것으로 그들은 아직도 미국인들보다 집단주의적 성향이 강하다.

구미의 경우를 보면 집단주의가 강하면 연고주의가 강하고 개인주의가 강하면 연고주의가 약하다. 그러나 우리나라에서는 집단주의의 약화와 개인주의의 강화가 연고주의의 약화로 나타나고 있지 않다. 이러한 현상은 한국의 개인주의가 구미와는 다른 특성을 가지고 있기 때문인지도 모르겠다. 김정오 교수는 한국인들의 개인주의가 이기주의, 강한 자존심, 강한 권리 요구와 약한 의무감, 집단 내에서의 형평보다 평등, 외집단 구성원들에 대한 거리감이나 적대감, 서로 밀접하지 않은 관계 등의 특성을 가지고 있다고 본다. 또한 그는 한국인들이 집단을, 일본인들과는 달리, 이용하여 개인적 이득을 취하는 수단으로 보고 있다고 지적하였다.[62)] 한국인들의 경우 강한 개인주의가 약한 연고주의와 결합되지 않고 강한 연고주의와 계속 결합되고 있는 것은 한국인들의 개인주의가 이와 같은 특성을 가지고 있기 때문은 아닐까 생각해 볼 수 있다.

우리는 이제 현대 한국의 과정문화에 대해 살펴볼 차례이다. 여기서는 한국 국민들의 태도가 향리형인가, 신민형인가, 참여형인가의 문제와 다른 사람들에 대해서는 어떠한 태

61) 게에르트 호프스테더 저, 차재호・나은영 역, 『세계의 문화와 조직』(서울: 학지사, 1995), pp. 81-120 참조.

62) 김정오, "한국인의 정체성: 변화인가 위기인가?" 2005년 11월 3일 서울대학교 사회과학연구원 발표.

도를 가지고 있는가가 문제가 된다. 이미 소개했지만 정치문화 연구자들은 거의 모두가 그들의 조사에서 현대 한국의 정치문화가 신민형적 요소가 강한 권위주의 문화라는 데 동의하고 있고 이 문화에서 한국에 민주주의제도가 잘 작동하지 않는 이유를 찾고 있다. 한국은 민주주의 제도를 채택했으나 이 제도에 맞는 문화가 결여되서 민주주의가 왜곡 운영되거나 군부독재체제를 갖게 되었다는 것이다. 이러한 주장은 타당하지 못한 점도 있고 타당한 점도 있다. 한국의 통치자들이 위로부터 민주주의를 잘 운영을 했더라면 일반 국민들은 이에 잘 따라갔을 것이라는 점에서 이 주장은 타당하지 못하다. 그러나 다른 한편 그들이 위로부터 민주주의를 왜곡하고 유린한다 해도 이를 바로잡을 힘이 일반 국민들에게 있었다면 이러한 왜곡과 유린은 불가능했을 것이라는 점에서는 타당하다.

한국의 통치자들이 민주주의를 위로부터 잘 운영했더라면 일반 국민들은 이에 잘 따라갔을 것이라고 보는 것은 우리 국민들의 정치적 관심도, 정치적 참여도, 정치적 자신감(political efficacy)이 제1공화국시대부터 위로부터의 민주정치 운영을 따라가지 못할 정도로 낮지 않았다는 데 있다. 우리 국민들의 정치적 관심도, 참여도, 자신감은 선진 민주주의국가의 국민들과 비교하면 낮지만 한국의 사회경제적 발전단계와 민주주의 도입의 역사를 고려하면 낮다고만은 볼 수 없는, 특히 정치적 관심도는 상당히 높다고 볼 수 있는 특성을 나타내고 있다.

윤천주 교수가 1960년 7・29 국회의원선거 직전에 실시한 상주읍민의 정치적 태도에 대한 조사결과(표본수: 404)는 무엇보다도 우리 국민들이 아주 높은 정치적 관심도를 가지고 있다는 것을 나타낸다. 평소에 정치에 관한 얘기를 "자주 한다", "간혹 한다", "큰 사건이 있을 때만 한다", "전혀 하지 않는다"의 응답률은 각각 19.6%, 33.1%, 18.1%, 29.2%였다. 윤 교수는 이를 베를슨(B. Berelson)이 1956년에 실시한 같은 질문에 대한 미국 국민들의 응답결과인 20%, 25%, 25%, 30%와 비교하고 상주읍민들이 미국 국민들보다 더 많은 정치얘기를 한다는 결과에 대해 놀라고 있다. 둘째로 정치참여도 역시 낮지는 않았다. 당시 선거의 투표참여율은 경북의 경우 84.1%였다. 선거유세는 이를 들은 사람들이 80.1%(1회 들은 사람 19.4%, 2회 17.9%, 3회 62.7%), 듣지 않은 사람들이 19.9%였다. 그러나 "당신은 자기의 일처럼 정치나 공공 일에(이를테면 선거운동이든지 단체적으로 진정서를 작성하여 관청에 제출하든지 성토대회를 연다든지 등등의 일) 관여해 본 적이 있습니까?"라는 질문에 대해서는 "있다", "없다", "모르겠다"의 응답률이 각각 10.9%, 85.4%, 3.7%였다. 윤 교수는 이 결과에 대해 정치활동 경험자가 불과 10.9% 밖에 되지 않고 무경험자가 85.4%가 된다고 약간 실망하고 있다. 셋째로 정치적 자신감을 측정하는 질문은 없는데, 이에 근접하는 질문인 "당신은 이번에 선출되는 국회의원에게 무엇을 부탁하고 싶습니까?"라는 질문에 대해서는 "부탁하겠다", "부탁하여도 소용이 없다", "부탁 없다", 모르겠다", 무응답의 응답률이 각각 75.7%, 1.4%, 5.9%, 3.4%, 13.6%였다.

상주읍민의 정치적 태도가 우리 국민 전체의 태도를 나타낸다고 볼 수는 없다. 그러나 당시 상주읍은 도시도 아니고 완전 농촌도 아닌 그 중간 형태의 지역으로 우리나라의 평균을 나타내는 지역이었다. 상주읍의 인구는 5만에 가까웠고 농업에 종사하는 가구 수는 75.5%였고 농림 · 어업 인구는 66%였다. 교육수준은 총인구 중 불취학자가 80%인 4만명에 가까웠고 대학 재학자와 졸업자는 500명, 고재 · 졸자가 1,100명, 중재 · 졸자가 1,600명, 초졸이 5,300명 정도였다. 경상북도 전체 12세 이상 도민들의 한글 해득자 비율은 75.8%였다. 상주읍의 이와 같은 특성을 고려할 때 이곳 사람들의 정치적 태도가 우리나라 국민 일부의 특수한 태도는 아니라고 볼 수 있다. 그러나 상주읍민의 태도는 시대적으로는 특수한 시대의 정서를 반영하는 것 같다. 즉 윤 교수가 조사를 실시할 당시는 4 · 19 직후로 아주 자유롭고 우리 국민들이 정치에 대해 새로운 희망을 가지고 있던 — 그후 곧 이러한 희망은 실망으로 바뀌었지만 — 시대였다. 이러한 낙관적인 기대가 상주읍민의 정치적 태도와 행동에도 반영되어 있다.[63]

제3공화국시대 말의 두 조사도 그 10년 전의 윤 교수의 결과와 비슷한 방향의 결과를 나타내고 있다. 이홍구 교수는 1970년에 서울의 청계천과 영등포 지역의 빈민들의 정치적 태도를 조사(표본수: 420)하였다. 응답자 중 57%가 무직자고, 30%가 영세상인이었고, 46%가 초졸 내지는 중퇴였고 25%는 전혀 학교를 다녀본 적이 없었다. 첫째로 이러한 빈민층의 정치적 관심도는 높았다. 당시 KAL기 납북사건, 국회의원 선거일, 미군의 한반도 철수계획을 알고 있는 응답자의 비율은 각각 82%, 76%, 60%였다. 당시 장관의 이름을 정확하게 6명 알고 있는 응답자 수와 2~5명 알고 있는 응답자 수는 각각 30%와 35%였다. 알몬드와 버바의 1950년대 말의 조사에서 자국 정부 부처의 이름을 네 부처 이상 알고 있는 응답자의 비율은 미국과 영국이 34%, 독일이 40%, 이탈리아가 23%, 멕

63) 윤천주, 앞의 책, pp.180-269 참조.

시코가 21%였다.[64] 둘째로 투표 이외의 정치적 참여도는 이러한 관심도에 비하면 낮았다. 지역사회 일에 참여하는 방식으로 정당에 가입하겠다고 응답한 사람은 1%, 단체나 조직에 참가하겠다고 한 사람은 11%였다. 셋째로 그들의 정치적 자신감을 직접 묻는 질문은 없었다. 다만 정부 관리의 처사에 불만을 느끼거나 정부가 그들에게 불공평한 법령을 제정하려고 할 때 어떻게 하겠느냐에 대해선 30% 정도가 항의하겠다고 응답하고 나머지는 수동적이거나 체념적인 태도를 나타냈다.[65]

김세진 박사는 1971년에 엔지니어와 사무원들을 포함하는 노동자들의 정치적 태도를 전국적으로 조사(표본수: 9,171)하였다. 응답자들은 14%가 대학 교육을, 37%가 고등학교 교육을 받은 빈민들보다 훨씬 높은 교육수준을 가진 사람들이었다. 첫째로 노동자들의 정치적 관심도를 알아보기 위한 질문으로는 그들이 이웃과 하는 이야기 중 정치적 문제에 관한 것이 몇 퍼센트나 되는냐는 것이 있었다. 이에 대해 응답자의 69%가 20%, 혹은 그 이상이라고 응답하였다. 둘째로 그들의 정치참여도를 직접적으로 묻는 질문은 없었다. 그러나 그들 중 66%가 노조의 정치활동에 찬성했고 20%만이 이에 반대했다. 그리고 1971년의 국회의원선거에서는 그들 중 46%가 야당인 신민당을 지지하였고 이보다 훨씬 작은 30%가 여당인 민주공화당을 지지하였다. 셋째로 정치적 자신감을 묻는 질문으로는 선거를 통해 노동자의 복리를 증진시킬 수 있겠느냐는 것이 있었다. 이에 대해 응답자의 64%가 절대적으로 가능하거나 어느 정도 가능하다고 답하였고, 32%는 절대적으로 불가능하거나 거의 불가능할 것이라고 답하였다. 알몬드・버바의 조사에서는 미국은 전체 국민의 44%가, 영국은 53%가 선거를 통해 그들의 복리를 증진시킬 수 있다는 응답을 보였다. 한국 노동자들의 이와 같이 높은 정치적 자신감은 정치에 대한 현실적 이해보다는 교과서적 이해에서 나온 것인지 모르겠다.[66]

다시 요약하면, 우리 국민들은 민주주의 도입기(1948~1972)에 상당히 높은 정치적 관심도를 가졌다. 그러나 정치참여는 투표참여와 선거유세를 듣는 정도에 멈추고 있었다. 선거운동, 정치헌금, 결사가입, 정당가입 등의 정치참여는 아주 약했다.[67]

---

64) Gabriel Almond & Sidney Verba(1963), 앞의 책, p.96.

65) Lee Hong-Koo, "Political Culture and Political Development in Korea: An Aspect of the Political Behavior of Low-Income Groups in Seoul," *Korea Journal*, Jan. 1978, pp.16-29.

66) Kim Se-Jin, "Attitudinal Orientations of Korean Workers," *Korea Journal*, Sep. 1972, pp.18-30.

67) 이영호 교수의 1965년 조사에 의하면 투표 참가 91.2%, 남들과 정치얘기 17.4%, 선거운동을 관심

정치적 자신감은 정확하게 정리할 수 없으나 어느 정도는 있었다고 볼 수 있다. 한국 정치문화의 이와 같은 프로필은 그후의 사회경제적 발전과 정치적 변화 속에서 정도의 차이는 있지만 기본적으로는 그대로 지속되고 있다.

민주주의 제도를 버리고 독재제도를 채택했던 시기(1972~1987)에도 우리 국민들은 높은 정치적 관심도를 가졌다. 한배호・어수영 교수의 조사(표본수: 1,551)에 의하면 TV와 신문에서 정치 뉴스와 기사를 본다는 응답자는 각각 89%와 72%였다. 다른 사람과 정담을 나눈다는 응답자는 52%였다. 말을 잘못하면 잡혀가는 시대였지만 사적 수준에서의 정치적 논의는 끊이지 않았다. 정치적 참여는 그 전시대와 마찬가지로 투표와 선거유세 참가가 주된 참여방법이었다. 응답자 중 91%가 1980년 국회의원선거에 투표했고 46%가 선거유세모임에 참가한 적이 있었다. 개인 후보나 정당의 선거유세에 협조한 적이 있는 응답자 비율은 10%였다. 그러나 이 시기에는 진정이나 항의활동이 약간 활발했던 것 같다. 지역이나 나라 문제로 관계당국이나 언론기관을 접촉한 적이 있는 응답자의 비율은 16%였고, 관계당국에 여러 사람과 함께 항의한 적이 있는 응답자는 10%였다.[68] 정치적 자신감은 소극적 의미에서는 있었지만 적극적 의미에서는 약했다. 박동서・김광웅 교수는 응답자들에게 "내가 투표를 하건 안 하건 결과에는 큰 차이가 없을 것이다"라는 질문을 던졌는데, 이에 대해 "매우 찬성"과 "약간 찬성"이 14%인 데 반해 "약간 반대"와 "매우 반대"는 26%와 41%로 총 67%였다. 우리 국민들은 투표가 독재정치로 인해 제한된 의미밖에 갖지 못했지만 그러한 투표도 정치적 영향력이 없는 것은 아니라는 인식을 가지고 있었다.[69] 그러나 그들의 의견이 정책에 어느 정도 반영될 수 있다고 생각하느냐의 질문에 대해서는 "매우 많이 반영된다", "반영되는 편이다", "반영되지 않는 편이다", "전혀 반영되지 않는 편이다"의 응답률이 각각 1.5%, 16.7%, 55.9%, 24.3%였다.[70]

갖고 지켜봄 16.6%, 지방의 공적 정책에 영향을 미치려고 시도 10.5%, 정당 가입 4.4%, 선거운동 4.0%, 국가의 정책결정에 영향을 미치려고 시도 2.50%, 정치헌금 0.5%였다. 이영호, "한국의 사회변화와 정치참여", 『한국사회의 전통과 변천』(고려대 아세아문제연구소), 1973, p.62.

68) 한배호・어수영, 앞의 책, p.152.

69) 박동서・김광웅, 앞의 책, p.101.

70) 이 결과는 필자가 민주주의 제도를 다시 도입한 직후인 1988년에 실시한 조사에 따른 것이다. 이정복, 『한국정치의 이해』(서울대학교출판부, 1995), p.264.

신도철 교수의 조사는 민주주의 제도를 재도입한 1987년 이후 최근에 이르기까지의 우리 국민들의 정치적 태도를 잘 밝혀주고 있다. 이 조사에 따르면 응답자들의 77%가 TV에서 정치 뉴스를 자주 보고 있고, 52%가 다른 사람과 정치적 논의를 하고 있다. 정치적 참여는 투표 94%, 선거운동 10%, 정치헌금 3%, 정치모임 참가 18%, 정치단체 참가 1%, 공동사회 활동 참여 12%, 정부관리 접촉 2%, 진정서 14%, 데모 9%, 파업참여 3%로 나타났다. 즉 최근에도 투표 참여가 우리 국민들의 가장 주된 정치적 참여이다. 선거운동, 정치헌금, 정치모임 참가, 정치단체 참가는 아직도 높지 않다. 항의활동은 계속 비교적 활발하다. 정치적 자신감은 여전히 낮다. 정책과 인사에 영향을 미칠 수 있다고 답변한 응답자 비율은 45%였고 그 중에 9%만이 강하게 영향을 미칠 수 있다고 답하였다. 신 교수는 한국 국민들의 정치적 자신감은 그 기반이 좁을 뿐만 아니라 그 깊이도 낮다고 해석하고 있다.[71] 세종연구소의 1997년 말 조사에서는 한국에서는 대다수의 의지와 상관없이 소수가 정치를 좌지우지한다는 질문에 대한 응답률이 "전적으로 찬성" 31.5%, "대체로 찬성" 48.9%, "대체로 반대" 12.7%, "전적으로 반대" 6.9%였다.[72] 민주화가 되었지만 압도적인 다수인 80%가 소수가 한국정치를 좌지우지한다고 보고 있는 것이다.

우리나라 사람들은 높은 정치적 관심도, 낮은 정치참여도, 높지 않은 정치적 자신감을 오래 전부터 가지고 있었고 이것은 민주주의의 최소한의 필요조건을 충족시키는 것이었다고 평가할 수 있다. 그러나 이미 언급한 바와 같이 정치문화 연구자들은 우리 국민들이 위로부터의 권위와 권력에 약하고 이에 순응하는 태도를 가지고 있고 이러한 태도는 조선시대의 유교 문화에 연원하고 있다고 주장하고 있다. 그리고 우리 국민들의 이러한 태도가 국민들이 국회를 무시하고 독주하던 이승만 대통령을 1950년대 중반까지는 압도적으로 지지하고, 박정희 장군의 군사 쿠데타는 "올 것이 왔다"는 자세로 받아들이고, 유신 쿠데타에 강한 항의 자세를 보이지 못하고, 전두환・노태우 장군의 쿠데타와 공포정치에 밀린 배경이 되었다는 정치문화 연구자들의 주장에는 일리가 있다. 그렇다면, 우리 국민들의 이와 같은 권위순종적 태도는 어떠한 특성과 변화를 보이고 있는가?

윤 교수의 조사는 민주주의 도입기 우리 국민의 권위, 권력, 압력 등에 순응적인 태도

71) Doh C. Shin, 앞의 책, pp.98-107 참조.

72) 한배호, 앞의 책, p.69 참조.

를 잘 나타내고 있다. 선거 때나 평소에 정치얘기를 할 때 어떠한 태도를 취하느냐는 질문에 대해 "의견이 있어도 듣기만 한다"는 응답자와 "듣는 수가 많고 자기가 말하는 수는 매우 드물다"는 응답자가 각각 23.8%와 34.7%로 58.5%를 차지했고 "상대방과 맞설 정도로 말을 주고받는다"는 응답자와 "상대방이 내 의견을 알 때까지 말한다"는 응답자는 16.8%와 10.4%로 27.2%를 차지했다. 또 3·4대 민의원선거 때 표가 한 후보에게 몰렸다고 응답한 41%의 사람들 중 70%가 그렇게 몰린 이유를 자유분위기 파괴·압력·강권이라고 답하였다. 윤 교수는 자기 자신의 개인적 판단이 아니라 이러한 분위기, 압력, 강권에 순응하는 투표를 준봉투표라고 불렀다.[73] 이러한 준봉투표의 경향은 농촌에서는 강하고 도시에서는 약하였고, 민주주의 도입기의 여촌야도 현상은 이 준봉투표의 결과였다.

윤 교수는 한국이 도시화가 진행됨에 따라 이러한 준봉투표의 경향과 여촌야도 현상은 사라지고 민주화가 될 것이라고 예측하였다. 그러나 여촌야도 현상은 독재정치시기에 1구 2인의 선거구제 채택으로 없어졌고 민주화 이후에는 지난 15년 동안 지역투표 현상이 자리를 잡았다. 한 지역민의 80~90%가 한 후보에게 표를 몰아주는 지역투표는 지역이라는 이해관계, 분위기, 권위에 순응하는 투표라는 점에서 준봉투표와 유사한 점이 있고 여기에는 우리 국민들의 권위순종적인 의식 비슷한 것이 깔려 있다고 해석할 수도 있다.

우리 국민들의 이와 같은 묵종성(默從性)은 한배호·어수영 교수의 독재정치시기인 1984년 조사와 민주화 시기인 1995년 조사에도 나타나 있다. 1984년 조사에서는 "윗사람이나 높은 지위에 있는 사람에게 복종하는 것이 마땅하다"라는 질문에 "전적 찬성"하거나 "약간 찬성"한 응답자의 비율이 각각 28.4%와 25.4%였는데 비해 "약간 반대"하거나 "전적 반대"한 응답자의 비율은 25.3%와 20.0%였다. 1995년 조사에서는 "전적 찬성"하거나 "약간 찬성"한 응답자의 비율이 13.8%와 26.4%였는데 비해 "약간 반대"하거나 "전적 반대"한 응답자의 비율은 34.3%와 25.2%였다. 권위에 대한 묵종성을 나타내는 응답자의 비율이 두 시기에 53.8%에서 40.2%로 감소하고 있는 것이다. 그러나 이러한 묵종성을 전적으로 반대하는 응답자의 비율은 1984년에는 20%, 1995년에는 25%로 아직도 소수만이 윗사람에게 복종하는 것에 강한 거부감을 나타내고 있다.[74]

73) 윤천주, 앞의 책, pp.221-222와 pp.249-250.

74) 한배호, 앞의 책, p.52.

최근 노무현 대통령의 당선과 동시에 한국정치의 주도세력의 한 부분으로 부상한 제5공화국시대의 학생운동세력인 386세대는 어떠한 태도를 가지고 있는지 확실히 알 수 없다. 이 세대는 1980년의 광주항쟁부터 1987년 6월 민주화 항쟁까지의 경험을 공유하고 있는 세대로 그 윗세대보다는 권위주의적 특성이 약할 것이라고 막연하게 추측해 볼 수도 있다. 그러나 한 연구는 그들의 학생운동시대의 조직은 권위주의적 위계조직이었고 이로부터 나오는 권위주의적 특성이 "의장님 문화", 운동권의 선후배관계, 남성중심적 운동문화 등에서 보는 바와 같이 아직도 강하게 남아 있다고 비판하고 있다.[75)]

이러한 묵종적 태도와 동전의 양면을 이루는 것은 윗사람들의 권위주의적 태도이다. 한국의 정치지도자와 관료들에게 이러한 태도는 여전히 강하게 남아 있다. 김영삼 대통령 시대를 문민독재 시대로, 김대중 시대를 위임민주주의 시대로 보는 비판은 그들의 통치 스타일에 나타난 권위주의적 특성을 지적하는 비판인 것이다.

윗사람의 권위주의적 태도와 아랫사람의 묵종적 태도는 혈연집단, 동창집단, 지역집단과 같은 그들이 속하는 같은 집단 내에서 특히 강하다. 한국 사람들은 자기와 다른 집단에 속하는 사람들에 대해서는 자기 윗사람이라도 묵종적인 태도가 약하다. 자기가 속하는 집단 내에서는 유교 윤리가 아직 통용되지만 타 집단 사람들에게는 이러한 윤리보다는 현대 사회의 이기적 경쟁이나 투쟁원칙이 적용된다.

민주주의는 국민들이 최소한도의 정치적 관심도, 참여도, 자신감을 가지고 있을 것을 요구하고 또 그들의 정치적 행동이 권위나 집단에 대한 묵종적 성향보다는 개인의 이성적 판단에 따라 이루어져야 한다는 가정을 가지고 있다. 이에 덧붙여 민주정치의 운영에 꼭 필요한 태도는 관용이다. 특히 서로 반대하는 세력이 관용할 수 있는 문화가 필요한 것이다. 조선왕조시대의 사색당쟁, 해방 직후의 좌우대결, 제1공화국시대의 반공문화, 제4·5공화국 독재정치시대의 정치적 탄압에서 보는 바와 같이, 또 사회적으로는 자기가 속한 집단사람이 아닌 사람들에 대한 배타성과 우리보다 못한 신분에 속한 사람들에 대한 차별의식에서 볼 수 있는 바와 같이 우리의 정치문화는 관용의 문화가 약하다. 어수영 교수의 1990년 조사는 한국인들의 이러한 특성을 잘 나타내 준다. 극좌세력을 이웃으로 삼을 수 있느냐는 질문에 긍정적으로 응답한 비율은 한국이 12.1%에 불과한 데 비해 일

---

75) 조대엽, "386세대의 문화와 세대 경험", 임희섭 외, 『한국의 문화변동과 가치관』(나남출판, 2002), pp.249-280.

본 77.4%, 미국 31.3%, 멕시코 25.9%였다. 동성연애자를 이웃으로 삼을 수 있다고 응답한 비율은 한국이 4.2%에 불과한 데 비해 일본 90.8%, 미국 78.5%, 멕시코 69.2%였다. 범죄로 감옥에 갔다온 사람을 이웃으로 삼을 수 있다고 응답한 비율은 한국이 30.9%인 데 비해 일본 49.7%, 미국 49.2%, 멕시코 68.6%였다.[76)]

우리 국민들은 소수 의견을 관용하는 태도도 약하다. 한배호·어수영 교수의 1984년 조사에서 "대부분의 국민이 원하는 것이라면 소수의 사람이 그것을 비판해서는 안 된다"는 질문에 대해 "전적으로 찬성"한 응답자 비율이 41.5%, "약간 찬성"한 응답자는 24.1%인 데 비해 "약간 반대"와 "전적으로 반대"의 응답자 비율은 각각 19.4%와 14.4%였다.[77)] 다만 이러한 비관용적 태도는 민주화에 따라 약간 개선되고 있다는 것을 한·어 교수의 1995년 조사는 나타내고 있다.[78)]

한국의 정치문화는 어떠한 과정문화를 가지고 있는가? 향리형인가, 신민형인가, 참여형인가, 그리고 타인에 대해 어떠한 태도를 가지고 있는가? 이영호 교수는 제3공화국시대의 한국의 정치문화를 농촌은 향리·신민형, 대도시는 신민·참여형, 중소도시는 향리·신민·참여형 문화라고 밝히고 한국의 정치문화는 사회경제적 발전에 따른 도시화에 따라 이에 상응하게 발전할 것이라고 주장하였다.[79)] 그러나 한국 사람들의 정치적 태도는 이상의 고찰에서 알 수 있는 바와 같이 복잡하다. 정치적 관심도는 높고 참여의 폭과 깊이는 과거보다는 개선되고 있지만 선진민주주의국가들에 비하면 좁고 얕다. 정치적 자신감은 아주 낮다고 볼 수도 없고 높다고도 볼 수 없다. 권위주의적 태도, 혹은 묵종적 성향은 약해지고 있지만 아직도 상당히 남아 있다. 다른 사람들에 대한 관용성 역시 나아지고 있지만 다른 나라들에 비하면 아주 낮다. 오늘의 우리 정치문화를 이 교수의 세 형태 중에 넣는다면 신민·참여형에 가깝다고 할 수 있을지 모르겠다.

이제 우리는 현대 한국의 정책문화에 대해 살펴볼 차례이다. 앞서 유교는 대동사회의 건설이라든가 정전제 실시와 같은 내용적 목표 혹은 이상향을 가지고 있었다는 것을 지

---

76) 어수영, 『가치변화와 삶과 정치: 한국·일본·미국·멕시코 4개국 비교연구』(이화여자대학교출판부, 1997), p.39.

77) 한배호·어수영, 앞의 책, p.67.

78) 한배호, 앞의 책, pp.54-55.

79) Young Ho Lee, "The Political Culture of Modernizing Society: Political Attitudes and Democracy in Korea," Ph.D. Dissertation, Yale University, 1969.

적하였다. 그러나 현대 한국이 채택한 자유민주주의는 이와 같은 내용적 목표나 이상향을 가지고 있지 않다. 자유민주주의는 일차적으로 정치적 절차였다. 이 절차에 따라 수립된 정부의 역할은 구미의 경우 우선은 사회적으로 형성된 사유재산의 보호를 위한 법과 질서의 유지에 있었다. 이와 같은 정부의 역할은 구미의 민주주의 국가들이 영토 팽창정책과 제국주의 정책을 채택함에 따라 크게 확대되었고, 그후에는 유교와 마찬가지로 이상향을 가지고 있는 공산주의의 도전을 받아 경제적 재분배정책을 적극적으로 추구하게 됨으로써 다시 확대되었다. 한국 정부는 지난 반세기간 구미의 민주주의와는 다른 과제의 달성을 추구하였다. 이승만 대통령은 국가건설을, 박정희 대통령은 산업화를, 김영삼, 김대중 대통령은 민주화를, 특히 김대중 대통령은 북한과 화해협력을 추구하였다. 국가건설, 산업화, 민주화, 북한과의 화해협력추구는 우리 정부가 그 실현을 위해 현재도 노력하고 있고 앞으로도 오랫동안 노력해야 할 과제들이다. 이러한 과제들이 현대 한국에 어떠한 정책문화를 만들어 왔는지 간단히 살펴보기로 한다.

한국의 국가건설과정에서 형성된 문화는 반공문화와 친미문화이다. 반공문화와 친미문화는 오늘날에는 약화되고 있으나 아직도 상당한 정도로 남아 있다. 반공문화와 친미문화는 해방 3년 동안의 좌우파 세력투쟁과 냉전의 결과로 나왔고 제1공화국의 이승만 정권은 정치적 경쟁자들을 매카시적으로 억압하는 데 이 문화를 악용하였다. 그러나 제1공화국시대의 우리 국민들은 대다수가 반공적이고 친미적이었다. 한국 정부와 미국은 우리 국민들이 이러한 태도를 갖는 데 도움이 되는 홍보 및 교육정책을 채택했지만 이러한 정책만으로 반공적이고 친미적인 문화가 형성되는 것은 아니다. 이러한 태도 형성에는 그 기반이 되는 역사적 경험이 있어야만 한다. 제1공화국시대의 그러한 역사적 경험은 북한 공산주의의 실제 경험과 한국전쟁의 경험이었다. 수백만의 북한주민들이 해방 3년간과 한국전쟁시기를 통해 공산주의 정권이 싫어 남하하였고 남한사람들도 북한의 침략으로 많은 친지들을 잃고 재산상의 피해를 입었기 때문에 김일성 정권을 원수로 생각하게 되었다. 당시 우리 국민들은 미국이 이러한 침략으로부터 한국을 구하고 그 이후 계속 군사적, 경제적, 교육적 도움을 준 것에 대해 그러한 개입이 미국의 이익에 기반한 것임에도 불구하고 고맙게 생각했던 것이다. 현재 한국 국민들 중에서 이러한 역사적 경험을 가지고 있는 나이 많은 세대들은 이러한 경험이 없는 젊은 세대들에 비해 훨씬 강한 반공적, 친미적 태도를 가지고 있다. 현재 반공·친미문화는 제4, 5공화국시대에, 특히 제5공화국시대에 억압적 독재정권이 이 문화를 악용하고 주둔 미군들이 일으키는 사회적 문제 때문에 손상을 받고 있다.

이러한 문화와 더불어 반일문화도 우리 정치문화의 중요한 요소였다. 이 문화는 일제의 식민지배라는 역사적 경험에 기반해 형성된 문화이다. 이승만 대통령은 공산주의와 싸우고 자신의 권력기반을 쌓기 위해 친일파의 철저한 처벌에 반대하였고 친일파를 중용하였으나 그의 정책은 철저한 반일정책으로 일관했다. 현재는 일제의 식민지배를 받은 경험이 없는 사람들이 우리 국민의 대다수가 되었고 일본과의 긴밀한 교류에 힘입어 반일문화는 약화되었으나 그 문화의 뿌리가 역사적으로 깊기 때문에 아직도 지속되고 있다고 말할 수 있다.

한국의 산업화 과정에서 형성된 문화는 물질주의 정책문화이다. 제1공화국 1956년 정・부통령 선거에서 민주당이 "못 살겠다, 갈아보자"라는 선거구호를 내세웠을 때 이 구호의 일반 국민들에 대한 호소력은 대단하였다. 국민들이 5・16 쿠데타를 조용히 수용한 배경에도 그들의 경제적 열망이 있었다. 최근의 박정희 숭배 신드롬도, 한국경제가 1인당 국민소득 100달러 이하에서 14,000달러 이상의 역사상 유례없는 발전을 했음에도 불구하고, 우리 국민들이 여전히 물질주의적 가치관을 가지고 있다는 것을 나타내 주는 현상이라고 볼 수 있다.

잉글하트는 물질주의적 가치, 혹은 생리적 욕구가치로 높은 경제성장 유지, 물가・인플레이션 억제, 경제안정, 방위력 증강, 사회질서 유지, 각종 범죄 소탕을 들고 탈물질주의적(postmaterialist) 가치 혹은 사회와 자아완성적 가치로 직장과 사회에의 참여 확대, 환경개선, 정부 정책결정에 국민참여 확대, 언론자유 보장, 좀 더 인간적인 사회로 발전, 돈보다 아이디어가 중요시되는 사회를 들었다. 어수영 교수는 1990년 잉글하트가 제시한 이러한 여러 가치들 중 한국은 국가의 중요한 정책목표로 어떤 것을 선택해야 할 것인가를 알아보기 위한 국민태도 조사(표본 수: 1,190)를 실시하였다. 그는 국가가 물질주의적 가치를 추구하는 정책을 채택해야 한다고 응답한 사람들은 물질주의자, 그 반대로 탈물질주의적 가치를 추구하는 정책을 채택해야 한다고 응답한 사람들은 탈물질주의자, 양자의 가치들을 혼합해서 선택한 사람들은 혼합형으로 분류하고 우리 국민들 간의 이 세 유형의 분포가 어떻게 되는지를 조사하였다. 그 결과는 물질주의자 25.6%, 혼합형 67.6%, 탈물질주의자 6.8%였다. 우리 국민들의 대다수는 혼합형에 속하지만 물질주의자는 탈물질주의자의 4배를 나타내고 있다. 이와 같은 물질주의자 대(對) 탈물질주의자의 비율은 연령이 높을수록 높아져 60대는 54.2% : 1.4%, 50대는 36.0% : 0.7%, 40대는 32.6% : 2.8%, 30대는 25.5% : 6.0%, 20대는 12.2% : 13.0%였다. 우리 국민들 중 1990년에 30대 이상인 사람들은 압도적으로 물질주의적인 가치관을 가지고 있었다.[80]

한국의 민주화 과정에서 우리 국민들은 정치에 대해 매우 비판적인 태도를 갖게 되었다. 예를 들어, 우리 국민들은 민주주의제도를 재도입한 1987년 이후에도 민주주의의 주요 기관인 의회와 정당의 활동에 대해 아주 부정적인 태도를 가지고 있다. 우선 독재정치제도를 가지고 있던 시기에 우리 국민들이 의회와 정당에 대해 부정적 태도를 나타내는 조사로는 박동서 · 김광웅 교수의 조사가 있다. 국회의원 후보들이 당선 후에 공약을 지키느냐는 질문에 "지키려는 노력도 안 한다"는 응답비율이 55.0%이고 "모르겠다"가 12.2%인 데 비해 "대부분 지킨다"는 1.7%, "지키려고 노력한다"는 31.1%였다. 또 국회의원의 활동에 지역주민의 의견이 반영되느냐는 질문에 대해서는 "전혀 반영되지 않는다"가 8.8%, "거의 반영되지 않는다"가 36.2%인데 비해 "많이 반영된다"가 4.2%, "조금은 반영된다"가 36.9%였다. "정당은 국민여론을 국정에 충분히 반영하고 있다"는 질문에 대해서는 "매우 반대"가 11.8%, "약간 반대"가 29.1%, "보통"이 37.3%, "약간 찬성"이 15.0%, "매우 찬성"이 4.7%였다.[81] 민주화 이후 우리 국민들의 국회와 정당에 대한 부정적인 평가는 신도철 교수의 조사에 나와 있다. 국회는 그 임무를 얼마나 잘 수행하고 있느냐의 질문에 "아주 못하고 있다"가 13%, 좀 잘못하고 있다"는 57%인 데 비해 "좀 잘하고 있다"는 29%, "아주 잘하고 있다"는 1%였다. 정당이 누구의 이익을 대표하느냐는 질문에 대해 응답자들 중 73%가 일반 국민보다는 정당 보스의 이익을 대표한다고 응답하였다.[82] 민주화 이전과 이후 조사의 질문 문항이 달라서 비교하기 어려운 점이 있지만 이 두 조사에서 국회와 정당에 대한 국민들의 평가가 더 나아지고 있다고 볼 수 있는 징후는 없다.

우리 국민들의 정치에 대한 아주 비판적인 태도는 일본 국민들과 유사하다. 한국, 일본, ASEAN 국가들의 국민의식 조사에 의하면 객관적으로 볼 때 민주화가 한국이나 일

80) 어수영, 앞의 책, pp.11-31.

81) 박동서 · 김광웅, 앞의 책, pp.92-97.

82) Doh C. Shin, 앞의 책, p.147과 p.181.

본에 비해 안 되어 있는 ASEAN 국가의 응답자들이 각각 자국의 정치에 대해 긍정적으로 답하고 한국과 일본 응답자들은 자국정치를 부정적으로 보고 있다. 자국정치가 국민의사에 따르느냐는 질문에 대해 1999년에 긍정적으로 응답한 사람들의 비율은 한국과 일본이 각각 19%, 22%인 데 비해 싱가포르, 말레이시아, 타일랜드, 필리핀은 각각 50%, 77%, 51%, 53%였다.[83] 한국의 정치적 비판문화는 선진 민주주의 국가인 미국과도 비교할 수 있다. 미국 국민들은 1950년대 말까지는 자국의 정치에 대해 매우 긍정적으로 평가했으나 워터게이트 스캔들과 베트남전쟁을 거치면서 정치를 크게 불신하게 되었다.[84]

김대중 정부의 대북 화해협력정책은 현재 국론을 분열시키고 있다. 우리 국민들 중에는 김정일 정권을 전체주의적 독재체제로 보고 이를 혐오하는 사람들과 이러한 정권을 수용하는 사람들로 나누어져 있다. 전자의 사람들은 남북한 관계의 상호주의를 강조하고 있고 후자의 사람들은 북한에 대한 인도주의를 강조하고 있다. 이 분열은 잘못하면 지역주의 정치문화와 결합되어 한국의 정치문화가 앞으로 두 정치세력의 분단적인 정치문화(divided political culture)로 진전하는 위험한 상황도 배제할 수 없다. 한국의 정치문화가 분단적인 정치문화로 진전된다면 그것은 민주주의의 정착에 커다란 장애요소가 될 것이다.

IV. 탈현대 속의 한국 정치문화

한국은 구미가 주도하는 세계시간으로는 탈현대의 시대 속에 있고 한국의 시간으로는 아직도 전통과 현대의 시대 속에 있다. 이제 우리는 현대 한국에 구미의 세계시간인 탈현대 현상이라고 볼 수 있는 현상은 얼마나 나타나고 있는지 간단하게라도 살펴볼 차례이다. 또 이러한 탈현대 현상은 현대 한국의 과제를 완성하고 보완하는 데 공헌하는 방향으로 정치문화에 영향을 미치고 있는지, 그렇지 않으면 이러한 완성을 저해하고 한국의 현

83) Nippon Research Center Ltd., “Gallup International Millenium Survey(2000)” 참조.

84) 어수영 교수의 조사에 의하면 한국 국민들 중 의회 불신자 비율이 65.2%인 데 비해 일본은 이 비율이 69.8%로 더 높고, 미국은 이 비율이 한국이나 일본보다 낮은 55.2%이나 이는 과거와 비교해 높은 비율이다. 어수영, 앞의 책, p.50.

대를 미완성 현대로 남게 하는 방향으로 정치문화적 영향을 미치고 있는지 생각해 볼 필요가 있다. 일부 사람들은 외국의 사조와 사회현상을 별 생각 없이 수용하는 성향도 가지고 있기 때문이다.

앞서 구미의 시간을 탈현대라고 했는데 구미 학자들이나 사람들이 이에 반드시 동의하고 있지는 않다. 오늘의 시대가 산업화 시대와 역사적 발전단계가 질적으로 다른 시대인지 아닌지에 대해선 합의가 없다. 다니엘 벨(D. Bell)과 알렝 투렌(A. Touraine)의 후기산업사회론, 앨빈 토플러(A. Toffler)의 제3의 물결론 등은 이 시대가 산업화 시대와 질적으로 다른 사회라고 보고 있다.[85] 이에 반해 앤소니 기든스(A. Giddens)는 오늘의 시대를 산업화 사회와 단절적인 사회라고 보고 있지 않다. 그는 후기산업사회의 정보화 현상을 인정하면서도 산업화 시대와 정보화 시대의 연속성에 유의하고 있다. 그는 후기산업사회론이 마르크시즘에 대한 비판으로 나온 것이지만 이 시대의 성격이 산업화 시대의 성격과 단절적으로 다를 것이라는 견해의 근거가 되는 방법론이 마르크시즘과 마찬가지로 경제적 요인을 강조하는 사이비 마르크스주의(quasi-Marxism)라고 비판하고 있다.[86]

오늘의 한국은 아직도 산업화를 완성한 발전단계에 와 있지 않다. 또 후기산업사회론자들이 말하는 산업화 시대의 정치인 자유민주주의도 정착되어 있지 않다. 따라서 오늘의 한국사회는 후기산업사회나 탈현대 사회는 아니다. 그러나 한국은 후기산업사회의 주요 특성인 정보화가 구미에 떨어지지 않고 있고 구미의 탈현대 현상의 시위효과(demonstration effect)에 노정되어 있다.

탈현대의 체제문화로 부상되고 있는 현상은 직접민주주의와 세계화(globalization)이다. 직접민주주의는 그리스 도시국가의 정치체제였고 루소(J. Rousseau)도 주장한 바 있고 현재에는 미국의 타운회의(town meeting)나 직접입법을 위한 주민투표(referendum)에서 그 예를 찾아볼 수 있는 제도이다. 그러나 근대의 단일민족국가이든 다민족국가이든 그 성원의 규모는 직접민주주의를 불가능하게 만들었고 여기서 대의민주주의가 탄생하고 정착하게 되었다. 대의민주주의는 의원과 그를 선출하는 유권자들 간에 여러 면의 차이가 있고, 애로우(K. Arrow)의 불가능성 정리에[87] 나타난 바와 같이 국민 모두의 이익을 반영

85) Daniel Bell, *The Coming of Post-Industrial Society*(New York: Basic Books, Inc., 1973); Alain Touraine, *The Post-Industrial Society*(London: Wildwood, 1974); Alvin Toffler, *The Third Wave*(New York: Bantam Books, Inc., 1980) 참조.

86) Anthony Giddens, *Sociology*(Cambridge: Polity Press, 1989), pp.649-650.

하는 합리적 선택이 불가능하다는 맹점을 가지고 있으나, 그렇다고 해서 직접민주주의가 이를 대치할 수 있는 것은 아니기 때문에 아직도 지속되고 있다.

그러나 최근 구미에서는 공론장(public sphere) 이론이나 심의민주주의론(deliberative democracy)에서 볼 수 있는 바와 같은 직접민주주의론도 나오고 있고, 대의민주주의를 보완하는 방식으로 직접민주주의의 부분적 도입이 필요하다는 주장도 몇 가지 근거에서 나오고 있다. 첫째는 자유민주주의와 공산주의가 대결하고 양립 불가능한 두 이데올로기가 선거에서 대결했을 때에는 바로 지적한 바와 같은 맹점을 가지고 있는 대의민주주의도 큰 의미가 있었으나 이데올로기적 대결이 종결된 오늘날의 탈냉전시대에 있어서는 대의민주주의가 이러한 의미를 많이 잃게 되었다는 것이다. 둘째는 탈냉전시대의 대의민주주의는 체제문제가 아니라 경제운영이나 예산문제와 같은 기술적 문제를 중심으로 이루어지고 있고 이러한 문제는 국민들의 직접참여로 결정하기에 좋은 문제라는 것이다. 셋째는 대의민주주의가 시작된 2세기 전에는 의원과 일반 국민들 간에 부와 교육수준에 커다란 차이가 있었으나 현재에는 그러한 차이가 없다는 것이다.[88] 넷째는 정보통신혁명으로 국민들이 주요 법안을 직접민주주의 방식으로 결정하는 것이 보다 용이하게 되었다는 것이다.

공론장 이론, 심의민주주의론, 전자민주주의론을 포함하는 직접민주주의론은 우리나라 학계와 언론계에 새로운 형태의 민주주의로 널리 유통되고 있다. 그러나 직접민주주의론은 대의민주주의론을 보완하고 있기도 하지만 다른 한편에 있어서는 대의민주주의에 대한 국민들의 비판적 태도를 형성하는 데도 공헌하고 있다. 또 이러한 이론들은 국민들이 대통령의 대중영합정치나 포퓰리즘을 직접민주주의로 오인하는 태도를 갖게끔 만드는 부작용을 일으킬 위험성도 배제할 수 없다.

세계화는 이미 수세기 전부터 시작된 현상이나 최근의 정보통신혁명과 WTO의 출범으로 국가 간의 경제적 경계가 아주 희미하게 되고 세계가 하나의 경제권을 이루게 된 현상을 가리킨다. 한국 경제는 GNP의 70%를 무역에 의존하고 있어 세계경제에 대한 의존이 다른 어느 나라보다도 강하다. 세계화는 어느 나라도 저항하기 어려운 추세이고 각 나라는 이에 적응해서 그로부터 최대의 국가이익을 확보하려고 노력하고 있다.

---

87) Kenneth Arrow, *Social Choice and Individual Values*(New York: John Wiley & Sons, 1951) 참조.
88) Brian Beedham, "A better way to vote," *The Economist*, Sep. 11-17, 1993, Survey pp.5-8.

우리나라에서는 김영삼 정부 때 세계화추진위원회라는 다른 나라에서는 흔히 볼 수 없는 정부위원회까지 만들어 세계화를 추진하였다. 이 위원회는 국민들이 국제적 지식과 감각을 갖도록 추진하였고 이를 위한 교육기관으로 각 대학에 국제대학원이라는 기존 정치외교학과와 국제경제학과와 중복되는 교육기관을 대거 신설하였다. 그러나 이러한 세계화 정책은 우리 국민들, 특히 청년학생들의 국제적 지식과 감각을 향상시켰겠지만 다른 한편 이러한 의도와 목표와는 달리 젊은 세대의 국가 정체성을 감퇴시키는 부작용도 나타내고 있다. 동아일보의 2003년 조사(표본수: 1,543)에 의하면 다른 나라로 이민을 가고 싶다는 응답자들이 전체로는 40.7%였고 20대 응답자들 중에는 59.8%였다.[89] 이러한 조사결과는 우리 국민들이, 특히 청년 학생들이 국가 정체성을 잃고 있다는 증거이다. 이와 같은 국가 정체성 상실현상은 세계화 문화와 지역주의 문화가 상승작용을 일으킨 결과라고 해석할 수도 있다.

구미에서 탈현대의 과정문화로 주목을 끌고 있는 담론은 참여민주주의론이다. 참여민주주의론은 바로 논의한 바 있는 직접민주주의론과 동전의 양면과 같은 관계를 가지고 있는 주장으로 모든 국민들이 정치에 적극적으로 참여해야만 된다고 강조하고 있다. 알몬드와 버바의 시민문화론(civic culture)은 신민형과 참여형의 적당한 혼합문화가 민주주의의 운영에 적합한 정치문화라고 주장하고 있는 데 반해 참여민주주의론은 참여형의 정치문화가 필요하다고 역설하고 있다. 미국에 이와 같은 참여민주주의론이 나오게 된 배경은 미국에서의 정치참여율 저하와 "홀로 보울링하기(bowling alone)"에 나타난 바와 같은 결사참여율 저하에 있다. 벤자민 바버(B. Barber) 같은 정치학자는 이를 미국 민주주의의 적신호로 보고 국민들의 소극적인 참여와 엘리트의 역할을 강조하는 기존의 자유주의의 맹점을 지적하고 국민들의 적극적 참여로 이루어지는 강한 민주주의(strong democracy)를 주장하고 있다.[90]

그러나 탈현대의 과정문화를 말할 때 더 중요한 주장은 정치적 처방으로서의 참여민주주의론이 아니라 현상으로서의 참여민주주의이다. 잉글하트는 구미의 탈현대사회에서 투표율은 저하하고 있지만, 대중들이 더욱 활발하게 이슈에 따른 정치참여를 하고 있고, 또 정치참여 자체를 의미 있는 자기표현으로 생각하고 있다고 주장하고 있다. 그는 이러한

89) 『동아일보』, 2003년 2월 25일 참조.

90) Benjamin Barber, *Strong Democracy*(Berkeley: University of California Press, 1984).

정치참여가 구미의 민주주의를 참여민주주의로 발전시키고 있다고 강조하고 있다.[91]

또한 토플러는 정당, 의회, 대통령과 수상, 법원, 관료제와 같은 산업사회의 정치구조들이 이미 시대에 뒤떨어진 낡은 구조라고 하면서 제3의 물결을 맞이하여 이를 완전히 개혁해야만 된다고 역설하고 있다. 그는 제3의 물결 시대에는 정치체계가 단일한 다수파가 아니라 다양한 소수파에 기반하게 되고, 정당의 역할은 약화되고 공익집단이나 이익집단의 역할이 강화되고, 의회도 관료화하여 준직접민주주의가 필요하게 되고, 민족국가는 지구적 문제의 해결을 위해서는 너무 작고 지방의 문제를 해결하는 데는 너무 크기 때문에 이 두 문제를 해결할 수 있는 정책결정구조의 분화가 일어나야 하고, 정치체계가 내려야 할 결정의 종류와 양이 많기 때문에 정치참여의 확대와 엘리트층의 확대가 일어나는 민주적인 대도약(great democratic leap forward)이 필요하고, 획일적인 대중민주주의가 아니라 다양한 집단의 요구를 다양하게 수용하는 모자이크 데모크라시(mosaic democracy)를 갖게 될 것이라고 역설하고 있다.[92]

이뿐만 아니라 포스트모더니즘 이론가들이 말하는 차이의 정치(politics of difference)는 서로 다른 문화, 규범, 관습, 생리적 욕구들을 소극적으로 관용하는 데 그치는 게 아니라 인정할 것을 요구하고 있다.

이러한 탈현대의 담론들이 구미에서 실현되고 있는 것은 아니다. 구미의 정치는 산업화 시대의 정치과정적 특성을 나타내고 있으면서 때로는 부분적으로 탈현대적인 특성을 나타내고 있을 뿐이다. 그러나 우리나라의 경우 이러한 담론들은 일부 정치가들과 사회운동가들의 태도에 큰 영향을 미치고 있다. 노무현 정부는 이미 "참여정부"임을 선언하고 참여민주주의적인 외양을 보이려고 노력하고 있다.

민주화 이후 조직된 수많은 시민단체들은 정부의 정책결정과정에 활발하게 참여하고 있고 2004년 국회의원선거 때에는 법을 어겨가면서까지 일부 의원후보들에 대한 낙천낙선운동을 벌인 적도 있다. 시민단체들은 어느 의미에서는 의회와 정당의 역할을 대신하고 있다. 시민단체들의 이와 같은 정치적 역할에 대해서는 결사체 민주주의(associative democracy)를 나타내는 것으로 찬양하는 태도를 가진 사람들도 있고 오히려 의회와 정당

91) Ronald Inglehart, *Modernization and Postmodernization: Cultural, Economic, and Political Change in the 43 Societies*(Princeton: Princeton University Press, 1997), pp.43-44.

92) Alvin Toffler, 앞의 책, pp.392-415와 *Power Shift*(New York: Bantam Books, Inc., 1990).

중심의 대의민주주의 정치를 잠식하는 부정적 역할을 하는 것으로 보는 태도를 가진 사람들도 있다. 또 많은 사람들은 그 중간 어디쯤의 태도를 가지고 있다. 한국은 의회정치와 정당정치를 정착시켜야 할 정치적 과제를 가지고 있다. 토플러는 이것이 산업화 시대의 낡은 제도라고 비판하고 있지만 시민들의 결사가 이를 대치할 수는 없는 것이다. 이러한 결사들은 의회정치와 정당정치를 보완하는 역할을 해야 할 것이다.

이미 살펴본 바와 같이 한국정치에는 관용의 문화가 약하다. 이러한 상황에서 차이의 정치가 성립되기 어렵다는 것은 말할 필요조차 없다.

탈현대의 정책문화로는 삶의 질을 중요시하는 탈물질주의적 가치관의 점차적 확산을 들 수 있다. 잉글하트는 구미의 경우 결핍과 불안의 시대였던 산업화 시대에서 풍요와 안전의 시대인 후기산업화 시대 혹은 탈현대로 사회적 변화가 일어남에 따라 구미 사람들의 가치관도 물질주의적 가치관에서 탈물질주의적 가치관으로 변화하고 있다고 지적하였다.[93] 벨은 이러한 시대의 갈등은 산업화 시대에서처럼 자본가와 노동자, 혹은 부자와 빈자 간의 사회계층적 갈등이 아니라 지식수준에 따른 프로페셔널들, 기술자들과 준프로페셔널들, 사무직과 판매직, 장인들과 반숙련공의 네 가지 스테이터스(status) 간의 갈등이거나 직업활동의 장소(situs)들인 기업체, 정부, 대학과 연구기관, 병원과 봉사기관과 같은 사회기관, 군대 간의 갈등이라고 주장하고 있다.[94] 탈현대의 이와 같은 가치관 변화와 사회구조의 변화로 사회운동도 산업화 시대의 계급운동이나 노동운동 중심의 사회운동에서 환경, 여성, 동성애, 반전운동 등을 포함하는 다양한 신사회운동(new social movement)이 중심을 차지하는 변화를 일으키고 있다.

구미에서는 이와 같은 변화가 상당한 정도로 진전되고 있다. 그러나 우리나라에서는 이러한 변화는 이제 나타나기 시작하는 단계에 있다. 이미 살펴본 바와 같이 우리나라 국민들 중 1990년에 20대에 있던 사람들만이 다른 세대에 비해 탈물질주의적 가치관을 두드러지게 보이고 있다. 당시의 40대 이상의 사람들은 탈물질주의적 가치관을 거의 나타내지 않았다. 일제의 지배, 해방, 한국전쟁, 빈곤을 기억하고 있는 세대들은 현재 그들의 경제생활이 아무리 풍요하다 해도 탈물질주의적 가치관을 보이고 있지 않은 데 반해 이러한 기억을 가지고 있지 않은 세대들은 탈물질주의적 가치관을 보이고 있다.

93) Ronald Inglehart(1997), 앞의 책 참조.
94) Daniel Bell, 앞의 책, pp.374-377.

우리 사회에도 신사회운동이 일어나고 있지만 아직도 노사 간의 갈등이 가장 큰 갈등이다. 구미 제국은 이러한 갈등을 극복하고 있는 데 반해 한국은 이러한 갈등이 격화되는 추세를 보이고 있다.

우리 국민들은 이미 지적한 바와 같이 구미의 탈현대 현상의 시위효과에 노정되어 있다. 우리 국민들의 정치체제나 과정에 대한 태도에서는 이러한 시위효과의 영향을 상당히 받고 있다는 징후가 많이 있다. 그러나 정책에 대한 태도에서는 이러한 영향을 훨씬 덜 받고 있다.

V. 요약

조선시대의 체제문화는 왕조에 대한 충 문화와 가족에 대한 효 문화였다. 이 문화는 현대 한국에서는 민주체제 문화와 가족주의적 연고문화, 특히 지역주의 문화로 바뀌었다. 가족주의적 세도정치는 조선의 멸망을 재촉하였는데 현대 한국의 지역주의 문화도 망국병이라는 비난을 받고 있다.

한국의 유교적 전통문화는 한국문화의 고층으로 혹은 문법으로 남아서 다음과 같은 점에서 한국 민주주의의 수립에 공헌하였다. 조선의 정치 엘리트들과 지식인들이 주자학적 유교이념의 정착을 위해 투쟁했던 바와 마찬가지로 현대 한국의 정치 엘리트들과 지식인들도 민주주의의 수립을 위해 극한투쟁을 하였다. 조선시대의 절의파 지식인들이 오랫동안 권력투쟁에 패배했지만 종국에 가서는 승리를 거둔 바와 마찬가지로 현대 한국의 정치인들과 지식인들도 30년 가깝게 권력투쟁에서 패배했지만 결국 정치적 승리를 거두었다. 조선시대의 유학자들이 옳으냐, 그르냐의 기준으로 왕정을 평가한 바와 마찬가지로 현대 한국의 지식인들도 옳으냐, 그르냐의 기준으로 한국정치를 판단하였다. 그리고 현대 한국의 정치인들과 지식인들은 조선시대의 유학자들과 마찬가지로 목숨을 내걸고 옳은 것을 위해 투쟁하였다. 정치를 그 업적과 결과에 의해서보다는 민주주의 원칙에 비추어 옳으냐, 그르냐의 선악 개념으로 판단하는 태도, 그리고 옳다면 그 실현성 여부에 관계없이 목숨을 내걸고 투쟁하는 순교자적 태도와 이러한 태도에 대한 일반 사회성원들의 높은 평가는 조선시대의 유교문화에 연원한다. 이러한 결사투쟁의 태도는 주자학이든 민주주의든 이에 대한 교조적이거나 종교적이라고도 할 수 있을 정도의 열렬한 신봉에서 나오는 것이다. 그러나 이러한 열렬한 신봉태도는 그 신봉자들의 투쟁성은 강화시키나 관용성은 떨어뜨리는 역사적 경향을 나타냈다.

민주주의의 과정문화는 현대 한국에 아직 정착되어 있지 못하나 크게 우려할 바는 아니다. 우리 국민들의 정치적 관심도, 참여도, 자신감에는 큰 문제가 없다. 우리 국민들의 정치적 관심은 구미에 비해 떨어지지 않는다. 참여의 폭과 깊이는 떨어지지만 이것은 우리의 사회경제적 발전단계와 관계가 있다. 우리 국민들의 생활수준이 역사상 유례없이 높아졌지만 대부분의 국민들은 아직도 투표 이외의 정치활동에 적극적으로 참여할 수 있을 만한 여유가 없다. 정치적 자신감은 구미제국의 국민들도 과거보다 낮게 느끼고 있고 우리나라 사람들의 자신감이 특별히 낮은 것은 아니다. 한국 유교의 교조적 특성에 연원하는 현대 한국의 권위주의적 혹은 묵종적 문화와 비관용성은 민주주의 발전을 위해서는 극복해야 될 정치문화이다. 그러나 권위주의적 문화는 자기가 속한 집단 내에서는 아직도 강하지만 이 집단을 넘어서는 사회 전체에서는 점점 약화되고 있다. 또한 이러한 현상은 젊은 세대들에게서 뚜렷하게 나타나고 있다. 우리 국민들의 비관용성은 조금씩 개선되고 있지만 아직도 강하게 남아 있다. 한국 민주주의의 발전이 헌팅턴이 암시하는 바와 같이 유교가치에 의해 저해를 받는다면 유교문화의 이 두 가지 요소에 의한 것이나 이 두 요소도 한국의 사회경제적 발전에 따라 변화할 것이고 현재에도 그것이 민주정치를 불가능하게 만드는 요인은 결코 아니다. 또한 알몬드・버바는 앞서 지적한 바와 같이 권위주의적 문화의 존재를 반드시 부정적으로만 보고 있지는 않다.

현대 한국의 정책문화는 약화 경향을 보이고 있는 반공, 친미, 반일 문화, 산업화 시대의 물질주의적 문화, 그리고 정치적 비판문화로 구성되어 있다. 우리 국민들은 정부의 업적을 중요시하는 업적문화도 가지고 있다. 여기에 전통적 유교문화의 이상인 민본주의와 평등주의가 그 밑바탕에 깔려 있다. 현재 한국의 정책문화는 대북정책을 둘러싸고 양분되는 경향을 나타내고 있고 이는 앞으로 민주주의의 정착을 저해할 수도 있다.

현대 한국의 정치문화는 구미의 탈현대 현상의 시위효과에 노정되어 이의 영향을 받고 있기도 하다. 체제문화로 공론장 이론, 심의민주주의론, 전자민주주의론에 기반한 직접민주주의론이 학계와 언론계에 널리 유통되고 있고 대의민주주의에 대한 국민들의 비판적 태도를 형성하는 데 공헌하고 있다. 그러나 이러한 논의는 우리 국민들이 대통령의 대중

영합정치를 직접민주주의로 오인하는 태도를 갖게끔 만드는 부작용을 일으킬 위험성도 배제할 수 없다. 체제문화로서 탈현대의 세계화 문화는 현대 한국의 지역주의 문화와 상승작용을 일으켜 우리 국민들, 특히 청년학생들의 국가 정체성을 심각한 정도로 약화시키고 있다.

탈현대의 과정문화로서 참여민주주의론도 일부 정치가들과 청년학생들에게 큰 영향을 미치고 있다. 노 대통령의 당선에 공헌한 청년학생들의 촛불시위는 미군에 대한 항의운동인 동시에 자기표현의 의미도 가진 정치적 참여행위였다. 이러한 정치적 참여행위는 노무현 정부의 출범과 동시에 현저하게 증가하고 있다. 이와 아울러 시민단체들의 정치참여 활동도 활발해지고 있고 의회와 정당이 해야 할 역할을 대행하는 경우도 적지 않다.

탈현대의 정책문화를 반영하는 신사회운동이 한국에서도 일어나고 있지만 아직도 산업화 시대의 갈등인 노사갈등이 가장 중요한 갈등이다. 탈현대의 정책문화인 탈물질주의적인 가치관보다는 산업화 시대의 물질주의적 가치관이 아직도 우리 국민들 대다수의 가치관이다.

제4부

정치제도론

제17장

의원내각제와 대통령중심제

이 글은 제5공화국시대 말인 1986년에 쓴 글이다. 당시 제5공화국의 전두환, 노태우 세력은 의원내각제 개헌을 하면 집권을 연장할 수 있다고 생각했고 김영삼, 김대중을 중심으로 한 야권세력은 대통령직선제 개헌만 되면 군부독재세력을 무너뜨리고 집권할 수 있다고 믿었다. 그리고 일반 국민들도 대체로 이와 같이 믿었다.

그러나 주지하다시피 야권은 대통령직선제 개헌에 성공했으나 집권에는 실패하였다. 집권에 실패한 가장 큰 원인은 김영삼과 김대중이 오랫동안 민주화를 위해 공동투쟁했음에도 불구하고 서로 단합하지 못하고 분열했기 때문이다.

이 글에서는 의원내각제와 대통령중심제의 장·단점을 여러 면에서 분석하고 야권이 대통령직선제도 좋지만 소선거구, 최다수제의 의원내각제라면 이의 수용을 고려해도 괜찮을 것이라는 입장을 시사하였다. 필자는 여야가 서로 나눠먹기식이 아닌 소선거구, 최다수제의 선거제도하의 의원내각제에서는 김영삼, 김대중 세력이 승리할 수 있고 두 사람 간의 세력갈등도 타협할 수 있는 여지가 있다고 믿었다.

그러나 전, 노 세력이 야권의 대통령직선제 개헌안을 과감하게 수용하고 단합한 데 반해 김영삼과 김대중은 한 사람만이 대권을 장악할 수 있는 대통령직선제하에서 분열하여 1987년 둘 다 패배하였다.

이 글은 김대중 시대 말부터 종종 나오고 있는 개헌론을 이해하는 데도 도움을 줄 것 같아 여기 싣는다.

I. 문제 제기

이 글에서 우리는 의원내각제와 대통령중심제 중 어떠한 정부형태를 택해야 될 것인가를 세 가지 차원에서 살펴보고자 한다.

첫 번째 차원은 우리 정치현실에 있어 의원내각제와 대통령중심제는 제도적으로 어떠한 장·단점을 가지고 있는가를 비교하는 것이다. 한국정치와 구미제국의 정치가 모두 이 두 가지 정부형태의 경험을 가지고 있으므로 이에 근거해서 이 두 가지 제도가 각각 한국정치에 어떠한 영향을 미칠 것인가를 비교적 객관적으로 생각해 볼 수 있을 것이다.

두 번째 차원은 오늘날 한국정부가 당면한 위기를 극복하는 데 있어 이 두 가지 정부형태 중 어떤 정부형태를 택하는 것이 더욱 효과적인가를 생각해 보는 것이다. 한국정부는 현재 정통성(legitimacy)의 위기에 빠져 있고 전두환 대통령의 임기 전 개헌은 이러한 위기를 극복하기 위한 대책으로 제시된 것이다. 이 문제를 생각하는 데 있어서 우리는 의원내각제 정부와 대통령중심제 정부의 수립 절차인 선거제도에 관한 논의를 빠뜨릴 수 없다. 왜냐하면 이미 오래 전부터 일어난 한국정부의 위기는 통치권력의 수립 절차의 하자에 근원한 위기이기 때문이다.

세 번째 차원은 1986년의 여·야 정치·사회세력 간의 갈등을 고려할 때 이 두 가지 정부형태 중 어떤 정부형태가 채택 가능한 것인가를 따져보는 것이다. 앞의 두 가지 차원에서 바람직한 정부형태일지라도 그것이 현실에 있어서는 실현 불가능한 것이라면 우리의 논의는 탁상공론에 불과하게 되기 때문이다.

II. 정부형태의 제도적 장·단점

우리는 약 10개월간의 의원내각제 정부와 37년간의 대통령중심제 정부의 경험을 가지고 있다. 의원내각제 정부는 그 공과를 평가하기에는 존속기간이 너무 짧았지만 집권당 내부의 끊임없는 권력투쟁 → 내각의 약화(권력의 위기) → 사회적 혼란 → 군부 쿠데타의 발발이라는 결과를 초래했고, 대통령중심제 정부는 최고권력의 독재화와 헌정의 유린에 따른 정통성의 위기가 반복되는 결과를 자아냈다. 의원내각제하의 한국정치는 민주적이었으나 권력의 위기 때문에 혼란했고 대통령중심제하의 한국정치는 권력은 확립하고 있었으나 정통성의 위기 때문에 불안정했다.

그러나 주지하고 있다시피 의원내각제나 대통령중심제라는 정부형태 그 자체가 혼란이나 독재화의 근본원인은 아니었다. 의원내각제 정부를 가지고 있었던 독일의 바이마르 공화국과 프랑스의 제4공화국은 혼란했었지만 현재 민주주의 국가들 중 대부분이 의원내각제 정부를 가지고 안정되고 효율적인 정치를 하고 있다. 패전국인 독일과 일본이 의원내각제를 가지고 전후 세계 역사상 유례없는 경제적 발전을 이룩했고, 아랍제국의 부단한 위협을 받고 있는 이스라엘도 의원내각제를 가지고 그 위협에 잘 대처하고 있다. 라틴아메리카 제국 · 필리핀 · 한국의 대통령중심제는 최고권력의 독재화를 초래했지만 미국의 대통령제와 프랑스 제5공화국의 대통령제는 그러한 현상을 나타내고 있지 않다. 이 두 나라에 있어서도 대통령의 권한은 강화되는 경향이 있으나 그 권한은 의회에 의해 잘 견제되고 있는 것이다. 아니, 정부조직의 원리면에서만 생각한다면 대통령중심제보다 의원내각제가 오히려 더 강력한 정부형태이다. 대통령중심제는 민주국가의 경우 삼권분립 체제하의 대통령중심제이기 때문에 대통령은 비상대권이 보통 인정되는 전쟁과 비상시기를 제외하고는 신속하고 효율적으로 행동할 수 없으나, 의원내각제는 의회와 내각의 권한이 내각에 집중되는 권력융합체제이기 때문에 내각은 집권당 내부의 결정만 있으면 어떤 정책이든 신속하고 효율적으로 추진할 수 있다. 그리하여 칼 도이취(Karl W. Deutsch) 같은 정치학자는 해결해야 될 과제가 긴급성을 띠고 있고 정부가 약하다는 것이 실수를 저지르는 것보다 더 큰 위험이 되고 있는 나라는 의원내각제를 택하고, 이와 반대로 해결해야 될 과제가 그렇게 긴급하지 않고 정부가 실수를 저지르는 것이 정부가 약해서 아무 행동을 못하는 것보다 더욱 위험한 나라는 삼권분립체제하의 대통령중심제를 채택하라고 권고하고 있다.

이렇게 볼 때 한국의 의원내각제나 대통령중심제가 실패한 근본원인이 그 제도 자체에 있지는 않다는 것이 더욱 명백해진다. 한국의 의원내각제가 실패한 근본원인은 당시 집권당 내부의 권력구조가 원심화되어 있고 군이 다른 사회조직에 비해 과대성장하여 정치영역에 개입한 데 있는 것이다. 의원내각제라는 정부형태가 집권당 내부의 원심화 경향을 한층 조장한 것은 사실이다. 그러나 의원내각제 정부는 집권당이 구심적 권력구조를 갖고 있는 한에 있어서는 독일·일본·이스라엘 등에서 볼 수 있는 바와 같은 강력하고도 안정된 정부를 탄생시키는 것이다. 한국의 대통령중심제가 항상 독재화된 근본원인도 그 제도 자체보다는 국가의 권력기구가 사회에 비해 과대 성장되어 있어 이 기구를 한번 장악한 사람은 그의 권력을 계속 유지해야 하겠다는 유혹을 버릴 수 없었다는 데 있다. 대통령중심제라는 제도가 이와 같은 경향을 촉진시킨 것은 사실이다. 그러나 대통령중심제는 국가의 권력기구가 사회에 비해 과대 성장되어 있는 탈식민 후진제국에 있어서는 독재화되는 경향을 나타내지만 국가영역과 사회영역 간의 힘의 균형이 있는 미국 같은 나라에서는 삼권분립이 잘 지켜지는 민주적 대통령제로 남아 있는 것이다.

의원내각제나 대통령중심제는 이 제도에 맞는 정치적 하부구조를 각각 가지고 있는 나라에서는 성공적으로 운영되나 그렇지 못한 나라에서는 그 제도의 본래 취지가 왜곡, 반전되고 있다. 한국의 정치적 하부구조는 유신체제 수립 이후 그 성장이 중지되었기 때문에 매우 취약한 상태에 있고 그 때문에 어느 한 정부형태가 우리의 정치적 조건에 맞는다고 얘기하기는 어렵다. 아직도 여전히 의원내각제는 우리의 정당제도의 저발달로 인해 정치적 혼란을 초래할 수 있고 대통령중심제는 국가영역과 사회영역 간의 힘의 불균형 때문에 독재화될 위험성을 다분히 가지고 있는 것이다.

이상의 논의를 바탕으로 해서 현재 우리 앞에 놓인 선택의 내용을 요약하면 다음과 같다. 즉, 의원내각제를 채택할 경우 잘 되면 권력융합적인 강력한 내각과 안정된 민주주의를 가질 수 있고, 못 되면 불안정하고 약한 내각에서 나오는 권력의 위기와 사회의 혼란을 맞게 될 것이다. 이에 비해 대통령중심제를 채택할 경우 잘 되면 삼권분립의 견제를 받는 강력한 대통령제와 안정된 민주주의를 가질 수 있고, 못 되면 삼권분립을 무시하는 독재적인 대통령과 대통령의 독재성으로 인한 정통성의 위기를 가질 것이다. 우리의 정치현실은 이미 지적한 바와 같이 어느 정부형태를 택하든 잘못될 위험성도 내포하고 있다고 보아야 하며, 그 때문에 못 될 경우에 어느 정부형태가 우리에게 주는 희생이 적은가를 비교함으로써 우리가 어떠한 정부형태를 택할 것인가를 결정할 수 있을 것이다. 잘 되는 경우에는 의원내각제와 대통령중심제는 그 정치적 결과에 있어 큰 차이가 없으므로 어느 한쪽이 좋다는 뚜렷한 결론을 내리기가 더욱 어렵기 때문이다.

그렇다면, 못 되는 경우에 어느 정부형태가 우리에게 더 나은 정부형태인가? 그러나 이 질문에도 명백하게 답변할 충분한 근거를 찾기는 어렵다. 정치사회적 혼란의 위험성이 있더라도 이제는 정치권력의 독재화만은 막아야만 한다고 믿는 사람들은 대통령중심제보다는 의원내각제를 선호할 것이고, 독재화의 위험이 있더라도 강력한 통치권력의 수립 없이는 우리의 분단 상황과 경제현실에 대처할 수 없다고 생각하는 사람들은 의원내각제보다는 대통령중심제를 선호할 것이기 때문이다.

이와 같은 선택의 딜레마를 해결하기 위해 우리는 두 정부형태 중 어느 것이 못 될 확률이 높은가를 비교해 보자고 제안할 수 있다. 그러나 이것도 결코 용이한 일이 아니다. 권위주의체제 연구의 세계적인 대가인 후안 린츠(Juan Linz)는 수십 년간의 경험적 연구결과에 근거하여 대부분의 나라들에 있어서는 대통령중심제가 못 될 확률이 높다고 주장하고 있지만 민주적 하부정치구조가 성장하지 못한 우리의 정치현실에서 그 확률은 의원내각제에 있어서나 대통령중심제에 있어서나 대동소이할 것이라고 보는 것이 더욱 타당하다.

결국, 못 되는 경우에 어떤 정부형태를 택하는 것이 좋은가의 문제는 우리가 당면한 과제 중 어느 것이 시급한가에 따라 결정할 수밖에 없다. 사회적 혼란이 수반되더라도 독재를 막고 민주화를 하는 것이 시급한가, 그렇지 않으면 독재화의 위험이 있더라도 강력한 통치권력을 수립하여 분단현실과 경제현실에 대처하는 것이 시급한가? 한국의 역사적 발전단계를 고려할 때 오늘날 우리가 당면한 시급한 과제는 사회적 혼란이 수반되더라도 독재를 막고 민주화를 추진하는 일이 아닌가 생각된다. 대한민국 군의 현대화가 이미 오랜 기간에 걸쳐 진행되어 왔고 우리 경제는 쓰러질 듯 쓰러질 듯하면서도 성장을 지속하는 자생력을 보여왔기 때문이다. 다시 말해서 오늘날의 한국은 과거의 한국과는 달리 어느 정도의 사회적 혼란은 감당할 수 있는 능력을 가지고 있다. 한국의 발전단계가 이러할진대 우리가 의원내각제를 택하고 그것이 못 된다 하더라도 우리의 안보와 경제를 크게 위협하지는 않을 것이다. 그래도 안보와 경제가 걱정이 되는 경우에는 스위스의 경우와 같이 내각이 한 번 성립되면 4년의 고정임기를 갖게 하든가, 혹은 독일의 '건설적 불신임제'를 도입함으로써 내각의 안정을 제도적으로 도모할 수 있을 것이다.

이밖에도 의원내각제는 정당과 같은 민주적 하부정치구조를 발달시킬 것이다. 대통령중심제는 반드시 정당의 발달을 전제로 하는 정부형태가 아니다. 대통령중심제하의 한국의 정당은, 특히 집권정당은 권력에 의존하는 기생정당(寄生政黨)으로 최고 권력의 몰락과 더불어 침몰을 거듭해 온 것이다. 현대 한국의 대통령 정부사에 있어 정당은 통치권력의 액세서리 이상의 역할을 하지 않았다고 해도 과언이 아닐 것이다. 이에 반해 의원내각제는 정당의 발달을 조건으로 하는 정부형태이다. 정당의 발달이 먼저 있고 그 다음에 의원내각제가 성립했다는 말이 아니다. 역사적으로 의회가 먼저 생기고 그 구조 안에서 정당이 발달하여 의원내각제 정부를 안정되게 만든 것이다. 한국의 정당들도 의원내각제 정부의 수립과 더불어 발전하기 시작할 것이다.

III. 정통성의 위기와 정부형태

여태껏 우리는 비교정치학적 시각에서 의원내각제와 대통령중심제가 어떠한 정치적 결과를 초래할 것인가를 살펴보았다. 그러나 이러한 시각에만 근거하여 어떠한 정부형태가 바람직하다고 주장할 수는 없다. 만일 그 정부형태가 한국정치가 직면한 위기를 해소하는 데 무력하다면 우리는 그러한 정부형태를 채택해야 한다고 주장할 근거를 잃는 것이다. 왜냐하면 당면의 정치위기를 해소하지 못하는 정부형태는 원활하게 운영되기 어렵기 때문이다.

1986년의 정치적 위기가 제4공화국 때부터 시작된 통치권력의 정통성 문제로부터 연유하는 것이고 전두환 대통령의 임기 전 개헌이 이를 회복하기 위한 대책(對策)임은 이미 지적한 바와 같다. 그렇다면 의원내각제와 대통령중심제 중 어느 정부형태가 우리 정부의 정통성 회복에 보다 효과적인 정부형태인가? 원칙적으로 생각할 때 의원내각제든 대통령중심제든 양자가 모두 서구의 민주국가들이 채택하고 있는 정부형태이고, 특히 의원내각제는 대부분의 민주국가들이 채택하고 있는 만큼 한국정부의 정통성 회복에 있어 어느 한 정부형태가 더 나은 것은 아니다. 그러나 한국정치의 현실 속에서 의원내각제와 대통령중심제를 정통성 회복효과에 있어 비교한다면 거기에는 무시 못할 차이가 나타난다.

우선 첫째로 의원내각제는 식자층을 제외한 대부분의 국민들에게는 생소한 정부형태인 데 반해 대통령중심제는 우리 국민 모두가 잘 알고 있는 제도이다. 의원내각제로 개헌을 할 경우 우리 국민들은 정부형태가 과연 어떻게 바뀌는 것인지 생생한 느낌을 가지기 어려울 것이다. 이에 반해 대통령중심제는 지난 37년간 우리가 경험한 제도이기 때문에 현행 대통령중심제가 제1공화국이나 제3공화국의 대통령중심제와 유사하게 바뀐다고 하면 우리 국민들은 정부형태가 어떻게 바뀌는 것인지 실감할 수 있을 것이다. 우리는 제4공화국 이래 왜곡된 대통령중심제를 가져왔고 그것이 시정된다고 할 때 우리 국민들은 잘못된 정치가 이제는 고쳐지는구나 하는 느낌을 의원내각제로의 개헌에 있어서 보다 더욱 뚜렷하게 가질 수 있을 것이다.

둘째로 의원내각제에 있어서는 최고통치자를 국민이 직접 선출하지 않는 데 반해서 직선 대통령중심제에 있어서는 국민이 최고통치자를 직접 선출하기 때문에 국민 각자는 내가 뽑은 최고통치자라는 느낌을 의원내각제에 있어서보다는 직선 대통령중심제에서 더욱 생생하게 가질 수 있을 것이다. 특히 건국 이래 최고통치자인 대통령을 직접 선출한 경험을 가지고 있는 우리 국민들은 이러한 권리를 되찾기를 원하고 있는 것이다.

셋째로 의원내각제하에서는 그 정부를 수립하는 방법이 무수하여 국민 다수의 지지를 받지 않은 정치세력이 제도적 기교로 정권을 장악할 수 있다.

의원내각제 정부가 수립되는 방법으로 그 중요한 것만 소개해도 (1) 영국·캐나다·뉴질랜드와 같은 소선거구·최다수제, (2) 일본에서와 같은 중선거구(3~5인)·최다수제, (3) 독일에서와 같은 소선거구·최다수제와 대선거구·비례대표제의 혼합제, (4) 스위스나 벨기에에서와 같은 중선거구(7~8인)·비례대표제, (5) 이스라엘·네덜란드에서와 같은 전국구·비례대표제, (6) 제5공화국의 2인선거구·최다수제와 전국구·비례대표제의 혼합제를 들 수 있다. 이러한 선거제도 중 첫 번째의 소선거구·최다수제를 제외한 선거제도는 모두 야당진영을 분열시킬 것이고 그 때문에 집권당인 민주정의당에게 유리한 선거제도이다. 이러한 선거제도하에서는 민정당이 총유권자의 반을 훨씬 하회하는 35% 정도의 지지만 가지고서도 집권을 유지할 수 있을 것이다. 이뿐만 아니라 집권세력은 선거구의 획정에 있어서도 유리할 것이다. 1986년 당시의 국회의원 선거구만 하더라도 도시 선거구와 농촌 선거구의 불균형이 극심한 경우에는 5 : 1이나 되어 도시에서 약한 집권당에게 유리하게 되어 있다.

이에 반해 대통령의 선거방법으로는 여러 가지의 간선제가 모두 호소력을 잃고 있기 때문에 직선제 이외의 방법은 없고 대통령선거에 있어서는 전국이 하나의 선거구가 되기 때문에 선거구 획정에서 나타나는 불공평도 있을 수 없다. 다시 말해서 우리의 현실에 있어 국민 다수의 의사가 명백하게 나타나는 제도는 의원내각제라기보다는 직선 대통령중심제인 것이다. 의원내각제도 그것이 공평한 소선거구·최다수제로 수립이 된다면 국민

다수의 의사가 명백하게 나타날 수 있다. 그러나 의원내각제로의 개헌이 공평한 소선거구·최다수제에 의한 의원내각제를 반드시 의미하지는 않는다는 데 문제가 있다.

정부·여당은 일본·독일·스위스·벨기에·이스라엘·네덜란드와 같은 모범적 민주국가들이 채택하고 있는 선거제도 중 어느 하나나 그것의 혼합형을 채택하면 왜 그것이 불공평한 것이 되느냐고 이의를 제기할 수 있다. 여기서 왜 그러한가의 이유를 자세히 설명할 지면상의 여유는 없으나, 중·대선거구나 비례대표제가 이들 서구제국에 있어서는 다양한 사회세력을 모두 정치세력화시켜 주는 장점을 가지고 있는 데 반해 한국의 현실에서는 그러한 장점을 나타내기보다는 동질적 정치세력을 분열시키는 단점밖에 가질 수 없다는 것을 지적하고 싶다.

정부·여당은 프랑스의 사회당 정부가 얼마 전에 국회의원 선거제도를 그들에게 유리하게 개정했듯이 그들도 그들에게 유리한 선거제도를 가질 특권을 집권당이기 때문에 가질 수 있다고 주장할 수도 있다. 그러나 이러한 주장도 설득력을 가지기 어렵다. 왜냐하면 프랑스 사회당 정부의 수립과정과 한국의 제5공화국 정부의 수립과정에는 차이가 있기 때문이다.

이상의 논의에서 나타난 바와 같이 현 시점에 있어 한국정부의 정통성 회복을 위해서는 의원내각제보다는 직선 대통령중심제가 더욱 효과적인 정부형태이다. 그러나 의원내각제도 그것이 공평한 소선거구·최다수제에 의한 의원내각제라면 한국정부의 정통성을 회복시켜 주는 효과에 있어서 직선 대통령중심제보다 많이 뒤떨어진다고 말할 수는 없다. 이 경우의 의원내각제는 첫 번째, 두 번째의 문제점을 가지나 그것은 세 번째 문제와 같은 근본적 문제점은 아닌 것이다. 세 번째의 근본적 문제점이 해결된 의원내각제라면 첫 번째, 두 번째의 문제는 계몽으로 극복될 수도 있을 것이다.

Ⅳ. 정치·사회세력 간의 갈등과 정부형태

이상 우리는 비교정치학적 시각에서, 그리고 한국정부의 정통성 회복효과라는 관점에서 의원내각제와 직선 대통령중심제를 비교해 보았다. 그러나 어느 한 나라가 택하는 정부형태는 비교정치학적 판단으로 결정되는 것도 아니고 정통성 회복효과에 따라 결정되는 것도 아니다. 우리 사회에 있어 이러한 시각에서의 논의가 앞으로도 빈번하게 일어나고 여·야의 정치·사회세력은 이를 참고로 하겠지만 그러한 논의가 그들 각각의 정부형태 선택에 결정적인 영향을 미치지는 못할 것이다. 여·야가 각각 선호하는 정부형태는 궁극적으로 그것이 집권에 유리한가, 불리한가의 기준에 따라 결정된다고 보는 것이 더욱 타당하기 때문이다.

1986년 현재 정부·여당과 야당 및 재야세력이 각각 선호하는 정부형태는 서로 다르다. 정부·여당은 직선 대통령제에 대한 반대 입장을 확고히 세우고 중선거구(2~4인)·최다수제에 의한 의원내각제나 이와 유사한 정부형태를 고려하고 있다고 한다. 정부·여당 내 일각에서는 현행 간선 대통령제를 선호하는 세력도 있으나 대세는 의원내각제로 기울어져 있다고 한다. 야권의 중심세력인 신한민주당은 직선 대통령중심제를 오래 전부터 주장해 왔다. 신한민주당 내에 의원내각제를 공개적으로 주장하거나, 그렇지는 않더라도 이를 크게 반대하지 않는 세력이 있으나 신한민주당은 직선 대통령제 개헌을 당론으로 고수하고 있다. 신민당보다는 훨씬 진보적인 정치성향을 가지고 있는 재야 사회세력은 여·야의 개헌협상 자체를 미국의 조정을 받는 보수 양 세력의 기회주의적 민중기만술이라고 비난하고 있다. 그들 중에는 새로운 민중헌법의 제정회의를 주장하는 세력도 있지만 대부분은 직선 대통령제의 관철을 요구하고 있다.

정부·여당이 직선 대통령제를 반대하는 이유는 여러 가지가 있겠지만 그 중 하나는 이 제도하에서는 계속 집권할 가능성이 줄어든다는 데 있다. 제5공화국의 간선 대통령제도 정부·여당의 집권 유지에 크게 도움이 된다고는 볼 수 없다. 그것은 아시안게임과 올림픽을 위태롭게 하고 한국의 브라질화나 필리핀화를 유발시킬 위험성을 가지고 있기 때문이다. 제5공화국의 간선 대통령제는 신민당을 비롯한 여러 야당들과 재야 사회세력이 이에 반대한다는 점에서 정부·여당에 대해 연합전선을 펴는 것을 가능하게 해줄 것이다.

직선 대통령제를 채택하거나 제5공화국의 간선 대통령제를 그대로 유지할 경우 정부·여당이 당면할 이와 같은 위기를 해소하는 데 도움을 줄 정부형태가 의원내각제이다. 이미 지적한 바와 같이 공평한 소선거구·최다수제에 의하지 않은 의원내각제는 정부·여당의 집권 유지에 도움을 줄 것이다. 둘째로 의원내각제는 제5공화국의 간선 대통령제보다는 개선된 체제이므로 아시안게임과 올림픽을 위협하는 반체제운동의 명분을 약화시킬 것이고 한국의 브라질화나 필리핀화의 위험성에 일단은 제동을 걸 것이다. 셋째로 의원내각제는 그것이 잘만 추진된다면 야권과 재야 사회세력을 분열시키고 집권세력을 결속시킬 것이다. 의원내각제는 여당의원이든 야당의원이든 간에 의원들의 이해관계와 합치되는 정부형태이기 때문에 야당의 공식 입장에서 이탈하여 이를 지지하는 야당의원들이 나와 이의 국회 통과를 가능케 해줄 수도 있을 것이다. 또한 의원내각제는 집권세력이 후계자를 결정하는 데 있어 여유를 가질 수 있도록 해줄 것이다.

다음, 야당이 의원내각제를 반대하는 이유는 그것이 정부 · 여당에게 이상 논의한 바와 같이 유리하기 때문이다. 야당은 공평한 소선거구 · 최다수제에 의한 의원내각제하에서도 반드시 집권할 수 있다고 생각하지는 않을 것이다. 야당은 국회의원선거 결과에 큰 영향을 미치는 선거자금과 행정권력면에서 정부 · 여당에 크게 뒤지기 때문이다. 야당이 선거에 승리하여 국회의석의 과반수 이상을 차지한다 해도 그것이 그들의 집권을 보장해 주지는 않을 것이다. 정부 · 여당은 일부 야당의원들을 야권에서 이탈시킬 수 있는 경제적 · 권력적 자원을 가지고 있기 때문이다. 그리고 야당 내 계파 간 이해관계의 복잡한 상충을 고려할 때 이러한 가능성을 결코 배제할 수 없는 것이다.

의원내각제의 경우 야당이 직면할 이와 같은 문제를 해결해 주는 정부형태가 직선 대통령중심제이다. 야당은 직선 대통령제하에서는 승리할 수 있다는 자신을 가지고 있다. 이미 지적한 바와 같이 직선 대통령제는 집권세력이 제도적 기교를 발휘할 수 없는 정부형태인 것이다. 정부 · 여당이 가지고 있는 자금과 행정권력면에서의 프리미엄은 대통령선거와 같은 전국구선거에서는 그 영향력이 그렇게 크다고 볼 수 없다.

국회 내의 세력 판도를 고려할 때, 정부 · 여당의 개헌안은 국회 통과가 가능하나 야당의 직선 대통령제 개헌안은 통과가 불가능하다. 야당은 장외투쟁을 통해 집권세력이 후퇴하도록 하는 이외에는 그들의 개헌안을 관철시킬 수 없을 것이다. 그러나 한국의 집권세력은 아르헨티나 · 브라질 · 필리핀 등의 구집권세력과 같이 그들이 후퇴할 수밖에 없다는 결론에 다다르지 않고서는 후퇴하지 않을 것이다. 한국 집권세력이 그러한 결론에 다다르기 위해서는 아르헨티나의 경우와 같은 패전, 브라질의 경우와 같은 실정(失政), 필리핀의 경우와 같은 장기 집권의 폐단과 미국의 지지상실과 비슷한 정도의 사태가 발생해야 할 것이다. 현 집권세력이 그간 잘했다는 얘기가 아니라 한 정권의 후퇴는 그들이 가지고 있는 모든 권력자원이 소진된 후가 아니면 일어나기 어렵다는 말이다.

이러한 상황에서 야당이 선택할 수 있는 방향은 두 가지로 요약될 수 있겠다. 첫째는 야당이 어떠한 방식으로든 정부・여당과 타협하는 것이다. 이러한 타협에는 적극적인 것과 소극적인 것의 두 가지가 있을 수 있다. 적극적 타협은 야당이 집권세력으로부터 상당한 명분과 실리를 보장받고 그들과 타협하는 것이다. 소극적 타협은 야당이 현재와 같은 장외투쟁을 계속하다가 결국은 정부・여당 안에 따른 개헌을 묵인하는 것이다. 야당이 이 길을 택하는 데에는, 특히 적극적 타협의 길을 걷는 데에는 적지 않은 위험이 뒤따른다. 그것은 진보적 재야 사회세력이 이러한 타협을 반대하고 또 야당 내에도 이를 반대하는 강력한 세력이 있기 때문이다. 신민당이 1985년 2・12 총선 때에 바람을 일으킬 수 있었던 것은 재야 사회세력에 힘입은 바 크고 신민당이 그들의 지지를 상실한다면 앞으로 있을 선거에서 다시 야당 바람을 일으키기가 쉽지 않을 것이다.

둘째는 야당이 재야 사회세력과 비슷한 길을 걷는 것이다. 직선 대통령중심제 이외에는 일체의 타협을 거부하고 정부・여당이 이를 수락할 때까지 장외투쟁을 전개하는 것이다. 이 경우 야당은 새로운 헌법에 따른 선거에 참여할 수도 있고 이를 전면 거부할 수도 있겠으나 집권세력의 타도를 위한 장외투쟁 전략을 버리지 않을 것이다.

제5공화국 집권세력의 개헌안은 야당이 두 번째 길을 걷는다면 정통성 회복이라는 목표를 달성하는 데 있어 소기의 효과를 거두기 힘들 것이다. 집권세력은 야당이 의원내각제를 수락할 수 없다면 현행 간선 대통령제의 지속 이외에는 별 방도가 없다고 위협할는지도 모르겠다. 그러나 두 번째 길을 주장하는 야당 내 세력과 진보적 재야 사회세력은 그들의 투쟁대상으로 의원내각제로 옷을 바꿔 입은 집권세력보다는 간선 대통령제의 옷을 입은 집권세력을 선호할 것이다. 간선제의 문제점은 야당이 특별히 홍보를 하지 않아도 우리 국민들이 모두 잘 알고 있기 때문이다.

의원내각제와 대통령중심제를 둘러싼 이와 같은 정치・사회세력 간의 갈등이 어떻게 결판이 날지는 아직 불확실하다. 그 결판은 양 세력 간의 힘의 균형점이 어디에 있는지에 따라 결정될 것이지만 정부・여당이 야당이 타협의 길을 택할 수 있도록 여건을 조성해 주는 이외에는 평화적 결판의 방도가 없다. 이러한 타협의 길을 모색하는 데 있어서 야당이 그 주도권을 잡기는 어려운 만큼 정부・여당은 야당이 타협을 할 수 있는 명분과 실리를 먼저 제공해야 할 것이다. 집권세력은 이러한 양보를 주저할지 모르나 이 길이야말로 '큰 정치'인 것이다. 이러한 타협의 방법에는 정치가 '가능성의 예술'인 만큼 직선 대통령제를 포함해서 여러 가지가 있을 수 있으나 공평한 소선거구·최다수제에 의한 의원내각제 개헌도 그 한 가지 방법이라고 할 수 있겠다. 공평한 소선거구·최다수제에 의한 의원내각제는 처음에 지적한 의원내각제 정부의 장점을 가질 뿐만 아니라 국민 대다수의 의사가 명백하게 반영되는 정부형태이기 때문에 두 번째로 말한 정통성 회복효과도 큰 제도인 것이다. 그러나 여·야 간의 어떠한 타협에도 언론·출판·결사의 자유보장, 교육계·노동계 등 사회의 민주화, 사법권의 독립과 같은 광범위한 분야에 걸친 민주화가 선행되어야 할 것이다. 이러한 민주화가 없는 여·야의 타협은 민의(民意)를 배반하는 것이기 때문이다.

제18장

개헌논의의 방향

이 글은 2009년 가을에 쓴 글로 그 해 여름 국회의장 직속 헌법연구자문위원회가 제안한 개헌안의 문제점을 지적한 글이다. 이 글은 이 개헌안이 정파적 이해관계를 어떻게 반영하고 있는 가에 대해서도 논의하고 있다.

고 노무현 전 대통령은 2007년 초 대통령 5년 단임제를 임기 4년에 1회에 한하여 연임할 수 있는 4년 중임 대통령제로 고치자는 개헌 제안을 하였다. 단임 대통령제는 대통령이 일단 당선된 후에 얼마 되지 않아 레임 덕 대통령이 되고 국민들이 책임을 물을 수 없는 무책임 대통령이 되는 단점과 단임 대통령의 5년 임기와 국회의원 및 지방자치단체장과 의원들의 4년 임기가 서로 맞지 않아 선거를 거의 매해 실시해야 하는 문제점을 가지고 있었던 것을 배경으로 한 개헌 제안이었다.

그는 2007년 3월 쯤 개헌안을 발의하고 상반기 안에 국민투표를 거쳐 개헌안을 확정하려는 계획을 세웠었다. 2008년은 20년 만에 대통령 임기와 국회의원 임기가 같은 해에 끝나는 해이므로 2007년 개헌을 하면 대통령선거와 국회의원선거를 비슷한 시기에 실시할 수 있다고 강조하였다. 대통령은 2013년 2월에 임기가 만료되고 국회의원은 2012년 5월에 임기가 만료되는 차기정부에서는 대통령의 임기를 9개월 정도 단축시키지 않으면 대통령 선거와 국회의원 선거를 비슷한 시기에 실시하는 개헌이 불가능하게 되어 있기 때문에 2007년에 개헌을 해야 한다고 주장하였다. 이러한 맥락에서 최근 민주당의 한 의원은 개헌논의를 위해서는 이명박 대통령이 스스로 임기를 9개월 줄일 수 있는 결심이 선행되어야 한다고 주장했다.

한나라당은 당시 이러한 개헌안의 내용에 대해서는 반대하지 않았지만 유리한 대선판도를 동요시킬 우려가 있다고 보고 이 제안을 수용하지 않았다. 그 대신 동당의 원내 대표는 18대 국회에서 개헌특위를 구성해 국회가 개헌논의를 주도하고, 4년 중임제를 비롯해 모든 내용을 논의하고, 다음 대통령 임기 중 개헌을 하는 것이 한나라당의 당론이라고 2007년 4월 발표하였다.

한나라당은 예상대로 집권하였고 동당 출신의 국회의장은 직속에 헌법연구자문위원회를 설치하여 1년 동안의 연구결과로 두 가지 개헌안을 2009년 8월 28일 제안하게끔 하였다. 제1안은 명목상 이원정부제이나 사실은 내각제에 가까운 이원정부제라고 볼 수 있고, 제2안은 대통령의 권한이 약화되고 국회의 권한이 대폭 강화된 4년 중임의 정·부통령제이다. 그는 이러한 개헌이 대통령에게의 권한 집중과 여야의 극한투쟁을 막고 한국에 선진화시대를 열수 있는 관건이라고 주장하고, 내년 지방선거 이전에 개헌을 완료하기 위해 최선을 다하겠다고 말하였다.

그러나 이번 개헌안은 노 전 대통령의 개헌안 보다 여야가 합의하고 국민적 공감을 얻기가 더 어려울 것 같다. 노 전 대통령의 개헌안은 현행 정부권력구조는 그대로 둔 채 단순히 5년 단임 대통령제를 4년 중임제로 고치고 대통령 선거와 국회의원 선거 시기를 일치시켜 대통령의 권한과 책임을 강화하는 개헌안이었으나 이번 안은 제1안이든 제2안이든 현행의 정부권력구조를 근본적으로 바꾸는 안이기 때문이다. 이번 안은 대통령의 권한은 대폭 축소시키나 국회의원들의 권한은 대폭 강화하는 안으로 다음 세 가지의 중대한 문제점을 가지고 있다.

우선 첫째로 이번 안은 통치자에게의 권력집중은 나쁘다는 전제를 가지고 통치자의 권한을 약화시키는 안인데, 이것은 개헌의 올바른 방향이 아니다. 현재 선진민주주의 국가들은 모두 대통령이나 총리에게 권력이 집중되는 정부권력구조를 가지고 있다. 현재 미국의 대통령이나 이원정부제를 가졌다는 프랑스의 대통령이나 유럽제국의 의원내각제 총리나 모두 막강한 권한을 가지고 있다.

미국 대통령은 삼권분립구조의 제약을 받고 있지만 국회에 그가 소속한 정당의 의원들을 통해 법률안을 제출하고 국회통과 법률안을 거부하고 우리나라 대법원과 헌법재판소의 권한을 다 가지고 있는 연방대법원의 판사들을 모두 임명하는 권한을 가지고 있다.

프랑스의 이원정부제는 21세기에 들어와 우리나라의 대통령 중심제와 비슷한 정부권력구조로 바뀌었다. 프랑스는 2000년 대통령의 임기를 7년에서 5년으로 단축해 대통령 임기와 하원 의원 임기를 일치시키고 대통령과 하원의 선거도 비슷한 시기에 실시하고 있다. 그 결과 대통령과 총리의 소속정당이 달라 소위 우파와 좌파가 한 정부 내에 동거하는 현상은 더 이상 나타나고 있지 않다. 2002년과 2007년 선거에서 모두 우파정당의 대통령 후보가 당선되고 이 정당이 하원에서도 과반수이상의 의석을 차지하여 내각도 담당하게 되었다. 프랑스의 이원정부제는 더 이상 이원정부제가 아니고 실질적으로는 대통령 중심의 일원정부제이다.

의원내각제는 우리나라에서는 제2공화국의 경험 때문에 약한 정부형태라고 생각하는 국민들이 많으나 정부조직의 원칙 면에서는 대통령중심제 보다 더 강력한 정부형태이다. 대통령중심제가 행정부, 입법부, 사법부 간의 견제와 균형을 목표로 하는 삼권분립체제인데 비해 의원내각제는 입법권과 행정권의 융합체제이기 때문이다. 독일의 아데나워 수상이나 영국의 대처 수상을 생각하면 이 정부형태가 얼마나 강력한 정부형태인가를 쉽게 이해 할 수 있을 것이다. 그리하여 미국의 대표적 정치학자인 칼 도이치는 할 일이 산적해 있는 후진국들은 대통령 중심제 보다 의원내각제를 택하는 것이 좋다고 주장하기도 하였다.

세계화와 정보화 시대를 맞이하여 대통령이든, 총리든 통치자에게의 권력집중현상은 어느 나라에서나 강화되고 있다. 통치자가 시시각각으로 일어나는 국내외의 여러 가지 문제들에 신속히 대처하지 않으면 그 나라는 무한경쟁시대에 다른 나라에 뒤떨어지게 되기 때문이다. 우리나라의 장래도 정부가 현명한 정책결정을 얼마나 신속하게 내리고 실천에 옮기느냐에 달려있다. 이번의 개헌안은 이러한 시대적 요구를 전혀 고려하지 않은 개헌안이라는데 문제가 있다. 대통령의 권한이 강한 현행 대통령제에서도 이명박 대통령은 한국의 선진화를 위해 자신이 선거 때 내걸었던 공약을 실행에 옮기는데 커다란 어려움을 겪고 있다. 이번 개헌안은 두 안 모두 이러한 어려움을 배증시키는 개헌안이다.

개헌안의 제1안은 명칭만 이원정부제이지 사실은 의원내각제라고 보아도 무방한 정부권력구조이다. 이를 채택할 경우 과연 이 정부형태가 유럽제국이나 일본에서와 같이 안정되고 강력한 정부형태로 작동할 수 있을지, 그렇지 않으면 우리나라의 제2공화국, 독일의 바이마르 공화국, 프랑스의 제4공화국과 같이 정치적 불안정과 혼란만을 야기하는 정부형태로 전락할지에 대해서는 판단이 어렵다. 안정된 의원내각제를 가지고 있는 나라들은 모두 왕이나 천황을 가지고 있고 오랜 세월에 걸쳐 정치발전을 거듭한 나라들인데 비해 우리나라는 그렇지 못하기 때문이다. 그러나 우리나라에 의원내각제의 조건이 아직 성숙되어 있지 못하다 해도 이 정부형태가 영국과 같이 소선거구 · 단순다수투표제와 결합할 때에는 강력한 정부형태로 발전할 가능성이 있는데 반해, 현 집권세력이 고려하고 있는 중대형선거구 · 비례대표제와 결합할 때에는 불안정한 정부형태로 전락할 가능성이 농후하다고 본다. 전자의 선거제도는 과반수이상의 의석을 차지하는 정당을 창출해 내나 후자의 선거제도는 그렇지 못하고 정당의 난립을 조장하기 때문이다.

의원내각제의 또 하나의 문제점은 의원내각제 정부가 재벌과 대기업들의 하수인 정부로 전락할 위험성이 있다는 점이다. 선진국들에서도 의원내각제는 처음에는 이러한 정부로 전락하는 경향을 보였었다. 한국에서도 의원내각제를 택하면 의원들이 재벌이나 대기업에서 관리하는 의원들로 전락하여 정치자체가 금권정치로 전락할 위험성을 다분히 가지고 있다.

개헌안의 제2안은 대통령의 권한을 현행 헌법에서 보다 크게 축소하고 국회의원들의 권한을 대폭 강화하고 있는데, 이와 같이 축소된 권한으로 대통령이 과연 정부를 효율적으로 운영할 수 있을지 의문이다. 특히 대통령의 법률안 제출권 폐지는 대통령의 정책능력을 저하시킬 것이다. 미국 대통령도 법률안 제출권이 없으나 여당과 항상 유기적 관계를 유지하고 있기 때문에 여당을 통해 그의 정책을 법률안으로 국회에 제출하는데 아무 문제가 없다. 그러나 한국의 경우 현재 대통령과 여당은 이와 같은 유기적 관계를 가지고 있지 않다. 민주화 이후 노태우 대통령은 3개월, 김영삼 대통령은 4개월, 김대중 대통령은 10개월, 노무현 대통령은 12개월 동안 당적을 갖지 않고 통치를 했는데, 대통령이 법률안 제출권을 가지고 있지 않았더라면 이 기간 동안 대통령은 그의 정책을 법률화하는데 보다 큰 어려움을 겪었을 것이다.

둘째로 이번 개헌안은 대통령의 권한을 축소하고 국회의원들의 권한을 확대하는 데만 몰두한 나머지 오늘날 한국정치가 안고 있는 문제점들을 해결하는 일에는 전혀 관심을 쏟고 있지 않다. 현재 한국정치는 세 가지의 중요한 문제를 가지고 있다. 첫번째는 여야와 노사간의 극한투쟁이다. 선진민주주의 국가에서와 같이 갈등을 의회에서 제도적으로 해결하지 않고 가두투쟁으로 해결하려는 경향이 자주 나타나고 있다. 야당은 소수 의석을 가지고 있어도, 다시 말해 국민의 소수만을 대표하고 있어도 다수 의석을 가지고 있는 여당이 전체국민들의 의사를 무시하고 있다고 주장한다. 그리고 이러한 주장이 전혀 근거 없다고 말할 수도 없다. 국민들이 국회의원 선거 때에는 여당에게 다수의석을 주었다고 해도 1, 2년이 지나면 그들의 의사가 다시 바뀔 수도 있기 때문이다. 예를 들어 미디어법이나 비정규직 법안을 둘러싼 여야 간의 갈등에서 야당은 가두에서 국민들의 지지를 받을 수 있다고 믿기 때문에 가두투쟁으로 나가는 것이다. 그러나 이와 같은 가두투쟁은 정치와 경제를 혼란시키는 커다란 사회적 비용을 유발시켜 한국의 선진국 진입을 방해하고 있다.

이번 개헌안은 이 중요한 문제를 해결하는데 도움이 되는 제도개혁을 포함하고 있지 않다. 미국에서는 하원 의원의 임기가 2년이고 모든 중요한 이슈는 선거를 통해서 판가름이 난다. 우리나라도 국회의원 임기를 2년으로 단축하면 국회의원 선거를 통해서 중요한 정책적 이슈들에 대한 국민들의 의사를 2년마다 물어볼 수 있고 그 결과대로 정책결정을 하면 가두투쟁은 그 빈도가 훨씬 줄어들게 될 것이다. 이러한 임기단축은 당사자인 국회의원들이 반대할 것이지만 그래도 개헌안에 넣을 수 있는 성질의 것인데 그렇게 되어있지 않다. 이번 개헌안은 미국에서와 같이 임기 6년의 상원 수립을 제안하고 있기 때문에 현 국회의원의 임기를 미국과 같이 2년으로 단축해도 국회의 안정성 유지에는 아무 문제가 없다.

한국정치의 두 번째 문제점은 정당의 유동성이다. 미국의 공화당과 민주당, 영국의 보수당과 노동당 등 구미의 정당들은 100년 이상의 오랜 역사를 가지고 있다. 우리나라 정당은 창당하고 부수고 다시 창당하고 다시 부수는 일이 다반사로 일어나는 하루살이 정당이라고 해도 과언이 아니다. 이러한 정당을 국민들이 신뢰할 수 없고 국민들은 정당 정체성을 가질 수 없다. 여야당을 막론하고 어느 정당이든 제도화되어 있지 못하고 언제 깨질지 모르는 상태에 있다. 이러한 정당을 가지고는 정치를 잘 할 수 없다. 안정된 훌륭한 기업체 없이는 경제가 잘 될 수 없는 것과 마찬가지로 안정된 훌륭한 정당이 없이는 정치가 잘 될 수 없다. 한국의 정당이 구미의 정당과 마찬가지로 제도화된 정당으로 성장하기 위해서는 아직도 많은 시간이 필요하지만 이번 개헌안은 정당의 제도화에 도움이 되는 내용을 가지고 있지 않다. 제3공화국시대에는 정당정치를 정착시키기 위해 정당공천을 받은 사람만이 공직 선거의 후보가 될 수 있고 국회의원은 소속정당을 탈당하면 의원직을 잃게끔 되어있었다. 개정헌법에 꼭 이런 내용을 포함시키라는 얘기가 아니라 정당의 유동성을 막고 제도화에 도움이 되는 내용에 대해 고민했다는 흔적이 이번 개헌안에는 전혀 없다는 얘기이다.

한국정치의 세 번째 문제는 두 번째 문제와 관련이 있지만 한국의 대통령 중심제가 정당중심의 통치체제가 아니라 대통령의 측근이나 가신들 중심의 사적통치체제로 전락하는 경향이 있다는 점이다. 대통령의 참모조직은 집권당 당원은 아니지만 선거 때 그를 도운 교수, 언론인, 관료 출신들이 이끌어가고 행정부의 장차관은 해당 부처에서 경력을 쌓은 관료들이 맡는 것이 상례이다. 미국에서는 집권당의 인사들이 참모조직 뿐만 아니라 행정부의 장관부터 국장까지의 자리를 차지하고 국정을 이끌어 간다. 대통령과 여당은 인사면에서나 정책면에서나 유기적인 관계를 유지하고 있다. 한국의 대통령과 여당은 이러한 유기적인 관계가 약하다. 노무현 대통령 때에는 대통령이 여당과 갈등을 일으킬 때가 많았고 현재의 이명박 대통령도 인사와 정책을 여당과 유기적 관계를 가지고 하고 있지는 않다. 이 문제를 해결하기 위해서는 여당 인사들을 대통령 참모조직과 행정부 고위직에 임명해야 하는데 개헌안 제2안의 대통령 중임제 안은 의원과 각료의 겸직을 금하고 있다. 여당 의원들이 장관직을 맡음으로서 대통령과 밀접한 관계를 맺고 정부에서 경험을 쌓는 것이 중요한데 이러한 길을 막아놓고 있는 것이다.

이번 개헌안은 한국의 선진화에도 도움이 안 되고 한국정치의 문제점들을 해결하는데도 도움이 되지 않는다. 이번 개헌안으로 여야 간의 극한투쟁을 막을 수 있다고 하는데 어떻게 막을 수 있는지 이해하기 어렵다. 미디어법, 비정규직법, 대북정책 등에 있어 서로 타협하기 어려운 정책을 가지고 있는 한나라당과 민주당이 의원내각제에 경도된 이원정부제를 선택한다고 해서, 혹은 대통령의 권한이 약한 4년 중임 정・부통령제를 채택한다고 해서 그 갈등을 해결할 수 있는 것은 아니다. 이 두 당이 연립정부를 만들 수 있게 헌법개정을 한다고 해서 이러한 갈등을 해결할 수 있는 것도 아니다. 서로 타협하기 어려운 정책들에 대해서는 선거를 통해 국민들의 선택을 받아 집권한 정당의 정책을 정부의 정책으로 하는 것이 갈등의 민주적 해결방식이다.

셋째로 이번 개헌안은 국민들의 공감 보다는 정파적 이해관계를 우선시하고 있다는 문제가 있다. 여태까지의 헌법도 사실은 정파적 이해관계, 즉 정치 엘리트들의 권력이익을 반영하는 것이었다. 제1, 2, 3, 4, 5공화국의 헌법은 이승만 대통령, 민주당 지도부, 박정희 대통령, 전두환 대통령의 권력이익을 각각 반영한 헌법이었다. 제6공화국의 헌법은 노태우, 김영삼, 김대중 대통령의 권력이익을 반영하는 것이었다. 세 사람 모두 5년 단임제라면 대통령 당선을 위해 재수, 삼수를 할 수 있는 기회를 보장받는 것과 마찬가지였기 때문에 중임제 보다는 단임제를 선호한 것이다. 국정운영에 있어 단임제 대통령이 갖는 문제점들을 해결하는 중임제 보다는 그들 각각에게 재수, 삼수의 기회를 주는 단임제를 선호한 것이다. 그러나 제1, 3, 6공화국의 민주주의 헌법은 정파적 이해관계뿐만 아니라 각각 국민들의 공감도 반영하는 헌법이었다. 건국 초기 건국사업을 신속히 추진하는 데는 대통령 중심제가 더 적합하다고 본 이승만 대통령, 근대화 작업을 위해서는 강력한 대통령이 필요하다고 본 박정희 대통령, 장기집권과 독재의 재발을 막기 위해서는 단임제가 좋다는 노대통령과 두 김대통령의 의사에는 국민들이 공감할 수 있는 부분이 컸다.

이번의 개헌안에 대해서 여당 원내대표는 대통령 중임제는 제왕적 대통령의 권력독점의 폐해와 장기집권의 위험도 크기 때문에 반대하고, 한나라당과 민주당이 연립정부를 만들어 지역감정도 상당히 해소할 수 있는 이원정부제의 분권형 대통령제를 선호한다고 밝혔다. 이에 반해 차기 대통령 선거의 유력주자인 박근혜 의원측은 대통령의 레임 덕 현상과 무책임성 문제도 해결하고 대통령에게의 권력집중 문제도 해소시킬 수 있는 총리를 국회가 선출하고 총리가 내각제청권을 갖는 대통령 중임제 개헌을 선호한다고 밝혔다. 민주당 원내대표는 이번 개헌안이 금년 10월 재보선과 내년 5월 지방선거에서 이명박 정부의 실정을 호도하고 개헌이라는 대형이슈로 국면전환을 꾀하는 전략이고 이원정부제 개헌을 통해서 박근혜 의원에게는 껍데기 대통령직을 주고 소위 친이계가 실권 총리직을 갖겠다는 권모술수라고 비난했다.

이미 개헌문제가 정파적 이해관계를 실현하려는 수단에 불과하다는 인식이 여야 정치인들뿐만 아니라 국민들에게도 전파되고 있다. 한나라당의 친이계는 의원내각제에 가까운 이원정부제에서, 그리고 친박계는 대통령 중임제에서 그들의 권력이익이 각각 최대화될 수 있다고 보고, 민주당은 일단은 이러한 개헌논의에 말려드는 것 자체가 그들에게 불리하다고 보고 있다.

한나라당이 개헌을 추진하기 위해서는 우선은 한나라당 내에 합의가 있어야 하는데, 이것도 어려울 전망이다. 한나라당 내의 합의가 없는 상황에서 집권세력인 친이계가 그들의 권력이익에 맞는 의원내각제에 가까운 이원정부제를 추진하려면 친박계를 무시하고 민주당을 비롯한 야당들과 손을 잡는 길 이외에는 없다. 이 경우 친이계는 한나라당이 의석수에 있어 손해를 보더라도 중대형 선거구·비례대표제와 같은 야당들에게 유리한 선거제도를 제공하고 야당의 협조를 구할 수 있다. 그러나 이 경우에도 야당들이 협조할 것이라는 보장은 없다. 친이계의 개헌안에 따라가는 것 자체가 정국 운영의 주도권을 그들에게 내 주는 것이기 때문이다. 친박계가 선호하는 대통령 중임제 개헌도 그것이 원래는 노무현 전 대통령이 제안한 것이지만 성사되기 어려울 것이다. 친이계와 야당들이 그들의 권력이익에 위배된다고 계산할 것이기 때문이다.

그러나 이러한 정파적 이해관계가 조정된다 해도 그것만으로 개헌이 되는 것은 아니다. 국민들의 공감이 없이는 개헌은 어렵기 때문이다. 아니, 정파적 이해관계의 조정 자체가 국민들의 공감에 영향을 받을 것이다. 대통령 중임제는 권력독점의 폐해를 아직도 크게 가지고 있는가? 장기집권의 위험성이 아직도 큰가? 대통령 단임제의 레임 덕 현상과 무책임성의 폐해가 큰가? 대통령 중임제는 단임제의 레임 덕 현상과 무책임성의 문제를 해소할 수 있는가? 이 문제의 해결은 시급한가? 개헌제안 자체가 국면 전환용에 불과한가? 이 질문에 대한 국민들의 공감 정도에 따라 이번 개헌안의 운명은 결정될 것이다.

요약건대, 이번 개헌안은 두 안 모두 현행 헌법보다도 더 많은 문제를 가지고 있는 개헌안이다. 세계화와 정보화 시대에도 맞지 않고 한국정치의 고질적 문제점들의 해결에도 도움이 되지 않고 정파 간의 합의도 없고 국민적 공감도 미약한 개헌안이다. 그리하여 한나라당 내에서도 이 안은 그냥 참고만 하고 국회에서 개헌특위를 만들어 개헌논의를 새롭게 하자는 말이 나오고 있는데, 이번에 개헌논의를 한다면 그렇게 해야 할 것이다.

정치가 잘 되면 경제, 사회, 문화가 다 잘되고 정치가 잘못 되면 경제, 사회, 문화가 모두 잘못 된다. 오늘날 많은 국민들이 한국정치가 잘못되고 있다고 생각하고 있고 정치에 대한 불신감은 과거와 마찬가지로 높다. 이러한 정치를 개선하기 위해서는 제도개혁과 정치인들과 국민들의 정치의식변화가 필요하다. 그러나 정치의식변화가 일어나는 데에는 많은 시간이 걸리기 때문에 우선은 제도개혁부터 시작해서 정치를 개선해 나가야 한다. 제도개혁이 한국의 정치문제를 완전히 해결해 주는 것은 아니나 이를 해결하는데 도움이 되기 때문이다. 한국은 지난 60여 년 동안에 많은 제도변화를 겪었다. 현재의 헌법이 여섯 번째의 헌법이니 여섯 번의 커다란 제도변화가 일어났다. 이제 여섯 번째 정치제도에 문제점들이 뚜렷하게 나타나기 시작했다. 이 문제점들을 해결하기 위해서는 어떠한 제도개혁이 필요한지 각 정당이 안을 내고 이 안에 기반해서 개헌논의를 해야 할 것이다. 각 정당은 이 안을 가지고 다음 국회의원 선거와 대통령 선거에서 국민들의 평가를 받아야 할 것이다.

미국식 중임대통령제, 프랑스식 중임대통령제(이원정부제), 영국식 의원내각제는 모두 우리의 고질적 정치문제를 해결하는데 한국의 현행 5년 단임 대통령제보다 도움이 된다고 생각한다. 각 정당의 국회의원들은 이 세 나라의 정부권력구조에 대해 면밀히 공부하고 한국의 선진국 진입을 위해서 어느 것이 가장 적합한지를 판단해야 할 것이다. 정당의 지도자들은 정파적 이해관계를 가지고 있기 때문에 그들에게 어느 것이 제일 유리한지 판단할 수 있을 것이고 이에 기반해서 당론을 정하면 될 것이다. 그들이 이 세 나라의 제도 중 어느 하나를 택한다면 정파적 이해관계를 따른다고 해도 무방하다고 본다.

여기서 특히 첨언하고 싶은 점은 개헌안 제1안의 이원정부제는 우리가 이원정부제 하면 머릿속에 떠올리는 프랑스의 이원정부제와는 전혀 다른, 혹은 정반대되는 정부형태라는 점이다. 현재 프랑스의 이원정부제는 대통령제와 거의 같고, 이러한 이원정부제는 우리의 현행 단임대통령제의 문제점들을 많이 해결해 줄 수 있다고 본다. 프랑스의 대통령은 중임할 수 있고 외교, 국방, 내치에 걸치는 방대한 권한을 가지고 있으나 대통령의 통치행위는 의회의 불신임이나 감사의 대상이 아니다.

제19장

한국의 의회정치, 무엇이 문제인가?

의회에는 미국과 같은 삼권분립 체제하의 의회, 유럽 제국과 같은 의원내각제하의 의회, 후진국의 "고무도장"(rubber stamp) 의회의 세 가지 모델이 있다.

미국형 의회에서는 대통령의 정책이 거의 모두 의회의 심의와 견제를 받고 있고, 또 의회 자체가 정책을 대통령에게 제시하기도 한다. 의회의 다수 의석을 대통령이 소속한 정당이 차지하고 있든 그렇지 않든간에 의회는 대통령으로부터 독립적인 입장을 견지하고 있다.

유럽형 의회에서는 수상의 정책에 대한 토론은 있으나 그의 정책은 의회 내 과반수 이상의 의원들의 지지를 받기 때문에 대체로 그대로 통과된다. 정책에 대한 실질적인 논의는 당내에서 이루어진다.

"고무도장" 의회는 미국과 같이 의회 내에서의 독립적인 논의도 없고 유럽 제국에서와 같이 정당 내에서의 활발한 논의도 없이 대통령이 결정한 정책을 승인해 주는 고무도장만을 찍는 역할을 한다. 우리나라 의회는 오랫동안 "고무도장" 의회였고 민주적 헌정질서가 다시 수립된 1988년 이후에도 이러한 상황이 크게 변하고 있지는 않다. 대통령이 소속한 정당의 의회 내 다수파 의원들은 대통령의 정책을 실질적인 심의 없이 지지하는 "고무도장" 역할만을 여전히 하고 있는 것이다.

제6공화국시대 초 이와 같은 우리 의회의 문제점을 지적한 이 글을 쓰는 데는 박찬욱 교수의 도움을 아주 많이 받았다.

제6공화국의 의회는 제5공화국시대, 아니 그 이전 어느 시기와 비교한다고 하더라도 그 활성화에 보다 호적한 제도적 조건을 구비하고 있다. 의회는 국정감사권을 다시 갖게 되었고, 청문회제도를 도입하였고, 의회 전체 개회일수의 제한을 철폐하였다. 대통령은 의회에 대해 법률거부권을 가지고 있을 뿐 의회해산권과 같은 더 이상의 의회견제권한을 가지고 있지 않다. 이뿐만이 아니다. 제6공화국의 13대 국회는 소위 여소야대국회로 국회 사상 처음으로 여당이 과반수 이상의 의석을 차지하고 있지 못하고 이에 따라 의장단과 각 상임위원회 위원장직을 여야가 서로 나누어 맡고 있다.

제5공화국의 12대 국회까지의 의회는 집권세력에게는 권위주의적 독재에 어느 정도의 정당성을 부여하는 수단이었고, 이를 반대하는 야당세력에게는 시민의 기본권과 정치적 자유 및 경쟁 등의 민주적 권리 확보를 위한 투쟁을 전개할 수 있는 활동공간이었다. 의회는 실로 오랫동안 체제문제를 둘러싸고 여야가 격돌하는 장소였지, 선진민주주의국가의 의회와 같이 정책활동과 대표활동과 사회통합활동으로 충만한 장소는 아니었다. 이제 우리 의회는 바로 지적한 바와 같이 이와 같은 의회 본연의 활동을 할 수 있는 제도적 조건을 구비하였으나 권위주의시대의 타성을 청산하지 못하고 있고 민주화 시대의 도전에 잘 대응하지 못하고 있다.

의회의 정책활동은 입법활동과 행정부 감독활동으로 구성된다. 행정부 감독활동은 국정감사와 조사, 청문회, 예산심의와 결산심의, 기타 여러 가지 건의안, 결의안, 동의안, 그리고 대정부 질문을 통해서 이루어지고 있다. 과거 권위주의적 통치시대에 자리잡은 정부와 여당 주도의 입법활동은 민주화 시대의 여소야대 제13대 국회에 있어서도 그대로 지속되고 있다. 특히 제13대 국회는 권위주의적 통치시대에 만들어진 여러 가지 악법을 철폐하고 민주화 시대에 걸맞는 새로운 법을 입법할 역사적 사명을 가지고 있으나 이러한 입법활동이 여태까지는 상당히 저조하다. 이와 같은 작업은 과거 민주화 투쟁을 벌여온 야당들이 앞장서서 추진해야 할 것이나 그들은 서로 협력하고 있지 못한 실정이다.

제13대 국회에서 두드러지게 나타나는 활동은 행정부 감독활동이다. 이 감독활동은 권위주의적 통치시대와는 비교가 안 될 정도로 활발하게 진행되고 있고 이러한 활동이 오랜만에 재개되었다는 사실 하나만도 긍정적 평가를 받을 만하다. 그러나 새 국회의 이러한 활동에도 많은 문제점들이 지적되고 있다. 국정감사에 있어서는 의원들이 사전준비를 소홀히 했다든가, 국정 전반에 대한 파악과 정책대안이 없이 비리추궁과 폭로에 일관했다든가, 중복감사를 했다든가, 자료제출 요구와 증인출두 요구를 무리하게 한 점도 있었다든가, 감사 후 정부의 조치에 대한 감독을 철저히 못하고 있다든가 등의 지적이 있다. 청문회 활동에 있어서는 사실 파악보다는 도덕적 비난에 너무 치우쳤다든가, 중복심문이 많았다든가, 일부 의원들이 어느 특정 증인에게는 아부하는 태도를 보였다든가 등의 비판이 있다. 예산심의와 결산심의에 대해서도 상당한 비판이 나오고 있다. 예산·결산 심의에 있어서는 여당은 정부예산안의 타당성과 이의 조속 통과만을 강조하고 야당은 구체적인 대안을 제시하지 못하는 경우가 많았다든가, 예결위가 한시적 특별위원회이기 때문에 전문성이 낮다든가, 결산은 그야말로 형식에 불과하다든가의 지적이 있다. 건의안, 결의안, 동의안은 아직도 요식행위 이상이 아니라는 비판이 있고 대정부 질문에 대해서는 구체적이고 실질적인 정책 비판이 약하고 여당의원들은 정부 입장을 재확인하거나 충고하는 질문 아닌 질문으로 일관하고 있다는 지적이 나오고 있다.

이렇게 볼 때 제6공화국 의회의 정책활동은 과거보다는 나아지고 있으나 우리 국민들을 만족시키기에는 상당히 미흡하다는 것을 알 수 있다. 우리 의회는 여·야 간의 정책심의활동을 통해서 보다 훌륭한 정책을 생산하는 장소가 되지 못하고 있는 것이다. 의회의 정책활동이 앞으로 나아지겠지만 의원들의 정책활동을 규정하고 있는 다음과 같은 구조적 문제점을 생각하면 그들의 정책활동이 단시일 내에 개선될 것 같지는 않다.

첫째로 의회의 정책활동이 활성화되기 위해서는 의원들의 자율성이 필요하나 우리 의원들은 이와 같은 자율성을 가지고 있지 않다. 한국은 대통령중심제를 채택하고 있음에도 불구하고 우리 의원들은 의원내각제를 채택하고 있는 나라의 의원들보다 더욱 철저하게 당의 지시에 따라 행동하고 있다. 선진민주주의국가의 의원들은 상호간의 관계가 기본적으로는 수평적이나 우리나라 의원들은 여야를 막론하고 당 총재 → 실력자의원 → 일반의원들의 순으로 수직적 후견인-수혜자 관계를 형성하고 있기 때문에 당의 지시로부터의 이탈은 거의 불가능한 것이다. 우리 국회는 제6대 국회 이후부터 공식적으로 미국의회와 마찬가지로 상임위원회 중심주의를 채택하였으나 우리 의원들은 미국의 국회의원들이 가지고 있는 자율성을 가지고 있지 않기 때문에 활발한 정책활동을 보여주고 있지 못하다. 각 상임위원회의 활동은 정당의 기율이 압도하고 있는 것이다. 의원들은 자율성을 가지고 있지 않기 때문에 반대당 의원들과는 친분관계를 맺지도 못하고 의원들 간 서로를 예우하고 호의를 베푸는 데 있어서도 인색하다. 다시 말해 의원들은 여러 정책문제에 대해 신뢰에 바탕을 두고 타협할 수 있는 분위기를 형성하고 있지 못한 것이다.

둘째로 의회의 정책활동이 활성화되기 위해서는 의원들은 고도의 전문지식을 가져야 한다. 산업사회에서 일어나는 문제는 모두 어디서 해결의 실마리를 찾아야 좋을지 모를 정도로 매우 복잡하기 때문에 고도의 전문지식 없이는 이에 대한 정책활동을 하기 어려운 것이다. 그러나 우리나라 의원들은 대다수가 이와 같은 전문지식을 충분히 가지고 있지 않고 또 이면에 있어 그들을 보좌해 줄 수 있는 인적 자원도 충분히 가지고 있지 않다. 의원들 자신이 전문지식을 축적하기 위해서는 관심분야의 상임위원회에 오랫동안 남아 있어야 하나 그렇지 않은 것이 우리의 실정이다. 상임위원회들 중에는 소위 인기위원회와 비인기위원회가 있어 상임위원들의 교체가 2년에 한 번씩 일어나고 있다. 의원들의 정책활동을 보좌하는 비서관, 각 상임위원회의 전문위원, 입법조사국의 스태프, 국회도서관 요원들은 선진 민주주의국가와 비교한다면 우선 그 수가 훨씬 적고 또 그들의 전문지식도 만족스럽다고 볼 수는 없다. 마지막으로 의원들도 자기 전문분야에 대한 공부가 필요하나 다음에 살펴보는 정책외적 활동 때문에 이러한 시간을 확보하지 못하고 있다.

의회의 대표활동은 의회가 구체적으로 누구를 대표해서 어떠한 활동을 하고 있는가를 가리키고 우리나라 의회의 대표활동에는 대체로 다음과 같은 몇 가지 문제가 있다. 우선 우리나라 의원들은 대부분이 국민 전체를 대표한다고 생각하고 있기 때문에 그들 간의 타협이 어렵다. 구미의 의원들은 중산층이라든가 노동자계급이라든가 그들이 대표하는 특수이익을 가지고 있고 의원들이 대표하는 사회 내의 다양한 특수이익들의 타협으로 일반이익이나 공동선이 창출되는 것이다. 우리나라 의원들은 이러한 입장을 취하지 않고 막연하게 국민 전체를 대표한다고 주장함으로써 그들의 의사는 항상 일반이익을 대표하는 격이 되는 것이다. 그리고 모든 정당의 의원들은 일반이익을 대변한다고 주장함으로써 자기 당 의원들의 일반이익만이 진짜고 다른 당 의원들의 일반이익은 일반이익이 아니라는 결론을 갖게 된다. 이렇게 되면 자기 당만이 국민을 대변한다는 독선만 나올 뿐 정당 간의 타협은 어려워지는 것이다.

둘째, 이보다 더욱 문제가 되는 것은 의원들의 실제 대표활동이 국민 전체의 일반이익 실현을 위한다는 그들의 주장과는 달리 지역구 활동에 있다는 점이다. 주지하고 있다시피 전국구 출신이 아닌 지역구 의원들은 모두 지역구 활동에 가장 많은 시간과 정력을 쏟고 있다. 지역구 의원들은 선거구민의 경·조사에 축의금과 부의금을 보내고 결혼식

주례를 서고 취업을 알선해 주고 이권청탁을 들어주는 등의 활동으로 매우 바쁘다. 지역구 의원들은 국민 전체를 위한 정책활동에 마땅히 쏟아야 할 시간과 정열을 쏟지 못하고 있다.

셋째, 한국의 의원들은 지역구의 개발사업 같은 것을 추진하는 데 있어서도 구미의 의원들처럼 의회 내의 정책활동을 통해서 이와 같은 이익의 분배가 자기 지역구에 돌아가게 하기보다는 정부의 관련 관료들을 접촉하여 이와 같은 분배가 이루어지도록 하고 있다. 지역구 의원들의 이와 같은 활동패턴은 의회의 행정부 의존현상을 조장하는 것이다.

넷째, 우리나라 의원들은 여당의원이든 야당의원이든 간에 노동자, 농민, 소상인, 도시빈민들과 같은 소외계층의 이익을 충분히 대표하고 있지 못하다. 이러한 계층이나 이들의 집단인 노동조합이나 농민집단을 대표한다고 적극 나서는 의원들은 극소수이고 이러한 계층을 대변하겠다고 주장한 정당의 의원들도 이를 정책활동에 실제로 반영시키고 있지 못하다. 의원들은 앞서 말한 지역구민을 위한 가부장적 보호활동에 필요한 막대한 자금을 그들에게 제공하는 대기업가들이나 재벌들의 비위를 거스르기를 극히 꺼리고 있는 것이다. 의회 밖의 재야세력이 소외계층에게 상당한 호소력을 가지고 있는 것은 의회가 이들을 대변하고 있지 못하기 때문이다.

다섯째, 지역구의 지역대표를 보완할 직능대표의 의회 충원을 목적으로 한 전국구 제도는 여당에게는 당에 충성을 바치거나 이용가치가 있다고 생각되는 사회적 명사에 대한 보상수단으로 이용되고 있고 야당에게는 정치자금을 동원하기 위한 수단으로 이용되고 있다. 어느 경우든 전국구 제도는 그 본래의 대표목적으로부터 크게 동떨어져 있는 것이다.

의회의 사회통합활동은 의회가 그 사회의 기본적 갈등을 해소시키는 데 얼마나 기여하느냐에 따라 긍정적으로도 부정적으로도 평가될 수 있다. 과거 우리나라 의회는 선진민주주의국가의 의회와는 달리 이러한 활동이 매우 저조했다. 제12대 국회 말의 여야 합의 개헌은 의회가 사회통합에 기여한 예이나, 이것도 의회 내의 힘으로 이루어졌다기보다는 의회 밖의 힘으로 이루어진 것을 의회가 마무리 지은 것에 불과하다.

제13대 국회의 사회통합활동을 평가한다는 것은 어려운 일이다. 사회통합은 단시일 내에 이루어지기 어려운 특성을 가지고 있기 때문이다. 그러나 13대 국회가 이러한 방향으로 활동을 하고 있는가에 대해서는 생각해 볼 수가 있다.

급격한 산업화를 겪고 있는 우리 사회의 가장 심각한 갈등은 계층 간의 갈등이다. 호남지역과 다른지역 간의 갈등도 어느 정도는 계층 간의 갈등에 기반을 두고 있다. 만약 이 갈등 해소에 전력을 기울이지 않는다면 장래에 더욱 큰 갈등으로 우리에게 다가올 문제인 것이다. 그러나 앞서도 바로 지적한 바와 같이 우리 의회가 이 문제를 해결하기 위해 정당 간의 정책대결과 심의를 하고 있다는 증거는 아직 찾아보기 어렵다.

우리 의회는 앞으로 오랜 기간 전력을 기울여야 할 계층 간의 갈등 해소 문제 말고도 5공 문제를 포함한 과거사 청산문제, 그리고 남북한 문제를 둘러싼 사회적 갈등의 해소 문제를 가지고 있다. 이러한 문제들에 대해 의회는 우리 사회가 납득할 수 있는 해결방안에 합의를 봄으로써 의회가 우리 사회의 갈등 해소에 큰 역할을 할 수 있다는 것을 우리 국민들에게 보여주어야 할 것이다.

이상의 논의로부터 의회정치의 개혁방향은 명백해진다. 우선 첫째로 의원들은 소속정당으로부터 어느 정도의 자율성을 가져야 한다. 소속정당의 거수기가 되어서는 정당 내의 정책심의활동도 약한 우리나라 상황에서는 의회의 정책적 활성화를 기대하기 어려운 것이다. 소속정당의 사활이 걸려 있지 않은 그렇게 중요하지 않은 이슈부터 의원들이 의회 내에서 자율투표를 하도록 허용해도 좋을 것이다. 그러나 이 경우 의원들의 투표를 소속정당과 선거구민들과 국민들이 감독할 수 있도록 기명투표제를 채택하는 것이 바람직하다. 의원들 개개인의 책임을 명확하게 하기 위해서는 원내투표제가 모두 기명투표제로 개혁되어야 한다.

둘째로 의원들의 전문지식의 제고를 위해서는 상임위원회 위원들의 교체를 가능한 한 억제하는 것이 좋을 것 같다. 또 의원들을 보좌하는 요원들도 대폭 증가되어야 하고 그들의 지적 수준도 높아져야 할 것이다. 예결위의 전문성을 제고시키기 위해 예결위는 한시적 특별위원회가 아닌 특별 상임위원회로 개편하는 것도 고려해볼 만하다. 결산위원회는 따로 독립시키거나 미국 의회와 마찬가지로 일반회계국 같은 기관을 의회에 설치하여 결산이 요식행위가 아닌 실질적 의미의 결산이 되도록 해야 할 것이다.

셋째로 의원들의 대표활동에 커다란 변화가 일어나야만 한다. 의원들은 그들이 누구의 이익을 대표하고 있는가를 구체적으로 인식하고 그들이 대표하는 이익을 의회 내의 정책활동을 통해서 실현시킬 수 있도록 최대의 노력을 경주해야 한다. 경・조사에 축의금과 부의금을 많이 보내고, 주례 많이 서 주고, 취직 알선 잘 해주는 국회의원이 훌륭한 국회의원으로 인식되는 지역구 유권자들의 의식에도 변화가 있어야 함은 물론이다.

넷째로 우리 의회의 사회갈등 수용폭을 대폭 늘려야만 할 것이다. 이는 두 가지 방법으로 이룩될 수 있다. 첫째는 기존 정당들 중 하나가 아직 실제로는 대표되지 않은 소외계층의 이익을 대표하는 방법이고, 둘째는 이들을 대표하는 새로운 혁신정당을 의회에 수용하는 방법이다. 혁신정당이 의회에 진출하기 위해서는 최소한 전국구 득표율만큼은 전국구 의석을 획득할 수 있는 비례대표제의 확립이 필요하다.

다섯째로, 우리 의회는 계층 간 갈등 문제, 과거사 청산 문제, 그리고 남북한을 둘러싼 갈등 문제를 완화시키거나 해결할 수 있는 방안 모색에 전력을 기울임으로써 의회가 사회통합에 적극 기여할 수 있음을 국민들에게 보여주어야 할 것이다. 의회가 국민들에게 이러한 모습을 보여준다면 행정부에 대한 의회의 권위도 상승할 것이다.

그렇다면 이와 같은 의회정치의 개혁은 어떻게 이루어질 수 있는가? 어느 누구도 이를 위한 특별한 방안을 당장에 제시할 수는 없을 것이다. 다만 앞서 논한 바와 같이 한국의 정당들이 정책적 차이에 따른 의원들의 조직을 당내에 허용하는 체제로 개혁되고 당의 구성원들과 지지자들이 후견인-수혜자의 특수주의적 원칙이 아니라 보다 정책적이고 이념적인 보편주의 원칙에 따라 조직된다면 의회 내의 개혁도 보다 수월해질 것이라는 점만을 결론에 대신해 지적해 두고 싶다.

제20장

정당과 정당체계의 발전방향

제6공화국의 첫 번째 대통령선거와 국회의원선거를 계기로 민정당, 평민당, 민주당, 신민주공화당의 4당체계가 수립되었다. 이 글은 이와 같은 4당체계에 있어 한국 정당의 특성을 분석하고 있다.

필자는 이 글을 쓴 시점인 1989년에 이러한 다당체계가 지역적 기반을 가지고 있기 때문에 쉽게 변화하지는 않을 것이라고 예측하고 김대중의 평민당과 김영삼의 민주당이 합당할 것을 권고하였다. 그러나 이러한 필자의 권고와는 달리 민주당은 민정당과 김종필의 신민주공화당과 1990년에 민주자유당으로 합당하여 한국의 정당체계는 민자당과 평민당(후에 민주당으로 당명 개칭)으로 구성되는 양당체계가 되었다. 그러나 1995년에 김종필의 자유민주연합이 민자당으로부터 분리되어 나왔고 1997년에 이회창을 대통령 후보로 선출한 민자당은 한나라당으로 당명을 바꾸었다. 같은 해에 김대중은 정계에 복귀하여 새정치국민회의를 창당하고 대부분의 평민당-민주당 의원들을 이 정당에 흡수하였다. 그후 새정치국민회의는 2000년 초 새천년민주당으로 재창당되었다.

새천년민주당은 김대중 정부시대의 여당이었으나 노무현 정부시대에는 민주당과 노 대통령이 창당한 열린우리당으로 분열하였다. 노 대통령에 대한 탄핵문제가 유일한 이슈였던 2004년 4 · 15 총선에서 열린우리당은 과반수가 넘는 152석을 차지하였고 민주당은 9석의 의석을 가진 소정당으로 전락하였다. 이 선거에서 한나라당은 121석, 자유민주연합은 3석, 민주노동당은 10석을 각각 차지하였다. 좌파정당인 민노당의 의회 진출은 이 선거에서 처음 도입된 1인 2표병립제 때문에 가능하게 되었다.

I. 정치발전의 목표로서의 정당 간 정권 교체

대한민국이 건국된 지 40년 만인 1988년에 처음으로 집권당 내부에서의 평화적 정권 교체가 일어났다. 이 사실은 그 이전 1인에 의한 장기집권 경향과 이에 따른 온갖 국민탄압과 정치적 부조리를 생각하면 다행스러운 일이나 다른 한편 선진제국의 경우와 비교하면 실로 부끄러운 일이 아닐 수 없다. 구미의 경우는 말할 것도 없고 이웃 일본만 하더라도 이러한 정권 교체는 이미 100여 년 전부터 일어난 일이기 때문이다.

선진민주주의국가의 정치는 평화적 정권 교체의 시각에서 볼 때 대체로 세 단계의 발전단계를 거쳤다. 첫 번째 단계는 보수적 집권세력, 혹은 집권당 내부에서 정권 교체가 일어나는 단계이고, 두 번째 단계는 보수적 정당들 간에, 혹은 보수적 정당과 자유주의적 정당 간에 정권 교체가 일어나는 단계이고, 세 번째 단계는 보수적 정당과 사회민주당이나 노동당과 같은 진보적 정당 간에 정권 교체가 일어나는 보혁(保革) 정권 교체의 단계이다.

현재 영국, 프랑스, 독일 등 서유럽의 여러 나라들은 세 번째의 정치발전 단계에 와 있다. 일본은 첫 번째와 두 번째의 단계를 경험했으나 세 번째 단계에의 진입은 요원한 일이라고 볼 수 있다.

미국은 두 번째 단계에서 오랫동안 머물고 있으나 혁신정당의 출현을 거의 불필요하게 만드는 사회경제적 환경과 정치적 환경을 가지고 있으므로 미국의 정당정치 발전단계가 유럽 여러 나라들의 경우보다 뒤떨어져 있는 것은 아니다.

정치발전의 한 요소로 정당 간의 정권 교체를 강조하는 것은 정당 간의, 특히 정강과 정책이 서로 다른 정당 간의 정권 교체가 일어나는 경우에만 국민의 정부 선택권이 명목적인 것이 아니라 실제적인 것이 되기 때문이다. 정당 간의 정권 교체가 일어나지 않는 나라에서는 여당은 국민의 의사를 수렴하기보다는 선전, 교육, 압력, 물질적 유인을 통해 국민의 의사를 통제하는 수단으로 전락하고, 야당은 장외화(場外化)하거나 이데올로기적으로 급진화하여 국민들의 그들에 대한 지지를 정권장악으로 연결시키지 못하는 정당으로 남기 쉬운 것이다.

이뿐만 아니라 국민들에게는 잘 보이지 않는 정치인들의 부정부패를 척결하고 정치를 구조적으로 합리화하고 사회경제적 구조를 전 국민의 복지를 최대화하는 방향으로 개혁하는 일도 정당 간의 정권 교체가 일어나는 경우에 보다 효과적으로 진행될 수 있는 것이다.1)

이렇게 볼 때 1990년대 한국의 정당들이 당면한 도전은 정당 간의 정권교체를 이룩하는 일이라는 것을 쉽게 알 수 있다. 그러나 한국의 정당들에게 이는 실로 커다란 도전이다. 1990년대에 야당이 정권을 장악하고 집권당인 민정당이 야당으로 살아남는다는 것은 그 둘 모두 전망이 서지 않는 기대에 불과하기 때문이다. 야권이 분열되어 있는 상황에서 야당이 집권할 수 있다고 믿기 어렵고 또한 이와 같이 믿기 어려운 상황이 현실화된 경우에는 내부적으로 결속력이 약한 민정당이 야당으로 그 실체를 유지할 수 있다고 보기도 어려운 것이다.

한국의 정당들은 이와 같이 어려운 1990년대의 도전에 응전하기 위해서 어떠한 탈바꿈을 해야만 할 것인가? 한국 정당의 조직구조에는 어떠한 발전이 일어나야 하고 정당들이 이루고 있는 정당체계에는 어떠한 변화가 일어나야만 하는가? 이러한 질문을 생각해 보고자 하는 것이 이 글의 목적이다.

한국의 정당과 정당체계의 발전방향을 모색해 보기 위해서는 작금의 정당과 정당체계가 어떠한 특성을 나타내고 있고 왜 그러한 특성을 나타내고 있는가를 파악해야 한다. 현실에 대한 파악 없이 현실 개선을 위한 모색을 진행시킬 수 없기 때문이다. 이 글은 한국의 정당과 정당체계의 특성을 먼저 살펴보고 이의 개선방향을 생각해 볼 것이다.

Ⅱ. 한국 정당의 조직적 특성과 발전방향

1. 단일지도자와 약한 의원조직

정당의 조직적 특성을 논할 때 우리는 그 정당이 간부정당(cadre party)이냐, 그렇지 않으면 관료적 대중정당(mass bureaucratic party)이냐를 항상 문제삼는다. 간부정당은 명

1) 정당의 여러 가지 기능에 관해서는 Kay Lawson, ed., *Political Parties & Linkage: A Comparative Perspective*(New Haven & London: Yale University Press, 1980) 참조.

사정당(名士政黨)이라고도 불리며 그 원형은 서구에 있어 선거권이 일반대중에게 확장되지 않았던 시기의 초기 정당에서 찾아볼 수 있다. 이러한 정당은 모두 명사 중심의 정당으로 의원후보자는 명사들 중에서 나왔고 그의 선거비용도 명사들이 부담하였다. 이 정당은 분권적 권력구조를 가지고 있어 당 총재의 권한은 제한적이고 당의 권한은 간부들에게 분산되어 있었다. 이와 같은 간부정당은 대부분의 경우 보수적 이념과 정책을 가지고 있었다.

관료적 대중정당의 원형은 서구에 있어 선거권이 노동자들을 포함하는 일반대중에게 확장된 이후에 나온 사회민주주의 정당에서 그 원형을 찾아볼 수 있다. 이 정당은 대중당원을 중심으로 하나 실제로는 대중당원을 통제하는 당의 관료체계를 중심으로 하는 정당이다. 이 당은 당원들이 내는 당비로 재정을 충당하고 선거 때의 비용도 이로부터 나온다. 이 정당은 중앙집권적 권력구조를 가지고 있어 당 총재나 지도부의 권한은 강력하고 의원들은 당 총재와 관료체계의 통제를 받고 있다.[2)]

민정당 · 평민당 · 민주당 · 신민주공화당의 조직구조가 이 두 가지 형태의 정당 중 어느 형태에 가까운가를 말하라고 한다면 간부정당에 가깝다고 말할 수 있을는지 모르겠다.

여당이든 야당이든 우리나라 정당의 간부들은 명사들로 구성되어 있고 의원후보자도 이들 중에서 나오고 그들의 선거비용도 상당 액수를 그들 스스로 부담하고 있다. 당의 활동은 의원들을 중심으로 이루어지고 있고 대중당원과 광범위한 관료조직을 가지고 있지 않다. 그러나 한국 정당들과 간부정당과의 유사한 특성은 여기서 끝난다. 간부정당의 중요한 특성인 분권적 권력구조가 한국 정당들에는 없기 때문이다.

민정당 · 평민당 · 민주당 · 신민주공화당 내에 분권적 권력구조의 기반이 될 수 있는 의원들의 모임이 없는 것은 아니다. 민정당 의원들은 TK와 비TK로 나누어져 있다고 하고 또 TK 내에도 몇 갈래의 분열이 있다고 한다. 평민당 의원들은 동교동 직계, 구야당 당료 출신, 평화민주통일연구회(평민련) 소속의원들로 나누어져 있다고 하고 민주당 의원들은 상도동 직계, 상도동과 다소 소원한 관계의 노장의원층, 민주사상연구회, 소장의원 그룹으로 구분할 수 있다고 한다. 마지막으로 신민주공화당도 JP 직계와 비직계로 구별이 가능하고 또 직계는 구공화당 출신, 제3공화국의 관료 출신, 충청도 출신의 초선의원 그룹으로 구분할 수 있다고 한다.[3)]

---

2) Maurice Duverger, *Political Parties*(London: Methuen & Co., 1967), pp.63-71.

정당 내의 파벌이나 계보는 당내에서의 그들 상호간의 게임규칙을 확립시키고 당내 민주화를 촉진시킬 수 있다. 또 당내 게임규칙의 확립과 당내 민주화는 당의 조직을 제도화시키고 당 체질을 강화시킬 것이다. 이뿐만 아니라 이러한 당내 그룹은 그것이 정책노선에 따라 형성된다면 급격한 산업화에 수반하는 사회변화에 대한 정당의 적응 능력을 제고시켜 줄 수 있다. 정책노선이 아니라 개인적이고 공리적인 요인에 따른 정당 내 그룹도 이와 같은 역할을 약간은 수행할 수 있고 궁극적으로는 정책적 그룹으로 발전할 수 있는 가능성을 갖고 있다.[4)]

한국 정당 내부의 의원그룹들은 대부분이 명시적인 집단이 아니라 잠재적 집단에 불과하다. 또 이들은 대부분이 정책적 그룹이라기보다는 개인적이고 공리적 계산에 따라 모인 그룹이다. 평민당의 평민련 정도가 명시적인 집단이고 정책노선에 기반한 집단인 것이다. 그렇다고 해서 한국정당 내의 다른 여러 잠재적 집단들이 정책노선을 가지고 있지 않다는 말은 아니다. 비정책적 그룹들은 대부분 보수적 정책노선을 가지고 있다. 그러나 이러한 정책노선을 기준으로 한다면 그들은 여러 그룹으로 구별될 필요가 없는 것이다.

이상 살펴본 바와 같이 한국의 정당은 그 내부에 분권적 권력구조의 기반이 될 수 있는 잠재력을 가지고 있지만 1989년 현재는 이러한 권력구조를 가지고 있지 않다. 여당이든 야당이든 한국 정당 내부에서 이들 여러 그룹들은 당 중앙의 총재로부터 독립적인 권한을 거의 갖고 있지 못하다. 이들 여러 비공식적 그룹들은 당 총재의 비위를 거슬리지 않는 한에 있어서 그들 상호간의 활동을 전개할 수 있는 것이다. 민정당 총재인 노태우 대통령, 평민당의 김대중 총재, 민주당의 김영삼 총재, 신민주공화당의 김종필 총재는 각각 그들이 대표하는 당에 대해 거의 절대적인 권한을 행사하고 있다.

각 당 총재와 당과의 관계를 보면 여당의 경우에는 대통령인 총재가 당보다 훨씬 큰(총재>당) 위치를 차지하고 있고 야3당의 경우에는 총재와 당이 완전히 동일시(총재 = 당)되는 관계를 가지고 있는 것이다.

---

3) 김대곤, "집중분석 민정당의 내분", 김창희, "야3당 비당권파와 통합운동", 『신동아』, 1989년 10월호, pp.246-257과 pp.218-231.

4) 한국 정당의 파벌에 관해서는 안병영, "한국의 정당체제와 정당내의 파벌행태", 정산 김운태 박사 화갑기념 논문집, 『한국정치행정의 체계』(서울: 박영사, 1982), pp.81-113 참조.

2. 단일지도자와 약한 당 관료제

한국의 정당은 총재중심의 중앙집권적 권력구조를 가지고 있다는 한 가지 점에 있어서는 서구의 대중정당과 유사하다고 말할 수 있을 것인가? 한국 정당의 총재 권한과 서구 대중정당의 총재나 지도부의 권한을 비교하면 전자가 후자보다 더 큰 권한을 가지고 있으나 대체로 보아 이 질문에 대해서는 긍정적인 답변을 해도 괜찮을지 모르겠다. 그러나 당 지도부의 권한면에 있어서 한국의 정당들과 서구의 대중정당의 유사성은 여기서 끝난다. 한국의 강력한 정당지도자들은 서구의 대중정당의 지도자들과는 달리 정당이론가 미헬스(R. Michels)가 말하는 대중정당의 관료조직을 가지고 있지 않은 것이다. 그들은 서구나 일본의 간부정당들에게서 찾아볼 수 있는 정도의 관료조직조차도 가지고 있지 않은 것이다.

한국의 정당들이 외형상 관료조직을 가지고 있지 않은 것은 아니다. 각 당은 모두 중앙당, 시도당, 지구당 조직을 가지고 있고, 여당인 민정당은 읍·면·동에는 지도장, 투표구 단위에는 부지도장, 이·통 단위에는 활동장까지 두고 있다. 각 당의 중앙당은 형식상 정교한 관료체계를 가지고 있고 이에는 정세를 평가하고 정책연구를 총괄하는 민정당의 국책조정위원회와 야당들의 기획조정실이나 종합기획실도 포함되어 있다. 민정당은 중앙정치연수원을 가지고 있고 100만 명 이상의 당원을 교육시켰다고 한다.[5]

정당뿐만 아니라 모든 조직은 관료제를 가지고 있다. 이들 조직들은 관료제가 없이는 효율적으로 운영되기도 어렵고 또 성장 발전을 이룩하기도 어렵다. 미헬스는 독일의 사회민주당과 같은 대중정당의 관료제화가 당 관료 엘리트들의 과두정을 초래시켜 당은 대중당원들의 이해관계보다 이들 과두 엘리트들의 이해관계를 반영하게 된다고 경고한 바 있으나,[6] 이러한 경고가 한국 정당의 문제점을 파악하는 데 도움이 되기에는 한국 정당의 관료제화는 너무나도 낮은 수준에 머물러 있다. 한국 정당의 사무당조직, 혹은 관료조직은 당의 발전을 저해할 정도로 미발달되어 있는 것이다.

특히 한국의 야당들이 앞으로 정권 교체를 이룩하기 위해서는 대중정당은 못 되더라도

---

5) 길승흠, "한국의 정당과 의회관계", 『한국정치학회보』, 제17집, 1983, pp.31-47과 안병영, "산업화와 정당", 『한국정치학회보』, 제19집, 1985, pp.97-116.

6) Robert Michels, *Political Parties*(New York: The Free Press, 1962) 참조.

이를 향한 발전을 해야만 할 것이다. 한국의 야당들은 투표에서 승리한다고 해서 정권 장악을 보장받지는 않을 것이다. 야당이 투표에서 이긴 다음에 집권세력으로부터 확실하게 정권이양을 받기 위해서는 야당은 집권세력으로부터 그들의 승리를 지킬 수 있는 당세를 가져야만 할 것이다. 그리고 이와 같은 당세는 당 관료조직의 발전 없이는 이룩하기 어려울 것이다.

현재 당 관료조직의 규모나 당원 수를 기준으로 한다면 민정당은 야 3당보다 훨씬 더 발전되어 있다고 볼 수 있다. 야 3당은 재정문제 때문에 민정당과 같은 관료조직과 당원을 거느릴 수 없기 때문이다. 그러나 관료조직의 규모가 크든 작든간에 한국의 정당 내에는 막스 베버(M. Weber)가 말하는 관료제의 원칙이 확립되어 있지 않다. 다시 말해, 베버의 관료제는 유급관료, 안정된 위계질서, 분업, 역할의 표준화, 공식적 절차, 정교하게 규정된 기준에 따른 관료의 승진 등을 전제하고 있으나 한국 정당의 관료조직에서는 이와 같은 요소를 충분히 찾아볼 수 없다. 한국 정당의 관료조직에 있어서는 안정된 위계질서, 분업, 역할의 표준화, 공식적 절차, 승진질서 등이 확립되어 있지 않고 이 모든 것이 당 총재의 재량에 따라 이렇게 변할 수도 저렇게 변할 수도 있는 것이다. 한국의 경우에는 당 총재가 서구 여러 나라 정당들의 강력하고도 광범위한 관료체계가 수행하는 기능을 대신 수행하고 있다고 말해도 큰 과장은 아닐 것이다. 미헬스가 말하는 대중정당의 지도자들은 그들이 당의 관료조직을 장악하고 있기 때문에 강력한 영향력을 행사할 수 있지만 한국 정당의 관료들은 당 총재에게 잘 보여야만 영향력을 가질 수 있는 것이다.

3. 지역적 지지기반과 후견인-수혜자 조직

정당의 조직적 특성을 논하는 데 있어 우리는 정당 구성원과 지지자들의 특성을 빼놓을 수 없다. 어느 정당이 간부정당이든 대중적 관료정당이든 혹은 우리나라의 경우와 같이 단일 지도자를 중심으로 하는 정당이든 간에 정당 구성원과 지지자들의 특성을 살펴보지 않고서는 정당의 조직적 특성을 충분히 규명했다고 볼 수 없기 때문이다.

정당 구성원과 지지자들을 이탈리아의 정당이론가 파네비안코(A. Panebianco)는 당원과 지지투표자로 대별하고, 지지투표자는 유동적 지지투표자와 고정적 지지투표자로 나누고, 당원은 일반당원과 열성당원(party activists)으로 나누고, 열성당원은 다시 이념적

열성당원(believers)과 공리적 열성당원(careerists)으로 구분하고 있다.[7)]

서구의 경우 정당의 지지투표자들은 사회경제적 계급, 종교, 문화와 인종, 도시 대(對) 농촌 등의 여러 차원에 따라 구분할 수 있으나 그 중 사회경제적 계급에 따른 투표자들의 구분은 후기 공업사회의 발전단계에 들어선 오늘날의 서구에 있어서도 계속 가장 중요한 투표자들 구분의 기준이 되고 있다.[8)] 예를 들어, 영국의 보수당은 노동자들로부터 상당한 지지를 받고 있지만 지지투표자들의 대다수는 중산층과 상류층에 속하고, 노동당 지지투표자들의 대다수는 노동자계급에 속하는 것이다.

한국 정당의 지지투표자들은 사회경제적 계급이라는 차원에 따라 구분하기 어렵다. 1987년 대통령선거와 1988년 국회의원선거 결과에 의하면 지지투표자들을 구분하는 가장 중요한 기준은 지역이었다. 민정당은 경북지역에서, 평민당은 호남지역에서, 민주당은 경남지역에서, 그리고 신민주공화당은 충남지역에서 각각 유권자들의 압도적인 지지를 받았다. 평민당은 선거운동 기간 중 노동자・농민들과 중산층의 이해관계를 대변한다고 선언하고 또 재야인사들을 입당시킴으로써 진보적 이미지를 약간 나타냈으나 호남지역과 이 지역 출신 유권자들로부터만 압도적 지지를 받았을 뿐 다른지역의 노동자・농민들로부터는 큰 지지를 받지 못했다. 한국사회는 산업화가 진전되어 계급 간의 대립과 갈등을 상당히 보이고 있음에도 불구하고 한국의 정당들은 계급보다는 지역에 기반하고 있는 지역정당으로 변신을 한 것이다.

한국 정당들이 최근에 지역 정당화한 것은 각 당의 총재와 유권자들에게 공히 책임이 있다고 하겠다. 파네비안코에 의하면 정당지도자들이 다수의 유권자들의 지지를 확보하기 위해 사용할 수 있는 가장 중요한 유인은 일체감이라는 집단적 유인(collective incentive of identity)이다. 그들은 자금의 공여, 당직의 배분, 의원 후보 공천권과 같은 그들 지지자들에게 개별적으로 줄 수 있는 선별적 유인(selective incentive)도 이용할 수 있으나 수백만, 수천만의 유권자들의 지지를 획득하기 위해서는 그들이 각각 어떤 층의 유권자들의 이해관계를 대변하고 있다는 집단적 유인을 사용할 수밖에 없는 것이다.[9)] 선거 때 네 정당의 지도자들은 그들이 각각 대변하는 계층의 이해관계를 명확하게 밝히지

---

7) Angelo Panebianco, *Political Parties: Organization & Power*(Cambridge: Cambridge University Press, 1988), pp.21-32 참조.

8) 아렌드 레이파트 저, 최명 역, 『민주국가론』(서울: 법문사, 1985), p.140 참조.

9) 주 7) 참조.

않거나 충분히 강조하지 않고 모든 계층의 이해관계를 대변한다고 함으로써 어느 계층에게도 일체감이라는 집단적 유인을 제공하지 못했다. 이러한 상황에서 그들을 구분해 주는 차이는 지역밖에 남지 않았고 그들은 이러한 차이를 선거에서 이용하였다. 또한 유권자들도 자기 지역 출신이 지도자로 있는 정당이 승리해야만 그 지역의 이해관계가 확보된다는 생각에서 지역에 따른 투표를 하였던 것이다.

서구의 정당들도 최근에는 보수적 정당이든 사회주의 정당이든 간에 계급정당에서 모든 계층의 국민들에게 지지를 호소하는 국민정당, 즉 Catch-All Party로 변하였다. 그러나 이들 정당들은 지난 100여 년간에 있어 계급정당으로서의 속성을 가지고 있었고 그 때문에 Catch-All Party로 변했다 해도 그들을 원래 지지했던 계급으로부터 상당히 높은 고정된 비율의 지지를 받고 있는 것이다. 한국의 정당들도 Catch-All Party 비슷한 속성을 나타내고 있으나 이러한 점에 있어 서구의 Catch-All Party와는 근본적으로 다르다.[10)]

서구의 정당은 집단적 유인에 따라 활동하는 이념적 열성당원들을 상당수 가지고 있으나 한국 정당은 그러한 열성당원들을 별로 가지고 있지 않다. 한국 정당의 열성당원들은 거의 모두가 당 지도자들로부터의 선별적 유인을 기대하고 활동하는 공리적 열성당원들이다. 당 지도자들이 그들에게 선별적 유인을 제공하지 않는다면 당 활동을 그만둘 당원들인 것이다. 당이 정책정당으로서의 이미지를 확립하기 위해서는 이념적 열성당원의 활동이 필요하지만 이러한 당원들을 한국 정당은 거의 가지고 있지 않은 것이다.

한국 정당의 하부조직은 지구당 위원장인 국회의원과 그로부터 뭔가의 공리적 보상을 바라는 열성당원들 간의 후견인-수혜자(patron-client) 조직이다. 이러한 후견인-수혜자 관계는 당 총재와 국회의원들 간에도 성립되어 있다. 당 총재는 당 간부인 국회의원의 뒤를 봐주고 국회의원들은 당 총재에게 절대적인 충성을 바치고 있다. 한국 정당의 조직원칙은 베버의 관료제 원칙도 아니고 마르크스의 계급원칙도 아니고 후견인-수혜자 원칙인 것이다.[11)]

---

10) Otto Kirchheimer, "The Transformation of the Western European Party Systems," Joseph Lapalombara & Myron Weiner, ed., *Political Parties and Political Development*(Princeton: Princeton University Press, 1966), pp.177-200.

11) 후견인-수혜자 조직이 베버가 말하는 관료조직이나 마르크스가 말하는 계급에 따른 조직의 발전을 저해한다는 점에 관해서는 John Waterbury, "An Attempt to put patrons and clients in their place," Ernest Gellner & John Waterbury, ed., *Patrons and Clients*(London: Duckworth, 1977),

서구의 정당들은 고정적인 투표자들의 생활세계에 상당히 침투해 있다. 서구의 정당들은 이와 같은 지지자들을 당원으로 충원시키고 또 당과 관련된 여러 단체들의 활동에 이들을 참여시키고 있다. 이에 반해 한국의 정당들은 지지자들의 생활세계에 침투하고 있지 못하다. 한국의 유권자들의 대부분은 그가 지지투표를 던진 정당이라 할지라도 그 정당의 활동이나 그 정당과 관련된 단체의 활동에 참여하기를 꺼리고 있다. 어느 한 정당으로부터 수혜를 받고 있거나 수혜가 필요한 유권자들만이 그 당의 활동에 참여하고 있는 것이다.

4. 정당 발전 후퇴의 원인

이상 살펴본 바와 같이 오늘날의 한국 정당은 여당이든 야당이든 의원들 간의 조직도 약하고 당내 관료제도 확립되어 있지 않으며 지지자들의 기반은 전근대적인 지역성에 두고 있고 당 구성원들은 총재를 정점으로 한 후견인-수혜자 조직을 이루고 있는 단일지도자 정당이다. 다시 말해, 오늘날의 한국 정당은 약한 체질을 가지고 있고 이러한 체질을 가지고는 야당은 정권을 획득하기 어렵고 여당은 야당이 되는 경우 존속이 어려울 것이다. 그러나 이러한 상황에서 득(得)을 보는 측은 집권세력이다. 집권세력은 민정당 외에도 집권 유지의 권력자원으로 이용할 수 있는 정부기구를 장악하고 있기 때문이다. 야당들은 정권 획득을 위해 당 이외에는 다른 권력자원을 가지고 있지 않기 때문에 그들이 당의 체질을 강화시키지 않는다면 현 집권세력과의 집권 경쟁에서 이기기 힘들 것이다.

한국 정당의 이와 같은 체질은 제3공화국시대의 여당이었던 민주공화당이나 건국 이래 오랜 기간 동안의 야당의 체질과 비교한다면 정당 발전에 있어서 후퇴를 의미하는 것이다. 제3공화국시대의 민주공화당은 당내 의원들의 파벌로 조직되어 있었고 당의 사무관료체제를 확립하려는 시도를 해본, 한국정당사에서는 가장 근대적인 정당이었다. 제1야당의 경우에는 건국 이래 제3공화국시대까지는 민주당 신파와 구파에 기반한 파벌 간에, 제3공화국시대 말부터는 당시 40대의 대통령후보 지망자들을 중심으로 한 파벌 간에 치열한 경쟁과 대립이 있었다. 야당은 광범위한 관료체계를 구비하지 못했지만 야당의원들의 활동은 활발하였다. 과거 한국의 여·야당은 그 지지기반을 오늘날과 같이 지역에

p.334.

두지 않았고 유신시대와 제5공화국시대의 야당 지도자들은 독재타도라는 집단적 유인을 가지고 이념적 열성당원들과 자발적 지지자들을 청년학생들로부터 끌어낼 수 있었다.

그렇다면 정당발전에 있어 이와 같은 후퇴가 일어난 배경은 무엇인가? 그 가장 큰 배경은 유신 이래 제5공화국시대 말까지의 권위주의 정치에서 찾을 수 있지만 여기서는 보다 구체적인 배경을 여당의 경우와 야당의 경우로 나누어 생각해보기로 한다.

여당의 경우 정당 발전의 후퇴는 유신시대부터 시작된 것이고 이것은 민정당 총재인 대통령이 당내 민주화를 통한 당 체질강화의 필요를 크게 느끼고 있지 않기 때문에 1989년 현재에도 청산되지 않고 그대로 지속되고 있다. 대통령은 이미 지적한 바와 같이 민정당 외에도 정부의 여러 기구를 그의 권력자원으로 사용할 수 있기 때문에 이러한 필요를 느끼지 않는 것이다. 정부기구의 관료체계가 영국이나 프랑스의 경우와 같이 정치적 중립의 전통을 가지고 있어 최고통치자의 권력자원으로 쉽게 이용될 수 없는 상황에서는 최고통치자는 당을 강화시켜 이를 권력자원으로 이용하려 할 것이다. 우리나라의 경우에는 고급관료에서 말단관료에 이르기까지의 대부분의 공무원들이 최고통치자와 여당 편에서 있는 것이다. 이뿐만 아니라 당 체질강화는 제3공화국시대의 민주공화당이 그랬듯이 대통령의 권위에 대한 당의 도전을 불러일으킬 수도 있기 때문에 대통령은 여당의 총재임에도 불구하고 당을 활성화시킬 유인을 가지고 있지 않다.

야당의 경우 정당 발전의 후퇴는 평민당과 민주당의 경우와 신민주공화당의 경우를 구별해서 생각해 보아야 할 것이다. 이 두 경우는 당내 민주주의가 거의 없는 단일지도자 중심의 지역정당이 된 배경이 서로 다르기 때문이다. 우선 평민당과 민주당은 각각 이 당을 압도하는 준카리스마적 지도자인 김대중 총재와 김영삼 총재의 존재로 이와 같은 정당이 되었다. 이 두 정치지도자는 1972년의 유신 이래 1987년 6·29선언이 나올 때까지 목숨을 내건 반독재 투쟁을 하였고 이 과정에서 그들은 비범한 지도력을 발휘하였다. 이 기간 동안 우리 국민들은 독재에 대한 불만 때문에 심한 정치적 스트레스를 느끼고 있었고 이와 같은 스트레스로부터의 해방을 양 김씨의 투쟁에서 찾았던 것이다. 우리 국민들에게는 양 김씨가 독재적 압제로부터 우리들을 구원할 사명을 띤 비범한 지도자, 혹은 준카리스마적 지도자로 보였다.[12)]

---

12) Robert C. Tucker, "The Theory of Charismatic Leadership," Dankwart A. Rustow, ed., *Philosophers and Kings: Studies in Leadership*(New York: George Braziller, 1970), pp.69-94 참조.

양 김씨가 서로 결별하고 1987년 대통령선거에 패배함으로써 그들의 준카리스마적 지도력에는 손상이 갔다. 그러나 그 손상이 그들의 준카리스마를 완전히 파괴시키는 것은 아니었다. 김대중 총재는 출신지역의 주민들로부터 아직도 준카리스마적인 추종을 받고 있고 김영삼 총재 역시 출신지역으로부터 거의 절대적인 지지를 받고 있다. 그리고 양 김씨는 출신지역으로부터의 이와 같은 지지에 힘입어 그들이 각각 대표하는 당에서는 타의 추종을 불허하는 지도력을 가지고 있다. 양 김씨는 서로 결별함으로써 국민적 준카리스마의 위치로부터 지역적 준카리스마의 위치로 떨어졌으나 둘로 갈라진 평민당과 민주당 내에서는 거의 절대적인 위치를 차지하고 있다.

양 김씨의 이와 같은 변신은 김종필 씨의 정치적 소생을 도왔다. 충청도지역 주민들도 호남이나 영남 지역 주민들과 마찬가지로 그 지역 출신의 김종필 씨를 지지하기 시작했고 이를 기반으로 그의 신민주공화당이 창당된 것이다. 한 지역정당의 출현이 다른 지역정당의 연쇄적 출현을 초래시켰다고 볼 수 있다.

5. 한국 정당의 발전방향

한국 정당의 발전방향은 이상의 논의로부터 거의 명확해졌다. 한국의 정당은 우선 첫째로 의원 상호간의 공식적 당내 조직결성을 장려해야 할 것이다. 그리고 이러한 조직은 가능한 한 정책적 차이에 기반한 것이어야 할 것이다. 총재를 비롯한 당내 모든 당직의 담당자들은 이러한 조직들 간의 경쟁을 통해서 민주적으로 선출되어야 할 것이다. 이렇게 함으로써 한국의 정당은 민주적 정책정당으로 발전할 수 있을 것이다.

둘째로 베버가 말하는 관료체계를 당내에 어느 정도는 수립해야 할 것이다. 이러한 체계가 수립되지 않고서는 우수한 인력을 당 관료직에 확보하기도 어렵고 또 당원의 증가를 통한 당세 확장을 이룩하기도 어려울 것이다. 당이 너무 관료화하는 것은 좋지 않으나 그렇다고 해서 관료체계가 너무 약해도 안 될 것이다.

여기서 당 의원들의 정책적 그룹과 당 관료조직은 보다 구체적으로 얼마나 강한 조직으로 발전하는 것이 바람직한가의 문제가 제기된다. 필자는 한국의 정당들이 서구의 간부정당과 관료적 대중정당의 중간쯤에 속하는 조직구조를 목표로 할 것을 권고하고 싶다. 서구의 간부정당은 너무 분권적이라 이러한 조직구조를 가지고는 야당이 집권하기 어려울 것이고 여당은 집권에 실패한 후에 그 실체를 유지하기 어려울 것이다. 또한 서구의 관료적 대중정당은 이미 지적한 바와 같이 정당정치의 확립을 위해서는 한국 정당들도 따라야 할 모형이나 우리의 현실로부터는 너무나 동떨어진 모형인 것이다.

셋째로 한국 정당은 그 지지기반의 지역성을 극복해야 할 것이다. 각 당의 총재들은 지역당 출현의 책임이 그들 자신에게도 있음을 인식하고 이의 극복을 위해 각별한 노력을 경주해야 할 것이다. 정당이 정책 정당화한다면 이러한 극복의 과제는 덜 어려워질 것이다.

한국의 정당이 어느 정도의 관료제를 갖고 지지기반을 정책적 근거에서 찾는 민주적 정책정당으로 발전한다면 이러한 정당은 이념적 열성당원들을 보다 많이 확보할 수 있을 것이고 고정지지자들을 정당활동에 참여시킬 수 있는 가능성도 열릴 것이다. 한국의 정당은 이러한 변화를 통해 후견인-수혜자 조직의 전근대적 이미지를 떨쳐버려야 할 것이다.

마지막으로 정당의 이와 같은 발전은 어떻게 올 수 있는가? 첫째, 한국정치의 발전이 앞으로도 단절 없이 지속되어야 이와 같은 정당 발전이 올 수 있을 것이다. 정당 발전 없이는 정치발전이 어렵고 또 정치발전의 의미 속에는 정당 발전도 포함되는 것이나 여기서 말하는 정치발전은 한국군의 직업주의 확립, 경제의 순조로운 성장, 남북한 간의 긴장완화, 한반도를 둘러싼 평화적 국제환경의 정착 등과 같은 정당 외적 요인에 의해 결정되는 정치발전을 의미한다. 둘째, 혁신정당의 출현과 발전은 기존 정당의 발전을 자극할 것이다. 그러나 현재로선 혁신정당이 출현한다 해도 서구식 비례대표제나 노동조합의 정치활동 허용 같은 조건이 마련되어 있지 않으므로 혁신정당의 획기적 발전은 기대하기 어려울 것이다.[13] 셋째로, 정당 내의 잠재적인 의원그룹들과 현재 미발달된 관료체계가 앞으로의 정치발전과 더불어 서서히 성장한다면 이에 따른 정당 발전이 올 수도 있을 것이다. 넷째로, 4당의 총재가 각각 자기 당을 근대화시키겠다는 의지를 가지고 스스로 당 개혁정책을 세운다면 이에 의해서도 정당 발전은 올 수 있을 것이다. 한국 정당의 발전이 후퇴한 배경을 고려할 때 아마도 네 번째 길이 정당 발전의 지름길일 것이나 이는 4당 총재가 자기 자신의 좁은 정치적 이해관계에서 벗어날 경우에만 채택이 가능한 길이기

13) 혁신정당의 발전조건에 관해서는 이정복, "이념정당의 출현은 불가피한가", 『신동아』, 1987년 9월호, pp.358-365 참조.

때문에 그 실현이 가장 어려운 길이기도 하다.

III. 한국 정당체계의 특성과 발전방향

한 나라의 정당들은 상호간 체계를 이루고 있다. 정당체계를 논할 때는 이 체계가 어떠한 특성을 띤 체계인가가 문제된다. 사르토리(G. Sartori)는 정당체계를 경쟁적 정당체계와 비경쟁적 정당체계로 나누고 경쟁적 정당체계는 일당 우위체계, 양당체계, 온건 다당체계, 극단 다당체계로 구분하고 비경쟁적 정당체계는 패권정당 체계와 단일 정당제로 구별하였다.[14] 오늘날 한국의 정당체계는 이 중 어떠한 체계라고 볼 수 있으며 이는 건국 이래 제5공화국시대의 정당체계와는 어떻게 비교될 수 있는가? 정당체계의 이와 같은 변화는 왜 일어났는가? 오늘날의 정당체계는 앞으로 어떻게 변해야만 정당간 정권교체의 전통을 수립할 수 있을 것인가? 그리고 정당체계의 이러한 변화는 어떻게 일어날 수 있는가? 이러한 문제들을 여기서는 아주 간단하게 살펴보고자 한다.

오늘날 한국의 정당체계가 어떠한 체계인지 규명하기에는 제6공화국의 정당체계의 역사가 너무 짧다. 현재의 4당 체계를 일당 우위체계나 온건 다당체계로 보아야 할지, 혹은 패권 정당체계로 보아야 할지 그 특성을 규명하기에는 현 정당체계의 특성은 너무 유동적인 것이다. 다만 오늘날 한국 정당체계의 특성은 과거와 비교한다면 뚜렷한 차이를 나타내고 있다.

건국 이래 제5공화국시대 말에 이르기까지 한국의 정당체계는 다음과 같은 세 가지 특성을 나타내었다. 첫째로 이 오랜 기간 동안 한국의 정당체계는 정권교체가 일어나지 않는 양당체계였다. 자유당과 민주당, 신파 민주당과 구파 민주당, 민주공화당과 신민당, 민정당과 신민당이 이루는 양당체계가 각각 제 1, 2, 3, 4, 5공화국의 정당체계였다. 둘째로 이와 같은 양당체계가 각 공화국의 초기부터 나타난 것은 아니었다. 각 공화국의 초기에는 4, 5개 이상의 여러 당이 선거에 참여하고 의석도 확보하였다. 그러나 한두 번의 선거를 치르는 동안 집권당과 제1야당을 제외한 다른 정당들은 유명무실한 정당으로 전락해 버렸다. 이러한 현상은 선거구제가 소선거구제든 혹은 2인을 뽑는 중선거구제든지를

14) Giovanni Sartori, *Parties and Party Systems*(Cambridge: Cambridge University Press, 1976) 참조.

막론하고 일어났다. 셋째로 한국의 정당체계가 각 공화국의 중기 내지 말기에는 양당체계로 발전했고 제1야당의 득표율이 여당의 득표율에 육박하는 신장세를 보였으나 집권세력은 제1야당의 지지율이 더 이상 증가하기 전에 정치의 게임규칙을 변화시켜 제1야당의 집권 기회를 사전에 봉쇄하였다.[15] 이러한 점으로 보아 과거 한국의 정당체계는 사르토리가 말하는 패권정당체계의 특성을 가지고 있었다고 말할 수 있다.[16] 1989년 현재의 정당체계는 다당체계이고 이 체계는 과거 각 공화국 초기의 다당체계와는 달리 상당히 안정된 지역적 기반 위에 선 다당체계이다. 따라서 이 체계는 과거 한국의 다당체계가 선거를 한두 번 치르는 동안에 양당체계로 자연히 바뀐 것과 같은 변화를 일으키지는 않을 것이다.

1989년의 한국 정당체계가 과거에 비해 이와 같은 변화를 나타내게 된 직접적 배경은 정당조직 변화의 배경과 마찬가지로 김대중·김영삼 양인의 정치적 결별과 이를 계기로 응고한 지역대결 의식이라는 정치인들에 의해 조장된 허위의식에 있다. 이에 대해서는 이미 앞서 논한 바도 있고 또 우리들 모두가 잘 알고 있으므로 더 이상 여기서 논의할 필요는 없겠다.

정당 간의 정권 교체는 다당체계가 양당체계로 변하지 않고서는 일어나기 어렵다. 그러나 다당체계가 양당체계로 변하고 야당에 대한 국민적 지지율이 여당보다 더 높아진다 해도 이미 지적한 바와 같이 그것이 정권 교체를 보장하지는 않을 것이다. 과거의 집권세력과 마찬가지로 현재의 집권세력도 이러한 가능성이 생긴다면 정치의 게임규칙을 변화시켜 야당의 집권을 사전에 봉쇄하지 않을 것이라고 자신있게 말할 수 있는 사람은 아무도 없을 것이기 때문이다. 이렇게 본다면 양당체계로의 변화 혹은 야당통합은 정권 교체의 전통수립을 가능케 하는 최소한의 필요조건에 불과하다는 것을 알 수 있다.

그러나 이미 지적한 바와 같이 과거의 경우처럼 양당체계가 선거를 통해서 성립되기는 어렵다. 이 과제의 해결은 결별하여 두 개의 서로 다른 정당을 만든 두 김 총재의 역사적 결단에 따른 화합에 있다. 이의 성취는 현재로선 불가능에 가까울 정도로 어려운 일이다.

---

15) 이정복, "정당체계와 정치적 안정에 관한 연구 — 한국과 일본의 경우", 『사회과학과 정책연구』, 제5권 제1호, 1983, pp.315-317.

16) 패권정당체계(hegemonic party system)는 복수의 정당들이 존재하고 선거를 통한 이들 간의 경쟁이 있으나 선거 자체가 자유선거가 아니고 집권당의 승리를 보장해 주도록 되어 있어 집권당이 정권 교체 없이 계속 집권하는 정당체계이다.

두 사람은 상호간 갈등이 너무 심한 것 같고 또 집권세력의 분할작전에도 걸려 있는 것 같다. 평민당과 민주당의 간부들, 이들과 접촉이 있는 인사들, 그리고 민주정치의 정착을 갈망하는 국민들은 모두 두 김씨에게 이러한 길을 걷도록 권고해야 할 것이다.

정당체계는 정당 간의 정권 교체를 가능케 하는 체계가 되어야 할 뿐만 아니라 산업사회의 갈등을 충분히 수용할 수 있는 체계여야만 할 것이다. 민정당 · 평민당 · 민주당 · 신민주공화당으로 구성되는 한국의 정당체계는 산업사회의 갈등을 수용하기에는 그 이념적, 정책적 폭이 너무 좁은 정당체계이다. 크게 본다면 이 네 당이 모두 비슷한 이데올로기나 정책을 가진 보수정당들이기 때문이다. 현재 소위 재야세력 중에는 기존 정당 정치인들보다 훨씬 더 진보적인 인사들이 커다란 영향력을 가지고 있고 이들은 혁신정당의 창당을 준비하고 있다고 한다. 기존의 제도권 4당은 이 정당이 창당된 후 의원선거에 성공하여 제도권 정당체계에 편입될 수 있도록 협력해야 할 것이다.[17] 이러한 협력이 정당체계에 의한 사회갈등의 정치적 수용폭을 넓히는 길이기 때문이다.

Ⅳ. 정당의 조직적 발전과 정당체계 변화의 연계성

정당 간 정권 교체의 전통을 수립하는 것은 정치발전의 기초과제이다. 이를 이룩한다고 해서 민주정치가 완성되는 것은 아니다. 민주정치는 그때부터 실질적으로 시작될 수 있다고 해도 과언이 아닐 것이다. 전후 일본의 예를 들어 정당 간 정권 교체가 없어도 민주정치가 잘될 수 있다고 주장하는 사람이 있을지 모른다. 그러나 선진제국의 정치 중 일본정치만큼 금권에 의해 영향을 받고 부패해 있는 정치는 없다. 일본정치는 우리가 본받아야 할 모델이 될 수 없는 것이다. 또 이러한 일본도 정당 간 정권 교체가 앞으로는 어느 때든 일어날 가능성을 가지고 있다고 볼 수 있다.

우리는 여태껏 정당 간 정권 교체의 전통을 수립하기 위해서는 한국 정당의 조직구조에는 어떠한 발전이 일어나야 하고 정당체계에는 어떠한 변화가 일어나야 하는가에 대해서 살펴보았다. 이에 대해 간단히 논했기 때문에 다시 이를 요약할 필요는 없을 것이다.

17) 혁신정당의 국회 진출을 위해서는 이 정당이 받은 전국 득표율만큼의 의석을 보장해 줄 수 있는 새로운 선거제도가 필요하다.

다만 여기서는 결론에 대신해서 한국 정당의 조직적 발전은 정당 간 정권 교체를 가능케 하는 정당체계로의 변화를 유도할 수 있다는 점을 지적해 두고 싶다. 한국정당들이 단일 지도자 체제에서 훨씬 덜 집권적인 체제로 변화하고 지역중심적이고 후견인-수혜자적인 체제에서 정책중심적이고 보편주의적인 체제로 발전한다면 이러한 발전은 비슷한 정당 간의 통합운동을 야기시킬 것이다. 이러한 운동은 통일민주당이 양 김씨의 불화로 통일 민주당과 평화민주당으로 양분될 당시에 일어났었고, 두 당내에는 소위 비당권파들 중에 이에 동조하는 사람들이 있다고 한다. 두 당의 단일지도자 체제에 변화가 일어난다면 이러한 운동은 보다 공개적으로 일어날 수 있을 것이다.

정권 교체가 있는 양당체계를 수립하기 위해서는 민정당의 단일지도자 체제에도 변화가 일어나야 한다. 민정당 내에도 이러한 변화를 강력히 촉구하는 움직임, 다시 말해 당내 민주화를 촉구하는 운동이 있으나 이는 전혀 실현되고 있지 못하다. 민정당의 단일지도자 체제에 변화가 일어난다면 이와 같은 당내 민주화운동도 보다 활발해질 것이다.

우리나라의 네 정당 총재들은 정당 발전을 위해 발상전환을 해야 할 것이고 각 당 내부의 인사들은 당 총재의 발상전환을 끊임없이 촉구해야 할 것이다. 당 총재를 정점으로 하는 후견인-수혜자 조직의 일원인 당 내부인사가 총재에게 당내 개혁을 요구하는 것은 어려운 일이나 그렇게 하지 않고서는 한국의 정당과 정당체계가 당장에는 발전할 방도를 찾기 어려울 것이다.

제21장

한국의 선거, 정당, 학생, 군, 언론, 이익집단

이 글은 제1공화국시대부터 제6공화국 노무현시대까지 한국의 선거는 어떠한 특성을 나타냈고 정치과정에 참여하는 주요한 행위자인 정당, 학생, 군, 언론, 이익집단은 각각 어떠한 특성을 나타냈는가를 간단하게 소개한 글이다.

선거의 특성은 선거제도, 선거풍토, 투표행태로 나누어서 소개하였다. 제1공화국시대부터 제5공화국시대까지의 선거는 독재시대의 선거라고 하여 크게 관심을 기울이지 않는 경향이 있는데, 이 시대의 선거도 정치적으로 소홀하게 생각해서는 안 되는 중요한 의미를 가지고 있다는 점을 이 글은 강조하였다.

학생과 군을 중요한 정치적 행위자로 위치지운 것은 제5공화국시대까지 한국정치는 학생과 군의 대결로 구성되어 있었기 때문이다. 현재 학생과 군은 각각 본연의 자세를 되찾아서 과거와 같이 중요한 정치세력으로서의 의미는 가지고 있지 않다. 그러나 한국정치가 어느 방향으로 나가느냐에 따라 이 두 세력은 다시 일어날 수 있는 잠재력을 가지고 있다는 점에서 오늘날에도 중요하다.

언론은 한국의 정치과정을 다룰 때 빼놓는 경향이 있는데 언론의 정치적 영향력을 고려할 때 이도 시정해야 될 일이다.

한국의 이익집단들은 제6공화국의 민주화시대가 열린 이래 자율적인 이익명시활동(interest articulation)을 활발하게 하고 있다. 이익집단들은 현재 한국정치에서 매우 중요한 위치를 차지하고 있으나 이 글은 그들 중 주요 집단들을 소개하는 데 그치고 있다.

이 글을 쓰는 데는 안철현 교수와 박현희 연구조교의 도움을 많이 받았다.

I. 정치과정 분석방법

정치과정은 비정부 정치과정(non-governmental political process)과 정부과정(governmental process)의 양자를 모두 포함하고 자유민주주의의 이념과 제도가 수입된 지 반세기밖에 안 되는 한국에 있어서는 정부과정이 비정부 정치과정보다 압도적으로 중요한 역할을 해왔다. 미국과 서구제국에 있어서는 비정부 정치과정이 정부과정에 지대한 영향을 미치고 있지만 한국에 있어서는 오히려 정부과정이 비정부 정치과정에 결정적인 영향을 미쳐왔다. 이러한 현상은 군부 권위주의체제를 가지고 있던 시대의 한국에만 적용되는 게 아니라 민주주의정부가 수립된 오늘날에도 그 정도는 약화되고 있지만 그대로 남아 있다. 한국의 정치과정은 데이비드 이스턴(D. Easton), 가브리엘 알몬드(G. Almond), 칼 도이취(K. Deutsch) 등이 제시한 바와 같은 투입-산출과정이 아니라 이와는 거꾸로 산출과정이 일차적이고 투입과정은 부차적인 의미를 가지고 있는 산출-투입과정으로 분석하는 것이 보다 적절한 것이다.[1)]

이 글은 비정부 정치과정과 정부과정의 양자를 모두 다루지도 않고 또 이 두 과정 중 한국에 있어 더 큰 비중을 가지고 있던 정부과정을 다루지도 않는다. 이 글은 한국의 비정부 정치과정에 대해 논의하고자 한다. 정부과정에 대한 분석은 다른 책에서 찾아볼 수 있다.[2)] 여기서는 이러한 비정부 정치과정을 선거, 정당, 학생, 군, 언론, 이익집단을 중심으로 살펴보고자 한다. 군은 정부기관이나 쿠데타를 일으켜 한국의 비정부 정치과정에 결정적 영향을 미쳤고 정부과정에 대한 논의에서 군을 다루지 않기 때문에 비정부 정치과정에 포함시켜 논의하고자 한다.

한국의 비정부 정치과정이 정부과정과 비교해 볼 때 부차적인 중요성을 가지고 있다고 해서 그것이 중요하지 않다는 것은 결코 아니다. 한국정치의 특성이 비정부 정치과정에 잘 나타나 있을 뿐만 아니라 비정부 정치과정은 정부과정, 혹은 산출과정에도 무시할 수 없는 영향을 미쳤기 때문이다. 첫째로 비정부 정치과정은 군부 권위주의시대에도 정부과

1) 이정복 외 공저, 『정치학 개론』(서울: 박영사, 1986), pp.171-177.

2) 길승흠 외 공저, 『한국 현대정치론』(서울: 법문사, 1995) 참조. 이 책의 영문본은 Soong-hoom Kil & Chung-in Moon, eds., *Understanding Korean Politics*(Albany: State University of New York Press, 2001).

정에 대한 견제 역할을 하였다. 한국의 군부 권위주의정권은 인권탄압으로 악명을 날렸으나 비정부 정치과정이 없었더라면 더욱 혹독한 인권탄압을 자행했을 가능성이 크다. 둘째로 비정부 정치과정을 통한 정부의 정통성에 대한 비판은 정부가 이를 보완할 수 있는 경제적 업적을 내도록 유도하는 역할을 하였다. 오랫동안 군부 권위주의정권이 추진해 온 경제업적 제일주의는 비정부 정치과정과 무관한 것이 아니다. 셋째로 비정부 정치과정은 한국정치의 발전방향을 결정하는 역할을 하였다. 1961년의 군부 쿠데타는 그후 30여 년간에 걸친 군부 권위주의시대의 출발점이 되었고 이에 대한 학생, 야당, 언론의 민주화 투쟁은 민주적인 헌법쟁취와 정당 간 정권 교체라는 정치적 결과로 귀결되었다.

정치과정은 총론의 시각에서 논의할 수도 있고 각론의 시각에서 논의할 수도 있다. 한국의 정치과정을 총론의 시각에서 논의할 때 가장 많이 이용되던 분석틀은 이스턴의 정치체계론에 나와 있는 투입-산출 과정론이었다.[3] 한국의 많은 정치학자들이 유신시대 이전에는 이 시각에 입각해서 한국의 정치과정을 분석하였다. 그들은 당시만 해도 한국의 정치과정이 이스턴의 분석틀로 파악될 수 있는 민주적 정치과정으로 발전할 수 있다고 낙관하고 있었기 때문이다. 그러나 한국 정치학자들의 이와 같은 전망과는 달리 한국정치는 1970년대 초부터 권위주의적 정치과정으로 더욱 깊이 전락해 갔고, 이때부터 상당수의 학자들이 한국의 정치과정을 네오 마르크시스트적인 분석틀로 파악하기 시작하였다. 브루스 커밍스(B. Cumings)는 해방 직후의 한국정치를 이와 같은 시각을 가지고 분석하였고,[4] 해방 이후 오늘에 이르기까지의 정치과정을 이러한 시각으로 분석하는 것이 한국의 젊은 정치학자들 간에는 오랫동안 유행이었다. 그러나 한국의 정치과정은 이스턴의 분석틀을 적용하기에는 너무나도 권위주의적인 특성이 강했고 그렇다고 해서 네오 마르크시스트적인 분석틀을 적용하기에는 학생, 군, 지역주의와 같은 비계급적인 요인들의 작용이 너무 크다.

한국 정치과정에 대한 분석방법으로 이 두 가지 방법 외에도 한승주 교수가 그의 박사논문에서 제시한 부문 분석(sectoral analysis)을 빼놓을 수 없다. 그는 이스토니언들이나 네오 마르크시스트들과는 달리 1960년의 한국 정치과정을 양극화되어 있는 사회세력, 혹은 부문간의 대립으로 파악하고 이러한 정치 상황에서는 민주정치가 불가능하다는 것을

---

3) David Easton, *A Systems Analysis of Political Life*(Chicago: The University of Chicago Press, 1965).
4) Bruce Cumings, *The Origins of the Korean War*(Princeton: Princeton University Press, 1981).

보여주고 있다.[5] 그의 분석방법은 이스토니안 분석이나 네오 마르크시스트적인 분석에 비해 한국의 정치과정을 중범위 수준에서 보다 현실적으로 파악하고 있다는 장점을 가지고 있으나 각 부문의 세력과 그들 간의 대립을 평가하는 객관적인 기준이 확립되어 있지 않아 분석이 자의적으로 되기 쉽다는 단점을 가지고 있다.

이 글은 정치과정을 이상 소개한 바와 같은 시각에서가 아니라 한국정치에 있어서의 선거, 정당, 학생, 군, 언론, 이익집단을 각각 논의하는 각론의 입장에서 다루고자 한다. 그러나 한국의 정치과정을 각론의 입장에서 다룬다고 해도 이를 다루는 방법은 이스토니언 분석방법, 네오 마르크시스트 분석방법, 부문분석방법 중 어느 하나에 따를 수 있으나 여기서는 이러한 분석방법들 중 어느 하나에도 전적으로는 의존하지 않을 것이다. 이스토니언 분석방법에서는 선거, 정당, 이익집단 등에 과도한 중요성을 부여하고, 네오 마르크시스트 분석방법에서는 이러한 것들은 계급투쟁의 반영일 뿐 그 자체의 독자적 중요성은 약한 것으로 간주하여 현실보다 훨씬 과소하게 평가하고 있다. 또한 부문분석방법에서는 정당정치인들, 군인들, 학생들과 같은 사회세력은 중요하게 취급하고 있으나 의원내각제와 선거와 같은 정치제도는 소홀하게 취급하고 있다. 여기서는 한국의 선거, 정당, 학생, 군, 언론, 이익집단의 정치적 특성을 이러한 분석방법에 구애되지 않고 각각 개별적으로 가능한 한 객관적인 시각에서 다른 나라의 경우와 비교해 가면서 논의하고자 한다.

한국의 정치과정을 이와 같이 각론적 입장에서 논의할 때 두 가지의 시기구분이 유용하다. 하나는 헌법의 형태에 따른 시기구분이고, 다른 하나는 집권세력의 성격에 따른 시기구분이다. 한국정치를 헌법의 형태에 따라 시기를 구분할 때는 1948년부터 1972년까지의 제1차 민주헌법시대, 1972년부터 1987년까지의 비민주헌법시대, 1987년부터 오늘날까지의 제2차 민주헌법시대의 세 시기로 구분할 수 있고, 집권세력의 성격에 따라 구분할 때는 1948년부터 1961년까지의 제1차 문민정권시대, 1961년부터 1993년까지의 군사정권시대, 1993년부터 현재까지의 제2차 문민정권시대로 나눌 수 있다. 한국의 선거, 정당, 언론 등을 논의할 때는 헌법의 형태에 따른 시기구분이 유용하고 학생, 군, 이익집단을 논할 때는 집권세력의 성격에 따른 시기구분이 유용하다.

---

5) Sungjoo Han, *The Failure of Democracy in South Korea*(Berkeley: University of California Press, 1974).

II. 한국의 선거

미국과 서구 제국에서는 민주적인 선거제도가 18세기 말부터 20세기 전반에 이르는 오랜 기간에 걸쳐 점진적으로 확립되었다. 이들 제국에서 선거를 처음 실시할 때에는 재산을 가지고 있는 소수의 남자 시민들만 선거권을 가졌고 프롤레타리아, 여자, 흑인들과 같은 소수파 인종은 선거권을 가지지 못했다. 프롤레타리아, 여자, 흑인들이 선거권을 획득한 것은 20세기 초에 들어와서였다. 이들 제국의 지배계급인 재산가들이 프롤레타리아의 선거권 획득을 위험하게 생각했기 때문에 그들의 선거권 획득은 늦어지게 된 것이다.

한국에서는 21세 이상의 국민은 재산 정도와 성별 등에 관계없이 모두 평등하게 선거에 참여하는 민주적인 보통선거제도가 1948년 일거에 수립되었다. 한국 국민들은 당시 그들에게 부여된 이와 같은 선거권을 당연한 것으로 받아들였지만 보통선거제도의 확립을 위해 미국과 서구제국의 인민들이 흘린 피와 땀을 고려할 때 1948년 한국에서의 보통선거제도 수립은 정치적인 무혈혁명이라고도 볼 수 있는 역사적 사건이었다. 한국 국민들이 서구제국의 국민들이 200여 년에 걸쳐서 달성한 것을 일거에 성취한 것은 한국 국민들의 이를 위한 투쟁의 결과가 아니라 미소 간의 대립의 결과였다. 한국을 점령하고 있던 미국은 피식민제국의 인민들에게 당시 상당한 호소력을 가지고 있던 공산주의 이데올로기에 대항하기 위해서 한국 국민들에게 민주적인 선거제도를 부여할 수밖에 없었던 것이다. 그러나 이러한 선거제도가 과거 아무런 민주적인 정치 경험이 없고, 일인당 GNP가 불과 몇십 달러밖에 안 되었던 빈곤한 한국에서 잘 운영될 수는 없었다. 이러한 제도가 한국에서 서구제국에서와 같이 민주적으로 잘 운영되기를 바라는 것은 1950년대의 어느 서구 언론인이 비아냥거렸던 바와 같이 쓰레기통에서 장미꽃이 피기를 기대하는 것과 마찬가지였는지 모른다.

여기서는 한국의 선거제도, 선거풍토, 유권자들의 투표행태가 어떻게 변해 왔는가를 대통령선거와 국회의원선거를 중심으로 개괄적으로 살펴보고자 한다. 대한민국 건국 이래 오늘에 이르는 기간에 있어 한국에 중요한 선거는 대통령선거와 국회의원선거였다. 대통령선거나 국회의원선거의 결과는 1960년 4 · 19 학생의거, 1961년 5 · 16 군사 쿠데타, 1972년의 유신, 1980년의 5 · 17 등과 같은 정변이 일어났을 때에 무효가 된 적도 있었지만 이 두 선거는 대한민국 건국 이래 오늘에 이르기까지 지속적으로 실시되었다. 그러나 시, 읍, 면, 도, 특별시 등 지방자치단체의 장과 의원선거는 그렇지 못하다. 지방자치단체 선거는 1952년, 1956년, 1960년에 부분적으로든 전면적으로든 실시된 이래 1961년 쿠데타 이후 30년간 실시되지 않았다. 1991년에 와서야 지방자치단체의 의원선거가 다시 실시되었고 1995년부터 자치단체장 선거도 포함한 지방선거가 전면적으로 실시되었다.

1. 선거제도

한국의 대통령 선거제도와 국회의원 선거제도는 1948년부터 1972년까지의 제1차 민주헌법시대에는 민주적이었고, 1972년부터 1987년까지의 비민주헌법시대에는 비민주적인 성격이 강했고, 1987년 이래의 제2차 민주헌법시대에는 다시 민주적인 특성을 갖게 되었다. 우선 제1차 민주헌법시대의 선거제도부터 소개하기로 한다. 제1차 민주헌법시대는 1948년부터 1960년까지의 제1공화국시대, 1960년부터 1961년까지의 제2공화국시대, 1963년부터 1972년까지의 제3공화국시대로 나누어지고 각 공화국은 서르 다른 선거제도를 가졌었다. 제1공화국시대 제헌헌법의 대통령 선거제도는 국회에서 재적의원 3분의 2 이상이 출석하고 출석의원 3분의 2 이상의 지지를 받은 후보가, 그리고 이와 같은 지지를 받는 후보가 없는 경우에는 최고득표자 2명에 대한 결선투표에서 다수표를 획득하는 후보가 4년 임기의 대통령에 당선되는 간선제였다. 제1공화국의 초대 대통령 선거제도가 간선제로 된 것은 당시 초대 대통령으로 이승만 박사를 지지하던 중요한 정치세력이었던 한민당이 의원내각제 헌법을 준비했던 데 기인한다. 이 의원내각제 헌법은 이 박사의 반대로 대통령중심제 헌법으로 바뀌었으나 대통령은 의원내각제에서와 같이 국회에서 선출하게 된 것이다. 대통령중심제에서 대통령을 국회에서 선출하는 것은 외국의 민주국가들에서는 찾아볼 수 없는 제도적 모순이었으나 이 박사와 한민당은 이렇게 타협할 수밖에 없었다고 볼 수 있다.

제1공화국시대 단원제 국회의 의원선거제도는 미국, 영국, 캐나다, 뉴질랜드의 의원선거제도와 마찬가지로 한 선거구에서 다른 후보들에 비해 상대적으로 최다수표를 획득한 후보 1명을 4년 임기(초대 국회 때만 2년 임기)의 의원으로 선출하는 소선거구, 상대적 최다수제였다. 이와 같은 국회의원 선거제도는 다수파가 과다하게 대표되고 소수파는 과소하게 대표되고 사표가 많이 나오는 단점이 있으나 정치적 안정에는 기여하는 장점을 가지고 있다. 당시 한국이 이와 같은 국회의원 선거제도를 채택한 데에는 이러한 장점에 대한 고려도 있었겠지만 이보다는 이 선거제도가 유권자들이 이해하기 쉽고 또 당시 점령국이었던 미국의 국회의원 선거제도라는 점도 있었을 것이다.

제1공화국시대에는 국회의원 선거제도는 변화가 없었으나 대통령 선거제도는 1952년 제2대 대통령선거 때부터 국회 간선제에서 국민들의 직접선거제로 바뀌었고 1956년 제3대 대통령선거 때부터는 대통령직을 두 번 이상 연임할 수 없다는 헌법조항이 초대 대통령에게는 적용되지 않는다는 헌법개정도 있었다. 야당은 이승만 대통령의 권력 연장을 위한 이러한 헌법개정을 반대했으나 이 정권은 첫 번째 헌법개정의 경우에는 대중동원과 강제력 발동으로, 두 번째 경우에는 국회 내에서의 수적 우세로 야당의 반대를 누르고 헌법개정을 강행하였다.

제1공화국시대에는 제2공화국시대부터는 없어진 부통령제를 두었고 부통령은 미국에서와 같이 대통령과 같이 동반당선되는 것이 아니라 대통령과 같은 방식으로 따로 선출되었다. 그리하여 제1공화국 후반부에는 대통령은 이 박사이나 부통령은 제1야당인 민주당의 장면 박사가 맡고 있었다. 부통령이 대통령을 보좌하고 대통령 유고시에 그 직무를 맡는다는 헌법 조항을 고려할 때 대통령과 부통령이 서로 반대하는 당에 각각 속한다는 것도 제도적 모순이었으나 이것도 이 박사 세력과 그 반대세력의 정치적 타협의 결과로밖에 볼 수 없다.

4・19 학생의거의 결과로 수립된 제2공화국은 의원내각제 헌법을 채택하였다. 의원내각제에서 대통령은 독일의 경우와 마찬가지로 상징적인 존재로서 국회에서 선출되었다. 국회는 민의원과 참의원의 양원을 두었고 민의원 선거제도는 제1공화국에서와 같은 소선거구, 상대적 최다수제였다. 참의원 선거제도는 서울특별시와 도를 단위로 하여 2인 내지 8인의 의원정수를 갖는 대선거구제, 이 대선거구에서 유권자들이 의원정수의 반 이하의 후보자들에게 복수 투표할 수 있는 제한연기투표제(制限連記投票制), 의원당선자들의 선출방법인 상대적 최다수제로 구성되어 있었다. 선거운영면에 있어서는 등록 방해의 폐단이 있었던 후보 등록을 위한 선거인 추천제를 폐지하였고, 대리투표를 막기 위해 부재자 투표제도를 인정하고 릴레이식 투표를 방지하기 위해 투표용지 일련번호기입제도를 채택하

였다. 그리고 유권자의 연령자격이 21세에서 20세로 낮아진 것도 이때부터였다.

5 · 16 쿠데타의 결과로 수립된 제3공화국은 다시 대통령 중심제를 채택하였다. 대통령은 국민들이 직접 선거로 선출하고 두 번 이상 대통령직을 연임할 수 없도록 되어 있었다. 제3공화국 헌법은 이를 고치기 위해서는 국회뿐만 아니라 국민투표도 통과하도록 만들어 놓음으로써 제1공화국의 이승만 대통령이 감행한 무리가 다시는 일어나기 어렵도록 조처를 해두었으나 제3공화국 대통령 박정희 장군은 이러한 무리를 다시 감행하고 1971년에 세 번째로 대통령에 출마하여 당선되었다.

제3공화국의 국회의원 선거제도는 한편으로는 제1, 2공화국시대의 소선거구, 상대적 최다수제를 유지하고 다른 한편에 있어서는 전국구 비례대표제를 채택하였다. 즉 선거구를 지역구와 전국구의 두 가지 종류로 하여 지역구는 과거의 233개구를 131개구로 줄여서 1명의 의원정수를 갖게 하고 전국구에는 지역구 의석의 3분의 1인 44석을 할당하고, 지역구 의원 선출에는 과거와 같은 상대적 최다수제를, 전국구 의원 선출에는 비례대표제를 적용하였다. 그러나 제3공화국시대에 처음 채택한 전국구, 비례대표제는 서구제국의 국회의원선거에서 볼 수 있는 비례대표제가 아니었다. 첫째로 유권자들은 각 정당의 전국구 의원후보 명단에 투표하지 않았다. 유권자들의 각 정당 지역구 후보들에 대한 정당별 총투표수가 각 정당의 전국구 후보명단에 대한 투표수로 간주되었다. 유권자들은 전국구 후보들에 대한 선출권을 행사하지 못한 것이다. 둘째로 전국구 의석의 배분방법도 비례적이 아니었다. 전국구 의석은 제1당의 경우 그 당의 지역구 총득표율이 총유효투표의 50%가 넘으면 득표율에 따라 배분을 받지만, 50% 미만일 경우에는 전국구 총의석의 반을 배분받게 되어 있었다. 제2당의 경우에는 총득표율이 제3당 이하 정당들의 총득표율의 2배를 초과할 때에는 잔여의석을 득표비율에 따라 배분받으나 그렇지 못할 때에는 잔여의석의 3분의 2를 배분받도록 되어 있었다. 그리고 지역구에서 3석 이상의 의석을 차지하지 못하거나 총유효투표의 5% 이상을 득표하지 못한 정당은 전국구 의석배분에서 제외되었다. 제3공화국의 전국구 의석의 이와 같은 배분방식은 비례대표제를 채택하고 있는 서구제국의 의석배분방식인 동트 최고평균방식(d'Hondt Highest Average Formula), 라귀 최고평균방식(Lague Highest Average Formula), 최대잔여방식(Largest Remainder Formula), 단기이양방식(Single Transferable Vote Formula) 등의 어떠한 배분방식보다도 실제로는 제1당에게 과다한 의석을 배분하는 의석배분방식이었다.[6] 그리하여 제3공화국의 첫 번째 국회의원선거였던 1963년 11월 제6대 국회의원선거에서 제1당이었던 박 장군의 민주공화당은 지역구에서 총유효투표의 33.5%밖에 획득하지 못했지만 전국구 의석은 총의석수의 반인 22석을 차지하였고 지역구에서는 지역구 총의석의 68%인 88석을 차지하여 전체적으로는 총의석수 175석 중 62.85%인 110석을 갖게 되었다. 제3공화국의 이와 같은 국회의원 선거제도는 민의를 정확하게 반영하지 못하는 선거제도였지만 정치적 안정과 양당제의 정착에 도움이 되는 선거제도였다.

제3공화국시대에는 국회의원 후보등록을 정당공천제로 하여 무소속의 입후보는 금지해 버렸다. 무소속 입후보 금지제도는 제1, 2공화국시대에도, 제4, 5, 6공화국시대에도 없었던 제3공화국시대에만 있던 독특한 선거제도였다. 국회의원선거의 운영에 있어서는 합동연설회 개최, 선거공보발행 등을 완전 공영제로 하는 등 공영선거제를 확대시키고 개인후보의 선거운동 방식을 엄격히 제한하였다.

제1차 민주헌법시대의 선거제도는 이를 소개하면서 지적한 바와 같은 문제점이 있었지만 민주적인 선거제도였다. 국회의원 선거제도에 있어 소선거구, 상대적 최다수제의 과도한 부익부 빈익빈의 문제점은 미국과 영국에서와 같이 양당제도가 확립되면 극복될 수 있는 것이었다. 다만 제3공화국시대 전국구 의원의 선출방식에는 상당한 문제가 있었고 이 문제는 오늘날에도 극복되고 있지 못하다.

1972년부터 1987년까지의 비민주헌법시대의 선거제도는 제1차 민주헌법시대의 선거제도에 비해 비민주적인 특성이 매우 강했다. 이 시대의 선거제도를 제4공화국 유신시대와 제5공화국으로 나누어 살펴보기로 한다. 제4공화국 유신시대에는 무엇보다도 대통령 직선제가 없어지고 6년 임기의 대통령이 통일주체국민회의에서 토론 없이 재적 대의원의 과반수 이상의 지지로 선출되도록 하였다. 통일주체국민회의 대의원의 입후보자는 비정치인이어야 했고 선출된 2,500명 전후의 대의원들은 모두 정부의 꼭두각시들이었다. 이와 같은 대통령 선거법에 따른 선거는 1972년, 1978년, 1979년 3번 있었고 각각 박정희, 박정희, 최규하가 단일 후보로 나와 99.0%, 99.9%, 96.7%의 득표율로 당선되었다. 이러한 선거는 공산독재국가의 선거가 민주적인 의미에서의 선거가 아닌 것과 마찬가지로 선거가 아니었다.

6) Douglas W. Rae, *The Political Consequencies of Electoral Laws*(New Haven: Yale University Press, 1967) 참조.

제4공화국시대의 국회의원 선거제도도 비민주적인 제도였다. 이 시대에는 선거구제를 지난 24년간의 소선거구제에서 한 선거구에서 임기 6년의 의원을 2명 선출하는 73개의 선거구를 갖는 중선거구제로 바꾸고, 제3공화국시대의 전국구 의원을 없애고 국회의원 정수의 3분의 1을 임기 3년의 의원으로 통일주체국민회의에서 선출하도록 하였다. 한 선거구에서 2인의 의원을 선출했기 때문에 여당 후보는 과거와는 달리 도시에서도 당선될 수 있었고 제2당 후보도 여당 후보와 동반 당선되는 경우가 많았다. 이러한 선거제도는 여당은 73개의 선거구에서 의석을 모두 차지하고 나머지 73개 의석 중 대다수는 제1야당이 차지하고 그 나머지를 그 외의 야당과 무소속이 나누어 갖는 결과를 내었다. 그리하여 이 제도에는 "나누어 먹기식" 선거제도라는 낙인이 붙어 있다. 그래도 이 지역구 선거는 여야에 대한 국민들의 지지율이 나타나기 때문에 정치적으로 중요한 의미를 가졌다. 1978년 국회의원선거에서 여당인 민주공화당은 총 31.7%의 득표율을 획득한 데 비해 야당인 신민당은 32.8%의 득표율을 획득하였고, 이러한 선거결과는 유신체제에 대한 국민들의 반대가 심각하다는 것을 나타내 주는 뚜렷한 증거였다. 그러나 통일주체국민회의에서 선출하는 국회의원 정수의 3분의 1은 이 기관의 대의원들이 이미 지적한 바와 같이 정부의 꼭두각시들에 불과했기 때문에 대통령이 그들을 임명하는 것이나 마찬가지였다. 대통령이 국회의원 정수의 3분의 1인 73명을 임명한다는 것은 국민들이 이해하기 어려운 실로 비민주적인 제도였다.

박정희 대통령이 그의 정보부장이었던 김재규에 의해 암살당한 후 정권을 장악한 신군부 세력이 수립한 제5공화국의 선거제도는 외양은 제4공화국과 달랐지만 원칙적으로는 거의 같은 것이었다. 우선 대통령은 제4공화국시대의 통일주체국민회의 대신에 대통령 선거인단으로 하여금 선출하게 하였다. 대통령 선거인단은 선거로 선출하였으나 선출된 5,000여 명의 선거인단은 통일주체국민회의 대의원들처럼 정부의 꼭두각시들이나 마찬가지였기 때문에 대통령 선거는 있으나마나한 것이었다. 다만 제5공화국의 대통령 선거제도는 대통령의 임기를 7년 단임으로 하였다는 점에 있어 제4공화국 제도와 구별된다.

제5공화국의 국회의원 선거제도는 제4공화국과 마찬가지로 한 선거구에서 2인의 의원을 선출하는 92개의 중선거구를 채택하고 의원정수의 3분의 1인 92석의 전국구 의원은 지역구의 선거결과에 따라 배분하도록 하였다. 지역구 선거에서의 의석수 제1당이 전국구 총의석 중 3분의 2인 61석을 차지하게 하고 5석 이상의 의석을 획득한 제2당 이하의 정당들이 나머지 31석을 지역구에서 차지한 의석비율에 따라 배분받도록 하였다. 제4공화국의 대통령은 의원정수의 3분의 1을 임명했으나 제5공화국의 대통령은 집권당의 총재로 이보다는 작은 의원 수인 의원정수의 3분의 1(92석)의 3분의 2(61석)를 임명할 수 있었다고 말할 수 있다. 그리고 당시 제1당이었던 민주정의당은 제5공화국의 첫 번째 국회의원선거에서 총 35.8%의 지역구 득표율로 전체 의석의 54.7%를 차지하였다. 이와 같은 국회의원 선거제도는 제3공화국과 4공화국 국회의원 선거제도의 문제점을 모두 가지고 있는 제도였다. 이 선거제도는 나중에 살펴보겠지만 제5공화국시대의 야당들이 준여당적인 존재로 출발함으로써 선거제도로서의 의미가 더욱 상실된 제도였다. 그러나 제5공화국의 선거제도가 여러 가지 문제점을 가졌다 해도 민의가 표출될 수 있는 유일한 제도로서의 의미는 유지했고 이러한 의미는 1985년 2월 12일 제12대 국회의원 선거에 잘 나타나 있다. 이 선거에서 선명야당인 신한민주당은 대도시에서 여당인 민주정의당에 대해 압승하였고 29.3%의 총득표율로 지역구 의석 50석을 차지하여 일거에 제1야당으로 출현하여 대통령 직선제 개헌운동을 성공적으로 추진할 수 있었다.

한국의 선거제도는 1987년 제2차 민주헌법시대의 개막으로 민주적인 성격을 회복하였다. 제6공화국의 대통령은 제1, 3공화국시대와 같이 국민들의 직접선거로 뽑게 되었다. 다만 제2차 민주헌법시대 제6공화국의 대통령 선거제도는 대통령의 임기를 5년 단임으로 한 것이 제1, 3공화국시대와 다른 점이다. 제6공화국의 대통령 직선제는 제1, 3공화국과 마찬가지로 대통령 후보들 중 상대적으로 최다수의 득표를 한 후보가 대통령으로 당선된다고 규정하고 있다. 대통령 선거법의 규정에 의하면 예를 들어 어느 후보가 10%의 득표를 해도 그것이 후보들 중에서 최다 득표이면 대통령에 당선되도록 되어 있다. 제6공화국 네 번의 대통령선거에서 실제로 이와 같은 사태는 일어나지 않았고 네 대통령은 모두 38% 이상의 득표로 당선되었지만 당선에 필요한 최소한의 득표율을 정해 놓지 않은 것은 잘못이라 아니할 수 없다.

제6공화국은 국회의원 선거제도로 한 선거구에서 최다득표를 한 1인의 후보가 당선되는 소선거구, 상대적 최다수제와 전국구 제도를 채택하였다. 전국구 의석을 배분하는 방식으로는 제13대(1988년)와 제14대(1992년) 선거 때에는 각 정당이 획득한 의석비율에 따라 배분하는 제도를 채택하였고 제15대(1996년) 때부터는 각 정당의 의원 후보들이 획득한 득표비율에 따라 배분하는 제도를 채택하였다. 전국구 의석에 대한 후자의 배분방

〈표 4-1〉 역대 국회의원 선거제도(제1-5공화국 시대)

대별	선거일	임기	의원정수	선출방식	전국구 의석 배분
제헌	1948.5.10	2년	200		
2대	1950.5.30		210	소선거구	
3대	1954.5.20	4년	203	상대적 최다수제	
4대	1958.5.2		233		
5대	(민의원)	4년	(민의원)	(민의원):	
	1960.7.29		233	소선거구	
				상대적 최다수제	
	(참의원)	6년	(참의원)	(참의원)	
	1960.7.29		58	대선거구	
				제한연기투표제	
				상대적 최다수제	
6대	1963.11.26		175	지역구: 소선거구	득표비율에 따라 배분
			지역구 131	상대적 최다수제	3석 이상 또는 득표율
7대	1967.6.8		전국구 44	전국구:	5% 이상 획득한 정당
		4년		비례대표제	제1당: 1/2 이상 2/3 미만
8대	1971.5.25		204	※무소속출마 금지	보장
			지역구 153		제2당: 제1당 배분 후 잔여
			전국구 51		의석의 2/3 보장
9대	직선		219	지역구:	
	1973.3.27		지역구 146	1구2인제 직선	
				상대적 최다수제	
	간선	지역구	유정회 73	유신정우회: 간선	
	1973.3.7	6년		전체 의석의 1/3을 대통령이	
	1976.2.16			추천하고 통일주체국민회의	
10대	직선	유정회	231	에서 선출	
	1978.12.12	3년	지역구 154		
	간선		유정회 77		
	1978.12.21				
11대	1981.3.25		276	지역구: 1구2인제	제1당: 2/3 차지
		4년	지역구 184	상대적 최다수제	제2당 이하: 지역구 5석 이
12대	1985.2.12		전국구 92	전국구: 비례대표제	상의 의석을 획득한 정당에
					의석 비율에 따라 배분

〈표 4-1〉 계속(제6공화국 시대)

대별	선거일	임기	의원정수	선출방식	전국구 의석 배분
13대	1988.4.26	4년	299 지역구 224 전국구 75	지역구: 소선거구 상대적 최다수제 전국구: 비례대표제	제1당이 지역구 의석 1/2 이상 확보할 경우, 지역구 5석 이상을 얻은 정당에게 의석수에 비례하여 배분. 제1당이 지역구 의석 1/2을 얻지 못한 경우는 38석을 우선 배분하고, 잔여의석은 지역구 5석 이상을 얻은 제2당 이하에 의석수에 비례하여 배분
14대	1992.3.24	4년	299 지역구 237 전국구 62	지역구: 소선거구 상대적 최다수제 전국구: 비례대표제	5석 이상의 의석을 얻은 정당에게 의석수 비율에 따라 배분. 5석 미만을 차지한 정당도 유효투표 총수의 3% 이상을 얻으면 우선적으로 1석 배분
15대	1996.4.14	4년	299 지역구 253 전국구 46	지역구: 소선거구 상대적 최다수제 전국구: 비례대표제	5석 이상 또는 득표율 5% 이상 획득한 정당에게 득표 비율에 따라 배분
16대	2000.4.13	4년	273 지역구 227 전국구 46	지역구: 소선거구 상대적 최다수제 전국구: 비례대표제	5석 이상 또는 득표율 5% 이상 획득한 정당에게 득표 비율에 따라 배분 유효투표 총수의 3% 이상 5% 미만을 얻은 정당에 1석 배분
17대	2004.4.15	4년	299 지역구 243 전국구 56	1인2표병립제 지역구: 상대적 최다수제 전국구: 비례대표제	지역구 5석 또는 비례대표 선거 전국득표 3% 이상 얻은 정당에게 득표비율에 따라 배분

식이 전자보다는 공평한 배분방식이다. 소수 정당들의 난립을 방지하기 위해 전국구의 의석배분은 5석 이상의 의석을 차지하거나 5% 이상의 득표율을 차지한 정당들에게 국한하는 제도를 채택하면서도 총유효투표의 5% 미만을 득표한 정당도 3% 이상의 득표를 하면 1석을 배분하는 제도를 채택하였다.

총유효투표의 3% 이상, 5% 미만의 정당에게 1석을 배분하는 제도는 좌파 정당에게 1석이라도 배분하기 위한 제도였다. 그러나 이 제도는 실효를 보지 못하였고, 다른 한편 헌법재판소는 각 정당의 의원 후보들이 지역구에서 획득한 투표수를 그 정당에 대한 전국구 의석배분에 이용하는 것은 위헌이라는 판결을 2001년 7월 19일에 내렸다. 헌법재판소는 정당에 대한 유권자의 직접적 투표 없이 정당에게 전국구 의석을 배분하는 기존의 선거법은 직접선거의 원칙에 위배되고, 유권자가 지지하는 지역구 후보와 지지하는 정당이 다른 경우에는 유권자의 선택권을 제한한다고 판결하였다. 이에 따라 국회는 2004년 3월 12일에 유권자가 지역구 후보와 각 정당의 전국구 후보명부에 각각 투표하는 1인2표병립제를 채택하는 선거법 개정을 하였다. 1인2표병립제는 제17대 총선(2004년)에서 좌파 정당인 민주노동당에게 10석의 의석을 차지하게 하는 결과를 초래하였다.

선거제도를 소개하는 데 있어 선거구 획정문제를 빼놓을 수 없다. 선거구가 불공평하게 획정되면 그것도 앞서 소개한 비민주적 선거제도와 마찬가지로 민주주의의 원칙을 훼손하기 때문이다. 우리나라의 선거구는 다른 나라에서와 마찬가지로 행정구역과 생활권을 중심으로 획정되었다. 선거구를 이렇게 획정할 경우 각 선거구의 유권자 수는 선거구에 따라 차이가 나게 마련이다. 그런데 우리나라의 경우에는 몇 가지 이유로 하서 이 차이가 매우 크게 되었다. 첫째로 산업화로 인해 농촌 선거구의 유권자 수는 점점 줄어든 반면 도시 선거구의 유권자 수는 점점 늘어나게 되었다. 둘째로 12대(1985년) 국회의원 선거 때까지 농촌 선거구와 도시 선거구 간의 이와 같은 불균형이 여당에게 유리하게 작용한 여촌야도 현상이 지속되었기 때문에 여당은 이를 시정하려는 노력을 하지 않았다. 셋째로 13대 국회의원 선거(1988년) 때부터 아주 뚜렷해진 지역주의 투표성향 대문에 여촌야도 현상은 없어졌으나 농촌 선거구와 도시 선거구 간의 불균형은 지속되고 있다. 이러한 불균형의 시정을 농촌 출신 국회의원들은 여야를 막론하고 반대하고 있기 때문이다.

유권자수가 가장 많은 선거구와 가장 작은 선거구의 차이는 제6대 국회의원선거(1963년)의 경우 4.08 : 1이였다. 즉 당시 최다유권자 선거구인 대전은 196,111명의 유권자를 가지고 있었는데 비해 최소유권자 선거구인 전남 진도는 48,022명의 유권자를 가지고 있었다. 이러한 차이는 점점 악화되어 제8대 국회의원선거(1971년) 때에는 동대문구가 268,661명의 유권자를 가지고 있었는데 비해 전북 진안은 44,911명의 유권자를 가지고 있어 양자 간의 유권자수 차이가 5.98 : 1에 다다랐다. 그 이후 제9, 10, 11대 국회의원 선거 때까지는 이 차이가 5 : 1 정도에 머물었고 제12대 국회의원선거(1985년) 때에는 다시 악화되어 5.85 : 1이 되었고 제13, 14, 15대 선거 때에는 각각 4.60 : 1, 5 : 1, 4.38 : 1이었다.[7)]

헌법재판소는 이와 같은 선거구 불균형에 대해 2001년 10월 25일에 각 선거구의 인구수가 선거구의 평균인구수를 기준으로 하여 상하 50%의 편차를 넘으면 위헌이라고 판결하였다. 이러한 판결에 따라 제17대 국회의원선거(2004년) 때에는 선거구 간의 인구수 차이가 3 : 1이 넘지 않게 조정되었다. 헌법재판소는 위의 판결에서 "앞으로 상당한 기간이 지난 후에는 인구편차가 상하 33.333%(이 경우 상한 인구수와 하한 인구수의 비율은 2 : 1), 또는 그 미만의 기준에 따라 위헌 여부를 판단하여야 할 것"이라고 덧붙여 강조하였다. 선진 민주주의국가들은 대개 선거구 간의 인구수 편차를 선거구의 평균 인구수를 기준으로 상하 10% 이내에만 허용한다고 규정하고 있다. 우리의 경우 선거구 불균형의 시정은 앞으로 계속 진행되어야 할 과제이다.

우리 국회는 선거구 불균형을 시정하기 위해 1994년에 선거구획정위원회를 구성할 것을 법제화하였다. 이에 따라 선거구획정위원회가 제15, 16, 17대 선거 전에 각각 구성되어 활동을 하였고 선거구불균형을 시정하는 데 어느 정도 공헌하였다. 그러나 이 위원회는 영국의 경우와는 달리 한시적 임시기구이고, 별도의 예산을 가지고 있지도 않고, 국회의원들도, 심지어는 불균형 시정대상에 속한 선거구의 의원들까지도, 이 위원회의 위원으로 참여하였다. 한국의 선거구획정위원회는 여태까지는 국회의원들의 이해관계의 영향을 받지 않고 독립적으로 활동할 수 있는 법적 권한과 여건을 가지고 있지 못하다.

2. 선거풍토

선거풍토는 선거관계자들(정부, 정당, 후보자, 선거운동원, 유권자)의 선거에 대한 의식

7) 중앙선거관리위원회의 역대 『국회의원선거총람』 참조.

및 행태로 구성되는 선거분위기를 가리킨다. 서구제국에서 선거가 처음 실시될 당시 선거풍토가 깨끗하지 못했던 것과 마찬가지로 한국의 선거풍토도 제1공화국시대부터 관권개입, 금권난무, 중상모략, 흑색선전과 이의 영향을 받는 유권자들의 낮은 정치의식 수준으로 많은 문제점을 가지고 있었다. 한국의 선거풍토를 제1차 민주헌법시대, 비민주헌법시대, 제2차 민주헌법시대의 세 시기로 나누어서 간단히 소개한다.

한국의 선거풍토는 1948년 제헌국회의원 선거 때부터 문제를 나타내기 시작했다. 한국에서 첫 번째 선거였던 이 선거에 있어 가장 큰 문제는 이데올로기적 문제였다. 당시 중간파와 지하로 잠복한 남로당 중심의 좌익세력이 이 선거를 전면 거부하였기 때문이다. 특히 좌익세력은 소련과 북한의 지시에 따라 선거사무소와 선거공무원 습격, 후보 위협, 투표소 습격, 통신망 파괴, 지서 습격, 유언비어 등으로 선거 자체를 방해하였다. 미군정은 이와 같은 선거방해공작을 분쇄하고 자유로운 선거분위기를 진작시키기 위해 최선을 다했으나 선거를 둘러싼 이데올로기적 대립은 자유로운 선거분위기를 사실상 해치는 것이었다. 공산주의자들이 선거방해공작을 전개하였기 때문에 유권자들은 그들의 동조세력으로 오인받지 않기 위해서라도 투표에 참가해야 했다. 제헌국회의원 선거에 있어서의 95.5%라는 투표율과 제1공화국시대의 대통령, 국회의원 선거에 있어서의 평균 90% 이상의 투표율은 이와 같은 이데올로기적 대립 상황도 반영하는 투표율이라고 볼 수 있다.

제헌국회의원 선거에 있어서는 이와 같은 이데올로기적 문제 외에도 금권시비와 관권시비도 있었다. 금권시비는 주로 입후보자들 사이에 금품을 받고 입후보를 취소한다는 소문에 관한 것이었고 관권시비는 관청의 책임자가 부하들에게 특정후보 지지를 종용한다는 소문에 관한 것이었다. 그러나 미군정하에서 치러진 이 선거에 있어서의 금권과 관권의 개입은 그 이후 선거에 비한다면 그 정도가 아주 약한 것이었다.

제1공화국시대에 있어 금권과 관권의 선거개입은 1950년의 제2대 국회의원선거 때부터 1960년의 제4대 정부통령 선거에 이르기까지 점점 심각한 양상을 띠게 되었다. 금권개입은 유권자들에게 향응을 베푸는 것에서부터 나중에는 현금을 살포하여 표를 매수하는 정도까지 심해졌다. 관권개입은 경찰과 내무 공무원들의 선거과정 개입부터 시작하여 투개표 자체를 부분적으로 조작하는 선거부정에까지 이르렀다. 경찰과 공무원들의 선거과정 개입은 여러 가지 형태를 띠었는바, 야당 측 선거운동 탄압, 후보의 등록포기나 사퇴 종용, 산림법과 같은 법규를 이용한 유권자 위협 등이 그 예이고, 투개표 조작은 군입

대자, 이주자, 사망자, 유아들을 유권자로 만들어 놓고 대리인이 투표하는 유령투표, 인쇄소에서 투표용지를 훔쳐서 사전투표한 의혹이 있는 무더기표, 개표 종사원이 야당후보를 지지한 투표용지에 이중날인함으로써 유효표를 무효화시켜 버린 피아노표, 야당 참관인에 대한 매수나 협박 등이 그 예이다. 경찰과 공무원들의 이와 같은 선거개입 외에도 제1공화국시대에는 백골단, 땃벌떼, 대한자결단 등과 같은 정치깡패나 폭력단들이 나타나 야당 후보들과 선거운동원들을 협박하고 폭행하기도 하였고, 군에서는 항상 여당후보 지지표가 압도적으로 많았다.

제1공화국시대는 반공주의가 강한 시대였다. 반공주의는 유권자들에게 호소력도 있었고 다른 한편에 있어서는 이에 기반한 매카시즘 때문에 위협도 되었다. 제1공화국 이승만 정권은 이러한 분위기도 선거에 이용하였다. 제2대 국회의원선거 때 이 대통령은 방송을 통해 제헌국회의원 선거를 보이코트한 중간파 인사들의 피선은 위험하니 과거 행적을 고려하여 투표하라고 권고하기도 하였고, 경찰과 공무원들은 선거 때마다 야당 후보가 당선되면 그 지역사람들이 사상적 의심을 받는다고 협박하기도 하였다.

그러나 이와 같은 선거풍토가 야당세의 신장을 막을 수는 없었다. 무리한 금권개입, 관권개입, 폭력개입, 중상모략과 흑색선전은 여당과 야당이 대립하는 선거전에서 반드시 여당에게 유리한 것만은 아니었다. 1958년 제4대 국회의원선거에서 통합야당인 민주당은 여당인 자유당의 42.1% 득표율, 126명 당선에 비해 34.2%의 득표율을 획득하여 79명을 당선시켰다. 민주당의 이러한 득표율과 당선율은 그 이전 선거에 있어 어떠한 야당에서도 찾아볼 수 없던 결과였다. 특히 서울과 다른 대도시에서는 여당인 자유당은 참패하고 야당인 민주당은 압승을 거두었다. 서울과 대도시에서는 유권자들의 정치의식 수준도 높고 관권과 금권이 선거에 영향을 미치기도 어려웠기 때문이다. 그리고 당시의 선거에서 확립된 여촌야도 현상은 비슷한 이유로 그 이후에도 오랫동안 지속되었다.

또한 자유당 정권은 금권, 관권, 폭력, 중상모략과 흑색선전만으로는 그들의 부통령 후보를 당선시킬 수도 없었다. 자유당 정권은 비민주적 선거풍토의 이러한 한계를 알았기 때문에 1960년의 제4대 정부통령 선거 때에는 사전투표에 의한 전면적인 부정선거를 자행하였다. 그리고 이를 계기로 자유당 정권을 붕괴시킨 1960년의 4·19 학생의거는 비민주적인 선거풍토 속에서도 한국 국민들의 정치의식은 성장되어 왔다는 것을 나타내 주는 좋은 증거이다.

제2공화국시대의 제5대 국회의원선거 때에도 일부 선거구에서는 금권이 난무하고 폭력사태도 일어났고 후보의 자유당 정권 시절 행각에 대한 모함도 있었지만 이때의 선거풍토는 대체로 보아 공명했다. 무엇보다도 이 선거에 있어서는 관권개입이 거의 없었다. 경찰과 내무 공무원들은 부정선거에 가담한 당사자들로서 국민들의 차가운 눈총을 받고 있었기 때문에 선거에 개입할 수 없었고 중립적인 과도정부는 선거관리를 공정하게 했다.

제3공화국시대의 첫 번째 대통령선거인 1963년 제5대 대통령선거 때의 선거풍토도 비교적 공명했다. 군사정부가 선거를 관리하고 쿠데타의 주동자인 박정희 장군을 대통령 후보로 내세웠지만 국민들은 1960년 관권개입에 의한 전면적인 부정선거의 기억을 생생하게 가지고 있었고, 쿠데타 주동자들은 원래 자유당시절 군의 부정선거 개입을 문제삼은 인사들이었기 때문에 군사정부는 자유당 시절에서와 같이 적나라하고 무리하게 선거에 개입할 수 없었다. 제5대 대통령선거 때에는 야당 후보인 윤보선 씨가 박정희 후보의 사상이 의심스럽다는 문제를 제기하여 이것이 선거분위기에 적지 않은 영향을 미쳤다. 후보의 사상에 대한 공격은 제1공화국시대의 유산이나 1960년대에도 유권자들에게 상당한 호소력을 가지고 있었다. 제5대 대통령선거에서는 서천과 울산을 경계로 그 이남은 여당의 박정희 후보가, 그 이북은 야당의 윤보선 후보가 보다 많은 득표를 하는 여남야북 현상이 나타났는데 이러한 현상은 부분적으로는 여야 간의 사상논쟁에 기인했다고 볼 수 있다.

제5대 대통령선거 다음에 있었던 같은 해의 제6대 국회의원선거의 분위기도 비교적 공명했다. 금권, 관권의 개입이 없었다는 것이 아니다. 후보들이 유권자들에게 술 담배를 제공하고 향응을 베푸는 일은 선거 때마다 벌어지는 한국 선거의 병폐이고 이러한 병폐가 제6대 국회의원선거 때에도 있었다. 경찰과 내무 공무원들의 관권개입도 있었다. 그들은 해당 선거구에서 여야 후보들의 지지도를 검토하고 대통령선거 결과를 분석하고 지역사업은 여당 후보와 상의해서 추진하고 야당 지지자들을 공략하여 그 세력을 와해시키는 데 일조를 하는 등의 방식으로 관권개입을 하였다. 다만 제1공화국시대에서와 같이, 혹은 그 이후 선거에서와 같이 노골적으로 금전공세를 편다거나 야당 후보자들이나 선거운동원들에 대한 협박이나 폭력이 없었다는 점에서 제6대 국회의원선거는 상대적으로 공명했다는 것이다.

그러나 1967년의 제6대 대통령선거와 제7대 국회의원선거, 1971년의 제7대 대통령선거와 제8대 국회의원선거는 제1공화국시대와 마찬가지로 부패하고 타락한 선거였다. 특히 제7대 국회의원선거는 국회의원선거 사상 유례없는 부정타락선거였다. 후보들이 유권자들에게 대낮부터 술파티를 열어 주었고 금권을 이용한 유권자 매수, 투표통지표 매입, 상대방 운동원 포섭이 만연하였다. 당시 지역구의 법정선거자금은 200만원 내외였으나 여당 후보 중에는 이의 50배가 넘는 1억원 이상을, 야당 후보도 기천만을 선거자금으로 사용한 후보들이 있었다는 게 당시의 소문이었다. 이와 같은 금권난무현상은 유권자들을 타락시켜 그들도 후보들로부터 금품이나 대접을 기대하는 심리를 갖게 되었다. 관권개입도 노골적이었다. 대통령, 국무위원들, 일선 행정공무원들, 경찰, 통반장들이 모두 여당 후보들을 적극 지원하였다. 박 대통령은 여당 후보의 지원유세도 하였고 각료들은 여당 후보가 당선되어야만 지방발전사업을 지원하겠다고 위협하였다. 관청에서는 대통령선거 때 야당표가 많이 나온 지역의 유권자들을 산림법 위반혐의로 협박하기도 하고 친야성향이 있는 기업인들에 대해서는 세무조사를 하겠다고 위협하기도 하였다.

제7대 국회의원선거 때에는 후보자들 상호간의 중상모략과 흑색선전도 난무하였다. 후보자의 전력이나 사생활에 대한 중상모략은 합동연설회 같은 데서 공개적으로 나오는 게 아니라 지하에서 은밀하게 진행되었다. 흑색선전의 대표적 수법으로는 경쟁후보 운동원을 사칭하여 현금봉투를 돌린 뒤 곧 다시 찾아가 옆집으로 갈 것이 잘못 갔다고 하면서 이를 도로 받아가거나 술 한잔 하자고 유권자들을 불러 모은 다음 나타나지 않는 등의 수법이 있었다. 이외에도 제1공화국시대에 횡행하였던 투개표 부정사건도 있었고 투개표 부정을 범했다는 비난도 많이 나왔고 야당원들에 대한 폭력사태도 여러 건 발생하였다.

제8대 국회의원선거의 분위기는 제7대보다는 표면상 가라앉은 분위기였으나 금권난무, 관권개입, 중상모략, 흑색선전, 투개표 부정은 여전하였다. 유권자들이 후보자들로부터 금품이나 향응을 기대하는 심리는 제7대 보다 더 심해졌고 공무원들의 선심공세, 연고지 출장, 면직원과 예비군 중대장들의 선거운동, 야당 선거운동 방해도 만연하였다. 후보 어머니의 과거 직업까지 들먹이는 인신공격, 후보의 건강상태에 대한 모략 등이 있었고 자해한 후 상대방 후보에 의한 것이라고 뒤집어씌우는 흑색선전도 있었다. 그리고 제7대 대통령선거 때와 마찬가지로 제8대 국회의원선거 때에도 영호남의 지역감정에 호소하는 선거운동도 있었다.

그러나 이와 같은 비민주적인 선거풍토가 제3공화국에 있어서도 제1공화국에 있어서와 마찬가지로 야당세의 신장을 막을 수는 없었다. 제8대 국회의원선거에서는 여당인 민주공화당이 48.86%의 득표율에 113석의 의석을 획득한 데 비해 제1야당인 신민당은 44.4% 득표율에 89석의 의석을 차지하였다. 신민당의 이와 같은 득표율과 의석점유율은 제7대 국회의원선거 때의 32.7%의 득표율과 45석의 의석수에 비한다면 실로 괄목할 만한 결과인 것이다.

제6대, 제7대 대통령선거 때의 선거풍토 역시 제7대, 8대 국회의원선거 풍토와 유사하였다. 특히 1971년의 제7대 대통령선거는 정부와 여당이 금권과 관권을 총동원하여 치른 선거였고 야당의 김대중 후보가 호남 출신인 데 비해 여당 후보인 박정희 대통령은 영남 출신이었기 때문에 대통령선거전은 지역대립의 양상까지 띠었다. 제6, 7대 대통령선거의 결과는 이러한 대립감정을 반영하여 여동야서 현상을 나타내었다. 그러나 동서간 지역대립의 정도는 오늘날보다 훨씬 약한 것이었다.

제1공화국시대부터 제3공화국시대에 이르는 20여 년 동안의 민주헌법시대에 한국은 민주적인 선거제도를 가지고 있었으나 이 제도의 실제 운영 상태를 나타내는 선거풍토는 미국이나 서구제국과 비교한다면 부정, 불법, 타락으로 특징지을 수 있다. 그러나 선거풍토가 부정, 불법, 타락으로 혼탁했다고 해서 이 시대의 민주적인 선거제도의 의미를 과소평가해서는 절대로 아니 될 것이다. 이미 지적한 바와 같이 제1공화국시대와 제3공화국시대의 두 시대에 있어 집권세력은 선거풍토를 혼탁하게 만들어 야당세의 신장을 막을 수 없었고, 야당세력은 민주적인 선거제도만 유지되었다면 여당이 선거풍토를 아무리 혼탁하게 타락시켜도 집권할 수 있었을 것이다. 제1공화국시대의 집권세력이 사전투표로 집권연장을 꾀한 것도, 또한 제3공화국시대의 박 대통령이 민주적인 선거제도 자체를 폐지시키고 유신을 선포한 것은 그들이 민주적인 선거제도로서는 더 이상 집권연장을 할 수 없다는 것을 깨달았기 때문이다.

제4, 5공화국시대 15년간의 비민주헌법시대의 선거제도는 이미 소개한 바와 같이 비민주적이었으나 이 시대의 선거풍토는 민주헌법시대에 비해 덜 부정적이고, 덜 불법적이고, 덜 타락한 풍토였다. 이 시대의 선거제도 자체가 집권세력의 집권연장을 보장하는 비민주적인 것이었기 때문에 집권세력은 부정선거, 불법선거, 타락선거를 할 필요를 크게 느끼지 않았다. 한국에서 가장 중요한 선거인 대통령선거는 이 시대 동안에는 없는 것이나 마찬가지였기 때문에 대통령선거를 둘러싼 선거풍토는 존재하지 않았고 따라서 이에 대한 시비도 있을 수 없었다. 대통령선거에 관한 한 직선제 쟁취를 위한 선거제도개혁 운동이 있었을 따름이다.

제4공화국의 첫 번째 국회의원선거인 1973년 2월의 제9대 국회의원선거는 "벙어리 선거", "장님선거"로 통칭되는 침체, 무관심 선거였다. 한 선거구에서 2명의 의원을 선출했기 때문에 여야당 간의 경쟁은 소선거구제에서와 같이 치열하지 않았고 집권세력은 선거풍토를 혼탁하게 만들어 득(得) 볼 것이 아무것도 없었다. 그러나 이러한 분위기 속에서도 사전선거운동, 후보들의 유권자 매수 및 호별방문, 통반장의 선거운동 등 불법적인 운동은 여전하였다. 1978년 12월의 제10대 국회의원선거에서는 여야 간의 경쟁적 분위기가 되살아났고 선거풍토는 다시 혼탁해졌다. 야당인 신민당은 선거제도개혁을 이슈로 하여 야당 바람을 일으킬 수 있었고, 여당은 이에 대해 유권자들에 대한 금권공세로 맞섰기 때문에 제10대 선거는 무엇보다도 금권이 난무한 선거가 되었다. 여당 후보들은 유권자들에게 비누나 수건과 같은 선물을 돌리는 정도를 뛰어넘어 현금을 살포하였고 유권자들이 이러한 금품을 기대하는 심리는 더욱 심화되어 갔다. 이러한 금권선거풍토를 반영하는 유행어로 당시 3당(當) 1락(落)이라는 용어가 있었는데 이 말의 의미는 선거운동비용으로 3억 원을 사용한 후보는 당선되나 1억 원을 사용한 후보는 낙선된다는 것이었다. 그러나 당시에도 집권세력은 선거풍토를 금권난무 풍토로 만드는 것에 의해 야당세의 신장을 억제할 수 없었다. 제1야당인 신민당은 여당인 민주공화당의 31.7% 득표율, 68석의 의석 획득에 비해 여당 득표율 보다 높은 32.8%의 득표율과 61석의 의석을 차지하였다.

제5공화국의 첫 번째 국회의원선거인 1981년 3월의 제11대 국회의원선거는 제4공화국의 첫 번째 국회의원선거와 비슷하였다. 다만 이 선거에서는 금권난무가 그 이전보다 더욱 심해져 5억 원을 사용한 후보는 당선되고 3억 원을 사용한 후보는 낙선한다는 5당 3락이라는 말이 유행하였다. 이 선거 역시 제도적으로 여당인 민주정의당의 승리가 보장된 선거였지만 여태까지의 선거와 다른 점은 여당이 서울을 비롯한 대도시에서도 야당보다 높은 득표율을 획득하였다는 사실이다. 한국 선거사상 처음으로 여촌야도 현상이 아닌 여촌여도 현상이 나타난 것이다. 이와 같은 선거결과는 이 선거가 가장 억압적인 분위기 속에서 치러진 선거이고 주요 야당이었던 민한당과 국민당이 준여당이라는 소문이 국민들 간에 널리 퍼져 있었기 때문에 나온 것이라고 볼 수 있다. 1985년 2월 제5공화국의 두 번째 국회의원선거인 제12대 국회의원선거는 제4공화국 유신시대의 두 번째 국회의원선거와 그 분위기가 비슷하였다. 당시 창당된 지 얼마 안 되었던 선명야당인 신한민주당은 선거제도를 개혁하여 민주주의를 회복해야 한다는 정강을 내세워 국민들의 커다란 호응을 받았고 이러한 호응은 서울, 부산, 대구, 인천, 광주의 대도시에서, 특히 서울에서 신민당 압승이라는 선거결과에 반영되어 있다. 제12대 국회의원선거에서 여촌야도 현상은 다시 나타난 것이다.

한국은 1987년부터 다시 민주적인 헌법과 선거제도를 갖게 되었고 오늘날에 이르기까지 이러한 제도하에서 네 번의 대통령선거와 다섯 번의 국회의원선거를 치렀다. 1987년 이후 민주헌법시대의 선거운동에 있어서도 여전히 금권난무, 관권개입, 중상모략, 흑색선전이 나타나고 있으나 이 시대의 선거풍토의 특성으로 보다 두드러진 것은 지역주의 선거풍토이다. 건국이후 한국의 선거풍토는 혼탁한 속에서도 항상 여야 간의 대결로, 혹은 비민주헌법시대에는 집권세력인 군부세력에 대한 민주세력의 대결로 팽팽한 분위기를 유지하고 있었다. 김영삼과 김대중은 비민주헌법시대에 민주세력의 두 지도자로서 이러한 대결을 이끌어나가는 데 커다란 공헌을 하였다. 그러나 양 김씨는 1987년 이 대결을 승리로 이끈 이후 결별하였고 그들의 결별 이후 현재까지의 선거풍토는 선거결과가 후보들의 출신 지역에 따라 가장 큰 영향을 받는 지역주의적 특성을 강하게 나타내고 있다. 선거풍토가 지역주의적 특성을 강하게 나타냄에 따라 여촌야도 현상은 이때부터 없어졌다.

제6공화국의 첫 번째 대통령을 선출하는 제13대 대통령선거(1987년)는 처음에는 김영삼 후보와 김대중 후보로 이루어지는 민주세력과 노태우 후보가 대표하는 반민주세력의 대결같이 보였으나 이러한 대결양상은 양(兩)김 후보 간의 경쟁이 격화됨에 따라 점차 퇴색하고 그 대신 지역주의적 색채가 두드러지게 나타난 3파전으로 대치되었다. 1988년 초에 전국의 유권자들을 대상으로 실시한 조사에서 지역감정 조장 여부를 묻는 질문에 대해 "아주 심했다"가 응답자의 53.7%, "심한 편이다"가 응답자의 36.9%였다. 그리고 대통령선거일 가까이 와서 일어난 KAL기 폭파사건은 군부 쿠데타 세력 출신의 노태우 후보에게 유리한 선거분위기를 만들어 냈다.[8)]

제13대 대통령선거 전의 분위기는 양 김씨의 분열이 노 후보의 당선을 거의 보장한다는 것과 양 김씨 중 김영삼이 단일후보가 될 경우에 노 후보에게 승리할 가능성이 높다

---

8) 『동아일보』, 1988년 1월 22일 제14면.

는 것이었다. 그러나 김대중은 이와는 다른 판단을 하고 있는 것 같았다. 즉 여권인 영남 지역 유권자들과 보수성향의 유권자들이 분열하는 것이 그에게는 최상의 선거구도라는 생각을 했던 것 같다.

제13대 대통령선거는 돈이 많이 드는 금권선거였다. 대통령 후보들이 여러 지역에서 선거유세를 준비하고 청중을 동원하고, 또 이때부터 시작된 미디어 선거전에서 신문에 광고를 내는 등 후보 홍보에 막대한 자금이 소요되었다.

제13대 대통령선거 때부터 방송을 통한 선거운동이 중요성을 띠기 시작했다. 후보의 연설과 그의 지지자의 찬조연설이 TV와 라디오를 통해 각각 5회씩 있었다. 후보자들 간의 TV토론도 선거운동의 방법으로 선거법에 명시되어 있었지만 이러한 토론은 후보자들 간의 합의가 이루어지지 않아 실현되지 못했다.

노태우 정부 출범 이후 1988년 4월 26일에 실시된 제13대 국회의원선거도 금권선거였다. 한 일간지는 국회의원 후보자들 중 수십억 원을 뿌린 후보가 10여 명 된다는 소문도 있다고 보도했다.[9] 후보들이 유권자들에게 선물을 주고 향응을 베풀고 심지어는 현금봉투를 돌리는 사태도 빈번하게 일어났다. 이 선거에서는 선거운동원들이 서로 간 폭행을 가하고 선거운동을 못하게 상대편 운동원들을 감금하는 사태도 벌어졌다.[10] 그러나 이러한 금권의 난무와 폭력사태가 총체적인 선거결과에는 큰 영향을 미치지 못했다. 이 선거의 결과는 이전에는 없었던 여소야대 국회의 출현이었다.

1992년 3월 24일 제14대 국회의원선거는 제13대에 비해 선거풍토가 개선되었다. 금권난무, 관권개입, 중상모략, 흑색선전이 여전히 있었지만 그 이전에 비해 그 정도가 약했다. 이 선거에서 여당인 민주자유당은 민정당, 통일민주당, 신민주공화당의 3당 합당의 당위성을 강조했고 야당인 민주당은 3당 합당의 부당성을 공격했다. 각 후보들은 민주와 반민주의 대결보다는 물가와 지역개발사업 등 보다 구체적인 민생문제를 선거의 이슈로 삼았다.

제14대 총선에서 여야의 지역구 후보들은 대학생 자원봉사단을 구성하여 대학생들로 하여금 선거 유세장에서 홍보물을 배포하고 분위기를 그들 각각에게 유리하게 조성하는 역할을 맡겼다. 실제로 이들은 자원봉사단이 아니라 일당을 받고 선거운동을 하는 유료

9) 『동아일보』, 1988년 4월 26일 제3면.

10) 『동아일보』, 1988년 4월 21일 제15면.

운동원들이었고, 이러한 사실이 폭로된 다음에는 주부들이 그들을 대신하기도 하였다.

제14대 총선의 풍토가 개선된 배경에는 시민단체의 선거법 위반행위 감시활동이 있었다. 전국 57개 사회 및 종교단체가 공명선거운동을 펴기 위해 1991년에 공명선거실천 시민운동협의회(공선협)를 결성하였다. 공선협은 1992년 1월 말부터 제14대 총선에 대비해 활동을 시작하였다. 이 단체는 가입단체 300여 개, 정식회원 10여만 명, 50개 지부에 상시근무인원 1,000여 명의 방대한 조직을 갖추고 부정선거를 감시하고 고발하였다.[11)]

제14대 대통령선거도 돈이 많이 드는 선거였다. 청중동원이 필요한 선거유세뿐만 아니라 매스 미디어의 후보광고를 위해 드는 비용도 막대하였다. 제13대 대선에서는 정치광고가 신문에만 허용되었지만 제14대 선거 때부터는 TV, 라디오, 잡지에도 허용되었다. 연설, 토론, 광고, 후보자 경력 방송 등 방송시설 이용비용은 각 후보연설 3회, 그를 위한 찬조연설 2회까지가 국고부담이었고 나머지는 후보자, 또는 그의 소속정당이 부담하였다.

선거 기간 중 유권자들의 대부분이 후보들의 TV 연설을 들었고 그들 중 소수는 이를 듣고 지지후보를 바꾸었다. 이에 대한 한 조사결과를 보면 응답자들의 90.3%가 선거기간 중에 TV 연설을 들었고 지지후보를 바꾼 18.1%의 응답자들 중 변경 이유로 TV 연설을 든 응답자들은 33.9%였다. 전체 응답자의 6% 정도가 TV 연설을 듣고 지지후보를 바꾼 것이다.[12)] 제14대 대통령선거 때에도 후보자들 간의 TV 토론은 성사되지 못했다.

제14대 대통령선거도 제13대와 마찬가지로 3파전이었다. 영남지역에서는 김영삼 후보가, 호남지역에서는 김대중 후보가 압도적으로 유리하고 보수성향 유권자들의 표는 김영삼 후보와 정주영 후보에게 나누어지는 구도의 선거였다. 그러나 이번의 3파전 선거에서도 김대중 후보는 패배하였고 김영삼 후보가 대통령으로 당선되었다.

제15대 국회의원선거(1996년)는 공직선거 및 부정방지법(약칭 통합선거법)이 1994년에 제정된 이후 처음 실시된 선거였다. 공선협이 선거감시활동을 활발하게 전개하였고 중앙선거관리위원회도 공명선거의 정착을 위해 적극적인 자세를 나타냈다. 그러나 금권난무는 20당 10락이라는 말이 나올 정도로 여전하였고 선거법 위반사례도 많았다.[13)] 선거 직전에는 북한군의 정전협정 위반행위라는 "북풍"이 불어 민자당에게는 유리하게, 새

11) 『동아일보』, 1992년 3월 3일; 『조선일보』, 1992년 1월 26일과 3월 24일 참조.

12) 『경향신문』, 1992년 12월 11일 제4면.

13) 손봉숙, "15대 총선에 나타난 통합선거법의 문제점과 개선방향", 공명선거실천 시민운동협의회, 『15대 총선보고서』, p.217.

정치국민회의에는 불리하게 작용하였다.

제15대 대통령 선거(1997년)도 제13, 14대 대통령 선거와 마찬가지로 김대중, 이회창, 이인제의 세 후보 간의 3파전이었다. 권영길 후보가 진보진영의 후보로 출마했지만 실제로는 이 세 후보 간의 대결이었다. 이 선거에서는 한나라당이 대통령 후보를 당내 경선으로 선출하였고 국민회의도 후보가 김대중으로 이미 정해져 있었으나 경선의 형식을 취했다. 한나라당의 이인제는 경선에 불복하고 대통령에 입후보함으로써 아들의 병역미필 문제가 있었던 이회창 후보를 떨어뜨리고 김대중 후보를 당선시키는 역할을 하였다. 제15대 대통령선거 때부터 시작한 당내 경선은 그 다음 16대 대통령선거 때에도 실시하였고 앞으로도 계속될 전망이고 당내 민주화에 공헌하고 있다.

제15대 대통령선거는 매스 미디어, 그 중에서도 TV를 중심으로 한 선거풍토가 자리잡기 시작한 선거이다. 제15대 대선에서는 막대한 자금이 들어가는 대규모 옥외집회를 금지하고 그 대신 TV를 이용한 선거운동을 전면적으로 허용하였다. 제15대 대선에서는 후보자들 간의 공식 TV 토론만 54회가 있었고, 신문사와 시민단체가 주관한 토론회까지 모두 합치면 100여 차례에 달했다. 옥외집회보다는 매스 미디어를 통한 선거운동이 더 중요하게 됨에 따라 선거운동조직으로서의 정당의 역할이 약화되었고 광고전문가들의 역할이 강화되었다. TV 3사의 후보자 합동토론회의 시청률은 평균 53%를 기록했고 유권자들 중 80%가 TV 토론이 지지후보 결정에 도움을 주었다고 평가하였다. 제15대 대선은 지역주의적 선거풍토 속에서도 후보자들 간의 정책토론이 중요한 위치를 차지하게 된 선거였다.[14)]

김대중 정부 출범 2년 후인 2000년 4월 13일에 실시된 제16대 국회의원선거는 그 전의 선거에 비해 선거풍토가 보다 개선되었다. 선거사상 처음 후보자와 직계비속의 병역사항, 후보자의 최근 3년간 재산세와 소득세 납부실적, 금고 이상의 전과 기록 등 후보들의 자질검증을 위한 자료가 인터넷을 통해 공개되었다. 참여연대를 주축으로 850여개의 시민단체가 총선시민연대를 결성하고, 불법적인 운동임에도 불구하고 낙천·낙선운동을 벌인 것도 한국의 선거사상 처음 있는 일이었다. 이 연대는 선거 전에 현직 의원들 중 66명을 낙천운동 대상자로 발표하였고 선거운동 기간 중에는 낙선운동 대상자 86명을 발표

14) 이남영, "97년 대선에 대한 종합적인 분석", 이남영 편, 『한국의 선거 Ⅱ』(서울: 푸른길, 1998), p.365.

하였다. 그들 중 68.6%인 59명이 낙선하였다.[15] 이 낙선운동은 여야를 불문한 운동이었지만 자민련에게 가장 불리하게 작용하였고 새천년민주당에게 유리하게 작용하였다고 평가할 수 있다.

제16대 대통령선거(2002년)는 지역주의적 선거풍토 속에서 정책대결이 제15대 대선 때보다 더욱 두드러지게 나타난 선거였다. 또한 금권, 관권의 작용이 가장 작았던 선거였고 흑색선전, 중상모략, 폭력사태도 가장 미미하게 일어났던 선거였다.

새천년민주당은 대의원 1만 5천 명, 일반당원 2만 명, 선거인단 참여국민 3만 5천 명 등 전체 투표인단 7만 명을 지역별, 성별, 연령별 인구비례에 따라 구성하고 2002년 3월 9일부터 4월 27일까지 지역별로 소위 국민참여 경선을 실시하였다. 이 경선을 통해 노무현이 새천년민주당의 대통령 후보로 선출되었고 그후 바닥을 헤매던 그의 지지도는 수직 상승하였다. 그래도 노무현 후보의 지지율은 이회창 후보에게 뒤졌으나 대통령선거에 나중에 참여한 정몽준 후보와 후보 단일화를 성사시키고 그의 지지를 선거전날 밤까지 획득하는 데 성공하였다.

한나라당도 4월 13일부터 5월 9일까지 당원 2만 5천 명과 일반 유권자 2만 5천 명 등 5만 명의 선거인단을 구성하고 지역별 경선을 통해 이회창을 후보로 선출하였다.[16]

미군 장갑차에 치어 사망한 여중생 2명을 위한 촛불시위가 선거운동 기간 중 대대적으로 광화문에서 개최되었고 이 시위는 반미적인 분위기를 조성하였다. 이러한 분위기는 노무현 후보에게 유리하게 작용하였다.

제16대 대선은 매스 미디어와 인터넷을 통한 선거운동이 제15대 대선 때 보다 더욱 활기를 띤 선거였다. 후보들은 모든 매스 미디어를 이용했지만 그 중에서도 TV 미디어를 가장 중요하게 이용하였다. TV는 후보들의 이미지와 메시지를 유권자들에게 전달하는 데 가장 효율적인 미디어였다. 후보들은 인터넷 홈 페이지와 인터넷 방송도 이용하였고, 특히 노무현 후보는 문자 메시지 발송이 가능한 휴대전화도 이용하였다. 제16대 대선은 선거운동의 중심무대를 유세장에서 안방으로 옮겨놓은 선거였다고 말해도 과언이 아닐 것이다.

---

15) 진영재 · 엄기홍, "낙천 · 낙선운동의 선거적 결과", 진영재 편, 『한국의 선거 IV』(서울: 한국사회과학데이터 센터, 2002), p.180.

16) 중앙선거관리위원회, 『16대 대선 총람』, p.44.

TV 연설과 토론을 통해 후보들은 활발한 정책대결을 벌였다. 그러나 다른 한편 각 정당의 국민경선, 연일 방송된 촛불시위 장면, TV 연설과 토론 등이 모두 정치적 쇼(show)의 성격도 가지고 있었고 이 쇼를 얼마나 잘 연출하는지의 여부가 대통령선거 결과를 결정했다고 평가할 수도 있다.

제16대 대선은 새천년민주당의 노무현과 한나라당의 이회창과의 2파전이었다. 민주노동당의 권영길이 제3의 후보로 나왔으나 그의 역할은 노무현 후보의 정책노선을 온건한 진보노선이나 중도노선으로 부각시키는 것이었다.

선거당일까지 한나라당 사람들은 이번에는 이회창 후보가 대통령에 당선될 것이라는 안이한 판단을 하고 있었고, 노무현 후보 진영은 패배할 수도 있다는 위기의식을 가지고 투표가 종료되는 시간까지 젊은 유권자들에게 투표를 간청하는 문자 메시지를 보내는 등 열심히 운동을 하였다. 그 결과 노무현은 선거 전날 밤 정몽준이 그에 대한 지지를 철회했음에도 불구하고 득표율 2.3%의 차이로 이회창을 물리치고 대통령에 당선되었다.

제17대 국회의원선거(2004년)는 금권난무, 관권개입, 중상모략, 흑색선전, 폭력사태가 거의 없었던 공명선거였다. 선거 전에 각 정당의 지구당을 폐지하고 선거법은 후보자와 유권자 간의 면(面)대 면 접촉을 지극히 제한하고 선거비용의 투명성을 높이는 방향으로 개정되었다. 중앙선거관리위원회는 후보자들이 이와 같은 선거법을 준수하고 있는지의 여부를 철저하게 감시하였다.

이 선거에서는 노무현 대통령의 탄핵이 가장 중요한 이슈였다. 호남과 충청지역 주민들을 중심으로 탄핵을 반대하는 유권자들이 결집력을 나타낸 선거이기도 하다. 이 지역 주민들뿐만 아니라 일반 국민들도 민주당과 한나라당이 협력하여 국회에서 탄핵을 가결한 것에 대해 커다란 불만을 나타냈다. 노 대통령의 탄핵은 호남지역 주민들에게는 권력을 잃는다는 상실감을 주고 충청지역 주민들에게는 수도 이전이 무산된다는 위기감을 주는 이슈였다. 한나라당은 탄핵을 지지하기보다는 여당을 견제할 수 있는 의석이 필요하다는 논리를 내세웠고 민주당은 호남지역 주민들에게 탄핵을 잘못한 행동이라고 인정하면서 용서를 비는 선거운동을 하였다.

이 선거에서도 매스 미디어와 인터넷, 특히 TV가 각 정당의 대표와 후보들의 선거운동에서 중요한 역할을 하였다. 국회의원선거에 있어서도 합동연설회나 거리에서의 선거운동만큼 매스 미디어와 인터넷을 통한 선거운동이 중요한 위치를 차지하게 되었다.

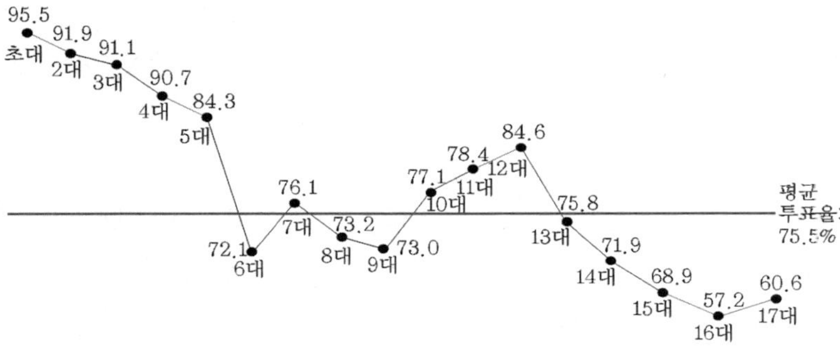

〈그림 4-1〉 역대 국회의원선거 투표율

이 선거의 결과로 새로운 국회가 탄생하게 되었다. 이 국회의 초선의원은 63%에 달했고 비교적 젊은 후보들이 대거 당선되었다. 행정부뿐만 아니라 국회에서도 정치의 주역이 3김 시대와는 달리 50대와 40대의 연령층으로 바뀌었다.[17)]

제4공화국 유신체제가 출범한 1972년 이래 민주헌법이 회복된 오늘에 이르는 34년 동안 선거는 초겨울부터 초봄 사이에 치러졌다. 한국의 초겨울이나 초봄은 날씨가 추워 선거에 적합한 계절이 아니나 집권세력은 선거철로서는 이 계절이 그들에게 유리하다고 생각하고 있는 것이다. 한국 선거에 있어서 여당의 중요한 무기는 자금과 조직이고 자금과 조직에 있어 열세인 야당의 중요한 무기는 야당 바람이다. 선거철로서의 추운 계절은 바람을 일으키는 데는 별로 좋지 않은 계절이고 자금과 조직이 영향력을 발휘하기에 좋은 계절이다. 그러나 비민주헌법시대의 선거결과에 나타났듯이 선거시기로서의 추운 계절이라는 요인이 항상 민주화 바람, 혹은 야당 바람이 일어나지 못하도록 막을 수는 없었다.[18)]

---

17) 김용호, "2004년 총선과정과 결과에 대한 종합적인 분석", 한국정당학회, 『17대 총선현장 리포트: 13인 정치학자의 참여관찰』(서울: 푸른길, 2004), p.400.

18) 길승흠 · 이정복, 『선거풍토개선방안』(현대사회연구소, 1984) 참조.

3. 투표행태

한국 국민들은 1948년 이래 거의 60년에 이르는 기간에 걸쳐 투표에 참여하여 그들이 지지하는 대통령 후보나 국회의원 후보를 선택해 왔다. 한국 선거에 있어 투표참여율과 지지후보 선택에 영향을 주는 요인은 무엇인가? 유권자들의 투표참여율을 소개하고 이에 영향을 주는 요인에 대해 논의한 후, 유권자들의 지지후보 선택에 영향을 주는 요인에 관해 살펴보기로 한다. 미국과 서구에서의 투표행태 연구에 있어 중요한 독립변수로 인정받고 있는 유권자들의 사회경제적 배경과 정치적 태도가 한국인들의 투표행태에는 어떠한 영향을 미쳐 왔는지 검토해 보기로 한다.

한국인들의 투표참여율은 <그림 4-1>의 역대 국회의원선거 투표율에 나타나 있는 바와 같다. 대통령선거 투표율은 국회의원선거 투표율보다 약간 높으나 제4, 5공화국시대에는 대통령선거가 없는 것이나 마찬가지였으므로 국회의원선거 투표율을 중심으로 한국인들의 투표참여 행태를 살펴본다.

<그림 4-1>에서 우리들은 우선 한국인들의 투표율이 비교적 높았으나 최근 낮아지고 있는 것을 알 수 있다. 제13, 14대 국회의원선거에의 참여율인 75.8%와 71.9%는 미국의 투표참여율인 60% 정도보다 훨씬 높은 서구제국의 투표참여율과 같은 수준이나 제15, 16, 17대 국회의원선거에서의 투표율은 60% 정도이다. 다음 산업화 이전 시대라 국민들의 경제수준과 교육수준이 오늘날에 비한다면 아주 낮았던 제1공화국시대, 즉 초대부터 제4대까지의 투표율은 90%를 넘는 아주 높은 수준이라는 것을 알 수 있다. 한국의 경제, 교육의 발전수준과 투표율은 선진제국에서와 같이 정비례의 관계가 아니라 반비례의 관계를 나타내고 있다. 제1공화국시대의 이와 같이 높은 투표율은 부분적으로는 좌우간의 이데올로기적 대립 상황을 반영하는 투표율이라고 앞서 지적한 바 있지만, 한국인들의 투표행태연구의 선구자인 윤천주 박사가 30여 년 전에 주장한 바와 같이, 그 시대의 유권자들이 오늘날의 유권자들에 비해 준봉투표(conformity voting)하는 성향이 높고 관심투표(interest voting)하는 성향이 낮았기 때문에 일어난 현상이라고 볼 수 있다. 여기서 준봉투표란 금권이나 관권과 같은 압력에 동원되거나 준봉해서 하는 투표이고, 관심투표는 유권자 자신의 관심에 따라 자기결정하에 하는 투표를 의미한다.[19)]

---

19) 윤천주, 『증보판 한국정치체계』(서울: 서울대학교출판부, 1979), pp.180-269.

초대 국회의원선거 때부터 제11대 국회의원선거 때까지의 한국인들의 투표율을 시대별로 보지 않고 어느 한 시점에서 선거구를 도시화 수준에 따라 분류해 놓고 본다면 도시화 수준이 낮은 지역일수록 투표율이 높고 도시화 수준이 높은 지역일수록 투표율은 낮다. 한국에서 도시화 수준이 낮은 제주도, 강원도, 충청북도의 투표율은 다른 지역보다 높고 서울의 투표율은 다른 지역보다 낮은 것이다. 1963년 제6대 국회의원선거 때 도시화 수준이 낮은 이 세 지역의 투표율은 81.5%, 75.3%, 78.1%였던 데 비해 서울의 투표율은 57.6%였고 1981년의 제11대 선거 때에는 이 세 지역의 투표율이 85.3%, 88.0%, 86.7%였던 데 비해 서울의 투표율은 71.1%였다. 도시화 수준이 낮은 이 세 지역과 서울의 투표율 차이는 15% 이상이나 되는 것이다. 도시화 수준이 낮은 지역은 경제수준과 교육수준이 낮은 지역이고 이런 지역이 경제, 교육 수준이 높은 서울보다 훨씬 높은 투표율을 가지고 있는 것은 이 지역에서 바로 소개한 준봉투표 현상이 더욱 심하게 나타났기 때문이라고 볼 수 있다.

도시화 수준에 따른 투표율의 차이는 비민주헌법시대의 마지막 국회의원선거인 1985년의 제12대 국회의원선거 때 현저하게 감소했다. 제주도, 강원도, 충청북도의 투표율이 88.9%, 89.5%, 90.4%였던 데 비해 서울의 투표율은 81.1%로 이 두 지역의 투표율 차이는 8% 정도로 감소했다. 1985년 선거에서 서울의 투표율이 사상 유례없이 높은 것은 서울의 유권자들이 민주헌법 회복을 위해 사상 유례없이 많이 투표에 참여하였기 때문이다. 그 이후 한국인들 전체의 투표율과 서울 시민들의 투표율은 다시 하락했지만 서울과 기타 지역, 혹은 도시와 농촌지역의 투표율 차이는 현저하게 줄어들고 있다.[20] 이것은 부분적으로는 도시와 농촌지역 유권자들의 정치의식 수준의 차이가 줄어들고 있기 때문에, 또 다른 한편에 있어서는 제13대 선거 때부터 뚜렷하게 나타난 지역주의의 영향 때문에 일어나는 현상이라고 볼 수 있다.

미국과 서구제국에서는 정치적 관심도(political interest)와 정치적 자신감(political efficacy)이 낮은 유권자들은 관심도와 자신감이 높은 유권자들에 비해 투표참여율이 낮고 기권율이 높은 것이 상례이다. 그러나 한국 선거에 있어서는, 특히 초대부터 1981년의 제11대 국회의원선거까지에 있어서는, 정치적 관심도와 자신감이 높은 유권자들의 수가 상대적으로 작은 농촌지역의 높은 투표참여율을 보면 알 수 있는 바와 같이 이러한 가설

---

20) 윤천주, 『투표참여와 정치발전』(서울: 서울대학교출판부, 1986), pp.66-67.

이 맞지 않았다. 한국선거에 있어 농촌지역의 높은 투표율을 유발시키는 한 요인으로서의 준봉투표 경향은 현재 상당히 약화되고 있으나 지역주의적 투표 경향이 이를 대치해서 한국인들의 투표참여율에도 압도적인 영향을 미치고 있다.

한국인들의 사회경제적 배경과 정치적 태도는 지지후보 선택에 어떠한 영향을 미치고 있는가? 제1공화국시대부터 제4공화국시대까지의 한국 선거에 있어 유권자들의 지지후보 선택에 가장 큰 영향을 미친 사회경제적 요인은 투표율에 있어서와 마찬가지로 선거구가 도시 선거구냐, 농촌 선거구냐의 요인이었다. 이미 지적한 바와 같이 이 기간 동안 도시 선거구의 유권자들은 여당 후보보다는 야당 후보를, 농촌 선거구의 유권자들은 야당 후보보다는 여당 후보를 더 지지하는 여촌야도 현상이 일관되게 나타났다. 이미 소개한 제1공화국시대 제4대 국회의원선거에 있어서는 서울특별시의 16개 선거구 중 여당인 자유당은 한 선거구에서만 당선자를 낸 데 비해 제1야당인 민주당은 14개 선거구에서 당선자를 내었고 서울특별시와 시로 구성되는 전체 도시 선거구 62개 중에서는 자유당은 13개 선거구에서만 당선자를 낸 데 비해 민주당은 43개 선거구에서 당선자를 내었다. 이와 같은 현상은 제3공화국시대의 국회의원선거에서도 반복되어 나타났다. 특히 서울의 경우 1967년의 제7대 선거에서는 여당인 민주공화당이 총 14개 선거구 중 1개 선거구에서만 당선자를 낸 데 비해 야당인 신민당은 13개 선거구에서 당선자를 내었고, 제8대 선거에서는 총 19개 선거구 중 민주공화당이 1개 선거구에서만 당선자를 낸 데 비해 신민당은 18개 선거구에서 당선자를 내었다. 1950년대 후반부와 1960년대를 통해서 여당은 정치적으로 중요한 서울특별시에서 국회의원 당선자를 거의 낼 수 없었고 이것은 여당이 과반수 이상의 의석을 차지하고 있었음에도 불구하고 커다란 타격이었다.[21] 제4공화국시대에는 한 선거구에서 2인의 국회의원을 선출하였기 때문에 이러한 현상은 없어졌으나 여전히 여당은 농촌 선거구에서, 야당은 도시 선거구에서 높은 득표율을 가지고 있었다. 이와 같은 여촌야도 현상이 제5공화국시대의 제11대 선거 때에는 사상 유례없이 억압적인 분위기와 야당들의 준여당적 성격 때문에 없어졌다가 선명 야당이 출현한 제12대 선거 때에 다시 나타났음은 이미 지적한 바와 같다.

그러나 제6공화국 제13대 국회의원선거 때에 여촌야도 현상은 두드러지게 약화되었고 1992년의 제14대 선거 때부터는 거의 소멸되기에 이르렀다. 윤천주 박사는 제1공화국시

21) 윤천주(1979), 앞의 책, pp.451-473.

대부터 제5공화국 때까지의 오랜 동안의 여촌야도 현상도 농촌의 준봉투표 경향으로 설명하였고 이 현상의 소멸에 대해서도 "도농 어디에서나 금품, 압력 등 분위기에서 오는 자극에 반응하여 투표하던 유권자가 줄고 자기 결정하에 자율적으로 투표하는 유권자가 는 결과"라고, 즉 준봉투표하는 유권자들이 줄어든 결과라고 해석하고 있으나[22] 이보다 더 중요한 요인은 이미 지적한 바 있는 유권자들의 지역주의적 투표성향이다. 제14대 선거에서 대전/충청, 대구/경북, 부산/경남지역 유권자들은 압도적으로 여당인 민자당 후보를 지지하였고, 광주/전라지역 유권자들은 상기 세 지역 유권자들보다 훨씬 압도적으로 제1야당인 민주당 후보를 지지하였다. 그러나 제17대 선거에서는 대전/충청지역 주민들의 압도적 다수가 민자당의 후신인 한나라당이 아니라 그 반대당인 열린우리당을 지지하였다. 제15대 대통령선거가 있던 1997년부터 지역연합의 구도가 영남-충청 연합에서 호남-충청 연합으로 바뀌었고 이것이 그 이후의 국회의원선거에도 반영되고 있다. 타도 출신들이 많이 모여 사는 서울에서도 이와 같은 지역연합의 구도가 선거결과에 나타나고 있다.

제1공화국시대부터 제5공화국까지의 선거에 있어서는 교육과 소득 수준이 낮은 유권자들이 많이 사는 농촌지역에서는 여당에 대한 지지율이 높고 교육과 소득 수준이 높은 유권자들이 많이 사는 도시지역에서는 야당에 대한 지지율이 높았다. 즉 교육수준, 소득수준, 도시화 수준은 한국인들의 투표행태에 지대한 영향을 미치는 요인이었으나 제6공화국시대에 와서는 소득수준, 도시화 수준과 투표행태와는 별 상관관계가 없고, 교육수준과 투표행태가 과거와 같은 방향에서 약간의 상관관계를 나타내고 있을 뿐이다. 구미의 경우와는 달리 소득수준과 투표행태와의 상관관계가 없는 것은 한국의 주요정당들이 얼마 전까지만 해도 모두 보수정당이었던 데도 기인하지만 이것도 한국인들의 지역주의적 투표성향 때문이라고 볼 수 있다.[23]

연령은 제16대 대통령선거와 제17대 국회의원선거에서 지역 다음으로 투표행태에 큰 영향을 미치는 요인으로 나타나고 있다. 제15대 대선이 있던 1997년 이전의 선거에서는 대체로 젊은 유권자들이 나이 많은 유권자들보다 야당을 선호하는 경향이 강했다. 그러

---

22) 윤천주(1986), 앞의 책, p.302.

23) 이정복, "한국인의 투표행태: 제14대 총선을 중심으로", 『한국정치학회보』, 26집 3호(1993), pp.116-119.

나 1997년 김대중 대통령이 취임한 이후의 선거에서는 젊은 유권자들이 나이 많은 유권자들보다 여당을 더 지지하는 경향을 나타내고 있다. 제17대 총선 직전의 조사에 의하면 25~29세의 연령층에 있는 응답자들 중 노무현 대통령의 열린우리당을 지지하는 응답자들은 47.9%에 달하고 있는 데 비해 박근혜의 한나라당을 지지하는 응답자들은 26.2%에 불과했다. 이에 반해 60~64세의 응답자들 중 열린우리당을 지지하는 응답자들은 35.5%인 데 비해 한나라당을 지지하는 응답자는 44.1%에 달했다.

유권자들이 투표결정에 있어 인물, 정당, 이슈 중 무엇을 가장 중요하게 보고 지지후보를 선택하는가는 투표행태연구에 있어 가장 기초적인 조사과제이다. 제14대 선거 직전의 본인의 조사에서 유권자들에게 이러한 질문을 제기했을 때 응답자의 53.9%가 인물을, 20.5%가 정당을, 19.4%가 이슈를 각각 가장 중요하게 고려하여 지지후보를 선택한다고 답하였다.[24] 한국의 유권자들은 정당이나 이슈보다는 인물을 보고 투표결정을 하는 것이다. 이와 같은 인물본위 투표경향은 1950년대와 1960년대에 비교하면 약화되었으나 구미제국에 비하면 아직도 상당히 강하다고 말할 수 있다. 한국 유권자들 중 과반수 이상이 그들의 투표결정에 있어 정당이나 이슈보다는 인물을 더 중요하게 생각하는 것은 그 나름대로의 합리적 선택방법이다. 한국정당은 과거 이합집산과 이에 따른 명칭 변경이 빈번하여 한국 국민들은 내면적으로 어느 정당과도 정당일체감을 형성하고 있지 못하다. 한국 국민들 중 상당수는 과거 오랫동안 한국정치의 주역이었던 김영삼이나 김대중 같은 인물과 일체감을 가지고 있었다고 볼 수 있다.

Ⅲ. 한국의 정당

구미의 정당들은 19세기 초부터 창당되기 시작하여 보통선거권이 수립된 20세기 전반에 걸쳐 발전하였다. 정당의 출현은 시민사회의 출현과 시민사회 출현의 경제적 기반이 기도 한 산업혁명과 밀접한 관계가 있었다. 정당은 19세기 초 구미제국의 시민사회에서 일어난 참여위기, 정통성 위기, 통합위기의 상황 속에서 창당되었고 산업혁명과 더불어 진행된 교통 통신수단의 발달, 시장의 발달, 교육의 확대와 같은 사회경제적 변화의 기반

24) 위의 논문, p.126.

위에서 발달했다. 최초의 정당은 대부분이 의회 내에서 창당된 보수주의 정당들이었고 사회주의정당들은 선거권이 노동자들에게도 부여된 20세기 초에 대부분 의회 밖에서 창당되었다.[25] 프랑스 혁명기의 사상가들이나 미국의 초대 대통령인 조지 워싱턴(G. Washington)은 정당은 파당으로 전락하여 국민 전체의 이익과 단결에 해가 될 것이라는 판단에서 정당에 반대하였다. 그들은 국민국가 수립의 초창기에 정당이 사리사욕으로 국가의 기반을 침식할까봐 걱정하였던 것이다.[26] 그러나 이와 같은 우려와는 달리 구미의 정당은 주지하다시피 국민국가의 운영과 민주정치에 필요불가결한 정치조직으로 발전하였다.

한국의 정당은 시민사회가 형성되기 전에, 또 산업화에 따른 교통통신수단, 시장, 교육의 발달이 충분히 있기 전에 나타났다. 한국에 있어서는 21세 이상의 국민들이 1948년 건국과 더불어 모두 선거권을 부여받았고 이와 같은 보통선거제도의 수립이 정당 출현의 조건이 되었다. 한국의 정당들은 의회가 구성되기 전에 독립운동에 참여한 지도자들이 창당하였다. 일제시대에 국내외에서 독립운동을 하던 정치세력 중 공산주의자들은 북한에서 노동당을 창당하고 공산주의 정권을 수립하였고, 우파와 자유주의세력은 남한에서 정당을 창당하여 1948년 선거에 참여하고 대한민국을 수립하였다. 남한의 최초의 정당들은 의회 밖에서 창당되었다. 그러나 한국의 초대 대통령이었던 이승만 박사는 대통령이 되기 전에는 미국의 초대 대통령 워싱턴과 같이 정당은 파당화하여 국가건설에 해가 된다는 근거에서 정당정치 자체를 반대하였다.

그러나 이승만 대통령은 집권 전의 정당정치에 대한 그의 견해와는 달리 1951년 말에 그 자신의 정당인 자유당을 창당하였다. 그는 대통령에 취임한 지 얼마 안 돼서부터 국회와 대립하여 그를 지지해 줄 수 있는 정당의 필요성을 절감하게 되었기 때문이다. 그가 창당한 자유당이 처음 참여한 1954년의 제3대 국회의원선거에서 자유당은 총 203석의 국회의석 중 114석을 차지하였고 자유당 창당 이후부터 대한민국 국회는 무소속이 대다수를 차지하던 무소속 중심 국회에서 정당 중심의 국회로 발전하게 되었다. 1948년의 초

---

25) Joseph LaPalombara & Myron Weiner, "The Origin and Development of Political Parties," J. LaPalombara &. M. Weiner, eds., *Political Parties and Political Development*(Princeton: Princeton University Press, 1966), pp.7-21.

26) Giovanni Sartori, *Parties and Party Systems*(Cambridge: Cambridge University Press, 1976), pp.10-13.

대 국회에서는 총 198명의 의원 중 85명이, 1950년의 제2대 국회에서는 총 210명의 의원 중 127명이 각각 무소속이었다. 그리고 자유당이 거대 여당으로 등장한 이후에는 이에 대항할 수 있는 강력한 통합야당인 민주당이 결성되어 한국정치는 거대 여당과 강력한 야당과의 대립축을 중심으로 전개되었다.

한국의 정당은 구미의 정당들과는 달리 지속적인 발전을 이루지 못했다. 정권이 바뀔 때마다 새로운 여당과 야당이 등장하였기 때문이다. 1950년대의 여당인 자유당, 1960~1970년대의 여당인 민주공화당, 1980년대의 여당인 민주정의당, 1990년대의 여당인 민주자유당, 그 이후의 여당인 새정치국민회의와 새천년민주당은 모두 소멸하였다. 현재의 여당인 열린우리당도 앞으로 그대로 지속될 것이라는 보장은 없다. 한국의 여당은 자생적(自生的) 정당이 아니라 집권세력이 만들어 내고 그들의 권력에 기생하여 유지되는 외생적(外生的) 정당이다.

한국의 정당이 지속적 발전을 하지 못했다는 것은 한국의 정당이 구미와 비교한다면 준정당(準政黨, semiparty) 정도의 발전수준을 가지고 있다는 것을 의미한다.[27] 또한 정당 발전수준을 적응성(adaptability), 복합성(complexity), 자율성(autonomy), 응집성(coherence)의 정도로 구성되는 헌팅턴(S. Huntington)의 제도화(institutionalization) 개념을 적용하여 평가한다면 한국의 정당은 제도화 수준이 아직도 매우 낮다고 말할 수 있다.[28]

구미의 정당이 이익집단이나 공익집단의 역할 강화와 국민들의 정당 일체감의 약화로 그 위상이 그 전과 같이 높지 않으나 정당은 구미의 정치에서 여전히 중심적 역할을 하고 있다. 그러나 한국의 정당은 오랫동안 정치적으로 중심적 역할을 하지 못하고 있다. 군사독재시대에 여당은 군사독재정권의 선거기구이거나 선전기구 이상의 역할을 하지 못했고 야당은 이에 대항한 민주화 투쟁조직이었다. 여야당 모두 정부의 주요 정책결정에 큰 영향을 미치지 못했고 정부 각료의 충원기구로서의 역할도 하지 못했다. 한국이 민주화된 지 20년 가까이 되고 있지만 정당의 역할에는 아직도 커다란 발전이 이루어지고 있지 않다.

---

27) 위의 책, pp.244-272 참조. 사르토리는 아프리카 신생제국의 정당을 사이비 정당(quasi-party)이라고 부르고 있는데 한국의 정당은 이보다는 발전수준이 높은 준정당이라고 볼 수 있다.

28) Samuel P. Huntington, "Political Development and Political Decay," *World Politics*, vol.17, no.3, Apr. 1965, pp.386-430.

Ⅳ. 한국의 학생, 군, 언론, 이익집단

구미의 정치과정을 다루는 대부분의 교과서는 이익집단에 대해서는 자세히 다루고 있으나 학생, 군, 언론은 별로 다루고 있지 않다. 구미의 정치과정에 있어, 혹은 구미의 정치과정 발달사에 있어 이익집단은 중요한 역할을 하였으나 학생과 군은 한국 정치과정에서와 같이 결정적인 역할을 하지는 않았고 매스 미디어도 한국에서와 같이 중요한 역할을 하지는 않았다. 구미의 정치과정에서 학생과 군, 그리고 매스 미디어가 중요하지 않다는 것이 아니다. 첫째로 구미에 있어서도 1960년대와 1970년대의 학생운동은 구미정치에 적지 않은 영향을 미쳤다. 미국의 경우 학생들의 반(反) 베트남전 운동은 1968년의 대통령선거에 있어 존슨(L. Johnson) 대통령의 불출마와 그가 지지한 험프리(H. Humphrey) 후보의 낙선이라는 결과를 초래하였고 1968년 5월의 프랑스 학생시위는 드골(de Gaulle) 대통령의 은퇴를 재촉하는 결과를 내었다. 둘째로 군은 구미의 경우 프로페셔널리즘과 정치적 중립의 전통을 확립하고 있으나 중요한 국가기관으로 정책결정에 공식적으로 참여하고 있다. 또한 구미의 경우에도 군이 정치적 중립의 전통을 무시하고 행동할 수 있는 가능성을 완전히 배제할 수는 없다. 프랑스 제4공화국 말기에 군은 알제리 독립에 반대해서 쿠데타 감행의 위협을 하였던 것이다. 셋째로 구미의 매스 미디어는 한국의 매스 미디어보다 더욱 큰 정치적 영향력을 가지고 있다. 예를 들어 1974년 미국 대통령 닉슨(R. Nixon)의 사임은 워터게이트 사건에 대한 매스 미디어의 철저한 조사보도(investigative reporting)가 계기가 되었다. 그러나 구미의 정치과정에 있어 학생, 군, 매스 미디어가 중요성을 갖는다 해도 그것은 구미의 자유민주주의 정치의 제도적 틀 내에서의 중요성이다.

한국의 경우 학생과 군이 특별히 주목을 받아야만 하는 이유는 그들이 한국 정치과정의 틀 자체를 변화시킨 원동력의 역할을 하였기 때문이다. 해방 직후의 학생들은 좌우파로 나뉘어 우파학생들은 남한에서의 자유민주주의 정치와 자유기업제도의 수립에 공헌하였고, 그후 남한의 학생들은 1960년의 4·19의거로 이승만 독재정치를 무너뜨리고 자유민주주의 정치를 복원시키는 데 공헌하였고, 그 이후 한 세대 간의 군사통치시대에는 이에 저항하는 가장 강력한 사회세력으로 1987년 자유민주주의 헌법 쟁취에 결정적으로 중요한 역할을 하였다. 군 역시 한국정치의 틀 자체를 변화시킨 원동력이었다. 1961년의 군사 쿠데타는 자유민주주의 정치를 전복시킨 사건이었으며 군에 의한 자유민주주의 정치의 전복은 1979~1980년에도 다시 일어났다. 1960년대 초부터 1980년대 말까지의 오랜 기간에 있어 한국의 정치과정은 무엇이 한국에 맞는 정치체제인가에 대해 학생과 군이 대립하여 만들어 낸 한편의 드라마라고 하여도 과언이 아니다. 자유민주주의 정치를 전복시킨 군의 지도자들이 가장 두려워하던 정치세력은 야당세력이 아니라 학생세력이었고 학생들이 자유민주주의를 위협하는 세력으로 반대하던 세력은 일부 정치군인들이었다. 매스 미디어는 민주세력 대 반민주세력의 투쟁으로 점철된 한국 정치과정에 있어 학생들과 군과 같은 주연급 세력은 아니었다. 그러나 매스 미디어도 이 투쟁에 있어 조연급 역할은 하였다고 볼 수 있다. 매스 미디어 종사자 중 상당수는 민주화 투쟁에 직접 가담하였고 그들 중 일부는 이 때문에 강제 해직되기도 하였다. 매스 미디어는 한편에 있어서는 군사독재체제의 유지에 협조하였다는 비난을 받고 있지만 다른 한편에 있어서는 한국정치의 민주화에 공헌하였다는 것도 부인할 수 없는 사실이다.

한국의 이익집단은 구미의 이익집단과 같이 정치과정에서 중심적 역할을 수행하지 못했다. 밴트리(A. Bentley)와 트루먼(D. Truman)과 같은 미국의 집단 이론가들은 미국 정치과정이 기본적으로는 이익집단 간의 갈등과 타협으로 이루어진다고 보았고,29) 래스키(H. Laski)는 우리 생활에 있어서 이익집단은 국가와 마찬가지로 중요한 의미를 갖게 되었고 그 결과 국가의 주권을 위협하고 있다고 주장하였다.30) 한국의 이익집단은 이러한 이익집단이 아니었다. 한국의 이익집단은 최근까지 자본가 집단이든 노동자집단이든 간에 집단으로 조직된 것 자체가 국가의 허락과 지도하에서였고 그 때문에 집권세력에 협조할 수밖에 없었다. 이익집단들은 독자성이 약하고 국가에 의존적인 성격이 강했다. 코포러티즘 이론에 비추어 볼 때는 한국의 이익집단들은 슈미터(P. Schmitter)가 말하는 국가 코포러티즘(state corporatism)의 성격을 가졌었다고 말할 수도 있다.31) 문민민주주의 정권의 수립 이래 기존의 이익집단들은 독자적인 성격을 강화하고 있고 민주노총과 같은

29) Arthur Bentley, *The Process of Government*(Cambridge: Belknap Press of Harvard University, 1967)와 David Truman, *The Governmental Process*(New York: Knopf, 1971) 참조.

30) Harold Laski, *A Grammar of Politics*(London: George Allen & Unwin LTD, 1950).

31) Philippe Schmitter & Gerhard Lehmbruch, eds., *Trends Toward Corporatist Intermediation*(Beverly Hills: Sage Publications Ltd., 1979).

과거의 불법이익집단도 합법화되어 기존의 이익집단들과 경쟁적으로 활동하고 있다. 이와 아울러 경제정의실천시민연합과 같은 공익집단의 결성과 활동도 활발하다.

과거 군사정권시대의 한국 정치과정에서 주도적 역할을 하였던 학생과 군은 문민 민주주의시대를 맞아 본연의 위치로 돌아가고 있고 그들의 정치적 역할은 약화되고 있다. 이에 반해 이익집단의 역할은 강화되고 있고 한국의 정치과정도 이제는 이익중심의 정치로 발전하고 있다. 그러나 이러한 정치가 최근의 집단 이기주의에 대한 비판에 나타나 있는 바와 같이 우리국민들에게 거부감을 불러일으키고 있기도 하다.

1. 학생

학생은 피교육자로서 학업에 열중하는 것이 본연의 임무이다. 그러나 학생들은 사회와 국가의 문제들을 가장 민감하게 파악하고 기성세대가 이러한 문제들을 등한시하거나 이를 해결할 충분한 능력이 없는 경우 이와 같이 불만족스러운 상황에 저항하는 사회세력이기도 하다. 특히 일반국민의 교육수준이 낮은 후진국의 경우에는 대학생들은 그 나라에서 가장 교육수준이 높은, 혹은 근대화 수준이 가장 높은 집단으로 역사적 사명감을 가지고 있는 사회세력이기도 하다. 한국의 학생들은 이와 같은 사회세력으로서의 특징을 어떠한 다른 후진국보다도 더욱 뚜렷이 나타냈다.

한국의 학생들은 제1공화국시대에는 상당기간 저항세력이라기보다는 오히려 친정부세력이었다. 학생들은 북한의 남침과 위협에 당면하고 있던 이승만 정부를 지지하였고 1953년 휴전협정 반대운동 때에는 중고등학교 학생들까지 이에 가담하였다. 그러나 이승만 박사가 사사오입 개헌으로 종신집권을 획책하자 그에 대한 반대 무드가 학생들 간에도 조성되었고 1960년 3・15 부정선거를 규탄하는 학생들의 4・19 시위는 이승만 정권의 붕괴라는 결과를 한국사회에 가져다주었다. 1960년 2년제 초급대학과 전문대학에 재학하고 있던 학생들을 포함한 한국의 대학생 총수는 10만 명 정도였다. 이 수는 1945년의 대학생 총수 7,800명, 1952년의 대학생 총수 3만 4천 명에 비하면 크게 증가한 수지만 1993년의 대학생 총수 210만 명에 비하면 아주 적은 수였다.[32] 그러나 수적으로 이

32) 여기에 나오는 대학생 수는 구 문교부, 현 교육인적자원부가 매년 발행하는 『교육통계연보』에 의거한 것임.

렇게 미약한 대학생들을 기반으로 한 4·19 시위가 이승만 정권의 붕괴로 이어진 이유는 어디에 있는가? 그 이유는 이 시위가 자유민주주의의 회복운동으로 모든 학생들의 열렬한 지지를 받았을 뿐만 아니라 도시 중산층과 미국정부의 지지를 받았기 때문이다. 또 다른 이유는 이 시위가 당시 한국군의 이 시위에 대한 중립적 자세에 나타나 있는 바와 같이 군의 묵시적 지지도 받았기 때문이다.

1년도 지속되지 못한 제2공화국시대는 학생들의 사회적 발언권과 정치적 영향력이 가장 높았던 시대이다. 이 시대에는 제1공화국시대의 야당지도자인 장면이 의원내각제 정부의 수상으로 선출되었으나 장면 수상은 이승만 정권을 무너뜨린 주체이면서도 정권을 담당할 수 없는 세력이었던 학생들의 요구와 압력에 약할 수밖에 없었다. 학생들은 부정선거 책임자들과 4·19 시위 때의 발포 책임자들의 엄중처벌을 요구하였고 일부 급진적 학생들은 미군 철수와 남북학생회담의 개최를 요구하였다. 그러나 장면 정권은 전자의 요구는 받아들였으나 후자의 요구는 수용할 수 없었기 때문에 장 정권은 학생들과 대결 상태에 있었고 이러한 상황에서 박정희 장군의 군사 쿠데타가 일어나 장 정권도 붕괴되고 급진적인 학생운동도 일단은 자취를 감추게 되었다.

한국에 군사정권이 들어선 1961년부터 제5공화국 말인 1987년까지의 기간에 있어 학생들은 군사정권에 대한 견제세력이고 저항세력이었다. 이 기간의 정부는 군사적이고 독재적인 성격이 점점 강화되었고 이에 비례해서 학생운동의 성격은 점점 진보화되고 급진화되었다. 형식민주주의체제를 가지고 있던 제3공화국시대(1963~1972)의 학생들은 자유민주주의 확립의 목표를 주창하고 한일회담과 3선 개헌을 반대하였다. 제4공화국의 유신독재시대(1972~1979)의 학생들 역시 자유민주주의 정치의 회복을 요구했으나 그들의 운동은 진보적 색채가 강하였고, 제5공화국 군사독재시대의 학생들은 반미와 민중민주주의의 급진적 노선을 가지고 전두환 정권을 반대하였다. 이 기간 동안 학생들은 군사정권의 가장 큰 도전세력이었지만 1987년에야 민주헌법 회복이라는 업적을 성취할 수 있었다. 이승만 독재를 무너뜨린 학생들이 1987년에야 다시 그들의 정치적 목표 중 일부를 성취하게 된 배경은 무엇인가? 첫째로 학생들은 4·19 때와는 달리 1987년 이전에는 도시 중산층의 전폭적인 지지를 받지 못했다. 도시 중산층은 제3공화국시대에는 형식적으로는 민주주의체제를 가지고 있었기 때문에 학생들의 반정부운동을 정부에 대한 일상적인 비판 이상의 것으로 받아들이지 않았고, 제4공화국시대에는 학생운동의 민주회복이라는 목표에는 찬성하면서도 진보주의에는 반대하였고, 제5공화국시대에는 광주의 비극을 목격하였기 때문에 학생운동의 민주 회복이라는 목표에 보다 강력한 지지를 보내면서도 다른 한편에 있어서는 학생들의 반미주의와 민중민주주의에는 불만을 가지고 있었다. 그러나 이러한 도시중산층이 1987년에 들어 학생들이 야당 정치인들과 더불어 민주적인 개헌 실현에 그 운동의 초점을 맞춤에 따라 이를 전폭적으로 지지하게 되었다. 둘째로 사회세력으로서의 대학생들의 수가 크게 증가하였다. 1960년에 10만 명이던 대학생 수는 1970년에는 20만 명으로, 1975년에는 30만 명으로, 1980년에는 62만 명으로, 1985년에는 128만 명으로 증가하였다. 대부분의 학생들은 학생운동을 전폭적으로 지지하였고 전두환 정권과 같이 강력한 군사독재정권도 1980년대의 이렇게 많은 숫자의 대학생들의 반대운동을 제압할 수 없었다. 1980년대 대학생 수의 비약적 증가는 전 정권의 교육정책의 결과였다. 전 정권은 인기 없던 정권에 대한 지지를 높이기 위해 대학정원의 증가와 대학신설을 관대하게 허용하였다. 셋째로 대학 캠퍼스에서의 반정부 시위는 유신선포 이후 그치지 않고 일어났으나 1980년대에는 보다 극렬한 모습을 띠게 되었다. 청년 학생들이 주도한 1980년 5월 17일의 광주민주화투쟁은 무장투쟁의 성격을 띠었고 그후의 학생운동은 시위뿐만 아니라 분신자살, 투신자살과 같은 자해행동도 불사하였고, 아주 탄압적인 군사정부도 이러한 학생운동에는 대처할 방도가 없었다.

민주헌법을 회복한 이후, 특히 문민민주주의가 수립된 1993년 이후 대부분의 학생들은 학생 본연의 임무인 학업에 열중하고 있다. 유신시대가 시작된 1972년 이래 15년 동안 최루탄 가스 냄새가 나지 않는 날이 거의 없었던 한국의 대학 캠퍼스는 이제 평온을 되찾고 학문의 전당으로서의 역할을 재정립하기 위하여 노력하고 있다. 그러나 대학이 정상화되었음에도 불구하고 각 대학의 학생회 간부들이 이끄는 학생운동은 주체사상파의 대두에서 볼 수 있는 바와 같이 제5공화국시대에서와 같이 급진화되어 있다. 현실과는 너무나 동떨어진 이러한 학생운동은 도시중산층의 비판의 대상이 되고 있고 일반 학생들의 지지도 별로 받지 못하고 있다. 이러한 급진운동은 오랫동안의 한국 학생운동에 내재해 있던 진보성과 급진성이 보다 극단화되어 나온 것으로 볼 수 있다. 그러나 이와 같은 학생운동은 현재 변화의 움직임을 나타내고 있기도 하다. 서울에 있는 좋은 대학의 학생회들이 최근 급진적인 학생운동권으로부터 이탈하고 있다.

2. 군

군 본연의 임무는 정치개입이 아니라 국방이나 주지하고 있다시피 1961년부터 1993년 초까지 한국의 집권세력은 군 출신들이었고 그들은 정치에 깊게 개입하였다. 한국 군의 정치개입은 군 자체의 요인과 군 밖의 정치사회적 요인으로 나누어 살펴볼 수 있다.[33] 1961년과 1979~1980년의 군부 쿠데타는 각각 당시의 권력공백상태와 사회적 혼란이라는 군 밖의 정치사회적 요인을 배제하고는 충분히 이해하기 어렵다. 한국전쟁과 북한의 위협 때문에 가장 근대화되고 다른 조직에 비해 과대성장되어 있던 한국 군은 정치사회의 권력공백을 메웠다고 볼 수 있는 면도 있기 때문이다. 그러나 여기서는 이와 같은 군 밖의 정치사회적 요인은 다루지 않고 군 자체의 요인만을 간단히 소개하고자 한다. 정치사회의 권력공백과 혼란이 아무리 심하다 해도 이를 이용해서 정권을 장악하고자 하는 세력이 군에 없었다면 군부 쿠데타는 일어나지 않았을 것이고 권력공백은 조만간 문민정치세력에 의해 채워졌을 것이다.

한국군은 미국이 창설하였다. 미국이 한국군을 창설하는 데 삼은 모델은 미군과 같은 프로페셔널한 군이었다. 미국은 광복군 출신들의 불만에도 불구하고 제국주의 일본의 정규 사관학교 출신들을 포함한 일본군과 만주 군에서의 장교 경력자들을 창군의 주역으로 삼았다. 일본 제국주의 군대의 장교 경력자들을 일제로부터 해방된 신생 한국군의 주역으로 삼는다는 것은 민족국가 건설의 이념적 기반인 민족주의의 시각에서 판단한다면 매우 불만족스러운 일이었다. 그러나 미국은 민족주의적 의식은 강하나 군인으로서의 기술적 능력이 떨어지는 광복군 출신보다는 민족주의적 의식은 약하나 군인으로서의 기술적 능력이 있는 일군과 만군의 장교 경력자들을 우대하였다. 물론 미국이 그들을 한국군 창설의 주역으로 삼은 이유는 이러한 직업적 능력에만 근거한 것은 아니었다. 그들은 이러한 능력 외에도 철저한 반공세력이라는 장점도 가지고 있었다. 북한 공산주의자들과 남한의 좌익세력은 그들을 민족반역자들이라고 비난하였기 때문에 그들의 반공주의는 그들 자신의 생존과 결부된 것이었다. 일군과 만군의 장교 경력자들은 미국이 믿을 수 있는 군사 기술자들이었다.[34]

---

33) S. E. Finer, *The Man on Horseback*(New York: Frederick A. Praeger, 1967) 참조.

34) 프로페셔널한 군의 특징에 관해서는 Amos Perlmutter, *The Military and Politics in Modern*

한국군의 이와 같은 창설배경으로 인하여 제1공화국시대의 한국군은 민족주의적 의식과 이데올로기적 성향이 강했던 제2차 대전 후 신생제국의 군과는 달랐다.[35] 한국군은 반공주의를 가지고 있었지만 민족주의적 의식이나 이데올로기적 성향이 강하지 않았다. 한국군의 이와 같은 성격은 군의 정치화에 혐오감을 가지고 있던 미 군사고문단의 선호에도 맞는 것이었다. 그러나 제1공화국시대의 한국군이 정치로부터 완전히 자유로울 수는 없었다. 이승만 대통령은 헌병대와 방첩대를 그의 정치도구로 이용했고 선거 때마다 군을 이용하였다. 미국이 한국군을 정치적으로 중립적인 프로페셔널한 군으로 육성하고자 했으나 군의 지도자들은 집권세력과 정치적으로 협조할 수밖에 없었다.

1961년 5·16 쿠데타를 주도한 장교들은 군 지도자들의 이와 같은 부정선거 개입과 부정부패를 규탄하고 그들의 퇴진을 요구한 정군파(整軍派) 군인들이었다. 그들의 지도자는 박정희 소장과 김종필 중령이었다. 박정희 소장은 일본 육군사관학교에 다닌 적도 있는 만군 출신 장군이었으나 다른 장군들과는 달리 영어도 못하고 미 군사고문단과 교류가 없는 장군이었다. 그는 한국군의 지도자들과 잘 알았으나 한국군의 주류세력은 아니었다. 제1공화국시대 한국군의 주류세력은 함경도 출신과 평안도 출신으로 구성되어 있었고 영남 출신은 세력을 형성하고 있지 못했다. 영남 출신 장교들은 창군 초기에 군부 내의 좌익반란사건에 연루되어 숙청된 사람들이 많았다. 박정희 장군은 영남 출신으로 여수, 순천 반란사건에 연루되어 군복을 벗었다가 군 수뇌부의 도움을 받아 다시 군에 들어온 군인이었다. 그는 육군 소장을 마지막 계급으로 곧 전역될 장군이었다. 그를 지도자로 하여 군사 쿠데타를 일으킨 김종필 중령 외의 여러 장교들은 대다수가 한국의 육군사관학교 8기생들이었다. 그들은 소위에서 소령까지 진급하는 데는 4년 밖에 걸리지 않았으나 소령에서 중령으로 진급하는 데는 평균 8년이 소요되고 더 이상 진급이 어려워 인사 불만이 다른 어떤 기보다도 큰 군인들이었다. 이와 같은 현상은 육사 1기에서 6기까지는 입교생이 100명에서 400명 정도에 머물렀으나 육사 8기에 와서는 입교생이 2천여 명으로 증가했기 때문에 일어난 현상이었다. 그리고 육사 8기생들의 이와 같은 인사 불만이 처음에는 군 지도자들에 대한 불만으로, 나중에는 정부에 대한 불만으로 전화되어

Times(New Haven: Yale University Press, 1977), pp.21-88.

35) 신생제국 군대의 특징에 관해서는 Morris Janowitz, *The Military in the Political Development of New Nations*(Chicago: University of Chicago Press, 1964) 참조.

5 · 16 쿠데타로 이어지게 된 것이다.[36)]

영남 출신인 박정희 장군이 쿠데타와 집권에 성공한 다음 최근에 이르기까지 군의 중심세력은 영남 출신, 특히 경북 출신 장군들이었다. 영남 출신들이 군의 중심세력이 된 것은 4년제 정규육사가 1951년 진해에 설립되어 정규육사 1기(육사 11기)부터 3기까지는 피난지였던 진해와 부산에서 교육을 받아 영남 출신들이 정규육사에 많이 입교한 때문이기도 하였지만 이 보다 더 중요한 요인은 박 대통령이 그들의 후견인 역할을 했다는 데 있다. 특히 박 대통령은 정규육사 1기인 전두환, 노태우 등이 각 기의 5% 수준의 엘리트 장교들을 포섭하여 결성한 군 내부의 사조직인 <하나회>를 후원하였다. 이 <하나회> 소속 장교들은 박 대통령 집권시절 진급 및 보직에 있어 특혜를 누렸고, 1979년 10월 박 대통령 시해 후에는 동년 12월 12일에 군의 실권을 장악하기 위해 군내에서 하극상 쿠데타를 일으켰고, 1980년 5월 17일 이후에는 정부의 실권을 장악하는 사실상의 쿠데타를 감행하였던 것이다.[37)] 1961년의 군사 쿠데타는 군 내부의 소외세력이 일으킨 것인 데 반해 1979~80년의 쿠데타는 군 내부의 특권세력, 혹은 실세들이 일으킨 것이었다.

1961년 5 · 16 쿠데타와 1979~1980년의 쿠데타는 이에 대한 사회적 반응에 있어 커다란 차이가 있다. 5 · 16에 대해서는 당시 대통령이었던 윤보선의 반응에 나타나 있던 바와 같이 "올 것이 왔다"는 반응이 상당히 있었던 데 반해 1980년 5 · 17에 대해서는 대부분의 국민들이 다시 와서는 안 될 것이 왔다는 반응을 보이고 경악을 금하지 못했다. 5 · 16 세력은 미국의 견제 속에서도 최소한의 국민적 지지를 자생적으로 형성시킬 수 있었으나 5 · 17 세력들은 국민들의 묵인을 받는 데 레이건 대통령의 전두환 대통령 초청이라는 미국의 지원을 필요로 하였다.

라틴 아메리카 제국의 군부 쿠데타는 페론이즘에 대한 아르헨티나 군부의 반대 쿠데타나 마르크시스트 정권이었던 아옌데(S. Allende) 정권에 대한 칠레 군부의 반대 쿠데타에 나타나 있는 바와 같이 제도로서의 군부가 집권세력과의 이념적, 정책적 차이 때문에 일으킨 쿠데타인 경우가 많았다. 한국의 군부 쿠데타는 이러한 쿠데타는 아니다. 간단히 살

---

36) Se-jin Kim, *The Korean Military Government*(Chapel Hill: University of North Carolina Press, 1971)와 한용원, 『창군』(서울: 박영사, 1984) 참조.

37) 한용원, 『한국의 군부정치』(서울: 대왕사, 1993) 참조.

펴본 바와 같이 한국의 군사 쿠데타는 제도로서의 군부 전체가 아니라 군 내부의 한 그룹이 일으켰고 쿠데타의 계기도 집권세력과의 이념 차이나 정책 차이가 아니라 권력투쟁에 있었다. 한국에 있어서도 군부 내의 한 그룹이 쿠데타에 성공한 다음에는 군 전체가 이를 지지하고 그들은 구집권세력의 정책과는 다른 새로운 정책을 수립하려고 노력하였지만 이는 쿠데타 후의 대응에서 나온 결과였다.

1993년 김영삼 대통령이 이끄는 문민민주주의 정권이 출범한 이래 한국 군 내부의 <하나회> 세력은 거의 모두 숙청되었다. 그러나 그렇다고 해서, 한국군이 프로페셔널한 군으로 일거에 탈바꿈을 한 것은 아니다. 군 내부의 진급은, 특히 장성급으로의 진급은 집권세력의 영향을 아직도 많이 받고 있다.

3. 언론

언론기관은 신문, TV와 방송, 잡지 등으로 구성되나 지난 반세기 동안의 한국정치에 있어 가장 중요한 언론기관은 신문이었다. 구미에서는 TV가 신문만큼 중요하고 한국에 있어서도 TV의 중요성은 점점 증대되고 있으나 한국의 TV는 아직도 정부로부터 독자성을 확보하고 있지 못하다. TV 방송국 중 제1KBS와 제2KBS는 정부 소유이고 MBC는 방송문화진흥회라는 문화재단 소유이나 이 재단 역시 정부의 지배하에 있고 최근 개국한 SBS는 개인 소유이나 소유주가 기업가이므로 정부에 협조할 수밖에 없다. 이와 같은 TV에 비해 신문은 『대한매일신문』과 같은 정부지와 일부 재벌지를 제외하고는 정부로부터 독자성을 유지하기 위해 부단한 노력을 기울여 왔다고 볼 수 있다. 신문은 한편에 있어서는 정부의 규제와 기업가들로부터의 광고수입에 의존하나 다른 한편에 있어서는 독자들의 구독부수에 의존하고 있기 때문에 국민들의 여론을 반영하지 않고서는 번영할 수 없는 매스 미디어(mass media) 기관이다. 또한 한국 국민들은 신문이 정부를 감시하고 견제하는 역할을 해줄 것을 기대하고 있기 때문에, 그리고 기자들은 이러한 역할을 기대하고 신문사에 입사했기 때문에 신문은 이러한 역할에 충실하지 않을 수 없다. 특히 한국의 경우 의회가 이러한 역할을 구미의 의회와 같이 충실히 수행하지 못했기 때문에 국민들의 신문에 대한 기대는 더욱 컸고, 신문은 국민들의 이와 같은 기대감을 외면할 수 없었다.

한국 신문은 구미의 신문과 비교할 때 다음과 같은 두 가지 특성을 가지고 있다. 첫째로 한국 신문은 원칙상으로 불편부당한 신문이다. 대부분의 유럽제국 신문들은 그들의 정치 이데올로기적 성향을 뚜렷이 밝히고 있고 미국 신문들도 대통령선거 때에는 그들이 지지하는 정당을 사설을 통해 밝힌다. 한국의 각 신문은 독특한 정치적 성향을 가지고 있지만 형식적으로는 정당 간의 경쟁에 중립을 지키고 있고 그들이 선호하는 정치세력을 공개적으로 신문지상에 밝히지 않는다. 둘째로 한국 신문은 프레스티지 페이퍼(prestige paper)임과 동시에 매스 페이퍼(mass paper)이다. 유럽제국의 신문들은 발행부수가 몇십만 부밖에 안 되는 *The Times, Le Monde, Frankfurter Allgemeine Zeitung*과 같은 프레스티지 페이퍼와 몇백만 부의 발행부수를 가지고 있는 *Daily Express, Le Petit Parisien, Bild-Zeitung*과 같은 매스 페이퍼 간의 구분이 있고 신문 구독자들 간에도 이와 같은 구분이 있다. 미국의 경우에도 *The New York Times, The Washington Post* 같은 신문들과 다른 신문들 간의 구분이 있고 미국의 엘리트들은 이 신문이 뉴욕 시와 워싱턴 시의 신문이지만 다른 지역에서도 구독하고 있다. 발행부수가 각각 200만 부가 넘는 한국의『동아일보』와『조선일보』는 일본의『아사히』,『요미우리』와 마찬가지로 엘리트들이든 교육수준이 낮은 매스들이든 간에 관계없이 누구든 읽는 신문으로 프레스티지 페이퍼와 매스 페이퍼의 두 가지 성격을 공유하고 있다. 한국 신문의 이와 같은 특성 때문에 여론 형성에 있어서의 주요 신문의 역할은 구미의 경우보다 크다.

제1공화국시대의 신문은 정부의 허가를 받아야 발행할 수 있었고 신문용지를 수입하기 위해서는 정부로부터 미국원조자금을 배정받아야만 했다. 서울과 지방을 합쳐 총 40여 개의 일간지가 있었으나 독립채산이 가능한 신문은 일제시대에 창간된 서울의『동아일보』와『조선일보』 정도였다. 이 두 신문 외에도 서울에는『한국일보』,『경향신문』, 그리고 정부지인『서울신문』이 있었다. 이들 신문의 총 발행부수는 1950년대 말에 7, 8십만 부 정도밖에 안 되었다. 이들 신문들의 총수입 중 광고수입의 비율은 20~30% 수준이었고 신문 판매수입이 나머지 70~80%를 차지하였다. 한국의 신문들이 그 어느 시대보다도 신문판매수입에 그 유지를 의존하던 시대였다.『동아일보』를 비롯한 서울의 주요 일간지들은 자유당 정권에 매우 비판적인 반정부 신문들이었다. 한국 신문의 정부 비판 전통은 제1공화국시대에 세워졌다고 보아도 무방하다. 이러한 비판 전통은『동아일보』 같은 신문은 제1공화국 초 야당 지도자였던 인촌 김성수 집안이,『경향신문』 같은 신문은 야당 출신 부통령이었던 장면을 지지하던 가톨릭계가 각각 운영했던 사실과 밀접한 관계가 있지만 이외에도 이 시대 신문의 높은 신문판매수입 의존과도 깊은 관계가 있다고 말할 수 있다.

제2공화국시대에는 신문발행이 소정의 서류만 구비하여 제출하면 되는 등록제로 바뀌었고 이로 인해 일간신문의 수는 제1공화국시대의 3배가량인 97개로 증가하였다. 한국의 사회경제적 발전수준의 아무 향상이 없는 상황에서의 이와 같이 많은 신문들의 출현은 부실언론의 출현이었고 이에 근무하는 사이비 기자들의 출현 이외에 아무것도 아니었다. 이 시대는 한국정치사에 있어 가장 자유로웠던 시대였기 때문에 언론의 대정부 비판 역시 매우 활발하였다.

5·16 군사쿠데타로 출현한 박정희 정권은 일정 시설규모를 갖추지 못한 언론사들의 발행허가를 취소하여 부실언론기관과 사이비 기자들을 언론계에서 축출하였고 그 결과 제3공화국시대에는 1966년에 창간된 『중앙일보』를 포함하여 서울과 지방의 일간지로 39개사만 남게 되었다. 이 숫자는 유신시대인 제4공화국시대에는 더 줄어들었다. 서울의 중앙지 수에는 별 변동이 없었으나 정부의 권고에 따른 지방지의 자율적인 통폐합이 이루어졌기 때문이다. 한국의 주요 신문들은 일본의 신문들과 마찬가지로 제1, 2공화국시대에는 하루에 조석간 두 번을 발행했는데 1962년부터는 박 정권의 정책에 따라 단간제를 채택하였다. 또한 이 시대에는 『동아일보』는 동아방송을, 『경향신문』은 MBC를 각각 운영하고 삼성그룹에서는 『중앙일보』와 동양TV를 소유하는 등 신문사가 전파매체에 관여하고, 『조선일보』의 코리아나 호텔 경영에 나타나 있는 바와 같이 언론사가 사업을 다양화하는 경향이 나타났다.

제3공화국과 제4공화국시대에는 괄목할 만한 경제성장이 있었던 바와 같이 신문의 발행부수에도 커다란 성장이 있었다. 한국신문협회에 의하면 전국 일간지의 총 발행부수는 1960년의 80만 부에서 1970년에는 200만 부로, 1980년에는 540만 부로 증가하였다. 가구당 신문보급률은 1960년 5.5가구당 1부에서 1970년에는 2.9가구당 1부로, 1980년에는 1.5가구당 1부로 증가하였다. 전국 일간지의 총 발행부수 중 서울의 중앙지가 차지하는 비율은 60, 70년대에 걸쳐 70% 이상에 달하고 있어 구미의 신문과는 달리 중앙지가 지방지를 압도하고 있다. 이 시대에는 신문판매수입 대 광고수입의 비율에도 변화가 일어났다. 『동아일보』의 경우 이 비율은 1962년의 6 : 4에서 1970년에는 5 : 5로 변화하여 이 신문은 1970년 이후에는 구독료보다는 광고료에 더욱 크게 의존하는 경영구조를 갖게 되었다.

한국 언론의 비판적 전통은 1961년부터 1963년까지의 군정시대에는 상당한 제약을 받았으나 제3공화국시대에 들어와서는 그 활력을 되찾았다. 그러나 1972년 제4공화국 유신시대부터 언론은 권위주의적 독재정부의 엄격한 통제하에 놓이게 되었다. 『동아일보』와 『조선일보』의 기자들은 이와 같은 언론통제에 저항하는 운동을 전개했으나 그들의 운동은 정부의 탄압뿐만 아니라 사주들의 반대에도 직면하여 실패로 끝났다. 그리고 이 운동으로 상당수의 기자들이 해직당하였다. 이 시대에 『동아일보』는 반유신적인 편집방향 때문에 한때 광고탄압을 받기도 하였다. 정부가 광고주인 기업가들에게 이 신문에는 광고를 게재하지 못하도록 압력을 넣었던 것이다. 요약건대, 신문사는 상업적인 사업체이기 때문에 종국적으로는 정부의 언론통제를 받을 수밖에 없었지만 신문기자들은 이에 저항함으로써 한국 정치의 민주화 운동에 공헌하였다.

1979~1980년의 쿠데타를 성공시킨 군부집권세력은 반체제적 성향이 강한 기자들을 다시 해직시키고 정기간행물 중에서도 반체제적 성격을 나타낸 『창작과 비평』, 『문학과 지성』, 『기자협회보』 등과 같은 간행물들을 대거 등록 취소시켰다. 그들의 언론개편 작업은 이에 그친 것이 아니다. 그들은 (1) 통신사 통합과 단일화, (2) 지방지의 1도(道) 1사(社), (3) 신문과 방송의 경영분리 및 방송의 공영화, (4) 중앙일간지의 정비 및 재편 원칙에 따른 한국 언론사상 유례없는 언론기관 통폐합을 단행하였다. 이러한 통폐합의 결과 전국의 일간신문 28개사, 방송 29개사, 통신 6개사가 일간신문 21개사(중앙지 11개, 지방지 10개), 방송 2개사, 통신 1개사로 대폭 감축되었다. 또한 신문과 방송의 경영분리방침에 따라 『경향신문』과 MBC가 분리되고, 삼성그룹의 동양TV와 라디오, 『동아일보』의 동아방송이 모두 KBS에 흡수되었다. 그들은 언론기관의 이와 같은 통폐합을 언론기본법의 제정으로 법제화시켰다. 신문 독자수는 1980년대에도 계속해서 증가하였고 신문의 광고수입에 대한 의존도도 더욱 높아졌다. 언론기관 통폐합 후 중앙지의 시장점유율은 더욱 높아져 신문 총 발행부수 중 거의 대부분을 중앙지가 차지하고 있다.

제5공화국시대는 한국언론이 유신시대보다도 한층 더 엄격한 정부의 통제를 받던 시대이다. 이 시대의 TV는 대체로 집권세력을 옹호하거나 국민들의 비판의식을 무디게 만드는 프로그램만을 제작하였다. 이와 같은 TV에 비하면 신문은 상대적인 의미에 있어 언론의 사명에 그래도 충실하려고 노력했다고 볼 수 있다. 그러나 일부 언론은 TV와 마찬가지로 반민주적인 시대에 저항하기보다는 영합하는 경향을 보였고 상당수의 언론은 저항과 영합의 두 가지 경향을 동시에 나타냈다. 이 시대에는 제4공화국시대에 일어났던 것과 같은 기자들의 저항운동도 일어나지 못했다. 제5공화국시대는 한국언론사의 암흑기라고 하여도 과언이 아니다. 그러나 다른 한편에 있어, 이 시대는 언론사의 수입면에 있어서는 커다란 성장이 있었던 시대였다. 『동아일보』, 『조선일보』, 『한국일보』, 『중앙일보』, 『서울신문』으로 구성되는 5대 중앙지의 총매출액은 1980년의 991억 5천만 원에서 1987년에는 3,400억 5천만 원으로 증가하였고, 총 순이익은 1981년의 19억 원에서 1987년에는 81억 원으로 증가하였다.

1987년 민주화 운동의 성공과 그후 출범한 제6공화국 정부는 제5공화국시대의 언론기본법을 폐지하고 언론기관에 대한 정부의 통제를 대폭 완화한 새로운 언론관계법을 제정하였다. 그리고 그 결과로 일간신문의 수는 급격히 증가하여 1991년에는 제5공화국시대보다 4배가 많은 103개사에 달하게 되었다. 그러나 이와 같이 많은 수의 신문 출현이 언론구조의 분산화를 의미하지는 않는다. 한국의 신문시장은 1988년에 창간된 『한겨레신문』을 포함한 중앙의 6대 일간지가 과점하고 있고 그 중에서도 『조선일보』, 『동아일보』, 『중앙일보』의 시장지배력이 압도적으로 강하다.[38] 이들 세 신문 중 현재 『조선일보』는 230만부를 발행하고 있고, 『동아일보』와 『중앙일보』는 각각 200만부를 발행하고 있다.

민주화 이후 한국 신문은 정부로부터 과거 어느 때보다도 자유로우나 이 기회를 아직 충분히 활용하고 있지 못하다. 오랜 동안의 군사정권시대에 있어 한국 언론의 비판성은 주로 체제의 비민주성을 폭로하고 공격하는 일이었고 이러한 비판성이 뛰어난 신문이 독자들의 성원과 사랑을 받았다. 이러한 비판은 집권세력의 통제 때문에 결코 쉬운 일이 아니었지만 지적으로는 비교적 단순한 일이었다. 그러나 군사정권이 문민정권으로 대치된 오늘에 있어서도 신문의 정부 비판은 과거를 답습하고 있고 이로부터 크게 벗어나지 못하고 있다. 이제 신문의 정부 비판은 보다 전문성을 띠어야 하고 또 탈냉전시대의 국제적 시각도 가져야만 하나 신문은 이러한 능력을 배양할 여유를 과거에 갖지 못했다.

노무현 정권이 출범한 2003년 이래 현재까지 『조선일보』와 『동아일보』는 노 정권과

38) 강명구, "한국 신문산업의 역사적 고찰", 원고, 1994.

정면 대결하고 있다. 노 대통령은 이 두 신문을 수구언론이라고 비판하고 있고 특히 『조선일보』에 대해서는 공무원들의 취재협조를 금하는 등 적대적인 자세를 유지하고 있다. 노 정권은 2005년 초에 신문 등의 자유와 기능보장에 관한 법률(신문법)과 언론중재 및 피해구제 등에 관한 법률(피해구제법)을 제정하였다. 신문법은 '조중동'의 3대 신문사가 60% 이상의 시장점유율을 갖지 못하도록 규제하고 있고, 피해구제법은 보도의 내용이 국가와 사회의 이익에 반한다고 생각하면 누구든 이를 언론중재위원회에 회부하고 중재위는 신문에 대해 시정권고를 내릴 수 있는 권한을 보유하게 한 법이다. 노 정권의 이와 같은 자세에도 불구하고, 혹은 이러한 자세 때문에 『조선일보』와 『동아일보』는 노 정권에 대해 매우 비판적인 자세를 유지하고 있고, 『중앙일보』는 한편으로는 노 정권에 대해 비판적이면서도 다른 한편에 있어서는 친진보 성향도 나타내는 이중노선을 나타내다가 최근에는 다시 비판적인 성향을 보이고 있기도 하다. 이와 같은 3대 신문의 대정부 자세는 TV 방송, 특히 KBS와 MBC의 대정부 자세와는 매우 대조적이다.

4. 이익집단

한국의 이익집단은 그 수가 적지 않다. 이익집단 연구자들의 조사에 의하면 이익집단의 수는 1959년에 426개, 1963년에 600개, 1974년에 1,034개, 1988년에 1,700여 개, 그리고 1994년에는 2,181개로 증가했다고 한다.[39] 그러나 이러한 이익집단들이 한국정치에 있어 모두 중요한 것은 아니다. 이렇게 많은 이익집단에는 노동단체, 경제단체, 전문직종단체, 공익단체, 사회단체, 문화단체, 체육단체, 종교단체 등 여러 단체가 포함되나 그 중 대표적인 노동단체인 한국노동조합총연맹(한국노총)과 전국민주노동조합총연맹(민주노총), 대표적인 경제단체인 전국경제인연합회(전경련), 대표적인 전문직종단체인 한국교원단체총연합회(한국교총)와 전국교직원노동조합(전교조), 공익단체인 경제정의실천시민연합(경실련)과 참여연대 등이 한국정치에 있어 중요한 이익집단이라고 볼 수 있다. 한국의 대표적인 이익집단의 성립과정과 성격을 소개함으로써 한국 정치과정에 있어서의 이익집단의 역할을 살펴볼까 한다.[40]

39) 김영래, 『한국의 이익집단』(서울: 대왕사, 1987), pp.91-93; 『이익집단의 정치와 이익갈등』(서울: 한울, 1997), p.67.

한국노총의 전신은 1946년 서울에서 결성된 대한독립촉성노동총연맹(대한노총)에 있다. 이 대한노총은 당시 노동조합운동의 주류세력을 형성하고 있던 좌익노조인 조선노동조합전국평의회(전평)에 정치적으로 대결하기 위하여 만들어진 우익노조였다. 다시 말해, 대한노총은 이승만을 지지하기 위한 노동자 단체였다. 대한노총은 대한민국 정부 수립 후에도 유일한 노동조합으로 노동자들의 권익옹호보다는 정부를 지지하는 역할을 하였다. 5・16 군사 쿠데타 후인 1961년 8월에 대한노총은 군사정부의 지도하에 한국노총으로 재건되었고 한국노총도 그후 오랫동안 군부권위주의정권을 지지하는 역할을 수행하였다. 그러나 민주화 이후 노동법 개정운동을 벌이고 노동탄압분쇄 궐기대회를 개최하는 등 어용노조로부터 자주노조로의 변신을 시도했고 1990년부터는 정치국을 신설하여 정치활동에도 참여하고 있다. 2005년에는 한국노총은 간부들이 정부 지원금 334억 원이 투입된 복지근로센터 건설사업과 관련하여 뇌물을 받았다는 의혹이 제기되어 도덕성의 위기를 맞기도 하였다.

제1공화국시대의 대한노총은 기업별 노조였고, 5・16 후의 한국노총은 산업별 노조였다. 그후 한국노총은 1973년에 다시 기업별 노조로 조직전환을 하여 오늘에 이르고 있다. 한국노총은 2003년 현재 6,257개의 기업별 단위노조와 이들이 각각 가맹하고 있는 28개의 산업별 노동조합연맹으로 구성되고 총조합원 수는 남성 122만 3,330명, 여성 32만 6,619명으로 총 154만 9,949명이다.

민주노총은 1990년 1월에 한국노총에 대항해서 재야 노동세력이 결성한 전국노동조합협의회(전노협)를 기반으로 발전한 노조로 1995년 11월 11일에 창립총회를 열고 권영길을 위원장으로 선출했다. 민주노총은 출범이후 노사관계 개혁위원회에 대표를 파견하였고 김대중 정부시대인 1999년에는 합법노조로 인정을 받게 되었다. 그후 권영길은 민주노총을 기반으로 민주노동당을 창당하였고 제16대 대통령선거에 출마도 하였다. 민주노동당은 2004년의 17대 총선에서 10석을 차지하고 의회에 진입하였다. 그러나 민주노총은 2005년에 일어난 온건파와 강경파의 폭력적 대결, 기아차와 현대차 노조의 비리, 지도부의 금품수수로 도덕적 타격을 입기도 하였다. 민노총은 이러한 도덕적 타격을 극복하고 정규직과 비정규직의 양극화와 정규직 기업중심 노조운동의 문제점 등을 해결해야 할 과제를 안고 있다.

---

40) 김운태 외, 『한국정치론』(서울: 박영사, 1994), pp.610-645 참조.

민주노총은 2006년 현재 다수파인 국민파와 소수파인 범좌파로 구성되어 있다. 다수파인 국민파는 민주노동당의 다수파인 NL(민족해방)계열과 밀접한 관계를 유지하고 있고 소수파인 범좌파는 민주노동당의 소수파인 PD(민중민주)계열과 가까운 관계를 가지고 있다.

노동부에 의하면 민주노총은 1995년 출범 당시에는 861개 조합과 39만 명의 조합원을 가지고 있었는데 2003년에는 1,332개의 조합과 67만 3,880명의 조합원을 가진 조직으로 성장하였다.

전경련은 1961년 부정축재자로 낙인찍힌 13명의 재벌급 경제인들이 군사정권의 권고에 따라 조직한 한국경제인협회가 1968년에 이름을 변경하여 다시 등록한 단체이다. 전경련은 1993년에 대기업가들과 재벌기업인들 총 434명의 회원을 가지고 있다. 전경련은 이들 대기업인들의 권익옹호단체이나 제3, 4공화국시대에는 정부에 종속적이었고 이러한 상태는 그 후에도 지속되었으나 제6공화국시대에 와서는 독자적인 성격을 점점더 강하게 나타내고 있다. 전경련은 1993년의 공식예산이 100억 원이 넘는 데서 알 수 있는 바와 같이 풍부한 재정을 가지고 있다.

한국교총은 대한교육연합회가 이름을 변경하여 1989년에 재출발한 단체이다. 대한교육연합회는 교원들의 권익보호를 위해 1947년에 결성되었으나 제5공화국시대 말까지 정부를 지지하는 어용단체에 불과하였다. 정부는 이 단체의 회장 선거에 강한 영향력을 행사하기도 하였다. 그러나 제6공화국시대에 들어와 전교조의 도전에 직면한 한국교총은 회장선거의 민주성도 나타내고 있고 정부로부터의 자주성도 확보하기 위해 노력하고 있다. 한국교총은 16개 시, 도 교련의 연합체이고 회원수는 현재 25만 명 정도이다.

전교조는 교원의 권익보호뿐만 아니라 교육민주화와 “참교육” 실시를 목표로 하는 교원들의 단체로 처음에는 불법단체였다. 전교조 가담교사는 해직을 당하기도 하였으나 김영삼 정권 수립 후 해직된 전교조 회원들은 거의 모두 복직되었고 김대중 정부시대에 전교조는 합법화되었다. 전교조는 중・고등학교 학생들에게 좌파 성향의 이념교육을 실시하고 있다는 비판을 받아왔고, 2006년 1월에는 이를 반대하는 조직인 “뉴라이트 교사연합”이 결성되었다.

경실련은 시장경제의 효율성을 살리면서 경제정의도 확립하는 데 목표를 두고 종교계 인사들이 1989년에 결성한 공익단체이다. 출범당시 회원은 500여 명이었으나 1993년에는 7천여 명으로, 2004년에는 2만 명으로 각각 증가하였다. 경실련은 전국 30개 도시에 지부가 있고 대학경실련도 두고 있고 여러 가지 연구활동도 하고 있다. 이러한 연구활동에는 대학의 여러 교수들도 참여하고 있다.

참여연대는 1994년에 교수와 변호사들이 설립한 공익단체로 회원 수는 출범 당시 245명이었으나 1998년 3,324명, 2001년 1만 4,596명, 2004년 1만 3,352명으로 각각 증가하였다. 산하에 경제개혁센터, 사법감시센터, 의정감시센터, 조세개혁센터, 평화군축센터, 맑은사회만들기본부, 작은권리찾기운동본부, 사회복지위원회, 국제연대위원회, 참여사회연구소, 공익법센터를 두고 한국사회의 각 분야를 감시하고 개혁을 추진하는 역할을 담당하고 있다. 2000년에 참여연대가 주도한 총선시민연대의 낙천낙선운동은 이미 지적한 바와 같이 당시 선거에 커다란 영향을 미쳤다.

제6공화국시대에 들어와 경실련과 참여연대와 같은 공익단체, 혹은 시민단체들이 수없이 많이 조직되었다. 특히 김영삼 정부시대인 1994년에는 사회단체 등록에 관한 법률이 사회단체 신고에 관한 법률로 대체되어 누구든 신고만 하면 시민단체를 창립할 수 있게 되었다. 김대중 정부 시대에는 비영리민간단체 지원법이 제정되어 정부는 시민단체를 재정적으로 지원하게 되었다. 그후 정부는 정부의 각종 위원회에 시민단체의 대표를 임명하였고 제17대 총선에서는 여야당이 모두 시민단체의 대표를 국회의원 후보로 공천하였다. 또한 시민단체의 간부들은 언론계의 기자들과 학연이나 지연을 통한 밀접한 인적 관계를 유지하고 있기 때문에 그들의 활동을 국민들에게 알리는 데도 유리한 위치를 점하고 있다.

제6공화국시대의 시민단체들은 공명선거운동, 낙천·낙선운동, 정치개혁은동, 부동산투기 근절운동, 경제개혁운동 등 여러 운동을 주도해 왔지만 그들의 운동에 대해서는 "시민 없는 시민운동"이라는 비판이 있기도 하다. 시민단체들은 스스로를 시민의 대표라고 부르고 있는 것이지 그러한 이름에 부합하는 단체조직 절차나 정책결정 절차를 가지고 있는 것은 아니다. 민주성의 적자(democratic deficit)가 시민단체의 가장 큰 문제라고 말할 수 있다.[41]

41) 박상필, 『NGO학』(서울: 아르케, 2005), pp.691-744 참조.

제22장

한국의 정치제도

한국의 정치학자들은 제도의 연구를 오랫동안 소홀히 했다. 정치제도와 현실 간의 차이가 너무 커서 제도로부터 현실을 이해하기 어려웠기 때문이다.

한국은 제1공화국시대부터 제3공화국시대까지 민주적 정치제도를 가지고 있었지만 이 시대를 다룬 대부분의 글은 통치 스타일의 독재성만을 강조하는 경향을 나타내고 있다. 필자는 이 시대의 민주적 정치제도는 그것이 제대로 작동되지 못하였다 해도 국민들에게 민주주의를 교육하고 한국정치를 판단하는 기준을 제공하고 독재를 견제하고 어느 정도는 자유롭고 민주적인 정치공간을 확보해 주는 역할을 하였다고 항상 생각하였다. 우리가 이 시대에 민주적 정치제도를 가지고 있지 않았더라면 그 후 4, 5공화국시대에 전개된 군부독재체제에 대한 끈질긴 저항운동도 일어나기 어려웠을 것이다.

이뿐만 아니라 현재 우리가 가지고 있는 정치제도도 그 기원은 제1, 2, 3공화국시대에 두고 있다. 한국의 정치제도가 어떻게 변화해 왔는가를 이해하지 않고서 한국정치를 이해하기는 어렵다.

다른 한편, 구미에서는 1980년대부터 정치학과 경제학 두 분야 모두에서 제도를 중요하게 생각하는 제도론자들이 대두하였다. 제도는 행위자들이 그들 각각의 이익을 최대화하기 위한 전략을 세우는 전략적 맥락이기 때문에 제도를 이해하지 않고서는 행위자들의 행동을 이해하기 어렵다는 것이 그들의 시각이다. 이 글은 이러한 시각에 입각하여 한국의 정치제도가 정치행위와 과정에 어떠한 영향을 미쳤는가를 검토하고자 하였으나 제도를 소개하는 정도에 그치고 말았다.

I. 정치제도적 분석방법

한국 정치학은 정치제도에 대한 연구를 거의 무시해 왔다. 1950년대의 한국 정치학은 구미정치의 법, 제도, 역사, 사상을 기술적으로(descriptive) 소개하고, 신생 한국도 구미 민주주의 국가의 법과 제도를 채택할 것을 명시적으로든 묵시적으로든 권고하는 규범적(normative) 정치학이었다. 그러나 1950년대의 법적, 제도적 정치학이 한국정치의 제도적 연구를 자극하지는 못했다. 구미의 법적, 제도적 정치학은 구미의 정치를 이해하는 데 유용했으나, 한국의 헌법과 같은 공식적 제도에 대한 지식은 이 헌법의 민주적 내용과 대통령의 독주라는 정치현실 간의 커다란 갭으로 인해 한국 정치를 이해하는 데 별 도움을 주지 못했기 때문이다.

이러한 상황에서 1960년대와 1970년대의 한국 정치학자들은 미국의 행태주의(behaviorism) 정치학을 받아들였다. 미국의 행태주의 정치학은 정치현상을 이해하기 위해서는 법과 제도보다는 권력현상과 정치행태를 연구해야 한다고 강조했다. 당시의 한국 정치학자들은 이러한 행태주의 정치학이 과거의 제도적 정치학보다 한국정치를 이해하는 데 더욱 유용하다고 생각하여 법과 제도의 연구를 1950년대와 마찬가지로 거의 무시하였다. 행태주의 정치학은 제도적 정치학과는 달리 정치현상에 대한 이론적 설명을 연구 목표로 삼았다. 구미의 선진제국이든 아시아, 아프리카의 후진제국이든, 종교 문화적 배경이 다른 서양이든 동양이든, 이데올로기적 속성이 다른 자유진영 국가이든 공산주의 국가이든가를 막론하고 적용될 수 있는 정치이론의 수립이 행태주의 정치학자들의 목표였고 가브리엘 알몬드(G. Almond)와 데이비드 이스턴(D. Easton)은 그들 중 대표적 학자였다. 행태주의의 이러한 이론적 목표도 정치제도의 연구를 저해하였다.

그후 1970년대 초 유신체제가 수립된 이래 최근에 이르기까지 한국 정치학은 마르크시즘, 종속이론, 세계체제이론 등의 정치경제학을 선택적으로 수용하였다. 행태주의 정치학이 미국에서는 민권운동, 베트남전쟁, 워터게이트 사건 등과 같은 중요한 정치적 사건을 예측해 내지 못한 것과 같이 한국에서는 유신체제의 수립과 붕괴, 제5공화국이라는 신유신체제의 수립과 붕괴를 예측하지 못했다. 이 때문에 한국 정치학자들은, 특히 미국에서 정치경제학을 배우고 1980년대에 돌아온 정치학자들은 행태주의를 비판하고 한국

정치를 정치경제학적으로 이해하기 시작했다. 그러나 이들의 정치경제학적 접근법도 대개는 거시적 사회과학이론에 기반하고 있었고 한국의 정치제도에는 큰 관심을 기울이지 않았다.

다른 한편 미국정치학계에서는 정치학 연구의 패러다임이 제도적 정치학에서 행태주의 정치학으로, 행태주의 정치학에서 정치경제학적 정치학으로 변화했음에도 불구하고 정치제도에 대한 관심과 연구는 지속되었다. 첫째로 미국의 정치현실은 미국의 공식적인 법과 제도에 상응하는 정도가 높았기 때문에 법과 제도는 매우 중요하였다. 둘째로 행태주의 정치학의 전성기에도 사무엘 헌팅턴(S. Huntington), 라인하드 벤딕스(R. Bendix) 같은 학자들은 제도의 중요성을 강조하였다.[1] 셋째로 정치경제학적 접근을 택한 학자들 중 피터 카젠스타인(P. Katzenstein), 피터 홀(P. Hall), 존 아이켄베리(J. Ikenberry), 찰머스 존슨(C. Johnson) 등은 경제정책결정에 있어 정치제도의 중요성을 강조하였다.[2] 그들은 제2차 세계대전 이래, 특히 1970년대 초반의 오일 쇼크 이후로 선진제국이 취한 다양한 경제정책을 설명해 줄 수 있는 중요한 변수가 정치제도라고 주장하였다. 그리고 1990년대에는 일찍이 경제학 분야에서 제도의 중요성을 강조해 오던 더글러스 노스(D. North)가 노벨 경제학상을 수상함으로써 제도주의는 정치학에서나 경제학에서나 하나의 학파를 이루게 되었다.[3] 1950년대까지의 제도주의 정치학이 기술적(descriptive)이었던 데 비해 오늘날의 제도주의는 제도에 의한 설명(explanation)과 예측을 목표로 하고 있다. 오늘날의 제도주의는 과거의 기술적 제도주의에 행태주의의 이론적 목표가 접목된 결과라고 볼 수 있다. 미국 정치학계에서는 이러한 제도주의를 과거의 제도주의(old institu-

---

1) Samuel P. Huntington, *Political Order in Changing Societies*(New Haven: Yale University Press, 1968), 그리고 Reinhard Bendix의 *State and Society*(Berkeley: University of California Press, 1973), 서문과 *Nation-Building and Citizenship*(Berkeley: University of California Press, 1977), "Tradition and Modernity Reconsidered" 참조.

2) Peter Katzenstein, *Between Power and Plenty*(Madison: University of Wisconsin Press, 1978); Peter Hall, *Governing the Economy: The Politics of State Intervention in Britain and France*(New York: Oxford University Press, 1986); G. John Ikenberry, David A. Lake, and Michael Mastanduno, eds., *The State and American Foreign Economic Policy*(Ithaca, New York: Cornell University Press, 1988); Chalmers Johnson, *MITI and the Japanese Miracle*(Stanford: Stanford University Press, 1982) 참조.

3) Douglass C. North, *Institutions, Institutional Change and Economic Performance*(Cambridge: Cambridge University Press, 1990).

tionalism)와 구별하기 위해 신제도주의(new institutionalism)라고 부르고 있다.

한국에서는 1990년대에 들어와 미국에서 정치학을 공부하고 돌아온 젊은 학자들이 신제도주의의 입장에서 쓴 박사논문과 신제도주의를 소개하는 글을 발표하고 있다.[4] 이러한 글을 보면 한국정치의 제도화 수준이 아무리 낮다 하여도 우리가 정치제도에 대해 너무 무관심하지 않았나 하는 생각을 금할 수 없다.

현재 미국 정치학계에서 각광을 받고 있는 신제도주의적 접근법에는 역사적 제도주의(historical institutionalism)와 합리선택적 제도주의(rational choice institutionalism)의 두 가지가 있다. 이미 언급한 카첸스타인, 홀, 아이켄베리, 존슨 등은 역사적 제도주의자들이고 노스, 마가레트 레비(M. Levy), 로버트 베이츠(R. Bates) 등은 합리선택적 제도주의자들이다.[5] 캐슬린 셀렌(K. Thelen)과 스븐 스테인모(S. Steinmo)는 이들 두 학파의 제도주의자들이 제도가 정치적 전략과 결과에 어떠한 영향을 미치고 있는가에 큰 관심을 가지고 있다는 점에 있어서는 공통되나 상호간 매우 다른 가정에 기반하고 있음을 다음과 같이 정리하고 있다.[6]

합리선택적 제도주의자들에게 있어 제도는 정치적 행위자들이 그들의 이익을 최대화하기 위한 전략을 세우는 전략적 맥락(strategic context)이고 역사적 제도주의자들도 이에 동의한다. 그러나 역사적 제도주의자들은 제도가 단순한 전략적 맥락 이상의 의미를 가지고 있다고 보고 있다. 다시 말해, 그들은 제도의 중요성을 합리적 선택주의자들보다 훨씬 더 높게 평가하고 있다. 첫째로 역사적 제도주의자들은 합리적 선택 이론가들의 엄격한 합리성 가정에 의문을 제기하고 있다. 그들은 정치 행위자들을 전지전능(全知全能)한 합리적 최대화주의자들(all-knowing, rational maximizers)로 보기보다는 규칙을 따르

4) Hochul Lee, "Political Economy of Land Reform," Ph.D. Dissertation, Rutgers University(1993); Jong-Chan Rhee, "The Limits of Authoritarian State Capacities: The State-Controlled Capitalist Collective Action for Industrial Adjustment in Korea, 1973-87," Ph.D. Dissertation, University of Pennsylvania(1991); 이호철, "사회, 국가, 그리고 제도: 정치경제의 제도론적 접근", 『한국과 국제정치』, Vol.9, No.2 (1993); 염재호, "국가정책과 신제도주의", 『사회비평』, No.11(1994) 참조.

5) Margaret Levi, *Of Rule and Revenue*(Berkeley: University of California Press, 1988); Robert H. Bates, *Beyond the Miracle of the Market: The Political Economy of Agrarian Development in Rural Kenya*(Cambridge: Cambridge University Press, 1989).

6) Kathleen Thelen and Sven Steinmo, "Historical institutionalism in comparative politics," Sven Steinmo, Kathleen Thelen, and Frank Longstreth, eds., *Structuring Politics*(Cambridge: Cambridge University Press, 1992), pp.1-32.

는 만족주의자들(rule-following satisficers)로 보고 있다. 사람들은 선택을 할 때마다 항상 "무엇이 나의 이익을 최대화해 줄 것인가?"고 묻는 게 아니라 대부분의 경우에는 그것이 그들의 이익에 배치된다 해도 사회적으로 규정된 규칙을 따른다는 것이다.

둘째로 역사적 제도주의자들은 선호의 형성(preference formation) 문제에 있어 합리적 선택 이론가들과 아주 다른 생각을 가지고 있다. 합리적 선택 이론가들은 선호를 가정의 수준에서 연역적으로 처리하고 있으나 역사적 제도주의자들은 이러한 선호 자체가 제도에 의해 형성된다고 귀납적으로 보고 있다. 예를 들어, 역사적 제도주의자들은 현대생활의 개인주의적이고 경쟁주의적인 특성을 개인적 선택의 결과라기보다는 선진자본주의 국가의 경제제도의 결과로 보고 있다. 역사적 제도주의자들은 개인의 전략(strategy)뿐만 아니라 목표(goals) 자체도 제도에 의해 역사적으로 형성된다고 주장하고 있다. 다시 말해, 합리적 선택 이론가들이 선호의 형성을 제도 밖의 외생적(exogenous) 문제라고 보는 데 반해 역사적 제도주의자들은 제도 안의 내생적(endogenous) 문제로 보고 있다.

역사적 제도주의자들의 시각에서 볼 때 제도는 행위자의 전략뿐만 아니라 목표도 형성시키고 행위자들 간의 협력과 갈등관계도 조정함으로써 정치적 상황을 구조화하고 정치적 결과에 큰 영향을 미친다. 제도에 대한 투쟁이 항상 격렬한 것도 이 때문이다. 샤를르 드골(Charles De Gaulle)과 같은 거물급 정치지도자들이 어떤 특별한 정책보다는 제도의 개혁에 그들의 정치생명을 걸었던 것을 보면 제도의 중요성을 쉽게 이해할 수 있다. 권력투쟁에 있어서 제도의 이와 같은 중요성은 제도가 개인이나 집단 간의 거래에 있어서 효율성을 높이기 위해 생긴 것으로 이해하는 합리적 선택이론가들 중 거래비용 학파(transaction costs school)의 견해와 배치된다. 그리고 제도를 이렇게 보는 것은 정치권력이 제도의 수립과 유지에 어떻게 관련되는가의 중요한 문제를 제기하는 것이다.

제도(institutions)가 무엇인가를 정의하는 데 있어서도 합리선택적 제도주의자들과 역사적 제도주의자들 간에는 차이가 있다. 합리선택적 제도주의자인 노스는 제도를 "사회의 게임규칙", 혹은 "인간 간의 상호행위를 규정하는 인간이 만든 규제"라고 정의하고 이러한 제도에는 터부, 관습, 전통과 같은 비공식적 제도, 헌법과 같은 공식적 제도, 강제(enforcement) 제도가 있다고 말하고 있다. 또한 그는 제도와 조직(organizations)을 구별하고 있다. 제도가 게임규칙이라면 조직은 게임에 참여하는 팀으로 이러한 조직에는 정당과 의회와 같은 정치조직, 회사와 노동조합과 같은 경제조직, 교회와 같은 사회조직,

학교와 같은 교육조직이 있다.[7)]

역사적 제도주의자들은 제도와 조직을 구별하지 않고 이 양자를 모두 제도라고 보고 있다. 홀은 노스가 말하는 제도와 조직을 제도라고 보고 있고,[8)] 아이켄베리는 제도를 정부제도, 국가구조, 한 사회의 규범적 질서의 세 가지 수준을 포함하는 것으로 정의하고 있다.[9)] 그러나 신제도주의적 접근에 있어 국가제도와 사회제도 중 어디까지를 제도의 범주에 포함시켜야 할 것인가에 대해서는 역사적 제도주의자들 간에 합의가 없다. 다시 말해, 한 사회의 규범이나 혹은 계급구조 같은 것이 제도에 포함되어야만 할지, 혹은 제외되어야만 할지에 대한 합의가 없는 것이다. 그러나 선거제도, 정당제도, 행정부, 입법부, 사법부 간의 관계, 노동조합과 같은 경제제도가 제도에 포함되어야만 한다는 데 있어서는 역사적 제도주의자들은 모두 동의하고 있다. 셀렌과 스테인모는 제도를 이와 같은 중간수준(intermediate-level)의 제도에 국한시킬 것을 제의하고 있다.[10)] 그렇다고 해서 그들이 계급과 같은 정치세력의 중요성을 무시하자는 것이 아니다. 선거제도, 정당제도와 같은 중간수준의 제도가 계급구조에 어떠한 영향을 미치는가를 제도주의적 접근법을 통해 살펴봄으로써 선진제국에 있어 계급의 정치적 영향력이 왜 서로 다른가를 이해할 수 있다는 것이다.

홀은 국가의 구성요소들을 서로 묶어주고 국가와 사회 간의 관계를 구조화시켜 주는 공식, 비공식의 제도 간 관계(the institutional relationships)와 제도가 각 개인들 간의 상호행위(interaction)를 구조화시켜 주는 방식, 즉 제도의 관계적 특성(the relational character of institutions)이 중요하다고 강조하고 있다.[11)] 또한 그는 제도의 역할을 분석하는 데 있어 제도 자체만 보는 것이 아니라 제도, 이해관계(interests), 아이디어(idea)가 상호간 어떻게 연관되어서 정책에 영향을 미치는가를 분석하고 있고, 특히 아이디어의 역할을 다른 역사적 제도주의자들보다 중요하게 생각하고 있다.[12)]

---

7) North, 앞의 책, pp.3-5.

8) Hall, 앞의 책, p.19.

9) G. John Ikenberry, "Conclusion: An Institutional Approach to American Foreign Economic Policy," G. John Ikenberry, David A. Lake and Michael Mastanduno, eds., *The State and American Foreign Economic Policy*(Ithaca, New York: Cornell University Press, 1988), pp.222-223.

10) Thelen and Steinmo, 앞의 논문, p.2.

11) Hall, 앞의 책, p.19.

12) Hall, "The movement from Keynesianism to monetarism: Institutional Analysis and British

셀렌과 스테인모에 의하면 중간수준의 제도를 중요시하는 신제도주의적 접근법은 국가중심적 접근법도 아니고 사회중심적 접근법도 아니다. 이 접근법은 국가와 사회의 관계를 규정하는 제도에 관심을 둠으로써 양 접근법의 가교 역할을 한다는 것이다. 또한 이 접근법은 모든 나라에 공통되는 현상을 설명하는 거대이론(grand theory)적 접근법도 아니고 각 나라의 특수성을 설명하는 개별적 접근법도 아니다. 이 접근법은 공통된 주제에 있어서의 나라 간의 차이를 설명해 줄 수 있는 중간수준의 변수인 제도에 초점을 맞춤으로써 거대이론적 접근법과 개별적 접근법의 가교 역할도 한다는 것이다. 이뿐만 아니라 이 접근법은 역사의 객체로서의 정치적 행위자와 역사의 주체로서의 정치적 행위자 간의 관계를 고찰하는 데 있어서도 유용하다고 한다. 제도는 정치적 전략을 규정해 주지만 제도 자체가 정치적 전략의 결과이기 때문이다. 보 로트스테인(Bo Rothstein)의 말과 같이 제도주의는 "역사를 만드는 인간"과 인간이 그렇게 할 수 있는 "환경(circumstances)" 간의 이론적 가교 역할을 한다는 것이다.[13)]

역사적 제도주의를 주창하고 있는 학자들은 제도가 정책형성과 업적(performance)에 어떠한 영향을 미치고 있는가에 대해선 좋은 연구결과를 내놓기 시작했지만 제도의 변화를 설명하는 이론은 아직 제시하지 못하고 있다. 제도가 매우 느리게 점진적으로 조금씩 항상 변화하고 있는 것으로 보아야 하는지, 혹은 그렇지 않으면 제도가 오랫동안 안정을 유지하다가 외부환경의 위기라는 충격에 직면하여 갑자기 변화하는 것인지의 문제에 있어서 스테판 크래스너(S. Krasner)는 후자의 단절적인 균형론(punctuated equilibrium)이 제도의 지속과 변화를 설명하는 데 적합하다고 보고 있으나[14)] 제도의 변화에 대한 경험적 연구들은 두 경우가 모두 존재한다는 것을 보여주고 있다.

셀렌과 스테인모는 이 외에도 사회경제적인 변화나 정치적 변화가 제도에 영향을 미칠 수 있는 세 가지 경우를 제시하고 있다. 첫째는 이러한 변화가 역할이 약했던 제도의 역할을 강화시켜 주는 경우가 있고, 둘째는 구제도가 원래의 역할과는 다른 역할을 하게끔 만들 수가 있고, 셋째는 기존제도의 목표와 전략 자체의 변화도 초래시킬 수 있다.[15)]

---

economic policy in the 1970s," Steinmo, Thelen, and Longstreth, eds., 앞의 책, pp.90-113과 Peter A. Hall, ed., *The Political Power of Economic Ideas*(Princeton: Princeton University Press, 1989) 참조.

13) Thelen and Steinmo, 앞의 논문, p.10.

14) Stephen D. Krasner, "Approaches to the State," *Comparative Politics*, Jan. 1984 참조.

이 글은 대한민국 수립 이래 오늘에 이르기까지의 기간에 있어 한국의 정치제도가 어떻게 변화했는가를 역사적 제도주의의 입장에서 살펴보는 데 목적이 있다. 그러나 이미 언급한 바와 같이 역사적 제도주의자들이 제도의 형성과 변화를 설명하는 이론을 아직 내놓고 있지 못하므로 그들의 이론을 적용해서 한국의 정치제도를 고찰할 수는 없다. 다만 제도가 매우 중요하다는 역사적 제도주의자들과 문제의식을 공유하고 한국의 정치제도가 어떻게 형성되고 변화했는가를 검토해 보고자 한다.

II. 미군정과 제1공화국시대의 정치제도

현재 우리가 가지고 있는 정치제도의 기원은 해방 이후 3년간의 미군정 시대와 제1공화국시대에서 찾아야 할 것이다. 자유민주주의와 대통령 중심제, 행정부 중심의 통치제도, 유명무실했던 지방자치제도, 취약한 정당과 이익집단들이 이 시대에 그 기원을 두고 있다.

주지하고 있다시피 미군정 시대에는 한반도에 자유민주주의 제도를 수립할 것인지, 혹은 그렇지 않으면 공산주의 제도를 수립할 것인지의 문제를 둘러싸고 미국과 소련 간의 대립이 있었고, 좌우파의 정치 엘리트들과 그들을 각각 지지하는 일반대중들 간에 치열한 투쟁이 있었다. 미국에서 독립운동을 한 이승만, 국내에서 일본 제국주의에 협력하면서 민족독립운동도 지원하였던 한국민주당 세력, 일제시대의 한국인 관료들은 자유민주주의 제도의 수립을 추구한 반면 소련과 국내외의 공산주의자들은 공산주의 제도의 수립을 목표로 하였다. 김구, 김규식, 여운형으로 대표되는 좌우의 중도파들은 정치제도로서는 자유민주주의, 경제제도로서는 혼합경제체제나 사회주의 제도를 지지하였다. 이 세 제도 중 어느 것이 당시 한국사회의 발전단계에 맞는 제도인지, 또 각각의 제도가 앞으로의 한국사회의 발전에 어떠한 영향을 미칠 것인지에 대한 이성적인 토론은 없었다. 이 세 제도는 세 정치세력 간 권력투쟁의 이데올로기적 도구였다. 그라즈단제브(A. Grajdanzev)는 제2차 대전 종료 직전에 나온 그의 책에서 독립 후의 한국은 평등선거로 중앙집권적인 민주주의 공화국을 수립하고 일인(日人) 소유의 공장은 국유화하여 협동조합이 운영케

---

15) Thelen and Steinmo, 앞의 논문, pp.16-17.

하고, 토지는 지주로부터 무상몰수하여 경작자에게 주어야 한다고 주장하였다.[16] 독립 후 한국이 택해야 할 제도에 대한 그의 판단은 해방후 한국 정치지도자들 중 중도세력의 주장과 비슷한 것이었고, 이러한 제도가 일제의 억압과 착취를 경험한 지식인들과 대다수 민중의 정서에 맞는 것이었을 개연성이 크다. 당시의 상황에서 볼 때 자유민주주의 제도는 일제시대 기득권 세력의 이해관계를 보호한다는 문제점을 가지고 있었고 공산주의 제도는 이러한 기득권 세력을 철저하게 거세하지만 실제로는 전체주의적 독재체제라는 맹점을 가지고 있었다. 그러나 한국의 정치세력은 미국과 소련을 중심으로 양극화하였고 중도세력은 소수파로 전락하였다. 좌우의 중도파들은 자유민주주의 지지자들과 공산주의자들을 타협시켜 한반도에 통일정부를 수립하고자 했으나 실패하였다. 아니, 그들이 실패하였다기보다는 불가능한 것을 시도했다고 보는 편이 더 적절할는지 모르겠다. 자유민주주의 제도와 공산주의 제도의 타협이 불가능하다는 것은 한반도의 분단뿐만 아니라 그 이후 40여 년에 걸쳐 진행된 미소 간의 냉전에서 증명되었다고 하여도 과언이 아니다. 남한에서의 자유민주주의 제도 채택과 북한에서의 공산주의 제도 채택은 한국인들의 합리적 선택이 아니라 미소 간의, 좌우 정치세력 간의 권력투쟁의 결과였다.

한국의 제헌헌법은 정치는 자유민주주의, 경제는 혼합경제체제나 사회주의를 지지한 중도파들의 노선을 반영하는 것이었다. 제헌헌법은 제6장 경제조항의 제84조에서 "대한민국의 경제질서는 모든 국민에게 생활의 기본적 수요를 충족할 수 있게 하는 사회정의의 실현과 균형있는 국민경제의 발전을 기함을 기본으로 삼는다. 각인의 경제상 자유는 이 한계 내에서 보장된다"라고 규정함으로써 경제, 사회적 정의가 개인의 경제적 자유에 우선한다는 원칙을 제시하였다. 이에 이어 제85조에서는 중요한 지하자원, 수산자원의 국유화를, 제86조에서는 농민들에 대한 농지분배를, 제87조에서는 운수, 통신, 금융과 같은 공공성을 가진 기업의 국영, 혹은 공영을, 그리고 대외무역의 국가통제를 규정하였다. 이뿐만 아니라 제헌헌법은 제18조에서 사기업에 있어서의 근로자의 이익분배 균점권을 인정하고 제19조에서 노령, 질병, 기타 근로능력의 상실로 인해 생활유지 능력이 없는 자는 국가의 보호를 받는다고 규정하였다. 다시 말해, 제헌헌법은 경제, 사회적 정의의 우선 실현, 경제의 국가통제, 근로자의 이익균점권과 극빈자의 국가보호를 규정한 경제적으

16) Andrew J. Grajdanzev, *Modern Korea*(New York: The John Day Company, 1944), Chapter XVI 참조.

로는 진보적 특성을 가진 헌법이었다. 제1공화국 정부는 1954년 11월 27일의 세칭 사사오입(四捨五入) 개헌 때 제85조의 천연자원 국유화 원칙을 개정하여 이에 대한 특허를 인정하는 등 경제조항을 자유화하였으나 제84조의 경제, 사회적 정의의 우선 실현 원칙, 제18조의 근로자 이익분배 균점권, 제19조의 극빈자들이 국가의 보호를 받을 권리 등은 그대로 유지시켰다. 그러나 미군정과 제1공화국시대에 경제, 사회적 정의가 우선 실현되지도 않았고 근로자들의 이익분배 균점권도 인정되지 않았으며, 생활능력이 없는 국민들을 국가가 보호하지도 않았다. 공업화를 이룩하지 못하고 농업경제단계에 있던 이 시대의 한국은 이러한 조항들을 실현할 경제적 능력을 가지고 있지 못했다. 우파세력이 중심 정치세력이었던 제1공화국의 헌법이 이와 같은 경제정의 조항들을 유지한 것은 일제시대의 경제적 불평등과 북한 공산정권의 경제적 평등주의에 상징적 차원에서나마 대처하기 위해서였다고 볼 수 있다.

자유민주주의 정치질서를 규정한 제헌헌법 제정 당시에 문제가 되었던 중요한 이슈는 정부형태를 의원내각제와 대통령중심제 중 어느 것으로 할 것인지의 문제였다. 제헌헌법 기초에 중심적 역할을 한 유진오(俞鎭午)는 의원내각제 정부, 양원제 국회, 헌법위원회의 위헌심사권을 규정하는 헌법 기초안을 만들었고 한국민주당은 이러한 헌법초안을 지지하였다. 그러나 이승만은 헌법위원회에 위헌심사권을 부여하는 데에는 이의가 없었으나 정부형태에 대해서는 대통령중심제와 단원제 국회를 주장하였다. 정부형태에 관한 이러한 대립이 제헌헌법 제정 당시에 심각한 정치문제가 되지는 않았다. 한민당과 여타의 정치세력들이 이승만의 주장을 수용하여 대통령중심제 헌법에 동의하였기 때문이다.

의원내각제 정부를 선호하던 한민당이 제헌헌법 제정 당시 이승만이 주장하던 대통령중심제를 큰 이의를 제기하지 않고 받아들인 것은 일반 민중의 이승만에 대한 높은 지지도에도 기인하지만, 이뿐만 아니라 이승만이 주장한 제헌헌법의 대통령중심제는 다음과 같은 의원내각제적인 요소를 포함한 데도 기인한다. 우선 무엇보다도 첫째로 대통령과 부통령은 국회에서 선출하도록 되어 있었다. 둘째로 국무총리제를 두고 국무총리는 대통령이 임명하나 국회의 승인을 받도록 되어 있었다. 셋째로 대통령, 국무총리, 국무위원으로 구성되는 국무원을 두고 중요한 국가정책은 국무위원들의 과반수 이상의 찬성을 받도록 되어 있었다. 한마디로 말해, 제헌헌법의 대통령중심제하에서 대통령은 국회를 무시하고 독주할 수 없도록 되어 있었다. 그가 국회를 무시하고 독주한다면 국회에서 자선되기가 어려울 것이기 때문이었다.

그러나 실제로는 이승만 대통령은 국회를 무시하고 독주하였고 국회에서의 재선이 어렵게 되자 1952년에 민중과 강제력을 동원하여 대통령 선출방식을 국민이 직접 선거하는 방식으로 개헌을 강행하였다. 이 개헌으로 국회는 대통령 선출권을 박탈당하고 국민들이 직접 대통령을 선출하게 되었지만 1952년의 개정헌법도 의원내각제적인 요소를 많이 가지고 있었다. 첫째로 국무총리는 대통령이 임명하나 여전히 국회의 승인을 받도록 되어 있었고, 행정 각부의 장관인 국무위원은 국무총리의 제청에 의하여 대통령이 임면하도록 되어 있었다. 둘째로 국무총리와 국무위원은 국회에 대하여 국무원의 권한에 속하는 일반국무에 관하여는 연대책임을 지고 각자의 행위에 관하여는 개별책임을 지도록 되어 있었다. 셋째로 양원 중 민의원이 국무원 불신임 결의를 하면 국무원은 총사직하도록 되어 있었다. 헌법상 대통령의 권한은 국무총리의 국무위원 제청권에 의해, 그리고 국회의 국무원 불신임 결의권에 의해 제약을 받도록 되어 있었다. 그러나 이승만 대통령은 국무총리의 국무위원 제청권을 존중하지 않았고, 실제로는 대통령의 임명을 받는 것이나 마찬가지인 국무총리가 국무위원 제청권을 요구할 수도 없었다. 또한 이 대통령은 그가 창당한 자유당이 국회에서 과반수 이상의 의석을 차지하게 되어 국회로부터도 견제를 받지 않고 계속 독주할 수 있었다.

이승만 대통령은 1954년 5월의 민의원 선거에서 압도적인 다수 의석을 차지한 후 11월에 대통령은 1차에 한하여 중임할 수 있다는 헌법 제55조의 제1항이 그 자신에게는 적용되지 않는다는 내용의 개헌을 다시 강행하였다. 이 개헌안은 민의원 표결 결과가 재적 203명 중 찬성 135명으로 개헌에 필요한 3분의 2인 135.33명에 미치지 못하여 부결이 선포되었었으나 사사오입론(四捨五入論)을 도입하여 이틀 후에 다시 가결이 선포되었다. 이 개헌에서는 이승만 대통령에 대한 중임제한을 철폐했을 뿐만 아니라 대통령이 궐위된 때에는 즉시 선거하기로 되어 있던 것을 부통령이 그 잔임기간을 채우도록 개정 하였고, 국무총리직을 폐지하고 국무위원에 대해서는 국회가 개별적으로만 불신임결의를 할 수 있게 하였다. 이 개헌으로 제헌헌법과 제1차 개정후의 헌법에 포함되어 있던 의원내각제적 요소는 상당히 제거되었으나 이로써 이승만 대통령의 권한이 실제로 더 강화되었다고 보기는 어렵다. 의원내각제적 특성이 강한 헌법하에서도 이승만 대통령은 국회를 무시하고 독주하였고 제2차 개정헌법은 이와 같은 현실을 보다 충실하게 반영한 헌법이었다.

제1공화국의 대통령중심제는 헌법상으로는 의원내각제적인 요소를 포함한, 다시 말해 국회의 권한이 미국과 같은 대통령중심제의 국회보다도 더 강한 대통령중심제였다. 그러나 헌법상의 이와 같은 공식제도와는 달리 국회는 대통령의 정치적 시녀로 전락하였다. 국회의 다수당인 자유당 국회의원들은 그들에 대한 공천권을 가지고 있었던 이승만 대통령의 정치노선을 국회에서 충실하게 지지하였기 때문이다.

제1공화국시대의 법원은 국회와는 달리 대통령을 견제할 수 있는 권한을 헌법상에 있어서나마 갖지 못했다. 첫째로 제1공화국의 대법원장은 미국에서와 같이 대통령이 지명하였지만 미국과는 달리 종신직이 아니라 10년의 임기를 가지고 있었고 다른 법관들도 같은 임기직이었다. 이승만 대통령은 그의 집권 말기에 10년이 지난 법관들 중 일부의 연임을 거부하였다. 둘째로 미국의 대법원과는 달리 제1공화국의 대법원은 위헌심사권을 갖지 못했다. 제1공화국 헌법은 위헌심사권을 헌법위원회에 부여하였는데, 헌법위원회는 부통령을 위원장으로 하고 대법관 5인과 국회의원 5인으로 구성되어 있었다. 위헌심사권을 헌법위원회에 부여하는 헌법초안을 기초한 배경에 대해 유진오는 다음과 같이 말하고 있고, 제헌국회의원들도 그의 이와 같은 견해에 동의하여 위헌심사권을 헌법위원회에 부여하였다고 말할 수 있겠다.

> 첫째는 당시의 우리나라 법원에 그러한 권한(위헌심사권)을 맡기는 데 대한 불안감이었다. 민형사의 재판에 관하여 그들이 우리나라에 있어서 유일한 권위자라는 점에 관해서는 아무도 이의가 없는 바이었지만, 당시의 우리나라 법원관계자들은 공법학의 지식을 너무나도 결여하고 있는 것으로 나는 보고 있었다. …
>
> 그러나 그보다도 더 근본적인 이유는 국가권력기구조직의 기본원리에 관한 나의 견해로부터 온 것이었다. 미국의 사법적 위헌심사제도는 그 대통령제와 함께 몬테스큐적 권력분립사상의 산물이며, 각인의 자유와 권리를 확보하기 위하여 국가권력을 상호견제시키고 약화하려는 18세기적 개인주의사상의 표현이므로 그것은 국제관계가 긴밀하지 않던 시대, 그리고 경제가 풍요하고 국가의 세입이 남아돌아가 국가권력의 개입으로 경제조정이나 사회보장을 위해 노력할 필요가 없었던 시대에는 적합하였을지라도 국제관계가 복잡, 긴박하고, 국내적으로도 사상적, 정치적, 경제적, 사회적 제 난제가 산적하여 국가권력의 개입에 의한 그 시급한 해결이 지상명령적으로 요청되는 오늘날에 있어서는 도저히 그대로 유지될 수 없는 것이라는 것이 나의 신념이었다.[17)]

제1공화국 헌법에 기반한 대통령중심제는 행정부, 입법부, 사법부 간의 권력분립이 있고 삼부 간의 "견제와 균형"이 있는 미국식 대통령중심제가 아니었다. 1930년대 공황기의 루스벨트 대통령이나 미소 간의 냉전시대의 미국 대통령들이 강력한 대통령이었다는 이미지를 우리들에게 남겨주고 있으나 그들이 우리들이 생각하고 있는 만큼 강력한 대통령은 아니었다. 루스벨트의 뉴딜정책 중에는 대법원의 위헌판결로 무효화된 것도 있고 냉전시대의 대통령들은 외교정책에 있어서는 강력한 대통령이었으나 국내정책에 있어서는 의회의 견제로 그렇지 못했다. 워터게이트 사건으로 인한 닉슨 대통령의 사임은 미국 대통령이 의회나 대법원으로부터 어떠한 견제를 받는지를 단적으로 잘 나타내 주고 있다. 제1공화국의 한국 대통령은 사법부로부터 헌법상 비교적 자유로웠고 헌법에 규정되어 있는 입법부의 행정부 견제 권한은 여당인 자유당의 창당 이전에는 어느 정도 의미가 있었으나 그 이후에는 자유당의 입법부 지배로 거의 무력화되었다. 제1공화국의 대통령중심제는 이승만 대통령의 지지세력으로 자유당이 창당된 이후부터는 서구 의원내각제에서와 같이 행정부와 입법부의 권한이 실제로는 융합되어 있는 강력한 대통령중심제였다. 제1공화국의 정치제도는 권력을 대통령에게 집중시키는 제도였다.

그러나 이승만 대통령에게로의 권력집중이 제1공화국의 정치제도에만 기반한 것은 아니었다. 그것은 조선왕조시대, 일본 식민지시대, 그리고 미군정시대에 수립된 중앙집권적인 행정부 중심의 제도적 전통에도 기반한 것이었다. 조선왕조시대가 왕의 권한이 실제로는 대신들의 견제로 중앙정부 수준에서 약하고 지방정부 수준까지는 충분히 침투하지 못한 약한 군주체제를 가졌다는 팔레 교수의 주장을 받아들인다 해도[18] 이념상으로나 공식적 제도상으로는 중앙집권적 군주체제를 가졌다는 사실을 우리는 부인하기 어렵다. 일본 식민지시대는 공식제도에 있어서나 실제로나 총독에게 권한이 집중된 절대군주제적인 통치체제를 가지고 있었다.[19] 총독은 행정부의 최고 책임자이고 법령의 제정자였으며 법원이 따로 있었지만 1년 이내의 투옥과 200원 이하의 벌금은 재판 없이 집행할 수 있는 권한을 가졌다. 조선총독은 한 사람을 제외하고는 일본 육군 대장 출신이었고 군대의 사용을 요구할 수 있는 권한을 가졌다.

---

17) 유진오, "헌법기초회상록-4", 『법정(法政)』, No.192, 1966년 6월, p.64.

18) James B. Palais, *Politics and Policy in Traditional Korea*(Cambridge: Harvard University Press, 1975), pp.6-16.

19) Andrew J. Grajdanzev, 앞의 책, pp.238-239.

일본이 패망한 후 한국은 3년간 자유민주주의 국가인 미국의 통치를 받았지만 미군정시대에 행정부 중심의 통치제도는 더욱 강화되었다. 조선총독부의 중앙행정기구는 1945년 8월 당시 재무국, 광공국, 농상국, 법무국, 학무국, 경무국, 체신국, 교통국의 8개국과 총독관방으로 구성되어 있었으나 미군정시대인 1947년 7월 남조선 과도정부는 경무부, 사법부, 문교부, 상무부, 재무부, 체신부, 보건후생부, 토목부, 공보부, 통위부, 농무부, 노동부, 운수부의 13개부와 외무처, 식량행정처, 물가행정처, 관재처, 서무처, 인사행정처의 6처를 가지고 있었다. 조선총독부 시대의 국이 미군정시대에는 부로 승격하였고 각부 아래에 여러 국을, 또한 국 아래에는 여러 과를 두게 되었다. 미군정시대의 국과 과의 수도 조선총독부 시대에 비해 훨씬 증가하였다. 미군정은 총독부의 통치기능도 수행해야 했고 일본인들이 남기고 간 재산과 기업도 관리해야 했고 신생국가에 필요한 행정기구도 창설해야 했기 때문에 중앙행정기구는 일본 식민지시대에 비해 커질 수밖에 없었다.[20)]

대한민국의 행정부가 이와 같은 전통에 기반하고 있는 데 비해 입법부와 사법부는 그러한 전통을 갖지 못했다. 입법부의 전통은 조선왕조시대에도 없었고 일본 식민지시대에도 없었다. 조선총독부는 자문기관으로 중추원을 두고 있었으나 이 기구는 그 구성원들이 친일 조선인들로 입법부가 아니라 총독부의 지원기관에 불과하였다. 미군정도 군사정부인 만큼 독립된 입법기구를 두지 않았다. 미군정이 1946년 2월 14일에 남조선 대한국민대표 민주의원을 개원하였고 동년 12월 16일부터는 이를 폐원하고 남조선 과도입법의원을 두었으나 이 두 기관도 미군정에 종속적인 기관이었다. 민주의원은 임시정부 주최 비상국민회의가 조직하기로 한 최고정무위원회를 주한미군 사령관 하지(J. Hodge) 중장의 요청으로 그 명칭을 민주의원으로 바꾼 것으로 그의 자문기관이었다. 남조선 과도입법의원은 모스크바 협정에 따라 조선 전체에 임시정부가 수립될 때까지 정치, 경제 및 사회 개혁의 기초로 사용될 법령초안을 작성하여 군정장관에게 제출하는 데 목적을 둔 기관으로 입법기구라고 볼 수 있는 기관이었다. 그러나 이 기관의 총의원 수 90명 중 반만 민선의원이고 나머지 반은 미군정이 임명하는 관선의원이었고, 이 기관의 의결사항이 미군정을 구속하지도 않았다.

사법부는 일본 식민지시대에는 조선총독부의 직속기관으로 지방법원, 복심법원, 고등

---

20) 이정복, "미군정의 점령정책과 국가기구의 형성", 서울대 한국정치연구소 편, 『한국의 현대정치: 1945~1948』(서울: 서울대학교출판부, 1993), pp.29-37 참조.

법원의 삼심제로 편제되어 있었다. 조선총독부는 1938년 당시 11개의 지방법원과 48개의 지청, 3개의 복심법원, 1개의 고등법원을 두고 있었다. 미군정은 일본 식민지시대의 법원을 행정기구인 법무국(후에 사법부) 산하에 두었다. 미군정은 경성고등법원을 Supreme Court라고, 복심법원을 Court of Appeals라고 각각 불렀고, 이에 따라 경성고등법원은 대법원으로, 복심법원은 공소원으로 개칭되었다. 당시 남한에는 2개의 공소원과 9개의 지방법원이 있었다. 법원의 중앙행정기구로부터의 독립은 미군정이 끝나갈 무렵인 1948년 5월에야 이루어졌다. 그리고 1949년 9월 26일에 공포된 법원조직법에 따라 대법원을 상고심, 고등법원을 항소심, 지방법원을 제1심으로 하는 오늘날의 사법제도가 확정되었다.

제1공화국은 정부수립 다음해인 1949년 7월에 지방자치법을 제정, 공포하였다. 이 법은 지방자치단체의 종류를 서울특별시와 도 및 시, 읍, 면으로 하고 각 자치단체 의회의 의원은 직접선거로 선출하나 서울특별시장과 도지사는 대통령이 임명하고 시, 읍, 면장은 시, 읍, 면 의회에서 선출하도록 규정하고 있었다. 이 법은 제1공화국 기간 중 4차에 걸쳐서 개정되었다. 1956년 2월의 제2차 개정에서는 간선제가 지방의원들과 단체장 간의 유착을 낳기 쉽다는 판단에서 시, 읍, 면장의 직선제가 채택되었다. 그러나 1956년 12월의 마지막 개정에서는 직선제 단체장하에서는 자치단체 직원의 인사가 공정하지 못하고 재선을 위한 인기정책이 만연하고 있다는 이유로 다시 임명제가 채택되었다. 지방자치단체는 재정의 국고 의존 때문에 중앙정부에 종속될 수밖에 없었는데, 이와 같은 지방자치단체법도 지방의 중앙 의존을 보장해 주는 법이었다. 한국전쟁 중인 1952년 4월에는 시, 읍, 면 의원 선거가, 5월에는 도의원 선거가 각각 처음 실시되었고 시, 읍, 면 의회와 도의회가 개원되었다. 그러나 처음 선출된 지방의회의 의원들은 자치단체장이나 중앙정부를 견제하기는커녕 오히려 당시 이승만 대통령이 주도한 대통령직선제 개헌운동에 가담하여 국회를 공격하는 데 앞장서는 역할을 하였다. 1956년의 제2차 지방선거에서는 시, 읍, 면 의원들과 서울특별시와 도의회 의원들뿐만 아니라 시, 읍, 면장 들 중 약 반을 직선제로 선출하였다. 제2차 지방선거의 결과는 도시에서 여당인 자유당의 지지 기반이 약화되고 있다는 것을 나타냈으나 지방의원들이나 단체장의 역할은 그 전에 비해 다를 바가 별로 없었다.[21)]

21) 손봉숙, 『한국지방자치연구』(서울: 삼영사, 1985) 참조.

미국과 같은 대통령중심제 국가에서는 정당과 이익집단이 대통령을 견제한다. 야당뿐만 아니라 대통령의 출신정당인 여당의 의원들도 종종 대통령의 정책에 반대하고, 여러 이익집단들도 대통령의 정책이 그들의 이해관계에 위배되면 직접적으로든 그들이 지지하는 의원들을 통해서든 대통령을 견제한다. 제1공화국의 정당들이나 이익집단들은 이와 같은 역할을 수행하지 못했다.

우선 제1공화국시대의 여당인 자유당은 이승만이 대통령에 당선되어 행정부의 방대한 권력을 장악한 후에 국회를 이 권력에 봉사하는 기구로 만들기 위해 창당한 정당이었다. 이승만은 미군정시대에는 어떠한 정당에도 참여하기를 거부하였다. 한국민주당은 그에게 총재직을 제의했으나 우리나라에서는 정당정치가 파당정치로 전락하기 쉽다는 이유를 들어 이 제의를 수락하지 않고 모든 정파의 대동단결을 주창하였다. 그는 조직보다는 그 자신의 대중적 인기와 정치력을 바탕으로 해서 초대 대통령이 되었고 대통령이 된 다음에는 인사와 정책, 양면에 있어 모두 국회와 자주 충돌하였고 국회에서는 재선이 어려운 상황에까지 몰리게 되어 자유당을 창당하게 된 것이다. 자유당이 기반이 되서 그가 대통령이 된 것이 아니라 그가 대통령이 되어 그의 권력기반을 보완하기 위한 하나의 방편으로 자유당을 창당한 것이다. 또한 대다수의 국회의원들과 유력 정치인들은 자유당에 참여하면 행정부의 권력이 제공해 주는 여러 가지 혜택을 누릴 수 있고 관권의 역할이 컸던 당시 선거에서도 절대적으로 유리할 것이라는 기대를 가지고 자유당으로 몰려든 것이다. 자유당은 이승만이 장악하고 있던 행정부의 방대한 권력을 자력으로 해서 창당된 기생정당(寄生政黨)인 것이다. 다시 말해, 이승만 대통령의 일차적인 권력기반은 행정부였고 여당인 자유당은 그 다음의 부차적인 권력기반이었다. 구미의 선진민주주의 국가에서는 행정부 관료들의 정치적 중립성 때문에 행정부가 그 수반의 권력기반이 될 수 없으므로 정당은 중요한 정치적 역할을 하게 되나, 우리나라의 경우에는 행정부 관료들이 대통령의 충실한 수족 역할을 했기 때문에 정당은 행정부의 이와 같은 역할을 보완해 주는 부차적 역할만을 수행하게 된 것이다. 제1공화국시대의 여당은 대통령과 행정부에 종속적인 여당이었다.

제1공화국시대의 야당은 이승만 정권에 대해 매우 비판적이었으나 1950년대 전반부까지는 약체 야당이었고, 후반부에는 이승만 정권에 대한 대체세력으로 성장하였으나 국회 내의 의석수에 있어서는 여당을 능가하지 못했다. 해방 후 두달 간에 미군정청에 등록된 정당의 수가 54개이고 1년 내에 그 수는 300여 개로 증가되었다고 하나 그 중 김구를 중심으로 한 한국독립당, 여운형이 이끄는 조선인민당(후에 근로인민당), 박헌영의 조선공산당(후에 남조선 노동당), 송진우와 김성수가 이끄는 한국민주당이 주요 정당들이었다. 이들 몇 개의 정당 대표들이 미군정시대에 영향력을 가졌던 것은 그 정당들의 대표들이 신생 한국의 대권을 쥘 수 있는 후보들이었기 때문이다. 그러나 박헌영의 조선공산당은 미군정시대에 이미 불법화되어 북한으로 들어갔고 여운형은 건국 전에, 김구는 건국 후에 곧 암살을 당하여 이승만에 대항할 만한 인물은 없었다. 김성수의 한국민주당은 여운형과 김구와는 달리 원래는 대권을 바라보지 않고 이승만을 지지하여 여당 역할을 하려고 하였으나 이승만이 대통령이 된 후 그들에게 이러한 역할을 맡기지 않았기 때문에 야당으로 돌아선 정당이었다. 정당이 인물을 배출하는 게 아니라 인물이 정당을 만들어 내는 한국 정당정치의 초창기에 이승만에 대항할 만한 인물이 야권에는 없었기 때문에 야당들은 1950년대 전반부까지는 약체일 수밖에 없었다. 한국민주당은 1949년 2월에 대한독립촉성 국민회의의 신익희 세력과 대동청년단의 지청천 세력과 결합하여 민주국민당을 결성하여 의원내각제 개헌을 추진하였고, 이승만이 자유당을 결성하여 직선제 개헌뿐만 아니라 사사오입 개헌까지 무리하게 강행한 후에는 장면을 중심으로 한 흥사단계와 현석호 등의 자유당 탈당파들과 결합하여 1955년 9월에 민주당으로 발전하게 되었다. 야당세력이 민주당으로 규합된 이후부터 민주당은 이승만과 자유당에 대한 대체세력으로 부상하였다. 민주당은 1956년의 제3대 정부통령 선거에서 장면을 부통령으로 당선시켰고 1958년의 제4대 민의원 선거에서는 서울특별시와 대도시에서 대승하고 79명을 당선시켜 국회에서 33.9%의 의석을 차지하였다. 그러나 민주당의 제3대, 제4대 대통령 후보였던 신익희와 조병옥은 모두 선거 도중 사망하는 비운을 가졌고 그들이 살았더라도 이승만을 선거에서 물리치지는 못했을 것이다. 조봉암을 중심으로 하는 혁신세력은 민주당에 가담하려고 하였으나 야권 보수세력의 반대로 뜻을 이루지 못하자, 1956년에 조봉암은 대통령 후보로 출마하여 216만 표(이승만 504만 표, 신익희 추모표 185만 표)를 획득하였고 동년 11월에 진보당을 창당하였다. 그러나 조봉암은 1958년에 간첩죄와 국가보안법 위반혐의로 사형을 당하고 그의 진보당은 해산되었다.

구미사회에서는 산업화가 진전되어 이해관계가 다양화됨에 따라 이익집단이 자생적으로 조직되었고, 또 어느 한 부분의 구성원들이 먼저 이익집단을 결성하면 이에 자극이나 위협을 받는 부분의 구성원들이 대항 이익집단을 결성하였다. 한국의 경우에는 미군정과 제1공화국시대를 통해 등록된 단체수는 많았으나 경제발전단계로 볼 때 이익집단들이 자생적으로 조직될 수 있는 여건을 갖지 못하여 이러한 단체들 자체가 정치세력이나 정부의 권유로 결성되었거나 독자적으로 결성되었다 해도 그들에게 의존해 있는 경우가 거의 대부분이었다. 그리하여 미군정시대에는 수많은 단체들이 좌우 정치세력과 관계를 맺고 정치투쟁을 전개하였고 남북한 정부 수립 후에는 이러한 단체들은 각각 남북한 정부의 어용단체로 기능하게 되었다. 예를 들어, 제1공화국시대의 대한노동조합총연합회의 전신은 대한독립촉성 노동총동맹이었고 이 단체는 미군정시대에 좌익 지배하에 있던 전국노동조합평의회에 대항하기 위해 우파 정치세력이 결성한 단체였다. 이 단체의 4대 위원장이었던 전진환은 이승만 정권의 초대 사회부장관으로 임명되고 그후 이 단체의 최고위원이 자유당 중앙위원에 선임되는 등 이 단체는 그 이후에도 그렇지만 제1공화국시대에 이미 어용단체로 전락하였다.

제1공화국의 정치제도는 이상 살펴본 바와 같이 대통령을 정점으로 한 비대한 행정부에 집중된 통치권력, 이와 같은 대통령과 행정부의 시녀로서의 의회, 대통령에 종속적인 사법부, 유명무실했던 지방자치제도, 여당의 권력기생적 성격과 소수파 야당, 미발달되었고 행정부의 어용단체화한 이익집단으로 구성되어 있었다. 윤천주 선생이 우리나라 정치체계의 특성이라고 강조하고 있는 단극적 통치형 정치제도라고 말할 수 있겠다.[22]

이승만 정권은 이와 같은 단극적 통치형 정치제도를 가지고 국가의 건설, 이 국가에 위협적인 존재의 제거, 한국전쟁의 수행, 전쟁 중과 후의 대미외교 등 신생 대한민국이 당면한 긴급한 과제를 해결하는 데 실수도 있었지만 비교적 효율적으로 대처했다고 평가할 수 있다. 그러나 제1공화국 후반부에는 이 제도를 또 다른 긴급과제로 부각된 민생해결에 적절하게 이용하지 못하고 오히려 무리한 집권연장에 잘못 이용하는 우를 범했다.

헨더슨(G. Henderson)은 제1, 3공화국의 한국정치가 중앙권력을 향해서 모든 활동적 요소가 빨려들어가는 "소용돌이 정치(politics of vortex)"라고 말하고 이와 같은 "소용돌이" 정치현상의 원인을 경제적, 종교적, 정책적, 이데올로기적 대립과 이러한 대립을 반영한 중간집단이 부재한 한국사회의 동질성에서 찾았다.[23] 그러나 필자는 이러한 "소용

---

22) 윤천주, 『한국정치체계 — 단극적 통치형 —』(서울: 일조각, 1991) 참조.

23) Gregory Henderson, *Korea: The Politics of the Vortex*(Cambridge: Harvard University Press, 1968),

돌이" 정치현상의 원인을 단극적 통치형의 정치제도에서도 찾아야 한다고 강조하고 싶다. 단극적 통치형의 정치제도하에 있던 제1공화국시대의 국민들과 여러 집단들에게는 이에 순응하는 것이 그들 각각의 합리적 선택이었고 이러한 순응은 조선왕조시대와 일본식민지시대를 통해서 역사적으로 형성된 그들의 이익관이었기 때문이다. 또한 단극적 통치형 정치제도가 무너진 제2공화국시대에 정책적, 이데올로기적 대립과 이를 반영한 중간집단들이 결성되기 시작하였다는 사실을 보면 "소용돌이" 정치현상의 원인이 한국사회의 성격뿐만 아니라 정치제도의 특성에도 있다는 것을 쉽게 이해할 수 있다.

제1공화국이 단극적 통치형 정치제도를 가졌었다고 해서 한국사회의 모든 세력이 언제나 중앙권력을 향해서 빨려들어간 것은 아니다. 이러한 제도 안에서도 정부 견제의 역할을 제도적으로 부여받은 야당은 항상 정부를 반대했고, 학생들, 교수들, 언론인들은 특히 사사오입 개헌 이후부터는 이승만 정권에 대해 매우 비판적이었다. 교수들이나 언론인들과 같은 지식인들은 정부에 대해 비판적이어야만 한다는 사명감을 가지고 있었다. 제1공화국시대에는 이들을 정부요직에 임명하는 일이 별로 없었기 때문에 지식인들의 이러한 자세에는 상당한 일관성이 있었다. 학생들은 일반 국민들과 다른 이익관을 가지고 있기 때문에 보다 자유롭게 정부를 비판하고 반대할 수 있었다. 정부를 비판하거나 반대하면 일상생활에 불편을 겪는 일반국민들도 대통령선거, 민의원선거, 지방의원선거 때에는 익명성이 제도적으로 보장되기 때문에 중앙권력에 대한 그들의 불만을 나타낼 수 있었다. 제1공화국의 단극적 통치형 정치제도는 그 안에 반대 메커니즘을 가지고 있는 제도였다.

제1공화국시대의 전반부에는 이러한 반대 메커니즘이 활발하게 작동하지 못했다. 이승만 대통령 개인의 독립운동 경력에 기반한 대중적 인기, 미국의 한국전쟁 개입과 북한 남침 분쇄, 휴전반대와 휴전회담 중 미국정부의 동의를 받지 않고 독단적으로 감행한 반공포로 석방, 그 이후 거액의 미국원조 확보, 일본에 대한 고자세정책 등은 모두 1954년 민의원선거에서의 자유당의 압도적 승리에 나타난 바와 같이 이승만 정권에 대한 일반국민들의 지지를 높였기 때문이다. 그러나 제1공화국시대의 후반부에는 사사오입 개헌을 하고 대다수 국민들을 빈곤으로부터 해방시키지 못하여 이에 대한 불만이 1958년의 민의원선거 결과에서 보는 바와 같이 반대 메커니즘을 활발하게 작동시켰다. 이러한 시대

---

pp.4-5.

적 분위기 속에서 이승만 정권은 1960년에는 부통령 후보였던 이기붕의 당선을 위해 사전투표 등의 부정선거를 감행함으로써 학생들의 반정부 데모를 촉발시켰고 경찰이 그들에게 발포함으로써 일반 국민들, 미국정부, 군의 지지를 일거에 잃고 붕괴하였다.

이승만 정권은 부정선거를 규탄하는 학생들의 데모로 무너졌지만 그 이후 제3, 4, 5공화국에 비해 그 작동 에너지로 규범적 권력의 비중을 많이 가지고 있던 정권이었다. 다시 말해, 농민들이 70% 이상이 되었던 국민들 중 대다수는 이승만 정권이 그들에게 무섭게 굴었거나 경제적 보상을 가져다주었기 때문이라기보다는 그 수립절차로 볼 때 정통성을 가지고 있다고 믿었기 때문에 이 정권에 자발적으로 순응한 정도가 상대적으로 컸다. 이승만은 그 자신이 대통령 직선제에서 항상 승리할 수 있다는 자신을 가지고 있었기 때문에 국민의 직접적 의사표시와 선거를 강조하였다. 대통령을 국민이 직접 선출해야 되고 정권은 국민의 선거에 의해 수립되어야만 한다는 정치적 신념은 우리 국민들이 이 시대에 획득한 신념이었다. 아미타이 에치오니(A. Etzioni)는 권력을 강제적 권력, 경제적 권력, 규범적 권력으로 나눈 바 있다. 여기서 강제적 권력은 육체적인 제재나 제재의 위협에 기반한 권력이고, 경제적 권력은 물질적인 자원과 보상의 통제에 근거한 권력이고, 규범적 권력은 상징적 보상과 박탈에 기반한 권력이다.[24] 제1공화국시대의 단극적 통치형 정치제도는 그 이후 제2공화국시대라는 1년도 못 되는 짧은 기간을 제외하고는 반복적으로 나타나 오늘날까지 지속되고 있는 단극적 통치형 정치제도에 비한다면 절차적인 정통성에 기반 한 규범적 권력의 비중을 상대적으로 크게 가지고 있었다. 이승만 정권이 1960년 부정선거로 규범적인 권력의 파산상태에 빠져 일순간에 붕괴한 사실은 당시 정권 유지의 조건으로서 절차적 정통성이 얼마나 중요했는지를 나타내 주는 증거라고도 볼 수 있다.

III. 제2공화국시대의 정치제도

제2공화국시대에 한국은 의원내각제를 채택했다. 1960년 4월 27일 이승만 대통령의 사임 이후 민주당은 동당의 전신이었던 한민당과 민국당이 집요하게 추진하던 정치제도

24) Amitai Etzioni, *A Comparative Analysis of Complex Organizations*(New York: The Free Press, 1961).

였던 의원내각제 개헌에 착수하였다. 의원내각제 개헌은 당시 민의원의 과반수 이상의 의석을 차지하고 있던 자유당 소속의원들도 찬성하여 국회 본회의에서 출석의원 215명 중 찬성 208명, 반대 3명의 압도적 지지로 통과되었다. 자유당 의원들의 의원내각제 지지는 그들이 이승만 대통령에 의존해 있었던 만큼 그의 사임을 계기로 힘을 잃고 민주당의 의원내각제 개헌의사에 따를 수밖에 없었거나 혹은 의원내각제 개헌에 스스로 찬성했거나 두 가지 경우 중 하나였을 것이다. 정치인들, 지식인들, 일반 국민들 중에서 의원내각제 개헌에 이의를 제기하는 사람은 아무도 없었다. 제1공화국의 대통령중심제 헌법이 이승만 대통령의 독주를 초래했던 만큼 이러한 독주를 막아줄 의원내각제 개헌이 당연하다는 것이 당시의 사회분위기였다. 허정 외무부장관을 대통령 권한대행으로 하는 과도정부도 민주당이 원하는 의원내각제 개헌을 신속하게 추진하였다. 이 대통령의 사임과 동시에 출범한 과도정부는 2개월 이내에 국회가 의원내각제 개헌을 의결할 수 있도록 하였고 3개월이 되는 7월 29일에는 개정 헌법에 따른 총선거를 실시하여 8월에는 의원내각제 정부를 출범시켰다. 허정 과도정부의 이러한 자세는 1979년 10월 박정희 대통령의 암살 이후 대통령 권한대행을 맡은 최규하 정부가 개헌작업에 늑장을 부려 결과적으로 한국정치의 민주화를 지연시킨 것과는 아주 대조적이라 아니할 수 없다.

의원내각제 개헌은 4·19 학생의거라는 외부환경의 충격을 계기로 이루어진 제도적 변화였고 제1공화국의 대통령중심제 헌법과는 커다란 차이가 나는 헌법이었다. 그러나 제2공화국 헌법은 전면적으로 다시 쓴 헌법이 아니라 구헌법의 개정 절차에 따라 구헌법 조항들을 개정하는 형식을 취했다. 제3, 4, 5, 6공화국의 헌법은 모두 헌법을 전문까지 포함해서 전면적으로 다시 쓴 헌법이었다.

제2공화국 의원내각제의 제도적 특성을 소개하기 전에 제2공화국 헌법은 제1공화국 헌법의 제18조, 제19조, 제84조의 경제정의 조항들을 개정하지 않고 그대로 유지했다는 것을 지적해 두고 싶다. 제2공화국이 실현가능성이 별로 없는 이러한 조항들을 헌법에 포함시킨 것은 제1공화국시대에 있어서와 마찬가지 이유에서였을 것이다. 제3, 4, 5, 6공화국의 헌법은 국가가 필요에 따라 경제를 통제할 수 있다는 조항들을 가지고 있지만 제1, 2공화국 헌법 제18조에 명시된 근로자 이익분배 균점권이나 제19조에 있는 극빈자들이 국가의 보호를 받을 권리 등은 포함하고 있지 않다. 제1, 2공화국 헌법은 한국의 경제현실과는 동떨어진 것이었으나 경제정의 실현이라는 헌법상의 목표설정에 있어서는 그 이후의 헌법들보다 진보적인 것이었다.

의원내각제는 전후 영국이나 독일을 비롯한 대부분의 서구 국가들에서 볼 수 있는 바와 같이 의회와 내각의 권한이, 다시 말해 입법권과 행정권이 내각에 융합되어 있는 안정되고 강한 정부체제가 될 수도 있고, 독일의 바이마르 공화국과 프랑스 제4공화국에서와 같이 정치적 불안정과 혼란을 야기할 수도 있다.

제2공화국시대의 의원내각제는 전후 서구의 경우와 같이 안정되고 강한 정부체제가 될 수 있는 세 가지 제도적 조건 중 두 가지는 갖추고 있었다. 첫째로 독일의 헌법학자인 허멘스(F. Hermens)는 바이마르 공화국이 정치적 불안정과 혼란으로 붕괴하고 나치즘 체제가 들어선 원인 중 하나로 바이마르 공화국의 의원내각제가 선거방식으로 비례대표제를 가지고 있었던 데 기인한다고 지적하고 영국과 같은 소선거구, 상대적 다수제가 안정된 의원내각제에 공헌한다고 주장한 바 있다.[25] 전후 독일의 의원내각제가 비례대표제를 가지고도 안정된 강한 정부체제를 유지하고 있는 것을 보면 이러한 주장이 반드시 맞는 것은 아니나 비례대표제하에서는 의회 내에 과반수 이상의 의석을 차지하는 정당이 나타나기 어렵고 다당체계가 나타나는 것이 상례이다. 제2공화국의 의원내각제는 허멘스의 주장과 같이 제1당에게 그 당의 총득표율보다 훨씬 많은 의석을 배분하는 제1공화국시대의 소선거구, 상대적 다수제를 민의원 선거제도로 유지하였다. 처음 실시할 예정이던 참의원 선거제도는 서울특별시와 도를 선거구로 하여 한 선거구에서 2인 내지 8인의 의원을 선출하는 중선거구제도와 유권자들이 의원정수의 반수 이하의 후보자에 투표할 수 있는 제한연기제를 채택하였다. 참의원 선거제도는 비례대표제와 유사한 결과를 내는 선거제도이나 국무총리 선출권과 내각불신임권은 민의원에 있었다.

둘째로 이러한 선거제도에 따른 총선거에서 오랫동안 이승만 대통령의 독주에 대한 반대투쟁을 이끌어 온 민주당이 실제로 민의원과 참의원 양원에서 모두 압도적 다수의석을 차지하였다. 민주당은 민의원선거에서는 42%의 총득표율로 총의석 233석의 75%인 175석을 차지하였고, 참의원선거에서는 총 58석 중 31석을 획득하였다. 제1공화국시대에 집권당이었던 자유당은 민의원에서 2석, 참의원에서 4석을 획득하였을 뿐이다. 새로이 창당된 진보정당이었던 사회대중당과 한국사회당이 이 선거에 참여하였으나 참패하였

25) F. A. Hermens, *Democracy or Anarchy? A Study of Proportional Representation*(Notre Dame: Notre Dame University Press, 1941).

다. 민 · 참의원에서 사회대중당은 각각 4석, 1석을, 한국사회당은 각각 1석씩을 차지하였다. 무소속 후보들이 민의원에서 49명, 참의원에서 20명 당선하여 의석수에 있어 민주당 다음의 위치를 차지하였다. 민주당 정권은 당시 긴급한 해결을 요하는 과제들을 신속하게 처리해 갈 수 있는 탄탄한 수적 기반을 양원, 특히 민의원에 가지고 있었다.

그러나 제2공화국의 의원내각제는 이 체제를 안정되게 만들어 주는 세 번째의 제도적 조건인 정당기율(party discipline)을 결여하고 있었다. 주지하고 있다시피 서구의 의원내각제는 미국과 같은 권력분립적 대통령제에 비해 훨씬 강한 정당기율을 가지고 있다. 권력분립적 대통령제에서는 대통령이 국민들에 의해 선출되고 임기를 가지고 있기 때문에 정당기율이 약해도 행정부의 안정성은 손상을 받지 않는다. 이에 반해 의원내각제에서는 국무총리와 내각의 안정성이 항상 의회내에서의 다수당 의원들의 일사불란한 지지에 기반하고 있기 때문에 이 당의 기율이 없다면 국무총리와 내각은 안정성을 확보하기 어렵다. 서구의 경우 의원내각제에서의 정당은 그 내부에서는 활발한 논의와 대립이 있으나 일단 결정이 나면 이 결정에 반대하는 의원들도 의회 내에서는 이에 따르는 민주적 집중제(democratic centralism)를 상당 정도 확립하고 있다. 서구의 이와 같은 정당기율은 저절로 형성된 것이 아니라 정당의 지도부가 의원들을 통제할 수 있는 내부 매커니즘의 도움으로 형성된 것이다. 비례대표제를 선거제도로 가지고 있는 나라에서는 의원들이 정당의 후보명부에서 선출되는 것이 상례이기 때문에, 그리고 소선거구, 상대적 다수제에서는 의원들이 그들 자신의 공천 확보, 선거자금 마련, 정부나 당의 요직 담당을 당지도부에 의존하고 있기 때문에 당지도부 노선에 따를 수밖에 없는 것이다.

제2공화국의 집권당이고 의회 내에서는 유일한 정당이라고까지 말할 수 있는 민주당의 지도부와 일반의원들은 총선 직후 구파와 신파로 분열되었고 이러한 분열로 민주당은 아무 기율이 없는 정당으로 전락하였다. 민주당의 구파는 한민당-민국당 인사들을 가리키고 신파는 1955년에 구파인사들과 합류하여 민주당을 결성한 인사들을 가리킨다. 이들 구파와 신파는 이념이나 정책면에서 차이를 가졌던 것이 아니라 인사문제로 서로 대립했다. 구파와 신파는 상징적 존재인 대통령 후보에 대해서는 서로 합의를 보아 대통령 선출기구인 양원합동회의에서 구파에 속하는 윤보선을 재석(在席) 259명 중 208명의 지지로 당선시켰다. 그러나 의원내각제 정부의 실권자인 국무총리에 대해서는 합의를 볼 수 없었다. 윤보선 대통령은 먼저 구파의 김도연을 총리후보로 지명하였으나 민주당 신파 의원들은 민의원에서 그의 인준을 거부하였고, 그 직후 윤 대통령이 두 번째로 지명한 신파의 장면은 의원 117명의 지지로 인준을 받았으나 이는 인준에 필요한 의원수인 민의원 의원총수 233명의 딱 과반수였다. 장면을 국무총리로 지지한 의원 중 한 명만 이탈하여도 그의 내각은 붕괴될 위험을 안고 있는 불안정한 과반수였다.

장면 내각이 불안정하였다는 것은 그가 1961년 5・16 군사 쿠데타로 물러나기 전까지의 9개월의 재임기간 중 3번의 개각을 할 수밖에 없었던 사실에도 나타나 있다. 장면 총리는 첫 번째 내각을 그를 지지한 신파 중심으로 구성하였으나 이러한 조각에 대해 구파는 물론이고 신파의 소장층도 반발하여 10여일 만에 신파 8명, 구파 5명, 무소속 2명으로 구성되는 개각을 해야만 했다. 그러나 구파는 이러한 인사에 불만을 품고 9월 22일에는 신당 발족을 선언하였고 신파는 민주당으로 원내교섭단체 등록을 하였다. 구파는 다시 분당파와 협상파로 나뉘어 분당파는 10월 18일 신민당을 발족시켰다. 구파 분당 후 민주당은 다시 노장파, 소장파, 합작파로 나뉘었고 노장파가 소장파 모임인 소장동지회의 해체를 요구하자 소장파는 1961년 1월 26일에 신풍회를 결성하였다. 장 총리는 민주당 내의 이러한 분파 경향을 막기 위해 1월 30일에는 세 번째 조각을 하고 각파의 간부들을 입각시켰다.

제2공화국의 의원내각제 헌법은 서구의 경우와는 달리 의원들의 정당기율을 파괴시키는 정치적 효과를 내었고 이와 같은 정당기율의 파괴는 의원내각제 정부의 안정성을 크게 손상시켰다. 제1공화국의 대통령중심제 헌법은 여야당 모두에, 특히 여당에 정당기율을 확립시켰으나 이러한 여당의 기율은 대통령의 독주체제 확립에 공헌하였다. 제1공화국시대의 집권당이었던 자유당은 대통령과 행정부의 권력에 기생하는 정당으로 내부적 조직발전을 할 필요를 갖지 못하였음은 이미 지적한 바와 같다. 7월 총선에서의 자유당의 참패와 해체는 자유당이 당으로서의 독자적인 자생력이 없는 정당이었음을 나타내 주는 증거이다. 제1야당이었던 민주당은 이승만 독주정권에 반대한다는 명분에서 단합된 자세를 가지고 있었을 뿐이지 당 자체가 조직적으로 발전하고 있지는 못했다. 민주당은 의원들과 그들 각각의 선거조직의 결합체로 분권적인 간부정당이었고, 의원내각제의 채택으로 정권이 그들의 표에 달리게 되자 원심적 분열상을 나타내게 된 것이다. 제1공화국시대의 대통령중심제는 정당발전을 저해하였고 이와 같이 발전이 저해된 정당을 기반으로 한 제2공화국시대의 의원내각제는 불안정성을 피할 수 없었다고 요약할 수 있다.

제2공화국의 의원내각제는 집권 민주당의 분열로 인해 불안정성을 모면할 수 없었지만 이 체제가 오랫동안 지속되었더라면 정당과 의회정치를 발전시켜 장기적으로는 영국형 의원내각제로 발전할 가능성을 가지고 있었을는지도 모른다. 그러나 당시의 정치상황은 불안정한 약한 내각이 오랫동안 지속될 수 있는 안이한 상황이 아니었다. 우선 무엇보다도 첫째로 4·19 의거로 이승만 정권을 무너뜨린 대학생들과 지식인들은 제1공화국시대의 부정부패 청산과 고급관료, 장성, 부정축재자들 등 이에 책임있는 사람들의 처벌을 요구하였다. 둘째로 일부 진보적인 대학생들은 남북협상을 통한 통일과 미군철수까지도 주장하는 등 반공시대의 터부를 깨뜨리는 요구를 하였다. 불안정한 장면 내각은 이와 같은 요구에 신속하게 대처하지 못하여 대학생들의 빈번한 가두데모, 4·19 부상학생들의 국회의사당 난입 등과 같은 사회적 불안정을 야기시켰고 이러한 사회적 불안정은 장면 내각을 더욱 불안정하게 만들었다. 셋째로 박정희 장군을 중심으로 하는 군의 일부세력은 4·19 이전부터 제3세계 다른 나라들에서 이미 일어나고 있던 군사 쿠데타를 계획하고 있었다. 그들은 군사 쿠데타의 시기를 기다리고 있었고 장면 시대의 정치, 사회적 불안정은 그들에게 이 시기를 제공하고 있었다.

제2공화국 헌법은 제78조에서 사법부의 독립을 보장하기 위해 대법원장과 대법관을 법관의 자격이 있는 자로써 조직되는 선거인단이 선거하고 대통령이 이를 확인하도록 하였고 기타의 법관은 대법관회의의 결의에 따라 대법원장이 임명하도록 규정하였다. 그러나 제2공화국 헌법도 법률의 위헌 여부 심사, 헌법에 관한 최종적 해석, 국가기관 간의 권한쟁의, 정당의 해산, 탄핵재판, 대통령, 대법원장과 대법관의 선거에 관한 소송은 대법원이 아니라 헌법재판소가 관장하게 하였다. 제1공화국시대의 헌법위원회와 탄핵재판소를 대치할 헌법재판소의 임기 6년의 심판관 수는 9인으로 하였고 대통령, 대법원, 참의원이 각각 3인씩 선임하도록 하였다. 제2공화국 국회는 1961년 4월 26일에 대법원장과 대법관을 선거할 선거인단의 정수, 조직, 선거에 관한 법을 제정하였고 그 몇일 전인 4월 17일에는 헌법재판소법을 제정하였다. 그러나 주지하다시피 제2공화국은 헌법재판소도 구성하지 못하고 대법원장선거를 몇일 앞두고 5·16 군사 쿠데타를 맞이했던 것이다.

제2공화국 헌법은 제1공화국 헌법과는 달리 내각 수반인 국무총리가 사법부에 발언권을 가질 근거를 전혀 마련하지 않았다. 이 때문에 그런지는 몰라도 사법부가 장면 내각에 특별히 협조한 것 같지는 않다. 장면 정권하의 검찰은 4·19 당시 발포 책임자를 포함하는 부정선거 책임자 50명을 기소하고 그 중 9명에게는 사형을 구형했으나 사법부는 1명에게만 사형을 선고하고 4명은 무죄나 집행유예로 석방하였다. 검찰로부터 8개월에서 10년까지를 구형받은 39명의 피고들도 이보다 훨씬 가벼운 판결을 받았고 그 중 16명은 석방되었다. 이러한 재판결과는 10월 11일 학생들의 국회의사당 난입을 촉발시키고 장면 내각에 대한 학생들의 불만을 고조시켰다. 이에 장면 내각은 반민주행위 처벌을 위한 소급입법을 하고 특별재판소와 특별검찰부를 설치할 수 있는 법적 근거를 헌법부칙에 두는 개헌안을 11월 29일 통과시켰으나 사법부 판결과 학생들의 국회난입 사건은 장면 내각에 적지 않은 정치적 손상을 입혔다.[26)]

장면 내각은 11월에 제1공화국시대의 지방자치법도 보다 민주적으로 개정하였다. 이 개정에서는 지방의회 의원의 정원을 재조정하고 민주당이 제1공화국시대에 주장했던 바와 같이 서울특별시장과 도지사, 그리고 시, 읍, 면장 및 동, 이장을 주민들의 직선제로 선출하도록 하고 임기는 4년으로 하였다. 개정된 지방자치법에 따른 서울특별시 및 도의회 의원선거는 12월 12일에, 시, 읍, 면의회 의원선거는 12월 19일에, 시, 읍, 면장 선거는 12월 26일에, 서울특별시장 및 도지사 선거는 12월 29일에 각각 있었다.[27)]

1960년 12월의 지방선거는 우리 국민들이 민주당에서 분당해 나온 구파가 결성한 신민당보다는 신파의 민주당을 훨씬 더 지지하고 있으나 무소속에 대한 지지가 민주당에 대한 지지보다 높고 혁신계 정당에 대한 지지는 거의 없다는 결과를 나타내었다. 민주당은 시, 읍, 면의회 의원 당선자 총수 16,851명 중 16.5%를 차지한 데 비해 신민당은 1.9%를 차지한 데 불과하였고 혁신계 정당 중에서는 사회대중당만이 면의회 의원을 3명 당선시켰다. 그러나 무소속 출신 당선자수는 81.2%에 달했다. 시, 읍, 면장 선거에서는 당선된 단체장 총수 1,467명 중 22.6%가 민주당 출신인 데 비해 신민당 출신은 1.4%에 불과하였고 혁신계 정당들은 단 한명의 후보도 당선시키지 못했다. 당선자 중 무소속 출신은 75.7%였다. 서울특별시와 도의회 의원선거에서는 당선자 총수 487명 중 40%가 민주당 출신, 14.4%가 신민당 출신, 0.4%가 사회대중당 출신, 44.4%가 무소속 출신이었다. 제1공화국시대와 비교할 때 시, 읍, 면 단위에서는 의원들 중에서든 단체장들 중에서든, 서울특별시와 도에서는 의원들 중 무소속 출신의 당선자들이 압도적으로 더 많았다.

26) 한승주, 『제2공화국과 한국의 민주주의』(서울: 종로서적, 1975), pp.137-152.
27) 손봉숙, 앞의 책, pp.114-139 참조.

다만 대한민국 역사상 처음 실시한 서울특별시장과 도지사 선거에서는 당선자 10명 중 민주당 출신이 6명, 신민당 출신 3명, 무소속이 1명이었다.

12월 지방선거의 결과는 의원내각제하의 집권당인 민주당의 득표력이 무소속의 득표력보다 더 작았다는 것을 나타내는 한편, 다른 한편에 있어서는 국민들의 정치적 무관심과 냉소주의가 높았다는 것도 나타내 주고 있다. 서울 시민들의 특별시장 선거에의 투표참여율은 36.4%, 도민들의 도지사 선거에의 투표참여율은 44.8%, 도시민들의 시장 선거에의 참여율은 54.6%에 불과했다. 지방의회선거에 있어서도 서울특별시의회 의원선거에의 참여율은 46.2%에 불과하였다. 이는 불과 5개월 전 국회의원선거의 투표율이 84%였던 것에 비할 때 아주 낮은 투표율이라고 아니할 수 없다. 읍, 면장 선거와 읍, 면 의회선거에의 참여율은 70~80% 이상의 높은 투표율을 나타냈으나 정치적으로 더 중요한 보다 높은 단위의 지방선거에서의 투표참여율은 매우 저조하였다.

의원내각제하에서는 정당과 이익집단들의 행태도 제1공화국 대통령중심제하에서와 달랐다. 이미 소개한 바와 같이 여당인 민주당이 신파와 구파로 분열하였고 구파는 따로 신민당을 결성하였다. 또한 당내에는 여러 파벌들이 형성되어 상호간 대립하였다. 혁신계 정당이었던 사회대중당도 분열하였다. 사회대중당은 원래 김달호가 이끌던 진보당계와 서상일, 이동화 등을 중심으로 하는 민주혁신당계가 만든 정당인데, 민혁당계가 사회대중당으로부터 떨어져나와 조합주의자인 전진한이 이끄는 한국사회당, 과거 사회혁신당의 총수였던 고정훈 등과 통일사회당을 결성했다. 이들 혁신정당들은 국회의원선거에서 겨우 몇 석밖에 차지하지 못하였기 때문에 국회 내에서 투쟁할 수 있는 세력을 전혀 갖지 못했다.

혁신정당들은 통일문제를 이슈로 하여 국회 밖에서 투쟁하였고 보다 광범위하게 사회세력을 투쟁에 끌어들이기 위해 사회대중당은 민족자주통일 중앙협의회(민자통)를 조직하였고, 통일사회당은 중립화 조국통일 총연맹(중립 통연)을 지지했다. 그들은 모두 외국군대의 철수와 한반도의 영구 중립을 주장했으나 사회대중당과 민자통은 북한 공산주의자들과의 무조건적 협력을 강조하고 대학생들의 남북학생회담 제의를 지지하였고 통일사회당과 중립 통연은 전 한반도의 민주선거를 우선적인 목표로 역설하였다. 사회대중당이 통일사회당보다 더 급진적인 노선을 가지고 있었다고 말할 수 있다. 이 두 혁신계 그룹은 통일문제에 대해 서로 대립하였으나 민주당 정부의 한미경제협정 체결에 대한 반대, 그리고 민주당 정부가 가두시위와 용공적인 지하활동을 규제할 목적으로 제안한 법안에 대한 반대에 있어서는 공동으로 투쟁하였다. 장면 정부는 혁신정당들, 학생들, 노조의 반정부 가두시위가 격화되자 혁신계 인사들을 체포하는 등의 강경책도 썼고 그 이후 가두시위가 좀 진정되기도 하였다.28)

제2공화국 헌법은 제13조 2항에 정당은 법률이 정하는 바에 의하여 국가의 보호를 받고 정당의 목적이나 활동이 민주적 기본질서에 위배될 때에도 헌법재판소의 판결로써만 해산된다고 규정하였기 때문에 혁신계 정당들은 시대적 제약을 뛰어넘어 보다 과감하게 활동할 수 있었다.

노동조합을 포함한 제1공화국시대의 이익집단들이 대부분 이승만 정권의 어용단체였던 데 반해 제2공화국시대에는 이러한 집단들이 독자성을 띠기 시작했다. 제2공화국 헌법은 집회, 결사의 자유에 붙어 있던 제1공화국시대의 유보조항을 삭제하였고 이에 따라 여러 단체들이 조직되었다. 자유당 정권의 어용단체란 낙인이 찍혔던 자유문인협회, 한국음악단체연합회 등은 해체되었고 대한노총은 노동자들이 부정하고 정부도 무시하는 명목상의 기구로 전락하였다. 교원들의 전국교원노동조합, 은행원들의 전국은행노조연합과 같은 새로운 화이트칼라 노조들이 생겨나고 기존의 단위노조들도 보다 활발하게 쟁의활동을 하였다. 특히 교원노조에 관해서는 장면 내각과 국회가 커다란 의심을 가지고 있었으나 통제할 수 있는 능력을 갖지 못했다. 부정축재 문제로 곤욕을 치르던 대기업가들은 이 문제에 관해 그들의 이해관계를 관철하기 위해 한국경제인협회의 결성을 추진하던 중 5 · 16 군사 쿠데타를 맞았다.

제2공화국시대의 장면 내각에게는 학생들이 가장 다루기 어려운 무서운 존재였다. 학생들이 이승만 정권을 무너뜨린 주역이고 장면 정권은 그 혜택을 본 수혜자였기 때문에 학생들의 발언권은 그 어느 때보다도 강했다. 여러 학생단체들이 있었지만 그 중 서울대학교의 민족통일연맹은 1960년 5월 초 남북학생회담을 열자는 제안을 하여 북한측으로부터 열렬한 지지를 받았다. 재향군인회, 종교단체들, 북한 피난민 단체, 전몰 군경 유족단체, 체육단체, 상업단체, 기타 여러 사회문화단체들은 혁신 정당, 교원 노조, 진보적 학생단체 등의 혁신적 통일운동에 반대하고 그들의 우익연합체를 결성하기도 하였다.29)

28) 한승주, 앞의 책, pp.172-180.
29) 위의 책, pp.180-196.

제2공화국시대의 이익단체들은 경제적인 이익을 추구했을 뿐만 아니라 해방 초의 기간에서와 같이 정치화되어 적극적인 정치참여를 하였다.

제2공화국의 정치제도는 이상 살펴본 바와 같이 불안정한 내각, 활발한 의회, 독립적인 사법부, 무소속이 최대 다수였던 지방자치단체의 의회와 집행부, 분열되고 파당화된 여당, 급진적인 장외활동을 편 혁신계 야당들, 정부와는 독립적으로 정치화되어 가고 있던 이익집단들로 구성되어 있었다. 제1공화국시대의 단극적 통치형 정치제도에 비교할 때 다극적 통치형 정치제도라고 불러도 좋겠다.

칼 도이취(K. Deutsch)는 해결해야 될 과제가 긴급한 해결을 요하고 정부가 약하다는 것이 실수를 저지르는 것보다 더 큰 위험이 되고 있는 나라는 의원내각제를 채택하고, 이와는 반대로 해결해야 될 과제가 그렇게 긴급하지 않고 정부가 실수를 저지르는 것이 정부가 약해서 아무 행동을 못하는 것보다 더욱 위험한 나라는 권력분립적인 대통령중심제를 채택하라고 권고한 바 있다.[30] 제2공화국 정부는 과거청산과 민생문제 해결이라는 긴급한 해결을 요하는 두 가지 과제를 가지고 있었다. 제1공화국시대의 부정부패와 비리를 청산하라는 것은 제1공화국을 무너뜨린 4・19 의거 학생들과 그들을 지지한 지식인들과 시민들의 강력한 요구였다. 민생문제에 대한 대책을 세우라는 것도 건국과정과 한국전쟁을 통해 빈곤을 감내해 온 우리 국민 모두의 절실한 희망이었다. 그러나 제2공화국의 의원내각제 정부는 도이취가 의미한 바와 같이 입법권과 행정권이 융합되어 있는 안정되고 강한 정부가 되지 못하고 권한이 내각, 의회, 사법부뿐만 아니라 국가와 사회에도 분산되는 경향을 보이던 다극적 통치형 정부가 되어 바로 지적한 바와 같은 중요한 과제들을 신속하고 효율적으로 처리할 수 없었다. 그리고 제2공화국의 의원내각제 정부가 미국 정부와 같은 권력분립적 대통령중심제보다도 불안정하고 약한 다극적 통치형 정부가 된 것은 이미 지적한 바와 같이 정당과 같은 정치적 하부구조의 미발달에서 그 원인을 찾을 수있다.

전후 서구제국의 의원내각제 정부와는 달리 불안정하고 약한 다극적 통치형 정부로 전락한 제2공화국시대의 의원내각제는 반복해서 말한다면 다음과 같은 의미에서 시대적 요청에 적합하지 않은 제도였다. 첫째로 이 제도는 제2공화국이 당면한 과거청산과 민생문제를 신속하고 효율적으로 처리하는 데 도움이 되지 않았다. 둘째로 제2공화국시대에는

30) Karl W. Deutsch, *Politics and Government*(Boston: Houghton Mifflin Company, 1980), p.184.

제1공화국시대에 억제되었던 여러 가지 정치, 경제적 요구가 분출되어 이데올로기적 대립과 양극화 현상이 일어났다. 한승주 교수는 제2공화국시대에 일어난 한국 사회의 이러한 대립과 양극화 현상을 제2공화국 붕괴의 가장 큰 원인으로 부각시키고 있지만[31] 제2공화국이 제1공화국시대와 같이 대통령중심제를 채택했었더라면 이러한 대립과 양극화 현상이 우선은 그렇게 심하게 일어나지 않고 또 일어난 후에는 이에 보다 적절하게 대처했을 것이다. 셋째로 제2공화국이 대통령 중심제를 가졌었더라면 박정희 장군을 비롯한 군 일부 세력의 군사 쿠데타 계획을 좌절시켰을는지도 모른다. 장면 정권은 의회 내에서 과반수 이상의 지지세력을 확보하기 위해 항상 이에 큰 관심을 기울여야 했고 그 때문에 군사 쿠데타는 그 발발설이 있었음에도 불구하고 소홀하게 취급하는 잘못을 범한 것이다.

제2공화국시대에는 헨더슨이 한국정치의 특성이라고 강조한 "소용돌이" 정치현상은 일어나지 않았다. 오히려 이에 반대되는 정치의 원심화 경향이 일어났다. 제2공화국의 의원내각제, 혹은 다극적 통치형 정치제도가 이러한 변화의 원인이라고 볼 수 있다. 한국 국민들은 이승만 대통령의 단극적 통치와 정치적 독주에 불만을 갖게 되었지만 제2공화국의 다극적 통치와 이에 부수된 정치적 혼란에도 불만을 갖게 되었다. 그리고 이러한 불만은 1960년 말의 지방자치단체 선거에 있어서의 무관심과 냉소주의로 나타났다. 장면 정권은 절차적 정통성을 가지고 있고 통치 스타일에 있어서도 민주적이었으나 이것만 가지고 국민들의 정치적 지지를 확보할 수는 없었다. 장면 정권이 5·16 군사 쿠데타로 무너졌을 때 이를 매우 부당하다고 생각하고 경악한 국민들은 많지 않았다. 제2공화국의 대통령조차도 그 자신이 민주당 구파 출신이어서 그랬는지는 모르지만 군사 쿠데타에 대해 "올 것이 왔다"는 반응을 보였다.

Ⅳ. 제3공화국시대의 정치제도

제1공화국시대 대통령중심제에 대한 반작용으로 제2공화국시대의 의원내각제가 탄생되었다면, 제2공화국시대 의원내각제에 대한 반작용은 2년간의 군사독재체제와 제1공화국시대와 같은 대통령중심제를 다시 출현시켰다. 아니, 보다 정확히 말한다면, 박정희 장

31) 한승주, 앞의 책 참조.

군을 중심으로 하는 군사 쿠데타 세력은 의원내각제시대의 정치적 혼란에 대한 국민들의 불만을 이용하여 1961년 5월 16일 불법적으로 정부를 무너뜨리고 이와 같은 체제를 수립하였다. 약 250명의 장교들이 3,500명의 군인들을 동원하여 쿠데타를 일으켰지만 이에 가담하지 않은 군 세력은 북한과의 대치상황 속에서 쿠데타 군에 대한 반격을 가할 수 없었고 한국 국민들과 미국은 쿠데타를 기성사실(fait accompli)로 받아들여 군사독재를 묵인하고 그후 대통령중심제 헌법 채택을 찬성하였다.

군사 쿠데타 세력이 제3공화국을 출범시킨 과정을 요약해 보면 다음과 같다. 우선 그들은 즉각 내각을 총사퇴시키고 국회를 해산하고 국가의 모든 권력을 국가재건최고회의에 집중시킨 국가재건비상조치법을 제정, 공포하고 제2공화국 헌법은 이에 위배되지 않는 범위 내에서만 효력을 갖도록 하였다. 국가재건최고회의는 사회기강과 질서를 확립하고 제1공화국시대의 부정부패와 비리를 청산하겠다는 단호한 의지를 나타내고 1962년을 1차년도로 한 제1차 경제개발 5개년 계획을 추진하였고, 1년여가 지난 1962년 7월부터는 최고회의위원과 민간인 학자와 전문가들로 구성한 헌법심의위원회에서 새 헌법초안을 작성케 하여 12월 17일 국민투표를 통해 제3공화국 헌법으로 확정하였다. 최고회의는 이 헌법을 12월 26일에 공포하고 이어서 정당법, 국회의원선거법, 선거관리위원회법, 대통령선거법 등을 제정, 공포하는 한편, 다른 한편에 있어서는 정당사회단체의 정치활동을 허용하고 정치활동정화법에 따라 정치활동이 금지되었던 구 정객들에 대해서는 그들 중 대부분을 해금하였다. 그러나 최고회의 박정희 의장은 내부갈등 속에서 1963년 3월 16일에 돌연 군정을 4년간 연장하고 새 헌법 시행도 4년간 연기한다는 결정을 하였으나 학생들, 국민들, 구정치인들, 그리고 보다 중요하게는 미국의 압력을 받고 4월 8일에 이러한 결정을 철회하였다.

군사 쿠데타의 리더였던 박정희 장군은 1963년 2월 27일 민정불참을 선언하였었으나 이를 번복하고 1963년 10월 15일 제5대 대통령선거에 민주공화당 후보로 출마하여 그와 여수, 순천 반란사건과의 관계를 묻고 그의 사상에 의문을 제기한 윤보선 전 대통령을 15만 6천표 차이로 간신히 물리치고 승리하였다. 박 대통령은 그 자신의 중앙정보부장이었던 김재규에 의해 암살당한 1979년까지 집권하였고 그가 1972년에 만들어 낸 군사독재체제는 1987년 초까지 유지되었고 자신의 지지기반으로 육성해 온 군 엘리트들의 정권 장악은 1993년 초까지 지속되었다. 박 대통령 자신의 장기집권과 정치체제와 지배 엘리트 구성에 있어서의 그의 오랜 영향력 행사를 가능케 해준 한 가지 요인으로 우리는 제3공화국시대의 정치제도를 살펴볼 필요가 있다.

제3공화국시대의 대통령중심제 헌법은 대통령을 국민들의 직접선거로 선출하게 하고 임기는 4년이고 1차에 한하여 중임할 수 있게 하였다. 박정희 국가재건 최고회의 의장은 제3공화국 헌법안을 공고하면서 발표한 담화문에서 대통령의 임기만료 때마다 헌법을 뜯어 고치는 악습을 막기 위해 헌법개정은 국회 재적의원 3분의 2 이상의 찬성뿐만 아니라 국민투표에서의 과반수 이상의 지지를 획득해야만 가능하도록 하였다고 강조했다.[32] 국회는 단원제로 하였다. 제1공화국과 미국의 경우와 같이 대통령이 국회에 제출한 법안은 재적의원 과반수 이상의 출석과 출석의원 과반수 이상의 찬성으로 의결되고, 국회가 의결한 법률안에 대해 대통령은 거부권을 행사할 수 있고 이러한 법률안은 국회에서 재적의원 과반수 이상의 출석과 출석의원 3분의 2 이상의 찬성으로 재의결되어야만 법률로 확정될 수 있게 하였다. 제3공화국 헌법은 부통령을 두지 않고 대통령이 국구총리를 임명하고 국무위원은 국무총리의 제청으로 대통령이 임명하고 국회가 국무총리나 국무위원의 해임을 대통령에게 건의할 수 있고 대통령은 특별한 사유가 없는 한 이에 응해야 하는 등의 의원내각제적 요소를 가지고 있었으나 기본적으로 권력분립적 헌법이었다. 제3공화국 헌법의 대통령과 입법부에 관한 규정은 1954년 사사오입 개헌 이후의 제1공화국 헌법과 대체로 비슷하였다. 제3공화국 헌법의 권력분립적 성격은 법원 조항들에 보다 명백하게 나타나 있다. 첫째로 제3공화국 헌법은 법관의 임명 절차에 있어서 미국의 경우보다 더 큰 자율성을 법원에 부여하였다. 미국의 경우에는 대법원장과 대법원 판사를 대통령이 지명하고 국회의 인준을 받도록 되어 있다. 제3공화국 헌법에서는 대법원장은 법관추천회의의 제청에 의해 대통령이 국회의 동의를 받아 임명하도록 되어 있다. 대법원장의 지명권이 법관추천회의에 있게 된 것이다. 그리고 법관추천회의는 법관 4인, 변호사 2인, 대통령이 지명하는 법률학 교수 1인, 법무부장관과 검찰총장으로 구성하도록 되어 있었다. 대법원 판사는 대법원장이 법관추천회의의 동의를 얻어 제청하면 대통령이 임명하도록 하였고 그 이외의 법관은 대법원 판사회의의 의결을 거쳐 대법원장이 임명하도록 하였다. 둘째로 이 헌법은 제1, 2공화국 헌법에서는 대법원에 부여하지 않았던 권한인 위헌법률심사권과 위헌정당해산권을 대한민국 헌법 사상 처음이자 마지막으로 대법원에 부

32) 박정희 의장 담화문, 『조선일보』, 1962년 11월 5일.

여하였다. 대법원장은 임기가 6년으로 연임할 수 없게 하였고 그 이외 법관은 임기가 10년으로 연임할 수 있고 법관 정년은 65세로 하였다. 제3공화국의 법원은 대통령의 간섭을 받지 않고 독립적으로 사법권을 행사할 수 있는 헌법상의 보장을 가지고 있었다고 볼 수 있다. 제3공화국 헌법은 미국의 권력분립적 대통령중심제 모델에 보다 가까운 헌법이었다.

그러나 제3공화국 헌법은 제1공화국시대와 마찬가지로 그 권력분립적 성격은 유명무실해지고 오히려 입법권과 행정권을 모두 실제로는 대통령이 행사하는 권력융합적 통치의 기반이 되었다. 이렇게 된 첫 번째 이유는 제3공화국의 박정희 대통령이 민주공화당의 국회 지배를 통해 자유당 창당 후의 이승만 대통령처럼 국회의 견제를 받지 않고 독주할 수 있었기 때문이다. 박 대통령의 국회 지배는 그가 총재인 민주공화당이 국회의원선거에서 국민들의 지지를 받았기 때문만이 아니라 제1당에 상당히 유리한 국회의원선거법 때문에 가능한 것이었다. 제3공화국은 국회의원 총수 175명 중 131명은 소선거구, 상대적 다수제로 선출하고 나머지 44석은 제1당의 지역구 총득표율이 50% 미만일 경우에는 44석의 반인 22석을 배분하는 전국구, 비례대표제로 뽑도록 하였다. 민주공화당은 1963년 11월의 제6대 국회의원선거에서 지역구 총득표율 33.5%를 가지고 총의석수의 62.85%인 110석을, 1967년 제7대 국회의원선거에서는 50.6%의 지역구 총득표율로 총의석수의 74.3%인 129석을, 1971년 제8대 국회의원선거에서는 47.8%의 지역구 총득표율로 총의석수 204석 중 55.4%인 113석을 각각 차지하였다. 박 대통령은 그의 민주공화당이 국회 내에서 과반수 이상의 의석을 차지하고 있었기 때문에 경제개발계획을 신속하게 추진하고 학생들과 야당의 강렬한 반대에도 불구하고 1965년 한일국교 정상화를 이룩하고 그후 베트남에 국군을 파병하는 등 국정을 소신껏 운영할 수 있었다. 또한 박 대통령은 제3공화국 헌법 작성 당시의 그의 발언을 번복하고 1969년에는 한일국교 정상화 반대 때와 마찬가지로 강렬한 학생들과 야당의 반대를 무릅쓰고 3선 개헌을 감행하여 이승만 대통령이 저지른 잘못을 반복하였고, 1971년 말에는 대통령에게 사전적 긴급조치권을 초헌법적으로 부여한 <국가보위에 관한 특별조치법>을 제정, 공포하였다.

박 대통령의 이와 같은 독주를 소수파인 야당이 국회 내에서 표결로 막을 수 있는 방도는 거의 없었다. 그의 독주를 막기 위해서는 야당이 선거에 승리하는 길밖에 없었고, 1971년의 선거결과를 볼 때 1975년 선거에서 야당이 승리할 가능성은 충분히 있었다.

그러나 주지하다시피 박 대통령은 1972년에 제3공화국 헌법의 효력을 정지시키고 유신체제라는 군사독재체제를 수립함으로써 이러한 정치발전을 미리 차단하였다. 야당이 항상 국회내 소수파였던 제3공화국 기간 중에 야당 의원들이 할 수 있는 박 대통령 견제활동은 의원직 사퇴, 의사진행 방해나 퇴장, 등원거부, 장외투쟁과 같은 실력행사였으나 이러한 활동이 그의 독주를 막을 수는 없었다.

박 대통령의 독주에 가장 위협적인 세력은 학생들이었다. 학생들은 1964년과 1965년에는 전국 각지에서 한일회담반대 데모를 하였고 박 대통령은 서울에 1964년에는 비상계엄을, 1965년에는 위수령을 선포하고 휴교령을 내려 학생 데모를 통제하였다. 학생들은 1967년 제7대 국회의원 선거 직후에는 부정선거 규탄 데모를 벌인 데 이어 1969년까지는 3선 개헌 반대 데모를 전국 각지에서 일으켰다. 박 대통령은 1969년에도 휴교령과 조기방학으로 이러한 데모에 대처했다. 1968년 1월 북한의 124군 부대 소속 특공대 31명의 청와대 습격 기도, 동년 11월 동해안 지역에의 북한 무장간첩 침입사건, 그리고 1969년 북한의 미군 정찰기 격추사건을 계기로 대학에서 실시하게 된 대학생 군사훈련에 대한 반대 데모도 1970년과 1971년에 격렬하게 일어났고 박 대통령은 역시 위수령과 휴교로 이러한 데모에 대처하였다.

1960년 3·15 부정선거 전의 제1공화국시대에는 학생들의 반정부 데모는 별로 없었고 1952년 이승만 대통령이 직선제 개헌을 추진하는 과정에서 공비토벌 명목으로 계엄령을 선포한 것을 제외하고는 군을 정치에 직접 개입시키지 않았다. 제3공화국시대의 학생들은 빈번하게 반정부 데모를 하였고 박 대통령은 이를 통제하는 데 군을 이용하였다. 제1공화국시대에는 이승만 대통령의 군에 대한 지배가 느슨한 것이었고 미군의 한국 군에 대한 영향력이 컸던 데 반해 제3공화국시대에는 박 대통령 자신이 군을 직접적으로 세밀하게 지배하였고 미군의 한국 군에 대한 영향력은 그만큼 감퇴한 상황에 있었다. 박 대통령의 군 지배는 그 자신의 뿌리가 군에 있어 군을 잘 알았고 영남 출신 장교들을 그의 지지세력으로 육성하고 그의 각료들 중 30~40%는 군 출신자들로 임명하는 등의 군 우대정책으로 가능한 것이었다. 박 대통령의 정치적 독주에 있어 한국 군은 필요불가결한 동반자였다.

제3공화국 헌법의 권력분립적 성격이 유명무실하게 된 두 번째 이유는 박 대통령이 이미 소개한 바와 같이 그 어느 때보다도 큰 자율성과 권한을 헌법상 가지고 있던 사법부의 견제를 전혀 받지 않고 독주할 수 있었기 때문이다. 제3공화국시대의 대법원은 위헌심사권을 가지고 있었지만 미국의 대법원과는 달리 대통령의 통치행위와 법률에 대한 위헌심사권 행사에 있어 매우 소극적이었다. 대법원은 대통령의 계엄선포 행위, 위수령, 휴교령 등과 같은 통치 행위의 정당성 여부는 국회가 판단할 문제라고 판시하였고 제3공화국시대 초부터 최근까지도 문제가 되었던 중앙정보부의 정치사찰과 공작의 합헌성 여부에 대한 문제는 전혀 고려조차 하지 않았다. 하급법원이 법률의 위헌판결을 내린 경우에도 대법원이 위헌판결을 내리는 데에는 극히 신중하였다. <국가보위에 관한 특별조치법>도 대통령에게 사전적 긴급조치권을 초헌법적으로 부여했기 때문에 합헌성 여부에 대한 논란이 있었으나 대법원은 이를 다루지 않았다. 미국의 대법원은 대통령, 국회와 함께 미국 정치의 민주성을 유지하는 데 있어 중요한 세 기둥 중 한 기둥의 역할을 하고 있으나 한국의 대법원은 이러한 전통이 없고 또 이러한 전통을 세우려는 노력조차 하지 않았다. 제3공화국시대 말에 판사들이 사법권독립수호를 결의하기도 하였지만 이는 재판에 있어 그들의 독립권을 주장한 것이지, 한국 대법원이 미국의 대법원처럼 정치적 역할을 하고 민주적 정치질서 수호에 일익을 담당해야만 된다는 주장을 한 것은 아니었다.[33]

제3공화국 헌법은 지방자치에 관한 다음과 같은 조항들을 두고 있었다. 첫째는 지방자치단체는 주민의 복리에 관한 사무를 처리하고 법령의 범위 안에서 자치에 관한 규정을 제정할 수 있고 지방자치단체의 종류는 법률로 정한다는 조항이고, 둘째는 지방자치단체에는 의회를 두고 지방의회의 조직, 권한, 의원선거와 지방자치단체의 장(長)의 선임방법 등은 법률로 정한다는 조항이었다. 박 대통령은 헌법에 이와 같은 지방자치 조항이 있음에도 불구하고 이를 시행하지 않았다. 이 두 조항은 그후 제4, 5, 6공화국 헌법에도 포함되었으나 이의 전면적 시행은 지방자치 조항이 헌법에 포함된 지 32년 만인 1995년에 와서야 이루어졌다. 지방자치의 부재는 중앙정부와 지방정부와의 관계에 있어 중앙정부의 독주를 보장해 주었다.

제3공화국시대의 정당과 이익집단들은 어떠했는가? 우선 정당의 위상은 제3공화국시대가 그 어느 시대보다도 높았다. 제3공화국 헌법의 제7조, 제36조 3항, 제38조, 제64조 3항은 정당에 관한 헌법조항들이고 그 중 제7조 3항을 제외하고는 모두 신설된 정당 조항들이었다. 제7조 1항에서는 정당 설립의 자유와 복수정당제를 보장하였고, 2항에서는

33) 김철수, 『한국헌법사』(서울: 대학출판사, 1988), pp.119-125 참조.

정당은 조직을 가져야 하고 조직과 활동은 민주적이어야 한다고 규정하였고, 3항에서는 정당은 국가의 보호를 받고 위헌정당은 대법원의 판결로만 해산된다고 규정하였다. 제36조 3항은 국회의원 후보가 되려는 자는 소속정당의 추천을 받아야 한다고 규정하였고, 제38조는 국회의원은 임기 중 합당 또는 제명으로 소속이 달라지는 경우를 예외로 하고는 당적을 이탈하거나 변경한 때 또는 소속정당이 해산된 때에는 그 자격이 상실된다고 규정하였다. 그리고 마지막으로 제64조 3항은 대통령 후보가 되려 하는 자는 소속정당의 추천을 받아야 한다고 규정하였다. 이와 같은 정당조항들은 제3공화국의 정치를 정당 중심으로 운영하겠다는 군사 쿠데타 주도세력과 그들을 도운 정치학자들과 법학자들의 의사를 반영한 것이었다.

제3공화국의 여당이었던 민주공화당은 5·16 쿠데타의 계획과 성공에 있어 제2인자의 역할을 한 초대 중앙정보부장 김종필이 군사 쿠데타 세력의 민정참여를 위해 1963년 1월 1일 정치활동이 허용되기 전에 사전 조직한 정당이었다. 당시 이 당의 창당자금을 마련하느라고 김종필이 증권파동, 워커 힐 건립, 새나라 자동차 도입, 회전당구 영업허가의 4대 의혹사건을 일으켰다는 소문이 파다했다. 그러나 5·16 쿠데타 주체세력들에게 4대 의혹사건보다 더 문제가 된 것은 김종필이 사전 조직한 민주공화당의 조직적 성격에 관한 것이었다. 그가 사전 조직한 민주공화당은 서구의 좌파 정당들처럼 당기구가 이원화되어 있었다. 즉 그는 민주공화당 조직을 국회의원 조직과 사무당 조직으로 이원화시키고 정책과 선거의 책임을 사무당 조직에 맡기고 의원들은 사무당 조직의 조종을 받도록 할 계획을 가지고 있었다. 일부 쿠데타 주체세력은 이와 같은 공화당 사전 조직과 당의 이원적 성격에 대해 크게 반발했다. 그들을 대표하여 김동하 예비역 해병소장은 1963년 1월 21일 당의 이원조직은 자유민주국가에 있을 수 없고 이러한 기구운영에는 막대한 당비가 들며 따라서 정치적 부패를 초래하기 쉽고 지방사무국 요원은 평시에 말단행정기관에 간섭할 우려가 있다는 성명까지 발표하였다.[34] 일부 쿠데타 주체세력의 김종필에 대한 이와 같은 반발 때문에 그는 2월 20일 일체의 공직으로부터 사퇴하고 외유의 길을 떠날 수밖에 없었고, 다른 한편 김동하 등은 3월 11일 쿠데타 음모혐의로 검거되었다. 민주공화당은 중앙사무국을 대폭 축소하고 유급 사무당원수를 4분의 1로 감원하고 5월 10일 정당 등록을 하였다.[35]

---

34) 『동아일보』, 1963년 1월 21일.

민주공화당은 1964년 6월 김종필의 당의장 사퇴 이후 의원들, 즉 지구당 위원장들 중심의 간부정당이 되었고 1965년 말 당의장으로 재임명된 김종필은 이를 받아들였지만 1963년 말에는 당으로 복귀한 김종필의 지도하에 중앙의 사무국 조직을 근간으로 하는 대중정당을 지향하였었다. 민주공화당은 원래의 의도와는 달리 창당시 구자유당계 정치인들을 많이 영입하였고 1963년 11월 말에 실시된 제6대 국회의원선거 후보로는 당선위주의 공천원칙 아래 부정선거 관련자들까지 공천하여 사무당원들이 크게 반발하기도 하였으나 적지 않은 수의 지식인들, 특히 언론인들과 교수들을 영입하였다. 제1공화국시대의 집권당이었던 자유당이나 당시의 다른 야당들에서는 찾아보기 어려운 일이었다. 또한 민주공화당은 조국 근대화를 목표로 내세우고 정책정당을 표방하였다. 민주공화당은 서구의 대중적 정책정당과 같은 발전을 하지 못했지만 제3공화국시대는 물론이고 한국정당사의 전 기간을 통해서도 근대적인 성격이 가장 강했던 정당이었다고 평가할 수 있다.[36)]

민주공화당은 제1공화국시대의 여당이었던 자유당과 같이 최고권력자인 대통령의 권력에 의존하여 창당, 발전된 정당이나 대통령으로부터 어느 정도의 독립성을 지속적으로 나타냈다. 박 대통령은 당 총재로서 소속의원들의 공천권을 가지고 있고 소속의원들은 탈당을 하면 의원직을 잃고 당의 공천을 받지 않고는 무소속으로 국회의원에 입후보조차 할 수 없기 때문에 박 대통령의 소속의원들에 대한 영향력은 제1공화국시대에 비해 제도적으로 더 컸다. 그럼에도 불구하고 민주공화당 내부의 파벌간 권력투쟁은 활발했고 의원들 중 일부가 박 대통령의 지시에 따르지 않는 소위 항명파동이 종종 일어났다. 1964년 3월, 야당이 제출한 엄민영 내무부장관에 대한 불신임안, 그 10여일 후 김유택 기획원장관과 원용석 농림부장관에 대한 불신임안에 대해서 공화당 의원 20~24명이 찬성표를 던졌다. 1965년 12월의 국회의장단 개선 때에는 공화당 의원들 중 김종필계 의원 40~50명이 당 총재의 지시에 항명하여 혼란을 가져왔고, 1969년 4월의 권오병 문교부장관에 대한 불신임안 가결 때에는 48명의 김종필계 공화당 의원들이 3선 개헌에 대한 불만에서 야당에 가담했고, 3선 개헌 때에는 김종필계 의원들의 적지 않은 저항이 있었고, 1971년의 오치성 내무부장관에 대한 불신임안에는 반 김종필계였던 김성곤계 의원들

35) 중앙선거관리위원회, 『대한민국정당사 제1집(1945~1972)』, 1973, p.295.
36) 위의 책, pp.313-349 참조.

이 야당에 동조하여 이를 가결시켰다.[37)]

박 대통령은 1964년의 항명은 묵인하였으나 그 이후의 항명자들에 대해서는 정권(停權)과 제명 등의 정치적 제재를 가했다. 이러한 제재를 가하는 데 있어 박 대통령은 주로 민주공화당의 당기위원회를 이용했으나 중앙정보부도 이용하였다. 특히 1971년의 항명자들은 중앙정보부에 불려가 혼이 났다고 하고 그 이후 이와 같은 항명사건은 일어나지 않았다. 중앙정보부는 국가안보에 관한 국내외 정보수집과 범죄수사를 목표로 5·16 직후 설립된 기관이었으나 국내 정치사찰과 공작에도 무서운 힘을 발휘한 기관이었다. 박 대통령은 야당뿐만 아니라 그의 측근들과 민주공화당 의원들을 통제하는 데도 이 기관을 이용하였다. 박 대통령의 통치에 있어 군과 중앙정보부에 대한 의존도는 3선개헌을 전후로 그에 대한 반대여론이 강해지는 것에 비례해서 더욱 높아졌다.

제3공화국시대의 야당은 한국의 야당들이 항상 그러했던 바와 같이 여당에 비해 훨씬 취약한 조직을 가지고 있었지만 박 대통령에게는 집권 초부터 강력한 도전세력이었다. 우선 윤보선 전 대통령은 민정당(民政黨)을 조직해서 1963년 대통령 선거전에서 박정희 후보에게 졌지만 15만 표의 차이밖에 안 나 그 자신을 정신적 대통령이라고까지 불렀다. 1967년 대통령선거에서는 신민당 후보로 나온 윤보선 후보가 110만 표 차로, 1971년에는 같은 신민당의 김대중 후보가 100만 표 차로 박 대통령에게 패배했지만 그들은 이러한 표차에도 불구하고 대통령직선제만 지속된다면 정권 교체가 앞으로 가능하다고 믿었다. 국회의원선거에서는 야당들이 난립하여 1963년과 1967년에는 제1야당이 사십 몇 석밖에 차지하지 못하여 국회에서의 민주공화당 독주를 가능하게 했다. 그러나 1971년에는 신민당은 89석을 차지하고, 특히 서울특별시를 비롯한 대도시에서는 1958년의 민주당처럼 신민당이 압승하여, 113석을 획득한 민주공화당을 위협하게 되었다.

야당은 제1야당이었던 신민당을 비롯해서 모두 조직, 인사, 정책면에서 여당인 민주공화당에 비해 뒤져 있었다고 평가할 수 있다. 신민당은 구민주당 출신 정치인들 중심의 간부정당이었고 근대 정당으로 탈바꿈하는 데 필요한 자금을 가지고 있지도 않았지만 그런 노력을 보이지도 않았다. 인사면에 있어서도 새로운 인사들이 야당에 가지도 않았지만 그들을 영입하려는 노력을 하지도 않았다. 정책면에 있어서는 국가발전을 위한 적극적인 정책과 비전을 내놓기보다는 박정희 대통령이나 다른 민주공화당 실력자들의 사상을 의

37) 이상우, “박정희는 용인의 천재였나”, 『신동아』, 1984년 9월호, pp.268-289.

심하거나, 그들을 사이비 자유민주주의자들이고 장기집권을 획책하고 있다고 비판하거나, 한일회담, 월남파병, 삼선개헌, 국가보위법을 반대하는 등의 비판과 반대중심의 정책을 제시했다. 이와 같은 비판과 반대는 물론 매우 중요한 것이었고 이러한 비판과 반대가 보다 강하지 못하여 결국은 유신체제라는 군사독재체제가 수립되게 되었으나, 박 대통령과 민주공화당의 조국 근대화 비전에 맞설만한 보다 긍정적인 의미에서의 비전과 정책을 제시하지 못한 것은 당시 한국 야당의 약점이었고 그것은 오늘날까지도 지속되고 있는 약점이다. 그러나 1971년의 대통령과 국회의원선거 결과는 신민당이 이와 같은 비판과 반대의 정책에 기반해서도 정권을 획득할 가능성을 가지고 있었다는 것을 보여주는 선거결과였다.

이익집단들은 제1공화국시대에는 대부분 어용적 성격을 띠었었고 제2공화국시대에는 자주성을 나타내기 시작했었으나 제3공화국시대에는 다시 박 정권의 지지기반으로 육성되었다. 군사정부는 5・16 직후 노동조합을 비롯한 모든 정치사회단체를 해산시키고 활동을 금지시켰으나 노동조합에 대해서는 곧 이를 해제하고 재조직에 착수했다. 군사혁명위원회 보건사회위원장은 노동조합을 기업별 조합에서 산업별 조합으로 재조직하고 제2공화국시대의 급진적인 노조지도자들은 노동운동에서 배제시킨다는 방침을 발표하였다. 이러한 방침에 따라 중앙정보부는 30명의 노동조합 대표를 선정하고 그들 가운데 9명을 핵심위원으로 삼아 노동조합재건위원회를 구성하고 그들로 하여금 대한노총을 대신해서 한국 노동조합 총연맹을 설립케 하였다. 한국노총은 그들이 믿을 수 있는 대표들로 하여금 먼저 산업별 노동조합을 결성케 하고, 그 다음에는 기업 혹은 공장 수준에서 단위조합을 결성케 하였다. 노동조합은 군사정부의 지도하에 완전히 하향식으로 조직되어 제3공화국시대를 통해 박 정권에 협력하게 하였다.[38]

군사정부는 농어민 단체도 재편하였다. 기존의 농업협동조합과 농업은행을 통합한 새로운 농업협동조합을 발족시켰고 수산중앙회도 수산업협동조합으로 재편하여 어업협동조합과 수산제조업협동조합을 산하에 두게 하였다.

제2공화국시대의 부정축재자들로 몰린 대기업가들이 그들의 이익을 보호하기 위해 협회의 설립을 추진하다 5・16으로 무산되었다는 것은 이미 언급한 바와 같다. 그들은 5・16 후에도 부정축재처리 대상자들이 되어 이에 대한 대책으로 1961년 7월 경제재건

38) 최장집, 『한국의 노동운동과 국가』(서울: 열음사, 1988), pp.37-40.

촉진회를 결성하였고 이를 한국경제인협회로 개칭하였다. 이 협회가 나중에 전국경제인연합회가 되었고 제3공화국시대 이래의 경제건설에 적극 참여하였다.

이상 소개한 노동조합, 농어민들의 협동조합, 경제인협회 외에도 대한교육연합회, 한국예술문화단체총연합회, 대한민국재향군인회 등 여러 사회문화단체들도 제1공화국시대 때와 마찬가지로 정부 의존적이었고 따라서 박 정권에 협조적이었다. 그러나 1970년에 들어서부터는 박 정권에 대한 불만이 사회 각계각층의 말단 현장 활동가에게서 터져나오기 시작했다. 어떠한 다른 이익단체보다 정치적으로 중요한 한국노총은 현장 노동자들의 권익을 대변하지 못했기 때문에 현장 노동자들이 직접 사회적 항의운동을 벌였다. 1970년 11월 평화시장의 전태일 분신자살, 1971년 6월 국립의료원 인턴들의 처우개선 운동, 동년 9월 한진상사 파월기술자들의 KAL 빌딩 습격과 1971년 8월 광주대단지 하층민들의 폭동사건 등은 모두 밑으로부터의 이익표출이 위로 올라가지 못하고 무시된 데서 나온 사회적 위기의 증후군이었다.

요약건대, 제3공화국시대의 대통령중심제도 제1공화국시대와 마찬가지로 입법권과 행정권이 실제로는 대통령에게 융합되어 있는 권력융합적 대통령제였다. 사법부는 미국의 대법원처럼 헌법상 독립적인 권한을 가지고 있음에도 불구하고 통치문제와 정치문제에 대해서는 헌법적 해석이나 판결을 내리기를 꺼리는 매우 소극적인 사법부였다. 정치적으로 매우 소극적인 사법부는 박 대통령의 독주를 용이하게 해준 한 요인이었다. 지방자치제도는 헌법상 규정되어 있었지만 아예 실시를 준비하지도 않았다. 박 대통령의 의회지배를 가능케 한 민주공화당은 한국 정당사상 상대적인 의미에 있어 가장 잘 조직되고 근대화된 정당이었고 야당은 조직, 인사, 정책 면에 있어 민주공화당에 뒤떨어졌다. 노동자들, 농어민들, 경제인들의 이익단체는 친정부 집단으로 보다 잘 조직되어 있었다.

그러나 박 대통령은 5 · 16 직후부터 그의 권력에 끊임없는 도전과 위협을 받았다. 장도영 반혁명사건, 김동하 반혁명사건 등은 군사 쿠데타 가담세력 중에 그에 대한 도전세력이 있었음을 나타내 주는 사건이었다. 제3공화국시대에는 헌법의 규정에 따른 그의 퇴진을 기다리는 세력이 김종필계와 반김종필계 양측에 다 있다는 것을 나타내 주는 민주공화당 내의 항명사건이 간헐적이지만 끊이지 않고 일어났다. 집권세력 외부로부터의 도전도 컸다. 제3공화국의 첫 번째 대통령선거에서 그는 15만 표라는 근소한 표차로 간신히 승리하였고, 1971년 야당의 김대중 후보에게도 힘겨운 승리를 거두었다. 1971년에는 국회에서도 야당세는 여당세를 가깝게 따라왔다. 그를 반대하는 학생 데모도 그의 집권 초부터 끊이지 않고 일어났다. 이뿐만 아니라 1970년부터는 노동자들을 비롯한 사회 각계각층의 반정부 운동도 연속적으로 일어났다.

박 대통령은 이러한 도전과 위협에 대처하기 위해 집권 초부터 중앙정보부와 군을 이용하였다. 그가 대통령에 두 번째 당선되고 집권기간이 길어짐에 따라 이러한 기관들과 여타 행정기관들에 대한 그의 장악력은 보다 강해졌다. 그는 이러한 기관들에 의존해서 집권세력 내의 도전을 가차없이 분쇄하고 학생들과 사회 각계각층의 그에 대한 반대도 일단은 성공적으로 통제하였다. 박 대통령은 군사력을 이용해 정권을 잡았고 선거를 통해 대통령이 된 이후에도 제3공화국의 전 기간을 통해 강제력을 제1공화국시대 보다 훨씬 빈번하게 동원하였다. 이와 같은 의미에 있어 제3공화국의 단극적 통치형 정치제도는 제1공화국시대와 구별되는 특징을 가진다. 그리고 권력 유지의 요소로서 강제력의 비중이 상대적으로 컸던 제3공화국의 단극적 통치형 정치제도는 유신체제라는 군사독재체로의 전환을 가능케 한 제도적 기반이 되었다고 볼 수 있다.

박 대통령은 이승만 대통령과는 달리 집권 초부터 소위 인기있는 대통령이 아니었다. 그에게는 이 대통령과는 달리 카리스마도 없었고 대중을 사로잡는 연설능력도 없었다. 그는 정치가라기보다 군인이었고 행정가였다. 그는 민주적 절차의 정통성보다는 경제적 업적을 내어 국민들의 지지를 받고자 했다. 박 대통령은 권력융합적인 체제를 가지고 긴급한 해결을 요하는 경제문제에 신속하게 대처하였고 그 결과는 오늘날 평가한다면 성공적이었다. 제1차 5개년계획기간(1962~66)에 있어 한국경제의 평균성장률은 7.9%였고, 제2차 계획기간(1967~71)에는 9.6%였고 이러한 성장률은 당시 고도성장을 하고 있던 일본, 홍콩, 대만, 싱가포르 다음의 높은 성장률이었다.[39] 그러나 그의 이와 같은 경제적 업적이 그의 지지율을 높여준 것 같지는 않다. 생활이 좀 나아지기 시작한 중산층도, 산업화의 결실로부터 소외된 노동자들도 박 정권에 대해 비판적이었다.

제3공화국시대의 단극적 통치형 정치제도도 정치의 모든 활동적 요소를 단극의 권력정점으로 빨아올리는 "소용돌이" 정치현상을 야기시켰다. 이에 저항하는 무시 못할 힘이 집권당 안과 밖에 있었고 박 대통령을 권력정점으로 하는 "소용돌이" 정치현상은 그가 제3공화국 헌법을 준수한다면 곧 소멸될 수밖에 없는 상황에 처해 있었으나 박 대통령은

39) 송병락, 『한국경제론』(서울: 박영사, 1984), p.211.

1972년 10월 이 헌법을 불법적으로 효력 정지시킴으로써 집권세력 내부에서건 밖에서건 새로운 권력정점이 형성될 수 있는 제도적 여지를 철저하게 봉쇄해 버렸다.

V. 제4공화국시대의 정치제도

박정희 장군은 군사 쿠데타로 정권을 장악하고 그후 제3공화국 헌법에 따른 선거에 승리함으로써 그의 정권을 합법화시켰다. 그의 임기는 1971년까지였으나 3선 개헌으로 1975년까지로 연장되었고 4선 개헌이나 5선 개헌을 하지 않는 한 더 이상 연장될 수 없었다. 여당인 민주공화당이 1971년 국회의원선거에서 개헌에 필요한 의석을 확보하지 못했기 때문에 대통령 임기 연장을 위한 더 이상의 개헌은 불가능했고 공화당의 간부들도 박 대통령이 1975년에는 물러나길 기대했다. 그는 제3공화국의 헌정질서하에서는 더 이상 대통령을 할 수 없었다. 그가 대통령을 더 할 수 있는 길은 제3공화국 헌정질서를 뒤엎는 쿠데타밖에 없었고 1972년 10월 유신은 바로 그와 같은 쿠데타였다.

박 대통령은 유신 쿠데타를 남북문제와 결부시켜 합리화하였다. 그는 중앙정보부장 이후락을 평양에 비밀리에 보내 북한과 상호 비방을 중지하고 통일은 자주원칙, 평화원칙, 이념과 체제의 차이를 초월하는 민족대단결의 원칙에 기반해 이룩한다는 내용에 합의하였다. 1972년 7월 4일의 남북공동성명으로 발표된 이와 같은 합의는 그 이전 4반세기에 걸친 남북한 간의 적대관계를 고려할 때 획기적인 것이었고 남한 국민들을 상당히 흥분시켰다. 다른 한편, 박 대통령은 이후락 부장의 지휘하에 소수의 법무부 검사들과 헌법학 교수들이 팀이 되어 유신헌법을 비밀리에 기초하도록 하였다. 박 대통령은 이 두 비밀작업에 근거해 10월 17일 제3공화국 헌법을 불법적으로 효력 정지시키고 국회를 해산하는 등 유신을 선포하였다. 그는 자유민주주의체제가 낭비와 비능률의 체제라고 비난하고, 남북대화를 통한 평화통일을 이룩하기 위한 체제로 유신헌법이 필요하다고 역설하고, 이를 찬성, 반대의 논의를 법적으로 금지한 국민투표로 확정시켰다.

항간에는 총통제 개헌을 위해 대만, 독일, 프랑스 등에 헌법학자들이 출장을 갔다는 소문이 있었으나 박 대통령의 후계자로 거론되고 있던 당시 김종필 국무총리와 민주공화당의 지도부를 비롯하여 어느 누구도 1972년 10월에 박 대통령이 자신이 만든 헌법을 효력 정지시키고 국회를 해산시키리라고 예상하지 못했다. 장기집권을 시도하다 결국은 정권도 명예도 잃은 이승만 대통령의 예와 당시의 국민여론을 고려할 때 박 대통령이 다시 이승만 대통령의 전철을 밟으리라고 예상하기란 어려웠다. 또한 그 전 해에 통과된 <국가보위에 관한 특별조치법>이 그에게 비상대권을 부여하고 있었고, 그의 임기가 3년이나 남아 있었다. 1972년 10월 유신선포는 제3공화국 헌정질서와 국민들에 대한 기습적인 선제공격이었고 박 대통령은 이 공격으로 기선을 잡고 유신에 대한 국민들의 동의를 강요하는 데 일단은 성공하였다.

유신체제는 입법, 사법, 행정의 삼권이 대통령에게 집중된 독재체제였다. 제3공화국의 대통령중심제에 있어서도 대통령이 집권당을 통해 국회를 지배하고 사법부는 적극적인 권한행사를 자제함으로써 실제로는 대통령에게 입법, 사법, 행정의 삼권이 집중되어 있었다고 볼 수도 있다. 그러나, 그렇다고 해서 유신헌법이 제3공화국시대의 권력현실을 그대로 솔직하게 반영시킨 헌법이었다고 본다면 이는 잘못이다. 유신헌법에 나타난 대통령의 권한은 제3공화국시대와는 비교가 안 될 정도로 막강한 권한으로 독재국가에서나 찾아볼 수 있는 것이었기 때문이다.

우선 첫째로 유신헌법은 대통령 직선제를 없애고 6년의 임기를 가진 2천 명 이상 5천 명 이하의 비정당 출신 대의원으로 구성되는 통일주체국민회의에서 대통령을 토론 없이 선출하게 함으로써 박 대통령의 영구집권을 헌법적으로는 가능하게 만들었다. 유신헌법에 따른 첫 번째 통일주체국민회의 대의원선거는 1972년 12월 15일에 있었고 2,359명의 대의원이 선출되었다. 통일주체국민회의는 12월 23일에 개원되었고 박정희 후보가 2,359명 전원이 재적한 가운데 지지 2,357표, 무효 2표로 임기 6년의 제4공화국 대통령으로 당선되었다. 이와 같은 선거결과는 전체주의적 독재국가에서나 있을 수 있는 것으로 통일주체국민회의가 박 대통령의 꼭두각시에 불과하다는 것을 나타냈다. 박 대통령은 그의 꼭두각시인 통일주체국민회의가 대통령을 선출하게 함으로써 그의 연속적인 대통령 당선을 제도적으로 보장받고 있었다.

둘째로 유신헌법은 국회가 국민들이 직접 선출하는 임기 6년의 의원들과 통일주체국민회의가 선출하는 임기 3년의 의원으로 구성한다고 규정하였다. 여기서 통일주체국민회의가 선출하는 전국구 의원은 이 기관이 대통령의 꼭두각시이기 때문에 실제로는 대통령이 임명하는 의원이었다. 제4공화국시대를 통해 통일주체국민회의가 선출하는, 즉 대통령이 임명하는 의원수는 국회의원 총수의 3분의 1이었고 그들은 유신정우회라는 원내 교섭단체를 구성하였다. 또한 제4공화국시대에는 국회의원 선거구를 종래의 소선거구제에서 1구에서 2인을 선출하는 중선거구로 바꾸었다. 1구 2인제 중선거구 선거에서는 집권여당의 공천을 받으면 당선될 확률이 100%에 가까웠기 때문에 총재인 박 대통령의 국회의원 후보공천권은 국회의원 임명권이나 마찬가지 의미를 가지고 있었다. 박 대통령은 국회의원 총수의 3분의 2에 해당하는 의원들을 실제로는 임명할 수 있는 막강한 권한을 갖게 되었다. 박 대통령은 유신헌법 초안 작성에 공이 있는 교수들과 그를 원래 지지하던 인사들뿐만 아니라 그에게 비판적이었던 지식인들과 학생시대에 서울대의 민족통일연맹이나 민족주의비교연구회와 같은 진보적인 단체에서 활동하고 4·19 때나 한일회담 반대운동 때에도 적극적인 역할을 한 적이 있는 청년 지식인들을 파격적으로 전국구 국회의원에 임명하였다. 이념, 정책적으로 박 대통령과 정반대되는 인사들을 전국구 국회의원에 임명하는 일이나 그들이 이러한 임명을 수락하는 일은 구미의 정치에서는 찾아보기 어려운 일이다. 이러한 일은 실로 이념이나 정책적 입장보다는 권력을 절대적으로 우선시하는 한국 정치의 고유한 특성이라고 아니할 수 없다. 박 대통령이 영입한 비판적인 인사들은 유신체제의 정통성 결핍을 조금이나마 보충하는 역할을 했다고 말할 수 있다.

셋째로 유신헌법은 제3공화국시대의 법관추천회의제도를 없애고 대통령에게 대법원장과 대법원 판사를 비롯한 모든 법관들의 임명권을 부여하였다. 이미 지적한 바와 같이 미국의 대통령도 대법원장, 대법관 등의 법관을 임명하나 그들은 종신임기를 가지고 있기 때문에 임명을 받은 후에는 대통령으로부터 독립적이나 제4공화국시대의 대법원장은 6년의 임기를, 대법원장이 아닌 모든 법관은 10년의 임기를 각각 가지고 있고 연임될 수 있었기 때문에 그들은 대통령으로부터 독립적일 수 없었다. 제4공화국시대의 모든 법관은 1973년 4월 30일까지 재임명 절차를 밟았고 그들 중 상당수가 재임명에서 탈락되었다.

제4공화국시대의 박 대통령은 국무총리를 비롯한 행정부의 모든 요직뿐만 아니라 바로 소개한 바와 같이 입법부와 사법부에 대해서도 광범위한 인사권을 가지고 있었기 때문에 입법부와 사법부는 대통령으로부터 독립적인 권한이 있다 해도 그것은 유명무실하였다. 국회는 국무총리 또는 국무위원에 대하여 개별적으로 그 해임을 의결할 수 있고 국무총리에 대한 해임의결이 있을 때에는 대통령은 국무총리와 국무위원 전원을 해임해야 하나 국회는 대통령의 지배하에 있기 때문에 대통령의 의사에 반해서 이러한 의결을 할 수 없었다. 그러나 대통령은 국회를 해산할 수 있는 권한을 가지고 있었다. 의회해산권은 의원내각제에서 내각을 불신임하여 퇴진시킬 수 있는 의회의 권한을 견제하기 위해 행정수반인 수상에게 부여하는 것인데, 제4공화국시대에는 행정수반인 대통령만이 실제로는 일방적인 의회해산권을 가지고 있었다. 대통령의 의회해산권은 다른 대통령중심제 국가에서는 찾아볼 수 없는 유신 대통령제에 고유한 특성이었다.

제1, 2, 3공화국시대를 통해 행정부의 부정과 비리를 통제할 수 있는 제도 중 하나로 국회의 국정감사권이 있었다. 국회의 국정감사권이 행정부의 업무수행에 일시적으로 지장을 초래하고 또 의원들이 공정한 감사를 하지 못한 경우도 있으나 이 제도는 국회가 가진 가장 유효한 행정부 견제수단이었다. 유신헌법은 4반세기의 오랜 전통을 가지고 있고 국회의 중요한 권한인 국정감사권을 행정부의 업무를 방해하고 효율성을 저하시킨다는 이유로 폐지하였다.

유신헌법은 제3공화국시대에는 대법원에 부여되어 있던 위헌법률심사권과 위헌정당심사권을 법원과는 별도기구인 헌법위원회에 부여하였다. 대법원은 위헌법률을 헌법위원회에 제청할 수 있는 권한만을 보유하였다. 헌법위원회는 6년의 임기를 가진 9명의 위원으로 구성하고 대통령이 그들을 임명하도록 하였다. 그리고 이들 9명 중 3명은 국회에서 선출하는 자를, 3명은 대법원장이 지명하는 자를 임명하도록 하였다. 제4공화국시대의 법원은 제3공화국시대와는 대조적으로 대통령을 견제할 수 있는 헌법상의 권한조차 가지지 못했다.

제4공화국시대의 법원은 행정부를 견제하기는커녕 오히려 행정부의 시녀로 전락하였다. 유신체제에 대한 학생들, 종교인들, 문인들, 일부 법조인들, 야당 정치인들의 저항은 매우 격렬하였고 박 대통령은 이를 유신헌법 제53조에 근거한 긴급조치로 대처하였다. 1974년 1월 8일 개헌주장을 무조건 금지하는 긴급조치 1호가 나온 이래 1979년 12월 8일 긴급조치 9호가 해제될 때까지의 긴급조치시대에 법원은 국민의 기본권 보호를 외면하고 박 대통령의 독재의지를 존중하였다. 긴급조치 1, 2, 3, 4, 5호 위반자들은 모두 비상군법회의가 1, 2심을 하고 상고심만을 대법원이 맡았고 긴급조치 7호와 9호 위반자들은 1심부터 일반 법원이 재판을 했다. 1974년 9월 7일까지 긴급조치 위반으로 군법회의에서 재판을 받은 피고인 203명 중 98명만이 대법원에 상고하였고 나머지는 대법원에 상고해 보아야 아무 소용이 없다는 판단에서 상고를 포기했다. 긴급조치 7호와 9호 위반자들에 대한 일반 재판에 있어서도 조금이라도 독립성을 보인 판사들은 보직에 불이익을 받거나 법복을 벗을 수밖에 없었기 때문에 대부분의 판사들은 박 대통령의 독재의지를 존중하는 판결을 내렸다.[40)]

유신헌법은 지방자치 조항은 두고서도 지방의회는 조국통일이 이루어질 때까지 구성하지 아니한다고 부칙 제10조에 규정하였다.

이와 같은 독재체제에서 정당이 설 자리는 크게 축소되었다. 첫째로 제3공화국시대의 세 번에 걸친 대통령선거와 국회의원선거에 있어 여당인 민주공화당은 박 대통령에게 선거조직으로 꼭 필요한 조직이었으나 유신 독재체제에서는 민주공화당의 정치적 유용성은 약화되었다. 이미 소개한 바와 같이 가장 중요한 선거인 대통령선거가 정당과는 전혀 관계가 없는 선거가 되었고 국회의원선거도 1구 2인제의 채택으로 후보들의 당락에 있어서만은 민주공화당과 야당은 서로 경쟁하지 않고 공존할 수 있는 관계가 되었기 때문이다. 박 대통령의 정권 유지에 있어 민주공화당의 유용성이 약화됨에 따라 유신시대에 민주공화당은 총재인 박 대통령의 의사에 따라 기구를 축소하고 사무당원수도 대폭 감축하였다. 독재체제 중에는 구소련이나 중국과 같이 전적으로 정당에 그 권력기반을 두고 있는 독재체제도 있으나 유신시대의 박 대통령에게 민주공화당은 하나의 권력기반에 불과하였고 군이나 중앙정보부 등의 국가기구보다 덜 중요한 권력기반이었다. 아니, 박 대통령은 유신을 선포함으로써 민주공화당을 덜 중요한 권력기반으로 전락시켰다. 민주공화당은 창당 때의 민주공화당과는 상당히 거리가 있는 정당으로 후퇴하였다.

정당은 정권 획득을 위해 모인 사람들의 집단인데 유신헌법은 이미 살펴본 바와 같이 야당의 정권 획득 가능성을 완전히 봉쇄 해버린 헌법이었다. 야당 출신이 대통령이 될 수도 없었고 국회 내 다수 의석을 차지할 수도 없었다. 유신체제에서 야당이 획득할 수 있는 최대가치는 국회의원 총수의 3분의 1이었고, 이는 정치적으로 무의미한 가치였다. 야당이 정당으로서의 그 존재 이유를 되찾기 위해서는 유신헌법을 폐지하고 제1, 2, 3공화국시대의 민주헌법으로의 개정이 필요했다. 제3공화국시대와 마찬가지로 제4공화국시대에도 제1야당이고 유일한 주요 야당이었던 신민당은 1974년 8월 김영삼을 총재로 선출하고 선명야당의 기치를 내걸고 개헌투쟁에 돌입하였다. 유신선포 당시 해외에 있었던

40) 『동아일보』, 1995년 4월 23일 제21면 참조.

김대중은 귀국하지 않고 해외에서 반유신운동을 주도해 오던 중 1973년 8월 일본에서 납치되어 귀국하여 정치활동을 금지당하고 있었다. 박 대통령은 1974년 8월 15일 그에 대한 재일교포 문세광의 저격미수사건을 계기로 유신체제를 정착시키고자 했으나 신민당 총재로 선출된 김영삼, 학생들, 그리고 종교인, 문인, 일부 법조인과 정치인들로 구성된 재야세력, 언론은 이에 큰 영향을 받지 않고 개헌투쟁을 전개하였다. 우선 신민당은 국회에 개헌특위안을 상정하고 이 안이 민주공화당과 유정회의 반대로 봉쇄되자 예산안 심의를 거부하고 원외투쟁을 보다 적극적으로 전개하였다. 이 과정에서 신민당의 정일형 의원은 1974년 말 박 대통령의 하야를 요구하였고 민주공화당과 유정회는 이 발언을 문제 삼아 그를 국회의원직에서 제명하였다. 박 대통령은 이러한 개헌투쟁을 1975년 2월 유신헌법에 대한 국민의 동의를 다시 강요한 신임투표로 막고자 했고 그후 4월의 베트남 패망은 국민들의 안보위기의식을 불러일으켜 개헌투쟁을 주춤거리게 한 적도 있다. 그러나 신민당의 김영삼 총재, 학생들, 재야세력, 언론은 개헌투쟁을 끈질기게 계속하였다.

신민당 내 김영삼 총재의 반대세력인 이철승이 당헌을 집단지도체제로 바꾸고 1976년 9월 대표최고위원에 선출되어 한국의 안보문제를 고려할 때 유신체제를 부인할 수 없다고 발언하고 박 대통령과 중도적 제휴노선을 제시한 "중도통합론"을 주장한 이래 신민당의 개헌투쟁노선은 한때 약화되기도 하였다. 그러나 국민들의 유신체제에 대한 반대여론은 신민당에 대한 지지율을 높여 1978년 국회의원선거에서 신민당은 민주공화당에 비해 의석수는 떨어지나 유권자들의 지지율에 있어서는 32.8% : 31.7%로 앞섰고, 1979년 5월 30일에는 김영삼이 김대중계의 지지에 힘입어 신민당 총재로 복귀하여 보다 활발하게 개헌투쟁을 전개하였다. 김영삼의 신민당 총재 복귀와 개헌투쟁에 위협을 느낀 박 대통령은 같은 해 9월 서울 민사지방법원으로 하여금 신민당 총재단 직무정지 가처분 결정을 내리게 했고 민주공화당과 유정회로 하여금 김일성과 만날 용의가 있다는 김영삼 총재의 『뉴욕 타임즈』 회견내용을 문제삼아 10월 4일 그를 국회의원직에서 제명처분하게 하였다. 야당 총재의 국회의원직 제명처분이라는 박 대통령의 강공책은 원내에서는 야당의원들의 무기한 등원거부와 신민당 의원 66명 전원과 통일당 의원 3명 전원의 국회의원직 사퇴서 제출로 이어졌고, 원외에서는 부산과 마산 지역에서 학생들과 일반 시민들의 대규모 시위를 유발시켰다. 박 대통령은 부산에 계엄령을, 마산에는 위수령을 선포하였으나 사태를 진정시키지 못하고 10월 26일 그의 충성스러운 추종자였던 중앙정보부장 김재규의 총에 맞아 사망하였다.

유신시대의 신민당은 김영삼계와 김대중계를 중심으로 하는 투쟁정당이었다. 이철승계가 유신체제와의 타협노선을 가지고 있었으나 신민당의 주류를 형성하지는 못했다. 신민당의 김영삼계와 김대중계는 개헌투쟁을 전개해 나가는 데 있어 박 대통령과 중앙정보부의 공작정치를 항상 경계해야만 했다. 그들은 항상 감시와 탄압을 받았기 때문에 개헌투쟁을 계획하고 수행해 나가는 데 있어 비밀을 유지할 필요가 있었다. 또한 그들은 정책형의 인물보다는 투사형의 충성심 있는 인물들을 필요로 했다. 그러나 개헌투쟁의 성공에 필요한 이와 같은 요건은 다른 한편에 있어서는 김영삼과 김대중 두 인물을 중심으로 하는 그룹의 폐쇄성을 심화시키고 신민당의 공당적 성격과 정책개발능력의 발전을 저해하였다.

유신시대의 이익집단들은 자율성을 가질 수 있는 여지가 그 이전 어느 시대보다도 좁았다. 노동자들은 제1, 2, 3공화국시대에는 단결권, 단체교섭권, 단체행동권의 노동삼권을 헌법상 유보조항 없이 보장받았으나 제4공화국시대에는 그렇지 못했다. 유신헌법은 이와 같은 노동삼권을 법률이 정하는 범위 안에서 보장한다는 유보조항을 가지고 있었기 때문이다. 그러나 노동삼권의 제한이 유신헌법에 의해 처음 규정된 것은 아니다. 1971년 말에 통과된 국가보위법 제9조에 이미 노동삼권에 이와 같은 제한이 가해졌고 유신헌법은 이를 헌법상의 제한으로 격상시킨 것에 불과하다. 유신시대 이전에 노동자들이 그들의 이익을 자유롭게 표출할 수 있는 노동삼권을 헌법상 가지고 있었다고 해서 노동자들이 이러한 권한을 행사한 것은 아니다. 실업률이 높고 농민들이 절대다수를 구성하던 산업화 이전시대에는 노동자들이 헌법상에 보장된 노동삼권을 행사하고 어용노조의 그들에 대한 지배에 저항할 능력을 결여하고 있었다. 1970년대 초는 이와 같은 상황에 변화가 일어나기 시작했다. 박 대통령의 적극적인 산업화 추진정책으로 실업률도 낮아졌고 노동자들의 수도 증가했고 성장혜택에서 소외된 노동자들은 불만을 표출하기 시작했던 것이다. 노동자들이 자율적인 불만표출을 할 수 있는 조건이 성숙되어 가는 상황에서 이를 통제할 수 있는 법 조항과 헌법조항이 나온 것이다. 유신시대는 노동자들을 노사협의회나 공장새마을운동을 통해 통제하고 이러한 방법으로 통제가 안 되는 노동자들은 강제력을 동원해 무자비하게 탄압한 시대이다. 노동자들의 자율성이 전연 허용되지 않고 중앙정보부와 노동청이 노사관계의 조정에 주도적 역할을 하던 시대이다.[41] 한국노총은 여전히 어용기관으로 정부의 노동탄압에 의미있는 저항을 하지 못했다. 그러나 이러한 탄압 속에서도 노동쟁의는, 특히 1970년대 후반부에는 현저하게 증가하고 동일방직과 YH 무역 사건에서와 같이 극렬화되고 정치화되어 박 정권 붕괴의 먼 원인을 제공하였다.

농어민들도 자율적인 이익표출활동을 할 수 없었다. 가톨릭 농민회 등과 같은 자율적 농민단체가 있었지만 항상 감시와 탄압을 받았고 전체 농민들 중에서의 그들의 위상은 극소수파에 불과하였다. 과거에 그러했던 바와 같이 유신시대에도 농민들은 농업협동조합을 통해, 또 어민들은 수산업협동조합을 통해 정부의 통제를 받았다. 이뿐만 아니라 농민들은 박 대통령이 그들의 소득 향상과 생활환경개선을 목표로 정부 주도하에 전개한 새마을운동에 동원되어 정부로부터 독립적인 입지를 가질 수 없었다. 농민들은 정부로부터 여러 가지 혜택을 받는 의존적인 위치에 있었다.

전국경제인연합회, 대한상공회의소, 중소기업협동조합중앙회 등의 경제인 단체들도 정부 관계부처로부터 간섭을 받았지만 고도경제성장정책의 혜택을 보기 위해 정부와 적극적으로 협조하였다. 특히 전경련의 대기업들 중에는 정부의 도움으로 이 시기에 재벌기업들로 급성장하였다. 경제인 단체들은 억압적인 유신체제하에서도 이익표출활동을 자유롭게 하고 오히려 그러한 억압으로부터 득을 본 그룹이다.

대한교육연합회, 한국예술문화단체총연합회, 대한민국 재향군인회, 그리고 여러 학회와 같은 사회문화단체들은 정부 의존적 성격을 그대로 견지했다.

요약건대, 제4공화국시대의 대통령중심제는 극단적인 단극 통치형 정치제도였다. 헌법상으로나 실제로나 입법권, 사법권, 행정권의 삼권이 대통령에게 집중되어 있고 대통령선거는 없는 것이나 마찬가지이고 지방자치제의 실시는 무기한 연기되었고 정당과 이익집단들은 자율적인 활동공간을 거의 전부 상실한 독재체제였다. 제3공화국시대까지 국민들은 그들의 불만을 선거를 통해 나타내고 최고 집권자를 물러나게 할 수 있는 헌법상의 권한을 가지고 있었으나 제4공화국시대에는 그러한 권한을 가지지 못했다.

제4공화국시대의 유신체제는 건국 이후 4반세기 간의 한국정치의 이념적 전통이었던 자유민주주의에 위배되는 제도로 다수 국민의 거부감을 불러일으켰다. 제4공화국시대의 전 기간을 통해 이 체제를 거부하는 운동은 끊임없이 일어났다. 유신체제에 대한 반대시위는 1973년 서울대 문리대생들의 시위를 기점으로 전국 대학생들의 시위로 확대되어

41) 최장집, 앞의 책, 제6, 7, 8장 참조.

갔다. 정부는 소위 "전국민주청년학생총연맹"사건이라는 것을 발표하고 대통령 긴급조치 4호로 강력 제재하였으나 긴급조치 4호가 해제된 1974년 8월 23일 이후에 대학생들의 유신철폐 시위는 다시 시작되어 이러한 운동을 금지하는 1975년 5월의 긴급조치 9호에도 불구하고 제4공화국 말 부마(釜馬)사태에 이르기까지 끊임없이 지속되었다. 그리고 학생들의 유신철폐운동 때문에 대학은 조기방학과 휴교를 거듭해야만 했다. 유신철폐운동의 주력은 학생들이었지만 종교인, 문인, 일부 법조인, 재야 정치인 등으로 구성되는 재야세력도 개헌청원운동, 민주회복국민회의운동, 시국선언 등을 통해 유신철폐운동을 적극적으로 전개하였다.

기자들도 자유언론 수호운동을 통해 유신체제에 반대하였다. 각 언론기관의 기자들은 정부가 학생들의 유신반대 시위운동을 자유롭게 보도하지 못하게 하는 데 저항해서 1973년 11월 29일 "언론자유선언"을 채택하였다. 1974년 11월에는 『동아일보』 기자들의 자유언론실천선언이 있었고 이어서 『한국일보』, 『조선일보』, 『경향신문』, 『서울신문』 기자들도 같은 선언을 하였다. 이들 신문사 기자들은 외부간섭 배제, 기관원 출입금지, 사실보도에 충실, 언론인 연행반대를 요구하였다. 특히 『동아일보』와 동아방송은 유신정권에 비협조적이었다고 해서 1975년 1월부터 7월까지 광고탄압을 받았다. 그러나 자유언론 수호운동에 참여한 동아, 조선의 기자들은 대부분 해직되었고 그후 언론은 정부의 통제하에 놓이게 되었다.

박 대통령이 제3공화국시대부터 중앙정보부와 군에 정치적으로 의존하기 시작했다는 것은 이미 지적한 바와 같다. 그의 중앙정보부와 군에 대한 정치적 의존도는 제4공화국 시대에는 더욱 높아졌다. 박 대통령은 학생들, 재야세력, 언론인들, 그리고 앞서 논한 바 있는 신민당의 김영삼계와 김대중계의 끈질긴 유신반대운동을 탄압하는 데 중앙정보부와 군을 항상 이용했기 때문이다. 유신시대는 대통령이 권력을 유지하는 데 있어 강제적 권력, 경제적 권력, 규범적 권력 중 강제적 권력의 비중이 그 이전 어느 시대보다도 더 큰 시대였다. 유신체제는 강제력에 의해 유지되는 독재체제, 즉 군부독재체제였다.

헨더슨은 제4공화국 유신시대의 한국정치도 정치의 모든 활동적 요소가 중앙권력을 향해 빨려들어가는 "소용돌이" 정치라고 보았다. 그는 한국 사회의 엘리트들이, 특히 외국유학을 통해 민주정치가 무엇인가를 잘 아는 지식인들이 군부독재정권을 합리화해 주는 이데올로그로 변신하고 한국 국민들의 대다수가 유신체제에 대한 국민투표에서 이 투표가 강압적인 분위기에서 진행되었지만 찬성 투표하는 것을 보고 탄압적인 군부독재정권의 지속이 강제력뿐만 아니라 한국 정치의 특성인 "소용돌이" 정치문화에도 있다고 해석하였다. 그러나 헨더슨의 이와 같은 해석은 학생, 재야세력, 일부 노동자들, 야당 정치인들의 끈질긴 유신헌법 철폐운동을 고려할 때 제한적인 의미에서만 옳은 해석인 것이다. 한국 국민들의, 특히 학생들의 독재정치에 대한 저항운동은 한국과 같은 문화권에 속하는 일본, 중국, 대만, 싱가포르, 홍콩 등의 어느 나라보다도 강한 것이었고 선진민주주의 국가에 비하더라도 결코 손색이 없는 강력한 운동이었다. 유신시대의 한국정치는 한편의 군부독재통치와 다른 한편의 독재체제 철폐운동으로 구성되어 있었고 독재체제 철폐운동이 점점 강해지고 있었다.

박 대통령은 자유민주주의의 정치적 절차를 비난하고 그의 꼭두각시인 통일주체국민회의에 의한 최고권력 수립절차를 옹호하고 대다수 국민들에게 이에 대한 동의를 강요했지만 국민들은 유신정권의 수립절차를 정당한 절차라고 생각하지 않았다. 박 대통령은 유신정권을 옹호하기 위해 많은 유능한 이데올로그들을 동원했지만 절차적 정통성(legitimacy by procedure)의 손상을 메꿀 수 없었다. 박 대통령은 절차적 정통성의 손상을 메꾸기 위해 그가 항상 강조해 온 경제적 업적을 내기 위해 매진해야만 했다. 그는 유신시대에 한국의 중화학공업화를 위해 심혈을 기울였다. 중화학공업화라는 경제발전단계가 유신독재체제를 생성시킨 것이 아니라 유신독재체제의 유지를 위해서는 중화학공업화라는 업적이 반드시 필요했다. 박 대통령은 이러한 경제적 업적의 혜택을 중산층과 농민들에게 분배함으로써, 다시 말해 경제적 보상의 방법으로, 그들의 지지를 확보해야만 했다. 유신정권은 절차적 정통성을 결여하고 있었기 때문에 경제마저도 잘 안 되면 언제든지 무너질 수 있는 위기상태에 처해 있었다. 그는 업적에 의한 정통성(legitimacy by results)을 확립하려고 최대의 노력을 경주하였고 유신시대의 경제적 업적은 이러한 노력의 결과라고 볼 수도 있다.[42)]

유신시대에 한국 경제는 고속성장을 계속했다. 실질 성장률은 1973년에 14.1%, 74년에 7.7%, 75년에 6.9%, 76년에 14.1%, 77년에 12.7%, 78년에 9.7%, 79년에 6.5%였다. 1인당 GNP는 73년의 396달러에서 79년에는 1,662달러로 증가하였고, 수출입 총액은 74.7억 달러에서 354억 달러로 증가하였다. 이와 같은 고속성장기에 경제적 혜택은

42) 정통성의 개념에 대해서는 Karl W. Deutsch, 앞의 책, pp.13-15 참조.

매우 불균형하게 분배되었지만 국민 전체의 생활수준이 향상되었다는 것은 부인할 수 없는 사실이다. 한국 국민들은 1960년대 초까지 빈곤 속에 있었고 국민들을 빈곤으로부터 해방시킨다는 5·16 군사 쿠데타의 목표를 박 대통령은 유신시대 말에는 달성했다고 볼 수 있다. 그러나 생활에 약간의 여유가 있는 시대의 국민들은 아무것도 없는 빈곤시대의 국민들보다 독재체제에 대해 더욱 큰 저항감을 나타냈다. 박 대통령의 경제정책은 한편으로는 업적에 의한 정통성 제고에 공헌하면서도 다른 한편에 있어서는 그 정통성을 침식시키는 모순되는 정치적 결과를 내놓았다.

VI. 제5공화국시대의 정치제도

YH 무역 여공들의 신민당사 점거농성, 김영삼 총재의 제명, 부마사태 등이 이루어 낸 긴장된 분위기 속에서 박 대통령은 1979년 10월 26일 그의 심복이었던 김재규 중앙정보부장에 의해 암살당했다. 박 대통령의 사망과 동시에 박 정권은 무너졌지만 그가 수립한 유신체제의 정치제도는 전두환, 노태우 장군 등 하나회 신군부세력이 세운 신유신체제에 계승되었다. 신유신체제의 특성을 살펴보기 전에 1980년 봄 민주화 열망의 좌절 경위를 간단히 소개한다.[43]

박 대통령의 사망 직후 최규하 국무총리가 대통령 권한대행을 맡고 2개월 후에는 유신헌법에 따라 대통령이 되었다. 그러나 그는 박 대통령의 권력기반이었던 군을 장악하지 못하여 힘없는 허수아비 대통령에 불과하였다. 박 대통령의 사망은 힘의 공백을 야기시켰고 이 공백을 메운 세력은 최 대통령이 아니라 하나회 중심의 신군부와 정승화 참모총장을 중심으로 하는 구군부였다. 하나회는 박 대통령이 그의 권력기반으로 육성한 정규육사 1기의 전두환, 노태우 장군을 중심으로 한 세력이었다. 이 세력은 1979년 12월 12일 그들의 상관인 정 참모총장을 비롯한 구군부 세력을 무력으로 제거하고 군권을 장악함으로써 힘의 공백을 메우고 있는 유일한 세력으로 등장하였다.

다른 한편, 박 대통령이 사망한 지 얼마 안 돼서부터 노동자들의 쟁의가 폭발적으로 일어났고 그 이외의 사회 제 집단으로부터도 여러 요구가 분출되어 나왔다. 1980년 봄에

43) 『5공평가 대토론』(서울: 동아일보사, 1994), pp.9-145 참조.

학생들은 과거 청산과 개헌을 요구하는 시위를 거의 매일 벌였다. 최 대통령은 처음에는 곧 개헌을 하겠다고 하였으나 대통령으로 정식 취임한 후에는 개헌에 1년여의 기간이 필요하다고 공언함으로써 학생들의 즉각 개헌요구 시위를 더욱 빈번하게 촉발시켰다. 신민당의 당권을 가지고 있던 김영삼과 정치활동을 재개한 김대중은 이제는 그들 중 한 명이 선거를 통해 정권을 장악할 수 있는 기회가 온 것으로 잘못 인식하고 그간의 공조체제를 깨뜨리고 서로 분열, 경쟁하였다. 박 대통령 사망 후의, 특히 1980년 봄의 사회, 정치적 상황은 5 · 16 쿠데타 이전 1961년 봄의 상황과 유사하였고 이러한 상황에선 다시 군이 정권을 장악할 가능성이 크다는 이야기가 무성하였다. 그러나 이러한 위험성이 사회 각계각층의 요구 분출, 학생들의 시위, 김영삼과 김대중의 분열을 막지는 못했다.

힘의 공백을 메꾸고 있던 신군부는 1980년 5월 17일 전국주요지휘관 회의를 열어 전국적으로 벌어지고 있는 극렬 학생시위를 이유로 지역계엄을 전국계엄으로 확대해야 한다는 결의문을 채택했고 최 대통령은 이를 즉시 수락하여 전국계엄을 선포하였다. 비상계엄을 전국으로 확대함과 동시에 김종필 씨 등 9명을 권력형 부정축재혐의로, 김대중 씨 등 7명을 사회혼란 조장혐의로 연행함으로써 신군부는 구정치세력의 제거작업에도 착수하였다. 신군부의 이러한 조처에 저항하여 5월 18일부터 27일 사이에 광주민중항쟁이 일어났고 이를 진압하는 과정에서 수많은 사상자가 나와 한국 사회는 군사력에 대한 공포 분위기 속에 빠져들었다. 신군부는 5월 31일 국가보위비상대책위원회를 대통령 자문기관으로 설치했고 국군보안사령관 전두환 장군이 국보위의 상임위원장에 취임하였다. 신군부는 8월 16일에는 최규하 대통령을 사임시키고 통일주체국민회의로 하여금 전두환 국보위위원장을 제11대 대통령으로 선출토록 하였다. 전두환 대통령은 10월에 유신헌법을 폐지하고 제5공화국 헌법을 만들었고 이 헌법에 따른 대통령으로 1981년 2월 25일 취임하였다. 한국의 중산층은 비교적 높은 민주의식을 가지고 있었으나 광주민중항쟁 직후의 공포 분위기 속에서는 꼼짝할 수 없었고 소련과 신냉전 상태에 있던 미국의 새 대통령으로 취임한 레이건(R. Reagan)은 전두환 대통령을 그의 첫 손님으로 미국에 초청함으로써 전 정권을 승인하였다.

제5공화국 헌법도 제4공화국 유신헌법과 마찬가지로 자유민주주의를 부정하는 헌법이었다. 제5공화국체제도 유신체제처럼 입법, 사법, 행정의 삼권이 대통령에게 집중된 독재체제였고 이 체제는 유신시대와 같이 군부의 지지에 기반을 둔 군부독재체제였다. 박 대통령은 유신체제가 자유민주주의체제는 아니라고 인정하였으나 전 대통령은 제5공화국체제를 자유민주주의체제라고 강변하였다. 제5공화국체제는 유신체제와 기본적으로 그 운영원리가 같은 신유신체제임에도 불구하고 신군부 세력과 그들에게 동원된 지식인들은 이 체제를 민주적인 체제로 보이게끔 분장시키는 데 상당한 노력을 기울였다. 그리고 이러한 분장 노력은 대통령과 국회의원의 선거방법에 가장 뚜렷이 나타나 있다.

제5공화국의 대통령은 5천 명 이상으로 구성되는 대통령 선거인단이 선거하도록 하였다. 그리고 대통령 선거인단은 유신시대의 통일주체국민회의의 대의원과는 달리 정당에 소속할 수 있도록 하였다. 1981년 2월 11일에 실시된 대통령 선거인단 선거에서 신군부세력이 만든 민주정의당(民主正義黨)은 총선거인단 수의 69.65%, 민주한국당은 7.79%, 한국국민당은 0.9%, 민권당은 0.39%, 무소속은 21.8%를 각각 차지하였다. 신군부세력은 통일주체국민회의 대의원들 대신 소속 정당을 가질 수 있는 대통령 선거인단이 대통령을 선출케 함으로써 제5공화국 대통령선거가 마치 미국 대통령선거와 비슷한 듯한 인상을 국민들에게 주도록 노력했다고 볼 수 있다. 그러나 이 선거는 유신시대의 대통령선거와 근본적으로 같은 선거로 2월 25일 장충체육관에서 실시된 선거에서 민정당의 전두환 후보는 90.23%의 압도적 찬성표를 받고 대통령에 당선되었다. 나머지 군소정당의 후보들은 처음부터 전 후보의 들러리였다. 단 제5공화국 헌법하의 대통령 임기는 7년 단임제였고 이 점이 유신헌법과는 다른 중요한 점으로 민주화의 길을 여는 데 도움이 되었다고 말할 수 있다.

제5공화국 헌법은 유신시대 통일주체국민회의가 선출하는 유정회 의원직을 폐지시켰다. 유정회는 유신시대의 상징으로 유정회 의원직의 폐지는 대통령의 유정회 의원 지명권한을 폐지한 것같이 보이나 실상은 그렇지 않다. 제5공화국 헌법은 국회의원 총수의 3분의 1에 달하던 유정회 의원직 대신에 같은 수의 전국구 의원직을 두었다. 전국구 의원직은 제1당이 전국구 의원 총수의 3분의 2를 배당받고 나머지 의석은 지역구선거에서 5석 이상을 차지한 정당들이 의석비율로 배분받도록 하였다. 제1당, 즉 제5공화국 대통령이 총재인 민정당이 배분받는 전국구 의석은 국회 총 의석의 3분의 1 곱하기 3분의 2, 즉 9분의 2가 되고 이 의석은 사실상 대통령이 지명할 수 있는 의석수였다. 유신시대의 박 대통령은 국회의원 총의석의 3분의 1을 지명할 수 있는 권한을 가졌었으나 제5공화국의 전 대통령은 그 보다는 약간 작은 수인 9분의 2를 지명할 수 있는 권한을 가졌다.

제5공화국 대통령은 유신시대와 마찬가지로 대법원장과 대법원 판사에 대한 실질적인 임명권을 가졌다. 대법원장과 대법원 판사의 임기는 각각 5년으로 단축되었고 대법원 판사는 연임이 가능하였다. 그 이외의 법관에 대해서는 대법원장에게 임명권을 부여한 것이 유신헌법과 다른 점이다.

제5공화국 대통령은 의회해산권을 가지지 못한 것을 제외하고는 유신시대 대통령과 대동소이한 권한을 행사했다. 의회는 제4공화국시대와는 달리 국정조사권을 헌법상 부여받았으나 대통령으로부터 독립적일 수 없었고 법원은 행정부의 시녀로 전락한 점에 있어 제4공화국시대의 법원과 같았다. 지방자치 역시 헌법조항으로 두었으나 실제로는 아무 의미 없는 조항이었다.

제5공화국시대의 정당제도는 복수정당제였으나 이 역시 제5공화국이 복수정당제를 가지고 있는 자유민주주의 국가라는 외양을 갖추기 위한 것이었다. 제5공화국 출범 때에 신군부세력은 민정당을, 정치활동규제를 면한 구신민당 의원들은 민한당을, 구공화당 및 유정회 의원들은 국민당을 각각 창당하여 정치에 참여하였으나 민한당과 국민당은 여당의 제1중대와 제2중대라는 말이 돌 만큼 야당으로서의 선명성을 결여하고 있었다. 민한당과 국민당 의원들은 국회 내에서 정부와 민정당에 반대하는 자세를 나타냈으나 체제 자체의 비민주성에 근본적인 도전을 하지 않았다. 그러나 민주적 개헌을 위한 김영삼 씨의 1983년 5월 단식투쟁, 민주화추진협의회 발족, 1984년 12월 신한민주당 창당과 그 다음해 2·12 총선에서 신한민주당의 제1야당 부상, 민한당과 국민당 의원들의 신한민주당 가입 등으로 제5공화국의 정당체계는 여당인 민정당과 선명야당인 신한민주당으로 이루어지게 되었다. 신한민주당은 2·12 총선 때부터 본격적인 개헌투쟁을 이끌어 나갔으나 1986년 12월 말 김영삼과 김대중을 대신해 당을 맡고 있던 이민우 총재가 의원내각제 개헌을 고려하자 김영삼과 김대중계 국회의원 75명이 1987년 4월 8일 신한민주당을 탈당하고 통일민주당을 창당하였다. 통일민주당이 대통령 직선제 개헌을 성취한 6·29 이후에는 통일민주당에서 김대중계가 탈당하여 평화민주당을 창당하였다.

제5공화국 전반부의 정당들은 대체로 야당들을 포함해서 모두 전두환 군부독재정권을 지지하는 정치적 역할을 수행했고 후반부의 신한민주당-통일민주당은 민주적 개헌을 위한 투쟁을 전개하였다. 신한민주당-통일민주당은 그들의 투쟁을 제4공화국시대와 마찬가지로 비밀리에 계획하고 수행해 나가야만 되었기 때문에 동당의 인물중심적 성격과 김영삼계와 김대중계의 폐쇄적 성격은 한층 더 심화되었다.

제5공화국시대의 이익집단들은 경제단체들을 제외하고는 거의 자율성을 가질 수 없었다. 노동조합은 유신시대보다도 더욱 철저하게 통제되었고 농업협동조합과 수산업협동조합도 유신시대와 마찬가지로 관계부처의 지도와 감독을 받았다. 다만 경제단체들만은 정부, 여당에 대해 여태까지의 관주도 경제체제를 민간주도 경제체제로 전환할 것을 강력히 요구하였다. 재벌기업의 회장들은 전두환 대통령과 자주 만나 그들의 의견을 피력할 수 있는 기회를 가졌다.

제5공화국시대의 대통령중심제도 유신시대와 같은 극단적인 단극 통치형 정치제도였다. 유신체제의 운영원리를 그대로 계승한 신유신체제였다. 제5공화국체제에 대한 거부감은 유신시대보다 높았다. 대학 캠퍼스에서는 이의 철폐를 요구하는 학생들의 시위가 일어나지 않는 날이 없었고 이러한 시위에는 분신자살과 같은 극단적인 형태도 포함되어 있었다. 대학생들의 이러한 운동은 이념적으로는 급진적이고 반미적인 성격을 띠기도 하였다. 종교인, 문인, 일부 법조인, 재야 정치인으로 구성되는 재야세력의 개헌운동은 유신시대에 비해 훨씬 더 조직화되어 있었고 그 규모도 훨씬 더 컸다. 학생, 재야세력, 선명야당의 개헌운동은 1987년 6월 29일에 대통령 직선제 개헌을 쟁취할 수 있을 만큼 강력한 것이었다.

전 대통령은 이러한 반대운동을 탄압하는 데 국가안전기획부와 경찰을 이용하였다. 제5공화국시대는 대통령의 권력 유지에 있어 강제적 권력의 비중이 유신시대보다 더 컸던 시대라고 평가할 수 있다. 전 대통령이 반대운동을 탄압하는 데 경찰력을 이용했다고 해서 제5공화국체제를 경찰독재체제라고 보아서는 안 된다. 전 대통령이 경찰을 이용했다 해도 그가 최종적으로 의지하고 있던 지지기반은 군이었기 때문이다.

극단적인 단극 통치형 정치제도에서 나올 수 있는 "소용돌이" 정치는 제5공화국시대에도 유신시대와 마찬가지로 제한적인 의미에서만 옳다. 제5공화국시대에도 많은 유능한 인사들이, 과거 반독재 운동과 진보적인 통일운동에 참여한 경력이 있는 사람들까지도 군부독재체제에 기꺼이 봉사하고 일반 국민들도 대다수는 이 체제에 순응했지만, 다른 한편에 있어서는 이미 소개한 바와 같이 수많은 민주인사들이 감시와 탄압 속에서도 반체제 운동에 참여하고 일반 국민들도 결정적인 시기에는 이러한 운동에 동조하였기 때문이다.

전 대통령도 박 대통령과 마찬가지로 절차적 정통성의 결여를 업적에 의한 정통성으로 메꾸려고 노력하였다. 한국 경제는 전 대통령 시대에 착실하게 성장하였고 무역수지도 개선되어 임기 말에는 적지않은 액수의 흑자를 기록하였다. 그러나 전 대통령의 이러한 경제적 업적이 전 정권의 정통성 결핍을 크게 보충할 수는 없었다. 전 대통령 시대의 경제적 성장도 박 대통령 시대와 마찬기지로 국민들의 민주의식수준을 높여 오히려 독재 정권에 대한 반대운동을 확산시키는 데 공헌하였다.

VII. 제6공화국시대의 정치제도

청년학생들과 재야세력의 비민주적인 제5공화국 헌법에 대한 반대운동이 1984년 말 신한민주당의 창당과 1985년 2·12 총선 이후 격화되자, 전두환 정권은 1986년 여름에 헌법개정에 동의하고 야당과의 협상을 제의하였다. 그러나 전두환 정권이 의원내각제 개헌을 고수한 반면 야권세력은 대통령 직선제 개헌을 고수함으로써 여야 간의 개헌협상은 전혀 진전을 보지 못했다. 이에 전 정권은 1987년 4월 13일 제5공화국 헌법을 개정하지 않겠다고 선언하였으나 이 선언에 반대하고 대통령직선제를 요구하는 개헌운동이 전국적으로 보다 격렬하게 전개되었다. 전 정권은 계엄령을 선포하여 이 운동을 탄압하거나 그렇지 않으면 대통령직선제를 수용하는 갈림길에 서 있었다. 전 정권이 어떠한 길을 택할 것인지가 불확실한 상황에서 전 정권의 후계자로 민정당의 대통령 후보 노태우는 6월 29일 대통령 직선제 개헌을 받아들이고 김대중을 사면복권하겠다는 성명을 발표하여 국민들에게 커다란 놀라움을 안겨주었다. 그리고 제6공화국 헌법은 이 성명에 기반해 여야 간의 합의로 제정되었다.

전 정권이 4·13 선언을 철회하고 야권의 개헌 요구를 수용한 배경에는 라틴 아메리카와 필리핀에서의 민주화 물결과 1988년의 서울올림픽이 있었지만 이보다 더 중요한 배경은 대통령직선제하에서도 제5공화국의 군부세력이 계속 집권할 수 있다는 정치적 계산이었다. 제5공화국의 군부세력은 민주화 운동의 양대 지도자인 김영삼과 김대중이 분열한다면 대통령 직선제하에서도 노태우 후보가 대통령으로 당선될 수 있다는 계산을 하게 되었다. 이와 더불어 정부 여당은 대통령직선제 수용이 전두환 대통령과 노 후보 간의 합의로 이루어진 것임에도 불구하고 마치 노 후보가 전 대통령과 사전협의를 하지 않고 일방적으로 선언한 것처럼 국민들을 속임으로써 노 후보를 민주화 지도자로 부각시키는 데 성공하였다. 1987년 한국의 민주화는 군부독재세력이 무너진 라틴 아메리카 제국의 경우와는 달리 군부독재 세력이 계속 권력을 유지한 독특한 민주화였다.

여야 합의로 1987년에 제정된 제6공화국 헌법은 비민주적인 특성을 가진 제4, 5공화국 헌법과는 달리 민주적인 헌법이다. 그러나 이 헌법의 민주성이 대한민국 정치사에 있어 새로운 것은 아니다. 이미 소개한 바와 같이 한국은 제1, 2, 3공화국시대인 1948년부터 1972년의 기간에 1961년부터 63년까지의 군부통치 기간을 제외하고는 민주적인 헌법을 가지고 있었다. 한국정치는 헌법적으로는 1987년에 제1, 2, 3공화국시대로 돌아갔다고 볼 수 있다. 그러나 제6공화국 헌법은 미국이 한국에 부과했다고 볼 수 있는 과거의 민주적 헌법과는 달리 한국의 청년학생들과 국민들이 15년이라는 오랜 기간의 투쟁 끝에 스스로 쟁취한 것이다. 또한 과거의 헌법은 모두 정권 교체기마다 최고 집권자의 의지에 따라 바뀌었는데, 이번 헌법은 이에 따라 정권 교체가 일어난 최초의 헌법이다.

제6공화국 헌법의 가장 큰 특성은 이미 지적한 바와 같이 대통령 직선제를 복원시킨 데 있다. 그러나 제6공화국 대통령은 제1, 3공화국시대의 대통령과는 달리 임기가 5년이고 중임이 불가능한 단임제 대통령이다. 여야는 4년 중임제로 출발한 제1, 3공화국의 대통령제가 무리한 헌법개정에 의한 독재체제로 전락한 불행한 과거를 고려하여 5년 단임제를 채택했다. 제5공화국 말기에 있어 국민들의 가장 큰 관심사는 최고권력자의 장기집권 경향을 막고 민주적 정권 교체를 이룩하는 일이었기 때문에 5년 단임제 헌법에 문제를 제기하는 사람은 거의 없었다. 그리고 1987년부터 오늘에 이르는 기간에 있어 노태우에서 김영삼으로의 정권 교체와 민주자유당의 김영삼에서 새정치국민회의-새천년민주당의 김대중과 노무현으로의 정권 교체는 제6공화국 헌법이 소기의 목표를 실현하는 데 성공한 헌법이라는 평가를 가능케 한다.

그러나 5년 단임제는 대통령을 무책임하게 만드는 단점을 가지고 있다. 노태우 전 대통령은 민주적인 선거로 당선되어 제4, 5공화국시대의 대통령과는 달리 오랜간에 최초로 정통성을 가진 대통령이 되었으나 전두환시대의 무역흑자 기조를 적자 기조로 다시 전락시켰고 주택 2만호 건설과 북방정책에 몰두하고 산업구조조정은 소홀히 하였다. 노 대통령이 재벌과 대기업의 총수들로부터 천문학적 액수의 자금을 받아 사용하고 5천억 원 이상이나 되는 남은 돈을 퇴임 후에 가지고 있었던 것도 대통령 단임제와 관계가 있다. 김영삼 전 대통령은 금융실명제를 비롯한 여러 가지 개혁정책을 펴고 두 전직 대통령을 감옥에 보냈으나 그의 재임 기간 중에 외채는 400억 달러에서 1,500억 달러로 증가하고 한국경제는 IMF의 지배를 받는 위기에 빠졌다. 김대중 대통령은 외환위기를 극복하는 데는 성공했으나 북한에 일방적으로 너무 많이 주었고 임기 말에는 국민들에게 신용카드 사용을 적극 권장하여 노무현 시대에 카드대출 부실이라는 문제를 야기시켰다. 노무현 대통령은 대북 지원에 있어서는 김대중 대통령과 비슷한 자세를 나타내고 있고 행정수도 이전과 국토 균형발전전략으로 전국적인 부동산가격 상승을 초래하고 있다. 5년 단임제 대통령들은 다시 국민의 심판을 받지 않기 때문에 정책수립에 있어 신중하지 못한 단점을 나타내고 있다.

미국에서는 대통령의 4년 중임제와 6년 단임제의 장단점에 관한 논의가 있었으나 4년 중임제를 그대로 고수하고 있다. 4년 중임제 대통령은 처음 당선된 후 2년간은 선거 후유증을 치유하는 데, 그리고 그 다음 2년간은 재선을 위한 선거운동 때문에 소신껏 국정을 운영할 수 없으므로 6년 단임 대통령제로 헌법을 개정하여 대통령이 선거를 크게 의식하지 않고 국정을 운영하도록 해야 한다는 주장이 대두된 적이 있다. 그러나 미국은 6년 단임제 대통령이 소신껏 국정을 운영하기보다는 오히려 무책임하게 국정을 운영할 가능성이 있다는 근거에서 4년 중임제를 유지하고 있다.

제6공화국의 대통령중심제는 제4, 5공화국시대와는 달리 민주적 대통령중심제이나 대통령중심제의 핵심인 삼권분립과 이에 기반한 행정부, 입법부, 사법부 사이의 견제와 균형은 여전히 매우 약하다. 입법부와 사법부는 군사독재시대와 마찬가지로 행정부의 시녀이거나 해야만 할 역할을 제대로 못하고 있다. 한국이 헌법상 민주적인 대통령중심제를 가졌던 제1, 3공화국시대에 국회가 행정부의 시녀 역할밖에 못한 것은 앞서 살펴본바와 같이 대통령이 속한 여당이 국회에서 항상 과반수 이상의 의석을 차지했기 때문이다. 제6공화국의 대통령은 그가 속한 여당이 항상 과반수 이상의 의석을 차지하지는 못했음에도 불구하고 합당이나 무소속 의원들의 여당 영입으로 여당을 인위적 다수당으로 만들어 국회를 시녀화할 수 있었다. 노태우 전 대통령이 총재였던 민주정의당은 1988년 4월 26일 국회의원선거에서 참패하여 소수당으로 전락하였으나 1990년 초 김영삼의 통일민주당, 김종필의 신민주공화당과 합당하여 민주자유당이라는 거대 여당이 되었다. 이 당은

1992년 국회의원선거에서는 국회의원 총의석의 49%를 차지했으나 무소속 영입으로 과반수 이상의 의석을 만들었다. 김종필의 신민주공화당 세력이 떨어져 나간 김영삼 전 대통령의 신한국당(구민주자유당)도 1996년 선거에서 과반수 의석에 조금 미달했으나 약간 명의 무소속 의원을 영입하여 과반수 이상의 정당이 되었다.

국회의 행정부 시녀화 현상은 대통령이 군부 출신인 노태우에서 민간인 출신인 김영삼으로 바뀐 후에도 지속되었고 이러한 현상은 1996년 12월 26일 새벽의 기습국회에서 적나라하게 드러났다. 여당의 대통령 후보들을 포함한 신한국당 의원들이 몇 대의 버스에 실려 야당 의원들 몰래 국회에 나타나 노동법과 안기부법 개정안을 새벽에 기습적으로 처리한 것이다. 이 두 법안에 대해 국회에서 충분한 논의도 없었고 여당 단독의 기습처리를 정당화할 수 있을 만큼 야당의 실력 저지행위가 국민들에게 충분히 표출되지도 않았는데, 신한국당 의원들은 김영삼 대통령의 의사를 받들어 기습행동을 한 것이다. 그후 곧이어 터진 한보 사태로 국민들의 신뢰를 잃은 신한국당은 야당과의 합의하에 단독으로 통과시킨 노동법을 폐기하고 새로운 노동법을 통과시켰지만, 이것도 김 대통령의 지시에 의한 것이다. 문민민주주의 시대의 다수당인 신한국당 의원들은 과거 군부독재시대와 제1, 3공화국의 여당 의원들과 마찬가지로 대통령에게 무조건 순종하는 경향을 보였다. 그들은 대통령의 정책을 국익의 관점에서 대통령과는 독립적으로 판단하는 자율성을 갖지 못했던 것이다.

김대중 정부는 자유민주연합과의 연립정부이나 출범 직후 국회에서 과반수 이상의 의석을 차지하고 있지 못했다. 다시 말해, 당시 한국은 행정부의 집권당과 국회의 다수당이 다른 분단정부(divided government)를 가지고 있었다. 김대중 대통령은 취임 초에는 국회 내 과반수 이상의 의석을 만들기 위해 야당 의원들을 영입하거나 포섭하지 않겠다고 말하였지만 취임 후 6개월이 지나서부터는 이와 같은 작업을 벌이지 않을 수 없었다. 김대중 정부의 분단정부 상황이 국정의 교착상태를 초래하고 있었기 때문이다. 다수당인 한나라당(구신한국당)의 반대로 국무총리 인준도 못하고 정부여당이 원하는 입법도 하지 못하는 상황에서 집권당은 야당 의원들을 영입하거나 포섭하지 않고서는 국정을 원활하게 운영하기 어려웠다. 김대중 시대의 여당과 자유민주연합은 2000년 총선에서도 과반수 이상의 의석을 차지하지 못하였다. 이 선거에서도 한나라당이 가장 많은 의석을 차지하였으나 과반수에는 미달하였기 때문에 김 대통령은 상당 기간 무소속 의원들을 포섭하여 국회에서 과반수 이상의 의원들의 지지를 받을 수 있었다. 그러나 집권말인 2002년에는 여당 의원들도 포함한 여러 명의 의원들이 한나라당으로 당적을 바꾸는 바람에 여소야대 정국이 다시 나타났다. 이러한 상황에서 2003년에 출범한 노무현 정부도 분단정부였으나 2004년의 총선에서 여당인 열린우리당은 노 대통령 탄핵반대세력을 결집시켜 과반수 이상의 의석을 차지하였다.

미국은 지난 반세기에 있어 대체로 분단정부를 가져왔다. 현재는 공화당이 행정부와 국회를 모두 장악하고 있지만 오랫동안 대통령은 공화당에서 많이 나왔고 국회의 다수당 위치는 민주당이 많이 차지하였다. 미국에서는 이와 같은 분단정부 상황이 국정운영에 큰 장애가 되지는 않았다. 여야가 타협하고 또한 국회의 다수당 의원들이 각기 독자적으로 판단하여 반대당 대통령의 정책도 종종 지지하기 때문에 분단정부가 항상 국정의 교착상태를 초래하지는 않는 것이다.[44] 불행하게도 한국정치에는 여야 간 이와 같은 융통성이 없다.

제6공화국의 국회는 제4, 5공화국시대, 아니 그 이전 어느 시대와 비교하더라도 행정부에 대한 견제와 균형 역할을 잘 할 수 있는 제도적 조건을 갖추고 있다. 국회는 국정조사권은 물론, 국정감사권도 다시 갖게 되었고, 청문회 제도를 도입하였고, 국회 전체 개회일수의 제한을 철폐하였다. 대통령은 국회에 대해 법률거부권을 가지고 있을 뿐 군부독재시대와 같이 국회해산권을 가지고 있지 않다. 국회에 관한 헌법조항도 제6공화국 헌법에서는 군부독재시대의 헌법과는 달리 대통령에 관한 헌법조항 앞에 나와 있다. 그러나 국회의 행정부 감시활동과 정책활동은 아직도 활성화되고 있지 못하다. 정책결정은 대통령이 하고 국회는 이에 순응하는 과거의 정부-국회 관계가 크게 변화하고 있지 못하다. 한국의 국회가 우리와 같은 대통령 중심제를 가지고 있는 미국의 국회와 같이 활발한 정책활동을 못하는 원인 중의 하나는 의원들이 사실상 여당의 주인인 대통령으로부터 자율성을 가지고 있지 못하다는 사실에 있다. 우리나라 여당 의원들은 한국이 대통령 중심제를 채택하고 있음에도 불구하고 의원내각제를 채택하고 있는 나라의 의원들보다 더욱 철저하게 청와대와 소속 정당의 지시에 따라 행동하고 있다. 대통령과 의원들은 공천 때부터 후견인-수혜자 관계를 형성하고 있기 때문에 의원들은 청와대의 지시로부터 이탈하

44) 미국에서도 분단정부가 국정의 교착상태를 초래하고 있다는 비판이 있으나 이를 타개하기 위해 여당이 야당으로부터 의원들을 영입하여 다수당을 만든 일은 거의 없다.

기 어려운 것이다. 한국 국회는 오래 전부터 미국 의회의 상임위원회 중심주의를 채택하였으나 우리 의원들은 미국의 의원들이 가지고 있는 자율성을 가지고 있지 못하기 때문에 상임위원회에서 활발한 정책활동을 하고 있지 못한 것이다.

한국의 사법부도 선진 대통령중심제 국가인 미국의 대법원과는 달리 대통령과 행정부를 감시하고 견제하는 데 약하다. 제4, 5공화국의 군부독재정권은 법원의 제청에 의한 법률의 위헌 여부, 탄핵, 정당의 해산에 관한 사항을 심판할 권한을 가진 헌법위원회를 신설하여 제3공화국시대에는 일원화되어 있던 사법부를 대법원과 헌법위원회로 이원화시켰었다. 또한 대법원장을 추천하던 제3공화국시대의 법관추천회의를 없애고 대법원장과 헌법위원회의 위원장을 대통령이 임명하도록 하였었다. 사법권의 이원화와 대통령의 사법부 책임자 임명권은 대통령의 사법부 통제에 도움이 되는 제도이나, 제6공화국에 들어와서도 이와 같은 제도에 별 변화가 없다. 제6공화국 헌법에서는 헌법위원회를 헌법재판소로 고치고 법률의 위헌 여부, 탄핵, 정당의 해산에 관한 사항 외에도 국가기관 상호간, 국가기관과 지방자치단체 간 및 지방자치단체 상호간의 권한쟁의와 법률이 정하는 헌법소원에 관해 심판할 권한을 부여하였다. 헌법재판소는 제1공화국과 의원내각제를 채택했던 제2공화국시대에 도입한 제도인데, 제3공화국 헌법에서는 없어졌다가 제4, 5, 6공화국 헌법에서 부활한 제도이다.

사법권의 대법원과 헌법재판소로의 분리는 사법권을 약화시킬 뿐만 아니라 대법원 판결에 대해 헌법재판소가 위헌판결을 낸 경우에는 대법원과 헌법재판소 간의 갈등도 야기시킬 수 있다. 또한 헌법재판소는 1998년 "총리 서리 권한쟁의"에 관한 심판에서와 같이 판결이 일관성이 없고 당파적이라는 비판을 받은 적도 있다.[45)]

한국의 사법부는 지난 반세기 동안 기존 권력이 독재적이든 민주적이든 이를 따지지 않고 지지하거나 묵인하는 역할을 수행해 왔고, 오늘날에도 한국 사법부의 이와 같은 특성에는 큰 변화가 없다. 미국의 사법부는 대통령과 국회로부터 독립적인 입장을 견지하고 정치문제에 비교적 적극적으로 개입하고 있으나 한국의 사법부는 그렇지 못하다.

사법부가 이러할진대 행정부의 한 기관인 검찰에 정치적 독립성이 없다는 것은 오히려 자연스러운 일이다. 검찰은 오랜 동안의 군부독재시대를 통해 정권의 하수인 역할을 하였는데, 제6공화국의 검찰도 이와 같은 오명을 아직 극복하고 있지 못하다. 노태우 시대

---

45) 『조선일보』, 1998년 7월 15일, 제7면 참조.

의 검찰은 기본적으로는 과거의 검찰과 다름이 없었고 공안정국을 조성하는 데 하수인 역할을 하였다는 비판을 받고 있다. 김영삼 시대의 검찰은 문민시대의 검찰로서 과거보다 나아졌지만 대통령의 정치적 의사로부터 독립성을 가질 수는 없었다. 김 대통령이 1980년 5월 군부의 정권장악을 쿠데타이나 역사적 심판에 맡겨야 된다고 말했을 때에는 검찰은 성공한 쿠데타는 처벌할 수 없다는 입장을 취하고, 대통령의 입장이 이에 대한 처벌 쪽으로 바뀌었을 때에는 이에 참여한 전두환, 노태우 두 전직 대통령 등을 구속, 기소하였다.

한국의 정치인들과 일부 고급관료들은 기업인들로부터 비밀헌금을 받는 관행을 가지고 있고, 검찰은 그러한 사람들을 수사해야 할 권한과 의무를 가지고 있다. 김영삼 대통령의 말기에도 검찰은 대통령의 아들을 포함하여 여야의 많은 정치인들을 뇌물을 받은 혐의로 구속, 기소하였다. 그러나 이러한 수사에 있어 공정성을 기하는 것은 매우 어렵다. 오래 전부터 이러한 수사가 야권에 대한 탄압수단으로 악용되고 있다는 비판이 있고 이러한 비판은 오늘날에도 계속되고 있다.

한국의 대통령중심제는 행정부 중심의 일권 체제일 뿐만 아니라 행정부 내에서는 대통령 중심의 일인지배체제이다. 오랜 군사독재시대 동안 한국의 통치권력은 대통령 한 사람에게 집중되어 있었고 이와 같은 일인지배체제는 민주주의가 복원된 제6공화국에 들어와서도 무너지지 않고 그대로 지속되고 있다. 제1공화국 헌법에서는 국무위원들이 대통령의 권한에 속하는 중요 국책을 의결할 권한을 가졌으나 제6공화국 헌법에서는 제3, 4, 5공화국에서와 같이 심의할 권한만을 가지고 있다. 다시 말해, 헌법상 제6공화국 대통령의 권한은 제1공화국 대통령의 권한보다 큰 것이다. 김영삼 전 대통령의 통치 스타일에 대해서 "문민독재"를 한다는 비판이 종종 나왔는데, 이것은 바로 김 대통령의 일인지배체제를 가리키는 말이었다. 김 대통령은 중요 국책을 청와대 비서실이나 국무회의의 검토 과정을 거치지 않고 단독으로 수립하고 인사문제도 철저한 보안 속에서 혼자 결정한 경우가 종종 있었다. 이러한 지배체제는 그의 정책과 인사가 국민들의 지지를 받는 한에 있어서는 문제가 되지 않았으나 결국 그의 아들, 김현철 사건과 IMF 사태라는 경제위기를 초래하였다. 청와대 비서, 각료, 정치인, 언론인, 교수들은 일인지배체제를 이룩하고 있는 김영삼 전 대통령의 비위를 거스르기를 주저했기 때문에 그의 아들이 국정, 인사, 이권에 부당하게 개입하고 있었음에도 불구하고 이에 대해 침묵을 지켰고 IMF 사태의 엄습이라는 경제위기가 한국에 다가오고 있어도 이를 지적하지 못하는 결과를 초래한 것이다.

김대중 대통령은 대통령선거 전에 자민련의 지지에 대한 대가로 자민련과 공동정권을 수립하고 2년 내에 의원내각제 개헌을 추진하고 의원내각제하의 대통령과 국무총리직의 분담은 자민련의 선호에 따르겠다는 약속을 하였다. 그러나 이와 같은 약속은 지켜지지 않았고 일인지배체제적인 대통령중심제는 아직까지 지속되고 있다.

제6공화국은 제3, 4, 5공화국시대에 중단된 지방자치를 실시하였다. 여・야당은 이를 위해 1988년 4월 지방자치법을 개정하였는데, 그 내용은 다음과 같다. 첫째, 지방자치단체의 종류를 서울특별시, 직할시, 도와 시, 군, 자치구로 하고 자치계층을 전국에 걸쳐 2계층으로 하였다. 둘째, 시, 군, 자치구의 기초자치단체의회를 이 법의 시행일로부터 1년 이내에, 특별시, 직할시, 도의 광역자치단체의회를 2년 이내에 구성하도록 하였다. 셋째, 광역자치단체의 장과 의원후보는 정당 추천을 허용하고 기초자치단체의 장과 의원 후보는 정당 추천을 불허하였다. 넷째, 광역 및 기초자치단체의 장은 직접선거로 선출하나 별도의 법률로 정할 때까지 대통령이 임명하도록 하였다.

이 법에 따른 기초의회선거는 1991년 3월 26일에, 광역의회선거는 같은 해 6월 20일에 실시되었다. 유권자들의 투표율은 기초의회선거가 55.0%, 광역의회선거는 58.9%였고 여당인 노태우, 김영삼, 김종필 세력의 연립정당인 민자당은 야당의 지지지역인 광주, 전남, 전북을 제외한 모든 지역에서 압승했다.

지방자치단체의 장과 의원을 모두 선출하는 전면적인 지방자치선거는 제6공화국 김영삼 시대에 처음으로 시행되었다. 1995년 6월 27일에 실시된 이 선거에서는 기초의원의 경우에는 정당 공천을 계속 불허했으나 기초자치단체장 후보의 정당 공천은 허용하였다. 이 선거에서는 김영삼 대통령의 민주자유당, 민주당(구평화민주당), 1995년 초 민자당에서 강제 퇴출당한 김종필이 조직한 자민련의 3당이 대결하였고 투표율은 67.4%로 4년 전 지방선거 때보다 훨씬 높았다. 이 선거의 결과는 여당인 민자당의 참패이고 민주당과 자민련의 승리였다. 이 선거에서 가장 중요한 선거인 광역자치단체장 선거에서 민자당은 인천, 경기도, 부산, 경상남북도의 다섯 곳에서밖에 승리하지 못했고, 민주당은 서울, 광주, 전라남북도의 네 곳에서, 자민련은 대전, 충청남북도, 강원도의 네 곳에서, 무소속은 대구와 제주도에서 각각 승리하였다. 광역의회와 기초자치단체의 장과 의원들의 선거에서도 대체로 민자당은 영남에서, 국민회의는 호남과 서울에서, 자민련은 충청지역에서 압도적인 승리를 거두었다. 1990년 초 민자당으로의 3당 합당 이후 정치적 대결구도는 비호남 대 호남이었으나 1995년의 지방선거를 계기로 이 대결구도는 3김의 지역분할 대결구도로 바뀌었다.

제6공화국 김대중 시대에 들어와서는 1998년 6월 4일에 광역 및 기초자치단체의 장과 의원들을 뽑는 지방선거가 실시되었다. 투표율은 52.7%로 제6공화국시대 그 이전 지방선거 때보다 낮은 투표율이었다. 6개월 전에 대통령선거가 있었기 때문에 지방선거에 대한 국민들의 관심도가 낮았다. 한국에서는 중요한 선거 이후에 치러진 지방선거는 투표율이 저조한 경향을 보이는데, 1960년 제2공화국시대에 국회의원선거가 끝난 지 5개월 후에 치러진 광역단체장 선거의 투표율도 38.8%에 지나지 않았다. 6·4 지방선거의 결과는 여권, 특히 국민회의가 한나라당에 대해 압승한 것이지만 1995년 지방선거 때의, 그리고 6개월 전 대통령선거 때의 지역분할구도를 대체로 재현한 것이었다. 여당에서 야당으로 전락한 한나라당은 대구, 부산, 울산, 경상남북도, 강원도에서, 여당인 국민회의는 광주, 전라남북도, 서울, 경기, 제주에서, 연립정부의 파트너로서 여당인 자민련은 대전, 충청남북도, 인천에서 각각 승리하였다. 야당인 한나라당은 남한의 동쪽 지역에서, 국민회의와 자민련으로 구성된 여권은 서쪽 지역에서 각각 승리하였다.

2002년 6월 13일의 제3회 전국동시지방선거는 투표율이 48.8%로 아주 저조하였다. 이 선거에서 지역분할구도는 그 이전 선거에서와 마찬가지였으나 한나라당이 압승한 결과를 나타냈다. 광역단체장의 경우 한나라당은 서울, 부산, 대구, 인천, 대전, 울산, 경기도, 강원도, 충청북도, 경상북도에서 승리하였고, 민주당은 전라남북도와 제주도에서, 자민련은 충청남도에서 각각 승리했을 뿐이다.

여야는 기초자치단체 의원 후보의 정당 공천 허용문제, 자치단체의회의 의원수 감축문제, 특별시와 광역시 내의 자치구를 준자치구로 격하시키는 문제 등에 대해 서로 다른 입장을 가지고 있다. 이러한 문제들은 여야의 입장뿐만 아니라 전문가들의 의견과 국민여론도 참작하여 해결해야 할 것이다.

제6공화국에 들어와 지방선거는 제도화되기 시작했다. 중앙정치의 수준에만 적용되던 민주주의가 지방정치의 수준에도 적용되기 시작했다. 제6공화국시대에 시작한 지방자치에는 일부 자치단체장들과 지방공무원들의 부정, 부패문제, 선거를 의식한 선심행정 문제, 재정자립도가 낮은 지방자치단체의 중앙정부 의존문제 등 여러 문제가 있지만 각 지역의 주민들은 이제 자치단체장이 그들을 위한 행정을 펴는가를 정기적으로 심판할 수 있는 기회를 갖게 되었다.

오랜 동안의 군부독재시대에 한국의 정당은 정상적인 발전을 할 수 없었다. 여당조차도 군부독재세력이 그들의 권력 유지를 최종적으로 의존하는 핵심조직은 아니었다. 군부독재세력은 국내외적으로 자유민주주의의 외양을 과시하기 위한, 또한 이러한 외양 유지에 필요한 선거를 위한 도구로 여당을 가지고 있었을 뿐이다. 야당은 군부독재세력의 공작과 탄압의 대상으로 여당의 압도적인 위치를 위협하지 않는 범위 내에서만 활동이 허용되었었다. 한국 정당은 제6공화국의 민주화 시대에 들어와 이와 같은 한계로부터 해방되어 자유로운 발전을 할 수 있는 기회를 갖게 되었다. 최고 권력을 총칼을 장악한 세력이 아니라 선거에서 승리한 정당이 차지하게 된 제6공화국시대에 정당은 권력 획득을 위해서 필요한 핵심조직으로 부상하였다.

한 세대에 걸친 군부통치시대에 한국은 산업화를 이룩하여 농업사회에서 산업사회로 탈바꿈하였다. 그리고 오랜 동안의 독재시대에 한국정치는 독재세력 대 반독재세력, 혹은 반민주세력 대 민주세력의 대결구도를 가지고 있었다. 그러나 독재를 더 이상 유지하기가 불가능하게 된 제6공화국시대에 들어와 이와 같은 대결구도는 무너졌으나 이를 대치하는 대결구도는 선진제국의 산업사회에서 볼 수 있는 바와 같은 정책적 차이에 기반한 대결구도가 아니라 전통적인 지역주의에 기반한 대결구도이다. 제6공화국시대에 정착한 한국의 정당제도는 한국경제의 발전단계를 반영하기보다는 그 이전 30여 년 동안의 한국정치를 반영하는 것이었다.

제6공화국 초에 여당이었던 민정당은 전두환-노태우 전 대통령이 이끄는 군부세력이 제5공화국 초에 조직한 정당으로 그 지지기반을 영남지역, 특히 대구-경북 지역에 둔 정당이다. 민정당은 기원적으로는 독재세력이었으나 지역적 지지기반 때문에 민주화 시대에도 그 생명력을 유지하고 있는 정당이다. 이 정당은 1990년 1월에 김영삼 전 대통령의 통일민주당, 김종필의 신민주공화당과 합당하여 민주자유당이 되었다. 김 전 대통령의 지지기반이 부산-경남 지역에 있고 김종필의 지지기반이 충청지역에 있던 만큼 민자당은 그 지지기반을 비호남지역 전체에 둔 거대 여당이 된 것이다. 그러나 민자당은 "한지붕 세가족"이라는 말이 나올 만큼 세 이질적 세력의 집합체에 불과했다. 김영삼 전 대통령은 1995년 초에 김종필 민자당 대표를 강제 퇴출시켰고 같은 해 말에는 구민정계 세력의 우두머리격인 노, 전 두 전직 대통령을 뇌물수수혐의와 반란죄로 구속하였다. 김 전 대통령은 1995년 말에 민자당의 당명을 신한국당으로 바꾸었으나 이 당의 지지기반은 축소되었다. 신한국당은 1997년 다시 당명을 한나라당으로 바꾸고 이회창을 대통령 후보로 두 번 연속 선출하였으나 선거에서 두 번 다 패배하였다. 2006년 현재 박근혜가 대표로 있는 한나라당은 대구-경북과 부산-경남을 지지기반의 중심으로 가지고 있다.

1987년의 대통령선거에서 김영삼, 김대중의 두 민주지도자가 타협하여 대통령 후보 단일화를 이루어 냈더라면 제6공화국시대의 지역대결정치는 오늘날 우리가 목격하고 있는 바와 같이 심화되지는 않았을 것이다. 그러나 주지하다시피 오랫동안 같은 야당에서 활동하고 민주화 투쟁에 있어서 단결된 모습을 보였던 두 지도자는 1987년 대통령선거전에서 분열하여 선거기간 동안 각각 민정당의 노태우 후보에 대해서보다는 상호간 더욱 격렬하게 대립하였다. 이러한 대립과정에서 민주화 세력은 부산-경남을 지역적 지지기반으로 하는 김영삼 후보의 통일민주당과 호남을 지역적 지지기반으로 하는 김대중 후보의 평화민주당으로 분열하였다.

김영삼 전 대통령의 통일민주당 세력은 대부분이 바로 앞서 지적한 바와 같이 한나라당에 자리 잡고 있지만 그 세력 중 한 사람인 이인제는 1997년 대통령선거에서 국민신당을 조직하고 출마하였다. 국민신당의 이인제 후보는 결과적으로는 한나라당의 이회창 후보를 낙선시키고 국민회의의 김대중 후보를 대통령에 당선시키는 역할을 하였다. 국민신당은 대통령선거 직후 해산되어 새천년민주당에 흡수되었다.

평화민주당은 1988년 4·26 총선에서 통일민주당을 제치고 제1야당이 되었지만 평민당의 김대중 총재는 1990년 초의 3당 합당에 충격을 받고 이에 대항할 수 있는 야권 통합을 추진하였다. 김 총재는 1991년 3월에는 범민주통합수권정당촉구를 위한 추진회의의 김관석, 이우정 등이 결성한 신민주연합당을 받아들이고 당명을 평민당에서 신민당으로 바꾸었다. 그후 신민당은 1991년 9월에 이기택 등이 이끌던 민주당과 통합하고 당명을 민주당으로 다시 바꾸었다. 이로써 민주당은 3당 통합으로 결성된 민자당에 대항하는 통합야당이 되었으나 이 당의 김대중 후보는 1992년 말의 선거에서 민자당의 김영삼 후보에게 패배하여 정계를 은퇴하였다. 김대중 후보 은퇴 후의 민주당은 이기택 총재가 맡았으나 이 당의 의원들은 대부분이 호남 출신이었고 그들은 이 총재가 아니라 김대중 후보의 영향하에 있었다. 민주당은 1995년의 지방선거에서 커다란 승리를 거두었으나 그후 곧 이 당의 주도세력인 김대중계는 탈당하여 김대중을 총재로 하는 새정치 국민회의를 조직하였다. 김대중계의 탈당으로 공동화(空洞化)된 민주당은 그후 이회창을 대통령 후보로 내세운 신한국당에 합류하여 한나라당의 구성원이 되었다. 김대중 총재의 새정치국민회의는 주지하다시피 대통령선거에 승리하였으나 2000년 1월에는 새천년민주당으로 재창당되었다. 새천년민주당은 새정치국민회의를 모태로 하고 있었으나 이와는 다른 새로운 정당이라는 입장에서 김대중이 김종필에게 약속한 내각제를 강령에 넣지 않았다. 그 후 노무현이 새천년민주당의 후보로 대통령에 당선되었으나 그도 그의 전임자와 마찬가지로 곧 새로운 정당인 열린우리당을 창당하였고 새천년민주당 의원들 중 상당수가 이 당으로 당적을 옮겼다.

정몽준은 노무현 후보의 지지율이 하락하고 있는 시점에서 월드컵 성공의 여세를 몰아 대통령선거에 출마한다고 선언하고 2002년 10월에 국민통합21을 창당하였다. 그러나 이 당은 노무현과 정몽준의 후보 단일화 과정에서 정몽준이 탈락하고 대통령선거 전날 밤에 정몽준이 노무현에 대한 지지를 철회함에 따라 그 존재의의를 상실하고 말았다.

영남지역, 호남지역, 충청지역을 중심으로 하는 지역분할정치는 제6공화국시대에 실시된 네 번의 대통령선거, 국회의원선거, 지방자치단체선거에서 확인되고 재확인되었다. 1992년 대통령선거에서는 현대그룹의 정주영 회장이 국민당을 창당하여 출마하였고 그의 출신 지역이 강원도이기 때문에 강원도 당이 또 하나 생기는 것이 아닌가 하는 우려도 있었지만 이 당은 현재 존재하지 않는다.

진보적인 재야세력 중 일부는 기층민중의 이익을 대변하겠다고 민중당을 1990년 11월에 창당하였으나 이 당의 후보들 중 어느 누구도 국회의원선거에서 성공하지 못했다. 그러나 그들은 2000년 1월에 민주노총 세력을 기반으로 민주노동당을 창당하여 2004년 4 · 15 총선에서 처음 도입된 1인2표병립제 덕분에 의석을 10석 차지하였다. 민주노동당은 창당 때 9천여 명의 당원을 가지고 있었으나 2004년 말에는 6만 명의 당원을 가진 좌파정당으로 성장하였다.

민주노동당은 NL(National Liberation, 민족해방)계열과 PD(People's Democracy, 민중민주)계열로 구성되어 있다고 한다. 북한 체제에 대해 NL계열은 우호적이라고 한다. PD계열은 NL계열의 친북 통일운동에 비판적이고 NL계열이 주도하는 열린우리당과의 연합에도 비판적이라고 한다. 민노당 창당 이래 NL계열이 다수파이고 PD계열은 소수파이다. 민노당의 NL계열이 당권 경쟁에서 항상 PD계열을 이긴 것은 당원 중 40%가 민주노총 조합원이고 그들 중 대다수는 민노당의 NL계열을 지지하고 있기 때문이다. 그리하여 민노당의 PD계열은 대의원 구성에서 민주노총 30% 할당제를 대폭 축소하자고 요구하고 있고 비정규직과 저소득층의 지지를 받으려면 민주노총과의 관계를 재고해야 한다고 주장하고 있다.[46)]

제6공화국 18년간 한국의 정당정치는 영남, 호남, 충청 지역이 각각 중심이 되는 지역분할정치였고 이 세 지역 주민들의 지지를 받는 인물들이 중심이 되는 정치였다. 영남의 노태우, 김영삼 전 대통령, 호남의 김대중 전 대통령, 충청의 김종필 전 총리가 중심이 되는 정치였다. 이 인물들은 그들이 각각 조직한 정당 내에서도 절대적인 지도자로 군림하였다. 대통령 선거에서의 승리는 이 세 지역의 지도자들이 어떻게 연합하느냐에 따라서 결정되었지, 선진제국에서와 같이 정책노선에 따라 결정되지 않았다. 노태우 대통령은 김영삼, 김대중 후보가 분열했기 때문에, 김영삼 대통령은 노 대통령, 김종필 세력과 연합했기 때문에, 김대중 대통령은 김종필 세력과 연합했기 때문에 각각 대통령선거에서 승리하였다. 노무현 대통령도 호남-충청지역 유권자들의 연합에 힘입어 당선되었다.

제6공화국의 대결구도는 1997년의 대통령선거를 계기로 비호남 대 호남의 대결구도에서 호남-충청 대 영남의 대결구도로 바뀌었고 이러한 대결구도에 어떠한 변화가 일어날지는 예측하기 어렵다.

김영삼, 김대중, 김종필의 3김이 출신지역의 강력한 지지를 받을 수 있었던 것은 그들 각각이 가지고 있는 역사적 업적 때문이다. 김영삼, 김대중 대통령은 민주화 투쟁에서 다른 정치인들이 뒤따르기 어려운 업적을 쌓았고 김종필 총리는 한국을 근대화시키는 데 업적을 남긴 인물이다. 이 세 인물의 출신지역 정치인들 중에는 이들에게 필적할 만한 업적을 가지고 있는 인물은 없다. 다시 말해, 이들을 대신해서 영남, 호남, 충청 지역의 절대적인 지지를 받을 인물이 없는 것이다. 이제 3김은 정치무대에서 퇴장하였으나 이들이 한국정치에 심어놓은 지역주의는 후퇴의 기미를 아직도 보이고 있지 않다.

한국 국민들은 제6공화국시대에 들어와 비로소 결사의 자유를 실제로 갖게 되었고 이익집단들도 정당과 마찬가지로 정상적인 발전을 할 수 있는 기회를 맞았다. 제6공화국시

46) 『조선일보』, "좌우대립이 무색한 좌좌 정파갈등", 2006년 2월 13일 A6면.

대 초에는 군부독재시대에 어용적 성격을 띨 수밖에 없었던 한국노동조합총연맹(한국노총), 농업협동조합, 한국교원단체총연합회(교총) 등에 각각 대항하는 진보적 성향의 이익집단으로 전국노동조합협의회(전노협), 전국농민연맹(전농), 전국교직원노동조합(전교조) 등이 조직되었다. 전노협 대신 진보적 노동조합으로 1995년 말에 전국민주노동조합총연맹(민주노총)이 결성되어 활발한 활동을 전개하고 있다. 그리고 군부독재시대에 어용적 성격을 가졌던 이익집단들은 내부조직을 민주화하고 정부로부터도 과거와는 달리 자주적 자세를 견지함으로써 민주화 시대의 이익집단으로 탈바꿈하고 있다.

제6공화국시대에는 경제정의, 환경, 여성, 인권, 소비자보호, 선거개혁 등을 위한 공익집단(public interest group)들이 많이 결성되었다. 그 중 경제정의실천시민연합(경실련)과 참여연대는 전국적인 규모의 시민단체로 성장하여 활발한 활동을 전개하고 있다.

IMF 시대에 김대중 대통령은 노사정위원회를 설치하고 전국경제인연합회, 한국노총과 민주노총, 그리고 국가대표의 삼자가 타협하여 경제위기를 타개해 나가려고 노력하였다. 2006년 초 현재 이 위원회는 노총의 참여 거부로 유명무실한 존재가 되었다.

한국의 이익집단들은 시민들의 자발적 참여의 결여, 재정자립도의 결여, 여러 정치세력으로부터의 압력 등으로 발전에 장애를 받고 있지만 과거와는 다른 자율적 성장기에 들어가 있다.

그러나 이와 같은 민주적 발전에도 불구하고 제6공화국도 그 이전 시대와 마찬가지로 대통령 1인이 지배하는 단극적 통치형의 특성을 나타내고 있다. 그 이유 중의 하나는 한국의 대통령중심제가 건국 이래 삼권분립이 아니라 의원내각제의 권력융합적 특성을 가졌고 이러한 특성에는 오늘날에도 별 변화가 없기 때문이다.

제5부

정치발전론

제23장

21세기 한국의 정치적 과제

이 글은 김영삼 대통령시대 말에, 그러나 IMF 사태가 오기 전에 쓴 글이다. 민주화가 된 지, 다시 말해, 절차적 민주주의가 수립된 지 10년이 되었지만 군부독재시대에 형성된 비민주적 정치구조와 관행이 그대로 지속되고 있다는 점을 지적하고 이의 개혁을 촉구하였다.

한국은 1945년 해방과 더불어 구미의 정치경제적 제도를 도입하고 근대화를 추진하여 눈부신 발전을 이룩하였다. 반세기 전의 한국경제수준은 세계에서 가장 낮은 편에 속했으나, 오늘날에는 중진국 수준을 넘어서고 있다. 오늘날의 한국경제수준은 반세기 전과는 하늘과 땅의 차이가 난다고 해도 과언이 아니다. 한국의 경제적 발전속도는 전후 일본의 그것에 비견할 만한 것이었다.

한국은 1987년부터는 그간 뒤떨어져 있던 정치 분야에서도 발전을 이룩해 내는 데 성공하였다. 첫째로 그 이전 15년 동안의 한국정치는 반독재 투쟁으로 점철되어 있었다. 야당 정치인들, 종교인들과 노동자들, 지식인들과 학생들이 거의 매일 민주헌법을 되찾기 위한 투쟁을 전개하였다. 정치의 중심지가 의회나 정당이 아니라 거리와 캠퍼스였다. 유신시대와 1980년 5월의 광주 대학살에 나타났듯이 군사독재정권은 이와 같은 반독재 투쟁을 무자비하게 탄압하였다. 그러나 이와 같은 투쟁과 탄압의 악순환을 한국의 학생들과 국민들은 1987년 6월 29일을 기해 끊을 수 있었다. 1987년 6월에 이르러서 군사독재정권은 학생들과 일반 국민들의 항쟁에 대한 탄압 비용이 너무 크다는 것을 깨달았다. 전두환 정권은 군대를 동원하지 않고서는 민주화 투쟁을 분쇄할 수 없는 상황이었고[1] 이렇게 된다면 그 다음해의 서울 올림픽도 무산될 가능성이 컸다. 서울 올림픽은 전 정권이 군대를 동원해 민주화 투쟁을 분쇄하기 전에 다시 한번 신중하게 생각해 보아야만 할 중요한 요인이었다. 이와 아울러 전두환 정권은 민주화 세력이 요구하고 있는 대통령 직선제를 받아들인다 해도 계속 정권을 유지할 수 있다는 계산을 하게 되었다. 군사독재세력은 민주화 세력의 양대 지도자인 김영삼과 김대중이 분열한다면 대통령 직선제에서도 승리할 수 있다는 계산을 하게 되었다. 전두환 정권이 대통령 직선제를 수용함과 동시에 김대중의 정치활동을 즉각 허용한 것은 이러한 이유에서였다. 군사독재세력의 계산대로 양김씨는 분열하였고, 그 때문에 군사독재세력의 후보였던 노태우가 대통령에 당선되었다. 1987년 6월의 한국 민주화는 학생들과 국민의 투쟁, 88올림픽, 군사독재세력의 승산, 양김의 분열 가능성에 기반한 것이었다. 한국의 민주화는 독재세력이 무너진 라틴 아메리카 여러 나라와 남부 유럽 여러 나라의 경우와는 달리 군사독재세력이 계속 권력을 유지한 독특한 민주화였다.

---

1) 전두환 정권은 광주 대학살에는 군을 동원했으나, 그 이후의 반독재 투쟁을 탄압하는 데는 경찰을 이용하였다.

1987년 한국의 민주화는 법적·형식적 의미에서는 새로운 것이 아니었다. 한국은 1948년부터 1972년까지의 기간에 민주적 헌법을 가지고 있었다. 이 기간에 한국 국민들은 대통령과 국회의원들을 민주적 선거로 선출하였고, 상당한 정도의 자유를 누리고 있었다. 그러나 이 기간의 민주화가 미국이 부과한 민주화라면, 1987년의 민주화는 한국의 학생들과 국민들이 스스로의 힘으로 쟁취한 것이었다. 또한 이 헌법은 오늘에 이르기까지 바뀌지 않고 그대로 유지되고 있다. 한국의 헌법은 정권 교체기마다 바뀌었는데, 이번에는 그렇지 않은 것이다.

둘째로 오랫동안 한국정치의 주도세력은 군이었다. 노태우 시대는 민주화 시대였지만, 노태우 대통령이 군 출신이었기 때문에 군은 전두환과 그가 조직한 하나회가 장악하고 있었고, 하나회는 잠재적 정치세력으로 존재하였다. 대통령 후보로도 군 출신이 거론되었었다. 이것이 1992년 민간인 출신인 김영삼이 대통령에 당선됨으로써 변하였다. 김영삼 대통령은 그간 군을 지배해 오던 하나회 조직을 와해시켰고, 군을 정치로부터 분리시키는 데 성공했다. 현재 군이 정치에 영향을 미치고 있다는 징후는 나타나고 있지 않다.

군과 더불어 학생들도 정치세력으로서는 퇴조하였다. 과거 군사독재시대에는 대학 캠퍼스에 데모가 없던 날이 거의 없었으나, 이제는 대부분의 학생들이 학업에 전념하고 있다. 한총련 문제가 있지만 전체로 보아 학원은 정상화되었다.

군과 학생은 한국정치가 혼란하거나 부패할 때에는 언제든지 정치에 개입할 수 있는 잠재적인 정치세력이나, 오늘날 현재적인 정치세력은 아니다.

셋째로 오랫동안 국민들은 언론·출판·사상·집회·결사의 자유를 제한받았다. 이승만 정권 시대에는 정부에 대한 비판이 비교적 자유로웠으나, 진보적 비판은 자칫 잘못하면 용공적인 비판으로 몰리기 쉬웠다. 그후 군사독재정권시대에는 자유주의적 비판이든 진보적 비판이든 정권에 대한 비판은 어려웠다. 정권을 비판한 교수나 언론인들 중에는 직장에서 해고된 인사들도 있었다. 특히 5·16 쿠데타 직후 창설된 중앙정보부(국가안전기획부)는 국민들의 생활을 감시하는 역할을 하였다. 이와 같은 불행한 상황도 1987년 이후에는 상당히 변하였다. 현재 국민들은 과거 어느 때보다도 자유로운 분위기 속에서 생활하고 있고, 국가안전기획부도 과거처럼 눈에 띄게 국민들의 사생활을 침해하고 있지 않다. 김영삼 시대에는 복수노조가 합법화되어 노동자들의 결사의 자유도 확대되었다. 김 정권은 한때 안기부의 국가보안법상 찬양고무동조죄와 불고지죄에 대한 수사권도 박탈하여 안기부가 대공수사에서 그 권한을 남용할 수 있는 여지를 없앴었으나, 최근 다시 이러한 권한을 안기부에 부여하여 여 · 야 사이의 정치적 이슈로 남아 있다.

넷째로 과거의 한국에는 중앙정치만 있었지 지방자치가 없었다. 지방자치제는 제1공화국시대에 부분적으로, 제2공화국시대에 전면적으로 실시되다가 1961년 군부 쿠데타 이래 제5공화국 말까지는 전혀 실시되지 않았다. 제6공화국에 들어와 이에도 변화가 일어났다. 노태우 대통령은 다시 부분적으로 지방자치제를 실시하였고, 김영삼 대통령은 1995년 6월 27일에 전면적인 지방자치 선거를 실시하였다. 이제 한국 국민들은 도지사 · 시장 · 군수 · 구청장 등의 지방자치단체장들과 도의원 · 시의원 · 군의원 · 구의원 등의 지방의회 의원들을 직접 선출하고 있다.

다섯째로 한국정치는 제1공화국시대부터 오늘에 이르기까지 정경유착, 관경유착 구조에 기반한 부패정치였다. 군사독재시대의 대통령들은 재벌 총수나 대기업가들로부터 직접 천문학적 액수의 돈을 받았고, 이 돈의 일부는 정치자금으로, 일부는 개인 재산의 증식에 사용하였다. 대통령이 돈을 받으니 그 아래의 장관 · 국회의원 · 관리들도 돈을 받는 관행이 만연되어 있었다. 김영삼 대통령은 이와 같은 유착구조를 깨뜨리기 위하여 대통령 스스로가 돈을 받지 않겠다고 선언하고 고급 공무원들의 재산등록을 의무화하고 금융실명제를 실시하였다. 선거법과 정치자금법도 같은 취지에서 개정하였다. 김 대통령은 금융실명제로 노태우 전 대통령이 5천여억 원이나 되는 비자금을 가지고 있다는 것을 찾아냈고, 그것이 계기가 되어 두 명의 전직 대통령을 감옥에 보냈다.

김영삼 대통령의 이와 같은 부정 · 부패 추방정책은 국민들의 전폭적 지지를 받았고, 그에 대한 국민적 지지도는 한때 90%선까지 육박하였었다. 그러나 1997년 초 김영삼 대통령과 그의 아들은 5조 7천억 원의 부실대출 특혜를 받은 한보철강의 배후라는 의혹을 받았고, 이러한 의혹 때문에 그의 지지도는 10%대로 하락하였다. 그의 부정 · 부패 추방정책은 현재 난파하였으나 부정 · 부패의 혐의가 잡힌 인사는 전직 대통령까지도 감옥에 가는 선례를 만든 점에서, 이 문제에 대한 국민의식을 고양하는 데 공헌했다는 점에서, 그리고 부정 · 부패 사건은 한보 사태에서 보듯이 은폐 · 오도 · 축소를 하기가 보다 어려워졌다는 점에서 평가할 만하다.

요약건대 한국은 대통령을 국민들이 직접 선출하고, 군을 정치로부터 분리시키고, 국민들의 자유권을 확대하고, 지방자치제를 실시하고, 부정 · 부패에 메스를 가하는 커다란 정치발전을 이룩한 것이다. 군사독재시대에 이룩한 눈부신 경제발전과 더불어 정치발전도 이룩하는 업적을 이루어 낸 것이다. 국제적으로도 한국은 산업화와 민주화를 모두 달성한 나라로 칭송받고 있다.

그러나 다른 한편 오늘의 한국정치는 좀 더 자세히 관찰하면 다음과 같은 점에서는 군사독재시대에 비해 크게 개선되지 않았다. 첫째로 대통령제의 핵심인 삼권분립과 이에 기반한 행정부・입법부・사법부 사이의 견제와 균형이 매우 약하다. 입법부와 사법부는 군사독재시대와 마찬가지로 여전히 행정부의 시녀로 남아 있다. 입법부는 대통령이 총재인 신한국당이 과반수 이상의 의석을 차지하고 있다. 그들이 공천권자인 대통령의 지시를 따르는 꼭두각시에 불과하다는 것은 1996년 12월 26일 새벽의 기습 국회에서 적나라하게 드러났다. 여당의 대통령 후보들을 포함한 신한국당 의원들이 몇 대의 버스에 실려 야당 의원들 몰래 국회에 나타나 노동법과 안기부법 개정안을 새벽 시간에 기습적으로 처리한 것이다. 과거의 군사독재정권들은 문제가 되는 법안들을 국회에서 야당의 실력저지를 몇 번이고 받은 다음에 변칙으로 통과시켰었다. 그러나 1996년 12월에는 국회에서 충분한 논의도 없이, 또 야당의 실력 저지 행위가 국민들에게 충분히 표출되기 전에 여당의원들이 기습적으로 단독행동을 한 것이다. 곧 이어 터진 한보 사태로 국민들의 신뢰를 잃은 여당은 야당과의 합의하에 단독으로 통과시킨 노동법을 폐기하고 새로운 노동법을 통과시켰지만, 이것도 김 대통령의 지시에 의한 것이다. 여당의 의원들이 대통령으로부터 자율성을 가지고 있지 않기 때문에 국회는 대통령을 감시하고 견제하는 역할을 못하는 것이다.

한국의 사법부는 군사독재시대와 마찬가지로 대통령과 행정부를 감시하고 견제하는 데 무력하다. 유신정권과 전두환 정권은 법률과 통치 행위에 대한 위헌심사권을 헌법재판소에 부여하여 제3공화국시대에는 일원화되어 있던 사법부를 대법원과 헌법재판소로 이원화시켰었다. 또한 대법원장을 추천하던 제3공화국시대의 법관추천회의를 없애고 대법원장과 헌법재판소 재판관을 대통령이 임명하도록 하였었다. 사법권의 이원화와 대통령의 사법부 책임자 임명권은 대통령의 사법부 통제에 도움이 되는 제도이나, 문민민주주의 시대에 들어와서도 이와 같은 제도에 아무 변화가 없는 것이다. 한국의 사법부는 지난 반세기 동안에 기존 권력이 독재적이든 민주적이든 이를 따지지 않고 지지하거나 묵인하는 역할을 수행해 왔고, 오늘날에도 한국 사법부의 이와 같은 특성에는 큰 변화가 없다. 미국의 사법부는 입법부의 입법 행위와 대통령의 통치 행위의 위헌 여부를 심판하는 데 적극적이나, 한국의 사법부는 그렇지 못한 것이다.

사법부가 이러할진대 행정부의 한 기관인 검찰에 정치적 독립성이 없다는 것은 오히려 자연스러운 일이다. 오랫동안 군사독재정권의 하수인 역할을 한 검찰은 오늘날에는 문민정권의 하수인 역할을 하고 있다는 비판을 받고 있다. 검찰은 오랫동안 성공한 쿠데타는 처벌할 수 없다는 입장을 견지하다가 1996년 말 이런 입장을 바꾸고 전두환·노태우 두 전직 대통령을 반란죄로 기소하였다. 그러나 검찰이 이처럼 입장을 바꾼 것은 검찰 스스로의 결정이 아니라 김영삼 대통령의 의중을 헤아린 것이었다. 검찰의 전직 대통령 기소가 검찰의 독립성 회복으로 이어지지 않았다는 것은 1997년에 터진 한보 특혜에 대한 검찰수사에서 단적으로 드러났다. 한보 사태의 배후가 김 대통령의 아들이고 그가 국정에 광범위하게 관여했다는 의혹에 대해 검찰은 독립적 수사를 하고 있다는 모습을 국민들에게 보여주지 못하였다. 이를 계기로 국민들의 검찰에 대한 불신이 너무 커져 이 사태의 수사책임자인 대검의 중앙수사부장이 경질되었고, 대통령의 아들은 구속되었다.

대통령의 아들이 관련되어 있는 사건을 그의 하부기관인 법무부-검찰이 철저하게 수사한다는 것은 어렵고, 또 철저하게 수사한다고 해도 검찰에 대한 불신 때문에 그 결과를 국민들이 믿기 어려운 것이다. 정부는 야당이 요구하는 특별검사제를 수용함으로써 검찰에 대한 불신이 심화되는 것을 오히려 막을 수 있었으나, 김 대통령과 검찰은 이러한 길을 택하지 않았다.

한국의 통치체제는 행정부 중심의 일권 체제일 뿐만 아니라 행정부 내에서는 대통령 중심의 일인 체제이다. 오랜 군사독재시대 동안 한국의 통치권력은 대통령 한 사람에게 집중되어 있었고, 김 대통령의 집권으로 군사독재시대는 끝났으나 통치권력은 여전히 한 사람에게 집중되어 있는 것이다. 김 대통령의 통치 스타일에 대해 '문민 독재'를 한다든가 '깜짝 쇼'를 한다는 비판이 종종 나왔는데, 이러한 비판은 바로 이와 같은 일인통치 현상을 가리키는 것이다. 김 대통령은 금융실명제를 비롯한 여러 정책을 청와대 비서실이나 국무회의의 검토 과정을 거치지 않고 단독으로 수립하였고, 인사문제도 철저한 보안 속에서 혼자 결정한 경우가 많았다. 이러한 통치 스타일은 국민들의 지지를 받는 한에서는 크게 문제가 되지 않았으나, 그의 아들을 둘러싼 국가적 위기를 초래했다는 비판을 받았다.

대통령 중심의 일인 체제에서는 항상 그의 친인척이 문제가 된다. 군사독재시대에 대통령의 친인척은 무시 못할 영향력을 행사했고, 또 각종 비리에 연루되어 있었다. 그러나 김 대통령 시대에도 이 문제를 극복하지 못했다. 언론은 김 대통령의 아들이 한보 특혜의 배후이고 국정에 광범위하게 개입하고 정보기관으로부터 보고를 받고 대통령의 뒤에서 인사와 정책을 좌지우지했다고 의심하였다. 그의 국정 개입 정도는 군사독재시대 대통령들의 친인척보다 더욱 광범위하다고 보도하였다. 김 대통령이 국가를 통치하는 데에서 여당인 신한국당이나 정부조직에 앞서 아들의 사조직에 의존해 왔다는 의혹이 일어났던 것이다.

둘째로 군과 학생은 이제 더 이상 한국정치의 주역이 아니고 그들이 비워 놓은 자리를 민간 정치인들이 차지했으나, 민간 정치인들은 우리들이 구미에서 보는 바와 같은 근대적 정당정치를 하지 못하고 있다. 군사독재시대의 한국정치는 정당보다는 인물과 그 인물의 사적 관계를 중심으로 하는 정치였다. 전두환, 노태우와 그의 부하들, 그리고 김영삼, 김대중과 그의 가신들을 중심으로 하는 정치였다. 구미의 정당정치에서도 인물과 그의 사적 관계는 중요하나, 정당은 그 인물과 그 인물의 사조직을 떠나서도 독자성을 갖고 있다. 한국의 경우는 그렇지 못했고, 이러한 상황은 문민민주주의 시대에 들어와서도 지속되고 있다.

여당인 신한국당은 김영삼 대통령, 국민회의는 김대중 총재, 자민련은 김종필 총재를 떠나서는 그 존재 여부가 의심되는 정당이다. 이 세 정당은 3김씨가 은퇴할 경우 와해될 가능성이 있을 정도로 세 지도자에게 의존적인 정당인 것이다. 김영삼 대통령과 김대중 총재는 민주화에, 그리고 김종필 총재는 한국의 근대화에 남다른 업적을 가지고 있는 역사적 지도자들이나, 그들이 세 정당의 절대적 지도자로서의 위치를 유지하고 있는 것은 그들 각각이 가지고 있는 지역적 지지기반 때문이다.

한국의 정당이 한 사람의 지도자 중심 조직이고 그 지지기반을 지역에 두고 있기 때문에, 정당 사이에는 정책적 차이가 별로 없다. 한국의 정당들 사이에는 유럽 여러 나라의 정당들 사이나 미국의 공화당과 민주당 사이에서 찾아볼 수 있는 이념적 · 정책적 차이가 없는 것이다. 여당인 신한국당 내에는 열 명에 가까운 대선 후보들이 있었으나, 그들 사이에도 아무런 정책 대결이 없었다. 여당 내의 대선 후보들 사이의 경쟁이나 정당 사이의 경쟁은 대통령직을 둘러싼 권력투쟁으로 전락하고 있다. 군사독재시대에는 경제발전 제일주의를 주장한 독재자들과 민주화를 추구한 민간 정치지도자들 사이의 공적 대결이 있었으나, 문민민주주의시대에 들어와서는 이러한 대결은 소멸하고 사적 권력투쟁만이 있을 뿐이다.

정당이 공공이익의 실현을 위해 권력 획득을 추구하는 집단이고 파당은 권력 획득만을 추구하는 집단이라고 할 때, 한국의 정당들은 파당화하고 있다. 정당이나 후보들 사이에 공공 이익의 정의와 실현방법을 둘러싼 공적 대결이 없고 권력 획득을 둘러싼 거래만이 있기 때문이다. 한국 정당의 파당적 성격은 문민민주주의 시대에 들어와 오히려 심화되고 있다.

셋째로 정당과 더불어 민주정치의 하부구조를 구성하는 언론과 시민사회의 성격에서도 문민시대는 군사독재시대와 커다란 차이를 나타내고 있지 않다. 과거와 마찬가지로 일부 신문사들은 재벌 그룹에 속해 있고, 그렇지 않은 신문사들은 신문사 자체가 거대한 사업체이다. 일부 재벌 기업들은 정치적 영향력을 갖기 위한 수단으로 수지 타산은 개의치 않고 신문사를 소유하고 있다. 미국의 언론도 최근 대기업에 합병되는 경향을 나타내고 있으나, 미국 언론은 국민의 알 권리를 보호해야 한다는 원칙에 충실하다. 사실보도에 철저한 미국 언론의 전통 때문일 것이다. 미국 언론과 같은 전통을 가지고 있지 못한 한국 신문은 소유구조에 의해 큰 영향을 받고 있다. 문민시대에 들어와 대통령의 아들이 국정에 광범위하게 간여하고 있다는 소문이 나돌았으나 신문은 한보 사태가 터진 최근까지 이를 보도하지 않았고, 현재에도 이에 대한 적극적인 조사 보도(investigative reporting)는 하지 않고 있다. 한국의 언론은 이 문제에 대해 미국의 언론이 워터 게이트 사건에 대해 보인 바와 같은 철저하고도 끈질긴 보도 자세를 보이지 않고 있다. 언론의 소유주들이 그들의 지위를 유지하기 위해서는 권력의 눈치를 보지 않을 수 없기 때문이다. 한국의 텔레비전은 정부가 실질적 소유주거나 정부의 영향 아래에 있기 때문에 편파적인 성격이 신문보다 더 강하다.

언론의 소유구조뿐만 아니라 언론인들과 정치인들과의 관계도 국민들의 알 권리를 제약하고 있다. 한국의 정치인들은 취재기자들에게 촌지를 제공하는 관행을 가지고 있고, 이러한 관행은 군사독재시대에 강화되었다. 그러나 이러한 나쁜 관행은 문민시대에 들어와서도 중단되지 않고 있다.

한국 언론은 일제시대부터 오늘에 이르기까지 한편에서는 기존 권력과 타협하고 다른 한편에서는 국민의 알 권리를 보호하는 이중적 성격을 띠어 왔다. 한국 국민들은 언론이 문민시대에는 이와 같은 이중적 성격을 버리고 국민의 알 권리를 최대한으로 보호하는 역할을 해주기를 기대하고 있으나, 이와 같은 기대에 아직 부응하지 못하고 있다.

독재시대의 말기에 민주화 투쟁을 위한 여러 단체들이 조직되어 적극적으로 반독재 투쟁에 참여했으나, 이러한 단체들은 민주화와 더불어 해체되거나 활동을 중지하고 있다. 그 대신 문민시대에 들어와서는 각 분야의 이익단체들이 보다 활발하게 활동하고 있고, 경제 정의・환경・교육・노동 문제 등을 다루는 공익단체들이 많이 조직되었다. 그러나 일부 이익단체들은 극단적 이기주의를 표출하고 있을 뿐 한국 민주주의의 공고화에는 큰 공헌을 하지 못하고 있고, 공익단체들은 시민들의 자발적 참여의 결여로 어려움을 겪고 있다. 한국의 시민들은 중간단체로 충분히 조직화되지 못하고 대부분이 유동적이고 원자화된 개인으로 남아 있는 것이다. 신문과 텔레비전이 만들어 내는 여론이나 정치가들의 조작적 선동에 쉽게 흔들리는 시민들인 것이다. 그레고리 헨더슨이 한국사회의 특성으로 지적한 대중사회적 성격이 여전히 남아 있는 것이다.[2)]

근대적인 시민단체들의 조직과 활동이 부진한 반면, 지연과 학연에 기반한 전통적 단체들은 여전히 중요하다. 전통적 단체들은 원래 목적이 친목에 있으나 정치화되고 있는 것이다. 전통적 관계는 선거 때에 중요한 역할을 하고 있고, 정부의 인사에서도 큰 영향을 발휘하고 있다. 지연과 학연에 기반한 전통적인 인간관계는 산업화에도 불구하고 약화되기는커녕 강화되고 있고, 한국정치의 근대화를 방해하고 있다.

넷째로 문민시대에 들어와 지방자치가 전면적으로 실시되었지만 정착되지 못하고 있다. 지방자치가 제대로 되기 위해서는 지방정부가 중앙정부로부터 독립성을 확보해야 하나, 이러한 독립성을 확보하지 못하고 있다. 대부분의 지방정부는 재정적으로 중앙정부에 의존하고 있기 때문이다. 야당 출신의 지사들 중에는 지역발전을 위한 중앙정부의 도움을 받기 위해 야당을 탈당한 지사까지 있다. 또한 지방자치가 실시된 이후에도 지방 공무원들의 부정・부패는 근절되지 않고 있고, 지방자치체의 수장 자신이 독직 사건으로 물러난 경우도 여러 건이 된다. 지방정부의 수장이 선거를 의식해서 법집행을 느슨하게 하고 있다는 비판도 나오고 있다. 이러한 사례는 지방의회가 지방정부를 감시하는 역할을 잘 수행하지 못하고 있다는 것을 의미한다.

---

2) Gregory Henderson, *Korea: The Politics of the Vortex*(Cambridge: Harvard University Press), 1968.

다섯째로 김영삼 대통령이 정경유착을 근절하겠다고 선언하였지만, 정경유착은 문민시대에 들어와서도 지속되어 왔다는 것이 명백해졌다. 1997년 4월 수십 명의 여·야 국회의원들이 한보로부터 5천만 원 내지 1억 원의 금품을 받은 것이 검찰조사로 드러났다. 그러나 이 액수는 빙산의 일각에 불과하다. 정치인들은 한보 이외의 기업들로부터도 돈을 받고 있고, 이는 국민들에게는 공개가 안 되는 비밀인 것이다. 한국의 국회의원들은 지역구를 유지하기 위해서는 엄청난 액수의 자금이 필요하고, 이 자금은 대부분 기업인들의 비밀헌금으로 충당하고 있다. 미국의 경우에는 정치인들이 받는 헌금은 모두 공개되지만, 한국의 경우에는 공개되지 않고 있다. 만일 한국의 검찰이 정치인들을 모두 철저하게 수사한다면, 비밀헌금을 받지 않은 정치인은 거의 없다는 것이 드러날 것이다.[3)]

당시 야당의원들과 일부 여당의원들은 검찰의 그들에 대한 수사가 김영삼 대통령의 대선자금과 그의 아들에 대한 수사를 오도하기 위한 것이라고 비판하였다. 야당은 김 대통령이 1992년의 대통령선거 때 한보로부터 600억 원의 대선자금을 받았다고 비난하였고, 그의 아들도 사조직 관리나 축재를 위해 돈을 받지 않았나 의심하고 있다. 그러나 대선자금 문제는 김 대통령만 관계되는 것이 아니고 야당의 대통령 후보들과도 관계가 된다. 야당의 대통령 후보들도 김 대통령보다는 훨씬 적은 액수라도 기업들로부터 비밀헌금을 받았을 것이기 때문이다.

이와 같은 정경유착의 문제는 대선후보들에게도 있다. 여러 명의 대선 후보들은 보좌진·자문팀·사무실·연구소 등 사조직을 운영하고 있고, 이러한 사조직 운영에는 엄청난 비용이 드는 것이다.[4)] 이러한 비용을 이들 대선 후보들도 기업인들로부터 비밀헌금을 받아 충당할 수밖에 없을 것이다. 그들은 이와 같은 헌금이 대가성이 없는 것이라고 강변

---

3) 이 점에 관해 신한국당의 최병렬 의원은 "한보 리스트에 오른 33인에게 정치인 중 어느 누가 돌을 던질 수 있나. 재벌 출신이나 수백억 자산가인 몇몇 의원을 제외하고 제 돈으로 선거를 치른 사람이 있으면 나와 보라고 해라. 정치권 모두 '허위와 거짓' 위에 서 있다. 한보 사건을 계기로 그 현실이 노출된 것뿐이다. 이대로 가다가는 한국정치는 파산이다. 여야가 팔 걷어붙이고 나서지 않으면 안 된다"고 『문화일보』 1997년 4월 28일 제3면의 인터뷰에서 주장하였다.

4) 『동아일보』는 1997년 4월 25일 제1면 기사에서 "이들 각 사무실엔 통상 유급 직원 3~10명이 근무, 사무실 한 곳의 기본 유지비만 매월 2~5천만 원이 들어가는 것으로 알려져 사무실을 여러 군데 운영하고 있는 대선 예비 주자의 경우 매월 억대 이상의 돈이 들어가고 사조직 관리 등에 따른 경비 지출까지 합치면 개인에 따라 차이는 있지만 매월 수억 원에서 수십억 원까지 돈을 쓰고 있는 것으로 추산된다"고 보도하였다.

할지 모르지만, 이를 믿는 국민들은 별로 없다. 대선 후보들이 받는 이와 같은 헌금이 오늘날 한국을 정치경제적으로 위기에 몰아넣은 한보 사태의 뿌리이기 때문이다.

정경유착은 제1공화국시대부터 시작한 것이고, 군사독재시대에 더욱 깊은 뿌리를 내렸다. 군사독재정권은 기업들을 지원하고 기업가들로부터 헌금을 받아 정권 유지 비용을 충당하고 정권 참여자들 개인의 축재도 하는 관행을 수립했던 것이다. 한국 국민들은 오랫동안의 민주화 투쟁으로 군의 정치 개입을 중단시키는 데는 일단 성공했으나, 돈의 정치 개입을 막는 데는 아직도 성공하지 못했다.

한보 사태에 나타난 정경유착은 한국정치의 앞날에 암운을 던져주고 있다. 첫째로 대통령과 여・야 정치인들에 대한 국민들의 불신감을 심화시키고 있다. 국민들은 김영삼 대통령에 대해 그 이전의 대통령들과는 달리 기업가들로부터 돈을 받지 않는 깨끗한 대통령이라는 이미지를 가지고 있었으나, 이제는 더 이상 이와 같은 이미지를 가지지 않고 있고 배신감마저 느끼고 있다. 대통령은 국민들에 대해 도덕적 권위를 상실하고 있다. 국민들은 정치인들이 기업가들로부터 돈을 받고 이를 감추는 위선자들이라는 이미지를 갖게 되었다.

이뿐만 아니라 국민들은 법을 만들고 집행하는 정치인들이 법을 어기고 있다고 믿게 되었다. 대선 후보들과 여・야 정치인들이 기업가들로부터 받는 비밀헌금이 적법한 것인지의 여부는 모호하나, 한보 사태는 이러한 비밀헌금은 문제가 있다는 것을 웅변해 주고 있다. 또한 대통령과 국회의원의 선거비용은 법적으로는 각각 500억 원과 8천만 원 정도로 제한되어 있는데, 일부 후보들은 이보다 10~20배 이상의 비용을 쓰고 있다고 한다. 특히 1992년 대통령선거 때의 여당 후보였던 김 대통령의 선거운동비도 총 1조 원 이상이 들었을 것이라는 추측도 나오고 있다.[5] 이것이 사실이라면 정치인들은 모두 법을 어

---

5) 1992년 대통령선거 때 신한국당 선거대책본부 기획위원장으로 일한 최병렬 의원은『문화일보』 1997년 4월 28일 제3면 인터뷰에서 "대선의 자금 소요는 크게 보아 네 가지로 나눠진다. 첫 번째는 대규모 유세를 위한 청중동원비이다. 두 번째는 중앙당 → 시・도지부 → 지구당으로 이어지는 공조직 활동비이고, 세 번째는 각 직능단체 등 사조직 활동비이다. 마지막으로 인쇄물・신문・방송광고 등 홍보비이다. 이 중에서 대규모 유세동원비와 사조직 활동비 등이 가장 큰 규모일 것이고, 홍보비도 적지 않게 들어간다"고 밝혔다. 그는 대선자금에 대해선 "정확한 액수에 대해서는 아무도 알지 못할 것이다. 그러나 그 액수가 천문학적 규모에 이른다는 사실은 대부분 짐작하는 것 아니냐. 당시 민자당 최고의원이었던 김종필 자민련 총재는 1조 6천억 원 정도 사용됐을 것이라고 말했다. 법정 선거비용은 무의미하다. 야당도 규모 차이는 있겠지만 마찬가지다"라고 말하였다. 1992년 대

기고 있는 것이다. 그러나 그들 가운데 뇌물 혐의나 선거법 위반 혐의로 검찰의 수사를 받은 사람들은 소수이고, 이 경우 검찰은 미운 정치인들에 대한 표적 수사를 하는 것은 아닌가 하는 의심을 항상 받는 것이다. 엄격한 선거법과 이 법의 집행 과정에서의 자의성은 이 법이 현 정권에 의해 정치인들에 대한 통제수단으로 이용되지 않고 있나 하는 의심도 불러일으키고 있다.

둘째로 정경유착은 한국정치의 대결구조를 왜곡시키고 있다. 여당인 신한국당, 야당인 국민회의와 자민련의 정치인들은 정치자금을 기업가들에게 의존하고 있다. 이 때문에 이들 정당들은 모두 친기업가적 성격을 띠고 있고, 기업가들의 이해관계에 반하는 정책은 택할 수 없는 것이다. 서구의 경우처럼 노동조합의 참여와 헌금에 의존하고 있는 정당은 한국에 존재하지 않는다. 노동조합은 최근의 노동법 개정으로 정치활동을 할 수 있는 권리를 획득했으나, 아직도 정당을 지지하거나 재정적으로 도울 수 없다. 한국의 여당과 야당은 서로 대결하고 있으나, 그들은 모두 기업가들에 대해서는 우호적인 성격을 가지고 있다. 여·야 정치인들은 기업가들로부터 보다 많은 지원을 받기 위해 서로 대결하고 있을 뿐이다. 여당·야당과 기업가들의 유착은 한국의 정당과 정치인들을 모두 친기업화시키고 있다.

셋째로 정경유착은 대통령으로 하여금 퇴임 후 그를 보호해 줄 수 있는 후보를 후계자로 만들기 위해 온갖 수단을 강구하게 만든다. 지난 반세기의 한국정치에서 모든 집권자들이 영구 집권을 획책한 원인들 가운데 하나도 정경유착 구조에 기인한 집권자들의 부정·부패에 있다.

요약건대 한국은 문민시대에 들어와서도 대통령 일인 중심의 통치체제, 총재 일인 중심의 정당체제, 권력과 금력에 약한 언론체제, 소극적이고 수동적인 사회체제, 약한 지방자치체제, 그리고 정경유착체제를 유지해 온 것이다. 한국 국민들은 대통령과 국회의원들과 지방정부를 직접선거로 선출하고 민주정치에 절대적으로 필요한 언론과 결사의 자유를 누릴 수 있는 법적·형식적 권리를 쟁취했지만, 아직도 구조적으로는 군사독재시대의 비민주적 유산을 청산하고 있지 못하다.

선 당시 민자당 경리실 대리를 지낸 김재덕이 96년에 국민회의 오길록 종합민원실장에게 민자당이 공식 집행한 대선자금은 3,127억 원이라고 말한 것으로 4월 29일 보도되었으나, 김재덕은 이를 곧 부인하였다. 『조선일보』 1997년 4월 30일 제1면 참조.

한국이 법적으로나 형식적으로는 민주화되었음에도 불구하고 구조적으로는 비민주적 체제를 그대로 가지고 있는 이유로서 우리는 몇 가지를 생각해 볼 수 있다. 우선 첫째로 이러한 비민주적 구조는 지난 반세기에 걸쳐 형성되어 온 구조이다. 한국정치가 형식적으로 민주화되었다 하여 쉽게 무너질 구조가 아닌 것이다. 더욱이 일인 중심의 통치체제는 민주적으로 선출된 대통령의 이해관계에도 맞는 것이다. 어느 대통령도 스스로 자신의 권한을 축소하는 개혁을 단행하지는 않을 것이다. 김영삼 대통령도 군사독재시대의 통치체제를 그대로 물려받아 통치해 온 것이다. 일인 중심의 정당 체제도 마찬가지이다. 군사독재시대의 민주화 운동은 지도자와 그의 추종자들을 중심으로 한 사조직이 이끌었고, 문민시대에 들어와서는 이러한 사조직이 중심이 되어 정당이 창당된 것이다. 이러한 정당체제는 민주화 투쟁을 오랫동안 이끌어 온 정당지도자의 이해관계에 맞는 것이고, 그는 이러한 체제를 개혁하여 그의 권한을 축소할 이유가 없다. 오늘날의 과점적 언론계도 군사독재시대에 형성된 것이고, 언론계도 이러한 과점체제를 유지하기 위해 권력과 금력에는 약한 것이다. 한국사회의 성원들은 아직도 정치에 대해 소극적이고 수동적인 자세가 그들의 이해관계를 최대화한다고 믿고 있다. 지방정부는 중앙정부로부터 가능한 한 많은 지원을 바랄 수밖에 없고 선거로 선출된 지방자치단체의 수장들과 지방의회의 의원들은 지방정부가 가지고 있는 이권의 유혹으로부터 자유롭지 못하다. 정치인들과 기업인들은 상호간에 도움이 되는 정경유착을 끊을 이유가 없는 것이다.

둘째로 군사독재시대의 지배세력은 문민시대에도 지배세력으로 남아 이와 같은 비민주적 구조를 떠받쳐 주고 있다. 야당 지도자였던 김영삼 총재가 대통령에 당선된 것은 군사독재세력과 연합함으로써 가능한 것이었고, 이 때문에 군사독재에 협력하였던 세력도 군을 제외하고는 그대로 지배세력으로 남아 계속 정치적 영향력을 발휘하고 있다.

한국은 방대한 관료 · 군 · 정보 · 경찰 조직을 가지고 있고, 이 조직의 성격은 오늘날에도 과거와 크게 다르지 않다. 이러한 조직도 비민주적 구조를 떠받쳐 주는 세력이다. 이러한 조직에는 구미 여러 나라에서 볼 수 있는 정치적 중립성의 전통이 없다.

셋째로 한국의 집중적 경제구조도 위에서 소개한 바와 같은 비민주적 구조와 선택적 친화성을 가지고 있다. 한국경제를 지배하고 있는 소수의 재벌들이 과거에는 군사독재체제의 유지에 공헌하였고, 문민시대에 와서는 일인 중심의 통치체제와 정당체제, 과점적 언론구조, 약한 시민사회의 유지에 공헌하고 있다.

넷째로 한국의 안보·경제 상황과 역사도 이러한 비민주적 구조를 정당화하는 구실이 되고 있다. 북한으로부터의 위협은 항상 일인 중심의 일사불란한 지배구조를 정당화해 주는 가장 큰 구실이었다. 한국경제의 산업화에 공헌한 박정희 대통령 일인의 리더십도 이러한 지배구조를 합리화해 주고 있다. 태조·태종·세종 등처럼 강력한 왕이 있을 때는 나라가 잘 되었으나, 조선조 말처럼 약한 왕이 있을 때는 나라가 망한 과거 왕조시대의 경험도 강력한 일인지배체제를 합리화해 주는 역사적 요인이다.

다섯째로 유교에 기인하는 권위주의 문화와 덕치사상도 위에 소개한 바와 같은 비민주적 구조를 문화적으로 지탱하는 힘이다. 한국에서 권위주의 문화는 서구적 가치관의 유입으로 한편에서는 침식당하고 있으나 다른 한편에서는 집중적 정치·경제·사회 구조의 영향으로 여전히 지속되고 있다. 덕치사상은 덕 있는 사람이 통치해야 한다는 전통적인 정치사상이다. 한국에는 권력과 금력이 제도적으로 견제받지 않으면 부패하기 쉽다는 사상은 매우 약하고 권력과 금력을 가지고 있는 사람들의 인격수양으로, 즉 덕으로 부패를 막을 수 있다는 전통적인 덕치사상이 여태껏 큰 영향을 발휘했다. 한국이 미국의 대통령제를 모방한 제도를 가지고 있으면서도 행정부·입법부·사법부 사이의 견제와 균형체제를 가지지 못하고 있는 것은 한국의 전통적인 정치문화에도 그 원인이 있다.

일인 중심의 통치구조, 일인 중심의 정당구조, 과점적 언론구조, 수동적 시민사회, 약한 지방자치제, 정경유착은 식자들이 종종 논의는 하였지만 최근까지 전 국민적 이슈는 아니었다. 이러한 구조를 떠받쳐 주는 힘이 바로 살펴보았듯이 여러 곳에서 나왔기 때문에 큰 문제가 되지 않았다. 그러나 이미 지적했듯이 최근 한국의 정치와 경제를 위기 속에 몰아넣은 한보 사태와 대통령 아들의 국정 개입 사건은 이러한 구조의 개혁문제를 한국정치의 가장 시급한 과제로 등장시키고 있다. 한국 국민들은 1987년에 그들의 통치자를 직접선거로 선출하고 이러한 민주정치 과정에 필요한 언론과 결사의 자유를 법적으로 다시 획득하였지만, 앞으로는 위에서 논의한 비민주적 구조를 개혁해야 할 정치적 과제를 가지고 있다. 우리가 1987년의 민주화를 제1단계 민주개혁이라고 본다면, 비민주적 구조의 개혁은 제2단계 민주개혁이라고 부를 수 있을 것이다.

제2단계 민주개혁에서 어떠한 구조개혁을 해야 할 것인지는 여태까지의 논의에서 명백하게 드러났다. 무엇보다도 첫째로 대통령 일인 중심의 통치구조를 개혁해야만 한다. 이와 관련해 자민련은 대통령중심제를 의원내각제로 바꿔야 한다고 주장하였다. 의원내각제로 개헌이 된다면, 일인통치체제는 유지되기 어려울 것이다. 수상의 지위는 과반수 이상의 의원들의 지지로만 유지되기 때문에 수상은 그들과 권력을 공유해야만 할 것이다. 또 신한국당 · 국민회의 · 자민련 세 당 가운데 어느 한 당도 과반수 이상의 의석을 차지하기 어렵기 때문에 두 당 사이의 연립정부가 나올 가능성도 크다. 노태우 대통령이나 김영삼 대통령이나 그를 반대한 유권자들이 60% 전후에 이르는 소수파 대통령이었다. 의원내각제는 이와 같은 소수파 대통령의 문제도 해결해 줄 것이다. 대통령중심제의 한국 대통령은 예외없이 국가의 도덕성과 권위를 손상시켰다. 이승만 대통령은 망명을 가야 했고, 박정희 대통령은 암살당했고, 전두환 · 노태우 두 대통령은 감옥에 갔다. 김영삼 대통령도 한보 사태와 아들 문제로 의혹을 받고 있다. 의원내각제의 대통령은 상징적 국가원수로 남아 국가의 도덕성과 권위를 유지시켜 주는 중요한 정치적 역할을 할 것이다.

그러나 의원내각제에 의한 일인통치체제의 개혁은 현재로서는 불가능하다. 김영삼 대통령이 의원내각제를 반대하고 있기 때문이다. 김 대통령이 의원내각제를 반대하는 공식적 이유는 내각제가 제2공화국시대에 나타난 바와 같은 정치적 혼란을 야기시킬 수 있고, 이러한 혼란은 한국의 안보를 위태롭게 한다는 데 있다. 그리고 이러한 주장은 북한의 위협에 직면해 있는 한국 국민들에게 상당히 설득력이 있는 주장이다. 이러한 공식적 이유 외에도 김 대통령이 내각제를 반대하는 이유에는 자신의 정치적 이해 관계도 있다. 그가 의원내각제 개헌을 받아들인다면 통치권 누수현상이 일어나고, 여당의원들은 그의 통제 밖으로 벗어날 가능성이 큰 것이다. 특히 한보 사태와 아들 문제로 그의 권위가 손상된 오늘에 내각제를 수락한다면 그는 완전히 무력한 대통령이 되고 책임 추궁을 당할 가능성도 있다. 다만 신한국당의 대통령 후보가 당선될 가능성이 희박할 때에는 내각제의 수락도 그가 선택할 수 있는 여러 길 가운데 하나로 등장할 가능성을 배제할 수는 없다.

신한국당의 대권 후보들 중에는 개헌을 하지 않고 현행 헌법의 테두리 내에서 권력분산을 할 것을 제의하고 있는 후보도 있었다. 대통령은 외교 · 안보를 전담하고, 당에서 선출한 대표는 내정을 맡는 식으로 권력분산을 하자는 것이다. 그러나 이러한 체제는 어디까지나 대통령의 선의에 의존하는 것으로 실현이 거의 불가능하다. 대통령 후보는 그가 대통령에 당선된 다음에는 외정과 내정 모두에서의 권력을 갖기를 원할 것이며, 그가 이러한 유혹을 물리치고 약속을 이행한다 해도 대통령과 내정 담당자 사이에 불화가 생기면 이러한 체제는 깨질 것이기 때문이다.

대통령중심제에서 일인 중심의 통치구조를 개혁하려면 미국의 대통령중심제에서처럼 입법부와 사법부가 대통령으로부터 자율성을 확보하고 그 권한을 보다 강력하게 행사해야 한다. 입법부가 대통령으로부터 자율권을 확보하기 위해서는 대통령의 여당의원 후보에 대한 공천권이 제한되어야 한다. 여당의 의원 후보들은 대통령에 의해서가 아니라 미국에서처럼 당원들의 의사에 기반해 선출되어야 한다. 그리고 입법부가 입법과 국정 감시의 권한을 제대로 수행하기 위해서는 국회의 정기회의와 임시회의 제도를 폐기하고 상시회의 제도를 수립하고 입법 보좌 인력을 대폭 강화하고 국회 자체의 감사기구를 가져야 한다.[6] 국회는 인사청문회제도를 수립해 행정부의 장관급 이상의 인사와 사법부의 대법관 인사에 대해서는 인준 권한도 가져야 한다. 의원들은 공정한 입법과 국정감시 활동 및 인사청문회 활동을 하기 위해 변호사·회사 회장·학원 이사장 등의 직무를 맡고 있다면 이로부터 사임해야 할 것이다. 국회의원직의 수행과 이러한 직책과는 이해관계의 상충이 있기 때문이다.

대법원과 헌법재판소로 이원화되어 있는 사법부는 헌법재판소의 권한을 대법원에 이관하여 권한이 일원화되어야 한다. 또한 대법원장과 대법관은 미국처럼 대통령이 임명하되 종신직으로 하거나, 대법원장과 대법관 임명에 대통령이 결정권을 갖지 못하게 하여 사법부가 대통령으로부터 자율성을 확보하게 해야 할 것이다. 사법부는 최소한 제3공화국 헌법에 규정된 사법부 정도의 권한과 자율성을 회복해야 할 것이다.

행정부 각 부와 군은 직업공무원제와 직업군인제를 확립하여 국가공무원과 군 인사에서의 대통령의 영향을 최소화해야 할 것이다. 대통령이 입법부, 사법부와 비교가 되지 않을 정도로 막강한 권한을 행사하는 것은 관료와 군을 그의 정치적 의도에 따라 이용할 수 있다는 데 있다. 한국도 구미 여러 나라에서 보는 바와 같은 중립적 관료제와 군을 확립하거나, 최소한 일본 정도의 공무원제도라도 확립하여 관료와 군이 대통령의 시녀가 아닌 국민의 공복기관으로 발전해야 할 것이다.

이와 아울러 행정부의 관료제도도 개혁해야 한다. 첫째로 관료의 수를 대폭 줄여야만 한다. 인구 4,500만의 한국의 관료수는 1966년의 33만 2,688명에서 1995년에는 90만 5,390명으로 세 배의 증가를 보이고 있다. 정부의 역할이 확대되었다고 해도 일본의 경

---

6) 황수익의 미출판 논문 "금권정치 정경유착의 종식" 참조. 황 교수는 국회 자체의 감시기구 설치와 관련해 감사원의 국회 이관을 제의하고 있다.

우와 비교하면 증가율이 너무 크다. 인구 1억 2천만 명의 일본의 관료수는 1967년의 118만 명에서 1993년에는 116만 명으로 오히려 감소하였다. 둘째로 행정조직과 절차를 WTO 체제의 출범에 따른 국제경제 환경의 변화, 한국경제의 발전단계의 변화, 국민의식과 요구의 변화라는 새로운 환경에 맞춰서 합리화하고 효율화해야 할 것이다. 이와 같은 행정조직과 절차의 개혁이 정보통신 혁명에 따른 기술변화에 상응해야만 된다는 것은 두말할 필요가 없다. 관료제의 이와 같은 개혁은 한국정치의 민주화에도 기여할 것이다. 한국의 관료제도는 산업화의 필요성뿐만 아니라 군사독재시대의 국민 통제의 필요성에 의해서도 성장한 것인만큼 관료제도를 합리화하고 효율화하고 축소하는 것은 불필요한 국민 통제를 없애는 데도 도움이 될 것이다.[7]

둘째로 일인 중심의 정당체제를 개혁하여 정당의 제도화를 추진해야 한다. 이와 아울러 당의 지역적 정체성을 타파하고 정책적 정체성을 확립해야 한다. 파네비안코는[8] 드골당과 나치당과 같은 카리스마 정당은 지도자의 절대적 권위와 추종자들의 절대적 충성, 막스 베버가 말하는 관료적 조직 원칙이 아니라 지도자와 추종자들 사이의 개인적 관계에 기반한 조직 원칙, 모든 결정을 지도자가 내리는 중앙집권적 조직 등의 특성을 나타내고, 이러한 정당은 제도화가 되기 어렵기 때문에 지도자의 퇴장과 더불어 해체되는 경향이 있다고 지적한 바 있다. 그는 카리스마 정당들 가운데 제도화가 되는 정당은 드골당처럼 지도자의 카리스마가 객관화되고 일상화된 정당이라고 주장하였다. 한국의 정당은 바로 파네비안코가 말하는 카리스마 정당과 비슷한 특성을 나타내고 있고, 그 때문에 제도화가 어려운 것이다. 김영삼 대통령이나 김대중 총재나 각각 그의 권위를 당의 규칙이나 조직원칙으로 객관화시켜 나가기보다는 그의 개인적 인간관계와 개인 의사를 당조직과 운영의 최종 원칙으로 삼고 있는 것이다. 지난 반세기에 한국의 정당지도자들은 모두 개인의 절대적 권위를 유지하기 위해 당의 제도화를 희생시켰고, 오늘날에도 이러한 상황에는 변화가 없다. 각 당은 대통령 후보나 당 총재의 선출, 의원 후보의 공천원칙과 절차, 당원들의 충원과 승진원칙 같은 것을 수립해 당의 제도화를 서둘러야 할 것이다.

한국의 정당이 정책적 정체성을 확립하지 못하고 있거나 정책적으로 서로 비슷한 원인

---

7) Jaeho Yeom의 미발표 논문 "Challenge and Continuity of Administrative Reform in Korea: A New Institutional Approach" 참조.

8) Angelo Panebianco, *Political Parties: Organization & Power*(Cambridge: Cambridge University Press, 1988), pp.143-162 참조.

은 이미 지적한 정당 모두의 지역성과 대기업 의존성 외에도 몇 가지가 더 있다. 북한 공산주의의 위협, 소선거구 최다수제의 선거제도, 노동조합의 정당 참여 금지 등으로 진보 정당은 한국의 정치 풍토에 발붙일 수가 없었고, 진보 정당의 부재는 정당 사이의 정책대결의 부재로 이어졌다. 또한 지난 반세기 동안에 한국정치의 대결 축이 독재 대 반독재에 있었고, 이러한 대결 축도 정당 사이의 정책대결을 방해하였다. 정당 사이의 정책대결이 없는 이와 같은 이유를 고려할 때 한국의 정당들이 앞으로도 각각 정책적 정체성을 확립하는 일이 매우 어렵다는 것은 쉽게 이해할 수 있다. 그러나 정책대결이 없는 정당 사이의 대결은 권력투쟁으로 전락하여 나라를 분열시킬 뿐이다. 한국정치도 구미의 정치와 마찬가지로 정당 사이의 정책대결이 중심이 되는 정치로 발전해야 할 것이다.

셋째로 언론은 권력과 금력으로부터 스스로를 차단하고 국민의 알 권리를 지키는 공적 기구로 발전해야 한다. 다시 말해, 언론은 공정하고도 객관적인 보도 자세, 원칙에 입각한 논평 자세, 센세이셔널리즘에 빠지지 않는 자세, 부정·부패에 대한 끈질긴 조사보도 자세, 정치세력의 언론 플레이에 말려들지 않는 자세 등을 견지해야 한다. 언론이 이와 같은 자세를 갖기 위해서는 최소한 다음과 같은 세 가지 개혁이 필요하다. 첫째로 언론사의 정부 소유, 재벌 소유, 개인 소유를 제한하거나 언론사의 소유와 경영의 분리를 제도화해야 한다. 둘째로 언론사의 경영인들은 기자들과 뉴스원과의 유착을 항상 감시해야 한다. 셋째로 언론인들 스스로 국민의 알 권리 보호자로서의 사명의식을 가져야 한다.

한국의 시민사회는 현재의 소극적이고 수동적인 시민사회에서 적극적이고 능동적인 시민사회로 발전해야 한다. 한국의 통치·정당·언론 구조를 개혁하는 최종적 힘은 시민사회에 있는 것이다. 시민사회가 이러한 개혁 요구를 하지 않는다면, 한국의 정치발전은 한발짝도 앞으로 나아갈 수 없을 것이다. 한국의 통치·정당·언론 구조가 개혁된다면 시민사회의 발전에 공헌할 것이나, 시민사회의 발전이 없이는 통치·정당·언론 구조의 개혁이 일어나기 어려운 것이다. 학생들을 포함한 시민사회의 투쟁이 10년 전의 법적, 형식적 민주화를 가져왔듯이 시민사회는 한국정치의 구조적 민주화를 위해 다시 한번 힘을 모아야 할 것이다.

한국의 시민사회가 발전하기 위해서는 한국경제의 집중적 구조가 다원적 구조로 개혁되어야 하고 노동조합과 같은 단체들이 보다 적극적인 정치 참여를 해야 할 것이다. 공익실현을 목표로 하는 시민단체들은 권력과 금력의 침투를 스스로 경계해야 한다. 경실련이 대통령의 아들인 김현철 씨 관련 테이프를 입수하고도 이를 오랫동안 공개하지 않음으로써 한때 의혹을 산 경우를 교훈삼아 시민단체들은 이러한 경계를 게을리하지 말아야 할 것이다. 이와 아울러 이러한 단체에의 시민들의 자발적 참여가 절대적으로 필요하다.

넷째로 지방정부는 중앙정부로부터의 독립성을 확대해 가야 하고, 지방의회는 지방정부의 정책결정에 보다 적극적으로 참여하고 지방정부의 감시에 보다 철저해야 할 것이다. 기초자치단체 의회의 의원들은 현재 소속정당을 갖지 못하도록 되어 있다. 기초자치단체 수준에서 주민들이 여·야로 갈라지는 것은 바람직하지 못하다는 근거에서이다. 그러나 현재 도시 주민들은 기초자치단체의 의원 후보들이 누군지 모르는 경우가 많은 만큼 소속정당을 갖게 하는 것이 유권자들의 후보 선택과 책임정치의 수립에 도움이 될 것이다.

다섯째로 정경유착과 관경유착이 근절되어야 한다. 한국은 여태까지는 엄격한 선거자금법으로 정경유착을 근절하려고 하였다. 대통령과 국회의원 선거자금을 비현실적 수준으로 묶어 놓음으로써 정경유착의 근원을 제거할 수 있다는 것이다. 그러나 이러한 선거자금법은 이미 지적했듯이 이와 같은 목적을 달성하고 있지 못할 뿐만 아니라 법 집행자가 정치적 반대자를 탄압하는 수단으로 악용할 수도 있다.

대통령선거비용을 최소화하기 위해 선거를 완벽한 선거공영제로 치르자는 제의도 나오고 있고, 옥외 집회를 금지하고 그 대신 텔레비전 토론을 활성화하자는 제안도 나오고 있다. 또한 국회의원 선거구를 중선거구나 대선거구로 하여 소선거구 지역구를 없애자는 제안도 나오고 있다. 그러나 여·야의 정치인들이 고비용 정치구조를 개선할 수 있다 해도 그것이 정경유착의 근절을 보장하지는 않을 것이다. 기업인들은 여러 가지 특혜를 기대하여 정치인들에게 돈을 갖다 줄 것이기 때문이다. 정치자금법을 개정하여 정치인이 받는 모든 돈을 공개하고 그 사용 내역을 밝히도록 하고, 정치인이 비밀헌금을 받는 경우에는 처벌받도록 해야 할 것이다. 돈을 갖다 주는 사람은 처벌하지 않고 돈을 받는 정치인만 처벌하거나 두 당사자 가운데 먼저 고발하는 사람은 처벌을 면제해 주는 제도를 택한다면, 이러한 제도도 경제인들의 금품 제공과 정치인들의 금품수수를 억제하는 데 도움이 될 것이다.[9] 정치인들과 경제인들 사이의 불법적인 금품수수 관계를 막는 방법을

9) 황수익의 앞의 논문 참조. 황 교수는 "우리의 법은 부정·부패 행위를 쌍벌죄로 규정함으로써 그러지 않아도 자기들의 범법 행위에 관해 이야기해야 할 이유가 없는 사람들에게 이야기해서는 안 될 이유를 부가하고 있다. 현행법은 범법자들의 비밀유지 동맹을 강요함으로써 부정·부패에 대한 처벌력을 약화시켜 부정·부패를 방조 조장하는 결과를 가져오고 있다"고 비판하고 있다.

찾아내는 일은 이해 당사자인 정치인들보다는 제3자인 시민대표들이 더 잘할 수 있을 것이다.

관경유착의 근절도 어려운 일이다. 한국의 관리들과 경제인들 사이에도 유착관계가 있다. 관리들이 경제인들이나 일반 국민들의 일을 도와주고 비밀리에 사례를 받는 나쁜 관행이 아직도 지속되고 있다. 국회 · 언론 · 검찰이 관리들의 이와 같은 부정 · 부패를 막기 위해서 그들을 감시하는 역할을 하고 있으나, 이로써는 충분하지 못하다. 일본의 경우와 비슷하게 장관과 차관은 정치인 출신으로 하고 관리들은 정치의 영향을 받지 않고 차관보까지 승진할 수 있게 하여 장관, 차관과 그 부처 공무원들의 관계를 상호 감시하는 관계로 만드는 것도 행정부 내 각 부처 관리들의 부정 · 부패를 막는 한 방도일 것이다. 앞서 말했듯이 돈을 갖다 주는 일반인은 처벌하지 않고 돈을 받는 관리만 처벌하거나 두 당사자 가운데 먼저 고발하는 사람은 처벌을 면제해 주는 제도도 관경유착을 막는 데 도움이 될 것이다.

한국은 1997년 현재 경제적 위기에 처해 있다. 한보그룹의 부도 이후 진로그룹과 기아그룹도 파산의 위기를 맞고 있고, 재벌들의 이와 같은 파산으로 은행과 중소업체들이 커다란 어려움을 겪고 있다. 한국의 금융기관과 대기업들에 대한 국제적 신용도도 하락하였다. 김영삼 대통령이 이끈 문민시대는 경제성장률 · 물가 · 국제수지 면에서 군사독재시대보다 뒤떨어지고 있고, 특히 1996년의 국제수지 적자는 그 전해의 세 배인 200억 달러 이상에 달하였다. 외채도 1천억 달러에 달해 외채 위기를 걱정하는 경제학자들도 있다. 문민정부의 신경제 정책과 세계화 정책이 이와 같은 경제적 어려움을 조장했다고 볼 수 있다.

그러나 이러한 경제적 어려움보다 더 큰 위기는 정치적 위기이다. 오늘의 정치적 위기가 심화된다면, 그것은 한국경제를 더 깊은 수렁에 빠뜨릴 것이기 때문이다. 정치적 위기가 경제적 어려움을 가중시킨다는 사실은 지난 반세기 동안의 한국과 외국의 정치경제사에서 쉽게 찾아볼 수 있다. 김영삼 대통령은 여러 가지 개혁정책을 폈지만, 한보 사태와 김현철 사건은 구시대의 정치구조가 엄존하고 있다는 것을 단적으로 나타내 주었다. 구시대의 정치구조 안에서 이루어지고 있는 대통령선거가 매우 혼란스러운 것은 오히려 자연스러운 일이다. 한국의 정치지도자들과 국민들은 이와 같은 정치적 혼란이 경제적 어려움과 상승작용을 일으키는 최악의 상태를 경계해야 할 것이다.

한국의 정치적 위기를 해결할 수 있는 지름길은 없다. 이러한 위기는 구시대의 비민주적 구조의 결과물이기 때문에 이러한 구조의 개혁은 21세기 한국의 정치적 과제이다. 한국정치는 정치적 구조개혁의 과제 외에도 여러 가지 과제를 21세기에 가지고 있다. 한국민주주의가 자유주의와 공동체주의의 노선 가운데 어떠한 노선의 민주주의로 발전해야 할 것인지의 문제, 통일을 어떻게 이룩할 것인지의 문제, 미국 · 일본 · 중국 · 러시아와 어떠한 관계를 유지할 것인지의 문제 등 여러 가지 어려운 과제를 가지고 있다. 이러한 과제를 국민의 합의에 입각해 현명하게 풀어나가기 위해서는 정치구조의 민주적 개혁이 필요하기 때문에 구조개혁은 한국정치의 가장 시급한 과제인 것이다.

다시 한번 요약하건대 한국의 정치체계는 군사독재체계에서 민주적 체계로 발전하였다. 그러나 이러한 발전은 대통령을 국민들이 직접선거로 선출하고 국가가 시민사회의 자유를 억압하지 않는 것과 같은 절차적 발전이었다. 군사독재시대의 일인 통치구조, 일인 정당구조, 과점적 언론구조, 수동적 시민사회, 약한 지방자치제, 정경유착구조는 아직도 개혁되지 못하여 올해에 우리가 당면한 바와 같은 정치적 위기와 경제적 위기를 야기시켰다.

군사독재시대의 정치구조는 군사독재시대의 정치적 절차가 생산한 결과물이고 그러한 절차에 맞는 구조이다. 이 구조는 민주시대의 정치적 절차에는 맞지 않는 구조로 민주시대의 정치적 절차를 왜곡시키고 있다. 현대 한국의 민주적 정치 절차가 구미에서처럼 운영되기 위해서는 군사독재시대에 형성된 비민주적 정치구조가 하루 빨리 개혁되어야만 한다. 이러한 구조개혁의 전망은 현재 보이지 않고, 한국이 민주적 절차를 수립하는 데 수십 년이 걸렸다는 사실을 고려하면 민주적 구조를 만드는 데에도 그만한 세월이 또 필요할는지 모르겠다. 그러나 한국이 구미제국이 200여 년 동안에 걸쳐 이룩한 정치경제적 발전을 불과 50여 년 동안에 이룩했다는 사실은 우리들이 정치적 구조개혁에 대해서도 낙관적인 전망을 할 수 있는 역사적 근거이다.

제24장

정책대결정치의 부재원인과 극복방향

이 글은 김대중 대통령시대 초에 쓴 글이다. 한국정치가 지역분할정치로 전락하고 정책대결정치로 발전하지 못하고 있는 원인을 분석하고 이의 시정방향을 논의하였다.

2006년 현재 여야는 대북정책, 대미정책, 사학정책, 경제정책, 조세정책, 부동산 정책, 양극화 대책 등 여러 면에서 정책적으로 대립하고 있다. 한국정치는 10년도 안 되는 기간 동안에 정책대결의 부재가 문제가 되던 시대에서 정책대결의 극단화가 문제가 되는 시대로 변화했다.

그러나 여야 간의 이와 같은 정책 대립이 있다고 해서 여야 간의 정책논의가 활발한 것은 아니다. 또 여야 간의 정책 대립이 지역주의 정치를 대체하고 있는 것도 아니다.

I. 한국정치의 발전과 타락

한국정치는 다른 후진국들과 비교한다면 지난 반세기에 걸쳐 상당한 업적을 이룩했다. 한국을 빈곤국가에서 이제는 살 수 있을 만한 중진국가로, 혹은 농업국가에서 공업국가로 발전시켰고, 권력수립과정을 독재국가에서 민주적인 국가로 발전시켰다.

한국은 공업화와 민주화를 동시에 추진하지 못하고 군부독재정권이 추진한 공업화의 기반 위에 1980년대 말에 와서야 대통령을 국민들이 직접 선출하는 민주화를 달성했지만 아시아와 라틴 아메리카의 여러 국가들 중 지난 반세기에 있어 공업화와 민주화의 두 과업을 모두 달성한 나라는 한국 한 나라뿐이라고 해도 과언이 아니다. 반세기 전의 한국을 아시아와 라틴 아메리카 제국과 비교해 보면 우리는 이러한 사실을 쉽게 알 수 있다. 당시 인도, 필리핀, 인도네시아, 태국 등 아시아의 후진 제국은 우리보다 앞선 나라들이었고 아르헨티나, 칠레, 브라질과 같은 나라들은 선진국에 가까운 나라들이었다. 이제 한국은 이러한 나라들보다 앞서 있다.

레스터 서로우(Lester Thurow)는 그의 저서 *Head to Head* 에서 지난 한 세기에 있어 선진국으로 도약한 나라는 일본 한 나라뿐임을 지적함으로써 선진국으로 도약하는 일이 얼마나 어려운 일인지를 강조한 바 있다.[1)] 21세기 한국정치의 과제는 한국을 중진국에서 선진국으로, 그리고 불안정한 민주국가에서 안정적인 민주국가로 발전시키는 어려운 과업을 이룩하는 일이다. 한국이 이렇게 발전한다면 남북통일은 자연스레 뒤따라올 가능성이 크다.

한국정치가 선진국 건설이라는 어려운 과업을 이룩하기 위해서는 한국정치의 틀 자체가 선진국형으로 바뀌어야만 한다. 한국정치가 구미에서 볼 수 있는 바와 같은 정책대결정치로 발전해야만 한다. 한국의 생존전략과 발전전략을 중심으로 여야당이 대결하는 정치로 변화해야만 한다. 정책대결이 중심이 되는 정치는 과거 수천 년 동안 정치의 본질이었고 오늘날에도 정치가 빠지기 쉬운 함정인 권력투쟁으로의 전락을 막을 수 있다. 민주정치는 인간본능에 기반한 적나라한 권력투쟁을 정책대결로 승화시키기 때문에 나라의 지속적인 번영에 공헌하는 정치이다. 지난 한 세기 이상 선진국 대열에 계속 속해 있는

1) Lester Thurow, *Head to Head*(New York: Warner Books, 1992).

나라들은 대부분이 정책대결 중심의 민주정치를 해온 나라들이다.

1972년 10월 유신 이후의 군부독재시대는 군부독재 세력의 경제발전 제일주의와 반군부(反軍部), 반독재(反獨裁) 세력의 민주화 제일주의가 대결한 큰 의미에서의 치열한 정책대결 시대였다. 이 시대에도 오늘날 문제가 되고 있는 지역주의가 있었으나 지역주의는 이와 같은 대결에 종속적이었다. 군부독재 세력은 영남지역에 지역적 기반을 가지고 있었으나 영남지역은, 특히 부산, 마산, 경남지역은 반군부 반독재세력의 지역적 기반이기도 하였다. 오늘날 서로 다른 투표 성향을 보이고 있는 경남지역과 호남지역 주민들은 민주화 투쟁을 위해 서로 협력하였었다.

군부독재 세력이 한국 공업화의 업적을 이루어 낼 수 있었던 것은 민주화 세력의 반독재 투쟁과 무관하지 않다. 군부독재 세력은 경제적 업적을 내야만 절차적 민주주의의 부정으로 발생한 정통성의 결손을 보충할 수 있었기 때문이다. 민주화 투쟁이 강해지면질수록 더욱 큰 경제업적을 내어야만 군부독재 세력은 정권을 유지할 수 있었다. 한국경제의 공업화에 초석을 놓은 유신시대 박정희 대통령의 중화학공업정책은 그 규모나 목표에 있어 매우 대담한 모험이었다. 경제기획원 관료들이나 기업인들이 처음에는 반대의사를 표명한 정책이었다. 박 대통령은 한국경제를 발전시키기 위해 유신을 선포한다고 했으나 해가 갈수록 강해지는 반유신(反維新) 운동에 직면하여 이 정책의 성공에 더 큰 노력을 기울였다.

민주화 투쟁에 직면한 독재정권이 모두 정통성의 결손을 경제적 업적으로 보충할 수 있는 것은 아니다. 라틴 아메리카 제국의 관료적 권위주의 정권은 경제위기를 극복하고 경제발전을 심화시킨다는 목표를 가졌었으나 오히려 경제위기를 악화시켰었다. 유신독재 정권이 경제발전에 비교적 성공할 수 있었던 요인으로는 라틴 아메리카 제국과는 다른 국제적 환경도 있지만 이를 적절히 이용한 박 대통령의 정책적 리더십도 중요하다.[2)]

박 대통령이 주관적으로는 경제발전과 남북통일을 위해서 유신이 필요하다고 믿었는지 모르지만 객관적으로 볼 때 유신은 박 대통령의 영구집권을 도모하는 정변이었다. 그러나 박 대통령은 이 정변을 경제발전 우선주의로 합리화하였고 경제발전 우선주의의 성공을 위해 심혈을 기울였다.

---

2) 박정희의 정책적 리더십에 대해서는 이정복, "한국정치의 정치경제적 분석", 김운태 외, 『한국정치론』 제3판(서울: 박영사, 1994), pp.800-814 참조.

경제업적과 민주적 절차는 둘 다 우리 국민들에게 필요불가결한 공공선이다. 군부독재 시대는 이 두 가치를 중심으로 한국정치의 두 세력이 거의 전투적으로 대립하던 시대였다. 이 시대는 비정상적인 어두운 시대였으나 정치인들이 그들의 권력의지를 한편에서는 강압과 경제업적 달성을 통해, 다른 한편에서는 민주화 투쟁을 통해 실현시키려 했던 공공정치의 시대였다.

그러나 반독재 세력이 민주화 투쟁에 성공한 다음부터 한국정치는 구체적인 정책을 둘러싼 대결정치로 발전하지 못하고 지역분할정치로 전락하여 오늘에 이르고 있다. 한국정치는 독재정치의 단계에서 민주정치의 단계로 발전했으나 민주정치 단계에서 구미제국의 경우와 같이 정책대결 정치로 나가지 못하고 지역분할정치로 전락한 것이다. 1987년 이래 민주적인 선거로 당선된 세 대통령은 그들 각각의 정책으로 당선되었다기보다는 지역주의를 잘 이용함으로써 당선되었다.

1997년 대통령선거에서도 그 이전과 마찬가지로 후보들은 모두 이러한 지역주의의 타파를 부르짖었지만 지역주의는 완화되지 않고 오히려 강화되고 있다. 김대중 대통령은 경북 출신을 초대 비서실장, 국회의장, 국민회의 총재 권한대행의 직책에, 그리고 새천년민주당의 대표와 국회의장에 앉혔으나 국민들은, 특히 영남의 유권자들은 이들을 호남 실세 그룹의 액세서리 이상으로 보지 않았다. 그들은 정권 유지에 필요한 핵심부서의 장들은 대개 호남 출신들이 장악하고 있다고 보고 있다. 이와 같은 지역주의 인사는 박정희 대통령 때부터 김영삼 대통령에 이르기까지의 오랜 동안의 관행이었고 김대중 대통령도 이러한 관행을 따르고 있다고 볼 때 이 문제로 김 대통령을 특별히 비난할 이유는 없다. 예산심의에서 야당 의원들이 문제를 제기한 호남 우대정책도 마찬가지이다. 과거의 대통령들도 출신 지역에 대한 우대정책을 폈고 김대중 대통령도 이를 답습하고 있는 것이다. 그러나 김대중 대통령이 그 전의 대통령들과는 다른, 지역주의를 초극한 존경받는 대통령이 되기를 바라던 국민들은 좌절감을 느끼고 있고 영남 출신들은 이러한 지역주의 경향이 과거보다 심하다고 비판하고 있다.

II. 정당 간 정책대결 정치의 필요성

군부독재시대에는 경제발전 우선주의와 민주화 노선 간의 대결 이외에는 여야당 간의 커다란 정책대결이 없었는데도 우리가 이만한 발전을 이룩하였으므로 우리 국민들은 정책대결의 중요성을 절실하게 느끼고 있지 못하다. 그러나 우리는 군부독재시대와 오늘의 새로운 시대와의 근본적인 차이를 인식해야만 한다.

첫째로 군부독재시대는 냉전시대와 중복되었었으나 현재는 탈냉전이라는 시대적 특성을 가지고 있다. 냉전시대의 한국은 자유진영의 반공보루로서 확고한 위치를 점하고 있었고 대외정책에 있어 선택의 폭은 좁았다. 이제 탈냉전시대를 맞이하여 한국은 반공보루로서의 역할을 잃어가고 있고 대외정책의 선택 폭은 과거보다 넓어지고 있다. 과거에는 대외정책의 선택 폭이 좁았기 때문에 외교적 실패의 가능성도 적었으나, 현재에는 그 폭이 넓기 때문에 이것이 성공의 기회도 되지만 실패의 기회도 된다. 미국과의 전통적인 동맹관계와 일본과의 밀접한 관계가 우리 외교의 기본 틀이지만 한국이 이로부터 얼마만큼 독립적인 대외정책을 수립하는 것이 국익을 최대화하는 길인지는 논의의 여지가 많다. 다시 말해, 우리 국익에 부합되는 대외정책의 수립이 탈냉전시대를 맞이하여 더 어렵게 된 것이다. 여야는 정책경쟁과 대결을 통해 우리의 국익을 최대화해 주는 대외정책을 산출해내야 됨에도 불구하고 그러한 경쟁과 대결을 하고 있지 못하다. 여야의 정책대결이 부재한 상태 속에서의 정부의 일방적인 대외정책수립과 추진은 신속한 성공의 기회도 되지만 실패의 위험성도 내포하고 있다. 현 정부의 대북 햇볕정책과 대북, 대러 정책은 앞으로 한국의 대외관계에 커다란 영향을 미칠 것이다. 야당이 정부, 여당의 대외정책에 내포되어 있는 문제점을 충분히 지적하지도 않고 구체적 대안을 제시하지도 않는 것은 역할 방기이다.

둘째로 군부독재시대와 그것이 종료된 지 10여 년이 지난 시대는 한국의 사회경제적 발전단계에 있어 차이가 있다. 군부독재시대에는 농업 중심의 빈곤한 사회를 산업화시키는 것이 긴급한 과제였고, 정부는 국가 중심의 경제개발정책으로 이러한 과제를 해결하는 데 상당한 성공을 거두었다. 그러나 현재 첨단 산업화와 정보화가 필요한 단계에 다다른 한국경제는 과거와 같은 국가의 개입정책으로는 더 이상 발전이 어렵다. 현재 정부도 이러한 인식하에서 금융개혁, 기업개혁, 노동개혁, 공공개혁의 4대 개혁을 추진하고 있으나 그 성과는 만족스럽지 못하고 한국경제는 전반적으로 어려운 상황에 처해 있다. 야당은 4대 개혁의 성과가 만족스럽지 못하고 한국경제가 어려운 원인을 진단하고 대안을 제시함으로써 집권을 준비할 뿐만 아니라 정부 여당이 스스로는 보지 못하는 실패 요인을 보게 만드는 역할을 해야 하나 그러한 역할을 충실히 하고 있지 못하다. 여야는 어떠한 경제정책이 현 상황에 맞는 정책인가에 대해 서로 경쟁하고 대결해야 할 것이나 그렇게 하고 있지 못하다. 정부의 북한에 대한 직간접적인 경제지원이 한국경제에 어떠한 영향을 미치고 있는지에 대해서도 야당은 침묵하고 있다. 과거 우리의 경제발전에 커다란 공헌을 한 교육에 관해서도 여야 간의 정책대결이 거의 없다. 우리 국민들의 가장 큰 관심분야 중의 하나가 교육이고 가장 큰 불만분야 중의 하나가 교육임에도 불구하고 이에 대한 여야 간의 정책경쟁이 없다. 교육개혁의 방향이 교육자들 간에 논란의 대상이 되고 있지만 여야 간의 정책대결 속에서가 아니라 정부의 일방적인 결정으로 이루어지고 있는 것도 실로 걱정되는 일이다.

셋째로 군부독재시대와 오늘의 민주화 시대는 정치적으로 커다란 차이가 있다. 군부독재시대에는 경제개발에 방해가 되는 국민들의 요구를 억압할 수 있었으나 오늘날에는 그러한 억압이 불가능하거나 어렵다. 민주화 시대에는 국민 각계각층의 이해관계와 요구를 충분히 고려하지 않고서는 정책을 수립, 집행하기 어려운 것이다. 의약분업, 국민건강보험 정책의 수립과 집행과정을 상기해 보면 민주화 시대의 정책 수립과 집행이 얼마나 어려운지 이해할 수 있다. 그러나 민주화 시대의 정책 수립에 이와 같은 국내적 제약요인만이 있는 것이 아니다. 세계화 시대를 맞이하여 국제적 제약요인도 국내적 제약요인 이상으로 중요하다. 세계화 시대는 우리에게 기회이기도 하지만 위협이기도 한 양면적인 의미를 가지고 있다. 민주화와 세계화 시대에 맞는 적절한 정책을 수립하는 일은 결코 쉬운 일이 아니다.

여야 간에 정책대결을 한다고 해서 정책에 대해 수학적인 해답을 구할 수 있는 것은 아니다. 그러나 여야당은 대결을 함으로써 상대편 정책의 장단점과 그 정책이 대변하는 사회세력의 이해관계를 보다 명확히 파악할 수 있다. 이러한 이해 속에서 여야는 보다 나은 정책을 수립할 수도 있고 양쪽의 이해관계를 어느 정도는 공평하게 반영하는 정책을 수립할 수도 있다. 여당이 단독으로 정책을 수립한다 해도 야당은 정권을 담당할 경우에 대비해서 정책을 준비할 수 있다. 여당의 정책이 어느 사회세력의 이해관계를 무시하지만 야당의 정책이 그 세력의 이해관계를 보호하는 것이라면 현재의 소외세력은 미래의 보호를 기대하면서 인내할 수도 있다. 여야당의 정책대결은 보다 나은 정책 산출뿐만 아니라 보다 광범위한 국민통합에도 공헌할 것이다.

Ⅲ. 정당 간 정책대결 부재의 원인

우리는 시대의 변화가 정책대결을 요구한다고 지적했는데, 여야당 간의 정책대결 부재의 원인을 냉전시대, 농업중심의 빈곤시대, 군부독재시대였던 구시대의 특성에서 우선 찾아볼 수 있다. 구시대의 특성은 한국 정당의 창당과 발전에 지대한 영향을 미쳤고 여기서 우리는 정당 간의 정책대결 부재의 원인을 이해할 수 있다.

바로 앞서 냉전시대, 농업중심의 빈곤시대에는 정책 선택의 폭이 좁다고 했는데, 그것이 정책대결 부재의 원인이 되는 것은 아니다. 정책 선택의 폭이 좁았던 냉전시대에도 구미의 선진제국과 일본에서는 치열한 정책대결이 있었다. 유럽제국의 경우에는 보수주의 노선과 사회민주주의 노선 간의 대결이 있었고 보수적인 정당과 사회민주주의적인 정당이 번갈아가면서 정권을 담당하였다. 이러한 대결의 결과 유럽제국에서는 복지국가를 수립할 수 있었다. 일본의 경우에도 보수적인 자유민주당과 사회당, 공산당과의 이념 및 정책대결이 있었다. 사회당과 공산당의 급진적인 정책노선은 당시는 실현 가능성이 없는 노선이었고 현재는 일본사회에 대한 적합성을 잃은 노선이지만 자유민주당과 미국을 견제하는 중요한 역할을 하였다.

한국의 경우에는 정당정치에 있어 좌파 정당이 매우 약하거나 부재했다. 해방 직후에는 극좌파 세력이 성했으나 그들은 모두 북한으로 갔다. 자유민주주의와 자유기업제도를 부정하는 공산당과 같은 극좌파 세력은 건국 전에 이미 불법화되었고 이와 같은 분위기 속에서 민주적 절차를 존중하는 중도좌파 세력도 활동하기가 불편했다. 북한의 남침은 국민들 간에 강력한 반공주의를 조성하였고 중도좌파세력의 정치활동을 어렵게 만들었다. 제1공화국 말 진보당 당수 조봉암의 사형으로 중도좌파세력은 붕괴하였고 제2공화국 기간에 중도좌파세력은 국회의원선거에서 참패함으로써 재기에 실패하였다. 군부 쿠데타로 정권을 장악한 제3공화국 정권은 그들에게 다시 한번 철퇴를 가했다.

유럽 제국의 경우 정당 간의 정책대결을 촉발한 중요한 요인으로 좌파 정당의 출현과 발전을 들 수 있는데, 한국의 경우에는 냉전, 분단, 남침으로 좌파 정당이 발전할 수 없었다. 좌파 정당이 없는 한국정치는 보수당 일색의 정치가 되었고 이념이나 정책대결을 찾기 어려운 권력투쟁 정치로 전락하게 된 것이다. 좌파정당의 부재가 정부의 반공주의와 탄압에만 기인한 것은 아니었다. 국민들도 좌파 정당에 대해 불신감을 가지고 있었다. 국민들의 이와 같은 불신감 조성에는 북한의 남침과 그로부터 온 물적 피해와 정신적 고통이 커다란 역할을 하였다.

현재의 한국은 과거와는 달리 수많은 산업노동자들을 가지고 있고 그들에 기반한 노동조합 활동도 과거와는 비교가 안 될 정도로 활발하다. 그러나 그들의 이익을 대변할 만한 좌파 정당은 아직도 없다. 냉전도 끝나가고 반공주의도 약화되었음에도 불구하고 좌파 정당의 후보들은 국회의원 선거에서 전혀 성공하고 있지 못하다. 진보적인 인사들은 좌파 정당을 결성하기보다는 기존의 보수 정당에 참여하여 국회에 진출해 있다. 좌파 정당이 선거에서 전혀 성공하지 못하는 원인은 선거제도에도 있지만 보수적인 국민정서와 지역주의적 투표성향에도 있다고 보아야 할 것이다.

현재 한국의 정치세력을 나누는 가장 중요한 축은 지역이지, 사회계층이 아니다. 또한 정치세력 간의 연합도 새천년민주당과 자유민주연합의 공동정권 수립에 나타난 바와 같이 지역연합의 형태를 띠고 있다. 정치적 대결이 구미와 같이 다양한 사회계층 간이 아니라 지역 간에 일어나는 구조 속에서 좌파 정당의 출현을 기대할 수 없고 이러한 상황 속에서 정당 간의 정책대결도 어렵다.

지역주의는 군부독재체제를 무너뜨리는 데 공헌하였다. 오랜 군부독재 기간 동안 김영삼 전 대통령은 경남 주민들의 강한 지지를 받았고 김대중 대통령은 호남 주민들의 열렬한 지지를 받았다. 이들 두 민주화 지도자에 대한 지역적인 지지는, 특히 김대중 대통령의 호남 주민들의 지지는 거의 절대적이었고 이러한 지역적 지지는 군부독재세력을 견제하는 중요한 역할을 하였다. 그러나 군부독재시대와 그 이후 대통령선거를 통해서 더욱 공고하게 자리잡은 지역주의는 한국 정당정치의 발전을 가로막고 있다.

둘째로 군부독재시대의 민주화 투쟁도 정책대결 정치의 발전에 도움이 되지 못했다. 군부독재세력과 민주화 세력의 대결도 앞에서 살펴본 바와 같은 역사적 상황을 반영한 보수세력 간의 대결이었기 때문이다. 한국의 민주화 투쟁은 유럽제국의 민주화 투쟁과 같이 계급에 기반을 둔 민주화 투쟁이 아니었다. 유럽에서는 상공업자들을 포함한 중산층 이상의 재산계급이 절대왕정을 무너뜨리고 보수당을 만들었고 그 이후에는 노동자들이 참정권 획득운동을 전개하고 사회주의 정당을 결성하였다. 한국의 경우에는 군부독재세력과 민주화 운동세력은 그 지지기반이 계급적으로는 같았다. 군부독재세력도 경제발전정책과 중산층 육성으로 독재를 합리화하였고 민주화 세력의 지지기반도 노동자들이 포함되지만 중산층이 더 중요하였다. 한국의 군부독재세력과 민주화 세력은 계급적으로 지지기반을 공유하고 있었기 때문에 양자 간에는 유럽의 보수당 정부와 사회주의 정당들 간의 정책적 차이와 같은 큰 차이가 없었다.

한국의 민주화 세력은 군부독재세력과 정책이 아니라 최고권력의 수립절차, 즉 정부의 정통성 문제를 가지고 싸웠다. 제1, 2, 3공화국의 한국정치를 통해 국민들 간에는 최고권력이 민주적 절차에 따라 수립되어야만 한다는 합의가 형성되어 있었다. 민주화 세력은 제4, 5공화국의 유신정권과 전두환 정권이 이러한 합의를 무시한 정통성이 결여된 정부라고 공격하였다. 정책비판이 효과적이기 위해서는 전문지식과 연구가 필요하지만 정통성 비판에 있어서는 투쟁능력이 가장 중요하였다. 민주화 세력은 전문지식보다는 투쟁능력이 탁월한 인사들로 구성되어 있었다. 오랜 세월에 걸친 민주화 투쟁기는 여야 간의 정책대결이라는 관점에서는 공백기나 마찬가지였다.

민주화 세력의 투쟁은 군부독재세력의 탄압 때문에 대부분의 경우 비밀리에 조직되고 수행될 수밖에 없었다. 민주화 운동의 두 지도세력이었던 김영삼 전 대통령과 김대중 대통령을 중심으로 하는 세력은 각각 그 세력성원들 간의 절대적 충성과 의리에 기반한 집단이었다. 민주화 투쟁에는 정책적 전문가가 아니라 절대적 충성과 의리가 있는 투쟁가들이 필요하였다. 이러한 투쟁가들은 지연과 학연을 중심으로 형성되었고 혈연공동체적인 특성을 띠게 되었다.

민주화 세력의 이와 같은 특성은 대통령직선제가 복원된 제6공화국에 들어와서도 그대로 지속되고 있다. 소위 가신그룹 중심의 정치는 김영삼 전 대통령 때부터 오늘에 이르기까지 문제가 되고 있다. 미국의 정당정치에 있어서도 부시 대통령 팀에서 볼 수 있는 바와 같이 대통령을 중심으로 가신그룹 비슷한 집단이 형성되어 있다. 그러나 이 팀은 뚜렷한 정책적 정체성이 있다는 점에서 한국의 가신그룹과는 다르다.

셋째로 한국 정당의 창당 방식도 정책대결 정치의 발전을 저해하였다. 한국의 여당은 집권에 성공한 대통령이 만들었고 야당은 대통령이 될 가능성이 있는 정치인이 만들었다. 이와 같은 여야당에 모여든 정치인들은 이념이나 정책 같은 '집단적 유인'(collective incentives)보다는 지위와 물적 보상과 같은 '선택적 유인'(selective incentives)을 중요시 하였다.[3] 구미 정당의 창당에는 이념적, 정책적 목표가 중요하였으나 한국 정당의 창당에는 참여자 개개인의 이해관계가 중요하였다.

제1공화국의 여당이었던 자유당은 이승만 박사가 대통령이 된 다음에 만든 정당이었고, 제3, 4공화국의 민주공화당과 제5공화국의 민주정의당도 박정희 정권과 전두환 장군이 각각 쿠데타로 정권을 장악한 후에 만든 정당이었다. 군사독재시대의 여당에는 반독재 운동으로 명성을 날린 사회저명인사, 교수, 학생운동가들이 참여하였다. 그들이 과거에 주장했던 이념이나 정책과는 모순되는 독재정권의 당에 참여한 것은 다름 아닌 권력이라는 보상이 가지고 있는 자력 때문이었다. 야당 지도자들은 민주화와 같은 '집단적 유인'을 강조했지만 그들 주위에 모인 인사들은 국회의원 공천과 같은 '선택적 유인'을 약속 받았다. 한국 정당사에서는 여당 공천을 받지 못한 인사가 야당으로 가고 그 반대 경우도 찾아볼 수 있는데, 이는 한국 정당의 비이념적, 비정책적 특성을 나타내는 예인 것이다.

한국의 정당은 집권자나 김영삼 대통령이나 김대중 대통령과 같은 준카리스마적인 지도자들이 창당하였다. 군사독재시대에 여당은 대통령 일인의 지배정당이었고 야당도 결국에는 일인지배정당이 되었다. 정당 창당에 있어 이와 같은 집권자나 준카리스마적인 지도자의 존재는 정당조직의 제도화를 가로막는 요인이었다. 집권자가 바뀔 때마다 새로운 여당이 조직되었고 야당도 준카리스마적인 지도자의 정치적 편의에 따라 여러 번 재창당되었다. 정당은 조직적 지속성을 갖지 못했고 이러한 상황에서 정책적 정체성을 갖기도 어려웠다.

넷째로 이러한 역사적 상황 속에서 한국의 정당은 구미의 정당과 같이 정책조직으로 발전하지 못했다. 유럽제국의 의원내각제 국가에서는 주요 정책들이 모두 정당 내부에서 결정되고 미국에서는 실질적으로 의회 내의 민주, 공화 양당의 의원들에 의해 결정된다. 정책수립에 있어 관료 엘리트들의 역할은 보조적인 역할에 머물러 있다. 한국의 정책결정 과정에 있어서는 각 부처의 관료 엘리트들과 청와대의 수석비서관들, 그리고 대통령

3) Angelo Panebianco, *Political Parties: Organization & Power*(Cambridge University Press, 1988).

의 비공식적인 개인 측근들이 결정적인 역할을 하고 정당은 여당조차도 소외되어 있다.

구미 제국이나 일본에서는 내각의 각료, 국무총리, 대통령 비서관들은 모두 당원들이다. 집권당 지도자들이 정부를 장악해서 통치를 하는 것이다. 영국의 노동당이, 미국의 공화당이, 일본의 자민당이 각각 정부를 장악해서 통치를 하고 있다. 한국의 경우에는 각료의 대다수는 여당정치인이 아니다. 대통령 한 사람이 정부와 여당의 두 조직을 장악해서 정부는 정책 수립과 집행기관으로, 여당은 이러한 정책의 여러 홍보기관 중 하나로 활용하고 있다. 여당 정치인들은 대다수가 각료직을 맡지 않기 때문에 정책적 경험을 쌓고 있지 못하다.

정책은 전문가의 머리에서만 만들어지는 것이 아니다. 여러 이익집단들이나 업계의 요구를 바탕으로 해서 정책을 수립하는 것이다. 우리나라에서는 여러 이익집단들이나 업계가 정당보다는 정부관료와의 접촉을 통해서 그들의 이해관계를 최대화하고 있다. 정당은 정책수립의 로 머티리얼(raw material)을 제공받고 있지 못한 것이다. 정당이 정책수립기관이 아니기 때문에 일어나는 현상이다.

미국의 관료는 집권당 대통령이 결정한 정책을 집행하는 수단적 기구에 불구하고 그 영향력도 강하지 못하다. 프랑스의 관료는 미국의 관료기구보다 강하나 중립성의 전통을 가지고 있다. 한국의 관료는 미국이나 프랑스와 같은 선진 민주주의국가들과는 비교가 안 될 정도로 강한 영향력과 친여적 특성을 가지고 있다. 한국은 정당 중심이 아니라 관료 중심의 통치구조를 가지고 있는 것이다. 여야 간의 정권 교체가 일어났으나 이러한 통치구조에는 큰 변화가 일어나고 있지 않다. 김대중 대통령은 정당 정치인 출신들을 상당수 각료직에 임명했으나 이러한 임명이 관료 중심의 통치구조를 변경시킬 것 같지는 않다. 장관의 수명은 구미에서는 대개 정권의 수명과 같으나 우리나라의 경우에는 평균 1년밖에 되지 않는다. 장관 수명의 단명성은 관료 중심의 통치구조를 강화시킬 뿐이다.

한국의 관료는 군사독재시대에는 독재정권의 하수인 역할을 했었으나 민주화 운동의 지도자들이 정권을 장악한 후에도 중요한 지위를 계속 차지하고 있다. 한국의 관료가 시대의 변화에도 불구하고 이와 같은 지위를 계속 차지하고 있는 것은 전문적인 실제지식이 중요한 시대에 이러한 지식을 거의 독점하고 있기 때문에 일어나는 현상이지만 이러한 현상은 대통령의 정치적 이해관계와도 밀접한 관계를 가지고 있다. 한국의 역대 대통령은 정치적으로 한편으로는 정당에 의존하면서도 다른 한편에서는 정당이 일정 정도 이상으로 강화되는 것을 바라지 않았다. 대통령은 선거에 승리하기 위해서나, 혹은 의회의 지지를 확보하기 위해서는 정당이 필요하나 정당의 발전은 그의 권한을 제한할 수도 있기 때문이다. 대통령의 입장에서 볼 때 관료는 항상 충성을 바치는 행정조직인 데 반해 정당은 여당도 그의 권한에 대한 잠재적 도전자인 것이다.

다섯째로 정당의 간부들인 국회의원들의 비전문성도 정책대결 정치를 저해하는 한 요소이다. 정당이 정책중심 정당이 되기 위해서는 정당의 간부들인 국회의원들이 정책전문가들이 되어야만 하는데, 한국은 그렇지 못하다. 정책전문가들만이 국회의원이 되어야 한다는 말이 아니다. 일반 정치인도 국회의원으로 선출되면 OJT(On the Job Training)로 정책전문가가 되어야만 한다는 말이다. 선진민주국가의 의원들은 그들의 역할을 수행하는 과정에서 정책적 전문성을 획득하고 있다.

한국 국회의원들의 대부분은 학력 수준이 높고 정책전문가들이 될 수 있는 소양을 가지고 있다. 그럼에도 불구하고 그들이 정책전문가가 되지 못하고 있는 이유는 어디에 있는가? 바로 지적한 통치구조적 요인 외에 어떠한 요인들이 그들의 정책능력 개발을 저해하고 있는가? 첫째로 한국의 국회의원들은 지역구민들에 대한 봉사활동 때문에 정책에 대해서 공부할 시간을 가지고 있지 못하다. 미국의 국회의원들도 지역구 봉사활동을 하지만 그들의 국회에서의 투표기록은 항상 문제가 된다. 선거구민들은 그들의 대표가 여러 정책적 이슈에 대해 국회에서 어떻게 투표하였는가를 선거 때마다 검토하게 된다. 미국의 의원들은 의회에 상정되는 법안에 대한 전문가들의 찬반의견, 지역구민들의 선호, 소속정당의 입장을 고려해서 신중하게 투표를 하게 된다. 그렇게 하지 않는다면 그 다음 선거에서 낙선할 위험성이 있기 때문이다. 선진민주주의국가의 의원들에게서 찾아볼 수 있는 이와 같은 정책활동이 우리 의원들에게는 결여되어 있다.

변호사 출신 국회의원들은 변호사 사무실을 열거나 사기업체의 고문 변호사직을 맡고 있는데, 이것은 국민의 이익을 대표하는 사람들이 해서는 안 되는 관례인 것이다. 변호사 업무와 국민대표의 업무는 서로 다르고 충돌하는 경우가 많으며, 국민 대표의 업무에 충실하려면 변호사 업무에 관심을 기울일 겨를이 없을 것이다.

둘째로 국회의원들이 구미나 일본에 비하여 자주 교체되기 때문에 의원들은 정책적 전문성을 쌓을 충분한 시간을 가지고 있지 못한 경우가 많다. 현재 우리 국회의원들의 대다수는 초·재선 의원들이다. 구미나 일본에서와 같이 수십 년 동안 의원직을 유지하고 있는 정치인들은 몇 사람 안 된다. 구미와 일본에서는 제대로 의원직을 수행하면 평생직업이 되나 한국에서는 그렇지 못한 것이다.

셋째로 대부분의 의원들이 한 분야에서 전문성을 쌓고 있지 못하다. 의원 당선 횟수가 많거나 힘 있는 의원일수록 이권이 많은 상임위원회에 소속되어 있고 이권이 적은 상임위원회에 소속되어 있는 의원들은 그들이 계속 당선된다면 이권이 많은 상임위원회로 소속을 옮기게 된다. 상임위원회의 소속의원은 국회가 구성될 때마다 바뀌게 되고 상임위원회는 정책적 전문성을 축적하고 있지 못하다.

우리나라에서는 상임위원회의 전문성을 높이는 방법으로 사학재단의 이사장이 교육위원회에 소속하고, 회사의 소유주가 경제관계 위원회에 소속하고, 법조인이 법사위원회에 소속하고 있는데 이것도 문제이다. 이러한 관례는 전문성을 높이기도 하지만 그들의 개별 이익이 그들의 정책활동에 반영되어 국민들의 여망을 저버리는 경우도 많기 때문이다.

여야 국회의원들 간의 대결이 있다면 그것은 부정부패와 비리에 대한 폭로를 중심으로 한 대결이다. 이러한 폭로와 이에 대한 조사도 의원들이 담당해야 될 역할이지만 의원들의 가장 중요한 역할인 정책활동이 매우 약한 것이다.

여섯째로 신문, 잡지, 방송, TV로 구성되는 언론기관의 보도자세도 정당 간 정책대결 정치에 큰 도움이 되고 있지 못하다. 한국의 언론은 정당 간의 미약한 정책대결 상황이나마 자세히 보도하여 한국정치를 정책대결 정치로 유도하기보다는 사정과 폭로 중심의 센세이셔널한 보도 자세에 치우쳐 있다. 또한 한국의 언론은 모두 『유에스에이 투데이』(*U.S.A. Today*)와 같이 TV 신문화되고 있다. TV는 말할 것도 없고 신문도 심층보도와 분석보다는 뉴스를 TV와 같이 가능한 한 간결하게 보도하고 있다. 한국의 언론은, 특히 TV는 정부와 여야당의 국면전환 전략에 쉽게 말려들어 여론을 올바르게 지도하고 있지 못한 경우도 적지 않게 있다. 한국 신문은 미국의 *The New York Times*나 *The Washington Post*, 독일의 *Frankfurter Allgemeine Zeitung*, 영국의 *The Times*, 프랑스의 *Le Monde*와 같이 심층보도, 분석할 수 있는 능력과 자세를 가지고 있지 않다.

한국의 언론인들이 이와 같은 능력을 개발하지 못한 것은 군사독재시대와 관계가 있다. 군사독재시대의 언론인들은 이 시대의 야당 정치인들과 마찬가지로 독재에 반대하는 용기를 보이면 국민들의 박수를 받았다. 신문은 독재정권에 반대하는 보도와 논조를 펴면 그 판매부수가 증가하였다. 그러나 이러한 시대가 민주화 이후 지나갔음에도 불구하고 한국 신문은 새로운 시대에 충분히 적응하고 있지 못하다. 과거의 관성을 극복하고 구미의 고급신문(quality paper)과 같이 심층보도하고 분석하는 모습을 아직 나타내고 있지 못하다.

언론기관은 돈을 버는 기업임과 동시에 공정보도의 사명을 가진 공익기관이다. 일제시대와 군사독재시대의 한국 언론은 기업으로 존재하기 위해 한편으로는 언론 고유의 역할을 수행하면서도 다른 한편에 있어서는 일제와 독재정권에 타협하는 이중적 특성을 나타낼 수밖에 없었다. 민주화 이후 언론기관의 이윤원칙과 공정보도의 사명은 양립 가능하게 되었으나 일제와 독재시대에 형성된 언론의 이중적 특성이 불식된 것은 아니다. 김영삼 정권시대에 그의 아들이 국정 전반에 광범위하게 관여하고 있다는 소문이 퍼져 있었으나 언론은 김 정권의 마지막 해에 와서야 이에 대한 보도를 시작하였다. 신문과 민영 TV는 상업적 이해관계가 있기 때문에, 공영 TV는 그 사장과 이사장들이 친정권 인사들이었기 때문에 그에 대한 보도를 할 수 없었다. 그 이후의 신문과 TV도 같은 이유로 많은 중요한 보도들을 빠뜨리거나 조사하지 않는 관행을 극복하고 있지 못하다. 한국 언론은 사회의 목탁으로, 혹은 행정부, 입법부, 사법부 다음의 제4부로 확고하게 자리를 잡지 못하고 상업적이거나 사적인 이해관계에 강한 영향을 받고 있다.

일곱째로 TV, 인터넷 시대의 개막도 정당 간 정책대결 정치의 발전을 저해하고 있다. 오늘날의 한국정치에 있어 TV는 여론 형성에 신문보다 더 큰 역할을 하고 있다. 구미 선진제국의 고급 신문들은 정치에 대한 심층보도와 분석으로 TV가 하기 어려운 역할을 하고 있으나 한국의 신문들은 이미 지적한 바와 같이 TV화되고 있기 때문에 TV가 여론 형성에 결정적 역할을 하고 있다. 그러나 TV에서 중요한 것은 내용보다 이미지이다. 정치인들이 성공하기 위해서는 TV에 좋은 이미지로 비춰져야 한다. 복잡한 정책내용을 TV를 통해서 자세히 논하기는 어려운 것이다. 과거 정당조직은 정치적 커뮤니케이션의 조직이기도 하였으나 이제는 이러한 조직의 역할을 TV가 대신하고 있다. 한 사람의 인물만 있으면 그는 TV를 통해서 전국민에게 호소할 수 있는 것이다. 그에게 정당조직은 과거만큼 효용성이 없다.

TV는 인터넷과 더불어 직접민주주의의 가능성을 열고 있고 이러한 현상도 정당 간의 정책대결정치를 저해하고 있다. 이러한 방식으로 정책에 대한 진지한 논의를 하기가 어렵기 때문이다. 정책에 대한 해당 결사와 정당에서의 논의를 포함한 여러 수준에서의 논의를 거친 후에 정치인들과 국민들 간에 이와 같은 직접민주주의 방식의 논의도 있을 수 있을 것이나, 이러한 방식은 홍보 차원의 행사 이상의 가치를 갖기 어려운 것이다.

최근 두드러지게 나타나고 있는 비정부단체(NGO)들의 영향력 증대는 이와 같은 TV, 인터넷 시대와 관계가 있다. 그들이 정당처럼 전국민과 커뮤니케이션할 수 있는 조직을 가지고 있지 못해도 그들의 활동을 인터넷을 통해 전개하거나 TV나 신문이 보도를 해준다면 영향력을 행사할 수 있는 것이다. 그들의 이러한 활동이 선진 외국에서는 정당 간 정책대결정치에 보완적인 역할을 하고 있으나 우리나라에서는 정당의 후진성 때문에 정당의 역할을 대행하고 있고 그렇게 함으로써 정당의 발전을 저해하기도 한다. 특히 2000년 국회의원선거 때에는 낙천・낙선운동을 전개함으로써 정당의 신뢰성에 큰 타격을 입혔다. 그들은 국가와 자본가들로부터 독립적인 위치를 차지하고 시민을 대표해서 이러한 평가작업을 한다고 주장했으나, 그들의 독립성, 대표성, 공평성에 대해서는 많은 논란이 있었다.

비정부단체의 활동과 직접민주주의의 가능성에 기반한 공론정치론이나 심의민주주의론이 한편으로는 여러 의미에서 정당활동을 자극하고 있기도 하지만 다른 한편으로는 정당의 역할을 평가 절하하는 이데올로기적 효과도 나타내고 있다. 유럽에서의 공론정치론이나 미국에서의 심의민주주의론은 정당 중심의 대의민주주의의 맹점을 보완하기 위한 목표를 가지고 있는 것이나 우리나라에서는 그 본래의 목표와는 달리 오히려 정당 중심의 정치와 대의민주주의의 신뢰성을 떨어뜨리는 역할을 하고 있는 것이 아닌가 우려된다. 한국의 정당정치와 대의민주주의는 확립되기도 전에 추락하고 있고 공론정치나 심의민주주의가 이를 대신할 수는 없는 것이다.[4)]

Ⅳ. 한국정치의 발전방향

정당간 정책대결정치가 부재한 원인들의 검토로부터 우리들은 한국정치의 발전방향을

4) 공론정치론이나 심의민주주의의 본래의 이상과 목표가 틀렸다는 것이 아니다. 이러한 이상과 목표가 한국정치의 콘텍스트에서는 그 이상과 목표와는 모순되는 역설적 결과를 낼 수도 있다는 위험성을 지적하고 싶다.

생각해 볼 수 있다. 첫째로 지역적 지지에 기반한 한국의 정당은 사회계층체계에 기반한 정당으로 전환되어야 한다. 구미의 주요 정당들은 계급, 인종, 언어, 종교 등 여러 가지 사회적 분열구조를 반영하고 있지만 계급적 분열구조는 아직도 정당체계를 결정하는 가장 중요한 요인이다. 한국의 정당체계는 경제적으로 보다 잘사는 사람들과 못사는 사람들의 이해관계를 모두 반영할 수 있어야만 한다. 노동자들과 소외계층의 이익을 대표하는 정당이 있어야만 하고 그들의 대표들이 정당의 간부로서 국정에 참여해야만 한다. 이러한 정당은 정책대결정치를 활성화시킬 뿐만 아니라 소외계층의 데모와 파업 때문에 일어나는 한국정치의 불안정을 극복하는 데에도 도움이 될 것이다.

현재 한국의 지역적 정당체계를 사회계층적 정당체계로 전환하는 일은 매우 어려운 과제이다. 차기 대통령선거를 앞두고 지역주의는 다시 강화되고 있다. 그러나 한국의 지역 간에는 스위스나 벨기에에서 찾아볼 수 있는 바와 같은 지역 간의 언어적, 인종적, 종교적 분절성이 없다. 한국의 지역주의는 이러한 분절성이 없기 때문에 그 해소가 가능하다. 국회의원선거에서의 유럽식 비례대표제와 같은 선거제도의 채택은 지역주의의 점진적 해소에 공헌할 것이다.[5] 문제는 현재의 여야가 그들의 과점적 지위를 유지하기 위해 이러한 제도를 채택하지 않는다는 데 있다.

둘째로 한국정치의 리더십 그룹은 투쟁적 리더십 그룹에서 정책적 리더십 그룹으로 전환되어야 한다. 또한 충성과 의리에 기반한 의사(擬似) 혈연공동체적 특성에 이념과 정책적 성향도 중요시하는 정책집단의 특성이 혼합되어야 할 것이다. 한국의 사회경제적 발전과 국제환경의 변화는 이러한 리더십을 출현시키는 조건이 될 것이다.

셋째로 한국 정당의 준 카리스마적 지도자들은 그들의 카리스마의 루틴화(routinization), 다시 말해 정당의 조직과 운영규칙을 제도화하고 정당의 이념과 정책을 확립해야 할 것이다. 정당 보스의 이와 같은 리더십은 그와 그 주위의 인물들의 권력욕, 보다 근본적으로는 인간의 권력욕 때문에 과거에 있어서와 마찬가지로 오늘날에 있어서도 확립하기 어려운 과제이다.

넷째로 정당은 정책 결정과 통치과정의 주변적 위치에서 중심적 위치로 이동해야 한다. 정당 출신 정치인들이 각 부처의 장·차관뿐만 아니라 차관보급의 보직도 맡아야 할

5) 한국의 소선거구, 비례대표제는 유럽의 비례대표제의 원칙과 취지와는 다른 선거제도로 진보 정당의 의회 진출에 큰 도움이 안 되는 제도이다.

것이다. 한두 사람의 정치인이 담당부처를 장악하기 어렵기 때문이다. 정당 출신 정치인들이 장・차관과 차관보급의 관직을 담당하는 임기도 그 정당의 정권 담당 임기와 같아야 할 것이다. 이러한 변화는 정당 정치인들이 정책적 능력을 구비한다는 전제하에서 촉구하는 변화이다.

관료, 교수, 언론인, 기타 전문 지식인들이 정책결정을 담당하는 고위 관직을 맡기 위해서는 일찍부터 정당 활동에 참여해야 할 것이다. 관료는 일본에서와 같이 과장이나 국장일 때, 그 관직을 그만두고 정당에 참여할 수 있는 정치발전이 일어나야 할 것이다. 정치인들의 대부분은 정책적 능력 때문에 고위관직을 담당하지 못하는데, 고위관직을 담당하지 않고서는 정책적 능력을 개발할 수 없다. 대통령은 여당의 총재로서 관료기구가 아니라 정당을 중심세력으로 하여 국정을 운영해야 할 것이다.

다섯째로 정당의 간부들인 국회의원들은 지역구 봉사활동에서 어느 정도 해방되어 정책전문가가 되어야만 한다. 국회의원은 국민의 대표로서의 활동과 이익갈등을 일으키는 일체의 다른 직책으로부터도 사임해야 한다. 국회의원이 개별기업이나 개인의 이권보호자의 역할을 해주고 그로부터 반대급부를 받는 행위는 근절되어야 한다. 국회의원들은 각각 자기 분야의 상임위원회에 소속하여 전문성을 축적해야 할 것이다.

국회의원 선거제도는 의원들이 국민의 대표로서의 정책활동에 몰두하는 데 도움이 되는 제도로 개혁되어야 한다. 여기서 이러한 선거제도가 어떠한 제도인가에 대해서는 논할 여유가 없다. 이는 복잡한 문제이고 간단하게 결론이 나지 않는 문제이다. 한국의 선거제도는 이러한 목표 외에도 앞으로 한국이 어떠한 통치구조(대통령제, 내각제)를 가져야 할 것인지의 문제에 대한 어려운 판단과 관련해서 결정되어야 되기 때문이다. 다만 이와 같은 한국정치의 발전 목표와는 관계없이 여야의 정치인들이 당리당략적으로 결정한 선거제도는 개혁해야만 된다는 점만을 강조하고 싶다.

여섯째로 한국의 언론은 정당 간의 정책대결을 자극하는 언론으로 성장해야 할 것이다. 언론은 여러 정책적 이슈에 대한 여야당의 입장이 무엇인지, 그 입장에는 어떠한 문제점이 있는지를 항상 분석해야 할 것이다. 언론이 이와 같은 역할을 하기 위해서는 언론인들도 각기 전문 분야를 가진 전문 언론인이 되어야만 할 것이다.

언론기관 간의 경쟁은 재미나 센세이션이 아니라 질을 중심으로 일어나야 할 것이다. 한국의 언론은 소수를 대상으로 하는 고급언론과 다수 대중을 대상으로 하는 저급언론

간의 구별이 없기 때문에 모두가 저질화될 위험성을 가지고 있다. 한국의 언론인들은 이에 대해 각별히 경계심을 가져야 할 것이다.

한국의 언론은 정부뿐만 아니라 기업도 감시하는 감시자의 역할에 충실해야 할 것이다. 언론에 대한 재벌의 지배, 언론 자체의 재벌화, 경영 부실 언론 등의 문제는 언론의 이와 같은 역할을 손상시키고 있다. 언론의 구조적 개혁이 필요하다. 언론인들과 취재원과의 관계에도 개혁이 필요하다.

한국의 방송과 TV는 SBS를 제외하고는 모두 공영방송이나 이름만 공영방송일 뿐 실제로는 상업방송으로 전락해 있다. 방송과 TV는 원래가 심층보도와 분석에는 맞지 않는 매체인데, 공영방송의 상업화는 이러한 부적절성을 더욱 제고하고 있다. 방송과 TV의 공정성도 문제이다. 공영방송 사장의 임명권은 실제적으로는 정부, 여당에 있기 때문에 일어나는 현상이다. 이와 같은 임명구조에도 개혁이 필요하다.

일본의 언론은 군국주의와 침략 전쟁에 순응하거나 아부한 점에 관해 전후 사과를 했고 이러한 정신에 기반한 내부적 진통과 개혁이 있었다. 한국에서는 정부, 여당과 시민단체 주도의 언론개혁운동이 일어나고 있으나 대상 언론사들은 언론 탄압이라고 항변하고 있다. 언론 개혁은 정부, 여당 주도가 아니라 전후 일본에서와 같이 언론 내부로부터 일어나는 것이 바람직하다.

일곱째로 TV와 인터넷을 중심으로 하는 직접민주주의, 결사체들의 이익 표출 활동, 비정부 공익단체들의 정치활동은 모두 정당중심의 대의 민주주의를 보완하는 역할을 해야 할 것이다. 정당지도자들은 이와 같은 정치활동을 어떻게 정당의 활동 강화에 도움이 되는 방향으로 수용할 수 있는지에 대해 고민해야 할 것이다.

한국정치는 우리의 발전단계와 21세기라는 새로운 시대에 맞게 변화해야 한다. 한국정치는 과거의 후진국형 정치에서 정당 간 정책대결을 중심으로 하는 선진국형 정치로 발전해야 할 것이다.

제25장

IMF 사태의 정치적 원인과 극복방향

이 글은 제24장의 글보다 몇 달 늦게 쓴 글로 한국경제가 IMF의 지배를 받게 된 정치적 원인을 민주화 시대의 일인지배체계, 지역정당체계, 정경유착체계에서 찾고 이를 각각 삼권분립체계, 정책정당체계, 정경독립체계로 개혁해야 한다고 주장하고 있다. 한국정치의 리더십도 이러한 체계에 맞는 리더십으로 발전해야 한다고 강조하고 있다.

구미의 민주주의는 국가체제를 케인즈적 복지국가체제에서 신자유주의적 경쟁력 국가체제로 전환시킴으로써 10년 전만 해도 커다란 위기에 빠졌던 경제를 회생시키는 데 비교적 성공하고 있다. 미국경제는 불과 몇 년 전까지만 해도 막대한 재정적자 속에서 헤어나지 못하고 몰락의 위기에 처해 있는 것같이 보였으나 현재는 높은 성장률을 나타내면서 세계 최강의 경제로 다시 부상하였다. 서유럽 제국들도 최근까지 아시아 태평양 지역의 도전과 과중한 복지비용 때문에 경쟁력을 상실하고 있었으나 경제적으로 유럽 통합에 성공하고 성장을 계속하고 있다.

그러나 구미 민주주의의 이와 같은 경제적 업적과는 달리 한국의 민주주의는 경제를 번영시키기는커녕 오히려 IMF의 지배를 받는 위기 속에 몰아넣었다. 한국경제는 이미 오래 전부터 우리가 목격하고 있는 바와 같은 구조적 문제들을 가지고 있었고 김영삼 전 대통령은 이를 한국병이라고 명명하고 이 병을 고쳐 신한국을 건설하겠다는 공약으로 대통령에 당선되었으나 그는 이 병을 고치기는커녕 악화시켜 놓았을 뿐이다. 한국의 민주주의가 구미의 민주주의와는 달리 한국병을 고치기는커녕 악화시킨 원인은 어디에 있는가? 우리들은 그 원인을 한국 민주주의가 구미의 민주주의와는 다른 다음과 같은 특성을 가지고 있다는 데서 찾을 수 있다.

첫째로 한국의 대통령중심제는 국민들이 대통령을 직접 선출한다는 의미에서는 민주적 대통령중심제이나 민주적 대통령중심제의 핵심인 권력 분립과 이에 기반한 행정부, 입법부, 사법부 사이의 견제와 균형은 여전히 매우 약하다.

한국이 헌법상 민주적인 대통령중심제를 가졌던 제1, 3공화국시대에는 대통령이 총재인 여당이 국회에서 과반수 이상의 의석을 차지함으로써 대통령은 국회를 지배할 수 있었다. 제6공화국의 두 전 대통령은 그가 총재인 여당이 과반수 이상의 의석을 차지하지 못했음에도 불구하고 합당이나 무소속의원들의 영입으로 여당을 인위적 다수당으로 만들어 국회를 시녀화할 수 있었다. 제4, 5공화국의 군사독재정권은 제3공화국시대에 일원화되어 있던 사법부를 대법원과 헌법위원회로 이원화시키고 대법원장을 추천하던 제3공화국시대의 법관추천회의를 없애고 이 두 사법기관의 장을 대통령이 임명하도록 하였었다. 제6공화국시대는 군사독재정권시대의 이와 같은 사법제도를 대체로 그대로 계승하였고 이에 따라 사법부의 종속적 지위도 지속되고 있다.

한국의 대통령중심제는 행정부 중심의 일권체제일 뿐만 아니라 대통령 중심의 일인지배체계이다. 오랜 군사독재시대 동안 한국의 통치권력은 대통령 한 사람에게 집중되어 있었고 이와 같은 일인지배체계는 민주주의가 복원된 제6공화국에 들어와서도 변함없이 지속되고 있다. 김 전 대통령 시대에 주요 정책과 인사가 행정부와 여당의 공식적인 검토과정 없이 결정된 경우가 많았는데 이러한 결정과정은 일인지배체계의 전형적인 결정과정이다.

한국경제가 IMF의 지배를 받는 위기에 빠질 것이라고 경고한 사람은 아무도 없었다. 한국경제의 어려움과 개혁의 필요성을 강조한 사람들은 있었으나 한국경제가 IMF의 지배를 받을 수밖에 없을 만큼 어렵다고 지적한 사람은 아무도 없었다. 청와대 비서, 장관, 정치인, 지식인들 중 어느 누구도 이러한 지적을 하지 못한 것은 그들의 능력보다는 한국의 일인지배체계에 있다. 그들 모두가 절대 권력자인 대통령의 비위를 거스리기를 주저했기 때문에 경제위기의 심각성을 직시하지 못한 것이다.

군사독재시대의 일인지배체계는 경제적 업적을 올려 정치적 정통성의 결여를 보충하지 않는다면 곧 쓰러질 위협 속에 있었기 때문에 경제적 업적을 낼 수 있었다. 제6공화국 민주시대의 일인지배체계는 정치적 정통성을 확보하고 있었기 때문에 안이한 나르시스즘 속에서 오히려 경제를 망치는 결과를 내놓은 것이다.

둘째로 군과 학생은 이제 더 이상 한국정치의 주역이 아니고 그들이 비워놓은 자리를 민간 정치인들이 차지했으나 그들은 구미에서 보는 바와 같은 근대적인 정당정치를 하지 못하고 있다. 한국은 산업화를 이룩하여 농업사회에서 산업사회로 탈바꿈을 하였음에도 불구하고 선진제국의 산업사회, 혹은 후기 산업사회에서 볼 수 있는 바와 같이 정책을 가지고 서로 대립하는 정책정당체계가 아니라 영남, 호남, 충청의 세 지역을 중심으로 하는 지역주의에 기반한 지역정당체계를 가지고 있다. 군사독재시대에 기원을 가지고 있고 1987년 대통령선거 때 정착된 지역정당체계는 제6공화국시대에 들어와 대통령선거, 국회의원선거, 지방자치단체선거를 세 번씩 치렀는데도 시정되지 않고 오히려 고착되고 있다.

군사독재시대에는 경제발전 제일주의를 주장한 독재세력과 민주화를 추구한 민간 정치지도자들 사이의 공적 대결이 있었으나 제6공화국시대에는 불행하게도 지역주의적 대결이 이러한 대결을 대치하게 되었다. 지난 10년간 한국의 정당과 정치인들 간에는 정책과 이념을 둘러싼 공적 대결은 없고 권력 획득을 둘러싼 지역지도자들 간의 사적 거래만

이 무성하였다.

IMF 사태의 도래가 증명하고 있는 바와 같이 한국경제는 오랫동안 위기 속에 있었음에도 불구하고 이러한 경제위기의 원인과 해결책에 대한 정당 간의 진정한 정책대결은 찾아보기 어려웠다. 그러한 대결이 있다 해도 그것은 한국의 정당정치에서는 주변적인 위치밖에 차지하지 못했다. 지난 10년간에 있어 미국의 공화당과 민주당은 막대한 재정적자와 무역적자를 기록하고 있는 미국경제를 살리기 위한 방법에 대해 끊임없이 정책대결을 해왔고 이러한 대결은 미국의 정당정치에서 중심적 위치를 차지해 왔다. 미국경제가 오늘날 다시 일어서고 있는 것은 경제정책에 대한 정당 간의 이와 같은 대결과 밀접한 관계가 있다. 한국에서 1997년 대통령선거 때 IMF와의 협상전략을 둘러싼 정당과 후보들 간의 대결이 있었지만 이는 소를 잃은 다음에 외양간을 어떻게 고칠 것인가에 대한 대결이었다. IMF 사태의 도래는 정책대결이 아니라 지역대결에 기반해 있는 한국의 정당체계에도 책임이 있는 것이다.

셋째로 김영삼 전 대통령은 취임 때부터 정경유착을 근절하겠다고 선언하였으나 그가 이러한 목표를 달성하지 못했다는 것은 그의 임기 말에 명확히 드러났다. 정경유착은 제1공화국시대부터 시작한 것이고 군사독재 시대에 더욱 깊은 뿌리를 내렸다.

한국 자본주의의 특성은 불과 이삼십 년의 기간에 한국경제를 지배하는 몇 개의 재벌들이 형성된 데 있다. 일본경제도 몇 개의 게이레츠(系列)가 지배하고 있으나 이 게이레츠는 1868년의 메이지유신(明治維新) 전후의 시기에 그 기원을 가지고 있다. 구미의 경제는 몇 개의 재벌들이 지배하는 경제가 아니다. 한국의 재벌들이 일본이나 구미에서는 찾아보기 어려울 정도로 빨리 성장하여 한국경제를 지배하게 된 것은 부분적으로는 이들에 대한 군사독재정권의 적극적 지원에 힘입은 것이다. 그리고 이러한 지원이 재벌의 성장뿐만 아니라 한국경제의 성장에도 공헌하였다. 그러나 오늘날 한국의 재벌과 대기업들은 구미의 대기업들에 비교한다면 빚더미 속에 빠져 있는 부채기업들이고 이렇게 과도한 부채는 역대정권이 그들에게 준 금융특혜에서 비롯한 것이다. 재벌과 대기업들은 이러한 특혜에 대한 대가로 정권 담당자들과 정치인들에게 자금을 제공했고 그들은 이 돈을 정권 유지와 개인축재의 수단으로 삼았던 것이다. 정권과 기업은 동전의 양면이라고 보아도 괜찮을 정도로 밀접한 유착관계를 가지고 있었다.

한국에 IMF 사태가 도래한 가장 직접적인 원인은 이와 같은 유착관계에 있다. 정치인들과 관리들이 재벌과 대기업들로부터 어떠한 명목에서든 돈을 받고 특혜를 제공했기 때문에 기업들은 특혜의존적인 기업으로 체질이 약화되었고 정부는 시장경제의 원칙을 확립할 수 없었다. 정경유착으로 인한 부정부패는 대부분의 나라들에 있어 경제위기의 주범이 되고 있고 한국의 경우도 이에 해당한다.

일인지배체계, 지역정당체계, 정경유착체계는 서로 밀접한 관계를 가지고 있다. 한국의 운명을 대통령 한 사람이 좌지우지해 왔고 대통령은 그의 출신지역 인사들의 출세와 출신지역의 발전에도 구미제국이나 일본에서는 찾아볼 수 없을 정도로 지대한 영향을 미치기 때문에 대통령이나 그 후보들에 대한 지지는 지역적이 되고, 기업가들은 이러한 정치인들에게 자금지원을 하기 때문에 일인지배체계는 강화되었다. 일인지배체계는 지역정당체계와 정경유착체계의 원인이고 기반인 것이다.

우리 국민들이 민주적인 헌법을 다시 쟁취한 제6공화국 출범 10년을 맞이하여, 또 대한민국 건국 50주년을 맞이하여 한국은 일인지배체계, 지역정당체계, 정경유착체계를 무너뜨려야 할 역사적 과제를 가지고 있다. 이러한 정치체계는 선진민주국가에서는 찾아볼 수 없는 시대착오적인 정치체계이다. 이러한 정치체계는 앞서 살펴본 바와 같이 이미 한국경제의 IMF 지배시대를 초래했을 뿐만 아니라 앞으로 한국민들이 탈현대의 시대이고 정보화 시대이고 세계화 시대인 21세기를 살아가는 데는 맞지 않는 정치체계이다. 21세기는 20세기와는 비교가 안 될 정도로 가치관이 다원화되고 지식이 중요하고 전세계가 우리의 생활권이 되는 시대이다. 이러한 시대에 여러 가지 중요한 정책결정을 한 사람이 내리고 또 그 결정이 지역주의와 정경유착관계에 의해 큰 영향을 받는다면 그러한 정책결정은 다원적이고 지식 중심적이고 물리적인 국경이 없어지는 21세기에 맞지 않을 것이다.

대한민국은 지난 반세기에 가장 빈곤한 나라 중 하나에서 중진국으로 발전했고 또 다른 반세기에는 IMF 지배시대를 가능한 한 빨리 극복하고 선진국으로 도약해야 할 어려운 과제를 가지고 있다. 이 어려운 과제를 실현하기 위해서는 한국정치가 선진국형으로 바뀌어야만 한다.

한국정치가 선진국형이 되기 위해서는 무엇보다도 첫째로 대통령 중심의 일인지배체계가 행정부, 입법부, 사법부가 서로 견제하고 균형을 이루는 권력분립체계로 바뀌어야만 한다. 미국의 제4대 대통령으로 미국 국민들이 "헌법의 아버지"로 존경하는 제임스 매디슨(J. Madison)은 권력이 정부의 3부 중 어느 한 부에 집중한다면 그 부(府)를 장악한 일단의 정치인들이 국리민복(國利民福)보다는 그들 자신의 사리사욕을 채우는 유혹에 빠지게 마련이고 이를 막는 방법은 정부의 3부가 서로 감시하는 권력분립체계에 있다고 역설했다. 이와 같은 권력분립체계는 대통령이 선거에서 공약한 대로 국정을 이끄는 데 장애가 된다는 비판도 있으나 대통령과 그의 측근들의 사리사욕 채우기를 막고 대통령의 잘못된 리더십에는 제동을 거는 훌륭한 장점을 가지고 있다. 그리고 미국은 이와 같은 권력분립체계로서 영국의 식민지배를 벗어난 지 150여 년 만에 세계 최강의 국가로 성장하고 그 지위를 오늘날까지 계속 유지하고 있다.

1998년에 수립된 김대중 정부는 자유민주연합과의 연립정부이나 이 연립정부는 국회에서 과반수 이상의 의석을 차지하고 있지 못하다. 이 해의 보궐선거도 여당인 국민회의와 자민련이 과반수 이상의 의석을 차지하는 것을 막고 야당인 한나라당이 과반수 이상의 의석을 차지할 수 있는 결과를 내었다. 한국은 현재 행정부의 집권당과 입법부의 다수당이 다른 분단정부(divided government)를 가지고 있다.

미국은 지난 반세기에 있어 대체로 분단정부를 가져왔다. 대통령은 공화당에서 많이 나왔는데 그 기간 국회의 다수당은 민주당이었고 민주당 출신이 대통령인 오늘에 있어서는 공화당이 국회를 지배하고 있다. 미국에서도 이와 같은 분단정부가 국정의 교착상태를 초래하고 있다는 비판이 있으나 이를 타개하기 위해 여당이 야당 의원들을 영입하여 인위적으로 다수당을 만든 일은 없다. 미국은 분단정부하에서도 여야의 타협과 여야 의원들의 자율투표로 국정의 교착상태를 극복하고 있다.

한국의 분단정부 상황은 일인지배체계가 권력분립체계로 발전할 수 있는 좋은 기회이다. 미국이 아닌 한국의 정치현실에서 집권세력은 과거의 집권당과 마찬가지로 인위적 다수당을 만들려고 노력하고 있을 가능성이 크다. 한나라당이 다수당의 위치를 지키기 위해서는 다수당으로 여당과 함께 정책결정에 참여하고 이렇게 결정된 정책에 대해서 지지를 아끼지 말아야 할 것이다.

일인지배체계를 무너뜨리고 권력분립체계를 수립하기 위해서는 사법부도 탈바꿈을 해야 할 것이다. 한국의 사법부는 지난 반세기 동안에 기존 권력이 독재적이든 민주적이든 이를 따지지 않고 지지하거나 묵인하는 역할을 수행해 왔다. 민주주의의 발전에 적극적으로 공헌하는 사법부가 되기 위해서는 현행 제도와 관행에 개선이 있어야 할 것이다.

한국정치가 선진국형으로 탈바꿈하기 위해서는 둘째로 지역정당체계가 정책정당체계로 바뀌어야만 한다. 구미 여러 나라들에도 지역주의가 있지만 그 지역주의는 미국 남부의 경우와 같이 정책적 특성을 가지고 있거나 벨기에의 경우와 같이 지역 내부에 정책대결정당들을 가지고 있다. 정당 사이의 정책대결이 중심이 되는 정책정당체계는 지역정당체계에 비해 최소한 다음과 같은 이점이 있다.

첫째, 정당 사이의 정책대결은 정책의 질적 수준을 높이는 데 공헌한다. 야당은 여당의 정책에 대해 그들의 정책적 시각에서 문제를 제기함으로써 보다 나은 정책결정에 공헌할 수 있다. 둘째, 정책대결이 중심이 되는 정치는 정치의 적나라한 권력투쟁으로의 전락을 막을 수 있다. 정치가 단순한 권력투쟁으로 전락한다면 그 정치는 사회를 분열시키고 나라의 장래를 망칠 것이다. 셋째, 정책대결정치에서는 집권당이 국민들의 정책적 선호에 의해 결정되므로 항상 시대적 요청에 가장 적합한 정당이 집권당이 될 확률이 높다. 구미제국이 지난 두 세기에 걸쳐 대체로 계속 번영하고 있는 것은 이와 같은 정당 간의 정책대결과 관계가 있는 것이다.

1997년 대통령선거 때에는 후보들 간의 TV토론이 있었기 때문에, 또 갑자기 들이닥친 IMF 체제에 어떻게 대응해야 할 것인가에 대한 국민들의 관심도 높았기 때문에 그전의 대통령선거 때보다는 훨씬 활발한 정책대결이 후보들 간에 일어났었다. 이 대결에서 후보들이 모두 한 표라도 더 받기 위해 실현 여부를 가리지 않고 공약을 남발하여 각 후보들의 정책적 차별성이 뚜렷이 부각되지는 못했지만 그래도 대한민국 대통령선거 사상 처음으로 각 정당의 후보들 간에 정책토론이 벌어졌다는 점에 큰 의미가 있다.

그러나 대통령선거 후 정당 간의 정책대결은 거의 자취를 감추어 버렸다. 새 집권세력이 경제위기를 해결하기 위해 제시하는 여러 정책에 대해 한나라당은 추상적인 평가 이외에는 어떠한 구체적인 평가나 대안도 내놓지 않고 침묵을 지키고 있다. 1998년 보궐선거에서도 가장 중요한 이슈인 경제문제에 대한 여야 간의 정책대결은 아주 부족했다. 구미제국의 보궐선거였다면 경제위기에 대한 여야 간의 대처방도가 어떻게 다른지와 집권당은 과연 이 위기에 잘 대처하고 있는지가 선거결과를 결정하는 가장 중요한 변수가 되었을 것이다.

현재 여야 각당에서 당의 개혁이 필요하다는 자기반성의 소리가 들리는 것은 다행스러운 일이다. 한국의 정당체계가 지역정당체계에서 정책정당체계로 탈바꿈하기 위해서는 다음과 같은 변화가 있어야 할 것이다.

첫째로 특정 지역의 지도자 한 사람을 중심으로 하는 정당체계를 개혁하여 정당의 제도화를 추진해야 한다. 오랫만에 정권을 잃은 한나라당(구신한국당, 구민자당)은 대통령이라는 인물중심의 정당이었으나 이제 더 이상 그러한 인물을 가지고 있지 않다. 지역적으로 절대적인 지지를 받는 카리스마나 준카리스마적 지도자가 한나라당에는 없다. 이러한 인물이 없는 한나라당은 당내 민주화를 통해 당을 제도화해 나갈 수 있는 좋은 기회를 맞고 있다. 한나라당은 당내 경쟁원칙을 수립하고 이 원칙에 따라 당을 운영하는 모습을 보여주어야 할 것이다. 당내 경쟁이 구미제국의 정당에서와 같이 정책적인 경쟁이 된다면 금상첨화일 것이다. 한나라당이 이렇게 변한다면 그것은 두 여당의 개혁에도 좋은 영향을 미칠 것이다. 그러나 다른 한편, 한나라당 의원들의 대부분은 과거 권력과 준카리스마적 지도자를 중심으로 뭉친 정치집단이었기 때문에 과연 그들이 당내 민주주의의 확립을 통한 당의 제도화를 이루어 낼 수 있을지 국민들은 걱정하고 있다.

둘째로 서구의 정당들은 몇백 만의 당원과 방대한 사무당 조직을 가진 관료적 대중정당(mass bureaucratic parties)에서 몇십 만의 당원들과 최소 규모의 사무당 조직을 갖고 전문가들이 중심적 역할을 하는 전문가적 선거정당(electoral-professional parties)으로 바뀌었다. 사회계층의 성격변화와 TV와 같은 매스 미디어의 정치적 중요성이 서구의 정당구조에 이와 같은 변화를 초래하였다. 한국의 정당들은 과거 서구의 관료적 대중정당도 아니고 그렇다고 해서 현재의 전문가적 선거정당도 아니다. 한국의 정당이 의원 중심의 정당이라는 점에서는 전문가적 선거정당과 유사하나 이들의 전문가적 역할이 너무 약하다. 구미의 의원들은 의원 한 사람, 한 사람이 모두 자기 분야에서는 상당한 전문가이다. 그들은 정책문제에 관한 한 대학교수나 연구소의 연구원들보다 더욱 전문적인 식견을 가지고 있는 경우도 많다. 자기 분야에서 경험과 지식을 쌓고 교수나 연구원들의 식견도 모두 흡수하고 있기 때문이다. 그들이 교수나 연구원 출신이기 때문에 전문가가 되는 것이 아니다. 일반 정치인들이 의원에 당선된 이후에 OJT(On the Job Training)를 통해 자기 관심분야의 전문가가 되는 것이다.

한국의 의원들은 대부분 학력 수준이 높고 정책전문가가 될 수 있는 소양을 충분히 가지고 있음에도 불구하고 그렇게 되지 못하고 있다. 정책전문가도 의원이 된 다음에는 오히려 그 전문성을 더 발전시키지 못하거나 잃는 경우도 있다. 한국의 의원들은 자율적 정책활동을 하기보다는 당 지도부의 지시를 충실히 따르면 되기 때문에 전문성을 가질 필요가 없고, 또 과중한 지역구 봉사 부담 때문에 전문성을 기를 시간적 여유도 없는 것이다.

후기산업사회시대, 혹은 정보화 시대는 지식이 가장 중요한 자원이 되는 지식시대이다. 이 시대의 정당도 전문가 집단으로 발전하여 탈현대의 세계 속에서 한국이 나아갈 방향을 구체적으로 제시할 수 있어야 한다. 이러한 정당이 되기 위해서는 의원들이 공부하는 자세를 가져야 하고 의원들은 지역구 봉사원이 아니라 국민 전체의 이익을 수탁받은 대표라는 자세에서 활동해야 할 것이다.

야당으로서 한나라당은 할 일이 많다. 정부 여당은 경제, 사회, 교육, 문화의 여러 분야에서 그들의 정책을 수립해 나가고 있는데, 과연 이러한 정책들 중 개혁의 미명하에서 개악으로 끝나는 정책은 없는지 철저하게 검토하여 지지할 정책은 지지하고 반대할 정책은 반대하고 대안을 제시할 필요가 있으면 대안을 제시해야 할 것이다.

셋째로 정당체계의 정책적, 이념적 폭을 넓혀야 한다. 서구에서 정당들 간의 정책적, 이념적 대결은 진보적 이념정당의 출현을 계기로 활발하게 전개되었었다. 한국의 정당들 간에 종종 색깔 논쟁이 일어나지만 한국의 정당들은 모두 보수정당이고 그 때문에 정책적으로 서로 비슷한 특성을 가지고 있다. 한국에도 노동자들이나 소외계층을 대표하는 정당이 나타난다면 정당 간의 정책대결은 활발해질 것이다. 이러한 이념적 진보정당은 북한 공산주의의 위협, 소선거구 최다수제의 선거제도, 과거 오랫동안 유효했던 노동조합의 정치활동 금지 등으로 한국의 정치풍토에 발붙일 수가 없었다. 여야당은 앞으로 한국정당체계의 정책적 폭을 넓힐 수 있도록 선거제도의 개혁을 고려해야 할 것이다.

한국정치가 선진국형이 되기 위해서는 셋째로 정경유착체계가 정치와 경제가 서로 간 독자성을 유지하는 정경분립체계로 바뀌어야만 한다. 이미 지적한 바와 같이 정경유착체계가 한때는 한국경제를 발전시키는 원동력이었으나 이제는 오히려 한국경제를 파멸시키는 체계로 전락하였다. 이 체계는 일본에 그 기원을 둔 체계이나 일본에서도 현재 이 체계가 일본경제를 어렵게 만들고 있다. IMF는 한국경제를 경제에 정부가 개입하지 않고 시장에 맡기는 구미의 신자유주의적 모델에 따라 개조할 것을 권고하고 있고, 정부는 이와 같은 권고를 적극 수용하고 있다.

경제에 정부가 개입하지 않고 시장에 맡기는 시장경제체제의 수립이 정부의 목표이나 이러한 목표의 실현을 위해 정부는 경제에 깊이 개입하고 있다. 부실금융기관의 정리, 부실기업의 퇴출, 재벌의 구조조정, 공기업의 해외 매각이나 민영화, 노동시장의 유연성 확보 등을 위해 김대중 정부는 경제에 김영삼 정부 때보다 더 깊이 개입하고 있다. 종국적으로 정부가 개입하지 않는 시장경제 질서를 만들기 위해 김대중 정부는 한국경제의 구조조정에 깊이 개입하고 있는 것이다.

1997년 10월 곧 닥쳐올 한국의 외환위기를 정확히 예측해서 유명해진 경제분석가 스티브 마빈(S. Marvin)은 김대중 정부가 추진하고 있는 구조조정에 대해 여러 가지 비판을 하고 있다. 그는 우선 IMF가 한국정부에 권고한 이자율의 대폭 인상, 재정적자 삭감, 세금 인상은 불필요하게 수천 개의 기업을 망하게 하고 한국 국민들의 고통을 가중시켰다고 말하고 있다. 다음 재벌 개혁은 올바른 방향이나 현재 재벌개혁이 되지 않고 있다고 비판하고 있다. 그는 재벌들이 과도한 부채를 줄이기 위해 자신들의 기업을 해외에 매각하거나 부실기업을 퇴출시키는 데 매우 소극적이라고 비판하고 있다. 그는 과도한 부채를 가지고 있는 일부 재벌이 이 시점에서도 외국회사를 매입하고 공장을 세우고 기아자동차를 흡수하려고 하는데, 이는 모두 말도 안 된다고 혹독하게 비판하고 있다. 재경부라는 정부조직은 재벌들을 위해서는 무슨 일이라도 할 조직이라고 비판하고 있다. 정부의 퇴출기업 선정도 정작 포함되어야 할 부실 대기업들, 엄청난 돈을 빨아들이면서 그룹 전체를 위태롭게 하는 그런 재벌 계열사들은 빠졌다고 비판하고 있다. 한국정부는 이런 대기업들, 재벌 계열사들을 퇴출시키면 이들에게 막대한 자금을 대출해준 은행들이 망하기 때문에 퇴출시키지 못하고 있다는 것이다. 그리하여 그는 한국정부가 금융 시스템에 자금을 투입하고 그 다음 과감하게 부실기업들을 정리해야만 한다고 주장하고 있다.

김대중 정부의 구조조정정책에 대한 마빈의 비판을 소개하는 것은 그의 비판이 모두 옳아서가 아니라 이러한 논의를 한국의 여야 의원들이나 정치인들에게서는 찾아볼 수 없기 때문이다.

한국의 정치인들이 예나 지금이나 재벌들과 대기업들에 대해서는 침묵을 지키는 이유는 어디 있는가? 그것은 정치인들이 재정적으로 그들에게 의존하고 있기 때문이다. 한국의 정당들이 모두 보수 정당들이라고 말했는데 그 이유 중의 하나는 여당이나 야당이나 모두 재벌들과 기업가들의 헌금에 의존하고 있다는 데 있다.

한국 정치인들의 기업인들에 대한 이와 같은 재정적 의존을 없애지 않고서는 정경유착체계를 정경분립체계로 전환하기 어렵다. 정치인들은 기업인들의 헌금이 대가성이 없다고 말하는데, 대가성이 없는 헌금은 있을 수 없기 때문이다. 정치인들은 그들에게 헌금을 한 특정 재벌들이나 기업들의 특수이익이 아니라 국민 전체의 일반이익을 보호한다는 입장에 서야 할 것이다. 정경분립체계를 만들기 위해서는 선거비용의 국고부담, 돈 안드는 정치구조의 창안, 비밀헌금의 금지, 선거법과 정치자금법의 철저한 집행 등 여러 가지 방안을 생각해 볼 수 있을 것이다.

한국정치가 1987년에 절차적인 의미에서 민주정치를 회복했음에도 불구하고 구미의 선진국형 정치로 발전하지 못하는 이유는 사회경제적 요인, 역사문화적 요인, 국제정치적 요인, 정치적 리더십의 성격 등 여러 요인에서 찾을 수 있으나 여기서는 마지막으로 정치적 리더십의 성격에 관해서만 간단히 살펴보고자 한다. 정권이 군부에서 민주화 지도자들에게 넘어갔음에도 불구하고 군사독재시대의 일인지배체계, 지역정당체계, 정경유착체계가 지속되고 있는 것은 민주화 지도자들의 리더십에도 큰 책임이 있기 때문이다.

박정희 전 대통령을 비롯한 군사독재자들의 리더십은 그들의 권력에 대한 견제를 허용하지 않는 일인지배적인 리더십이고, 민주적 정통성이 없는 그들의 권력에 대한 지지기반을 지연, 학연, 혈연과 같은 일차적인 관계에서 찾는 지역주의적 리더십이고, 민주적 정통성이 없는 리더십을 유지하는데 드는 막대한 비용을 재벌들과 대기업가들에게 조달한 정경유착적 리더십이었다. 그렇다면, 군사독재가 쓰러지고 난 다음에 정권을 담당하게 된 민주화 지도자들의 리더십은 왜 비슷한 특성을 나타내고 있는가? 그것은 민주화 운동의 지도자들이 군사독재정권의 담당자들과 실로 오랫동안 투쟁하는 과정에서 군사독재자들의 리더십과 비슷한 성격을 갖게 되었기 때문이다.

민주화 지도자들은 1987년 민주헌법을 다시 쟁취하기 전에 15년간이나 생명의 위협을 받으면서 군사정권에 대한 투쟁을 이끌어 왔다. 항상 감시를 받고 있던 그들이 군사정권에 대항하기 위해서는 믿을 수 있는 사람들이 필요했고 이러한 사람들은 서로 간 대체로 지연, 학연, 혈연으로 관계가 있는 사람들이었다. 주지하다시피 그들은 그들의 지도자들을 중심으로 똘똘 뭉쳐서 민주화 투쟁을 아주 끈질기게 전개하였다. 그들 중 핵심이 소위 가신들이라는 사람들이고 이 가신집단의 성격은 폐쇄적이었다. 군사정권과 싸우기 위해서는 모든 투쟁계획을 비밀리에 수립해야 했고 이러한 필요성은 이 집단의 성격을 폐쇄적으로 만든 것이다.

민주화 운동의 지도자들은 그들의 반독재 투쟁에 대한 지지를 그들 각각의 출신 지역에서 보다 열렬하게 받을 수 있었다. 지연이라는 일차적인 정서가 소외 지역이라는 이해관계와 엇물려 상승작용을 했기 때문이다. 또한 군사정권의 담당세력은 민주화 운동 지도자들과는 다른 지역의 출신들이었기 때문에 지역적인 대항의식도 민주지도자들이 자기 지역으로부터 절대적인 지지를 받는 데 한몫을 하였다. 지역주의는 군사정권과 민주화 세력의 투쟁과정에서 강화되었다.

민주화 지도자들은 오랫동안 정책에 대해서는 관심을 기울일 필요가 없었다. 군사정권의 공작에 말려들지 않고 변함없이 선명하게 반독재 투쟁을 하는 것이 그들에게는 가장 중요한 덕목이었기 때문이다. 주지하다시피 관계는 물론 법조계, 언론계, 학계의 대부분의 지도층 인사들은, 능력 있고 양심적인 인사라고 평가를 받는 인사들도 대부분 과거 군사정권에 참여하였다. 이러한 상황에서 군사정권에 대한 투쟁에 일관되게 참여한 인사들은 용기 있는 인물들이 아닐 수 없다. 그러나 이 용기 있는 인사들이 정권을 담당한 다음에는 그간 기를 수 없었던 정책적 능력의 결여가 문제가 되는 것이다. 김영삼 정권에서나 김대중 정권에서나 국정의 요직에 등용되는 인사들 중 적지 않은 수가 과거 군사정권시대에 요직에 앉아 있던 인사들인 것은 이 때문이다.

민주화 운동의 지도자들도 군사정권의 담당자들과 같이 천문학적인 액수의 자금은 아니지만 그들의 생활과 운동에 필요한 최소한의 자금을 재벌들이나 기업가들로부터 비밀리에 받았다. 이 자금은 민주지도자들의 입장에서 보면 민주화 투쟁자금으로 고마운 것이나 재벌들이나 기업가들의 입장에서 보면 민주지도자들이 정권을 담당할 경우를 대비한 보험금이었다. 그리고 민주지도자들은 정권을 담당한 다음에는 이러한 재벌들이나 기업들에게 특혜를 주게 되는 것이다.

요약건대, 민주화 운동 지도자들의 리더십도 군사독재정권과의 투쟁과정에서 일인지배적이고 지역주의적이고 정경유착적으로 되어 군사독재자들의 리더십과 비슷해진 것이다. 독재자들의 목표는 독재의 유지이고 민주화 지도자들의 목표는 독재를 무너뜨리고 민주화를 이룩하는 것이었지만 그들의 리더십의 성격은 비슷해진 것이다. 이러한 면에서는 독재자들과 민주화 지도자들은 서로 상반된 목표를 가지고 투쟁했지만 군사독재시대의 쌍생아라고 볼 수도 있는 것이다.

1997년 대통령선거전에 일부 정치학자들과 언론인들은 3김시대의 청산을 요구하였었다. 필자는 이러한 요구가 당시 김대중 후보에게는 불공평한 요구라고 생각했지만 그들이 이러한 요구를 하게 된 배경에는 민주화 지도자들의 앞에 말한 바와 같은 리더십과 관계가 있는 것이다.

앞으로 21세기 한국이 필요로 하는 리더십이 어떠한 리더십이어야 할 것인가는 이제 명약관화해졌다. 그것은 일인지배적이 아닌 민주적인 리더십이어야 한다. 혼자 권력을 독점하기보다는 다른 사람들과 함께 권력을 공유하는 민주적 리더십이어야 한다. 또한 지역주의에 기반한 리더십이 아니라 정책과 비전에 기반한 리더십이어야 한다. 지연, 학연, 혈연과 같은 일차적인 관계는 우리들의 생활에 매우 소중한 관계이나 이러한 관계를 정치적인 관계로 확대하는 리더십은 21세기 한국을 경영할 자격을 잃어야만 할 것이다. 정책과 비전을 제시하고 이에 대한 지지를 지연, 학연, 혈연과는 관계없이 호소하는 리더십이 21세기 한국에 적합한 리더십이다. 셋째로 21세기 한국의 리더십은 재벌들과 대기업가들에게 의존하지 않는 독립적이고 청렴한 도덕적 리더십이어야 한다.

오랫동안 한국정치는 인물과 지역 중심의 정치였다. 인물이 지역의 지지를 기반으로 제도를 자기의 목적에 따라 조령모개(朝令暮改)하였다. 앞으로의 정치는 제도를 존중하고 정책을 기반으로 지지를 호소하는 제도와 정책 중심의 정치로 바뀌어야 할 것이다. 인물 중심의 정치는 제도 중심의 정치와는 서로 모순된다. 제도를 무시하고 자신의 절대적 권위만을 세우려는 리더십보다는 제도를 존중하는 리더십이 21세기 한국에 필요한 리더십이다.

제26장

한국 민주주의의 회고와 과제

세계사적으로 볼 때 민주주의의 정착은, 혹은 공고화는 결코 쉬운 일이 아니다. 한국은 1987년에 민주화에 성공했지만 한국 민주주의의 장래가 밝은 것만은 아니다. 이 글은 노무현 정권 출범 이후, 특히 17대 총선 이후 한국 민주주의가 사회경제적 기반, 정치과정, 제도의 세 차원에서 다음과 같은 문제점이 있다는 것을 지적하였다.

첫째로 노 정권을 포함한 민주화 이후의 정권들은 민주주의의 사회경제적 조건을 향상시키는 업적이 그 이전의 군부독재정권에 비해 떨어지고 있다. 둘째로 민주화 시대의, 특히 노 정권 출범 이후의 정치과정은 과거 이승만 대통령 시대의 하향식 정치과정이나 군사독재시대와도 어느 면에서는 유사하다. 셋째로 한국의 정치제도와 조직은 지난 반세기 동안과 마찬가지로 여전히 안정되지 못하고 유동적인 상태에 있다.

한국 민주주의의 과제는 그 사회경제적 기반을 공고히하고, 아직도 남아 있는 이승만 시대와 군부독재시대의 정치적 유산을 청산하고, 불안정하고 유동적인 정치제도와 조직을 안정화시키는 일이다.

I. 서언

올해(2006년)는 한국이 1987년에 민주정치제도를 재수립한 이래 19년이 되는 해이고 민주적 선거로 선출된 노무현 정권이 출범한 지 4년이 되는 해이다. 이 19년은 민주정치제도를 버리고 군부독재정치를 펴던 1972년부터 1987년까지의 15년의 기간보다 긴 기간이고, 그간에 민주적 선거에 따른 평화적 정권 교체도 네 번이나 일어난 만큼, 민주주의 공고화론자들은 이제 한국 민주주의는 구미의 민주주의와 마찬가지로 퇴보하기 어려운 정착단계에 들어갔다고 보고 있는지도 모르겠다.[1)]

그러나 민주주의의 역사를 조금만 되돌아본다면 우리는 민주주의의 정착이 그렇게 쉬운 일이 아니라는 것을 알 수 있다. 제2차 세계대전 이후 민주정치제도를 도입한 후진국들은 모두 이 제도를 방기하고 상당 기간 동안 독재체제를 수립하였었고, 라틴 아메리카의 중진국들도 이 점에서 다르지 않았다. 제2차 세계대전 이전 1930년대에는 독일, 이탈리아, 일본과 같은 선진국들도 민주정치제도를 버리고 파시즘체제를 수립, 유지하였다. 1980년대부터 민주화의 제3의 물결과 공산주의의 실패로 민주주의는 현재 보편적인 정치제도로 대부분의 국가들이 채택하고 있으나 그 중 많은 나라들이 정치적 혼란과 경제적 무능에 직면해 있다. 중장기적으로 전망할 때 1980년대에 민주화된 나라들 중 앞으로 몇 나라나 구미와 같은 안정된 민주주의 국가로 발전할지 우리는 의심할 수밖에 없다.

우리들은 얼마 전까지만 해도 한국이 구미와 같이 발전할 수 있는 몇 나라 안 되는 나라들 중 하나라고 보는 낙관적 견해를 가지고 있었다. 이러한 견해는 지난 반세기 동안에 이룩한 한국의 정치적 발전과 사회경제적 발전을 고려한다면 결코 무리한 전망이 아니다. 한국은 반세기라는 짧은 기간에 민주화와 산업화의 두 가지 역사적 과제를 성공적으로 달성한 극소수의 나라들 중 하나이기 때문이다.

그러나 노 정권의 출범과 17대 총선 이후 한국 민주주의의 장래에 대한 낙관적 견해는 흔들리고 있다. 한국 민주주의는 현재 그 사회경제적 기반, 정치과정상의 특성, 제도

1) 구미에서 민주주의 공고화를 연구하는 학자들은 민주적 선거에 따른 정권 교체가 몇 번 일어났고 이러한 민주주의가 몇년간 지속되었는가를 민주주의 공고화의 지표로 삼고 있는데, 한국은 현재 이러한 기준을 초과 달성하고 있는 나라이다.

적 특성에 있어 어떠한 문제점을 나타내고 있는지 살펴볼 필요가 있다.

Ⅱ. 한국의 사회경제적 조건과 민주주의

구미의 민주주의는 산업화와 시장경제의 발달에 상응해서 나타난 새로운 사회세력인 부르주아지의 주도로 200여 년에 걸쳐 형성된 정치제도이다. 구미의 민주주의는 소수의 자본가 계층인 부르주아지의 주도로 출범을 했지만 이제는 소위 쁘띠 부르주아지와 다수의 노동자들도 지지하는 정치체제로 정착하였다. 노동자들이 마르크스의 주장과는 달리 이 체제를 지지하게 된 것은 이 체제가 그들의 물질생활과 정신생활의 기본적 필요를 만족시켜 주고, 다시 말해 그들을 중산층으로 만들고, 공산국가 내에서의 노동자들의 물질적, 정신적 생활수준이 그들보다 훨씬 뒤떨어진다는 역사적 현실을 목격하였기 때문이다. 구미의 민주주의는 그 배경으로 높은 사회경제적 발전수준,[2] 다이어몬드형의 중산층 사회를 골간으로 하는 사회통합,[3] 그리고 200여 년의 기간에 걸친 점진적 정치발전을 가지고 있다. 민주정치가 지속되기 위해서 이와 같은 조건이 필요하다는 것은 오래 전부터 많은 정치이론가들이 누누이 강조하였다.

한국은 자유주의 시각에서 보든, 마르크시즘의 시각에서 보든 이러한 사회경제적, 역사적 배경이 없는 상황에서 해방 직후 미국의 후원을 받아 구미식 민주주의 제도를 일거에 도입하였다. 도입기의 한국 민주주의는 사회경제적, 역사적 조건의 결여라는 문제뿐만 아니라 이 제도의 파괴 기회를 기다리는 친공, 친소 세력의 위협에 직면하고 있었고 이러한 세력에 대한 제재를 필요로 했다. 이승만 대통령은 이러한 제재작업을 성공적으로 수행하여 한국의 공산화를 막고 오늘의 한국을 건설하는 기반조성을 했다고 평가할 수 있다. 미 점령당국과 이승만 정권의 친공, 친소 세력의 불법화와 소탕작업은 불가피한 일이었다.

---

2) Seymour Martin Lipset, *Political Man*(New York: Doubleday & Company, Inc., 1960)와 DanielLerner, *The Passing of Traditional Society*(Glencoe: The Free Press, 1958) 참조.

3) Aristotle, Earnest Barker, ed. & trans., *The Politics of Aristotle*(Oxford: Oxford University Press, 1958), pp.179-186 & C.W. Cassinelli, *The Politics of Freedom*(Seattle: University of Washington Press, 1961), pp.114-133.

그러나 이승만 정권의 이와 같은 국가수립과정에는 오늘날에도 문제가 되고 있는 문제가 뒤따랐다. 첫째는 이 대통령이 북한의 김일성 정권과는 달리 친일세력을 수용했다는 점이다. 친일세력의 적절한 정의와 규명은 앞으로도 오랜 기간 계속될 복잡한 문제이지만 하여튼 친일세력 중에 철저한 반공주의자와 학식과 능력을 겸비한 전문가들이 많았다. 일제와 투쟁하는 데 일생을 보낸 이 대통령이 친일세력을 좋아할 리 없었으나 그는 국가건설과 권력 유지를 위해 이들을 필요로 하였다. 친공세력을 잡아내기 위해 일제시대의 헌병과 형사 출신들을 이용하였고 북한 공산군과 싸우기 위해 일본 육사와 만주군관학교 출신들을 군 요직에 앉혔고 정부의 원활한 운영을 위해 일제시대의 고시 출신들과 한국인 관료들을 중용하였다. 이 대통령은 이와 같은 친일세력의 수용을 새로운 국가건설에 모든 국민이 뭉쳐야만 된다는 논리로 합리화하였지만 그가 독립투사들을 검거하는 데 앞장섰던 악질적 친일 인사들까지 포용한 것은 잘못된 정책이었다. 반이승만, 반독재 투쟁을 이끈 한민당-민국당-민주당으로 이어지는 제1공화국시대의 야당은 그 지도자들이 친일 혐의를 받았고 친일세력의 수용이라는 점에서는 이승만 대통령과 같았다. 신생 대한민국에서도 친일세력의 집안은 계속 번창하고 독립투사의 집안은 후손들의 교육을 제대로 시킬 수 없을 정도로 어려웠다는 노무현 대통령의 지적은 대체로 맞는 말이다. 그러나 이승만 대통령의 대일정책은 항상 한일합방이 사실적으로나 법적으로나 잘 못되었다는 원칙에 근거한 것이었고 일본 국민들은 아직까지도 그를 역대 한국 대통령들 중 가장 반일적인 대통령으로 혐오하고 있다.

둘째는 이 대통령의 반공정책의 수행과정에서 이 정책이 도를 지나치거나 왜곡되는 경우가 많았다는 점이다. 진보적인 성향이 약간만 있어도 공산주의자라고 매도하는 매카시즘이 횡행하였고 무고한 양민들이 친공주의자로 몰려 탄압을 받았다. 이 대통령의 반공정책은 남침 이후에는 국민 대다수가 공감하는 정책이었다. 북한의 남침으로 한국 국민들은 생명과 재산의 엄청난 피해를 받았고 이 때문에 남침을 강행한 김일성 공산정권에 대해서는 강한 분노감과 증오심을 가지고 있었다. 문제는 제1공화국시대 한국 국민들의 이러한 반공정서를 이 대통령이 그의 정적들을 탄압하는 수단으로 이용하였고 이 과정에서 반공을 팔아서 자신의 영달을 꾀하는 반공 브로커들이 판을 쳤다는 데 있다. 한국의 정치인들과 지식인들 중에는 이 대통령이 범한 이와 같은 두 가지 오류 때문에 그의 정통성에 의문을 제기하고, 나아가서는 대한민국의 정통성도 부인하는 사람들까지 있다.[4)]

그러나 이는 너무 극단적인 견해일 뿐만 아니라 잘못된 견해이다. 자유민주주의와 시장경제를 지향하는 국가를 건설하기 위해 노력한 정치세력은 정통성이 있는 정치세력이고, 이를 파괴하려던 세력은 정통성이 없는 세력이라고 보는 것이 보다 공평한 태도일 것이다.[5]

요약건대, 한국은 친일세력의 수용과 반공주의의 왜곡이라는 대가를 지불하고 구미식 민주주의를 수립하였다. 그리고 도입기의 한국 민주주의는 구미의 사회경제적, 역사적 조건이 없는 상황에서 구미와 같이 운영될 수 없었다. 이 대통령은 서구 민주주의의 이념과 원칙을 교육기관과 선전기관을 통해 항상 강조하였지만 권력의 수립절차인 선거는 관권과 금권이 개입하고 흑색선전이 난무하는 선거였고 삼권분립의 통치구조는 형식만 있고 실제로는 대통령 중심의 일인지배체제였다. 그러나 이 대통령 시대의 이와 같은 문제점에 집착하여 이 시대를 독재정치시대로만 보는 것은 잘못이다.[6] 여야 간의 정치적 대결은 치열하였고 지식인, 언론인, 청년학생들의 이 정권 비판도 활발하였다. 제3공화국의 박정희 정권 때에도 상황은 비슷하였다. 이 시대의 신문을 보면 그 정치적 성격을 보다 생생하게 느낄 수 있을 것이다. 제1공화국과 제3공화국시대는 실내용이 부실한 민주주의 시대였지만 철저한 독재시대는 아니었다. 대만과 같은 나라는 아예 선거가 없었고 장개석 총통이 전권을 장악하고 있었다. 북한의 경우에는 우리가 생각하는 선거는 물론 없었고 김일성을 조금이라도 비판하는 사람들은 공산주의자라도 가차 없이 살해당하는 전체주의적 독재체제, 혹은 스탈린 체제를 가지고 있었다. 한국 민주주의는 절대적인 기준에서는 매우 불만족스러운 것이었지만 이러한 나라들과 비교하여 평가하는 상대적인 기준에서는 아주 다른 평가가 나오는 민주주의였다.

사회경제적 조건의 결여로 부실하던 민주주의체제는 1972년부터 1987년까지의 15년

---

4) 한국의 정치학자들 중에도 대한민국의 정통성에 의문을 제기하거나 부인하는 학자들이 있다. 우리는 이러한 학자들의 주장이 정치적 비판인지, 그렇지 않으면 정치적 선택인지를 따져볼 필요가 있다. 1998년 말 『조선일보』의 최장집 교수 비난은 그의 입장을 정치적 선택으로 오해한 데서 나온 것이라고 볼 수 있다. 대한민국의 정통성에 의문을 제기하는 데는 미국의 한국정치 연구가인 Bruce Cumings가 역할을 하였고 한국의 일부 학자들과 청년학생들이 그를 뒤따랐다고 볼 수 있다.

5) 자유민주주의와 시장경제를 지향하는 국가란 경제는 시장경제에 기초하지만 이것이 초래하는 경향이 있는 경제적 불평등은 정치적인 자유민주주의로 항상 개선해 가는 국가를 의미한다.

6) 상당수의 한국 정치학자들이 제1공화국시대를 이승만 독재시대로 단순화시켜 보는 오류를 범하고 있다. 이승만 시대는 독재정치의 길을 연 시대일 뿐만 아니라 민주정치의 기초도 놓은 시대이다.

동안 독재정치체제로 대치되었다. 이 기간은 한국 민주주의의 암흑기임에 틀림없다. 그러나 이 기간에도 청년학생, 야당 정치인, 종교인, 지식인들의 민주화 운동은 줄기차게 계속되었다. 청년학생들이 교정과 거리에서 독재정권과 전투를 벌이는 정치행위가 거의 매일 일어났다. 한국이 스탈린이나 김일성의 전체주의적 독재체제를 가졌었더라면 이러한 민주화 운동은 지속되기 어려웠을 것이다. 그리고 다행스러운 것은 독재정권이 한국을 산업화하는 데 성공하여 민주주의의 사회경제적 기반을 창출해 내었다는 점이다. 라틴 아메리카 제국의 군부독재정권과 공산독재정권의 운명에서 볼 수 있는 바와 같이 거의 모든 독재정권은 이 점에서 실패하고 붕괴하였다. 한국의 민주화는 라틴 아메리카 제국이나 공산제국의 민주화와 비교할 때 유리한 사회경제적 조건을 그 배경에 가지고 있었다.

제1공화국부터 제5공화국까지의 집권자들이 도덕적으로 비난을 받고 있고 이는 당연한 일이다. 그러나 그들은 이 시기의 사회경제적 조건이라는 구조(structure)의 대리인(agent)이었다는 점에도 우리들은, 특히 정치학도들은 유의해야 한다. 이승만과 박정희가 없었더라면 친일세력의 수용도 없고 반공주의의 왜곡도 없고 독재도 없었을 것인가? 그들이 없었더라도 제2의 이승만과 제2의 박정희가 나와 정도의 차이는 있지만 기본적으로는 비슷한 정치를 했을 것인가? 도덕의 관점에서는 전자의 판단이 가능하나 정치학의 입장에서는 후자의 판단이 가능하다. 후자의 시각에서 볼 때 부실한 민주정치나 독재정치는 후진적 사회경제적 조건의 산물인 것이다.

우리들이 불행한 과거를 청산하고 역사를 바로 세우는 작업을 하는 목적은 이러한 역사가 되풀이되는 것을 막기 위해서이다. 이러한 작업은 수년간의 작업으로 끝날 일이 아니고 한국 역사가 지속되는 한 계속될 것이다. 그러나 불행한 역사의 반복을 막기 위해서는 친일세력이나 독재자들을 비판하는 작업에 그쳐서는 안 될 것이다. 우리들이 친일세력이나 독재자를 생성시킨 구조적 조건을 극복하는 과제를 완수하지 못하면 제2의 친일세력과 독재세력이 나올 것이고 불행한 역사는 반복될 것이다. 그리고 이러한 조건을 만드는 일은 과거에 대한 비판작업보다 훨씬 더 어려운 작업이다.

현재 한국은 다행히도 제2의 친일세력이나 제2의 독재세력이 나올 수 있는 과거의 구조적 조건을 극복하고 보다 충실한 민주주의를 할 수 있는 사회경제적 조건을 어느 정도 가지고 있다. 민주주의의 도입시기였던 제1공화국부터 제3공화국까지 한국의 사회경제적 조건은 세계 최빈국의 조건이었으나 이제는 중진국, 혹은 OECD 가맹국의 조건으로 비약적인 발전을 하였다.

그러나 문제는 민주화 이후 이와 같은 사회경제적 조건이 보다 높은 수준으로 개선되지 못하고 정체되거나 악화되는 경향을 나타내고 있다는 점이다. 한국은 1995년에 일인당 국민소득 1만 달러를 조금 넘는 수준을 달성한 이후 IMF 사태 때문에 일인당 국민소득이 1만 달러 이하로 떨어졌다가 2002년에 1995년 수준을 회복하였고 2005년에 일인당 국민소득 1만 6,500달러를 달성하였다. 일본의 경우 과거 일인당 국민소득이 1만 달러에서 2만 달러로 증가하는 데 6년이 걸렸다. 한국은 일인당 국민소득 1만 달러에 다다른 지가 10년이 지났지만 아직 2만 달러의 고지를 오르지 못하고 있다. 민주화 운동의 지도자들이 집권한 이래 한국경제의 업적은 군부 독재자들의 업적보다 떨어지고 있다. 단순화시켜 말한다면, 역설적으로 들리겠지만 군부 독재자들이 민주주의의 사회경제적 기반을 조성하는 데 공헌했다면 민주화 운동의 지도자들은 집권 이후 오히려 민주주의의 사회경제적 기반을 침식하고 있다. IMF 사태를 야기시킨 김영삼 대통령은 이 면에 있어 책임이 가장 크고 김대중 대통령은 이를 수습하는 데 성공했으나 대북 화해정책에 대한 애착심 때문에 더 이상의 경제적 업적은 내지 못했고 노무현 대통령은 아직 임기가 남아 있으나 대부분의 경제학자들이 경제가 잘 되고 있다는 노 대통령의 평가와는 달리 한국경제가 현재 어렵다고 걱정하고 있다.

민주화 이후, 보다 정확하게 말한다면, 김영삼 정권 출범 이후 한국경제가 정체하고 있는 이유는 대통령의 능력과 국제환경 등 여러 가지 요인들이 있지만 한국정치의 변화, 즉 민주화와도 상당한 관계가 있다. 민주화 정권은 사회의 각계 각층으로부터 나오고 있는 분배요구를 고려해야만 하고 군부독재정권과 같이 성장위주 경제정책을 일방적으로 추진할 수 없는 정치구도 속에 있기 때문이다. 성장과 분배는 그 어느 한쪽으로 극단적으로 치우치는 경우에는, 즉 분배요구를 억압하고 성장만 일방적으로 추진하면 분배요구 세력의 반란으로 성장 자체가 위협을 받고 분배만 일방적으로 추진하면 성장이 되지 않아 분배 자체가 다시 위협을 받는 관계에 있다. 민주화 정권은 성장과 분배가 최적상태가 되는 정책을 수립, 집행해야 하는데 이에 어려움을 겪고 있는 것이다.

성장과 분배의 최적정책은 경제학자나 관료가 아니라 대통령이 창조하는 예술(art)이다. 경제전문가들은 어떠한 정책이 이러한 정책인가에 대해 서로 다른 견해를 가지고 있기 때문에 우선 대통령은 이 중에서 정책을 선택해야 하고 그 다음 이 정책을 성공적으로 집행해야 한다. 정책의 선택과 집행은 과학보다는 예술과 비슷한 것이다. 한국의 대통령뿐만 아니라 구미의 대통령이나 수상들도 이와 같은 선택과 집행능력에 서로 간 차이가 나고 있다. 이러한 통치자의 능력의 차이에서 나타날 수 있는 문제점을 구미 제국의 경우에는 성장위주 정당과 분배위주 정당이 정권을 번갈아 맡고 장기적으로는 성장과 분배의 균형을 이룩함으로써 극복하고 있다.

현재 한국은 성장과 분배의 최적 정책을 수립, 집행하고 있지도 못하고 구미와 같은 보수-진보 정당의 정권교체 전통도 수립하지 못하고 있기 때문에 한국 민주주의의 사회경제적 조건은 향상되고 있지 못하다. 현 정권은 우리의 사회경제적 조건을 향상시키기 위한 뚜렷한 경제적 비전을, 다시 말해, 김영삼 대통령의 신경제정책 — 이 정책은 실패로 끝났지만 — 이나 김대중 대통령의 공공부문개혁, 재벌개혁, 금융개혁, 노동개혁 같은 개혁의 블루 프린트 같은 것을 가지고 있지 못하다. 동북아 중심시대를 연다든가 균형발전을 추진한다는 정책을 가지고 있으나 이 정책도 실내용이 부실하고 구호에 그치는 경향을 나타내고 있다. 또한 한국의 계급구조는 구중간계급, 신중간계급, 노동자, 독립자영농들이 중산층화한 다이아몬드형 계급구조로 발전하고 있지 못하다. 이러한 계급구조를 이미 가지고 있는 구미 제국도 정보화 사회의 도래로 중산층이 점차 몰락하고 빈부의 격차가 심해져 장고형 사회로 바뀔 위험성을 가지고 있다고 경고하는 사람들이 있다.[7] 한국은 이러한 계급구조를 가지기 전에 정보화 사회의 단계로 진입하였고 이로 인한 악영향을 받고 있다. IMF 이후 한국에는 50대의 실업자들이 양산되었고 또 청년 실업자들도 증가하였다. 재산세 인상과 서민생계 보호정책에서 나타나고 있는 바와 같이 정부는 중산층을 육성하는 정책보다는 서민들의 생활을 보호하는 정책을 펴고 있으나 실제로는 중산층도 피해를 보고 있고 서민들의 생계도 높은 실업률 때문에 악화되고 있다. 장기적으로 보아 구중간계급, 신중간계급, 독립자영농 중 점점 많은 사람들이 중산층의 생활을 유지하지 못하고 대다수 노동자들이 중산층화되지 못한다면 그것은 구미식 다원 민주주의의 유지에는 적신호가 될 것이다.

국민경제자문회의가 펴낸 보고서에 따르면 <그림 5-1>과 같이 노무현 정권시대에

---

7) Everett M. Rogers & Judith K. Larson, *Silicon Valley Fever Growth of High-Technology Culture*(New York: Basic Books, 1984) 참조.

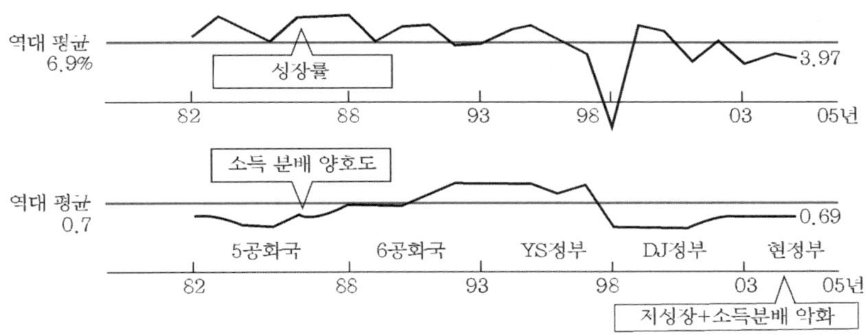

〈그림 5-1〉 역대 정권의 성장 · 분배 지표

출처: 국민경제자문회의, 「동반성장을 위한 새로운 비전과 전략」 보고서.

들어와 3년 연속 성장과 분배지표가 1980년 이후의 평균치를 밑돌고 있다. 지난 1982년 이후 2005년까지 한국경제는 연평균 6.9%의 성장률을 보였으나 노 정권 3년간에는 연평균 3.9%의 성장률을 이룩하고 있다. 소득분배 양호지수(1-지니계수)는 연평균 0.7이었으나 노 정권 시대에는 연평균 0.69를 나타내고 있다. 이와 같이 성장과 분배가 동시에 악화되고 있는 것은 역대 정권 중 노무현 정권이 처음이다.[8)]

현재 한국 민주주의의 사회경제적 조건이 향상되고 있지 못하다고 하더라도 그 조건의 질은 이미 지적한 바와 같이 제1, 2, 3공화국시대와는 비교가 안 될 정도로 높기 때문에 이것이 당장 민주주의 발전에 장애요소가 되는 것은 아니다. 그러나 2004년 4월의 17대 총선 이후 점점 깊어지고 있는 여야 간, 그리고 사회세력 간의 정치적 갈등을 보면 한국 민주주의의 사회경제적 기반이 얼마나 튼튼한가에 관심을 기울이지 않을 수 없다.

여야 간의 정치적 갈등과 권력투쟁이 아무리 심해도 구미에서 자유민주주의의 정치적 절차가 유지되는 이유는 사회경제적 조건에 있다. 구미 제국에서는 중산층이 국민들의 대다수를 구성하고 있고 그들은 이 절차의 유지에 가장 큰 이해관계를 가지고 있다. 그들이 이와 같은 이해관계를 가지는 것은 이 체제 속에서 기본적인 의식주 생활과 자녀교육

8) 『조선일보』, "현정부 성장 · 분배 동반 악화", 2006년 2월 15일, 제1면.

과 의료비 부담에 걱정이 없이 정신적 자유와 여가를 즐기면서 비교적 행복하게 살 수 있기 때문이다. 이러한 사회경제적 조건 속에서는 이 체제를 전복시키려는 정치세력은 살아남을 수 없고 그러한 세력이 정치적 생명력을 유지하기 위해서는 이 체제에 적응해야만 한다. 진정한 자유민주주의체제는 공산당도 허용하는 체제이어야 한다는 말은 맞다. 프랑스, 이탈리아 등 서구의 주요 국가들과 일본은 공산당을 허용하고 있다. 이곳의 공산당들은 프롤레타리아 혁명론을 버리고 자유민주주의 원칙을 수용하고 있다. 이들 제국은 공산당들이 자유민주주의원칙을 수용한다고 유권자들에게 약속하면서도 기회가 되면 이를 위반하고 프롤레타리아 독재체제를 수립하려는 전략을 가지고 있다 해도 이의 실현을 허용하지 않는 사회경제적 조건을 가지고 있는 것이다. 이들 제국은 이러한 사회경제적 조건 때문에 공산당도 허용하는 자유민주주의체제를 가지고 있다. 한국은 이러한 사회경제적 조건을 아직 가지고 있지 못하기 때문에 공산당도 허용하는 자유민주주의를 하기 어려운 것이다.

우리는 제1공화국부터 제3공화국까지의 22년간 열악한 사회경제적 조건에도 불구하고 민주주의 정치제도를 유지하였다. 이 기간 동안에는 여야 간에 정부 정체성에 관한 논란과 같은 근본적인 갈등이 없었다. 민주주의를 위협하는 공산주의는 불법화되어야 하고 이러한 이념에 동조하는 세력은 한국정치에 발을 붙일 수 없어야만 한다는 데에 여야 정치세력과 대부분의 국민들이 합의를 보고 있었다. 이러한 합의가 없었더라면 대한민국 정부 수립 이래 제3공화국까지의 부실한 민주주의도 그 유지가 불가능했을 것이다.

민주주의는 여야 간의 정치적 갈등이 심하면 심할수록 더욱 튼튼한 사회경제적 기반을 필요로 한다. 이 기반이 튼튼하지 못한 경우에는 이 기반을 튼튼하게 만드는 정책이 필요하다. 유럽 제국은 좌우 정치세력 간의 극심한 갈등으로 민주주의체제 자체가 위협을 받은 시기가 있었으나 이 시기를 복지국가정책으로 경제성장도 하고 노동자들도 대거 중산층화하는 데 성공하여 사회경제적 기반을 공고화하는 계기로 삼았다. 현재 유럽 제국은 좌우 정치세력 간의 정책적 차이도 많이 좁혀졌고 복지국가가 해체과정에 들어갔다 해도 이미 수립된 튼튼한 사회경제적 기반 때문에 안정된 민주주의를 가지고 있다.

우리의 경우에는 현재 민주주의의 사회경제적 조건이 구미보다 훨씬 약함에도 불구하고 여야 정치세력 간의 갈등은 민주화 이후 그 어느 때보다도 심각하다. 특히 17대 총선 이후 의문사 규명위원회의 구성과 활동, 북방한계선(NLL) 문제, 과거사 청산, 국가보안법

문제를 둘러싼 여야 정치세력 간의 갈등은 민주화 이후 어느 정권에서보다 극단적이다. 일반적으로 보수 우파단체로 알려져 있는 여러 단체들, 국회의장, 국무총리, 장관, 참모총장 등 정부의 요직을 역임한 원로들, 제1야당의 대표, 중견 언론인들은 노 정권의 정체성에 의문을 제기하고 비판을 가하였다. 다른 한편, 노 대통령은 이에 조금도 물러서지 않고 의문사 위원회를 격려하고 NLL 문제와 관련해 군을 질책하고 과거사 청산과 국가보안법 폐지를 강력하게 추진하였다. 진보성향의 여러 단체들과 일부 사회세력은 이와 같은 노 대통령의 행보를 지지하였다. 그후 2005년 10월의 강정구-천정배 사태는 노 정권의 정체성에 대한 여야 간의 논란을 더욱 확산시키고 있다. 지식인들 중에는 한국의 좌경화를 걱정하는 사람들이 있고 진보성향의 지식인들 중에는 이에 대한 반동을 우려하고 있는 사람들도 있다.

노 대통령은 경제적으로는 사회정의를 중시하는 노선과 시장경제원칙을 강조하는 노선 사이를 왔다 갔다 하는 성향을 보이고 있다.

한국 자본주의는 구미의 자본주의와 비교한다면 비정상적인 자본주의이다. 몇 개의 재벌 가족이 한국경제를 지배하고 있고 한 재벌은 첨단산업, 일반제조업, 건설업, 유통산업, 언론사업, 기타 서비스업 등 모든 업종을 거느리고 있다. 미국과 유럽 제국에는 한국보다 훨씬 많은 대기업들이 치열한 경쟁을 벌이고 있고 대만도 수없이 많은 중소기업들이 경제의 중추를 이루고 있다. 이들 제국과 달리 한국경제가 몇 가족들에게 집중된 것은 군부독재시대의 정경유착 때문에 가능한 것이었다. 이러한 구조는 경제적 불평등을 심화시킬 뿐만 아니라 자본주의의 발전에도 악영향을 미치고 있다. 노태우 정권 시기에 재벌은 중점기업을 중심으로 발전해야 한다는 정책을 세웠으나 이 정책은 공염불이 되었고 김대중 정권 때에는 IMF 사태를 수습하는 차원에서 재벌개혁정책을 추진했으나 아직도 이러한 경제구조에는 아무 변화가 없다. 경제구조를 개혁하는 일은 지난한 일이다. 자본가들은 대통령의 이와 같은 개혁에 여러 가지 노련한 방법으로 대항할 수 있고 이러한 개혁은 잘못되면 경기를 오히려 악화시킬 수도 있기 때문이다. 그러나 이와 같은 경제개혁 목표는 자본주의를 파괴하는 것이 아니라 오히려 현재의 비정상적 한국 자본주의를 정상적 자본주의로 발전시키는 일이다.

이러한 개혁을 위해서는 재벌기업들의 상호출자와 피라미드형 주식 소유로 특징지어지는 기업지배구조가 개혁되어야 한다. 현재 재벌총수는 대체로 각 계열사에 평균 5%

정도를 출자하고서 40%의 의결권을 확보하여 계열사 모두의 경영권을 장악하고 있다. 재벌총수가 가지고 있는 주식 점유율, 즉 배당권과 그의 의결권 사이에는 커다란 괴리가 있는 것이다. 이러한 괴리는 기업이익과 재벌총수의 사적 이익의 괴리를 초래하고 최악의 경우에는 재벌총수가 그의 사적이익을 위해 기업을 망치게 할 수도 있는 것이다.

경제를 활성화하면서 구조개혁을 수행하는 일은 아주 어려운 일이나 이러한 일에 착수할 수 있는 정치세력은 현재의 정치구도에서 보면 노 정권이 할 수 있는 일이다. 노 정권이 경제구조의 개혁 작업에 착수하면서 노동운동과 노조의 파업에는 제동을 거는 정책을 채택하는 방식으로 정권의 진보성을 나타낸다면 중산층으로부터도 보다 넓은 지지를 받을 것이다. 노 정권은 아직까지는 유별나게 반재벌정책을 가지고 있는 것도 아닌데 노동운동을 거의 방임하고 있기 때문에 반기업 정권이라는 비판만 받고 있다.

한국 민주주의의 장래는 밝은가, 어두운가? 진보적인 어느 언론인의 우려와 같이 반동이 일어날 위험성은 없는가?[9] 자본가, 군부, 외세가 합세하여 민주주의를 파괴하고 관료적 권위주의 정권 비슷한 것을 세울 위험성은 없는가? 혹은 보수적 지식인들이 생각하는 바와 같이 어떠한 경로를 밟던 정권이 좌경화되는 데 그치지 않고 좌파 독재체제가 수립될 위험성은 없는가?[10] 한국정치에서는 어떠한 일도 일어날 수 있는 만큼 한국정치가 최악의 경우로 치닫는다면 이 두 가지의 상반된 위험 상황을 중장기적으로 배제할 수는 없다. 그러나 단기적으로 볼 때, 다시 말해, 노 대통령의 임기라는 틀 내에서 볼 때 이러한 불상사가 일어나기는 어렵다. 민주주의의 사회경제적 기반이 되는 중산층이 어느 정도 있어서가 아니다. 중산층은 그들의 생명과 재산이 위협을 받는다면 유럽의 나치즘의 등장과 라틴 아메리카 제국의 관료적 권위주의정권의 수립에서 볼 수 있는 바와 같이 우파 독재정권을 지지할 수도 있고 쿠바의 카스트로 정권 수립기에서와 같이 좌파 독재정권을 지지할 수도 있다. 그러나 한국정치에서는 양자 중 어느 방향으로의 진입도 억제하는 국내외의 요인들이 여러 가지가 있고 현재 괴력을 발휘하고 있는 지역주의도 그 중 하나이다. 어느 한 지역 주민들에 기반한 독재는 그 반대지역 주민들의 결사항쟁에 직면할 것이다.

한국정치는 민주주의의 사회경제적 기반을 공고화하는 작업에 힘을 집중시켜야 되는

9) 정운영, "반동의 반동은 반동을 부른다", 『중앙일보』 2004년 7월 28일, 제27면.
10) 문창극, "아! 불쌍한 우리 해군", 『중앙일보』 2004년 7월 27일, 제31면.

데 현재 그렇지 못하다. 사회경제적 기반을 공고화하는 작업은 한국 국민의 1인당 GNP를 구미 수준으로 높이는 일과 자본주의경제의 구조를 구미와 같이 분산화시키는 일을 포함한다. 한국정치가 앞으로 중장기적으로도 국가보안법 폐지, 과거사 청산, 대북 지원 같은 일에 최우선 순위를 두고 민주주의의 사회경제적 기반을 공고화하는 데는 부차적인 순위밖에 부여하지 않는다면 그것은 궁극적으로는 민주주의의 기반을 침식하고 좌파 독재나 우파 독재의 정치가 대두하는 사회경제적 조건의 조성으로 연결될 것이다.

Ⅲ. 한국의 정치과정과 민주주의

서구의 경우 부르주아지들이 절대왕정을 무너뜨리고 참정권을 획득한 이래 쁘띠 부르주아지와 노동자들도 투쟁을 통해 점차적으로 참정권을 획득하고 정치에 참여하였다. 서구 제국의 부르주아지, 쁘띠 부르주아지, 노동자들은 그들이 원하는 바를 정부에 적극적으로 요구하고 정부는 이를 고려해서 정책을 수립하고 그들은 이 정책을 평가하여 정부를 지지하거나 혹은 정부에 다시 요구를 하는 대비드 이스턴(D. Easton)이 도식화한 투입-산출의 정치과정을 오랫동안 유지해 왔다. 밀즈(C. Mills)와 같은 파워 엘리트론자들이나 마르크시스트들은 구미의 정치과정을 이렇게 보는 것은 허구에 불과하다고 예리하게 비판한 적이 있으나 상대적인 의미에서 구미의 정치과정은 상향식의 투입-산출 위주의 과정으로 보아도 무방하다. 구미의 정치과정에도 정부가 투입에 일방적으로 의존하지 않고 독자적인 산출을 내놓거나 투입발생방식에 영향을 미치는 산출-투입의 하향식 과정도 많이 나타난다. 그러나 구미 제국은 투입-산출의 과정이 두드러지게 보다 많이 나타난다는 점에서 다른 나라들과 다르다.

이러한 정치과정에서 이익집단, 정당, 신문 방송은 아주 중요한 역할을 한다. 이익집단들은 집단 내의 토론과정을 통해 그들 각각의 이익을 표출한다. 어느 한 집단의 이익이 아니라 전체의 이익을 보호하는 공익단체들도 있으나 그들의 정치적 중요성은 우리의 경우와 비교한다면 아주 미약하다. 구미의 정치과정에서는 공익단체들보다는 이익집단들이 더욱 중요한 역할을 한다. 정당은 이렇게 표출된 요구사항을 집합해서 정강정책으로 내놓는다. 신문방송은 공평하게 보도하고 대체로 비판적인 감시자의 역할을 한다. 투입-산출의 정치과정에서 대통령이나 수상은 제한된 권력밖에 행사하지 못한다. 대통령이나 수상은 투입-산출의 정치과정뿐만 아니라 정부 내 정치과정의 제약도 받기 때문이다. 미국과 같은 대통령중심제에서 대통령은 입법부와 사법부를 지배할 수 없다. 대통령이 소속한 정당이 의회의 다수 의석을 차지해도 그 당의 의원들이 대통령과 의견을 달리하는 경우가 적지 않다. 미국 의회는 대통령의 정책을 수정하고 변형시키는 역할을 한다. 의원내각제의 의회는 정당 간의 정책 토론장이나 각 정당은 의회의 토론 전에 당 내에서 활발한 토론을 전개하며 실제로는 이 당내 토론이 정책결정에서 중요한 역할을 한다. 수상의 정책은 당내에서 수정되고 변형된다. 대통령이나 수상이 독단적으로 정책을 하향식으로 추진하기란 불가능하다.

이러한 정치과정에서는 대통령이나 수상이 바뀐다고 해서 정책이 급진적으로 바뀌기는 어렵고 점진적인 변화만이 가능하다. 이들 제국에서는 여야당 간에, 혹은 좌우 정당들 간의 정책적 차이가 점점 좁혀지고 합의의 기반이 넓어지고 있는데 이러한 현상은 바로 소개한 정치과정과도 밀접한 관련을 가지고 있다.

한국은 1948년에 민주정치제도를 도입했지만 이러한 정치과정을 가질 수 없었고 이는 자연스러운 현상이었다. 구미의 민주제도를 도입했다고 해서 하루 아침에 구미식 정치과정이 나타날 수는 없기 때문이다. 당시의 한국은 민주주의의 사회경제적 조건을 가지고 있지 못했을 뿐만 아니라 이에 필요한 정치적 하부구조(infra-structure)도 가지고 있지 못했다. 농민단체와 노동자단체를 비롯한 대부분의 이익집단들은 해방 후 좌우세력 간의 투쟁에서 공산주의를 지지하는 농민, 노동자 단체와 투쟁하기 위해 조직된 집단들이었다. 이 집단들은 제1공화국시대에는 그 구성원들의 이해관계를 대변하기보다는 이승만 정권을 지지하는 어용집단의 성격을 띠었다. 정당에 대해서는 이 대통령은 미국의 죠지 워싱턴(G. Washington) 대통령과 비슷한 견해를 가지고 있었다. 조선왕조는 당파싸움 때문에 망했고 이러한 경험에 비추어 볼 때 정당정치는 신생 대한민국에 시기상조이고 불필요하다는 것이었다. 그러나 그는 이와 같은 그의 생각을 곧 바꾸어야만 했다. 그가 정부를 운영하기 위해서는 의회의 지지가 필요했기 때문이다. 초대 의회는 그를 거의 만장일치로 대통령에 당선시켰지만 얼마 되지 않아 그의 독주를 비난하고 의원내각제 개헌안으로 그의 권력 유지를 위협했다. 그는 과반수 이상의 의원들이 참여하는 자유당을 창당하였고 그 이후 의회는 이 대통령의 시녀 역할을 하였다. 사법부는 정치에 관여를 거의 하지 않았지만 친정부의 자세를 항상 유지하였다.

그러나 대학교수와 언론인들을 포함한 지식인들만은 정치권력으로부터 독립적이었다. 그들은 신문지상과 잡지를 통해 이 정권을 신랄하게 비판하였다. 방송은 정부 소유였기 때문에 항상 친이승만 성향을 띠었으나 당시에는 그 정치적 영향력이 신문에 비해 훨씬 뒤떨어졌다. 이 대통령은 연예인들을 어용화시키는 정책은 가지고 있었으나 교수와 언론인들을 장관이나 국회의원으로 영입하는 정책은 채택하지 않았다. 그는 압도적인 지지로 대통령에 당선되었기 때문에 그 자신과 정권의 정통성을 합리화시켜 주는 역할을 하는 지식인이 필요하지 않았다. 그는 하버드와 프린스톤에서 공부한 한국의 정치학 박사 1호로서 이러한 역할이 필요한 경우에는 그 자신이 스스로 수행했다. 그는 그에게 항상 비판적이었던 『동아일보』와 같은 주요 신문이 기득권세력의 신문이라고 공격했다. 신생 대한민국은 민주주의의 하부구조를 거의 가지고 있지 못했지만 비판적인 언론이라는 하부구조만은 가지고 있었다고 볼 수 있다.

세계 최빈국의 사회경제적 조건과 이상 간단히 기술한 정치적 하부구조와 통치구조에서 나타난 것이 중간집단들의 매개 없이 그가 독주하는 하향식 산출-투입의 정치과정이었다. 그는 단정 노선, 북진통일, 독도를 포함하는 평화선 선언, 대통령직선제 개헌, 휴전반대 등을 내세우고 국민들에게 직접적으로 지지를 호소했다. 그는 미군 점령통치기에는 단정(單政)노선을 받아들이지 않고 신탁통치안의 실현을 추구하던 미국무성과 하지 장군의 정책에 반대하기 위해 도미하여 하지 장군이 공산주의자들을 도와주고 있다고 미국 국민들에게 직접 호소하였고, 정부 수립 후에는 미국의 반대에도 불구하고 일방적으로 평화선 선언을 하여 일본의 반감을 샀으나 한국 국민들의 절대적인 지지를 받았다. 그의 북진통일정책도 미국은 반대했으나 대다수 국민들의 지지를 받는 정책이었다. 1949년 6월의 미군 철수는 이 대통령이 일으킨 전쟁에 말려들어서는 안 된다는 미국의 계산이 깔린 것이나 결국은 북한이 남침하는 계기를 제공하여 미국은 처음부터 군대를 철수시키지 않고 주둔시키는 데 드는 비용보다 훨씬 많은 비용을 지불하면서 북한과 전쟁을 하고 오늘날까지 군대를 주둔시키고 있다. 그는 대통령을 국민들이 직접 선출해야 한다고 호소하였고 이에 반대하는 국회의원들은 국민들이 소환할 권리를 가지고 있다고 주장하였다. 그는 한 사람의 후보를 놓고 찬반 투표하는 북한의 선거는 선거가 아니라고 초등학교 교과서를 통해 가르치고 초등학교와 중고등학교의 반장, 학생회장 등을 복수의 후보가 출마하여 선거를 통해 당선되도록 하는 등 민주적인 정치사회화 교육 프로그램도 수립하였다. 한국전쟁 중에는 휴전을 반대하고 이를 관철하기 위한 수단으로 반공 포로를 일방적으로 석방하여 미국과 영국을 경악시켰으나 우리 국민들로부터는 압도적인 지지를 받았다. 대다수 국민들은 1950년대 중반까지의 이와 같은 이 대통령의 정치외교정책을 거의 열광적으로 지지하였다.

그는 막대한 금액의 미국원조 확보, 일본제조 소비재의 수입금지, 수입대체산업화의 시작 등 박정희 시대의 경제개발에 도움이 되었던 경제업적을 가지고 있으나 국민들의 빈곤문제를 해결할 수 있는 보다 적극적인 경제 프로그램을 세우지 못했다. 그 때문에 우리 국민들은 1950년대 중반부터는 그에 대해 실망하기 시작했다. 그렇다 해도 제1공화국 시대에 그에 도전할 만한 인물은 없었다. 1956년 민주당의 신익희 후보, 1960년 같은 당의 조병옥 후보가 선거 중에 사망하지 않았다 해도 이 대통령에게 이기기는 어려웠을 것이다. 그는 독재자라는 오명을 가지고 있지만 여태까지의 한국 대통령들 중 유일하게 전 국민적 카리스마를 가지고 있고 국민들의 지지가 가장 크고 가장 오래 지속된 대통령이었다.

이승만 대통령은 국민들에게 직접 호소해서 그들의 참여와 지지를 획득하는 데 성공한, 또 다른 시각에서는 국민여론을 조작하고 대중을 동원하는 정치적 능력이 뛰어난 대통령이었다. 그의 정치는 윌리암 콘하우저(W. Kornhauser)가 말하는 대중정치(mass politics)였고,[11] 에른스트 프렝켈(E. Fraenkel)이 지적한 인민주의적(plebiszitaere) 정치였고,[12] 최근 오도넬(G. O'Donnell)이 말하는 위임민주주의(delegative democracy) 정치였고,[13] 일부 지식인들이 김대중 대통령과 현 대통령의 정치 스타일로 비판하고 있는 populist 정치였다. 이와 같은 제1공화국시대의 정치과정을 윤천주 선생은 단극적 통치형이라고 했고[14] 그레고리 헨더슨(G. Henderson)은 모든 정치세력이 권력의 정점을 향해 빨려들어가는 "소용돌이 정치(politics of vortex)"라고 불렀다.[15] 이러한 정치는 선거와

---

11) William Kornhauser, *The Politics of Mass Society*(Glencoe: The Free Press, 1959).

12) Ernst Fraenkel, "Die repraesentative und die plebiszitaere Komponente im demokratischen Verfassungsstaat," *Deutschland Und Die Westlichen Demokratien*(Stuttgart: W. Kohlhammer Verlag, 1964).

13) Guillermo O'Donnell, "Delegative Democracy," *Journal of Democracy* 5:1, pp.55-69.

14) 윤천주, 『한국정치체계: 단극적 통치형』(서울: 일조각, 1991).

15) Gregory Henderson, *Korea: The Politics of the Vortex*(Cambridge: Harvard University Press, 1968).

같은 민주주의 절차를 지키면서 실제로는 독재정치를 하게 되거나, 혹은 최악의 경우에는 민주적 절차를 통한 독재정치제도의 수립을 가능하게 하는 위험성을 가지고 있다는 것이 이들 여러 학자들의 견해이다.

제3공화국 박정희 시대의 정치과정도 어용 이익단체들, 박 대통령의 권력에 기생해서 창당된 여당, 시녀화한 입법부, 친정부적인 사법부에 기반한 하향적인 산출-투입의 정치과정이었다. 박 대통령 때부터 일부 교수와 언론인 등 지식인들을 장관과 국회의원으로 영입하였으나 대부분의 지식인들은 여전히 신문과 잡지를 통해 그를 신랄하게 비판하였고 대학의 청년학생들이 이에 가세하였다. 청년학생들의 정치적 영향력은 이승만 정권을 무너뜨린 4・19를 계기로 급성장했는데 박 대통령의 전 집권기간을 통해 그를 견제하고 종국에는 그도 무너뜨리는 역할을 하였다. 그러나 박 대통령은 하향적인 정치과정을 보다 철저하게 통제하기 위해 중앙정보부를 신설하였고 각 군의 방첩부대를 국군 보안사령부로 통합하였고 청와대의 비서기구를 정부 내의 소정부와 같은 수준으로 확대, 강화하였다.

제3공화국 박 대통령 시대는 이 대통령 시대와 기본적으로는 비슷한 사회경제적 조건과 정치적 하부구조를 가지고 있었고 일인지배의 하향식 정치과정은 전 시대와 마찬가지로 이러한 조건과 구조에 상응하는 것이었다. 그러나 박 대통령은 이 대통령과 같이 미국 일류 대학의 박사라는 학력도, 일생을 독립운동에 바친 경력도, 냉전시대의 반공투사라는 경력도, 아버지나 할아버지와 같은 이미지도 가지고 있지 않았다. 그는 만주군관학교와 일본육사 출신으로 일본군 하급 장교로 근무했고, 한때는 한국군 내의 남로당 공작원이었고, 예리한 눈매의 군인 이미지를 가지고 있었다. 이 대통령은 타고난 연설가였으나 박 대통령은 대중연설가가 아니었다. 그는 유능한 정치가라기보다는 행정가였다. 이 대통령은 반공시대에 반공투사로서 그람시(A. Gramsci)가 말하는 이데올로기적 헤게모니를 장악하고 있었다. 박 대통령은 조국 근대화론으로 이데올로기적 헤게모니를 확립하려고 노력했으나 그의 재임기간 동안에는 이에 성공하지 못했다. 그가 쿠데타에 성공한 것은 경제적 빈곤의 퇴치를 위해서는 선의의 독재도 필요하다는 사회 일각의 여론을 배경으로 한 것이었지만 그는 국민들의 마음을 1950년대 전반부의 이 대통령과 같이 사로잡지 못했다. 그의 경제적 업적에 대한 평가가 최근 국민들 간에 높아지고 있으나 그는 생전에는 이와 같은 평가를 받지 못했다. 그는 대통령선거에 세 번 이겼으나 항상 어렵게 이겼고 그의 승리에는 조직과 자금이 큰 역할을 하였다. 그가 주도한 하향식 정치과정은, 혹은 단극적 통치과정은 이 대통령 시대의 포퓰리스트적인 요소를 결여하고 정보력, 강제력, 자금력이 중요한 역할을 한 하향식 정치과정이었다.

주지하다시피, 제4공화국 유신시대와 제5공화국 전두환 시대는 투입과정을 철저히 탄압하고 이를 위해 정부의 권력을 대통령 일인에게 그 이전 어느 시대보다도 훨씬 심하게 집중시킨 독재 정치과정을 가지고 있었다. 그러나 이 시대에는 독재 정치과정과 더불어 대통령의 정통성을 부정하고 독재의 철폐를 끈질기게 요구하던 야당 정치인들, 대학의 청년학생들, 일부 종교인들, 일부 언론인들의 죽음을 무릅쓴 투쟁으로 구성되는 상향식 정치과정이 병존하였다. 후자의 상향식 정치과정은 결국 하향식 독재정치과정을 패배시키고 민주정치제도를 한국정치에 제6공화국체제로 다시 복원시켰다.

이미 지적한 바와 같이 제6공화국의 사회경제적 조건은 제1-3공화국시대와는 비교할 수 없을 만큼 개선되었다. 이에 상응해서 민주주의의 정치적 하부구조에도 괄목할 만한 발전이 있다. 각 분야에 조직된 집단 수는 과거 어느 때보다 많고 이익집단들은 이제 더 이상 어용집단들이 아니다. 많은 분야에 복수의 이익집단들이 있고 정부와는 독립된 입장에서 그들의 이해관계를 표출하고 있다. 현재 정부는 자본가단체들뿐만 아니라 농민단체, 노동자단체들과도 각각 다른 여러 가지 이슈를 놓고 긴장관계에 있다. 시민단체라고 부르는 공익단체들도 수없이 많고 그들의 정치적 영향력은 어느 다른 민주주의국가에서도 찾아볼 수 없을 정도로 크다.[16] 이러한 시민단체들은 엘리트 중심으로 구성되어 있고 일반시민들의 자발적 참여와 자금기부가 약하고 정부의 재정지원에 의존하고 있다는 문제가 있지만 최근 정치과정에서 중요한 역할을 하고 있다.

정당도 과거와는 달리 어느 정도의 당내 민주화를 이룩하였다. 2002년 대통령선거 때에는 당의 대통령 후보도 치열한 경선 끝에 선출하였고 얼마전에는 당 대표와 원내 대표도 경선으로 뽑았다. 당의 국회의원 후보도 대표가 일방적으로 결정하지 않고 당 내외 인사로 구성된 공천심사위원회에서 추천하였다. 이러한 치열한 경선과 공천심사위원회의 추천에도 그 실내용에 있어서는 문제가 있지만 이러한 절차는 불과 몇 년 전까지만 해도 찾아볼 수 없었던 것이다. 또한 노동자계급의 이익을 대변하는 민주노동당이 1960년 이

16) 시민단체들의 영향력이 다른 나라의 경우보다 큰 것이 방송과 신문에서 그들의 주장을 잘 보도해 주기 때문이라는 것을 밝힌 연구결과도 있다.

래 처음으로 원내에 진출하였다. 그러나 정당이 권력을 창출하는 것이 아니라 권력을 가진 인물이 정당을 만드는 일이 아직도 계속되고 있다. 김대중 대통령은 새천년민주당이라는 당을 새로 만들었고 노 대통령은 이 당의 후보로 당선되었음에도 불구하고 다시 열린우리당을 창당하였다. 김 대통령이 창당한 민주당은 새천년이 시작된 지 4년 만에 거의 붕괴하였다.

신문, 방송, TV, 인터넷의 보급률도 구미의 선진국 수준으로 높아졌다. 이들 매체를 통한 정치적 코뮤니케이션은 자유롭고 원활하다. 우리 국민들은 국내외의 중요한 뉴스와 여러 이슈에 대한 찬반의견을 매일매일, 과장한다면 시시각각 접하고 있다. 한국은 민주주의의 하부구조 중 하나인 뉴스와 의견의 자유시장을 확보하고 있다. 동아, 조선, 중앙의 주요 신문들은 노 정권으로부터 과거 일제에 협력하거나 독재에 협력한 기득권세력이라는 공격을 받고 있지만 그의 정책에 대해 비판적인 자세를 유지하고 있다. 방송과 TV는 소유와 경영 양면에서 정부의 영향으로부터 자유로울 수 없기 때문인지는 몰라도 지적한 바와 같이 과거부터 대체로 친정부적인 자세를 가지고 있었고 오늘날에도 이에 변함이 없다. 현재 방송위원회 위원장, KBS 사장과 이사장, MBC 사장과 이사장, EBS 사장과 이사장은 각각 그 선임절차가 어떻든 실제로는 대통령이나 여권에 그 임명권이 있는 것이나 마찬가지이다. 과거와 달리 현재 방송과 TV는 신문보다 훨씬 더 큰 정치적 영향력을 발휘하고 있다. 한국 민주주의의 발전을 위해서는 어느 다른 매체보다도 방송과 TV가 비당파적인 공정한 보도자세를 견지해야 할 것이다. 인터넷은 신문과 방송, TV의 대안 매체로서 특히 젊은 사람들의 관심을 끌고 있고 그들 간의 아무 제약 없는 정치적 토론이 이를 통해 이루어지고 있다.

투입과정의 이와 같은 발전에 비할 때 산출과정에는 거의 변화가 없다. 제6공화국은 제1, 3공화국과 마찬가지로 입법부, 행정부, 사법부의 견제와 균형을 전제로 하는 대통령중심제 헌법을 채택하고 있음에도 불구하고 제1, 3공화국시대와 같이 대통령의 영향력이 다른 두 부(府)를 압도하는 정치과정을 가지고 있다. 아직도 한국의 대통령은 노 대통령의 탈권위주의적 스타일에도 불구하고 제1, 3공화국시대나 군부독재시대와 마찬가지로 제왕적 대통령이다. 특히 17대 총선에서 열린우리당은 불과 50여 석에 불과하던 의석에서 과반수를 넘는 의석을 가진 정당으로 약진하였고 이를 기반으로 노 대통령은 국회를 지배할 수 있게 되었다. 그는 앞으로 임기 중에 대법관과 헌법재판관에 대한 인사권도 행사할 것이고 그와 같은 성향의 인물을 선호할 것이다. 이렇게 되면 사법부도 과거의 사법부와 마찬가지로 대통령의 정책에 순응하는 사법부가 될 것이다.

대통령중심제에서 대통령이 소속한 정당이 의회의 과반수 이상의 의석을 차지하고 대법관의 대부분을 임명했다고 해서 입법부가 대통령의 시녀가 되고 사법부가 대통령의 의사에 순응하는 것이 아니라는 것은 미국의 경우를 보면 잘 알 수 있다. 미국의 경우 대통령의 당이 의회를 지배하든 안 하든, 그가 임명한 대법관이 많든 적든 간에 이미 지적한 바와 같이 입법부, 대통령, 사법부 간에는 대체로 견제와 균형이 존재한다. 그러나 이와 같은 견제와 균형은 한국의 대통령중심제에서는 찾아보기 어렵다.

대통령 당의 소속 의원들이 의회 내에서 대통령의 정책을 지지하는 것은 제1공화국 이래의 정치적 관행이었다. 제3공화국시대에는 일부 민주공화당 의원들이 박정희 대통령의 정책에 대해 반대투표를 한 사례가 여러 번 있었다. 박 대통령은 처음에는 이러한 반대투표를 관용했으나 결국에는 이를 무섭게 제재하고 근절시켰다. 그 이후 누가 집권을 하던 대통령 당의 소속의원들이 의회 내에서 대통령의 정책을 반대한 일은 없다. 이렇게 볼 때 열린우리당 의원들이 삼권분립체제의 원칙과 의도와 달리 의회 내에서 노 대통령을 항상 지지한다 해도 현실적으로 비난할 일은 아니다. 문제는 여권 내의 정책결정과정에 있다. 17대 총선 이후 노 대통령은 과거사 청산, 국가보안법 폐지, 연정 제안의 세 가지 정책을 제시했다. 이 세 정책은 당내에서 심의, 결정되어 노 대통령에게 올라온 정책은 아닌 것 같다. 당시 신기남 의장이 자신이 다칠 과거사 청산을 주도했을 리 없다. 국보법 폐지는 열린우리당의 운동권 출신 젊은 의원들이 추진했으나 이를 반대하는 의원들도 상당수 있는 것으로 알려졌다. 이러한 상황에서 노 대통령은 과거사 청산을 요구하고 국보법 폐지를 요구하는 발언을 하였다. 그 이후 이 문제에 대한 당내 토론은 사라지고 이에 대해 신중한 의견을 가지고 있거나 반대하던 의원들도 모두 입을 다물고 무조건 지지하게 되었다. 노 대통령의 연정(聯政) 제안도 당내의 논의과정이나 당과의 협의가 없이 청와대에서 직접 나온 것이고 그 때문에 당내 반발이 심했다. 정책이 당내 공식기구와 정부 내에서의 충분한 토론과 협의를 거쳐 결정되는 것이 아니라 대통령의 발언이 그대로 정책이 되는 것이다. 대통령 1인의 하향식 정책결정과정이 제6공화국의 네 번째 정권에서도 변화하고 있지 않은 것이다. 아니, 이와 같은 대통령의 일방주의 통치스타일은 과거 어느 때보다도 더 두드러지게 나타나고 있고 그것이 노 대통령 자신이 인정한 바와 같이 한국정치에 문제를 일으키고 있다. 한국의 정치과정은 아직도 하향식의 산출-투입과정인 것이다. 노 정권이 다양한 이익집단들의 다양한 요구에 직면해 있고 이를 고려해 정책을 만들고 있다는 것을 부인하는 것이 아니다. 이러한 상향식 투입-산출의 정치과정도 있다. 그러나 노 정권 출범 이래 중요한 정책은 이러한 식으로 만들어진 것이 아니라 하향식 정책인 것이다. 현 정권의 가장 중요한 정책 중 하나라고 볼 수 있는 충청권으로의 수도 이전만 해도 충청도 사람들이 요구해서 만든 정책이 아니라 현 정권이 만들어서 아래로 내려보낸 것이고 그 정책이 이 지역 사람들의 이해관계를 발동시키고 있는 것이다.

이와 같은 하향식 정책결정과정은 여권에만 있는 것은 아니다. 야당 내의 정책결정과정도 때로는 하향식 과정의 특성을 나타내고 있다. 한나라당과 민주당의 노 대통령 탄핵결정은 이 탄핵의 정치적 영향과 결과에 대한 충분한 검토와 토론이 없이 두 당의 지도부에서 내린 결정이고 일반 의원들은 지도부의 결정을 그대로 따랐다고 볼 수 있다.[17] 이 결정은 두 당에 심각한 정치적 피해를 주었고, 특히 민주당이 받은 피해는 당의 붕괴라는 참담한 결과였다. 두 당내에서 충분한 검토와 토론이 각각 있었더라면 17대 총선에서 승리할 수 있는 방향으로 탄핵문제를 유도할 수도 있었을 것이나 그렇게 하지 못한 것이다. 노 대통령과 열린우리당의 총선 승리는 두 야당의 이러한 실수에 크게 힘입은 것이었다.

지난 58년간 한국 정치과정의 특성이었던 대통령 1인 중심의 하향식 정치과정에는 왜 변화가 일어나고 있지 않은가? 여당 의원들은 왜 대통령이 발언한 정책을 거의 무조건적으로 지지하는가? 그것은 대통령을 보좌하는 기구와 권력자원이 아주 크기 때문이다. 대통령을 보좌하는 청와대 기구와 정보감찰기구는 계속 비대해 왔고 대통령의 인사권도 계속 확장되어 왔다. 특히 군부독재시대에 이러한 기구와 권한의 확대가 이루어졌고 민주화 이후의 대통령도 이러한 유산을 그대로 계승하고 있다. 총리를 비롯한 장관들이 대통령 앞에서 이름표를 다는 구미 제국에서는 찾아볼 수 없는 관행도 군부독재시대부터 시작된 것이나 그대로 계속되고 있다. 한국은 민주화되었으나 군부독재시대의 유산이 그대로 많이 남아 있고 민주화 이후의 대통령들은 그것이 그들의 권력행사와 유지에도 도움

17) 『중앙일보』 2004년 10월 6일, 제31면. 중앙일보의 이상일 정치부 차장은 한나라당의 홍사덕 총무에게 전화로 탄핵안 발의 전에 역풍의 가능성을 경고하였고 홍 총무도 이를 귀담아듣는 듯이 보였으나 다음 날 그는 결국 탄핵안을 발의하였다고 말하고 있다. 이 차장은 홍 총무의 이와 같은 행동이 이회창 전 총재의 영향 때문이 아닌가 하는 의문을 제기하고 있다.

이 되기 때문에 이를 개혁하려는 자세를 보이지 않았다.

현대의 모든 민주주의는 대의민주주의이다. 모든 국민들이 정치에 참여해서 정책결정을 한다는 것은 불가능하기 때문에 이러한 결정은 그들이 선출한 대표에게 맡길 수밖에 없다. 구미 제국의 경우 나라에 따라서는 국민투표로 중요한 정책을 결정하기도 하지만 대부분의 정책결정은 대의민주주의 방식에 따라 이루어지고 있다. 그러나 대의민주주의가 확립된 구미 제국에서 대표들이 선거가 끝나면 국민들의 의사를 무시하는 경우도 종종 있기 때문에 이를 보완하기 위해 국민들이 선거 때만이 아니라 항상 정치에 참여해야 한다는 참여민주주의론이 오래 전에 나왔다. 노 대통령도 취임 직후부터 참여민주주의의 실현을 주장하였다. 그러나 노 대통령이 참여민주주의를 주창한 이래 나온 것은 거리의 시위뿐이다. 반미 시위, 농민들의 시위, 노동자들의 시위, 탄핵반대 시위, 이라크파병 반대시위, 국보법 폐지 지지시위, 국보법 폐지반대 시위 등 거리의 시위가 계속해서 일어나고 있다. 노 대통령은 집권 초기 그의 의회 내 세력이 50여 명에 불과한 소수파였기 때문에 일반 국민들의 직접적 지지로 이러한 약점을 보충하기 위해 참여민주주의를 주장했는지 모르겠다. 그러나 이러한 참여민주주의는 대의민주주의를 보완하는 것이 아니라 파괴하여 민주주의 자체를 위기에 몰아넣을 수 있다. 찬반세력의 거리시위로는 아무 문제도 해결하지 못하고 사회적 혼란만 초래할 것이기 때문이다.

한국은 대의민주주의도 정착시켜야 하고 이의 맹점을 보완해 줄 수 있는 참여민주주의도 장려해야 한다. 노 대통령은 진정한 참여민주주의자라면 자발적 결사와 정당활동을 장려하고 중요한 정책과제에 대한 국민투표제를 수립해야 할 것이다. 그러나 그는 이에는 반대하고 있는 듯하다. 정당의 지구당 폐지, 수도이전, 국보법 폐지, 북한에 대한 200만 kW 전력지원과 같은 중요한 이슈에 대한 국민투표 반대는 참여민주주의론자가 취할 자세는 아니기 때문이다.

노 정권 출범 이후, 특히 17대 총선 이후 한국의 정치과정은 대통령 1인 중심의 하향식 산출-투입 과정의 성격을 농후하게 나타내고 있고 그의 참여민주주의론은 일부 국민들을 이러한 과정에 동원하는 결과밖에 나타내고 있지 못하다.

한국의 정치과정은 대통령 1인 중심의 하향식 산출-투입과정에서 국민 개개인, 집단, 정당, 언론이 중요한 역할을 하는 상향식 투입-산출과정으로 바뀌어야만 한다. 전자의 정치과정은 정책의 수립과 집행을 신속하게 하여 일을 많이 할 수 있다는 장점을 가지고 있지만 실수를 할 수 있는 확률도 높다는 맹점을 가지고 있다. 이와 반대로 후자의 정치과정은 모든 사회세력의 선호를 고려하여 신중하게 정책결정을 한다는 장점을 가지고 있는 반면 정책의 수립과 집행이 느리다는 맹점을 가지고 있다. 다행히도 전자의 정치과정은 한국이 잃을 것이 얼마 없던 후진국 시절에 놀랄만한 경제발전이라는 좋은 결과를 내놓았다. 이제 한국은 정책을 잘못 수립하면, 혹은 정책적 시행착오를 하면 잃을 것이 너무 많은 나라로 탈바꿈하였다. 한국의 사회경제적 발전단계는 상향식 정치과정이 필요한 단계에 와 있는 것이다.

한국의 정치과정은 상향식 정치과정으로 발전할 것인가? 하향식 과정이 반세기 이상에 걸쳐 형성된 것인 만큼 이의 변화도 오랜 세월을 필요로 할 것이다. 그것이 얼마나 오랜 세월이 될지는 예측하기 어렵지만 이러한 변화의 원동력은 우리 국민들로부터 나올 것이다. 의회 내 정치가들의 노 대통령 탄핵은 17대 총선 결과와 헌재의 결정으로 기각되었지만 그 배후의 힘은 국민들의 반대의사였다. 노 정권과 열린우리당이 국회에서 국보법 폐지를 강행하고 있지 않은 것도 이를 반대하는 국민들의 의사를 무시할 수 없기 때문이다. 현 정권은 TV미디어를 장악하고 있고 이를 통해 국민여론을 변화시키려고 노력하고 있다. 그러나 국민들이 국보법 폐지 문제에 대해 독자적인 판단을 내리고 국민들의 이와 같은 판단이 존중된다면 그것은 상향식 정치과정이 자리를 잡아가는 또 하나의 역사적 경험이 될 것이다.

IV. 한국의 정치제도와 민주주의

구미의 정치제도는 안정되어 있다는 특성을 가지고 있다. 미국의 헌법은 1787년에 제정된 이래 27번을 개정했지만 헌법 자체를 완전히 바꾼 적은 없다. 미국은 200여 년간 제1공화국 상태로 있는 것이다. 프랑스는 현재 제5공화국으로 헌법을 다섯 번째 바꿨으나 제5공화국 헌법은 1958년 이래 현재 반세기 가깝게 지속되고 있다. 독일은 제2차대전 이후 새로운 헌법을 채택한 이래 그것이 그대로 통일 독일의 헌법으로까지 효력을 발휘하고 있다. 영국은 성문 헌법을 가지고 있지 않지만 불문의 헌법이 100여 년 이상 커다란 변화 없이 통용되고 있다. 일본만 해도 1868년 근대국가로 변신한 이후 현재 두 번째 헌법을 가지고 있다. 구미에서는 민주주의 정권을 수립하는 데 가장 중요한 제도인 선거법 역시 자주 바뀌지 않고 오랫동안 지속되고 있다. 전후 일본은 몇 년 전에 처음으로 선거제도에 변경을 가했다. 구미와 일본에서는 통치의 규칙과 선거라는 게임규칙이 자주 바뀌지 않는 안정성을 유지하고 있다. 민주정치의 주체조직인 정당도 상당한 안정성을 가지고 있다. 미국의 민주당과 공화당, 프랑스의 UNR(The Union for the New Republic), 사회당, 공산당, 독일의 기독민주당과 사회민주당, 영국의 보수당과 노동당, 일본의 자유민주당 등은 반세기 이상 한 세기도 넘는 조직적 연속성을 가지고 있다.

대한민국의 정치제도와 조직은 구미와 일본과는 달리 자주 바뀌는 불안정성을 그 특성으로 가지고 있다. 건국 이래 58년 동안 헌법이 자주 전면 수정되어 현재의 헌법은 여섯 번째로 새로 쓴 헌법이다. 선거제도 역시 자주 바뀌었다. 정당조직도 전혀 안정성을 가지고 있지 못하다. 현재 의회에 진입한 정당 중 수년 이상의 조직적 연속성을 가지고 있는 정당은 없다. 제1공화국의 자유당, 제3, 4공화국의 민주공화당, 제5공화국의 민정당 등은 현재 그 모습을 찾아볼 수 없다.

제1공화국 제헌 헌법은 유진오 박사가 한민당의 의사를 반영하여 작성한 의원내각제 헌법을 이승만 박사가 대통령중심제로 바꾸어야 한다고 해 하루아침에 대통령중심제로 고친 것이다. 그 결과 이 헌법은 대통령의 국회 선출, 국무총리제, 헌법위원회와 같은 의원내각제에서 볼 수 있는 제도를 가지고 있다. 이미 지적한 바와 같이 정부가 출범한 지 얼마 안 되어 한민당을 비롯한 야당은 의원내각제 개헌을 추진하였으나 이 박사는 대중동원과 강제력을 사용해 대통령직선제 개헌에 성공하였고 그 다음 이 박사는 다시 사사오입이라는 무리한 방식으로 삼선개헌을 강행하였다. 그가 창당한 자유당은 과반수 이상의 의석을 유지하였고 한때는 삼선 개헌을 가능케 할 정도로 많은 의석을 차지하였었다.

제2공화국의 의원내각제 헌법과 선거제도는 제1공화국시대의 야당이었던 민주당의 의사를 반영하는 것이었다. 제2공화국을 수립하는 선거에서 자유당은 거의 완전 붕괴하고 진보정당들도 참패를 하고 민주당이 압승하였지만 이 당은 군부 쿠데타로 9개월 만에 정권을 잃었다.

제3공화국의 대통령중심제 헌법과 선거제도는 박정희 장군과 쿠데타 세력의 의사를 반영하는 것이었다. 이 헌법은 대법원에 위헌심사권을 부여하고 대법원장은 법관추천회의의 제청으로 대통령이 국회의 동의를 받아 임명하게 하는 등 여태까지의 헌법 중 대통령중심제의 권력분립적 요소를 가장 농후하게 가졌던 헌법이다. 그러나 대법원의 실제 운영은 대통령의 의중을 따랐다. 대법원은 대통령의 계엄선포행위, 위술령, 휴교령 등 통치행위의 정당성 여부는 국회가 판단할 문제라고 판시하였고, 중앙정보부의 정치사찰과 공작의 합헌성 여부, <국가보위에 관한 특별조치법>의 합헌성 여부는 논란이 있었음에도 불구하고 전혀 다루지 않았다. 선거제도로서의 전국구 비례대표제도 박정희 장군이 처음 채택한 제도이고 이 비례대표제는 유럽 제국의 비례대표제와는 달리 각 정당의 득표율과 의석점유율의 차이를 오히려 증폭시키는 제도였다. 박 장군과 그의 조카 사위이자 쿠데타 동지인 김종필 중령은 민주공화당을 만들었고 이 당은 그 조직, 구성, 규모, 활동에 있어 한국 정당들 중 가장 근대화된 정당이었다. 그들은 정당정치의 확립을 위해 무소속의 출마금지도 법제화하였다. 헌팅턴은 그의 후진국 정치론에서 군부 쿠데타 세력의 이와 같은 정당 창당과 정당 정치의 확립 노력을 긍정적으로 평가하였다.[18] 민주공화당은 과반수 이상의 의석을 유지하였고 한때는 삼선 개헌을 가능케 할 정도로 많은 의석을 차지하였었다.

제4, 5공화국 독재시대의 헌법과 선거제도도 각각 박정희 대통령과 전두환 장군의 의사를 반영한 것이었고 이 시대의 여당들도 그들이 각각 만든 것이었다.

요약건대, 제1, 3, 5공화국의 헌법과 선거제도는 평화적 권력투쟁이든, 폭력적 권력투쟁이든 이 투쟁의 최종적 승자, 즉 권력자 1인의 권력이익을 반영한 것이었다. 정당 역시, 여당은 이 권력에 의존한 조직이었다. 여러 지역과 각계각층의 대표와 전문가들이 각각 자율적인 자세에서 중지를 모아 헌법 초안을 만드는 미국의 필라델피아 회의와 같은 회의는 우리나라에는 있어 본 적이 없다. 한국에서 헌법초안 작성에 참여한 전문가들은 권력자의 의중을 헌법조문으로 쓸 수 있는 기술자들에 불과했다. 한국의 정치제도는 사회구성원의 합리적 선택의 결과로 형성된 것이 아니라 권력자 1인이 만든 것이다. 그렇기 때문에 권력자가 바뀔 때마다 헌법과 선거제도가 바뀌고 새로운 여당이 조직된 것이다.

제6공화국 헌법은 제5공화국시대까지의 헌법과 달리 독재세력과 반독재 민주화 세력, 혹은 권력자와 권력추구자의 타협의 결과로 제정된 헌법이다. 제6공화국에 들어와서 권

---

18) Samuel P. Huntington, *Political Order in Changing Societies*(New Haven and London: Yale University Press, 1968), pp.259-262.

력자가 네 번 바뀌었지만 권력자가 바뀔 때마다 헌법과 선거제도가 바뀌는 일은 여태까지 일어나지 않았다. 국회의원 선거제도는 여야의 타협에 기반하여 선거 때마다 부분적으로 수정되었지만, 특히 제17대 총선 때에는 선거법, 선거운동법, 정치자금법에 커다란 변화가 있었지만, 그것이 종래의 선거제도에 근본적인 변화를 초래하는 것은 아니었다. 그러나 앞서 지적한 바와 같이 권력자가 바뀔 때마다 여당이 새로이 조직되는 경향은 여전히 나타났다.

그렇다면, 제6공화국 헌법과 선거제도는 구미와 마찬가지로 앞으로 상당 기간 근본적인 개정이 없이 지속될 것인가? 한국의 주요 정당들인 열린우리당, 한나라당, 민주노동당, 민주당은 구미의 정당들과 같이 오래 존속할 것인가?

노무현 정권을 출범시킨 제16대 대선을 전후로, 그리고 17대 총선 이후 정치권은 분권형 대통령제 개헌, 의원내각제 개헌, 대통령중임제 개헌의 세 가지 헌법 개정방향을 제시하였다. 제17대 총선 이후 한나라당의 박근혜 대표가 대통령중임제 개헌의사를 밝혔고 이에 대해 김원기 국회의장도 개헌에는 찬성하는 발언을 하였다. 한나라당의 김덕룡 전(前) 원내대표도 16대 대선 전에 대통령의 임기와 국회의원의 임기를 같게 만드는 개헌이 필요하다는 주장을 한 적이 있다. 이렇게 볼 때 현 헌법은 대통령중임제로 개정될 가능성이 있는 것 같고 분권형 대통령제나 의원내각제로의 개헌은 개연성이 약한 것 같다. 그러나 아직도 예측이 불가능한 한국의 정치상황에서 분권형 대통령제나 의원내각제로의 개헌 가능성도 배제할 수는 없다. 물론 헌법개정 없이 현행 헌법으로 다음 번 대통령선거와 국회의원선거를 치를 가능성도 크다.

분권형 대통령제 개헌은 새천년민주당의 노무현 후보가 정몽준 후보와 후보단일화를 하면서 정 후보의 지지를 확보하기 위해 내놓았다. 그러나 정 후보가 대통령선거 전날 밤에 노 후보에 대한 지지를 철회함으로써 노 후보는 대통령에 당선되었지만 이를 추진할 의무가 없어져 버렸다. 그후 노 대통령 지지세력이 민주당과 결별하는 수순을 밟는 것을 보고 박상천 의원이 분권형 대통령제 개헌을 주장하였고 한나라당의 최병렬 전 대표도 내각제든 분권형 대통령제든 17대 총선 이후 추진하겠다는 발언을 하였다. 노 대통령에 대한 국회 탄핵이 없었더라면 이러한 개헌이 총선의 주요 이슈 중 하나가 되었을 것이다. 그러나 17대 총선에서는 탄핵이 거의 유일한 주요 이슈였고, 박상천, 최병렬 두 의원도 새 국회에서는 의원직을 잃게 되어 분권형 대통령제는 추진 세력이 없게 되었다.

노 대통령은 17대 총선 이후 이해찬, 정동영, 김근태를 각각 국무총리, 통일부장관, 보건복지부장관에 임명하고, 자신은 국정의 주요 과제를 추진하고 이 총리는 국정 전반을, 정 장관은 외교, 안보, 통일문제를, 김 장관은 사회, 복지 분야를 맡는 등 정부를 분권형으로 운영하겠다는 취지의 발언을 하였다. 그러나 이러한 정부운영에는 헌법수호의 의무가 있는 대통령이 이를 지키지 않는다는 문제가 제기될 수도 있다. 노 대통령이 분권형 정부를 선호한다면 그러한 방향으로의 개헌이나 제도개혁을 추진해야 할 것이다.

현 헌법은 각료의 추천권을 국무총리에게 주고 있으므로 대통령이 이러한 추천권을 존중해 준다면 실제로는 분권형 헌법으로 작동할 수 있다는 의견도 있다. 그러나 이는 여태껏 어느 대통령도 받아들이지 않은 현실적으로 그 실현이 불가능한 의견이다.

분권형 대통령제의 내용이 무엇인지는 확실하지 않으나 대체로 프랑스 제5공화국의 이원집정제를 모델로 하고 있다. 이 체제에서는 권력이 외교, 국방을 맡는 대통령과 내정을 총괄하는 총리에게로 이분화되고 이렇게 이분화된 권력은 선거결과에 따라 한 정당이 모두 맡을 수도 있고 두 개 이상의 정당들이 나누어서 맡을 수도 있다. 원래 이 체제는 프랑스 제4공화국의 불안정한 의원내각제를 안정된 통치체제로 만들기 위해 드골 장군이 제안한 것이고, 프랑스 정부는 이 체제로 오랫동안 안정을 유지하고 있다. 그러나 한국은 역사, 문화, 환경이 프랑스와 다르고 우리는 이러한 통치체제를 경험해 본 적이 없기 때문에 이 체제가 한국에 맞을지, 맞지 않을지는 확실하게 말하기 어렵다.

의원내각제는 제1공화국시대를 통해서 제1야당이 원했던 통치체제였고 우리가 1960년 7월부터 1961년 5월 16일까지 경험한 체제이다. 우리 국민들은 이 체제가 단명으로 끝났기 때문에 한국에는 맞지 않는다는 생각을 오랫동안 가지고 있었다. 그러다가, 제5공화국 독재시대 말에 전두환 정권이, 대통령중심제를 택해도 두 민주화 지도자인 YS와 DJ가 분열될 가능성이 있고 그 경우 재집권할 수 있다는 계산으로 대통령중심제를 수용하였으나, 처음에는 의원내각제 개헌을 추진했었다. 그후 DJ가 두 번 대통령에 떨어진 김영삼 대통령 때에 DJ와 가까웠던 박권상 전 KBS 사장이 세종연구소 주최의 한 학술회의에서 의원내각제를 적극 지지하는 글을 발표한 적이 있고 2003년 말에는 이홍구 전 총리가 의원내각제 개헌을 『중앙일보』 지상을 통해 주장하였다.

현재 의원내각제 개헌은 그 가능성이 가장 낮다. 여당의 차기 대권주자들이 반대할 것이고 한나라당의 박 대표도 대통령중심제를 지지하고 있기 때문이다. 다음에 대통령 후보로 나올 가능성이 있는 사람들이 한국정치의 실세이고 대통령을 꿈꾸는 그들이 의원내각제를 선호할 리 없다. 분권형 대통령제는 여야의 차기 대통령 후보가 같은 당내의 경쟁자를 달래고 협조를 구하기 위해 다시 주장할 수 있는 여지가 있으나 의원내각제는 이러한 여지조차 가지고 있지 않다.

그러나 의원내각제는 전후 안정된 민주정치를 하고 있는 서유럽의 대부분의 국가들과 일본이 채택하고 있는 통치체제이다. 후앙 린츠(J. Linz), 스코트 메인웨링(S. Mainwaring), 알프레드 스테판(A. Stepan)과 신디 스카치(C. Skach), 아담 세보르스키(A. Przeworski)와 같은 비교정치학자들은 대통령중심제보다는 의원내각제가 민주주의의 공고화에 더욱 유리하다는 연구결과를 내놓았다.[19] 의원내각제는 서유럽 제국의 경우를 보면 의회와 행정부의 권력융합적 체제로 수상의 권력을 강화시키면서도 그의 독재는 허용하지 않고 유능한 수상은 장기집권할 수 있으나 무능한 수상은 언제든지 교체할 수 있는 융통성을 가지고 있는 체제이다.

제2공화국 의원내각제 시대의 총리가 이와 같은 총리가 되지 못한 것은 여러 가지 원인이 있지만 그 중 하나는 집권당이었던 민주당의 내부 분열이었다. 당시 한국은 서유럽 제국과 같이 오랜 역사를 가지고 있고 규율이 있는 잘 조직된 정당을 가지고 있지 못했다. 다시 말해, 의원내각제가 성공하기 위해서는 발전된 정당과 정당체계가 필요한데 제2공화국시대의 한국은 이러한 필요조건을 구비하지 못했다. 제6공화국의 한국도 이 점에 있어서는 제2공화국시대와 비슷하므로 우리가 의원내각제를 채택한다면 그것은 단기적으로는 오히려 정당 내부의 분열을 조장하는 등 잘 작동하지 않을 가능성이 다분히 있다. 그러나 우리는 이 문제를 검토하는 데 있어 정당과 정당체계의 발전이 중장기적으로는 의원내각제에 의해 촉진된다는 사실도 간과해서는 아니 될 것이다.

대통령중임제는 제1, 3공화국의 21년간, 부통령제도 있는 대통령중임제는 제1공화국의 12년간 우리가 경험한 체제이다. 우리가 경험한 이 체제의 장점은 대통령이 강력한 입장에서 자신의 비전에 따라 국정을 운영할 수 있었다는 점이고, 단점은 입법부, 행정부, 사법부 간의 견제와 균형의 통치가 되지 못하고 대통령이 독주하는 통치로 일관하다가 결국에는 민주주의체제 자체를 부정하는 최악의 경우로까지 변화했다는 점이다.

---

19) 박찬욱, "한국 통치구조의 변경에 관한 논의: 대통령제의 정상적 가동을 위하여", 『한국정치연구』, 제13집 제1호, pp.110-115.

제6공화국의 대통령 5년 단임제는 개헌 당시 YS와 DJ가 누가 먼저 하든 모두 대통령이 되기 위해서 유리하다는 계산에서 채택한 제도이지만 이 체제가 민주주의체제 자체를 부정하는 최악의 경우로까지는 변화하기 어렵다는 인식도 그 채택의 배경에 있었다. 대통령을 4년씩 두 번을 하면 그에게는 합법적으로 삼선개헌을 할 수 있는 힘이 생기고 그 다음에는 민주주의체제 자체를 부정하는 힘까지 생기는 것을 우리는 경험하였다. 대통령 5년 단임제는 대통령에게 독주할 수 있는 힘은 부여할 수 있으나 민주주의체제 자체까지를 부정하는 힘은 부여하지 못한다는 장점을 가지고 있다. 대통령이 5년이라는 기간 내에 중요한 권력기관과 자원을 모두 장악하기란 어렵기 때문이다. 그러나 5년 단임제는 대통령을 무책임하게 만든다는 단점을 나타내고 있다. 5년 단임제의 대통령은 5년 이후의 결과에 대해선 크게 신경을 쓰지 않고 정책을 수립하고 집행한다. 첫째, 민주화 이후의 대통령들은 모두 가능한 한 세금을 많이 걷고 또 많이 쓰는 경향을 나타내고 있다. 긴축재정정책보다는 확대재정정책을 채택하고 있고 그것은 다음 번 정권에 커다란 경제적 부담이 되고 있다. 둘째, 그의 임기 동안에는 괜찮지만 그 이후에는 문제가 되는 경제정책을 채택하기도 한다.

노 정권의 정책들 중에서 첫 번째 예를 찾아본다면 다음과 같다. 노 정권은 현재 대북지원, 저소득층 지원, 수도이전, 미군기지 이전 등 여러 가지 정책을 동시에 추진하고 있는데 이에 드는 비용에 대해서는 크게 신경을 쓰고 있지 않다. 또 다음 정권이 이 정책을 계승할 것인지에 대해서도 별로 생각을 하지 않는 것 같다. 만약에 다음 정권이 현재 추진 중인 정책 중 어떤 것을 계승하지 않는다면 거기에 들어간 비용은 불필요한 낭비가 된다. 전임 김대중 정권은 한국전력의 민영화를 준비하느라고 천억 이상의 비용을 지불했는데 노 정권은 이를 백지화해 버렸다. 이러한 일이 앞으로 다시 일어나지 않으리라는 보장은 없다. 두 번째의 예로 김대중 정권의 신용카드 정책을 들 수 있다. 김 대통령은 우리 국민들이 아무 경제적 자격조건 없이 카드를 발급받을 수 있고 카드를 많이 사용하면 세금 감면도 받을 수 있게 하는 등 카드사용 권장정책을 채택하였다. 이 정책은 그의 임기 말에 소비를 촉진하고 경기를 부양하는 결과를 가져와 노 후보의 당선에도 도움이 되었지만 이 정책의 또 다른 결과는 오늘날 문제가 되고 있는 우리 국민들의 카드 빚이고 이 빚에도 부분적인 원인이 있는 소비와 경기의 위축이다.

대통령중임제 개헌을 한다면 부통령제를 가지고 있는 개헌이어야 할 것이다. 부통령제는 한국의 정당이 지역당화하는 것을 막고, 미국과 같이 부통령이 여당의 차차기 대통령 후보가 된다면 한국정치의 예측가능성도 높여주고, 대통령의 독재화도 막는 제도가 될 것이다. 중임제 개헌은 여당 내의 차기 대권주자들이 노 대통령을 제치고 대권경쟁에 뛰어들기 어렵기 때문에 반대할 수도 있고, 혹은 그들이 아직 젊고 서두를 필요가 없기 때문에 찬성할 수도 있다.

현행 선거제도에 대해서는 여야가 2005년 중반까지는 문제를 제기하지 않았으나 그 이후 여권은 국회의원 선거제도의 변경을 검토하고 있는 것 같다. 우선 대통령 선거제도는 아직까지 현실적으로는 문제가 없었으나 앞으로 문제가 일어날 소지가 있다. 민주화 이후 네 명의 대통령들은 대체로 투표자들 중 60% 정도의 반대자들이 있었지만 40% 정도의 지지율로 당선되었고 이는 수용해도 큰 문제는 없는 결과였다. 그러나 최악의 경우를 생각해 보면 10% 정도의 지지밖에 받지 못한 후보도 후보자들의 지지율 중 그것이 가장 높은 지지율이라면 대통령으로 당선되는 것이 현행 헌법이고 선거법이다. 현행 대통령 선거제도에서 이 점은 개정해야 할 것이다.

17대 총선 전에 선거법, 정당법, 정치자금법의 개정이 있었고 총선은 개정된 법에 따라 실시되었다. 그러나 이들 법의 개정을 책임지고 있던 국회 정치개혁 특별위원회는 총선 한 달 전에야 범국민정치개혁협의회의 안을 바탕으로 간신히 합의안을 만들어 법제화하였다. 이 범국민협의회라는 것도 갑자기 만들어진 모임이고 국회 정개위도 오랫동안 아무 일도 하지 않다가 막판에 가서야 시간에 쫓겨 이 안을 바탕으로 법 개정을 하였기 때문에 지난번 법 개정은 돈 들지 않는 공명선거에 공헌한 반면 졸속 개정이라는 비판을 면하기 어렵다. 개정된 법 중 민주정치의 발전을 위해 문제가 있다고 생각되는 점을 몇 가지만 들면 다음과 같다. 첫째, 개정된 법은 미디어-인터넷 선거운동을 장려하고 후보자와 유권자들 간의 면대면의 직접접촉의 기회는 그것이 향응의 기회가 될 수도 있다고 하여 최소한으로 제약하고 있는데 여기에는 문제가 있다. 후보의 진짜 정체는 면대면의 접촉이 없이 미디어-인터넷을 통한 이미지만으로는 알기 어렵기 때문이다. 둘째, 지구당의 폐지는 좀 이해하기 힘든 법 개정이다. 우리 국민들은 정당 활동에의 참여를 꺼리고 있는데 지구당의 폐지는 이러한 활동을 더욱 위축시킬 것이다. 셋째, 너무 제약적인 정치자금법은 민주주의의 운영에 필요한 정치활동을 위축시키고 정치자금의 흐름을 오히려 음성화시킬 위험성도 내포하고 있다.[20] 노 대통령도 후보들의 정치활동을 너무 제약하는 현행 선거법을 개정할 필요가 있다는 발언을 한 적이 있다.

또한 열린우리당 부속 열린정책연구원은 국회의원 선거제도를 도농복합선거구제, 권역별일률배분비례제, 권역별제한비례제, 혹은 독일식 권역별비례제로 변경하는 안을 검토하여 당 지도부에 올렸다고 한다.[21]

헌법과 선거제도의 개정방안은 여러 가지가 있고 개정은 이들에 대한 충분한 검토와 토의를 거쳐서 이루어져야 할 것이다. 여기서 필자가 특정한 개정 방향보다도 더 중요하게 생각하는 것은 이러한 개정이 선거가 있기 훨씬 전에 이루어져야 한다는 점이다. 다시 말해, 게임 규칙은 게임이 시작되기 훨씬 전에 개정되어야지 그 직전에 개정되어서는 안 된다. 게임이 어떻게 진행될지 불확실한 상황에서 게임규칙을 개정하는 것이 그렇지 않은 경우보다 여야 간의 타협이 용이하고 민주발전을 위한 개정이 될 수 있기 때문이다. 그리하여, 헌법과 선거제도 개정을 한다면 신중히 하여 앞으로는 구미의 경우와 같이 오래 지속될 수 있는 개정을 해야 할 것이다.

그러나 한국의 정치인들이 이렇게 시간 여유를 가지고 움직일 가능성은 적다. 그들은 한국정치가 어떻게 되는지 기다릴 때까지 기다려 보자는 태도를 가지고 있고 대선과 총선 직전의 막판에 가서, 다시 말해, 정치판의 판세가 보다 명확해진 다음에야 현상유지든 개정이든 그들 각자의 정치생명을 연장시킬 수 있는 선택을 할 것이다. 그러나 그들의 이와 같은 합리적 선택이 우리 국민들과 나라, 혹은 민주주의의 발전을 위해 합리적인 결과를 반드시 가져오는 것은 아니다.

2005년 후반부 노 대통령의 느닷없는 연정 제안은 그 목표가 자신과 자신을 둘러싸고 있는 사람들의 권력연장에 있는 것은 아닌가 하는 의구심을 불러일으켰다. 노 대통령은 국회의원 선거제도의 변경을 연정 제안의 이유라고 강조했지만 이러한 변경에는 국회의 과반수 이상의 의원들의 찬성만 있으면 되기 때문에 그와 다른 정책노선을 가지고 있는 한나라당과 연정까지 할 필요는 없다. 노 대통령이 한나라당에 연정을 제안한 이유는 개헌에 있다고 볼 수 있다. 개헌은 한나라당의 지지가 없이는 불가능하기 때문이다.

---

20) 전용주, "정치자금 모금방식의 개선 방안: 새로운 정치자금제도에 대한 비판적 논의와 대안을 중심으로", 『한국정치학회 춘계학술회의 논문집 II, 17대 총선과 정치개혁: 한국정치의 대전환인가?』(한국정치학회, 2004), pp.97-113.

21) 박찬욱, "지역균열의 해소와 균형정치: 선거구제 개편 논의를 중심으로", 『광복60년기념 종합학술포럼 1차 포럼, 역동적 균형과 선진한국』(서울대학교 사회발전연구소, 2005), pp.39-103.

이제 마지막으로 한국의 주요 정당들이 오래 존속할 수 있을지 간단하게라도 언급을 해야 할 차례이다. 열린우리당, 한나라당, 민주노동당, 민주당은 다음번 대선까지는 존속할 것이다. 문제는 다음 번 대선 이후 새 정권의 출범과 더불어 노 정권 출범 이후에 일어난 정계 개편 같은 것이 또 일어날 수 있느냐의 여부이다. 이것은 일어날 가능성이 얼마든지 있다. 현행 헌법에서의 새 대통령은 노 대통령과 마찬가지로 당내 경선과 대선 과정에서 자기와 적대적으로 맞섰던 세력을 털어버리고 그에게 호의적이었던 사람들만으로 새롭게 정당을 만들 수 있는 권력을 가지고 있기 때문이다. 그러나 각 당을 떠받치고 있는 한국의 투표세력은 상당히 안정적인 모습을 보여주고 있다. 단순화시켜 말한다면 노태우, 김영삼 대통령은 영남표와 충청표의 지지로 당선되었고 그후 김대중, 노무현 대통령은 호남표와 충청표의 지지로 당선되었다. 충청표가 DJ-JP 연합으로 호남표에 가세하였고 2002년 선거 때에도 수도 이전 약속을 받고 호남표에 가세한 셈이다. 앞으로의 대결도, 이와 같은 지역세력을 대표하는 정당의 구성과 이름은 바뀔지 모르지만, 호남, 충청표 대 영남표의 대결일 것이다. 노 대통령과 열린우리당이 극좌 노선을 채택한다면 호남, 충청표 중 보수성향의 표는 한나라당으로 옮겨가 이러한 대결구도를 다시 변화시킬 수 있다. 이러한 이탈 가능성이 노 대통령과 열린우리당을 자제시키고 여야 간의 극단적인 대결을 완화시키는 보이지 않는 역할을 하고 있다.

V. 결어

한국 민주주의의 과제를 구미 제국의 경우와 비교해서 살펴보았다. 구미 민주주의도 많은 문제점을 가지고 있고 이의 해결 노력은 영원히 계속될 것이다. 그렇기 때문에 구미 민주주의가 우리가 지향해야 하는 최종적 목표는 아니다. 그러나 구미 민주주의가 현재 달성한 높은 수준의 사회경제적 조건, 상향식 위주의 정치과정, 안정된 정치제도와 조직은 우리도 달성해야 할 최소한의 목표이다. 이를 달성해야만 안으로는 최대 다수의 한국 사람들이 각각 최대한으로 자아실현을 하는 생활을 할 수 있고, 밖으로는 선진국들과 어깨를 견주면서 세계를 통치하는 일에 참여할 수 있다. 세계를 통치하는 일에 참여하여 한반도를 둘러싼 국제질서가 우리에게 좋도록, 최소한 나쁘게 되지 않도록 관리하지 않으면 우리 국민들이 각각 자아를 실현하는 생활도 하기 어려울 것이다.

이러한 과제를 달성하는 일은 결코 쉬운 일이 아니다. 우리가 비교의 기준으로 삼은 구미 제국이 이러한 목표를 달성하는 데 두 세기 이상 걸렸다. 한국은 반세기가 좀 넘는 기간에 이러한 목표달성을 목전에 두고 있다. 그러나 아르헨티나와 브라질 같은 나라들과 같이 목표달성을 목전에 두고 주저앉은 나라들도 있다. 우리들은 두 세기에 걸친 구미의 정치경제적 발전과정을 볼 때는 한국 민주주의의 장래에 대해 낙관적인 생각을 할 수 있고 아르헨티나와 브라질 같은 나라들을 볼 때는 한국도 이들 나라들과 비슷하게 전락하지는 않나 하는 우려를 금할 수 없다.

우리가 살펴본 바와 같이 첫째로 노 정권을 포함한 민주화 이후의 정권들은 민주주의의 사회경제적 조건을 향상시키는 업적이 그 이전의 군부독재정권에 비해 떨어지고 있다. 경제가 어느 정도 발전된 이후에는 발전속도가 떨어지는 것이 정상이나 그렇다 하더라도 박정희 시대에 대한 향수 신드롬에 나타난 바와 같이 과거보다 못하다는 느낌을 적지 않은 수의 국민들이 가지고 있다. 둘째로 민주화 시대의, 특히 현재의 정치과정은 과거 이승만 대통령이 연출한 제1공화국의 하향식 정치과정과도 유사하고 군사독재시대와도 어느 면에서는 유사하다. 현재 우리 국민들의 정치적 의식수준이 높아졌고 이에 기초한 상향식 정치과정이 과거보다 훨씬 더 큰 역할을 하고 있지만 한국의 정치과정은 과거의 유산을 아직도 충분히 극복하고 있지 못하다. 셋째로 한국의 정치제도와 조직은 지난 반세기 동안과 마찬가지로 여전히 안정되지 못하고 유동적인 상태에 있다. 민주화 이후 대통령이 집권연장을 위해 개헌을 하는 나쁜 관례는 깨졌으나 대통령제는 무책임 대통령제로 전락하는 경향을 나타내고 있다. 대통령이 바뀔 때마다 새로운 정당이 조직되는 바람직하지 못한 관례도 여전히 계속되고 있다.

오늘의 한국정치는 구미의 선진 제국에서는 이미 끝나버린 여야 간, 혹은 좌우 간의 극단적 대결이 그 중심을 차지하고 있다. 이 대결은 한나라당과 새천년민주당의 노 대통령 공격으로부터 시작되었다. 두 당의 의원들이 의회 내 의석수를 배경으로 국민 여론을 별로 고려하지 않고 노 대통령을 탄핵하는 극단적인 공격을 먼저 가했다. 두 당은 의회 내 전투에서는 노 대통령과 열린우리당에 이겼으나 유권자들이 판단하는 전쟁에서는 4·19 총선 결과에 나타난 바와 같이 패배했다. 그후 노 대통령은 의회 내 과반수 이상의 의석을 차지한 열린우리당을 배경으로 과거사 청산과 국보법 폐지라는 이슈를 가지고 한나라당을 공격하고 있다. 이 공격은 한나라당의 탄핵에 대한 노 대통령의 반격이라고 볼 수도 있다. 노 대통령은 의회 내 전투에서 한나라당을 이길 수 있으나 국민들이 판단하는 여야 간의 전쟁에서는 질 수도 있다.

한국정치는 여야 간의 이와 같은 대결에서 하루 빨리 벗어나야 할 것이다. 한국의 여야 정치인들은 우리의 사회경제적 조건의 향상, 아직도 남아있는 하향식 정치과정의 청산, 정치제도와 조직의 안정화라는 과제를 달성하는 데 최대의 노력을 기울여야 할 것이다.

제27장

제17대 대선과 선진정치의 조건

제17대 대선을 보고 한국정치의 네 가지 과제가 다시 새롭게 생각났다. 첫째로 한국정치가 앞으로는 예측 가능해야 하고, 둘째로 정당정치를 확립해야 하고, 셋째로 공평한 심판질서를 수립해야 하고, 넷째로 우리 국민들의 정치의식이 높지만 보다 발전해야만 한다고 생각했다. 한마디로, 이제 한국정치도 선진정치로 발전해야만 된다고 생각했다. 이러한 과제를 실현하는 데에는 오랜 세월이 걸릴 것이다. 우리가 민주정치제도를 채택한 이래 수평적 정권 교체가 평화적으로 이루어지는 데 반세기가 걸린 것을 고려할 때 이러한 선진정치를 이룩하는 데는 또 하나의 반세기나 그 이상이 걸릴 수도 있다. 그러나 우리가 이러한 정치발전의 목표를 인내심을 가지고 추진하지 않으면 한국정치는 보다 오랜 기간 표류할 수도 있다. 정치발전의 목표를 국민적 과제로 확고하게 할 필요가 여기에 있다.

I. 예측 가능한 정치

2007년 12월 19일에 치러진 제17대 대선에서 한나라당의 이명박 후보, 무소속의 이회창 후보, 통합민주신당의 정동영 후보, 창조한국당의 문국현 후보, 민주당의 이인제 후보, 민주노동당의 권영길 후보는 각각 총투표자수의 48.7%, 15.1%, 26.2%, 5.9%, 0.7%, 3.0%의 득표를 하였다. 이명박 후보는 차점자인 정동영 후보의 두 배에 가까운 득표율로, 또 표수로 하면 531만 표의 커다란 차이로 이번 대선에서 승리하였다. 이러한 차이는 대통령 직선제가 복원된 제6공화국의 제13대(1987), 제14대(1992), 제15대(1997), 제16대(2002) 대선 때의 당선자와 차점자의 득표수 차이를 압도적으로 상회하는 표 차이이다. 특히 제15대와 제16대의 대선 때의 당선자와 차점자의 표 차이는 각각 39만 표와 57만 표로 근소하였고 이번 대선의 표 차이 531만 표를 이와 비교한다면 이명박 후보는 문자 그대로 압승을, 혹은 영어로 a landslide victory를 하였다고 말할 수 있다. 앞으로 계속 치러질 대선에서도 당선자가 이와 같이 큰 표 차이로 차점자를 이기는 것은 불가능하지 않나 하는 느낌이 든다.

정당과 후보자들을 정책적, 이념적 특성에 따라 구분하고 그 구분에 따른 표 차이를 보아도 그것이 압도적으로 크기는 마찬가지이다. 언론에서는 한국의 정치세력을 보수와 진보로 나누고 지난 10년간의 주요 야권세력을 보수로, 여권세력과 민주노동당을 진보세력으로 구분하고 있다. 그러나 이는 현실을 왜곡시킬 우려가 많은 구분법이다. 이러한 구분법은 보수세력에게서 진보의 가능성을 언어적으로 빼앗아 가는 수사학이다. 진보의 명칭은 역사를 명실공히 진보시키는 세력에게 부여해야 한다. 보수세력도 역사를 진보시키는 업적을 내놓는다면 진보세력이 되는 것이고, 언론에서 말하는 소위 "진보세력"도 역사를 진보시키지 못한다면 진보세력이 아니라 퇴보세력이 되는 것이다. 이렇게 볼 때 한국의 정치세력은 보수세력, 혹은 우파세력과 좌파세력으로 구분하는 것이 기존의 구분법보다 타당하다. 이러한 구분법을 이번 대선의 후보자들에게 적용한다면 필자는 이명박, 이회창 후보는 보수, 혹은 우파로, 정동영, 문국현, 이인제 후보는 중도좌파로, 권영길 후보는 극좌파로 분류하고 싶다. 이 경우 보수 후보들의 총득표율은 63.9%가 되고 좌파 후보들의 총득표율은 35.8%가 된다.

한나라당 이명박 후보의, 혹은 보수세력의 좌파세력에 대한 이와 같은 압승은 오래 전부터 예견된 일이었다. 각 언론사가 시행한 여론조사에 따르면 대통령 후보 경선이 있기 오래 전부터 이명박 후보는 대체로 일관되게 40% 이상의 지지를 받은 데 비해 정동영 후보는 5% 전후의 지지율을 기록하다가 대선 직전에도 15%를 약간 상회하는 정도의 지지밖에 받지 못했다. 또 누가 다음번 대통령이 될 것이냐는 질문에 대해 여론조사 응답자들은 압도적으로 이명박 후보가 될 것이라고 답변하였다. 이번 대선의 투표율은 63%로 제15대, 제16대 대선 때보다 각각 17.7%, 7.8% 낮았는데, 이러한 저조한 투표율은 국민들의 제17대 대선에 대한 이와 같은 예측과도 관계가 있다고 볼 수 있다. 누가 대통령이 될지 거의 확실한 선거는 누가 대통령이 될지 모르는 아슬아슬한 선거보다 투표참여율이 낮게 마련이다.

제17대 대선은 2007년 초 고건 전 총리가 대통령 불출마 선언을 한 이래 한나라당 후보의 일방적 게임이었다. 여권의 대통령 후보들 중에는 국민들의 지지율면에서 고 전 총리를 따라갈 만한 인물이 없었음에도 불구하고 여권세력, 혹은 중도 좌파세력은 정책적, 이념적으로 중도우파에 속하는 그를 후보로 추대하지 않았다. 그러나 어느 누구도 한나라당의 일방적인 우세에도 불구하고 한나라당의 승리가 확실하다고 말하지 않았고 중도좌파 여권의 승리 가능성이 낮은데도 불구하고 중도좌파 여권의 패배가 확실하다고 말하지도 않았다. 구미의 경우라면 보수파와 좌파 간의 여론 지지율 차이가 우리의 경우와 같이 크게 벌어졌다면 누구라도 보수파의 압승과 좌파의 참패를 예측했을 것이나 우리의 경우에는 그렇게 할 수 없었다. 예측을 가능케 하는 여론조사 자료를 가지고도 투표와 개표 전까지는 확실히 예측할 수 없는 것이 한국정치의 특성이었기 때문이다. 투표 직전에 우리가 예상하지 못한 어떠한 사태가 발생하여 대선 결과를 그때까지의 여론조사 결과와는 다르게 바꿔놓는 가능성을 배제할 수 없는 것이 한국정치의 현실이었기 때문이다.

제17대 대선에서 그 결과를 거의 확실하게 예측할 수 있는 조사자료를 가지고도 이를 자신 있게 예측하지 못하게 만든 요인은 선거구도, 사건이나 사이비 사건(psudo-event), 불상사의 세 가지로 나누어서 살펴볼 수 있다. 선거구도에서 원래 보수세력은 한나라당 하나였던 데 비해 여권은 열린우리당, 중도통합민주당, 그리고 "진보적 시민사회세력"으로 나누어져 있었다. 여권은 한나라당 경선 전에 손학규 전 지사를 빼오는 데 성공하였고 김대중 전 대통령은 그를 포함한 여권 후보들이 우선 후보 단일화를 하고 그 후보를 중심으로 새로운 통합정당을 창당할 것을 권고하였다. 그러나 여권의 후보 단일화는 먼저 이루어지지 못했고, 열린우리당의 대다수 의원들, 중도통합민주당의 대부분의 의원들, "진보적 시민사회세력"이 대통합민주신당을 창당하고 경선을 통해 정동영을 대통령 후보로 선출했다. 정동영 후보는 민주당의 이인제 후보, 창조한국당의 문국현 후보와 대선 직전까지 통합을 모색했다. 다른 한편, 보수 야권세력은 이회창 한나라당 전 총재가 대통령 후보 등록일을 불과 한 달 앞두고 탈당하여 무소속으로 대선에 출마하는 분열상을 나타내었다. 이명박 후보측은 이회창의 탈당과 출마에 긴장하지 않을 수 없었다. 그러나 중도좌파 여권은 대선 전날까지 통합하지 못했고 이회창 전 총재의 대선출마는 한나라당의 이명박 후보에게 큰 피해를 입히지 못하였다.

중도좌파 여권은 낮은 여론 지지율에도 불구하고 재집권의 희망을 버리지 않았고 또 한나라당 사람들을 포함한 많은 사람들이 그러한 가능성을 배제하지 않았다. 그 이유는 지난 제15대, 제16대 대통령 선거 때의 경험 때문이었다. 제15대, 제16대 대선에서 이회창 후보는 김대중 후보와 노무현 후보에 비해 대선 전 오랜 기간에 걸쳐 여론조사 지지율에서 훨씬 앞서 있었으나 결국은 근소한 표 차이로 패배하였다. 이회창 후보가 두 번 연속 패배한 원인은 여러 가지가 있겠지만 선거구도의 변화를 가장 큰 원인으로 꼽을 수 있다. 김대중 후보의 대선 승리는 이인제가 한나라당으로부터 탈당하여 대선 후보로 출마하고 박찬종이 그에게 합류하여 도와주었기 때문에 가능한 것이었다. 이인제 후보의 탈당이 없었더라면 김대중 후보는 당선되지 못했을 것이다. 노무현 후보의 대선 승리는 대선 막판에 월드컵 4강 신화를 만들어 낸 정몽준이 후보로 출마하고 노 후보와의 통합의례에 동의함으로써 가능한 것이었다. 정몽준이 갑자기 대선 후보로 뛰어들지 않았더라면, 그가 대선 후보로 뛰어들었더라도 노 후보와 통합의례를 치르지 않았더라면 노 후보는 당선되지 못했을 것이다. 다시 말해, 제15대, 제16대 대선에서 중도좌파세력은 선거구도를 그들에게 유리하게 만들어 내는 데 성공함으로써 결국은 대선에서 승리할 수 있었다. 중도좌파세력의 이와 같은 성공사례는 이번 대선에서 그들이 다시 역전극을 펼 수 있다는 가능성의 기반이 되었다.

두 번째로 어느 나라 선거에서든 대선 후보들은 각각 그들에게 유리하고 상대방에게 불리한 사건을 찾아내고 사이비 사건을 만드는 경우까지 있다. 이번 대선에서는 BBK 주가조작 사건과 김경준의 귀국이 가장 큰 사건이거나 사이비 사건이었다. 통합신당과 정동영 후보는 이명박 후보가 주가조작으로 투자자들에게 300억 원 이상의 피해를 입힌 BBK의 실소유주인지 아닌지의 여부는 이 후보의 지지율에 커다란 영향을 미칠 요인이라고 판단하였다. 정 후보측은 이 후보가 BBK의 실소유주이고 부패세력이라고 공격하였고 이 후보는 BBK와 관계가 없다고 주장하였다. 이러한 대치상태에서 김경준이 미국의 감옥으로부터 귀국하였다. 김경준은 지난 3년 동안 한국으로의 송환을 거부하고 있다가 대선을 한 달여 앞두고 귀국하였고 한나라당은 이것이 기획귀국이 아니냐는 의문을 제기하였다. 이회창 후보는 그의 한나라당 탈당과 대통령 선거 출마를 BBK 사건으로 인한 이명박 후보의 낙마 가능성에 대비한 것으로 합리화하기도 하였다. 그러나 검찰은 이명박 후보가 BBK와 관련해서 아무 혐의가 없다는 조사결과를 발표하였다. 정 후보측과 이회창 후보측은 이에 반발하였고 통합신당은 국회에서 이명박 특검을 발의하였다. 그러다가 대선 투표일을 3일 앞둔 시점에서 이명박 후보가 BBK는 자기가 만든 회사라고 말하는 광운대 강연 동영상이 나왔고 이명박 후보는 특검 수용을 발표함으로써 이에 대처하고 BBK와 관계가 없다는 것을 다시 강조하였다. 이명박 후보측은 대선 운동 기간 내내 이 사건 때문에 긴장하였고 동영상이 발표되었을 때에는 여론조사 지지율이 약간 떨어지는 경향을 나타내어 초긴장 상태에 들어가기도 하였다.

정동영 후보측이 이명박 후보의 BBK 관련설을 주장하는 것을 중요한 선거 전략으로 삼고 이명박 후보측은 이를 막는 데 최선을 다한 것도 과거 제15대, 제16대 대선 때의 기억 때문이었다. 제15대 대통령 선거는 당시 김대중 후보측이 이회창 후보 아들의 병역면제가 불법적 기피가 아니었느냐는 의문을 제기하여 이 후보의 지지율을 떨어뜨리는 데 성공한 선거였다. 이 후보의 아들이 병역면제를 받은 것은 사실이고 김대중 후보측이 이에 의혹을 제기한 것은 큰 문제가 없는 선거운동 방식이었다. 그러나 제16대 대선 때의 김대업의 폭로는 제15대 대선 때의 문제제기와는 다른 허위 폭로의 사이비 사건이었다. 김대업은 대선 직전에 이회창 후보측이 아들의 병역비리를 은폐하기 위한 대책회의를 하였고, 이 후보 부인이 병역관계자에게 돈을 주었다는 내용이 담긴 녹음 테이프도 공개하였다. 김대업의 이 두 폭로가 모두가 허위 조작이라는 것은 대선 후에 밝혀졌다. 그러나 김대업의 이와 같은 허위 폭로에 대해 당시 여당과 노무현 후보측은 이를 사실인 것같이 선전하고 TV 방송도 이를 검증 없이 뉴스로 내보냈다. 그 후 김대업의 변호사는 여당 공천을 받아 국회의원이 되었고 수사 검사는 나중에 검사장으로 승진했고 그의 폭로 바람을 일으키는 데 공헌한 언론계 인사는 TV 방송국 사장이 되었다. 김대업의 허위 폭로는 사실 여부와 관계없이 이회창 후보의 지지율을 떨어뜨리는 데 공헌하였다. 이회창 후보가 노무현 후보에게 작은 표 차이로 패배했다는 것을 고려할 때 김대업의 허위 폭로가 대선 결과에 중대한 영향을 미쳤다고 해도 과언은 아닐 것이다.

세 번째로 어느 나라 대선에서든 불상사가 일어날 수 있다. 후진국은 말할 것도 없고 미국의 대선에서도 후보에 대한 암살사건이 있고 우리나라의 경우에도 좌우 정치세력의 대립이 극심했던 해방 직후 3년간 정치적 테러가 횡행했다. 지난 지방선거 때에는 당시 한나라당 박근혜 대표가 테러를 당한 적도 있다. 북한은 대선이 있기 오래 전부터 한나라당을 "민족반역당"으로 맹렬하게 비난하였다. 한나라당 후보는 대선 직전에 테러를 당할지도 모른다는 유언비어도 나돌았다. 이러한 유언비어 때문인지는 몰라도 한나라당 의원들은 선거운동 기간 중 후보에 유고가 생길 때에는 대선을 연기한다는 입법을 추진하였으나 다수파 여당의원들의 동의를 얻어내는 데 실패하였다. 한나라당의 이명박 후보는 목숨을 걸고 이번 대선에 임한다는 말을 하기도 하였다. 또 대선 운동기간 중 총기 탈취 사건이 일어났고 이명박 후보는 유세일정을 일시 중단하기도 하였다. 대선 날 직전에 제1야당 후보에게 유고가 생기는 최악의 사태가 발생했다면 국민들의 정치적 선택권이 손상을 입고 한국 민주주의는 다시 위기에 처했을 것이다. 일어날 가능성이 희박했던 이러한 최악의 사태도 이번 대선결과의 예측을 주저하게 만들었던 요인들 중의 하나였다.

한국정치를 선진국 정치처럼 예측 가능한 정치로 발전시키기 위해서는 예측을 방해해 온 이상과 같은 요인들을 제거하거나 통제하는 방향으로 제도개혁을 해야 한다. 국민들의 정치의식이 발전한다면 한국정치는 제도개혁 없이도 그러한 방향으로 발전할 것이다. 이번 선거에서는 지난 번 두 번의 대선으로부터의 학습효과가 있어서 그런지는 몰라도 유권자들이 선거예측을 방해하는 요인들 때문에 크게 흔들린 것 같지 않다. 그러나 제도개혁을 한다면 예측 가능한 선진정치로의 발전이 보다 빨라질 것이다. 선거구도를 변화시켜 당선을 꾀하려는 시도를 막기 위해서는 대선 일차 투표에서 과반수에 가깝거나 그 이상의 득표를 하는 최다수 득표자가 없는 경우에는 최고 득표자 2명에 대하여 2차 투표를 실시하는 대선제도를 채택하면 될 것이다. 현재의 대통령 선거제도는 최다수 득표자가 그 득표율이 아무리 작더라도 당선되도록 되어 있는 결함을 가지고 있는 제도이다.

둘째로 대선 후보들이 서로 상대방의 부정부패와 비리를 들추어내어 공격하는 사건이나 사이비 사건에 대해서는 검찰과 사법기관이나 신문, 방송에서 이를 신속히 규명하여 그것이 사실인지 중상모략인지를 밝히는 역할을 해야 할 것이다. 그러나 이것은 어려운 일이다. 이번 BBK 사건에서 볼 수 있는 바와 같이 후보들이 검찰과 신문, 방송의 판단을 존중하지 않고 국민들의 이 기관들에 대한 신뢰도도 점점 떨어지고 있기 때문이다. 검찰, 사법기관, 신문, 방송은 국민 신뢰도를 높이기 위해 노력해야 할 것이다.

셋째로 대선 후보들을 안전하게 보호하고 대선 운동기간 중 후보에게 유고가 생길 경우에 대처하는 법을 만들어야 할 것이다. 이러한 법은 후보에 대한 테러나 암살의 위험성을 감소시킬 것이다.

이러한 제도개혁이 쉽지는 않을 것이다. 제6공화국 대통령 선거법에 이상과 같은 내용이 이미 포함되어 있었다면 대통령을 역임한 인사들 중 2, 3명은 대통령에 당선되기 어려웠을 것이라는 점을 생각하면 이러한 제도개혁이 앞으로 얼마나 큰 영향을 한국정치에 미칠 것인가를 구체적으로 실감할 수 있을 것이다. 이 제도개혁은 정권 획득을 꿈꾸는 인물들과 각 정당의 계산에 맞지 않을 경우에는 채택되기 어려울 것이다. 그러나 예측 가능한 정치를 위해서는 이러한 제도개혁이 필요하다는 것을 강조하고 싶다.

II. 정당정치의 확립

김영삼(YS), 김대중(DJ) 두 전직 대통령은 제1, 2공화국시대의 민주당, 제3공화국시대의 신민당에서 그들 각각의 정치경력을 서로 경쟁하면서 쌓았고 유신시대와 제5공화국시대에는 한국정치의 민주화를 위한 반독재투쟁에서 서로 협력하였다. 두 전직 대통령은 같은 정당, 혹은 같은 뿌리를 가지고 있는 정치인이었다. 그러나 두 사람은 1987년의 민주화와 대통령 선거를 계기로 분열하였다. DJ는 1987년의 대통령 선거 때에 YS가 이끌던 통일민주당을 그의 지지 세력과 함께 탈당하여 평화민주당을 창당하였다. 그 후 1990년 초 YS의 통일민주당은 김종필(JP)의 공화당과 함께 당시 집권당이었던 민정당과 합당하여 민주자유당이 되고, DJ의 평화민주당은 1991년 3월에 재야인사들을 영입하고 당명을 신민당으로 바꾸었고, 같은 해 9월에는 YS와 함께 민정당과 합당하기를 거부했던 이기택이 이끌던 소위 꼬마 민주당과 합당하고 당명을 민주당으로 또 바꾸었다. 1992년의 제14대 대선을 앞두고 정치권은 거대 여당인 민자당과 소수 야당인 민주당으로 정리되어 있었다.

그러나 제14대 대선은 민자당의 김영삼 후보와 민주당의 김대중 후보 간의 양파전이 아니라 여기에 통일국민당을 창당한 정주영이 가담한 삼파전이었다. 1987년의 제13대 대선에서 DJ가 YS와 결별한 것은 둘이 결별하고 노태우 후보와 삼파전을 벌이는 것이 그의 당선에 유리하다고 판단했기 때문인 것 같다. DJ는 보수세력이나 영남 세력의 분열 없이는 소수 세력인 호남을 지지기반으로 하고 있는 그가 당선되기 어렵다고 본 것이다. 제14대 대선의 정주영 출마도 보수세력의 분열을 가져올 것이므로 그에게는 유리하다고 보았을 것이다. 그러나 그는 두 대선에서 모두 패배하여 1992년 정계 은퇴를 선언하고 민주당은 명목적으로 이기택에게 맡겼다.

그러나 DJ는 1995년에 은퇴 선언을 번복하고 정계에 복귀하여 이기택이 명목적 총재로 있던 민주당의 국회의원들을 거의 전원 빼내어 새정치국민회의를 창당하였다. 그리고 1997년 제15대 대선에서는 JP의 자유민주연합과 연합하여 지지율을 높이고, 삼파전이 되어야만 이길 수 있다는 그의 판단이 맞아떨어져 대통령에 당선되었다. 그러나 김대중 대통령은 2000년 1월 그를 대통령 후보로 선출하고 당선시킨 새정치국민회의를 해산하고 이를 모태로 새천년민주당을 창당하였다. 새정치국민회의는 자민련과 대선 후에는 내각제 개헌을 추진한다는 약속을 하였는데 새정치국민회의의 해산으로 이 약속은 무산되었다.

2002년의 제16대 대선에서는 노무현이 당시 김대중 대통령의 도움을 받아 영남 출신이지만 호남 출신 후보를 물리치고 새천년민주당의 대통령 후보가 되었다. 이 역시 영남을 분열시키지 않으면 대통령 선거에 이길 수 없다는 당시 김 대통령의 계산에 근거한 것으로 볼 수 있다. 제16대 대선에서 노무현은 새천년민주당의 후보였지만 김대중 정부와 민주당과는 상당한 거리를 둔 선거운동을 하였다. 민주당 김대중 정부의 정책과 업적을 기본적으로는 계승하고 이에 대해 국민들의 심판을 구하는 자세는 찾아보기 어려웠다. 노무현은 대통령 당선 후 그를 선출하고 당선시킨 민주당을 떠나 열린우리당을 창당하였다. 새천년민주당의 경선 때 그를 지지한 의원들이 열린우리당으로 갔고 그를 반대한 의원들은 민주당에 그대로 잔류했다. 노무현 대통령이 창당한 열린우리당은 그의 탄핵을 주도한 한나라당과 민주당에 대한 호남과 충청지역 유권자들의 반발로 2004년 4월 총선에서 과반수 이상의 의석을 차지하였다. 그러나 노 대통령은 이러한 열린우리당과도 긴밀한 협조관계를 유지하지 못하고 점차 거리를 두게 되었다.

제17대 대선은 형식상으로만 본다면 여당이 없는 선거였다. 여당이었던 열린우리당이 2007년 중반부터 해체되기 시작했기 때문이다. 열린우리당 의원들이 순차적으로 탈당하여 그들은 소위 "시민사회대표들"과 함께 대통합민주신당을 2007년 8월에 창당하였다. 그 후 열린우리당 의원들은 거의 모두 이 당에 가담하였고 민주당은 의원들 중 5명, 즉 반수가 이 당에 합류하였으나 당으로서는 합당을 거부하였다. 통합신당은 그 의원들 중 거의 모두가 열린우리당 의원들이고 그 때문에 "도로 열린우리당"이라는 평을 받았으나 김대중 전 대통령까지 나서서 시민사회세력과 합친 새로운 정당이라고 주장하였다. 제17대 대선을 불과 네 달 앞두고 열린우리당 사람들이 이 당을 탈당하고 해체하여 그 대신 통합신당을 만든 것이다. 이 당의 정동영 후보는 열린우리당과 노무현 정부와는 별 관계가 없고 새로운 정당의 후보라는 이미지를 나타내려고 노력하였다.

제6공화국 들어 당을 창당하고 해체하고 또 창당하고 해체하고 또 창당하는 DJ의 정당운용 방식은 노무현 시대에도, 그 후 포스트 노무현 시대에도 반복해서 나타나고 있다. 2008년 1월 통합신당은 제17대 대선 전 한나라당을 탈당한 손학규를 대표로 선출했으나 오랜 기간에 걸쳐 한나라당의 혜택을 받은 인사라고 해서 반발하는 의원들도 많다. 한나라당은 이 경우보다는 낫다고 볼 수 있으나 한나라당도 민자당으로 출범한 이후 세 번째 당명이고, 지난 경선 때 분당되는 게 아니냐는 말도 나왔고, 이회창 세력이 탈당하여 자유선진당을 창당하였다. 한나라당은 2008년 2월 현재에는 4월 총선 공천문제로 당내 갈등을 보이고 있고, 공천에 탈락한 한나라당 의원들이 자유선진당으로 옮길 가능성에 대한 얘기도 나오고 있다.

민주주의는 시민들이 주체적으로 그들이 원하는 정책을 스스로 결정하고 이를 집행할 집행관을 선출하는 정치이다. 이것이 아테네의 직접민주주의 정치였고 아직도 민주정치의 이상형이다. 그러나 현대의 민주주의는 이러한 정치가 아니고 슘페터가 먼저 얘기했고 나중에 다운즈(A. Downs)가 보다 상세히 제시한 시장모델의 정치이다. 즉 정당들은 회사들이 상품을 만들어(경제)시장에 내놓고 경쟁하는 것과 마찬가지로 인물과 정강 정책을(정치)시장에 내놓고 경쟁한다. 시민들은 소비자로서(경제)시장에서 그들의 선호에 맞는 상품을 사는 것과 마찬가지로(정치)시장, 즉 선거에서 그들의 선호에 맞는 인물과 정강 정책을 제시하고 있는 정당에게 투표를 한다. 회사들과 소비자들이 모두 이기적 행위자들인 것과 마찬가지로 정당들과 시민들도 모두 이기적 행위자들이다. 회사들 간의 경쟁에서 소비자들의 이익이 보호될 수 있는 것과 마찬가지로 정당들 간의 경쟁에서 시민들의 이익이 보호된다. 루소가 말하는 일반의사나 공동선은 실제로는 없다. 그러한 결과가 나온다면 그것은 어디까지나 이기적인 정당들 간의 경쟁과 이기적인 시민들의 선택에서 부수적으로 나올 뿐이다.

구미의 민주주의는 그 현실에 있어 슘페터식 민주주의이나 아테네식 직접민주주의나 참여민주주의를 부정하고 있지 않다. 직접민주주의나 참여민주주의는 바로 소개한 슘페터식 민주주주의가 가지고 있는 한계를 보완하는 방도로 구미에서는 중요한 의미를 가지고 있다. 첫째로 (정치)시장은 (경제)시장과 같이 완전자유시장이 아니고 항상 과점적인 시장이다. 물론 (경제)시장도 완전자유시장은 아니지만 독과점을 금하는 공정거래법을 가지고 있다. 이에 비해 (정치)시장은 정당들에 대한 국고보조금과 같은 과점시장을 오히려 보호하는 법을 가지고 있다. 구미의 시민들 중에는 그들의 선택권이 여기서 제한되기 때문에 이를 극복하기 위해서 주체적이고 적극적인 자세로 정치에 참여해 정당들의 (정치)시장 과점을 막아야 된다고 생각하는 시민들이 상당수 있다. 둘째로 시민-유권자들은 항상 선택을 하는 시장의 소비자들과는 달리 몇 년에 한 번씩밖에 선택을 할 수 없다. 구미의 시민-유권자들 중에는 이러한 선택방식으로는 그들의 이익을 충분히 보호할 수 없으므로 선거 때가 아닌 보통 때에도 그들의 선호를 항상 나타내야만 된다고 생각하는 시민들이 많다. 셋째로 소비자들의 선호가 회사들의 적극적 광고공세에 의해 지배될 수 있는 것과 마찬가지로 시민들의 정치의식도 정당들의 선전활동에 의해 지배될 수 있다. 다시 말해, 시민들은 정치적으로 허위의식을 가질 수 있다. 구미의 시민들 중에는 이러한 지배를 막고 허위의식을 깨뜨리기 위해서도 정치에 대해 적극적이고 참여적인 자세를 가져야 한다고 생각하는 시민들이 상당수 있다. 구미의 민주주의는 슘페터식 민주주의이나 그 한계를 참여민주주의가 보완해 주는 민주주의라고 볼 수 있다.

한국 민주주의는 정당의 유동성으로 그 장점이 훼손되고 있는 슘페터식 민주주의라고 말할 수 있다. 구미의 정당들은 회사들이 보다 훌륭한 상품을 출시하여 회사의 브랜드 가치를 축적해 온 것과 마찬가지로 보다 훌륭한 지도자들을 선출하고 보다 좋은 정강 정책을 제시하여 정당의 브랜드 가치를 축적해 왔다. 소비자들이 회사 이름만 보아도 그 회사상품의 질을 짐작할 수 있는 바와 같이 구미의 시민들은 정당의 이름만 보아도 그 정당의 정치적 성격을 알 수 있다. 한국의 경우에도 삼성이나 LG 같은 회사들은 과거와는 비교가 안 될 정도로 좋은 상품을 출시하여 그 브랜드 가치가 상당히 높아졌다. 그러나 한국의 정당들은 이와 같은 브랜드 가치가 없다. 인물과 정강 정책은 같은 데 이를 내놓는 정당만 자주 바뀌었기 때문이다. 이는 마치 같은 상품을 가지고 A 회사로 팔다가 안 팔리면 B 회사로 바꾸어 팔고, B 회사로도 안 팔리면 C 회사로 바꾸어 파는 것과 같다. 좀 더 과장해서 표현한다면 같은 상품을 포장지만 자꾸 바꾸어서 시장에 내놓는 것과 같다. 소비자들은 혹시나 해서 같은 상품이지만 다른 회사 이름으로 나왔거나 다른 포장지로 포장되어 있는 상품을 한두 번은 구매할 수도 있다. 정치인들은 이러한 요행을 목표로 해서 그들이 속한 정당의 이름을 바꾸고 재창당하는 것이다.

제17대 대선은 이미 지적했지만 여태껏 집권해 온 세력이 이 세력과의 관계를 부인하는 자세로 한나라당과 대결하였다. 양 세력 간의 정책대결도 우리나라 선거사상 가장 약했다. 이번 대선은 한나라당 후보에 대한 네거티브가 강했던 선거였다. 한나라당의 이명박 후보가 노무현 정부의 정책을 모든 면에서 크게 바꾸는 공약들을 가지고 국민들에게 호소했지만 그의 반대자들이 이를 문제삼는 데 실패한 선거였다. 대선 결과로 볼 때 우리나라의 유권자들은 슘페터식으로 투표했다고 볼 수 있으나 그 과정은 제6공화국의 역대 대선 중 가장 문제가 많았다고 말할 수 있다.

정당들과 정당체계의 안정성이라는 점에 있어 제6공화국은 제1, 3공화국보다 후퇴했다고 볼 수 있다. 대체로 제1공화국 12년간은 자유당과 민주당의 대결시대였고 제3공화국 9년간은 민주공화당과 신민당의 대결 시대로 국민들은 선택지들이 무엇인지 대선 오래 전부터 확실히 알고 있었으나 제17대 대선에서는 그 선택지들이 무엇이 될지에 대해 선거 2, 3개월 전까지도, 엄격히 말하면 선거 2, 3일 전까지도 확실히 알 수 없었다.

김대중 정부 출범 이후부터 정당은 유동화되었으나 시민단체는 강화되기 시작했다. 김 대통령은 경제정의실천시민연합(경실련) 등 시민단체 출신들을 청와대 경제수석과 농림부 장관, 각종 대통령 자문위원회 위원 등에 임명하였다. 그는 2000년에는 "비영리민간단체 지원법"을 만들어 시민단체들을 재정적으로 지원하기 시작했다. 참여연대를 비롯한 전국 412개의 시민단체들은 같은 해 총선시민연대를 결성해서 낙천 낙선운동을 벌였고 낙선 대상자 86명 중 59명을 낙선시켰다. 2002년 여중생 2명이 미군 장갑차에 치여 숨진 후에는 250여개 시민단체들이 범국민대책위원회를 구성하여 광화문에서 연일 촛불 집회를 벌였고 이때 형성된 반미 무드는 노무현 후보의 당선에도 공헌하였다. 노무현 대통령도 취임 후 시민단체 출신들을 계속 정부 공직에 임명하였고 보다 적극적인 지원정책을 채택하였다. 우리가 잘 아는 한 시민단체는 그 출신들이 310개의 공직을 맡았다는 통계도 있다. 시민단체가 비정부단체(NGO)가 아니라 신관변단체라는 비판도 나왔다. 시민단체들은 노무현 후보의 대통령 당선에도 크게 공헌하였고 그 후 탄핵반대운동, 미군기지 이전 반대운동, 통일운동 등의 각종 정치운동에도 리더십을 제공하였다. 2004년 총선에서는 여야당이 모두 시민단체 출신들을 의원 후보로 지명해야 될 정도로 시민단체의 정치적 영향력은 높아졌다.[1)]

그 간 시민단체들의 주도권은 대체로 좌파들이 가지고 있었다. 제17대 대선에 가까워져서는 이러한 좌파 시민단체들에 대항하는 보수적 시민단체들도 많이 조직되었고 그들은 한나라당의 이명박 후보의 당선에 공헌하였다. 이들 보수 시민단체 출신들이 이명박 정부 시대에 얼마나 많이 기용될지, 또 앞으로 얼마나 많은 재정적 지원을 받을지는 아직 모른다. 여기서 필자가 문제로 지적하고 싶은 것은 공익추구를 목표로 하는 시민단체들이 정치적으로 나뉘어져서 각각 좌파세력과 보수세력을 지지하는 역할을 하고 있고, 이러한 시민단체 세력과 정치세력의 관계가 아주 밀접하다는 것이다. 이러한 특성 때문에 시민단체가 공정한 입장에서 공익을 추구하기보다는 정치세력에 종속적인 역할밖에 못하고 있는 것은 아닌가 하는 우려가 나오고 있다. 구미에서도 시민단체들의 활동은 활발하다. 그러나 그들은 비당파적인 성격을 가지고 있는 경우가 많고, 그 출신들이 정계나 공직에 진출하는 예는 드물고, 그들의 재정은 대부분 일반 국민들의 기부금으로 충당하고, 좌우의 정치적 색깔이 있더라도 우리의 경우와 같이 정치세력과 밀접한 관계를 가지고 있지는 않다는 특징을 가지고 있다. 구미의 시민단체와는 성격이 다른 한국의 시민단체들이 과연 슘페터식 민주주의의 한계를 보완해 주는 역할을 할 수 있는지에 대해서 긍정적 답변만을 하기는 어렵다.

한국 정당의 유동화 현상이 제6공화국시대에 들어와 더 두드러지게 나타난 이유는 어디에 있는가? 우선 대통령 단임제가 이러한 유동화 현상을 뒷받침하고 있다. 현직 대통령은 대선 후보가 될 수 없기 때문에 대통령이 아닌 여당 후보는 임기 말의 인기 없는 대통

1) 『동아일보』, 2008년 1월 4일, A5면.

령과는 가능한 한 거리를 두는 전략을 선택하게 되는 것이다. 그리하여 후보는 현직 대통령이 만든 여당의 존재를 최소화하거나 이를 아예 해체하고 새 정당을 만드는 것이다. 현직 대통령이 차기 대통령 후보가 될 수 없기 때문에 대통령과 야당 후보 간의 철저한 정책 검증과 대결도 일어나지 않는 것이다.

둘째로 TV, 인터넷, 휴대폰과 같은 통신수단의 비약적 발전은, 다시 말해, 정보화 사회의 도래는 정치적 통신수단으로서의 정당의 역할을 크게 약화시키고 있다. 과거의 선거는 정당의 조직과 당원들에 의존했다. 그러나 오늘날의 정치인들은 당 조직이 약하고 당원들이 많지 않아도 정보화 사회의 통신수단을 이용하여 얼마든지 선거운동을 할 수 있다. 정치인들은 성공하기 위해서는 당 조직도 잘 이용해야 하지만 정보화 사회의 통신수단들을 잘 이용할 줄 알아야 한다.

그리하여 유럽의 대중정당들은 그 당원수가 대폭 감소하였고 구미의 대부분의 정당들은 전문가 정치인 정당의 형태로 변모하고 있다. 그러나 구미에서는 정당들의 제도화 수준이 높고, 국민들 중 당과 자신을 일체화하는 당원들의 수는 당원 감소현상에도 불구하고 일정 수준을 유지하고 있다. 미국 정당이 조직 수준이 유럽 정당들보다 약하고 열성당원들의 수도 유럽보다 적다고 하지만, 아직도 상당수의 미국 국민들이 공화당원이라든가, 민주당원이라는 의식을 가지고 있다. 우리나라 국민들은 정당에 대해 높은 불신감을 가지고 있고 정당에 가입하기를 무척 꺼린다. 대부분의 당원들은 국회의원이나 의원 후보들에 의해 동원된 당원이라고 보아도 무방하다. 한국의 정당들은 이러한 상황에서 정보화 사회의 도래를 맞아 더욱 약화되고 있는 것이다.

셋째로 현재의 정당법은 정당의 제도화보다는 정치인들과 의원들 개개인의 이익을 보호하는 정당법이다. 제3공화국의 정당법은 정당의 후보가 아니면 총선이나 대선의 후보가 될 수 없고, 의원이 탈당을 하면 의원직을 잃게 되어 있었다. 제6공화국의 정당법에는 이와 같은 규정이 없다. 제17대 국회에서는 지역구 242명 중 136명이 당적을 옮겼고, 그 중 당적을 다섯 차례 변경한 의원 수는 21명, 네 차례, 세 차례, 두 차례, 한 번 변경한 의원 수는 각각 2명, 7명, 71명, 35명이었다.[2] 현재 정당법과 선거법은 당내 경선에서 탈락한 자는 대선 후보로 등록할 수 없도록 규정하였으나 이러한 규정도 제17대 대선 직전 이회창 전 한나라당 총재의 탈당과 대선 출마에 나타난 바와 같이 그 의미를 상당히

2) 『동아일보』, 2007년 12월 24일, A3면.

잃게 되었다. 대선 후보들은 정당의 후보가 아니라도 선거에서 총투표자들의 15% 이상의 지지만 받으면 국가로부터 선거비용을 거의 모두 환급받도록 되어 있다. 이러한 법도 후보 난립을 조장할 뿐만 아니라 정당의 필요성을 감소시키는 법이다.

또한 정당법은 시도 단위 정당의 기초조직인 지구당을 비용이 많이 든다고 해서 2004년 개정을 통해 폐지하였다. 그러나 지구당 조직 없이 의원들이 정치활동과 선거운동을 하기 어렵기 때문에 이 법은 국회의원 선거구 및 시, 군, 구별 또는 읍, 면, 동에 사무소는 둘 수 없으나 당원협의회를 둘 수 있도록 2005년 개정되었다. 단 선거 때에는 선거전 120일부터 선거후 30일까지 구, 시, 군마다 1개소의 정당선거사무소를 설치하여 소장 1인과 2인 이내의 유급직원을 둘 수 있도록 하였고 대선 때에는 선거전 240일부터 선거사무소를 차릴 수 있게 하였다. 현재의 정당법은 정당이 항상 활동하는 것이 아니라 선거 때에만 최소한의 수준으로 활동하는 정당의 최소 활동주의를 채택하고 있다.

현재의 정치자금법에서는 중앙당과 시도당이 재정적 후원회를 둘 수 없다. 국회의원, 대통령선거 당내 경선후보, 국회의원 선거 후보 및 예비후보, 중앙당 당대표 경선후보, 시도지사 후보만이 재정적 후원회를 둘 수 있다. 이 법은 정당을 재정적으로 튼튼하게 만들기보다는 정치인들 개개인을 재정적으로 튼튼하게 만드는 법인 것이다.

정당법은 정당을 언제든지 창당할 수 있게 하여 대선을 얼마 남겨두지 않고도 정당을 급조할 수 있는 길을 열어 놓았다. 선거를 앞두고 어느 정당의 지지율이 아주 낮다면 그 정당을 없애고 다른 정당을 창당할 수 있게 된 것이다.

한국의 대선 후보들은 선거일 2개월 전까지만 후보등록을 하면 되고 각 정당은 그 전까지만 후보를 선출하면 되고 무소속 출마자도 그때까지만 출마 여부를 결정하면 된다. 이러한 대선 일정으로 각 정당과 무소속 출마자들은 대선 2개월 전까지 이합집산과 합종연횡을 시도하고, 심지어는 후보등록이 끝난 다음에도 대선 투표일 전날까지 이와 같은 시도를 계속하고 있다. 이러한 시도들이 정당과 정당체계를 불안정하게 만들고 있다.

당내 경선을 당원뿐만이 아니라 비당원들도 참여할 수 있게 한 정당법 조항도 정당의 약화를 초래하는 조항이다. 제17대 대선에서 통합신당은 완전개방 국민경선의 결과와 여론조사 10%를 반영하는 방식의 경선을 실시하였다. 한나라당은 대의원, 당원 및 일반국민을 20%대 30%대 30%로 혼합한 선거인단 투표와 여론조사를 20% 반영하는 방식의 경선을 실시하였다. 경선의 실제 내용은 국민경선이라기보다는 유력 후보들이 그들을 지지하는 국회의원들을 통해 동원한 당원들과 국민들에 의한 선거였다. 당내 의원들과 유력자들은 당내 경선 때 대선 후보별로 분열하게 되고 대선 후에도 이 분열은 지속된다. 제16대 대선 후 민주당과 열린우리당의 분열이 이러한 예이고 제17대 대선 직후 한나라당의 공천문제 갈등도 이러한 대선 전 분열에서 나오는 문제이다. 이러한 분열은 정당의 분열과 유동화를 야기하고 있다. 경선 방식과 여론조사 반영은 이러한 문제 외에 민주주의의 원칙과 정신에 맞지 않는다는 문제점도 가지고 있다.

민주주의가 역사상 두 번째로 나타나기 시작한 18세기에 정치이론가들은 정당이 정치인들의 이기심 때문에 파당화될 수밖에 없다고 하여 정당 정치를 반대하는 의견을 피력하였다. 그러나 정치는 정치가들이 모여서 할 수밖에 없는 것이고 정당을 통해서 할 수밖에 없다. 다른 대안이 없는 것이다. 이익집단, 시민단체, 국민 개개인들이 정치에 아무리 적극적으로 참여한다 해도 정당이 없이는 민주정치의 원활한 운영이 어렵다. 구미 각국은 정당이 제도화되어 있고 정당 중심의 정치를 하고 있다. 우리나라는 오랫동안 정당 중심이 아니고 인물 중심의 정치를 해왔고 제6공화국의 정당법은 그러한 인물주의 원칙이 가장 잘 반영된 법이다. 이 법은 제6공화국의 정치인들이 정당을 제도화하고 그 역할을 강화하겠다는 중장기적 비전 없이 그들 개개인의 당선이나 비용절감과 같은 단기적 목표에만 집중한 결과로 나온 법이다.

한국정치에서 정당을 제도화하고 강화하기 위해서는 첫째로 대통령 단임제에서 중임제로의 개헌이 필요하다. 정당 정치의 발전을 위해서는 의원내각제가 더 적합하나 대통령중심제는 지난 60년 동안 우리에게 친숙한 통치제도라는 장점을 가지고 있다. 우리가 대통령중임제를 가졌더라면 제17대 대선에서 여권이 현 정권을 뒷받침한 여당이었던 열린우리당을 해체하여 신당을 만들지 않았을 것이다. 또 후보로서의 현직 대통령과 야당 후보 간에 정책토론은 훨씬 더 현실적이고 철저한 토론이 되었을 것이다. 또 노 대통령은 집권 후반기에 열린우리당과 관계가 멀어지고 연정 주장에서와 같이 당정 협의 없는 통치를 하였는데 이러한 일도 벌어지지 않았을 것이다. 노무현 대통령은 야당뿐만 아니라 열린우리당도 반대한 정책인 기자실 폐쇄를 대선 기간 중 강행해서 여권 후보에게 피해를 입혔다고 보는데 이러한 일도 일어나지 않았을 것이다. 노 대통령의 대미정책, 대북정책, 부동산 정책 같은 것을 볼 때 그는 국민 여론을 심각하게 고려하지 않고 그 자신의 뜻대로 정책을 밀어붙인 것 같은 인상을 주는데 이러한 일도 나타나지 않았을 것이다.

그러나 대통령중임제도 단임제와 마찬가지로 정당의 제도화를 방해할 수 있다. 대통령은 막강한 권력을 가지고 있고 그를 향한 vortex 현상 때문에 여당의 인사나 운영에 개입한다면 그의 뜻대로 할 수 있다. 그의 의사가 정당의 인사와 운영의 규칙이 된다면 이는 정당의 제도화와는 배치된다. 대통령이 정당의 제도화에 공헌하기 위해서는 여당이 당의 인사규칙과 운영규칙에 따르도록 독려해야 될 것이다. 물론 이 경우 여당에 대한 그의 지배가 약화될 것이나 그렇게 하지 않는다면 정당은 구미의 경우에서처럼 제도화되지 못할 것이다. 대통령의 여당 지배와 당의 제도화와는 어느 정도의 모순관계가 있다는 것이 한국정치의 딜레마 중 하나이다.

둘째로 정보화 사회의 도래와 정치적 통신수단의 발달로 인한 정당의 필요성 약화현상은 피할 수 없다. 그러나 정치적 통신수단이 정당을 대체할 수는 없는 것이다. 후보와 정당은 정보화 사회의 통신수단을 이용하여 국민들과 의사소통을 하고 그들의 이익을 반영하는 정치를 하도록 노력해야 할 것이다. 제16대 대선에서 노무현 후보와 그의 당은 인터넷과 휴대전화를 적극적으로 이용한 반면 이회창 후보와 한나라당은 이러한 수단의 이용을 소홀히 하였다. 제17대 대선에서는 이명박 후보와 한나라당도 이러한 통신 수단을 충분히 이용하였다. 인터넷 접속 횟수나 UCC 동영상 보유에 있어 이 후보와 한나라당이 정동영 후보와 통합신당을 훨씬 앞섰다. 제16대 대선에서는 인터넷과 휴대폰이 대선 결과를 결정한 중요한 변수였으나 제17대 대선에서는 그렇지 못했다. 제17대 대선에서 네티즌들의 이러한 수단의 이용 빈도는 제16대 대선 때보다 비교가 되지 않을 정도로 낮았다. 이를 이용한 선거운동의 신선감이 5년 전보다 떨어지고 후보에 대한 평가가 대선 오래 전에 이미 내려졌기 때문에 네티즌들이 과거와 같은 관심을 기울이지 않았다고 볼 수 있다.

다른 한편, TV, 인터넷, 휴대폰을 이용한 선거운동이 아무리 중요하다 해도 그것이 면대 면 접촉의 선거운동을 대신할 수 없다. 유권자들이 후보와 면(面) 대 면의 접촉은 없이 통신수단을 통해서만 접촉한다면 후보의 실상이 아니라 허상만을 알게 될 위험성이 있다. 정당은 유권자들의 후보와의 면 대 면 접촉을 촉진하는 수단이다. 현재 선거법은 후보와 유권자들의 면 대 면 접촉을 그것이 금권선거의 주범이라고 해서 가능한 한 금하고 있는데 이에 대해서 재고할 필요가 있다.

셋째로 정당법을 정당의 제도화에 공헌하는 방향으로 개정해야 한다. 제3공화국시대와 같이 정당의 후보만이 공직 선거의 후보가 될 수 있고 탈당하면 의원직을 잃는 제도를 다시 고려해 보아야 한다. 정당의 지구당 제도를 부활하고 중앙당과 시도당이 재정적 후원회를 두는 제도도 다시 고려해 보아야 한다. 정당의 창당은 대선 6개월이나 1년 전에는 불허하는 제도도 고려해 보아야 한다. 대선 후보등록 일정과 각 당의 경선일정을 6개월 정도 앞당기고 후보등록 후에는 이합집산과 합종연횡을 금지하는 제도도 고려해 보아야 한다. 그렇게 하지 않으면 앞으로도 제17대 대선에서와 같이 정당과 무소속 후보들이 정책대결보다는 이합집산과 합종연횡에 더 큰 관심을 기울일 가능성이 크다. 당은 동원된 당원이 아니라 그 당을 지지하는 진짜 당원들을 확보하려는 노력을 기울여야 하고 당내 경선제도도 정당의 제도화와 민주주의 원칙이라는 관점에서 재고해야 한다. 그리고 한번 정한 규칙은 경선에 가까이 와서는 개정하지 못하도록 하는 제도도 고려해 보아야 한다. 또 이러한 제도개혁은 공정성 확보를 위해서도 대선이나 총선 가까이가 아니라 이와 가능한 한 멀리 떨어져 있는 시기에 미리 해야 할 것이다.

III. 공정한 심판질서의 수립

민주정치는 복수의 정당들과 후보들이 권력을 장악하기 위해 선거를 통해 경쟁하는 정치이고 이러한 경쟁에는 공정한 심판이 필요하다. 이러한 역할을 하는 조직으로는 여러 기관이 있지만 신문과 방송은 특히 중요하다. 신문과 방송은 후보들의 정책, 능력, 도덕성 등에 관한 여러 가지 정보를 국민들에게 제공하고 그들을 평가한다. 신문과 방송이 그들을 어떻게 보도하고 평가하는가는 국민들의 투표에 커다란 영향을 미친다. 제17대 대선의 각 후보 캠프에는 주요 신문사와 방송사 출신 인사들이 대거 참여해서 후보들이 신문과 방송으로부터 좋은 보도와 평가를 받도록 노력하였다. 후보들도 신문과 방송의 간부들과 기자들을 만나는 데 적지 않은 시간을 할애하였다. 그러나 신문과 방송은 선거 때에 정당들과 후보들 측으로부터 어떠한 부탁을 받든 간에 이에 좌우되지 않고 공정하게 보도하고 평가한다는 신뢰감을 국민들에게 주어야 한다.

한국에서 여론을 형성하는 데 중요한 신문은 『동아일보』, 『조선일보』, 『중앙일보』의 세 신문이다. 『한겨레신문』이 진보적인 신문으로서의 특성을 유지하고 있으나 발행부수로 볼 때 그 영향력은 이 세 신문에 미치지 못한다. 『동아일보』와 『조선일보』는 우리가 일본 식민지로 있을 때 창간된 역사가 오래 된 신문이다. 이 시기에 두 신문은 한편으로는 일본제국주의에 협력하면서, 다른 한편으로는 민족독립운동도 제한된 범위에서 지지하는 이중적 성격을 가지고 있었다. 두 신문이 일제시대에 살아남기 위해서는 이러한 성격을 가질 수밖에 없었겠지만 이러한 이유로 두 신문에 대해서는 친일을 했다는 비판이 따라다닌다. 『중앙일보』는 박정희 정권 때 삼성 재벌이 창간한 신문이었고 당시에는 삼성의 비리사건을 옹호해서 비판의 대상이 된 적도 있다. 『동아일보』와 『조선일보』는 제1공화국부터 제3공화국시대 말에 이르는 기간 동안에는 정치권력을 비판하고 견제하는 역할을 비교적 잘 하였다. 제4공화국 유신시대에는 동아와 조선의 기자들이 군부독재에 항거하는 운동을 벌여 동아는 광고탄압을 받기도 하였다. 그러나 동아와 조선은 제4, 5공화국의 군부독재시대를 통해 한편으로는 권력을 비판하고 견제하는 자세를 유지하면서도, 때로는 군부독재권력을 묵인하거나 인정하였다. 또 전두환 장군의 군사정부는 동아로부터 동아방송을, 삼성으로부터 동양방송을 각각 빼앗고 언론탄압을 했지만 그의 집권 시기에 동아, 조선, 중앙일보의 세 신문은 사세를 비약적으로 발전시킬 수 있었다. 이 때문에 김대중 시대에 들어와서부터는 조중동(朝中東)이 군부독재권력에 협력했다는 비판이 나왔다.

제6공화국에 들어와 조중동은 김대중 정부와 갈등을 빚기 시작했다. 특히 조중동은 김대통령의 대북 햇볕정책에 대해 많은 문제를 제기하였다. 김대중 정부는 2001년 언론사 세무조사를 실시하고 언론사도 세무조사의 성역이 될 수 없다는 점을 강조했으나 조중동은 이를 조중동 길들이기라고 비판하였다. 조중동은 노무현 정부와는 김대중 정부 때보다 더 심한 갈등을 빚었다. 조중동은 노무현 정부에 대해 매우 비판적인 자세를 유지했고 노 대통령은 이에 대한 불만을 노골적으로 나타내고 조중동을 비판하였다. 노무현 정부는 2005년 조중동이 반대하는 신문법을 제정하고 신문발전위원회와 신문유통원을 발족시켰다. 그리고 2007년에는 이미 지적했지만 정부 각처의 기자실을 폐쇄하였다. 신문법은 17조에서 시장점유율 합계 60% 이상인 3개 신문사는 독점규제 대상이 된다고 규정하고, 34조 2항 2호에서는 시장지배적인 신문사는 이 위원회가 관리하는 신문발전기금의 지원을 받지 못한다고 규정하고, 16조에서는 신문사들은 신문발전위원회에 매년 유료발행부수, 구독수입, 광고수입, 자본내역, 주식변동상황 명세서 등을 제출하도록 규정하고 있다. 헌법재판소는 2006년 6월에 34조 2항 2호는 위헌이라고 판결했지만 이 기금의 혜택은 조중동이 아닌 신문들이 많이 받았다. 조중동은 신문사 내부에 관한 자료 중 일부를 신문발전위원회에 제출하지 않아 발전위로부터 신문법을 위반하고 있다는 압력을 받기도 하였다. 신문유통원은 신문의 공동배달을 위해 만든 기구이다. 유통원은 국고로부터 2006년 100억 원, 2007년 350억 원의 지원을 받아 총 363개의 공동배달센터를 만들었다. 공배센터는 신문배달이 어려운 산간 오지나 도서 벽지까지 신문을 배달하도록 한다는 명분을 가지고 있으나 현재 실제로는 수도권에 집중되어 있다.[3)]

제17대 대선에서 조중동이 특별히 어느 한 후보를 아주 편파적으로 지지했다거나 반대했다는 주장은 나오지 않고 있다. 그러나 조중동이 한나라당 후보 쪽으로 기울어져 있었다거나 경선 때에도 어느 특정 후보를 지지했다는 얘기는 나오고 있다. 조중동의 이러한 특성은 신문이 대체로 야당보다는 여권을 비판하는 경향이 있고, 조중동이 신문법 폐지를 주장하고 한나라당이 이에 동의하고 있다는 점 등에서 나왔다고 볼 수 있다.

방송은 KBS, MBC, SBS가 여론 형성에 주도적인 역할을 하고 있다. KBS는 1948년 국영방송으로 출범하였고 1973년부터 공영방송이 되었으나 군부독재시대에도 민주화 시대에도 공히 집권세력의 대변인 역할을 하였다. MBC는 1961년에 민간방송으로 설립되었고 1987년 민주화 이후 공영방송이 되었으나 MBC도 KBS와 같은 정치적 특성을 나타내고 있다. SBS는 1990년에 설립된 민간방송이나 전파사용 허가를 정기적으로 갱신해야 하기 때문에 권력의 영향으로부터 자유로운 처지에 있지 않다. KBS와 MBC는 둘 다 군부독재시대에 군부독재를 선전하는 데 적극적 역할을 하였다. 제5공화국시대에는 KBS와 MBC 뉴스 시간에는 전두환 전 대통령을 부각시키는 뉴스가 너무 많이 나와 시청자들이 뉴스 시간만 되면 TV를 끄는 경향까지 있었다. 그러나 KBS와 MBC는 1987년 민주화 이후에도 친정부적인 자세를 그대로 유지했다.

KBS와 MBC는 김대중, 노무현 대통령시대에는 그들의 정치노선에 충실한 코드 방송을 하였다. MBC는 1999년부터 7년여 방영한 "이제는 말할 수 있다"와 "PD 수첩" 등을 통해 제주 4・3 사건, 보도연맹 사건, 국가보안법 문제, 한국전쟁, 친일파 문제 등을 다루고 기존의 과거사 해석에 문제를 제기하는 방송을 하였다. 2001년부터는 "미디어 비평"을 통해 언론의 논조를 비판하기도 하였다. 제16대 대선 때에는 KBS와 MBC는 노무

---

3) 『조선일보』, 2008년 1월 10일, A4면.

현 대통령이 취임 직후 "방송이 아니었으면 어떻게 대통령이 됐겠느냐"고 말할 정도로 노 후보에게 유리한 방송을 하였다. KBS는 2003년 현 사장이 취임한 이후 "미디어 포커스", "한국사회를 말한다", "인물현대사" 등을 통해 바로 소개한 MBC 스타일과 비슷한 방송을 하였다. 2004년 노무현 대통령이 국회의 탄핵을 받은 날에는 14시간의 생방송을 통해 이를 반대하는 목소리를 집중적으로 방송했다. 탄핵방송을 분석한 한국언론학회의 보고서는 이 방송이 "아무리 느슨한 기준을 적용해도 편파적"이라고 지적했다. 같은해 "미디어 포커스"는 북한의 혁명가인 적기가(赤旗歌)를 배경음악으로 내보냈고, 2005년 "생방송 시사투나잇"은 평택 미군기지 반대시위를 보도하면서 시위대의 주장만을 일방적으로 방송했고, 2006년 현충일에는 한국전쟁 때 북한을 멸망 직전에 구출해 준 마오쩌둥의 대장정을 다룬 다큐멘터리를 방영했다.[4)]

제17대 대선에서 KBS와 MBC가 어느 한 후보를 아주 편파적으로 지지하는 방송을 했다는 주장은 나오지 않았다. 그러나 자질검증을 하는 데 있어 한나라당 후보에게 여권 후보에게 보다 훨씬 많은 시간을 할애했다든가 등의 논란이 일고 있다. 제17대 대선에서는 조중동은 대체로 야당 후보에 유리하게 보도한 반면 KBS와 MBC는 여권 후보에 유리하게 작용하지 않았나 하고 보는 것이 일반적인 평가이다.

선진 민주주의 국가에서 신문의 공정성은 언론의 자유시장이라는 원칙으로 유지된다. 여러 종류의 많은 신문들이 독자들을 끌기 위해 서로 자유롭게 경쟁하는 사회에서는 어느 특정 신문이 아무리 편파적이라고 해도 전체적으로는 언론의 공정성이 유지되는 것이 언론의 자유시장 원칙이다. 신문시장에의 국가 개입은 그것이 언론의 왜곡을 초래할 수 있다고 하여 최소한으로 머문다. 그러나 이러한 원칙에 따라 언론시장이 형성되어 있는 나라들의 언론시장 구조가 서로 같은 것은 아니다. 미국의 경우에는 각 주와 주요 도시에 지방신문이 있고 대부분의 국민들은 이러한 신문을 본다. 『뉴욕 타임즈』와 『워싱턴 포스트』와 같은 신문은 뉴욕과 워싱턴 D.C.에서 발행되지만 이 지역의 엘리트들과 다른지역의 소수의 인사들이 구독을 한다. 지방신문들은 공화당계 신문들이 많고 『뉴욕 타임즈』는 대통령 선거 때에는 항상 민주당 후보를 지지해 왔다. 그러나 이러한 정치적 관계가 그들의 보도 자체에 큰 영향을 미치지는 않는다. 공화당계 신문이든 민주당계 신문이든 사실 보도에 있어서는 정확성을 기하고 있고 또 공화당계 신문이라고 해서 공화당 후보

---

4) 『동아일보』, 2008년 1월 5일, A5면.

를 봐준다든가, 혹은 그 반대로 민주당계 신문이라고 해서 민주당 후보를 봐주는 일은 없다. 그러한 편파성을 나타내면 그러한 신문은 언론의 자유시장에서 살아남기 어렵기 때문이다.

유럽의 경우에는 각각 그들의 정치적 색채를 분명하게 드러내고 있는 우파 신문들과 좌파 신문들이 있는가 하면, 프랑스의 『르 몽드』와 같은 중립적 신문이 있다. 또 수백만 부의 부수를 발행하는 흥미 위주의 대중신문이 있는가 하면, 대체로 백만부 이하밖에 발행하지 못하는 엘리트 신문이 있다.

일본의 경우는 구미와 다르다. 일본은 『아사히』, 『요미우리』, 『마이니치』 세 신문이 지난 100여 년간 신문시장에서 과점적 위치를 유지해 왔다. 일본에도 지방신문이 있고 또 『산케이』와 『일본경제신문』과 같은 신문들이 있지만 이 세 신문이 시장 지배적 신문으로서의 위상을 오랫동안 유지하고 있다. 그러나 세 신문 중 『마이니치』는 1970년대에 비윤리적인 부당한 방법으로 외무성 비밀을 캐내 보도한 다음 그 부수가 점차로 줄기 시작해 현재는 『아사히』와 『요미우리』의 반도 못 되는 부수를 발행하고 있다. 『아사히』와 『요미우리』는 1,000만 부 가까운 부수를 자랑하고 있다. 이 세 신문은 좌우의 어느 쪽도 지지하지 않고 불편부당한 입장을 유지하는 것을 목표로 하고 있고 또 발행부수로 보면 대중신문이지만 질적으로는 엘리트 신문이라는 특성을 가지고 있다. 이 세 신문은 항상 보수적이었던 일본 정부를 비판하는 자세를 유지했지만 1970년대까지는 좌파 지식인들로부터 보수 신문이라는 비판을 받았다.

신문시장이 구미는 과점적 구조가 약하고, 일본은 과점적 구조가 강하다. 구미는 자유시장 원칙이 신문사들 간의 비교적 약한 과점 구조를 만들어 냈고, 일본은 이 원칙이 강한 과점적 구조를 만들어 냈다. 그러나 신문시장의 강한 과점적 구조를 가진 일본도 국민들의 알 권리가 공정하게 보장되고 있다는 평가를 받고 있고, 『아사히』, 『요미우리』, 『마이니치』는 국민들의 신뢰를 받고 있다. 그 이유는 여러 가지가 있겠지만 몇 가지만 들어보면 다음과 같다. 첫째로 이 세 신문은 일본의 패전 이후 과거청산 노력을 하였다. 군국주의 시대에 여론을 호도했다고 국민들에게 사과하고 구조개혁을 하였다. 둘째로 이 세 신문의 경영은 소유주의 지배로부터 비교적 자유롭다. 예를 들어, 『아사히』 창간인의 후손은 대주주임에도 사장 선임 등에 아무 영향력이 없고 신문의 경영에는 참여하지 않고 있다. 셋째로 신문사의 사장들은 기자들과 취재원과 유착관계가 생기지 않도록 철저히 감시하였다. 넷째 기자 출신들이 대거 선거 캠프에 참여하고 성공한 경우에 정부 고위관리로 나가는 경우는 드물다. 다섯째로 신문이 아닌 다른 매체에 의한 신문 비판이 매우 활발하였다. 우리나라의 대표적 신문들은 이러한 역사적 청산을 한 일이 없고, 소유주가 직접 사장을 하거나 선임하고, 기자들의 취재원과의 유착에 대한 감시가 거의 없고, 기자 출신들의 정부 고위직 진출이 많고, 다른 매체들은 신문을 비판하기를 꺼린다는 특성을 가지고 있다. 한국의 조중동은 그 경영에 있어 일본의 경우를 참고함으로써 국민들의 신뢰를 높일 수 있을 것이다.

조중동은 신문시장에서 강한 과점적 지위를 유지하고 있고 다른 신문들이 이에 도전하기란 매우 어렵다. 노무현 정부가 이를 시정하고 국민들에게 다양한 시각에서의 알 권리를 보장한다는 뜻에서 북구라파 나라들을 모델로 하여 신문법을 제정하였으나 이 법은 본래의 효과를 크게 내지 못하고 있고 이의 혜택을 본 신문들을 어용화시킬 위험성을 잠재하고 있다. 그리고 일본은 이러한 법이 없어도 신문들이 국민들의 알 권리를 공정하게 잘 보장해 주고 있다.

우리나라의 경우 TV의 공정성 확보는 신문의 공정성 확보보다 더 어렵다. SBS를 제외한 KBS 1, KBS 2, MBC, EBS가 모두 공영방송이다. 이 네 방송국의 사장들은 각각 이사회에서 선출하고 이사들은 방송위원회에서 선출한다. 그러나 방송위원들의 다수는 항상 집권세력이 추천한 인사들이 되도록 되어 있기 때문에 이 네 방송국의 이사회의 다수도 집권세력이 추천한 인사들이 차지하도록 되어 있다. 그리하여 이 네 방송국의 사장은 이사회가 선출하지만 실제로는 대통령이 임명하는 것과 마찬가지이다. 대통령의 지명으로 사장이 된 인사들은 대통령의 정치노선에 충실한 방송을 할 수밖에 없고, 이것이 KBS와 MBC의 공정성을 손상시키는 고질적 문제이다. 우리가 민주정치를 하고 있음에도 불구하고 TV는 과장해서 말한다면 군부독재시대 때와 마찬가지로 어용 TV로 남아있는 것이다.

미국은 TV 방송국이 전부 민영이고, PBS는 공영이지만 민간인들의 자발적인 기부금으로 운영되고 있다. 영국과 일본도 미국과 비슷하나 BBC와 NHK는 공영으로 정부예산의 지원을 받고 있다. 민간 방송국들의 공정성은 방송국들 간의 자유로운 경쟁으로 유지되고, 공영방송들은 정부예산을 받으나 정부로부터 독립적인 입장을 지키는 전통을 가지고 있다. 한국은 방송국들 간의 자유경쟁이 약하고, 또 공영방송이라고 해도 공영방송으로서의 독립성이 실제로는 없다는 데 문제가 있다.

오늘날의 정치에 있어서, 특히 대통령 선거에 있어서 TV의 영향력은 신문의 영향력보다 어느 면에서는 비교가 안 될 정도로 크다. TV는 무명의 인물을 하루아침에 유명인물로 만들 수 있고 또 유명인사를 하루아침에 무너뜨릴 수도 있다. 뉴스 보도에 있어 검증을 소홀히 하면 하루아침에 거짓말을 진실인 것같이 유포시킬 수 있고, 진실을 거짓말로 둔갑시킬 수도 있다. 오늘날의 정치와 선거에 있어서는 정치인의 이미지가 중요한데 TV는 정치인의 이미지 형성에 결정적 역할을 한다. 가령 예를 들어 평소 국회의 모든 회의에 적극적으로 열심히 참여하는 어느 의원이 어쩌다 한순간 조는 경우 이 화면을 TV가 방영한다면 그는 졸지에 모든 회의에서 조는 의원이라는 불명예스러운 이미지를 갖게 되기 쉽다. 이러한 이유 때문에 TV의 공정성 확보는 신문의 공정성 확보보다 더 중요하다.

KBS와 MBC의 공정성을 어떻게 확보할 수 있을지는 답이 잘 나오지 않는다. 그러나 확실한 것은 현재의 공영방송체계로는 공정성 확보가 매우 어렵다는 점이다. 한국의 신문과 방송이 민주주의의 운영에 있어 공정한 심판자의 역할을 하기 위해서는 첫째로 각 신문과 방송이 그러한 역할을 할 수 있는 체제를 갖추어야 하고, 둘째로 각 신문과 방송이 그러한 체제를 가지고 있지 못해도 전체로서의 신문과 방송은 서로 자유경쟁하여 이와 같은 역할을 할 수 있어야 할 것이다.

Ⅳ. 국민 정치의식의 발전

정치인들이 이합집산과 합종연횡을 일삼고 신문과 방송이 편파적인 보도와 평가를 한다 해도 국민들이 이를 꿰뚫어 보는 정치의식을 가지고 있다면 이러한 문제들이 민주정치를 왜곡시킬 위험성은 줄어든다. 사회경제적 조건이 열악했던 1960년대와 1970년대의 정치의식조사는 우리 국민들이 정치적 관심과 지식에 있어서는 구미의 선진국 국민들에게 떨어지지 않는다는 결과를 보여주고 있고 이러한 상황은 오늘날에도 지속되고 있다. 최근의 정치의식 조사는 우리 국민들이 대부분의 여타 아시아 국가 국민들보다 정치에 대해 훨씬 더 비판적인 자세를 가지고 있다는 것을 나타내고 있다. 우리 국민들은 이승만 대통령의 권위적 정치와 그 후의 군부독재정치에 반대하는 자세를 계속 유지해 왔고 그 결과로 오늘날의 민주화를 이루어 냈다. 그러나 민주화 이후 한국의 정당정치와 신문, 방송은 앞서 살펴본 바와 같이 선진 민주주의 국가처럼 발전하지 못했다. 이것은 국민들의 책임이 아니라 정치인들과 신문, 방송의 경영인들의 책임이다. 정치인들은 선진민주주의 국가에서 볼 수 있는 바와 같은 안정된 정당틀을 국민들에게 제공하지 못했고 신문, 방송의 경영인들은 선진국에서와 같이 공정한 신문과 방송을 국민들에게 제공하지 못했다. 그러나 제17대 대선은 우리 국민들이 이와 같이 좋지 않은 조건에 크게 영향을 받지 않고 투표했다는 것을 나타내 준다.

제17대 대선에서는 총유권자 3,765만 명의 63%인 2,368만 명이 투표하였다. 이 투표율은 제6공화국의 대선 중 가장 낮은 투표율이지만 구미와 비교해서 나쁘다고 말할 수는 없다. 제6공화국의 대선 투표율은 제13대(87년)가 89.2%, 제14대(92년)가 81.9%, 제15대(97년)가 80.7%, 제16대(02년)가 70.8%였다. 제17대 대선의 투표율은 유럽보다는 낮고 미국보다는 높다. 2007년 프랑스 대선의 결선 투표율은 84.0%였고, 미국의 대선 투표율은 1996년 49%, 2000년 51.2%, 2004년 60.7%였다. 이와 같은 투표율에 대해선 두 가지 해석이 있다. 첫째, 알몬드와 버바와 같은 정치학자들은 너무 높지도 않고 너무 낮지도 않은 정치참여가 아주 높거나 아주 낮은 정치참여보다 낫다고 보고 있고, 이러한 견해에 비추어 보면 63%라는 투표율은 괜찮은 투표율이다. 둘째, 정치참여율은 높을수록 좋다고 보는 참여민주주의자들의 견해에 비추어 보면 63%의 투표율은 괜찮은 투표율이 아니다.

언론은 대세가 일찍부터 판가름났고 후보들의 네거티브 선거운동이 유권자들의 혐오감을 일으켰기 때문에 투표율이 지난번에 비해 낮아졌다고 평가하고 있다. 투표율이 낮아진 이유에는 이러한 이유들도 포함되겠지만 후보자들의 동원능력이라는 요인을 빼놓아서는 안 될 것 같다. 투표율은 대체로 유권자들의 자발적 의사에 의해서 결정되지만 후보자들의 동원능력에 의해서도 큰 영향을 받기 때문이다. 제17대 대선에서 대통합민주신당의 정동영 후보는 370억 원, 한나라당의 이명박 후보는 380억 원, 이회창 후보는 150억, 창조한국당의 문국현 후보는 90억 원, 민주노동당의 권영길 후보는 40억 원, 민주당의 이인제 후보는 20억 원을 선거비용으로 썼다고 한다. 한나라당 이명박 후보의 사용내역을 보면 TV, 신문 등 광고에 230억 원, 유세비용으로 70억 원, 시도 당 선거사무소의 인건비 지원 등에 80억 원으로 선거비용을 대부분 TV와 신문에 썼고 각 선거구에서 바닥

선거운동으로 유권자들을 동원하는 시도 당 선거사무소의 인건비에는 돈을 별로 쓰지 않았다.[5] 다른 후보들의 선거비용 사용내역도 비슷하지 않을까 생각된다. 제17대 대선에서 후보들이 TV와 신문 광고 중심의 선거운동을 하고 아래로부터 유권자들을 동원하는 선거운동을 적극적으로 하지 않았다는 점을 고려할 때 이번 투표율은 좀 더 높았으면 좋았겠지만 낮은 투표율이라고 걱정할 필요는 없을 것 같다. 중앙선거관리위원회는 대선 전의 여론조사에서 반드시 투표하겠다는 응답자의 비율이 5년 전의 대선 때 보다 10% 정도 낮게 나와 투표를 독려했지만 투표율은 여론조사의 투표율과 비슷하게 나왔다.

건국 이래 60년 동안 치러진 선거에서 관권개입, 금권난무, 중상모략 등을 포함한 네거티브가 공명선거를 어렵게 만드는 요인이었다. 이제 한국의 선거는 어느 후보가 이러한 요인들을 동원한다면 오히려 역효과를 낼 정도로 우리 국민들의 정치의식이 발전 하였다. 제17대 대선은 관권개입과 금권난무가 없었고 네거티브 선거운동은 역효과를 나타냈다는 것이 일반적인 평가이다. 특히 제17대 대선은 역대 대선 중 선거비용이 가장 적게 든 선거였고 이는 괄목할 만한 정치발전이다. 각 후보들의 공식 선거비용이 선거비용의 전부는 아니겠지만 제17대 대선에서 후보들이 쓴 선거비용이 과거와 비교가 되지 않을 정도로 작았다는 것은 확실하다. 1987년 제13대 대선 때 여당 노태우 후보의 선거비용 액수에 대해서는 1조 6천억 원이라는 얘기가 나왔고, 1992년 제14대 대선 때에는 여당인 민자당이 공식 집행한 선거비용이 3,127억 원이라는 얘기가 나왔었다.[6]

제17대 대선에서 호남 지역을 제외한 전 지역의 유권자들이 한나라당의 이명박 후보에게 압도적으로 많은 표를 주었다. 그는 서울, 부산, 대구, 인천, 울산, 경기, 강원, 경북, 경남에서 평균 득표율인 48.67%를 상회하는 득표를 하였고 대전, 충북, 충남, 제주에서 1위이지만 평균 득표율을 하회하는 36.28%, 41.58%, 34.26%, 38.67%의 득표를 각각 하였다. 그가 2위를 차지한 광주, 전북, 전남에서는 8.50%, 9.04%, 9.22%의 득표를 각각 하였다. 통합신당의 정동영 후보는 호남 지역에서만 1위를 하였다. 그는 광주, 전북, 전남, 제주에서 그의 평균 득표율 26.14%를 훨씬 상회하는 79.75%, 81.60%, 78.65%, 38.67%의 득표를 하였고 나머지 전 지역에서는 이보다 훨씬 낮은 득표를 하였다.[7]

---

5) 『중앙일보』, 2007년 12월 21일, 12면.

6) 『문화일보』, 1997년 4월 28일, 3면과 조선일보, 1997년 4월 30일, 1면 참조.

7) 『중앙일보』, 2007년 12월 21일, 12면, <17대 대선 전국 시도별 득표> 참조.

전국 248개 시군구에서 한나라당 이명박 후보의 득표율이 제16대 대선 때 같은 당 이회창 후보보다 높은 시군구는 147곳이었고 낮은 시군구는 101곳이었다. 이에 비해 통합신당의 정동영 후보의 득표율이 제16대 때의 노무현 후보의 득표율보다 높은 곳은 1곳이었고 낮은 곳은 나머지 전 지역 247곳이었다. 정 후보의 득표율이 노 후보보다 10% 이상 하락한 곳은 236곳이었다. 특히 선거 때마다 승부처라고 하는 수도권, 충청, 강원 지역에서 정 후보의 득표율은 노 후보의 득표율보다 20% 이상 하락했다.[8)]

한나라당 이명박 후보가 이와 같이 압승한 이유를 설명하는 데 도움이 되는 여러 가지 사례를 언론은 소개하고 있다. 가령 예를 들어, 이 후보는 서울의 경우 강남, 서초, 송파에서 각각 66.4%, 64.4%, 57.8%의 득표를 하였고, 관악, 금천, 구로에서는 각각 45.4%, 47.2%, 48.8%의 득표를 하였고, 그 외의 지역에서는 그 중간의 득표를 하였다. 언론은 이러한 결과에 대해 첫 번째 지역은 종부세의 반여적 효과가 나타난 지역이고, 세 번째 지역은 뉴타운 개발과 청계천 복원의 효과를 본 지역이고, 두 번째 지역은 첫 번째와 세 번째의 효과가 약한 지역이라고 소개하고 있다.[9)] 또 다른 예를 들면, 이 후보가 84.8%라는 최다득표율을 기록한 경북 영덕군은 이 후보가 영덕-상주 고속국도 건설을 공약으로 내놓은 지역이다.[10)] 이러한 공약이 지역 주민들의 이해관계를 움직였고 대운하건설 계획도 운하가 통과하는 주역 주민들에게 비슷한 영향을 미쳤다고 볼 수 있다. 이러한 설명은 다 맞는 것이지만 우리가 주의 깊게 보아야 할 점은 종부세 부담이나 개발이익이 크게 없었던 서울의 관악, 금천, 구로에서도 이 후보가 45% 이상의 높은 득표를 하였고, 영덕에서와 같은 지역 공약이 없는 곳에서도 여권의 정동영 후보에 대해 압승을 했다는 점이다. 이 후보가 같은 보수성향의 이회창 후보가 기습적으로 출마했음에도 불구하고 압승한 가장 큰 이유는, 바로 소개한 바와 같은 이유를 포함한 여러 가지 이유가 있겠지만, 한마디로 말한다면 좌파정권, 혹은 소위 진보정권에 대한 총체적인 민심이반에 있다고 보지 않을 수 없다.

국민들은 노무현 대통령의 지난 5년간의 직무수행에 대해 아주 부정적인 평가를 하고 있다. 제17대 대선 후의 갤럽조사에서 응답자의 69.3%가 노 대통령이 직무수행을 "잘못

8) 『동아일보』, 2007년 12월 24일, 1면, A4면, A5면 참조.
9) 『중앙일보』, 2007년 12월 21일, 12면, "종부세, 수도권 신지역주의 낳았다."
10) 『동아일보』, 2007년 12월 24일, A5면.

했다"고 평가한 데 비해 22.9%는 "잘해 왔다"라고, 4.7%는 "보통이다"라고 평가했다. 노 대통령이 잘못했다는 평가는 모든 지역과 연령대에 공통되었으나 수도권, 영남권, 충청권, 강원, 제주 순으로 부정적 평가가 많았고 연령이 높을수록 부정적 평가가 더 많았다. 이명박 후보는 대체로 노 대통령의 직무수행에 대한 평가가 낮은 곳일수록 더 많은 득표를 하였고 연령이 많은 유권자들에게서 더 많은 득표를 하였을 것이다. 우리 국민들은 이명박 대통령 당선자에 대해서는 앞으로 직무를 잘 수행할 것이라고 평가하고 있다. 응답자의 84.1%가 이 당선자가 직무를 잘 수행할 것이라고 답하였고 이러한 응답은 모든 지역과 연령대에 공통되었다. 이러한 응답은 대구·경북에서 91.9%로 가장 높았고 광주·전남·전북에서도 71.8%나 되었다. 또한 이 응답은 연령이 높을수록 많아서 20대는 79.3%, 30대는 79.6%, 40대는 84%, 50대 이상은 90.3%였다. 노무현 정부에 대한 실망이 경제를 살리겠다고 나온 이명박 후보에 대한 기대감을 크게 증폭시켰다고 볼 수 있다.[11)]

우리 국민들의 노 정권에 대한 부정적 평가와 이명박 후보에 대한 긍정적 평가는 대선 오래 전부터 있었던 것이다. 이 후보는 2007년 초부터 대선 전날까지 40%대의 지지율을 유지했다. 여권의 정동영 후보는 2007년 초의 지지율이 5% 이하였고 그 이후 상승했지만 대선 날에 가까이 와서도 20% 이하의 지지율을 기록했다. 여권은 이를 반전시키기 위해 지난 15대와 16대 대선에서 구사했던 전략을 다시 채택했다. 선거 구도를 바꾸기 위해 앞서 소개한 바와 같은 온갖 노력을 다 했다. 그러나 선거구도가 15대와 16대 대선 때와 같이 변화하지도 못했고 이에 대한 국민들의 반응도 통합신당 정동영 후보에 대한 저조한 지지율에 나타난 바와 같이 아주 냉담했다. 노 대통령이 북한을 방문해 정상회담을 하고 합의문을 발표해도 이것이 여권 후보에 대한 지지율로 연결되지 않았다. 국민들의 여권 후보에 대한 저조한 지지와 이명박 후보에 대한 높은 지지는 계속되었다. 이미 언급했지만 BBK를 설립했다는 이 후보의 육성이 담긴 광운대 강연 동영상이 대선 3일 전인 12월 16일 공개되고 TV를 통해 전국에 방송되었지만 이것도 국민들의 이 후보에 대한 지지율을 떨어뜨리지 못했다. 동영상 공개로 이 후보의 지지율은 12월 14일의 43.3%에서 12월 17일 37.1%로 떨어졌으나 18일에는 40.8%로 다시 올라갔다.[12)] 설사

11) 『조선일보』, 2008년 1월 1일, A5면.
12) 『조선일보』, 2007년 12월 20일, A2면.

이 후보가 BBK에 관련되어 있다고 하더라도 그를 대통령으로 선택하겠다는 생각을 가진 유권자들도 적지 않았다. 제15대와 16대 대선의 학습효과가 여권의 선거구도 변화 전략과 이명박 후보에 대한 네거티브 전략에 우리 국민들이 냉담하게 만들었다고 해석할 수 있다.

제17대 대선 결과를 보면 선거에서는 이제 국민들의 판단이 가장 중요하다는 것을 알 수 있고, 실정을 선거 전략으로 은폐할 수 없다는 것도 알 수 있고, 정치 9단이 아무리 기발한 전략을 짜도 국민들의 의사를 거스를 수 없다는 것도 알 수 있다. 우리 국민들의 정치의식이 그만큼 발전한 것이다.

제17대 대선에서도 제6공화국의 과거 대선들에서와 마찬가지로 유권자들의 투표행위에 지역은 중요한 변수였다. 이명박 후보는 그의 출신지역인 대구(69.37%), 경북(72.58%), 부산(57.90%), 경남(55.02%), 울산(53.97%)의 영남에서 그의 평균 득표율보다 각각 20.70%, 23.91%, 9.23%, 6.35%, 5.30% 높은 득표율을 보였다. 정동영 후보는 그의 출신지역인 광주(79.75%), 전북(81.60%), 전남(78.65%)의 호남에서 그의 평균 득표율보다 각각 53.61%, 55.46%, 52.51% 높은 득표율을 기록했다. 이회창 후보는 그의 출신지역인 대전(28.90%), 충북(23.38%), 충남(33.23%)의 충청권에서 그의 평균 득표율 15.07%보다 각각 13.83%, 8.31%, 18.16% 높은 득표율을 보였다. 이 통계에서 보면 지역이라는 요인이 호남에서 가장 크게 작용했다. 출신 지역에서 평균 득표율보다 10~20% 높은 것은 어느 나라 선거에서나 그렇지 않겠는가 하는 느낌을 주는 데 비해 50% 이상 높은 것은 지역주의가 너무 강하지 않나 하는 느낌을 준다.

호남에서 지역성이 높은 이유는 어디에 있는가? 그것은 호남 유권자들이 투표결과가 물질적 보상, 인사상의 보상, 상징적 보상에 미치는 영향을 다른 지역 유권자들보다 훨씬 크게 인식하고 있기 때문이다. 다시 말하면, 투표에 진다면 이러한 보상에서 제외될 것이라는 가치박탈감을 호남 유권자들이 다른 지역 유권자들보다 훨씬 크게 느끼고 있기 때문이다. 호남 주민들이 이와 같이 느끼는 데는 30여 년에 걸친 TK 집권시대에 그들이 받은 물질적인 불이익, 인사상의 불이익, 상징적인 불이익이라는 역사를 배경으로 가지고 있다. 호남 주민들이 투표결과가 그들이 받는 보상에 크게 영향을 미치지 않을 것이라는 인식을 갖기 전까지는 호남의 지역주의는 없어지지 않을 것이다. 호남의 지역주의는 호남 주민들의 전근대적인 사고방식이 아니라 합리적인 선택에 기반해 있다고 볼 수 있기 때문이다. 한국정치에서 호남 지역주의를 포함한 모든 지역주의가 없어지려면 어느 지역 출신이 집권을 해도 그것이 다른 지역 사람들에게 물질적으로나, 인재등용 면에서나, 상징적으로나 특별히 영향을 미치지 않는다는 인식을 국민들이 가져야만 가능할 것이다. 지역주의가 강화되느냐, 약화되느냐는 지역주민들의 의식이 어떻게 변화하느냐에 달려 있다기보다는 정치인들, 특히 집권을 한 정치인들이 어떻게 통치하느냐에, 다시 말해 어떻게 가치를 배분하느냐에 달려 있다고 보아야 할 것이다.

제17대 대선에 나타난 우리 국민들의 정치의식은 높았다. 우리 국민들은 정치인들이 이합집산과 합종연횡을 해도 이에 넘어가지 않고 그 본질을 꿰뚫어 보고, 신문이나 방송의 내용에 대해서도 나름대로 판단을 내렸다. 그러나 우리 국민들은 아직도 투표에 참가하는 정도의 정치참여 의식을 가지고 있다. 구미의 시민들과 같이 보다 적극적으로 정치에 참여하는 태도는 아직 가지고 있지 않다. 앞서 지적한 한국정치의 여러 가지 문제들을 해결하기 위해서는 국민들의 적극적 참여가 필요하다. 이러한 참여의식을 우리 국민들이 갖지 못하는 이유는 사회경제적으로 아직도 그러한 여유가 없다는 데도 있지만 정치인들이 국민 참여의 기회 구조를 만들지 않고 서로 권력투쟁만 하는 추한 모습을 보이기 때문이기도 하다. 정치인들이 아름다운 정치를 하지 않기 때문에 국민들은 보통 때에는 정치를 외면하고, 국민들이 정치를 외면하기 때문에 정치인들의 정치는 더욱 추해지는 악순환이 계속되고 있다. 우리들은 이번 대선을 이러한 악순환을 깨는 계기로 삼아야 할 것이다.

제28장

위기의 한국사회, 대한민국은 위험한가?

이 글은 2009년 말에 쓴 글로 우리 사회가 여러 가지 잠재적 위기를 가지고 있고 독일의 사회학자 울리히 벡이 말하는 위기사회가 되었으나 우리 국민들은 이에 대해 위기의식을 가지고 있지도 않고 이러한 위기에 대해 예방조치를 빨리 취해야 된다는 절박감도 가지고 있지 않다고 지적하고 있다. 우리 국민들이 잠재적 위기에 대해 무감각한 것은 건국 이래 여러 가지 위기 속에서 살아왔고 이를 비교적 성공적으로 극복했다는 데에 있지만 한국정치가 닥쳐올 과제나 위기에 대처할 수 있는 틀을 가지고 있지 못한 데에도 원인이 있다는 것을 이 글은 주장하고 있다.

한국은 현재 환경, 문화, 사회, 경제, 안보와 외교, 정치 등의 여러 분야에서 어려운 문제들에 봉착해 있다. 우선 자연환경이 나빠지고 있다. 공기와 수질은 오염되고 있고 자연은 파괴되고 있다. 건축물들로 구성되는 인공환경도 불만족스럽기는 자연환경과 마찬가지이다. 서울은 초고층 아파트들이 빽빽한 흉물도시로 바뀌고 있고 시골도 우리 국토의 산들과는 어울리지 않는 고층 아파트들과 난개발로 자연의 아름다움을 잃어가고 있다. 홍수, 가뭄, 폭풍, 폭설, 화재, 붕괴, 폭발 등의 재난이 빈번하게 일어나고 있고 이러한 재난은 그 피해규모가 대형화 될 위험성을 항상 안고 있다. 정부의 환경부가 있고 시민사회의 환경단체들이 있지만 우리들은 모두 환경파괴의 공범이 될 수밖에 없는 체제 속에서 살고 있다.

전통적인 미풍양속은 점점 약화되고 구미의 개인주의 문화가 이기주의의 형태로 왜곡되어 우리의 정신세계를 압도하고 있다. 한국의 유교적 문화정체성은 내실없는 허식으로 흐른데다 문화의 구미화로 극히 약화되었지만 이를 보완하는 새로운 문화정체성에 대한 추구는 미약하다. 대한민국 건국 이래 우리들이 정신세계에 대한 성찰 없이 물질적 결핍의 해결에만 몰두한 결과이다. 우리들이 자신의 문화적 정체성에 대해 추구하고 성찰하지 않고서는 다른 나라의 문화도 진정으로 이해할 수 없고 다문화 사회를 향해 나아가기도 힘들 것이다. 자신의 문화에 대한 내면적 긍지를 가지고 있을 때에 다른 나라의 문화도 사대의식이나 차별의식 없이 받아드릴 수 있는 것이다.

우리 사회는 여러 갈등으로 몸살을 앓고 있다. 좌우갈등, 지역갈등, 노사갈등, 세대갈등, 계층갈등 등 여러 갈등이 약화되지 않고 심화 확대되고 있다. 나라를 분단으로 이끈 해방 3년간의 좌우갈등이 해방 60년이 넘는 시기에 재연되는 조짐을 보이고 있고, 지역간의 차이는 정치적 갈등으로 고착화되어 가고 있고, 세계의 다른 모든 나타가 노사갈등을 넘어 노사화합으로 나가고 있는 시대에 유독 우리만 노사갈등이 심화되고 있고, 세대간의 의식차이는 과거와 비교할 수 없을 만큼 커지고 있고, 잘 사는 사람들과 못 사는 사람들의 간격도 점점 벌어지고 있다. 정보화 사회의 도래는 이러한 갈등을 on line에서 증폭시키고 있고 때로는 각종 촛불시위에 나타나고 있는 바와 같이 거리의 투쟁으로 격화시키고 있다. 정보화 사회는 보다 많은 사람들이 양방향으로 소통할 수 있는 기회를 천문학적인 규모와 속도로 확대시키고 있다. 그러나 이러한 기회는 우리 사회의 갈등을 진단하고 이의 치유를 위한 처방을 마련하는 공론장으로 이용되기 보다는 그 반대의 목적을 위해 종종 이용되고 있다.

우리 경제도 여러 문제를 안고 있다. 첫째로 우리 경제는 다른 어떤 자본주의 국가들보다 크게 특정 가족들이 소수 지분으로 소유하고 운영하는 재벌들에 의존하고 있다. 그들은 현재 한국경제의 경쟁력 향상에 공헌하고 있지만 다른 한편으로 그들의 시장 지배력을 무분별하게 사용하여 기업들 간의 공정한 경쟁에 기반 한 자본주의 발전을 저해할 수도 있다. 둘째로 우리 경제는 싱가폴이나 홍콩과 같은 도시국가를 제외하고는 다른 어떤 자본주의 국가들보다 크게 무역에 의존하고 있다. 일본과 같은 무역국가의 무역의존도가 30% 정도인데 비해 한국의 GDP에서 무역이 차지하는 비중은 1970년대 이래 줄곧 70% 이상이었다. 세계의 모든 나라들이 세계화시대에 세계경제의 영향을 받지만 한국은 다른 나라들보다 훨씬 더 크게 세계경제의 영향을 받고 있다. 한국경제는 수출을 많이 하면 이를 위한 원료, 소재, 부품 등을 수입해야 하기 때문에 이에 비례해서 수입도 증가하는 구조도 가지고 있다. 한국은 에너지원을 거의 전부 수입에 의존해 있고 식량의 수입의존도도 매우 크다. 셋째로 우리 경제는 오늘날 기업들 간의 경쟁이 무한경쟁으로 격화되고 있는 세계화 시대에 국민들의 복지요구는 점점 커지는 딜레마 상황에 직면해 있다. 이명박 정부는 복지보다는 대기업과 재벌들의 요구대로 금산분리정책과 출자총액제한정책 등의 규제들을 푸는 정책으로 선진국 진입을 시도하고 있다. 이 정책이 한국 기업들의 경쟁력 향상에 도움이 되어 선진경제로의 돌파를 가능하게 할지, 혹은 개별기업들의 무분별한 이기주의 때문에 나라전체의 경제는 오히려 망치는 결과를 낼지 아직 미지수이다.

한국의 안보는 휴전 이래 항상 잠재적 위험 속에 있었지만 최근 북한의 핵무기 개발로 더욱 큰 위험에 처해 있다. 6자회담의 성공으로 북한이 핵 프로그램을 폐기한다 해도 기존의 핵무기는 그대로 보유할 가능성이 크다. 이는 안보를 위한 우리의 미국 의존도를 더욱 높일 것이나 미군은 한국에 영원히 주둔하지 않을 것이다. 미군 철수는 한국에 안보공황을 가져오고 그것이 경제공황으로 이어질 수도 있다. 한국은 북한의 위협으로부터 뿐만 아니라 중국과 일본이라는 두 강대국 사이에서도 안보를 유지해야 하고, 이것은 결코 쉬운 일이 아니다.

한국사회는 이러한 국내적 문제뿐만 아니라 울리히 벡(Ulrich Beck)이 말하는 전세계적 위험에 처해 있기도 하다. 그는 우리 사회가 근대화의 결과로 산업사회가 되었지만 이

산업사회는 1960년대 후반부터 위험사회(Risikogesellschaft)가 되었다고 주장한다. 이 위험은 공간적으로는 국경을 넘어서 모든 나라로 확산되는 위험이고, 시간적으로는 그것이 미래의 세대에게도 영향을 미치는 위험이고, 계산이 불가능한 위험이고, 어느 누구도 책임을 지기 어려운 위험이고, 피해자들을 보상하기도 불가능한 위험이다. 예를 들어, 2008년에 일어난 미국 발 금융위기와 2009년 멕시코에서 발생한 신종플루는 전세계적으로 확산되고 언제 종결이 될지 알 수 없고 그 피해정도를 계산하는 것이 불가능하고 어느 누가 책임지기 어렵고 피해자들을 보상할 수 없는 위기이다. 벡은 현재 진행되고 있는 이러한 위기보다도 훨씬 더 심각한 잠재적 위험의 예로 지구온난화, 인간 유전학, 대량 살상무기를 들고 있다. 만일 지구온난화가 되돌릴 수 없는 것이라면, 인간 유전학이 인간존재에 돌이킬 수 없는 개입을 한다면, 대량 살상무기가 테러집단들의 수중에 들어간다면 그것은 인류의 존재자체를 위협하는 가공할만한 위험이 될 것이다. 벡은 이러한 일이 일어난다면 이에 대한 대처는 거의 불가능한 것이므로 이러한 일이 일어나지 않도록 예방조치를 취해야 할 사명을 우리들은 가지고 있다고 주장하고 있다.[1)]

위험의 특성에 대한 벡의 진단과 위험이 발생하기 전의 예방조치를 강조하고 있는 벡의 생각은 앞에 열거한 우리의 국내 문제들에도 그대로 적용된다. 환경파괴, 이기주의 문화의 대두와 문화적 정체성의 파괴, 사회적 갈등의 심화, 개별재벌기업들의 공정한 시장질서 파괴, 세계경제의 위기, 북한의 핵 위협, 미군 철수, 중국이나 일본과의 갈등심화 등의 위험은 어느 한 지역에 국한되는 것이 아니라 전국적인 것이고 그 피해는 누구보다도 우리의 미래세대에게 돌아가고 피해정도의 계산이 불가능하고 책임 질 사람도 없고 피해자들을 보상하기 어려운 피해이다. 이러한 문제들은 위기화(危機化) 된 이후에는 이를 해결하는데 들어가는 비용이 그 이전에 미리 해결을 준비하는데 드는 비용 보다 훨씬 많이 드는 문제들이다. 최악의 경우에는 이러한 문제들은 위기화 된 이후에는 그 해결이 불가능해 질 위험성도 다분히 있다.

그러나 우리 국민들은 이러한 문제들이 대한민국을 위험하게 만들고 있다는 위기의식을 가지고 있지 않고 이러한 위험들이 일어나지 않도록 예방조치를 빨리 취해야 한다는 절박감도 가지고 있지 않다. 개발을 위해 그린벨트를 막 풀고 턴넬을 내기 위해 산을 마

---

1) Ulrich Beck, *Risk Society*(London: Sage Publications, 1992)와 그의 2008년 3월 31일 서울대 공개 강연 텍스트, "World at Risk: the New Task of Critical Theory" 참조.

구잡이로 뚫고 바다를 막아 땅을 만들고 4대강 사업을 추진하여 자연생태계를 파괴한다 해도 많은 국민들이 이를 환영하거나 무감각 하다. 아파트의 초고층화가 주위도로의 교통을 마비시키고 주위경관을 해친다 해도 국민들은 모두 초고층 아파트로의 재건축을 추진하고 정부는 이를 권장한다. 이기주의 문화가 대두하고 우리들의 문화적 정체성이 흔들리고 여러 사회적 갈등들이 빈번히 나타나고 악화되어도 그것이 그렇게 큰 문제라고 생각하지 않는다. 우리 경제의 문제점들이 어제 오늘에 생긴 것이 아니고 벌써 오래 전에 생긴 것이나 이를 고치려는 끈질긴 노력은 보이지 않는다. 북한이 핵실험을 하고 핵무기를 보유하게 되었는데도 이로부터 별로 위협을 느끼지 않는다. 미군은 앞으로 언제가 되던 철수할 것이나 이것이 야기 시킬 여러 문제들에 대해서 심각하게 생각하지 않는다. 중국과 일본이 역사적으로 오랫동안 우리를 침략하고 지배했던 나라들임에도 불구하고 이들로부터의 위협 가능성에 대해서도 별로 생각하지 않는다.

우리들이 앞으로 위기의 근원이 될 수 있는 여러 문제들에 대해 커다란 위기감을 느끼고 있지 않은 이유는 우리 국민들이 건국 이래 여러 가지 위기 속에서 살아왔고 이를 비교적 성공적으로 극복하였다는데 있다. 우리들은 격렬한 좌우투쟁, 북한의 남침, 전쟁으로 인한 폐허, 빈곤, 기아, 부정선거, 군부 쿠테타, 김신조 특공대와 공비 출현, 아파트 붕괴, 유신독재, 오일 쇼크, 격렬한 학생시위, 광주 대학살, 군부독재, 아웅산 참사, KAL기 폭파, 대홍수, 서울 불바다론, 성수대교 붕괴, IMF 사태, 대구 지하철 참사, 빈번한 파업 사태, 대규모 촛불시위, 쌍용자동차 사태 등의 여러 가지 긴박한 위기들을 극복하면서 살아왔기 때문에 앞으로 어떠한 위기가 일어나더라도 그 속에서 살아남을 수 있다는 막연한 자신감 비슷한 것을 가지고 있는지 모르겠다.

그러나 우리가 당면한 위기의 해결에만 몰두하고 닥쳐올 위기에 대해서는 큰 관심을 기울이지 않는 것은 무엇보다도 한국정치와 밀접한 관계가 있다. 한국정치는 당장의 과제나 위기가 아닌 앞으로 닥쳐올 과제나 위기에 대처할 수 있는 틀을 가지고 있지 못하기 때문이다. 한국정치가 중장기적인 안목보다는 즉각적인 효과위주로 정책을 수립하고 추진하기 때문에 우리 국민들도 여러 중요한 문제들에 대한 중장기적 안목을 갖지 못하는 것이다.

첫째로 한국정치는 5년 단임 대통령제를 중심으로 돌아가기 때문에 5년 이상의 정책 퍼스펙티브를 가지기 어렵다. 대통령이 되고자하는 정치인들은 앞으로 오랜 시간이 경과

한 후에 나타날 수 있는 위기에 대처하는 정책보다는 당장 효과가 나타날 수 있는 정책을 찾아내고 이를 가지고 국민들에게 호소해야만 당선될 수 있다. 고 노무현 대통령은 수도를 충청도로 이전하겠다는 공약으로 충청도 유권자들의 표를 많이 받아 당선될 수 있었다. 이명박 대통령은 한반도 대운하를 건설하겠다는 공약으로 — 현재는 그것이 4대강 정비사업으로 바뀌었지만 — 많은 표를 받았다. 행정부를 충청도로 이전하고 대운하를 건설하거나 4대강을 정비하는 것이 한국을 선진국으로 발전시키는데 현재 가장 필요하고 중요한 사업은 결코 아니다. 앞서 소개한 여러 문제들의 해결이 선진국 진입을 위해서는 행정부 이전이나 4대강 정비 사업보다도 훨씬 더 필요하고 중요하다. 그러나 이러한 문제들은 그에 대처하는 정책을 수립한다 해도 그 효과는 대통령의 임기가 끝난 후에나 나타날 것이기 때문에 대통령은 이러한 문제들을 해결하고자 하는 인센티브(incentive)를 갖지 못하는 것이다.

설사 대통령이 이러한 문제들을 해결해야만 하겠다는 역사적 사명감을 가지고 있다 해도 그 의지를 실천에 옮기기 어렵다. 대통령은 업무 파악과 행정부 장악에 1~2년을 보내야 하고 그 다음 좀 일을 할 수 있을 것 같으면 레임 덕 대통령이 되어 정책 추진력을 잃고 마는 것이다. 대통령과 함께 일하는 장관들도 재임 기간이 평균 1년 밖에 되지 않기 때문에 담당 분야의 문제들에 대해 장기적 안목을 가지고 일할 수 없다.

5년 단임제는 위기가 닥쳐오고 있어도 대통령과 담당 장관들이 이를 은폐하거나 외면하도록 만들어 국민과 국가에 커다란 손실을 입힐 수도 있다. 김영삼 전 대통령 때 일어난 IMF 사태가 그 단적인 예이다. 그의 임기 동안에 무역적자가 계속되고 외국은행으로부터의 단기자금의 차입이 증가하여 외환보유고는 계속 감소하고 있었다. 이러한 상황에서는 정부는 환율이 대폭 인상되더라도 시장에 맡기는 정책을 채택해야 되는데 그렇게 하지 않고 보유외화를 시장에 계속 공급하여 무리하게 환율을 방어하는 정책을 유지하다 보니 외환보유고 고갈이라는 최악의 사태를 맞이하게 된 것이다. 이 사태는 김영삼 전 대통령과 담당 장관들이 곧 임기가 끝나기 때문에 이 위기상황에 대처하는 올바른 정책을 미리 채택하기보다는 임기가 끝날 때 까지만 이를 막고 있으려다가 막지 못해서 온 사태인 것이다.

5년 단임제는 무책임한 정책을 수립하고 추진하게도 한다. 고 김대중 대통령과 노무현 대통령은 북한이 핵무기 개발을 계속해도 이에 아랑곳하지 않고 상당한 액수의 대북 경제지원을 하였고 북한은 이 자금으로 핵폭탄도 만들고 미사일도 만들 수 있게 되었다. 대북 햇볕정책은 우리의 안보에 더 위협이 되지 않는 한도 내에서 추진되어야 하는데 그렇게 하지 않았다. 대통령 임기가 5년이기 때문에 그 이후에 올 사태에 대해서는 별 신경을 쓰지 않고 임기 중의 대북 관계개선에만 몰두했던 것이다. 또한 노 대통령은 자주국방을 위해 미군으로부터 전시작전권을 환수하고 2020년까지 무기를 현대화 하고 병력을 대폭 줄이겠다는 국방개혁안을 2005년에 발표하였다. 그러나 이러한 자주 국방정책은 그 당시에도 실현이 어려운 정책이었다. 이에 소요되는 비용이 노 정권 계산으로 620조원이 되는데 이를 조달할 길이 없기 때문이다. 설사 이를 조달할 길이 있다 해도 그러한 재원이 있으면 그것을 자주국방보다는 경제선진화에 쓰는 것이 현명한 일일 것이다. 그럼에도 불구하고 노 대통령은 이 정책을 추진하여 미국과 전시작전권을 환수하는데 동의하여 우리의 안보만 약화시켰다고 볼 수 있다. 김대중, 노무현 두 대통령의 이러한 정책들은 미래의 잠재적인 안보위기에 대처하기는커녕 오히려 안보위기를 멀지 않은 장래에 촉발시키는 정책들이다.

5년 단임제는 정책의 일관된 추진도 어렵게 만든다. 이미 20년 전에 노태우 전 대통령은 업종전문화정책을 수립했었다. 이 정책은 우리나라의 재벌들이 어느 한 분야에서 세계적인 경쟁력을 가질 수 있도록 노력하기보다는 문어발식 확장만 거듭해서 규모는 크지만 경쟁력이 약한 문제점을 보완하기 위한 정책이었다. 이 정책은 한국 경제의 선진화를 위해서 필요한 정책이나 그 이후 흐지부지 되고 말았다. 김대중 대통령이 수립한 금산분리정책이나 출자총액제한정책도 IMF사태를 맞이하여 이의 재발을 막고 한국 자본주의의 건전한 발전을 위해서 수립한 정책이다. 그러나 이 정책도 이명박 대통령 때에 와서는 폐기처분을 받았다. 김 대통령은 재임 중 일본의 오부치 수상을 만나 한국의 소재산업과 부품산업의 발전을 위해 일본의 협력을 받으려고 노력하였다. 한국이 일본에 대해 수십 년 동안 계속 엄청난 액수의 무역적자를 기록하고 있는 것은 우리 기업들이 수출을 위해 일본이 생산하는 소재와 부품을 수입해야만 되기 때문이다. 한국은 이 분야를 발전시켜야 되고 일본의 협력을 받을 수 있다면 이 분야는 현재보다 빨리 발전할 수 있을 것이다. 그러나 김 대통령의 퇴임 이후 노무현 대통령 때에는 일본의 협력을 받으려는 이러한 노력은 지속되지 못하였고 일본과의 관계도 나빠졌다. 바로 소개한 노태우, 김대중 대통령의 경제정책들은 오늘날에도 일관되게 추진되고 있다면 미래에 올 수 있는 경제위기를 예방하는 효과를 가지고 있는 정책들이다.

둘째로 한국정치는 과장해서 표현하면 하루살이 정당들을 중심으로 돌아가기 때문에 중장기적인 정책 퍼스펙티브를 갖기 어렵다. 어느 한 훌륭한 정책이 미래에 다가올 수 있는 위기에 대처하는 효과를 내기 위해서는 환경정책이든, 문화정책이든, 사회정책이든, 경제정책이든, 안보외교정책이든 간에 오랜 세월에 걸쳐 일관되게 추진되어야 하고, 이를 위해서는 반영구적인 정당들이 있어야 하는데 우리나라에는 이러한 정당들이 없다.

미국의 공화당과 민주당은 150년 이상의 역사를 가지고 있고 영국의 보수당과 노동당도 100년 이상의 역사를 가지고 있다. 최근 중의원 선거에서 참패하여 정권을 잃은 일본의 자유민주당도 반세기 이상의 역사를 가지고 있다. 이러한 정당들은 해체될 가능성은 현재는 물론 장래에도 거의 없다. 이들 민주주의 국가에서는 어떠한 개인도 대통령이나 수상을 10년 이상은 할 수 없으나 정당은 이 보다 훨씬 오래 기간을 집권할 수 있다. 미국은 2차 세계대전 이후에는 민주당과 공화당 대통령이 8년씩 교대로 정권을 담당하였으나 1860년 이후에는 거의 반세기에 걸쳐 계속 공화당 출신 인사들이 대통령을 하였고 1936년부터는 20년간은 민주당의 루스벨트와 투루만 대통령이 집권하였다. 영국의 보수당은 대처와 메이저가 1979년부터 1997년까지 18년간 집권하였고 노동당은 블레어가 1997년부터 2007년까지 10년을, 그리고 계속해서 브라운이 2007년부터 2009년 현재까지 집권하고 있다. 일본의 수상들은 대개 4년 이하 밖에, 최근에는 1~2년 정도 밖에 집권을 하지 못했지만 이들 수상들은 거의 모두가 자유민주당 출신들로 이 당은 1955년 창당 이후 1년을 제외하고는 53년을 계속 집권하였다. 이들 정당들은 정권을 그들과는 정책 퍼스펙티브가 다른 반대당에 빼앗겼을 때에도 그들이 추진하던 정책을 그대로 유지하면서 다시 정권을 담당할 날을 기다린다. 이러한 나라들의 정당은 집권자가 자주 바뀔 수 밖에 없는 상황에서도 정책적 연속성과 안정성을 유지해 주는 조직이다.

한국의 정당은 이러한 선진민주주의 국가의 정당과는 달리 매우 유동적이고 한시적인 정당이다. 우리나라 정당들은 제1공화국시대부터 창당하고 부수고 다시 창당하고 다시 부수는 일이 다반사로 일어나는 정당들이었다. 각 공화국의 집권당들 중 현재까지 그 존재를 유지하는 정당은 하나도 없다. 자유당, 민주당, 민주공화당, 민정당, 신한국당, 새정치국민회의, 열린우리당은 각각 이승만, 장면, 박정희, 전두환, 김영삼, 김대중, 노무현 대통령의 퇴임과 동시에 없어졌다. 오늘의 집권당인 한나라당과 야당들인 민주당, 자유선진당, 민주노동당, 창조한국당, 진보신당이 앞으로는 선진국의 정당들과 같이 제도화되고 반영구적인 정당으로 발전할 수 있을 것이라고 낙관할 수 있는 근거는 아직도 없다. 이러한 하루살이 정당들에게 집권자의 임기를 뛰어넘어 정책적 연속성과 안정성을 유지해 주는 역할을 기대하기 어렵다. 이러한 정당구조 속에서는 앞을 멀리 내다보고 일관성 있게 정책들이 추진되는 정치를 기대하기도 어렵다.

셋째로 한국정치는 지역을 중심으로 돌아가기 때문에 중장기적 안목의 정책중심정치를 가지기 어렵다. 한나라당과 주요 야당들인 민주당과 자유선진당은 그 고정지지자들을 각각 영남지역, 호남지역, 충청지역에 가지고 있는 정당들이다. 구미와 일본의 정당들은 부와 권력과 같은 가치의 분배를 자본가 · 고위관리자들에게 유리하게 하느냐, 혹은 노동자 · 농민들에게 유리하게 하느냐의 기준에 따라 구분되나 한국의 주요 정당들은 이러한 기준에 따라서는 구별할 수 없다. 이 세 정당은 모두 사회계층이 아니라 지역에 기반을 둔 정당이기 때문에 그 지역의 자본가 · 고위관리들뿐만 아니라 노동자 · 농민들에게도 호소력이 있는 정강 정책을 가지고 있어야만 한다. 그 결과 이 세 정당은 모두 중산층과 서민들을 위한 정당이란 구호를 내걸고 있다.

그러나 당면 정책에 있어서는 여야가 극단적으로 대결한다. 대체로 야당은 여당의 정책에 사사건건 반대하는 패턴을 보이고 있다. 현재 여당이 추진하는 미디어법, 4대강 사업, 세종시 변형개발, 대북 정책 등은 제1야당인 민주당이 반대하고 있다. 과거 한나라당이 야당이었을 때에는 한나라당도 여당의 정책을 반대했다. 여야의 이러한 대결은 민주국가에서는 자연스러운 일이나 때로는 당리당략을 위한 대결로 전락하는 경우도 많다. 이렇게 여야가 대결하는 당면 정책에 대해 객관적인 판단이 불가능한 것은 아니다. 전문가들이 비당파적 입장에서 정책을 판단하면 그 정책의 장단점이 객관적으로 들어나게 마련이나 전문가들은 이러한 역할을 하기 어렵다. 그 판단이 여당에 유리하면 어용인사로, 야당에 유리하면 친야인사로 오해를 받기 쉽고, 그렇기 때문에 비당파적인 전문가들은 침묵을 지키는 경우도 많다. 최근에는 전문가들이 출신 지역에 따라 정책 판단을 달리하는 경향도 나타나고 있는데 이것도 국가의 백년대계를 위한 정책수립을 어렵게 만든다.

정치의 역할은 당면 위기를 해결할 뿐만 아니라 앞으로의 위기에도 대처하는 정책을 수립하고 추진하는 것인데 한국정치는 장래의 잠재적 위기가 다가오고 있다는 것을 알면서도 이를 현재 다루기 어려운 틀을 가지고 있다. 이명박 대통령이 취임한지 2년이 지났고 다음 번 대통령 선거까지는 3년이 남아있다. 그러나 벌써부터 한국정치는 다음에는 누가 권력을 잡을 것인가에 관심을 집중하기 시작했다. 개헌논의도 이 작업의 일환으로 나오고 있는 것 같은 인상을 국민들에게 주고 있다. 우리 환경은 어떻게 개선할 수 있을지, 한국의 문화적 정체성은 어떻게 확립할 수 있을지, 여러 사회적 갈등은 어떻게 해결할 수 있을지, 우리 경제는 어떻게 선진화 시킬 수 있을지, 안보는 어떻게 강화할 수 있을지, 변화하는 국제환경 속에서 우리가 택해야 할 대외정책은 무엇인지, 세계화시대에 나타날 수 있는 잠재적 위기는 무엇이고 이에 어떻게 대처해야 할지에 대해 여야가 논의하는 정치는 찾아보기 어렵다. 이러한 본질적인 문제를 둘러싸고 여야가 서로 다른 정책들을 제시하고 이 정책들의 장단점을 따져보고 전문가들과 국민들의 의견도 수렴하여 보다 나은 정책을 수립하는 정치는 찾아보기 어렵다. 이것이 한국정치의 문제이다. 이 문제가 해결되지 않으면 그것은 대한민국을 정말로 위험에 빠뜨릴 것이다.

제29장

한국정치의 과제와 전망

이 글은 2009년 말 서울대학교 사회과학연구원에서 주최한 시민교양강좌에서 한 강의내용이다. 한국정치의 지난한 다섯 가지 과제가 무엇인가를 지적한 강의이다.

1. 정치는 왜 중요한가?

정치는 우리들의 삶의 질을 결정한다. 정치는 우리들 각자가 얼마나 큰 권한을 가지고, 얼마나 많은 돈을 가지고, 어떠한 사회적 대우를 받고, 얼마나 많은 교육을 받고 얼마나 건강하게, 얼마나 안전하고 얼마나 자유롭게 살 수 있는가를 결정한다.

정치가 어떻게 해서 우리들의 삶에 이와 같이 막강한 영향력을 행사하는가는 이에 대해 보다 구체적으로 살펴보면 자명해 진다. 무엇보다도 첫째로 정치는 권력을 배분한다. 권력배분이 정치에 따라 다른 것이다. 민주정치를 하느냐, 독재정치를 하느냐에 따라 권력배분이 다르다. 민주정치국가에서는 원칙적으로 권력이 복수의 통치기관과 국민들에게 광범위하게 배분되나 독재정치국가에서는 독재자가 권력을 독점한다. 우리들이 얼마나 많은 정치적 권한을 가지고 있느냐에 따라 우리들의 삶은 달라진다. 우리들이 스스로 우리들의 통치자를 선출하고 갈아치울 수 있는 권한을 가지고 사는 삶과 이러한 권한이 없이 통치자의 명령에 복종해서 살아야만 하는 삶은 서로 간 크게 다르다. 이 삶이 어떻게 다른가는 대한민국 국민의 삶과 북한 주민의 삶을 비교해 보거나, 오늘날의 우리들의 삶과 제4-5공화국시대의 우리들 삶을 비교해 보면 쉽게 이해할 수 있다.

둘째로 정치는 부(富)를 배분한다. 자본주의체제를 가지고 있는 나라와 공산주의체제를 가지고 있는 나라는 부의 배분방식이 근본적으로 다르다. 한 나라가 이 두 체제 중 어떠한 체제를 가질 것인가를 결정하는 것은 그 나라의 정치이다. 또 자본주의 국가들의 부의 배분방식도 나라에 따라 다르다. 영미와 같은 자유자본주의 국가가 있는가 하면, 독일과 같은 조정자본주의 국가도 있고, 스웨덴과 같은 복지자본주의 국가도 있고, 과거의 일본과 같은 발전자본주의 국가도 있다. 한 나라가 이 중 어떠한 자본주의를 선택할 것인가를 결정하는 것도 정치이다.

셋째로 정치는 우리들 각자가 누리는 사회적 신분도 결정한다. 과거 모든 나라는 그 구성원이 어느 신분에 속하느냐에 따라 다른 대우를 받던 신분제를 가지고 있었으나 현재 대부분의 나라들은 이러한 신분제를 폐기하였다. 또 과거 모든 나라에서 남녀는 불평등하였으나 이러한 불평등도 현재는 상당히 해소되었다. 신분제를 없애고 남녀평등을 이룩해나가는 일도 정치가 하는 일이다.

넷째로 정치는 우리가 얼마나 많은 교육을 받고, 얼마나 건강하게 살 수 있을 것인가도 결정한다. 정치는 한 나라가 어떠한 교육제도와 의료보험제도를 채택할 것인가를 결정한다. 그리고 한 나라가 어떠한 교육제도를 가지고 있는가에 따라 그 나라 국민들이 교육을 받을 수 있는 기회가 다르고, 또 어떠한 의료보험제도를 가지고 있는가에 따라 그들의 평균수명도 다르다.

다섯째로 정치는 우리들이 얼마나 안전하고 자유롭게 살 수 있는 가도 결정한다. 정치는 대외적으로 안보를 책임지고 대내적으로 법과 질서를 지키는 일을 하고, 또 우리가 얼마나 큰 자유를 누릴 수 있는 가도 결정한다.

정치는 우리들의 삶의 질을 결정하는 권한, 부, 사회적 지위, 교육과 건강, 안전과 자유를 배분하는 역할만을 하는 것은 아니다. 이러한 가치를 생산하는 역할도 한다. 정치가 잘되면 이러한 가치의 양도 많아지고 질도 고양된다. 정치가 잘되면 경제도 잘되고 사회도 잘되고 문화도 잘된다. 거꾸로 정치가 잘 못되면 이 모든 것이 잘 못된다. 정치는 우리의 삶; 그 자체와도 동일 수 할 수 있는 정도로 중요하다. 그러니까 우리가 잘 살기 위해서는 무엇보다도 먼저 정치를 발전시켜야 한다.

그러나 정치는 우리가 잘 살기 위한 수단이라는 점에서만 중요한 것은 아니다. 정치는 우리가 어떻게 공동생활을 해야 할 것인가에 대한 결정을 내리는 일이고 이러한 결정을 내리는 일인 정치에 참여하는 것 자체가 매우 가치 있는 일이다. 우리들이 정치에 참여하는 일 자체를 가치 있다고 생각하고 어떠한 다른 일에 앞서 이에 즐겁게 참여할 수 있을 때에 정치는 이상적인 발전을 했다고 말할 수 있다.

Ⅱ. 한국정치의 과제

한국정치는 여러 가지 발전과제를 가지고 있지만 특히 중요하다고 생각되는 과제는 다음의 다섯 가지이다. 우리의 삶의 질을 향상시키는데 도움이 되는 올바른 대외정책, 국가체제, 정부형태를 수립하고 아직까지도 하향식(top-down) 특성이 강한 정치과정을 상향식(bottom-up) 정치과정으로 발전시키고 대북관계를 개선하고 통일을 이룩하는 일이다.

1. 올바른 대외 정책의 수립

한국정치의 발전과제로 올바른 대외 정책의 수립을 맨 먼저 얘기하는 것은 역사적으로 우리의 대외 관계가 우리의 국가체제와 삶에 지대한 영향을 미쳤기 때문이다. 우리는 19세기 말까지는 중국, 20세기 전반부는 일본, 그리고 20세기 후반부터는 미국의 절대적인 영향을 받고 살아왔다. 우리의 체제, 문화, 삶 자체가 각각 중국, 일본, 미국에 의해 결정되었다고 해도 과언이 아니다. 우리는 어떠한 대외관계를 수립해야 우리가 원하는 삶을 영위할 수 있겠는가? 과거 역사적으로 우리의 대외 정책에는 어떠한 문제가 있었고 앞으로 우리의 대외정책은 어떠해야 하는가?

과거 우리의 대외 정책에는 어떠한 문제가 있었는가? 역사적으로 우리의 대외 정책에 무슨 문제가 있었는지를 일일이 따져보는 것은 불가능하므로 이 대신에 여기서는 1905~1910년의 망국과 1945~1948년의 분단에 우리는 어떠한 책임이 있는지에 대해서만 간단히 살펴본다. 망국은 일본의 침략으로 왔고 분단은 미소 간의 대결의 결과로 온 것이지만 이러한 망국과 분단에는 우리 민족의 지도자들에게도 중대한 잘못이 있었다고 생각하기 때문이다. 첫째 망국은 당시에 엄습해 온 외세의 위협에 당시의 지도자들이 단결해서 대처하지 못한 데서도 원인을 찾아야 한다. 외세의 위협에 대응해 조선 내에서 일어난 위정척사운동, 개화운동, 동학운동은 상호 적대함으로써 오히려 일본과 같은 제국주의 세력의 침략을 가속화 시키는 결과를 가져왔기 때문이다. 둘째 분단의 위기에 직면해서도 당시의 지도자들은 좌우로 극단적으로 분열하고 단결해서 이를 막으려는 노력을 보이지 못했다. 우리 민족의 지도자들이 단결했어도 일제의 침략과 나라의 분단을 막지 못했었을 수도 있으나 망국과 분단이라는 위기에 직면해서도 민족지도자들이 분열해 있었다는 것에 대해서는 자성이 필요하고 앞으로는 이러한 일이 일어나지 않아야 할 것이다.

앞으로 우리는 어떠한 대외 정책을 유지해야 할 것인가? 우리는 한반도를 둘러싼 국제환경이 우리에게 유리하게 유지하는데 도움이 되는 대외정책을 가져야 한다. 동북아의 한국은 지정학적으로 중국과 일본의 이해관계가 충돌하는 지점에 위치해 있다. 이 동북아에 아주 멀지는 않은 장래에 중국이던 일본이던 어느 한나라가 패권세력으로 등장한다면 한국은 그 나라에 종속될 위험성을 갖게 되고 이 두 나라가 동북아에서 서로 패권투쟁을 한다면 그것은 동북아의 평화에 위험한 일이고 한국은 본의 아니게 이에 말려들 위험성을 갖게 될 것이다. 현재 동북아 평화는 미국이 친일 자세를 유지하면서도 중국과 일본 사이에서 균형자 역할을 함으로써 유지되고 있다. 다시 말해 동북아시아의 평화는 중국, 일본, 미국의 세력균형구조에 의해 유지되고 있다. 동북아의 이와 같은 세력균형구조는 바로 언급한 어느 한 강대국의 패권세력구조나 두 강대국 간의 패권투쟁구조 보다 한국에게 훨씬 유리한 세력구조이다. 한국은 동북아의 세력구조가 현 상태대로 가능한 한 오래 지속되는데 도움이 되는 대외정책을 채택해야 할 것이다. 이를 깨뜨리는데 공헌하는 대외정책을 한국이 먼저 수립할 필요는 결코 없는 것이다.

2. 올바른 국가체제의 수립

한국정치의 두 번째 과제는 올바른 국가체제를 수립하는 일이다. 국가체제는 한 국가가 가지고 있는 경제체제의 성격이나 정치체제의 성격을 준거로 규정된다. 자본주의국가나 공산주의국가는 전자의 준거에 의거한 규정이고, 민주주의국가나 권위주의국가는 후자의 준거에 따른 규정이다. 여기서 말하는 국가체제는 전자에 기준한 체제를 가리킨다. 공산주의 국가의 붕괴로 현재 대부분의 국가들은 자본주의 국가이다. 중국과 같은 공산당 일당지배국가도 국가성격이 경제적으로는 자본주의화 되고 있다. 세계 모든 국가들이 자본주의화되고 있지만 보다 자세히 들여다보면 그들이 같은 자본주의를 가지고 있는 것은 아니다. 미영식 자유자본주의도 있고, 독일식 조정자본주의도 있고, 북구식 복지자본주의도 있고, 일본식 발전국가 자본주의도 있다.

한국이 앞으로 어떠한 경제체제를 택할 것인가는 아주 중요한 문제이다. 이 문제에 대해선 여야, 혹은 좌우 정치세력 간에 활발한 토론이 계속되어야 할 것이지만, 한국은 신자유주의 노선을 택하든, 어떤 다른 노선을 택하든 간에 그 노선이 산출하는 성장과 복지면의 업적에 따라 노선을 결정해야 할 것이다. 지난 세기에 있어 많은 다양한 경제노선들이 성공하였다. 오늘날에는 백안시되고 있는 계획경제노선도 1930년대와 1950년대에는 세계에서 가장 높은 경제성장을 소련에 가져다주었고, 복지국가노선은 1970년대에 유럽에서 높은 실적을 올렸고, 일본식 발전주의 노선은 1980년대까지 찬탄의 대상이었다. 한국도 발전국가 노선으로 군부통치시대에 경이로운 성장실적을 올렸다. 미국의 신자유주의 노선은 지난 20여 년간 좋은 업적을 냈다. 그러나 이 모든 노선은 예외 없이 한계에 부딪혔다. 변화하는 환경 속에서 영원히 성공하는 고정 노선은 없다. 어떤 성공적 노선도 변화하는 환경에 맞게 변화하지 않는다면 성공을 유지할 수 없다.

지난 20여 년간의 급속한 세계화는 세계 모든 나라들로 하여금 성공한 나라의 경제노선, 즉 미국의 신자유주의 노선을 채택하게끔 유도했다. 그리하여 한국을 프함한 많은 국가들이 신자유주의화를 추구했다. 그렇게 하지 않는다면 세계화 시대의 무한 경쟁에서 패배자가 되기 때문이다. 독일식, 북구식, 일본식 자본주의도 모두 어느 정도 미국식 자유자본주의로 변화하는 모습을 보였다. 그러나 미국에서 발생한 금융위기로 금융권에 대한 국가의 감독이 필요하고, 경제위기를 극복하기 위해서는 국가의 적극적 개입이 필요하다는 합의가 현재 미국 내에서 이루어지고 있다. 이제 미국의 자유자본주의는 다른 자본주의 국가의 모델로서의 가치를 잃기 시작했다.

한국이 선진국으로 진입하기 위해서 어떠한 경제노선이 가장 적합한 노선인지, 다시 말해, 어떠한 국가체제를 만들어 가야 할 것인지를 실천을 통해서 점진적으로 찾아내는 일이 21세기 한국이 당면한 어려운 정치적 과제이다. 군부독재시대의 성장 중심의 발전국가는 박정희 대통령이 시행착오 과정을 거쳐 수립한 국가이다. 민주화 시대에는 국민들의 복지에 대한 요구가 더 크고 군부독재시대와 같이 이 요구를 억압할 수 없기 때문에 지속적인 경제성장을 달성하면서도 국민들의 복지요구를 충족시키는 국가를 만들어야 한다. 그러나 이와 같은 우리의 노력은 국제경제환경에 순응하지 않고서는 성공할 수 없고 국제경제환경은 한국에 신자유쥬의 국가를 강제할 수도 있다. 그러나 이 경우에도 신자유주의의 폐해로 지적되는 복지약화가 아니라 복지를 강화하는 신자유주의 국가를 만들어야 할 것이다. 이는 현재까지의 이론으로는 실현이 어려운 모순되는 주장이다. 그러나 21세기 한국정치는 이 모순되는 목표를 이룩하는 새로운 국가체제를 창출해야 할 과제를 가지고 있다.

3. 올바른 정부형태의 수립

21세기 한국의 정치적 과제 중에는 정부형태의 조정을 빠놓을 수 없다. 우리는 1960~1961년의 9개월간의 제2공화국시대에 의원내각제를 택한 것을 제외하고는 건국부터 현재까지 대통령 중심제를 유지해 왔다. 그러니까 우리는 60년간을 대통령 중심제

아래서 살아왔고 그 만큼 대통령 중심제는 우리에게 친숙한 정부형태이다. 우리 국민들 중 상당수가 대통령 중심제는 분열적인 정치권에 강력한 리더십을 제공할 수 있고 의원내각제는 제2공화국시대에 본 바와 같이 정치권의 분열을 조장하여 국정을 구심점 없이 표류시킬 가능성이 크다고 믿는 경향이 있다. 국회 내에서 종종 벌어지는 의원들 간의 전투를 방불케 하는 싸움은 우리 국민들의 국회에 대한 신뢰를 하락시키고 의원내각제에 대한 호감도 떨어뜨리고 있다.

이 두 제도 자체의 속성 때문에 대통령 중심제가 강력한 리더십을 나타내고 의원내각제는 약한 리더십을 노출한 것은 아니다. 제도의 속성은 오히려 그 반대이다. 대통령 중심제는 견제와 균형을 원칙으로 하는 삼권분립체제이기 때문에 대통령은 국회와 사법부의 견제로 강한 대통령이 되지 못할 수도 있으나 의원내각제는 행정부와 의회의 권력융합체제이기 때문에 수상은 강한 수상이 되는 것이다. 그러나 우리나라에서는 대통령이 소속한 정당이 의회 내 다수의석을 차지하고 대통령의 지시에 순응하는 경향을 보이고 견제와 균형의 삼권분립체제가 잘 수립되어 있지 않기 때문에 대통령 중심제는 막강한 대통령 중심제로의 성향을 나타내 온 것이다. 다른 한편, 우리나라에서의 의원내각제는 과거 9개월간의 경험에서 보면 정당이 공고화 되어 있지 못해 집권한 다수당이 내부 분열을 거듭하고 수상의 지위를 불안정하게 만들어 수상이 통치자로서의 리더십을 발휘하지 못하게 하는 사태를 초래했었다. 구미에서는 전후 국정에 대통령 중심제는 견제와 균형 속에서도 강력한 리더십을 제공했고 의원내각제는 행정부와 의회의 권력융합체제로 강력하고 안정적인 리더십을 제공했다.

현재의 대통령 중심제에서 우리 대통령의 권한이 너무 강하다고 생각한다면 한국의 대통령 중심제를 미국의 대통령 중심제와 비슷하게 개혁하면 될 것이다. 우리 대통령의 권한을 축소하기 위해 의원내각제를 주장한다면 그것은 잘 못된 생각이다. 의원내각제가 잘 운영되고 있는 유럽의 여러 나라들의 경우 수상은 미국의 대통령 보다 더 막강한 권한을 행사하고 있고 임기도 8년 이상 가는 경우도 적지 않다. 우리가 의원내각제를 채택하고 그것이 독일의 바이말 공화국시대, 프랑스 제4공화국시대, 그리고 우리의 제2공화국시대와 같이 잘 운영되지 못하는 경우에만 그 수상은 대통령 중심제의 대통령 보다 훨씬 약한 수상이 될 것이다.

우리의 대통령 중심제는 독재로 전락하는 등 여러 가지 문제가 많았지만 크게 비교적으로 본다면 산업화도 이룩하고 민주화도 이룩한 성공적인 정부형태였다. 그러나 5년 단임제는 오늘날 여러 가지 문제를 야기하고 있다. 첫째로 한국정치는 5년 이상의 정책 퍼스펙티브를 가지기 어렵다. 대통령이 되고자하는 정치인들은 앞으로 오랜 시간이 경과한 후에 나타날 수 있는 정책보다는 당장 효과가 나타날 수 있는 정책을 찾아내고 이를 가지고 국민들에게 호소해야만 당선될 수 있다. 설사 대통령이 역사적 사명감을 가지고 있다고 해도 그 의지를 실천에 옮기기 어렵다. 대통령은 업무 파악과 행정부 장악에 1~2년을 보내야 하고 그 다음 좀 일을 할 수 있을 것 같으면 레임 덕 대통령이 되어 정책 추진력을 잃고 마는 것이다.

5년 단임제는 위기가 닥쳐오고 있어도 대통령과 담당 장관들이 이를 은폐하거나 외면하도록 만들어 국민과 국가에 커다란 손실을 입힐 수도 있다. 김영삼 전 대통령 때 일어난 IMF 사태가 그 단적인 예이다. 그의 임기 동안에 무역적자가 계속되고 외국은행으로부터의 단기자금의 차입이 증가하여 외환보유고는 계속 감소하고 있었다. 이러한 상황에서는 정부는 환율이 대폭 인상되더라도 시장에 맡기는 정책을 채택해야 되는데 그렇게 하지 않고 보유외화를 시장에 계속 공급하여 무리하게 환율을 방어하는 정칙을 유지하다 보니 외환보유고 고갈이라는 최악의 사태를 맞이하게 된 것이다. 이 사태는 김영삼 전 대통령과 담당 장관들이 곧 임기가 끝나기 때문에 이 위기상황에 대처하는 올바른 정책을 미리 채택하기보다는 임기가 끝날 때 까지만 이를 막고 있으려다가 막지 못해서 온 사태인 것이다.

5년 단임제는 무책임한 정책을 수립하고 추진하게도 한다. 고 김대중 대통령과 노무현 대통령은 북한이 핵무기 개발을 계속해도 이에 아랑곳하지 않고 상당한 액수의 대북 경제지원을 하였고 북한은 이 자금으로 핵폭탄도 만들고 미사일도 만들 수 있게 되었다. 대북 햇볕정책은 우리의 안보에 더 위협이 되지 않는 한도 내에서 추진되어야 하는데 그렇게 하지 않았다. 대통령 임기가 5년이기 때문에 그 이후에 올 사태에 대해서는 별 신경을 쓰지 않고 임기 중의 대북 관계개선에만 몰두했던 것이다.

5년 단임제는 정책의 일관된 추진도 어렵게 만든다. 이미 20여 년 전에 노태우 전 대통령은 업종전문화정책을 수립했었다. 이 정책은 우리나라의 재벌들이 어느 한 분야에서 세계적인 경쟁력을 가질 수 있도록 노력하기보다는 문어발식 확장만 거듭해서 규모는 크지만 경쟁력이 약한 문제점을 보완하기 위한 정책이었다. 이 정책은 한국 경제의 선진화를 위해서 필요한 정책이나 그 이후 흐지부지 되고 말았다. 김대중 대통령이 수립한 금산분리정책이나 출자총액제한정책도 IMF사태를 맞이하여 이의 재발을 막고 한국 자본주의의 건전한 발전을 위해서 수립한 정책이다. 그러나 이 정책도 이명박 대통령 때에 와서는 폐기처분을 받았다. 김 대통령은 재임 중 일본의 오부치 수상을 만나 한국의 소재산업과 부품산업의 발전을 위해 일본의 협력을 받으려고 노력하였다. 한국이 일본에 대해 수십 년 동안 계속 엄청난 액수의 무역적자를 기록하고 있는 것은 우리 기업들이 수출을 위해 일본이 생산하는 소재와 부품을 수입해야만 되기 때문이다. 한국은 이 분야를 발전시켜야 되고 일본의 협력을 받을 수 있다면 이 분야는 현재보다 빨리 발전할 수 있을 것이다. 그러나 김 대통령의 퇴임 이후 노무현 대통령 때에는 일본의 협력을 받으려는 이러한 노력은 지속되지 못하였고 일본과의 관계도 나빠졌다.

이렇게 볼 때 5년 대통령 단임제는 4년 대통령 중임제나 의원내각제로 고치는 것이 순리일 것이다. 의원내각제가 한국 정당의 유동적 성격 때문에 잘못될 가능성이 크다고 판단하는 국민들이 많을 때에는 5년 단임제를 4년 중임제로 고치는 것이 정부형태의 보다 안전한 조정이 될 것이다.

4. 상향식(bottom-up) 정치과정의 수립

한국의 정치과정은 국민들이 각각 그들의 이해관계를 나타내고 정당들이 이 이해관계를 집약하여 정강정책으로 내놓고 국민들의 표를 가장 많이 받은 당이 집권하여 그 당의 정강정책을 실천에 옮기는 상향식 정치과정이 아니었다. 어떠한 경로를 통해서든, 그것이 민주적인 절차든 쿠테타든 간에 권력을 장악한 인물이 정당을 만들고 자신이 생각하는 국가발전전략을 실천에 옮기고 국민들을 이에 동원하는 하향식(top-down) 정치과정이었다. 한국은 1987년 민주화 이후 20여 년이 지났지만 아직도 국민들의 의사가 대통령에게 올라가기 보다는 대통령의 의사가 국민들에게 내려오는 정치과정을 가지고 있다. 세종시 변경정책과 4대강 개발사업만 해도 우리 국민들의 요구가 아래로부터 여당과 대통령에게 전달되어 나온 것이 아니라 대통령이 위에서 그렇게 결정하고 이를 아래에 있는 국민들에게 설득하고 강요하는 형식을 띠고 있다. 우리가 이러한 하향식 정치과정을 상향식 정치과정으로 발전시키는 것도 한국의 정치과제 중 하나이다.

한국의 정치과정을 상향식 정치과정으로 만들기 위해서는 두 가지 요건이 필요하다. 첫째는 우리 국민들이 적극적으로 정치에 참여해야 하고 둘째는 이러한 정치참여를 위한 하부구조(infra-structure)를 발전시켜야 한다.

우리 국민들의 정치참여는 대부분 투표참여로 이루어지고 있다. 제1공화국시대의 국회의원 선거 투표참여율은 90% 대에 있었으나 최근에는 60% 정도의 저조한 기록을 보이고 있다. 사회경제적 발전수준이 매우 낮았던 제1공화국시대에 투표율이 높았던 것은 우리 국민들이 반은 자발적으로 반은 권력이나 금력에 동원되어 투표했기 때문일 것이다. 최근에는 이러한 동원투표가 현저하게 줄어들고 자발적인 투표가 정착되어 투표율이 저조해 졌다고 볼 수 있다. 우리나라의 투표율은 유럽 보다는 낮고 미국 보다는 높은 수준이다.

그러나 우리 국민들의 정치참여에서 투표율의 하락보다도 더 문제가 되는 것은 투표 이외의 정치참여 수준이 선진 민주주의 국가들에 비해서 낮다는 것이다. 선거유세를 들으러 간다거나 자발적으로 후보자들을 도와준다거나 정치적 목적을 위해 기부를 한다거나 시민단체, 이익집단, 정당에 가입하는 등의 정치참여 활동이 약하다는 것이다. 우리나라 국민들은 제1공화국시대부터 매우 높은 정치적 관심도를 나타내고 있으나 실제 참여 활동은 이에 전혀 미치지 못하고 있다. 그 이유는 우리 국민들이 정치적 관심도는 높으나 실제로 정치에 참여할 수 있는 사회경제적 여유는 가지지 못했던 데 있었을 것이다. 따라서 우리 국민들의 보다 활발한 정치참여를 위해서는 한국의 사회경제적 발전수준이 선진 민주주의 국가 수준으로 발전해야 할 것이다.

우리 국민들이 정치에 보다 활발하게 참여하고 그들의 의사가 아래로부터 위의 통치자의 통치에 반영될 수 있도록 하기 위해서는 이를 가능하게 하는 하부구조의 발전도 필요하다. 국민들이 각자 투표나 여론조사를 통해서 원자적으로 의사표시를 할 수도 있지만 시민단체, 이익집단, 정당 등의 활동을 통해 그들의 의사를 통치에 반영시키려고 보다 더 노력하지 않고서는 정치과정을 상향식으로 만들기 어렵기 때문이다. 그러나 문제는 이러한 하부구조의 발전이 우리나라에서는 지체되고 있다는 것이다. 제6공화국의 민주화 시대에 들어와 시민단체와 이익집단들이 수없이 많이 조직되고 그 활동도 그 이전에는 비교가 되지 않을 정도로 활발해 졌지만 아직도 일반 국민들의 참여는 저조하고 중앙의 엘리트 중심적이고 재정적 기반이 약하다. 한국의 정당은 이 보다도 더 문제가 많다. 한국의 정당들은 최소한 50년 이상 150년의 역사를 가지고 있는 선진민주주의 국가들의 정당에 비해 그 역사가 모두 일천하다. 정치지도자들이 정당을 만들고 부수고 다시 만들고 또 부수고 또 다시 만드는 작업을 반복해 왔기 때문이다. 이러한 정당들에 국민들이 가입하기도 어렵고 정치적 일체감도 가질 수 없다. 우리나라에서 정당 활동에 참여하는 사람들은 그 정당이 자신이 이상으로 삼는 사회를 건설하기 위해 노력하기 때문에 참여하는 이념적 참여자들이 아니라 그 참여로부터 직책이나 보수와 같은 실질적 보상을 기대하는 사람들이다. 한국의 주요 정당들에는 후자의 공리적 당원들만 있고 전자의 이념적 당원들이 없기 때문에 이념적 정체성이 없는 것이다. 이와 같은 이념적 정체성이 없는 정당은 국민들의 마음속에 뿌리를 내리기 어렵고 국민들의 마음속에 뿌리를 내리지 못한 정당은 해산되기 쉽다.

5. 올바른 대북정책의 수립

북한문제는 21세기 한국정치의 최대 과제이다. 이 문제를 잘 풀면 한국은 강대국은 아니더라도 강한 중견국으로 발전할 수 있고 잘 못 풀면 이러한 발전이 오기 어려울 것이다. 어떻게 이 문제를 풀 수 있을 것인가? 대북 포용정책의 기조는 유지하되 잘못된 점은 고쳐나가는 방향으로의 정책조율을 해야 할 것이다.

그렇다면 잘못된 점은 무엇인가? 첫째 남북 정상회담의 대가로 불법적으로 5억 달러를 송금한 것은 잘못된 일이다. 이로 인해 6・15 선언이 나왔지만 그것은 다른 한편 김정일 체제의 공고화에 크게 공헌하였다. 둘째 지난 10년간의 대북 포용정책은 북한의 핵 실험을 막지도 못했고 최근의 장거리 로케트 발사도 막지 못했다. 북한이 핵 실험을 했을 때 노무현 대통령은 남북한 관계가 냉각되더라도 단호한 조처를 취했어야 했을 텐데 그렇게 하지 못했다. 지난 10년간의 한국의 대북 지원은 북한의 핵 실험 비용과 로케트 발사비용을 갖다 바친 격이 되었다.

그러나 과거의 잘못은 현재 고칠 수 없는 것인 만큼 앞으로 반복하지 않도록 주의하고 남북 간의 교류협력은 대북포용정책으로 계속 증진시켜 나가야 할 것이다. 이명박 정부의 '비핵개방 3000' 정책은 과거의 잘못된 정책을 상징적으로 고쳤다는 의미는 가지고 있으나 과거의 잘못된 정책 때문에 실효성은 없을 것이다. 북한은 지난 10년 동안 비핵

개방없이 한국으로부터 많은 지원을 받았고 이미 이러한 대우에 익숙해 있어 북한이 아주 어려운 상황에 처하지 않는 한 이명박 정부의 비핵개방 조건을 수용하지 않을 것이기 때문이다. '비핵개방 3000' 정책은 김대중 대통령 때부터 일관되게 채택했더라면 실효성을 가질 수도 있었을 것이나 김 대통령은 비핵개방 없어도 대북지원을 한다는 정책을 채택했고 10년간의 그러한 정책은 현 이명박 정부의 대북정책의 실효성을 빼앗아가는 효과를 내고 있는 것이다. 이명박 대통령은 그의 대북 정책이 그가 찬성하던 반대하던 과거의 대북 정책의 영향을 크게 받는다는 점을 고려해서 정책수립을 다시 해야 할 것이다.

Ⅲ. 한국정치의 전망

한국정치는 이와 같은 과제를 실현해 나갈 수 있겠는가? 올바른 대외정책, 국가체제, 정부형태, 정치과정, 대북정책을 수립해 나갈 수 있겠는가? 이는 결코 쉬운 일이 아니다. 이 다섯 가지 과제는 실로 실현하기 어려운 과제이다. 우리의 여야당과 좌우의 정치세력은 이 다섯 가지 과제에 대해서 서로 다른 노선을 가지고 있고 이를 통합시키는 일은 지난하다. 이 과제의 실현을 정치지도자들과 그들이 이끄는 세력에게만 맡긴다면 위험한 일이다. 권력을 추구하는 사람들은 권력획득을 위해서, 다시 말해 개인의 권력이익의 극대화를 위해 나라와 국민들에게 막대한 손해를 입히는 행동을 할 수도 있기 때문이다. 우리의 정치적 과제가 실현 될 전망은 일반 국민들이 정치에 참여하여 이러한 일이 일어나지 않도록 견제하고 정치지도자들을 견인할 수 있을 때에 밝아질 것이다.

제6부

보 론

제30장

한국정치학 60년: 방법론과 이론*

이 글은 『한국정치학회 50년사(韓國政治學會五十年史)』에 기고한 글이다. 이 책은 한국정치학의 여러 분야, 즉 한국정치, 비교정치, 정치사상, 국제정치, 행정학의 발전과정을 포함하는 한국정치학 전반의 발전과정을 상세하게 다루고 있다.

---

* 이 글의 괄호 안의 주들은 논문의 경우에는 『한국정치학회보』를, 단행본의 경우에는 출판사와 출판 년도를 가리킨다.

I. 서언

이 글의 목적은 해방 이후 오늘에 이르기까지 정치학 방법론과 정치이론 분야에서의 발전경향을 검토하는 데 있다. 그러나 이러한 검토에 앞서 정치학 방법론과 정치이론이라는 대상의 특성에 대한 필자의 입장을 밝히는 것이 순서일 것 같다. 이를 밝히지 않고 바로 검토에 들어간다면 정치학 방법론과 정치이론에 대해 필자와 다른 견해를 가진 사람들에게는 혼동과 오해를 불러일으킬 소지도 있기 때문이다.

많은 정치학자들이, 특히 정치학 방법론을 대학에서 가르치고 있는 교수들은 정치학 방법론을 태도조사와 통계분석 방법론을 포함한 자료분석기법으로 국한해서 이해하고 있다. 정치학 방법론의 이러한 이해가 틀린 것은 아니다. 미국에서도 정치학 방법론이라고 하면 이러한 기법으로 이해하고 있다. 그러나 이러한 기법은 정치학 방법론의 한 수준에 불과하다. 이 보다 높은 수준에는 정치현상을 어떤 개념, 개념틀, 접근법, 퍼스펙티브, 이론, 혹은 패러다임으로 보아야 하느냐의 방법론과 이러한 것들에 대한 이론, 즉 메타이론(meta-theory)이라고도 하는 경험주의나 실증주의, 관념론, 현상학, 변증법과 같은 인식론이 있다. 이 글에서의 정치학 방법론은 기법, 개념틀이나 이론, 인식론의 세 수준 모두에서의 정치학 방법론을 가리킨다.

바로 지적한 바와 같이 정치이론은 정치학 방법론의 중간 수준에 속한다. 우리는 개념과 개념틀이나 이론을 가지고 정치현상을 이해하며 정치현상에 입각해 이를 끊임없이 수정해간다. 여기서 정치이론과 현상에 대한 이러한 이해 자체가 하나의 인식론적 입장이라는 점을 명기해 두고 싶다. 이러한 입장은 개념이나 개념틀에 앞서 사실이 있고 개념이나 개념틀은 사실연구의 결과라고 보는 초사실주의적(hyperfactualistic) 실증주의와도 다르고 개념이나 개념틀과 같은 인간의 의식작용에 일차적 중요성을 부여하는 반실증주의의 인식론적 입장과도 다르다. 개념, 개념틀, 이론과 현상 간에는 상호작용이 있고 이 작용에 입각해 전자도 부단히 변화하고 후자도 부단히 재해석된다는 것이 구미의 대다수 정치학자들이 가지고 있고 필자도 따르는 인식론적 입장이다.

정치이론에는 단순한 가설들, 집단이론과 같은 중범위이론, 정치체계론이나 맑시즘과 같은 거대이론이 있다. 이 글에서 정치이론은 그것이 연역적 형태를 띠건 귀납적 형태를 띠건 간에 경험적으로 부정하거나 논박할 수 있는 형식을 가지고 있는 경험적 정치이론을 가리킨다. 문승익 교수는 우리가 제기하는 질문의 성격이 "주어진 정치현상 발생에 선행하는 여러 가지 실증적 조건의 발견과 관계되는 경우"(문승익 1979, 13집), 이를 실증적 이론이라고 정의했는데, 이 정의도 우리가 경험적 이론을 이해하는 데 도움을 준다. 무엇이 옳고 좋은 정치질서이고 무엇이 그르고 나쁜 정치질서인가를 논하는 규범적 정치이론은 정치사상 분야에서 다루고 있으므로 여기서는 취급하지 않는다. 그러나 경험적 정치이론을 소개하는 데 있어서도 규범적 정치이론을 완전히 배제할 수는 없으므로 그것이 논의의 대상으로 포함된 경우도 있다.

우리가 보통 정치사상이라고 부르는 규범적 이론들에도 경험적 요소는 있다. 예를 들어 홉스(T. Hobbes), 로크(J. Locke), 벤담(J. Bentham) 같은 정치이론가들은 그들이 옳고 좋다고 생각하는 정치질서를 제시하고 있을 뿐만 아니라 인간사회에서 정치질서가 유지되는 경험적 조건에 대해서도 관심을 기울이고 있다. 그러나 규범적 이론의 목표는 옳고 그름의 기준설정에 — 그것이 경험적이든 선험적이든 — 있다는 점에서 정치현상의 경험적 인과법칙을 찾으려는 경험적 정치이론과 구별된다고 볼 수 있다.

이 글의 정치학 방법론은 기법, 이론, 인식론 이외에 정치학의 대상도 포함한다. 정치학의 중심대상이 어떻게 변화하였는지도 정치학 방법론에 포함시켜 논한다. 방법론의 변화는 대상의 변화도 수반하고 또 대상의 변화는 방법론의 변화도 초래하므로 이 글에서는 이 양자를 함께 논한다.

이 글의 본론에 들어가기 전에 또 밝혀야 될 점이 세 가지가 있다. 첫째로 이 글을 쓰는 데 가장 중요한 자료인 『한국정치학회보』에 실린 논문들 중 정치학 방법론과 정치이론 자체를 다루는 논문의 수는 많지 않다. 뿐만 아니라 이를 다루는 단행본의 수도 많지 않다.[1] 이 글은 이 분야의 논문들과 단행본들만을 검토대상으로 삼지는 않는다. 이 글은 방법론과 이론을 다루지 않는 논문들과 단행본들도 대체로 어떠한 방법론과 이론을 그 연구의 기초로 삼았는가를 경우에 따라서는 검토할 것이다.

둘째로 이 글의 범위를 이렇게 넓히면 아무래도 한국 정치학사의 다른 분야와 중복될 우려가 있다. 그러나 이러한 중복은 이 글의 초점을 방법론과 이론에 집중시킴으로써 가

1) 김웅진, "정체된 긴장: 정치학방법론 연구의 전개과정, 1980~1999", 김유남 엮음, 『한국정치학 50년』(한울아카데미, 2001), pp.247-266.

능한 한 피할 것이다.

셋째로 이 글은 미국에서의 정치학 방법론과 정치이론의 변화경향이『한국정치학회보』 논문들에 나타난 변화경향에 어떻게 반영되어 있는지를 검토할 뿐만 아니라 이에는 나타나지 않지만 청년학생들에게 커다란 영향을 미친 좌파 정치학의 방법론적, 이론적 경향에 대해서도 간단히 소개할 것이다.

이 글은 정치학 방법론과 정치이론의 변화경향을 민주주의의 도입기인 해방 이래 제1공화국 말인 1960년까지의 시기와 1960년부터 1972년까지의 제2-3공화국시대, 군부독재기인 유신시대와 전두환 정권 시대인 1972년부터 1987년까지의 제4-5공화국시대, 그리고 1987년 민주화 이후 현재까지의 제6공화국시대의 네 시기로 나누어 고찰한다. 정치학을 이끄는 주도층이 이 시기 중 제1시기는 일제시대에 교육을 받은 정치학 제1세대이던 시기이고, 제2시기는 정치학 제2세대인 제1세대의 제자들이던 시기이고, 제3-4시기는 정치학 제1세대나 제2세대의 제자들이나 미국 대학원의 박사학위 과정에서 정치학 교육을 다시 받은 정치학 제3-4세대인 시기이다.[2)]

II. 제1공화국시대(1945~1960)의 정치학 방법론과 이론

1. 정치학 방법론

이 시기에 발간된『한국정치학회보』는 1959년에 발간된 창간호『정치학』 한 권뿐이다. 그러나 이 창간호에 실린 서중석 교수의 "8·15 해방 후의 한국정치학계"와 윤천주 교수의 "행태과학적 정치학의 역할"은 당시의 정치학 방법론에 대한 정치학 1세대의 인식을 잘 나타내 주고 있다. 그리고 1967년의『한국정치학회보』 제2집에 실린 정치학 2세대인 구범모 교수의 "비교정치학 20년의 반성"과 이 논문의 부록 I인 "1945~1966년까지의 비교정치에 관한 문헌 및 논문 목록"과 부록 II인 "1945~1966년까지의 정치학과 교과과정분야 일람표"는 그 주제가 비교정치학이나 이 시기의 정치학 방법론의 수용상황을 살펴보는 데 매우 유용하다. 단행본으로서 방법론적 문제의식을 뜨렷하게 나타낸

2) 이정복, "한국정치학의 변화와 발전방향",『한국정치연구』, 1999년 제8, 9합병호, pp.549-567.

저서로는 이용희 교수의 『정치와 정치사상』(일조각, 1958)과 『일반국제정치학(상)』(박영사, 1959)이 있고, 정치학 방법론을 본격적으로 다룬 저서로는 민병태 교수의 『정치학』(보문각, 1958)이 있다.

서중석 교수는 해방 후 정치학 연구의 소지가 다음과 같은 세 가지에 있었다고 정리하고 이의 문제점을 지적하고 있다(서중석 1959, 창간호). 첫째는 국학적인 한말 정치사 연구이다. 해방 전에 나온 박은식의 『한국통사』와 『한국독립운동지혈사』, 고권삼의 『근대조선정치사』, 그리고 해방 후에 나온 이선근 박사의 『조선최근정치사』가 이러한 연구에 속한다. 서 교수는 이러한 연구도 "기성학자가 해방과 동시에 급무중에도 최급을 요하는 정치실천에 몸을 던지게 되었고" "사료의 수확 및 정비가 착수되지 못하여" 답보상태에 빠졌다고 자성하고 있다. 그러나 그는 1950년대 중반 국사편찬위원회의 『조선왕조실록』 영인본 발간과 한말 일제침략 전후의 사료수집 활동을 한말 정치사 연구의 기반이 될 것이라고 기대하고 있다.

둘째는 일본의 관학이나 사학에서 공부한 일본 유학생들이 전파한 일본정치학의 학풍이다. 서 교수는 "정치학과의 강좌도 주로 구일본학계의 강좌형식을 일시 좇았으나 설혹 교과분류에 있어서 미국의 예에 따라 형식을 갖추었다는 경우에 있어서도 실제로 강의되는 것은 전전의 일본학계를 풍미하던 독일 국가학의 유풍이거나 그 계통의 주권론, 그리고 판에 박은 듯한 정치사상사, 정치사, 외교사, 의회제도론, 행정론이었다"고 비판하고 있다.

셋째는 맑시즘 정치이론이다. 그는 맑시즘 이론이 해방 직후 학원강단에서 우세하였으나 곧 쇠미하게 되었다고 지적하고 있다.

서 교수의 이 글에서 주목을 끄는 점은 당시 국사학자인 이선근 박사가 한국정치학회 회장이었다는 점이 영향을 미쳤는지 모르나 한국정치사, 혹은 역사를 정치학의 주요 연구대상으로 포함시켰다는 것이다.

윤천주 교수의 글은 미국의 행태과학적 정치학과 이것의 유럽 전파를 소개하고 있으나 당시 한국정치학계의 두 가지 문제점을 지적하고 있다. 그는 한국정치학계가 첫째로 우리 것에 대한 연구를 무시하고 있어서 정치학 연구태도가 우리 땅에 "발부친 것이 되지 못하고" 있다고 비판하였다. 둘째로 미국의 학문을 멸시하고 있는데 이에 대해 반성해야 한다고 강조하였다. 그는 미국의 행태과학적 정치학이 보편적인 정치학으로 등장하고 있다고 보고 한국의 학계도 이를 멸시할 것이 아니라 적극 받아들일 것을 촉구하였다(윤천주 1959, 창간호).

구범모 교수의 글은 해방 후부터 제2공화국까지의 정치학 방법론의 수용경향을 보다 구체적으로 기술하고 있다. 그는 한국이 도입한 일본정치학의 학풍에는 부룬츠리(J. Bluntschli), 그나이스트(K. Gneist), 옐리네크(G. Jellinek) 등으로 대표되는 독일 국가학의 정향과 바커(E. Barker), 라스키(H. Laski), 콜(G. Cole), 매키버(R. MacIver) 등 영미의 다원적 국가론의 두 가지 정향이 있었으나 한국정치학은 한국전쟁을 계기로 영미적 정치학으로 단일화되었다고 지적하고 있다. 그는 한국정치학계가 1953년부터 1958년까지는 구미 정치에 대한 법적, 제도적, 역사적, 사상사적 접근법을 수용하였고 그 이후에는 미국 정치학의 기능적, 체계적 분석방법도 도입하였다고 기술하고 있다(구범모 1967, 2집).

구 교수 글의 부록 I은 수백 편의 일반잡지 논문, 학위논문, 저서와 역서의 제목들을 싣고 있다. 이를 보면 당시의 한국정치학은 구미 정치가 중심대상이고 그 다음 공산권 정치나 후진국 정치가 대상이 되고 있고 이에 대한 연구방법은 제도적, 법적, 역사적, 사상사적이었다는 것을 알 수 있다. 독일 국가학을 소개하는 논문이나 저서, 역서는 불과 몇 편에 불과해 거의 없다고 해도 괜찮을 정도이고 기능적, 체계적 분석방법이 소개는 되고 있으나 이를 적용한 연구업적은 아직 나오고 있지 않다는 것도 알 수 있다(구범모 1967, 2집).

구 교수 글의 부록 II는 서울대, 고려대, 연세대 등 주요대학 정치학과에서 정치학의 정통과목들인 이론, 비교정치, 국제정치, 한국정치, 행정학뿐만 아니라 정치사, 경제학, 공법도 큰 비중을 차지하고 있었다는 것을 나타내 준다. 1946년부터 1949년까지에 있어 이 세 분야의 비중은 서울대가 12%, 19%, 10%(총 41%), 고려대가 7%, 24%, 15%(총 46%), 연세대가 20%, 8%, 16%(총 44%)였고, 1956년부터 1958년까지에 있어 이 세 분야의 비중은 서울대가 12%, 12%, 11%(총 35%), 고려대가 12%, 18%, 12%(총 42%), 연세대가 8%, 10%, 15%(총 33%)였다. 다시 말해, 이 시기의 정치학은 역사학, 경제학, 공법학을 포함하는 범위가 아주 넓은 정치학이었다. 정치학의 범위가 몇 개 분야로 좁아지는 경향을 나타내고 있는 현재와는 아주 대조적이라고 말할 수 있다(구범모 1967, 2집).

이용희 교수의 두 책은 정치학 방법론의 소개가 그 주 내용은 아니나 맨 앞부분에서 정치학과 국제정치학의 성격에 관한 이 교수의 인식론적 입장을 나타내고 있다. 이 교수는 『정치와 정치사상』에서 "정치현상 속에 과연 보편적인 법칙이라는 것이 있느냐 없느냐 하는 것조차가 아직도 확실하지 아니하다"고 주장하고 미국의 행위론(behaviorism)이 이러한 법칙 정립을 목표로 하고 있으나 그 결과는 미지수라고 회의를 나타내고 있다. 그는 정치현상이라는 사실 자체가 "객관적 사실 · 감관적 사실로서만 있는 것이 아니라, 차라리 감관적 사실과 심리적 사실이 한데 뒤범벅이 되어서 뭉친 것이기" 때문에 일대문제가 아닐 수 없고, 사실 "서술에는 — 의식적이든 무의식적이든 — 고유의 논리와 선택 그리고 가설 곧 이론이 전제되어 있다"고 강조하고 있다. 정치학은 정치현상에 나타나는 법칙 정립은 고사하고 이의 서술 자체부터가 문제라는 것이다.

그는 정치학이 그 용어 Politik에 나타나 있는 바와 같이 정책이라는 뜻에서 나왔고, 역사적으로도 "어용의 학이 아니면 항거와 혁명의 이론으로" 발달하여 왔고, "정치학은 처음부터 실천적 학문으로서 가치관 · 목적론에 제한되고 그리고 특정한 사회의 위치의식을 벗어나지 못한다"고 강조하고 있다. 그는 이 점에서 보면 규범적인 영국정치학이나 가치중립적인 막스 베버의 정치학이나 행태적인 라스웰의 정치학이나 모두 50보 100보에 서 있다고 주장하고 있다. 그는 구미의 정치학이 보편타당성을 지적하고 있지만 이것은 특정사회의 가치관에 입각한 것인 만큼 이러한 주장은 "그 사회의 팽창주의 또는 가치관의 제국주의를 말하는 데 불과하다"고 지적하고 있다. 요컨대 정치학은 법칙 정립적 학문이라기보다는 한 사회의 가치관과 실천의식에 입각한 학문이라는 것이다.[3] 그는 그의 전공인 국제정치학의 성격도 같은 인식론적 입장에서 "구미적인 것이었으며 구미세력의 세계정책적인 요인이 깊숙이 숨겨져" 있는 것으로 보고 있다.[4]

민병태 교수의 『정치학』은 그 내용의 반을 정치학 방법론에 할애하고 있다. 그는 그리스, 로마, 중세, 르네상스와 종교개혁, 중상주의, 시민사회 시대의 정치이론들을 개관하고 이 이론들이 모두 그 시대의 역사적 조건을 반영하고 있고 또 그 시대의 문제를 해결하려는 노력이라고 주장하고 있다. 또한 그는 현대정치학이 이와 같은 과거의 장구한 이론을 계승하고 있고 이로부터 분리될 수 없다고 말하고 있다. 그는 "모든 예술품이 사회적

---

3) 이용희, 『정치와 정치사상』(서울: 일조각, 1958), pp.9-15.

4) 이용희, 『일반국제정치학(상)』(서울: 박영사, 1959), p.33.

조건을 반영한다고 볼 수 있는 반면에 그리스의 조각에 표현된 미는 여전히 계속되고 있다고 본다면, 과거의 이론 중 어떤 것이 현대에 있어 통용되고 어떤 것이 통용되지 않는지를 구명할 것이지, 과거와 현대를 분리시킬 수는 없는 것이다"[5]라고 강조하고 있다.

그는 사회 전체의 선(善)을 연구하던 학문이던 아리스토텔레스 시대의 정치학의 대상과 기능이 오늘날의 그것과 다를 수밖에 없다고 지적하면서도 전자의 시대부터 현재에 이르는 정치학 방법론을 합리적, 규범적 방법과 경험적, 과학적 방법으로 대별하고 있다. 그는 현대 정치학이 규범적 방법보다는 경험적 방법에 두드러지게 의존하고 있는 것은 정치학의 본질적 변환을 의미하는 것이 아니라 극도로 분화된 현 사회를 정확히 파악하려는 의도에서 나온 것에 불과하다고 지적하고, 가치문제를 다루는 데 있어서는 규범적 방법의 도움을 받아야 한다고 강조하고 있다.

민 교수가 정치학 방법론을 가치를 다루는 규범적 방법론과 사실을 다루는 경험적 방법론으로 대별했다고 해서 가치와 사실을 분리하는 이원론적 인식론을 주장하고 있는 것은 아니다. 그는 이러한 이원론은 대상을 극도로 순수 형식화시켜 우리들 자신을 대상에서 유리시킨다고 비판하고 있다. 그는 정치학이 정치적 현실을 가치문제에 결부시켜 체계화하는 학문(Wissenschaft)이라고 정의하고 있다. 그는 정치학이 철학, 역사학, 법학, 사회학, 사회심리학, 경제학과 각각 어떠한 관계에 있는지를 밝히고 정치현상은 이들 타학문의 각종 방법을 이용하는 다원적 연구로서만 이해할 수 있다고 주장하고 있다. 그는 1950년대 미국의 극단적인 행태주의 경향이나 과학화 운동은 그 실현이 불가능할 뿐만 아니라 바람직하지도 않다고 누누이 강조하고 있다.

한국의 정치학은 구미정치를 제도적, 법적, 역사적, 사상사적으로 소개하는 것으로부터 시작하였다. 이 시기에는 영미에서 나온 정치학 서적을 번역하거나 요약한 책과 글들이 많이 나왔다. 그러나 한국정치학의 이와 같은 초창기에도 방법론적 자각은 바로 살펴본 바와 같이 세 가지 방향으로 나타났다. 윤천주 교수는 한국의 정치학이 우리 것의 연구에 기반해야 되고 미국의 행태주의 방법론 혹은 과학적 방법론을 과감히 수용할 것을 촉구하였고, 이용희 교수는 구미의 정치학에 내포되어 있는 팽창주의라는 이데올로기적 성격을 파악해야 된다고 강조하였고, 민병태 교수는 정치학이 과거의 서양 정치이론과 분리될 수 없고 가치문제를 무시할 수 없고 타학문의 방법론을 이용하는 다원적 연구가 되어

5) 민병태, 『정치학』(서울: 보문각, 1958), p.10.

야 한다고 주장하였다.

2. 정치이론

『한국정치학회보』 창간호 『정치학』은 김상협 교수의 "민주주의의 새로운 위기"와 백상건 교수의 "정당본질에 관한 약간의 문제점"이라는 이론분야의 논문을 싣고 있다. 민병태 교수의 『정치학』은 권력론과 민주주의론을 포함하고 있다. 제1공화국시대 정치이론 분야의 연구경향을 이 세 교수의 글을 통해 살펴보기로 한다.

민 교수는 민주주의를 사회철학과 제도의 양면으로 나누어 논의하고 있다. 그는 민주주의의 사회철학으로 17세기 영국의 수평파들(Levellers), 밀턴(J. Milton), 로크, 루소(J. Rousseau) 등의 자연권 이론, 벤담(J. Bentham)의 공리주의 이론, 케네(F. Quesnay)와 아담 스미스(A. Smith)의 고전경제학 이론, 영국 이상주의자들의 이론을, 그리고 민주주의 제도로서는 헌법, 다수결의 원리, 소수파의 권리보장, 대중교육, 권력분립, 정부형태, 대의제도, 선거, 정당 등을 소개하고 있다.[6]

김상협 교수의 논문은 서구의 자유민주주의가 나치즘이나 공산주의나 신생후진국의 도전 때문이 아니라 서구의 경제와 기술의 발전으로 위기에 처하고 있다고 경고한 논문이다. 이 논문은 서구의 민주주의가 그 사회 내부로부터 위기에 처하게 될 것이라는 가설을 제시하고 있고 이 가설은 서구 민주주의의 발전에 비추어 진위를 가릴 수 있는 가설이다.

그는 "개인의 자유와 국민의 자치를 지도이념으로 하고 있는 서구식 자유민주주의는 자립인간, 토론인간, 이성인간의 존재를 전제로 하고 있으며 또 이러한 민주적 인간유형은 각각 전원경제와 아마츄어 정신과 금욕주의 정신을 그 근본토대로 해야만 존재할 수 있다"고 주장하고 있다. 다시 말해, "무질서에 가까운 개인자유의 다원적 분립상태"가 "무정부상태에 빠짐이 없이 개인 사이에 의사통합이 이루어지며 원활한 국민자치"가 확립되는 "예정조화로 낙착될 수 있는 비결은 갑론을박의 토론이 진행되는 과정에서 소수의 의견까지 포함한 다수소수결이 형성되기 때문이고", 이러한 토론에 의한 변증법적 통합을 가능하게 만드는 전제조건은 전원경제시대의 인간의 자립, 이 인간의 아마츄어 정

6) 위의 책, pp.235-273.

신에 입각한 토론, 그리고 이 인간이 가지고 있는 금욕정신과 이성이라는 것이다.

그러나 자유민주주의의 이와 같은 전제조건이 변화하고 있고 그것이 민주주의를 위기로 몰아넣고 있다고 그는 강조하고 있다. 과학기술의 발달로 인간은 도구를 지배하는 인간에서 오히려 그가 발명한 기계와 동력의 지배를 받는 로봇 인간으로 전락하고 있고, 기계화에 따른 분업화로 인간생활은 원자화되고 인간은 부분품 인간으로 전락하고 있다고 지적하고 있다. 그리고 인간이 이와 같이 로봇 인간, 부분품 인간으로 전락하고 있기 때문에 소수의 특권층은 보도기관을 장악하여 "여론공업에 의한 여론상품 제조"를 할 수도 있고 "여론조작에 의한 여론독재"도 할 수 있다고 비판하고 있다.

김 교수는 기계화와 분업화에 병행해서 일어난 경영혁명은 관료조직의 발달을 가져와 관료주의의 독재나 사회조직의 독재를 초래하고 있다고 주장하고 있다. 정치에 있어서도 이의 영향을 받아 "취미적으로 정치를 즐겨하는" "디렛딴트 명예직 아마츄어 정치가"는 자취를 감추고 "정치로만 먹고사는" "유보수 전문 직업정치가"가 나타났다고 지적하고 있다. 그리하여 정치도 아마츄어 민주주의로부터 관료민주주의로 변하게 되었고 이로부터 권력자의 잉여가치가 나타났다고 주장하고 있다. 그는 이러한 현상에 대해 "오늘날의 권력자는 거대하고 치밀한 현대적 사회조직을 통해서 카알 대왕보다도 몇백 배나 더 용이하게 피치자들로부터 자기권력 행사에 대한 동의를 획득하는 좋은 수단을 가지게 되었다"는 카알 슈미트(C. Schmitt)의 주장을 소개하고 있다.

김 교수는 자유민주주의의 토대를 무너뜨리고 있는 세 번째 중요한 요인은 제3계급의 특징인 교양과 재산을 가지고 있지 않은 대중이 정치무대의 전면을 차지하게 된 변화라고 주장하고 있다. 그는 전원경제시대의 자립인간이 기계화, 분업화, 관료화 시대의 로봇 인간, 부분품 인간, 조직에 얽매인 인간으로 전락하여 자기를 잃어버리고 공허와 허무주의 속에 살고 있는 인조인간으로 영락하였고 이들의 집합체가 대중이라고 지적하고 있다. 이들의 목표는 책임관념이나 신의 뜻에 있는 것이 아니고 되도록 빨리 되도록 많이 쾌락을 맛보자는 데 있기 때문에 민주주의도 이성민주주의에서 육감적 민주주의로 변질된다는 것이다(김상협 1959, 창간호).

김 교수의 논문을 비교적 길게 요약한 이유는 이 논문이 자유민주주의의 문제점을 분석하는 데 오늘날에도 유효하기 때문이다. 그의 주장과 가설은 서구에 자유민주주의의 위기가 일어나지 않았고 오히려 공산주의가 무너졌기 때문에 틀린 것같이 보일지 모른다.

그러나 인간의 로봇화, 부분품화, 조직에 대한 예속화, 쾌락추구와 비이성화는 오늘날에도 계속되고 있고 서구의 자유민주주의는 형해화되고 있는데, 이러한 현상은 김 교수의 가설이 아직도 유효하고 앞으로 더욱 유효할 수 있다는 판단을 가능케 해준다.

권력론은 민주주의론만큼 중요한 정치학 고유의 분야이고, 민 교수의 『정치학』에 실려 있는 권력론은 이 분야 연구의 길잡이가 될 수 있는 내용이다. 그는 권력의 본질을 처음에는 국가의 본질에서 규명하고 있다. 그리스의 폴리스, 중세기의 봉건질서, 교권과 속권의 대립기를 거쳐 국가가 성립되는 과정과, 국가의 이와 같은 성립과정에서 이루어진 주권론이 장 보댕(J. Bodin)에 의해 최초로 체계화된 이후 17세기의 그로티우스(H. Grotius), 18세기의 루소, 19세기의 벤담과 오스틴(J. Austin), 20세기의 옐리네크와 윌로비(W. Willoughby)에게 계승 발전되었음을 지적하고 국가권력의 변천과정을 이와 관련하여 논의하고 있다.

그 다음 그는 국가권력이 사회의 본질, 구조 및 그 행위에서, 또는 국가의 사회에 대한 관계와 사회의 국가에 대한 관계에서 규명되어야 한다고 주장하면서 매키버와 라스키와 같은 사회학적 국가이론가들의 논의를 검토하고 있다. 그리고 마지막으로 정치권력 자체에 초점을 맞추어 이를 분석하면서 카트린(G. Catlin)과 라스웰(H. Lasswell)과 같은 현대 정치이론가들의 권력론을 소개하고 있다.[7)]

백상건 교수의 정당에 관한 논문은 정당의 발생과 성격에 관한 논의를 총망라하고 있다. 필자는 1976년에 나온 사르토리(G. Sartori)의 정당론 책에서 정당의 발생과 성격에 관한 기초지식을 얻고 있는데, 백 교수의 논문을 읽고 놀란 점은 이 문제에 관해서는 백 교수의 논문이 사르토리보다 더 많은 문헌을 참고하고 있고, 또 루소, 워싱턴(G. Washington), 매디슨(J. Madison)의 정당관과 같은 초기 정당관에 대한 기술은 사르토리가 백 교수의 논문을 참고했다고 말해도 괜찮을 정도로 사르토리의 기술과 일치한다는 점이다(백상건 1959, 창간호).

제1공화국시대에는 일제시대에 교육을 받은 몇 분의 정치학 1세대 교수들이 정치학 교육과 연구를 이끌었다. 이들의 연구결과가 양적으로 많지는 않다. 그러나 그것들은 이상 살펴본 바와 같이 질적으로는 오늘날에도 그 분야의 연구에 우리가 참고해야만 될 높은 수준의 것이었다.

---

7) 위의 책, pp.157-235.

제1공화국시대의 법적, 제도적, 역사적, 사상사적 정치학은 당시 한국의 정치현실을 분석하고 설명하는 데는 적실성이 약한 정치학이었다. 한국정치는 겉으로는 구미의 법, 제도, 이념을 가지고 있었으나 이러한 법, 제도, 이념이 실제로 구미에서와 같이 작동한 것은 아니었기 때문이다. 그러나 법적, 제도적, 역사적, 사상사적 정치학은 민주정치의 규범적 모델을 제공하였고 그것은 당시의 한국정치를 비판하는 거울의 역할을 하였다. 한국정치의 분석과 설명에는 큰 도움이 되지 않았지만 이를 비판하는 데는 큰 역할을 하였다.

III. 제2-3공화국시대(1960~1972)의 정치학 방법론과 이론

1. 정치학 방법론

제2-3공화국시대는 제1공화국시대의 법적, 제도적, 역사적, 사상사적 정치학이 퇴조하고 행태주의적 정치학의 수용현상이 두드러지게 나타나고 있는 시대이다. 전자의 정치학이 사라진 게 아니라 그대로 지속되었고, 특히 한국정치사를 다루는 논문들이 학회보에 많이 게재되고 있지만 이 시대의 새로운 특징은 행태주의 정치학의 수용이다. 일제시대에 교육을 받은 대부분의 정치학 제1세대 학자들이 행태주의에 대해 회의를 나타냈지만 미국 유학 기회를 가졌던 학자들이 행태주의를 한국정치학계에 적극 소개하였다.

『한국정치학회보』는 이 시대에 다섯 권이 발간되었다. 이 다섯 권에는 행태주의적 방법론을 적용한 논문들이 계속 나오고 있다. 행태주의 방법론은 그 뿌리, 목표, 기법을 우리가 단시일 내에 익힐 수 있을 정도로 쉬운 방법론이 아니다. 우리 학회보에 실린 대부분의 행태주의적 연구논문들에는 행태주의의 초보단계인 경험적인, 특히 수량적인 사실수집, 기초적인 태도조사, 백분율 정도의 통계방법이 나타나고 있다. 이러한 학회보 논문들에 앞서 윤천주 교수는 1960년에 행태주의적 방법을 한국인들의 투표행태 연구에 적용하였고 그 결과는 『한국정치체계』(고려대출판부, 1963)에 나와 있다. 그리고 윤천주・우병규・이정식이 편역한 『정치행태의 기초이론』(일조각, 1960)은 미국학자들이 쓴 행태주의 방법론을 한국정치학계에 소개하고 있다. 학회보에 실린 차인석(1971, 4집) 교수의 "현상학과 사회과학", 정인흥(1971, 5집) 교수의 권두문인 "한국정치학의 과제", 한태수

(1972, 제6집) 교수의 "변증법의 새 입장"의 세 논문은 우리들에게 행태주의 방법론을 성찰적으로 볼 수 있는 기회를 제공하고 있다.

『한국정치학회보』 제2집(1967)은 "한국정치학의 연구 및 교육경향의 검토"라는 특집의 논문 네 편을 게재하고 있고 김계수 교수의 "한국정치학의 분야"를 싣고 있다. 이 글들은 한국정치를 분석하는 것이 아니라 한국정치학의 현황을 검토하는 논문이나 이 논문들은 경험적인 자료를 수량화하고 있고 또 서베이 조사방법도 동원하고 있다. 이미 인용했지만 구범모 교수는 주요 대학의 정치학과에서 가르치는 각 과목이 전체 과목들에서 차지하는 비율, 이정식 교수는 정치과정 및 한국정치관계 과목들의 학점비율, 강상운, 신도성, 정인흥, 민병태, 김운태, 백상건, 이우현, 정윤무, 민병천 등이 각각 저술한 정치학원론 계통의 교과서에서 정당과 정치과정이 각각 차지하는 비율, 김성희, 강상운, 키(V. Key), 라이져슨(A. Leiserson)이 각각 저술한 정당론에서 정당의 개념, 발생, 조직, 활동, 자금 등의 내용이 차지하는 비율, 박동서 교수는 주요 대학의 정치학과 과목들 중에서 행정학이 차지하는 비율, 11종의 행정학 교과서들에서 많이 다루고 있는 내용의 빈도수, 행정학 문헌의 각 분야별 총수 등을 그들 각각의 논문에 인용하고 있다. 그들은 정치현상을 연구하는 데 있어서 경험적 자료를 충실하게 수집하고 이들 자료 중 수량화할 수 있는 것은 수량화하라는 행태주의자들의 권고를 따르고 있다고 볼 수 있다.

김계수 교수는 (1) 한국정치학에 중요한 분야는 무엇이고 이 분야에는 교수가 어떻게 분포되어 있고, (2) 한국정치학은 각 분야별로 얼마나 전문화하고 있고, (3) 정치학 교수는 현재 어떠한 분야가 가장 발전되어 있고 또 가장 침체되어 있다고 평가하는가를 서베이 조사를 통해서 밝히고 있다. 이 연구는 1965년 당시 전임강사 이상의 총 정치학자 165명에게 질문지를 보내 106명으로부터 응답을 받았다.

행태주의 도입을 처음부터 강력하게 주장했던 윤천주 교수는 앞서 지적한 바와 같이 최초로 상주읍민들의 투표행태를 조사하였다. 윤 교수는 1960년 4·19 전에 이러한 연구를 기획했지만 실시하지 못했다고 밝히고 이 연구가 가능하게 된 것은 4·19 덕택이라고 강조하고 있다. 그는 1960년 총선 일주일 전인 7월 22일부터 총선 전일인 28일까지 대학원생 3명, 대학생 3명을 데리고 대학연구소로부터 받은 17,500원의 연구비로 각계 각층 404명에 대하여 아무 방해도 받지 않고 면접조사를 할 수 있었다고 감개무량한 어조로 후일담을 하고 있다.

그는 미국에서 투표행태 연구에 사용하는 질문항들을 이용하였다. 응답자료의 처리는 백분율을 이용하였고 이러한 응답의 연령별 차이도 백분율을 이용하여 기술하였다. 또한 그는 도시화의 정도를 여당 후보의 당선율과 투표율과 비교하는 통계를 작성하여 "시골일수록 여당 후보자의 당선율이 높다"라는 가설과 "시골일수록 투표율이 높아진다"는 가설을 제시하였다. 행태주의 정치학의 목표는 정치현상에서 법칙을 찾아내는 것인데, 그의 후기 저작들을 보면 그는 이러한 목표를 항상 염두에 두고 연구하였다는 것을 알 수 있다.[8)]

이러한 수준의 행태주의 방법론을 채택하고 있는 학회보 논문으로는 김규택 교수의 "선거와 투표행태"(1967, 2집)와 "정부에 대한 어린이들의 태도"(1969, 제3집), 박승재(1971, 4집) 교수의 "한국민주주의와 선거", 홍순창(1971, 4집) 교수의 "정치면에 나타난 한국사회의 전근대적 제 요인에 대하여", 신순기(1972, 5집) 교수의 "도시와 농·어촌 주민의 정치의식에 관한 비교연구"가 있다. 이 이외에도 7대 국회 175명의 의원들 중 112명에 대한 인터뷰 조사를 기반으로 한 우병규·김종림(1971, 4집) 교수의 "한국의 입법충원과 정치적 대표"도 있다.

김광웅(1971, 5집) 교수의 "정치·행정의 불균형관계와 국가발전"은 앞서 소개한 행태주의 연구들보다 훨씬 복잡한 분석기법과 통계학을 이용하고 있다. 그는 주요정책결정에서 정치구조가 지배적인 역할을 하는 국가군과 행정구조가 지배적인 기능을 하는 국가군이 각각 사회경제적 발전에 어떠한 영향을 미치는가를 연구하였다. 그는 정치발전의 독립변수로 집단의 반대도, 투표율, 헌정, 국회의원의 임기, 의회의 구성방법, 정당의 의존도, 의회 내의 정당수 등 12개의 변수를, 행정발전의 독립변수로는 자주행정, 지사, 도의원, 언론의 제약, 의회의 인준, 복지예산비율, 각료의 수 등 12개의 변수를, 그리고 사회경제적 발전의 종속변수로는 문맹률, 라디오수, 신문발행부수, 국내총생산성장률, 소득비 에너지 소비율, 소득비 수출의 여섯 가지 변수를 정하고, 독립변수들과 종속변수 간에는 어떠한 상관관계가 있는가를 조사하였다.[9)]

---

8) 윤천주, 『한국정치체계』(서울: 고려대학교출판부, 1963); 『우리나라의 선거실태』(서울: 서울대학교출판부, 1981); 『증보판 투표참여와 정치발전』(서울: 서울대학교출판부, 1989) 참조.

9) 고도의 분석기법이나 통계학을 연구에 이용했다고 해서 반드시 연구의 질을 높이는 것은 아니다. 마찬가지로 이용한 분석기법과 통계학이 기초적인 것이라고 해서 그 연구의 질이 낮은 것도 아니다.

그가 이 연구에서 채용한 방법은 국가군들을 두 집단으로 구분함에 있어서 그 정확도를 측정하기 위한 단계구별분석(stepwise discrimination analysis), 변수 간의 상관관계를 보기 위한 상관관계분석(product-moment correlation analysis), 30개의 변수를 줄이기 위한 요인분석(factor analysis), 그리고 주요 변수들만으로 그들 간의 비중을 측정하는 중회귀분석(canonical correlation analysis) 등이었다.

『정치행태의 기초이론』에는 행태주의를 이해하는 데 도움이 되는 미국학자들의 논문들이 번역되어 있다. 이 번역 논문들의 서론으로 윤천주 교수가 쓴 "정치행태접근법의 요소"라는 글은 이 접근법의 특징을 다섯 가지로 요약하고 있다. 그의 요약에 의하면 첫째로 행태(behavior)는 자극에 대한 반응으로서 나타나는 인간의 과정적 현상으로서의 행태를 의미하고, 정치행태접근법은 이와 같은 의미에 있어서의 개인 또는 집단의 정치행태를 분석하는 접근법이다. 둘째로 정치행태접근법은 인접 학문분야의 연구결과에 의존하고 있다. 정치행태를 규정하는 조건이 사회적일 때는 사회학, 심리적인 것일 때는 심리학, 경제적일 때는 경제학, 문화인류적인 것일 때는 문화인류학, 생물적인 것일 때는 생물학의 도움이 필요하다. 또 행태분석의 기술은 수학과 통계학에 의존하고 있고, 실험 응용방법은 동물학에서 빌려오고 있다. 한마디로 정치행태접근법은 범학문적인(interdisciplinary) 성격을 가지고 있다. 셋째로 이 접근법은 실효성 있는 정의, 경험적 설계, 수단의 확실성, 확인의 기준 등 과학적 연구 절차를 수립하는 데 힘쓴다. 넷째로 이 접근법은 사회학의 사회체계론과 같이 정치체계론을 수립하고자 한다. 다섯째로 이 접근법에서는 정치문화론이 중요하다.[10)]

제2-3공화국시대에는 미국 유학의 경험을 가진 학자들이 이와 같은 행태주의를 적극 도입한 시기이지만 미국 유학의 경험을 가지고 있지 않은 정치학자들은 이 방법에 대해 계속 회의와 경계심을 나타냈다. 독일에서 철학을 공부한 차인석(1971, 4집) 교수는 그의 논문에서 후설(E. Husserl)의 현상학을 소개하고 있다. 현상학은 변증법적 인식론을 가지고 있는 프랑크푸르트 학파의 비판이론과 비트겐슈타인(L. Wittgenstein)의 언어이론과 더불어 1970년대 미국 정치학계에서도 주목을 받던 인식론으로 행태주의의 기반인 실증주의의 맹점을 비판하는 데 강점을 가지고 있다. 후설은 세계의 본질(die Natur der Welt)을 의식 자체가 구성작용을 한다는 관점에서 파악할 것을 촉구하고 모든 과학이 —

10) 윤천주 외, 『정치행태의 기초이론』(서울: 일조각, 1960).

자연과학이나 인문과학이나 사회과학이나 — 그 과학자에 의하여 설정된 의미체계에서 성립하고 있다고 주장하였다. 그리고 그는 과학적인 견해나 개념이 과학자와 그의 동료의 일상세계로서의 전이론적(vortheoretisch)인 생활세계(Lebenswelt)에 근거를 가지고 있다고 주장하고 데칼트적인 유아론(Solipsismus)의 위험성을 극복하기 위해 공통주관성(Intersubjektivität)의 개념을 제시하였다.

정인흥(1971, 5집) 교수는 정치학의 과학화 경향을 지적하면서 정치학자들이 다음과 같은 문제점에 유의할 것을 강조하고 있다. 첫째, 실증적 연구는 지나치게 사실에만 관심을 집중시킴으로써 근시안적인 연구에 그치고 결과적으로는 경험적 보수주의에 빠지게 된다는 것이다. 둘째, 실증적 연구는 자료의 수집과 처리에 막대한 비용이 드는데, 이는 정부의 도움이 없이는 어렵고 정부의 도움을 받으면 그 연구가 정치현실과의 긴장관계를 포기해야 되는 문제점이 있다는 것이다. 셋째, 정치학의 역할이 한국과 미국이 다르다는 것이다. 우리나라에서는 국가건설이라든가 민주주의 정착과 같은 가치의 실현이 중요하고 한국정치학은 이의 실현에 공헌해야 한다는 것이다. 미국은 이 두 가지 과제를 달성한 나라이기 때문에 가치중립적인 행태주의 정치학이 가능하나 우리나라는 그렇지 않다는 것이다. 그러나 그는 이와 관련하여 미국에서조차 행태주의에 대한 반성이 일어나고 있다는 점을 지적하고 있다.

한태수(1972, 6집) 교수의 논문은 행태주의 정치학을 비판하기 위해 쓴 것은 아니다. 그러나 행태주의 정치학이 밀물처럼 한국에 들어오고 있는 상황에서 이와는 다른 인식론인 동서양의 변증법을 비교하는 논문이 나왔다는 것은 의미 있는 일이다. 그는 동서양의 변증법이, 첫째 사물을 동적 상태에서 파악한다는 점, 둘째 일체의 사물이 대립의 통일로 존재한다고 보는 점, 셋째 반대물로 전화한다고 보는 점 등에 있어서는 같다고 지적하고 있다. 그러나 동서양 변증법의 상이점은, 첫째 그 '대립의 통일'에 있어서 서양에서는 모순대립으로 보는 데 반하여 동양에서는 대대대립(對待對立)으로 보는 점, 둘째 '반대물로의 전화'에 있어서 서양에서는 이것을 발전과정으로 보는 데 반하여 동양에서는 순환과정으로 보는 점, 셋째 사물이 동하는 이유가 서양에서는 사물이 '대립의 통일'로 존재하기 때문이라고 보는 데 반하여 동양에서는 사물이 동하는 것은 그 근본적 성질(태극 또는 도의 성질)이요, 동하기 때문에 그 대립요소의 분화가 생긴다고 보는 점 등이라고 정리하고 있다.

2. 정치이론

행태주의는 경험적 자료의 수집과 처리에 필요한 분석기법과 실증주의적 인식론뿐만 아니라 이러한 연구를 인도하는 이론들도 포함한다. 행태주의 정치학의 목표는 정치현상을 기술하고 설명하고 예측해 줄 수 있는 이론을 수립하는 데 있지만 가설적 이론들이나 개념틀이 없이는 이러한 연구는 어렵다. 행태주의를 이끈 대표적 정치학자들은 이러한 가설적 이론들이나 개념틀을 제시하였다. 라스웰은 엘리트론과 권력론을, 벤틀리(A. Bentley)와 트루먼(D. Truman)은 집단이론을, 알몬드(G. Almond)와 버바(S. Verba)는 정치문화론을, 도이취(K. Deutsch)는 정치체계의 사이버네틱 분석틀을, 알몬드는 선후진국 모두에 적용되는 정치체계론을, 이스턴은 파슨스(T. Parsons)의 사회체계론에 비교될 수 있는 정치체계론을 제시하였다.

제2-3공화국시대의 한국 정치학자들은, 특히 미국 유학의 경험이 있는 정치학자들은 바로 소개한 미국 정치학자들의 이론을 대학에서 가르쳤다. 한배호 교수는 이러한 이론들을 소개하는 데 선도적 노력을 하였고, 그의 『이론정치학』(일조각, 1965)은 이러한 노력을 반영하고 있는 저서이다. 『한국정치학회보』에 게재된 그의 "집단개념으로 본 한국정치과정"(한배호 1967, 2집)은 벤틀리, 트루먼, 알몬드의 집단이론을 소개하고, 이 이론을 한국정치과정 분석에 이용하고 있다. 이 시기의 『한국정치학회보』는 아직도 법적, 제도적, 역사적, 사상사적 논문들이 대부분이고 한 교수의 논문을 제외하고는 행태주의 연구를 위한 이론들을 소개하는 논문이 없지만, 이 시기 주요 대학에서 가르친 한국정치학의 지배적인 패러다임은 위에 소개한 미국 정치학자들의 이론들이었다.

제2-3공화국시대에는 이러한 이론들 이외에 근대화론이 각광을 받았다. 미국에서는 립세트(S. Lipset), 러너(D. Lerner), 앱터(D. Apter), 블랙(C. Black), 레비(M. Levy), 로스토우(W. Rostow) 같은 학자들이 정치적, 사회적, 문화적, 경제적 근대화론을 제시하였고, 한국에서는 차기벽, 권윤혁, 이한빈 교수 등이 이 분야에서 업적을 냈다. 이에 관해서는 비교정치 분야를 다루는 학사에서 취급하고 있으므로 여기서는 논의를 생략하기로 한다.

행태주의 이론가들과 근대화론자들은 각각 자기 이론을 제시했지만 그들에게는 공통된 시각이 있다. 그 시각을 맑스의 시각과 비교해 보면 다음과 같다. 우선 첫째로 행태주의 이론가들은 경제가 정치, 사회, 문화를 결정한다고 본 맑스와는 달리 이들 네 영역 간에는 상호작용, 혹은 상호간에 투입-산출(input-output) 과정이 존재한다고 보았다. 다시 말해, 행태주의 이론가들은 각 영역이 독자적인 작동원칙을 가지고 타 영역들을 환경으로 가지고 있다고 보았다. 둘째로 맑스는 계급을 중요시하고 계급들 간의 갈등을 모순적인 것으로 보았으나 행태주의자들은 개인들과 집단들을 중요시하고 계급들 간의 갈등도 조정이 충분히 가능한 것으로 보았다. 셋째로 맑스는 경제적 발전에 따라 구미의 민주주의체제는 붕괴하고 프롤레타리아 독재체제가 수립된다고 보았으나 행태주의자들은 경제적 발전은 민주정치의 발전을 가져온다고 보았다. 넷째로 맑스는 갈등과 혁명에 관심을 가졌으나 행태주의자들은 조화와 체제의 지속에 더 큰 관심을 가졌다.

행태주의 정치학은 가치중립성을 내세웠지만 결코 가치중립적인 정치학이 아니었다. 행태주의 정치학의 대표적인 모델인 정치체계 모델, 혹은 투입-산출 모델은 구미의 민주정치과정을 개념화한 것이고, 근대화론은 구미의 근대화 과정을 개념화한 것이다. 행태주의 정치학은 법적, 제도적, 역사적, 사상사적 정치학에 대한 불만으로부터 나왔지만 맑스의 정치경제학을 부정하는 정치학이었다.

그렇다면 행태주의 정치학은 정치학의 발전에 어떠한 영향을 미쳤는가? 미국의 경우 첫째로 연구대상으로 법, 제도, 역사, 사상보다는 정치행태의 연구를 강조함으로써 이 분야의 연구를 촉진시켰다. 특히 투표행태의 연구와 정치적 태도, 문화의 연구에서 괄목할 만한 업적을 쌓았다. 둘째로 정치체계론에 대한 연구에 있어서는 개념틀을 제시하는 수준에 멈추고 정치현상에 대한 법칙을 수립한다는 원래 목표는 달성하지 못했다. 정치학은 경제학이 가지고 있는 바와 같은 이론을 아직도 가지고 있지 못하고 앞으로도 가지지 못할 것이다. 셋째로 행태주의 정치학은 정치현상에서의 법칙 발견에 몰두한 나머지 미국에서는 당시 진행되고 있던 중요한 정치적 변화를 읽지 못하는 중대한 맹점을 드러냈다. 즉 예측을 중요시하는 행태주의 정치학이 민권운동, 반베트남전 운동, 워터게이트 스캔들과 같은 중요한 정치적 사건을 예측하지 못한 것이다. 그 결과 1970년대 초부터 미국 정치학자들 간에도 행태주의에 대한 반성이 일어났다.

한국의 행태주의 정치학은 제1공화국시대의 법적, 제도적, 역사적, 사상사적 정치학과 마찬가지로 우리의 정치현실을 이해하는 데 적실성이 약했다. 첫째로 한국에서도 앞서 살펴본 바와 같이 행태주의적 연구는 투표행태와 정치적 태도조사에 집중되었다. 그러나 이러한 조사의 결과는 당시 우리들이 상식적으로 다 알고 예상하고 있는 것을 경험적 자료로 나타내는 것이었다. 이러한 연구에 비판적인 일부 학자들은 다 아는 것을 구태여 많은 비용을 들여 조사할 필요가 있느냐는 문제를 제기하고 행태주의적 조사의 결과에 대해 냉소적이었다. 태도조사 연구에 대한 이와 같은 비판은 국민들의 정치적 태도가 구미에서는 정권의 향방을 결정하는 중요한 변수이지만 한국에서는 이와 같은 중요성을 가지고 있지 못했다는 데에도 기인했다.

둘째로 이익집단이론이나 정치체계론의 투입-산출 모델은 선진민주주의국가에는 맞는 면이 상당히 있으나 한국정치에는 맞지 않는 모델이었다. 당시 한국의 이익집단들은 어용집단들이었고, 한국의 정치과정은 정권담당자들의 산출을 중심으로 한 정치과정이었지, 국민들의 투입에서 정권담당자들의 산출이 나오는 정치과정은 아니었다.

셋째로 당시의 한국정치학은 유신체제의 등장을 예측하지 못했다. 언론에서는 박정희 대통령이 이러한 체제를 만들 준비를 하고 있다는 보도가 있었지만 행태주의 정치학은 이에 크게 관심을 기울이지 않았다. 행태주의 연구자들은 우리 국민들의 태도가 민주화됨에 따라 한국의 민주주의도 점진적으로 발전할 것이라고 생각하였다. 민주주의가 부정되는 정치적 변화가 일어날 수도 있다는 문제의식을 가지지 못했다.

한국의 행태주의 정치학은 한 마디로 말해 적실성(relevance)에 큰 문제가 있었다. 그러나 행태주의는 한국정치학의 발전에 두 가지 점에서 공헌하였다. 첫째로 한국정치학에 자료를 수집하고 처리하는 분석기법을 전파하고 경험적 연구의 전통을 수립하는 데 공헌하였다. 이러한 연구를 통해서 가설을 증명하고 법칙을 찾아내는 것이 정치학의 목표라는 인식도 한국 정치학자들에게 심어주었다. 둘째로 행태주의 정치학은 한국의 정치학자들에게 이론이 중요하다는 인식도 심어주었다. 제1공화국시대의 한국정치학은 구미 민주주의국가의 법, 제도, 역사, 사상을 가르치는 정치학이었지 이를 설명(explain)하는 정치학은 아니었다. 맑시즘은 이를 설명하는 한 가지 도식, 혹은 이론이었지만 당시 한국에서는 이의 도입은 불법이었다. 라스웰, 벤틀리와 트루먼, 알몬드와 버바, 이스턴 같은 대표적인 행태주의 정치학자들의 이론은 맑시즘과는 다른 방식으로 정치현상을 이해하고 설명하려는 또 하나의 개념도식이었다. 이들의 이론들은 한국 정치학자들의 이론에 대한 갈증을 어느 정도 풀어주는 정치학이었다. 한국 정치학자들은 이 이론들을 열심히 공부하고 이를 가지고 한국의 정치현실을 체계적으로 이해하려고 노력하였다. 이미 지적한 바와 같이 당시의 정치현실은 행태주의 이론 모델에 맞지 않고 또 한국의 정치현실은 더욱 맞지 않는 방향으로 변화했지만 한국 정치학자들은 이 이론들에 매달려 한국정치를 이론적으로 이해하려는 노력을 하였다.

끝으로 행태주의 정치학은 정치에 영향을 미치는 주요변수들 중 하나로 전파매체에도 관심을 기울였다. 정윤무(1971, 5집) 교수의 "전파매체의 정치적 기능"은 이러한 연구의 예이다. 그는 미국 선거의 경우 루스벨트 대통령의 라디오 이용에 나타난 바와 같이 신문보다 라디오가 더 큰 영향을 미친다는 라자스펠드 등의 행태주의적 연구결과를 소개하고 있다. 그는 선거에 관심이 높고 후보 선택을 먼저 한 사람일수록 라디오 캠페인을 잘 듣고 원래의 태도를 변경시키는 일이 적다는 라디오의 태도 보강효과라는 연구결과도 인용하고 있다. 그 다음 그는 텔레비전의 보급으로 이의 정치적 영향력이 커지고 있다고 보고 텔레비전의 정치적 기능을 논하고 있다. 그는 텔레비전이 정치를 감각적으로 일상화시키고, '쇼(show)'화시키고, '퍼스널(personal)'화시킴으로써 "종래의 비합리적인 인간관계에 의한 표의 동원과는 다른 측면에서 현대정치의 병리의 심화에 박차를 가하게 마련이다"라고 주장하고 있다. 그러나 다른 한편 텔레비전은 후보자에 대한 정보량을 확대하고 공개성을 강화하여 선거의 대중화와 민주화에 공헌하기도 한다고 주장하고 있다.

IV. 제4-5공화국시대(1972~1987)의 정치학 방법론과 이론

1. 정치학 방법론

제4-5공화국시대는 군부독재시대이다. 행태주의 정치학의 분석기법은 이 시대에 정치학자들 간에 더욱 광범위하게 전파되었다. 미국에서 정치학 박사학위를 받은 사람들이 수적으로 급증한 시대이고 미국 학위가 대학 취직에 필요조건이 되기 시작한 시대이다. 그들은 통계학을 포함한 행태주의 분석기법을 미국에서 배웠고, 이를 대학에서 가르치고, 그들의 연구에 적용했다. 그러나 다른 한편 미국에서는 행태주의에 대한 반성이 일어나 앞서 지적한 현상학, 변증법적 인식론을 가지고 있는 푸랑크푸르트 학파의 비판이론, 비트겐스타인의 언어이론이 정치학자들에게도 영향을 미치던 시대이다. 한국에서도 방법론에 대한 인식론적 성찰을 정치학계의 일각에서 찾아볼 수 있던 시대이다.

제1공화국시대에는 『한국정치학회보』가 학회 창립한 지 6년 만에 1권이 나왔고 제2-3공화국시대의 12년 동안에는 총 5권의 학회보가 나왔다. 제4-5공화국 15년 동안에는 총 16권의 학회보가 나왔다. 이 시대에는 학회보가 매년 한 권씩 빠짐없이 나왔고 1986년부터는 매년 두 권씩의 학회보가 발간되기 시작했다. 또 1973년부터는 한국정치학회와 재미 한국 정치학자들 간의 합동학술대회가 처음에는 매년, 나중에는 2년에 한 번씩 개최되고 그 결과가 한미합동학술회의 논문집으로 발간되었다. 제4-5공화국 군부독재시대의 이와 같은 출판활동은 한국정치학이 자유의 제한에도 불구하고 이 시대에 커다란 양적인 성장을 이룩했다는 것을 의미한다.

이 시대에 발간된 총 16권의 학회보에 실린 논문들과 단행본들에는 행태주의 분석기법이나 경험적 방법을 이용한 것들이 상당히 많다. 이 시대에는 연구를 한다는 것이 다른 외국 학자의 글을 요약하거나 약간 수정해서 베끼는 것이 아니라 스스로 경험적 자료를 수집해서 분석하는 작업이라는 인식이 확산되었다. 또 이 시대에는 박용옥(1977, 11집) 교수의 "Georg Simmel의 사회사상과 방법론", 문승익(1979, 13집) 교수의 "한국정치학의 정립문제", 윤근식(1979, 13집) 교수의 "사회비판적인 정치분석과 한국정치학", 양승태(1983, 17집) 교수의 "과학적 비교정치 연구와 비교의 이념", 김웅진(1986, 20집 1호) 교수의 "비교분석기법의 재조명", 김광웅(1987, 21집 2호) 교수의 "한국정치학에서 '과학적 연구'의 의미: 과학철학에 대한 반성과 제언", 이갑윤(1987, 21집 2호) 교수의 "정치학의 과학화와 통계적 방법", 김웅진(1987, 21집 2호) 교수의 "회귀분석 '신드롬': 한국정치학의 연구방법론에 대한 기법적 진단", 유승남(1987, 21집 2호) 교수의 김웅진 교수 저서 『현대정치학의 방법론적 위상』(학연사, 1987)에 대한 서평과 같은 방법론과 인식론을 본격적으로 다룬 논문들도 나왔다. 특히 『한국정치학회보』 21집 2호는 <한국정치학의 대상과 방법>을 다루는 특집호로 이 특집에는 김광웅, 이갑윤, 김웅진 교수의 논문 외에도 김운태, 한승조, 양성철, 신명순, 김영명・권용립・신동호, 백완기, 박상섭, 조찬래, 김학준 교수의 논문이 포함되어 있다. 여기서 이분들의 논문 내용은 소개하지 않지만 한국정치학의 방법론적 발전을 각 분야별로 파악하는 데 도움이 되는 글들임을 지적해 둔다.

이 시대의 상당수의 연구들은 이미 지적한 바와 같이 행태주의가 강조하는 경험적, 특히 수량적 자료를 수집하고 있고 또 필요한 경우에는 이의 통계적 처리를 하고 있다. 한배호・어수영 교수의 『한국정치문화』(법문사, 1987)와 박동서・김광웅 교수의 『한국인의 민주정치의식』(서울대출판부, 1987)과 같은 단행본 분량의 행태주의적 연구업적들이 상당수 나왔지만 여기서는 이러한 단행본들은 취급하지 않고 학회보에 실린 행태주의 연구업적들만을 소개하기로 한다. 그것들을 열거하면 다음과 같다: 『한국정치학회보』 제7집(1973); 한정일, "한국입법결정과정에 관한 연구", 정윤무, "전파매체의 정치적 기능에 관한 연구", 노융희, "신도시개발의 모형정립에 관한 연구", 제8집(1974); 윤형섭, "미군정의 정치적 충원에 관한 발전론적 연구", 제9집(1975); 김종림・Loewenberg・배성동, "의회정치에 대한 국민의 반응", 진덕규, "산업화가 지역사회의 권력구조와 주민의 의식상황에 미치는 영향의 분석 — 울산조선소 지역사회를 중심으로", 제10집(1976); 박동서, "일정(日政)과 한국인의 참여 및 능력발전", 김영모, "개화기 정치개혁가의 사회적 성격", 이용필, "한국정치체계분석: 지지산출실패와 체계불안정(제1, 2공화국)", 제11집(1977); 이홍구, "한국의 정치문화와 정치발전 — 서울시 저소득층 정치성향의 한 단면", 안청시, "정치폭력의 개념화에 관한 실증적 연구", 제12집(1978); 김계수, "정치외교학과 학생에 대한 능력평가", 문승익, "정외과 학생들의 태도분석", 이종범, "정외과 학생들의 이미지 분석", 윤근식, "정외과 학생들의 정치학교육에 관한 자체평가", 정세구, "정치사회화과정의 분석", 이용선, "사회・경제자원의 분배, 정치참여 및 정치계층의 변화(1948~1972)", 제14집(1980); 길승흠, "한국인의 정치의식 구조변화: 1963년과 1978년", 이홍구・안청시, "한국의 교육과 기회균등", 김충남, "한국민주발전의 독립변수로서의 교육", 제15집(1981); 안청시, "한국 도시화의 정치경제적 특징과 생활환경의 질", 길승흠, "한국교육의 합법화와 합리화 기능", 제16집(1982); 신명순, "한국정치에 있어 정치시위의 효율성", 제17집(1983); 김광웅, "정치복지론", 안병만, "농촌주민의 정치적 태도", 제18집(1984); 강치원, "아세아의 정치문화와 아세아지역의 공산세력 수용현황과의 상관성 분석", 이용선, "한국정치지도자 변천의 사회경제적 추이", 제19집(1985); 이남영, "산업화와 정치문화: 민주의식 변화를 중심으로", 이용선, "제12대 국회의원선거에서 국민사회복지가 정치참여에 미친 영향 분석", 변동건, "한국인의 환경문제인식에 관한 연구", 제20집 2호(1986); 김종림・이남영, "산업국가에 있어서의 신념체계와 정치현실", 제21집 1호(1987); 신희석, "한일 국교정상화를 둘러싼 일본의 대중여론분석", 제21집 2호(1987);

염홍철, “최근 10년간 북한의 대내·외 정책에 관한 실증적 연구”, 문태현, “공공정책의 신뢰성에 관한 경험적 연구.”

이 연구논문들의 필자와 제목을 보면 우리는 몇 가지 사실을 곧 알 수 있다. 첫째 태도조사방법이 정치이론 전공교수들도 이용할 정도로 정치학자들 간에 널리 확산되어 있다. 둘째 연구논문들 중 가장 큰 비율을 차지하고 있는 것이 태도와 의식에 관한 연구이다. 이 논문들 중 정치적 태도를 다루는 논문들은 한국에서 민주정치가 잘 되지 못하게 만드는 요인으로서의 문화적 혹은 태도적 요인을 밝히고 있다. 셋째 행태주의 정치학자들이 잘 사용하는 개념인 입법결정과정, 정치적 충원, 의회정치, 정치참여, 정치사회화, 정치문화, 효율성, 신뢰성 등을 연구의 핵심개념으로 사용하고 있다. 다시 말해, 이 시대의 한국정치학자들은 구미의 행태주의 정치학자들의 이론과 방법을 이용해서 연구를 하고 있다. 이 시대에 행태주의 정치학의 이론과 방법은 전 시대의 도입단계에서 전반적인 실용단계로 한 단계 발전했다고 말할 수 있다.

이미 지적한 바와 같이 이 시대에는 정치학 방법론 자체에 대한 분석과 성찰이 전 시대보다 깊은 수준에서 일어났다. 박용옥(1977, 11집) 교수는 “Georg Simmel의 사회사상과 방법론”에서 “사회의 본질을 논함에 있어서 사회적 실재론(sociological realism)과 사회적 유명론(sociological nominalism), 사회윤리 및 가치에 있어서 보편주의(universalism)와 상대주의(relativism) 또는 특수주의(particularism), 사회구조 분석에 있어서 방법론적 전체주의(methodological holism)와 방법론적 개체주의(methodological individualism), 이론 수립에 있어서 경험적 귀납법(empirical-inductive method)과 논리적 연역법(logical-deductive method) 또는 실증론(positivism)과 관념론(idealism) 등의 상반된 견해들”을 짐멜이 어떻게 타협시키고 있는가를 짐멜의 사상과 방법론을 소개하면서 정리하고 있다. 짐멜의 방법론은 이상의 상반된 견해 중 어느 하나에 편향됨이 없이 양자를 전부 포용하고 있다는 것이다.

문승익(1979, 23집) 교수는 “한국정치학의 정립문제”에서 한국정치학의 정립방향을 설득력 있게 제시하고 있다. 문 교수는 정치학은 연구대상인 “정치현상이 갖는 제반 속성의 동질성”이라는 면에서는 보편성을 가지고 있지만 정치현상이 갖는 제반 속성이 구현되는 상황과 정치학의 주체인 정치학자가 처한 상황에 있어서는 보편성을 가지고 있지 않고, 바로 후자의 두 가지 점이 외국의 정치학과는 구별되는 한국정치학이 성립되는 기반을 구성하게 된다고 주장하고 있다. 한국정치학과 미국정치학은 정치현상이라는 같은 연구대상을 가지고 있지만 이것이 구현되는 한국 상황과 미국 상황, 또 두 나라 정치학자가 처한 상황은 서로 다르고 그 때문에 두 나라의 정치학은 같을 수가 없다는 것이다.

그는 정치학을 "정치생활에서 발생하는 제반 문제의 해결을 추구하는 학문"이라고 정의하고 있다. "그런데 문제는 실상 존재하는 것이 아니라 우리가 인식하는 것이고 우리가 설정하는 것이다. 동일한 현상이 문제로 인식될 수도 있고 문제로 인식되지 않을 수도 있다는 점, 또 동일한 현상이 상이한 문제로 인식될 수 있다는 점 등은 우리가 이미 잘 알고 있는 사실이다. 요컨대 우리가 어떤 현상을 문제로 인식하고 설정할 때 이러한 문제 인식 행위는 어떤 진공상태에서 이루어지는 것이 아니라 어떤 무엇에 준거해서 이루어진다." 문 교수는 이 '어떤 무엇'이 가치라고 부르고 있다. 그는 "우리가 정치현상을 연구함에 있어 우리적 가치정향에 준거해서 우리적으로 인식·설정된 문제의 우리적 해결을 추구할 때 한국정치학은 존립하게 된다"고 말하고 있다. 그는 가치중립성은 문제의 인식과 설정의 단계에서는 있을 수 없고 이 단계의 다음 단계인 문제해결의 추구단계에서만 가능하고 타당성을 갖는 논지라고 주장하고 있다.

그는 이와 같은 한국정치학의 정립에 선행해서 필요한 두 가지 작업을 강조하고 있다. 첫째는 "우리가 지금까지 배워온 지식 — 특히 외국의 정치학으로부터 배워온 지식 —의 타당성을 근본적으로 재검토하는 작업이다. 구체적으로 이것은 우리가 사용하고 있는 개념, 모델, 이론, 방법 등에 내포되어 있는 제반 표현되지 않은 가정을 재검토해서, 이러한 가정들이 뿌리박고 있는 가치정향을 감지하는 작업이며, 이것과 우리들 자신의 가치정향 사이의 관계를 밝히는 작업이다." 둘째는 "우리들의 가치정향을 좀 더 분명히 하는 일이다."

그는 분명한 가치정향이 결여될 때 초래될 수 있는 다음과 같은 부정적 결과에 한국 정치학자들이 주목할 것을 촉구하고 있다. "첫째는 영리주의에의 함몰위험이다. 이것은 우리가 학문활동을 함에 있어 명백한 가치정향이 결여될 때, 그러한 학문활동에서 개인적 영리추구가 학문활동의 주된 행동지침으로 등장될 위험이 많다는 뜻이다. 둘째는 우리 학계에서 명실공히 학파라 부를 수 있는 것을 찾기 어렵고 따라서 학파 간의 학문적 대결을 찾기 어려운 근본원인도 결국 명백한 가치정향의 부재에서 찾을 수 있을 것이 아닌가 생각된다. …… 셋째는 외래 방법론의 문제이다. 방법은 문제해결의 추구과정에서

고안되고 개발된다. 방법은 문제와 동떨어져서 존재할 수 없고 실상 문제의 설정이 방법 고안에 선행하여야 한다. 따라서 문제의 설정이 없이 사실의 수집만 있을 때, 이 문제와 관련된 방법은 있을 수 없으며 오직 외래방법의 오용 가능성만 남게 된다. 반면에 외래방법에 준거해서 사실을 수집할 때 외래방법의 오용 가능성뿐만 아니라 사실의 왜곡 가능성도 있게 된다."

윤근식(1979, 13집) 교수는 "사회비판적인 정치분석과 한국정치학"에서 1965년 서울에서 개최된 <아세아에 있어서의 근대화 문제> 국제학술회의에 참가한 독일 정치학자의 다음과 같은 논평을 인용하는 것으로 미국정치학에 대한 그의 입장을 표현하고 있다. "나는 분명히 한국사회에 와서 한국사회의 근대화 문제에 관한 한국정치학자들의 논의를 들을 수 있으리라 기대했다. 그러나 유감스럽게도 한국정치학자들이 한국문제에 관해 사용하는 개념들은 마치 자신으로 하여금 고도의 소비사회가 구가되고 있는 미국에 와 있는 것이 아닌가 하는 착각을 불러일으켰다." 윤 교수는 이 논문에서 미국의 '정치과학(political science)'으로부터 도입한 개념과 모델들은 저발전사회인 우리 사회의 중요한 과제들을 간과하거나 등한시한다고 비판하고 독일 프랑크푸르트 학파의 사회비판적 정치분석을 그 대안으로 제시했다.

양승태(1983, 17집) 교수는 "'과학적'비교정치 연구와 비교의 이념"에서 비교의 세 가지 개념이 가진 문제점을 분석하고 이의 해결방향을 경험주의와 관념론에 관한 검토로 대신하고 있다. 비교의 첫 번째 개념은 비교를 과학적 사유 자체로 간주하는 것이다. 모든 과학적 사유가 둘 이상의 대상을 비교하는 것이라고 할 때 비교에 앞서 이 대상의 정체가 무엇인지의 문제가 제기된다. 대상의 정체 자체는 자명하지 않다는 것이다. 두 번째 개념은 비교를 통문화적 혹은 통국가적 연구로 보는 것이다. 이 경우에는 문화와 국가의 본질은 무엇이고, 문화와 문화 사이, 국가와 국가 사이의 경계의 유무를 결정하는 그들 간의 차이성의 의미는 무엇인지의 문제가 제기된다. 세 번째 개념은 비교를 통체계적(cross-systemic) 분석으로 파악하는 것이다. 이 경우에도 체계의 본질은 무엇이고 하위체계에 영향을 주는 상위체계는 어떻게 구별해 낼 것인지의 문제가 제기된다. 양 교수에 의하면 "이상 검토한 세 종류의 비교개념에 공통적으로 내재하는 가장 근본적인 문제점은 비교행위 자체는 이미 또 다른 비교행위를 전제하여야만 가능한 것이고 그것은 결국 끝없는 회귀(infinite regress)라는 논리적 궁경(cul-de-sac)에 빠지게 된다는 것이다."

양 교수는 이러한 궁경을 벗어날 가능성을 모색해 볼 수 있는 방법으로서 대비드 흄(D. Hume)의 경험주의와 관념론을 검토한다. 흄의 경험주의는 "대상들 사이의 유사와 차이의 원초적 지식이 즉자적으로 비교하는 의식에 피동적으로 반영된다"고 보는 인식론이고, 관념론은 "의식 자체가 능동적으로 작용하여 대상들 속에서 적극적으로 유사성과 차이성을 발굴해 가며 스스로 지식을 확대 심화시킨다"고 보는 인식론이다. 양 교수는 흄의 경험주의는 이미 과학철학이 조악한 경험주의(crude empiricism)로 거부한 바 있기 때문에 관념론이 우리가 생각해 볼 수 있는 인식론이라고 말하고 있다. 그러나 "관념론에 입각한 비교연구는 반드시 어떤 형태의 세계관을 전제로 하고" 있고 "총관적(總觀的) 의식이 능동적으로 스스로를 확대 · 심화하는 과정"이고 이는 "과학주의적 비교정치학이 비교행위에 의해서 새로운 지식을 양적으로 축적하는 과정"과는 상반되는 형식이라고 지적하고 있다. 그렇다면 어떠한 방향으로 비교연구의 본질을 정립해야 할 것인가? 양 교수는 이에 대한 판단은 다음 기회로 미루고 있다.

김광웅(1987, 21집 2호) 교수는 그 자신이 실증주의적 분석기법을 이용하는 데 앞장선 바 있지만 "한국정치학에서 '과학적 연구'의 의미"에서는 이러한 분석기법만이 과학이라는 인식에서 벗어나야 한다고 강조하였다. 그는 "과학에 대한 이해를 좀 더 깊이 하여 종래의 논리실증주의 · 논리경험주의 입장에서 하는 연구만이 '과학적'이 아니며, 논리가 정연하고 실제를 밝혀 문제해결에 도움이 되는 것이라면 어떤 인식론에 선 입장도 설명이 의존하는 도구가 언어이든 기호이든 상징이든 관계없이 '과학적 연구'라고 광의로 이해"해야 한다고 말하고 있다.

김웅진(1986, 20집 1호) 교수는 "비교분석기법의 재조명: 공간적 통제양식을 중심으로"에서 양 교수처럼 비교대상의 본질 자체의 인식문제는 제기하지 않고 비교분석의 두 기법인 최대 유사체계 분석디자인(the most similar systems design)과 최대 상이체계 분석디자인(the most different systems design)을 검토하고 있다. 그는 최대 유사체계 분석디자인은 "(1) 체계간 상이성을 명백히 판별할 수 있는 실증척도를 구축하기란 실질적으로 불가능하다는 점과 (2) 체계 내 정치행태의 발현을 포괄적 상황변수와 직접 연계시킴으로써 인과모형 정립상 오류가 생긴다는 점, 그리고 (3) 대단히 모호한 원인 변수군을 상정할 수 있을 뿐 '군'에 포함될 적정 개별지수를 선별하기 어렵다는 점 등으로 미루어 볼 때 방법론적, 이론적 타당성을 상실하고 있다"고 주장하고 있다. 이어 비해 최대 상이 체계 분석디자인은 분석수준의 설정이 대단히 자유롭고 가설의 검증성도 높일 수 있다는 맥락에서 그 효용성이 매우 크다고 주장하고 있다.

또한 김웅진(1987, 21집 2호) 교수는 "회귀분석 '신드롬'"에서는 회귀분석을 이용한 한국정치 연구들이 가지고 있는 문제점을 지적하고 있다. 그에 의하면, "회귀분석은 변인간의 이상적 공변양상(ideal covariance pattern)을 상정한 후, 가설이 포함하고 있는 변인간에 존재하는 것으로 가정된 관계가 이와 같은 이상형에 근접하는 합치도를 서술하는 수단이며, 따라서 회귀분석을 통해 구축된 인과관계는 '기법적으로 부여된' 것에 불과하다"는 것이다. 그는 회귀분석을 통해 얻을 수 있는 정보는 변인간 인과관계의 '실재(實在)'를 확인해 준다고 단정하기 어려운데도 불구하고 이 기법을 이용한 한국정치학자들의 연구는 이를 단정하는 경향을 나타내는 회귀분석 신드롬에 빠져 있다고 경고하고 있다.

유승남(1987, 21집 2호) 교수는 김웅진 교수의 저서 『현대정치학의 방법론적 위상』(학연사, 1987)에 대한 서평에서 김 교수의 판단을 논박하고 있다. 첫째, 김 교수는 인과관계가 실재한다고 판단하는 기준이 없는 것으로 단언하고 있으나 "변인간의 인과관계는 원인이 결과에 선행해서 발생하고, 경험적으로 항상 상관관계를 가지며, 그리고 제3의 변수가 개입해도 상관관계가 유지될 때 형성된다"는 것이다. 둘째, 김 교수는 회귀분석이 상정하는 변인간의 함수적 인과관계가 기법에 의해서 부여된 것으로 보고 있는데, 이론으로부터 가설을 도출하여 검증한 연구에 상정된 인과관계는 기법이 아니라 동의현실에 의존하고 있다는 것이다. 김 교수가 귀납적 연구에 국한시켜 이러한 언명을 했다 할지라도 기법에 의해 인과관계가 부여되는지에 관해서는 이론의 여지가 많다고 유 교수는 주장하고 있다.

이갑윤(1987, 21집 2호) 교수는 "정치학의 과학화와 통계적 방법"에서 통계학이 정치현상 연구에 매우 유용하다는 것을 알기 쉽게 해설하고 있다. 그는 통계학의 유용성에도 불구하고 한국정치학자들의 통계학 이용도는 매우 저조하다고 비판하고 있다. 예를 들어 1984년부터 1986년까지의 3년간 『미국정치학회보』에 발표된 총 140편의 논문 중 81%인 114편이 통계적 방법을 이용하고 있는 데 비해, 같은 기간 『한국정치학회보』의 경우에는 총 74편의 논문 중 33%인 23편만이 통계적 방법이나 통계치를 사용했다는 것이다. 그는 통계적 방법에만 의존함으로써 무이론적이 될 수 있고 문제의식을 상실하고 학문적 보수성에 빠져들 위험이 있지만 그것은 통계적 방법 자체의 본질적 문제는 아니라고 주장하고 있다.

이상의 검토에서 우리는 정치학 방법론에 대한 논의가 군부독재시대에 그 전 시대에 비해 보다 구체적이고 전문적인 수준에서 이루어졌음을 알 수 있다. 이갑윤 교수는 통계학의 보다 적극적인 사용을 권장하고 있고, 김웅진, 유승남 교수는 회귀분석이라는 통계적 분석기법을 사용할 때에 우리들이 주의해야 할 바에 대해 논의하고 있고, 박용옥 교수는 짐멜을 통해서 방법론에 나타나는 대립적 시각을 극복하려고 노력하고 있고, 양승태 교수는 비교의 의미를 경험주의와 관념론의 대립되는 인식론에까지 회귀시켜 논하고 있다. 문승익 교수와 윤근식 교수는 이러한 방법론의 수준보다는 문제의식과 이론의 수준에서 한국정치학의 정립문제를 논하고 있다.

2. 정치이론

제4-5공화국시대에 발간된 『한국정치학회보』에도 그 전 시대의 학회보와 마찬가지로 경험적 정치이론을 검토하는 논문들은 많이 나오지 않고 있다. 그러나 학회보에 실린 소수의 논문들을 가지고도 이 시대의 이론연구 경향을 파악하는 데 큰 어려움은 없다. 우선 제4공화국 유신시대에는 행태주의 정치학의 이론을 소개하고 검토하는 글들을 찾아볼 수 있다. 그 대표적인 것으로는 임동혁(1973, 7집) 교수의 "현대정치학의 기초개념에 대한 재음미", 최명(1974, 8집) 교수의 "정치학에 있어서 코뮤니케이션 모델: 싸이버네틱스 모델을 중심으로", 안병영(1974, 8집) 교수의 "조직내적 민주주의에 관한 제가설 검토", 이용필(1975, 9집) 교수의 "혁명에의 제 접근에 대한 비판: 이론적 및 경험론적 관점에서"가 있다. 문승익(1974, 8집) 교수의 "민주주의의 토착화"는 유신시대라는 시대 상황의 문제의식을 가지고 쓴 논문이지만 오늘날의 한국정치 상황을 생각하는 데도 유효한 글이다.

임동혁(1973, 7집) 교수는 그의 논문에서 이스턴의 정치체계 개념에 정치과정을 상징과정으로 보는 보울딩(K. Boulding)의 주장을 합쳐서 "정치는 사회적 가치의 권위적 배분을 위하여 소수자가 다수자에 대하여 행하는 통신과 제어의 체계"라고 주장하고 있다. 최명(1974, 8집) 교수의 논문은 칼 도이치의 싸이버네틱스 모델의 내용을 *The Nerves of Government*(The Free Press of Glencoe, 1963)를 중심으로 소개하고 이 모델은 개념의 조작화(operationalization)가 어렵다는 문제점을 가지고 있다고 지적하고 있다. 안병영

(1974, 8집) 교수의 논문은 미헬스(R. Michels), 립세트, 그들 이외의 여러 구미학자들, 민주적 엘리트주의(democratic elitism)를 논하면서 조직 내 민주주의에 대한 제 가설을 검토하고 있고, 이용필(1975, 9집) 교수의 논문은 에드워드(L. Edwards), 브린톤(C. Brinton), 소로킨(P. Sorokin), 룰(J. Rule), 틸리(C. Tilly), 맑스(K. Marx), 데이비스(J. Davies), 토크빌(Alex de Tocqueville), 스톤(L. Stone), 거(T. Gurr), 파이에라밴드(Ivo Feierabend), 베르코위즈(L. Berkowitz), 스멜서(N. Smelser), 존슨(C. Johnson), 슈바르츠(D. Schwartz) 등의 이론을 소개하면서 혁명론을 검토하고 있다.

문승익(1974, 8집) 교수의 "민주주의의 토착화"는 토착화의 세 가지 경우를 소개하고 있다. 첫째는 정치체계의 자체 속성의 아무 변화 없이 자체 외에 있는 민주주의를 이식하는 경우, 둘째는 자체 속성의 변화 없이 자체 외에 있는 민주주의를 그 기본원칙은 살리면서 자체 속성에 맞게 수정 이식하는 경우, 셋째는 민주주의의 이식을 위해 자체 속성을 변화시키는 경우이다. 그런데 세 번째 경우는 딜레마 상황을 만들어 낸다.

민주주의에 일정 정도의 경제적 발전이 필요하다고 할 때 경제적 발전을 위해 비민주적 정치를 한다면 이것은 민주주의의 이식조건 마련을 위해 민주주의를 부인하게 되는 딜레마 상황이 되는 것이다. 또 민주주의에 어떠한 문화적 조건이 필요하다고 해서 그 나라 고유의 문화적 전통을 없애야 한다면 그것은 민주주의의 토착화를 위해 그 나라의 정체성, 즉 토착성을 버려야 하는 딜레마 상황이 되는 것이다.

문 교수는 민주주의 토착화에 대해 이와 같은 문제점을 제기하면서 민주주의는 우리 자신의 필요로부터 자라나고, 자체 외적 민주주의는 자체 내의 필요를 각성시키는 역할밖에 할 수 없고, 우리들이 이러한 필요 만족을 위해서 노력하는 과정에서 우리 나름의 민주주의가 발전하게 될 것이라고 결론을 내리고 있다.

제5공화국의 신유신시대에는 그 전 시대와는 다른 새로운 이론들을 검토하는 논문들이 『한국정치학회보』에 실렸다. 그러한 논문들로는 유영준(1981, 15집) 교수의 "종속이론의 몇 가지 이론적 특성에 관한 고찰", 염홍철(1983, 17집) 교수의 "제3세계에 있어서 종속극복의 전략", 강민(1983, 17집) 교수의 "관료적 권위주의의 한국적 생성", 김홍명(1984, 18집) 교수의 "맑시즘과 국가이론", 최장집(1984, 18집) 교수의 "그람씨의 헤게모니 개념", 박상섭(1984, 18집) 교수의 "Poulantzas-Miliband 국가론 논쟁고", 김호진(1984, 18집) 교수의 "종속이론의 비판적 고찰", 김진철(1984, 18집) 교수의 "세계경제의 주기와 국제정치 구조개편의 상관성 연구", 필자(1985, 19집)의 "산업화와 정치체제의 변화", 한명화(1986, 20집 1호) 박사의 "한미관계에 관한 정치경제적 접근", 박효종(1986, 20집 2호) 교수의 "국가론 소고: 국가자율성에 관한 논의를 중심으로"가 있다. 그러나 이 시대에도 행태주의 정치학 진영에 속한다고 볼 수 있는 논문들도 발표되었다. 이러한 논문들에는 이상우 교수의 "럼멜의 권력개념"(1981, 15집)과 "국가중심체제의 장래: 서기 2000년대의 국제질서(서설)"(1983, 17집), 황수익(1985, 19집) 교수의 "정치학과 합리적 선택접근법", 길정우 박사의 "비교 정치경제론 분야의 이론화에 남긴 Mancur Olson의 공헌과 이에 대한 비판"(1986, 20집 1호)과 "집단행태의 논리와 경제성장을 설명하는 Mancur Olson의 명제들: 이에 대한 비판"(1986, 20집 2호)이 있다.

이 시대의 특징은 무엇보다도 그 전 시대에 유행하였던 정치체계론 대신에 국가론이 유행했다는 데 있다. 이 국가론은 맑스와 네오 맑시즘에 근원을 두고 있는 좌파적 국가론과 경제발전에 있어 국가의 적극적 역할을 긍정적으로 보는 보수적 국가론, 혹은 베버(Weber)적인 국가론으로 나뉘어 있다. 위에 소개한 김홍명, 최장집, 박상섭 교수의 논문은 이와 같은 좌파국가론을 소개하고 검토하는 논문이다. 박상섭 교수는 그의 저서 『자본주의 국가론: 현대 마르크스주의 정치이론의 한계』(한울, 1985)에서 이 문제를 본격적으로 다루고 있다. 박효종(1986, 20집 2호) 교수는 국가자율성을 부정하는 국가도출학파, 이를 어느 정도까지는 인정하는 네오 맑스학파, 국가자율성을 절대적으로 인정하는 네오 베버학파의 국가론을 검토하고, 국가도출학파는 완전히 틀렸고 네오 맑스학파와 네오 베버학파도 현실에 전면적으로 부합되지는 않는다는 결론을 내리고 있다. 이와 아울러 남미의 경제발전단계의 변화가 정치체제의 변화를 일으켰다는 오도넬(G. O'Donnell)의 관료적 권위주의론도 유행하였다. 강민(1983, 17집) 교수는 관료적 권위주의론이 한국정치의 변화를 설명하는 데 적실하다고 주장하였고 필자(1985, 19집)는 이에 이의를 제기하였다.

행태주의 정치학의 옹호자들 중에서는 정치체계론이 경험적 연구와 이론 수립에 큰 도움이 되지 않는다는 합의가 생기고 이를 대체하는 패러다임으로 합리적 선택이론이나 공공정책이론이 나오게 되었다. 위에 소개한 황수익 교수와 길정우 박사의 논문들은 이 이론을 소개하고 검토하고 있다. 이상우(1981, 15집) 교수의 "럼멜의 권력개념"은 힘(power)을 '결과를 창출하는 역량'으로 보고, 또 이를 작용자와 피작용자 사이의 사회적 위계차에서 생기는 관계양식에서 생기는 것이지 작용자의 고유 속성이 아니라고 보고, 개인 간의 갈등에서 국가 간 전쟁에까지의 모든 갈등을 일관된 체계 속에서 설명하려고 시도한 럼멜(R. Rummel)의 권력론을 소개하고 있다. 또한 이상우(1983, 17집) 교수는 "국가중심체제의 장래"에서는 국가중심체제가 구조적으로, 의식적으로 도전받고 있고 이에 따라 국제체제도 변화하고 있다고 주장하고 있다.

제5공화국시대에는 제3공화국시대의 근대화론이 퇴조하고 종속이론이 청년학생들의 관심을 끌었던 시대이기도 하다. 한국을 미국의 종속국가로 보는 시각이 정서적 호소력을 가졌다. 정치학자들은 종속이론을 청년학생들처럼 정서적으로 보지는 않았다. 유영준(1981, 15집) 교수의 논문은 종속이론이 방법과 내용에 있어 근대화론과 어떻게 상반되고 있는가를 비교하고 두 이론은 동일한 현상에 대한 상반된 접근법이라고 결론을 내리고 있다. 염홍철(1983, 17집) 교수는 종속 극복의 전략인 국제체제의 변혁, 사회주의 혁명, 자력갱생의 세 가지 전략을 소개하고 평가하고 있다. 염홍철 교수는 이 논문에 앞서 『종속이론: 저발전의 정치경제학』(한울, 1981)을 낸 바 있다. 김호진(1984, 18집) 교수는 종속이론이 자본주의보다는 사회주의를, 국제협력보다는 배타적 민족주의를, 현상의 설명보다는 비판을, 이론의 정립보다는 실천과 행동을, 현실보다는 이상을 선호하는 이론으로 제3세계의 저발전과 발전 문제를 만족스럽게 설명한다고 볼 수 없다고 주장하고 있다. 한명화(1986, 20집 1호) 박사의 논문은 현실주의, 종속이론, 상호의존론의 세 시각을 가지고 한미관계를 분석하고 현실주의는 외교안보관계를, 종속이론은 국제 및 국내 경제의 구조적 문제를, 상호의존론은 무역관계와 인적, 물적 교류의 증대현상을 설명하는 데 각각 도움을 준다고 지적하고 있다. 다른 한편, 김진철(1984, 18집) 교수는 "자본주의는 세계경제를 일체로 통합하여 운용하는 경제과정과 국제체계를 하나의 정치적 실체로 통합시켜 움직이게 하는 자본주의정치의 정치과정 등, 이 두 과정을 종합시키고 있는 역사적 실체"라고 보고 세계경제의 주기는 국제정치구조의 개편과 밀접한 상관관계가 있다고 주장하고 있다.

제5공화국 전두환 시대에는 맑시즘을 소개하는 책들도 많이 번역 출간되었다. 전두환 정권은 1982년에 건국 이래 금서(禁書)로 묶여 있던 맑스 관계 서적들의 출판을 허용하는 조치를 취했다.[11] 역대 정권 중 가장 억압적이었던 전 정권이 이 조치를 취한 배경이

11) 이정복, 『한국정치의 이해』(서울: 서울대학교출판부, 1995), pp.135-160.

무엇인지 잘 모르겠으나 맑스의 이론이 자유민주주의에 대한 가장 부정적인 이론이라는 데도 그 이유가 있었다고 본다. 맑스를 해방시켜 자유민주주의를 공격하게 만들자는 의도가 있었다고 해석할 수 있다. 이와 아울러 1980년대 후반에는 좌파 성향의 학자들 간에 사회구성체 논쟁이 일어났다. 한국사회를 '식민지 반봉건 사회', 혹은 '식민지 반자본주의 사회'로 보고 국가의 성격을 '식민주의적 대리통치 체제'나 '매판군사 파시즘 체제'로 보는 이론과 '신식민지 국가독점 자본주의 사회'로 보고 국가성격을 '신식민지 파시즘 체제'로 보는 이론 간의 논쟁이 진행되었다.[12] 제5공화국시대부터 나타나기 시작한 이러한 좌파이론은 『한국정치학회보』에는 게재되어 있지 않다.

이상 살펴본 네오 맑시스트 국가론이나 네오 베바리언 국가론, 관료적 권위주의론, 합리적 선택이론, 맑스의 이론, 사회구성체 논쟁은 모두 정치경제학 이론들이다. 제5공화국시대는 그 전 시대의 행태주의 정치학의 체계론에 대신해서 이와 같은 정치경제학 이론들이 정치학자들의 주목을 끌기 시작하던 시대이다. 그러나 행태주의 정치학의 체계론과 근대화론도 이 시대에 퇴조했다고 해서 사라진 것은 아니다. 오히려 대학에서는 이 시대에도 대다수의 정치학자들이 체계론과 근대화론적인 시각에서 가르쳤고 정치경제학적 이론을 가르친 정치학자들은 몇 편 안 되는 이 분야의 논문들이 말해 주듯이 소수였다. 소수지만 그들의 이론에 학계의 관심이 어느 정도 집중되었다는 점에서 필자는 그들의 이론이 이 시대의 이론적 특징을 나타낸다고 규정지었다.

제4-5공화국시대의, 특히 행태주의 정치학이 그대로 유행하던 제4공화국시대의 한국정치학은 제2-3공화국시대의 정치학보다도 적실성이 약한 정치학이었다. 당시의 정치현실이 당시의 한국정치학에는 더욱 맞지 않는 현실로 변화하였기 때문이다. 제5공화국시대의 정치경제학이 한국정치학의 적실성 회복에 약간 공헌했지만 청년학생들은, 특히 민주화 투쟁에 앞장섰던 청년학생들은 보다 급진적인 좌파이론에 관심을 갖고 이를 그들 스스로의 학습과정을 통해 익혔다. 한국정치학은 전체적으로 볼 때 제4-5공화국시대에 시대적 과제를 붙잡고 고민하지 못한 문제점을 가졌었다고 볼 수 있다. 급진적 좌파이론과 이를 도식적으로 한국정치에 적용한 글들, 그리고 대한민국정부의 정통성을 부인하는 한국정치 관계 책들이 일부 청년학생들에게 호소력을 갖게 된 것은 한국정치학의 이와 같은 문제 상황을 배경으로 한 것이었다.

---

12) 손호철, 『현대한국정치』(서울: 사회평론, 1999), pp.321-348.

V. 제6공화국시대(1987~현재)의 정치학 방법론과 이론

1. 정치학 방법론

제6공화국시대는 우리가 민주주의 정치제도를 다시 갖게 된 시대이다. 제1, 2, 3공화국시대에도 민주주의 정치제도를 가졌었으나 이 시대에는 평화적 정권 교체가 일어나지 못했다. 제6공화국시대에는 이미 네 번에 걸친 평화적 정권 교체가 일어났다. 그간 적실성이 약했던 미국적인 한국정치학이 민주주의 정착의 시대를 맞이해서 그 적실성을 찾게 된 시대이다. 제6공화국시대의 개막 이래 15년간 『한국정치학회보』에 게재된 논문들의 목록을 보면 다음과 같은 특징이 나타난다. 첫째로 한국정치를 다루는 논문들이 압도적으로 많다. 최근에는 북한정치를 다루는 논문들도 상당수 나오고 있다. 한국 정치사와 사상을 다루는 논문들도 최근에 다시 많이 발표되고 있다. 둘째로 한반도 주변의 4대국을 비롯해서 다른 나라의 정치를 분석하는 논문들도 많이 나오고 있다. 셋째 정보화 시대, 지구화 시대, 탈냉전 시대, 포스트모던 시대를 맞이하여 이러한 시대적 변화를 다루는 논문들도 나오고 있다. 넷째 경험적 연구에는 법적, 제도적, 역사적, 사상사적 방법, 행태주의 분석기법, 행태주의 정치학 이론, 국가론, 합리적 선택이론, 네오 맑시스트 이론 등 다양한 방법론과 이론이 적용되고 있다. 이러한 다양한 방법론과 이론이 병존하고 있지만 행태주의 방법론, 인식론, 국가론, 합리적 선택이론이 한국정치학의 주류를 형성하고 있다. 한국정치학자들의 대부분이 미국 대학에서 박사학위를 한 사람들이고 그들이 미국에서 배운 것이 여전히 한국정치학의 근간을 이루고 있다.

여기서 우리는 경험적 연구결과들을 이 연구에 적용된 방법론적 경향에 따라 분류하고 그 내용을 소개할 지면상의 여유가 없다. 제6공화국 출범 이래 현재(2003년 봄)까지 발간된 『한국정치학회보』는 50권에 달하는 엄청난 분량이기 때문이다. 제4-5공화국 군사독재시대에 1년에 한 권씩 나오던 학회보가 1995년부터는 1년에 네 권씩 나오게 되었다. 학회보가 네 권씩 나와도 제출논문의 반 이하밖에 실리지 못하고 있다. 엄청난 수의 정치학 논문이 나오고 있는 것이다. 『일본정치학회연보』가 1년에 한 권밖에 발간되지 못하는 것과 비교할 때 한국정치학은 양적으로 일본정치학을 앞서고 있다. 그리고 이러한 양적 성장은 질적 발전을 동반하지 않을 수 없다.

제6공화국시대에도 그 전 시대와 마찬가지로 정치현상의 분석방법과 인식론적 문제를 다루고 있는 학회보 논문들은 소수이다. 분석방법 자체를 다루는 주요논문으로는 이윤식(1988, 22집 1호) 교수의 "정책영향평가에 있어서 인과관계에 관한 분석", 황수익(1989, 23집 2호) 교수의 "사회행위의 의도되지 않은 결과, 기능적 설명, 그리고 개인주의적 설명", 김재한(1995, 29집 1호) 교수의 "한국선거예측의 방법론적 모색"을 들 수 있다. 이윤식 교수의 논문은 시계열자료를 이용한 정책영향평가에서 정책 간여변수 시계열과 결과변수 시계열 간의 인과구조를 분석하는 기법인 '하위목적 시계열 준실험 평가설계 접근법(time series quasi-experimental design with subobjectives)'과 이 접근법에 적합한 ARIMA(Auto Regressive Moving-Average) 모형접근법의 논리를 검토하고 그 장점과 한계점을 밝히고 있다. 황수익 교수의 논문은 "사회현상을 인간의 의식적 행동의 의도된 결과와 의도되지 않은 결과로 대별할 때 기능적 설명이 적용되어 온 대부분의 거시적 사회현상은 후자에 속하나", "기능주의는 설명의 대상인 사회현상을 생성하는 기저적 기제의 문제를 해결치 못한다"고 주장하고 있다. 그는 "사회현상의 '완전한(rock bottom)' 설명은 아직은 부분적으로만 흥미롭고 중요한 결과를 내는 데 머물고 있는 미발달 상태에 있지만 개인주의적 원인 설명에 의해서만 가능하다고" 결론을 내리고 있다. 김재한 교수의 논문은 우리나라의 선거예측이 단순히 누구를 찍을 것이냐를 묻는 여론조사에 의존한 예측에 불과하다고 비판하고 이러한 투표선택의 결정요인에 대한 연구와 이론 확립이 있어야 한다고 강조하고 있다.

행태주의 정치학의 분석기법을 소개하는 교과서들이 이 시대에는 상당수 출간되었다. 그 목록은 다음과 같다: 한배호, 『정치학 방법론』(법문사, 1988); 박용치, 『현대사회과학 방법론』(고려원, 1989); 노화준, 『행정계량분석』(법문사, 1990); 김광웅, 『사회과학 연구 방법론: 조사방법과 계량분석』(박영사, 1992); 김병진, 『현대 조사방법론』(삼영사, 1993); 김호정, 『사회과학 통계분석』(삼영사, 1993); 이원욱, 『조사방법론』(경진사, 1993); 이지훈, 『사회과학의 메타분석방법론』(충북대출판부, 1993); 최한수, 『정치학 연구방법론』(대왕사, 1993); 한영춘, 『사회과학 연구방법론』(법문사, 1994); 오명호, 『현대정치학방법론』(박영사, 1995); 강신택, 『사회과학 연구의 논리: 정치학·행정학을 중심으로』(박영사, 1996); 김광웅, 『방법론 강의: 기초·원리·응용』(크라운, 1996); 김웅진, 『방법론과 정치적 실존』(인간사랑, 1996); 노동일, 『정치학 방법론』(법문사, 1996); 김웅진, 『정치학 방법론 서설: 경험과학 연구의 논리와 규준』(명지사, 1997); 김웅진 · 김종표 · 박경산 · 이남영 · 정영국 · 조기숙 · 최진욱, 『정치학 조사방법: 재미있는 퍼즐풀기』(명지사, 1999). 이 저서들에 대해 김웅진 교수는 이지훈 교수의 책과 『정치학 조사방법: 재미 있는 퍼즐풀기』를 제외하고는 "거의 대부분 과학철학적 전제와 규준, 개념화와 인과추론 등에 관련된 협약, 연구설계의 구조, 관측 · 측정방법과 계량적 자료분석기법을 한 권의 책에서 포괄적으로 소개하고 있는 구미식 '표준형'텍스트들이며, 존재론적 · 인식론적 측면에서도 획일적으로 경험과학적 입장을 기반으로 삼고 있기 때문에 상호 차별성을 발견하기 어렵다"고 평가하고 있다.[13)]

이 시대의 『한국정치학회보』에 실린 인식론 관계 논문들은 행태주의 정치학의 방법론을 반성하거나 이에 대안적인 인식론을 소개하는 것들이다. 행태주의 정치학 방법론과 연구활동 일반의 문제점에 대한 인식을 우리들은 어느 누구보다도 김웅진 교수의 다음과 같은 학회보 논문들에서 찾아볼 수 있다: 1) "모형화 작업에 있어서 인과관계의 추론척도: 실용성과 효용성에 대한 재성찰"(1989, 23집 2호); 2) "지식생산경로의 폐쇄성: 정치현실과 정치학적 시각"(1990, 24집 특별호); 3) "방법론의 이론 종속성과 이론의 방법론 종속성: 연구방법론의 성화(聖化)와 지식의 화석화"(1993, 27집 2호-하); 4) "과학적 발견의 정치사회적 정당화: 적실성의 족쇄와 방법론적 구속성"(1995, 29집 3호); 5) "지식의 축적과 연구 전통의 진보: 방법론적 네트워크를 중심으로"(1999, 33집 3호).

김 교수는 첫 번째 논문에서 인과관계의 추론에 적용되는 네 가지 척도의 문제점을 잘 정리하고 있다. 즉 "첫 번째 척도인 시간적 순차의 원리(principle of temporal precedence)는 독립-종속변인 간의 적정 시간차(time-lag) 구축이 임의성과 자의성을 지닐 가능성이 높다"는 문제점을, "두 번째 척도인 항상적 연계의 원리(principle of constant conjunction)는 가설의 통칙화에 요구되는 관계항상성의 적정수준을 명확히 정립하기 어렵다"는 문제점을, 세 번째 척도인 공변규칙성(covariance pattern)은 "변인 간에 인과관계가 형성되는 모습 자체를 경험적으로 인지하기 어렵다"는 문제점을, 그리고 네 번째 척도인 탈허위성(nonspuriousness)은 개입변수의 통제작업의 임의성 제거가 어렵다는 문제점을 각각 가지고 있다는 것이다. 김 교수는 실증과학의 방법론을 이용하는 정치학자

13) 김웅진, 앞의 논문, p.256.

들은 '무심코 전제로 삼고 있는' 모든 가정이나 척도들의 이와 같은 문제점을 철저하게 파악하고 연구에 임해야 한다고 강조하고 있다.

김 교수는 두 번째 논문에서는 행태주의 정치학 방법론, 경험주의 방법론, 혹은 실증주의 방법론에 대한 세 가지 비판을 소개하고 그 비판은 이러한 방법론의 본질에 대한 오해에서 나온 잘못된 비판이라고 주장하고 있다. 첫째 비판은 경험사회과학이 '쓸모 없는' 퍼즐(puzzles)만을 던진다는 것이고, 둘째 비판은 표재적 현상만을 다루지 본질의 문제를 다루지 못한다는 것이고, 주로 맑시스트 학자들이 하는 셋째 비판은 이념적 폐쇄성, 혹은 부르주아적 계급성을 탈피할 수 없다는 것이다. 김 교수는 경험사회과학의 연구결과가 첫째와 셋째의 문제점을 노정한다면 그것은 '쓸모 없는' 퍼즐을 해결하려고 하고 또 연구결과물을 부르주아 계급적으로 해석한 연구자의 문제이지 경험주의 방법론 자체의 문제는 아니라고 주장하고 있다. 경험과학은 경험할 수 있는 것만을 대상으로 하기 때문에 둘째 비판은 어느 정도 일리가 있다. 그러나 김 교수는 경험과학자가 초경험적 대상을 연구대상에서 제외한다고 해서 초경험적 대상이 존재하지 않는다고 보는 것은 아니라고 주장하고 있다.

김 교수는 세 번째 논문에서는 "일단 특정한 패러다임이 광범위하게 수용되면, 그러한 패러다임에 입각한 지식(이론)을 반복 생산하기 위한 연구방법이 친화, 사회화, 규범화됨에 따라" '연구방법의 성화(sacralization)'가 일어나고, '연구방법의 성화'는 생산되는 이론을 연구방법에 종속시키고 화석화시킬 위험성을 가지고 있다고 주장하고 있다. 그는 또한 "이론이 담고 있는 구체적인 내용의 측면에서 본다면 이론과 방법론은 어느 정도 상호독립적일 수" 있지만 "이론의 보편적 형태라는 맥락에서 보면 그러한(형태의) 이론을 생산해 내기 위한 연구방법은 이론에 종속된다"고 주장하고 있다. "예로서 이론이 인과형 진술의 형태를 지니고 있는 한, 그리고 인식론적 시각이 경험적 근거를 추론의 기초로 요구하는 한, 연구방법은 실증적 자료의 수집과 분석을 통한 인과관계의 도출이라는 틀에 맞추어 짜여지게 마련"이라는 것이다. 그는 "연구방법의 성화는 창조적, 개별적 인간의 모습을 추상화된 원형적 인간으로 환원시킴에 따라 현상 발생의 구체적 맥락을 멸절시키는 한계를 벗어나지 못하고 있다"고 주장하고, '연구방법의 성화'를 타파하고 연구목록, 혹은 대상을 개방할 것을 촉구하고 있다. 김 교수의 이와 같은 주장은 행태주의 정치학뿐만 아니라 네오 맑시즘, 혹은 진보정치학에도 적실성이 있다는 점을 필자는 첨가해 두고 싶다.

김 교수의 네 번째 논문은 사회과학적 "발견을 최종적으로 인증할 수 있는 엄정하고도 순수과학적인 척도는 존재할 수 없기 때문에 발견을 지향한 과학행위는 특정한 과학계가 처해 있는 사회적 상황(social contingency)과 과학자들 간의 독특한 사회관계(social relations)의 성격에 맞추어 방법론적 타당성을 규정하는 방식으로 이루어지게 된다"고 주장하고 있다. 여기서 과학계의 사회적 상황이란 과학계의 가치정향, 그리고 이 정향이 형성되는 상위맥락으로서의 정치사회적 이념과 규범을 가리키고 과학자들 간의 사회관계란 방법론이라는 인증장치를 주도하는 중심집단과 과학자와의 관계를 가리킨다. 요컨대 정치학 연구도 학문외적 정치사회적 요인과 정치학계의 주도적 방법론의 구속을 받는다는 것이다.

김 교수는 다섯 번째 논문에서는 지식의 축적은 "기존 이론의 전복 가능성을 감소시킴에 따라 연구문제의 합리적 재구축과 새로운 창출을 지향한 과학적 진보에 장애가 된다"고 주장하고 있다. "특히 사회과학 지식의 축적은 연구문제 및 연구방법의 선택에 있어서 강력한 통제력을 행사하는 과학계 내의 방법론적 네트워크, 그리고 그를 주도하는 핵심집단의 '과학성'과 '사회적 적실성'에 대한 권위주의적 판단에 따라" 이루어지기 때문에 사회과학의 진보에 장애가 된다고 강조하고 있다. 그는 사회과학 지식의 축적이 진보와 연결되기 위해서는 "축적의 과정과 그러한 과정을 통제하는 방법론적 네트워크를 중심으로 한 연구전통 내의 권력관계를 해체해야" 된다고 주장하고 있다.

김웅진 교수의 논문내용을 비교적 상세히 소개하는 이유는 그의 논문들이 행태주의 정치학 방법론인 경험적 방법론의 한계, 이에 대한 부당한 비판에 대한 비판, 연구방법론이 빠지기 쉬운 함정, 연구대상과 방법의 정치사회적 세력과 학계 권력구조에 대한 의존성, 지식의 축적과 지식의 진보와의 관계 등에 관해 구미 정치학계가 도달한 이해수준에 한국정치학계도 도달해 있다는 것을 나타내 주는 좋은 예이기 때문이다. 한국정치학계의 방법론에 관한 논의 수준은 제3공화국시대까지의 일반적이고 개괄적인 논의 수준에서 제4-5공화국시대의 구체적이고 전문적이지만 단편적인 논의 수준에서 제6공화국시대의 보다 구체적이고 전문적이면서도 포괄적인 논의 수준으로 발전하고 있다.

김웅진 교수는 실증주의의 옹호자로서 실증주의의 한계를 지적하였다. 그러나 반실증주의의 입장에서 실증주의의 한계를 지적하고 이에 대한 대안을 제시한 다음과 같은 학

회보 논문들도 있다: 양승태(1988, 22집 2호), "생물학적 인간본성론과 정치학 연구"; 백승현(1990, 24집 특별호), "현대 정치학에 있어서 철학적 정치학의 위상: 에릭 보에글린(E. Voegelin)의 '새로운 정치학'적 관점에서"; 김종술(1990, 24집 특별호), "정치철학과 정치과학의 해체와 재구축: 정치학의 다초점화"; 장원석(1991, 25집 1호), "해석학 논쟁과 사회과학 방법론의 제문제"; 홍광엽(1996, 30집 1호), "과학적 정치학에 의미를 가져다 주는 정치사상의 전향적 조망: 포스트 모더니즘의 정치적 연관성에 관한 일고."

2. 정치이론

제6공화국시대의 『한국정치학회보』에는 그 전 시대에 비해 훨씬 많은 정치이론 관계 논문들이 게재되었다. 주요 논문들을 소개하면 다음과 같다: (1) 강민, "한국의 국가역할과 국가기구: 국가구조의 재생산과정을 중심으로"(제22집 2호, 1988); (2) 박건영, "정치경제학의 한 분석의 틀로서의 관료적 권위주의 이론: 이론적 비평"(제23집 1호, 1989); (3) 강민, "한국국가이론의 재조명: 국가정책의 이론적 위상", (4) 최병선, "정치경제체제의 전환과 국가능력: 경제자유화와 민주화를 중심으로", (5) 김석준, "국가능력과 산업화 정책의 변동: 한국과 대만의 비교", (6) 김형국, "산업구조조정과 국가능력: 자동차 산업 사례연구", (7) 이국영, "관료적 권위주의이론의 논쟁에 대한 재평가: 정치경제학적 접근법에 의한 재구성", (8) 손호철, "국가자율성문제를 둘러싼 제 문제들: 개념 및 이론적 문제를 중심으로"(제23집 2호, 1989); (9) 임혁백, "한국에서의 민주화 과정 분석: 전략적 선택이론을 중심으로"(제24집 1호, 1990); (10) 이영애, "민주주의 원리의 재고찰"(제24집 2호, 1990); (11) 손호철, "국가자율성, 국가능력, 국가강도, 국가빈도: 개념 및 용법에 대한 비판적 고찰", (12) 김석준, "의회민주주의 제도화와 국가능력: 사회갈등, 체제-반체제 및 여야정당의 이익표출관계를 중심으로", (13) 박영호, "국가와 시민사회: 한국 정치 변동분석을 위한 서설", (14) 서규환, "국가의미론: 비판시민사회의 이론화"(제24집 특별호, 1990); (15) 김석준, "국가위기이론의 적실성과 제6공화국 국가위기의 경험적 분석", (16) 유영옥, "공공정책에 있어 정치적 상징의 이용", (17) 김태창, "현대지방민주주의론: 지방자치의 정치철학적 함의와 「정치공동체」의 형성과제", (18) 박상섭, "근대국제체제의 사회학을 위한 시론: 근대국제체제에 있어 국내 구조와 국제체제의 유기적 연결성에 관한 연구"(제25집 1호, 1991); (19) 조기숙, "유권자의 선호강도와 대의민주주의: 합리적 선택이론과 다원주의의 비판적 분석", (20) 황태연, "국제적 환경위기의 정치관계: 외연적 산업발전의 생태학적 한계에 대한 재생산이론적 접근과 내포적 재산업화의 정치생태학"(제26집 1호, 1992); (21) 박효종, "최소한의 국가의 위상에 대한 비판적 조명: 정치경제학적 접근을 중심으로", (22) 송병록, "한국의 군부통치: 군부통치하 한국의 경제적 발전과 국가계급(Staatsklasse)으로서 군부 엘리트의 계급적 성격", (23) 김일영, "계급구조, 국가, 전쟁 그리고 정치발전: B. Moore 테제의 한국 적용 가능성에 대한 예비적 고찰", (24) 마인섭, "자본주의적 발전과 민주화: 한국 산업화의 단계, 계급구조와 국가", (25) 이영조, "관료적 권위주의 체제하에서 국가자율성의 한계: 군정기 브라질의 농업개혁정책을 중심으로"(제26집 2호, 1992); (26) 박효종, "맑시스트 정치경제학에 대한 비판적 고찰: 혁명의 정치경제학과 프롤레타리아트의 합리성"(제27집 1호, 1993); (27) 조기숙, "여촌야도의 합리성: 불리언(Boolean) 비교 방법의 적용을 위한 시론", (28) 박효종, "지역사회의 힘의 범주에 관한 정치경제학적 연구: 진주 시외버스 터미널 이전문제를 중심으로"(제27집 2호, 상, 1993); (29) 정준표, "집단행동과 게임이론", (30) 진미경, "현대민주주의와 정당성 이론"(제27집 2호, 하, 1993); (31) 박효종, "민주화와 합리적 선택: 법률적 적실성과 쟁점들을 중심으로", (32) 김욱, "경제성장, 집단행동의 논리, 그리고 세포조직"(제28집 1호, 1994); (33) 김진영, "조절이론의 재검토", (34) 정무권, "세계화와 한국의 노동, 자본, 국가 관계: 힘의 균형과 실용주의 관계를 위하여", (35) 정국헌, "조절이론에서의 국가이해: Joachim Hirsch의 조절이론적 재구성을 중심으로"(제28집 2호, 1994); (36) 박상식, "세계화란 무엇인가", (37) 이호철, "국가건설과 국가지배력: 국가지배력의 제도론적 이해", (38) 박효종, "자유와 강제에 관한 정치경제학적 고찰: 자유주의와 파레토 원리의 상충을 중심으로"(제29집 1호, 1995); (39) 박효종, "민주주의체제의 안정과 불안정에 관한 일 고찰: 사회선택론의 관점을 중심으로"(제29집 2호, 1995); (40) 이병화, "시민사회와 국제관계에 있어서 행위자문제", (41) 황영배, "군사동맹의 지속성: 세력균형론과 세력전이론", (42) 전경옥, "권력의 정당성과 대중문화"(제29집 3호, 1995); (43) 조명래, "포스트포디즘의 정치적 양상"(제29집 4호, 1995); (44) 나정원, "맑시즘 국가론의 실천적 한계: 프랑스 지식인들의 논의를 중심으로"(제30집 1호, 1996); (45) 안순철, "한국유권자의 전략적 투표행태",(제30집 2호, 1996); (46) 이영애, "성 정치학의 포스트 모더니즘적 전망", (47) 박효종, "합리적 노사협상에 관한 정치경제학적 연구: 진주지역 상평공단의 사례를 중심으로"(제30집 3호, 1996); (48) 임효선, "전일적 정치 시각의 의의"(제30집 4호, 1996); (49) 홍원표, "정치적 탈근대성과 정치공동체: 배제, 과잉, 균형의 정치", (50) 김시윤, "정책변화와 신제도주의: 통신산업정책의 사례"(제31집 1호, 1997); (51) 조기숙, "지역주의 논쟁: 비판이론적 시각에 대한 비판"(제31집 2호, 1997); (52) 안승국, "결사체 민주주의와 정치공동체: 국가-시민사회관계의 대전환 모색"(제31집 3호, 1997); (53) 신욱희, "구성주의 국제정치이론의 의미와 한계"(제32집 2호, 1998); (54) 안승국, "한국에 있어 포드주의의 위기에 관한 정치경제적 재성찰: 조절이론의 접근을 중심으로"(제33집 2호, 1999); (55) 이호철, "한국정치학에서 정치경제연구의 쟁점과 과제"(제34집 1호, 2000); (56) 강원택, "지역주의 투표와 합리적 선택: 비판적 고찰", (57) 전재성, "현실주의 국제제도론을 위한 시론", (58) 박은홍, "구조조정과 민주주의: 이론과 경험"(제34집 2호, 2000); (59) 최영종, "현실주의 지역통합 이론: 그 가능성과 한계"(제35집 2호, 2001); (60) 김학노, "마스트리히트 사회정책협정 형성 과정: 구성주의적 신기능주의 설명"(제35집 3호, 2001); (61) 김상배, "정보화시대의 거버넌스: 탈집중 관리양식과 재조정"(제35집 4호, 2001); (62) 김영명, "세계화와 민족주의: 약소국 시각 정립의 방법", (63) 박재민, "국력의 차이와 우호적 행위의 상호성과의 관계", (64) 민병원, "복잡계로서의 국제정치: 새로운 패러다임의 모색을 위한 실험"(제36집 2호, 2002); (65) 김상배, "정보화시대의 외교: 개념화의 모색", (66) 이현우, "인터넷과 사회자본의 강화를 통한 선거참여: 미국 2000년 대선의 경우", (67) 안재흥, "세계화와 노・사・정 대응의 정치경제: 스웨덴, 네덜란드, 오스트리아 사례의 비교"(제36집 3호, 2002); (68) 구춘권, "독일모델의 전환과 사회협약정치의 변화: 실업문제 해결을 위한 '노동을 위한 동맹'의 의미와 한계"(제37집 1호, 2003).

이상 열거한 논문목록에서 우리가 알 수 있는 것은 정치경제학의 이론들을 소개하거나 그것들을 한국정치의 분석에 적용한 논문들이 압도적으로 많다는 것이다. 정치경제학적 분석의 중심적 대상은 군부독재체제가 무너졌지만 이 체제의 수립에 주역을 담당했던 노태우 장군이 제6공화국 민주체제의 첫 번째 대통령으로 있던 1990년대 초까지는 국가였다. 이 국가에 대한 분석은 네오 베버리언 분석과 네오 맑시스트 분석으로 대별할 수 있다. 정치경제학적 분석의 대상은 1990년대 초 이후부터는 국가뿐만 아니라 선거, 중앙과 지방 수준의 정치, 시민사회 등 보다 넓은 분야로 확장되고 있다. 이러한 대상들의 정치경제학적 분석은 합리적 선택이론을 적용한 것이 많다. 네오 맑시스트의 분석방법을 적용한 논문은 이러한 방법의 일부 청년학생들에 대한 영향력에도 불구하고 학회보에는 많이 나오고 있지 않다. 프랑스의 네오 맑시스트 분석방법이라고 볼 수 있는 조절이론을 소개하는 논문들은 몇 편 나오고 있다. 위의 논문제목들을 보면 이러한 논문들 외에도 시대적으로 중요한 주제인 민주주의, 탈냉전시대의 국제정치, 세계화, 포스트모던 시대의 정치학의 발전방향을 다루는 논문들도 있다는 것을 알 수 있다.

우선 국가를 베버리언 모델에 따라 분석한 논문들부터 살펴보면 다음과 같다. 강민 교수는 (1)번 논문에서 한국의 국가권력은 건국 당시부터 제5공화국시대까지 국가구조의 제도적 조직성, 특히 강압기구에 의해 규정되어 왔으나 한국이 산업화됨에 따라 민중의 계급적 도전에 직면하여 그간 누렸던 자율성의 약화현상을 노정하고 있다고 진단하고 있다. (2)번의 박건영 교수의 논문은 "수입대체 산업화로 인한 경제적 위기만이 정권 교체를 결과하는 것이 아니라 지배적인 역사적 형태 및 정치, 문화, 계급 이해관계, 그리고 한 사회 내에서 진행된 제도화의 정도 등의 여러 매개변수가 이 과정에서 중요한 역할을 한다"고 관료적 권위주의론을 비판하고 있다. 강민 교수의 (3)번 논문은 국가와 사회의 상호관계는 영향력, 아이디어 및 자원들을 선택적으로 쌍방에 전달해 주는 박막(薄膜)에 의해 조정되고 있고 국가정책은 이 박막에 비유될 수 있다고 주장하고 있다. 강 교수는 (1)번과 (3)번 논문에서 경제결정론과 정치결정론, 또 사회중심론과 국가중심론 양자를 모두 피하고 네오 맑시스트 시각과 네오 베바리언 시각을 모두 포함하는 국가론을 제시하고자 노력하였다. (4), (5), (6)의 논문은 모두 국가능력을 다루고 있다. 이 논문들은 경제적 변화와 정치적 변동이 모두 국가능력의 변화를 가져온다고 지적하고 있다. 이국영 교수는 (7)번 논문에서 제3세계 사회의 정치와 경제의 관계를 정치우위론적으로 규명하고 있는 엘젠한스(Hartmut Elsenhans)의 이론을 한국의 특수성에 맞추어 적절히 수정해 수용한다면 한국정치를 잘 설명할 수 있는 대안적 이론이 될 수 있다고 주장하고 있다. 김석준 교수는 (12)번 논문에서 제13대 국회 기간을 "사회적 갈등이 의회제도로 수렴되는 수준을 4단계로 나누어 사회구조적 갈등 수준, 이익단체 및 체제・반체제세력 수준, 여야정당 수준, 그리고 의회제도 수준으로 단계화하여 분석"하고 제13대 국회의 능력이 공안정국과 3당 통합을 거치면서 더욱 낮아졌다는 경험적 분석을 내놓고 있다. (13)번 박영호 박사의 논문은 "국가중심적인 입장에서 국가와 사회의 관계 및 그로부터 발생하는 정치적 갈등을 총체적 맥락에서 파악하고 정치변동을 거시적인 관점에서 이해하기 위하여 다섯 개의 가설을 제시"하고 있다. 김석준 교수는 (15)번 논문에서 "한국의 역대 국가위기와 그에 따른 정치변동은 '세계체제, 국가, 사회계급'의 세 가지 변수들 간에 서로 경쟁적으로 이루어지는 상호활동의 산물"이라고 보고, 국가위기를 '나라'로서의 국가위기, '상부구조'로서의 국가위기, '지배블럭', '지배연합'의 위기, '사회관계의 응집'의 위기, '관료기구와 법질서의 총체'로서의 위기, '정부'의 위기 및 '국가관리자, 지도자'의 위기의 7가지 개념수준으로 나누어 보고 있다. 송병록 교수는 (22)번 논문에서 앞의 이국영 교수와 마찬가지로 자본가도 아니면서 생산의 결과를 독점·처분하는 제3세계 국가의 군부 엘리트를 포함한 고급관료층을 국가계급으로 보는 엘젠한스의 시각을 한국의 군부통치에 적용하고 있다. 마인섭 교수는 (24)번 논문에서 "산업화의 단계적 진화와 민주주의에로의 전환 사이의 관계를 한국의 경험을 중심으로 분석"하고 있다. 이호철 교수의 (37)번 논문은 국부의 생산양식, 지정학, 세계경제, 정치문화 등의 국내적 요인 및 국제적 요인들이 국가 건설과정에 결정적 영향을 미치고 국가기구, 국가제도, 국가지배력도 결정한다고 국가를 역사제도론적 관점에서 분석하고 있다. 김시윤 교수의 (50)번 논문은 한국의 통신산업정책의 변화가 제도적 변화로부터 온 것이고 이러한 제도적 변화는 허니문이론, 외부압력이론, 위기이론 중 위기이론이 가장 잘 설명해 주고 있다고 주장하고 있다. 이호철 교수의 (55)번 논문은 1980년대 이후 국제정치경제를 포함하는 정치경제학 분야의 연구성과를 검토하면서 그 논쟁이 결국 맑시스트들과 베버주의자들 간에 일어났음을 지적하고, 유교적 전통에서 나오는 국가중심적 사회질서의 전통이라는 요인을 간과했다고 비판하고 있다. 김상배 교수의 (61)번 논문은 "대내외적인 차원에서 국가의 역할과 위상의 재조정을 요구하는 구조적 환경이 정보기술의 발달에 의해 어떻게 창출되며, 더 나아가 이러한 과정을 통해 새롭게 등장하는 정치적·경제적 조정메커니즘의 내용과 본질이 무엇인가를 밝혀내는 데" 초점을 맞추고 있다. 이상의 논문들 중 하부구조의 영향력을 높이 평가하고 있다 해도 국가가 종국적으로 하부구조의 산물이라고 보지 않는 논문들은 베버리언 시각을 반영하고 있다고 분류하였다.

이미 지적한 바와 같이 1990년대 초 이후부터는 이와 같은 네오 베버리언 국가론 중심의 연구보다 합리적 선택이론이나 게임이론을 정치학의 여러 분야에 적용한 연구가 많이 나오고 있다. 박효종 교수는 방법론에 있어 김웅진 교수가 한 역할을 합리적 선택이론 분야에서 하고 있다. 그는 1992년부터 1996년간의 기간에 총 7편의 이 분야 논문을 학회보에 게재하고 있다. 박 교수는 (21)번 논문에서 합리적 행위자의 패러다임에 의거하여 개인의 이익을 우선적으로 추구하는 경제적 인간(homo economicus)의 합리성 실패를 보완하는 기제로서 리바이던의 필요성을 주장하는 이론에 의문을 제기하고 최소한의 국가를 옹호하고 있다. 그는 이러한 주장의 근거를 경제적 인간(homo economicus)들이 실패한다고 하더라도 스스로 해결책을 강구할 수 있는 역량을 상당히 가지고 있고 리바이던의 정치적 인간(homo politicus)들도 일반의지의 소유자나 철인왕보다는 '사모쓴 도둑놈'의 모습을 띨 가능성을 배제할 수 없다는 데, 다시 말해 합리성의 실패를 야기시킬 가능성이 크다는 데 두고 있다. 그의 (26)번 논문은 사회주의 혁명의 실패 원인을 지배계급의 헤게모니와 국가의 상대적 자율성에 두고 있는 네오 맑시즘의 주장에 안주하기보다는 합리적 행위자로서의 노동계급 자체 내에서 찾아야 한다고 주장하고 있다. 그는 사회주의 혁명과 노동계급의 합리성이 합치될 수 없다고 주장한 올슨, 부커넌과 쉐보르스키의 이론들을 검토하고 이에 일부 동의하면서도 그 경직성을 비판하고 있다. 그는 "사회주의 혁명의 성패는 경제적 인간(homo economicus)으로서 프로레타리안의 비용절감 차원에서 배타적으로 결정되는 사안이 아니라 그가 직면하는 자본주의 사회구성체의 구도도 이에 못지않게 중요한 변수로 작용한다"고 주장하고 있다. 그는 (28)번 논문에서 합리적 행위자 패러다임을 지역사회의 버스터미널 이전문제에 적용시키고 지역사회의 힘의 범주를 검토하고 있다. 그는 지역사회의 힘의 기존의 범주인 "관찰 가능한 쟁점사안에 초점을 맞추는 다원주의 성향의 '권력의 제1얼굴론자들'과 '비결정'에 주목하는 '권력의 제2얼굴론자들' 및 구조적 힘에 집착하는 '권력의 제3얼굴론자들'에" 집합적 행위문제에 주목하는 '권력의 제4얼굴'을 추가하고 있다. 그는 '권력의 제4얼굴'에 따른 힘의 분석이 제 1, 2, 3 모델에 따른 분석보다 효율적이라고 주장하고 있다. 그의 (31)번 논문은 합리적 선택이론을 제3세계의 민주화 설명에 적용하고 있다. 그는 "주요 정치행위자들이 취하는 전략적 선택과 상호작용에 초점을 맞추는 합리적 행위자 모델은 구조주의 모델이 조망하기 어려운 역동적 현상을 분석할 수 있는 강점을 지니고 있지만" 한계점들도 가지고 있다고 주장하고 이 한계점들을 보완해야 한다고 주장하고 있다. 그 한계점들이란 첫째 "합리적 시민들에게 상정되는 합리성이 한편으로 수단적 합리성의 범주로 왜소하다는 점과 또 한편으로 합리성 조작화의 조건이 너무 엄격하다는 사실"이고, 둘째는 "합리적 행위자 모델이 실질적 민주주의보다 절차적 민주주의 구축과 안정성에 집착한 결과 주요 정치행위자들 사이에 이루어지는 민주화 협약이 효율성과 정의의 조건을 충족시키는가에 대한 평가를 유보하고 있다는 점이다." 그의 (38)번 논문은 "선호결집의 과정에서 파레토 원리와 자유주의의 상충을 필연적인 것으로 상정하는 센(A. Sen)의 역설을 분석적 차원에서 점검하고 또한 이로부터 비롯되는 규범적 함축을 한국사회에 적용할 필요가 있다는 점을 역설하고 있다." 그는 (39)번 논문에서 "절차 민주주의에서 불가피하게 발생하는 다수의 순환현상이 민주주의가 정치행위자들에게 내쉬 균형으로 기능할 수 있게 만드는 요체"라고 주장하고 있다. 그는 "정치행위자들에게 승자와 패자가 될 수 있는 일정한 확률을 제공하는 다수의 순환현상이야말로 비합리적 집단 선택에도 불구하고 민주체제의 안정성을 보장하게 되는 요소"라고 강조하고 있다. 그의 (47)번 논문은 합리적 선택이론을 노사협상에 적용하고 있다. 그는 사례연구를 통해 "노사협상에서 상호주의와 비례주의, 준거점과 준거집단, 정보의 제한된 역할 및 미시적 계급타협 현상이 유의미한 경험적 현상"임을 발견하였다.

박효종 교수는 바로 살펴본 바와 같이 합리적 선택이론이나 게임이론을 국가론, 프롤레타리아 혁명론, 지역사회의 권력구조, 민주화 과정, 자유와 강제 문제, 민주주의 체제의 안정성 문제, 노사협상에 적용했다. 그러나 이러한 문제들 외에도 다른 다양한 문제들에 합리적 선택이론을 적용한 논문들이 많이 나오고 있다. 임혁백 교수의 (9)번 논문은 한국의 민주화 과정을, 조기숙 교수의 (19), (27), (51)번 논문들은 각각 대의민주주의의 다수와 소수, 여촌야도, 지역주의 문제들을, 정준표 교수의 (29)번 논문은 집단행동 문제를, 김욱 교수의 (32)번 논문은 경제성장에 적합한 경제조직의 문제를, 안순철 교수의 (45)번 논문은 한국 유권자의 전략적 투표행태를, 강원택 교수의 (56)번 논문은 지역주의 투표 문제를 다루고 있다. 한국정치에 대한 합리적 선택이론의 적용은 새로운 해석과 논쟁을 불러일으키고 있기도 하다. 윤천주 교수는 여촌야도 현상을 유교적 권위주의문화에 기반한 준봉투표라고 보았는데, 조 교수는 이를 합리적 선택행위로 볼 수도 있다고 주장한다. 조 교수는 지역주의 투표도 합리적 선택행위로 보고 있는데, 강 교수는 이를 합리적 유권자의 모델로 설명하는 데는 문제가 있다고 비판하고 있다.

다음 네오 베버리언 국가론이나 합리적 선택이론과는 대조적인 네오 맑시스트 국가론을 소개하거나 이를 한국의 정치경제에 적용한 논문들을 살펴보면 다음과 같다. 손호철 교수의 (8)번과 (11)번 논문은 국가를 분석할 때 사용하는 개념들의 여러 의미에 대해 논하고 있다. 그는 (8)번의 논문에서는 국가의 여섯 가지 의미, 분석 패러다임의 종류와 추상 수준에 따라 각각 다른 국가자율성 의미, 도구적 자율성과 구조적 자율성의 의미, 대내적 자율성과 대외적 자율성의 의미를 자세히 논하고 있다. (11)번의 논문에서는 국가자율성, 국가 능력, 국가 강도(state strength), 국가 경도(state hardness), 국가권력(state power)의 의미와 용법을 논하고 있다. 그는 국가의 성격을 한 사회의 총체적 사회성격과 유기적으로 연관시켜 파악해야 하고, "국가자율성 문제는 이 같은 총체적인 국가 성격의 파악 위에 국가와 경제구조 간의 관계, 국가와 지배계급 등 국내외적 사회 제 세력과의 관계를 보다 엄밀하게 파악하도록 도와주는 '보조적' 개념틀"로 보아야 한다고 주장하고 있다. 서규환 교수의 (14)번 논문은 독일 학계의 국가론과 시민사회론을 소개하고 있다. 김일영 교수의 (23)번 논문은 네오 맑시스트인 배링톤 무어(B. Moore)의 이론을 해방부터 1950년대 사이의 한국정치에 적용하고 그 적실성을 검토하고 있다. 나정원 교수의 (44)번 논문은 프랑스에서의 맑시즘 국가론 논의와 이러한 논의의 실천적 지형으로서 프랑스 문화와 역사의 특징을 살펴보고 있다. 김진영 교수의 (33)번 논문, 정국헌 교수의 (35)번 논문, 조명래 교수의 (43)번 논문, 그리고 안승국 교수의 (54)번 논문은 모두 조절이론을 다루고 있다. 조절이론은 원래 프랑스의 좌파 경제학자들이 내놓은 이론이고 맑스 경제학의 기본개념과 이론에 의존해 있는 이론이다. 김진영 교수는 "조절이론은 주변부의 자본주의적 성장을 세계체제적 규모로 작용하는 자본의 일방적 논리에 의존해서 설명하는 것이 아니라 세계체제와 국가, 그리고 국내의 계급투쟁의 삼자적 상호관계에 의해 설명하게 한다. 따라서 주변부 자본주의의 성장은 종속이론이나 제국주의 이론의 비관적 결정주의에서 벗어나 보다 적절한 분석틀을 가지게 될 듯이 보인다."고 주장하고 있다. 정 교수는 독일 학자인 히르쉬(J. Hirsch)의 조절이론을 소개하고 있다. 그는 히르쉬가 "국가를 계급과 계급분화 사이에서 벌어지는 투쟁과정의 결정체로서 이해하면서 상이한 시대적 및 공간적 양식 속에서 불연속적으로 진행되는 자본축적과 이에 따른 국가의 역할 변화에 주목하였다"고 소개하고 있다. 조명래 교수는 "조절이론의 관점에서 포스트 포디즘을 하나의 축적체제로 간주하고, 이 축적체제가 사회적으로 조절되는 조건과 결과로서 출현하는 새로운 정치적 양상, 특히 국민국가의 해체와 새로운 정치적 질서를 분석"하고 있다. 안승국 교수는 조절이론을 한국경제의 축적위기에 적용하고 있다. 그는 이러한 위기해소는 노동의 통제보다는 노사 간의 새로운 사회협약으로 이루어져야 한다고 주장하고 있다. 제5공화국시대에 유행했던 종속이론은 거의 자취를 감추고 대신 자본축적의 위기와 이에 대한 조절방식을 다루는 조절이론이 우리 정치학계에 소개되고 있는 것이다.

이제 우리는 제6공화국시대의 시대적 과제인 민주주의, 탈냉전시대의 국제정치, 세계화, 포스트모던 시대의 정치학의 발전방향을 다루는 논문들을 살펴볼 차례이다. 이러한 주제들은 제4-5공화국시대에는 주목을 받지 못했던 새로운 주제들인 것이다. 앞서 소개한 논문들 중 민주주의를 다루는 논문들로는 (10), (16), (17), (30), (42), (52), (58), (66)번이 있다. 이영애 교수는 (10)번 논문에서 민주주의를 실존주의적 방법으로, 다시 말해 후설의 현상학적 방법으로 분석하고 있다. 그는 민주주의의 기본원리인 주권재민의 원리, 보통선거의 원리, 다수결의 원리가 정치체제 내에서 실제로 운영될 때에는 어떻게 이론적 당위성과 상당한 거리를 갖게 되는가를 설득력 있게 분석하고 있다. 그는 우리들이 이러한 원리를 실현할 수 있는 제도와 방안을 고안해야 하고 이러한 제도와 방안은 개인의 일상생활과 밀접한 관련이 있도록 해야 한다고 주장하고 있다. 이 교수의 논문은 이미 소개한 바 있는 김상협 교수와 문승익 교수의 이 문제에 관한 논문과 함께 한국 민주주의의 발전방향을 생각하는 데 도움을 주는 논문이다. 민주주의의 발전문제와 관련해서 유영옥 교수의 (16)번 논문은 정치적 상징의 이용 문제를, 김태창 교수의 (17)번 논문은 지방자치를, 진미경 교수의 (30)번 논문은 정당성 문제를, 전경옥 교수의 (42)번 논문은 대중문화의 문제를, 안승국 교수의 (52)번 논문은 최근 한국에 나타나고 있는 결사체 민주주의 현상을, 박은홍 교수의 (58)번 논문은 경제적 구조조정의 문제를, 이현우 박사의 (66)번 논문은 인터넷선거 문제를 각각 다루고 있다.

탈냉전시대의 국제정치를 다루고 있는 논문들로는 (18), (20), (40), (41), (53), (57), (59), (60), (64), (65)번 논문이 있고, 세계화와 세계화 시대의 노사관계와 민족주의 등을 다루고 있는 논문들로는 (34), (36), (62), (67), (68)번 논문이 있다. 이 분야의 논문은 대부분 국제정치 분야의 학사가 다루고 있으므로 여기서는 간략한 소개나마 생략하기로 한다.

마지막으로 포스트모던한 시대의 정치이론을 다루는 논문으로는 (46), (48), (49)번이 있다. 이 분야에는 푸코(M. Foucault)를 다루는 논문 등 다른 논문들도 있지만 서양정치 사상 분야의 학사에서 취급하므로 소개하지 않았다. 여기 소개한 세 편의 논문들은 포스트모던한 시대의 정치학의 발전방향을 제시하려고 시도하고 있다. 이영애 교수는 (46)번 논문에서 "포스트모더니즘과 페미니즘에 대한 일관적인 설명틀이 존재하지도 않으며, 이들 간의 연계를 긍정적으로 보는 시각과 부정적으로 보는 시각이 공존함에도 불구하고, 이러한 두 사조의 연계를 긍정적으로 밝히고 이들이 한국정치학의 학문적 시각을 다양화시키며 성정치학을 연구하는 데 유용한 틀로 사용될 수 있음을 논증"하려고 시도하고 있다. 임효선 교수는 (48)번 논문에서 포스트모던 시대가 해체의 시대임과 동시에 과학/종교, 주체/객체, 인간/자연, 정신/물질, 의식/무의식, 지성/영혼의 분리를 극복하고자 하는 통합의 시대라고 진단하고 있다. 이제는 종래의 기계적 · 합리적 · 비관계적 패러다임에서 벗어나 전일적 패러다임에 입각한 정치이론의 정립이 시급한 때라고 강조하고 있다. 홍원표 교수는 (49)번 논문에서 자유주의적/집단주의적 정치공동체, 논쟁적/탈개인주의적 정치공동체, 해체주의적/계보학적 정치공동체의 세 유형의 정치공동체론을 소개하고, 성장중심적 정치를 극복하고 삶의 질을 증진시키기 위한 출발점으로 논쟁적/탈개인주의적 정치공동체의 실현을 주장하고 있다.

Ⅵ. 결어

한국의 정치학은 그 방법과 이론에 있어 제도적, 법적, 역사적, 사상사적 정치학 → 행태주의 정치학 → 좌우 학파의 국가론과 합리적 선택이론을 포함하는 정치경제학 → 탈현대의 정치학으로 변화, 발전하고 있다. 이러한 변화와 발전은 한국 정치학계 내부에서 자생적으로 일어난 게 아니라 미국 정치학의 변화, 발전 경향을 그대로 반영하는 것이다. 한국의 정치학자들이 대다수 미국 유학을 하고 그곳에서 배운 것을 우리 학계에 전파한 것이다.

한국정치학이 이렇게 변화, 발전하고 있다고 해서 과거의 정치학이 현재의 정치학으로 대치된 것은 아니다. 과거의 제도적, 법적, 역사적, 사상사적 정치학과 행태주의 정치학은 현재의 정치경제학과 탈현대의 정치학과 공존하고 있다. 정치에 대한 제도적, 법적 접근법은 어느 나라 정치를 연구하든 필요한 접근법이다. 현재 이 접근법은 합리적 선택이론을 기반으로 신제도주의로 부활하여 국내정치연구에 있어서나 국제정치연구에 있어서나 유용한 접근법으로 새롭게 각광을 받고 있다. 역사와 사상도 이를 보는 시각에 따라 다르게 보이나 정치연구의 기초를 구성한다고 하겠다. 최근 한국의 정치사와 사상에 대한 관심이 다시 고조되고 있는 것은 한국정치학의 발전을 위해 다행스러운 일이다.

행태주의 분석기법은 경험적 연구를 하는 정치학자들에게는 큰 도움을 주는 기법이다. 한국에서는 행태주의가 미국 정치학계에서와 같이 극단화되지 않았다. 행태주의가 그 진가를 발휘하고 있는 정치적 태도의 조사방법이나 통계적 처리기법은 한국 정치학계가 그 발전을 계속 수용해야 할 것이다. 합리적 선택이론도 한국에서는 미국 정치학계에서 한때 나타냈던 바와 같이 극단적으로 수학화하지 않았다. 우리는 이 이론도 계속 수용하고 연구에 적용해야 할 것이다.

행태주의 정치학에서 그 이론으로 각광을 받았던 정치체계론은 그에 기반한 가설과 이론을 내놓는 데 실패함으로써 퇴조하였다. 그러나 정치에 대한 전체적인 이해는 정치체계론과 네오맑시즘의 두 시각에서 아직도 이루어지고 있다. 한국정치는 물론 구미 선진 민주주의국가의 정치도 투입-산출의 정치체계론이 적용되기에는 문제가 많다. 이곳의 정치가 아직도 엘리트와 지배층 중심으로 이루어지고 있기 때문이다. 자유민주주의국가의 정치는, 특히 한국의 정치는 이러한 문제를 극복해야 될 과제를 가지고 있고, 이를 극복한다면 정치체계론은 정치의 현실을 은폐하는 이데올로기가 아니라 이를 분석하는 개념틀로서 유용하게 될 것이다.

미국 정치학계에서 국가론의 이론적 실패가 정치체계론을 등장시켰지만 정치체계론의 이론적 실패는 국가론의 부활을 가져왔다. 현재 국가는 네오 베버리언 시각과 네오 맑시스트 시각의 두 시각에서 접근되고 있다. 지구화와 세계화 시대를 맞이하여 국가의 해체현상을 지적하는 학자도 있지만 국가는 아직도 정치학에서 중요한 연구대상이다. 국가는 군사력 혹은 폭력을 합법적으로 독점하고 있고 어느 나라의 경우든 GNP의 25~50%를 사용하고 있는 경제적 주체이다. 한국은 통일된 민족국가 수립의 과제를 가지고 있고 국가 내부의 구조를 민주적으로 공고화해야 될 과제도 가지고 있다. 국가에 대한 지속적 연구가 필요한 이유가 여기에 있다.

사회에 대한 연구도 네오 베버리언 시각의 다원주의론과 네오 맑시스트 시각의 계급투쟁론의 두 시각에서 접근되고 있다. 구미에서는 전자의 다원주의론이 오랫동안 지배적인 연구시각이었지만 계급투쟁론도 특히 유럽에서는 대항적인 연구시각으로 존속해 왔다. 한국사회의 연구는 사회가 약했기 때문에 활발하게 이루어지지 못했지만 1987년의 민주화 이후 사회가 점점 강해짐에 따라 활성화되고 있다.

한국정치는 근대를 아직도 완성시키지 못했지만 탈근대, 혹은 탈현대의 영향도 받고 있다. 탈근대, 탈현대 현상은 한국의 근대화를 오히려 방해할 수도 있고, 또는 근대의 폐해를 극복하면서 근대를 완성하는 계기로 작용할 수도 있다. 탈현대의 한국정치학은 후자의 방향으로 정립되어야 할 것이다.

이제 한국정치학의 발전을 위해 우리 정치학자들이 가져야 할 방법론적 자세에 대한 필자의 생각을 간단히 소개하고 이 글을 끝맺고자 한다. 첫째 우리는 정치학을 법칙정립적 정치학으로 국한해서 인식해서는 아니 될 것이다. 기술적(descriptive) 정치학, 규범적 정치학, 처방적(prescriptive) 정치학도 법칙정립적 정치학만큼 중요하다는 인식을 가져야 될 것이다.

미국정치학에서는 법칙정립의 목표가 강하게 부각되어 왔다. 법칙정립은 현상을 기술하고 그 현상이 일어난 원인들을 분석해 내고 그러한 원인들이 있으면 그 현상이 항상, 혹은 높은 확률로 일어난다는 것이 성립될 때 가능하다. 미국 정치학계는 이러한 정치학의 성립을 위해 지난 반세기 간 노력해 왔고 『미국 정치학회보』도 이러한 종류의 논문을 선호해 왔다. "출판하지 않으면 은퇴해야 하는(publish or perish)" 미국 정치학자들은 학회보에 논문을 게재하기 위해 법칙정립이 용이한 정치현상에 그들의 연구를 집중시키는 경향도 나타낸 바 있다. 미국에는 상대적인 의미에서이지만 바람직한 정치체제, 혹은 정치경제체제에 대한 국민적 합의가 있고 이것이 제도화되어 있다. 그러나 한국은 아직도 바람직한 정치제도에 대한 국민적 합의가 없고 정치가 제도화되어 있지 않고 정치제도와 조직이 선거 때마다 당파적 이해관계에 따라 바뀌는 상황에 처해 있다. 미국과 한국의 이와 같은 상황 차이는 두 나라의 정치학에 다음과 같은 두 가지 의미를 가지고 있다. 첫째는 한국의 정치 상황은 미국의 경우보다 법칙정립에 불리하다는 것이고, 둘째는 한국정치학은 법칙정립에 앞서 우리에게 맞는 정치제도와 조직을 정착시켜야 할 과제를 가지고 있다는 것이다. 그러나 미국의 정치학도 경제학에 비교할 때 법칙정립이 뒤떨어져 있다. 정치학과 경제학의 이와 같은 차이는 두 학문의 대상의 차이에서 나오는 것이다.

정치학에 있어서는 법칙정립만큼 정치현상의 기술이 그 자체로 중요하다. 정치현상을 정확하고 자세하게 기술하는 작업은 법칙정립에 앞서 필요한 기초작업이지만 그 자체로서 중요한 의미를 갖는 작업인 것이다. 한국정치학은 법칙정립을 지향하는 미국정치학의 영향을 받아 이 점을 인정하지 않고 정치현상의 기술을 경시하는 경향이 있다. 한국정치에 대한 연구서들도 이를 보는 시각과 이론만이 두드러지게 나타나고 그 내용은, 다시 말해, 현상의 정확하고 자세한 기술은 빈약한 경우가 많다. 정치학은 한편에 있어서는 법칙정립적인 사회과학이지만 다른 한편에 있어서는 현상을 기술하는 인문학인 것이다.

바로 언급한 바 있지만 한국의 정치학자들은 우리가 추구해야 될 가치와 이의 실현에 적합한 정치체제, 혹은 정치경제체제는 어떠한 체제인가를 제시해야 할 규범적 과제도 가지고 있다. 추구해야 할 가치와 체제에 대한 상당한 합의가 있는 미국의 경우에도 정치학자들은 이의 재정립을 위해 노력하고 있다. 존 롤즈의 정의론, 자유주의와 공동체주의의 대결, 대법원의 판결 등은 모두 항상 변화하고 있는 시대에 맞게 이러한 합의를 재정립하려는 노력이다. 한국 정치학계는 이러한 노력이 미국 정치학계보다 훨씬 더 필요함에도 불구하고 아주 부족하다. 이러한 규범이 있어야만 현재의 정치를 어떻게 개혁할 수 있는가의 처방도 나올 수 있다. 규범적, 처방적 정치학도 법칙정립적 정치학만큼 우리에게 필요한 정치학인 것이다.

둘째로 우리는 어떠한 방법론, 이론, 인식론에 기반해서 연구를 하든 간에 공평한 자세(fair mind)를 견지해야만 한다. 최근의 북핵 문제나 정치개혁과 같은 정치적 현안에 대한 입장이 정치학자들 간에도 출신지역에 따라 다른 경향을 나타내고 있는데, 이는 바람직하지 못한 경향이다. 정치학자들은 지역적 이해관계가 아니라 전(全) 국민적, 국가적 입장에서 이러한 문제들을 다루어야만 할 것이다.

정치학자들은 네오 베버리언이든 네오 맑시스트든 그들의 시각과 이론을 위해 자료를 아전인수격으로 사용해서는 아니 될 것이다. 자료와 사실에 충실한 자세에서 이론을 검토하고 수정해야 할 것이다. 한국 지식인들은 조선시대의 성리학자들의 태도에 연원하는 교조적인 특성을 때로는 나타내고 있는데 이를 극복해야 할 것이다.

셋째로 한국의 정치학은 우리가 정착시켜야 할 정치질서를 중심으로 발전해야 할 것이다. 우리가 정착시켜야 할 정치질서는 구미의 민주주의 정치질서와 조직이고 한국정치학은 이러한 과제를 중심으로 발전해야 할 것이다. 민주화 이후 체제의 정당성은 높아졌으나 경제적 업적은 떨어지는 징후를 보이고 있는데 이는 한국정치의 발전을 위해서 바람직하지 못한 일이다. 한국은 정당성뿐만 아니라 경제적 업적도 제고시킬 수 있는 민주주의 제도와 조직을 가져야만 할 것이다. 우리들은 한국의 현행 제도와 조직의 문제점이 무엇이고 이에는 어떠한 개혁이 필요한가를 연구해야 할 것이다. 시대는 항상 변하고 이러한 변화에 따른 제도와 조직의 개편도 항상 필요하므로 이 주제는 한국 정치학자들의 영구한 연구주제가 될 것이다.

맑시즘과 네오 맑시즘은 구미의 자유민주주의 정치질서를 프롤레타리아 계급에 대한 부르주아 계급의 지배를 정당화시켜 주는 기제로 인식하고 있다. 구미의 민주주의가 이러한 비판을 극복하는 방향으로 발전해 온 바와 마찬가지로 한국 민주주의도 이러한 비판을 극복할 수 있는 방향으로 발전해야 할 것이다. 그러나 이는 지난한 과제이다. 신자유주의적 세계화는 프롤레타리아 계급의 희생을 강요하고 있고 이에 대한 국내적 저항은 아주 강하기 때문이다.

한국정치학은 이와 같은 딜레마 상황에 대해 어떠한 해결책을 추구해야 할 것인가? 맑시즘은 부르주아 계급과 프롤레타리아 계급 간의 부의 불공정 배분문제를 가장 강력하게 제기하고 있고 이미 언급한 바와 같이 구미식 민주주의 정치체제의 문제점을 예리하게 제기하고 있다는 점에서 중요한 이론이다. 맑시즘은 문제제기에 있어서 뛰어난 이론이고, 또 그 문제제기는 적지 않은 사람들이 정도의 차이는 있지만 공감할 수 있는 규범성을 가지고 있다.

그러나 맑시즘은 이러한 문제의 해결방도를 제시하는 데 있어서는 그 현실성이 약하다. 맑시즘 자체에 어떠한 정치질서를 세워야만 될 것인가에 대한 논의는 약하고 또 현실성도 약하다. 프롤레타리아 독재론은 현실적으로 전체주의적 독재체제로 전락하였고 이러한 체제가 맑시즘이 비판하는 체제보다 못하다는 것은 지난 세기의 공산주의의 실험에서 이미 나타났다.

맑시즘과 네오 맑시즘은 부정적 의미에서 현체제를 비판하는 정치학으로서는 호소력을 가질 수 있으나 긍정적 의미에서 이보다 나은 체제를 만드는 건설적인 정치학으로서는 호소력이 약한 것이다.

한국정치학은 맑시즘과 네오 맑시즘이 제기하는 문제를 극복할 수 있는 민주주의체제를 건설해야 할 실천적 과제를 가지고 있다.

제31장

현대한국정치분야의 연구업적 개관

이 글은 대한민국학술원에서 2008년에 발간한 『한국의 학술연구: 정치학 · 사회학』에 게재한 글이다. 지난 60여 년간에 나온 한국정치분야의 연구업적 내용을 비교적 자세하게 소개하고 있다.

Ⅰ. 서언

이 글의 목적은 해방 이후 한국정치분야의 연구결과를 소개하는데 있다. 해방 이후의 한국정치는 일제 식민지시대와 그 이전 시대의 한국정치에 역사적으로 기반하고 있지만 해방 이전의 한국정치에 대한 연구결과는 한국정치사분야에 속하는 것으로 떼어놓고 여기서는 소개하지 않는다.

한국정치분야의 연구결과를 소개하는 책이나 글은 많지 않다. 김학준 교수가 1984년에 내 놓은 『한국정치론: 연구의 현황과 방향』(한길사)이 이러한 종류의 책으로는 첫 번째 책이다. 김 교수는 그 후 이 책을 전면 개정하여 1990년에 『한국정치론사전』(한길사)을 출판하였고, 2008년에는 『한국정치연구, 제17집 제1호』에 "1993년 이후 정치학 분야에 있어서 한국학의 흐름들과 특징들"을 실렸다. 전자의 책과 후자의 글은 해방 이후 한국정치분야의 연구결과로는 어떠한 것이 있는지를 알 수 있는 가장 포괄적인 소스이다.

『한국정치학회 50년사: 1953-2003년』(한국정치학회, 2003)에 실린 손호철 교수의 "한국정치연구 50년"은 짧은 글이지만 한국정치에 대한 연구 경향이 어떻게 변화했는지를 이해하는데 도움이 되는 글이다.

마지막으로 『정치학 이해의 길잡이: 한국정치』(한국정치학회, 2008)도 한국정치연구의 현황을 포괄적으로 소개하는 책이다. 이 책은 최근의 연구결과를 비교적 상세하게 소개하고 있다.

김 교수와 한국정치학회의 한국정치분야 연구결과 검토는 이 분야를 구성하는 주제들로 나누고 이 주제들 안에서 연구결과를 시기 순으로 검토하는 형식을 취하고 있다.

김 교수의 책은 (1) 고조선부터 대한제국 망국까지의 원천국가의 시기, (2) 망국속에서 국권회복을 위한 독립투쟁의 시기, (3) 미소 점령아래서의 남북분단과 한국전쟁을 먼저 다루고, 그 다음 대한민국의 정부와 정치 분야를 (1) 여섯 개 공화국의 정치학적 평가, (2) 정치지도층, (3) 정치이념, (4) 정치전통과 정치문화, (5) 정치사회화 과정, (6) 정치적 의사소통, (7) 제도적인 정치참여: 선거와 투표행태를 중심으로, (8) 제도적인 정치참여: 정당정치를 중심으로, (9) 이익집단을 통한 정치참여와 정치과정에 대한 영향, (10) 비제도적 정치참여: 시위와 비제도적 정치적 반대를 중심으로, (11) 군부의 정치개입 및 정치개입으로부터의 물러섬, (12) 입법과정, (13) 행정과정, (14) 사법과정: 법과 정치, 정치적 폭력, 인권문제를 중심으로, (15) 정치발전, (16) 국제관계와 외교와 안보 및 평화로 나누어 취급하고 있고, 마지막으로 (1) 북한의 정부와 정치와 (2) 통일문제를 다루고 있다.

한국정치학회의 2008년도 책은 한국정치분야를 (1) 해방과 국가형성, (2) 한국정치문화, (3) 한국에서의 대통령학: '미완'의 학문영역, (4) 대한민국 국회: 연구동향과 쟁점, (5) 한국의 정당정치, (6) 경제성장과 국가, (7) 분단과 6·25전쟁, (8) 한국의 정치변동과 민주화, (9) 한국선거연구의 동향과 특성으로 나누고 그 연구결과들을 검토하고 있다.

위의 두 책은 우리들이 각 주제에 대해 어떠한 연구결과들이 있고 각 주제별로 연구동향이 어떻게 변화해 왔는지를 파악하는 데에는 아주 큰 도움을 주는 책이다. 그러나 한국정치분야의 전체적인 연구동향이 지난 60여 년간 어떻게 변화했는가를 파악하는 데에는 그만한 도움을 주지 못한다. 이 두 책은 한국정치분야 전체를 시기순으로 검토하고 있지 않고, 한국정치분야 전체에 있어 연구대상과 접근법에 어떠한 변화가 시대별로 일어났는지에 대해선 관심을 기울이고 있지 않다. 이러한 문제를 보완해 주는 글이 손 교수의 글이다. 그는 한국정치분야 전체의 연구경향을 거시적 관점에서 시대별로 소개하고 있다.

이 글은 한국정치분야 전체의 연구경향이 시대별로 어떻게 변화했는지를 조금 더 자세히 살펴보는데 목적이 있다. 한국정치분야의 중요한 업적들 중에서도 특히 중요한 업적에 대해 시대별로 소개하기로 한다. 한국정치분야의 연구결과를 소개하는 앞의 책들은 연구결과물들 모두 개별적으로 잘 소개하고 있으나 그 내용에 대해서는 자세한 소개를 하고 있지 않다.

한국정치분야의 연구결과를 살펴보기 위해 이 글은 한국정치분야의 단행본들과 『한국정치학회보』에 실린 한국정치에 관한 논문들을 소개한다. 단행본은 단독저술 했거나 3인 이내의 저자들의 공저만을 소개한다. 한국정치에 관한 연구결과는 이 외에도 수많은 편저, 한국정치학회의 학술대회 논문집들, 수많은 타 학회의 학회지들, 연구기관지들 등에 나와 있으나 여기서는 이들을 소개하지 않는다. 한국정치에 관한 글은 『사상계』나 『신동아』와 같은 일반잡지들에도 나와 있다. 특히 학회지나 연구기관지 발행이 어려웠던 1970년대까지는 한국정치에 관한 글들이 일반잡지들에 더 많이 나와 있으나 여기서는 이들도 소개하지 않는다. 소개자료를 단행본들과 『한국정치학회보』에 실린 논문들에 국한하는 데에는 두 가지 이유가 있다. 첫째, 이 두 자료의 검토만으로 한국정치분야의 연구경향을 파악하는 데는 충분하다고 생각하기 때문이다. 둘째, 이용자료의 제한은 이 글의 의도와 관계가 있다. 이 글은 이미 지적한 바와 같이 여러 연구결과를 모두 소개하기 보다는 중요한 연구결과를 보다 자세하게 소개하는 길을 택하고 있다.

한국정치분야의 연구결과를 소개할 때 문제가 되는 것은 미국에서의 연구결과를 포함시킬 것인가의 여부이다. 이들의 연구는 한국의 학술연구가 아니라 미국의 학술연구에 속하기 때문이다. 그러나 이 글은 한국정치분야의 교육과 연구에 한국의 정치학자들 보다 더 큰 영향을 미쳤다고 볼 수 있는 이정식, 조순승, 그레고리 헨더슨, 브루스 커밍스의 한국정치 연구결과를 소개한다. 이들을 빼놓고 한국정치분야의 연구결과를 논한다면 그것은 매우 불완전하고 빈약한 논의가 될 만큼 한국정치분야에서 그들이 차지하는 자리가 크기 때문이다.

이 글은 한국정치분야의 중요한 연구결과를 소개할 뿐만 아니라 책에 따라서는 이에 대한 약간의 평가를 하는 것도 그 목적으로 가지고 있다. 그러나 중요한 연구결과를 소개한다고 할 때 여기에는 이미 평가가 포함되어 있다. 그 평가 기준은 시의성, 정보량, 설명력이다. 한국의 정치문제를 얼마나 잘 포착하고 있고, 한국정치에 관해 얼마나 많은 정보를 포함하고 있고, 한국정치현상을 얼마나 잘 설명할 수 있느냐가 평가기준이 될 것이다.

한국정치분야의 연구결과를 평가할 때 우파 성향이냐, 좌파 성향이냐, 혹은 보수 성향이냐, 진보 성향이냐가 문제가 된다. 필자는 우파, 보수 성향의 연구결과 중에서도 좋은 연구결과와 나쁜 연구결과가 있고, 좌파, 진보성향의 연구결과에도 좋은 연구결과와 나쁜 연구결과가 있다고 생각한다. 이 글은 좌우, 보수-진보가 아니라 어떠한 성향의 연구결과든 위의 세 가지 기준을 적용하여 평가하는 길을 택한다. 어느 성향의 연구결과라고 무조건 좋다거나 나쁘다는 평가는 올바른 평가가 아니라고 생각한다.

이 글은 지난 60여 년간의 한국정치분야의 연구결과를 (1) 민주정치의 도입기와 실험기인 제1, 2, 3공화국시대, (2) 민주정치의 좌절기와 민주화 투쟁기인 제4, 5공화국시대, (3) 민주정치의 재도입기와 공고화기인 제6공화국시대의 세 시대로 나누어 살펴본다. 이 세 시대는 한국 정치학의 특성을 기준으로 볼 때는 (1) 전통주의 정치학과 행태주의 정치학의 도입기, (2) 행태주의 정치학의 유행과 좌파 정치경제학의 태동기, (3) 좌우의 정치경제학적 접근법의 유행과 행태주의 정치학의 재유행기에 해당하는 시대이다.

이 세 시기에 한국정치분야의 출판물은 양적으로 괄목할 만한 발전을 이룩하였다. 국회 전자도서관에서 한국정치분야의 단행본으로 검색되는 책 수는 (1) 제1, 2, 3공화국시대(1948-1972)에는 총 54권, (2) 제4, 5공화국시대(1973-1987)에는 총 160권, (3) 제6공화국시대(1988-2008 현재)에는 총 1,488권이다. 이 책 수에는 정치학자가 아닌 사람들의 저술들도 많이 포함되어 있다. 한국정치분야의 학문적인 논문이 실리는 『한국정치학회보』는 (1) 번의 시기에는 총 6권, (2) 번의 시기에는 총 16권, (3) 번의 시기에는 총 75권이 나왔다. 제6공화국시대에 들어와 한국정치분야의 저술과 연구가 그 이전과는 비교가 안 될 정도로 활발하게 진행되고 있음을 알 수 있다.

한국정치학회의 회원수는 1967년에 200명 정도였고, 1987년에는 654명, 2001년에는 1996명으로 증가하였다. 한국의 정치학자들 중 1,000명 정도가 외국대학에서 박사학위를 받았고 그들 중 반 이상이 미국 대학에서 박사 학위를 받았다. 한국의 주요 대학의 정치학 교수들은 대부분이 미국 대학에서 박사학위를 받은 사람들이고 그 만큼 미국 정치학의 한국정치학에 대한 영향은 아직까지 절대적이다.

II. 제1, 2, 3공화국시대의 한국정치분야 연구업적

이 시대는 정치학의 연구대상으로서의 현대한국정치가 시작된 시대이고 정치학의 도입이 시작된 시대이다. 연구는 대체로 연구대상이 성립하여 상당 기간 지난 다음에 나오는 것인 만큼 이러한 조건이 결핍되어 있던 당시의 현대한국정치에 대한 연구결과는 양적으로 아주 적다. 국회 전자도서관에서 검색되는 이 시기의 한국정치분야 단행본 수는 총 54권이지만 정치학자들이 쓴 한국정치분야의 주요 단행본 수는 다음과 같이 이 보다 훨씬 적다.

윤천주, 『한국정치체계서설』(문운당, 1961); 한태수, 『한국정당사』(신태양사, 1961); 이기하, 『한국정당발달사』(의회정치사, 1961); 윤천주, 『증보 한국정치체계서설』(문운당, 1962); 박문옥, 『한국정부론』(박영사, 1963); 문창주, 『한국정치론: 국제정치과정에서의 한국정부와 정치의 연구』(일조각, 1965); Soon Sung Cho, *Korea in World Politics: 1940-1950*(Univ. of California Press, 1967); Gregory Henderson, *Korea: The Politics of the Vortex*(Harvard Univ.

Press, 1968); Hahn Been Lee, *Korea: Time, Change, and Administration*(East-West Center Press, 1968); 한태수, 『현대한국정치론: 한국의 정치발전방향에 관한 연구』(휘문출판사, 1968); 한정일, 『한국정치·행정론: 한국입법과정과 발전행정에 관한 연구』(박영사, 1969); 김혁동, 『미군정하의 입법의원』(범우사, 1970); 김규택, 『한국정치동태론』(일조각, 1971).

제1, 2, 3공화국시대에 나온 총 6권의 『한국정치학회보』에 실린 현대한국정치에 대한 논문들도 다음과 같이 몇 편 안된다.

한배호, "집단개념으로 본 한국정치과정"; 백상건, "선거제도의 과거와 현재"; 김규택, "선거와 투표행태"(이상 1967년, 2집); 김규택, "정부에 대한 어린이들의 태도"; 김종익 · 유형진, "Political Socialization in Korea: A Pilot Study"(이상 1969년, 3집); 한기식, "한국민주주의론 서설"; 박승재, "한국민주주의와 선거"; 우병규 · 김종림, "한국의 입법충원과 정치적 대표"; 조일문, "정당의 공직후보자 추천과 무소속 출마에 관한 고찰"; 홍순창, "정치면에 나타난 한국사회의 전근대적 제요인에 대하여"(이상 1971년, 4집); 김민하, "한국의 선거구제도의 문제점과 그 개선책 소고"; 이택휘, "도시화과정의 정치사회학적 의미"; 손제석, "Civil-Military Relations in Korea: A Historical Review"; "심포지움: 선거와 정치발전"(이상 1971년, 5집); 신순기, "도시와 농어촌 주민의 정치의식에 관한 비교연구"; 길영환, "Research on Party Politics in Korea: An Analytic Scheme"(이상 1972년, 6집).

위의 연구목록에 나타나 있는바와 같이 제1공화국시대에는 해방 이후의 한국정치에 대한 어떠한 연구서나 논문도 나오고 있지 않다. 우리는 그 이유로 여러 가지를 생각해 볼 수 있다. 첫째는 정치학자들은 우선 그 수가 몇 명 안 되었고, 좌우투쟁, 분단, 전쟁, 빈곤 등으로 어려웠던 시기에 한국정치에 대해 연구할 여유를 가지지 못했을 것이다. 둘째로 그들은 한국정치라는 경험적 분야를 연구하기 보다는 외국의 정치학을 수입하는데 보다 큰 관심을 두었을 것이다. 셋째로 일본의 정치학은 국가론적인 정치학이든 자유주의적 정치학이든 간에 당대의 정치는 다루기를 꺼리는 전통을 가지고 있었고, 당시의 한국 정치학자들은 일제시대에 교육을 받은 분들로 이러한 전통을 계승하고 있었을 것이다. 넷째로 정치학자들은 문제가 많았던 당시의 한국정치를 잘못 다루면 정치적 박해를 받을 수 있는 상황이었기 때문에 이를 다루기를 꺼려했을 수도 있다.

우리는 제1공화국시대가 정치학 자체가 도입되기 시작한 시대였기 때문에, 다시 말해 정치학의 발전이 거의 없었던 시대였기 때문에 현대한국정치에 대한 경험적 연구도 없었을 것이라고 생각할 수 있다. 그러나 이것은 반드시 맞는 생각은 아니다. 우리는 항상 정치와 더불어 살아왔고, 여러 정치이론의 무장 없이도 이 영역을 나름대로 연구할 수 있었을 것이기 때문이다. 아테네의 투키디데스는 기원전 5세기에 『펠로폰네시언 전쟁의 역사』를 썼는데, 현실주의 국제정치학자인 로버트 길핀은 오늘날의 국제정치학자들이 국제관계와 국가의 행위에 대해서 이 책에 나와 있는 것 이상 더 잘 알고 있는 것이 무엇인가의 의문을 제기하고, 투키디데스가 이미 현실주의 국제정치이론을 거의 완벽하게 그의 책에 전개하고 있다고 주장하고 있다.[1] 한국의 연구자들도 당시 한국정치의 문제들을 중심으로 해서 경험적 연구를 할 수 있었을 것이나 이러한 연구는 하고 있지 않다. 역사적으로 외국의 이론을 가능한 한 충실하게 수입하는데 가치를 두고, 독자적인 경험적 연구의 풍토는 거의 없었던 한국의 학문적 전통이 이 시대에 그대로 지속되었고 우리는 이러한 전통을 오늘날에도 충분히 극복하고 있지 못하다.

이론수입 위주의 정치학에서 현대한국정치를 연구의 대상으로 삼는 경험적 정치학은 제2공화국시대부터 조금씩 나타나기 시작했다. 이것은 무엇보다도 미국의 행태주의 정치학의 영향이라고 볼 수 있다. 1960년대에는 기존의 정치학자들 중 소수이지만 미국에서 정치학을 공부할 수 있는 기회를 갖고 돌아온 분들이 있었고, 또 미국에서 처음부터 정치학을 공부하고 돌아온 분들도 있었다. 1950년대까지 한국 정치학은 일본 정치학의 영향을 크게 받고 있었으나 1960년대부터는 미국 정치학을 일본을 통하지 않고 직접 수입하는 단계로 들어갔다고 볼 수 있다. 당시의 미국 정치학은 역사적, 제도적, 법적 정치학 대신 정치현상 속에서 법칙을 찾으려는 행태주의 정치학이 전성기를 이루던 시대이고, 행태주의 정치학은 당대의 정치를 중요한 연구대상으로 삼고 있었다.

이 시대에 나온 정치학 교수들의 단행본들의 내용을 간단히 소개하면 다음과 같다. 윤천주 교수의 『한국정치체계설』과 이 책의 증보판은 한국정치체계가 통치자와 피치자들의 정치행태로 구성되는 것으로 보고 이의 성격을 구명하고 있다. 한태수 교수와 이기하 교수의 한국정당에 관한 두 책은 해방 3년과 제1공화국시대의 한국정당들의 조직과 활동

---

1) Robert Gilpin, *War and Change in World Politics*(Cambridge: Cambridge University Press, 1981), pp. 227-228.

을 소개하는 책이다. 이 교수의 책은 한말과 독립운동시기의 주요 정당들과 북한의 조선노동당에 대한 소개도 포함하고 있다. 박문옥 교수의 『한국정부론』은 이조시대(이조봉건사회의 기본구조, 이조의 통치구조, 이조말의 근대적 예산제도, 이조통치구조의 붕괴와 실학파의 개혁운동), 일제식민시대(한국에 대한 일제의 침탈과정, 조선총독부의 통치기구, 조선총독부의 지방행정제도, 일제의 경찰제도, 총독부의 통치과정, 총독부의 행정과정), 미군정시대(미군정 서설, 미군정에 의한 한국의 민주화과정, 미군정의 통치기구와 기능, 미군정하의 정당), 대한민국정부시대(정부수립과 제1, 2공화국, 권력구조와 통치과정, 지방자치, 정당과 압력단체, 한국의 현대관료제)의 정부들을 각각 소개하고 있다. 박 교수는 그의 책에서 한국의 정부와 정부과정(governmental process)을 대략적으로 소개하는 중요한 작업을 시작하고 있으나 한국의 정치학자들은 이 중요한 분야를 행정학자들에게 맡기고 이 분야에 대한 연구를 오늘날까지 소홀히 하고 있다. 문창주 교수의 책은 먼저 전후 미국의 극동정책이 한국정치에 미친 영향을 기술하고, 미군정시대와 제1, 2, 3공화국시대의 정당정치를 검토하고, 조화적 민주정치 패턴의 수립을 위한 한국의 정치발전문제를 다루고 있다.

조순승 교수의 *Korea in World Politics*는 한국 분단의 책임이 미소에게 있고, 특히 소련의 책임이 더 크다는 것을 당시에 입수 가능한 일차자료에 근거해서 주장한 책이다. 이 책은 냉전의 기원에 관한 정통학파(Orthodox School)에 속하는 연구업적이다. 수정주의학파(Revisionist School)에 속하는 브루스 커밍스는 조 교수의 주장을 부정하고 남북한 분단의 원인을 일차적으로 미국의 대한정책에서 찾는 연구를 1980년대에 내놓았지만 냉전 종식후에 공개된 자료들은 조 교수의 주장이 현실에 더 가깝다는 것을 나타내주고 있다. 헨더슨의 *Korea: The Politics of the Vortex*는 한국정치가 그 구성 요소들이 모두 "소용돌이" 혹은 "회오리바람"에 빨려 들어가는 특성을 나타낸다고 주장한 책이다. 이한빈 교수의 *Korea: Time, Change, and Administration*은 제1-3공화국시대에 한국은 생태적으로(ecologically) 어떠한 변화를 나타내고 있고, 한국의 정치 엘리트들과 관리들은 그들의 시간정향(Time Orientations)에 어떠한 변화를 나타내고 있는가를 기술한 책이다. 그는 시간정향으로 변화를 거부하고 과거지향적인 회피적 정향(Escapist), 변화에 대해서 모호한 자세를 견지하고 현재지향적인 착취주의적 정향(Exploitationist), 변화에 대해 긍정적이고 미래지향적인 발전주의적 정향(Developmentalist)의 세 가지 이상형(Ideal Type)을 제시하고, 제1공화국의 정치 엘리트들과 관리들이 착취주의적 정향을 가지고 있었음에 비해 제3공화국의 엘리트들과 관리들은 발전주의적 정향을 가지고 있다는 것을 주장한 책이다. 그는 1951~1961년에 한국 정부의 고위관리로 재직했고 이 경험을 바탕으로 이와 같은 판단을 내리고 있다.

한태수 교수의 『현대한국정치론』은 현대한국정치를 규정하는 조건들인 한국의 사회구조, 대중의 정치의식, 경제적 기반, 국제적 위치를 소개하고, 그 다음 정치발전의 방향을 제시하고 있다. 그는 한국정치의 조건들은 대체로 민주정치 보다는 이승만 독재의 초기 경험에서와 같이 독재정치에 더 적합한 것이나 이승만 독재의 붕괴를 초래한 요인에 대해 주목할 것을 촉구하였다. 그는 이승만 독재의 붕괴를 우리 국민들의 민주의식에서 구하는 것은 너무 피상적인 관찰이고 한국에 민주주의를 수립하여 공산주의의 위협에 대처하려는 미국의 대한 정책에서 찾아야한다고 강조하였다(한태수 1968, 216-217). 당시 지식인들 간에 있었던 빠른 근대화를 위한 선의의 독재론은 권력의 본질을 제대로 파악하지 못하고 또 한국의 국제적 특수성도 고려하지 않은데서 나온 담론으로 한국은 점점 더 현대민주주의에 접근하는 방향의 정치발전을 해야 한다고 주장하고 있다. 한정일 교수의 『한국정치・행정론』은 제헌국회부터 제7대 국회까지의 입법과정과 의원들의 사회경제적 배경을 소개하고, 제1, 2, 3공화국의 행정실태와 정치・행정 엘리트들의 사회경제적 배경을 소개하고 있다. 한 교수는 행태주의적 접근법을 입법부와 행정부 연구에 적용하고 있다.

김혁동의 『미군정하의 입법의원』은 미군정과 대한민주화정책, 입법의원의 선출과 구성, 입법의원의 기능, 입법의원과 군정, 과도정부, 제헌국회와의 관계를 다루고 있다. 미군정이 여러 가지 시행착오에도 불구하고 한국에 자유민주주의체제를 이식하는데 공헌하였고 입법의원은 상급제 간접선거로 선출되었지만 한국의회의 기원이라고 보고 있다. 한국의 입법의원에 대한 자세한 자료를 싣고 있다.

김규택 교수의 『한국정치동태론』은 5개의 장으로 구성되어 있는데, 그 중 3개의 장은 초등학생들의 정치사회화 문제를 다루고 있다. 이 책은 정치체계론의 대표이론가인 대비드 이스튼의 미국 어린이들의 정치사회화 연구를 모델로 하여 우리나라 어린이들이 가지고 있는 정부상과 정치적 권위상을 서베이 조사결과를 토대로 기술하고 있다. 제4장은 교육자치재부활결정을 케이스로 해서 한국의 정책결정과정을 구명하고 있고 제5장은 한국 정치지도자들(1952~1962)의 출신배경과 그들이 가진 기술(고등문관시험 합격, 외국어 능력, 외국유학 경험 등)에 대한 조사결과를 보고하고 있다.

이상 소개한 제2, 3공화국시대에 나온 현대한국정치분야의 단행본들은 대체로 한국정치 전반을 다루나 모두 당시의 시의에 적절한 책들 이었고 오늘날에도 우리가 한국정치 연구에 참고해야 할 내용들을 많이 포함하고 있다. 그러나 우리는 그 중에서도 윤천주 교수와 헨더슨의 저작에 대해 좀 더 자세히 살펴 볼 필요가 있다. 이 두 분은 한국정치의 본질을 구명하는데 연구의 초점을 맞추고, 이를 설명하려고 노력하고, 한국정치의 개선방향을 제시하고 있다.

윤천주 교수는 1950년대의 정치학 교수들 중에서 미국에서 정치학을 공부할 기회를 갖고 돌아온 분들 중에서 대표적인 분이다. 그는 한국이 해방 후 독립국가를 수립하지 못하고 "어떠한 마력에 끌려서인지 상상도 하지 않았던 좌우충돌이 벌어지고 테로가 횡행하는 분열상이 전개"되는 비극을 보고, "이러한 비극을 극복하는 길을 찾는 의미에서 국가학을 전공"하게 되고 1949년부터 이를 고려대와 서울대에서 강의하였다고 한다. 그러나 그는 "확립된 질서를 설명하는 기성국가에 관한 일반국가학"이 국가의 형성단계에 있는 신생국민국가에는 맞지 않다는 것을 느끼고 구체적인 정부와 제도에 대해 관심을 갖게 되었다고 한다. 그는 1952년에 미국을 처음 방문했고 그 때 해롤드 라스웰(Harold D. Lasswell)의 *National Security and Individual Freedom*(McGraw-Hill, 1950)을 구입하여 읽은 후 그의 관심은 현실정치의 분석으로 전환되었다고 한다. 그 후 1957년에 하바드 대학에서 일년 동안 수학하였고 행태주의 정치학이 우리가 따라야 할 정치학이라는 확신을 갖게 되었다고 한다. 또 그는 "이 접근법과 미국학자의 태도에서 느낀 바에 따라 …… 한국 사람이 남의 나라의 연구만 일삼고 자기 나라의 것을 하지 않으면 어떻게 되느냐? 이러한 학문태도는 역시 식민지형에 속하는 것이다라고 뼈저리게 느끼게 되어, 한국정치 연구로 전환할 것을 결심하였다"고 한다(윤천주 1962, 1-2).

윤천주 교수의 『한국정치체계서설』과 이의 증보판인 『증보 한국정치체계서설』은 그가 이와 같은 문제의식을 가지고 쓴 논문들을 모아서 낸 책이다. 『증보 한국정치체계서설』은 제1부 정치행태접근법, 제2부 정치문화와 정치지도성, 제3부 한국인의 정치행태와 권위주의정치의 3부로 구성되어 있다. 제1부는 제1장 정치학에 있어서의 제도적 연구와 기능적 연구, 제2장 독일의 정치상황과 일반 국가학, 제3장 행태과학적 정치학, 제4장 정치행태접근법, 제5장 정치이론의 체계화, 제6장 비교정치에 있어서의 새로운 접근법의 6편의 논문을 싣고 있다. 제1부는 제1장과 2장에서 독일의 일반국가학도 소개하고 있지만 이를 영미의 행태주의의 입장에서 비판하고 있고, 나머지 논문들에서 모두 행태주의 미국정치학을 매우 긍정적으로 소개하고 있다.

제2부는 제7장 동의에 의거한 영국의 정치문화, 제8장 영국의 집행권의 지도성, 제9장 불란서의 정치문화와 관료주의로 되어 있다. 제8장 영국의 집행권의 지도성은 윤 선생이 원래 1956년에 고려대 문리논집 제2집에 쓴 논문으로 대통령 중심제 헌법에서 이 박사의 독재가 나온다거나 의원내각제에서는 독재가 나올 수 없다는 당시 정치가들과 이론가들의 주장을 반박하고 "독재가 되고 안 되고는 그 나라 인민의 정치행태에 달려있다"는 것을 주장하기 위해 썼다고 한다. 제7장 동의에 의거한 영국의 정치문화는 1959년『신태양』3월호에 발표한 글로 "2 · 4 정치파동의 비민주적 정치분쟁에 분격하여 민주적 의회정치는 이러한 것이며, 그것은 우리가 생각하는 민주정치와 어떤 점에서 다르다는 것을 밝히려는 의미에서" 썼다고 한다. 제9장 불란서의 정치문화와 관료주의는 "불란서식 중립적 관료제를 주장하는 사람들에게 불란서 정치가 우리와 어떻게 다르다는 것을 알고 주장하라는 의미에서" 썼다고 한다(윤천주 1962, 2-3).

제2부가 당시의 우리의 정치문제와 관련하여 영국과 불란서의 정치를 행태주의 정치학의 주요 접근법인 정치문화론의 입장에서 살펴보고 있다면 제3부는 행태주의 접근법을 한국정치의 분석과 이해에 적용하고 있다. 제3부는 제10장 권위주의적 개인성과 정치행태, 제11장 권위주의적 권력조정과 정당형성, 제12장 읍민의 투표행태로 구성되어 있다.

이 중 제10장은 한국정치의 접근방법, 기본성격, 그리고 발전과제를 다루고 있는 글로 윤 교수께서 생각하는 한국정치론의 핵심내용이 담겨있다.

우선 그는 한국정치에 대한 접근방법으로서 "법적 제도적 정치접근은 인간을 등한시하는 비현실성을 면하지 못한다"고(p.272) 말한다. 이 접근법은 우리의 법과 제도 그 자체를 이해하는 데는 도움이 되지만 그것은 우리의 정치현실의 일부에 불과하다. 이 접근법은 "정치참여자의 동기부여(motivation), 감지(feeling), 태도(attitude) 또는 개인성(personality)이 제도에 영향을 미치며, 그 반대로 제도 또는 그에 의한 활동이 인간의 동기부여, 감지, 태도 또는 개인성에 영향을 미치고 있는 현실을 경시 또는 도외시하고"(p.272) 있다는 것이다. "현재의 법 · 제도는 항상 현재의 태도에 달려있기"(p.272) 때문에 "정치를 행동에 준거하지 않고 법적 제도적 이념적으로 분석하는 것은 비현실적이고 비과학적인 결함을 면할 수 없다"는(p.273) 것이다. "법 제도 이념 등은 인간심리와 분리된 사회현상을 이루는 객관적 조건으로서 인간의 행동자체를 말하기보다 행동을 제한하고 형성하는 것으로"(p.274) 인식해야 된다는 것이다.

그는 이러한 제도는 다른 환경적 요소, 즉 물리적, 경제적, 사회적, 문화적 환경과 더불어 상황을 구성하고 이 상황이 우리의 정치행동에 큰 영향을 미친다고 한다. 그는 "정치행태접근법은 심리적인 요소와 상황적인 요소를 동시존재적이며 상호의존적인 것으로 보고 심리학, 사회학과 깊은 관련을 가지면서 재래 잊어버리고 온 면을 다시 찾아 정치를 보다 현실적으로, 또 완전하게 설명하려고 하는 것이다"라는(p.274) 대비드 이스턴의 주장을 따르고 있다. 그의 한국정치연구는 이러한 입장에 기반 해서 우리의 문화적, 사회경제적 기존환경이 우리의 정치행동을 어떻게 규정하고 있고 이의 변화가 우리의 정치행동에 어떠한 변화를 초래하고 있는가를 밝히려는 시도였다.

그는 한국정치의 특성을 어떻게 구명하고 있는가? 우선 "1948년 현대적 헌법이 제정되기까지 우리의 정치사회는 동질적인 문화에 수직적인 사회이동(vertical mobility)을 경험하지 못한 인민의 정치불참여 무관심에서 인민으로부터 아무런 저항도 받지 않고 왕조, 즉 국가권력을 교체하여 왔으며, 그때마다 전제군주는 자기들의 의도에 맞는 정치과정 지배구조를 일방적으로 또 용이하게 통일하고, 법이 아니고 인민의 예종에 근거한 무억제의 전체권력(total power)을 행사하여 왔다."(p.279) 이 시대에 권력에 대한 인민의 반작용은 생각할 수 없었다. "인민이 정치에 대해서 품는 믿음이나 가치관이나 모두 삼강오륜에 입각한 '예'를 벗어날 수 없었으며, 이것이 또 모든 정치행동의 동기가 되어 어떠한 감정적 태도를 취하게 하였으므로 인민은 천자로서 행하는 왕의 '덕치'에 의무적으로 만족·복종하여 왕이 일방적으로 민정을 통찰하는데 기대하는 심리를 가져볼 뿐이었다."(p.280) 유교 교리에 따른 지배자와 피지배자의 이와 같은 상하관계는 가족 단위에서는 가부장적 지배관계에 기초한 것이었다. 또 이러한 관계는 경제적으로는 농민들의 농노적 지위, 장인들의 공노적(工奴的) 지위, 상인들의 종속적 지위에 근거한 것이었다. 조선시대의 정치적 지배구조는 이 시대의 사회적, 경제적 지배구조와 맞물려있다는 주장이다. 결론적으로 조선시대 정치사회는 왕의 "장악적 지배"와 인민들의 "예속적 복종"을 특성으로 하고 있고 이것이 제1공화국 수립 이전까지의 우리사회의 성격(social character)이었다는 것이다.

장악적 지배와 예속적 복종이 특성인 한국은 1948년에 민주공화형의 법 제도를 갖게 되었다. 그러나 민주공화형의 법 제도를 갖는다고 해서 민주공화국이 단박에 수립되는 것은 아니다. 그는 민주공화형의 법 제도라는 자극에 인민들이 민주공화형의 반응행태를 보여야만 민주공화국이 실현된다고 강조한다. 그러나 우리 사회는 장악적 지배와 예속적 복종이라는 전통적 성격을 대부분 그대로 유지하고 있기 때문에 민주공화형의 정치를 실현하고 있지 못하다. 민주공화형의 법 제도는 이데올로기적, 상징적 의미만을 가질 뿐 실제 한국정치의 작동원리가 아니라는 것이다. 이승만 대통령은 이러한 사회성격에 편승해서 카리스마적 지배자로 군림하여 장악적 지배를 하였고 우리 국민들은 그에게 예속적 복종을 하였다.

윤 교수는 우리 사회의 이와 같은 전통적 성격은 외적 조건의 변동과 우리 자체인간의 변화가 있어야만 고칠 수 있다고 주장하였다. 여기서 외적 조건은 사회경제적 조건의 변화를 가리키는 것으로 한국이 사회경제적으로 발전하면, 특히 도시화가 더 진행되면 한국정치가 민주화될 것이라고 예측하고 있다. 그러나 그는 이러한 발전이 하루아침에 일어날 수 있는 일이 아니므로 당장에는 서독에서와 같이 정치교육을 통해서, 혹은 정치사회화 과정을 통해, 우리 국민들의 태도를 민주적으로 고치려고 노력해야 된다고 제안하고 있다.

제3부의 제11장 권위주의적 권력조정과 정당형성은 이승만 대통령이 그의 카리스마를 배경으로 어떻게 원내정치집단, 선거, 민중을 자신의 권력유지를 위해 조정했는가를, 다시 말해 그가 우리 사회의 전통적 성격을 이용하여 민주공화형의 헌법을 어떻게 왜곡 운영하고 유린했는가를, 그리고 그가 어떻게 여당인 자유당이 근대 정당으로 제도화되는 것을 막고 그 개인의 권력에 의존하는 개인화된(personalized) 정당으로 존재하게 만들었는가를 생생하게 기술하고 있다.

제11장이 이승만이라는 통치자의 전근대적인 정치행태에 초점을 맞추고 있는데 반해 제12장 읍민의 투표행태는 피치자인 우리 국민의 정치행태 중 투표행태에 초점을 맞추고 있다. 그는 이 논문에서 두 가지 작업을 하고 있다. 첫째 제4대 민의원 선거(1958년)에 있어 도시화 정도와 자유당과 민주당의 의원 당선자 비율과의 밀접한 상관관계를 지적하고 있다. “자유당은 도시로부터 농촌으로 갈수록 또는 투표율이 낮은 지역으로부터 높은

지역으로 갈수록 당선율이 높고”(p.380) 민주당은 이와 반대로 읍 이상의 도시에서 압도적으로 많이 당선되었다는 것을 나타내는 통계자료를 제시하고 있다. 그리고 이러한 조사로부터 도시화가 민주정치의 향상을 의미한다는 가설을 내놓고 있다. 그는 제2공화국이 민주정치에 성공하기 위해서는 산업화와 도시화라는 사회경제적 발달을 이룩해야만 가능하다고 역설하고 있다. 그러나 “자본주의적 산업화와 대도시화는 우리가 가까운 장래에 실현할 수 있는 목표는 아니고”, “위선 우리가 가능한 목표는 소도시 및 읍의 건설과 발달이라 하겠다. 이것이 현실적인 방책이 될 수 있다”(p.383)라고 주장하였다. 4・19로 의원내각제 민주정치가 시작되었지만 그 사회경제적 기반의 취약성에 대해 우려를 나타내고 이를 개선할 수 있는 현실적 방책으로 소도시 및 읍의 건설을 주창하였다.

윤 교수는 둘째 제5대 민의원 선거(1960) 7일 전인 7월 22일부터 그 전일 28일까지 상주 읍의 유권자들 중 404명에 대해 그들의 투표행태에 대한 면접조사를 하고 그 결과를 이 논문에 보고하고 있다. 그는 미국 정치학자들이 투표행태 연구에 사용하는 질문들을 참고하여 질문지를 만들었다. 질문에는 정당선호, 선거에 대한 관심도, 평소의 정치활동과 관심도, 투표결정요인, 정당과 후보에 대한 태도, 과거의 투표성향 등에 관한 것이 포함되었다. sampling은 stratified-quota에 의거하면서도 한국적인 특성을 고려하였다. 즉 유교적 전통이 강하였던 당시에는 여성이 집안 어른의 견해에 따르고 직업을 갖는 것도 예외적이기 때문에 여성들을 면접 대상에서 제외하였다. 또 과거 투표 경험이 없고 제5대 민의원 선거에서 처음 투표하게 된 젊은 유권자들도 면접대상에서 제외하였다.

이 조사에서 그가 내놓은 가설은 한국의 유권자들이 준봉(遵奉)투표를 하는 경향이 있다는 것이다. 그 이전 선거에서 뿐만 아니라 제5대 민의원 선거에서도 한국의 유권자들은 준봉투표를 하였다는 것이다. 그는 어떤 한 후보에게 표가 몰리는 현상을 준봉투표라고 하고 이러한 준봉투표의 원인이 권력, 금력, 분위기 등 여러 가지에 있다고 주장하고 있다. 그는 과거에는 권력과 금력에 의한 동원이 준봉투표의 원인이었고 이러한 동원이 없었던 제5대 민의원 선거는 4・19 이후 학생들과 교수들 등 지식인들의 선거계몽운동과 이것이 만들어 낸 사회적 분위기가 준봉투표의 원인이 되었다고 주장한다. 그는 최근의 지역주의 투표 경향도 지역이 표를 동원하는 것을 원인으로 하는 준봉투표라고 보았다.

요약건대, 윤 교수는 현대한국정치는 통치자와 피치자들의 정치행태를 통해서 파악해야 하고 이러한 현대한국정치는 전통 한국의 통치자와 피치자들의 정치행태에 의해 큰 영향을 받는다고 생각했다. 민주공화형의 정치제도를 현대 한국이 채택했음에도 불구하고 민주공화형의 정치행태를 찾아보기 힘든 것은 전통한국의 정치행태가 대부분 혹은 상당 부분 아직도 잔존해 있기 때문이라고 보았다. 그리고 한 시대의 정치행태는 사회경제적 조건과 맞물려있다고 보았고 이러한 의미에서 현대한국의 민주정치도 사회경제적 발전이 있어야만 발전할 수 있다고 보았다. 제2공화국의 정치제도가 대통령 중심제에서 의원내각제로 바뀌었다고 해서, 또 통치자가 카리스마적 독재자의 성격을 가졌던 이승만 박사로부터 그렇지 않은 장면 박사로 바뀌었다고 해서 민주정치가 잘 될 것이라고 그 당시에 낙관하지 않았다. 민주화를 위해서는 우리 국민들의 전통적 정치행태를 민주공화형의 정치행태로 바꾸는 것이 필요하고 이에는 사회경제적 발전이 필요하나 이는 단시일 내에 일어나는 것이 아니므로 현실적 방책으로 읍과 소도시를 건설하고 민주주의를 위한 정치교육을 실시할 것을 주장하였다.

윤 교수는 1961년 5·16 군사 쿠테타 이후 최고회의기획위원회에 관계하고 1963년 12월 초부터 9년 반 동안 학계를 떠나 민주공화당의 요직을 거쳐 문교부 장관과 국회의원을 역임하고 1973년 5월부터 대학에 복귀하여 부산대학교와 서울대학교의 총장을 하였다. 총장직을 사임한 이후 『정치문화와 통치형-비교정치논문집』(서울대 출판부, 1981), 『우리나라의 선거실태-도시화와 투표행태』(서울대 출판부, 1981』, 『투표참여와 정치발전-속 우리나라의 선거실태』(서울대 출판부, 1987), 『한국정치체계-단극적 통치형』(일조각, 1991)을 저술하였다. 첫 번째 책은 『증보 한국정치체계서설』의 제2부의 세 논문과 "독일의 정치문화와 민주-권위주의정치", "정권이양에 관한 소고"의 두 논문을 묶은 책이다. 즉 제2부의 확장판인 것이다. 그 다음 두 번째 책과 세 번째 책은 『증보 한국정치체계서설』 제3부 제12장 읍민의 투표행태의 확장판이고, 네 번째 책은 같은 책 제3부 제10-11장의 확장판이다. 특히 이 네 번째 책에서는 1948년 이후 단극적 권력행사의 역사적 기반을 밝히기 위해 조선조와 고려조의 단극적 통치에 대해 기술하고 있다. 윤 교수는 비교정치적 관점에서의 정치문화와 통치형, 한국의 통치자들의 정치행태, 피치자들인 일반국민들의 정치행태에 관한 그의 1950년대와 1960년대 초의 관심을 1980~1990년대까지 계속 유지하고 경험적인 연구결과를 내놓았다.

그가 일관되게 유지하고 있던 연구방법은 앞서 소개한 1950년대에 가지고 있던 연구방법과 같지만 후학들이 본받아야 할 자세라고 생각되어 여기에 인용하면 다음과 같다. “다른 나라 사람들이 내세운 이론이나 이념에 비추어 우리의 정치를 이야기하는 것은 그들의 정치와 우리의 것이 어떻게 다른가를 아는 데는 도움이 되지만 그것만으로는 우리 정치 자체를 알 수는 없다. 오히려 자칫 잘못하면 그릇된 이해를 갖게 하기 쉽다. 따라서 우리 자신들의 행동과 태도, 즉 행태를 바탕으로 정치를 이해해야 한다. 여기에서 얻어지는 지식에 다른 나라 사람들의 이론을 덧붙여 다듬게 되면 그 이론은 독불장군식의 것이 아닌 국제적 안목과 사고에서도 쉽게 이해될 수 있는 것이 된다”(윤천주 1991, iii).

윤천주 교수는 현대한국정치에 대한 올바른 연구방향을 제시한 분이다. 그는 현대한국정치의 성격을 행태적으로 파악하려고 노력했고, 현대한국이 민주공화형 정치제도를 택했음에도 불구하고 그와 같은 정치를 하지 못하는 원인을 구명하고 이의 해결책을 모색하였다. 그는 전통사회의 정치적 성격이 민주정치의 발전을 저해하고 있고, 도시화가 민주정치의 발전을 가져오고, 한국의 유권자들이 준봉투표하는 경향이 있다는 가설을 제시하고 이를 가지고 현대한국정치의 성격을 설명하고자 했다. 그는 이러한 가설을 1950년대와 1960년대 초에 내놓았고 20~30년 후의 그의 저술에서도 이의 유효성을 계속 시험하였다.

헨더슨의 *Korea: The Politics of the Vortex*는 해방 이후 1970년대 말까지 나온 한국정치론 책들 중에서 한국정치의 특성을 가장 잘 기술하고 있는 책이다. 헨더슨은 기본적으로 윤천주 교수와 비슷하게 한국정치를 분석하고 있다. 윤 교수 책이 헨더슨 책 보다 6~7년 먼저 나왔으므로 헨더슨이 윤 교수의 주장을 따르고 있다고 말할 수도 있다. 윤 교수는 한국정치의 특성을 통치자의 “장악적 지배”와 피치자들의 “예속적 복종”이라고 하였고, 헨더슨은 이를 “소용돌이”, 혹은 “회오리바람”정치라고 표현했다. 그러나 헨더슨은 조선시대부터 식민지시대와 해방 3년간을 거친 1960년대까지의 한국정치를 윤 교수 보다 훨씬 더 자세하게 본격적으로 다루고 있다. 윤 교수는 그의 『증보 한국정치체계서설』의 제3부 160 페이지 정도에서 그의 한국정치론을 펴고 있는데 비해 헨더슨의 한국정치론 책은 500 페이지에 달하는 방대한 책이다. 이러한 책을 한국의 정치학자가 내지 못하고 미국인이, 그것도 학자도 아닌 외교관 출신이 냈다는 것은 우리들의 입장에서는 부끄러운 일이다. 윤 교수는 5・16 군사혁명 후 정계진출로 그의 한국정치론을 더 이상 발전시킬 수 없었다.

윤 교수는 한국정치의 이와 같은 특성을 유교정치문화와 이를 뒷받침한 사회경제적 조건으로 설명하려고 하였고 헨더슨은 과거로부터 현재에 이르는 오랜 기간의 중앙집권적 통치체제와 한국사회의 동질성으로 설명하려고 하였다. 헨더슨에 의하면 한국사회는 언어, 지역, 문화, 종교, 계급 등에 따른 다양성이 없는 사회로 이에 기반한 중간단체가 없고 사회구성원들이 원자화되어 있는 동질적 사회이고, 이것이 중앙권력이 사회구성원들을 빨아올리는 "소용돌이"나 "회오리바람"현상을 일으키는 원인이 된다. 이것은 윌리암 콘하우저(William Kornhauser)의 대중사회론과 같은 주장인데,[2] 헨더슨은 그의 한국사회론이 콘하우저의 대중사회론과 유사하다는 것을 책의 초고를 다 쓴 다음에 알게 되었다고 한다(p.379). 이의 개선책으로 윤 교수가 사회경제적 조건의 발전을 들고 있는데 비해 헨더슨은 중앙권력의 분권화와 한국사회의 다원화를 주장하고 있다. 헨더슨은 한국사회가 전통주의(traditionalism)가 약하고 개방적이고 동태적인 사회라는 점에서 이러한 변화가 가능한 것으로 기대하고 있다.

대중사회론은 산업화 이후 나치즘이 번성하던 1930년대의 독일 사회를 대상으로 나온 가설이고 이 가설이 산업화 이전의 한국사회에 적용되기 어렵고, 또 한국사회에 중간단체가 없다는 것도 산업화 이전 사회에 나타나는 공통된 현상이다. 이렇게 볼 때 헨더슨이 말하는 "소용돌이" 정치는 한국이 강력한 중앙집권체제의 전통을 가지고 있고 — 제임스 팔레(James Palais)는 한국이 이러한 전통을 가지고 있지 않다고 주장하고 있지만[3] — 산업화 이전 단계에 있기 때문에 나타났다고 볼 수 있다. 이러한 이론적 문제에도 불구하고 헨더슨의 책은 한국정치의 실상을 잘 그려내고, 한국정치를 이해하는데 있어 여러 가지 중요한 문제를 제기한 책이다.

현대한국정치에 대한 『한국정치학회보』의 논문은 1967부터 나오기 시작했다. 모두 한국정치의 이해와 민주정치의 정착을 위해서 유용한 논문들이다. 미국 유학을 하고 귀국한 대표적인 정치학자인 한배호 교수의 "집단과정으로 본 한국정치과정"은 벤틀리(Bentley), 트루먼(Truman), 알몬드(Almond)의 집단 이론을 소개하고, 이 이론을 한국의 정치집단들과 과정에 적용해 보고, 이 이론이 한국정치를 설명하는 데에는 적합하지 않

2) William Kornhauser, *The Politics of Mass Society*(Glencoe: Free Press, 1959).

3) James B. Palais, *Politics and Policy in Traditional Korea*(Boston: Harvard University Press, 1975).

다는 결론을 내리고, 미국의 집단이론이 한국의 경우도 설명할 수 있는 보다 보편적인 이론이 되기 위해서는 이에 대폭적인 수정이 필요하다고 주장한 논문이다. 그의 이러한 주장을 직접 인용하면 다음과 같다: "지금까지 정치과정을 연구해 온 미국의 정치학자들은 정치과정을 통치기구내의 제집단과 기구 밖의 제집단 사이의 투쟁양상으로 파악하여 정책결정을 그 투쟁소산으로 보려는 경향이 농후하였던 것 같다. 그러나 이러한 양상은 우리 사회의 경우 찾아볼 수 없는 것 같고 오히려 정식기구내의 집단들의 일방적인 결정이 강요되고 있는 것으로 볼 수 있으며 양자 간의 관계는 불균형(unbalanced)한 것으로 보아야 하지 않을까 한다. 따라서 미국을 중심으로 한 압력집단정치연구가 제시해 온 가정들이 대폭 수정되어야 한다는 것이며 정치과정에 대한 보다 고차원의 이론형성에는 보다 폭넓은 초문화적 조사연구가 선행되어야 할 것이다"(p.168). 한 교수는 미국의 정치이론을 한국정치도 설명할 수 있는 이론으로 대폭 수정해야 한다는 과제를 한국 정치학자들에게 제시하고 있다.

백상건 교수의 "선거제도의 과거와 현재"는 우리나라의 선거제도를 의회정치적 입장과 기술적 입장에서 검토하고 있다. 전자의 입장에서의 검토사항은 현행 선거구제는 정국의 안정에 도움이 되는가, 선거인의 의사를 정확히 반영시키는가, 선거인과 의원 간의 관계를 밀접하게 하는가, 정당본위의 선거에 도움이 되는가 이고, 후자의 검토사항은 현행 선거구제는 선거운동비용을 감소시키는가, 입후보자의 난립을 막는가, 선거운동의 철저한 감시에 도움이 되는가, 선거공영제에 도움이 되는가, 투개표를 용이하게 하는가, 신인의 진출을 용이하게 하는가, 보궐선거와 재선거의 집행을 용이하게 하는가, 동일정당내의 동지들 간의 싸움을 제어할 수 있는가이다. 그는 이러한 검토를 한 후 부재자 투표기간을 연장해야 한다든가, 선거비용 초과지출로 인한 당선무효의 규정은 사문화 되어 있기 때문에 이에 보완이 필요하다든가 등의 제언을 하고 있다.

김규택 교수는 "선거와 투표행태"에서 우리나라 국민들의 정치사회화, 후보자결정경로, 정당인식을 알아보기 위한 태도조사의 결과를 보고하고 있다. 이 조사에 따르면 정치사회화 문제에 있어 가장의 권위라는 것이 존재하고 있고 처의 경우 가장이 권하는 후보를 지지한다고 응답한 사람은 26.2%였다. 정당가입은 대부분의 응답자들이 바람직하지 못하다고 응답하였다. 후보자결정경로에 있어서는 보도수단을 통해서 선거소식을 알게 되었다는 사람이 72.7%였다. 정당인식에 있어서는 인물중심으로 투표한다는 사람이

41.2%였던데 반해, 정당본위로 투표한다는 사람은 8.6%밖에 안 되었다.

김규택 교수는 1967년에 대도시인 서울, 중도시인 포항, 농촌인 안동에서 국민학교 2학년에서부터 6학년까지의 학생들에 대해 그들의 대정부 태도를 조사하고 그 결과를 1969년에 쓴 "정부에 대한 어린이들의 태도"에 보고하고 있다. 그가 조사한 항목은 국민의식, 정치에 대한 인식, 국가기관들에 대한 인식, 법에 대한 인식을 포함하고 있다. 이러한 조사에 기반해서 그는 "어린이들이 정치체에 지니는 태도는 지나치게 형식적인 구조에 치우쳐서, 어떤 의미에서는 현실적인 정치체계와의 관련이 아니라 허구적인 구조와 관련을 이루는 경향을 보여주고 있다. 이러한 틈으로 인하여 정치체계와 그 신입구성원간의 관계는 매우 피상적으로 이루어지고 있는 셈이다"라는(p.240) 결론을 내리고 있다. 김종익 · 유형진 교수는 서울의 국민학교 4학년과 5학년 학생 각각 한 반, 중학교 1학년과 3학년 학생 각각 한 반, 총 199명을 대상으로 그들의 헌법에 대한 지식정도, 정치토론의 빈도, 정치적 관심도, 정치적 효능감, 정부에 대한 정서, 권위에 대한 존경도, 정치체계에 대한 애착심 정도를 조사해 그 결과를 그들의 논문에 보고하고 있다.

한기식 교수는 "한국 민주주의론 서설"에서 (1) 한국의 정치적, 경제적, 사회적, 문화적, 현실여건 속에서 서방민주주의의 이념과 체제를 도입하는 것이 가능한지, (2) 서방민주주의, 동방민주주의, 신생국 민주주의는 어떻게 다른지, (3) 한국의 정치적 과제, 정치문화와 전통, 현실적 요건을 고려할 때 한국 민주주의는 어떠한 형태를 가져야 할 것인지에 대해서 길게 논의하고 있다. 이러한 논의의 결과 그가 내놓은 결론은 다음과 같다: "한국민주주의는 서방민주주의의 이념과 제도로부터 많은 것을 배웠고 앞으로 더 많은 것을 배울 것이다. 그러나 경제적 사회적 문화적 그리고 정치적 발전을 이룩하는 수단과 방법에 있어서 같지 아니하며 또 정치공동체의 윤리적 성격과 교육, 국가의 이념을 훨씬 더 강조하는데 있어서 서방민주주의로부터 구별된다"(p.40). 그는 서방민주주의와도 똑같지 아니하고 신생국 민주주의와도 다른 한국에 맞는 민주주의를 발전시킬 것을 제언하고 있다.

박승재 교수의 "한국민주주의와 선거"는 당시 한국의 선거제도와 선거풍토의 문제점들을 자세히 지적하고 이를 서독의 혼합선거구제를 모델로 하여 개혁할 것을 주장하고 있다. 우병규 · 김종림 교수는 1968년 가을부터 1969년 봄까지 7대 국회의원 112명을 인터뷰하여 의원들의 충원과정, 경력, 동기부여, 지원단체, 유권자 유형, 득표수, 대표역할 등을 조사하고 그 결과를 "한국의 입법충원과 정치적 대표"에 발표하였다. 그들은 의원들의 경력유형, 동기부여, 지원단체, 유권자 유형, 득표수가 그들의 대표역할에 영향을 미친다는 것을 발견하였다. 조일문 교수는 "정당의 공직후보자 추천과 무소속 출마에 관한 고찰"에서 제3공화국의 무소속 출마를 금지하는 선거법에 대해 논하면서 다음과 같은 결론을 내리고 있다: "법 없이도 정당본위의 투표를 하고 있는 남의 나라에 비하면 법에 의해서도 정당본위로 생각하지 않는 우리의 실정은 매우 대조적이다. 한 사람이 자신의 얼굴과 주장을 내세우고 출마할 수 있도록 허용된 외국에서는 오히려 무소속 입후보자가 적고, 그것이 법적으로 금지되어 있는 우리나라에서는 아직도 무소속에 대한 향수가 짙다는 것은, 그러기 때문에 법적통제가 필요한 것이 아니냐는 역설을 성립시킬 수는 있으나, 매우 풍자적인 현상임에는 틀림없다"(p104). 홍순창 교수는 경상북도 도민들을 대상으로 정치적 태도조사를 하고 그들의 투표행태와 정부 및 공무원들과의 관계에서 나타나는 전근대적 특성을 "정치면에 나타난 한국사회의 전근대적 제요인에 대하여"에 보고하고 있다.

김민하 교수의 "한국의 선거구제도의 문제점과 그 개선책 소고"는 우리나라의 선거구제가 어떻게 변천해왔는가를 살펴보고 현행 선거구제의 문제점을 지적하고 그 개선책을 제시하고 있다. 그는 선거구의 불평등을 개선하기 위해 중앙선거관리위원회로 하여금 선거구획정사무를 전담케 하거나 선거구획정심의위원회 같은 기구를 설치할 것을 제안하고 있다.

이택휘 교수의 "도시화과정의 정치사회학적 의미"는 도시화와 도시 내 계층구조의 한국적 특징을 지적하고 도시민들의 정치적 참여의 중요성을 논하고 있다. 그에 의하면 한국의 도시화는 공업화과정에 수반되지 않고 정치, 행정, 문화, 그리고 전통적 상업기능을 중심으로 진행되어 왔고, 도시화의 진행과정에 촌락적 성격이 강력하게 잔존한다. 한국의 도시화가 산업형도시화가 아니기 때문에 도시는 산업노동자층과 화이트 칼라층이 큰 비중을 차지하지 못하고 상인층, 자본가, 경영자와 고급관리로 구성되는 상위계층, 하층노동자층이 중심이 된다. 급속한 도시화로 도시에 모인 이들이 정치에 참여해야지, 그렇지 않고 소외감과 좌절감을 갖게 된다면 그것은 위험한 상황이라고 경고하고 있다. 손제석 교수의 "Civil-Military Relations in Korea"는 한국의 민군관계를 역사적으로 고찰하고 있다.

"심포지움: 선거와 정치발전"은 제7대 대통령 선거와 제8대 국회의원선거의 결과에 대한 정치학자들의 원탁토론회 발언내용을 싣고 있다. 이 원탁토론회에서 발언한 교수들은 이정식, 정인흥, 손제석, 김운태, 이영호, 한배호, 백상기, 차인석, 문창주, 김계수, 윤천주, 조봉래, 정요섭, 우병규, 차기벽, 김인곤, 김하룡, 최명, 윤근식, 권윤혁, 채중묵, 구범모, 배성동, 이극찬, 박승재, 갈봉근, 이홍구, 서원우, 여정동, 이택휘, 민준기, 정인흥 등(발언순) 이다. 그들이 다룬 내용은 71년도 양차선거의 투표성향, 국민의 정치의식과 선거풍토, 의회정치와 여・야 자세, 정부와 의회와의 관계, 당규율과 국민대표, 정당법 및 선거제도의 문제점, 정치자금문제, 지방주민의 정치참여문제, 한국정치의 민주화방향 등 이었다.

신순기 교수는 "도시와 농・어촌주민의 정치의식에 관한 비교연구"에서 도시, 농촌, 어촌의 정치의식을 태도조사결과를 자료로 하여 비교하고 있다. 그의 조사에 따르면 도시와 농・어촌간의 의식상의 격차가 두드러지고, 도시민은 농촌형의식과 근대적 도시형 의식이 혼화된 이중구조성을 심하게 드러내고 있고, 농촌보다 어촌이 한결같이 더욱 전통적, 전근대적 의식을 크게 드러내고 있고, 도시민의 정치의식은 자율적, 자각적, 능동적 성향을 보이고 있는데 반하여 농・어촌 주민의 의식은 타율적, 무자각적, 수동적 성향을 짙게 나타내고 있다. 길영환 교수의 "Research on Party Politics on Korea: An Analytic Scheme"은 한국의 정당정치를 분석하는데 필요한 분석틀을 제시하고 있다.

몇 편 안 되는 논문들에 대한 이상의 검토에서 우리는 당시의 한국정치연구가 제도, 이념, 구조, 역사를 다루는 전통적 분석과 정치행태를 연구하는 행태분석의 두 가지 조류를 가지고 있었다는 것을 알 수 있다. 백상건, 박승재, 조일문, 김민하 교수는 우리나라 선거의 제도적 문제점들을, 한기식 교수는 민주주의 이념문제를, 이택휘 교수는 도시화의 구조적 특징을, 손제석 교수는 한국 군의 역사적 전통을 다루고 있고, 이 분들의 연구를 전통적 분석에 속한 연구라 할 수 있다. 다른 한편, 김규택, 김종익, 유형진, 우병규, 김종림, 홍순창, 신순기 교수는 우리나라 국민들의 정치적 태도, 투표행태, 어린이들의 정치적 태도, 국회의원들의 역할인식 등에 대한 조사를 하고 그 결과를 보고하고 있다. 이들은 대체로 Gabriel Almond와 Sidney Verba, *The Civic Culture*(Princeton University Press, 1963)나 John C. Wahlke, Heinz Eulau, William Buchanan & Leroy C. Ferguson, *The Legislative System*(New York: John Wiley, 1962)과 같은 미국의 행태주의 정치학의 대표적 업적을 연구모델로 삼고 있다.

이러한 연구들은 모두 제3공화국시대의 정치적 과제였던 민주주의를 발전시킨다는 목표에 부합하는 연구였다. 어느 나라에서나 선거의 종류와 질은 민주주의이냐 아니냐를 구분하는 가장 명확한 기준이고 제3공화국의 민주주의는 무엇보다도 우선적으로 선거민주주의였다. 제3공화국을 민주주의체제로 볼 수 있는 최소한의 기준은 대통령 선거와 국회의원 선거를 정기적으로 실시했다는 데 있다. 그런데, 선거제도와 선거과정이 민주주의 원칙에 얼마나 부합하고 있고 우리나라 국민들의 투표행태와 정치적 태도는 얼마나 민주적인가가 당시에는 문제였고 정치학자들은 이 문제들을 연구하였던 것이다.

또한 제3공화국시대의 선거제도의 문제점, 유권자들과 어린이들의 정치적 태도, 국회의원들의 역할인식 등에 관한 조사결과는 이러한 문제들에 대한 오늘날의 상황과도 비교해 볼 수 있는 소중한 자료이다.

2년간의 군부통치 후에 민주정치가 복원되고 미국의 행태주의 정치학이 수입되는 제3공화국시대에 한국정치연구는 이상 살펴본 바와 같이 활기를 뛰기 시작했다. 그러나 한국의 민주정치는 박정희 대통령의 유신선포로 난파하였고 유신선포는 여태까지의 한국정치연구의 의미에 손상을 입히는 사태였다고 볼 수 있다. 한국의 정치학자들은 한국정치의 독재성이나 비민주성, 혹은 우리 국민들의 전근대적이거나 비민주적인 태도를 거론하고 이를 개선해야 한다고 주장했을 뿐 유신과 같은 사태의 도래 가능성을 전혀 예측하지 못했다. 이것은 한국의 정치학자들이 권력구조나 이를 뒷받침하고 있는 사회세력구조, 또 이러한 권력구조와 사회세력구조가 기반 해 있는 국제정치구조, 경제구조, 정치문화 등 정치적으로 중요한 문제들에 대한 연구를 소홀히 하고 미국의 행태주의 정치학에서 유행하던 투표행태, 정치사회화, 태도조사, 선거제도 등의 연구주제들을 한국에 이식하고 이를 중심으로 한국정치연구를 진행한 데서 온 결과였다.

윤천주 선생은 한국 국민들의 정치적 태도가 어떠한 특성을 띠고 있고 이승만 대통령이 자신의 권력유지를 위해 이를 어떻게 이용했는가를 밝히고 있다. 그의 관심은 국민들의 정치행태와 통치자의 정치행태에 있었고 이 두 요소가 어떻게 한국의 민주정치를 왜곡하고 있는가를 밝히는데 있었다. 국민들과 통치자의 정치행태가 민주화 되지 않고서는 민주정치의 발전은 어려운 것으로 보았다. 헨더슨의 "소용돌이" 한국정치론도 제4, 5공화국시대에 나타난 한국정치의 독재화를 예견하고 있다고 볼 수 있다. 이 두 분의 한국정치론은 한국정치의 민주화가 상당한 시간이 걸릴 것이라는 것을 시사하고 있다. 제3공화국시대의 국민 일반이나 초등학생들의 정치적 태도에 대한 연구는 그 태도를 서베이를 통해 조사했을 뿐 이것이 한국정치에 어떻게 작용하고 그 결과 한국정치는 어떻게 변화할 것인가에 대한 탐구가 없다.

Ⅲ. 제4, 5공화국시대의 한국정치분야 연구업적

제4, 5공화국시대는 미국 유학을 마치고 돌아온 많은 정치학도들이 대학에 자리를 잡은 시대이고, 한국 정치학이 미국 정치학의 발전 수준을 직접 흡수, 수용할 수 있을 만큼 발전한 시대이다. 제4, 5공화국의 15년 동안에는 독재정치시대임에도 불구하고 한국정치에 대한 연구결과가 그 이전 보다 훨씬 많이 나왔다. 이미 지적한 바와 같이 국회 전자도서관에서 검색되는 한국정치분야의 단행본 총수는 160권으로 그 이전 24년간의 시대 보다 3배 정도 많았다. 그러나 정치학 교수들이 쓴 주요 단행본은 다음 목록에서와 같이 많지 않다.

Sungjoo Han, *The Failure of Democracy in South Korea*(Berkeley: Univ. of California Press, 1974); 민준기, 『한국정치발전론』(을유문화사, 1975); 김민하, 『한국정당정치론: 발전과정과 과제연구』(일신사, 1976); 김운태, 『한국현대정치사 제2권: 제1공화국』(성문각, 1976); 이정식, 『한국현대정치사 제3권: 제2공화국』(성문각, 1976); 한승조, 『한국 민주주의와 정치발전』(법문사, 1977); 한승조, 『한국정치의 지도이념: 선진개발사상의 과거 · 현재 · 미래』(서향각, 1977); 장을병, 『한국정치론: 정치발전과 정치참여』(범우사, 1977); Chi-Young Pak, *Political Opposition in Korea, 1945-1960*(Seoul National Univ. Press, 1980); 송남헌, 『한국현대정치사 제1권: 건국전야』(성문각, 1980); Chong-Lim Kim & Seong-Tong Pai, *Legislative Process in Korea*(Seoul National Univ. Press, 1981); Bruce Cumings, *The Origins of the Korean War*, Vol. l(Princeton Univ. Press, 1981); 백경남, 『한국여성정치론』(문음사, 1981); Yong-Pil Rhee, *The Breakdown of Authority Structure in Korea in 1960: A Systems Approach*(Seoul National Univ. Press, 1982); 한정일, 『한국 정치발전론: 70년대의 인식과 발전방향』(전예

원, 1982); 심지연, 『한국민주당연구 Ⅰ: 정치적 성장과정과 정치이념 및 관계자료. 1』(풀빛, 1982); 양무목, 『한국정당정치론: 정강정책결정과정』(법문사, 1983); 한배호, 『한국의 정치』(박영사, 1984); 한용원, 『창군』(박영사, 1984); 안병만, 『한국정부론』(다산출판사, 1985); 손봉숙, 『한국지방자치연구』(삼영사, 1985); 김계수, 『자유민주주의와 한국정치』(전예원, 1985); Hyun-Chin Lim, *Dependent Development in Korea, 1963-1979*(Seoul National Univ. Press, 1985); Dal-Joong Chang, *Economic Control and Political Authoritarianism: The Role of Japanese Corporations in Korean Politics 1965-1979*(Sogang Univ. Press, 1985); 안해균, 『한국행정체제론: 정치·행정분석의 체계적 접근』(서울대학교출판부, 1986); 이호재, 『한국외교정책의 이상과 현실: 해방8년 민족갈등기의 반성, 제5판』(법문사, 1986); 윤용희, 『한국정치의 체계분석』(법문사, 1987); 박동서 · 김광웅, 『한국인의 민주정치의식: 대중과 엘리트』(서울대학교 출판부, 1987); 안병영, 『자유민주주의를 위한 변론: 한국정치의 위기구조와 그 극복논리』(전예원, 1987); 한배호·어수영, 『한국정치문화』(법문사, 1987); 김영래, 『한국의 이익집단』(대왕사, 1987);양성철, 『분단의 정치: 박정희와 김일성의 비교연구』(한울, 1987).

제4-5공화국의 15년 동안 『한국정치학회보』는 총 17권이 발간되었다. 학회보도 제1-3공화국의 24년간에 비해 3배 많이 발간되었고, 한국정치에 관한 논문도 3배 이상 많이 나왔다. 이에 게재된 한국정치에 대한 논문목록은 다음과 같다.

문창주, "한국 정치발전에 관한 연구"; 한정일, "한국 입법결정과정에 관한 연구"(이상 1973년, 7집); 한승조, "한국 민주주의의 이념정향"; 민준기, "한국 의회정치의 제도화에 관한 연구"; 한정일, "한국 의정사에 나타난 민권에 관한 연구"; 윤형섭, "미군정의 정치적 충원에 관한 발전론적 연구"(이상 1974년, 8집); 민준기, "한국의 정당과 정치발전"; 김종림 · G. Loewenberg · 배성동, "의회정치에 대한 국민의 반응"; 진덕규, "산업화가 지역사회의 권력구조와 주민의 의식상황에 미치는 영향의 분석"; 김점곤, "한국전쟁에 있어서의 북한의 선제에 관한 고찰"(이상 1975년, 9집); 장을병, "권위편중의 정치환경"; 이용필, "한국 정치체계 분석"; 차인석, "현대 한국정치와 정당성의 문제"; 김학준, "38선 획정에 관한 논쟁의 분석"(이상 1976년, 10집); 김계수, "한국의 정치발전과 정치학 교육의 방향"; 윤근식, "한국정치학에서의 정치발전 연구: 하나의 자체평가"; 안병만, "우리나라 정당과 정치발전: 중대선거와 정당체제의 제도화과정"; 안병영, "한국의 이익집단과 정치발전"; 이홍구, "한국의 정치문화와 정치발전: 서울시 저소득층 정치성향의 한 단면"(이상 1977년, 11집); 유영준, "한국 역대정권의 국가목표 설정과 그 정치적 과제"; 강민, "체제적 위기의 정치경제학": 길승흠, "한국인의 정치의식 구조변화: 1963년과 1978년"; 김충남, "한국 민주발전의 독립변수로서의 교육"(이상 1980년, 14집); 신명순, "한국정치에 있어 정치시위의 효율성: 정치시위의 주동세력, 요구내용, 방법, 규모 및 대상과 이에 대한 정부의 반응"; 이지훈, "한국 정치문화의 기본요인"(이상 1982년, 16집); 길승흠, "한국의 정당과 의회관계: 공화당과 민정당의 경우"; 손봉숙, "한국의 정치문화와 반공이념"; 심지연, "한국민주당의 구조분석"; 안병만, "농촌주민의 정치적 태도: 정치효능과 정치신뢰"; 유석렬, "정부수립 이전의 한국 이익집단의 역할"; 강민, "관료적 권위주의의 한국적 생성"(이상 1983년, 17집); 유광진, "한국 사회주의정당의 통일정책 연구"; 양무목, "한국의 의회정치와 정치발전에 관한 연구"; 이용선, "한국정치지도자 변천의 사회경제적 추이"(이상 1984년, 18집); 이갑윤, "제5공화국 국회의원선거의 분석과 전망"; 이정복, "산업화와 정치체제의 변화"; 이남영, "산업화와 정치문화: 민주의식 변화를 중심으로"; 안병영, "산업화와 정당"; 장달중, "산업화와 이익집단"; 심지연, "신탁통치 문제와 해방정국: 반탁과 찬탁의 논리를 중심으로"; 손봉숙, "한국자유당의 정당정치 연구"; 이용선, "제12대 국회의원선거에서 국민사회복지가 정치에 미친 영향 분석"; 김인곤, "남북분단의 경위"; 신명순, "정치시위에서 사용되는 폭력과 정부의 대응간의 관계연구"(이상 1985년, 19집); 김영평, "지방자치정부의 조직형태와 주민대표성"; 한정일, "한국의 지방자치제 정착요건에 관한 연구"; 안청시 · 손봉숙, "한국의 지방선거제도"; 정정길, "정당이 지방의회 활동에 미친 영향: 경상북도의회를 중심으로"; 김광수, "한국정치에 있어서의 전라도"; 이진복, "한국의 안보와 민권정책에 관한 연구"; 한명화, "한미관계에 관한 정치경제적 접근"(이상 1986년, 20집 1호); 김종림 · 이남영, "산업국가에 있어서의 신념체계와 정치현실"; 양성철, "남북한 정치체제 분석모형"; 심지연, "해방 후 주요 정치집단의 정치구조와 정책구상에 대한 분석"; 양재인, "해방정국에 있어서의 정치테러"; 유석렬, "민주시민 교육으로서 한국 정치교육의 방향"(이상 1986년, 20집 2호); 신복룡, "한국전쟁 휴전협정의 비밀협상에 관한 연구-미국의 역할을 중심으로"; 이형철, "미국 국무성의 한국 신탁통치 계획(1942~1945)"(이상 1987년, 21집 2호).

제2-3공화국시대에 시작된 한국정치에 대한 행태주의적 연구는 한국의 정당, 국회와 입법과정, 국민들의 정치적 태도, 정치문화에 대한 연구에서 볼 수 있는 바와 같이 제4-5공화국시대에도 계속되고 있다. 이러한 연구 외에도 정치발전론, 산업화의 정치적 영향, 미군정시대, 혹은 해방 3년 시대에 관한 연구가 나오고 있다. 제4-5공화국시대는 독재정치시대였으나 정치학자들은 이를 게의 하지 않고 그 이전시대와 다를 바 없는 문제의식을 가지고 연구를 하였다. 독재정권시대에 국민들과 학생들의 관심은 한국정치의 민주화에 있었고, 한국정치학자들의 연구도 이러한 관심을 반영하고 있다. 유신을 지지한 소수의 정치학자들도 유신체제 내에서 민주주의가 발전할 수 있는 길을 모색하고 있다.

우선 이 시대에 나온 단행본들의 내용을 간단하게 소개하면 다음과 같다. 한승주 교수의 *The Failure of Democracy in South Korea*는 그의 박사학위 논문에 기반한 책으로 제2공화국의 민주주의가 지속되지 못하고 무너진 원인을 구명하고 있다. 민준기 교수의 『한국정치발전론』은 정당발전과 제도화를 강조한 헌팅톤의 *Political Order in Changing Societies*가 한국의 정치발전문제를 분석하는데 가장 적합한 모델로 보고 이를 한국에 적용해 본 저서이다.

김민하 교수의 『한국정당정치론』은 제4공화국 유신체제를 긍정적으로 평가하고, 한국정당의 발생연원을 이조 말기의 사대당과 개화당에서 찾고, 제1공화국의 자유당 정치, 제2공화국의 민주당 정치, 제3-4공화국의 민주공화당 정치의 특성을 기술하고, 한국정당정치의 문제점을 그 조직, 기능, 정강정책, 정치자금으로 나누어 살펴보고, 양당제 확립, 정당 리더쉽 확립, 민주적 정치의식 형성을 한국정당정치의 과제로 제시하고 있다.

한승조 교수의 『한국민주주의와 정치발전』은 한국의 정치전통과 국민의 정치문화에 적합하며, 한국의 현실여건과 정치풍토 속에서 뿌리박고 성장할 수 있으며, 한국민족이 당면한 정치과제를 효율적으로 해결할 수 있는 한국민주주의의 이념과 제도가 어떠한 것인가를 논하고 있다. 그는 한국정치가 이승만 대통령 이래 당시의 유신체제에 이르기까지 권위주의화 된 것에 대해 서구민주주의의 규범과 절차에서 벗어났다는 입장에서 비난하기 보다는 메디슨(Madison)과 헌팅톤(Huntington)의 정치이론에 근거해서 이해할 것을 촉구하고 있다.[4] 그는 당시의 유신체제를 북한의 안보위협에 대처하고 근대화를 추진하기 위해 나온 제한민주주의체제로 보고, 이의 발전방향은 시도별 지방자치제도를 확충하여 준연방체제를 수립하고, 사회의 여러 집단단위에서 민주주의를 제도화하고, 새로운

---

4) Madison은 *The Federalist Papers,* 51에서 "You must first enable government to control the governed; in the next place oblige it to control itself."라고 주장했고, Huntington은 *Political Order in Changing Societies*(Princeton Univ. Press, 1966), pp.7-8에서 "You have order without liberty, but you cannot have liberty without order." "Authority has to exist before it can be limited."라고 주장했다.

국민운동의 기구로서 정당활동을 강화하는 것에 있다고 보았다. 그는 한국정치가 위에서 전체가 민주화된 다음에 아래로 민주화가 확산된 서구 모델이 아니라 아래의 시도별, 집단 단위로부터 민주화를 이룩하고 그것이 위로 확산되는 모델을 택할 것을 권고하고, 이것이 민주주의로 가는 한국적 방법이라고 강조하고 있다.

한 교수의 『한국정치의 지도이념』은 위의 책의 후편이다. 위의 책이 여러 민주주의체제를 수평적으로 비교하여 한국민주주의의 발전방향을 제시하고 있는데 비해, 이 책은 한국민주주의를 과거, 현재, 미래의 역사적 맥락에서 수직적으로 고찰하면서 그 발전방향을 주장하고 있다. 한 교수는 카터 대통령이 주한미군 철수를 결정한 상황에서 이철승 신민당 대표최고위원이 박 대통령과 청와대에서 만나 거국태세를 취할 것에 합의한 것을 긍정적으로 평가하고 앞으로의 한국정치발전 방향을 제시하고 있다. 그는 유신체제가 야당과 저항세력을 포용, 흡수하지 못하여 국민총화체제로 발전하지 못하고 있는 것에 대해 유감을 표하고, 유신체제가 그러한 발전을 하기 위해서 필요한 이론적 작업을 이 책에서 하고 있다.

한 교수는 유신 이전에도 한국민주주의는 서구민주주의와는 다른 한국에 맞는 민주주의를 개발해야 한다고 주장한 바 있다. 그는 민주주의에 대한 그의 입장이 대부분의 한국정치학자들과는 다른 독특한 것이라는 것을 인정하면서도, 또 그의 입장이 당시의 야당과 반독재세력으로부터는 비난을 받을 것이라는 것을 알고 있으면서도 그의 입장을 용감하게 개진하였다. 그의 두 책은 이 때문에 현재 읽히지 않고 있지만 방대한 분량으로 상당한 시간을 쏟아 부은 연구결과이다.

장을병 교수의 『한국정치론: 정치발전과 정치참여』는 정치발전을 경제발전에 종속시키는 경제개발 우선주의에 불만을 나타내고 정치발전을 독립변수로 놓고서 한국정치의 발전방향을 제시하고 있다. 한국정치의 발전과제가 권위확립, 평등화추진, 국민적 일체감 조성에 있다고 보고 권위확립을 위해서는 정치조직의 형성, 평등화 추진을 위해서는 정치조직들의 경쟁체제 확립, 국민적 일체감 조성을 위해서는 정치조직 간 경쟁의 질 제고가 필요하다고 주장하고 있다. 그리고 이러한 목표달성을 위해서 국민들의 정치참여가 제고되고 효율화되어야 한다고 강조하고 있다.

박치영 교수의 *Political Opposition in Korea, 1945-1960*는 야당의 기원과 발전을 다루고 있다. 그는 야당이 전략, 의회내 행동, 조직, 선거, 자금조달 등에 심각한 문제를 가지고 있었고, 특히 야당 내부의 파벌 싸움이 이승만 정권과 대결하는데 커다란 걸림돌이 되었다고 주장하고 있다.

송남헌, 김운태, 이정식 교수의 『현대한국정치사』 1, 2, 3권은 각각 건국 전야, 1공화국, 2공화국의 정치적 기록을 자료중심으로 정리한 책이다.

김종림・배성동 교수의 *Legislative Process in Korea*는 국회가 권위주의적인 한국에서 민주정치의 상징으로 국민과 정부를 연결해 주는 유일한 기관이었다는 인식하에 의원들의 사회적 배경과 충원배경, 선거구에서의 의원의 역할, 선거구민들의 의원들에 대한 인식 등을 다루고 있다.

브루스 커밍스의 *The Origins of the Korean War*는 한국전쟁의 기원이 해방 후 우파와 좌파 간의 대립에 있는 내전이라는 것을 주장한 책이다. 이 책은 신좌파(New Left)적 시각에서 제2차 대전 이후 미국의 외교정책과 대한정책을 상세히 다루고 있고 해방 후 좌우파 간의 대립과 그 후 남북에 수립된 이승만 정권과 김일성 정권의 성격도 자세히 기술하고 평가하고 있다.

백경남 교수의 한국여성정치론은 한국여성의 사회적 지위 변천사, 한국여성과 참정권, 여성 정치의식의 문제점, 여성 정치의식의 발전을 위한 조건 등을 다루고 있다.

이용필 교수의 *The Breakdown of Authority Structure in Korea in 1960*는 대비드 이스턴의 정치체계이론, 즉 input-output feedback 개념을 이용해서 이승만 정권의 붕괴를 설명하고 있다.

한정일 교수의 『한국정치발전론』은 1970년대의 한국정치상황을 의정사에 나타난 민권, 의회와 대통령의 갈등, 정치발전과 행정능률, 전통적 국가관의 형성 및 변천, 남북한과 통일문제로 나누어 고찰하고 있다. 정치발전의 방향은 4차원의 시공간적 입장, 정치발전의 가속화 요인, 정치적 자주성, 정책결정과정, 발전적 리더십으로 나누어 살펴보고 있다.

심지연 교수의 『한국민주당연구 I』은 한국민주당이 탄생하는 시대적 배경과 한민당의 이념을 소개하고 있고 해방 3년 동안에 한민당의 정치적 입장을 나타내는 많은 자료를 싣고 있다. 양무목 박사의 『한국정당정치론』은 제1공화국의 자유당, 제2공화국의 민주당, 제3공화국의 민주공화당의 정강정책결정과정을 종속변수로, 최고결정자, 참여자, 환경, 제도화 수준을 독립변수로 설정하고 이 양자간의 관계를 고찰하고 있다. 이 책은 이 세

정당의 정강정책과 당헌을 부록으로 싣고 있다.

한배호 교수의 『한국의 정치』는 정치적 권위구조와 정치문화, 정치과정, 정치발전론, 한국정치의 과제의 네 편으로 구성되어 있고, 권위주의적 한국정치의 특성을 여러 면에서 분석하고 있다. 한용원 교수의 『창군』은 한 교수가 군 출신이라는 이점을 살려 한국군의 창설과정과 창설주역들의 과거배경을 자세하게 조사하여 소개하고 있는 책이다.

안병만 교수의 『한국정부론』은 한국정부가 특정인과 그를 둘러싸고 있는 집단에 의해 독주되었고 이 독주가 경쟁의 관계로 변하는 순간 기존 정부가 무너지고 새 정부가 수립되는 "독주의 순환"이라는 특징을 가지고 있다고 보고, 한국의 정치문화, 정권 · 정당 · 엘리트의 변동, 행정체제와 여타체제와의 관계, 한국정부와 강대국간의 역학관계, 한국인의 정치의식 등을 다루고 있다.

손봉숙 교수의 『한국지방자치연구』는 1952년부터 1960년까지 부분적으로 실시되었고 그 후 제2공화국 9개월 동안 전면적으로 실시되었던 지방자치를 기술, 분석하고 있다. 이 연구는 지방자치의 정치적 측면을 중점적으로 살펴보고, 제1공화국시대의 지방자치단체가 단순히 행정조직이라기보다는 당시 자유당 지방조직의 약점을 보완해 주는 정치적 조직이었다는 점을 강조하고 있다.

김계수 교수의 『자유민주주의와 한국정치』는 신문과 잡지에 게재했던 글을 정치사상, 국내정치, 국제사회와 정치, 시평 · 단상으로 나누어 싣고 있고 부록으로 한국정치학의 탄생과정을 소개하는 글을 수록했다.

임현진 교수의 *Dependent Development in Korea, 1963-1979*는 한국의 세계자본주의체계에의 편입은 중심부의 경제적 이해관계가 아니라 정치안보적 이해관계였고, 국가는 지배계급과 대중들로부터 자율성을 가지고 있었고, 국가, 국내 부르주아지, 해외자본의 3자동맹에 있어 국가가 지배적인 위치를 차지하고 있었고, 경제발전은 해외 자본에 상당히 의존하면서도 국내 부르주아지 중심으로 추진하였다고 주장하고 있다.

장달중 교수의 *Economic Control and Political Authoritarianism*은 1965년과 1979년 사이에 일본의 기업들이 한국 경제발전의 에이젼다 형성과 한국의 정치적 변화에 어떠한 역할을 했는지를 분석하고 있다.

안해균 교수의 『한국행정체제론』은 제1공화국부터 제5공화국까지의 각 공화국의 행정체제를 대비드 이스톤의 환경, 투입-산출, 환류 모델을 적용해 분석하고 있다. 각 공화국의 행정체제를 성립배경, 성립당시의 정치적, 사회적, 경제적, 안보적, 투입집단적 환경, 체제의 목표와 중앙행정기구, 행정과정(투입과 산출), 통제, 체제와 환경간의 갈등으로 나누어 기술하고 있다. 이 책은 정치체제론이라고 불러도 무방한 행정체제론이다. 윤용희 교수의 『한국정치의 체계분석』도 이스톤의 분석틀을 제1공화국부터 제4공화국까지의 각 공화국에 적용하여 한국정치체계를 기술하고 있다.

이호재 교수의 『한국외교정책의 이상과 현실』은 해방 당시 한국의 좌우지도자들이 친소·친미 노선으로 격렬히 대립하고 분단지향적 자세를 취한 것이 분단과 6·25 동란 발발에 상당한 영향을 미쳤고 그것이 현재까지 지속되어 한반도 문제해결을 계속 저해하고 있다고 주장하고 있다.

박동서·김광웅 교수의 『한국인의 민주정치의식』은 한국인의 정치의식을 대중과 엘리트로 나누어 조사하고 그 결과를 보고하고 있다. 이 연구는 일반대중이 경쟁, 토의, 타협, 비판 등과 같은 민주주의의 절차적 원리에 관한 인식이 미약한 반면 엘리트들은 이와 같은 민주주의의 절차적 원리에 대한 인식이 강하고, 민주제도(사법부와 언론 등)에 대해서도 일반대중 보다 엘리트들이 더 비판적이라는 조사결과를 포함하고 있다.

안병영 교수의 『자유민주주의를 위한 변론』은 안 교수가 1980년 초부터 1987년까지 논문집과 주요 종합잡지에 게재했던 글을 모아 꾸민 책이다. 이 책은 한국의 정치와 행정, 한국정치와 자유민주주의, 민족·통일 그리고 이데올로기의 3부로 구성되어 있고, 한국에서 자유민주주의의 실현이 녹목구어(錄木求魚)가 아니냐는 좌절감과 자유민주주의로 우리 사회의 구조적 모순을 풀기 어려운 게 아니냐는 자유민주주의의 유효성에 대한 본질적 회의에 답하는 책이다.

한배호·어수영 교수의 『한국정치문화』는 서베이 조사를 통해 한국의 정치문화가 단원적이거나 획일적이 아니고 묵종형, 수용형, 길항형의 서로 다른 하위정치문화로 구성되어 있다는 것을 밝힌 책이다.

김영래 교수의 『한국의 이익집단』은 이익집단의 활성화를 통한 이익정치의 제도화가 민주정치발전에 중요하다고 보고 한국의 이익집단을 조합주의적 시각을 적용하여 분석하고 있다. 한국의 이익집단을 국가가 어떻게 통제해 왔고 한국의 이익집단은 어떻게 이익표출활동을 해 왔는가를 몇 가지 사례를 들어 소개하고 있다.

양성철 교수의 『분단의 정치』는 박정희와 김일성이 성장해 온 소년기, 청년기, 그리고 정치에 투신한 청·장년기를 각각 그 시기가 처한 한반도와 주변정세와 연관시켜 살펴보고, 두 사람이 겪어 온 비정치기와 정치기 사이에 어떤 연계성이 있는가를 구명하고 있다.

이상 소개한 제4-5공화국시대의 단행본들은 모두 시의에 적절한 책이고, 또 한국정치에 대한 중요한 내용과 자료를 포함하고 있다. 그러나 이 책들은 한국정치에 대한 설명력은 약하다고 평가할 수 있다. 이들 단행본들에서 한국정치의 독재적 성격을 설명하거나 한국 민주주의가 왜 제1-3공화국 체제에서 제4-5공화국 체제로 후퇴했는가에 대한 원인을 밝히는 시도는 찾아보기 어렵다. 이러한 시도를 찾아보기 어려운 한 가지 이유는 이 주제가 가지고 있는 문제에도 있다. 즉 독재의 구조적 원인은 대체로 사회경제적 후진상태에 있고, 우리의 경우에도 독재의 원인을 구명한다고 하면 우리의 사회경제적 후진상태가 문제가 될 것이다. 한국의 정치학자들은 이 경우 그것은 독재를 합리화하는 연구가 되기 때문에 이러한 연구를 하지 않았다고 볼 수도 있다.

이들 단행본들 중 한승주, 커밍스, 한배호 교수의 책에 대해 다시 살펴볼 필요가 있다. 한승주 교수의 책은 현대한국정치의 중요한 분석방법 한 가지를 제시한 책이다. 커밍스의 책은 제5공화국시대부터 그 이후 노태우 시대까지 청년학생들의 한국정치에 대한 잘못된 이해에 큰 영향을 미친 책이다. 한배호 교수의 책은 제1-3공화국시대에 윤천주 교수의 책이 한국정치분야에서 한 역할을 했다고 볼 수 있는 책이다.

한승주 교수의 책은 제2공화국 민주주의는 왜 실패했는지를 구명하고 있다. 그는 제2공화국 민주주의의 실패를 소수 군인들의 쿠테타 음모, 의원내각제에서 연유하는 행정권의 약화, 장면 총리 개인의 통솔력 부족, 민주주의에 필요한 사회경제적, 정치적 하부구조의 미비로는 잘 설명할 수 없다고 주장하고 있다. 그는 이러한 설명 대신에 이데올로기적, 사회적 양극화 현상이 제2공화국 민주주의 실패의 가장 핵심적인 요인이라고 주장하고 있다. 반이승만 혁명세력과 친이승만 반혁명세력의 갈등, 반자본주의적이고 반미적인 급진세력과 친자본주의적이고 친미적인 보수세력의 갈등이 장면 정권을 붕괴시킨 핵심 요인이라는 것이다. 1948~1960년의 이승만 정권시대에 드러나지 않았던 좌우파의 대립이 제2공화국의 자유로운 분위기 속에서 다시 나타나 제2공화국 민주주의를 붕괴시켰다는 것이다.

한 교수는 한국에서 좌우파의 격렬한 대립이 민주주의를 붕괴시킬 수밖에 없는 이유를 브레진스키와 한팅톤의 정통적 반대(orthodox dissent)와 비정통적 반대의 개념을 빌려 설명하고 있다.[5] 정통적 반대는 기존체제의 이념적 가치를 인정하면서 이의 개선을 추구하는 반대이고 비정통적 반대는 기존체제의 이념적 가치 자체를 부정하는 반대이다. 자유민주주의의 두드러진 특징은 비정통적 반대에 대해 관대하고, 그것이 "명백하고 현존하는 위험"으로 대두될 때에만 불법화 한다는 것이다. 그러나 한국과 같이 북한의 위협에 직면해 있는 나라에서는 급진세력의 비정통적 반대는 체제에 대한 위협이 되어 기존체제의 유지를 원하는 세력은 이러한 반대를 허용하는 자유민주주의를 붕괴시킬 수밖에 없다고 한 교수는 주장하고 있다.

그는 이러한 분석을 하는데 있어 정당정치인과 군부, 경찰, 관료 엘리트, 행동파 학생들, 경제 지도자들을 포함한 한국 사회의 주요 부문 간의 힘의 관계와 가치정향을 검토하고 있다. 그는 이러한 분석을 부문분석(sectoral analysis)이라고 부르고 국민들 전부가 아니라 일부만 정치적으로 중요한 후진국에서는 이러한 부문분석이 유용하다고 주장하고 있다.

커밍스는 콜럼비아 대학원에서 공부할 때부터 미소간의 냉전을 미국의 책임으로 보고 베트남 전쟁을 반대하고 모택동의 문화대혁명을 긍정적으로 평가하던 수정주의 학파 지식인들의 모임인 The Committee of Concerned Asian Scholars의 회원으로 활약하였고, 1975년에 *The Politics of Liberation: Korea, 1945-47*으로 동 대학에서 박사학위를 받았다. 그 후 그는 이 주제에 대해 더 연구하여 1981년에 *The Origins of the Korean War* 제1권(606 페이지)을 내었고, 1990년에 제2권(957 페이지)을 내었다.

그의 책 1권에 따르면 한국 사회는 이미 일제 말에 피지배계급인 농민들과 일제에 협력하면서 농민들을 경제적으로 수탈하던 지배계급 사이의 모순이 있었고 일제 패망 후 혁명이 일어날 수 있는 가능성을 잉태하고 있었다. 또한 이에 의하면 한반도에 대한 미국과 소련의 분할 점령이 없었더라면 아마도 혁명이 일어났을 것이나 한반도는 미소에 의해 분할 점령되었고 미국은 남한의 좌파세력과 혁명세력을 탄압하고 우파세력과 친일 세력을 지지하고 남한 만의 단독정부 수립을 추진함으로써 한국을 분단시키고 혁명을 좌절시켰다. 그는 이 책에서 남한의 미 군정과 워싱톤의 미국 정부를 구분하고 미 군정은 워

5) Zbigniew Brzezinski and Samuel Huntington, *Political Powers: USA/USSR*(New York: Viking, 1963), pp. 104-121.

싱톤의 미국 정부가 1947년 3월 소련에 대한 봉쇄정책을 공식화하기 훨씬 이전에, 즉 점령 후 얼마 안 되서부터 남한에 우파 단독 정부를 세우는 작업에 착수하기 시작했다고 주장하고 있다. 한마디로 말해, 분단의 책임은 어디까지나 미국과 우파세력에 있다는 것이 이 책의 주장이다. 이 책에서 그는 소련이 남한 보다 더 일찍이 북한에서 우파세력을 탄압하고 단독정부를 세우기 시작했다는 사실은 지적하지 않는다. 그는 소련과 좌파세력이 분단에 얼마나 책임이 있는지에 대해서는 질문을 제기하지 않는다.

그는 이 책 2권에서 북한의 김일성을 꼬마 스탈린으로 보지만 소련의 꼭두각시는 아니고 그가 세운 정권도 동구라파의 위성정권들과는 달리 소련으로부터 독립적인 정권이라고 주장하고 있다. 김일성이 중소로부터 독립적인 특성을 나타내기 시작한 것은 중소분쟁 이후부터이나 그는 이러한 독립성을 김일성에게 해방직후부터 부여하고 있다.

김일성에 대한 이와 같은 평가와는 대조적으로 그는 이승만 박사와 김구 선생을 극단적으로 비하하고 있다. 그러나 그는 그 자신의 직접적인 평가로 비하하는 것이 아니라 호지 장군은 그렇게 보았을 것이라는 추측을 하고 있다. 그는 "Hodge as archetypal American can only grasp nonliberal politics as a pathology of the Left or Right··· Stuck with this conceptual baggage in Korea, Rhee becomes Hitler, Kim Ku becomes Al Capone···"(p.192)라고 쓰고 있고 또 다른 곳에서는 "Syngman and Francesca, head of Korea's 'Capone Gang' in Hodge's eyes"(p.226)라고 쓰고 있다. 그는 여기서 그 자신의 눈이 아니고 호지 장군의 눈을 빌려서 보는 방법으로 그 자신의 이승만 박사와 김구 선생에 대한 평가를 내리고 있다. 이러한 표현방법은 누가 그의 이와 같은 평가를 비난한다면 자기는 그러한 평가를 내린 적이 없다고 발뺌을 할 수 있는 표현방법이다.

그는 여운형이 박헌형과 함께 선포한 조선인민공화국이 건국의 기틀을 제공할 수 있는 조직이었다고 평가하고 있다. 미국이 당시에 미래를 내다볼 수 있었다면 여운형과 조선인민공화국에 정권을 이양해 주는 것이 가장 좋은 정책이었을 것이라고 주장하고 있다. 그에 따르면 그 후 만약 여운형이 공산주의자들을 압도하고 권력을 유지한다면 한국은 사회민주주의 국가로 발전하고 국제적으로는 중립국가가 되던지 미국과 동맹관계를 수립했었을 것이다. 그러나 그는 이 가능성 보다는 여운형이 공산주의자들에게 정권을 빼앗기고 김일성이 정권을 장악할 가능성이 더 크다고 보고 있고, 이 경우 미국은 한국으로부터 완전히 손을 떼면 되었을 것이라고 주장하고 있다. 김일성 정권은 친미 정권은 아니지만 시간이 지남에 따라 소련 팽창주의를 막는 역할을 했었을 것이라고 주장하고 있다. 이 두길 중 어떠한 길이 되었던 엄청난 인명피해도 없었을 것이고 수십 년의 갈등도 없었을 것이라고 주장하고 있다(p.220).

그의 주장은 한마디로 미국의 한국개입은 잘못된 정책이었다는 것이다. 한국 전체가 공산화되어도 소련 팽창주의의 저지라는 미국의 전략적 이해관계는 김일성 정권의 자주적 성격 때문에 아무 손상을 받지 않았을 것이라는 것이 그의 판단이다. 이 경우 북한뿐만 아니라 남한 사람들도 모두 공산독재정권의 노예로 전락하고 말았을 것이라는 사실에 대해서는 그는 관심이 없다.

그는 북한의 대규모 남침으로 시작된 한국전쟁을 북한의 혁명적 민족주의 세력과 남한의 수구세력 간에 일어난 내전(civil war)이라고 본다. 그에게는 이 전쟁이 구조적으로 일어날 수밖에 없는 전쟁이고 북한이 남한을 해방시키기 위해 일으킨 내전이기 때문에 전쟁을 누가 시작했는가의 문제는 부차적인 중요성 밖에 가지고 있지 않다. 그러나 그는 김일성의 남침이 정확히 그렇게 말하지는 않지만 미국의 유도에 의한 것이었다고 시사한다. 1949년 말의 주한 미군 철수와 1950년 초 한국은 미국의 방위선 밖에 있다는 애치슨 선언은 북한의 남침을 유도했을 것이라고 암시적으로 말한다. 그렇다면, 전쟁은 왜 6월 25일에 일어났는가? 그는 이에 대해 남한의 도발이 1950년 6월 24일과 25일 새벽 사이에 옹진반도에서 있었고 이에 대한 북한의 반격이 6·25 전쟁으로 연결되었기 때문이라고 말한다.

그는 이 전쟁에서 소련의 역할은 거의 없다고 본다. 이 전쟁으로 미국의 방위비가 3배나 증가했고 일본과 독일의 재무장이 있었고 냉전은 격화되었다. 전쟁의 이와 같은 결과를 당시에 잘 알고 있었을 소련이 이러한 전쟁을 지지했을 리가 없다는 것이 그의 판단이다(pp.453-454). 그는 당시 미국이 이승만 대통령의 북침을 우려하여 남한에 공격무기를 제공하지 않았으나 소련은 북한의 남침을 가능케 한 탱크를 비롯한 무기를 제공했다는 사실을 지적하지 않고 있다.

커밍스는 북한의 남침을 지적으로 변호하는 역할을 잘하고 있다. 그의 이와 같은 논리가 북한의 재남침을 자극하는 이데올로기적 효과는 내지 않을 가 우려하지 않을 수 없다.

커밍스의 책은 미국의 한국개입이 없었으면 더 좋았을 것이고, 아울러 대한민국의 탄생도 없었다면 미국을 위해서나 한국 국민들을 위해서나 더 좋았을 것이라는 것을 시사하는 책이다. 이 책은 대한민국의 건국과 한미동맹을 모독하는 책이다.

이 책은 일본어로도 번역되어 나왔다. 한국 분단의 근본적 원인은 일본의 식민지배에 있으나 이 책은 분단의 원인을 미국의 대한정책과 한국 내 좌우세력의 대결에서 찾고 있기 때문에 이 책은 일본의 한국 분단책임도 면제해 주는 책이다. 일본의 한국전문가로 이름을 날리고 있는 오코노기 마사오는 커밍스와는 정치적 신념이 다르지만 이 문제에 있어서만은 그와 의견을 같이하고 있다. 그는 해방 후 좌우세력의 극단적인 대결이 미소의 대결을 격화시켰고 그것이 한국의 분단으로 이어졌다고 주장하고 있다.[6]

그의 책은 미국 국민들 간에 베트남전 개입은 잘못이었다는 분위기가 팽배해 있던 상황에서 나왔다. 이 분위기 속에서 미국의 한국전 개입도 잘못이라는 그의 주장은 어느 정도 호소력이 있었고 그 때문에 이 책은 미국에서 상도 받았다. 그러나 이 책은 한국에서는 상을 받을 책이 결코 아니다. 이 책이 전두환, 노태우 시대에 인기를 끈 것은 유신체제가 무너진 다음에도 대한민국의 민주화가 좌절 된 상황에서 한국정치에 대한 한국 정치학자들의 본격적 연구가 부재한 공백을 메우는 자리를 불행하게도 이 책이 차지했기 때문이다.

커밍스의 주장이 현대한국정치에 갖는 의미는 민주화가 안 되는 이유를 대한민국의 건국 때부터 잘못된 수구반동세력이 정권을 잡았기 때문이라고 보는 것이다. 노태우 시대까지의 집권세력은 모두 이 세력에 기원을 둔 세력이고 이 세력의 제거만이 한국정치의 민주화를 가져올 수 있다고 보는 것이다. 즉 권위주의 혹은 독재 세력의 존재를 한국정치의 모든 모순과 부조리의 원인으로 보는 것이다. 그러나 이러한 시각은 반독재투쟁의 투쟁력 강화에는 도움이 될 수는 있으나 한국정치의 모순과 부조리를 정치학적으로 설명해 주지는 못한다.

한배호 교수는 한국정치의 모순과 부조리를 설명하기 위해 노력한 대표적인 정치학자이다. 그는 『한국의 정치』를 낸 후 10년이 지나서 『한국정치변동론』(법문사, 1994)을 내었고 후자의 책은 2004년에 일어판이 나왔다. 이 책들에 나타난 그의 문제의식은 한국에서는 권위주의정치가 왜 타이완이나 멕시코에서와 같이 제도화 되지 않았느냐이다.

그는 이 문제를 구명하기 전에 우선 한국에 권위주의 정치가 나타나는 요인을 다른 후

6) Okonogi Masao, "The Domestic Roots of the Korean War," Yonosuke Nagai and Akira Iriye, eds., *The Origins of the Cold War*(University of Tokyo Press, 1977).

진국들과 공통적인 요인과 한국의 특수요인으로 나누어 살펴보고 있다. 공통적 요인은 팽대한 국가기구, 비상히 제한된 정치적 다원주의, 저수준의 정치적 동원능력, 권위에 대한 외경과 복종의식이고 특수요인은 남북분단, 한국전쟁, 냉전체제를 배경으로 하는 남북한 간의 첨예한 대립관계이다. 특수요인은 쉽게 변화하지 않고 지속된 요인으로 한국정치의 기본성격을 제약하는 매개변수이다.

그는 권위주의정치가 제도화되지 않는 이유의 구명을 위해 이승만 정권부터 노태우 정권까지의 정치를 비교적 자세히 기술, 분석하고 있다. 그러나 그는 그 이유를 세 가지로 요약하고 있기도 하다. 첫째는 제도라는 구조의 제약조건 이다. 한국은 제1공화국시대부터 민주주의 제도를 채택했고 민주주의의 실현을 정치적 이상으로 했기 때문에 이것이 항상 권위주의정치의 제도화를 막는 역할을 했다. 둘째는 공식적인 규범체계로서의 정권 혹은 체제와 실질적 통치방식으로서의 지배양식 간의 격차이다. 규범체제로서의 체제와 실질적 지배양식 간의 격차가 커지면 실질적 지배양식에 대한 국민적 지지가 저하하기 때문에 권위주의적 성격을 보이는 실질적 지배양식을 제도화 할 수 없다. 셋째는 안정된 정치적 권력중심부의 결여이다. 박정희 정권은 정당지도층, 군부지도층, 테크노크래트으로 구성되는 권력중심부를 가지고 있었으나 이것이 3선 개헌을 계기로 깨졌고, 전두환 정권도 구군부와 신군부의 대결에서 보는 바와 같이 안정된 권력중심부를 가지지 못했다.

권위주의 시대의 한국정치의 특성에 대한 한 교수의 연구는 현 민주주의시대의 한국정치를 이해하는데도 도움을 줄 수 있다. 현 민주주의 시대에도 한국정치는 제도화 수준이 낮고 이것은 민주주의의 정착에 방해요인이 되고 있다. 한국정치는 권위주의 정치든 민주주의 정치든 유동성(fluidity)을 특성으로 하고 있고 이러한 특성을 설명해 줄 수 있는 한국정치의 보다 깊은 특성이 무엇인가에 대한 연구가 필요하다. 이러한 필요성과 관련해 한 교수는 한국의 정치문화 연구에도 많은 노력을 기울여 왔다. 어수영 교수와 공저한 책 이외에도 『한국정치문화와 민주정치』(법문사, 2003)를 내었다.

윤천주 교수가 한국민주주의의 왜곡과 파행을 권위주의적 한국정치문화로 설명하려고 했다는 것은 이미 지적한 바와 같다. 한 교수는 어 교수와 1987년에 공저한 『한국정치문화』에서 이러한 권위주의 정치문화론을 더 깊게 기술하고 분석하고 있다. 그는 한국의 정치문화를 단순히 권위주의적 문화라고 단원적으로 보아서는 안 되고, 복합적이고 혼합적이며 여러 가지 하위정치문화를 포용한 정치문화로 보아야 하고, 한국의 하위정치문화가 묵종형, 수용형, 길항형의 셋으로 구성된다고 주장하고 있다.

묵종형은 권위에 대해 맹종하고 정치의식수준이 매우 낮은 국민층에서 발견되고 친여적 정향을 가지고 있는 형이다. 이러한 형은 주로 농촌지역에 집중되어 있고 교육수준이 낮고 나이가 많은 층에서 발견된다. 수용형은 대세추종형이고, 현실안주적이고, 기회주의적 특성을 가진 형이다. 그러나 이 형에 속하는 사람들은 상황에 따라서는 야(野)로 변할 수 있는 사람들이고 중산층에서 많이 발견된다. 길항형은 현 질서에 강하게 항거하는 유형으로 경우에 따라서는 극단적인 반체제 정향도 가질 수 있는 형이다. 이 형에 속하는 사람들은 도시지역에 집중되어 있고 교육수준이 높은 층과 20대의 젊은 층에 많다. 우리 국민들 중 묵종형은 30%, 수용형은 40%, 길항형은 30%였다.

한 교수의 2003년 책은 1997년의 조사를 토대로 1987년 책과는 다른 새로운 하위정치문화형을 제시하고 있다. 그는 정치적 신뢰도와 효능감의 두 축을 중심으로 긍정형, 수동형, 반골형, 냉소형의 네 가지 하위정치문화형을 내놓고 있다. 긍정형은 정치적 신뢰도와 효능감이 모두 높은 형이고, 수동형은 정치적 신뢰도는 높게 가지고 있지만 정치적 효능감은 낮은 형이고, 반골형은 정치적 신뢰도는 낮지만 높은 효능감을 가지고 있는 형이고, 냉소형은 신뢰도와 효능감 모두가 낮은 형이다. 우리 국민들 중 긍정형은 21%, 수동형은 27%, 냉소형은 17%, 그리고 반골형은 34%이다. 그는 정치문화가 민주정치를 창조하지는 못하지만 이를 유지하거나 붕괴시키는 데에는 큰 영향이 있다고 보고 바로 살펴 본바와 같은 연구결과를 내놓았다.

한 교수는 해방, 전쟁, 4·19, 5·16을 경험하지 못한 젊은 세대들을 위해서 한국정치에 대한 그의 오랜 생각을 정리한 『자유를 향한 한국정치사』를 2008년에 내놓았다. 그는 이 책에서 우리에게 친숙하지만 아직도 논쟁적인 다음과 같은 문제에 대해서 그의 체험과 일생 동안의 정치학 공부에 근거한 답변을 제시하고 있다. 즉 일제의 조선 식민통치는 무엇을 남겼는가? 민족의 아픔, 38선, 왜 갈렸는가? 해방정국, 우리는 무엇을 얻고 무엇을 잃었는가? 민족의 비극 한국전쟁은 왜 일어났나? 4·19 의거는 누가 왜 일으켰는가? 5·16 쿠데타는 왜 일어났나? 박정희의 개발주의 국가는 무엇을 이룩했나? 유신체제는 왜 붕괴했나? 우리의 민주화는 어떻게 달성되었나? 21세기 한국 정치의 기본과제는 무엇인가? 그의 마지막 문제에 대한 답변은 첫째로 책임정치의 실현, 둘째로 정부형태의 확정, 셋째로 건전한 시민사회의 건설, 넷째로 세계화·정보화 시대에 대한 적절한 대처이다.

다음『한국정치학회보』에는 한국정치에 대해 어떠한 논문이 게재 되었는지 살펴보기로 한다. 문창주 교수와 한정일 교수가 1973년 학회보에 낸 논문은 박사학위 논문의 요약이다. 문 교수의 "한국정치발전에 관한 연구"는 국제정치 속의 한국외교, 한국외교정책 조정의 방향, 한국정치발전의 방향의 3부로 구성되어 있다. 논문의 3분의 2는 한국을 둘러싼 국제정세와 이에 대한 우리의 대응책을 논하고 있고 나머지 부분은 그러한 배경 하에서 한국정치가 발전해야 할 방향을 제시하고 있다. 그는 정치발전의 관건이 구미민주국가와 같은 민주적인 사회여건 조성과 경제성장에 의한 지배계급의 합리적 형성에 있다고 지적하였다. 한 교수는 "한국입법결정과정에 관한 연구"에서 다음과 같은 연구결과를 제시하고 있다. 즉 한국의 입법과정에서는 대통령의 퍼스낼리티가 중요한 영향을 주고, 여야협상은 여론 보다는 당리당략과 대통령의 의사에 더욱 민감하고, 국회의원의 사회적 배경은 그리 영향이 없고, 각종 압력단체와 지방민의 작용은 극히 미약하고, 국제적 상황은 중요하게 작용한다는 것이다.

1974년 학회보에는 한국정치에 관해 네 분이 기고하고 있다. 한승조 교수는 "한국민주주의의 이념정향"에서 유신 한국의 국내외정세와 현실 여건하에서 보편성과 아울러 특수성을 함께 살릴 수 있고 당위성과 아울러 현실성을 갖는 한국민주주의이념의 내용, 성격, 속성이 어떠한 것인가를 살펴보고 있다. 민준기 교수는 "한국 의회정치의 제도화에 관한 연구"에서 한국 의회는 조직 및 절차에 있어 안정성을 얻지 못하고 있고 서구에서와 같은 높은 정치적 가치를 부여받지 못하고 있고, 이것은 단순히 의회의 문제가 아니라 한국의 정치체계 전체와 관련된 문제라고 지적하고 있다. 한정일 교수는 "한국 의정사에 나타난 민권에 관한 연구"에서 1950년 6·25전시 비상사태하에서 통과된 세 건의 민권법안의 입법과정을 검토하고 있다. 윤형섭 교수는 "미군정의 정치적 충원에 관한 발전론적 연구"에서 당시 정치적 충원이 개인적 변수와 환경적 변수와 충원결정기구내적 변수의 세 가지 변수의 상호작용의 결과라고 연구결과를 소개하고 있다.

1975년 학회보에도 네 분이 기고하고 있다. 민준기 교수는 "한국의 정당과 정치발전"에서 정당이 국민의 자유롭고 효과적인 정치참여의 수단으로서 제도화 되지 못했고 제도외적 방법이나 과정으로 정권을 획득한 집단이 정권유지의 방편으로 이용되고 있을 뿐이라고 지적하고 있다. 김종림 교수 등은 "의회정치에 대한 국민의 반응"에서 의회가 유신의회임에도 불구하고 의회의 존재에 대한 적극적인 지지율이 조사 응답자들의 반을 넘는 것을 발견하고 의회정치의 소멸보다는 부활을 예측하고 있다. 진덕규 교수는 "산업화가 지역사회의 권력구조와 주민의 의식상황에 미치는 영향의 분석"에서 생활구조나 인간관계의 면에서 지역주민들이 타의에 의해 도시화, 또는 산업화에 함몰되었지만 이에 상응하는 권력구조와 의식상황의 변화가 없다는 연구결과를 보고하고 있다. 김점곤 교수는 "한국전쟁에 있어서의 북한의 선제에 관한 고찰"에서 한국전쟁이 전쟁형태로는 국지전이고 제한전이나 일면 소련의 대리전이라고 성격지우고 북한의 군사적인 남침준비과정을 자세히 소개하고 있다. 이 과정에서 일부 인민군 하급장교와 사병들은 민족보위성이 주관하는 대기동연습에 참가하는 형식으로 남하 이동하였기 때문에 6월 24일, 25일 경까지 실제로 남침공격에 참가하고 있다는 사실을 알지 못했었다고 지적하고 있다. 앞서 소개한 브루스 커밍스는 김 교수의 이와 같은 연구결과는 받아들이지 않고 있다.

1976년 학회보에도 네 분이 기고하고 있다. 장을병 교수는 "권위편중의 정치환경"에서 한국에 3번에 걸친 체제변화가 일어났음에도 불구하고 국민정치의식에 있어서나 통치계층의 정치의식에 있어서나 모두 권위편중 현상이 나타나고 있고, 민주정치를 위해서는 이의 개선이 필요하다고 주장하고 있다. 이용필 교수는 "한국정치체계 분석"에서 제1공화국과 제2공화국이 정당 내의 파당적 갈등과 정당 간의 극단적 대결로 지지산출실패와 체제불안정에 직면하게 되었다고 지적하고 있다. 차인석 교수는 "현대 한국정치와 정당성의 문제"에서 이승만은 그의 정당성을 항일투쟁과 독립운동에, 박정희는 근대화에 두었다고 지적하고, 근대화가 자연과 인간을 파괴하게 되면 정당성의 기준은 정신적 가치에 기반하게 될 것이라고 말하고 있다. 김학준 교수는 "38선 획정에 관한 논쟁의 분석"에서 38선 획정에 관한 여러 가지 상반된 학설을 소개하고 이에 관한 문서들은 군사편의설을 뒷받침하고 있다고 지적하고 있다.

1977년의 학회보에는 다섯 분이 기고하고 있다. 김계수 교수는 "한국의 정치발전과 정치학 교육의 방향"에서 한국의 정치학교육의 방향은 우리나라의 역사, 문화, 환경에 바탕을 두고 전개되는 한국정치현상에 대한 이해, 분석에 그 일차적 중점을 두고 여기서 발생되는 문제 또는 문제의식을 과학적으로 해결할 수 있는 능력함양을 목표로 삼아야 한다고 주장하고 있다. 윤근식 교수는 "한국정치학에서의 정치발전연구"에서 한국의 정치학자들은 정치발전론 연구에서 정치체계론적 시각을 버리고 국가의 상대적 자율성을 높이기 위한 전략과 가능성에 연구관심을 집중시켜야 한다고 주장하고 있다. 안병만 교수는 "우리나라의 정당과 정치발전"에서 한국의 정치체제가 계속 불안정하고 평화적 정권교체가 이루어지지 못한 이유를 개개정당의 제도화가 이루어지지 못하고 정당체제가 악순환적 제도화과정만을 반복했다는 점에서 찾고 있다. 안병영 교수는 "한국의 이익집단과 정치발전"에서 한국의 이익집단은 권력팽창형 관료제 때문에 스스로의 집단이익을 자율적으로 표출하기에 불리한 입장에 놓여 있고, 실업이익은 과다표출되나 노동이익은 과소표출되고 있다고 지적하고 있다. 이홍구 교수는 "한국의 정치문화와 정치발전"에서 도시저소득층이 시민의식은 낮은데 정치지식은 높고 정치능력은 높은데 정치참여도는 아주 낮은 정치성향을 가지고 있다는 조사결과를 보고하고 있다.

1978년의 학회보는 건국 30년의 한국정치학을, 1979년의 학회보는 한국정치학의 정립문제를 각각 특집으로 다루고 있고 이 주제와 다른 논문은 거의 싣고 있지 않다. 1978년과 1979년은 유신체제에 대한 반대운동이 절정에 달했던 시대였다.

1980년의 학회보는 80년대 한국정치의 과제를 특집으로 다루었고 박 대통령의 유신체제가 전두환 대통령의 신유신체제로 대체되어 나가는 과도기에 발간되었다. 모든 논문들이 광의에서는 한국정치의 과제를 다루고 있으나 한국정치를 직접적으로 다루는 논문은 네 분이 기고하였다. 유영준 교수는 "한국역대정권의 국가목표설정과 그 정치적 과제"에서 제1공화국의 국가목표는 구미식 자유민주주의사회의 건설이었고 정치적 과제는 경제구조건설, 6・25 동란의 극복, 장기집권 합리화였고, 제2공화국의 국가목표는 민주사회건설이었고 정치적 과제는 내각책임제 민주정치확립, 경제건설이었고, 제3공화국의 국가목표는 부국강병적 성격을 강하게 띠는 경제성장이었고 정치적 과제는 이의 달성을 위해서는 어떠한 정치적 대가도 치르는 것이었다고 정리하고 있다. 강민 교수는 "체제적 위기의 정치경제학"에서 1962년부터 1979년까지의 박정희 시대를 정치경제학적으로 분석하고, 박 정권의 위기는 사회차원에서 보면 정치적 정통성의 위기에 불과하나 국가차원에서 보면 국가자율성의 위기이고 경제적으로는 자본축적을 위한 효율성의 위기라고 진단하고 있다. 길승흠 교수는 "한국인의 정치의식구조변화"에서 1973년의 조사결과를 1963년의 윤천주 교수의 조사결과와 비교하고 광주와 같은 도시민의 정치적 무관심과 냉소주의가 크게 증가하였다는 결과를 보고하고 있다. 김충남 교수는 "한국민주주의의 독립변수로서의 교육"에서 청소년들의 정치공동체와 정치적 권위에 대한 평가가 교육수준이 높을수록 떨어지고 있고, 그들의 정치적 효능감(political effficacy)도 미국에 비해 훨씬 떨어지고 있고, 시위와 파업과 같은 수단의 정당성을 인정하고 있다는 연구결과를 제시하고, 청소년의 이러한 정치적 태도가 민주정치에 도움이 되지 않는다고 해석하고 이를 교육을 통해 개선시켜야 된다고 주장하고 있다.

1981년 학회보에는 한국정치관계 논문이 없고 1982년 학회보에는 두 분이 한국정치관계 논문을 기고하고 있다. 신명순 교수는 "한국정치에 있어 정치시위의 효율성"에서 1945년부터 1972년까지 27년간에 일어난 정치시위가 정부의 반응을 얻는데 별로 효율적이지 못했다는(정책반영 17%, 무반영 65%) 연구결과를 제시하고 있다. 이지훈 교수는 "한국정치문화의 기본요인"에서 정치학자들 22인의 정치문화에 대한 연구결과를 분석하여 한국정문화를 구성하는 기본요인으로 민족적 주체성, 권위주의, 공동체성, 분파성, 소외성, 저항성, 시민성의 7개 요인을 제시하고 있다.

1983년에는 여섯 분이 기고하고 있다. 길승흠 교수는 "정당과 의회관계"에서 공화당의 경험과 창당한지 얼마 안 된 민정당의 경험을 바탕으로 영국형의 정당중심주의를 확립한다는 것은 쉬운 일이 아니라는 것을 지적하고 있다. 손봉숙 교수는 "한국의 정치문화와 반공이념"에서 한국정치가 전통적인 권위주의 정치문화와 반공이념의 지배를 받아왔기 때문에 민주적 발전을 못했다는 것을 지적하고 이의 시정을 권고하고 있다. 심지연 교수는 "한국민주당의 구조분석"에서 듀베르제를 적용하여 한국민주당의 구조, 당원, 지도체계를 분석하고, 한민당이 간부정당이고 대중동원이나 여론형성에는 당의 조직이 아닌 외곽단체나 보조기관을 활용했다고 지적하고 있다. 안병만 교수는 "농촌주민의 정치적 태도"에서 1983년의 조사를 바탕으로 농촌주민들이 낮은 정치효능과 낮은 정치신뢰가 초래하는 소외의 정치성향을 가지고 있다고 보고하고 있다. 유석렬 교수는 "정부수립 이전의 한국 이익집단의 역할"에서 조선시대, 일제시대, 미군정시대의 이익집단들의 활동이 결사적 이익단체들의 활동은 미숙하였고 비결사적, 비합법적 및 제도적 성격의 혼합으로 특징 지워지고 이것이 정부수립 이후 결사적 이익단체들의 활동이 미약한 역사적 배경이라고 지적하고 있다. 강민 교수는 "관료적 권위주의의 한국적 생성"에서 유신체제가 오도넬이 말하는 관료적 권위주의체제이고 유신체제의 수립배경도 라틴 아메리카 여러 나라에서의 관료적 권위주의체제의 수립배경과 유사하다고 주장하고 있다.

1984년 학회보에는 유광진 교수가 "한국 사회주의정당의 통일정책 연구"를, 양무목 교수가 "한국의 의회정치와 정치발전에 관한 연구"를, 이용선 교수가 "한국정치지도자 변천의 사회·경제적 추리"를 기고하고 있다. 유 교수는 한국사회주의정당의 통일정책을 해방이전의 민족국가건설노선과의 연계 속에서 고찰하여 두 노선은 민족주의적 성향이 강하고, 좌우파의 대등적 융합을 추구하는 성격을 가지고 있다고 지적하고 있다. 양 교수는 한국정치가 위기에 처하고 발전되지 못하는 원인을 의회의 행정부 종속현상과 의회정치의 미발달에서 찾고 있다. 이용선 교수는 1948년부터 1981년까지의 역대 장관들과 국회의원들의 직업배경이 매우 협소하다는 조사결과를 보고하고 있다.

1985년 학회보에는 10인의 정치학자가 한국정치에 대해 쓰고 있다. 2월에 제12대 국회의원선거가 있었고 선명야당인 신한민주당이 대도시에서 압승하여 제1야당이 된 해 이다. 이갑윤 교수는 "제5공화국 국회의원선거의 분석과 전망"에서 1985년 2월 국회의원선거에서 약진한 신한민주당의 지지를 분석하고 정당의 합리적인 선거관리를 분석함으로써 13대 선거의 양상을 예측하고 있다. 필자는 "산업화와 정치체제의 변화"에서 경제적 요인을 강조하는 오도넬의 관료적 권위주의론으로는 유신체제의 수립을 설명하기 어렵다고 지적하고 이를 설명해 줄 수 있는 정치적 요인을 소개하고 있다. 이남영 교수는 "산업화와 정치문화"에서 1974년과 1984년의 두 시점을 비교할 때 한국인들의 민주적 태도는 현저하게 성숙되어왔고, 도농환경의 영향력은 감소한 반면 교육, 연령, 직업 등의 영향력이 증대되어 왔다고 지적하고 있다. 안병영 교수는 "산업화와 정당"에서 한국의 정당 및 정당체계가 산업화 요인보다 정치적 요인에 의해 더 큰 영향을 받았고 정당체계는 산업화의 충격을 바르게 흡수·여과하지 못하는데서 오는 정치적 어려움을 안고 있다고 지적하고 있다. 장달중 교수는 "산업화와 이익집단"에서 지난 40년간의 결사적 이익활동은 산업화보다는 정부 정책의 영향을 더 많이 받았고 정부의 정책은 사회의 중심세력들을 정부에 종속시키는 코포라티즘적 구조를 결과시켰다고 주장하고 있다. 심지연 교수는 "신탁통치문제와 해방정국"에서 탁치가 국내세력간의 이해관계대립과 미소의 이해관계대립으로 한반도에서의 통일된 자주독립정부 수립이라는 그 근본취지를 살릴 수 없었고, 반탁진영은 민족적인 세력으로 부상하고 찬탁세력은 전술적 실수로 반민족적인 세력으로 매도당하게 되었다고 주장하고 있다. 손봉숙 교수는 "한국 자유당의 정당정치 연구"에서 자유당의 기원, 조직, 최고 리더십을 살펴보고 자유당이 왜 민주적 대중정당으로 발전하는데 실패했는가를 구명하고 있다. 이용선 교수는 "제12대 국회의원선거에서 국민사회복지가 정치참여에 미친 여향분석"에서 이 선거에서의 우리나라 국민들의 투표행태를 지역별로는 중부, 호남, 영남으로, 직업별로는 학생, 노동직, 농민, 서기직으로 구분하여 살펴보고 있다. 김인곤 교수는 "남북분단"의 경위에서 20세 전후에 해방을 맞은 자신의 기억을 되살리고 당시의 기록들을 증거삼아 분단의 경위를 기술하고 동학들이 분단경위 인식의 하나의 자료로서 삼아줄 것을 요망하고 있다. 신명순 교수는 "정치시위에서 사용되는 폭력과 정부의 대응간의 관계연구"에서 1945년부터 1972년까지의 한국의 경우 이 관계가 정치시위자들이 비폭력적 수단을 사용할 때는 정부로부터의 억압적 제재가 약하지만 시위수단이 질서파괴적 성격으로 변하면 정부의 제재도 증가하다가 시위자들이 폭력을 수반한 수단을 사용하면 정부의 억압적 제재는 다시 약화되는 곡선적 관계를 나타냈다는 연구결과를 제시하고 있다.

한국정치학회보는 1986년부터 1년에 두 호씩을 발간하게 되었다. 1986년 20집 1호는 특집으로 지방자치의 과제를 다루고 있고 총 일곱 편의 한국정치관계 논문을 싣고 있다. 김영평 교수는 "지방자치정부의 조직형태와 주민대표성"에서 주민대표만 선발하여 지방정부기관을 만들면 민주적 지방자치가 이루어 질 것이라는 생각은 허구에 가깝고, 주민대표성은 단순히 주민의 요구를 반영하는데 그치지 않고 결과에 있어 주민들이 만족할 수 있는 것이어야 하고, 이를 가능하게 하려면 지방자치정부가 그 조직개편을 스스로 제안할 수 있게 해야 한다고 주장하고 있다. 한정일 교수는 "한국의 지방자치제 정착조건에 관한 연구"에서 시·군은 기초자치구역으로, 도와 특별시·직할시는 중간자치단체로 하는 2층제로 하고, 지방의회의원은 지방자치단체장에 대한 불신임권을 갖고, 지방의회의원과 자치단체장의 입후보자는 정당인을 원칙으로 할 것을 제안하고 있다. 안청시·손봉숙 교수는 "한국의 지방선거제도"에서 지방선거제도의 변천내용을 과거의 지방자치법 중 선거관계조항을 중심으로 요약, 정리하고 있다. 정정길 교수는 "정당이 지방의회활동에 미친 영향"에서 주민들의 일상생활과 직결된 서비스를 제공하고 비정치적 성격이 강한 지방행정에 정당은 지방의원들을 당리당략에 따라 행동하게 하는 등 악영향을 미친다고 평가되고 있지만 이것은 과장된 경우도 있다고 지적하고, 지방자치에도 정당이 필요하다는 것을 시사하고 있다. 김광수 교수는 "한국정치에 있어서의 전라도"에서 이 지역에서 민란의 빈도가 다른 지역보다 결코 높지 않고 저항의식을 날카롭게 표출시키는 가면극의 발달이 부진한 반면 기존질서에 대한 비판이 훨씬 무딘 판소리를 애호하고 있다고 지적하고, 이에 기반해 전라도 사람들이 왕조시대부터 권력에서 소외되어 저항의식이 강했다는 고정관념은 틀린 것이라고 주장하고 있다. 이진복 교수는 "한국의 안보와 민권정책에 관한 연구"에서 제헌국회부터 제11대국회까지 제출된 안보법률안 281건과 민권법률안 191건의 입법과정, 집행과정, 환류를 살펴보고, 안보는 현실적으로 필요하나 이를 빙자한 민권 침해는 한국의 정치발전에 방해가 되었다고 지적하고 있다. 한명화 교수는 "한미관계에 관한 정치경제학의 접근"에서 지난 40년간의 한미관계는 외교안보분야는 현실주의론이, 국제 및 국내경제의 구조적 문제는 종속이론이, 한미무역관계와 인적 및 물적교류의 증대현상은 상호의존론이 각각 잘 설명해 준다고 주장하고 있다.

1986년 20집 2호는 네 편의 한국정치관계 논문을 싣고 있다. 김종림·이남영 교수는 "산업국가에 있어서의 신념체계와 정치현실"에서 한국에 민주정치가 실현되고 있지 못한 원인이 사회경제적, 제도적 조건에 있는 것이 아니고 민주주의에 대한 일관성 없는 태도, 순응주의 규범, 민주적인 갈등해소 규범의 부재와 같은 문화적 조건의 미비에 있다고 주장하고 있다. 양성철 교수는 "남북한 정치체제 분석모형"에서 남한은 권위주의체제이고, 북한은 전체주의체제이고 두 체제의 본질적 이질성이 지난 40년간 지속되어왔다고 지적하고 있다. 심지연 교수는 "해방 후 주요 정치집단의 통치구조와 정책구상에 대한 분석"에서 주요 정치집단들이 통치구조와 정책구상에서 서로 달랐고 이러한 견해차이가 대화와 협상으로 해결될 수 없는 것이었다고 지적하고 있다. 양재인 교수는 "해방정국에 있어서의 정치테러"에서 고하, 몽양, 설산 및 백범의 테러사건을 당시의 기록과 자료를 중심으로 정리하고 있다.

1987년 21집 1호에는 한국정치관계 논문이 없고, 21집 2호는 특집으로 한국정치학의 대상과 방법을 다루고 있고 한국정치관계 논문은 두 편만 싣고 있다. 신복룡 교수는 "한국전쟁 휴전 협정의 비밀협상에 관한 연구"에서 휴전협정은 1951년 6월 23일의 말리크의 연설 "평화의 대가"에서 비롯된 것으로 알려져 있으나 그 이전부터 이에 대한 비밀협상이 있었다는 것을 공개된 기밀문서와 당사자들의 기록과 면담을 통해서 소개하고 있다. 이형철 교수는 "미국무성의 한국 신탁통치계획(1942-1945)"에서 한국에 대한 신탁통치구상이 루스벨트 대통령의 구상과는 별도로 미국무성내에도 있었다는 것을 소개하고 있다.

이상의 『한국정치학회보』 논문 검토에서 우리는 한국정치연구가 4, 5공화국시대에는 정치행태분석을 중심으로 이루어졌다는 것을 알 수 있다. 제도, 이념, 구조, 역사를 다루는 전통적 연구도 계속 나오고 있으나 이는 대체로 해방 3년간이나 한국전쟁에 대한 연구에 국한되어 있다. 미국 정치학의 행태주의적 접근법이 한국정치분야에서 그 이전시대보다 훨씬 활발하게 적용된 시기가 4, 5공화국시대이다.

우선 무엇보다도 우리 국민들의 정치의식과 문화를 다루는 논문들이 많다. 모두 우리 국민들의 의식수준이 구미 여러 나라 국민들의 민주적인 정치의식에 미치지 못하고 있다는 조사결과를 내놓고 있다. 국민들의 정치의식 조사에는 많은 경비가 들어가는데, 이와 같은 조사가 활발히 진행된 배경에는 이 시대에 이러한 조사를 위한 연구비가 많이 풀렸다는 것도 있다. 그 다음 한국의 정당, 이익집단, 의회, 지방자치에 대한 연구가 많다. 연구결과는 대체로 정당, 이익집단, 의회도 구미의 선진민주주의 국가의 정당, 이익집단, 의회와 같이 작동되고 있지 않다는 것이다. 지방자치에 대한 연구는 지방자치 실시를 앞두고 어떠한 지방자치를 해야 할 것인가에 대한 처방적 성격이 강하게 나타나 있다. 제5공화국시대에는 우리나라의 산업화가 진행됨에 따라 산업화가 정치발전에 어떠한 영향을 미치는가에 대한 연구도 많이 나왔다. 관료적 권위주의론의 적용문제에 대한 논란도 이 시대에 나왔다. 이때부터 행태주의적 접근법과는 구별되는 정치경제학적 접근법이 한국정치연구에도 나타났다.

제4, 5공화국시대에 한국정치연구의 주류를 형성했던 행태주의적 연구는 이러한 연구의 시대적 적실성에 대해 커다란 문제를 제기했다. 당시 지식인들과 청년 학생들, 그리고 야당 지도자들이 반독재투쟁을 끈질기게 전개하고 있는 상황에서 우리 국민들의 정치의식이 아직도 충분히 민주적이지 못하다거나 우리의 정당, 이익집단, 의회가 선진민주주의 국가의 그것에 미치지 못한다는 연구는 독재타도와 민주화라는 당시의 긴급하고도 절실한 정치적 과제와는 좀 동떨어진 연구였다. 대학 정치학과에서의 강의도 이러한 연구에 바탕한 강의는 학생들에게는 재미없는 강의였다. 한국의 정치학자들이 이 시대의 긴급하고도 절실한 과제를 중심으로 한 연구와 강의를 하지 못한 것에 대해서는 깊은 반성이 필요하다. 우리 정치학자들의 이와 같은 연구자세는 대한민국의 건국세력을 비난하고 대한민국의 정통성 자체를 부정하는 커밍스와 같은 사람의 주장이 맹위를 떨치는 대가를 지불했다.

Ⅳ. 제6공화국시대의 한국정치분야 연구업적

제6공화국시대는 민주정치가 제1, 2, 3공화국시대와 같이 복원된 시대이다. 제6공화국시대는 제1, 2, 3공화국시대보다는 대통령과 국회의원 선거의 공정성이 괄목할만하게 향상되었고 평화적 정권교체도 정기적으로 일어난 시대라는 점에서 제1, 2, 3공화국시대와는 다르다. 미국 정치학의 행태주의적 연구가 어느 정도 적실성이 있는 시대로 시대가 바뀐 것이다. 그러나 미국정치학계에서는 행태주의적 연구와 더불어 정치경제학과 합리적 선택이론에 입각한 연구가 새로운 연구경향으로 자리 잡았고 미국 정치학의 이와 같은 경향도 한국정치학계의 연구경향으로 나타났다.

이 시기에 나온 한국정치분야의 출판물은 매우 많다. 국회전자도서관에서 검색되는 한국정치분야의 단행본 수는 1,488권이고, 『한국정치학회보』는 총 75권이 발간되었다. 제4, 5공화국시대에는 이미 소개했지만 단행본 160권, 『한국정치학회보』 총 16권이 나왔었다. 그 각각의 양이 너무 많기 때문에 그 이전 시대에서와 같이 단행본들과 논문들의 내용을 하나하나씩 전부 소개할 수 없다. 단행본들 중 정치학자들이 쓴 주요한 책과 학회보 논문을 열거하고 그 내용을 소개하면 다음과 같다.

1. 단행본

윤형섭, 『한국정치론』(박영사, 1988); 이종률, 『전환기의 이론과 현실: 한국정치와 국제사회』(박영사, 1988); 최상용, 『미군정과 한국민족주의』(나남, 1988); 최장집, 『한국의 노동운동과 국가』(열음사, 1988); 민준기, 『한국민주화와 정치발전』(조선일보사, 1988); 김학준, 『한국전쟁』(박영사, 1989); 최장집, 『한국현대정치의 구조와 변화』(까치, 1989); 이지동, 『한국정치문화와 정치참여』(형설출판사, 1989); 이경은, 『한국의 정치제도와 정책』(인하대학교 출판부, 1989); 김호진, 『한국정치체제론』(박영사, 1990); 한정일, 『한국정치의 이념과 실제: 1945-1989』(일월서각, 1990); 김영래, 『한국이익집단과 민주정치발전』(대왕사, 1990); 한승조, 『한국민주주의와 정치발전: 한국민주정치가 가는 길』(법문사, 1990); 김광웅 · 김학수 · 박찬욱, 『한국의 의회정치: 이론과 현상인식』(박영사, 1991); 어수영, 『민주주의와 한국정치』(법문사, 1991); 손호철, 『한국정치학의 새구상』(풀빛, 1991); 윤정석, 『전환기의 한국정치과정: 정당, 의회, 선거』(인간사랑, 1991); Jung-en Woo, *Race to the Swift: State and Finance in Korean Industrialization*(New York: Columbia Univ. Press, 1991); 김석준, 『한국자본주의국가위기론』(풀빛, 1991); 한승조, 『리더쉽 이론에서 본 한국정치의 지도자들』(대정진, 1992); 김영명, 『한국 현대 정치사: 정치변동의 역학』(을유문화사, 1992); 김재홍, 『한국정당과 정치 지도자론: 분단 극복의 정치과정 연구』(나남, 1992); 김석준, 『한국 산업화 국가론』(나남, 1992); 박광주, 『한국 권위주의 국가론-지도자본주의체제하의 집정관적 신중상주의 국가』(인간사랑, 1992).

한용원, 『한국의 군부정치』(대왕사, 1993); 한배호, 『한국의 정치과정과 변화: 권위주의정치의 성격과 전개』(법문사, 1993); 최장집, 『한국민주주의의 이론』(한길사, 1993); 손호철, 『전환기의 한국정치』(창작과비평, 1993); 홍득표, 『한국정치분석론』(인하대학교 출판부, 1993); 한배호, 『한국정치변동론』(법문사, 1994); 양성철, 『한국정부론: 역대정권 고위직 행정엘리트 연구(1948-1993)(박영사, 1994); 김병국, 『분단과 혁명의 동학』(문학과 지성사, 1994); Jong-Chan Rhee, *The State and Industry in South Korea: The Limits of the Authoritarian State*(London and New York: Routledge, 1994); 임혁백, 『시장 · 국가 · 민주주의: 한국민주화와 정치경제이론』(나남, 1994); 신명순, 『한국정치론』(법문사, 1994); 홍득표, 『한국정치행위자론: 미래의 한국정치』(법문사, 1995); 손호철, 『해방 50년의 한국정치』(새길, 1995); 이정복, 『한국정치의 이해』(서울대학교 출판부, 1995); 백영철, 『제1공화국과 한국민주주의: 의회정치를 중심으로』(나남, 1995); 오원철, 『한국형 경제건설: 경제비사』(기아경제연구소, 1995); 홍득표, 『한국정치행위자론: 미래의 한국정치』(학문사, 1995); 조인원, 『국가와 선택』(경희대학교 출판국, 1996); 최장집, 『한국민주주의의 조건과 전망』(나남, 1996); 박명림, 『한국전쟁의 발발과 기원, I과 II』(나남출판, 1996); 김석준, 『미군정 시대의 국가와 행정: 분단 국가의 형성과 행정 체제의 정비』(이화여자대학교 출판부, 1996); 조기숙, 『합리적 선택: 한국의 선거와 유권자』(한울, 1996); 홍기운, 『지역정치와 한국정치』(백산서당, 1996); 김녕, 『한국정치와 교회-국가 갈등』(소나무, 1996); 최한수, 『한국 선거 정치론(대왕사, 1996); 김만흠, 『한국정치의 재인식: 민주주의 지역주의 지방자치』(풀빛, 1997); 이신행, 『한국의 사회운동과 정치변동: 87년 6월 항쟁과 90년대 한국의 사회운동』(민음사, 1997); 손호철, 『현대 한국정치: 이론과 역사』(사회평론, 1997); 이정복, 『한국의 정치적 과제』(서울대학교 출판부, 1997); 박종성, 『인맥으로 본 한국정치: 파벌의 이합집산과 표류행각의 궤적』(한울, 1997); 류근일, 『권위주의체제하의 민주화운동 연구: 1960-70년대 제도외적 반대세력의 형성과정』(나남, 1997).

이갑윤, 『한국의 선거와 지역주의』(오름, 1998); 정진민, 『후기 산업사회 정당정치와 한국의 정당발전』(한울, 1998); 박효종, 『한국 민주정치와 삼권분립: 사법심사권 확충을 중심으로』(자유기업센터, 1998); 김영호, 『한국전쟁의 기원과 전개과정』(드레, 1998); 김재한, 『합리와 비합리의 한국 정치사회』(소화, 1998); 손호철, 『신자유주의시대의 한국정치』(푸른 숲, 1999); 최영진, 『지역주의 이론과 한국정치』(가산출판사, 1999); 윤영관, 『21세기 한국정치경제모델: 좌(左), 우(右), 그리고 집중구조를 넘어서』(신호서적, 1999); 임혁백, 『세계화시대의 민주주의: 현상 · 이론 · 성찰』(나남, 2000); 구영록, 『한국과 햇볕정책: 기능주의와 남북한 관계』(법문사, 2000); 김만흠, 『전환시대의 국가체제와 정치개혁: 김만흠 박사의 한국정치개혁론』(한울, 2000); 김현우, 『한국정당통합운동사』(을유문화사, 2000); 조기숙, 『지역주의 선거와 합리적 유권자』(나남, 2000); 김용호, 『한국 정당정치의 이해』(나남, 2001); 신복룡, 『한국분단사연구』(한울, 2001); 고경민, 『한국텔레커뮤니케이션 자유화의 정치경제학』(커뮤니케이션북스, 2001); 오창헌, 『유신체제와 현대한국정치』(오름, 2001); 박종성, 『한국정치와 정치폭력: 해방 후 권력과 민중의 충돌』(서울대학교출판부, 2001); 지병문 · 김용철 · 천성권, 『현대한국정치의 새로운 인식』(박영사, 2001); 김현우, 『한국국회론』(을유문화사, 2001); 전상인, 『고개숙인 수정주의』(전통과 현대, 2001); 박명림, 『한국 1950: 전쟁과 평화』(나남출판, 2002); 정대화, 『포스트 양김 시대의 한국정치』(개마고원, 2002); 김운태, 『미군정의 한국통치』(박영사, 2002); 박찬표, 『한국의회정치와 민주주의: 비교회의론적 시각』(오름, 2002); 신정현, 『한국정치제도의 개혁: 정당과 국회를 중심으로』(집문당, 2002); 최장집, 『민주화 이후의 민주주의』(후마니타스, 2002).

이호재, 『21세기 통일한국의 이상론』(화평사, 2003); 정용욱, 『해방 전후 미국의 대한정책』(서울대출판부, 2003); 한배호, 『한국정치문화와 민주정치』(법문사, 2003); 민준기,

『한국의 정치발전, 무엇이 문제인가』(을유문화사, 2003); 정영국, 『한국의 정치과정: 정당·선거·개혁』(백산서당, 2003); 선학태, 『한국정치경제론: 현상분석과 패러다임』(심산, 2003); 백선기, 『정치담론과 인터넷: 한국사회의 주요 정치의제와 인터넷 작용』(커뮤니케이션북스, 2003); 정윤재, 『정치리더십과 한국민주주의』(나남, 2003); 함성득, 『대통령학』(나남, 2003); 정태환, 『한국의 정치사회적 갈등: 원인과 성격』(일신사, 2003); 이진곤, 『한국 정치 리더십의 특성: 박정희·김영삼·김대중: 사정치형 리더십의 공통점과 차이점』(한울, 2003); 서두원, 『한국 화이트칼라 노동운동: 민주화, 정치적 지향, 연대의 발전, 1987-1995』(아연출판부, 2003); 강원택, 『한국의 선거정치: 이념, 지역, 세대와 미디어』(푸른길, 2003); 김용욱, 『한국정치론: 조선왕조에서 대한민국까지 체제변동과정』(오름, 2004) ; 양길현, 『사건으로 보는 한국의 정치변동』(살림, 2004); 심지연, 『한국정당정치사: 위기와 통합의 정치』(백산서당, 2004); 정영태, 『한국정치의 희망찾기』(인하대학교출판부, 2004); 김일영, 『건국과 부국: 현대한국정치사 강의』(생각의 나무, 2004); 윤형섭, 『한국의 정치문화와 교육 어디로 갈 것인가』(오름, 2004); 손호철, 『현대 한국정치: 이론과 역사 1945-2003』(사회평론, 2004); 박을출, 『한국정치사』(이화, 2004); 강원택, 『한국의 정치개혁과 민주주의』(인간사랑, 2005); 남시욱, 『한국보수세력 연구』(나남출판, 2005); 안병만, 『한국의 선거와 한국인의 정치행태』(인간사랑, 2005); 안진, 『미군정과 한국의 민주주의』(한울, 2005); 양재인, 『한국의 현대정치』(경남대학교출판부, 2005); 오승용, 『분점정부와 한국정치』(한국학술정보, 2005); 이정식, 『대한민국의 기원: 해방 전후 한반도 국제정세와 민족지도자 4인의 정치적 궤적』(일조각, 2006); 이정복, 『한국 정치의 분석과 이해』(서울대학교출판부, 2006); 손호철, 『해방 60년의 한국정치: 1945-2005』(이매진, 2006); 윤형섭, 김영래, 이완범, 『한국정치 어떻게 볼 것인가』(박영사, 2006); 박기덕, 『한국민주주의의 이론과 실제: 민주화·공고화·안정화』(한울, 2006); 김만흠, 『민주화 이후의 한국정치와 노무현 정권』(한울, 2006); 진덕규, 『한국 정치와 환상의 늪』(학문과 사상사, 2006); 김영명, 『한국의 정치변동』(을유문화사, 2006); 강명세, 『한국의 노동시장과 정치시장』(백산서당, 2006); 송경재, 『사이버 공동체와 민주주의: 사회적 자본과 정치참여』(한국학술정보, 2006); 지충남, 『지방정치와 엘리트, 시민사회단체, 주민참여: 순천시·나주시』(한국학술정보, 2006); 심지연·김민전, 『한국 정치제도의 진화경로: 선거·정당·정치자금제도』(백산서당, 2006); 하용출, 『후발 산업화와 국가의

동학: 탈관료화와 강성국가의 공동화』(서울대 출판부, 2006); 김충남, 『대통령과 국가경영: 이승만에서 김대중까지』(서울대 출판부, 2006); 강원택, 『대통령제, 내각제와 이원정부제: 통치형태의 특성과 운영의 원리』(인간사랑, 2006); 김호진, 『대통령과 리더십』(청림출판, 2006); 정병준, 『한국전쟁: 38선 충돌과 전쟁의 형성』(돌베게, 2006); 유병곤, 『갈등과 타협의 정치: 민주화 이후 한국의회정치의 발전』(오름, 2006); 이은영, 『관습의 정치: 한국 정치의 해부와 대안』(박영사, 2007); 이완범, 『한국해방3년사(1945-1948)』(태학사, 2006); 김홍우, 『한국 정치의 현상학적 이해』(인간사랑, 2007); 강원택, 『인터넷과 한국정치: 정당정치에 대한 도전과 변화』(집문당, 2007); 홍득표, 『한국정당개혁론』(학문사, 2007); 박찬표, 『한국의 국가형성과 민주주의』(후마니타스, 2007); 이정식, 『몽양 여운형』(서울대 출판부, 2008); 강원택, 『한국 정치 웹 2.0에 접속하다』(책세상, 2008); 정진민, 『한국의 정당정치와 대통령제 민주주의』(인간사랑, 2008); 한정일, 『증보개정판 한국정치사회변동론: 4차원 시 · 공간론 입장』(아침, 2008); 임동원, 『피스 메이커: 남북관계와 북핵문제 20년』(중앙books, 2008); 한배호, 『자유를 향한 20세기 한국정치사: 독재와 반민주의 세월을 넘어』(일조각, 2008).

1) 노태우시대의 주요 단행본 내용

윤형섭 교수의 『한국정치론』은 "한국정치를 비교정치학적 이론들을 동원하여 발전론적 시각에서 관찰 · 분석 · 기술"하고 있다. 해방 3년간의 한국정치, 선거제도, 투표행태, 정당정치, 이익집단, 국회, 정치발전의 과제를 다루고 있다.

최상용 교수의 『미군정과 한국민족주의』는 제5공화국 전두환 시대에 일시적으로 인기가 있었던 커밍스의 책과 비슷한 주장을 가지고 있다. 그러나 커밍스를 모방한 책은 아니다. 원래 이 책은 커밍스가 그의 첫 번째 책을 낸 1981년에 동경대에 박사학위 논문으로 제출한 것이다. 그는 이 책에서 미국의 점령정책이 처음부터 미국에 유리하고 반소적인 정부를 수립하기 위해 "남한의 사회변혁을 추구하는 민족운동과 그 연장선상의 사회혁명을 부정, 저지하기 위한 당면의 대책"(p.28)이었다고 주장하고 있다. 그는 김성수, 송진우를 중심으로 하는 한국민주당, 이승만, 김구의 임정세력은 모두 기본적으로는 사회혁명을 반대하고 미 군정의 좌파세력 저지에 협력한 세력이고, 조선공산당과 인민공화국 세력은 이러한 혁명을 지지한 세력이라고 보고 있다. 그러나 박헌영의 조선공산당이 초기에 미점령군의 성격을 너무 낙관적으로 보았기 때문에 미점령군과 대결하지 않고 우파 세력과의 주도권 싸움을 중시하였다고 지적하고 있다. 북한의 김일성은 박헌영을 숙청한 후 그의 이와 같은 초기 대미자세를 비판한 적도 있다. 미국은 신탁통치안에 반대한 정당, 사회단체는 협의대상에서 제외해야 한다는 소련측의 주장을 표현의 자유원칙을 들어 반박했는데, 미국의 반박은 "다소 궤변적인 논법"(p.224)이라고 최 교수는 보고 있다. 또한 그는 신탁통치안의 실패와 단독정부수립이 미국과 우파의 책임이라고 보고 있다.

최장집 교수는 이 시대에 두 권의 책을 내었다. 『한국의 노동운동과 국가』는 그의 박사학위 논문으로 박정희 정권이 어떻게 노동통제를 했는가를 검토하고 박 정권의 노동통제 방식이 국가 코포라티즘의 배제적 하위유형에 대단히 유사하다는 결론을 내리고 있다. 『한국현대정치의 구조와 변화』는 그가 1983년부터 1989년까지 쓴 글을 모은 책이다. 그는 이 책에서 기존의 사회과학을 지배해 온 이론이 지배적 사회질서를 합리화하고 강화시키는 데 기여한 지배의 기술학이라고 보고 이로부터 벗어나 사회의 부정의와 모순구조를 드러내 보이고 정치적 실천에 도움이 되는 통치의 비판학이 필요하다고 주장하고 있다. 이 책에 수록된 한국정치에 대한 그의 글은 모두 이러한 입장에서 작성된 글이다. 민주적 선거절차가 복원되었지만 제5공화국 독재의 주역이었던 노태우 장군이 대통령에 당선된 상황에서 그의 글은 반독재투쟁세력들에게 호소력을 가지고 있었다.

김호진 교수의 『한국정치체제론』은 한국정치의 분석시각으로 제도론, 행태론, 체계론, 구조-기능론, 근대화론의 기존 패러다임과 관료적 권위주의, 코포라티즘, 세계체제론, 종속이론, 국가론, 마르크스-레닌의 혁명이론의 진보적 패러다임을 모두 소개하고, 이 두 패러다임을 대등하게 중시하는 입장에서 한국정치의 각 부문을 총괄적으로 분석한다는 목표를 가지고 있다. 그는 보혁 갈등, 노사갈등, 지역갈등, 반미운동 등 민주정치의 안정성을 깨뜨릴 요인들이 한국에 있지만 산업화의 진전과 교육수준의 향상은 이러한 갈등을 완화시키고 민주정치의 정착에 공헌할 것이라고 예측하고 있다.

김광웅 · 김학수 · 박찬욱 교수의 『한국의 의회정치』는 먼저 현대의회정치의 이론적 배경을 논하고, 그 다음 태도조사자료를 토대로 국회가 정치권력구조에서 어떠한 위치를 차지하고 있는가를 가려보고 국민들이 국회의원들을 어떻게 평가하고 있는가를 확인하고 이러한 조사결과가 90년대의 국회운영을 위해 시사 하는바가 무엇인가를 밝히고 있다.

어수영 교수의 『민주주의와 한국정치』는 제1편에서 민주주의 이론을 알기 쉽게 소개하고 제2편에서 민주주의의 현실과 운영문제를 다루고 있다. 특히 제2편에서는 청소년들의 정치적 태도와 한국 정치문화의 특성을 다루고 있다.

손호철 교수의 『한국정치학의 새 구상』은 냉전과 분단현실에 기인한 협애한 이데올로기지형 속에서 수립된 한국정치학의 '반쪽불구화'와 미국일변도의 의존성을 지적하고 "보다 민주적이고, 민중적이며, 민족적인 '새로운 정치학'을 향한 노력"이 필요하다는 것을 역설하고 있다. 이 책은 국가론, 한국정치론, 현대세계체제론으로 구성되어 있고 한국정치론은 커밍스의 한국현대사연구 비판, 한국전쟁과 이데올로기 지형, 5·16쿠데타, 한국의 국가성격, 제6공화국의 토지공개념, 신흥공업국의 국제정치경제학, 북한의 주체사상을 다루고 있다.

윤정석 교수의 『전환기의 한국정치과정』은 1980년대 10년간의 한국정치를 정당, 의회, 선거를 중심으로 살펴보고 한국정치의 민주화 방향을 모색하고 있다.

Jung-en Woo의 *Race to the Swift*는 한국의 경제적 발전을 저축과 투자의 흐름을 인도하고, 산업정책을 결정하고, 산업 각 분야에의 재정투입을 관리하는 국가의 재정정책에서 찾고 있다. 그는 한국의 경제발전이 해방 이후나 1960년대 이후에 시작되었다고 보는 것은 시대착오적인 시각이라고 비판하고 일제식민시대부터 시작되었다는 시각을 제시하고 있다. 한국인이던 외국인이던 1950년대와 1960년대에 한국이 경제적으로 오늘날과 같이 발전할 것이라고 예측한 사람이 아무도 없었다는 것을 고려할 때 과연 전자의 시각이 시대착오적인 시각인지 반문할 수 있다. 그는 1950년대의 수입대체산업화 정책을 미국의 동아시아 정책과 관련해서, 그 이후 박정희 정권의 개발정책을 동아시아의 지역통합과 관련해서 각각 이해하고 있고, 한국의 발전국가 모델이 세계경제와 정치의 새로운 요구에 직면해서 그 역할이 한계에 부딪힐 수밖에 없다고 보고 있다.

김석준 교수의 『한국자본주의국가위기론』은 국가위기에 대한 자유주의적 관점과 마르크스주의적 관점을 소개하고, 한국의 국가위기를 역대정권별, 국가개념의 계층적 수준별로 나누어 분석하고, 한국의 분단위기, 발전위기 및 정당성위기의 극복방향을 외국의 사례도 고려하여 제시하고 있다.

김영명 교수의 『한국현대정치사』는 해방 이후 지금까지 진행되어 온 한국의 정치변동을 일관된 분석틀로 기술하고 있다. 그는 분단, 산업화, 힘의 투쟁의 세 요인이 국가, 정권, 민간사회, 정치사회의 네 국면에 어떠한 영향을 미쳐서 어떠한 정치변동을 초래했는지를 살펴보고 있다. 김 교수가 2006년에 낸 『한국의 정치변동』은 이 책의 개정판이다.

김석준 교수의 『한국 산업화 국가론』은 한국의 발전과정에서 국가가 무슨 역할을 수행하였는가라는 주제를 한국에서 왜 강한 국가가 등장하였고, 한국의 국가는 무엇을 왜 하였고, 한국의 국가는 얼마나 성공적이며 왜 그러했고, 탈산업화 이후 한국의 국가모습은 어떻게 될 것인가의 질문에 답하는 것으로 대답하고 있다.

박광주 교수의 『한국 권위주의 국가론』은 네오 마르크시스트의 자본주의 국가론이 한국에 적실성이 없다고 보고 그 대안으로 집정관적 신중상주의 국가론을 제시하고 있다. 집정관적 신중상주의 국가는 근대화 정책, 혹은 경제제일주의정책으로 정당성을 확보하려고 노력하나 국민들의 정치참여는 억압하는 국가이다. 그러나 이 국가는 산업화에 성공하고, 산업화는 중산층과 노동자층의 확대, 즉 시민사회의 성장을 야기 시켜 민주화를 촉진한다.

2) 김영삼시대의 주요 단행본 내용

한용원 교수의 『한국의 군부정치』는 이 분야의 가장 대표적인 저서로 해방 이래 노태우시대까지 군이 한국정치에 어떻게 개입했는지를 다루고 있다. 그는 한국군은 라틴 아메리카에서와 같이 제도로서 전체가 정치에 개입한 것이 아니라 그 일부인 도당적 집단이 정치에 개입하였고, 제도로서의 군부는 군부정권의 수립과 유지에 도구적 역할을 수행했을 뿐이라고 지적하고 있다.

최장집 교수의 『한국민주주의의 이론』은 "민주주의는… 민중의 권력에 대하여 기득이익을 수호하려는 사회세력과 민중간의 일정한 갈등을 전제로 한다"(p.4)고 보고 민중세력의 승리를 목표로하는 한국민주주의의 이론과 실천문제를 다루고 있다. 그는 이론편에서 한국의 국가론을 개관하고 자유민주주의이론을 비판하고 있고, 설명편에서는 한국의 정치균열구조, 지배이념, 민주화 실험을 다루고 있고, 이행편에서 노동계급(1987~1992)의 정치세력화문제와 한국의 민주적 이행문제를 다루고 있다. 그는 1987년과 1992년의 대통령 선거에서 민주화세력이 패배한 것에 대해 크게 실망하고 있고 그 배경으로 강력한 국가와 반호남지역감정과 같은 시민사회의 보수성을 들고 있다. 최 교수의 『한국민주주의의 조건과 전망』은 앞의 책과 같은 시각에서 한국 근대화의 성격, 국가형성의 문제, 민주주의 제도화의 시원, 한국전쟁, 자본주의 산업화의 특성과 같은 한국정치의 역사적이고 구조적인 문제들과 김영삼 정권의 개혁, 한국민주주의의 대안, 노동운동, 언론, 지역감정, 통일문제와 같은 한국민주주의의 이행과 공고화 문제를 다루고 있다.

손호철 교수는 이 시대에 세권의 책을 내고 있다. 그의 『전환기의 한국정치』는 "보다 민주적이고 민족적이며 민중적인 한국사회의 건설을 위한 보다 민주적이고 민족적이며 민중적인 새로운 정치학"을 향한 구상을 포함하고 있다. 이 책은 한국 국가론, 군부권위주의체제와 자본주의발전, 한국자본주의, 국가권력과 계급정책, 국가론 시각에서 본 6공과 현대 갈등, 14대 총선거의 결과와 의미, 14대 대통령선거와 민중운동, 지역갈등의 현안과 극복방안, 새 문민정부의 성격과 호남정치의 향방, 지역사회연구방법론, 남북한 권력구조의 변화와 통일전망을 다루는 글을 싣고 있다. 그 후 그는 『해방 50년의 한국정치』를 냈고 이 책의 개정판으로 『현대 한국정치』를 냈다. 이 책은 한국정치의 대상과 방법론부터 시작해서 해방3년과 한국전쟁시기, 1950년대, 군부통치시대, 문민시대까지의 한국정치를 진보정치학의 시각에서 분석하고 한국정치의 발전과제를 제시하고 있다.

양성철 교수의 『한국정부론』은 이승만 정권부터 김영삼 정권에 이르기까지 행정부 각 부처에 임용된 차관급 이상의 행정엘리트들의 출신도, 출생년도 및 등용될 당시의 나이, 등용된 횟수, 재임기간, 교육배경, 전직, 학연, 지연, 혈연관계 등을 조사해서 보고하고 있다.

김병국 교수의 『분단과 혁명의 동학』은 자본축적이 수반하는 공통의 경제적 과제와 정치적 갈등에 맞서 한국과 멕시코가 서로 다른 경제정책과 통치전략을 수립한 이유는 무엇이고, 기존의 정책 노선이 분배나 성장을 북돋우기보다는 오히려 경제적 혼란을 조장하고 정권의 기반을 허물 경우에 개혁의 시기와 성격을 좌우하는 변수는 무엇이고, 한국의 고도성장 속의 정권불안과 멕시코의 경제혼란 속의 정권존속은 어떻게 설명할 수 있을가에 대해 해답을 제시하고 있다.

이종찬 교수의 *The State and Industry in South Korea*는 시장개입과 자유주의적 시장개혁에 있어 강한 권위주의국가가 부딪히는 한계를 다루고 있다. 이 책은 이러한 한계가 1979~1980년의 중화학공업의 투자조정의 실패에 나타나 있기 때문에 이 사례를 자세히 다루고, 이러한 실패와는 달리 국가개입의 성공사례인 1970년대 초의 중화학공업정책에 대해서도 다루고, 비교를 위해 일본과 프랑스에서의 국가와 산업의 관계도 소개하고 있다. 그는 이러한 작업을 구조와 행위자를 통합하는 제도주의로 접근하고 있다.

임혁백 교수의 『시장 · 국가 · 민주주의』는 제1부에서 시장, 자본주의, 국가, 민주주의에 대한 정치경제이론을 소개하고 제2부에서 이에 기반해서 한국의 민주화 문제를 다루고 있다. 그가 이 책에서 답하고자하는 질문은 사회조직의 두 가지 기본원리인 시장과 국가가 어떻게 결합되어야 인민의 지배라는 민주주의가 실현될 수 있는가이다. 시장주의자들은 시장과 민주주의가 재화와 권력의 효율적 배분에 공헌한다고 믿는데 반해, 반시장주의자들은 시장은 민주주의 실현에 족쇄로 작용한다고 보고 국가주의를 주장하나 국가주의는 파시즘, 스탈린이즘, 관료적 권위주의 같은 억압적인 비민주적 정치체제를 낳았을 따름이다. 한국은 과거에는 시장권위주의체제를 가졌었으나 현재는 시장민주주의체제를 가지고 있다. 임 교수는 한국 민주주의의 공고화를 위한 개혁은 불완전한 시장과 불완전한 국가를 개혁하여 양자가 행복한 결합을 할 수 있는 방도를 모색하는데서 나오고, 탈시장주의적으로 추진되어야 한다고 주장하고 있다.

신명순 교수의 『한국정치론』은 제1부에서 제1공화국에서 6공화국까지의 각 정권에서 쟁점이 되었던 정치현상을 역사적으로 기술하고, 제2부에서 정치문화, 정치엘리트, 정당, 선거, 국회, 정치시위, 군부, 여성정치 등에 대한 실증적 분석을 하고 있다.

필자는 이 시대에 『한국정치의 이해』와 『한국의 정치적 과제』를 내었다. 『한국정치의 이해』는 오랜 동안의 군부독재정치가 한국에 수립된 원인은 어디에 있고, 이 체제에 대한 저항이데올로기로서의 민중론, 마르크시즘, 통일론은 어떻게 전개되어 왔고, 우리 국민들은 어떠한 정치적 태도를 가지고 있고, 한국의 정치체제, 정당, 의회에는 어떠한 문제가 있고, 분단의 원인은 어디에 있고 남북한 관계는 어떻게 변화하였고, 해방 3년간의 한국정치를 해석하는 시각으로서의 반공주의와 수정주의는 각각 어떠한 문제점을 가지고 있는지를 다루고 있다. 『한국의 정치적 과제』는 전두환시대부터 김영삼시대에 이르는 기간 동안 한국정치를 진단하고 문제점을 지적한 글들을 모은 책이다. 여기서 필자는 한국정치가 잘못되고 있는 원인을 일인지배의 권력구조에서 찾고 이러한 구조의 타파를 제안하였다. 이외에도 이 책은 민주주의, 정치체제, 정당, 언론, 국내정책, 통일 및 외교정책, 국제정세 등 광범위한 주제를 다루고 있다.

백영철 교수의 『제1공화국과 한국민주주의』는 제헌국회의 갈등처리 패턴을 분석하고 제헌국회가 이념적으로는 상당히 이질적인 의원들로 구성되어 있었으나 그들 간의 갈등을 처리하는 절차에 대해서는 높은 합의를 가지고 있었다고 지적하고 있다.

오원철 청와대 전경제수석(박대통령 시절)의 『한국형 경제건설』은 1960~1970년대 한국의 산업정책이 어떻게 수립되고 집행되었는지를 증언하고 있다.

홍득표 교수의 『한국정치행위자론』은 대통령, 각료, 정치인, 군인, 시민 등의 정치행위자에게 요구되는 기본적 역할과 지위가 무엇이고, 현실은 어떠한 가를 비판적으로 살펴보고, 미래의 바람직한 행태가 요구하는 정치행위자의 자질과 능력은 무엇인가를 고찰하고 있다.

조인원 교수의 『국가와 선택』은 박정희 대통령이 경제기획원의 민간주도적인 경제운용과 점진적인 중화학공업화정책 제안을 받아들이지 않고 그 일부는 기업측의 요구와도 상반된 가히 혁명적이라고 할 수 있는 대규모의 중화학공업화정책을 채택하게 된 경위를 밝히고 있다. 여기서 조 교수는 정책주체인 국가수뇌부가 이러한 정책을 선택하게 된 동인으로서의 이익(interests), 관념(idea), 그리고 권력(power)의 역학관계를 중요하게 보고 있다. 그는 박정희 대통령이 이러한 정책을 채택하게 된 경위를 마르크스의 계급론적 시각, 니코스 폴란차스의 국가의 상대적 자율성론, 프레드 블락(Fred Block)의 국가-자본 분업론, 제도론은 잘 설명하지 못한다고 주장하고 있다.

박명림 교수의 『한국전쟁의 발발과 기원』의 제1권은 한국전쟁의 결정과정과 발발을 다룬다. 박 교수는 이 문제에 대해 "이것은 분명히 통일을 위한, 세계공산주의 지도자들의 지지와 원조를 받은 북한 공산주의자들의, 소극적인 반격이 아니라 적극적인 선택의 결과였다"(1권, p.473)고 결론을 내리고 있다. "남침설을 강력히 회의하는"(1권, p.454) 커밍스의 주장을 부정하고 북한의 남침설을 강력히 주장하는 결론이다. 이 책의 제2권은 한국전쟁의 기원과 원인을 찾기 위해 해방과 분단부터 48년에 남북한에 각각 수립된 체제의 성격까지를 논하고 있다. 남북한의 체제의 성격에 대해서는 농민, 민주주의, 민족주의의 세 기준을 가지고 비교하고 있다. 그는 첫째 48년 질서에서 북한의 농민은 남한의 농민보다 결코 더 평안하고 해방되었다고 말하기 어렵다고 주장하고 있다. 둘째 민주주의는 이 문제에서 우월한 쪽은 북한이 아니라 남한이라고 주장하고 있다. 셋째 민족주의는 친일-항일의 대립구도에서는 북한이 앞서 있었으나 체제를 창출한 미소중심부로부터는 남한이 북한보다 더 자율적이었다고 주장하고 있다. 박 교수의 남북한에 대한 이와 같은 비교도 북한은 혁명적이나 남한은 수구 반동적이라고 보는 커밍스의 주장을 부정하는 것이다. 그는 한국전쟁의 기원을 "북한의 리더십이 급진군사주의에 경도되어 전쟁을 선택한 것"(2권, 872)에 있다고 보고 있고 이것도 전쟁의 기원을 식민시대부터 시작하여 해방 3년간 진행되어 온 것으로 보는 커밍스의 주장을 부정하는 것이다. 박 교수의 이와 같은 결론은 광범위한 자료에 근거한 것이지만 대체로 냉전반공적인 시각을 가지고 있는 6・25 경험세대의 북한의 남침과 북한 정권에 대한 인식과 일치하고 있다.

김석준 교수의 『미군정 시대의 국가와 행정』은 분단국가의 형성을 가져 온 환경변수인 세계체제, 국내의 사회계급 및 미군정의 상호관계를 분석하고, 국가기구, 정치세력 및 지배엘리트, 관료제도와 행정제도의 정비 내용을 소개하고, 미군정의 부문별 주요 정책을 다루고, 미군정이 대한민국의 국가제도와 행정에 미친 영향을 기술하고 있다.

조기숙 교수의 『합리적 선택』은 해방 후 최근까지의 한국의 선거결과를 합리적 선택이론을 사용하여 일관되게 분석하고 있다. 조 교수는 이 책에서 해방 후 50년간 선거제도의 변화를 가져온 동인이 유권자의 선거결과였다는 주장을 제시하고 이 주장을 뒷받침하기 위해 선거제도의 변화와 특징적인 선거행태에 관하여 합리적 선택이론을 적용해 재해석하고 있다. 또한 여촌야도 현상, 정당본위투표, 선거와 민주화 문제도 합리적 선택이론의 시각에서 논의하고 있고 6・27 선거결과와 15대 총선의 전망도 같은 시각에서 다루고 있다.

김세균 교수의 『한국민주주의와 노동자・민중정치』는 우리 사회의 신자유주의적 구조개편은 시장개방과 국제경쟁의 격화 및 경제위기의 부담을 노동자・민중에게 전면적으로 전가시키려는 노동에 대한 자본과 도토리 키재기식의 이런 저런 부르주아세력의 반동적 공세라고 주장하면서 이에 대한 노동자・민중들의 투쟁을 주장하고 있다. 이 책은 총론, 남북한 관계와 통일문제, 6공하에서 한국정치와 민주주의, 김영삼정권 하에서 한국정치와 민주주의, 시민사회/민중사회, 그리고 시민운동/민중운동, 노동운동의 과제와 전망, 노동자 정치운동의 새로운 지평으로 구성되어 있다.

박종성 교수의 『인맥으로 본 한국정치』는 정치파벌이 한국정치를 결정한다고 보고, 이승만시대부터 노태우시대까지의 정치파벌과 그 구성원들의 이합집산과 표류행각을 살펴보고 있다.

류근일 조선일보 전주필의 『권위주의체제하의 민주화운동 연구』는 1960~1970년대의 정치변동과 사회경제적 변화를 국가주도의 역사적 변환이라고 보고, 이러한 국가주도의 역사적 변환 속에서 제도외적 반대세력들의 정체성 획득과 축적의 과정을 그들의 신념내용과 국가폭력 간의 상호작용 속에서 구명하고, 그러한 집단이 국가와 어떠한 양상으로 문제를 제기, 전개, 귀결 시켰는가를 살펴보고 있다. 이 책은 특히 1960~1970년대 주요 시국사건 관련 주동자들 중 지명도가 높은 75명이 당시 정부의 정당성, 효과성, 신뢰도, 권위에 대해 어떤 인식과 평가를 내면화하고 있었는가 등에 대한 설문조사의 결과를 싣고 있다.

3) 김대중시대의 주요 단행본 내용

이갑윤 교수의 『한국의 선거와 지역주의』는 민주화 이후 한국의 정당정치와 선거에서 가장 두드러지게 나타나고 있는 지역주의를 분석하고 있다. 그는 여태까지의 연구는 이러한 지역주의를 사회경제적 요인이나 문화적 요인에서 찾는 편향을 나타냈고 이의 극복문제도 객관적인 평가와 전망보다는 주관적이고 당위적인 것에 그쳤다고 평가하고 있다. 이러한 설명에 대한 대안으로 지역주의 선거연합의 등장과 변화는 민주화과정이 가져온 정당 및 후보자간 경쟁의 새로운 양상, 유권자들의 투표기준의 변화, 대통령 직선제와 국회의원 소선거구제의 도입 등이 가장 중요한 계기가 되었다고 주장하고 있다.

정진민 교수의 『후기 산업사회 정당정치와 한국의 정당발전』은 후기산업사회의 발전단계에 들어가 있는 독일, 미국, 이탈리아, 일본에서 나타나고 있는 정당정치의 변화를 살펴보고 이러한 변화가 우리의 정당정치의 발전에 어떠한 시사점을 주는가를 살펴보고 있다. 여태까지의 한국 정당정치연구가 발전단계상의 환경변화에 대한 고려를 충분히 하고 있지 않기 때문에 정 교수는 이러한 환경변화가 우리의 정당정치에 미치는 영향에 관심을 기울이고 있다.

박효종 교수의 『한국 민주정치와 삼권분립』은 정부의 방만하고도 자의적인 규제권 행사의 상황에서, 또한 이를 제어할 수 있는 의회의 통제권이 미약한 상황에서, 그리고 때로는 의회 자신이 지대추구 속성의 규제법을 제정하는 상황에서 개인의 기본권이 보호되기보다는 침해될 가능성이 높다는 점에 유의하면서 사법심사권 확대의 정당성을 주장하고 있다. 그는 이와 관련하여 헌법재판소는 구체적 · 사후적 규범통제뿐만 아니라 추상적 · 사전적 규범통제도 병행해야 한다고 주장하고, 그것이 현행 헌법의 삼권분립 원칙을 충실하게 구현하는데 공헌할 것이라고 강조하고 있다. 그의 분석과 처방은 모두 합리적 선택이론에 기반 해 있다.

김영호 교수의 『한국전쟁의 기원과 전개과정』은 한국전쟁의 기원과 전쟁과정을 쐐기(wedge)이론을 이용하여 분석하고 김일성의 남침을 스탈린이 그의 세계전략을 달성하기 위해 지지했다고 주장하고 있다.

손호철 교수의 『신자유주의시대의 한국정치』는 김대중 정부가 목표로 내세운 민주주의와 시장경제의 병행 발전이 불만족스러운 상태에 있다고 비판하고 있다. 민주주의는 절차적 민주주의에서 아직도 제한적인 수준이고 양심수 증가에서 보는 바와 같이 오히려 김영삼 시대보다 퇴행하고 있고, 시장경제는 20%만 살아남고 80%는 도태되는 시장 만능의 신자유주의로 변하였고 무차별적인 대외 개방정책은 초국적 자본에 의한 한국경제의 지배를 날로 강화시키고 있다고 비판하고 있다. 이 책은 1997년 대선, 신자유주의와 민주주의, IMF 개혁, 지역주의, 내각제 등의 한국정치문제를 진보 정치학의 시각에서 비판적으로 분석하고 진보정치, 노동운동, 민중운동의 발전방향을 제시하고 있다.

최영진 교수의 『지역주의 이론과 한국정치』는 국민국가 내 지역주의 현상이 어떤 경로와 과정을 거쳐 발생하는가를 분석하고, 지역적 결집의 이유를 르윈(K. Lewin)의 집단 정체성 개념을 적용하여 밝히고, 지역정당간의 경쟁구조가 지역주의 투표에 미치는 영향을 검토하고, 지역주의 해소와는 거리가 먼 방향으로 흘러가고 있는 김대중 정권하의 지역주의를 논의하고 있다. 최 교수는 지역집단의 정치적 정체성이 사그러들지않고 지역편향적 권력구조가 해소되지 않는 한 지역주의 정치행태는 지속될 수밖에 없다고 예측하고 있다.

윤영관 교수의 『21세기 한국정치경제모델』은 한국 정치경제의 과거 모델은 무엇이 문제였고, 지금 경험하고 있는 도전의 본질은 무엇이고 어떻게 극복해야하고, 그리고 어떠한 제도적 틀을 어떻게 마련해야 하는가 하는 문제들을 다루고 있다. 이 책은 정치현상과 경제현상의 엄격한 분리를 전제로 하는 경제주의적 접근법의 한계와 거시적이고 정치경제적이기는 하지만 설명력이 약한 마르크스주의 정치경제학의 한계를 동시에 극복하는데 그 집필 목적을 두고 있다. 또한 윤 교수는 세계화라는 국제적 요인을 중요하게 고려하고 있고, 계급이해나 집단이해를 초월한 중립적 입장에서 문제를 진단하고 처방하고 있다.

책의 순서는 탈냉전 국제정치경제와 국가, 그리고 제도, 발전국가론의 한계, IMF사태와 동아시아 모델의 위기, 선진자본주의의 경험과 교훈, 집중에서 분산의 정치경제로 이다.

임혁백 교수의 『세계화시대의 민주주의』는 세계화시대의 민주주의는 시장과 국가와 어떻게 새로운 관계를 맺을 것이며, 세계화와 정보화 혁명으로 어떠한 대안적 민주주의의 혁신이 가능하게 되고, 전환기 한국 민주주의의 현주소는 어디에 있고, 미래의 질 높은 민주주의를 발전시키기 위해 우리에게 필요한 개혁과제는 무엇인가를 성찰, 분석, 탐구하고 있다. 세계화와 민주화, 민주주의와 시장경제, 신뢰와 민주주의, 심의 민주주의, 전자민주주의, 한국 민주주의의 공고화를 위한 정치개혁과제, 유교와 민주적 시민사회, 한국의 시민사회와 결사체 민주주의 등이 이 책이 다루고 있는 주요 주제들이다.

구영록 교수의 『한국과 햇볕정책』은 기능주의 이론을 응용해서 햇볕정책을 분석하고 있다. 그는 이 책에서 다원적인 민주국가간에 통용되는 기능주의이론이 폐쇄적이고 전체주의적인 체제와의 관계에도 적용될 수 있는지의 여부가 근본적인 문제라고 지적하고 있다. 이 이론이 구 동・서독의 경우에는 어느 정도 적실성이 있었다고 할지라도 북한의 수령절대주의체제는 구 동독의 체제와는 또 다른 체제이기 때문에 남북한 관계에도 마찬가지 정도의 적실성을 가질 것이라는 보장은 없다고 주장하고 있다.

김만흠 박사의 『전환시대의 국가체제와 정치개혁』은 국가체제를 더불어 사는 정치공동체의 관점에서 재조명해보고 수평적 정권교체와 남북정상회담을 이루어 낸 김대중 정권의 개혁과제를 논의하고 있다.

김현우 국회기록보존소 사료관은 이 시대에 『한국 정당통합 운동사』와 『한국국회론』을 내었다. 『한국 정당통합 운동사』는 해방 당일부터 1999년 12월까지의 기간에 한국정치를 움직여 온 행위, 사건, 법과 제도의 변동 등을 정당통합이라고 하는 현상을 중심으로 기술하고 있다. 그가 정당통합에 관심을 갖는 이유는 한국의 정당이 분열과 통합을 거듭하여 국가정책수립과 국정업무수행에 불연속과 괴리를 누적시켜왔다는데 있다. 『한국국회론』은 국회가 어떠한 절차와 과정을 거쳐 운영되고 국회의원들의 활동을 제약하는 국회의 제도와 규칙은 어떠한 것들이 있는지 상세하게 소개하고 있다.

김용호 교수의 『한국정당정치의 이해』는 해방과 건국 이후 김대중시대까지의 한국의 정당과 선거를 다루고 있다. 이 책은 정당편에서 정당다원주의의 발달과정, 대통령 소속당 비교, 민주공화당, 정당개혁의 방향을 다루고 있고, 선거편에서 대통령 및 국회의원

선거제도의 변화와 선거제도의 개선방향을 논의하고 있다.

신복룡 교수의 『한국분단사연구』는 한국분단의 책임을 소련에 돌리려는 전통주의 학파의 주장도 배격하고 미국에 돌리는 수정주의 학파의 주장도 그것이 한국인들의 책임을 간과하고 있다는 점에서 배격하고 있다. 그는 한국의 분할점령에 있어서는 미국의 역할이 컸고, 신탁통치안은 처음부터 실현불가능한 안이었고, 호지 장군은 일본 총독을 대신한 미국 총독이었고 정치력에 있어 치스티아코프 장군의 적수가 되지 못했고, 미군정의 목표는 남한에 반공보루를 건설하는 것이었고, 한국민들은 농지개혁에 대해 높은 열망을 가지지 않았고 북한식의 농지개혁에는 반대였고 미군정이 지주들의 지지를 받는 이승만 정부에 농지개혁의 임무를 넘긴 것은 잘못이었고, 미군정의 목표가 남한에 반공보루를 건설하는데 있었어도 공산주의자들에 대한 정책은 현명치 못한 것으로 이들을 포용하는 정책을 채택했으면 좋았을 것이고, 남한의 공산주의자들이 반탁에서 찬탁으로 입장을 바꾼 것은 소련의 지령에 의한 것이고, 미소공동위원회에서 미국이 반탁세력의 참여를 주장한 것은 논리적이지 못한 주장이었고, 김구와 김규식의 통일열망은 처음부터 불가능한 것이었고, 대구사건과 제주사건은 우파와 미군정의 탄압에 항거한 봉기였지 이데올로기적 투쟁이 아니었고 대구, 제주, 여순사건은 그것이 일어난 원인보다 이에 대해 가해진 우파와 미군정의 잔혹한 탄압이 더 큰 문제였고, 1949년의 미군 철수나 애치슨 선언이 북한의 침공을 유도하는 전략은 아니었고, 한국전쟁은 김일성의 판단착오로 일어난 내전이었다고 주장하고 있다.

고경민 교수의 『한국 텔레커뮤니케이션 자유화의 정치경제학』은 국내에 통신이 도입된 이래 정부독점정책이 형성된 역사적/제도적 배경에서부터 텔레커뮤니케이션 자유화의 토대를 구축한 1970년대의 통신사업 5개년 계획, 1980년대의 분할된 시장독점 체제, 1990년대 들어 자유화를 위한 네 차례에 걸친 구조조정 등을 포괄적으로 다루고 있다. 고 교수는 텔레커뮤니케이션 자유화의 배경 요인은 국제적인 시장개방 압력이지만 그 구체적 내용은 각 정권별로 정부의 정책이념, 텔레커뮤니케이션 정책 네트워크, 정치적 안정과 정부 구조와 같은 제도적 구조와 맥락에 의해 결정되었다고 주장하고 있다.

오창헌 교수의 『유신체제와 현대 한국정치』는 유신체제의 수립, 유지, 붕괴 과정을 비교적 자세하게 기술하고 있다. 오 교수는 유신체제의 수립을 사회경제적 변수와 문화적 변수로는 설명할 수 없고 그 이전에 구축된 정치적이고 외적 요인에 의해 등장한 강력한 반공국가에서 단서를 찾아야 한다고 주장하고 있다. 유신체제의 붕괴는 그 체제가 내놓을 수 있는 정치 프로젝트가 소멸한 데서 찾고 있다.

박종성 교수의 『한국정치와 정치폭력』은 해방 이래 1990년대 초까지의 한국정치에서 제도권력과 민중부문 양 진영의 힘의 대결을 폭력이란 에네르기를 통해 조망하고 있다. 박 교수는 한국 정치학자들이 폭력연구에 무관심했다고 지적하고 이에 대한 연구를 다년간 수행하였다. 이 책은 이러한 연구의 결과로 그가 펴낸 『왕조의 정치변동: 조선조의 국가존속과 농민의 정치적 저항』(인간사랑, 1995)과 『강점기 조선의 정치질서: 인종과 저항의 단층변동』(인간사랑, 1997)에 이은 세 번째 책이다. 박 교수는 민중폭력의 질량은 유교정치문화의 영향으로 조선시대부터 일제 강점기, 해방 이후 계속 약했으나 군부통치기에 군사폭력에 대항하여 민주화를 가동시킬 만큼 강하였고, 민주화 이후 민중폭력은 급격히 위축되었으나 그 저력이 소멸된 것은 아니라고 주장하고 있다.

지병문·김용철·천성권 교수의 『현대한국정치의 새로운 인식』은 해방 이래 김대중 시대를 개막시킨 제15대 대통령 선거까지의 현대한국정치사를 개관하고 있다. 이 책은 반탁이 반드시 올바른 선택이었다고 말 할 수 없고, 초대 대통령이라고 해서 이승만 대통령을 국부로 칭송하고 존경할 수도 없고, 유신 독재까지도 경제발전을 명분으로 수용하려는 반역사적 흐름을 경계하고, 전두환 정권과 노태우 정권도 단임을 실천하고 정권을 이양했다고 해서 정당화할 수는 없다는 입장에서 현대한국정치의 통사를 기술하고 있다.

전상인 교수의 『고개숙인 수정주의』는 해방3년과 북한의 남침에 대한 수정주의적 해석을 높은 지적 수준에서 설득력 있게 비판한 책이다. 당시 남한주민의 사회의식, 토지개혁, 5·10 총선거, 한국전쟁의 사회적 결과, 전쟁과 국가건설, 양반과 부르주아, 한국과 베트남 비교, 커밍스 비판 등을 다루는 논문들을 싣고 있다.

박명림 교수의 『한국1950: 전쟁과 평화』는 6·25에서 1·4후퇴까지의 6개월의 전쟁 경험을 기술하고 분석하고 있다. 이 책은 구체적으로는 북한의 남진(남침 대신 쓴 용어), 미군참전, 북한의 남한 통치, 전쟁과 인민학살, 인천상륙, 중국참전, 남한의 북한통치, 1·4후퇴를 다루고 있다. 박 교수는 이 책에서 다룬 6개월간의 기간에 있어 소련의 전쟁 전략은 제한전쟁전략이었으나 미국의 그것은 무조건 항복정책이었다고 주장하고 있다.

정대화 교수의 『포스트 양김시대의 한국정치』는 한국의 민주화 과정에서 특수한 과도기적 정권으로 등장한 양김정권의 성격, 양김 이후의 시대가 지향해야 할 정치의 성격,

그리고 곧 출범할 새로운 정권의 과제를 밝히고 있다. 그는 양김정권을 6월항쟁의 산물이고 그 정신을 실현하기 위해 노력했다는 점에서 긍정적으로 평가하나 양김이 민주주의 정신을 버리고 분열하고, 구세력과 타협하고, 지역주의를 촉발했다는 점에서 부정적으로 평가하고 있다. 새 시대와 새 정권의 과제는 양김의 이와 같은 부정적 유산을 극복하고 진보정치와 통일정치를 복원하는 것이라고 주장하고 있다.

김운태 교수의 『미군정의 한국통치』는 미군정 3년의 한국통치가 한국정치와 행정의 기본구조와 통치정향 및 이를 뒷받침하는 경제·사회·문화의 모든 원형을 주조했다고 보고 이 시기를 가급적 가치중립적 입장에서 기술하고 있다. 이 책은 전후국토분단의 배경, 해방직후의 정국, 모스크바 삼상회의결의와 미군정 및 국내정치세력의 대응, 미군정 통치체제와 한국화과정, 미군정의 한국민주화정책의 순서로 되어 있다.

박찬표 교수의 『한국의회정치와 민주주의』는 국회의 기본적 권능인 입법, 예결산심의, 행정부 감독기능이 어떻게 수행되고 있고 개선방안은 무엇인지 검토하고, 의회의 제도와 운영에는 어떠한 문제가 있는지 검토하고, 의회의 개혁방안을 정당 및 정치체제와의 관계 속에서 모색하고 있다.

신정현 교수의 『한국 정치제도의 개혁』은 다른 분야에 비해 정치분야의 개혁이 뒤떨어져 있다는 인식하에 한국정당과 의회의 특성을 기술하고 그 개혁방향을 제시하고 있다.

최장집 교수의 『민주화 이후의 민주주의』는 민주화 이후, 즉 1987년 이후의 민주주의가 계급간 불평등구조의 심화, 교육과 근면을 통한 사회이동기회의 감소 등 사회적 요구와 변화를 반영하지 못하고 있다고 판단하고, 민주화 이후 민주주의의 이와 같이 부진한 업적의 원인이 한국민주주의의 보수적 기원에 있다고 주장한 책이다.

4) 노무현시대부터 현재까지의 주요 단행본 내용

이호재 교수의 『21세기 통일한국의 이상론』은 한국이 21세기에 통일을 이룩하기 위해서는 중국 대 미·일 경쟁체제 대신에 동북아5개국체제를 만들어야 한다는 구상을 내놓고 이 구상의 논리적 타당성과 실현가능성을 검토하고 있다.

정용욱 교수의 『해방 전후 미국의 대한정책』은 미국의 대한정책을 세밀하게 분석하고 있고, 미군정이 미국정부의 정책과는 달리 점령 직후부터 사실상 봉쇄정책을 채택했다는 커밍스의 주장에 대해서는 미군정이 미국정부의 정책을 현지사정에 맞추어서 적용해나갔다고 주장하고 있다.

정영국 교수의 『한국의 정치과정』은 한국의 정치과정에서 정당과 선거가 차지하는 의미와 위상을 분석하고, 우리나라 정당의 조직과 기능을 민주화 과정, 정치관계법, 지구당 문제 등에 관련하여 고찰하고, 이슈관리 및 이슈경쟁이라는 개념을 통해 16대 국회의원 선거를 조명하고, 한국정치의 개혁과제로서 국회 운영제도의 개선과 예비 선거제도 도입을 제안하고 있다.

선학태 교수의 『한국정치경제론』은 제1부에서 한국의 중화학공업정책의 선택과 추진과정에서 볼 수 있는 국가의 성격과 본질을 탐구하고 있다. 한국의 중화학공업정책은 한국경제를 비약적으로 발전시켰지만 소득분배의 악화, 지역간의 불균형 개발, 지역주의 정치, 재벌의 경제력집중, 국가권력의 비대화, 정경유착, 대외의존성 심화 등의 부작용도 초래한 정책이다. 선 교수는 이 정책의 선택과 추진과정에서 국가가 대내외적 세력관계를 어떻게 매개, 관리했는가를 분석하고 있다. 선 교수는 이 책의 제2부에서 한국의 국가자율성의 구조적 조건이 1990년대 이후부터 대자본의 경제적·정치적 영향력 확대, 외국자본의 진출과 시장개방 및 방위비 분담 압력, 노동세력을 포함한 시민사회세력의 집단적 응집력 강화 등으로 변화하고 있다고 보고, 한국은 국가성격의 질적 전환을 통해 지배블록과 시민사회의 균형을 이루는 자본주의체제의 탄력화가 필요하다고 주장하고 있다. 이것은 세계화시대의 구조적 제약과 상충될 가능성이 있으나 한국이 보다 성숙한 시장경제와 민주주의의 공존시대를 열어가기 위해서는 반드시 성취해야 할 과제라고 주장하고 있다.

백선기 교수의 『정치담론과 인터넷』은 우리나라에서 인터넷이 실제 정치 및 사회적 의제들에 어떻게 참여하고 어떠한 영향을 미치고 있는지 살펴보고 있다. on-line 신문, 정치전문 인터넷 기업 사이트, 주요 시민단체들의 사이트, 주요 정당의 on-line 사이트 등의 담론 전개과정에 대한 경험적 연구의 결과로 이들 on-line 사이트들이 주체적이고 주도적인 담론구성의 역할을 하지 못하고 off-line 기존 신문들의 담론구성을 대체로 따라가고 있다고 보고하고 있다.

정윤재 교수의 『정치리더십과 한국민주주의』는 정치를 단순히 지배-피지배의 권력게임으로만 보지 않고 커뮤니케이션을 바탕으로 하는 다스림의 기예라는 인식에서 정치가는 비전을 제시하고 문제를 해결하며, 정치공동체의 질서를 확립하는 일을 그 핵심기능으로 삼는 일꾼이라고 정의하고, 김규식, 이승만, 신익희, 장면, 박정희, 전두환, 노태우, 김영삼, 김대중, 노무현의 정치리더십을 분석, 평가하고 있다.

함성득 교수의 『대통령학』은 미국의 대통령에 대한 연구결과를 바탕으로 한국 대통령의 리더십을 구조적으로는 개인적, 행정적, 입법적 리더십으로, 시간적으로는 정권 이양, 재임시절, 퇴임 후로 나누어 살펴보고 있다.

정태환 교수의 『한국의 정치사회적 갈등』은 조선시대 말부터 김대중 시대까지의 정치사회적 갈등을 분석하고 있다. 이 책의 제1장은 조선사회의 권력관계와 조선왕조의 국제관계를 유교 이데올로기를 통해 논의한 후 조선 말 정치사회적 변동의 국내외적 역학을 밝히고 있고, 제2장은 일본 제국주의에 의해 한국의 내부구조가 어떻게 변화되었고 식민지 저항운동은 어떠한 성격을 띠었는지를 검토하고 있고, 제3장은 해방 이후 시대에서는 우익독재, 경제문제, 정치부패가 정치적 갈등의 주요 쟁점이었고 반정부 대중운동, 군사적 반역, 정치적 암살, 그리고 반외세운동이 이러한 쟁점들을 둘러싸고 일어났다는 것을 지적하고 있고, 제4~9장은 이 각각의 쟁점을 둘러싼 갈등을 정권 별로 살펴보고 있다. 정 교수는 한국의 정치사회적 갈등을 검토하는데 있어 한국의 정치사회적 구조와 국외적 투입의 두 요소를 모두 중요하게 고려하고 있다.

이진곤 국민일보 논설위원실장의 『한국 정치 리더십의 특성』은 한국정치의 가장 적극적이고 강력한 동인은 몇몇 리더들의 사적 이해 또는 목적이고, 한국의 정치과정은 이 리더들이 추종자 집단을 이끌고 쿠데타의 방법을 동원하거나 집요한 도전을 통해 권좌에 이르는 과정이라고 보고 있다. 박정희와 양김(김영삼과 김대중)은 도전과 응전의 당사자들이지만 이들 세 사람의 리더십은 사정치형 리더십, 혹은 사인형 정치리더십이었다는 점에서 근친성을 가지고 있다고 주장하고 있다.

서두원 교수의 『한국 화이트칼라 노동운동』은 1987년부터 1995년간의 한국 화이트칼라 노동운동을 한국의 화이트칼라 노동운동은 왜 약화되지 않고 강화되었고, 이 운동의 요구가 초기에는 경제적 요구에 집중되어 있었는데 왜 1990년대 초반부터 정치적인 개혁이슈도 포함하게 되었고, 이 운동이 기업별 조합을 2000년까지는 산업별 조합으로 5개까지 변환시키는데 성공한 배경요인은 무엇인가를 중심으로 분석하고 있다.

강원택 교수는 이 시기에 다섯 권의 저서를 내놓았다. 우선 『한국의 선거정치』는 한국의 선거정치를 독특한 현상으로 간주하지 않고 외국과 비교가능한 객관적인 틀 속에서 설명하고 있다. 이 책은 그 동안 지역주의가 한국선거를 결정짓는 지배적 변인이었지만 이념, 세대와 미디어도 중요한 변인이었고, 지역주의에 대한 유권자의 불만도 선거에서 지속적으로 표출되어왔다고 주장하고 있다. 또한 이 연구는 우리 사회의 이념적 갈등이 과거 냉전시대의 반공 이데올로기의 수용 여부와 긴밀한 관계가 있고, 그 때문에 우리 사회의 이념적 갈등이 서구와 다르다고 주장하고 있다. 『한국의 정치개혁과 민주주의』는 민주성, 비례성, 대표성, 공정성 등 민주주의의 일반적 원칙에 비추어서 우리 정치제도의 문제점을 지적하고 바람직한 대안을 모색하고 있다. 이 책은 국회의원과 대통령 선거제도의 개선방안, 정치자금, 정당과 의회제도의 개선방안, 과거의 정치개혁에 대한 평가를 싣고 있다. 『대통령제, 내각제와 이원정부제』는 세 가지 통치형태에 대한 논의가 제도적인 장단점과 효과에 대한 폭넓은 분석뿐만 아니라 우리가 겪어온 과거의 경험과 관행에 대한 깊은 성찰과 이해의 기반위에서 이루어져야 한다고 주장하고 있다. 독일은 바이마르 공화국 시절 이원정부제 통치형태가 히틀러의 통치로 귀결되었기 때문에 전후에 내각제를 채택했으나 프랑스는 제3, 4공화국시대에 내각제가 정치적 불안정을 초래했기 때문에 이원정부제를 채택했다. 다시 말해, 독일에서는 정치적 불안정의 원인이던 제도가 프랑스에서는 정치적 안정에 공헌하고 있다. 강 교수는 이러한 사례를 보면 통치형태의 문제는 과거의 역사적 경험이 현재와 미래의 선택을 제약하는 경로의존성을 가지고 있다는 것을 알 수 있다고 강조하고 있다. 『인터넷과 한국정치』는 인터넷의 정치적 효과를 분석하고 있다. 인터넷은 2002년 여중생 사망사건과 노무현 대통령의 당선에 커다란 역할을 하였지만 이 외에도 평범한 일상생활 속에서 사소해 보이는 인터넷의 활용이 정치참여의 특성과 모양을 바꿔놓고 있다는 사실을 이 책은 보여주고 있다. 강 교수는 특히 인터넷이 정당정치의 약화를 초래할 수 있다고 우려하고 이에 대한 대책이 필요하다고 주장하고 있다. 『한국정치 웹2.0에 접속하다』는 의사소통의 쌍방향성을 가능하게 해주는 인터넷의 정치적 의미와 효과를 분석하고 있다. 이 책은 제1장에서 인터넷과 정치참여 방식에 대한 일반적 논의를 소개하고, 제2장에서 인터넷이 한국정치에 미치고 있는 영향, 즉 의제설정의 민주화, 대중의 지혜, 프로슈머 유권자에 대해 논의하고, 제3장에서 웹2.0시대에 나타나고 있는 정치 환경의 변화를 한국정치에 어떻게 적용할 것인지 가능성과 문제점을 논의하고 있다.

김용욱 교수의 『한국정치론』은 조선왕조시대의 정치, 일본의 조선강점체제와 독립운동, 현대 한국정치(1945-2004)를 다루는 한국정치 통사이다.

심지연 교수의 『한국정당정치사』는 해방 이후 한국의 정당정치사를 위기와 통합이라는 가설을 가지고 정리하고 있다. 이 가설은 정당이 분열하면 위기에 처하게 되고 통합하면 위기를 극복할 수 있다는 것이다. 정당이 끊임없이 반복해 온 이합집산의 현상 밑바탕에는 권력으로부터의 배제라고 하는 위기의식이 있었고, 이러한 위기의식이 정당통합을 야기했다는 것이다.

김일영 교수의 『건국과 부국』은 1945년 해방부터 1972년 유신체제 성립까지의 현대 한국정치사에 대한 수정주의적 해석을 거부하고 전통주의적 해석을 복원시킨 책이다. 이 책은 이승만시대와 박정희시대의 한국정치를 부정적으로만 해석하는 일부 386세대의 편향을 바로잡기 위해 발간한 책으로 포스트수정주의적 흐름을 구성하는 책들 중 하나이다.

남시욱 동아일보 전편집국장의 『한국 보수세력 연구』는 대한민국을 반세기 동안 지배해온 한국의 보수세력은 누구이고, 어떤 사상과 이념을 갖고 있고, 그들이 지키고자 하는 핵심가치는 무엇이고, 그 뿌리는 어디에 있고, 그 인맥은 어떻게 이루어져 있는지를 다루고 있다. 조선시대 말 개화파와 수구파의 대립부터 노무현시대의 소수파 보수세력까지를 분석의 대상으로 삼고 있다.

안병만 교수의 『한국의 선거와 한국인의 정치행태』는 제1부에서 1991년부터 1995년까지의 각 종 선거에 있어서의 유권자들의 투표행태를 민주화 이전의 그것과 비교하면서 분석하고, 제2부에서 역대 대통령의 리더십, 행정부와 사법부의 역학관계, 정권교체와 정부업무의 안정성 및 연속성 확보 문제를 다루고, 제3부에서 중산층의 정치의식과 정치·행정문화를 구명하고 있다.

안진 교수의 『미군정과 한국의 민주주의』는 미군정이 점령목적에 따라 일제 식민지 통치기구를 재편하면서 국가기구를 어떻게 만들어갔는지를 행정관료제, 경찰, 국방경비대, 사법체제 등으로 나누어 살펴보고 있다. 경찰과 군 간부들이 과거 어떤 경력을 가지고 있었는지에 대해서도 소개하고 있다.

이정식 교수의 『대한민국의 기원』은 이 분야에 관해 나온 연구결과 중에서는 최고봉에 있는 업적으로 제1부에서 조선왕국이 소멸되기까지의 국제정세와 해방 후에 국토가 분단되고 분단이 고정되는 과정에서의 국제관계를 다루고, 제2부에서 해방 후에 남한정국을 이끌었던 4명의 지도자들을 중심으로 해방전후사를 살펴보고 있다. 이 책은 냉전 이후 공개된 소련의 자료를 바탕으로 미국이 처음부터 남한을 반공보루로 만들려는 정책을 가졌고 분단의 책임이 미국과 남한의 우파들에게 있다고 주장하는 커밍스류의 주장이 완전히 틀렸다는 것을 나타내주는 책이다.

필자의 『한국정치의 분석과 이해』는 첫째, 국제정치적 시각에서 한국의 분단과 상호 적대적인 체제의 수립, 남북한 관계, 그리고 북핵 문제를 다루고, 둘째, 정치경제적 시각에서 우리의 사회경제적 조건은 한국정치에 어떠한 영향을 미치고 한국정치는 우리 경제에 어떠한 작용을 하고 있는가를 살펴보고, 셋째, 한국의 정치문화는 어떠한 특성을 가지고 있는지 구명하고, 넷째, 한국의 정치제도와 과정은 어떠한 특성을 가지고 있는지 분석하고 있다.

손호철 교수의 『해방 60년의 한국정치』는 48년 체제를 극우반공체제, 61년 체제를 개발독재체제, 87년 체제는 정치적 독재부분을 해체한 61년 체제, 97년 체제는 이 체제에서 남은 반쪽인 국가주도형 정치경제체제를 해체한 체제로 보고, 주로 61년 체제수립 이후의 한국정치를 진보적 시각에서 분석하고 있다.

박기덕 세종연구소 소장의 『한국 민주주의의 이론과 실제』는 한국 민주주의의 공고화와 안정화라는 시각에서 노태우, 김영삼, 김대중 시대의 민주정치를 분석하고 있다. 그는 절차적 민주주의가 원칙대로 작동하지 않기 때문에 실질적 민주주의가 실현되고 있지 못하지만 실질적 민주주의를 실현하기 위한 수단과 과정이 이상적으로 작동하지 않기 때문에 실질적 민주주의가 절차적 민주주의보다 우월한 복지를 가져다준다는 보장은 없다고 주장하고 있다. 그는 자유민주주의, 참여민주주의, 사회민주주의 중 어느 것도 다른 것보다 우월한 복지를 보장하지 못하므로 기본원리에 충실한 것이라면 이 세 민주주의 중 어떠한 민주주의도 민주주의로서 충분하다고 강조하고 있다. 그리고 한국 민주주의의 개혁과제는 제도라는 하드웨어보다는 정치 주체의 태도와 행태와 같은 소프트웨어에 있다고 보고 이의 개선을 주장하고 있다.

김만흠 박사의 『민주화 이후의 한국정치와 노무현 정권』은 그의 『전환시대의 국가체제와 정치개혁』의 후속편으로 노무현 정부의 탄생경로와 그 이후의 국정상황을 논의하고 주요 정치적 과제를 인권, 리더십, 선거, 국민통합으로 나누어 살펴보고 있다.

진덕규 교수의 『한국 정치와 환상의 늪』은 한국정치가 민주화 투쟁의 시기로부터 민주주의 시대로 바뀌었음에도 불구하고 조선왕조 시대의 정치와 크게 다를 바 없다고 보고 이의 개혁을 위한 청사진을 제시하고 있다. 이 책의 제1장에서는 포퓰리즘과 플루토크러시의 위험을 극복할 수 있는 체제로 시민참여체제를 제안하고 있고, 제2장에서는 무익한 이념갈등을 지양하고 삶의 일상성을 담을 수 있는 이념적 지표로 시민주의를 제시하고 있고, 제3장에서는 여태까지의 한국 정치의 지배세력은 좌우파의 패거리 직업 정치인들이었는데 앞으로는 새로운 지도자와 지도 세력이 등장하는 시민 정치인의 시대가 개막되어야 한다고 강조하고 있고, 제4장에서는 권위주의 시대의 도전과 저항, 시위와 투쟁이 지연이나 학연을 중심으로 하는 패거리 정치문화로 전락하고 있는데 대한 우려를 표명하고 있고, 제5장에서는 한국 정치가 의회민주주의로부터 심의민주주의로, 바람난 시장주의에서 인격적 공동체주의로, 그리고 유사 시민사회로부터 진정한 민주사회로 발전해야 된다고 주장하고 있다.

강명세 박사의 『한국의 노동시장과 정치시장』은 제1부에서 노동조합의 성장과 쇠퇴, 노동조합의 거시경제에 대한 영향, 한국 노동운동을 다루고, 제2부에서 노동의 정치세력화와 밀접한 연관이 있는 정치시장의 구조를 분석하고, 제3부에서 정치시장의 가장 핵심적 구조로 부상한 지역주의를 분석하고 있다.

송경재 교수의 『사이버 공동체와 민주주의』는 사이버 공동체와 오프라인 공동체의 정치참여 방식은 어떠한 차이가 있고, 사회적 자본 이론은 사이버 공동체에 얼마나 적용가능하고, 한국의 사이버 공동체가 민주적 공론장으로 발전하기 위한 조건은 무엇이고, 사이버 공동체의 종류에 따라 사회적 자본형태와 사회 · 정치참여 경향에는 어떠한 차이가 있는지를 검토하고 있다.

지충남 박사의 『지방정치와 엘리트, 시민사회단체, 주민참여』는 순천과 나주에서 활동하고 있는 엘리트, 시민사회단체, 주민을 대상으로 설문조사를 실시하여 이들의 구성적 특성, 지방정치에의 참여행태, 정치문화, 지역편견 의식을 분석하고 있다.

심지연 · 김민전 교수의 『한국 정치제도의 진화경로』는 미군정에서 현재에 이르기까지 선거, 정당, 정치자금 제도의 변화과정에서 드러난 정치행위자들의 의도, 갈등양상, 이들 각각의 제도에 반영되어 있는 정치권력과 자원의 배분원칙, 그리고 제도가 정치적 결과에 미치는 영향 등을 분석하고 있다.

하용출 교수의 『후발 산업화와 국가의 동학』은 산업화 과정상에서 상공부 조직의 변화를 이해하는데 기본적인 것은 대통령의 후진성에 대한 인식과 이의 조속한 극복을 위한 급박성임을 밝히고 있다, 그는 이 책에서 대통령의 급박한 산업화에 대한 의욕이 인사정책의 측면에서 실적주의와 지역주의의 교묘한 배합을 초래하고 행정조직의 대내외 경계를 매우 흐리게 했고, 그 결과 상공부 자체의 관료제적 성격은 강화되지 못하고 오히려 정반대로 공동화되는 과정을 겪었다고 주장하고 있다.

김충남 교수의 『대통령과 국가경영』은 현대사를 자학적으로 해석하고 대통령을 지나치게 비판적으로 보는 풍조를 비판하고 역대 대통령들의 역사적 공헌과 위상을 올바로 이해해야한다는 시각에서 역대 대통령들의 비전, 국정 우선순위 설정, 인재등용, 관리능력, 위기대처능력, 목표달성의지, 도덕심, 그리고 업적을 살펴보고 있다.

김호진 교수의 『대통령과 리더십』은 정치인이란 성장과정에서 상처받은 자존을 보상하려는 욕구, 다시 말해 콤플렉스에 대한 보상욕구가 권력욕으로 나타난 사람이라는 해롤드 라스웰의 시각을 이승만 대통령부터 김대중 대통령까지 적용해서 그들의 리더십을 분석하고 있다.

정병준 교수의 『한국전쟁』은 미국이 소장하고 있는 전쟁 당시 북한 노획문서와 소련이 공개한 문서를 자료로 하여 남한이 북한을 "provoke"해서 전쟁이 일어났다는다는 커밍스의 주장을 부정하고 있다.

유병곤 국회 수석전문위원의 『갈등과 타협의 정치』는 국회 원구성에 대한 의사결정과정이 승자독식의 다수결 방식에서 정당 간 협상과 절충에 의한 합의제 방식으로 전환된 원인을 분석하고 있다.

이은영 교수의 『관습의 정치』는 한국 정치를 움직이는 것은 법률이 아니라 관습이라고 보고 이 관습을 국회, 정당, 선거의 세 영역으로 나누어 분석하고 있다. 이 교수는 2004년부터 2007년까지의 열린우리당 국회의원으로서의 자신의 경험을 바탕으로 이 책을 저술하였다.

이완범 교수의 『한국해방3년사』는 해방3년을 한국민족주의가 좌절된 시대로 보아야 하는지, 그렇지 않으면 대한민국의 성공신화가 시작된 시대로 보아야 하는지, 혹은 실패도 아니고 성공도 아닌 중간쯤의 시대로 보아야 하는지에 대한 답변을 해주는 책이다.

김홍우 교수의 『한국 정치의 현상학적 이해』는 숨겨진 민주정치를 드러내는 작업과 숨겨진 압제를 드러내는 작업이 정치현상학의 과제라고 정의하고 왕조시대의 한국 정치와 현대 한국의 헌법과 정치를 이와 같은 시각에서 평가하고 있다.

홍득표 교수의 『한국정당개혁론』은 현대정당의 보편적 특성과 한국정당의 특수한 특성을 종합적으로 분석하고 한국정당의 개혁방향을 제시하고 있다.

박찬표 교수의 『한국의 국가형성과 민주주의』는 국가형성에 있어서의 미군정의 역할을 군사점령과 점령통치기구 수립(1945년 9월~12월), 반공체제의 형성(1946년 1월~5월), 남한국가의 기반확대 및 개혁시도의 좌절(1946년 5월~1947년 6월), 반공체제 강화와 자유민주주의 제도화(1947년 7월~1948년 8월)의 네 시기로 나누어 살펴보고 있다.

이정식 교수의 『몽양 여운형』은 제1부에서 그의 출생배경, 중국유학, 3・1운동의 촉발역할, 임시정부 수립 참여, 일본 도쿄에서의 조선독립필수론과 동양평화론 역설, 고려공산당 가입, 모스크바 동양피압박민족대회 참석과 레닌 등 공산당 간부들과의 만남, 중국혁명운동에서의 적극적인 고문역할, 일경에 의한 체포와 옥중생활, 조선중앙일보사장 시절의 활동을 다루고 있다. 이 교수는 몽양이 조선독립에 도움이 된다면 좌우를 가리지 않고, 또 적과 동지를 가리지 않고 그 속에 들어가서 활동하였고, 그 때문에 좌우의 양분론적인 척도를 버려야만 몽양을 옳게 이해할 수 있다고 역설하고 있다. 이 책의 제2부는 일제로부터 해방 이후 분단을 막고 통일정부를 세우기 위한 몽양의 노력을 기술하고 있다. 몽양과 건준, 인민공화국, 인민당, 소련 점령군, 미 군정과의 관계를 명확하게 기술하고 있다. 이 책은 몽양이 공산주의자들과 소련의 앞잡이였다는 우파의 주장도 정확하지 못하고, 인공이 정통성이 있는 정부였고, 미국과 이승만 박사가 분단의 원흉이라는 좌파의 주장도 틀리다는 것을 명백하게 보여주고 있다.

정진민 교수의 『한국의 정당정치와 대통령제 민주주의』는 유권자들의 교육수준 및 가치정향의 변화, 매체환경의 변화 등 우리 정당을 둘러싸고 있는 제반 환경적인 요인들과 우리가 갖고 있는 대통령제라는 정부형태의 틀 속에서 작동 가능한 정당제도를 모색하고 있다.

한정일 교수의 『증보개정판 한국정치사회변동론』은 민코프스키가 1905년에 발표한 4차원 시・공간론의 시각에서 해방 이래 김대중 정권까지의 정치사회변동을 분석하고 있다.

임동원 전통일부장관의 『피스 메이커』는 그가 어떻게 북한과 접촉하고 협상하였는지를 자신의 체험담 형식으로 보고하고 있다.

이상 소개한 제6공화국시대의 단행본들은 민주화 시대의 자유로운 분위기를 반영하고 있다. 무엇보다도 첫째로 이 시대에는 그 이전 시대에는 찾아볼 수 없었던 좌파 정치경제학적 접근법을 한국정치연구에 적용한 책들이 나왔다. 좌파 정치경제학이라고 할 때 그것은 교조적인 것부터 네오 마르크시스트적이거나 혹은 자유주의적인 것까지 다양한 정치경제학을 가리키나 이러한 접근법을 선호하고 있는 한국 정치학자들은 대체로 네오 마르크시스트적이거나 자유주의적인 네오 마르크시즘에 경사되고 있다. 이것은 이러한 접근법을 선호하고 있는 정치학자들이 대부분 미국 유학생 출신이라는 점과 관계가 있다고 보아야 할 것이다. 마르크스와 그람시 같은 좌파 사회과학자들의 저서들이 해금되기 시작한 것은 제5공화국 전두환시대부터이나 이들의 이론을 한국 정치에 적용한 책은 민주화를 이룩한 제6공화국 노태우시대부터 나오고 있다. 이 책들은 역대 정권들을 반민중적인 정권으로 보고 있고 그들의 경제적 업적은 반민중적 정책의 당연한 결과로 보는 특징이 있다. 이와 같은 주장은 노태우시대가 민주정치를 다시 개막한 시대이지만 민주화 운동세력으로의 정권교체에 실패한 시대였기 때문에 이에 좌절감을 느끼고 있던 많은 청년 학생들에게 호소력을 발휘했다. 최장집, 김세균, 손호철 교수의 책들이 이러한 책에 속한다.

둘째로 이 시대에는 바로 얘기한 좌파 정치경제학과는 달리 한국의 경제발전에 있어 국가의 역할과 이의 순작용과 부작용을 구명하는 정치경제학적 연구들도 많이 나왔다. 노태우시대의 Jung-en Woo, 김석준, 박광주 교수의 책들, 김영삼시대의 김병국, 이종찬, 조인원 교수의 책들, 김대중시대의 윤영관 교수의 책, 노무현시대의 김일영, 선학태, 하용출 교수의 책들이 이러한 연구업적에 속한다.

셋째로 한국 정치의 분석에 자본주의 시장경제학의 합리적 선택이론을 적용한 연구업적도 이 시대부터 나오기 시작했다. 합리적 선택이론은 미국 정치학계에서 행태주의 정치학의 열풍이 지나 간 다음 이에 대신해서 중요한 정치학 패러다임으로 각광을 받고 있는 이론이다. 조기숙, 박효종, 김재한 교수가 이러한 접근법을 택하고 있는 대표적 정치학자들이다. 임혁백 교수는 시장의 실패와 국가의 실패를 모두 막을 수 있는 정치체제의 수립을 주창하고 이러한 체제의 수립에는 탈시장주의적 접근법이 필요하다고 역설하고 있으나 그의 한국정치 분석은 합리적 선택이론에 입각한 게임이론을 적용하고 있기도 하다.

넷째로 민중세력, 노동세력, 혹은 진보세력의 집권만이 한국 정치의 반민중성을 제거할 수 있다고 보는 좌파 정치경제학적 한국 정치론과는 대조적으로 한국 정치의 달성목표를 우선은 구미와 일본의 선진민주주의에서와 같이 좌우파 세력이나 여야가 균형을 이루는 정치에 두고 있는 한국정치론 단행본도 이 시대에 많이 나왔다. 윤형섭, 민준기, 김호진, 김영명, 신명순, 김용호, 안병만, 박기덕, 진덕규 교수의 책들, 그리고 필자가 낸 책들은 이러한 입장을 가지고 있는 책들이다. 이러한 입장은 사실상 한국정치학자들의 대부분이 가지고 있는 입장이다.

다섯째로 제6공화국시대는 제1공화국시대에 윤천주 교수가 그 도입을 적극적으로 권장했던 행태주의가 한국정치연구에 그 이전 어느 시대보다도 활발하게 적용된 시대이다. 이러한 연구경향을 나타내는 책들로는 김광웅, 박찬욱, 어수영, 양성철, 신명순, 류근일, 이갑윤, 백선기, 강원택, 안병만, 송경재, 지충남, 심지연・김민전 교수의 책들이 있다.

여섯째로 미국에서는 행태주의적 연구의 대상으로 일반 시민들뿐만 아니라 대통령과 같은 정치지도자들도 포함시키고 있는데 이러한 연구는 제6공화국 노무현 시대에 많이 나왔다. 정윤재, 함성득, 김충남, 김호진 교수와 이진곤 논설실장의 책들이 이러한 책에 속한다.

일곱째로 제6공화국시대에는 전통주의 정치학의 방법으로 한국정치의 여러 국면을 미시적으로 구명하고 있는 연구업적들도 나왔다. 박명림, 박종성, 신복룡, 심지연, 남시욱, 이정식 교수의 책들이 이러한 책들이다.

제6공화국시대는 많은 정치학자들이 오랜 기간의 권위주의 시대의 심리적 억압에서 해방되어 자유롭게 한국정치를 연구하고 한국정치론이 한국정치학의 중요한 연구 및 교육 분야로 자리를 잡아가기 시작한 시대이다. 바로 살펴본 바와 같이 다양한 연구방법을 이용한 연구결과가 한국정치 분야에서 수없이 많이 나온 시대이다. 그러나 이 시대의 단행본들에 나타난 한국정치론은 극소수의 "진보적" 한국정치론과 대다수의 보통 한국정치론의 두 가지로 나눌 수도 있다. 이 두 한국정치론은 모두 한국정치의 진보를 바라는 점에서 같다. 보통 한국정치론도 "진보적" 한국정치론 만큼 한국정치의 진보를 바란다. 다만 두 한국정치론은 한국정치의 진보를 — 구체적으로는 사회구성원들 간의 정치적, 경제적, 사회적 평등을 — 어느 정도까지 추진해야 하고 이를 어떻게 이룩할 수 있느냐의 문제에 있어 다른 해답을 제시하고 있다. 제6공화국시대에 나온 "진보적" 한국정치론 책들은 그 수가 작지만 그 수보다는 훨씬 큰 영향을 한국정치론 분야에 미쳤다고 볼 수 있다. "진보적" 한국정치론이 보통 한국정치론과 서로 상반되는 것은 아니다. 한국정치에 대해 많은 면에서 같은 분석과 평가를 내리고 있다. 이 두 정치론이 어떻게 다른가를 한국정치 전공자인 최장집 교수와 손호철 교수가 쓴 저서의 내용을 통해서 살펴보기로 한다.

최장집 교수와 손호철 교수의 대표적 저서는 각각 『민주화 이후의 민주주의』(2002)와 『현대한국정치』(1997) 이다. 『민주화 이후의 민주주의』는 중앙일보의 상을 받았고, 『현대한국정치』의 초판인 『해방50년의 한국정치』는 시사저널이 1995년에 사회과학 부문의 '올해의 책'으로 선정한 책이다.

최 교수는 『민주화 이후의 민주주의』 제1부에서 한국정치에 대해 세 가지 진단을 내리고 있다. 첫째, 그는 한국민주주의는 1987년부터 2002년까지 우리 국민들의 투표율이 점점 하락하고 있고 보수와 극우만을 대표하는 정치적 대표체제를 가지고 있기 때문에 위기라고 주장하고 있다. 둘째, 이러한 민주주의의 결과로 계급구조의 양극화가 권위주의 시대보다도 더욱 심화되고 중산층 중심사회가 해체되고 있고(최 교수는 중산층 중심사회에 대해서도 그 보수성 때문에 비판적인 견해를 가지고 있다), 사교육비의 증가로 교육의 기회에도 불평등이 심화되고 있고, 수도권으로의 중앙집중화가 더욱 심화되고 있고, 서민층에 대한 상층계급의 오만과 차별은 강화되고 있다고 주장하고 있다. 셋째, 민주화 이후의 민주주의는 냉전반공 이데올로기를 재강화하고 있는 보수언론이 지배하고 있고, 그 최대 균열은 대표된 정당체제와 대표되지 않은 사회에 있고, 대학 캠퍼스와 시민운동단체들을 포함한 한국사회는 안락한 보수주의에 빠져있다고 주장하고 있다.

그는 제2부에서 보수적 민주주의의 기원은 냉전반공주의, 권위주의적 산업화, 그리고 민주화 이행의 보수적 종결에 있다고 주장하고 있다. 민주화의 보수적 종결은 한국 민주화의 두 단계와 주요 정당들이 모두 보수적 지역정당이란 사실을 가리킨다. 그에 따르면 한국 민주화의 1단계는 1980년의 광주항쟁이고 2단계는 1987년 6월 항쟁이다. 그런데 6월항쟁의 결과인 6・29 선언에는 양김의 분열을 위한 분리통치전략이 전제되어 있었고 그 때문에 6월 항쟁은 보수적으로 종결되었다고 그는 주장하고 있다. 이뿐만 아니라 평민당-민주당-국민회의-새천년민주당, 민정당-민자당-신한국당-한나라당, 통일민주당-김영삼 민주계는 이념적 차이가 없는 보수적 정당들이라고 주장하고 있다. 어느 정당이 집권했어도 정책적으로는 차이가 없었을 것이라는 주장이다. 여기서 또 한 가지 지적할 점은 그는 냉전반공주의의 폐해와 관련해서 이승만 대통령의 잘못을 크게 강조하고 있다는 점이다.

제3부에서는 민주화 이후의 국가, 시장, 시민사회를 다루고 있다. 그는 민주화 이후의 국가가 권위주의시대는 물론 노태우시대와도 달리 무기력하고, 행정관료 엘리트의 권력은 권위주의시대보다 더 커져 국가는 관료행정기구에 포획되어 있고, 대통령은 강력한 대통령에서 허약한 대통령으로 변하였고, 그 때문에 관료들은 유능한 관료에서 무능한 관료로 변하였다고 주장하고 있다. 민주화 이후의 시장에서는 김대중 정권이 권위주의 산업화과정에서 만들어진 재벌이 독점하고 노동이 배제되는 시장을 개혁하지 못했다고 비판하고 있다. 이러한 시장개혁의 계기가 민주화와 IMF의 요구와 같은 세계화에 직면하여 도래했음에도 불구하고 개혁을 하지 못했다고 비판하고 있다. 그 결과 재벌과 국가의 힘의 관계에서 국가의 일방적 우위는 사라졌고 재벌은 이제 국가에 의해 통제되기 어려운 영향력을 갖게 되었고, 노동의 배제는 법·제도 차원의 일정한 변화에도 불구하고 실질적으로는 지속되고 있다고 주장하고 있다. 마지막으로 민주화 이후의 시민사회에서는 시민사회는 이제 더 이상 그 이전 민주화운동에서 보여주었던 건강성을 가지고 있지 못하다고 비판하고 있다. 그는 한국에서는 사익의 결사체가 중심이 되고 있는 서구의 시민사회와는 달리 공익을 위해 운동하는 시민단체가 중심이 되는 시민사회가 중요하다고 강조하고 있다. 민주화 이후 권위주의시대의 중심 지주였던 거대 기업, 거대 자율적 이익결사체, 거대한 이데올로기 기구와 제도들의 자율성이 증대하였으나 이들은 자유화와 민주화에 공헌하기보다는 냉전반공주의 이념, 가부장적 권위주의, 온정적인 권위주의를 강화하고 있을 뿐이라고 주장하고 있다. 김영삼 정권은 이러한 시민사회를 이용하여 헤게모니를 장악하는데 성공했으나 김대중 정부는 공익을 위해 운동하는 시민단체와 연대·협력하였으나 전자의 기득 헤게모니세력에 대해 단호한 태도를 유지하지 못함으로써 시민사회 운동부문의 적극적인 지지도 확보하지 못하고 헤게모니 장악에도 실패했다고 주장하고 있다.

한마디로, 최 교수의 주장은 민주화 이후 한국민주주의의 상황과 결과는 권위주의시대보다 더 못하거나 이 시대와 같고, 그 원인은 이 민주주의가 냉전반공주의에 기반을 두고 있고 보수세력과 극우세력만을 대표하는 보수적 민주주의라는 사실에 있다는 것이다. 그리고 최 교수는 한국에서 냉전반공주의가 기원한 해방 3년의 한국정치와 북한의 남침에 대해서는 커밍스와 비슷한 견해를 가지고 있다.

손 교수의 『현대한국정치』는 그가 각 시대에 대해 쓴 논문들의 모음이나 전체적으로 볼 때 한국정치의 발전과정을 한국자본주의의 발전과정과 관련해서 구명하고 있다. 그는 한국정치의 연구접근법에 있어 정치를 경제와 분리해서는 안 된다고 강조하고 있다.

그의 책은 시대별 고찰에 들어가기 전에 제1부에서 한국정치에 대한 다음과 같은 연구방법을 제시하고 있다. 한국정치의 분석에 있어 첫째, 내인과 외인이라는 이분법에서 벗어나 외적 동학이 어떻게 내적동학과 접합되어 있는지를 살펴보아야 한다. 둘째, 경제결정론과 정치결정론에서 벗어나 토대가 어떻게 정치를 규정하고 있고 정치는 상대적 자율성을 갖고 어떻게 토대에 반작용하고 적극적으로 개입하는지 구명해야 한다. 셋째로 구조적 인과성만을 강조하는 구조결정론과 행위자들의 주관적 선택만을 강조하는 자발주의의 양 편향을 벗어나 구조와 행위의 상호관계도 살펴보아야 한다. 넷째, 사실을 절대시하는 실증주의와 이론을 절대시하는 이론주의의 양 편향을 벗어나 이론과 사실의 상호수정과정을 수용해야 한다. 다섯째로 사건사적 분석을 절대화하는 사건사적 편향이나 역으로 높은 구조사적 분석만을 강조하는 구조사적 편향을 모두 경계하고 분석수준의 위계성에 기초한 중층결정의 동학에 주목해야 한다. 여섯째, 전 한반도적 시각을 견지해야 한다. 일곱째, 한국정치론의 이데올로기성을 인정하면서도 모든 문제가 관점의 차이라는 상대주의로 귀결되면 안 되고 끝까지 절대적 진리를 추구해야 한다.

손 교수는 제2부에서 해방 3년에 대한 커밍스의 연구를 비판하고 있다. 그의 비판은 다른 학자들과는 달리 이론적 비판이다. 첫째로 커밍스는 19세기 조선사회를 봉건제 사회였던 일본사회와는 달리 베링톤 무어가 중국사회에 대해 말했던 것과 같은 농업관료사회로 보고 있고, 또 조선에는 일본과 달리 자본주의 맹아가 없다고 말하고 있는데, 이것이 아직 단정하기 어려운 논쟁 중에 있는 이슈라고 손 교수는 지적하고 있다. 둘째로 손 교수는 커밍스가 일제하 한국사회의 성격에 대해서 명확한 입장을 가지고 있지 않다고 지적하고 있다. 커밍스는 일본제국주의가 한편으로는 지주양반제도를 영속화시켰으나 다른 한편으로는 한국의 유례없이 빠른 공업화를 이룩해냈다고 주장하고 있다. 그러나 그는 이러한 공업화에도 불구하고 일제하 한국사회를 자본주의사회구성체로 보고 있지 않다. 그는 일제시대의 공업화와 임금노동의 창출은 일제의 종말과 더불어 사라진 단순한 외부의 이식물이라고 보고 있다. 그러나 이와 같은 일제하 한국사회가 어떠한 성격의 사회인지에 대해 커밍스는 명확한 규정을 내리고 있지 않다. 셋째로 커밍스는 해방 후 한국 혁명의 주력을 농민으로 보고 노동자계급에 대해서는 거의 중요성을 부여하고 있지 않은데, 손 교수는 이 점을 의아스럽게 보고 있다. 특히 커밍스가 한국이 식민지로서는 성장된 노동계급을 가지고 있었다고 말하면서도 전국노동조합평의회와 같은 노동운동과 노동자 계급분석은 10월 총파업에 관한 약간 상세한 언급과 미군정의 탄압과 관련된 간략한 설명 이외에는 찾아볼 수 없다고 비판하고 있다. 넷째로 커밍스는 일제하 한국에 민족자본가계급은 생겨나지 않았다고 보는데, 손 교수는 이에 대해서도 의아스럽게 생각하고 있다. 다섯째로 커밍스는 미국의 대한정책 결정과정을 관료정치모델로 살펴보고 있는데 손 교수는 이에 대해 불만이다. 미국의 대한 정책에 대한 관료적 갈등의 기원은 미국 내 자본분파들의 세계전략의 차이에서 나온 것인데, 커밍스는 이를 보지 못하고 있다고 손 교수는 비판하고 있다. 여섯째로 커밍스는 미국의 대한정책을 설명하는데 미국인의 "훈훈한 선의", "자비적 순진성", "오만한 자기중심주의"와 같은 주관주의적이고 문화주의적인 설명을 하고 있는데 손 교수는 이에 대해서도 불만이다. 일곱째로 커밍스는 혁명의 주체로서의 농민계급에 대해서 중농이 더 혁명적이었다는 중농테제를 내놓고 있는데, 손 교수는 중농이 초기에는 혁명적일 수 있으나 나중에는 자신의 소자산가적 계급의식 때문에 보수화되는 한계가 있다고 비판하고 있다.

같은 2부에서 손 교수는 한국전쟁이 한국정치의 이데올로기 지형, 국가, 지배연합에 미친 영향을 분석하고 있다. 그에 의하면 한국전쟁은 해방정국의 좌경 반쪽 이데올로기 지형을 우경 반쪽 이데올로기 지형으로 전환시켰고, 국가의 성격을 국가자본주의체제에서 종속국가독점자본주의체제로 변모시켰고, 지배연합면에서는 친일지주를 몰락시키고 종속자본을 부상시키고 군을 지배적 사회세력으로 등장시켰다.

손 교수는 그의 책 제3부에서 "1950년대의 이데올로기: 극우, 반공 일색이었나?"에서 1950년대에 지배정치 이데올로기와 지배사회 이데올로기에 대항한 대항정치 이데올로기와 대항사회 이데올로기가 진보당, 사회민주주의론, 평화통일론에서 보는 바와 같이 있었다고 주장하고 있다. 그는 "1956년과 63년 대선: 조봉암, 박정희 득표는 잔존 좌익의 지지였나?"에서 그렇다고 답변을 하고 있다. 그의 조사에 의하면 56년 선거의 경우 해방정국의 급진지역이 조봉암 우세지역과 상당히 일치하고, 63년 선거에서의 박정희 표는 해방정국의 진보지역과 56년 조봉암 지지세력과 관계가 있다.

손 교수의 책 제4부는 군부통치의 상흔을 다루고 있다. 그는 우선 5·16 쿠테타의 배경과 결과에 대해 논하고 있다. 그는 1950년대 말 한국자본주의의 구조적 위기, 이에 기인한 4·19 혁명과 진보적 운동의 대두, 주체적 역량이 약했던 4·19 혁명의 한계가 쿠테타의 배경, 혹은 원인이라고 주장하고 있다. 구미 학계의 군 연구자들이 말하는 군 내부의 파벌투쟁과 같은 요인은 기껏해야 이러한 구조적 원인 속에서 기능적으로 작용한 가속제에 불과하다고 보고 있다. 그는 4·19 혁명 이후 일어난 진보운동의 궤멸, 군의 정치참여와 억압적인 민중통제의 가속화, 사회일반의 군사문화화를 쿠테타의 결과로 제시하고 있다.

그는 박정희 정권이 이룩한 고도성장은 저임금, 장시간의 노동, 노동자들의 최소한의 기본권을 억압한 국가의 도움에 의한 '고착취'의 결과이고 박 정권이 아니었어도, 예를 들면, 장면 정권이었어도 이 같은 민중억압적인 정책을 폈으면 고도성장을 이룩했을 것이라고 주장하고 있다. 그렇다면 왜 억압적인 라틴 아메리카 국가들은 같은 시기에 고도성장을 못하고 경제적 혼란에 빠졌었느냐의 문제에 대해서는 박정희시대의 국가는 개별자본의 침투로부터 자유롭게 '총자본'적 정책을 펼 수 있는 대내외적 도구적 자율성과 일정 정도의 구조적 자율성을 가지고 있었는데 반해 라틴 아메리카 국가들은 이러한 자율성을 가지고 있지 못했기 때문이라고 주장하고 있다. 그는 분배정의의 부재가 고도성장을 가능하게 하고 이의 존재는 성장속도를 상당히 늦춘다는 가설을 믿고 있고, 그렇더라도 한국은 후자의 길을 걸어야 한다는 신념을 가지고 행동하고 있다.

손 교수는 이러한 시각에 입각해 제3공화국부터 제5공화국까지의 국가와 경제발전에 대해 보다 자세히 논하고 있고 국가성격에 대한 여러 가지 논쟁에 대해서도 자신의 입장을 밝히고 있다. 제5공화국시대의 눈부신 경제발전에 대해서는 국제적인 호조건에 힘입은 바가 크지만 기본적으로는 1970년대 말의 중화학공업에의 투자와 1980년대 초의 산업구조조정정책과 각 종 합리화조치를 기반으로 한 우리 기업의 국제경쟁력 증대의 결과라고 보고 있다.

그 다음 5·18 광주항쟁에 대해서는 이를 단순히 군부의 억압에 항거한 '돌출사건'으로 만 보아서는 안 되고 60년대 이후의 민중배제적인 종속적 자본주의 발전에서 나타난 모순과 위기라는 맥락 속에서 이해해야 한다고 주장하고 있다. 그리고 이 항쟁의 성격에 대해서는 광주시민 전체가 군부의 학살에 대항해 싸운 '민주화 운동' 혹은 '시민항쟁'이 아니라 광주의 대자본가와 부유층은 빠지고 노동자계급, 농민층, 도시중하층 프티부르주아지, 중간계층, 중소자본가들로 구성된 민중들이 주체가 된 '민중항쟁'이라고 말하고 있다. 그는 광주의 경제지표, 계급구성, 5 · 18 참가자와 피해자의 계급 · 직업별 분포, 각종 증언과 삐라 등의 자료를 바탕으로 이와 같은 주장을 하고 있다. 그는 국가와 시민사회의 관계를 보는데 있어서 일부 학자들과 같이 양자 간의 대결로 보면 안 되고 국가+시민사회 내 국가 지지계급과 나머지 민중의 대결로 보아야 한다고 강조하고 있다.

손 교수의 책 제5부는 문민화 이후의 한국정치를 다루고 있다. 그는 우선 한국의 민주화를 설명하는 네 가지 이론을 검토하고 있다. 첫째 전략선택이론은 1987년에 지배블럭은 강경파와 온건파로 분열되어 있었는데 반해 반대세력은 최소주의적 목표를 내세우고 단결했기 때문에 1980년 봄의 실패와는 달리 6 · 29 민주화의 성공이 있었다고 설명하고 있다. 손 교수는 이 설명은 틀렸다고 주장한다. 그에 의하면 지배블럭은 분열없이 강경파의 입장을 고수했고 반대세력과 정면충돌하였으나 반대세력의 힘이 미국의 민주화 지지까지 합쳐져 우위로 나타남에 따라 지배블럭을 온건파로 변신하도록 강제하였다는 것이다. 여기서 미국의 지지는 6 · 29 선언이 전두환의 구상도 아니고 노태우의 구상도 아니고 미국이 이 두 사람에게 설득한 내용이라는 증언을 가리키는 것이다. 이것은 반대세력의 줄기차고도 강력한 사회운동이 결국은 지배블럭을 굴복시켰다는 사회운동론이고 이 이론이 전략선택이론보다 6 · 29 민주화를 더 잘 설명한다고 손 교수는 보고 있다. 그러나 손 교수는 이 사회운동론은 민주화운동의 토대에 대한 구조적 설명을 결여하고 있고 또 미국의 민주화 압력 뒤에 숨겨진 세계체제적 동학을 추적하지 않는 한계를 가지고 있다고 주장하고 있다.

행위자의 행위에 초점을 맞춘 위의 두 이론에 비해 조절이론과 세계체제론은 자본주의 구조에 초점을 맞춘 이론이다. 조절이론은 자본주의가 본원적 테일러주의로부터 실질임금 상승을 허용하는 포드주의로 발전함에 따라 민주주의의 확장을 가져온다고 보고 있는데, 한국도 주변부 포드주의로 자본주의가 바뀜에 따라 민주화가 가능했다고 보고 있다. 이 이론과 관련해서 우리 학계에서는 한국의 자본주의 발전이 시민사회의 성장을 가져왔고 그것이 민주화를 초래했다고 보고 있다. 손 교수는 이러한 설명에 대해서도 불만이다. 그는 민주화는 시민사회의 성장이 아니라 민중부문의 성장의 결과이며 시민사회는 단지 민중과 지배계급이 부딪치는 계급투쟁의 장이지 그 자체가 민주적인 주체는 아니라는 것이다. 세계체제론은 이 체제의 중심국가인 미국의 이해관계에 우리가 관심을 갖도록 한다. 미국이 한국에 민주화 압력을 가하는 것은 그렇지 않을 경우에 일어나는 반미주의를 완화시키려는 목적 뿐 만 아니라 권위주의 국가의 국내시장보호정책을 철폐시키고 노동자들의 요구에 따른 임금상승을 유발시켜 한국 상품의 대미 경쟁력을 약화시키려는 목적도 가지고 있다는 것이다.

다음 손 교수는 김영삼 정권의 국가성격과 김 정권의 개혁이 갖는 한계에 대해 논하고 민중세력의 운동방향을 제시하고 있다. 그는 김영삼 정권의 국가는, 물적 토대와 권력블럭에서는 아직도 파쇼적 부르주아의 성격을 상당히 가지고 있는 독점자본가계급이 지배하고 국가권력의 궁극적 주체로 건재하고 있으나, 지배블럭의 수준에서는 자유주의적 부르주아가 헤게모니적 분파가 된 국가라고 보고 있다. 앞으로의 한국은 김영삼 정권이 권력블럭에 조응화되어 일정 정도 '파쇼화' 되거나 역으로 독점자본가계급이 김 정권의 이니셔티브에 의해 자유주의적 부르주아화하는 방향으로 조응하는 두 가지 길이 열려있다고 손 교수는 주장하고 있다. 김영삼 정권이 추진하는 개혁은 김 정권의 위에서 본바와 같은 구조적 특성 때문에 한계를 가질 수밖에 없고, 이와 같은 한계의 타파를 위해서는 제도권정치권에서의 개혁대연합(구체적으로는 여당의 김영삼 개혁세력과 야당의 김대중 개혁세력의 연합), 민중운동의 활성화와 시민운동의 포섭, 민중운동·시민운동 연대세력+현 정권의 개혁세력+제도정치권의 개혁대연합이 필요하다고 역설하고 있다.

손 교수의 책 제6부는 21세기 새로운 정치를 위한 다음과 같은 다섯 가지 과제를 제시하고 있다. 첫째 우리는 보통 자유민주주의라고 하는 정치적 민주주의를 완성해야 하고 정당구조를 민주화해야 하고 전근대적인 지역주의를 극복해야 한다. 한국정치가 이 세 가지 과제를 완수해야만 이를 매개로 한국정치는 보수 대 진보의 대결르 재편되는 정치적 발전을 이룩할 수 있다. 둘째, 우리는 경제적 민주화를 추진해야 한다. 셋째, 우리는 시회민주화도 추진해야 한다. 넷째, 우리는 남한의 장점과 북한의 장점을 변증법적으로 수렴하면서 최소의 비용으로 최대의 효과를 거둘 수 있는 방식으로 통일을 추진해야 한다. 다섯째, 우리는 우리도 강대국이 되어 다른 약소국들을 수탈하고 누르는 대외전략이 아니라 세계체제의 불평등 구조를 시정하고 평화정착에 기여할 수 있는 새로운 대외전략을 세워야 한다.

보통 한국정치론은 이상 소개한 "진보적" 한국정치론과 어떤 점에서 같고 어떤 점에서 다른가? 보통 한국정치론은 내부적으로 앞서 소개한 바와 같이 다양한 접근법을 가지고 있기 때문에 그 특성을 일률적으로 말하기는 어렵다, 이러한 어려움에도 불구하고 보통 한국정치론이 최 교수의 한국정치론, 그리고 손 교수의 한국정치론과는 각각 어떠한 공통점과 차이점을 가지고 있는지 살펴보면 다음과 같다.

보통 한국정치론은 최 교수와 같이 민주화 이후 민주적 정권들의 업적에 대해 — 성장면에서나 분배면에서나 — 회의를 품고 있다. 또 민주화 이후의 국가와 시장상태에 대해서도 비슷한 평가를 내리고 있다. 한국민주주의의 이념적 스펙트럼이 서구와는 달리 협애하다는 점에 대해서도, 또 그 원인이 냉전반공주의에 있다는 점에 대해서도 어느 정도 동의한다.

그러나 보통 한국정치론은 한국민주주의가 보수와 극우만을 대표하는 정치적 대표체제를 가지고 있다고 보지 않는다. 최 교수는 김대중-노무현계의 정당은 보수, 한나라당은 극우라고 본 것 같은데, 보통 한국정치론은 한나라당을 극우라고 보지 않는다. 극우는 히틀러의 나치당이나 무쏠리니의 파시스트당을 가리키는 용어인데 보통 한국정치론은 한나라당을 그러한 당이라고 보지 않는다. 과거 군부 쿠데타에 동조했던 사람들이 한나라당에 잔존해 있어 극우라고 본다면 이것은 그러한 사람들은 이미 한나라당을 떠났거나 한나라당의 주류가 아니라는 사실을 간과하는 것이다. 또 보통 한국정치론은 이 두 계통의 정당이 정책적 차이가 없는 같은 당이라고 보지도 않는다. 김대중-노무현계의 정당과 한나라당은 김대중시대부터 대북정책, 대미정책, 경제정책, 사회정책, 교육정책, 환경정책 등에 있어 상당한 차이를 나타내고 있다.

주요 여야당을 이념적으로 같은 정당으로 보느냐, 보지 않느냐의 문제는 보는 사람의 이념적 기준에 의해 결정된다. 이렇게 볼 때 최 교수의 판단이 틀렸다고 말할 수는 없다. 그러나 이러한 판단은 여론조사에 나타나는 대부분의 우리 국민들의 판단과는 다른 판단이다. 또 최 교수의 판단에 따라 한국정치를 연구하고 가르친다면 주요 여야당 간의 경쟁과 대결은 관심을 쏟을 필요가 별로 없는 것으로 전락한다. 현재 한국정치학계의 선거연구자들을 비롯한 많은 정치학자들이 주요 여야당 간의 경쟁과 대결을 중요한 연구와 교육의 주제로 삼고 있는데 이는 불필요한 일을 하는 격이 되는 것이다. 군부 통치시대에는 주요 여야당 간의 선거대결의 의미가 매우 제한적이었지만 민주화 이후의 민주주의 시대에는 이 대결이 한국의 장래에 커다란 영향을 미치는 중요한 대결이라고 말하지 않을 수 없다.

보통 한국정치론은 냉전반공주의가 한국정치에 미친 폐해에 대해 최 교수와 어느 정도 동의하지만 냉전반공주의가 오랜 기간 한국정치에서 맹위를 떨친 배경에 대해 그와 다르게 본다. 최 교수는 냉전 상황에서도 일본은 공산당이나 마르크스주의 혁명이론을 당 이념으로 가지고 있던 좌파 사회당까지도 선거경쟁에 참여할 수 있는 정치를 했는데 우리는 그렇지 못했다고 지적하고 있다. 그리고 이러한 반공주의 정책의 책임을 이승만 대통령에게 돌리고 있다. 이승만 대통령이 원래부터 반공주의자임은 주지의 사실이다. 그러나 한국의 반공주의는 그 책임이 이 대통령의 반공정책뿐만 아니라 북한의 남침에도 있다. 북한이 남침함으로써 남한 주민들은 상당수가 그들의 일가친척을 잃었고 재산상의 피해를 보았고 심리적 충격을 받았다. 반공주의든, 무슨 주의든 그것은 개방사회에서는 통치자의 선전만으로 확립되지 않는다. 그것을 뒷받침할만한 생의 경험이 대다수 국민들에게 있어야만 확립되는 것이다. 과거 한국의 철저한 반공주의는 북한의 남침으로 확립된 것이다. 북한의 남침을 경험한 세대들이 아직까지 반공적이고 반북적인 태도를 가지고 있는 것은 북한의 남침이 그들에게 남긴 심리적 트로마(trauma) 때문이다. 이승만 대통령이 이러한 반공적 사회분위기를 매카시즘적으로 이용한 것은 잘못이나 북한의 남침이 없었다면 반공적 사회분위기는 그렇게 견고하게 확립되지 못했을 것이다.

북한의 남침을 커밍스처럼 일제시대부터 시작되었고 해방 3년간의 기간에 나타났던 "혁명세력"과 "반혁명세력"의 갈등에 기원을 두고 이 갈등의 연장선 위에서 "혁명세력"이 통일을 위해 일으킨 내전이라고 주장하는 것은 한국의 장래를 위해 매우 위험하다고 보통 한국정치론은 본다. 전쟁의 원인은 갈등에 있으나 갈등이 있다고 항상 전쟁으로 연결되는 것은 아니다. 갈등과 전쟁은 그 결과가 천문학적인 차이가 나는 서로 다른 차원의 현상이다. 전후 반세기 가깝게 미소간의 심각한 갈등이 있었으나 전쟁으로 연결되지 않았다. 전쟁이 일어났었다면 인류는 망했을 것이다. 휴전 후 반세기 가깝게 남북한 간의 갈등은 심각했으나 전쟁으로 연결되지 않았다. 전쟁이 있었다면 한국 국민들은 현재 1950년대의 수준으로, 혹은 북한 동포들과 비슷한 수준으로 살고 있을 것이다. 우리는 북한의 남침에 대해서 북한이 다시는 이러한 모험을 하지 못하게 단호한 도덕적 입장을 가져야 한다. 6·25 당시 우리 국민들은 북한의 남침을 김일성이 동족에게 가한 용서받을 수 없는 범죄라고 생각했는데 이러한 남침을 "혁명세력"과 "반혁명세력"의 오랜 갈등 때문에 일어날 수밖에 없었던 통일전쟁이라고 보는 것은 이러한 도덕적 자세를 포기하는 것이나 마찬가지이다. 우리는 북한에 대한 햇볕정책과 지원을 계속하고 한반도의 평화적 통일을 위해 노력해야 하나 그것이 북한의 남침에 대한 국민들의 인식에 혼란을 일으켜서는 아니 될 것이다.

보통 한국정치론은 분단의 책임은 미소 양쪽, 또 좌우 정치세력 양쪽에 다 있다고 보거나 소련이나 좌파세력에게 더 있다고 본다. 설사 100보 양보해서 분단의 책임이 미국과 우파세력에게 있다 해도 한반도의 반쪽만이라도 구미의 제도를 채택하고 구미진영에 속하게 된 것은 다행이라고 본다. 정치는 의도보다는 결과로 판단해야 한다고 믿기 때문이다. 남쪽 체제와 북쪽 체제의 결과상의 차이는 이제 확연히 드러났고 어떤 길이 우리 민족을 위한 길이었는가도 판명이 났다고 보통 한국정치론은 본다.

손 교수의 한국정치론은 보통 한국정치론이 따라야 할 점이 많은 한국정치론이다. 한국정치의 연구방법론, 커밍스의 분석방법에 나타난 한계, 한국전쟁의 정치적 영향, 조봉암과 박정희의 지지표 성격, 5·16 쿠테타의 원인과 결과, 박정희의 고도성장정책이 성공할 수 있었던 요인, 5·18 광주항쟁의 원인과 성격, 한국민주화의 설명이론들에 대한 검토, 김영삼 정권의 성격, 한국의 정치적 과제 등을 손 교수는 보통 한국정치론을 가르치는 대부분의 정치학자들보다도 더 엄밀하고 날카롭게 분석하고 있다.

손 교수의 한국정치론이 보통 한국정치론과 다른 점은 한국의 경제발전이 민중과 노동자들의 희생을 바탕으로 이루어졌다는 것을 강조하고 민중과 노동자들의 생활 향상을 위한 운동과 투쟁이 필요하다고 강조하고 있다는 점이다. 그는 민중과 노동자들이 마땅히 받아야 할 대가를 받는다면 한국 경제의 국제경쟁력이 떨어지고 발전이 지체될 수 있다고 생각한다. 그러나 한국경제가 설사 그렇게 되더라도 민중과 노동자들의 생활향상이 절대적으로 필요하다는 것이 그의 신념이다. 보통 한국정치론을 하는 사람들도 상당수가 민중과 노동자들의 희생을 인정하나 손 교수처럼 강한 신념을 가지고 있지는 않다. 대다수의 정치학자들은 경제발전을 최우선 순위에 놓고 그 과실이 후에 민중과 노동자들에게도 돌아가는 길을 채택하는 길 이외에는 한국이 선진국 반열에 오를 수 있는 길이 없다고 생각한다.

손 교수는 김영삼 시대에 모든 개혁세력의 대연합을 주창했으나 이는 일어나지 않았다. 같은 정치적 이념과 정책을 가지고서도 연합하지 못하는 것이 한국정치의 특징이다. 한국의 정치세력들이 서구에서처럼 노선에 따라 제도적으로 통합하지 못하고 분열에 분열을 거듭하고 있는 원인은 어디에 있는가? 그것은 한국의 냉전반공주의나 자본주의 발전과정과 밀접한 관계가 있는가, 그렇지 않으면 또 다른 요인에 있는 것인가? 보통 한국정치론은 이러한 문제의 구명도 한국정치의 본질을 이해하는데 꼭 필요하다고 본다.

2. 『한국정치학회보』 논문

1) 노태우시대 논문

김석준, "한국정권변화의 정치경제: 세계체제・국가・사회계급간의 상호활동을 중심으로"; 박종철, "1공화국의 국가구조와 수입대체산업의 정치구조"(이상 1988년, 22집 1호); 강민, "한국의 국가역할과 국가기구: 국가구조의 재생산과정을 중심으로"; 박광주, "한국의 국가이념과 현실: 자유민주주의 이념과 권위주의적 현실간의 갈등"; 김영명, "한국의 정치변동과 미국: 국가의 정권의 변모에 미친 미국의 영향"; 백운선, "체제세력-반체제세력과 한국정치: 1970년대를 중심으로"; 조중빈, "사회계층과 정치의식"; 나종일, "1952년의 정치파동: 행정부・의회・군부・외국의 상호작용"; 심지연, "반탁에서 찬탁으로: 남한 좌익진영의 탁치관 변화에 관한 연구"; 어수영・이남영, "한국대학생 및 고교생들의 민주의식과 안보의식에 관한 실증적연구: 이념적 갈등을 중심으로"; 최평길, "한국의 정치문화와 진보적 중산계층의 정치의식"(이상 1988년, 22집 2호); 김동성, "한국지식인과 대학생의 민족주의 의식구조"; 윤형섭・김영래, "한국 이익집단의 정치참여에 대한 연구"; 김준한, "한국 제13대 국회 투표권력에 관한 연구"; 진미경, "권위주의 체제와 정당성의 위기"(이상 1989년, 23집 1호); 강민, "한국 국가이론의 재조명: 국가정책의 이론적 위상"; 최병선, "정치경제체제의 전환과 국가능력: 경제자유화의 민주화를 중심으로"; 김호섭, "경제개방의 대응정책: 수입자유화와 환율조정"; 김석준, "국가능력과 산업화 정책의 변동: 한국과 대만의 비교"; 김형국, "산업구조 조정과 국가능력: 자동차산업 사례연구"; 정세욱, "한국의 지방자치사에서 본 정당의 역할: 1952년~1961년"; 정용대,

"한국의 진보정당과 정치발전: 생성과정을 중심으로"; 한정일, "정치사회변동의 정치발전론적 고찰: 1945년~1989년"; 현종민, "선거인의 재편성과 투표: 1987년도 대통령 선거분석"; 권용우 · 이범준 · 송일성, "경기-인천지역의 대통령후보자 선호요인과 득표패턴에 관한 연구"(이상 1989년, 23집 2호); 구범모 · 백종국, "한국의 후발산업화 연구에 관한 문헌비평"; 임혁백, "한국에서의 민주화과정 분석: 전략적 선택이론을 중심으로"; 이정희, "한국 공익단체의 이익표출 구조와 로비활동"; 송근원, "대통령 선거아젠다 분석: 제13대 대통령선거 이슈를 중심으로"; 강치원, "Relational Importance of Legislature and Political Parties for Korea's Political Development"; 차기벽, "90년대 한국정치를 어떻게 해석할 것인가"; 김학준, "심포지엄 논문: 세계질서의 구조적 개편과 한국정치"; 박동서, "심포지엄 논문: 지역주의와 한국정치의 구조적 개편"(이상 1990년, 24집 1호); 현종민, "한국의 정치현실과 정치학 연구자의 사회참여"; 박영호, "국가와 시민사회: 한국 정치변동 분석을 위한 서설"(이상 1990년, 24집 특별호); 이정희, "한국 주요 이익집단의 정치이념"; 안광일, "노사갈등에 대한 국회 역할에 관한 연구"(이상 1990년, 24집 2호); 김영명, "이승만 정권의 흥망과 그 정치사적 의미"; 백영철, "제1공화국의 의회정치에 관한 연구: 의회와 행정부 관계를 중심으로"; 김준한, "국회 위원회 표결처리안건 분석"; 남궁근 · 배병용 · 이시원 · 김영기, "의회 신뢰의 차원 및 영향요인에 관한 연구: 지역언론인에 대한 태도조사를 중심으로"; 김석준, "국가위기이론의 적실성과 제6공화국 국가위기의 경험적 분석"; 신기현, "한국 지도층의 평등인식: 경험적 분석"; 최민자, "한반도 통일에 대한 정치심리학적 접근"(이상 1991년, 25집 1호); 홍관희, "전환점에 선 한국의 민주주의"; 어수영, "한국인의 가치변화와 민주화"; 김세중 · 김종표, "한국 민주화과정의 계량적 분석: 정부의 조치가 개혁요구 변화에 미친 영향을 중심으로"; 정영태, "계급정치의 등장과 한계: 노동조합과 정당을 중심으로"; 권인석, "심리적 변수에 의한 정당선호의 예측"; 한정일, "제6공화국의 기초와 광역의회의원선거를 중심으로"(이상 1991년, 25집 2호); 김영래, "한국 정치자금 제도화에 관한 연구"; 정진민, "한국선거에서의 세대요인"; 김재영, "지방의회의원 및 후보자의 정치적 태도에 관한 연구: 전라북도 지방의회의 경우를 중심으로"; 고세훈, "복지이론, 한국적 현실, 그리고 전망"; 양대현, "한국전쟁과 한미동맹관계: 동맹이론을 중심으로"(이상 1992년, 26집 1호); 안병도, "건국시기 국내정치세력의 해방인식 고찰(Ⅰ): 한국민주당의 건국노선을 중심으로"; 송병록, "한국의 군부통치:

군부통치하 한국의 경제적 발전과 국가계급으로서 군부엘리트의 계급적 성격"; 마인섭, "한국 산업화의 단계, 계급구조와 국가"(이상 1992년, 26집 2호); 이정복, "한국인의 투표행태: 제14대 총선을 중심으로"; 길승흠, "한국인의 정치의식구조 변화: 1963년~1993년"; 박찬욱, "유권자의 선거관심도, 후보인지능력과 투표참여의사: 제14대 총선 전 조사결과를 중심으로"; 안병만, "제14대 총선에 있어서 유권자들의 정당관여와 투표행태"; 이승희, "한국인의 정치적 태도와 행태의 성차연구"; 신기현・김재영・신환철, "지방의회의 역할 갈등에 관한 연구"; 이종선, "전쟁결정에 있어서 민・군 지도자들의 태도(이상 1992년, 26집 3호).

2) 김영삼시대 논문

정용덕, 한국 중앙국가의 구조적 조직"; 김재한, "제14대 대선과 한국경제"; 김광웅, "한국선거연구의 프로네시스를 위하여"; 신도철・최명, "한국의 민주화에 대한 국민지지 성격에 관한 조사연구"; 박통희, "제13대 여소야대 국회의 효율성 논란: 대표성, 능률성, 그리고 전문성을 중심으로"; 박경산, "제14대 대통령선거에 나타난 경제적 투표"; 이상휘, "14대 대선에서 지역감정이 투표행위에 미친 영향: 전북지역 유권자를 중심으로"; 박종성, "전환기 한국의 정치파벌구조와 정치변동방향 연구: 민군 관계와 엘리트 유동성을 중심으로"; 박종민, "정치적 지지의 근원으로서의 매체노출"; 김광수, "한미 양국 의회의 입법전문성 성장 비교"(이상 1993년, 27집 1호); 신복룡, "한국신탁통치의 연구: 미국의 구도와 변질을 중심으로"; 조기숙, "여촌야도의 합리성: 불리언(Boolean) 비교방법의 적용을 위한 시론"; 강명구, "선거와 지역갈등: 구조화 과정과 지역적 시민사회"; 안병만・김인철, "유권자의 정치정향과 투표행태: 14대 대통령선거를 중심으로"; 정용대, "김영삼 대통령의 개혁이념과 한국민주주의"; 이강로, "김영삼의 지도력 유형"; 양병기, "한국의 군부정치에 관한 연구: 정치정향을 중심으로"; 지병문, "지방자치법의 문제점과 지방정치의 활성화 방안"; 정세욱, "지방자치제 하에서의 수도의 법적 지위 및 기능배분에 관한 비교연구"; 이정희, "이익집단 구성원의 정치의식과 정치행태"; 박효종, "지역사회의 힘의 범주에 관한 정치경제학적 연구: 진주 시외버스 터미널 이전문제를 중심으로"(이상 1993년 27집 2호(상)); 김영래, "정치자금제도의 변천과정과 특징 연구"; 김인철, "우리나라 도시중산층의 정치경제적 행태와 사회안정: 서울・부산・대구・대전・광주 등 5개 대도시 중류생활자들을 대상으로"; 박기덕, "노태우 정부의 체제공고화와 개혁주의의 퇴조: 개혁이론의 정립을 위한 시도"; 박종민, "한국에서의 비선거적 정치참여"; 백종국, "한반도 통일의 당면과제에 관한 현실주의적 연구"; 송근원, "대통령 선거아젠다 분석: 제14대 대통령선거 이슈를 중심으로"; 정진민, "정치세대와 14대 국회의원 선거"; 김순양, "집단이익의 갈등과 정부개입에 관한 비교연구: 보건의료정책 분야의 의약분업 사례와 한약조제권 분쟁사례의 비교"; 정희남, "자본주의 국가에서의 규제정책 입안동기: 한국 토지정책의 사례를 중심으로"(이상 1994년, 28집 1호); 양승태, "한국 보수주의 연구를 위한 방법론적 시론"; 박명림, "누가 한국전쟁을 시작하였는가?: 남침-북침 논쟁의 종결을 위한 자료와 사실의 검토와 해석"; 안철현, "이승만 체제의 권력기반과 성격"; 오창헌, "유신체제 제도화의 실패에 관한 연구: 정치적, 제도적 변수를 중심으로"; 김만흠, "정치균열, 정당정치, 그리고 지역주의"; 신명순, "전국구 국회의원제도의 비판적 고찰"; 김재영, "우리나라 지방자치에 있어서 환경문제에 관한 사례연구: 전라북도의 경우를 중심으로"; 황종성, "한국 정보통신산업의 자유화와 국가-재벌의 상호작용: 신제도주의적 접근"; 김형국, "한국 자동차산업의 구조조정전략"(이상 1994년, 28집 2호); 이완범, "미국의 38선 획정과정과 그 정치적 의도: 1945년 8월 10일~15일"; 박명림, "한국의 국가형성, 1945~48: 시각과 해석"; 김재한, "한국 선거예측의 방법론적 모색"; 문용직, "한국의 선거제도와 정당제: 소선거구제와 양당제"(이상 1995년, 29집 1호); 김일영, "박정희 체제 18년: 발전과정에 대한 분석과 평가"; 이갑윤・문용직, "한국의 민주화: 전개과정과 성격"; 박경산, "1995년 지방선거와 신정당구도"; 홍득표, "한국의 정치변동: 군의 탈정치화를 중심으로"; 김녕, "천주교회의 정치적 개입과 교회-국가 갈등: 1970년대 한국의 사례를 중심으로"; 박재정, "국가・시민사회와 가톨릭교회의 관계: 제5공화국을 중심으로"; 전락희, "한국의 전통문화와 민주주의"(이상 1995년, 29집 2호); 김만흠, "한국의 정치갈등과 권력자원"; 박찬표, "제헌국회 선거법과 한국의 국가형성"; 김용철, "제1공화국 하의 국가와 노동관계: 수혜적 포섭에서 약탈적 후원으로"; 김시윤, "전자산업의 발전과 메조 코프라티즘: 제3-5공화국을 중심으로"; 최한수, "6・27 지방선거의 평가: 정당지지 및 지역주의 실태", 박종철, "냉전과 체제경쟁의 정치경제, 1950년대~1960년대"(이상 1995년, 29집 3호); 유정환, "한국문화와 정치: 유교적 정치질서에 대한 문화론적 해석"; 윤영오, "국회개혁에 관한 연구"; 유현석, "자본주의 변화와 한국의 노동정치"; 성경륭, "지방주도적 발전과 분권화 개혁의 추구: 민선 자치단체장의 역할에 관한 소고"; 안병만 · 김인철 · 서진완, "6 · 27 지방선거에 나타난 유권자의 자치정향과 투표행태"(이상 1995년, 29집 4호); 양동훈, "민주화와 권위주의체제 유산의 청산문제: 개념적 분석"; 류상영, "박정희 정권의 산업화전략 선택과 국제 정치경제적 맥락"; 신진, "1995. 6. 27. 지방선거에서 충남도지사 선거를 중심으로"(이상 1996년, 30집 1호); 선학태, "세계화와 한국정치 개혁의 제도화"; 황종성, "한국 정치엘리트의 구조 분석"; 안순철, "한국 유권자의 전략적 투표행태"; 조성렬, "노태우 정권의 경제개혁과 국가전략의 변화"; 구종서, "동아시아 발전모델과 한국"; 최동주, "한국의 베트남전쟁 참전동기에 관한 재고찰"(이상 1996년, 30집 2호); 송은희, "한국의회의 어제와 오늘, 그리고 여성: 여성의 역대 의회진출 현황"; 어수영 · 한배호, "한국 정치문화의 변화와 지속성에 관한 연구"; 박종민, "온정주의 정치문화와 권위주의 통치의 정당성"; 황영배, "정치적 경기변동론과 집권당의 상대적 정치능력"; 박효종, "합리적 노사협상에 관한 정치경제학적 연구: 진주지역 상평공단의 사례를 중심으로"; 신복룡, "한국전쟁의 기원: 김일성의 개전의지를 중심으로"; 황의서, "해방 후 좌우합작운동과 미국의 대한정책: 합작운동의 결과적인 실패와 관련하여"(이상 1996년, 30집 3호); 이명남, "한국에서 대통령제의 적실성"; 황아란, "선거구 특성이 투표율에 미치는 영향: 제15대 국회의원선거 분석"; 김형준 · 우성모, "유권자의 정당지지 분석: 서울지역을 중심으로"(이상 1996년, 30집 4호); 황의서, "해방 후 좌우합작운동에 대한 국내 정치세력의 입장 비교분석"; 서기준, "한국의 정치권력구조 개편에 관한 재고찰"; 김재한 · 아렌트 레입하트, "합의제와 한국의 권력구조"(이상 1997년, 31집 1호); 노병만, "김영삼 정권 권력엘리트의 특성 분석"; 조기숙, "지역주의 논쟁: 비판이론적 시각에 대한 비판"; 유현석, "세계화시대의 민주주의와 신자유주의 정책: 한국과 남미의 노동문제를 중심으로"(이상 1997년, 31집 2호); 신병식, "제1공화국 토지개혁의 정치경제"; 박섭 · 이행, "근현대 한국의 국가와 농민: 새마을운동의 정치사회적 조건"; 안승국, "결사체민주주의와 정치공동체: 국가-시민사회 관계의 대전환 모색"; 강원택, "대통령 선거방식의 제도적 문제점에 대한 연구: 단순다수제와 결선투표제 방식의 비교를 중심으로"; 강명구, "지방자치와 도시정치: 행위자 중심적 해석을 위한 시론적 연구"; 김영호, "한국전쟁 원인의 국제정치적 재해석: 스탈린의 롤백이론"(이상 1997년, 31집 3

호); 이강로, “제3공화국(1963~1972) 정치제도의 정통성과 박정희 정부”; 임수환, “박정희 시대 소농체제에 대한 정치경제학적 고찰: 평등주의, 자본주의, 그리고 권위주의”; 진영재, “정당제도화의 유형과 체제선택의 경험적 논의: 15개 선진자본국가들의 비교연구”(이상 1997년, 31집 4호).

3) 김대중시대 논문

김용직, “한국전쟁과 사회운동: 부루스 커밍스의 사회혁명-내전 가설 비판”; 노병만, “지역할거주의 정치구조의 형성과 그 원인 분석: 지역감정 · 지역갈등 개념을 대신하여”; 김용철, “NIMBY와 PIMFY 현상의 정치적 갈등구조 비교: ‘영광원전 5 · 6호기 건설사업’과 ‘전남도청 이전사업’ 사례를 중심으로”; 김인영, “한국 경제성장과 삼성의 자본축적”; 김시윤, “정책패러다임, 산업구조, 그리고 정책변화: 전자산업 부문의 사례”; 정상화, “선거와 화폐공급의 정치경제: 한국와 일본의 사례를 중심으로”; 곽진영, “정당체제의 사회적 반영의 유형과 그 변화: 한국 · 일본 · 미국의 비교분석”; 주미영 · 황영배, “정치능력의 패러독스: 정치지도자의 재임기간과 상대적 정치능력과의 관계”(이상 1998년, 32집 1호); 강원택, “정치적 기대수준과 저항투표: 단순다수제 하에서 제3당에 대한 지지의 논리”(이상 1998년, 32집 2호); 백종국, “‘동아시아 모델 위기론’에 대한 비판적 고찰: 한국의 외환위기를 중심으로”; 황아란, “국회의원선거의 당선경쟁과 선거구 요인: 제15대 총선 당선자의 선거경쟁도를 중심으로”; 함성득, “한국 방위비 결정모형의 새로운 모색”(이상 1998년, 32집 3호); 전재호, “박정희 체제의 민족주의: 담론의 변화와 그 원인”; 윤성이, “사회운동론의 관점에서 본 한국 권위주의체제 변동: 정치기회구조 개념을 중심으로”; 김재한, “지역구형 의정과 지역할거형 정당에 대한 제도적 처방: 선거구 크기와 전국구의석 배분방식”; 김만흠, “지방정치론과 한국 지방정치의 과제”; 김의영, “사업자단체와 정책변화의 정치: 한국섬유산업연합회의 사례를 중심으로”(이상 1998년, 32집 4호); 임혜란, “한국과 대만의 산업화패턴과 경제위기: 산업정책과 정치연합”(이상 1999년, 33집 1호); 안승국, “한국에 있어 포드주의의 위기에 관한 정치경제적 재성찰: 조절이론의 접근을 중심으로”; 정진민 · 황아란, “민주화 이후 한국의 선거정치: 세대요인을 중심으로”; 최영진, “한국지역주의 논의의 재검토: 정치적 정체성 개념과 동기부여 구조를 중심으로"(이상 1999년, 33집 2호); 양동훈, "한국 대통령제의 개선과 대안들에 대한 재검토"; 어수영, "한국인의 가치변화와 지속성, 그리고 민주화"; 이강로, "한국에서 진보적 노동운동의 성장과 민주주의 공고화의 진행: 1990~1999"(이상 1999년, 33집 3호); 윤종빈, "한국 국회의원의 지역구 활동 정도의 결정원인 분석: 커리어 단계를 중심으로"; 신명순·김재호·정상화, "시뮬레이션(Simulation) 분석을 통한 한국의 선거제도 개선방안"; 이연호, "김대중 정부의 경제개혁과 신자유주의적 국가등장의 한계: 동아시아 개발도상국의 한 사례"; 이승종·유희숙, "지방공직자에 대한 주민접촉"(이상 1999년, 33집 4호); 윤종빈, "국회의원의 역할유형에 관한 비교연구: 지역구활동을 중심으로"(이상 2000년, 34집 1호); 강원택, "지역주의 투표와 합리적 선택: 비판적 고찰"; 강정인, "민주주의의 한국적 수용: 서구중심주의에 비쳐진 한국의 민주화"; 김도종·김형준, "제16대 국회의원 선거결과에 대한 집합자료 분석"; 김일영, "한국의 역대헌법에 나타난 '국가-사회' 관계"; 이갑윤·이현우, "국회의원선거에서 후보자 요인의 영향력: 14~16대 총선을 중심으로"; 이완범, "박정희 군사정부 '5차 헌법개정' 과정의 권력구조 논의와 그 성격: 집권을 위한 '강력한 대통령제' 도입"; 황아란, "경제투표에 대한 정치심리학적 접근: 제15대 대선을 중심으로"(이상 2000년, 34집 2호); 신병식, "한국현대사와 제3의 길: 여운형, 김구, 조봉암의 노선을 중심으로"; 강민·김욱경, "한국에서 금융위기관리 거버넌스의 딜레마"; 김용철·윤성이, "인터넷의 정치적 활용과 16대 총선"; 이종범·윤견수, "정부의 딜레마에 대한 제도적 해결장치의 연구: 노동위원회의 분쟁조정제도 변천을 중심으로"; 홍득표, "정당의 공직후보 결정모형에 관한 연구: 한국정당을 중심으로"(이상 2000년, 34집 3호); 함성득, "한국 대통령의 업적 평가: 취임사에 나타난 정책지표와 그 성취도를 중심으로"; 임성학, "재벌개혁과 정부, NGOs의 역할: 경실련을 중심으로"; 이현출, "무당파층의 투표행태: 16대 총선을 중심으로"; 박동, "한국사회에서 '사회협약 정치'의 출현과 그 불안정성 요인분석"; 지병문·김철홍, "지방사회 운동으로서의 광주 5월 운동"; 김덕준, "정책결정으로서의 사법판결: 분석모형의 논리 및 현실설명력에 관한 검증을 중심으로": 박희봉·김명환, "우리나라 지역사회의 사회자본 증진에 관한 연구: 사회자본 측정과 분석을 위한 시도"(이상 2000년, 34집 4호); 서희경, "대한민국 건국기의 정부형태와 운영에 관한 연구: '대통령 권한의 통제'에 관한 논쟁을 중심으로"; 오충근, "한국전쟁과 소련의 유엔 안전보장이사회 결석: 허사로 끝난 스탈린의 '실리'외교";

심지연 · 김민전, "역대 국회의원 선거구 획정에 대한 평가: 표의 등가성과 정당간 공정성을 중심으로"; 최영진, "제16대 총선과 한국 지역주의 성격"; 박천오 · 윤진훈, "국회 위원회 공무원의 입법활동지원 실태에 관한 실증적 연구: 위원회 공무원과 의원 보좌진의 인식을 중심으로"; 박종민 · 배병룡 · 유재원 · 최승범 · 최흥석, "한국의 지방민주주의와 도시정치문화"; 양재진, "구조조정과 사회복지: 발전국가 사회복지 패러다임의 붕괴와 김대중 정부의 과제"; 김호섭, "아시아 경제위기 이후의 지역주의: 한일 자유무역협정 논의의 전개를 중심으로": 김계동, "한반도 분단 · 전쟁에 대한 주변국의 정책: 세력균형이론을 분석틀로"(이상 2001년, 35집 1호); 류상영, "포항제철 성장의 정치경제학: 정부-기업관계 · 연속논쟁 · 지대추구"; 강휘원, "투표의 등가성을 위한 선거구 획정의 정치와 기법"; 박상훈, "한국의 유권자는 지역주의에 의해 투표하나: 제16대 총선의 사례"; 곽진영, "한국 정당의 사이버 공간을 통한 정치 커뮤니케이션: 새천년민주당과 한나라당의 홈페이지 분석을 중심으로"; 신율, "한국 시민운동의 개념적 위상과 문제점: 경실련과 참여연대를 중심으로"; 이미경 · 임혜란, "한국 여성정치 연구에 대한 비판적 검토"; 김근세, "한국 중앙행정기관의 기능과 구조의 불일치: 삼중 국가관료제"(이상 2001년, 35집 2호); 최정원, "국회 입법과정의 변화와 특징: 입법환경과 입법행위자를 중심으로"; 안순철, "한국정치의 이데올로기적 예측공간 분석: 16대 총선을 중심으로"; 양창윤, "지역 정치문화와 선거: 제주도 국회의원선거를 중심으로"; 박동, "한국 노동조합의 '중앙집권문제'에 관한 연구"; 이현출, "거버넌스와 NGOs: 의약분업 사례를 중심으로"(이상 2001년, 35집 3호); 이동수, "함석헌과 정치평론"; 장훈, "한국 대통령제의 불안정성의 기원: 분점정부의 제도적 · 사회적 · 정치적 기원"; 윤종빈, "16대 총선에서 나타난 현직의원의 득표율증감 분석: 지역구활동 효과를 중심으로"; 이연호, "김대중 정부와 비정부 조직간의 관계에 관한 연구"; 어수영 · 곽진영, "한국인의 정치참여의 변화와 지속성: 남성과 여성의 참여 변화를 중심으로"; 김영수, "한국 노동자 정치운동 연구의 현황과 과제: 노동자 정치운동 연구의 대상을 중심으로"(이상 2001년, 35집 4호); 장수찬, "한국사회에 나타난 악순환의 사이클: 결사체 참여(civic engagement), 사회자본(social capital), 그리고 정부신뢰(confidence in political institutions)"; 배응환, "정부와 전문이익집단의 정책이해, 정치행태, 그리고 이익대변모형"; 심지연 · 김민전, "선거제도 변화의 전략적 의도와 결과: 역대 국회의원선거를 중심으로"; 조기숙 · 김선웅, "총선연대의 낙선운동이 16대 총선 투표율을 낮추었나?"; 진영재 · 조진만, "한국 재 · 보궐선거의 특징을 파악하기 위한 분석틀 제시와 사례 분석: 김영삼과 김대중 정권기를 중심으로"; 황아란, "국회의원후보의 당선경쟁력에 대한 성차(性差) 연구"; 박순애, "환경정책에 대한 주민의 지지와 환경친화적 행위의 결정요인"(이상 2002년, 36집 1호); 홍원표, "한국 민주화의 좌절과 도전에 관한 '이야기 하기': 정치적인 것과 사회적인 것의 제자리 찾기"; 박명림, "국민형성과 내적 평정: '거창사건'의 사례연구: 탈냉전 이후의 새 자료 · 정신 · 해석"; 양동훈, "정치부패의 문제와 민주주의 공고화: 정치체제 접근"; 이정진, "한국의 민주화와 대통령의 권력 변화: 금융실명제와 대선후보 결정과정을 중심으로"; 김시윤 · 김정렬, "한국 경제위기와 정부-기업 관계: 자동차산업과 전자산업의 비교"; 강원택, "투표 불참과 정치적 불만족: 기권과 제3당 지지를 중심으로"; 김영식, "정치개혁으로서의 선거구 획정: 등가성 기준의 강화의 필요성과 효과성을 중심으로"; 김욱, "선거와 정치주식시장"(이상 2002년, 36집 2호); 강정인, "정치 · 죽음 · 진실: 1991년 5월 투쟁을 중심으로"; 이연호 · 임유진 · 정석규, "한국에서 규제국가의 등장과 정부-기업관계"; 류상영, "한국의 경제개발과 1960년대 한미관계: 중층적 메커니즘"; 임성학, "제16대 총선 선거자금의 조달과 지출: 인터뷰자료의 분석"(이상 2002년, 36집 3호); 윤종빈, "국회의원과 선거구민의 관계 연구: 현직의원에 대한 평가를 중심으로"; 정상호, "한국 중소기업 집단의 이익정치: 중기협을 중심으로"; 선학태, "신생민주주의 공고화의 가능성과 한계: 김대중 정권 하의 메크로코포라티스적 사회협약정치의 실험"; 김병완 · 민현정, "한국 NGO의 역할유형에 관한 경험적 분석: NGO 활동가들의 자기인식을 중심으로"; 이신행, "민주화운동 과정에서의 기독학생 운동: 변동영역과 공공성"(이상 2002년, 36집 4호).

4) 노무현시대부터 2008년까지의 논문

조중빈, "한국정치 연구와 문화교차학적 접근"; 안용흔, "선거, 선거압력, 그리고 거시경제정책: 한국에서의 선거의 정치경제학"; 강경태, "한국 대통령선거 어떤 유권자가 참여하나?: 선거관심도를 중심으로"; 박명림, "한국의 초기 헌정체제와 민주주의: '혼합정부'와 '사회적 시장경제'를 중심으로"; 전경옥, "한국 여성의 정치참여와 여성정책에 관한 연구-1960년대부터 현재까지: 정치참여 관련 정책부문"; 강명구, "분권과 발전주의

국가 재구조화: 한국의 경험과 대안적 모색"(이상 2003년, 37집 1호); 김재홍, "김대중 정부의 대북 포용정책에 대한 언론논조와 국민여론의 비교분석"; 채장수, "한국사회에서 좌파 개념의 설정"(이상 2003년, 37집 2호); 윤성이, "16대 대통령선거와 인터넷의 영향력"; 양재진, "노동시장 유연화와 한국복지국가의 선택"(이상 2003년, 37집 3호); Shin-Heang Lee, "Student Christian Movement in the Democratization Process"; Myung-Lim Park, "War, State Terror, and Internal Pacification"; Soo Chan Jang, "The Vicious Circle of Politics in Changing Societies"; Jungug Choi, "Strategic Voting and the Effective Number of Presidential Candidates in New Democracies"; Sunghack Lim, "The Source and Spending of Campaign Funds in 16th General Election"; Yeonho Lee · Yoojin Lim · Sukkyu Chung, "Emergence of the Regulatory State in Korea and the Government-Industry Relationship"; Ji-Yeon Shim · Meen-Geon Kim, "The Strategic Intentions and Results of the Changes of Electoral Systems"; Hyun-Seok Yu, "Domestic Politics of Korea-Chile Free Trade Agreement Negotiation"(이상 2003년 37집 4호); 김선미, "NGO의 정책적 영향력"; 배종윤, "1990년대 한국의 대북정책과 관료정치"(이상 2003년 37집 5호); 오창헌, "제3공화국 정치체제의 유형에 관한 연구"; 오승용, "한국 분점정부의 입법과정 분석"; 어수영, "가치변화와 민주주의 공고화"; 김석우, "기초단체장 충원과정에 관한 연구"; 모종린 · 전용주, "후보경선제, 본선경쟁력 그리고 정당 민주화"(이상 2004년 38집 1호); 조기숙 · 박혜윤, "신뢰의 측정"; 이형철, "1970년대 초의 노동정책의 변화"; 김면회, "한국 금융산업 구조조정과 노동조합운동"; 현재호, "정당간 경쟁연구"; 윤여상, "6 · 25전쟁 납북자 문제의 성격과 해결방안"; 박대식, "정부조직 개편 입법과정의 유형과 변화"; 김의성, "정치자금과 선거결과"(이상 2004년 38집 2호); 채장수, "한국 좌파집단의 인식과 지향"; 강윤희 · 김경미 · 최정원, "한국 정치학에서의 성정치학 연구현황과 제언"; 이광희, "지방 시민사회에 대한 비교사례 연구"; 이병희, "고등학교 시민윤리 교과서에 나타나는 문제점"(이상 2004년 38집 3호); Kang Ro Lee, "South Korea's 'Two Labors' under the Yushin System and Chun's Rule(1972-1988)"; Hee Kyung Suh, "Drafting and Revision in the Founding Constitutional Law of the Republic of Korea"(이상 2004년 38집 4호); 남광규, "신탁정국기(1946년 1월) 정당협력의 실패와 약화"; 문지영, "한국의 근대국가 형성과 자유주

의"; 손호철, "김대중정부의 복지개혁의 성격"; 박명림, "헌법, 헌법주의, 그리고 한국 민주주의"(이상 2005년 39집 1호); 임성학, "17대 총선의 선거자금과 정치개혁의 효과"; 전용주, "후보공천과정의 민주화와 그 정치적 결과에 관한 연구"; 유숙란, "광복 후 국가건설과정에서의 성불평등구조 형성"; 이현출, "한국 국민의 이념성향"; 오미연 · 김기정 · 김민정, "한국정당의 여성국회의원 후보자 공천과 한국의 여성정치"; 조화순, "정보사회의 국가권력과 개인정보"(이상 2005년 39집 2호); 최준영 · 조진만, "지역균열의 변화 가능성에 대한 경험적 고찰"; 양재진, "한국의 대기업중심 기업별 노동운동과 한국복지국가의 성격"; 김영수, "한국 공공부문 노동운동의 투쟁노선에 대한 비판적 고찰"(이상 2005년 39집 3호); Hyun-Chin Lim · Sukki Kong, "The Dynamics of Empowering Local Activism through Transnational Mobilization in Korea: Environmental and Human Rights Movements in Comparative Perspective"; Wang Sik Kim, "The New Mixed Electoral System in Korea: Ticket Splitting, Party Arrangement and Voting Turnout"; Sunghack Lim, "Foreign Capital Entry in the Domestic Banking Market of Korea: Bitter Medicine or Poison"(이상 2005년 39집 4호); 선학태, "한국 민주주의 공고화의 가능성과 한계"; 김용철 · 윤성이, "E-Governance 구축의 전략적 모색"; 김학노, "평화통합전략으로서의 햇볕정책"(이상 2005년 39집 5호); 전진영, "국회의원의 갈등적 투표행태 분석"; 조성대, "투표 참여와 기권의 정치학: 합리적 선택이론의 수리모형과 17대 총선"; 조진만 · 최준영, "1인 2표 병립제의 도입과 유권자의 투표행태"; 정상호, "한국의 이익집단 연구의 분석적 개괄"; 신동면, "한국의 생산체제와 복지체제의 선택적 친화성"(이상 2006년 40집 1호); 조진만 · 최준영, "한국 재 · 보궐선거의 결정요인 분석"; 강휘원, "제17대 국회의원 선거구의 조밀성 측정과 GIS"; 박종민 · 김왕식, "한국에서 사회신뢰의 생성"(이상 2006년 40집 2호); 전재호, "세계화 · 정보화 시대 한국의 정치적 정체성 변화"; 윤종빈, "한국에서의 현직의원 지지에 관한 연구"; 강경태, "리즈렐(LISREL)모델을 통한 17대 한국총선 분석"; 엄기홍, "정치자금의 기부목적, 정책영향 혹은 선거지원?"(이상 2006년 40집 3호); Baekseok Song, "State Form and State Strategy: the Case of South Korea(1998-2003)"; Byong-Kuen Jhee, "Ideology and Voter Choice in Korea: An Empirical Test of the Viability of Three Ideological Voting Models"(이상 2006년 40집 4호); 차동욱, "공간분석 모델을 통해 본 헌법재판소의 전략적 판결과정"; 서희경, "대한민국 건국헌법의 역사적 기원"; 이상묵, "한국의 국회의원 선거제도 변화의 원인분석"; 장훈, "혼합형 선거제도의 정치적 효과"; 한인택, "단기 비이양식 투표제하 정당실책의 분석"; 주성수, "한국 시민사회의 권익주창적 특성"(이상 2006년 40집 5호); 이내영·정한울, "이슈와 한국 정당지지의 변동"; 송백석, "'삼성공화국'현상과 자본주의 국가의 한계"(이상 2007년 41집 1호); 서희경, "남한과 북한 헌법 제정의 비교연구(1947-1948)"(2007년 41집 2호); 강휘원, "한일 선거구획정의 의석재분배 효과 비교분석"(2007년 41집 3호); 엄기홍, "한국 후원회의 정치자금 기부금 결정요인"; 조영재, "한국 복지정책과정의 특성에 관한 연구"; 안문석, "북한 핵실험에 대한 한국의 대북정책 결정과정 분석"; 최형규, "한국의 1997년 금융위기의 새로운 고찰"(이상 2008년 42집 1호); 강원택, "한국정당의 당원연구"; 진영재, "한국 정당통합 및 연합유형과 선거결과와의 관계에서 나타난 특질"; 최준영·조진만·가상준, "국무총리 인사청문회에 나타난 행정부-국회관계 분석"; 장우영, "인터넷과 선거 캠페인"; 윤성이, "17대 대선에 나타난 온라인 선거운동의 특성과 한계"; 박현희, "주민발의 운동의 정치적 동학"; 강광식, "남북한 분단체제의 복합적 갈등구조와 통일지향적 체제모형 탐색"(이상 2008년 42집 2호); 박종민·배정현, "한국에서 단체는 민주주의의 학교인가?"; 김의영·한주희, "결사체 민주주의의 실험"; 장훈, "정당정치와 외교정책"; 조희정·강장묵, "네트워크 정치와 온라인 사회운동"(이상 2008년 42집 3호).

이상 열거한 지난 20년간『한국정치학회보』에 실린 논문들은 그 내용을 그 이전 시대의 논문들처럼 간략하게 소개할 필요가 없다. 이 시기에는 학회보에 실리는 모든 논문들이 저자 자신의 "논문요약"을 논문 앞에 싣고 있기 때문이다. 따라서 여기서는 논문내용 소개는 생략하고 이 논문들에 어떠한 방법론적 정향이 나타나고 있는지를 시대별로 살펴보기로 한다. 앞서 소개한 단행본들에서는 진보 정치경제학적 접근법, 비좌파 정치경제학적 접근법, 합리적 선택이론, 일반 한국정치론, 행태주의 접근법, 리더십 연구, 전통주의적 접근법의 일곱 가지 방법론적 정향을 찾아볼 수 있었다.『한국정치학회보』의 논문들에는 이러한 방법론적 정향이 어떠한 분포로 나타나고 있는지 대략적으로 검토해 보기로 한다.

노태우시대에 진보 정치경제학적 접근법을 채택하고 있는 학회보 논문은 눈에 띄지 않는다. 비좌파 정치경제학적 접근법의 논문들은 14편이 있다. 김석준 교수의 3편의 논문, 강민 교수의 2편의 논문, 그리고 박종철, 최병선, 김호섭, 김형국, 구범모·백종국, 박영호, 고세훈, 마인섭 교수의 논문들이 그러한 논문들이다. 대부분 한국경제에 있어서의 국가와 세계체제의 역할을 구명하거나 정권변동과 국가의 위기를 정치경제적으로 설명하는 논문들이다. 정영태 교수의 "계급정치의 등장과 한계"는 노동조합주의, 사회민주주의 내지 개량주의, 혁명적 사회주의로 대표되는 여러 유형의 계급정치세력의 등장과 성장의 조건을 특히 서구경험의 분석을 통해 도출하고, 이에 바탕 하여 해방공간에 나타났던 계급정치의 역사적 경험과 80년대에 재등장한 계급정치세력의 유형을 검토하고 있다. 합리적 선택이론을 한국정치에 적용한 논문은 한편도 나오지 않았다.

가장 많은 논문은 한국정치 일반과 정당, 국회, 이익집단 등을 다루는 한국정치론과 정치의식이나 정치인들의 행태 분석을 중심으로 하는 행태주의 연구에서 나왔다. 두 분야에 각각 30편 가까운 논문들이 나왔다. 박광주, 백운선, 나종일, 윤형섭, 김영래, 진미경, 정세욱, 정용대, 한정일, 임혁백, 이정희, 강치원, 차기벽, 김학준, 현종민, 안광일, 김영명, 박동서, 백영철, 홍관희, 양대현, 송병록, 안병도, 심지연 교수 등의 논문들이 일반 한국정치론에 속하는 논문들이다. 그리고 조중빈, 어수영, 이남영, 최평길, 김동성, 현종민, 권용우·이범준·송일성, 송근원, 김준한, 남궁근·배병용·이시원·김영기, 신기현, 최민자, 김세중·김종표, 권인석, 정진민, 김재영, 이정복, 길승흠, 박찬욱, 안병만, 이승희, 신기현·김재영·신환철, 이정선 교수 등의 논문들은 행태주의 접근법을 채택하고 있는 논문들이다.

김영삼시대에 학회보에 실린 논문들의 방법론적 정향의 분포는 노태우시대와 비슷하다. 이 시대에도 한국정치에 대한 좌파 정치경제학적 분석을 한 논문은 한편도 없고 한국정치의 정치경제학적 분석은 모두 비좌파적인 정치경제학적 분석으로 이러한 논문은 17편 정도가 있다. 정희남, 황종성, 김형국, 김용철, 김시윤, 박종철, 성경륭, 류상영, 조성렬, 구종서, 황영배, 신병식, 박섭·이행, 임수환 교수 등의 논문들이 그러한 논문들이다. 노태우시대와 비슷한 수의 논문이 나왔으나 이 시대의 정치경제학적 논문들은 그 주제가 보다 구체적이고 미시적인 것들이 많다. 예를 들면, 이 논문들은 한국의 토지정책, 정보통신산업의 자유화와 국가, 자동차산업의 구조조정전략, 전자산업의 발전과 메조 코프라티즘, 토지개혁, 새마을운동, 박정희시대의 소농체제 등을 다루고 있다. 이 시대에는 조기숙, 박효종 교수가 합리적 선택이론을 한국정치에 적용한 논문들을 발표했다. 조기숙 교수는 여촌야도의 합리성과 지역주의 논쟁에 관해서 썼고, 박효종 교수는 진주 시외버스 터미널 이전문제를 중심으로 한 지역사회의 힘의 범주에 관한 정치경제학적 연구와 합리적 노사협상에 관한 연구를 발표했다.

일반 한국정치론과 행태주의 연구에 속하는 연구들도 노태우 시대와 마찬가지로 30편 정도씩 나왔다. 한국정치의 여러 문제를 다루는 일반 한국정치론에 속하는 논문을 쓴 교수들은 정용덕, 박통희, 박종성, 정용대, 양병기, 지병문, 이정희, 김영래, 박기덕, 백종국, 김순양, 양승태, 안철현, 오창헌, 김만흠, 김재영, 김일영, 이갑윤 · 문용직, 홍득표, 김녕, 박재정, 전락희, 박찬표, 유정환, 윤영오, 최동주, 서기준, 김재한, 안승국, 강명구, 김영호, 이강로, 진영재 등이다. 신복룡, 박명림, 이완범, 황의서 교수 등은 전통주의적 방법으로 해방 3년의 한국정치와 한국전쟁에 대한 연구를 계속하고 각각 학회보에 논문을 게재했다. 김광웅, 신도철 · 최명, 박경산, 이상휘, 박종민, 김광수, 강명구, 안병만 · 김인철, 송근원, 정진민, 신명순, 김재한, 문용직, 박경산, 최한수, 안병만 · 김인철 · 서진완, 신진, 안순철, 송은희, 어수영 · 한배호, 황아란, 김형준 · 유성모, 강원택 교수 등이 한국정치에 대한 행태주의적 연구결과를 발표했다. 이 시대에는 이강로, "김영삼의 지도력 유형", 황종성, "한국 정치엘리트의 구조분석", 노병만, "김영삼 정권 권력엘리트의 특성 분석"과 같이 엘리트와 리더십을 다루는 논문이 3편 나왔다.

김대중시대에는 한국정치에 대한 비좌파 정치경제학적 연구논문을 김인영, 김시윤, 정상화, 함성득, 백종국, 김의영, 안승국, 이연호, 강민 · 김욱경, 양재진, 김호섭, 류상영, 박동, 김영수, 김시윤 · 김정렬, 이연호 · 임유진 · 정석규, 정상호 교수 등이 썼다. 논문 수는 14편 정도된다. 이 논문들은 삼성의 자본축적, 전자산업 정책, 한국의 외환위기, 화폐공급, 방위비 결정모형, 사업자단체와 정책변화, 신자유주의 국가, 금융위기관리, 사회복지, 자유무역협정, 포항제철, 한국 노동조합, 정부와 기업관계, 한국에서의 규제국가 등장 등의 다양한 문제들을 다루고 있다. 합리적 선택이론을 한국정치분야 중 어디에건 적용한 논문은 없다. 다만, 강원택 교수가 지역주의 투표가 합리적 유권자의 의도적 선택의 결과라는 주장에 대해 합리적 선택이론에서 일반적으로 이야기되는 설명의 틀 속에 기존의 지역주의 투표 논의를 포함시키기에는 문제점이 있다고 반박하는 논문을 내고 있을 뿐이다.

나머지 대부분의 논문들은 그 이전 시대와 마찬가지로 일반 한국정치론과 행태주의적 연구에 속한다. 각각 대략 30편 정도의 논문들이 나왔다. 김용직, 노병만, 곽진영, 주미영・황영배, 전재호, 김만흠, 최영진, 양동훈, 이강로, 강정인, 김일영, 이종범・윤건수, 박동, 지병문・김철홍, 김덕준, 서희경, 오충근, 김계동, 박상훈, 신율, 이현출, 이동수, 장훈, 이연호, 장수찬, 배응환, 박순애, 홍원표, 양동훈, 선학태, 김병완・민현정, 이신행 교수 등이 쓴 논문들이 전자에 속한다. 후자의 행태주의적 연구에 속하는 논문들의 저자들은 강원택, 황아란, 김재한, 정진민, 어수영, 윤종빈, 신명순・김재호・조상화, 이승종・유희숙, 윤종빈, 김도종・김형준, 이갑윤・이현우, 김용철・윤성이, 홍득표, 이현출, 박천오・윤진훈, 강휘원, 곽진영, 최정원, 안순철, 양창윤, 심지연・김민전, 진영재・조진만, 김영식, 김욱, 임성학 교수 등이다. 리더십과 대통령 연구는 함성득 교수가 한국대통령의 업적을 평가하는 논문을 내었다.

노무현시대부터 현재의 기간도 그 이전 시대들과 비슷한 경향을 보이고 있다. 정치경제학적 한국정치론 논문은 13편정도로 안용흔, 양재진, 이연호・임유진・정석규, 유현석, 김면회, 이강로, 손호철, 김영수, 임성학, 신동면, 송백석, 조영재, 최형규 교수 등이 썼다. 그들이 다룬 주제는 선거의 정치경제학, 규제국가와 정부-기업관계, 한국-칠리 FTA, 노동정책, 금융산업 구조조정과 노동운동, 김대중 정부의 복지개혁의 성격, 공공부문 노동운동, 외국자본의 금융시장 유입, 생산체제와 복지체제, 삼성공화국 현상, 복지정책과정, 1997년의 금융위기 등이다. 조성대 교수는 17대 총선의 분석에 합리적 선택이론을 적용하고 있다.

한국정치의 여러 면에 대한 논문은 30여 편으로 조중빈, 강명구, 채장수, 이신행, 박명림, 장수찬, 김선미, 배종윤, 오창헌, 오승용, 윤여상, 박대식, 강윤희・김경미・최정원, 서희경, 남광규, 유숙란, 조화순, 임현진, 선학태, 김용철・윤성이, 김학노, 정상호, 전재호, 차동욱, 주성수, 안문석, 박현희, 강광식, 박종민・배정현, 김의영・한주희, 장훈, 강장묵 교수 등이 썼다. 그들이 다룬 주제는 한국정치 연구와 문화교차학적 접근, 한국의 초기헌정체제와 민주주의, 여성의 정치참여, 분권문제, 한국사회에서 좌파개념의 설정, 기독교 학생운동, 대북정책, 제3공화국 정치체제, 분점정부, 6・25 전쟁 납북자문제의 성격, 정부조직 개편 입법과정, 좌파집단의 인식과 지향, 성정치학, 신탁정국기 정당협력의 실패, 헌법주의, 정보사회의 국가권력과 개인정보, E-Governance, 햇별정책, 이익집단,

세계화 · 정보화 시대 한국의 정치적 정체성, 헌법재판소, 시민사회, 남북한의 헌법제정 비교, 북한 핵실험에 대한 한국의 대북정책결정과정, 주민발의 운동, 결사체 민주주의, 네트 워크정치와 온라인 사회운동 등이다.

한국정치에 대한 행태주의적 연구논문도 30여 편으로 강경태, 김재홍, 윤성이, 최정욱, 임성학, 김민전, 어수영, 김석우, 모종린 · 전용주, 조기숙 · 박혜윤, 현재호, 김의성, 이광희, 이병희, 전용주, 이현출, 오미연 · 김기정 · 김민정, 최준영 · 조진만, 김왕식, 전진영, 강휘원, 윤종빈, 엄기홍, 이상묵, 장훈, 한인택, 이내영 · 정한울, 강희원, 강원택, 진영재 교수 등이 썼다. 그들이 다룬 주제는 선거관심도, 국민여론, 인터넷의 영향력, 전략투표, 정치자금, 선거제도와 투표행태, 가치변화, 기초단체장 충원과정, 후보경선, 신뢰의 측정, 정당간 경쟁, 정치자금과 선거결과, 지방 시민사회, 고등학교 시민윤리 교과서 내용, 후보공천과정, 여성정치, 국회의원의 투표행태, 1인 2표 병립제와 투표행태, 재 · 보궐선거, 선거구, 사회신뢰, 현직의원 지지에 관한 연구, 리즈럴 모델을 통한 총선 분석, 이슈와 정당지지, 정당통합과 선거결과 등이다.

제6공화국시대에 『한국정치학회보』에 실린 논문들은 80% 가까이가 한국정치현상 자체의 여러 면을 다루고 있고 그 중 반 정도의 논문들에서는 행태주의적 연구방법이 두드러지게 나타나고 있다. 윤천주 교수께서 제1공화국시대부터 역설하시던 행태주의적 한국정치연구가 제6공화국시대에 와서 만개했다고 말할 수 있다.

학회보 논문들 중 20% 가까이는 한국경제에 있어서의 국가의 역할을 중심적으로 다루는 정치경제학적 한국정치연구들이다. 마르크스주의나 네오 마르크스주의의 정치경제학을 한국정치에 적용한 논문은 거의 없다.

합리적 선택이론과 이에 기반한 제도론은 미국 정치학계에서는 중요한 패러다임으로 이 이론을 다루거나 이 이론을 적용한 정치분석이 많이 나오고 있는데, 한국 정치학계에서는 현재 몇 사람의 정치학자들이 이러한 경향의 연구를 할 뿐이다. 이 이론은 행태주의만큼 수입이 되고 있지 못하다고 말할 수 있다.

한마디로 요약하면, 제6공화국시대에 학회보에 실린 논문들에는 "진보적"인 한국정치론은 거의 없고 비좌파적인 정치경제론과 전통주의적이거나 행태주의적인 한국정치론이 대부분이다.

V. 결어

제1공화국시대부터 현재까지 나온 한국정치분야의 주요 단독저서들과 『한국정치학회보』 논문들을 거의 모두 소개했다. 이 글의 마지막 순서로 여기에 나타난 방법론적 특성과 연구자세를 다시 살펴보면 한국정치론의 발전방향을 찾을 수 있을는지 모르겠다.

제1공화국시대부터 오늘에 이르기까지의 한국정치연구는 전통적 정치학 방법론과 행태주의적 방법론이 중첩적으로 영향을 미쳐왔고 행태주의적 방법론의 영향은 전시대를 통해서 압도적으로 강했다. 한국에 대한 정치경제학적 분석이 제6공화국시대에 들어와 많이 나왔지만 행태주의적 방법에 비한다면 퇴조하고 있다. 제6공화국시대의 정기적인 대통령 선거, 국회의원 건거, 지방자치 선거, 각 정당내의 후보경선, 국회 내의 수많은 투표 등은 모두 행태주의 연구의 좋은 대상이고 정치학자들만이 다룰 수 있는 대상이다. 이에 비해 경제문제에 대한 정치학자들의 연구는 그 대상이 정치학 고유의 대상이 아니고 오히려 경제학 고유의 대상이라는 특성을 가지고 있다. 정치학자들의 경제문제에 대한 연구는 잘못하면 3류 경제학으로 전락할 위험성도 있고 한국 경제학계에서는 경제문제에 대한 정치학자들의 연구는 거의 무시하고 있다. 한국에서는 정치학과 경제학을 가르는 벽이 미국보다 훨씬 높고 프린스톤 대학과 같은 미국의 주요 대학에서 나타나고 있는 바와 같은 경제문제에 대한 정치학과 경제학의 학제적 접근은 실제로 나타나고 있지 않다.

"진보적" 한국정치론은 제5공화국시대부터 청년학생들에게 호소력이 있었지만 정치학자들은 이러한 책과 논문을 제5공화국시대에는 거의 쓰지 않았고 제6공화국시대에 들어와서도 그러한 한국정치연구는 수적으로 아주 적다. 특히 학회보에는 그러한 정향의 한국정치연구는 거의 없다. 최장집 교수와 손호철 교수의 "진보적" 한국정치론은 마르크스주의나 네오 마르크스주의의 방법론을 일관되게 한국정치에 적용한 "진보적" 한국정치론이 아니다. 특히 최 교수의 한국정치론은 그러한 한국정치론이 아니다. 이 점에 있어서는 커밍스도 마찬가지이다. 손호철 교수가 방법론적으로 보수적인 정치학자라도 마땅히 수용해야 할 네오 마르크시즘의 문제의식과 통찰력을 한국정치분석에 적용하고 있으나 그가 한국정치에서 실현되기를 바라는 목표는 서구에서 볼 수 있는 바와 같은 진보-보수 양당체계 중심의 자유주의 정치이다.

한국정치 연구자들 중에는 철저한 방법론적 좌파는 거의 없다. 그러나 대한민국 건국과 북한의 남침에 대해 커밍스류로 생각하고 북한의 스탈린주의 체제와 핵무기에 대해 관용적인 태도를 가지고 있는 정치적 좌파는 있다. 서구의 방법론적 좌파들은 보수적인 학자들보다도 더 강렬하게 스탈린주의 체제와 핵무기에 반대한다. 한국의 정치적 좌파는 그렇지 않다는 것이 서구의 좌파와 구분되는 특성이다.

현재 보수파들은 이러한 좌파 경향에 대해 반발하고 좌파들이 틀렸다고 주장하고 있다. 그러나 이러한 문제들에 있어 누가 옳으냐의 문제는 쉽게 판가름이 나지 않을 것이다. 커밍스의 주장을 뒤집는 증거가 나와도 커밍스류의 생각을 갖고 싶은 사람들은 그 증거는 신빙성이 없는 증거라고 믿고 계속 그와 같은 생각을 유지할 수 있기 때문이다.

한국정치론은 이제 한국의 분단과 그 이후의 여러 가지 정치적 부조리에 대해 누가 책임이 있느냐를 구명하는 차원을 넘어서서 이를 설명하려고 노력해야 한다. 해방3년의 기간에 좌우 정치엘리트들은 왜 그렇게 극심하게 대결 했는가? 김대중과 김영삼은 왜 단합하지 못하고 분열했는가? 한국의 여야당은 최근 왜 그렇게 전투적으로 대결하고 있는가? 이러한 싸움의 뒤에는 이념이나 정책보다도 항상 권력이 있는 것이 아닌가? 한국의 정치엘리트들은 그들의 권력싸움을 이념과 정책싸움으로 포장하고 있는 것이 아닌가? 그들은 국민들을 항상 속이고 농락하고 있는 것이 아닌가? 이러한 현상은 어느 나라에서나 어느 정도는 있는 일이나 우리나라에서는 극단적으로 심하게 나타나고 있는 것은 아닌가? 이러한 대결은 한국정치에 어떠한 영향을 미치고 있고 앞으로 어떠한 영향을 미칠 것인가? 이러한 문제들이 우리들이 현대 한국 정치에 대해 가져야 할 질문들이다. 이러한 질문은 전통한국의 정치에도 던질 수 있다. 조선조 시대의 훈구파와 사림파, 동인과 서인, 남인과 북인, 노론과 소론은 왜 그렇게 극심하게 대결했는가? 그 대결은 조선의 정치에 어떠한 영향을 미쳤는가? 그러한 극심한 대결의 패턴이 현대 한국정치에서도 반복되고 있는 것은 아닌가?

현재 한국의 정치학자들은, 특히 상대적으로 젊은 정치학자들은, 이러한 질문보다는 현재의 정치적 구조 속에서 국민들과 정치인들의 정치적 행태의 특성은 무엇이냐의 질문을 중심으로 연구하고 있다. 이 질문도 물론 중요하다. 그러나 이러한 행태주의 연구는 제1, 2, 3공화국시대와 그 다음 제4, 5공화국시대에 직면했던 문제를 가질 수 있다. 행태주의 연구는 제1, 2, 3공화국시대에는 제4, 5공화국 체제로의 구조변동을 전혀 예측하지 못한 문제점을 가졌다. 미국에서도 행태주의 연구가 미국의 베트남전 개입이나 워터게이트 스캔들과 같은 정치적 부패를 전혀 예측하지 못한 문제점을 가졌었다. 행태주의 연구는 제4, 5공화국시대에는 적실성의 문제를 가졌었다. 제6공화국시대는 민주정치의 시대이기 때문에 이러한 적실성의 문제는 제4, 5공화국시대만큼 심각하지 않다. 그러나 국민들과 국회의원들의 태도조사나 국회의원들의 입법행태의 연구가 과연 한국정치의 가장 중요한 문제인가의 의문은 여전히 남는다.

한국의 정치학자들은 대부분 어떠한 방법을 가지고 연구를 하던 간에 어느 한 가지 문제를 꾸준히 연구하고 있지 않다. 한국정치론의 단행본들은 상당수가 필자의 것부터 여러 글이나 논문들을 모아 놓은 책들이다. 이러한 책들이 구미에서도 나오나 한국에서는 너무 많이 나온다고 말 할 수 있다. 우리 정치학계에는 한 주제를 가지고 10년, 20년, 혹은 그 이상 일생 연구를 해서 내놓은 단행본들이 그 수가 아주 작다. 커밍스의 책만 해도 20년 가까운 연구의 결실이고, 그의 이와 같은 연구 자세에 대해서는 칭찬을 아끼지 말아야 할 것이다. 한국정치 분야에서 한 가지 주제를 가지고 오래 연구하서 업적을 낸 대표적 학자는 신복룡 교수와 박명림 교수이다. 미국 펜실바니아 대학의 이정식 교수도 한국 현대사라는 한 가지 주제를 가지고 일생을 바치고 계시다. 한국정치론 분야에 이러한 연구자들이 보다 많이 나와야 할 것이다.

제32장

한국정치학의 회고와 과제

이 글은 한국정치학회가 창립 60주년을 맞이하여 발간한 『한국정치학회 60년사(50년사 증보분)』에 총론으로 기고한 글이다.

I. 서언

한국정치학은 2003년부터 2013년까지의 시기에 그 이전 10년의 시기와 다른 커다란 변화를 보이고 있지 않다. 한국정치학이 1953년과 2003년 사이에 몇 번의 커다란 변화를 나타냈다는 것은 우리 학회의 50년사에서 살펴본 바와 같다. 그러나 지난 10년간은 대체로 그 이전 10년 시기의 지속이다. 전자의 시기의 변화가 미국정치학의 변화를 반영하고 있는 바와 같이 후자의 시기의 지속도 미국정치학의 지속을 반영하고 있다.

한국정치학의 이와 같은 미국 의존성에 대해서는 이제 우리도 주체적, 자아준거적 정치학, 혹은 한국정치학의 정체성을 확립해야 한다는 주장이 여러 번 나왔지만 이러한 정치학은 아직 나타나고 있지 않다.[1] 그리하여 이러한 담론은 이제 그만하고 쉽고 초보적인 실천부터 하는 것이 필요하다는 주장까지 나오고 있다.[2]

일본도 전후 미국정치학을 수입했으나 전전부터 내려오는 소위 전통적 정치학(정치사)이 아직까지 남아 있다. 그 때문인지는 몰라도 일본정치학계에서는 우리와 같은 주체성 논의는 없다. 유럽 여러 나라의 경우에도 이러한 논의가 없기는 마찬가지이다. 한국정치학도 1950년부터 1960년대까지는 전통적 정치학(한국정치사, 서구정치사)을 가지고 있었으나 이 분야가 한국정치학에서 사라진지는 이미 오래된다. 최근 한국정치사에 대한 연구는 조금씩 나오고 있지만 이 분야를 교과목으로 택하고 있는 정치학과는 별로 없는 것 같다.

한국정치학이 발표 논문 수와 단행본 수에 있어 1953년과 2003년 사이에 커다란 발전을 했다는 것도 우리 학회의 50년사에서 지적하였다. 그리고 이러한 경향은 지난 10년간에 더욱 두드러지게 나타나고 있다. 이 기간 『한국정치학회보』에 실린 총 논문 수만 해도 700편이 넘고, 그 외에 『국제정치논총』이나 다른 학회지에 실린 논문 수를 합하면

---

1) 신정현, "한국정치학의 과제: 토착화와 실학화," 『한국정치학회보』 30-1, 1996; 강정인, 『서구중심주의를 넘어서』 (아카넷, 2004); 박상섭, "한국정치학, 자아준거적 정치학은 영원한 숙제인가." 『한국 인문·사회과학 연구, 이대로 좋은가』 (푸른역사, 2013), 강정인 편, 『정치학의 정체성-한국 정치학의 주체성을 위하여』 (책세상, 2013) 참조.

2) 이철순, " '한국적 (국제)정치학' 정립을 위한 담론 비평," 『21세기정치학회보』 제22집 3호, 2012년 12월.

그 총수는 실로 대단하다 하겠다. 정치학 분야의 단행본 수도 대단하다. 그 정확한 숫자는 파악하기 어려우나 대한민국학술원에 우수도서로 선정되기 위해서 지원하는 정치학 분야의 단행본 수는 번역서를 제외한다면 매년 평균 130권 정도 된다. 10년이면 이 단행본 수만 해도 1,300권이나 된다. 이뿐만 아니라 우리가 여기서 정치학의 분야로 다루는 행정학은 논문 수는 정치학에 근접하고 있고 대한민국학술원 우수도서 지원 단행본 수는 매년 정치학의 반인 평균 70권 정도 된다.

한국정치학은 출판 논문 수와 단행본 수에 있어서는 구미의 정치학에 떨어지지 않는다. 한국은 정치학자 1인 당 출판 논문 수와 단행본 수에 있어서는 미국이나 일본에 떨어지지 않는 수준에 다다랐다. 한국정치학의 이와 같은 양적 팽창은 질적 수준의 향상도 동반하고 있다. 그러나 우리의 정치학 수준이 이제 구미를 따라잡았다고 말할 수는 없다. 오히려 미국의 정치학에 비교한다면 한국의 정치학은 아직도 갈 길이 멀다고 말할 수 있다. 한국정치학회 출범 60주년을 맞이하여 우리들은 앞으로 어떠한 과제를 가지고 있는가?

II. 한국정치학의 현황

『한국정치학회60년사(50년사 증보분)』에서는 정치학의 분야를 50년사에서와 마찬가지로 정치학 방법론과 이론, 한국・동양정치사상, 서양정치사상, 한국정치, 비교정치, 국제정치, 행정학으로 분류하고 이에 북한정치 분야를 첨가하였다. 북한정치연구는 지난 10년간에 나온 연구결과가 많고 또 최소한 통일이 될 때까지는 이에 대한 연구가 필요하기 때문이다. 한국정치학의 현황을 각 분야의 검토를 맡으신 분들의 조사결과를 토대로 하여 살펴보고, 미국정치학의 현황과 비교하여 한국정치학에 어떠한 측면이 저발전의 상태로 있는가 생각해 보기로 한다.[3)]

<표 32-1>은 지난 10년간 『한국정치학보』에 게재된 논문 수와 단행본 수를 나타낸다. 이를 볼 때 정치학 방법론과 이론 분야를 제외하면 각 분야가 서로 간 떨어지지 않는

---

3) 미국정치학에 대해서는 20년 전에 나온 책이라는 문제가 있지만 Ada W. Finifter, ed., *Political Science: The State of the Discipline II*, The American Political Science Association, 1993을 참조했다.

업적을 내고 있다는 것을 알 수 있다. 정치사상 분야는 총 137편의 논문, 전체 논문 수의 19%를 내고 있는데, 이는 정치학과의 사상 분야 교수가 대체로 과 교수 전체의 20% 미만인 것을 고려하면 적절한 양의 업적이라고 말할 수 있겠다. 특히 한국·동양정치사상 분야는 총 47편의 논문, 전체 논문 수의 6.52%를 내고 있는데, 아직 서양정치사상 분야의 업적과 균형을 이루고 있지는 못하지만 이 분야의 교수가 없는 정치학과가 아직도 많다는 것을 고려할 때 매우 고무적인 결과라고 아니할 수 없다. 한국정치분야는 총 204편, 전체 논문 수의 28.29%의 업적을 냈는데, 정치학과의 한국정치론 담당교수의 비율을 상회하는 업적이다. 어느 나라에서든 자국정치론이 정치학의 중심인데, 우리나라에서도 이제는 한국정치론이 정치학의 중심적 위치를 점하기 시작했다고 볼 수 있다. 북한정치·통일 분야는 총 26편의 논문, 전체 논문 수의 3.61%밖에 차지하지 못했다. 북한 전문 학회지에 많은 논문들이 실리고 있지만 우리 학회보에는 다른 분야에 비해서 게재량이 저조하다고 말할 수도 있겠다. 비교정치는 총 234편의 논문, 전체 논문 수의 32.45%를 차지하고 있는데, 이 분야가 세계 각국의 정치를 포함하는 넓은 분야라는 것을 고려할 때 당연한 결과라고 볼 수 있다. 국제정치는 총 104편의 논문, 전체 논문 수의 14.42%를 내놓고 있는데, 이것도 『한국정치학회보』와 쌍벽을 이루고 있는 『국제정치논총』의 존재를 고려할 때 상당한 결과라고 말할 수 있다. 행정학은 이미 정치학에서 독립하여 정치학 전체에 맞먹는 논문을 『한국행정학보』에 내고 있으므로 여기 나온 논문 수는 의미가 없다. 정치학 방법론과 이론 분야는 총 11편의 논문, 전체 논문 수의 1.53%를 내고 있는데, 이는 분야의 중요성에 비추어 볼 때 매우 저조한 결과임에 틀림없다.[4)]

단행본은 2007년과 2013년에 대한민국학술원 우수도서 선정에 지원한 것만을 대상으로 해서 분야별 분포를 살펴보았다. 이 분포는 논문과는 좀 다른 분포를 나타내고 있다. 우선 방법론·이론 분야는 논문과 마찬가지로 단행본의 출판실적도 매우 저조하다. 한국·동양정치사상과 서양정치사상이 차지한 단행본의 출판비율도 이 분야의 논문 출판비율보다 떨어진다. 특히 서양정치사상의 경우 논문은 전체의 12.48%를 차지하고 있는데 단행본은 3.19%밖에 차지하지 못하고 있다. 한국정치분야도 단행본이 차지하는 비율이

---

4) 이 결과는 이 책의 이남영, "정치학 방법론과 정치이론," 『한국정치학회60년사, 증보분』 (한국정치학회, 2013)에 나오는 결과와 다른데, 그것은 포함분야와 포함년도가 다르고 분야의 선정기준이 다른데 기인한다.

논문보다 많이 떨어진다. 비교정치 분야도 마찬가지로 많이 떨어진다. 이에 비해 북한정치・통일분야와 국제정치 분야의 단행본은 논문보다 훨씬 큰 비율을 차지하였다. 행정학은 대한민국학술원에서 정치학과 별도로 우수도서를 선정하기 때문에 이 표에는 포함되어 있지 않다. 이 두 개 연도의 행정학 분야의 지원 단행본 수는 130권 정도에 이른다. 지난 10년간 단행본의 출판상황을 볼 때는 북한 분야와 국제정치 분야가 가장 연구가 활발하였고, 방법론・이론과 사상분야가 가장 저조하였다.

<표 32-1> 분야별 논문 및 단행본 분포

	한국정치학회보 논문 (2003~2013년)	단행본 (2007년, 2013년)
방법론・이론	11(1.53%)	7(2.48%)
한국・동양사상	47(6.52%)	12(4.26%)
서양사상	90(12.48%)	9(3.19%)
한국정치	204(28.29%)	48(17.02%)
북한정치・통일	26(3.61%)	49(17.38%)
비교정치	234(32.45%)	55(19.50%)
국제정치	104(14.42%)	100(35.46%)
행정학	5(0.69%)	2(0.71%)
계	721(100.00%)	282(100.00%)

이남영 교수는 정치학 방법론과 이론 분야에서 어떠한 발전이 있는가를 고찰하고 있다.[5] 그는 『한국정치학회보』에 실린 한국정치 분야와 비교정치・지역연구 분야의 논문

5) 이남영, "정치학 방법론과 정치이론," 『한국정치학회60년사, 증보분』 (한국정치학회, 2013), pp. 36-52.

들이 어떠한 이론적, 방법론적 경향을 나타내고 있는가를 고찰하였다. 그의 검토에 의하면 총 119편의 한국정치 분야 논문 중 순수 이론적인 논문이 50편이고 경험적인 논문이 69편인데, 그 69편 중 50편이 이론, 이론에 근거한 가설, 그리고 이 가설의 독립변수와 종속변수를 명확하게 제시하고 있다. 비교정치・지역연구 분야는 순수 이론적 연구가 128편이고, 이론, 가설, 변수를 제시하고 있는 연구는 42편에 불과하다. 이론과 가설을 명확하게 제시하는 연구가 상대적으로 한국정치 분야에 많으나 그 연구는 선거, 정당, 국민들의 정치적 태도에 관한 연구에 집중되어 있다. 대선, 총선, 지방선거 등 선거 때마다 양적 자료가 쏟아져 나오고 있고 이것이 이론과 가설을 검증하는 연구를 촉진하고 있다.

이남영 교수의 검토에 따르면 한국정치 분야의 이와 같은 연구가 이용하고 있는 이론은 인지심리, 사회심리, 정치심리와 같은 심리 이론, 민주주의 이론, 제도주의 이론 등이고 비교정치 분야도 한국정치 분야와 비슷한 이론을 이용하고 있다. 그러나 현재 미국정치학계의 주요 패러다임인 제도주의 이론을 이용한 연구는 몇 편에 불과하다. 이 두 분야의 연구가 이용하고 있는 가설검증 기법은 기술통계(descriptive statistics), 빈도 및 교차분석(frequency and cross tabulation), 상관분석(correlation), 평균분석(anova), 회귀분석(regression), 요인분석(factor analysis), 경로분석(path analysis) 등인데, 그 중에서도 회귀분석을 가장 많이 이용하고 있다. 회귀분석을 이용한 연구가 40% 전후에 달한다. 기법상으로는 미국정치학의 경험적 연구경향과 비슷한 특징을 나타내고 있다.[6]

이남영 교수는 정치학 방법론과 이론을 직접 다루고 있는 논문은 소개하지 않았다. 그러한 『한국정치학회보』 논문이 무시해도 좋을 정도로 적고(논문 11편) 단행본 수도 몇 권에 불과하지만, 이를 소개하면 다음과 같다.

『한국정치학회보』 논문

조기숙, 박혜윤. "신뢰의 측정: 실험과 설문조사의 차이". 38집 2호, 2004.

김승현, "비영리부문에 관한 이론적 설명과 역사적 경험: 불리안(Boolean) 비교분석". 38집 3호, 2004.

6) 『한국정치학회보』에 게재된 논문들에 대해 이남영 교수와 비슷한 분석을 한 논문은 다음과 같다. 조성대, "정치학 분야의 계량적 분석: 2000년 이후 『한국정치학회보』와 『국제정치논총을 중심으로』," 한국정치학회 편, 『정치학 이해의 길잡이:정치이론과 방법론』 (법문사, 2008), pp.282-314; 권혁용, "한국의 정치학 연구: 1991-2010 『한국정치학회보』 분석," 『한국정치학회보』, 46집 2호, 2012년.

이재정, “Anthropological Problematiques in the Contemporary Political Discourses: in the Realms of Political Ontology and Epistemology”. 38집 4호, 2004.

문우진, “현직자의 선거 경쟁력과 선거지출의 효율성: 공간모형 분석”. 39집 1호, 2005.

최정욱, “정당의 수에 관한 새로운 일반이론의 모색”. 39집 1호, 2005.

안재홍, “수(數)와 이야기”. 39집 3호, 2005.

김승현, “사회적 자본의 구성요소와 상관관계에 관한 연구”. 42집 2호, 2008.

김성연, “Psychological Learning, Reinforcement Learning, and the Emergence of Cooperation in the Prisoner's Dilemma”. 43집 5호, 2009.

김승현, “가족주의와 공공성”. 44집 3호, 2010.

김병욱, “정치학 방법론에 관한 메타이론적 검토”. 45집 4호, 2011.

권혁용, “한국의 정치학 연구: 1991-2010 한국정치학회보 분석”. 46집 2호, 2012.

단행본

강정인, 『서구중심주의를 넘어서』. 아카넷, 2004.

한국정치학회, 『현대 정치학 이론의 발전』. 인간사랑, 2007.

한국정치학회, 『정치학이해의 길잡이 2: 정치이론과 방법론』. 법문사, 2008.

이정희. 전용주 편, 『현대비교정치이론과 한국적 수용』. 법문사. 2009.

오명호, 『현대정치학: 이론적 구성과 연구동향』. 한양대학교출판부, 2010.

김웅진. 김지희, 『정치학 연구방법론: 경험과학연구의 규준과 설계』. 명지사, 2012.

강정인, 『정치학의 정체성-한국 정치학의 주체성을 위하여』. 책세상, 2013.

미국정치학은 행태주의 정치학을 주창하던 1950년대부터 경험적 연구자료의 양적 분석을 강조하고 양적 분석방법을 발전시켰다. 수량화 할 수 있는 자료는 수량화시켜 통계학의 여러 분석기법을 이용하였고, 현재 정치사상 분야를 제외한 다른 모든 정치학 분야에 양적 분석방법을 채택하고 있다. 그렇다고 해서 미국정치학이 질적 자료의 질적 분석을 소홀히 하고 있는 것은 아니다. 이론과 가설을 검증하는데 질적 분석, 양적 분석, 두 가지 분석기법을 다 채용하고 있으나 그 중에서도 양적 분석기법이 고도로 발전하게 되었다. 미국에서도 1970년대에는 현상학이나 프랑크푸르트 학파의 입장에서 실증주의와 이러한 분석기법을 비판하는 사조가 있었으나 현재에는 그러한 사조가 미국정치학에 큰 영향을 미치고 있지 못하다. 실증주의와 이러한 분석기법에는 이러한 학파들이 지적하는 한계가 있지만 그렇다고 해서 이를 버리고 경험적 연구를 할 수는 없는 것이다. 분석기법은 경험적 연구의 수단에 불과하므로 이의 한계를 인식하면서 엄정하게 사용하면 문제가 될 수가 없다. 보수성향의 학자든, 진보성향의 학자든 자신들이 내세운 가설을 검증하는데 질적 분석방법뿐만 아니라 이와 같은 양적 분석방법도 이용할 수 있는 것이다.

우리나라에서는 1950년대에 윤천주 교수가 이러한 분석방법의 도입을 적극 주장하고 그 분 스스로 투표행태 연구에 이러한 방법을 채용하였다. 윤천주 교수가 채용한 기법은 기술통계(descriptive statistics) 정도로 오늘날의 기법과 비교하면 아주 초보적인 것이었다. 그러나 일본대학에서 공부한 분들이 정치학계의 주축을 이루던 당시에는 많은 정치학자들이 이러한 분석방법의 한계만을 지적하고 이 기법을 도외시 하였다. 그 후 대부분의 정치학자들이 미국에서 공부하고 그 중 일부는 양적 분석기법도 배우고 돌아왔지만 정치현상의 분석에 양적기법을 이용한 정치학자는 소수에 불과하고 그 분야도 대체로 투표행태 연구에 국한되었다. 그리하여 한국정치학은 상당히 오랜 기간 양적 분석방법을 거의 도외시 하였고 이러한 분위기에서 계량적 방법론은 발전할 수 없었다. 이남영 교수의 검토에서와 같이 한국정치학이 양적 분석기법을 이용한 연구결과를 지난 10년간에 있어서 상당히 활발하게 내었다는 것은 고무적인 일이다. 그러나 이러한 분석기법을 정치학에서 어떻게 이용할 수 있는가에 대한 단 한권의 단행본도 지난 10년간 나오지 않았다는 것은 문제가 아닐 수 없다. 이 시기에 경제학과 사회학에서 나온 단형본이 있지만 그것은 정치현상이 아니라 경제현상과 사회현상을 예로 사용하고 있다.

미국정치학은 제2차 세계대전이 끝난 이래 정치현상을 이론적으로 이해하려는 노력을 지속해 왔다. 미국정치학은 자연과학자들이 자연현상에 대한 탐구에서 이론을 수립하고 그 이론을 가지고 자연현상을 설명하고 있는 바와 같이, 정치학자들도 정치현상에 대한 탐구에서 이론을 수립하고 그 이론을 가지고 정치현상을 설명하고 이해해야 된다고 주장하였다. 미국정치학계에서는 1950년대와 1960년대에는 정치학도 자연과학과 마찬가지로 과학화 할 수 있다는 생각을 가진 사람들이 행태주의자들 중에 있었으나 그 후 곧 이에 대한 반성이 일어났다.[7] 그리하여 이제는 미국정치학자들 중에 정치학에서 수립하는 이론이 자연과학의 이론과 같다고 생각하는 사람은 없다. 엄밀히 말하면 정치학의 모든 이론은 가설에 불과하다. 그러나 우리는 이러한 이론을 가지고 있을 때 정치현상을 더 잘 설명하고 이해할 수 있으며, 그렇기 때문에 우리들은 이론을 수립하고자 노력하는 것이다. 미국정치학자들의 경험적 분야의 논문은 그것이 작은 가설이든, 큰 가설이든 가설을, 혹은 이론을 수립하려는 노력을 담고 있다.

정치이론을 수립하려는 노력에 있어 미국정치학은 몇 단계의 변화, 혹은 발전을 보이고 있다. 1950년대에는 심리학의 영향으로 정치현상을 인간의 심리나 태도로 설명하려는 경향을 보였고, 1960년대에는 사회학의 체계이론의 영향을 받아 정치현상을 정치체계로 보려는 경향을 나타냈다. 그러나 미국정치학자들은 이러한 시각, 혹은 이론이 정치현상에 대해 별 설명력을 갖지 못한다고 생각하게 되었고 그 이후부터는 경제학의 합리적 선택이론이나 게임이론, 그리고 최근에는 구성주의 이론으로 정치현상을 설명하고 이해하려는 노력을 기울이게 되었다. 이러한 노력은 그 후 다시 제도론으로 발전하여 정치현상을 제도를 중심으로 보는 경향이 현재에도 지속되고 있다. 제도는 경제학에서 더글러스 노스가 그 중요성을 일깨우는 역할을 하였고 그는 이러한 업적으로 노벨 경제학상까지 받았다. 미국정치학에서 제도론은 현재 rational choice institutionalism, historical institutionalism, constructive institutionalism, network institutionalism 등 다양한 제도론으로 발전하고 있다. 전통적 정치학에서의 제도에 대한 관심이 이제는 새로운 형태로 부활하고 있는 것이다. 전통적 정치학에서의 역사에 대한 관심도 다시 부활하고 있다. 미국 정치학은 합리적 선택이론, 게임이론, 구성주의 이론, 제도론으로 역사를 설명하는 업적을 내고 있다.[8)]

한국의 정치학은 초창기에는 정치현상에서 이론을 수립하는 것은 불가능하다는 생각에서 이론 수립을 도외시하는 정치학과 심리론과 정치체계론과 같은 미국의 이론을 도입

7) 그 대표적인 예로 David Easton, "The New Revolution in Political Science," The American Political Science Review, Vol. 63, No.4 (Dec. 1969)를 들 수 있다. 이 글에서 이스턴은 substance가 technique에 앞서야 하고, value에 대한 연구가 정치연구의 주요부분이고, 정치학자들도 우리가 당면한 위기에 책임을 느끼고 행동해야 한다고 주장하고 있다.

8) 이러한 연구는 많지만 필자가 접한 연구로는 다음과 같은 것이 있다. Margaret Levi, Of Rule and Revenue (Univ. of California Press, 1988); Avner Greif, Institutions and the Path to the Modern Economy: Lessons from Medieval Trade (Cambridge Univ. Press, 2006); Timur Kuran, The Long Divergence: How Islamic Law Held Back the Middle East (Princeton Univ, Press, 2011).

해서 우리의 정치현상을 설명하려는 정치학의 두 부류로 구성되어 있었다. 이 두 부류의 정치학은 모두 한국정치학의 이론화를 저해하였다. 전자는 정치현상의 이론적 이해 자체에 적대적이었고, 후자는 당시의 한국정치현상의 분석에는 맞지 않는 이론을 적용하여 이론이 한국정치를 보다 잘 설명하기는커녕 오히려 한국정치에 대한 이해를 왜곡시킨 면도 있다. 주체적 정치학이 필요하다는 주장은 대부분 이 후자로부터 나온 것이다. 그러나 이것은 미국정치학의 잘못이 아니다. 개념이나 이론은 현상에서 개괄하여 나오는 것이고 그것은 미국이나 유럽의 특수한 정치현상으로부터 개괄되어 나올 수도 있고, 동서고금을 막론한 공통된 정치현상에서 개괄되어 나올 수도 있다. Input-Output, Feedback 같은 정치체계론 개념은 미국이나 유럽의 정치현상으로부터 개괄된 것이고, 그 때문에 그러한 개념이나 이론이 독재시대의 한국정치에 들어맞을 수 없었다. 합리적 선택이론, 게임이론, 구성주의, 제도론은 체계론과는 달리 보다 공통된 정치현상에 기반한 개념과 이론이기 때문에 한국정치 연구에 보다 유용한 시각이 될 수 있다. 한국의 정치학자들 중에는 1980년대부터 이러한 이론을 공부하고 돌아온 학자들이 있고 이를 전공으로 하는 정치학자들의 수는 증가하고 있다. 그러나 이 이론은 한국정치학에서 아직도 주변적 위치밖에 차지하고 있지 못하다. 미국정치학은 이 이론으로 정치학의 이론화에 상당한 진전을 보이고 있으나 한국정치학은 이 이론을 흡수하고 있지 못하다. 이남영 교수가 지적하고 있는 바와 같이 독립변수와 종속변수를 가지고 있는 이론적 연구는 한국에서는 대부분 선거연구에 국한되어 있고, 이 외의 경험적 분야에서는 별로 나오고 있지 않다. 이러한 이론에 대한 논문이나 단행본도 지난 10년간에 별로 나온 것이 없다. 한국정치학은 미국정치학을 제대로 흡수하고 있지 못하다. 『Leviathan』과 같은 일본정치학 저널을 보면 대부분의 정치학 교수가 일본대학 출신들인 일본정치학계가 미국정치학을 한국 보다 더 잘 흡수하고 이용하고 있는 것 같다.

박충석 교수는 2003년부터 2012년까지 한국 · 동양정치사상 · 사상사학사 분야의 논문들과 단행본들을 검토하였다.[9] 논문은 『한국정치학회보』 뿐만 아니라 『정치사상연구』와 『동양정치사상』에 게재된 논문까지 포함하여 총 315편을 고찰하였다. 그 중 『한국정치학회보』에 실린 논문은 79편이었다. 이 분야의 총 논문 수는 1953년부터 2003년까지

9) 박충석 "한국 · 동양정치사상, 사상사학사," 『한국정치학회60년사, 증보분』 (한국정치학회, 2013), pp. 53-97.

의 50년간에 나온 총 논문 수의 거의 두 배에 가까운 양이다. 이 기간의 단행본 수는 150권 정도로 2003년까지의 50년간에 나온 단행본 수와 같았다. 박충석 교수는 지난 10년간 이 분야의 양적 성장이 연구환경의 상대적 척박성에도 불구하고 대단했다고 평가하고 있다.

박충석 교수의 검토에 의하면 한국정치사상 분야에 있어 고대와 중세 정치사상연구는 아직 개척단계에 놓여 있다. 이에 비해 조선시대는 현대 다음으로 연구 성과가 많이 나온 분야이고 이 시대의 연구주제는 도학, 도통, 정통과 이단, 조선성리학, 중용, 군주론, 예, 법, 예송, 인시제의, 실학, 조공, 사대, 중화 등을 포함하고 있다. 변혁기인 1879년부터 1910년에 이르는 기간에 대한 연구는 저항의 논리에서 수용의 논리에 이르는 양자를 극으로 하는 다양한 대응양식에 대한 연구가 있는데, 개화파, 자강론자, 동학운동에 대한 연구는 많으나 위정척사론에 대한 연구는 미미하다. 1910년부터 오늘에 이르는 기간인 현대에 대한 연구는 양적으로 가장 많고 다양한 주제를 다루고 있다.

중국정치사상은 압도적으로 고대에 대한 연구가 많고 명·청대와 그 이후 시기에 대한 연구도 상당수 있으나 송대의 성리학 사상에 대한 연구는 한 편에 불과하다. 일본정치사상에 대한 연구는 지난 10년간 괄목할만한 발전을 이루어 고대에서 현대에 이르기까지 일본정치사상의 주류를 이루고 있는 주제를 대개 다 다루고 있다.

박충석 교수가 검토한 이 분야의 저작물은 정치사상과 사상사를 연구하는 방법론, 이 분야의 자료, 한국정치사상의 역사적 문맥, 고대부터 현재에 이르는 각 시대의 정치사상에 대한 연구 등을 포함하고 있다. 한국정치사상에 대한 저작물의 경우 논문과 마찬가지로 고대와 중세정치사상을 다루는 연구가 미미하다.

박충석 교수는 현대한국사회가 유교적 전통사회, 민주주의 시민사회, 산업화에 따른 대중사회의 3중 구조의 상황에 처해있고 여기에 더하여 남북한 간의 갈등을 내포하고 있는 사회라고 진단하고, 한국정치는 이러한 사회구조 속에서 선수교대의 형태로 부단히 반복되는 역동성을 가지고 있는 "판의 정치"라는 특징을 가지고 있다고 보고 있다. 그리고 이에 대한 사회과학적 탐구를 한국정치사상과 동양정치사상 연구의 과제로 강조하고 있다.

양승태 교수는 『한국정치학회보』 논문들에 나타난 서양정치사상의 연구동향을 고찰하였다.[10] 그는 2002~2005년, 2006~2009년, 2010~2012년의 세 시기로 나누어 논문들을 평가하고 있는데, 평가기준은 해당 논문이 현재까지 한국정치학계에 축적된 서양정치사상에 대한 지식수준에 어떠한 공헌을 했고, 다루는 주제에 대한 기존의 연구업적과 비교하여 어떠한 새로운 주장을 하고 있는 가 이다. 2002~2005년에 나온 논문들이 다루는 주제는 마르실리우수, 루소와 헤르더, 뒤르카임, 리프만, 푸리에르, 베버, 월쩌, 칸트의 "주권자 개념", 플라톤의 "변명", 마키아벨리의 "로마사 논고", 스트라우스, 서양 중기의 세속화, 아리스토텔레스의 "니코마코스 윤리학", 루소의 "애국심"이고, 2006~2009년에 나온 논문들이 다루는 주제는 란다우어와 아렌트, 존 아담스, 칸트의 "민주주의 비판", 아렌트의 "정치적 헌정주의", 몽테스키외, 하버마스, 루소의 "인권사상", 플라톤의 "메네크세노스", 무페, 마키아벨리의 "로마사 논고", 마키아벨리의 "군주론", 루소의 "정치참여론", 니체, 마키아벨리와 리비우스이다. 그리고 마지막으로 2010~2012년에 나온 논문들이 다루는 주제는 킴리카의 "자유주의적 다문화주의", 야스퍼스와 아렌트, 플라톤의 "테아이테토스", 피히테, 스피노자, 마키아벨리의 "두 가지 권력론", 토크빌, 마르크스와 감성정치, 푸코, 루소와 언어의 역할, 토크빌과 존 스튜어트 밀이다. 대부분의 논문들이 개별 사상가들의 주장을 다루고 있고, 그 사상가는 고대부터 현대의 사상가까지 다양한 인물을 포함하고 있다.

양승태 교수는 지난 10년간 이 분야의 연구가 연구주제의 세분화와 내용의 치밀함 등 많은 발전을 이룩했고, 그 중에는 주제의 참신성, 독자적인 해석 논리, 비판적 개념분석 능력을 보여주는 논문도 있다고 평하고 있다. 그러나 이 분야의 연구가 연구의 연속성, 정치사상적 맥락 속에서의 해석, 기존 연구업적에 대한 검토가 약하고 주제가 한정되어 있다는 문제를 가지고 있다고 지적하고 있다.

한국에서 정치사상연구는 민병태 교수와 김영국 교수가 주도적 역할을 하였다. 민병태 교수는 George Sabine을, 김영국 교수는 Leo Strauss를 우리 학계에 소개하였다. Sabine과 Strauss는 정치사상이 무엇이냐에 대해 서로 다른 의견을 가지고 있었고, 이 두 사람은 아직도 정치사상 연구방법의 두 패러다임을 대표한다고 말할 수 있다.[11] Sabine에게

---

10) 양승태, "한국정치학에서 서양정치사상 연구 동향"『한국정치학회60년사, 증보본』(한국정치학회, 2013), pp. 98-132.

11) 우리 말 정치사상은 영어로 political thought, political theory, political philosophy 세 가지를 모두 포함한다. 세바인은 그의 정치사상 교과서를 *A History of Political Theory*라고 하였고, 스트라우스는 *History of Political Philosophy*라고 하였다. 주요 정치사상가들의 주장을 세바인은 theory라고 하였고

정치사상(political theory)은 그 자체가 정치의 한 부분이고, 정치가 전개되는 사회적 환경(social milieu)의 한 부분이다. 정치사상은 현실정치의 맥락에서 나오고 현실정치에 영향을 미친다. 그러나 정치사상은 진리라고 말할 수 없다. 정치사상은 사실에 대한 판단을 포함하는데, 그 판단은 객관적으로 맞을 수도 있고 틀릴 수도 있다. 정치사상은 가치판단도 포함하는데, 그것은 사실에 대한 인식을 왜곡시킬 수도 있다.[12] 이와 대조적으로 Strauss에게 정치사상은 단순히 과거의 정치생활을 반영하는 것이 아니라 오늘의 정치생활의 목표, 가능성, 한계에 대해서도 지침을 줄 수 있는 내용을 포함하고 있다. 정치사상(political philosophy)은 진리탐구(quest for the truth)인 철학의 한 구성부분으로 정치적인 것의 본질과 옳은 것, 혹은 선한 정치질서를 진실로 알고자 하는 시도이다(the attempt truly to know both the nature of political things and the right, or the good, political order).[13] 예를 들어, 자연권(natural right) 사상은 Sabine에게는 이 사상이 나온 사회적 환경의 한 부분, 혹은 특정시기의 특정 정치상황에 의존하는 사상에 불과하나 Strauss에게는 시대를 초월하는 진리이다.

Sabine이 정치사상의 이해를 위해 그것이 나온 사회적 맥락을 강조한데 비해 Quentin Skinner는 그 사상이 나온 시대의 담론적 맥락(discursive context)을 강조하고 있다. 정치사상은 그 사상이 나온 담론적 맥락에 위치시켜야 된다는 것이다. 정치사상연구는 Strauss에게는 정치적 진리를 찾는 것이나 Skinner에게는 그 사상가의 의도(intention)를 찾는 것이고 이를 찾기 위해서는 담론적 맥락에 대한 연구가 중요하다. Strauss에게는 위대한 정치사상가의 텍스트가 중요하나 Skinner에게는 이 보다는 그 텍스트가 나오는 시대의 담론적, 혹은 지적 맥락이 중요하다.[14]

구미에서는 정치사상연구가 Strauss의 텍스트 중심주의와 Sabine, Skinner의 context 중심주의가 서로 대결하고 보완하면서 발전하고 있다. 우리 학계에서는 전자의 경향을 띠고 있는 연구가 압도적으로 많고 후자의 경향을 띤 연구는 찾아보기 어렵다. 우리나라

스트라우스는 philosophy라고 하였다.

12) George H. Sabine, *A History of Political Theory*, 3rd Edition (Holt, Rinehart and Winston, 1961), p.v.

13) Leo Strauss, *What is Political Philosophy?* (The Free Press, 1959), p.10.

14) Quentin Skinner, *The Foundations of Modern Political Thought*, Vol, I(Cambridge University Press,1978), pp. x-xi.

정치학은 정치사상연구로부터 시작되었다고 해도 과언이 아니나 우리나라 정치학자가 쓴 사상사 통사 같은 것은 어떠한 입장으로부터건 아직 나오고 있지 못하다.

손호철 교수는 지난 10년간의 한국정치연구가 양적 쇠퇴와 이념적 보수화의 특징을 나타내고 있다고 지적하고 있다.15) 그간 『한국정치학회보』에 실린 이 분야의 논문 수는 총 180편, 전체 논문 수의 26.1%를 차지하여 1980~1991년의 37.5%, 1992~2002년의 33.1%에 비해 크게 줄어들었다.16) 단행본도 2003년부터 2012년까지의 정치학 단행본 968권 중 한국정치분야 단행본은 154권, 15.9%로 1980~1991년의 16.2%, 1992~2002년의 18.7%에 비해 그 수가 약간 감소했다. 단 우리 학회의 영어학술지인 『Korean Political Science Review』에 실린 한국정치분야의 논문은 그 비중이 32.3%로 『한국정치학회보』 보다 약간 더 높았다.

이와 같은 『한국정치학회보』 논문 중 선거관련 논문이 27.8%, 정당과 국회에 관한 논문이 10%, 복지관련 논문이 6.7%이다. 이 세 분야가 지난 10년간에 그 논문 수에 있어서 부상한 분야이다. 이에 비해 그 전 시기에 적지 않은 수의 논문이 나왔던 정치경제분야는 침체된 상태에 있다. 네오마르크스주의 국가론도, 발전국가론도, 제도주의적 접근법도 이를 적용한 논문 수가 지난 10년간에 비해 상당히 줄어들었다. 손호철 교수는 지난 10년간 한국정치연구의 이념적 성향과 방법론적 경향이 더욱 보수화되었다고 지적한다. 1980년 광주민중항쟁 이후 진보적 시각이 폭발적으로 부상하다가 소련과 동구가 몰락한 1990년대 초부터 진보적 시각은 쇠퇴하고 보수적 시각이 부상하여 오늘날에도 지속되고 있다고 본다.

자기나라 정치는 정치이론이 나오는 보고(寶庫)이다. 미국의 정치이론은 대부분 미국정치에서 나온 이론이다. 선거이론, 정당이론, 이익집단이론, power elite이론, 다원주의이론, input-output, feedback이론, 계급지배이론, 합리적 선택이론, 게임이론, 구성주의 이론, 제도론 등 주요한 정치이론이 대부분 미국정치에 대한 경험적 연구로부터 나온 것이

15) 손호철, "21세기의 한국정치연구," 『한국정치학회60년사, 증보분』 (한국정치학회, 2013), pp. 133-151.

16) 필자의 계산으로는 이 분야의 논문 수 204편, 전체 논문 수의 28.1%가 나왔는데, 그것은 손호철 교수가 2003년부터 2012년까지를 대상으로 한데 비해 필자는 2013년까지를 대상으로 하였고, 선정기준의 약간의 차이가 있기 때문일 것이다. 그러나 양적으로 적어졌다는 점에 있어서는 두 계산이 같다.

다. 미국의 정치학자들 간에도 이념적 성향에 있어 차이가 있으나 우리나라 학자들 간의 차이만큼 크지 않고, 그리고 보수적 학자든 진보적 학자든 모두 미국정치를 이론적으로 설명하려고 노력하고 있다. 미국정치론은 미국대학에서는 어디서나 학생들이 가장 많이 듣는 과목이다. 필수과목으로 지정해서 많이 듣는 것이 아니라 학생들 스스로 많이 듣고, 따라서 민주시민을 육성하는데도 커다란 공헌을 하고 있다.

한국정치연구가 손호철 교수가 분석하고 있는 바와 같이 지난 20년간 정치학 연구 전체의 30% 전후를 차지하고 있는 것은 다행스러운 일이다. 그러나 한국정치연구는 미국정치연구에서와 같이 이론이 나오는 보고의 역할을 하고 있지 못하다. 한국정치의 연구로부터 나온 이론이 무엇이 있는가? 한국의 정치학자들은 네오마르크시스트이론이든 베버리언적이론이든, 조합주의이론이든 다원적 이익집단이론이든, 계급이론이든 다원주의이론이든 외국의 이론을 가지고 한국의 정치를 설명하려고 노력했지만, 다 특정시기에 유행하던 담론의 위치밖에 차지하고 있지 못하다. 양 쪽의 어떠한 이론도 한국정치를 설명하는데 커다란 한계를 가지고 있다. 미국의 정치학자들은 미국정치를 보다 잘 설명할 수 있는 이론을 만드는 경쟁을 상호간 하고 있고, 그러한 경쟁 속에서 보다 세련된 이론이 생산되고 있다. 한국의 정치학자들은 한국정치라는 현상으로부터 이러한 이론을 만들어내지 못하고 있고, 이러한 이론을 만드는 경쟁을 하고 있지도 않다. A라는 정치학자가 한국정치를 설명하는 이론으로 A를 제시했다면, 어떤 다른 정치학자가 이의 한계를 파악하고 그에 대한 대안으로 A-1을 주장하고, A는 다시 이를 반박하고, 또 다른 어떤 학자가 A-1과 A에 대한 대안으로 A-2를 주장하는 식으로 연구가 축적되고 이론이 점점 세련되어가는 학문연구의 과정이 우리나라 정치학계에는 부재한다.

해방 3년간의 정치투쟁, 한국전쟁, 남북한 간의 대결로 구성되는 현대사의 이해에 있어 한국사회는 분열되어 있으나 이에 대해서도 한국정치학은 별 공헌을 하고 있지 못하다. 단순히 얘기해서 좌편향 사람들이건 우편향 사람들이건 현대사의 여러 사실을 각각 그들의 편향에 유리하게 해석하는 데만 급급해 있지 사실을 사실대로 보려고 노력하고 있지 않다. 모든 사실이 해석에 따라 다르다는 식으로 모두 자신들의 편향을 주장하는 양상을 띠고 있다. 이러한 경향은 정치가들의 권력투쟁과도 밀접히 연관되어 상호 소통하여 진실(truth)을 찾으려는 노력보다는 상호비방의 확산으로 이어지고 있다. 현대사가 진실논리가 아니라 진영논리로 재단되고 있다.

모든 대학 정치학과에서 한국정치론 과목을 가르치지만 아직 미국정치론 교과서와 같은 수준의 한국정치론 교과서는 나오고 있지 못하다. 또 대학에서 미국대학에서와 같이 학생들이 제일 많이 수강하는 과목도 아니다. 한국정치연구는 한국정치를 가이드하고 있지도 못하고 학생들의 교육에 크게 공헌하고 있지도 못하다.

고유환 교수는 지난 10년간 북한연구가 양적으로나 질적으로나 비약적인 발전을 했다고 평가하고 있다.[17] 북한연구가 1950년대와 1960년대에는 전체주의모델, 1970년대와 1980년대에는 국제정치학과 비교정치학, 1980년대 말부터는 내재적 접근모델을 기반으로 했으나 지난 10년간에는 일상생활연구방법을 기반으로 하는 새로운 연구가 나왔다고 지적하고 있다. 이 방법은 북한의 사상, 제도, 지도자 체제가 아니라 북한주민들의 일상생활을 연구하는 것으로 탈북자들의 존재로 가능해진 방법이다. 고유환 교수는 2002년부터 2012년 사이에 『한국정치학회보』에 총 41편의 북한 관련 논문이 게재 되었고, 이 논문들이 다룬 주요 분야는 김정일시대 체제변화 가능성과 후계구축, 남북관계, 남남갈등, 핵무기 개발, 7・1 경제관리개선 조치 등이라고 지적하고 있다.

고유환 교수에 의하면 같은 시기에 북한 관련 단행본도 봇물처럼 쏟아져 나왔다. 북한연구학회가 편집한 『북한의 재인식』. 10권, 백학순, 『북한권력의 역사: 사상, 정체성, 구조』. 정성장, 『현대 북한의 정치: 역사, 이념, 권력체계』. 강성윤 외, 『김정일과 북한의 정치: 어제 오늘 그리고 내일』. 김창희, 『북한정치와 김정은』. 박순성・홍민 엮음, 『외침과 속삭임: 북한의 일상생활세계』 등이 그 대표적 단행본들이다.

북한연구가 최근 활발해졌다는 것은 바람직한 일이다. 그러나 북한정치연구도 한국정치 연구와 마찬가지로 이를 설명할 수 있는 이론을 내놓고 있지 못하다. 김대중・노무현 시대에는 북한전문가들의 북한 방문도 빈번했고, 또 최근에는 탈북자 수도 많아져 북한에 대한 정보가 과거보다 많아졌지만, 북한정치는 아직도 베일에 싸여 있고 어떻게 돌아가는지 판단할 수 있는 자료가 절대적으로 부족하다. 이러한 상황에서 북한정치에 대한 이론을 내놓는 것은 무리이다. 그러나 역설적으로 북한에 대한 정보가 부족하기 때문에 북한을 이해하는 데에는 이론, 가설, 혹은 모델이 더욱 필요한 것이다. 이를 가지고 우리는 부족한 정보의 바탕 위에서도 북한정치를 설명하려고 시도할 수 있는 것이다. 과거 소련전문가들은 각각 소련을 사회주의 모델(소련 공산주의에 동정적인 학자), 전체주의 모

17) 고유환, "북한연구동향," 『한국정치학회60년사, 증보분』 (한국정치학회, 2013), pp. 258-282.

델(Carl J. Friedrich와 Zbigniew K. Brezezinski), 러시안 despotism 모델(Richard Pipes) 등등 중 하나로 설명하려고 시도하였고, 주요 설명 모델로서는 후자의 두 모델이 경쟁하였다. 중국전문가들은 각각 중국정치를 사회주의 모델, 전체주의 모델, 파벌 모델, 다원주의 모델 등등의 하나로 보고 있다. 전체주의 모델은 중국 건국의 초창기부터 나온 모델이고, 파벌 모델은 문화혁명을 보고 나온 모델이고, 다원주의 모델은 등소평의 개혁 개방과 천안문 사건 후에 나온 모델이다. 전체주의 모델은 중국정치가 일사불란하게 나갈 것으로, 파벌 모델은 파벌 싸움의 결과에 따라 중국정치가 달라질 것으로, 다원주의 모델은 중국정치가 일당독재정치지만 경제발전에 따라 시민사회(civil society)도 형성되는 등 보다 다원화 될 것으로 내다본다. 그렇다면, 북한정치는 어떤 모델로 보아야 하는가? 사회주의 모델, 주체 모델(브루스 커밍스, 송두율), 전체주의 모델(김남식, 김창순, 양호민, 이정식), 세습왕조 despotism 모델, 극장국가 모델(와다 하루키), 악의 축 모델(부시 전 대통령), 기타 등등의 여러 모델 중에서 어떤 모델로 보아야 하는가? 북한전문가들은 북한정치를 설명하는 가설, 이론, 혹은 모델을 만들려고 노력해야 하고 이를 가지고 서로 설명력 경쟁을 해야 할 것이나 이와 같은 연구경쟁은 현재 찾아보기 힘들다.

북한연구는 현재, 단순화시켜 말한다면, 북한체제에 대해서 이 체제가 내재적으로 상당한 기반을 가지고 있어 앞으로 쉽게 망하지 않을 것이고 변화의 가능성도 있는 것으로 보는 연구와 이 체제를 시대착오적인 세습 전체주의 체제로 보고 변화가능성도 희박하여 멀지 않은 장래에 망할 수밖에 없는 체제로 보는 연구의 두 가지 부류가 있다. 북한이 앞으로 이삼십년 내에 망한다면 전자의 연구는 틀린 것이 될 것이고, 망하지 않고 지속한다면 후자의 연구가 틀린 것이 될 것이다. 현재 우리는 어느 연구가 맞고 틀리다고 확실하게 얘기할 수 없고 진실은 이 두 시각의 중간 어디쯤에 있을 것이다. 그러나 북한연구도 정치가들의 권력투쟁과 연관되어 진실논리 보다는 진영논리에 휩쓸리고 있는 것 같다. 서독의 진보적인(사회민주주의적인) 동독전문가들은 동독의 공산주의체제를 하루 빨리 무너져야만 될 나쁜 체제로 판단하였고, 이 점에 있어서는 보수적인 전문가들과 어떠한 차이도 없었다. 우리나라의 북한전문가들은 이 점에 있어서도 서독의 과거 동독전문가들과는 다른 것 같다.

신명순 교수는 2002년부터 2013년까지 비교정치, 각국정치, 지역정치 분야에 어떠한 논문들이 나왔는가를 조사하였다.[18] 그의 조사에 의하면 이 기간 동안에 이 분야에 총

1833편의 논문이 출판되었고 이는 1977년부터 1986년까지 10년간 발표된 논문 수 423편에 비하면 4.3배가 증가한 것이다. 지난 10년 동안에 이 분야의 활동이 양적으로 매우 활발하였다는 것을 알 수 있다. 이 많은 논문들 중 1691편은 312종의 학술논문집에 실렸고, 나머지 142편은 거의 모두가 단행본에 실렸다. 이 312종의 학술논문집 중 『한국정치학회보』, 『국제정치논총』, 『세계지역연구논총』, 『21세기정치학회보』가 각각 215편, 135편, 69편, 55편의 논문을 실었다. 이 분야의 논문들이 『한국정치학회보』에 가장 많이 실렸지만 215편으로, 전체 논문 수의 12.7%에 불과하다.

이 분야의 많은 논문들 중 77편은 52종의 외국 학술지에 게재되었고, 국제적으로 최고수준의 학술논문집인 *British Journal of Political Science*에 3편(권혁용 1편, 문우진 2편), *China Journal*에 2편(정재호), *Comparative Politics*에 1편(김희민), *European Journal of Political Research*에 1편(김희민), *Journal of Conflict Resolution*에 2편(김동훈)이 각각 실렸다. 나머지는 *Asian Survey*, *China Quarterly*, *Comparative Political Studies*, *Democratization*, *Electoral Studies*, *Ethnicities*, *Governance*, *Journal of Politics*, *Pacific Affairs*, *Public Choice*, *Theory and Society* 등에 게재되었다.(논문 저자들: 김상준, 조영남, 최정욱, 권형기, 김동훈, 조원빈, 지병근, 김남국, 유성진, 이한수, 김용철, 신유섭, 조성대 등)

신명순 교수는 이 분야의 논문들이 어떠한 국가와 지역을 대상으로 하였고 어떠한 주제를 다루었는가도 조사하였다. 그의 조사에 의하면 총 1833편의 논문들 중 국가나 지역을 대상으로 한 논문이 1497편이고 그 중 하나의 국가만을 대상으로 한 논문이 1093편, 하나의 지역이나 국제기구를 대상으로 한 논문이 193편이다. 대부분의 논문들이 하나의 국가나 지역을 다루고 있고, 이러한 특징은 과거 이 분야 논문들의 특징과 같다. 지난 10년간에 가장 많이 다룬 국가는 미국(218편)이고, 그 다음이 중국(173편), 일본(158편), 러시아(88편)이고, 이 네 나라에 대한 논문이 전체 논문 수의 42.7%를 차지하였다. 지난 10년간 이 네 나라 연구가 전체 연구에서 점하는 비율은 과거와 비슷하다. 그러나 논문수로 나타나는 연구순위는 1988년부터 1999년간에는 중국, 일본, 러시아, 미국 순이었다. 연구대상으로 이 네 나라 외에 세계 각 지역의 국가가 포함되어 있으나 아랍권 국가들과 아프리카 지역 국가들은 거의 대부분이 빠져있다.

---

18) 신명순, "한국정치학에서 비교정치연구," 『한국정치학회60년사, 증보분』 (한국정치학회, 2013), pp. 152-199.

이 논문들이 다루는 주제는 다양하다. 지난 10년 동안 가장 취급 빈도수가 많은 주제부터 열거하면 선거(185), 정치경제(174), 민주주의・민주화(133), 정당(121), 정보화・인터넷(80), 의회(44), 정책(39), 연방・연방제, 이민・외국인, 민족갈등・소수민족, 세계화(31), 개혁(29), 민족주의・민족정체성, 시민사회(27), 유럽통합(26), 노동(25), 리더십(23) 등의 순이었다. 그 이전 시기인 1957～1987년 동안에는 그 순위가 정치발전, 정당, 이데올르기, 정책과 정치체계, 정치엘리트, 의회, 군부, 비교정치연구방법, 정치사회화, 정치변동 등의 순이었다. 그 이전에 비해 지난 10년간에는 정치경제와 정보화가 새로운 연구주제로 부상한 것을 알 수 있다.

우리나라의 비교정치 분야에 대한 연구는 1950년대와 1960년대 초까지는 서구정치사나 정부론과 같은 주제가 중심이었다. 한국의 정치학자들 중 서구정치사나 정부론 전문가가 있는 것은 아니었고 일본대학에서 공부한 경험이 있는 제1세대 정치학자들이 일본학자나 구미의 학자들이 쓴 이 분야의 교과서를 공부해서 강의를 하였다. 서구정치사에 대한 깊이 있는 이해는 비서구 국가들은 왜 서구와 같은 경제발전과 정치발전을 하지 못했는가를 이해하는데도 중요한 준거가 될 수 있으나 이 분야는 발전되기도 전에 1960년대에 한국에 밀려온 미국정치학의 근대화론으로 우리나라 정치학에서 자취를 감추게 되었다. 미국의 비교정치학은, 특히 후진국 정치론은 후진국의 근대화를 방해하는 요인을 전통성에서 찾고 후진국이 발전하기 위해서는 이 전통성을 극복하고 구미가 가지고 있는 근대성을 갖추는데 있다고 주장했다. 이러한 주장은 베버와 같이 문화를 중요하다고 보고 사회체계론을 주장한 사회학자 탈코트 파슨스의 이론에 기반을 둔 것이었다. 그리고 미국의 비교정치학은 후진국의 정치발전, 혹은 민주화는 근대화를 하면, 혹은 경제발전을 하면 따라오는 것으로 인식하였고, 마틴 립세트 같은 사람이 이러한 주장을 편 대표적 학자였다. 다른 한편, 같은 시기에 미국에서 파슨스의 영향을 받아 이스톤과 알몬드가 주장한 정치체계론은 선진국이든 후진국이든 미개국이든 모든 국가의 정치체계를 input-out-put, feedback이라는 같은 기준으로 비교하게 만들었고, 이러한 기준을 적용한 각국 정치론이 나왔다. 1960년대와 1970년대의 한국의 비교정치학은 이와 같은 미국의 비교정치학을 그대로 수입한 것이었다. 그러나 한국정치는 1960년대의 근대화 정책으로 상당한 경제발전을 이룩했음에도 불구하고 민주주의가 발전하기는커녕 독재정치가 강화되는 방향으로 전개되었다. 그리고 이러한 상황은 라틴 아메리카의 여러 나라에서도 나타났다.

이러한 현실은 미국 비교정치학의 적실성(relevance)을 빼앗아가는 것이었으나 한국의 비교정치학자들은 대부분 이러한 정치학을 고수했다. 미국에서는 소수의 학자들이 네오마르크시스트이론, 종속이론, 세계체계론을 가지고 주류 비교정치학을 비판하였고 한국에서도 소수의 학자들이 이 이론을 수입하였다. 이러한 상황에 직면하여 미국의 비교정치학계는 기존의 근대화론과 정치체계론이 정치의 본질을 이해하는데 커다란 도움이 되지 않는다는 결론을 내리고 새로운 이론을 1980년대 초부터 제시하기 시작했는데 그것이 경제학에서 이미 채용하고 있는 합리적 선택이론과 게임이론이었다. 후진국들 중에서도 발전하는 나라도 있고 그렇지 않은 나라도 있고, 선진국들 중에서도 경제가 잘 되는 나라도 있고 그렇지 않은 나라도 있는데, 이러한 차이를 정치에서 찾는 정치경제학이 이 이론을 기반으로 해서 등장하였다. 그리고 미국의 비교정치학은 이러한 정치경제론에 의해 상당 부분 대체되는 경향을 나타내고 있다. 우리 학계에도 이 정치경제학이 수입되었고 지난 10년간의 논문 수에 나타나있는 바와 같은 업적을 내고 있지만 아직 주류이론으로 발전하고 있지는 못하다.

미국의 정치경제학은 후진국의 저발전을 전통성의 극복을 주장한 근대화론이나 쇄국적(autarkical) 산업화를 주장한 종속이론보다도 훨씬 더 구체적으로 설명하였다. 예를 들어, 로버트 베이츠는 아프리카 지역의 농업 쇠퇴가 농산물의 저가정책 때문에 일어났고, 이러한 농산물의 저가정책은 집권세력이 그들의 집권을 유지하는데 필요한 도시민들과 공업화 엘리트들의 지지를 받기 위해서 수립되었다는 것을 밝혔다. 단기적으로 집권세력이 집권을 유지하기 위한 합리적 선택이 농산물 저가정책이고, 장기적으로는 그 정책이 농업을 쇠퇴시키고 결국에는 경제발전도 저해한다는 것이다. 베이츠는 아프리카의 경제적 저발전이 문화의 전통성에 있는 것이 아니라 정부의 정책에 있다는 것을 밝힌 것이다. 베이츠의 이 연구는 저발전을 외국자본에 돌리는 종속이론도 맞지 않는다는 것을 보여주고 있다.[19] 맨서 올슨은 지대(rents)의 추구를 유발하는 정부정책은 행위자들이 효율적인 생산보다는 지대를 추구하게 만들어 발전을 저해한다는 연구결과를 냈고,[20] 더글라스 노스는 사유재산제도가 확립되어있지 않으면 저축이나 성장을 방해한다는 것을 역사적으로

19) Robert Bates, *Markets and States in Tropical Africa* (Univ. of California Press, 1981).

20) Mancur Olson, *The Rise and Decline of Nations: Economic Growth, Stagflation, and Social Rigidities* (Yale Univ. Press, 1982).

밝혀냈다.[21] 피터 카첸스타인은 선진국들이 경제적 위기에 직면하였을 때 이에 대처하는 방식이 미국, 영국, 일본, 프랑스, 독일, 이탈리아가 각각 달랐고, 이와 같이 다른 대처방식은 그 나라의 역사와 문화에 근거하고 있다는 것을 밝혔다.[22] 그리고 그 이후 비교정치학에서도 합리적 선택이론과 게임이론에 덧붙여 역사와 문화를 중요시하는 구성주의 이론이 나오게 되었다. 피터 홀과 대비드 소스키스는 선진자본주의의 여러 형태를 소개하고 그에 따른 경제적 업적의 차이를 밝혀냈다.[23]

미국의 비교정치학도 우리나라의 비교정치학과 마찬가지로 다양한 주제를 다루지만 그 중심에는 바로 소개한 바와 같은 문제의식과 이론적 관심이 있다. 우리나라 비교정치학에 이와 같은 문제의식과 이론적 관심이 있는지 확실하지 않지만 그것이 미국의 비교정치학계에서와 같이 두드러지게 나타나고 있지는 않다.

박상섭 교수는 지난 10년간 또는 지난 20년간의 국제정치연구는 그 양의 폭발적 증가가 특징이라고 지적한다.[24] 2000년에서 2013년까지 『국제정치논총』에 발표된 총 논문 수는 국문이 677편, 영문이 76편에 달했고, 『한국정치학회보』에 발표된 총 논문 수도 100편이 넘는다. 이 논문이 다루고 있는 분야는 국제정치이론, 안보문제, 국제정치경제, 개별국가의 대외정책, 지역협력, 역사 및 역사 사회학, 국제정치사상, 세계화 및 전 지구적 이슈, 한국전쟁 및 한국 국가형성, 조선의 전통과 변모, 한국외교정책, 여성과 국제정치, 문화 등이다. 지난 10년간에 나온 단행본으로는 네트워크 개념을 바탕으로 국제정치에 관한 새로운 논의를 주창하고 있는 하영선, 김상배 교수의 책들, 국제정치의 실제 과정에 대한 다양한 연구를 포함하고 있는 강성학 교수의 책들, 국제정치경제에 관한 구갑우, 김석우, 남궁영, 조찬수 교수의 책들, 국제협력을 다룬 구갑우, 김관옥, 남궁영, 서창록, 윤진표, 이옥연, 천상덕 교수의 책들, 일본과 동아시아 국가들의 역사를 다룬 강상규 교수의 책, 동아시아 국가들이 서양식 국제정치질서에 편입되면서 보여준 새로운 인식방식의 획득과정을 다루고 있는 김용구, 박상섭 교수의 책들을 소개하고 있다.

박상섭 교수는 국제정치연구의 양적, 질적 향상을 긍정적으로 평가하면서도 그것이 미

---

21) Douglass North, *Sturcture and Change in Economic History* (Norton, 1981).

22) Peter Katzenstein, "Domestic Structures and Strategies of Foreign Policy" in *Between Power and Plenty: Foreign Economic Policies of Advanced Industrial States* (Univ. of Wisconsin Press, 1978).

23) Peter Hall and David Soskice, ed., *Varieties of Capitalism* (Oxford Univ. Press, 2001).

24) 박상섭, "국제관계연구," 『한국정치학회60년사, 증보분』 (한국정치학회, 2013), pp. 200-227.

국의 국제정치학에 의존되어 있다는 점에 대해서는 아쉬운 마음을 토로하고 있다. 미국의 국제정치이론은 강대국 미국의 입장이 전제된 것이고, 우리는 미국과 같은 위치에 있지 않기 때문에 이 이론을 가져다 쓸 때에는 우리의 정체성과 관련하여 허탈감을 가질 수밖에 없다는 것이다. 미국의 입장을 당연한 것으로 인정하지 않고 미국의 입장이나 이론을 상대화 할 수 있는 상위 이론이 필요한데, 이러한 이론을 우리는 아직 만들고 있지 못하다는 것이다.

제1차 세계대전까지 국제정치연구는 전쟁과 평화에 대한 철학적 고찰, 외교사와 군사사, 국제법 등으로 구성되어 있었고 이론적 분석은 거의 없었다. 그러나 그 후 E. H. Carr가 1939년에 나온 그의 저서 *The Twenty Years' Crisis: 1919-39*에서 국제정치에서의 이상주의와 현실주의의 장단점을 논한 것을 계기로 해서 국제정치에 대한 이론적 논의가 시작되었고 이 논의는 제2차 세계대전 종료 후 오늘에 이르는 기간 동안 실로 눈부신 발전을 이룩했다. 미국이 최강국으로 등장하고 소련과 냉전을 벌리던 시대를 배경으로 모겐소는 전통적, 역사적 현실주의이론을 주장했고, 그 이후 이를 대체하는 이론으로 왈츠가 구조적 현실주의이론을 제시했고, 이 두 이론이 제시하는 힘의 균형이론에 대해 스테펀 월트는 위협의 균형이론을 주창하였고, 이 이론은 다시 방어적 현실주의 이론과 공격적 현실주의 이론으로 발전을 거듭하고 있다. 그러나 최강국으로서의 미국의 지위에 동요가 일어나는 1980년대부터 국제협력을 강조하는 신자유주의이론이 나왔고 이 이론은 경제적 상호의존이론, 국제 레짐 혹은 제도주의이론, 민주적 평화론으로 발전하여 현실주의이론을 비판하고 있다. 냉전이 종식되는 1990년대부터는 국제정치 현실은 객관적으로 존재하는 것이 아니라 우리들이 주관적으로, 혹은 간주관적으로(intersubjectively) 구성하는 것이고, 그렇기 때문에 우리들이 어떠한 의식, 이념, 문화, 혹은 이론을 가지고 국제정치현실을 어떻게 구성해 나가느냐가 국제정치를 좌우한다는 구성주의이론이 나와 국제정치연구의 또 하나의 지평을 열고 있다.

제2차 세계대전이 끝난 이래 미국의 국제정치학자들은 국제정치현상을 보다 잘 설명할 수 있는 이론을 만들어 내는 경쟁을 해 왔고, 그 속에서 이 세 가지 이론이 등장하였고, 이 세 이론의 대결은 현재에도 지속되고 있다. 대부분의 미국국제정치학자들이 이 세 이론 중 어느 한 파가 옳다는 주장을 엄청난 양의 경험적 연구를 통해 증거를 대고 있고, 이에 기반을 두어 그들이 옳다고 믿는 이론을 더욱 세련되게 발전시키고 있다.

국제정치현상은 갈등, 협력, 구성의 세 측면을 동시에 가지고 있기 때문에 세 이론은 부분적으로는 다 맞는 이론이고, 또 부분적으로는 다 틀린 이론이다. 현상은 어느 한 이론이 설명할 수 있는 것 보다 항상 더욱 복잡한 것이고, 미국정치학자들은 이 세 측면을 모두 설명하는 이론은 아직 만들어내지 못하고 있다. 그리하여 피터 카젠스타인과 같은 정치학자는 이 세 이론 모두를 실용주의적 입장에서 필요에 따라 적절하게 이용하여 국제정치현상을 설명하고 처방하는 절충주의적 자세를 나타내고 있다.[25]

Martin Wight, Hedley Bull, John Vincent, Andrew Hurrel같은 영국의 정치학자들은 이와 같은 미국의 국제정치학을 그대로 받아들이지 않는다. 그들은 국제관계가 무정부 상태가 아니라 어느 정도의 규범이 있는 국제사회라고 보고 있고, 그들의 연구는 실증주의적이라기보다는 규범적이고 처방적이다. 그들은 국제정치연구의 기반을 실증주의적 방법과 이론이 아니라 철학, 법학, 역사학에서 찾고 있다. 영국의 국제정치학은 규범을 중요하게 생각한다는 점에서 이 보다 훨씬 늦게 나온 미국의 구성주의이론과 비슷하지만 철학, 법학, 역사학에 기반을 두고 있다는 점에서 실증주의에 기반을 두고 있는 미국의 구성주의이론과 다르다. 다른 한편, 중국과 러시아는, 특히 중국은 미국의 국제정치학을 상당 정도 수입하고 있지만 국제정치의 분석방법으로 아직도 마르크시즘을 다른 어떤 나라보다도 많이 이용하고 있다.

한국의 국제정치학은 미국에 의존해 있지만 미국에서와 같이 엄청난 경험적 연구에 기반한 이론제시와 이에 대한 논박과정 같은 것이 없다. 그렇다고 해서 영국과 같이 미국과는 다른 국제정치학을 제시하고 있지도 않다. 그리고 마르크시즘은 소련과 동구의 공산주의 정권 몰락 이후 별 영향력을 가지고 있지 못하다. 우리의 국제정치학분야도 다른 분야와 마찬가지로 아직 미국국제정치학을 catch-up하는 과정에 있지 이를 지양하고 있지 못하다.

행정학은 정치학의 한 분야이나 이제 단독분야로 독립하고 있는 상태이다. 특히 한국에서는 행정학이 정치학과 비슷한 규모로 성장하여 행정학자 수는 정치학자 수와 같은 수준이다. 백완기 교수는 지난 10년 동안의 행정학 분야에서 출판된 단행본들 중 우리나라 행정학의 한국화에 크게 기여하고 있는 80권 정도를 선택해 그 내용을 소개하였다.[26]

---

25) Rudra Sil and Peter J. Katzenstein, *Beyond Paradigms: Analytic Eclecticism in the Study of World Politics*, (Palgrave and Macmillan, 2010).

백완기 교수는 한국적인 모델로 한국행정을 다루는 것만이 한국화가 아니라 한국의 현실적인 행정문제가 연구의 대상이 되면 거기서 한국화가 일어나는 것이라고 판단한다. 한국행정학계에서는 외국의 이론을 무조건 소개하거나 적용하는 일은 이미 사라진지 오래되고 우리의 행정문제를 진지하게 연구하고 분석하고 정리하는 일을 꾸준히 하고 있다고 평가하고 있다. 백완기 교수가 소개하고 있는 단행본들을 행정학의 한국화 문제, 행정학의 방법론과 이론, 행정사상, 행정학의 각 분야로 나누어 살펴보면 다음과 같다.

한국행정학의 한국화 문제를 다룬 단행본으로 박종민 · 정무권 편, 『한국행정 연구-도전과 과제』, 박종민 · 윤견수 · 김현준 편, 『한국행정학의 방향-교육, 연구 및 제도』, 김현구 편, 『한국행정학의 한국화: 보편성과 특수성의 조화』, 박종민 편, 『한국 정부관료제의 기원』이 있다. 행정학의 방법론과 이론을 다룬 책은 강신택, 『한국행정학의 논리』, 정정길 외, 『행정의 시차적 접근』, 김병섭, 『편견과 오류 줄이기』, 하연섭, 『제도분석: 이론과 쟁점』, 김성준, 『공공선택론』이 있다.

행정철학(사상), 윤리 및 행정사 분야에는 박정택, 『일상적 공공철학 하기』, 윤수재 · 이민호 · 채종헌 편, 『새로운 시대의 공공성 연구』, 임의영, 『행정철학』, 『형평과 정의』, 이문영, 『협력형 통치-원효, 율곡, 함석헌, 김구를 중심으로』, 최병선 · 심준섭 편, 『다산의 행정사상』, 김영평 · 홍준현 편, 『다산의 행정개혁』, 강형기, 『논어의 자치학』, 권일찬, 『주역의 세계화와 21세기』, 조철옥, 『경찰윤리학』, 강신택, 『행정사상과 연구의 논리-한국행정의 역사적 맥락에서』, 이종수, 『대한민국은 공정한가』, 김상묵, 『한국인의 공공봉사 동기-세계적 보편성과 한국적 특수성』, 장동휘 · 최종현, 『한국행정사의 이해』가 발간되었다.

행정학의 각 분야의 주요한 단행본은 행정전반, 조직관리, 재무행정, 정책학, 지방행정, 복지행정, 정보통신 및 전자정부, 문화행정 분야에 50여권이 있다. 행정전반 분야에는 한국행정60년사, 행정실무가의 행정문제에 대한 분석, 한국의 공공부문 분석, 감성정부, 국가운영 시스템, 무용성의 유용성, 한국 역대 대통령의 리더십, 인촌 김성수, 대한민국의 국무총리, 관계장관회의, NGO, 비영리단체, 한국행정의 특색, 통일 한국정부론, 행정개혁, 레임 덕 현상, 새마을운동을 각각 다루는 단행본들이 있다. 조직관리 분야에는 한국의 행정조직, 관료제, 공공갈등의 관리에 대한 단행본들이 있다. 재무행정 분야에는 행정

26) 백완기, "한국행정학 60년," 『한국정치학회60년사, 증보분』 (한국정치학회, 2013), pp. 228-257.

과 경제의 관계, 예산, 재정개혁, 불교 자본주의에 관한 단행본들이 있다. 정책학 분야에는 정책학, 정책성공과 실패의 대위법, 정책집행론, 정책변동론, 정책평가론 등의 단행본이 있다. 지방행정 분야에는 지방정부론, 원주 의료기기 클러스터, 시민참여에 관한 단행본이 있다. 복지행정 분야에는 한국의 복지정책 결정과정, 한국복지국가 성격, 한국의 소수자 정책, 장애인 정책에 관한 단행본이 있다. 정보통신 및 전자정부 분야에는 전자정부론, 유비쿼터스 정부론, 미래정부론 등의 단행본이 있고, 문화행정 분야에는 문화예술정책론, 문화행정론, 문화정책과 행정을 다루는 단행본이 있다.

백완기 교수는 우리나라의 행정학이 지난 10년 동안 한국의 행정문제를 다루는 훌륭한 업적을 쌓았다고 평가하고 있다. 그러나 한국의 행정현상을 설명하는 이론화 작업에는 어떠한 성과가 있는지에 대해서는 언급하지 않았다. 필자는 미국의 행정학이 어떻게 발전하고 있는지, 정치학과 마찬가지로 이론화 작업에 상당한 성과를 내고 있는지 알지 못한다. 그러나 미국행정학도 정치학과 마찬가지로 행정현상을 설명하는 이론을 내는 데 그 연구의 목적을 두고 있고, 그 결과로 public management theory, institutional theory, principal-agent theory, bureaucratic outcomes theory, institutional-choice theory, transaction-cost theory 등이 나오고 있는 것 같다.[27] 한국행정학에서는 어떤지가 궁금하다.

III. 결어

한국정치학은 미국정치학을 수용하여 지난 60년간 장족의 발전을 이룩했으나 정체성이 없다는 비판에 직면해 있다. 정치학은 정치의 본질에 대한 보편적 진리를 추구하는 학문이므로 나라마다 다른 정치학을 가질 수는 없다. 또한 지구화시대를 맞이하여 정치학이라는 학문 분야도 한 나라 안에서만 발전하는 것이 아니라 다른 나라들의 정치학의 영향을 받으면서 발전하기 때문에 일국정치학은 있을 수도 없고 바람직하지도 않다. 그러나 구미의 정치학은 나라마다 어떤 특성을 가지고 있다. 예를 들어, 일본정치학은 과거의 전통적 정치학의 전통을 계속 유지하면서 미국정치학도 적극적으로 수용하는 특성을 가

27) Donald F. Kettl, "Public Administration: The State of the Field," Ada W. Finifter, ed., pp. 407-428.

지고 있고, 영국정치학은 미국정치학의 영향을 받으면서도 전통적 정치학을 고수, 발전시키고 있다는 특성을 가지고 있다. 한국정치학은 일본이나 영국에서 볼 수 있는 바와 같은 한국 특유의 특성을 가지고 있지 못하다. 한국정치학은 그 역사가 일천하므로 그 자체의 전통을 수립하지 못한 것은 어떻게 보면 자연스러운 일이다. 그렇다면 앞으로 어떻게 한국정치학은 정체성을 수립해 나갈 수 있겠는가?

한국정치학이 정체성을 수립하기 위해서는 미국정치학의 문제점을 파악하는 것도 중요하지만 미국정치학의 강점을 보다 철저하게 수용하고 발전시켜야 한다.

미국정치학은 토마스 쿤의 패러다임 변화의 논리에 따라 발전해 왔다. 그의 주장에 의하면 한 시대의 과학은 대부분의 과학자들이 따르는 패러다임이 있고, 이 패러다임은 해결하고자 하는 의문, 가정, 접근법을 가지고 있다. 그러나 이 패러다임으로 설명이 안 되는 이상현상(abnormaly), 혹은 퍼즐(puzzle)이 자꾸 나타나면 과학자들은 이를 설명해 줄 수 있는 새로운 패러다임을 만든다. 이 패러다임이 그 이전 패러다임 보다 이상현상(異常現象)을 포함한 모든 현상을 더 잘 설명해 줄 수 있으면 이 패러다임이 그 이전 패러다임을 대체하게 된다. 그러나 이 패러다임으로도 설명할 수 없는 이상현상이 또 계속 나타나면 과학자들은 이 이상현상을 설명해 줄 수 있는 새로운 패러다임을 또 추구하게 된다. 과학자들의 연구 패러다임이 쉽게 자주 바뀌는 것은 아니다. 그들은 보통 기존의 패러다임에 따른 연구를 지속하고 이상현상이나 퍼즐이 나타나도 이를 무시하는 경향이 있다. 그러나 이러한 이상현상이 무시할 수 없을 만큼 두드러지게 자주 나타나면 기존의 패러다임의 적실성에 의문을 제기하고 새로운 패러다임을 모색하는 것이다.

정치학은 이러한 패러다임 변화의 논리가 꼭 들어맞지는 않는다. 자연과학에서는 패러다임의 변화가 일어나면 그 이전의 기존 패러다임은 무용지물이 되고 새로운 패러다임을 연구에 이용하게 된다. 그러나 정치학에서는 기존의 패러다임이 새로운 패러다임으로 대체되지 않고 기존의 패러다임에 새로운 패러다임이 추가될 뿐이다. 다시 말해, 기존의 패러다임과 새로운 패러다임이 공존하는 것이다. 정치학의 패러다임이 전통적 정치학-행태주의, 체계론적 정치학-경제학적 정치학, 구성주의 정치학으로의 변화를 보였지만 이 패러다임은 현재 모두 공존해 있다. 국제정치이론도 현실주의-신자유주의-구성주의로 패러다임 변화를 나타내고 있지만 새로운 패러다임은 기존의 패러다임에 추가되어 이 세 가지 패러다임이 현재 모두 공존해 있다. 그러나 미국정치학은 전통적 정치학으로 설명이 안 되는 현상을 보고 행태주의, 체계론적 정치학을, 행태주의, 체계론적 정치학으로 설명이 잘 안 되는 현상을 보고 경제학적 정치학을, 그리고 경제학적 정치학으로 설명이 잘 안 되는 현상을 보고 구성주의 정치학을 만들어 낸 것이다. 마찬가지로 현실주의 패러다임으로 설명할 수 없는 국제정치현상을 목격하고 신자유주의 패러다임을 만들어 내었고, 현실주의 패러다임과 신자유주의 패러다임으로도 설명할 수 없는 현상을 목격하고 이를 설명해 줄 수 있는 구성주의 패러다임을 만들어 내었다. 미국정치학은 기존의 패러다임으로 설명할 수 없는 이상현상이나 퍼즐이 있나 없나를 면밀하게 관찰하고 그러한 현상이 있으면 이를 설명하기 위해 기존의 패러다임에 수정을 가하거나 새로운 패러다임을 제시하는 작업을 항상 하고 있다.

한국정치학은 미국정치학과 유사하게 1950년대의 법적, 제도적, 역사적, 사상사적 정치학에서 1960년대, 1970년대, 1980년대의 행태주의와 후기 행태주의 정치학, 또는 정치체계론적 정치학으로, 그리고 그 이후 다시 경제학적 정치학, 즉 합리적 선택이론과 게임이론에 기반한 정치경제학으로 변화하는 모습을 나타내고 있다. 오랜 기간 동안의 군부독재시대에 한국정치학의 주류는 행태주의, 후기 행태주의, 정치체계론이었다. 행태주의 정치학은 우리나라 국민들의 정치적 태도를 조사하고 한국정치는 그러한 태도를 반영한다는 연구결과를 내놓았고, 정치체계론적 정치학은 한국의 독재정치를 input, output, feedback으로 설명하는 연구결과를 내놓았다. 이러한 연구가 완전히 틀린 것은 아니지만 당시의 군부독재정치를 설명하고 처방하는데 호소력이 있는 정치학은 아니었다. 그리하여, 당시 민주화 투쟁을 벌이던 학생들은 이러한 정치학 보다는 그들 자신의 운동권 정치학을, 그것이 NL이든 PD든 간에, 탄생시켰다. 그리고 일부 정치학자, 사회학자들도 네오마르시즘, 종속이론, 세계체계이론, 비판이론 등에 의거하여 한국정치를 보기 시작했다. 당시 이러한 정치학은 독재정치를 반대하는데 호소력이 있었지만 이것도 우리의 현실을 설명하고 처방하는데 맞지 않는 정치학이었다. 한마디로 좀 과장한다면 한국정치학은 한국정치를 설명하고 처방하는데 무력한 정치학이었다. 그리고 이러한 현상은 아직까지 크게 시정되고 있지 못하다.

한국정치학이 이렇게 무력하게 된 것은 미국정치학자들과 같이 이론 혹은 패러다임 수정이나 새로운 이론 혹은 패러다임 제시를 연구의 목표로 삼고서 작업을 해 오지 않았기 때문이다. 한국정치학의 패러다임 수정이나 새로운 패러다임 제시는 미국정치학의 그와 같은 수정이나 제시에 따른 것이지 자생적인 수정이나 제시가 아니었다. 한국정치학은 미국의 기존 패러다임을 들여왔으나 이 패러다임으로 설명이 안 되는 이상현상이나 퍼즐을 면밀히 관찰해서 이를 설명할 수 있게끔 기존 패러다임을 수정하거나 새로운 패러다임을 만드는 일을 해 오지 않았다. 한국정치학이 이러한 일을 하였다면 미국정치학의 기존 패러다임을 수정하거나 새로운 패러다임을 만들었을 것이고, 그것은 바로 미국정치학과 구별되는 한국정치학의 탄생이었을 것이다.

한국정치학이 미국정치학의 연구결과를 수입하는데 그치지 않고 그러한 결과가 나오는 과정을 보다 철저하게 배운다면 그것은 한국정치학의 정체성 수립에도 큰 도움이 될 것이다.

참고문헌

제1부 국제정치와 남북한론

강인덕 · 송종환 외. 2005. 『남북회담: 7 · 4에서 6 · 15까지』. 극동문제연구소.

구영록. 2000. 『한국과 햇볕정책』. 법문사.

그라즈단제브, A. J. 저, 이기백 역. 1973. 『한국현대사론』. 일조각.

김경원. 2005. 『전환시대의 생존전략』. 삶과 꿈.

김기정 · 박한규. 2002. "국제레짐의 강제집행력과 개별국가들의 관계: 1970년대 국제비확산레짐과 한국과 일본의 핵재처리 정책 비교연구." 『한국과 국제정치』, 제18권 제4호(겨울).

김석준. 1996. 『미군정 시대의 국가와 행정』. 이화여자대학교출판부.

김운태. 1986. 『일본 제국주의의 한국 통치』. 박영사.

_____. 1992. 『미군정의 한국 통치』. 박영사.

김준엽 · 김창순. 1967~1976. 『한국공산주의 운동사』 전5권. 고려대학교 아세아문제연구소.

돈 오버더퍼 지음, 이종길 옮김. 2002. 『두 개의 한국』. 도서출판 길산.

동아일보사. 1987~1994. 『현대사를 어떻게 볼 것인가』, 제1권-제6권.

문창극. 1994. 『한미 갈등의 해부』. 나남출판.

박명림. 1996. 『한국전쟁의 발발과 기원』 I, II. 나남출판.

_____. 2002. 『한국 1950: 전쟁과 평화』. 나남출판.

박문옥. 1973. 『한국정부론』. 박영사.

박지향 · 김철 · 김일영 · 이영훈 엮음. 2006. 『해방 전후사의 재인식』, 제1, 2권. 책세상.

서동만. 1998. "북한 정치체제 변화에 관한 시론." 『정치비평』(가을, 겨울), 통권 5호.

_____. 2005. 『북조선 사회주의체제 성립사: 1945~1961』. 선인.

서울대학교 한국정치연구소 편. 1993. 『한국의 현대정치』. 서울대학교출판부.

서중석. 1991. 『한국 현대 민족운동 연구』. 역사비평사.

손세일. 1977. 『이승만과 김구』. 일조각.

송남헌. 1986. 『한국현대정치사』. 성문각.

송대성. 1998. 『한반도 평화체제』. 세종연구소.

송종환. 2002. 『북한 협상 형태의 이해』. 오름.
신복룡. 2001. 『한국분단사 연구』. 한울.
심지연. 1989. 『미소공동위원회 연구』. 청계연구소.
_____. 1991. 『대구10월항쟁연구』. 청계연구소.
아태평화재단. 1995. 『김대중의 3단계 통일론』. 아태평화출판사.
안 진. 1990. "미군정기 국가기구 형성과정에 관한 연구." 서울대 사회학과 박사학위논문.
양성철. 1989. 『남북통일 이론의 새로운 전개』. 경남대학교 극동문제연구소.
양호민. 1967. 『북한의 이데올로기와 정치』 I. 고려대학교 아세아문제연구소.
_____. 1972. 『북한의 이데올로기와 정치』 II. 고려대학교 아세아문제연구소.
_____. 2010. 『한반도의 격동 1세기 반(上・下)』 한림대학교출판부.
오코노기 마사오(小此木政夫). 1986. 『한국전쟁』. 일본 중앙공론사.
유영익. 1996. 『이승만의 삶과 꿈』. 중앙일보사.
이정복 엮음. 2003. 『북핵문제의 해법과 전망: 남북한 관계와 미・일・중・러』. 중앙 M&B.
이정식. 2006. 『대한민국의 기원』. 일조각.
이종석. 1995. 『조선로동당연구』. 역사비평사.
_____. 2000. 『새로 쓴 현대북한의 이해』. 역사비평사.
이철순. 2000. "이승만정권기 미국의 대한정책 연구(1948-1960)." 서울대 정치학과 박사학위논문.
이철순 편. 2010. 『남북한 정부수립 과정 비교 1945-1948』. 인간사랑.
이호재. 2000. 『한국외교정책의 이상과 현실』. 법문사.
임동원. 1999. "한반도 냉전 종식의 길." 『월간 조선』(6월).
_____. 2008. 『피스 메이커』. 중앙Books.
정창현. 1999. 『김정일』. 토지.
최상용. 1988. 『미군정과 한국민족주의』. 나남출판.
한길사. 1989. 『해방전후사의 인식』, 제1권-제6권.
한용원. 1984. 『창군』. 박영사.
_____. 1993. 『한국의 군부정치』. 대왕사.
황장엽. 1998. 『북한의 진실과 허위』. 통일정책연구소.

Acheson, Dean. 1969. *Present at the Creation: My Years in the State Department*. New York: W. W. Norton.

Alavi, Hamza. 1972. "The State in Post-Colonical Societies-Pakistan and Bangladesh." *New Left Review*, no.74(July-August).

Cha, Victor. 1999. *Alignment Despite Antagonism: The United States-Korea-Japan Security Triangle*. Stanford: Stanford University Press.

Cho, Soon Sung. 1967. *Korea in World Politics: 1940-1950*. Berkeley: University of California Press.

Chung, Sang Hoon. 1974. *The North Korean Economy: Structure and Development.* Stanford: Hoover Institution Press.

Cumings, Bruce. 1981. *The Origins of the Korean War.* vol.I. Princeton: Princeton University Press.

_____________, ed. 1983. *Child of Conflict*. Seattle: University of Washington Press.

_____________. 1990. *The Origins of the Korean War.* vol.II. Princeton: Princeton University Press.

Finer, S. E. 1970. *Comparative Government.* New York: Basic Books, Inc.

Harrison, Selig. 2002. *Korean Endgame: A Strategy for Reunification and U.S. Disengagement.* Princeton: Princeton University Press.

Kihl, Young Whan. 1984. *Politics and Policies in Divided Korea.* Boulder: Westview Press.

Kim, Byongsik. 1970. *Modern Korea: The Socialist North, Revolutionary Perspectives in the South and Unification.* New York: International Publisher.

Kim, Dalchoong & Gumpel Werner, eds. 1987. *New Directions in East-West Relations.* Seoul: Institute of East and West Studies, Yonsei University.

Kim, Hak Joon. 1986. *Unification Policies of South and North Korea: A Comparative Study.* Seoul: Seoul National University Press.

Kim, Se Jin. 1971. *The Politics of Military Revolution in Korea.* Chapel Hill: University of North Carolina Press.

Koh, Byung Chul, ed. 2002. *The Korean Peninsula in Transition: The Summit and its Aftermath.* Seoul: Kyungnam University Press.

Kwak, Tae Hwan, et al., eds. 1984. *Korean Reunification.* Seoul: Kyungnam University Press.

Lankov, Andrei. 2005. "The Soviet Politbureau Decisions & Emergence of The North Korean State, 1946-1948." *From Division Toward Peaceful Unification*, The 7th International Conference on Korea Politics of The Korean Political Science Association.

Lee, Chong-Sik. 1963. *The Politics of Korean Nationalism.* Berkeley: Center of California Press.

Lee, Chong-Sik & Robert Scalapino. 1972. *Communism in Korea.* Part I. Berkeley: University of California Press.

______________________________. 1973. *Communism in Korea.* Part II. Berkeley: University of California Press.

McCune, G. M. 1950. *Korea Today*. Cambridge: Harvard University Press.

Noland, Marcus. 1997. "The Korean Peninsula: Economic Challenges Ahead," 경희대 평화복지대학원, 9월 학술회의 논문.

Paige, Glenn D. 1968. *The Korean Decision, June 24-30.* New York: Free Press.

Park, Jae Kyu, ed. 1999. *North Korea in Transition and Policy Choices: Domestic Structure and External Relations.* Seoul: Kyungnam University Press.

Pipes, Richard. 1974. *Russia under the Old Regime.* New York: Charles Scribner's Sons.

Sawyer, Robert, K. 1962. *Military Advisors in Korea: KMAG in Peace and War*, Washington, D.C.: Department of Army.

Suh, Dae Sook. 1967. *The Korean Communist Movement, 1918-1948*. Princeton: Princeton University Press.

____________. 1988. *Kim Il Sung: the North Korean Leader*. New York: Columbia University Press.

Truman, Harry S. 1956. *Years of Trial & Hope*. New York: Doubleday.

U.S Government. 1988. *History of the United States Armed Forces in Korea(HUSAFIK)*, 제3권. 돌베개.

U.S. Government. *Foreign Relations of the United States(FRUS)*. Washington: Printing Office.

Young, John W & John Kent. 2004. *International Relations Since 1945*. Oxford: Oxford University Press.

Weathersby, Kathryn. 1996. "New Russian Documents on the Korean War: Introduction and Translations," *Coold War International History Project Bulletin 6/7*. Washington D.C.: Woodrow Wilson International Center for Scholars.

제2부 정치경제론

고 원. 2005. 『한국의 경제개혁과 국가』. 한국학술정보.

김세균. 1997. 『한국민주주의와 노동자·민중정치』. 도서출판 현장에서 미래를.

김영명. 1992. 『한국 현대정치사』. 을유문화사.

김인회. 1983. 『교육과 민중문화』. 한길사.

김진균. 1985. "한국사회의 계급구조." 『한국사회변동연구(I)』. 한울.

_____외. 1985. 『한국사회의 계급연구(1)』. 한울.

박광주. 1992. 『한국 권위주의 국가론』. 인간사랑.

박성하. 1958. 『우남노선』. 동아출판사.

박진근. 2000. 『세계경제속의 한국경제 40년』. 박영사.

서남동. 1983. 『민중신학의 탐구』. 한길사.

서울대학교 사회학연구회 편. 1983. 『한국사회의 전통과 변화』. 법문사.

서울대 한국정치연구소. 1992. 『21세기 한국의 정치와 경제』.

손호철. 1993. 『전환기의 한국정치』. 창작과비평사.

_____. 1995. 『해방 50년의 한국정치』. 새길.

_____. 1999. 『신자유주의 시대의 한국정치』. 푸른숲.

_____. 2003. 『현대한국정치』. 사회평론.

_____. 2006. 『해방 60년의 한국정치 1945-2005』. 이매진.

_____. 2010. 『빵과 자유를 위한 정치』. 해피스토리.

송병락. 1984. 『한국경제론』. 박영사.

스키드모어·스미스 공저, 민준기 외 공역. 1989.『라틴 아메리카의 민주화』. 법문사.
안철현. 1993. "한국자본주의 발전에 있어서 1950년대 국가의 역할." 서울대 정치학과 박사학위논문.
안청시 편. 1990.『한국정치경제론』. 법문사.
오효진. 1986. "싸우는 평화주의자 함석헌."『월간조선』(4월).
유재천 편. 1984.『민중』. 문학과지성사.
윤영관. 1996.『전환기 국제정치경제와 한국』. 민음사.
_____. 1999.『21세기 한국정치경제모델』. 신호서적.
윤영관·이근 엮음. 2003.『세계화와 한국의 개혁과제』. 한울.
윤천주. 1979.『증보판 한국정치체계』. 서울대학교출판부.
이대근. 1985. "경제성장과 구조적 불균형."『계간경향: 사상과 정책』, 제2권 4호, pp.74-91.
_____. 1989.『한국전쟁과 1950년대의 자본축적』. 백산서당.
이승훈. 2005.『재벌체제와 다국적기업』. 서울대학교출판부.
이영선. 1996.『민주주의와 경제정책』. 박영사.
이정복. 1984. "미국 민주주의의 혁신과 보수."『옥전 차기벽 박사 화갑기념논총』, pp.219-258. 한길사.
이준구. 2004.『시장과 정부』. 다산출판사.
임혁백. 1994.『시장·국가·민주주의』. 나남출판.
_____. 2000.『세계화 시대의 민주주의』. 나남출판.
_____. 2009.『신유목적 민주주의』. 나남출판.
조인원. 1996.『국가와 선택』. 경희대학교출판국.
최장집. 1988.『한국의 노동운동과 국가』. 열음사.
_____. 1989.『한국 현대 정치의 구조와 변화』. 까치.
_____. 1993.『한국 민주주의의 이론』. 한길사.
_____. 1996.『한국민주주의의 조건과 전망』. 나남출판.
하용출. 2006.『후발 산업화와 국가의 동학: 탈관료화와 강성국가의 공동화』. 서울대학교출판부.
한국사회학회 편. 1985.『한국사회와 갈등의 연구』. 현대사회연구소.
한국신학연구소 편. 1984.『한국민중론』. 한국신학연구소.
한국정치학회 편. 1986.『현대한국정치와 국가』. 법문사.
한배호. 1984.『한국의 정치』. 박영사.
한상진 편. 1984.『제3세계 정치체제와 관료적 권위주의』. 한울.
_____. 1988.『한국사회와 관료적 권위주의』. 문학과지성사.
_____. 1991.『중민이론의 탐색』. 문학과지성사.
한완상. 1984.『민중사회학』. 종로서적.

Alavi, Hamza. 1972. "The State in Post-Colonial Societies: Pakistan and Bangladesh." *New Left Review*, no.74(July-August).

Amsden, Alice H. 1989. *Asia's Next Giant*. New York: Oxford University Press.

Bates, Robert H. 1981. *Markets and States in Tropical Africa*. Berkeley: University of California Press.

Blachman, Morris & Ronald Hellmann, eds. 1977. *Terms of Conflict: Ideology in Latin American Politics*. Philadelphia: Institute for the Study of Human Issues.

Buchanan, James and Gordon Tullock. 1962. *The Calculus of Consent: Logical Foundations of Constitutional Democracy*. Ann Arbor: University of Michigan Press.

Cardoso, Fernando H. and Enzo Fletto. 1979. *Dependency and Development in Latin America*. Berkeley: University of California Press.

Cassinelli, C. W. 1961. *The Politics of Freedom*. Seattle: University of Washington Press.

Chang, Ha-Joon. 1993. "The political economy of industrial policy in Korea." *Cambridge Journal of Economics*, 17, 1993.

Collier, David, ed. 1979. *The New Authoritarianism in Latin America*. Princeton: Princeton University Press.

Conniff, Michael L., ed. 1982. *Latin American Populism in Comparative Perspective*. Albuquerque: University of New Mexico Press.

Downs, Anthony. 1957. *An Economic Theory of Democracy*. New York: Harper & Row.

Deyo, Frederic C., ed. 1987. *The Political Economy of the New Asian Industrialism*. Ithaca: Cornell University Press.

Easton, David. 1965. *A Framework for Political Analysis*. Chicago: The University of Chicago Press.

Finer, S. E. 1970. *Comparative Government*. New York: Basic Books Inc. pp.441-461.

Frank, Andre Gunder. 1967. *Capitalism and Underdevelopment in Latin America: Historical Studies of Chile and Brazil*. New York: Monthly Review Press.

Friedrich, Carl J & Zbigniew Brezezinski. 1956. *Totalitarian Dictatorship and Autocracy*. Cambridge: Harvard University Press.

Fukuyama, Francis. 1992. *The End of History and the Last Man*. New York: The Free Press.

_______________. 1995. *Trust*. New York: The Free Press.

Gershenkron, Alexander. 1962. *Economic Backwardness in Historical Perspective*. Cambridge: Harvard University Press.

Gilpin, Robert. 2000. *The Challenge of Global Capitalism*. Princeton: Princeton University Press.

____________. 2001. *Global Political Economy*. Princeton: Princeton University Press.

Hall, Peter and David Soskice, eds. 2001. *Varieties of Capitalism*. Oxford: Oxford University Press.

Hamilton, Nora. 1982. *The Limits of State Autonomy: Post-Revolutionary Mexico*. Princeton: Princeton University Press.

Heckshер, Eli F. 1955. *Mercantilism*, 2nd ed. London: George Allen and Unwin.

Held, David, Anthony McGrew, David Goldblatt, and Jonathan Perraton. 1999. *Global*

Transformations. Stanford: Stanford University Press.

Hirschman, Albert O. 1970. *Exit, Voice and Loyalty*. Cambridge: Harvard University Press.

Im, Hyug Baeg. 1987. "The Rise of Bureaucratic Authoritarianism in South Korea." *World Politics*, vol. xxxix, no.2.

____________. 1989. "Politics of Transition: Democratic Transition from Authoritarian Rule in South Korea." Ph.D. Dissertation, University of Chicago.

Im, Hyun Jin. 1985. *Dependent Development in Korea: 1963-1979*. Seoul: Seoul National University Press.

Jessop, Bob. 1990. *State Theory: Putting the Capitalist State in its Place*. Polity Press.

Johnson, Chalmers. 1982. *MITI and the Japanese Miracle*. Stanford: Stanford University Press.

Keohane, Robert O. and Helen V. Milner, eds. 1996. *Internationalization and Domestic Politics*. Cambridge: Cambridge University Press.

Koo, Young Nok & Dae Sook Suh, eds. 1984. *Korea and the United States*. Honolulu: University of Hawaii Press.

Lee, Chong-Sik. 1985. *Japan and Korea*. Stanford: Hoover Institution Press.

Lee, Hahn Been. 1968. *Korea: Time, Change, and Administration*. Honolulu: East-West Center Press.

Lerner, Daniel. 1958. *The Passing of Traditional Society*. New York: The Free Press of Glencoe, Inc.

Liebman, Marcel. 1970. *The Russian Revolution*. New York: Random House.

Lindblom, C. 1977. *Politics and Markets*. New York: Basic Books.

Lipset, Martin Seymour. 1960. *Political Man*. New York: Doubleday & Company, Inc.

Malloy, James M. ed. 1977. *Authoritarianism and Corporatism in Latin America*. Pittsburgh: University of Pittsburgh Press.

Mommsen, Wolfgang J. 1974. *The Age of Bureaucracy: Perspective on the Political Sociology of Max Weber*. Oxford: Oxford University Press.

Moore, Barrington, Jr. 1966. *Social Origins of Dictatorship and Democracy*. Boston: Beacon Press.

Negri, A. and M. Hardt. 2000. *Empire*. Cambridge: Harvard University Press.

North, Douglass C. 1990. *Institutions, Institutional Change and Economic Performance*. Cambridge: Cambridge University Press.

O'Donnell, Guillermo A. 1973. *Modernization and Bureaucratic-Authoritarianism*. Berkeley: University of California Press.

Olson, Mancur. 1965. *The Logic of Collective Action: Public Goods and the Theory of Groups*. Cambridge: Harvard University Press.

____________. 1984. *The Rise and Decline of Nations*. New Haven: Yale University Press.

Parsons, Talcott. 1951. *Social System*. New York: The Free Press of Glencoe, Inc.

Polany, Karl. 1944. *The Great Transformation*. New York: Rinehart & Company, Inc.

Poulantzas, Nicos. 1973. *Political Power and Social Class*. London: New Left Books.

Przeworski, Adam. 1991. *Democracy and Market*. Cambridge: Cambridge University Press.

Rhee, Jong-Chan. 1994. *The State and Industry in South Korea*. London: Routledge.

Senghaas Dieter. 1982. *Von Europa Lernen*. Frankfurt: Suhrkamp Verlag.

Skocpol, Theda. 1979. *State and Social Revolution*. Cambridge: Cambridge University Press.

Sonn, Hochul. 1987. "Towards A Synthetic Approach of Third World Political Economy: The Case of South Korea." Ph.D. Dissertation, University of Texas at Austin.

Stepan, Alfred. 1971. *The Military in Politics*. Princeton: Princeton University Press.

__________, ed. 1973. *Authoritarian Brazil*. New Haven: Yale University Press.

Sundquist, James L. 1983. *Dynamics of the Party System*. Washington, D. C.: The Brookings Institution.

Truman, David. 1951. *The Governmental Process*. New York: Knopf.

Wallerstein, Immanuel. 1974. *Modern World System: Capitalism, Agriculture and the Origins of the European World Economy in the Sixteenth Century*. New York: Academic Press.

Woo, Jung En. 1991. *Race to the Swift: State and Finance in Korean Industrialization*. New York: Columbia University Press.

Woo-Cumings, Meredith, ed. 1999. *The Developmental State*. Ithaca: Cornell University Press.

제3부 정치문화론

강광식. 2000.『신유학사상과 조선조 유교정치문화』. 집문당.

강상규. 2004. "조선의 유교적 정치지형과 문명사적 전환기의 위기." 동경대학 대학원 박사학위논문.

강재언 지음, 하우봉 옮김. 2003.『선비의 나라 한국유학 2천년』. 한길사.

고려대학교 아세아문제연구소 편. 1973.『한국사회의 전통과 변천』. 고려대학교 아세아문제연구소.

고병익. 1984.『동아시아의 전통과 근대사』. 삼지원.

길승흠・김광웅・안병만. 1987.『한국선거론』. 다산출판사,

김석근 외. 1999.『한국의 자유민주주의』. 인간사랑.

김운태. 2000.『제2전정증보판 조선왕조정치・행정사』. 박영사.

김종림・이남영. 1986. "산업국가에 있어서의 신념체계와 정치현실 — 한국 민주주의의 발전가능성에 대한 소고."『한국정치학회보』, 제20집 2호.

김충남. 1980. "한국민주발전의 독립변수로서의 교육."『한국정치학회보』, 제14집.

류근일. 1997.『권위주의 체제하의 민주와운동 연구』. 나남출판.

마루야마 마사오 저, 박충석・김석근 옮김. 1998.『충성과 반역』. 나남출판.

미야지마 히로시. 1995.『양반』. 일본 중앙공론사.

박동서・김광웅. 1987.『한국인의 민주정치의식』. 서울대학교출판부.

박충석. 2010.『한국정치사상사』. 삼영사.
소공권 저, 최명·손문호 역. 1998.『중국정치사상사』. 서울대학교출판부.
송영배. 1998.『중국사회사상사』. 사회평론.
_____. 2004.『동서 철학의 교섭과 동서양 사유 방식의 차이』. 논형.
안청시. 1987. "한국정치문화의 특성과 변화."『한국정치연구』, 창간호.
_____. 2000. "정치문화와 정치의식."『한국정치연구』, 제10호.
어수영. 1997.『가치변화와 삶과 정치: 한국·일본·미국·멕시코 4개국 비교연구』. 이화여자대학교출판부.
유정환. 1995. "한국문화와 정치: 유교적 정치질서에 대한 문화론적 해석."『한국정치학회보』, 29집 4호,
유형원·박지원·정약용 외. 1974.『조선실학의 개척자 10인』. 신구문화사.
윤천주. 1979.『증보판 한국정치체계』. 서울대학교출판부.
_____. 1981.『우리나라의 선거실태』. 서울대학교출판부.
_____. 1981.『정치문화와 통치형』. 서울대학교출판부.
_____. 1991.『증보판 투표참여와 정치발전』. 서울대학교출판부.
이광세. 1998.『동양과 서양, 두 지평선의 융합』. 도서출판 길.
이성무. 1998.『조선왕조사』, 제I, II권. 동방미디어.
이승환 외. 1999.『아시아적 가치』. 도서출판 전통과 현대.
이종은. 1997. "유교에서의 개인."『한국정치연구』, 제7호.
이태진 편. 1985.『조선시대 정치사의 재조명』. 범조사.
임희섭 외, 2002.『한국의 문화변동과 가치관』. 나남출판.
정문길·최원식·백영서·전현준 엮음. 1995.『동아시아, 윤리와 시각』. 문학과지성사.
정옥자. 1998.『조선중화사상연구』. 일지사.
조일문. 1973. "한국정치문화의 구조적 특질."『건대학보』(2월).
진덕규. 2002.『한국정치의 역사적 기원』. 지식산업사.
토가와 요시오·하치야 쿠니오·미조구치 유우조오 저, 조성을·이동철 옮김. 1990.『유교사』. 이론과 실천.
풍우란 저, 박성규 옮김. 1999.『중국철학사』 상. 까치.
한배호·어수영. 1987.『한국정치문화』. 법문사.
한배호. 2003.『한국정치문화와 민주정치』. 법문사.
한영우. 1989.『개정판 정도전사상의 연구』. 서울대학교출판부.
_____. 1997.『우리역사』. 경세원.
함재봉. 1998.『탈근대와 유교』. 나남출판.
핫도리 다미오(服部民夫). 1992.『한국: 네트워크와 정치문화』. 동경대학교출판회.
현상윤. 1948.『조선유학사』. 민중서관.

Almond, Gabriel A. 1980. *The Civic Culture Revisited.* Boston: Little, Brown and Company.

Almond, Gabriel A & G. Bingham Powell, Jr. 1978. *Comparative Politics: System, Process, and Policy*, Second Edition. Boston: Little, Brown and Company.

Almond, Gabriel A & Sidney Verba. 1963. *The Civic Culture*. Princeton: Princeton University Press.

Ardorno, T.W., et al. 1950. *The Authoritarian Personality*. New York: Harper & Row.

Arrow, Kenneth. 1951. *Social Choice and Individual Values*. New York: John Wiley & Sons.

Barber, Benjamin. 1984. *Strong Democracy*. Berkeley: University of California Press.

Barry, Brian. 1970. *Sociologists, Economists and Democracy*. London: Macmillan.

Bell, Daniel. 1973. *The Coming of Post-Industrial Society*. New York: Basic Books, Inc.

Berg-Schlosser, Dirk & Ralf Rytlewski. 1993. *Political Culture in Germany*. London: The Macmillan Press, Ltd.

Dahl, Robert. 1966. *Political Oppositions in Western Democracies*. New Haven: Yale University Press.

Deuchler, Martina. 1992. *The Confucian Transformation of Korea*. Cambridge: Harvard University Press.

Fromm, Erich. 1972. *Escape from Freedom*. New York: Avon Books.

Giddens, Anthony. 1989. *Sociology*. Cambridge: Polity Press.

Henderson, Gregory. 1968. *Korea: The Politics of Vortex.* Boston: Harvard University Press.

Huntington, Samuel P. 1991. *The Third Wave: Democratization in the Late Twentieth Century.* Norman: University of Oklahoma Press.

Inglehart, Ronald. 1971. "The Silent Revolution in Europe: Intergenerational Change in Post-Industrial Societies." *The American Political Science Review*, vol.65, no.4(December).

______________. 1977. *The Silent Revolution.* Princeton: Princeton University Press.

______________. 1997. *Modernization and Postmodernization: Curtural, Economic and Political Change in the 43 Societies*. Princeton: Princeton University Press.

Kim, Se Jin. 1972. "Attitudinal Orientations of Korean Workers." *Korea Journal*, September.

Lee, Hong Koo. 1978. "Political Culture and Political Development in Korea: An Aspect of the Political Behavior of Low-Income Groups in Seoul." *Korea Journal*, January.

Lee, Young Ho. 1969. "The Political Culture of Modernizing Society: Political Attitudes and Democracy in Korea." Ph.D. Dissertation. Yale University.

Palais, James B. 1975. *Politics and Policy in Traditional Korea*. Boston: Harvard University Press.

______________. 1996. *Confucian Statecraft and Korean Institutions.* Seattle: University of Washington Press.

Parsons, Talcott & Shils, Edward A. 1951. *Toward a General Theory of Action*. Cambridge: Harvard University Press.

Pateman, Carole. 1971. "Political Culture, Political Stucture and Political Change." *British Journal of Political Science*, vol.1 no.3(July).

Popkin, Samual. 1979. *The Rational Peasant*. Berkeley: University of California Press.

Putnam, Robert D. 1994. *Making Democracy Work: Civic Traditions In Modern Italy*. Princeton: Princeton University Press.

Pye, Lucian W. & Sidney Verba, eds. 1965. *Political Culture and Political Development*. New Jersey: Princeton University Press.

Rogowski, Ronald. 1976. *A Rational Theory of Legitimacy*. Princeton: Princeton University Press.

Shin, Doh C. 1999. *Mass Politics and Culture in Democratizing Korea*. Cambridge: Cambridge University Press.

Toffler, Alvin. 1980. *The Third Wave*. New York: Bantam Books, Inc.

__________. 1990. *Power Shift*. New York: Bantam Books, Inc.

Touraine, Alain. 1974. *The Post-Industrial Society*. London: Wildwood.

제4부 정치제도론

강원택. 2003. 『한국의 선거정치』. 푸른길.

길승흠. 1983. "한국의 정당과 의회관계." 『한국정치학회보』, 제17집.

길승흠 · 이정복. 1984. 『선거풍토개선방안』. 현대사회연구소.

김성익. 1992. 『전두환 육성증언』. 조선일보사.

김영래. 1987. 『한국의 이익집단』. 대왕사.

김영래 · 이정희 외 공저. 2004. 『NGO와 한국 정치』. 아르케.

김용호. 2003. 『한국정당정치의 이해』. 나남출판.

김운태 외. 1994. 『한국 정치론』. 박영사.

김재홍. 1992. 『한국정당과 정치 지도자론』. 나남.

김철수. 1988. 『한국헌법사』. 대학출판사.

김현우. 2000. 『한국정당통합운동사』. 을유문화사.

디터 놀렌 저, 박병석 역. 1994. 『선거제도와 정당체제』. 도서출판 다다.

모종린 · 전용주 편. 2004. 『정치자금과 선거』. 오름.

박찬욱 편. 2005. 『제17대 국회의원 총선거 분석』. 푸른길.

박찬욱. 2000. "정치과정." 『한국정치연구』, 제10호.

박찬욱 · 김병국 · 장훈 공편. 2004. 『국회의 성공조건』. 동아시아연구원.

박찬표. 2001. 『한국의회정치와 민주주의: 비교의회론적 시각』. 오름.

백영철 외 편. 1999. 『한국의 의회정치론』. 건국대학교출판부.

백종국. 2000. "시민사회의 정치동학." 『한국정치연구』, 제10호.

손봉숙. 1985. 『한국지방자치연구』. 삼영사.

심지연. 2004. 『한국정당정치사』. 백산서당.

심지연 · 김민전. 2006.『한국 정치제도의 진화경로』. 백산서당.
아렌드 레이파트 저, 최명 역. 1985.『민주국가론』. 법문사.
안병영. 1985. "산업화와 정당."『한국정치학회보』, 제19집.
안병옥. 2004.『한국의회론』. 지방행정연구소.
안청시 외. 2002.『한국 지방자치와 민주주의』. 나남출판.
안청시 · 진덕규 외 편. 1994.『전환기의 한국민주주의』. 법문사.
안청시 · 백창재 편. 2003.『한국정치자금제도』. 서울대학교출판부.
유진오. 1966. "헌법기초회상록-4."『법정』, 제192호(6월).
윤천주. 1991.『한국정치체계 — 단극적 통치형 —』. 일조각.
윤형섭 · 신명순 외. 1988.『한국정치과정론』. 법문사.
이갑윤. 1998.『한국의 선거와 지역주의』. 오름.
이상우. 1984. "박정희는 용인의 천재였나."『신동아』(9월호).
이호철. 1993. "사회, 국가, 그리고 제도: 정치경제의 제도론적 접근."『한국과 국제정치』, vol.9, no.2.
정산 김운태박사 화갑기념 논문편찬위원회. 1982.『한국정치행정의 체계』. 박영사.
조기숙. 1996.『합리적선택』. 한울.
조윤제. 2009.『한국의 권력구조와 경제정책』. 한울아카데미.
중앙선거관리위원회. 1973.『대한민국정당사 제1집(1945~1972)』.
황수익, 1995. "투표제도의 비교연구."『사회과학과 사회정책』. 서울대학교 사회과학연구원.

Bates, Robert H. 1989. *Beyond the Miracle of the Market: The Political Economy of Agrarian Development in Rural Kenya.* Cambridge: Cambridge University Press.
Bendix, Reinhard. 1908. *State and Society.* Berkeley: University of California Press.
Bentley, Arthur. 1967. *The Process of Government*. Chicago: University of Chicago Press.
Berelson, B., P. Lazarsfeld & W. McPhee. 1954. *Voting.* Chicago: University of Chicago Press.
Campbell, A., P. Converse, W. Miller & D. Stokes. 1960. *The American Voter.* New York: John Wiley & Sons, Inc.
Chang, Dal-Joong. 1985. *Economic Control and Political Authoritarianism*. Sogang University Press.
Deutsch, Karl W. 1980. *Politics and Government.* Boston: Houghton Mifflin Company.
Duverger, Maurice. 1967. *Political Parties.* London: Methuen & Company.
Easton, David. 1965. *A Systems Analysis of Political Life*. Chicago: The University of Chicago Press.
Etzioni, Amitai. 1961. *A Comparative Analysis of Complex Organizations*. New York: The Free Press.
Finer, S. E. 1967. **The Man on Horseback**. New York: Frederick A. Praeger.
Gellner, Ernest & John Waterbury, ed. 1977. *Patrons and Clients.* London: Duckworth.
Grajdanzev, Andrew J. 1944. *Modern Korea*. New York: The John Day Company.
Hall, Peter A., ed. 1989. *The Political Power of Economic Ideas*. Princeton: Princeton University Press.

Hall, Peter. 1986. *Governing the Economy: The Politics of State Intervention in Britain and France*. New York: Oxford University Press.

Han, Sungjoo. 1974. *The Failure of Democracy in South Korea*. Berkeley: University of California Press.

Hermens, F. A. 1941. *Democracy or Anarchy? A Study of Proportional Representation*. Notre Dame: Notre Dame University Press.

Huntington, Samuel P. 1965. "Political Development and Political Decay." *World Politics*, vol.17, no.3(April), pp.386-430.

Huntington, Samuel P. 1968. *Political Order in Changing Societies*. New Haven: Yale University Press.

Ikenberry, G. John., David A. Lake, and Michael Mastanduno, eds. 1988. *The State and American Foreign Economic Policy*. Ithaca, New York: Cornell University Press.

Janowitz, Morris. 1964. *The Military in the Political Development of New Nations*. Chicago: University of Chicago Press.

Johnson, Chalmers. 1982. *MITI and the Japanese Miracle*. Stanford: Stanford University Press.

Katzenstein, Peter. 1978. *Between Power and Plenty*. Madison: University of Wisconsin Press.

Key, V. O. 1964. *Politics, Parties & Pressure Groups*, 5th ed. New York: Thomas Y. Crowell Company.

Kim, Nyung. 1993. "The Politics of Religion in South Korea, 1974-89: The Catholic Church's Political Opposition to the Authoritarian State." Ph.D. Dissertation, University of Washington.

Krasner, Stephen D. 1984. "Approaches to the State." Comparative Politics(January).

Lapalombara, Joseph & Myron Weiner, ed. 1966. *Political Parties and Political Development.* New Jersey: Princeton University Press.

Laski, Harold. 1950. *A Grammar of Politics*. London: George Allen & Unwin Ltd.

Lawson, Kay, ed. 1980. *Political Parties & Linkage: A Comparative Perspective*. New Haven: Yale University Press.

Lee, Hochul. 1993. "Political Economy of Land Reform." Ph.D. Dissertation, Rutgers University.

Levi, Margaret. 1988. *Of Rule and Revenue.* Berkeley: University of California Press.

Lipset, S. & S. Rokkan, ed. 1967. *Party Systems and Voter Alignments*. New York: The Free Press.

Michels, Robert. 1962. *Political Parties*. New York: The Free Press.

Nie, N., S. Verba & J. Petrocik. 1976. *The Changing American Voter.* Cambridge: Harvard University Press.

North, Douglass C. 1990. *Institutions, Institutional Change and Economic Performance.* Cambridge: Cambridge University Press.

Panebianco, Angelo. 1988. *Political Parties: Organization and Power*. Cambridge: Cambridge University Press.

Perlmutter, Amos. 1977. *The Military and Politics in Modern Times*. New Haven: Yale University Press.

Rae, Douglas W. 1967. *The Political Consequences of Electoral Laws*. New Haven: Yale University Press.
Riker, William H. 1982. *Liberalism against Populism.* San Francisco: W. H. Freeman and Company.
Rustow, Dankwart A., ed. 1970. *Philosophers and Kings: Studies in Leadership*. New York: George Braziller.
Sartori, Giovanni. 1976. *Parties and Party Systems*. Cambridge: Cambridge University Press.
Schmitter, Philippe and Gerhard Lehmbruch, ed. 1979. *Trends Toward Corporatist Intermediation.* Beverly Hills: Sage Publications Ltd.
Steinmo, Sven, Kathleen Thelen, and Frank Longstreth, eds. 1992. *Structuring Politics*. Cambridge: Cambridge University Press.
Truman, David. 1971. *The Governmental Process*. New York: Knopf.

제5부 정치발전론

강원택. 2005. 『한국의 정치개혁과 민주주의』. 인간사랑.
김우식 편. 2004. 『21세기 한국의 국가관리와 리더십』. 연세대학교 국가관리연구소.
박세일 · 장훈. 2003. 『정치개혁의 성공조건』. 나남출판.
박효종. 2005. 『민주주의와 권위』. 서울대학교출판부.
스테판 뮬흘 · 애덤 스위프트 지음, 김해성 · 조영달 옮김. 2001. 『자유주의와 공동체주의』. 한울.
이정복. 1997. 『한국의 정치적 과제』. 서울대학교출판부.
정윤재. 2003. 『정치리더십과 한국민주주의』. 나남출판.
차기벽. 2005. 『차기벽 저작집 1-10권』. 한길사.
최장집. 2002. 『민주화 이후의 민주주의』. 후마니타스.
하버마스 저 · 한상진 편. 1996. 『현대성의 새로운 지평』. 나남출판.
한배호. 1994. 『한국정치변동론』. 법문사.
_____. 2008. 『자유를 향한 20세기 한국정치사』. 일조각.

Aristotle, Earnest Barker, ed. & trans. 1958. *The Politics of Aristotle*. Oxford: Oxford University Press.
Cassinelli, C. W. 1961. *The Politics of Freedom*. Seattle: University of Washington Press.
Crick, Bernard. 1993. *In Defence of Politics*, 4th ed. Chicago: University of Chicago Press.
Fraenkel, Ernst. 1964. *Deutschland Und Die Westlichen Demokatien*. Stuttgart: W. Kohlhammer Verlag.
Hayek, F. A. 1994. *The Road to Serfdom*. Chicago: University of Chicago Press.
Kornhauser, William. 1959. *The Politics of Mass Society*. Glencoe: Free Press.
Linz, Juan. 1978. *The Breakdown of Democratic Regimes: Crisis, Breakdown, & Reequilibration*. The Johns Hopkins University Press.
Nozick, R. 1974. *Anarchy, State and Utopia*. Oxford: Blackwell.

O'Donnell, Guillermo & Philippe C. Schmitter, eds. 1986. *Transitions from Authoritarian Rule: Tentative Conclusions about Uncertain Democracies*. The Johns Hopkins University Press.

O'Donnell, Guillermo, Philippe C. Schmitter, & Laurence Whitehead, eds. 1986. *Transitions from Authoritarian Rule: Comparative Perspectives*. The Johns Hopkins University Press.

O'Donnell, Guillermo. 1994. "Delegative Democracy." *Journal of Democracy*, vol.5, no.1.

Rawls, John. 1971. *A Theory of Justice*. Cambridge: Harvard University Press.

__________. 1993. *Political Liberalism*. New York: Columbia University Press.

Thurow, Lester. 1992. *Head to Head*. New York: Warner Books.

Viroli, Maurizio. 2002. *Republicanism*. New York: Hill and Wang.

Walzer, Michael. 1983. *Spheres of Justice*. New York: Basic Books.

Wolin, Sheldon S. 2004. *Politics and Vision, Expanded Edition*. Princeton: Princeton University Press.

제6부 보론

김세균 · 박찬욱 · 백창재 편. 2005.『정치학의 대상과 방법』. 박영사.

김영국 외. 1981.『현대정치학의 대상과 방법』. 법문사.

김웅진. 1987.『현대정치학의 방법론적 위상』. 학연사.

_____. 2001.『신화와 성화: 과학방법론의 패권정치』. 전예원.

김유남 엮음. 2001.『한국정치학 50년』. 한울아카데미.

김지희 · 김웅진. 2003.『비교지역 연구전략』. 인간사랑.

김학준. 1990.『한국정치론사전』. 한길사.

민병태. 1958.『정치학』. 보문각.

손호철. 2002.『근대와 탈근대의 정치학』. 문화과학사.

이용희. 1958.『정치와 정치사상』. 일조각.

_____. 1959.『일반국제정치학(상)』. 박영사.

이정복. 1999. "한국정치학의 변화와 발전방향."『한국정치연구』, 제8 · 9집, 합병호.

한국정치학회. 2003.『한국정치학회 50년사』.

__________. 2008.『정치학 이해의 길잡이: 한국정치』. 법문사.

Finifter, Ada W., ed. 1993. *Political Science: The State of the Discipline II*. Washington, D.C.: The American Political Science Association.

Goodin, Robert E. & Hans-Dieter Klingemann, eds. 1996. *A New Handbook of Political Science*. New York: Oxford University Press.

Kuhn, Thomas S. 1970. *The Structure of Scientific Revolution*, 2nd ed. Chicago: University of Chicago Press.

저자 약력

이정복(李正馥)
서울대학교 명예교수
대한민국학술원 회원
서울대학교 정치학과 졸업
미국 워싱턴대학교(시애틀) 정치학 박사
서울대학교 정치학과 교수
한국정치학회 회장, 현대일본학회 회장 역임

주요 저서
『21세기 한국정치의 발전방향』(편저)
『한국의 정치적 과제』
『북핵문제의 해법과 전망』(편저)
The Political Character of the Japanese Press 외